ARRIGO POLILLO

JAZZ

Geschichte und Persönlichkeiten
der afro-amerikanischen Musik

Übertragen und bearbeitet von
Egino Biagioni

HERBIG

© 1975 by Arnoldo Mondadori Editore
© der deutschen Ausgabe by F. A. Herbig Verlagsbuchhandlung München · Berlin
Verlagsredaktion: Gabriele Redden
Umschlaggestaltung: Creativ Shop, München
Gesamtherstellung: Druckerei Auer, Donauwörth
ISBN 3-7766-0910-9
Printed in Germany 1978

Inhalt

Dankesworte und Vorbemerkungen

Viele Personen haben mir in unterschiedlicher Weise bei meiner Arbeit geholfen, mir Informationen und Details geliefert oder Zugang zu ihren Bibliothe-
ken und Schallplattensammlungen verschafft. Allzu umfangreich würde eine
Liste der in diesem Buch besprochenen Musiker, die mir beim Zusammentra-
gen der hier enthaltenen Informationen eine kleine oder große Hilfe geleistet
haben in diesen letzten Jahren. Ich erhielt solche meistens im Verlauf von
Interviews oder zufälligen Unterhaltungen hinter den Kulissen eines Theaters,
am Tisch irgendeines Jazzlokals, während einer gemeinsamen Reise oder in der
Empfangshalle eines Hotels und noch häufiger im Restaurant. Dankbar nenne
ich diejenigen, die am meisten Geduld mit mir hatten: Joe Venuti, Earl Hines,
Duke Ellington, Benny Goodman, Jimmy Giuffre, Gerry Mulligan und Ornette Coleman. Unter den Nichtmusikern habe ich besonders zu danken:
Leonard Feather, J.R.Taylor vom Institute of Jazz Studies an der Rutgers-
Universität in Newark, Charles Delaunay, Norman Granz, Marie St. Louis
und unter meinen italienischen Freunden Gianni Tollara, Gian Mario Maletto,
Pino Maffei, Bruno Schiozzi, Giorgio Mortarino, Arno Carnevale, Enzo Fre-
sia, Gian Carlo Roncaglia und Livio Cerri.
Natürlich habe ich zum Verfassen dieses Buches viele Werke zu Rate gezogen
und Dutzende von Jahrgängen der wichtigsten Fachzeitschriften durchgear-
beitet, die in den Vereinigten Staaten, Italien, Frankreich und Großbritannien
veröffentlicht wurden (da ich außer italienisch nur englisch und französisch
kann). Ich habe darauf geachtet, in den Anmerkungen die Quellen zu zitieren,
aus denen ich geschöpft habe oder die mir jedenfalls dienlich waren. Es sind
sowohl die bibliographischen Daten der Bücher, gewöhnlich nur die der
Erstausgabe in der Originalsprache (und die der eventuellen deutschen Übersetzung), als auch Nummern und Kopftitel der Zeitschriften und Zeitungen
angegeben. Zusätzlich zu den in den Anmerkungen genannten Buchtiteln muß
ich hier einige allgemeine Nachschlagewerke nennen, die mir von besonderem
Nutzen waren: »The new edition of the Encyclopedia of Jazz« und »The
Encyclopedia of Jazz in the Sixties« von Leonard Feather (Horizon Press,
New York, 1960 bzw. 1966), »Who's Who of Jazz (Storyville to Swing
Street)« von John Chilton (The Bloomsbury Book Shop, London, 1970),
»Jazz on record« von Albert Mc Carthy, Alun Morgan, Paul Oliver und Max
Harrison (Hanover Books, London, 1968) und die »International Jazz Biblio-

graphy« von Carl Gregor zu Mecklenburg (Editions P.H. Heitz/Verlag Heitz, Straßburg und Baden-Baden, 1969).

Schließlich muß ich den Leser darauf hinweisen, daß ich es im allgemeinen nicht für angebracht gehalten habe, die Schallplattenmarken der erwähnten Einspielungen anzugeben, und erst recht nicht die Bestellnummern, und zwar, weil sowohl die einen als auch die anderen ständig wechseln und oft von Land zu Land unterschiedlich sind. Wenn die Plattenmarke angegeben ist, handelt es sich um die erste Ausgabe im Ursprungsland.

A. P.

Vorwort

Wer die Geschichte des Jazz erzählen und Wertungen über die Beiträge seiner namhaftesten Musiker ausdrücken will, für den stellt der Jazz Probleme, die in seiner Natur als Musik einer ganz besonderen sozialen Gruppe liegen. In ihr wirkt eine nicht geringe Anzahl von Künstlern, deren eigene Geschichten fast unvermeidlich irgendwann so ausgehen, daß sie von der Geschichte der Gruppe, in ihrer Gesamtheit gesehen, abweichen oder sich irgendwie davon lösen. Denn die Stimmungen und die Ideologien der Gruppe wechseln erheblich schneller als die der Einzelpersonen, die zu ihr gehören. Tatsächlich haben alle wichtigen Jazzmusiker in den besten Jahren ihrer Karriere einen Augenblick des Jazzgeschehens dargestellt und danach eine persönliche Aussage weitergeführt, die mit der übereinstimmte oder wenigstens zusammenhing, die eine Zeitlang in Einklang mit der Gruppe gemacht worden war.

Abgesehen von seltenen Ausnahmen (die auffälligsten sind die eines Duke Ellington und Miles Davis) sterben die Jazzmusiker, als wirklich bedeutungsvolle, der geschichtlichen Realität verknüpfte Künstler, in der Blüte ihrer Jahre. Sie sagen in einem bestimmten Moment das richtige Wort, sie reflektieren die Stimmungen, das Klima, die ästhetischen Auffassungen, ja sogar die herrschenden Ideologien in dem Zeitraum, in dem ihre Sensibilität am höchsten und ihre schöpferische Kraft am reichsten ist. Dann werden sie überwältigt, übertroffen (nicht unbedingt unter qualitativem Gesichtspunkt) von neuen Generationen von Jazzleuten. Es ist das Schicksal dessen, der eine Musik macht, die so eng mit der Chronik und Sittengeschichte verbunden und Ausdruck einer sozialen Gruppe ist, deren Wechselfälle in den letzten Jahren geradezu stürmisch in ihrem schnellen Umschwung gewesen sind.

Diese Feststellungen, über Erwägungen praktischer Natur hinaus, haben mich veranlaßt, den Stoff des Buches in zwei Teile zu ordnen, die der Leser selbstverständlich wieder zusammenführen muß, wenn er ein ausreichend komplettes Bild der Geschichte und Werte des Jazz haben will. Im ersten Teil wird das Geschehen der Jazzmusik im historischen, sozialen und kulturellen Zusammenhang verfolgt, der nach und nach ihre Veränderungen bedingt hat. Im zweiten Teil werden die Wege verfolgt, die von ihren Persönlichkeiten zurückgelegt worden sind.

Natürlich ist es so nicht möglich, Wiederholungen zu vermeiden. In keiner anderen Kunstform verflechten sich die Wege der einzelnen Künstler so sehr mit denen anderer wie im Jazz. Es ist auch nicht möglich, die Geschichte dieser

Musik in ihren Hauptzügen zu erzählen, ohne – wenn auch nur kurz – über die Persönlichkeiten zu sprechen, die sie gelebt haben; wenigstens mit Blick auf den Moment oder die Momente, in denen diese Persönlichkeiten wirklich in die Entwicklungen des Jazz eingegriffen haben. Ich habe mich jedoch bemüht, die ungünstigen Seiten einer solchen Aufgabe möglichst zu reduzieren. Ich habe also im allgemeinen dem zweiten Teil die Werturteile über die Künstler vorbehalten sowie auch die Angabe ihrer wichtigsten Werke, das heißt der Aufnahmen, die im Jazz das unersetzliche Medium darstellen.

Was die Auswahl der Persönlichkeiten anbetrifft, denen die Monographien des zweiten Teils gewidmet sind, so kann diese, über eine bestimmte Anzahl von Namen hinaus, bei denen sich alle einig sind, nur subjektiv und folglich diskutierbar sein. Die ausgewählten Musiker sind diejenigen, die nach meinem Dafürhalten dem Jazz den wichtigsten Beitrag gegeben haben. Es sind irgendwie sinnbildliche Persönlichkeiten, die besser als andere Richtungen, Stile, »Jahreszeiten« der Jazzgeschichte vertreten. Sicher hätte ihre Anzahl vergrößert werden können, aber – abgesehen von anderen Erwägungen bezüglich des Buchumfanges – hätte sich in diesem Fall die Schar der »Persönlichkeiten« so ausgedehnt, daß sie schließlich Musiker enthalten hätte, die in Wirklichkeit trotz ihres hohen Wertes in der Hauptsache Instrumentalisten sind.

Immerhin sind die Musiker von einiger Bedeutung, denen keine eigenen Kapitel gewidmet worden sind, auf den Seiten erwähnt worden, die die Geschichte des Jazz in ihren allgemeinen Zügen erzählen, und auch auf denen, die den Künstlern gewidmet sind, mit denen sie zusammengearbeitet haben. Mancher Leser wird vielleicht finden, daß die genannten Namen zahlreich, zu zahlreich sind; ich denke dagegen, daß man die Rede nicht auf eine begrenzte Elite von Jazzleuten beschränken darf, ohne Gefahr zu laufen, ein falsches Bild vom Jazz zu geben. Er ist nicht das Produkt weniger genialer Menschen, sondern er ist die Musik eines Volkes, zu der Hunderte von Menschen einen beachtlichen Beitrag geleistet haben.

Diesen Menschen – ob sie nun wissen oder gewußt haben, daß sie Kunst machen, oder nicht – ist dieses Buch gewidmet, in Liebe, Verbundenheit und Bewunderung.

Arrigo Polillo

Einleitung

Über Jazz wird seit etwa sechzig Jahren gesprochen, aber Musik, die man mit diesem Namen im zweiten Jahrzehnt dieses Jahrhunderts zu bezeichnen begann, erklang seit langem im Süden der Vereinigten Staaten. Es ist jedoch unmöglich, einen genauen Entstehungsort und ein genaues Entstehungsdatum des Jazz festzulegen, weil es unmöglich ist zu sagen, wo und wann die Volksmusik der Afro-Amerikaner (das heißt, die anonyme und natürliche musikalische Äußerung jener besonderen ethnischen Gruppe, deren erste Kundgebungen bis auf die Jahre der Sklaverei zurückgehen) bestimmte Eigentümlichkeiten angenommen hat, die man später übereinstimmend als für den Jazz typisch betrachten sollte.

Wenn man schematisiert und eine recht komplexe Realität simplifiziert, kann man sagen, daß der Jazz anfänglich – aber dieser Prozeß dauerte ziemlich viele Jahre – Form in einem Gebiet angenommen hat, das sein Zentrum im Flußtal des unteren Mississippi und, eine gewisse Zeitlang, seinen Brennpunkt in New Orleans hatte. Die so geformte Musik, die sich anschließend in einigen großen Städten des Mittleren Westens und Ostens (vor allem in Chicago und New York) sowie in bestimmten Orten des Südwestens festgesetzt hatte, begann einen schnellen Entwicklungsprozeß, der von verschiedenen Faktoren bedingt und unterschiedlich ausgerichtet war.

Seit den ersten Phasen dieses Prozesses, der sich nicht nur im Sinne einer Akkulturation vollzogen hat, verlor der Jazz seine volksmusikalischen und volkstümlichen Charakterzüge, um mit Hilfe von Berufsmusikern Kunstmusik oder Unterhaltungsmusik zu werden. In der Tat sind nicht wenige der formellen Charakteristiken des ersten Jazz mit der Zeit weggefallen oder haben sich wesentlich verändert, so daß einige Leute veranlaßt wurden, solchen Ausdrucksformen den Jazzcharakter abzusprechen, die sich mit der von ihnen selbst zu einem bestimmten historischen Zeitpunkt ausgearbeiteten Definition nicht vereinbarten und nicht vereinbaren.

Was ist also Jazz? Mit dem Versuch, ihn zu definieren – im technisch-formalen und im historischen Sinn –, beschäftigten sich viele bis heute, aber man kann nicht sagen, daß sie Erfolg gehabt haben, gerade eben aufgrund der Variabilität des Jazz. Die Definitionen, die der Prüfung der Zeit am besten widerstanden haben, sind diejenigen, die unter den Charakteristiken, welche nach und nach die verschiedenen Jazzformen voneinander unterschieden haben, die gleichbleibenden zu finden versucht haben und die sich also auf wenige Aussagen beschränkt haben. Für Marshall Stearns ist beispielsweise der Jazz »eine halbimprovisierte amerikanische Musik, die sich durch die Unmittelbarkeit der Kommunikation, durch die ausdrucksvolle Eigenheit der freien Verwendung der menschlichen Stimme und einen komplizierten, fließenden Rhythmus auszeichnet. Sie ist das Ergebnis einer dreihundertjährigen in den Vereinigten Staaten vor sich gegangenen Mischung der Musiktraditionen von Europa und Westafrika. Ihre überwiegenden Bestandteile sind europäische Harmonik, euro-afrikanische Melodik und afrikanischer Rhythmus.«[1] Nat Hentoff seinerseits hat zum Jazz festgestellt: »Die Grundeigenschaften sind ein pulsierender (aber nicht notwendigerweise regulärer) Rhythmus; ein Gefühl für Improvisation (es ist möglich, Jazz auf so idiomatische Weise zu schreiben, daß die geschriebenen Noten improvisiert klingen); eine vokalisierte Instrumentaltechnik und – umgekehrt – instrumentale Phrasierung im Jazzgesang; die Anwendung von Klangfarben und Polyrhythmik, die in der afro-amerikanischen Volksmusik von drei Jahrhunderten verwurzelt sind.«[2]

Die letzten Entwicklungen der afro-amerikanischen Musik haben jedoch auch die Gültigkeit dieser gewiß intelligenten und sehr vorsichtigen Definitionen in Zweifel gezogen und die Diskussionen darüber neu entfacht, was man unter Jazz zu verstehen hat. Tatsächlich fehlt im Free Jazz (und darum zieht manch einer es vor, von »Free Music« zu reden) oft der »fließende«, »pulsierende« Rhythmus, so wie auch die Harmonie europäischer Konzeption und eine euro-afrikanische Melodie fehlen. Und es ist wahrscheinlich, daß die Zukunft uns weitere Neuigkeiten bescheren wird.

Die Wahrheit ist, daß man heute unter »Jazz« nichts anderes versteht, als den musikalischen Ausdruck – in dauerndem, sehr schnellen Wandel – einer bestimmten Kultur: der der Neger, die in den großen Städten der Vereinigten Staaten leben, umgeben von einem Kreis sehr zahlreicher Sympathisanten (im etymologischen Sinne dieses Begriffes) und zwar in erster Linie solcher Leute, die die herrschende weiße Klasse, das Establishment, in irgendeinem Grade zur Assimilation oder zur Annäherung mit den Negern gebracht hat. Es handelt sich hauptsächlich um Juden, die zum großen Teil aus Osteuropa stammen, und um Italo-Amerikaner: zwei ethnische Gruppen, die mit den Negern wenigstens eine geraume Zeit das Schicksal der Unterprivilegierten in Gettos geteilt haben, die mehr oder minder starre Grenzen haben und manchmal nur psychologischer Natur sind.

Es muß jedoch auch darauf hingewiesen werden, daß im allgemeinen der sogenannte Ragtime nicht zum Bereich des Jazz gerechnet wird, mehr aus Konvention als aus anderen Gründen (aber vielleicht vor allen Dingen deshalb, weil zu dessen Zeit das Wort »Jazz« noch nicht benutzt wurde, um eine Musikart zu kennzeichnen). Der Ragtime blühte in Amerika ungefähr zwanzig Jahre lang, von den letzten Jahren des vorigen Jahrhunderts an, und hatte mit dem Jazz, dessen unmittelbarer Vorgänger er war, den afro-amerikanischen Ursprung und einige Kennzeichen gemeinsam. Man soll ferner nicht vergessen, daß der europäische Jazz neben dem amerikanischen immer größere Bedeutung gewinnt. Anfänglich war er dem amerikanischen Jazz unterworfen und stellte viele Jahre nur sein schwaches und verzerrtes Echo dar, ist aber gerade jetzt dabei, eine gewisse Autonomie zu erlangen.

Trotz der geschilderten Schwierigkeit, den Jazz im technisch-formalen Sinne in seinen typischen Formen zu definieren (typische Formen, das heißt: äußerst häufig vorkommend, in einer gemeinsamen Tradition verwurzelt, nicht abgelenkt durch Einflüsse aus anderen Musikgebieten, und schließlich voneinander abgeleitet durch einen klaren Entwicklungsprozeß), trotz dieser Schwierigkeit ist es ziemlich leicht, gleichbleibende Eigentümlichkeiten und offenbar nicht unterdrückbare Tendenzen zu erkennen, die ihren Grund in einer ganz besonderen Konzeption musikalischer Aussage haben.

Grundsätzlich, wenn auch in der Praxis nicht immer und nicht vollständig, fließen im Jazz die Figur des Schöpfers der Musik und die des sie ausübenden Musikers zusammen und identifizieren sich in der Figur des Solisten, der improvisiert oder zumindest zum Improvisieren neigt, wobei er sich auf ein Thema stützt, welches die Bedeutung einer Anregung und eines Beziehungspunktes zwischen ihm und seinem Mitwirkenden bei der musikalischen Schöpfung-Ausführung hat. Ob dann dieses Thema im Augenblick vom Improvisierenden erfunden wird, wie es oft im fortgeschrittensten Jazz geschieht, oder ob es vorher vom gleichen Solisten, der es ausführt, oder von anderen komponiert worden ist, ist nicht sehr erheblich. Auch wenn die Ausarbeitung lediglich durch Variationen über das Thema gelöst wird und nicht, wie es häufiger der Fall ist, durch Erfindung melodischer Linien, die mit dem Thema die harmonische Struktur (welche übrigens ihrerseits auch nicht selten verändert wird) gemeinsam haben, bringt sie immer ursprüngliche, aufs höchste personalisierte Musik hervor, die deshalb an den stilistischen Merkmalen erkennbar ist, die ihr von ihrem Schöpfer-Ausführenden aufgedrückt worden sind.

Was vor allem im Jazz zählt, ist also der individuelle Stil (als Instrumentalist und als Musiker im weiten Sinne) des improvisierenden Solisten, den man an einer Reihe von Besonderheiten erkennt, die vom Klang des Instrumentes bis zur Art und Weise reichen, in der die Noten hervorgebracht und vibriert werden, die Phrasen angegangen, ausgeführt und gelöst werden; bis zur eigenen harmonischen und rhythmischen Konzeption usw. Aus dieser Grundphilosophie ist als notwendige Konsequenz eine unerschöpfliche Vermehrung instrumentaler und kompositorischer Stile abgeleitet, die aufeinander vielfältig einwirken (und natürlich vor allem in den musikalischen Ausführungen, die nur ausnahmsweise Werk eines einzigen Solisten sind), über eine außerordentliche Bereicherung an Klangfarben hinaus. Zusammen mit den Stilen haben sich selbstverständlich die Musikschöpfer vermehrt, die im Jazz – einer individualistischen und gleichzeitig mehrstimmigen Kunst, demokratischer als andere – zahllos sind.

Der Jazzmusiker oder genauer: der improvisierende Solist, der die typische Verkörperung des Jazz darstellt, unterhält eine sehr enge Beziehung zu seinem Publikum, welches mit ihm das erregende Abenteuer der musikalischen Erfindung erlebt, sich zusammen mit ihm über diesen oder jenen Einfall, den Witz eines musikalischen Zitats oder eine besonders glückliche oder unerwartete Lösung freut und sogar in einem gewissen Maße zum Ablauf der Schöpfung-Ausführung beiträgt, indem es mit seinen Reaktionen die Eingebung dessen, der ihm seine Musik bietet, anregt oder aber umgekehrt diese dämpft und dagegenarbeitet.

Die Solidarität, die zwischen dem Jazzmusiker und seinem Zuhörer entsteht, und der Einfluß, den der letztere auf die musikalische Schöpfung im Werden ausüben kann, werden durch die häufige Verwendung von bekannten strophischen und harmonischen Schemen erleichtert (Form und Harmonien des Blues und die der sogenannten Standards, der Evergreens, die besonders für die jazzmäßige Improvisation geeignet sind), sowie durch die grundlegend antiphonische Struktur des Jazz, deren Wurzeln in den afrikanischen Auffassungen musikalischen Ausdrucks zu suchen sind und die einen (wenn auch nur stummen) Partner beim musikalischen Dialog verlangt; schließlich und vor allem durch die Übereinstimmung des Musikablaufes – verstanden in seiner zeitlichen Dauer – mit der psycho-physiologischen Zeit des Musikproduzierenden (und darüber hinaus mit der des Zuhörenden).

Von dieser Übereinstimmung als besonderes Kennzeichen der Musik gegenüber den anderen Kunstformen ist oft gesprochen worden. Philosophen – seit Hegel – und Gelehrte der Musik-Ästhetik wie Gisèle Brelet[3] sprachen davon, die in jüngster Zeit daraus das Zentralthema ihrer Betrachtungen über die Eigentümlichkeiten der Klangkunst gemacht hat. Immer jedoch – solange die Untersuchung nicht auf die europäische Avantgardemusik nach Weber gerichtet werden konnte, in der die Kunst wirklich mit der Bewegung zusammenfällt, die sie schafft – hat man, zumindest begrifflich, den doch so realen und mühsamen Gestaltungsprozeß unbeachtet gelassen, der aus Versuchen, Reueempfindungen und Erleuchtungen zusammengesetzt ist, und durch den der Komponist europäischer Tradition sein Werk vollendet, das folglich nur auf abstrakte Weise Ausdruck des zeitlichen Prozesses seines Bewußtseins ist.

Im Jazz wie in der Musik nach Weber und den improvisierten, primitiven oder antiken Musikformen ist die genannte zeitliche Übereinstimmung absolut real, gerade weil in seinen typischsten Formen der Schöpfungsprozeß und die Ausführung zusammenfallen. Nur in den Kompositionen-Ausführungen für große Orchester spalten sich die beiden Momente – das schöpferische (für das der Arrangeur verantwortlich ist, der gleichberechtigt mit dem Solisten Musik erfindet, auch wenn er auf fremde Kompositionen zurückgreift, die er immer von Grund auf überarbeitet) und das ausführende Moment. Weder das Vorhandensein noch die Häufigkeit der (anfänglich und theoretisch immer improvisierten) Soli, eingefügt in den Zusammenhang einer von Instrumentalisten ausgeführten Partitur, die diese lesen und dabei interpretieren, ändern hier wesentlich die Situation. Dies auch, weil die Soli wegen der zu häufigen Wiederholungen und ihrer erzwungenen zeitlichen Begrenzungen fatalerweise schließlich steril und ein Bestandteil der geschriebenen Arrangements werden. Tatsächlich hat der Jazz für große Orchester von Anfang an einen Kompromiß mit der Musik europäischer Tradition dargestellt, der vom typischen Jazz – wie er von kleinen Bands gespielt wurde und hauptsächlich auf improvisierten Soli basierte – eher Grundelemente und Aufbau als die geschilderte Grundphilosophie übernommen hat.

Welches nun die Grundelemente des Jazz in den verschiedenen Augenblicken seiner Geschichte sind oder gewesen sind, wird bei der Erzählung der Entwicklungen dieser Musik erläutert und durch wenigstens summarische Darstellung der Stile ihrer Persönlichkeiten. Hier reicht es, auf zwei konstante Elemente hinzuweisen, die zusammen mit der Improvisation der Solisten und der daraus resultierenden Vielfalt ihrer Stile ausreichen, den Jazz zu einer besonderen Musik zu machen, die sich von jeder anderen unterscheidet. Ich denke an die ausgeprägte Tonbildung der oft heißen, schneidenden und hämmernden Töne sowie das kraftvolle und elastische, rhythmische Pulsieren, welches jede Ausführung-Komposition auszeichnet: jenes relaxte und mitreißende Schwingen, das Spiel zwischen Spannungen und Entspannungen, das Swing genannt wird.

Dem Swing und noch mehr der Improvisation ist die Unmittelbarkeit der Kommunikation zu verdanken, in der Marshall Stearns einen der charakteristischen Züge des Jazz gesehen hat – der in seinen gelungensten Stücken vor allem wegen der Frische der Inspiration und der Spontaneität der Erfindung zu schätzen ist – und außerdem seine Fähigkeit, den Zuhörer mitzureißen, welcher die Aufrichtigkeit und das volle Vertrauen – falls vorhanden, wohlgemerkt – spürt, mit dem sich der Solist ihm mitteilt.

Die Angewohnheit der Jazzleute, sich mit Unmittelbarkeit auszudrücken und höchstens ihre Kompositionen-Ausführungen durch wiederholte Improvisationen zu vervollkommnen, die sich immer ein wenig von den früheren unterscheiden (ihrerseits ebenfalls »Vorschläge von Werken« und also etwas ganz anderes als der mühsame Gestaltungsprozeß, durch den der europäische Musiker seine Vorlagen vollendet, die zur zeitlichen Fortdauer bestimmt sind), bringt sehr erhebliche Konsequenzen mit sich. Wer improvisierend spielt, kann nicht umhin – wenn er sensibel genug ist, genau zu merken, was ihn umgibt –, in seiner Musik den exakten historischen Moment widerzuspiegeln, den er durchlebt, indem er Musik macht; er muß tief von der wahrnehmenden Welt beeinflußt werden, zu der er in diesem Moment in einer Wechselbeziehung steht.

Wenn der improvisierende Solist – hier und jetzt – ausdrückt, was er fühlt, gibt er tatsächlich besser als jeder andere Musiker die Wirklichkeit wieder, in der er in der ablaufenden Zeit steckt. Sie ist noch keine Geschichte, aber Chronik, Brauch, eine Mischung von Geringfügigkeiten mit Tatsachen und Ideen, die sich später als wichtig herausstellen werden. Aus diesem Grund, noch mehr als durch den von der Verbreitung durch Massenmedien bedingten Verschleiß, wandeln sich die Musikformen, die der Jazzmusiker erfindet und dem Publikum vorträgt, ununterbrochen. Deshalb verläuft die Geschichte der afro-amerikanischen Musik so in Eile und vernichtet innerhalb weniger Jahre die Stile, Klänge, Strömungen und Schulen, die sich während einer kurzen Zeitspanne mit Gewalt in der eigenen kleinen Welt der Menschen des Jazz behauptet hatten. Diese sahen sich auf der anderen Seite vor der Notwendigkeit, in wenigen Jahrzehnten einen analogen oder besser: parallelen Weg zu dem zurückzulegen, der im Verlauf einiger Jahrhunderte von der europäischen Musik gegangen worden war. Von ihr waren sie von Anfang an umgeben, und sie war für sie – auch für diejenigen, die am wenigsten auf die Ereignisse in der europäischen Musik achteten – ein ständiger Vergleichspunkt und manchmal ein Grund zur Anregung.

Das sind die Gründe, weshalb im Wörterbuch des Jazz wenige Jahre eine »Ära« ausmachen, die dann in den Schallplattenaufzeichnungen dokumentiert bleibt, zum Vorteil der Musikliebhaber und Forscher der afro-amerikanischen Musik. Aus den gleichen Gründen ist es nicht zu schwierig, im Abstand von wenigen Jahren die stürmische Geschichte des Jazz zu historisieren. Um sie jedoch vollends zu verstehen, muß man die Momente wieder durchleben, die sie nacheinander bestimmt haben (nicht nur in den Hauptlinien und ihrer tiefsten Bedeutung, sondern auch in den kleinen Ereignissen, in den wechselvollen Stimmungen und Sitten).

Von welcher Geschichte und von welchen Sitten wird hier gesprochen? Selbstverständlich von der leidensvollen Geschichte und von den Sitten der Neger der Vereinigten Staaten und dann von der Geschichte der Gesellschaft, in die sie sich gegen ihren Willen eingefügt sahen, der sie sich anzupassen versuchten oder gegen die sie sich auflehnten, manchmal abwechselnd oder auch zur gleichen Zeit. Wir teilen wirklich den Gedanken, den LeRoi Jones in diesen Zeilen zusammengefaßt hat: »Die ausdrucksvollste Musik der Neger, gleich welcher Epoche, ist der genaue Abglanz dessen, was der Neger in dieser Epoche ist; sie gibt seine Ansichten über sich selbst, über Amerika und über die Welt wieder.«[4]

Jedoch ist der Jazz niemals eine ausschließliche Negermusik gewesen; manchmal, wie in der sogenannten »Swing-Ära« und Jahre später in der Epoche, in der sich der Cool Jazz und der kalifornische Jazz durchsetzten, ist er überwiegend weiß gewesen, erst recht in seinen am meisten verbreiteten und vom Publikum am besten aufgenommenen Formen. Nicht nur die soziale Situation und die Weltanschauung des amerikanischen Negers in einem bestimmten geschichtlichen Augenblick (die eine wie die andere dauernden und manchmal jähen Wandlungen unterworfen) haben also nachhaltig auf die Formen und die Art des Jazz eingewirkt. Hierauf hat immer auch die Einstellung der Weißen gegenüber dem Neger und seiner Musik einen großen Einfluß ausgeübt.

Sehr häufig, besonders in den Jahren zwischen den beiden Weltkriegen, waren Einstellung und Verhaltensweise der weißen Amerikaner zu den Negern und zum Jazz von Verachtung, Zynismus und Brutalität gekennzeichnet. Der farbige Jazzmusiker wurde auf jede mögliche Weise genötigt und ausgenutzt, und seine Musik ist zu oft verfälscht, benutzt und verschachert worden. Er war lange Jahre dazu gebracht worden, die Rolle des Possenreißers vor dem weißen Publikum zu spielen und ist von Anfang an daran gewöhnt worden, sich nicht ernst zu nehmen, seine Musik als eine Sache von geringem Wert zu betrachten, in ihr das Ausgangsmaterial für eine amüsante Vorführung zu sehen und sich dementsprechend zu verhalten. Meistens war er gezwungen, für wenig Geld in erbärmlichen oder sogar verrufenen Lokalen aufzutreten und sah sich auf tausend Arten diskriminiert und immer im Erfolg und im Verdienst von den weißen Musikern überrundet, nicht ausgeschlossen diejenigen, die sich – bei wohlwollender Betrachtung! – darauf beschränkten, das ungeschickt zu kopieren, was er erfunden hatte.

Viel mittelmäßiger Jazz, geschmacklos mit anderen Musikarten vermischt und zum schnellen und erledigten Konsumprodukt oder schlechten Schaustück degradiert, läßt sich durch die systematische Vergewaltigung der Negermusiker durch die Operateure jener skrupellosen Kulturindustrie erklären, die sich mit der leichten Musik beschäftigt. Da sind die Schallplattenproduzenten, Veranstalter, Theateragenten, Besitzer gewisser Nachtlokale und Tanzlokale (zu der Zeit, als Jazz eine Musik war, zu der man tanzen konnte), die sich zu oft befleißigt haben, die Musik der Afro-Amerikaner zur Anpassung an die Geschmacksrichtungen des breiten internationalen Publikums zu zwingen. Dabei waren sie besorgt, nicht dessen Hörgewohnheiten zu schockieren und erst recht nicht die Ansichten darüber, was man als musikalisch schön zu verstehen hat. Es kann nicht wunder nehmen, daß sie bei diesem Vorgehen wertvolle Mitarbeiter in vielen weißen Musikern gefunden haben und noch allgemeiner in denjenigen, die sich bemüht haben, die »ungeschliffene« Ausdruckskraft des authentischen Negerjazz zu glätten, um eine appetitliche Musik für den zu erzeugen, der sich nicht von den Beschränkungen eines kulturellen Hintergrundes loslösen konnte oder wollte, der nichts oder fast nichts mit dem der Afro-Amerikaner gemein hat.

Dieses Vorgehen hat sich oft als finanziell einträglich erwiesen. Es mag ausreichen, an die immer wiederkehrenden Glücksfälle von viel »kommerziellem«, unmißverständlich weißem Jazz (aber ist das Jazz?) zu denken, oder an den anspruchsvoll »symphonisch« genannten Jazz oder an »kammermusikalischen Jazz«, um nicht von »Verjazzungen« berühmter klassischer Vorlagen zu reden. (Tommy Dorsey, der Vokal-Chor der Swingle Singers und der Pianist Jacques Loussier – letztere, nicht zufällig, Franzosen – haben eine Menge davon auf den Markt gebracht.) Der Erfolg dieser Dinge bestätigt nur die unaufhaltsame Neigung des großen Publikums zum Kitsch. Es sind alles Musikformen, die meistens nur das Verdienst hatten, in unterschiedlichem Grad, aber immer offen der europäischen Kultur und den in ihrem Kreise ausgearbeiteten ästhetischen Kriterien zu huldigen.

Das ethnozentrische Vorurteil, wonach nur die Ausdrucksformen der eigenen Kultur »normal« sind und Aufmerksamkeit verdienen (ein Vorurteil, muß man leider sagen, von dem sich unter Europäern und weißen Amerikanern nur eine spärliche Minderheit ganz befreien konnte), liegt solchen Wertschätzungen zugrunde. Demgegenüber steht das geringe Ansehen, das die authentischen Jazzmusiker, besonders die Neger, genossen haben. Dieses ethnozentrische Vorurteil ist jedoch innerhalb der Jazzwelt umgekehrt worden, deren Förderer die weißen Jazzmusiker häufig mit offenem Mißtrauen oder sogar Verachtung betrachtet haben. Es ist dagegen nicht richtig, den Beitrag der weißen Musiker zum Jazz zu bagatellisieren, auch wenn unter ihnen die Künstler, die erheblich beigetragen haben, verhältnismäßig wenige sind.

In Wahrheit ist der Jazz nicht, und könnte auch nicht, eine universelle Musik sein, wie der eine oder andere in naivem Enthusiasmus behauptet hat, aber er ist auch keine auf einen engen ethnischen oder höchstens soziologischen Kreis beschränkte Kunst, wie ebenfalls von maßgeblicher Seite vertreten wurde. Er ist vielmehr von Anfang an, und heute mehr denn je, eine zwischen zwei Kulturen gelagerte und auch dazwischen pendelnde Musik. Jede dieser beiden Kulturen hat auf sie in unterschiedlichem Maße und auf verschiedene Arten eingewirkt, wobei abwechselnd die Werte der einen oder der anderen Kultur überwogen.

Aus diesem Grunde können die Entwicklung des Jazz, seine ständigen Umwandlungen und seine konkreten Ausdrucksformen aus zwei Blickwinkeln betrachtet und folglich gewertet werden, die sich in jüngster Zeit als miteinander schwerlich vereinbar gezeigt haben. Der erste, der die Sicht der Jazzkritik bis vor wenigen Jahren geprägt hat, ist der »weiße« Blickwinkel. Das heißt, es ist die Betrachtungsweise, die – angesichts eines musikalischen Phänomens, das in einer großenteils fremden Kultur entstanden ist – ein Weißer, Amerikaner oder Europäer, haben kann, der einer sozial gehobeneren Schicht angehört und folglich an den Werten orientiert ist, die nach herkömmlicher Anschauung das Erbgut der abendländischen Kultur ausmachen. Für diesen Betrachtertyp hat es sich häufig als schwierig erwiesen, Jazz zu werten, ohne auf im Kreise der eigenen Kultur gereifte und stets eingehaltene ästhetische Kriterien zurückzugreifen, und also nicht jeden vollzogenen Schritt in Richtung auf eine formale Vervollkommnung als positiv zu beurteilen und so auch die Bemühungen vieler Musiker, den Jazz den Musikarten (volkstümlich und anderen) europäischer Herkunft anzunähern. Die entgegengesetzte Betrachtungsweise ist die »schwarze«, wonach jeder Entwicklungsprozeß, der die Werte der weißen (letztlich: europäischen) Kultur in Betracht zog oder immer noch in Betracht zieht, nichts anderes als eine Abweichung ist, das Resultat einer Zersetzung, einer kulturellen Vergewaltigung, einer Kolonisierung, und als solche zu verdammen.

Es ist klar, daß am Ausgangspunkt dieser beiden gegensätzlichen kritischen Annäherungswege zum Jazz auch eine politische Wertung steht, wenn nicht sogar eine – vielleicht unbewußte – rassistische Einstellung des einen oder des anderen Vorzeichens. Beim Schreiben dieses Buches habe ich mich bemüht (im Rahmen des Möglichen), die Jazzmusik weder an der Seite der »Rechten« noch der »Linken« (das heißt weder des weißen Establishments noch der unterdrückten Minderheit, die der unumstrittene Held der Jazzgeschichte gewesen ist) zu verfolgen. Vielmehr soll meine Betrachtung neutral sein und objektiv sowohl den Beitrag, den die schwarze wie auch die weiße Rasse zur Entwicklung des Jazz geleistet hat, als auch die verschiedenen, oft erheblich widersprüchlichen ästhetischen Konzeptionen berücksichtigen.

TEIL 1
Die Geschichte

1. Wurzeln in der Folklore

Angesichts des so reichhaltigen Erbgutes der negroiden Volksmusik im Süden der Vereinigten Staaten fällt es schwer, der Versuchung zu widerstehen, den Stoff streng nach Gattungen und Typen zu unterteilen und dann unter diesen eine logische und also auch chronologische Ordnung herzustellen. Der Stoff läßt sich für gewisse Simplifizierungen und Ermessensentscheidungen verwenden. Es würde in der Tat logisch erscheinen anzunehmen, daß bestimmte vokale Ausdrucksformen wie die »Calls« (Rufe) und »Cries« (Ausrufe), die Gesänge im Entstehungsstadium sind, zeitlich vor den ausgearbeiteteren Formen weltlicher Volkslieder, wie den Balladen und den frühen ländlichen Blues, liegen. Man könnte annehmen, daß letztere erst viel später im öden und sonnigen Landschaftsbild des »Tiefen Südens« aufgetaucht sind als die Spirituals, religiöse Lieder, deren erste Erscheinungsformen sehr wahrscheinlich auf das Ende des 18. Jahrhunderts zurückgehen. In Wirklichkeit weiß man mit Sicherheit, daß sehr primitive Gesangsformen – wie eben die Cries – im Süden der Vereinigten Staaten neben viel entwickelteren Formen wie den Balladen bestanden. So ist es viel schwieriger, als man lange Zeit annahm, ein auch nur annäherndes Entstehungsdatum für bestimmte Lieder festzulegen, welche die direkten Vorläufer des Jazz sind, nämlich die frühen Blues.

Es würde auch nicht zu besseren Resultaten führen, wollte man das Alter der negroiden amerikanischen »Folk Songs« aufgrund ihres stärkeren oder schwächeren »afrikanischen Charakters« festlegen, da ja das, was bis zu uns gelangt ist, in jedem Fall eine Kreuzung, das mehr oder weniger entwickelte Produkt einer Begegnung oder eines Zusammenstoßens verschiedener Kulturen ist.

Bei der Wertung der afro-amerikanischen Musik muß man sich nämlich vor Augen halten, daß der Akkulturations-Prozeß der Neger der Vereinigten Staaten und besonders derjenigen, die in Gebieten protestantischer Kultur lebten, viel schneller als anderswo – beispielsweise auf den Antillen oder in Brasilien – vorangegangen ist. Dies vor allem, weil die Anzahl der Sklaven im Gebiet der Südstaaten der U.S.A. nicht ebenso unverhältnismäßig hoch im Verhältnis zur Zahl der weißen Herren war. Es gab in den nordamerikanischen Sklaven-Staaten Herren, die mit ihren wenigen Sklaven[1] gewissermaßen familiär umgingen, und es gab auch arme Weiße, deren soziale Stellung sich von der der Neger nicht allzusehr unterschied. Aufschlußreich ist in diesem Zusammenhang, was 1856 Frederick Olmsted, ein Korrespondent der »Daily Times« in New York, schrieb: »Im allgemeinen sind die Häuser der Weißen aus

Baumstämmen und schlecht befestigten Brettern gebaut, und auf einer Seite ragt ein Kamin aus Backstein hervor; die weißen und schwarzen Kinder spielen zusammen auf dem freien Platz vor der Tür. Ich war über diese Vermischung sehr überrascht: Negerfrauen, die ein weißes Kind und ein Negerkind auf dem Arm tragen; weiße und schwarze Kinder, die zusammensind; weiße und schwarze Gesichter, die zum Fenster hinausgucken, um den vorbeifahrenden Zug zu sehen.«[2]

Es ist also schwierig, eine hypothetische Reihenfolge der negroiden amerikanischen Folk Songs – der weltlichen und der religiösen – festzulegen, um so mehr, als das, was wir vom Hören kennen, erst in jüngerer Zeit zusammengetragen und aufgenommen worden ist. Dies, obwohl alles Menschenmögliche getan worden ist, um diejenigen Gesänge aufzufinden, die sich in ihren Urformen ziemlich getreu in jenen Elendslöchern, die gewisse ländliche Gemeinden des »Tiefen Südens« sind, oder in der Isolierung der Zuchthäuser erhalten haben. Man sollte hier also besser diese Gesänge summarisch untersuchen und sie dabei einfach nach ihrer Funktion und auch nach den Orten ordnen, in denen sie Form angenommen haben und gereift sind.

Diejenigen Gesänge, die in den Baumwoll-, Zucker- und Mais-Plantagen, am Kai der Flußhäfen und ganz allgemein an den Arbeitsplätzen des Südens in den Jahren der Sklaverei und auch in jüngerer Zeit erklangen, sind gewiß die funktionsbezogensten innerhalb der amerikanischen Neger-Folklore. Harold Courlander schreibt: »Es gab Calls, um Nachrichten jeder Art zu übermitteln: die Leute aus den Feldern zurückzurufen, sie zur Arbeit zu schicken, über eine Entfernung hinweg die Aufmerksamkeit eines Mädchens auf sich zu lenken, die Ankunft von Jagdhunden zu melden oder einfach, um auf seine eigene Anwesenheit aufmerksam zu machen. Es gab noch andere, genauer: Cries genannt, die einfach eine Form sich auszudrücken, die Umsetzung einer Gefühlsbewegung in Stimme waren . . . Sie konnten voll überschwenglicher Freude oder Melancholie sein. Sie konnten aus einem in die Länge gezogenen und mit verwirrenden Verzierungen ausgeschmückten »hoh-hoo« bestehen, das man mit dem Notensystem nicht aufschreiben kann . . .«[3]

Die Calls – deren Ursprung eindeutig afrikanisch ist – waren je nach Gebiet unter anderen Namen bekannt: in Alabama hießen sie zum Beispiel »Whoops« und anderswo »Hollers«. Mit diesem letzteren Begriff wurden jedoch auch Gesänge von ausgeprägterer Struktur, praktisch Lieder zur Einzelarbeit, bezeichnet; zu diesen gehören die »Cornfield hollers« oder »Arwhoolies«, die auf den Maisfeldern gesungen wurden, und die »Cotton field hollers«, die in den Baumwollplantagen erklangen.

Nur selten hatten diese Gesänge ein genau definiertes Thema oder eine ziemlich strenge musikalische Struktur. Sie hatten fast immer eine freie Form und konnten vom Sänger ganz persönlich gestaltet werden, was auch wirklich geschah. Indem er das tat, verhielt er sich wie ein Bluessänger oder ein primitiver Jazzsänger.

Obwohl Olmsted von »Negro jodling« oder dem »Carolina yell« sprach, war das, was er eines Abends in Süd-Carolina in der Nähe einer Eisenbahnlinie gehört hatte und 1856 folgendermaßen beschrieb, bestimmt ein Cry: »Um Mitternacht wurde ich durch ein lautes Lachen wach, sah hinaus und erblickte eine Gruppe von schwarzen Transportarbeitern, die ein Feuer gemacht hatten und vergnügt ihr Essen verzehrten. Auf einmal stieß einer von ihnen einen Laut aus, wie ich ihn noch nie gehört hatte, einen langen, lauten, musikalischen Schrei, der stieg und sank, in Falsetto umschwenkte; seine Stimme erschallte in der klaren, frostigen Nacht durch die Wälder wie ein Jagdhorn.«[4]

Weiter ausgearbeitet und noch funktionsbezogener sind die kollektiven Arbeitslieder (»Work Songs«), von denen zahllose Texte bekannt sind. Einige von ihnen gehen auf die Jahre der Sklaverei zurück oder haben ihre Urtypen in den Sklavengesängen. Es gibt Lieder von Bauern, Eisenbahnarbeitern, Hafenarbeitern, Holzfällern, Fischern oder Sträflingen in Zuchthäusern. Wenn man die Melodien hört und an deren Funktionalität denkt, kommt einem wirklich der Gedanke, daß kein amerikanischer Negergesang (mit Ausnahme der »Ring Shouts«, von denen später die Rede sein wird) einen ebenfalls afrikanischen Charakter hat. In Wahrheit war und ist das Arbeitslied ein fester Bestandteil des musikalischen Erbgutes aus Westafrika.

Die Work Songs der Sklaven müssen einen großen Eindruck auf die Weißen gemacht haben, die sie zum ersten Mal hörten. Das bestätigen unter anderem die wertvollen Augenzeugenberichte aus einem 1838 – 1839 geschriebenen Tagebuch der englischen Schauspielerin Fanny Kemble, die einen Plantagenbesitzer aus Georgia geheiratet hatte. Bei der Beschreibung der Bootsfahrten auf dem Fluß, der durch die Plantage führte, schrieb sie: »Unsere Bootsleute begleiten die Ruderschläge mit dem Klang ihrer Stimmen. Es ist mir nicht gelungen, in vielen von ihren Liedern, die ich kürzlich hörte, irgendeinen Bezug zu etwas zu entdecken, was mir vertraut wäre. Diese Lieder sind mir äußerst wild und seltsam vorgekommen. Die Art, in der der Chor mit seiner Stärke zwischen der einen und der anderen Phrase der Melodie, welche von einer Einzelstimme gesungen wird, einfällt, ist sehr sonderbar und wirkungsvoll.«[5]

Kemble, die auch Musikerin war, schätzte »den bewundernswerten Sinn für Tempo und die echte Betonung«, mit denen die Sklaven ihre Lieder antiphonischer Struktur sangen, die typisch für die Work Songs, Blues sowie viele, auch zeitgenössische afrikanische Gesänge ist.

Das Wesen der Work Songs ist sehr verschiedenartig: es gibt Protestlieder, sozialkritische Lieder und solche, die Bezug nehmen auf – vielleicht vom Vorsänger selbst – erlebte Begebenheiten des Lebens oder auf Tagesneuigkeiten, Klatsch. In einigen wird von der beim Singen verrichteten Arbeit gesprochen, in anderen von legendären Gestalten oder von Personen, die nur dem bekannt sind, der singt, oder von Frauen, vom harten Leben des Arbeiters (früher: des Sklaven) oder von der zukünftigen ersehnten Freiheit. Es gibt traurige und fröhliche, bittere und humorvolle, tolerante und heftige Lieder. Alle sind engstens mit dem Rhythmus der Arbeit verbunden, die beim Singen ausgeführt wird, mit der sie synchron verlaufen und deren Phasen sie unterstreichen können, zur Koordinierung der Bewegungen und Erleichterung der Anstrengung.

Wie in vielen anderen Negergesängen, besonders den religiösen, wird auch im Work Song die Rolle der Hauptperson einem Vorsänger vorbehalten, der die Geschichte seiner Gruppe erzählt, die seine Stimme einstimmig oder im Abstand einer Oktave oder mit Falsetto-Gesang begleiten kann oder – was häufiger geschieht – ihm im Chor, nach verschiedenen Schemen, antworten kann. Oft ist der Leiter ein tüchtiger Improvisator, der seinen Gesang auf der Stelle erfinden kann, wobei er die Anregung von irgendeinem Ereignis des Augenblicks nimmt: eine Handlung des »Captain«, des Aufsehers mit der Peitsche, das Vorbeigehen einer Frau, ein Streit, alles kann in Gesang umgeformt werden, und der Gesang in Tätigkeit, in Bewegung der arbeitenden Gruppe.

Die enge wechselseitige Abhängigkeit von Gesang und Tätigkeit kann auch aus dem folgenden Abschnitt der Einleitung des Buches »Slave Songs of the United States«, 1867 veröffentlicht, entnommen werden, wo mit Bezugnahme auf einen der vielen Gesänge der Ruderer gesagt wird, daß »zwei Takte für jeden Ruderschlag gesungen werden müssen: der erste Takt wird vom Beginn des Ruderschlags betont, der zweite vom Knarren der Ruder in den Ruderpflöcken«.[6] Weiter bemerkt Charles P. Ware in seiner Abhandlung, daß »eines der nennenswertesten Dinge in diesen Liedern ist, daß sie oft mit einer leichten Verzögerung zum Tempo des Taktschlages gesungen zu sein scheinen«. Offenbar stehen wir schon der Tendenz zur Synkope gegenüber, die typisch für die afro-amerikanische Musik ist und in der die Betonung oft auf die schwachen Taktteile fällt. Sie ist ein Vermächtnis der polyrhythmischen Konzeption der afrikanischen Musik.

Die sogenannten Balladen sind komplexe Lieder, manchmal sehr lang, in zahlreichen Strophen gegliedert und oft dem Repertoire der Work Songs entnommen, deren ursprüngliche Funktion sie jedoch verloren haben. Einige stammen mehr oder weniger direkt von den schottischen oder irischen Balladen ab, die die Neger in der Neuen Welt vorfanden.

Unter den ältesten Balladen ist eine der berühmtesten, aber auch poetischsten und typischsten, welche die Geschichte von Ol'Riley erzählt. Von ihr existieren zahlreiche Versionen, bekannt unter verschiedenen Titeln: »Here, Rattler, here« oder »Ol' Riley« oder »Ol' Rattler« oder ferner »In dem long hot summer days«. Ursprünglich war diese Ballade ein Work Song (aber wurde später auch zu einem Blues) und erzählt die Geschichte vom alten Riley, der die Nachricht vom Tode seiner Frau erfährt und deshalb beschließt, aus dem Zuchthaus, in dem er ist, zu fliehen. Seinen Mitgefangenen trägt er auf, dem Wächter, wenn er fragen sollte, ob sie Riley weglaufen gesehen hätten, ruhig zu sagen, daß sie ihn wegfliegen gesehen hätten; wenn er fragen sollte, ob sie ihn lachen gesehen hätten sollten sie ihm sagen, daß er geweint hätte. Auf seine Spuren wurde dann der alte Hund Rattler gehetzt, der ihn jedoch nie einholte.

In gewissen Versionen der Ballade lassen einige Sätze vermuten, daß der Flüchtling ursprünglich ein Sklave und kein Häftling war.

»Frankie and Albert« oder »Frankie and Johnny« (die Namen wechseln oft in den bekannteren Balladen, und in dieser sehr berühmten sind die Varianten des zweiten Namens recht zahlreich) gehört wie viele bis zu uns gedrungene amerikanische Negerlieder einer ziemlich weit zurückliegenden Epoche an und geht auf ein tatsächliches Ereignis zurück. Dieses Lied war in verschiedenen Gebieten des Südens der Vereinigten Staaten in den ersten Jahren unseres Jahrhunderts verbreitet; nach Ansicht einiger Autoren ist es in der Mitte des vorigen Jahrhunderts entstanden. Mehr als dreihundert unterschiedliche Versionen sind davon bekannt. Eine der bekanntesten wurde von Huddie Ledbetter, genannt Leadbelly, einem ehemaligen Zuchthäusler aus Louisiana, gesungen, der in den vierziger Jahren berühmt werden sollte. Die sehr lange Geschichte erzählt von der Rache Frankies, die ihren Liebhaber Albert tötet, weil er sie betrogen hat. Nachdem Frankie die Mutter Alberts vergeblich um Vergebung gebeten hat, wird sie verhaftet und auf den elektrischen Stuhl geschickt.

Die gute und dienstbereite, ihrem männlichen Partner ergebene Frau sowie ihr Partner als Bösewicht, der von der Hand in den Mund lebt und sie betrügt, sind immerwiederkehrende Gestalten in der negroiden amerikanischen Volksmusik: die Helden ungezählter Geschichten, die in den Bluestexten wiedergegeben werden. Es lohnt sich, diese beiden Musterbilder Frankie und Albert kennenzulernen, so wie sie Leadbelly in seiner Version der berühmten Ballade vorstellt:

Frankie was a good woman
As everybody knows,
She did all the work around the house
And pressed her Albert's clothes.
He was her man, but he done her wrong.

Albert was a yeller man,
Coal-black curly hair.
Everybody up in St. Louis
Thought he was a millionaire.
He was my son, and the only one.[7]

Noch berühmter und in zahlreichen Versionen bekannt ist die Ballade von John Henry, einem der Helden aus der Mythologie der Neger Amerikas. Ursprünglich war auch die Ballade von John Henry (der vielleicht wirklich existiert hat, so wie Frankie und Albert existierten) ein Work Song und sollte später ein Blues und sogar ein Jazztitel werden, der von den »Washboard Bands«[8] gespielt wurde. Das Stück ist unter den »Railroad gangs«, den Arbeitskolonien, die an der Streckenverlegung für die Eisenbahn arbeiteten, vor einem knappen Jahrhundert entstanden. Für einige seiner längsten Versionen ist die Definition einer Heldenballade durchaus nicht unzutreffend.

Die Geschichte rankt sich um die dramatische Kampfansage John Henrys, eines riesenstarken Negers, der im Big Bend Tunnel arbeitete, an einem Preßluftbohrer, der nach Ansicht des einfältigen und hochherzigen John niemals einen Mann verdrängen kann, der gute Muskeln hat. »Steam ist only steam« – heißt es in einigen Versionen der Ballade – »but I'm a natural man.«[9] Er täuschte sich natürlich: am Ende unterliegt der Mensch, so stark und edel er auch sei, im Wettkampf mit der Maschine und stirbt.

In ihrer bekanntesten Form (aber einige gehen sogar schon von der frühesten Kindheit des Helden, der sein eigenes Schicksal prophezeit, aus) beginnt die Ballade mit diesen Versen:

John Henry said to the Captain
That a man is not but a man.
Said: »Before I let the steam drill beat me down
I'll hammer my fool self to death
I'll hammer my fool self to death.«[10]

Auch die Ballade von John Henry, ebenso wie die von Ol' Riley und wie viele andere Work Songs, ist endlose Male in den Zuchthäusern des »Tiefen Südens« erklungen, wo wegen der Isolierung und des Überdauerns gewisser sozialer Situationen die Folklore besonders lebendig und unberührt geblieben ist.

Eine der bekanntesten Balladen unter denen, die sich auf das Gefängnismilieu beziehen, stammt ebenfalls aus dem Repertoire Leadbellys. Sie ist vielleicht weißen Ursprungs (aber nach Ansicht mancher wenigstens teilweise von einem alten Spiritual abgeleitet), heißt »Midnight Special« und ist ein bezeichnendes Beispiel für die vielen Folk Songs, die vom Zug ausgehen.

Der schnaufend und pfeifend vorbeifahrende Zug, der von weit her kommt und wer weiß wohin fährt, der freie Menschen mit sich führt und eines Tages den armen Leidenden (einen Feldarbeiter oder einen Zwangsarbeiter, das machte in jenen Jahren keinen großen Unterschied aus) weit weg von den Stätten seiner Qualen bringen könnte, ist in der Tat lange Zeit eines der dominierenden Motive in der negroiden amerikanischen Volksliteratur, in den Blues und auch im frühen Jazz gewesen. Der »Mitternachts-Expreß« fährt nahe am Gefängnis vorbei und ist das Symbol einer besseren, weit entfernten, unerreichbaren Welt:

When you gets up in the mornin'
When that big bell ring,
Goes a-marchin' to the table,
Meet the same old thing.
Knife and fork are on the table
Whith nothin' in my pan,
If you say anything about it,
have trouble with the man.

Let the Midnight Special
Shine her light on me;
Let the Midnight Special
Shine her ever lovin' light on me.[11]

Die weltlichen Gesänge des amerikanischen Negers waren lange die einzigen, die man in der Gemeinschaft der Sklaven hören konnte. Es waren nämlich fast zwei Jahrhunderte nötig (die erste kleine Gruppe von Sklaven, eingefangen an der afrikanischen Westküste, war 1619 auf amerikanischem Boden angelangt und sollte dort bleiben), bevor man auf breiter Basis die Bekehrung der Sklaven zum Christentum einleitete. Die Widerstände gegen die Bekehrung waren stark gewesen, vor allem seitens der Plantagenbesitzer, die der Ansicht waren, daß die Sklaverei nicht zu rechtfertigen wäre, wenn ihre Opfer nicht unzivilisiert gehalten würden.
Einigen religiösen Gruppen, besonders den Quäkern aus Pennsylvanien, den Baptisten und Methodisten, gelang es schließlich doch, mit den Widerständen fertig zu werden; sie machten klar – wie LeRoi Jones mit bitterem Realismus bemerkt hat –, daß man die Sklaverei nur durch die Möglichkeit der Bekehrung rechtfertigen könnte. Was die Plantagenbesitzer angeht, so begriffen diese schließlich, daß die Aussicht auf das Heil in einem anderen Leben die Sklaven in diesem Leben hier ruhig halten könnte.
Aber sie begriffen nicht nur das. Sie verstanden auch, daß die Religion zum

wirksamen Instrument einer sozialen Kontrolle werden konnte. Der Prediger würde den Sklaven ausgezeichnete Motive dafür liefern (was er dann auch wirklich tat), daß sie ihren Herren gehorchten und sich so benahmen, wie es denen am besten paßte.[12]

So begann die Arbeit des Predigens und Bekehrens, vor allem seitens der Geistlichen der baptistischen und methodistischen Kirchen. Ihre Predigten wurden gut aufgenommen; schließlich hatte die Religion immer eine grundlegende Rolle in der Kultur der afrikanischen Völker und auch derjenigen, die ihre Glaubensüberzeugung in die Neue Welt mitgebracht hatten, eingenommen. Eine dieser Überzeugungen war, daß der Gott des Siegers (die ersten Sklaven betrachteten sich als Besiegte, als Gefangene) anerkannt werden müsse, da stärker als der eigene.

»Die Religion«, schreibt George P. Rawick, »war nahezu das Zentrum im Leben der Sklaven von Sonnenuntergang bis Sonnenaufgang. Die afrikanischen Sklaven der Neuen Welt waren aus Gesellschaften gekommen, in denen es keine Unterschiede zwischen religiösen und weltlichen Betätigungen gab und in denen die Kenntnis des Religiösen und Heiligen ein Bestandteil aller Betätigungen war. Unterscheidungen zwischen dieser und der anderen Welt, zwischen Fleisch und Geist, zwischen dem lebenden Körper und den Geistern der Toten, wurden nicht als absolut aufgefaßt. Die Menschen wurden für fähig gehalten, mit relativer Leichtigkeit durch diese Grenzen zu gleiten. Für Leute, die aus einer so gearteten Welt kamen, waren religiöse Betätigungen das Feld beachtlicher potentieller Aktivität und gesellschaftlicher Stärke. Die Sklaven der Neuen Welt benutzten die Religion als hauptsächliche Gelegenheit zur Bildung und Erholung der Gemeinschaft.«[13]

Es war anfangs nicht leicht, die Sklaven in etwas zu verwandeln, was »guten Christen« ähnelte. Das erste Resultat war jedenfalls eine Kreuzung zwischen Heidentum – aber dieser Begriff ist selbstverständlich nicht exakt – und Christentum, zwischen afrikanischen Gebräuchen und Riten einerseits und christlicher Liturgie andererseits. In dem Buch »Afro American folk songs« von H. E. Krehbiel wird ein Artikel wiedergegeben, der in »The Nation« vom 30. Mai 1867 erschienen war und die Beschreibung einer typisch »afro-christlichen« religiösen Handlung enthält: »Die Bänke werden an die Wand gerückt, wenn der eigentliche Gottesdienst beendet ist, und alle, Alte und Kinder, Männer und Frauen, eine groteske Menge aufgeputzter junger Leute – die Frauen meistens mit grellbunten Tüchern um den Kopf und in kurzen Röcken, die Jungen in zerrissenen Hemden und Männerhosen, die Mädchen barfuß – stehen mitten im Raum und beginnen, im Kreise zu gehen, wobei sie sich eng aneinanderhalten und die Füße schleifen, ohne sie je vom Boden zu erheben. Der Rhythmus der Vorwärtsbewegung wird von plötzlichen Bewegungen, die die bald schweißbedeckten Körper erschüttern, bestimmt. Manchmal tanzen sie schweigend, andere Male singen sie, während sie sich vorwärts bewegen und die Füße schleifen, den Refrain eines Sperichil (Spiritual), nur selten singen sie es ganz. Meistens versammeln sich die, die am besten singen, und die inzwischen müde gewordenen Shouters in einer Gruppe an einer Seite des Raumes und sorgen für die Begleitung der anderen, indem sie das Leitmotiv singen und in die Hände oder auch auf die Knie klatschen. Tanz und Gesang sind voller Energie, und wenn der Shout bis in die Nacht andauert, hindert das rhythmische und dumpfe Geräusch der über den Boden geschleiften Füße alle im Umkreis einer halben Meile am Schlafen.«[14]

Dies ist die Beschreibung eines »Praise Meeting« (Treffen zum Lobe des Herrn) oder »Ring Shout« (wörtlich: Schreien im Kreise) oder »Circle Dance«, in dem man mehr als in anderen Ausdrucksformen der negroiden amerikanischen Musikfolklore das Andauern afrikanischer Elemente bemerkt. Und man kann auch die Wirkung der ersten religiösen Unterweisung abschätzen: die Teilnehmer am Ring Shout bemühten sich aufs Äußerste, nicht ihre Füße zu kreuzen; denn wenn sie es getan hätten, hätten sie »getanzt«, das heißt sie hätten dem Teufel gehuldigt. Ihnen war nämlich beigebracht worden, daß die weltliche Musik und natürlich auch der Tanz teuflische Dinge waren.[15] Selbst Banjo und Geige, auf denen sich die Neger hervortaten, waren »Teufelsinstrumente«, und »Devil songs« (Teufelslieder) oder zumindest »sinful« (sündhaft) waren die Gesänge, die jahrzehntelang auf den Plantagen erklungen waren. Nicht umsonst hatte John Wesley, der Gründer der methodistischen Kirche, dessen Hymnen die religiöse Musik der amerikanischen Neger tief beeinflussen sollten, gesagt: »Es ist eine Schande, daß der Satan immer die besten Lieder haben soll«.

Die Sklaven mußten jedoch dunkel ahnen, daß auch die Zeremonien wie die oben beschriebene etwas Sündhaftes an sich hatten, eben wegen ihres afrikanischen, also heidnischen Ursprunges. Wahrscheinlich fanden diese gerade aus diesem Grunde nachts statt, an abgelegenen Orten (meistens in alleinstehenden Baracken, oft mitten im Wald), und man griff zu seltsamen Mitteln, in der Hoffnung, den Lärm der Gesänge und Tänze zu dämpfen. Fast immer wurde am Eingang der Baracke ein umgedrehter Waschkübel oder ein großer Eisentopf angebracht, auf einer Seite hochgehoben. So sollte er die Geräusche »verschlucken« und tilgen. Dies war schon ein Symptom jenes Schuldkomplexes, der viele Jahrzehnte lang die amerikanischen Neger verfolgen sollte, die sich bis in die allerjüngste Zeit ihrer Musik, besonders des Blues und Jazz, mehr oder weniger geschämt haben.

Mit dem ziemlich allgemeinen Begriff »Negro Spirituals« (man sollte nicht vergessen, daß es auch weiße Spirituals gibt, die wie die der Neger auf protestantische – besonders methodistische – englische Hymnen zurückgehen) pflegt man verschiedene Typen von religiösen amerikanischen Negerliedern zu bezeichnen, die im vorigen Jahrhundert ausschließlich in den Gebieten englischer Sprache und protestantischer Religion zu hören waren (also nicht im Louisiana katholischer Prägung und französischer Sprache). Wegen der Unterschiedlichkeit dieser Gesänge ist der Gebrauch des Begriffes »Anthems« (Hymnen) vorzuziehen. Es gibt ekstatische, feierliche, bewegende Gesänge – das sind die wirklichen Spirituals –, und es gibt Gesänge voller Dynamik und mystischer Inbrunst, fast Märsche, die von Fußstampfen und Händeklatschen unterstichen werden; das sind die »Jubilees«. Sie entstanden im erregten Klima der um 1880 praktisch überall in den Grenzgebieten organisierten »Grand Camp Meetings«. Diese große Bewegung fanatischer religiöser Volkshingabe ging unter dem Namen des zweiten »Great Awakening« (Großes Wiedererwachen) in die Geschichte ein, und die Grand Camp Meetings wurden in den darauffolgenden Jahren noch wiederholt. In diesen großen Versammlungen im Freien, bei denen sich die Menge oft von einem plötzlichen hysterischen Impuls mitreißen ließ, fuhren die Prediger die Gläubigen mit dramatischer Leidenschaft und Wildheit an. Diese ließen sich von ihrer Ergriffenheit überwältigen und antworteten den Fragen und Anklagen des Predigers mit Ungestüm.

In seiner schon zitierten soziologischen Studie über die Sklaverei in den Vereinigten Staaten bemerkt Rawick: »Die enge Beziehung zwischen Prediger und Versammlung der Gläubigen in der Negerkirche geht auf die Tatsache zurück, daß die Versammlung eine Gemeinschaft, eine heilige Familie ist, deren Haupt und Führer der Pastor ist. Diese Stellung ähnelt der des Ältesten in der aus vielen Familien bestehenden Ansammlung eines westafrikanischen Dorfes. Man glaubt, daß der Älteste eine stärkere Verbindung zu dem Unbekannten habe, aber seine Beziehung zu diesem offenbart sich in der Beziehung zu seinen Leuten. Die Rufe ›Amen‹, ›Hallelujah‹, ›Sag' es ihm, Pastor!‹ und ähnliche, mit denen die Predigt des Negerpredigers gespickt ist, sind die Bestätigung dafür, daß er sich im Einklang mit dem Geist der Gemeinschaft befindet«.[16]

Das Spiritual ist kein Lied der Resignation oder Selbstbemitleidung, als das es oft aufgefaßt worden ist. Im Gegenteil, es ist ein Lied, in dem die Befreiung des Negervolkes als zusammenhängend mit der göttlichen Offenbarung gepriesen wird. »Die Grundidee der Spirituals ist, daß Sklaverei Gott widerspricht; sie ist eine Verleugnung seines Willens«, schreibt der Negertheologe James H. Cone und fügt später im gleichen Text[17] hinzu: »Als die Negersklaven feststellten, daß ihre historischen Möglichkeiten begrenzt waren, begannen sie, Strukturen des schwarzen Zeugnisses zu entwickeln, die ihr Menschsein auch da bewahrten, wo sie den Ketten der Sklaverei nicht entfliehen konnten.«

Der Sklave wußte wohl, daß die Freiheit ihm in dieser Welt fast sicher verwehrt bleiben würde, aber er hörte nie auf, sein Recht auf deren Erlangung

zu verkünden. Am Ende würde der barmherzige Gott ihn und seine Rassenbrüder in seine Arme aufnehmen und das erlittene Unrecht würde wiedergutgemacht werden. In der Bibel, dem »Guten Buch«, von dem er immer gehört
hatte, wird von anderen Unglücklichen erzählt, die schweres Unrecht erleiden
mußten, bevor sie ihr Recht auf Freiheit anerkannt sahen; da gab es ein Volk,
das der Juden, welches lange unter der Gefangenschaft in Ägypten leiden
mußte, bevor es in das Gelobte Land zurückkehren konnte. In den Erlebnissen
dieses Volkes sah der Negersklave die Qualen seines eigenen Geschlechtes
widergespiegelt, die dann mit der ersehnten Überquerung des Jordans glücklich enden würde. Der biblische Fluß stellt nichts anderes als den befreienden
Tod dar, der die Aufnahme in das Himmelreich möglich macht.
Sehr bezeichnend sind in diesem Zusammenhang die ersten Verse eines der
berühmtesten Spirituals, »Go Down Moses«:

When Israel was in Egypt's Land,
Let my people go.
Oppressed so hard they couldn't stand,
Let my people go.
Go down, Moses, way down in Egypt's Land,
Tell old Pharaoh, let my people go.[18]

In den Spirituals werden die biblischen Gestalten im vertraulichen und herzlichen Umgangston behandelt: Josua wird die Schlacht um Jericho auch für die
Sklaven, die sich auf den Plantagen des Südens abmühten, schlagen.
Vielleicht merkten die weißen Aufseher nicht immer die tiefere Bedeutung
mancher Spirituals und den Protest, den diese Lieder in jedem Wort miteinbe-
zogen. Wenn jedenfalls die Hoffnung auf die Erlösung im Paradies die Sklaven
auf dieser Erde ruhig halten konnte, dann sollten sie ruhig singen! Und so
ließen sie es zu, daß der Sklave abends, mit zerschundenen Knochen nach der
Plantagenarbeit, die feierliche Weise »Swing low, sweet chariot« anstimmte:

If salvation was a thing money could buy,
Then the rich would live and the po' would die.
But I'm so glad God fixed it so
That the rich mus' die jes' as well as the po'.[19]

Nicht selten hat das Spiritual dennoch eine verborgene Bedeutung: der Himmel kann dann gerade die Freiheit sein, die man gleich auf dieser Erde erreichen kann; er kann einen der Nordstaaten oder Kanada bedeuten, wo viele
Sklaven nach ihrer Flucht Zuflucht finden konnten. Die Flucht wurde durch
jene »Underground Railroad« (Untergrund-Eisenbahn) genannte Kette von
Komplizen möglich gemacht.

Ein sehr bekanntes »Code«-Spiritual ist »Steal away to Jesus«. Es wird Nat Turner, dem mutigen Anführer einer der eindrucksvollsten Sklavenaufstände, die es im Süden gegeben hat, zugeschrieben:

Steal away, steal away to Jesus,
Steal away, steal away home.
I ain't got long to stay here.
My Lord calls me, he calls me by thunder,
The trumpet sounds within my soul.
I ain't got long to stay here.[20]

Spirituals wie »Steal away to Jesus« waren verboten. Sie wurden heimlich während der nächtlichen Zeremonien in irgendeiner alleinstehenden Hütte gesungen.[21]
Meistens wird jedoch der Sklave, der das Spiritual singt, nicht von feindseligen Gefühlen gegenüber seinen Bedrückern bewegt, deren Handlungen er niemals beurteilt. Er hegt keine Rachegelüste, sondern denkt an eine übersinnliche Gerechtigkeit und vertraut auf eine Glückseligkeit im Jenseits, die er mit seiner Vorstellungskraft vorwegnimmt. Man beachte, unter den vielen anführbaren, die Worte von »City called Heaven«:

I'm a poor pilgrim of sorrow
And tossed in this world alone,
No hope for today, nor for tomorrow.
I started to make Heaven my home.

Sometimes I'm tossed and trodden, Lord,
Sometimes I don't know where to roam.
I've heard of that city called Heaven,
I've started to make Heaven my home.[22]

Manche haben darauf hingewiesen, daß viele Melodien der Spirituals im Grunde genommen afrikanisch sind. Von der bekanntesten Melodie des schon genannten »Swing low, sweet chariot«[23] ist sogar der vermutliche afrikanische Urtyp in Rhodesien gefunden worden. Dennoch darf man den Einfluß der ursprünglich englischen Hymnen der Reformierten Kirchen, so wie sie im erregten Klima der beiden Großen Wiedererweckungs-Bewegungen umgeformt worden sind und dann freier in der Form, lebhafter und volkstümlicher wurden, nicht unterschätzen. Auch darf die antiphonische Struktur in vielen dieser Lieder, besonders der »Sermons«, nicht täuschen. Sie können zwar deshalb afrikanisch wirken, ihr Ursprung ist aber in New England zu suchen. Was

34

jedenfalls mehr zählt, ist die Tatsache, daß der amerikanische Neger das Material europäischer Herkunft, mit dem er in Berührung kam, gründlich umgearbeitet und ihm seine Eigenart und ein starkes Gepräge gab.

Die Spirituals (und auch einige Work Songs) wurden dem weißen Publikum, auch dem in Europa, Australien und Südafrika, erstmals von den Fisk Jubilee Singers vorgestellt. Dieser Studentenchor war 1871 gegründet worden, um Konzerte zu geben und so die notwendigen Mittel für die Fisk University, eine der ersten Neger-Universitäten, die kurz vorher in Nashville, Tennessee, gegründet worden war, zusammenzutragen. Der Augenblick war gut gewählt; denn der Bürgerkrieg war erst seit wenigen Jahren vorbei, und in vielen Kreisen – in den Nordstaaten der USA und vor allem in Europa – hegte man große Sympathien für die gerade vom Joch der Sklaverei befreiten Neger. Die Sänger versuchten jedoch, obwohl sie Neger waren, sich möglichst dem Geschmack und den ästhetischen Kriterien ihrer weißen Zuhörerschaft anzupassen[24], legten die Form der Spirituals besser fest und harmonisierten sie. Jedenfalls steht fest, daß nach ihnen sehr viele Sänger, schwarze und weiße, die Spirituals mit europäisch ausgebildeten Stimmen interpretierten, ausgefeilte Harmonisierungen verwendeten und so den Geist der Spirituals verfälschten und sie entdramatisierten. Es mußten noch viele Jahrzehnte vergehen, bevor das breite Publikum in Amerika und Europa die klassisch ausgerichteten Stimmen von Marian Anderson und Paul Robeson vergessen konnte und in den Gospel Songs, die nach dem aufsehenerregenden Triumph Mahalia Jacksons Anfang der fünfziger Jahre übermächtig auf die internationale populäre Musikszene gelangt waren, den Geschmack an der starken Würze und dem jubilierenden Feuer der echtesten negroid-amerikanischen »Anthems« wiederfand. Nicht umsonst sollte gerade damals ein neues, unvorhergesehenes Glück dem typischen Jubilee »When the Saints go marchin' in« lächeln, das auch von vielen Jazzmusikern wiederaufgenommen worden war.

Antonin Dvořák hatte einige dieser Gesänge im Sinn, als er für die Ausgabe des »Century Magazine« vom Februar 1895 (wenig später als ein Jahr nach der New Yorker Carnegie Hall-Aufführung seiner Sinfonie »Aus der Neuen Welt«, in der man das Echo bestimmter amerikanischer Volksmusik hört und in der das Thema von »Swing low, sweet chariot« musikalisch zitiert wird) schrieb: »Welche Melodie könnte ihn (einen Amerikaner) mitten auf der Straße anhalten lassen, wenn er in der Fremde wäre, und ihn Heimatluft spüren lassen, wie verhärtet auch immer sein Herz und wie schlecht auch immer dieses Motiv gespielt sein sollte? . . . Die wirkungsvollsten und schönsten von diesen (Melodien) sind meiner Meinung nach gewiß unter den sogenannten Plantagenliedern und Sklavengesängen, die sich durch ihre ungewöhnlichen und subtilen Harmonien auszeichnen: etwas, was ich in keinem anderen Lied, es sei denn in den schottischen und irischen, finden konnte«.[25]

Es ist auszuschließen, daß der große böhmische Komponist, der während seines kurzen Aufenthaltes in Amerika die Negerlieder des Südens durch Vermittlung des Kritikers James Huneker und dessen farbigen Schülers Henry Thacker Burleigh kennengelernt hatte, auch einige Blues hören konnte, auf die damals nur sehr wenige stoßen konnten. Es war aber der Blues, Gesang von erlesenem Individualismus, der mehr als die Spirituals und Plantagenlieder eine grundlegende Rolle in der Entwicklung der afro-amerikanischen Musik, genauer gesagt im Jazz, spielen sollte.[26]

Obwohl der Blues bis zu den zwanziger Jahren dieses Jahrhunderts beim großen amerikanischen Negerpublikum nicht populär wurde, liegen seine ersten Erscheinungsformen zeitlich weiter zurück. Laut Harold Courlander »nahm er eine Form, die der heutigen ähnelt, irgendwann während des neunzehnten Jahrhunderts, wenn nicht noch früher, an«[27]; andere, den maßgeblichen Paul Oliver inbegriffen, sind jedoch der Meinung, daß dieser Volkslied-Typ während der Sklavenzeit noch nicht existiert hat, zumindest noch nicht in einer Form, die den uns bekannten ähnlich war. Der Blues ist jedenfalls ein enger Verwandter der Hollers, Work Songs und Balladen und hat auch Anknüpfungspunkte zu den Spirituals. Wie wir schon Gelegenheit hatten festzustellen, fehlen nicht solche Beispiele von Work Songs und Balladen (sowie auch von einigen Spirituals), die sich später in Blues verwandelt haben. Es ist darüber hinaus sicher, daß der Blues sich an den gleichen Orten entwickelt hat, an denen auch diese Gesänge entstanden sind, und zwar vor allem auf den Feldern des Südens (vielleicht in Mississippi, genauer gesagt), und auch seine weitläufige afrikanische Abstammung scheint nicht strittig zu sein. Laut Russell Ames[28] ist es möglich, daß unter seinen Vorfahren gewisse afrikanische Gesänge, die auf witzigen, sprichwörtlichen Aussprüchen oder auch Spötteleien basierten, sowie andere, ebenfalls afrikanische Gesänge von Klage und Schmerz waren. Im Blues sind wirklich noch mehr als in anderen negroiden Volksliedern bestimmte konstante Merkmale der frühesten afro-amerikanischen Musik zu erkennen, angefangen mit der antiphonischen, refrainartigen Struktur und der dem Sänger – innerhalb eines bestimmten Schemas, auf einer festgelegten harmonischen und rhythmischen Basis – vorbehaltenen Erfindungsfreiheit. Diese Merkmale stellen die Voraussetzungen für die Jazzmusik dar. Nicht von ungefähr kann man sagen, daß der Jazz geboren wurde, als die Blues nicht nur gesungen, sondern erstmals auch gespielt wurden. Möglich wurde das erst einige Jahre nach dem Bürgerkrieg, als die befreiten Sklaven Musikinstrumente erwerben konnten, von denen einige – unter ihnen vor allem die Trommel – im übrigen während der Sklavenzeit in bestimmten Gegenden verboten gewesen waren, aus Furcht, daß sie weitere Sklaven zum Aufruhr anregen könnten.

Obwohl die Strophen der entwickelteren Blues im allgemeinen aus drei Zeilen von je vier Takten Länge zusammengesetzt sind (die ersten beiden Zeilen sind gleich oder fast gleich, und die dritte stellt irgendwie eine Antwort oder Folgerung zu dem dar, was in den ersten beiden ausgesagt wird) und also aus insgesamt zwölf Takten bestehen, gibt es auch achttaktige – vermutlich die ältesten – oder sechzehntaktige Bluesstrophen sowie auch solche anderer und freierer Struktur.

Eine typische Bluesstrophe ist die folgende:

I'm gonna lay my head on some railroad line
I'm gonna lay my head on some railroad line
An' let that two-nineteen train pacify my min'.[29]

Die typische harmonische Folge des Blues – in seiner erstarrten Form – ist: Tonika – Subdominante – Dominante (was mit Sicherheit nicht afrikanischen Ursprungs ist); ebenso typisch für diese Musikform ist die sogenannte »Bluestonleiter«, in der der dritte und siebente Ton der Dur-Tonleiter leicht vermindert sind (»blued«, wie man sagt) und »Blue Notes« genannt werden. Diese leichte Veränderung einiger Werte der diatonischen Tonleiter ist nach der Auffassung der meisten das Resultat einer Anpassung einer ursprünglichen, afrikanischen Tonleiter von fünf Tönen, ohne Halbtöne, an die europäische Tonleiter. Oder noch besser: das Endresultat eines Konfliktes zwischen zwei untereinander sehr verschiedenen musikalischen Konzeptionen. Es ist in diesem Zusammenhang vielleicht von Nutzen, darauf hinzuweisen, daß es ziemlich eigenmächtig und zumindest eine Entstellung ist, eine nicht strikt diatonische, harmonisch doppeldeutige Musik mit den Begriffen einer Musik erklären zu wollen, die einer anderen Kultur, nämlich der westlichen, weißen angehört.[30]

Auf die antiphonische Struktur des Blues wurde bereits hingewiesen. Wir wollen hier hinzufügen, daß das Spiel der Fragen und Antworten (in sehr weitem Sinne zu verstehen: als ergänzende Aussagen innerhalb eines Selbstgespräches, als Problem und Lösung, als Darstellung einer Situation und ihrer Schlußfolgerung, als Behauptung und deren Ergänzung oder Erklärung usw.) recht subtil und, mehr noch als verbaler Natur, poetisch und musikalisch ist. »Die Bluesmelodie«, schreibt Roberto Leydi, »drückt sich vor allem in einem sehr feinen, wahrnehmbaren oder kaum wahrnehmbaren Spiel von inneren und äußeren Fragen und Antworten aus. Wenn wir irgendeine beliebige Bluesmelodie, die aufgeschrieben ist, nehmen, zögern wir keinen Augenblick, den Anfang auf dem schwachen Taktteil zu erkennen. Und dennoch sehen wir sofort, wie die »hörbare« Melodie, obwohl sie doch zweifelsohne auf vier Takte aufgebaut ist, nur zweieinhalb Takte einnimmt, wobei anderthalb Takte ganz von der Pause eingenommen werden. Und gerade auf einem Teil dieser

Pause beginnt die zweite Phrase in der Weise, daß sie den pausierenden starken Taktteil als Voraussetzung zum eigenen schwachen Taktteil des Anfangs benützt. Das zu erkennen, heißt schon, den antiphonischen Charakter des Blues zu bestätigen . . .«[31]

Die antiphonische Anlage des Blues, sein überwiegend (und ursprünglich immer) langsames Tempo, seine tonale Ungewißheit, sein fast biologischer rhythmischer Atemzug, der auf einen gleichmäßigen Rhythmus gegründet ist, seine traditionelle harmonische Folge, die Einfachheit der strophischen Struktur, die an der Wiederholung ansetzt, und seine weitgehendste Formbarkeit sind einige der Elemente, die den Blues zu einer idealen Grundlage für die Improvisation der Sänger und später der Instrumentalisten des Jazz gemacht haben. Noch mehr: mit den Jahren, die seine Popularität enorm vergrößert haben, hat der Blues schließlich die Funktion einer seinen Künstlern und Zuhörern in all ihren Feinheiten und bedeutungswandelnden Möglichkeiten bestens vertrauten sprachlichen Struktur angenommen. So ist er zum perfekten Vehikel für jede Art bedeutungsvoller Mitteilung in dem besonderen Bereich geworden, in dem sich die Menschen des Jazz (oder des Blues, sofern dieser Bereich nicht genau mit dem des Jazz übereinstimmt) bewegen.

In keiner anderen der zahlreichen Formen, in denen die Musikalität der amerikanischen Neger Ausdruck gefunden hat, ist das uralte Vermächtnis der Doppelsinnigkeit afrikanischer Ausdrucksweise so klar erkennbar. Diesbezüglich verdienen die Bemerkungen Ernest Bornemans, der in erster Linie Anthropologe und nicht nur ein gründlicher Forscher der Jazzentstehung ist, erwähnt zu werden: »Während die europäische Tradition zur Regelmäßigkeit – von Intonation, Tempo, Klangfarbe und Vibrato – neigt, geht die Neigung der afrikanischen dahin, diese Werte zu verneinen. In der Ausdrucksweise werden Umschreibungen zum Beispiel genauen Definitionen vorgezogen; eine Äußerung ohne Umschreibung gilt fast als brutal und jedenfalls als nicht ausdrucksstark genug, während die Erfindung immer neuer Umschreibungen für ein Zeichen von Intelligenz und Persönlichkeit gehalten wird. Wir finden den gleichen Hang zur umschweifenden oder unvollständigen Rede in der Musik wieder: eine Note wird niemals direkt angegangen, sondern Stimme und Instrument nähern sich ihr von oben oder von unten, umspielen sie in ihrer Höhe, ohne je dort anzuhalten, und entfernen sich wieder von ihr, indem sie sie in ihrer ganzen Zwielichtigkeit zurücklassen«.[32]

Diese zugrundeliegende Zwielichtigkeit, die tonale Unbeständigkeit, die modale Ungewißheit[33], die Veränderlichkeit, Formbarkeit und der Reichtum an Klangfarben (charakteristisch auch für die Stimme des singenden Negers) finden ein einzigartiges, aber nicht zufälliges Gegenstück in der Blues-Poesie selbst. Der Bluessänger geht nämlich voller Unbeständigkeit von einem Thema auf das andere über, er ändert plötzlich den roten Faden seiner Rede, die oft dunkel auf etwas anspielt. Immer wieder haben die Blues-Sänger vom »Double talk« (verschlüsselte Sprache, könnte man übersetzen) ihrer Songs gesprochen, davon, daß sie eigentlich etwas anderes meinen als das, wovon sie singen. Brownie Mc Ghee, der Blues-Sänger aus Tennessee, hat gesagt, daß in vielen seiner Blues ein Geheimnis verborgen sei: »In fast jedem Vers ist etwas versteckt«. Aber als er dann gefragt wurde, was da versteckt sei, antwortete er allgemein: »Weißt du, ich rede zu meinen Leuten«.[34]

Bestimmte dunkle Anspielungen, manches Augenzwinkern und gewisse Doppelsinnigkeiten, die »Double talks«, die den Bluesforschern oft Kopfzerbrechen bereiten, müssen auch in einen Zusammenhang mit der schwierigen Situation gebracht werden, in der sich der Negersklave und später der empanzipierte Neger befand, und die sowohl den einen als auch den anderen zwang, seine Gefühle und Gedanken dem weißen Mann gegenüber jahrhundertelang zu verbergen. Auch als nach 1865 alle Neger befreit waren, hatten sie es nicht weniger nötig, sich zu verteidigen und untereinander zusammenzuhalten, angefangen mit dem Sprechen ihres eigenen Slangs.

Erst ein Jahr war seit Ende des Bürgerkrieges vergangen, als im Süden der Vereinigten Staaten bereits die unheilvollen Kreuze des Ku Klux Klan aufflammten. Und nicht mehr als dreißig Jahre waren nötig, um die Bürgerrechte, die den Negern mit einigen in den ersten Jahren des Wiederaufbaus erlassenen Gesetzen zugestanden und durch die 14. und 15. Abänderung der amerikanischen Verfassung garantiert worden waren, tatsächlich nacheinander zu widerrufen. 1896 gab der Oberste Gerichtshof zum Abschluß des Verfahrens »Plessy gegen Ferguson« der Rassendiskriminierung den Segen der Legitimität, indem er die Rassentrennung der farbigen Minderheit für legal unter der Bedingung erklärte, daß dieser gleiche – wenn auch getrennte – Möglichkeiten und öffentliche Einrichtungen (»facilities«) zugesichert würden. In Wirklichkeit entpuppte sich die Gleichheit der öffentlichen Einrichtungen (von den Plätzen in den Schulen, und also vom Recht zu studieren, bis zu den Plätzen im Zug und Autobus und in den Toiletten) als heuchlerische Lüge und für manchen als trügerische Hoffnung. Als Illusion hatte sich auch die Zuteilung von circa sechzehn Hektar Land und einem Maulesel für jeden befreiten Sklaven erwiesen, die irgend jemand in den chaotischen Jahren nach dem Bürgerkrieg, in denen sich voller guter Absichten auch einige Neger-Verwaltungen gebildet hatten, dem Kongreß vorgeschlagen hatte.

Letzten Endes sahen sich die amerikanischen Neger am Anfang dieses Jahrhunderts isolierter und diskriminierter, als sie es jemals in den vorangegangenen fünfunddreißig Jahren gewesen waren. Es soll reichen, daran zu erinnern, daß 1900 in Louisiana über 90% der Neger de facto ihres Wahlrechts beraubt waren, und noch geringer war im Verhältnis dazu die Zahl der wählenden Neger in Alabama. Dementsprechend wurde also die Anzahl der Vertreter der

Neger-Minderheit im Parlament praktisch auf Null reduziert. Was das Recht zu studieren anbetraf, das für Neger und Weiße »gleich« sein sollte, wurde seine Ausübung den Söhnen und Enkeln der befreiten Sklaven weitgehend verwehrt; es mag genügen zu sagen, daß von 1909 ab im Staate Alabama für die Ausbildung eines jeden Bürgers weißer Rasse fünfmal soviel ausgegeben wurde wie für die eines Negers. Und das Lynchen gehörte zu jeder Wochenchronik; man schätzt, daß im ersten Jahrzehnt des Jahrhunderts gut 900 Neger im allergrößten Teil des Südens barbarisch von der Menge umgebracht worden sind.

Am 12. Februar 1909 wurde in der »New York Post« ein von Oswald Garison Willard geschriebener und von sechzig bekannten Persönlichkeiten unterzeichneter Appell veröffentlicht, in dem es unter anderem hieß: »Die Feier des hundertsten Geburtstages von Abraham Lincoln, so sehr sie auch mit Dankbarkeit in jedem Teil des Landes begangen wird, hat keine Berechtigung, wenn sie nicht die farbigen Männer und Frauen ins Gedächtnis ruft und gebührend berücksichtigt, die der große Befreier frei sehen wollte ... Wenn Lincoln wiederkäme und sein Land sähe, wäre er traurig und entmutigt. Er würde erfahren, daß am 1. Januar 1909 eine neue Konföderation gebildet wurde, die den Negern das Wahlrecht genommen und so alle anderen Südstaaten nachgeahmt hat. Er würde erfahren, daß der Oberste Gerichtshof der Vereinigten Staaten, der ein Schutzwall der amerikanischen Freiheit sein müßte, absichtlich jede Gelegenheit ausgelassen hat, sich gegen ein Gesetz auszusprechen, das Millionen von Personen ihrer Bürgerrechte beraubt hat ... Er würde erfahren, daß der Oberste Gerichtshof ... das Prinzip gutgeheißen hat, wonach ein einzelner Staat, wenn er will, es zur strafbaren Handlung erklären kann, wenn Weiße und farbige Menschen gleichzeitig zum selben Markt oder zu einer Bürgerversammlung gehen, die zusammengetreten ist, um Fragen öffentlicher oder politischer Natur, an denen alle Bürger unabhängig von ihrer Rasse interessiert sind, zu diskutieren«.

Der Artikel schloß mit einem Aufruf, einen nationalen Kongreß einzuberufen, um »die gegenwärtigen Übel zu besprechen, Protest auszudrücken und den Kampf für die bürgerlichen und politischen Freiheiten wiederaufzunehmen«. So entstand ein paar Monate später die »National Association for the Advancement of Colored People« (NAACP), die eine kampflustige Zeitung, »The Crisis«, unter der Leitung von W.E.B. Du Bois, einem der ersten großen Negerführer, ins Leben rief.

In ihrer überwältigenden Mehrheit waren die ehemaligen Sklaven und ihre Nachkommen in den ersten Jahren des Jahrhunderts gezwungen, als Tagelöhner im ländlichen Süden zu bleiben; diejenigen, die am meisten Glück hatten, konnten Verträge als Pächter oder Teilpächter von Bauernland abschließen, gerieten aber dadurch schließlich in Schulden. Die Mutigsten oder auch Verzweifelsten begannen, das Land, auf dem sie immer gelebt hatten, zu verlassen, um sich anderswohin zu begeben. Viele begannen, auch um ihre Freiheit zu behaupten, hin und her zu ziehen. Oft versteckten sie sich in irgendeinem Eisenbahnwagen; das waren die »Hobos«, jene Vagabunden, von denen die Volksliteratur der amerikanischen Neger so viel spricht. 1910 hatten ungefähr 1.750.000 Neger ihren Heimatstaat auf der Suche nach einer Arbeit um jeden Preis, nach einem notfalls erbettelten Stück Brot, verlassen. Viele fanden sich am Ende in den Städten wieder, in einer fremden und feindlichen Umwelt, um Arbeiten verrichten zu müssen, an die sie nicht gewöhnt waren.

Gerade in diesen Jahren und an diesen Orten fing der amerikanische Neger an, ein Selbstbewußtsein zu erlangen, eine Identität zu finden und seine Kultur mit neuem Leben zu erfüllen. Damals begann für ihn die Ära des Blues.

In den Bluesstrophen wurde die trübe und düstere Welt des amerikanischen Negers in Poesie übertragen. Aber es war eine Poesie neuer Prägung. »Den Blues haben«[35] ist etwas anderes als das Traurigsein des weißen Mannes. Es bedeutet, von einem existentiellen Lebensüberdruß, einer drückenden Melancholie, die keinen Raum für Träumereien läßt, befallen zu sein; es bedeutet Selbstmitleid, Resignation, dumpfe Verzweiflung, Eintönigkeit und Elend. Es ist eine Poesie über Alltagsdinge und wohlvertraute Menschen, die in realistischem Licht und mit nüchternem Auge gesehen werden. Im Blues gibt es keine lyrische Verklärung und will auch nicht da sein, weil das ein Luxus für Weiße ist; es gibt kein Drama, weil das Drama aus Schatten, aber auch aus Licht besteht. Es gibt dagegen das Wissen um eine eingetretene Tragödie, die nie aufhören wird. Der Bluessänger besingt nicht das Leben, sondern das Nichtsterben, er spricht immer von dem, was er nicht hat und niemals haben wird.

Der Blues ist keine Art, das Leben, die Tatsachen und Dinge zu sehen und zu interpretieren; er ist das Leben selbst, alles das, was den amerikanischen Neger umgibt und traurig und grau ist. »Der Blues ist eine natürliche Sache«, hat Big Bill Broonzy, geboren in Mississippi und einer der besten Bluessänger, gesagt: »Wenn du ihn nicht lebst, heißt das, daß du ihn nicht hast«.[36]

Aber was heißt »den Blues haben«? Huddie Ledbetter hat gesagt: »Wenn du nachts im Bett liegst und dich von der einen auf die andere Seite drehst, ohne schlafen zu können, gibt's nichts zu machen. Der Blues hat dich gekriegt ... Wenn du morgens wach wirst, setzt du dich auf die Bettkante, und du magst Vater und Mutter, Schwester und Bruder, deinen Freund oder deine Freundin bei dir haben, aber du hast keine Lust, mit ihnen zu sprechen ... Sie haben dir nichts getan, und du hast ihnen nichts getan, aber was macht das? Der Blues hat dich gekriegt«.[37]

Es wurde gezeigt, daß es in den Zeiten der ersten Blüte dieser Lieder viele Gründe für den amerikanischen Neger gab, den Blues zu haben – es gibt auch heute noch genug, was das angeht –, vor allem für denjenigen, der gezwungen war, auf der Suche nach einem stets knappen »Negro Job« von Stadt zu Stadt zu irren. So der Vagabund in »The Cholly blues«:

When I was out in West Texas, I was goin' f'um do' to do',
I was broke an' was hungry, didn't have no place to go,
An' da's de reason, baby, I jes' wants to know,
Kin I lay down here until day?
I'm a stranger in yo' town, ain't got no place to stay.[38]

Keinen Platz zum Bleiben, zum Schlafen zu haben, nicht zu wissen, wohin man gehen soll und weit weg von seinen Lieben zu sein, ist ein in zahlreichen Blues immer wiederkehrendes Motiv. »I'm a poor boy far away from home« (»Ich bin ein armer Junge weit weg von zuhause«) ist eine der vielen Redewendungen – fast Mosaiksteine –, die man in vielen Blues findet. Zum Beispiel im folgenden, der von einem der vielen singenden Landstreicher aus Texas, Ramblin' Willard Thomas, aufgenommen wurde:

I was down in Loosianna doin' as I please,
Now I'm in Texas . . . I got to work or leave,
Poor boy, poor boy long ways from home.
»If your home's in Loosianna, what you doin' over here?«
Said »My home ain't in Texas and I sure don't care«.
Poor boy, poor boy, poor boy long ways from home.[39]

Auf dem Übergang vom Lande zur Stadt (einem Prozeß, der einige Jahrzehnte dauerte) verlor der Blues allmählich die ursprüngliche Rauhheit, bestimmte und festigte seine Struktur, die am Ende überwiegend im Schema von zwölf Takten pro Strophe festgelegt war, und veränderte vor allem seine Thematik, als er sich den neuen Situationen anpaßte, in die der Neger, dessen Horizont erheblich erweitert wurde, hineinkam.
Bestimmte Situationen jedoch änderten sich nicht; an erster Stelle waren dies die Beziehungen zwischen Mann und Frau, in der Familie und außerhalb derselben. Eine sehr unstete Familie, die der amerikanischen Neger, in der die Frau, seit in der Sklavenzeit aus der Notlage heraus das Matriarchat aufgekommen war, von Anfang an die führende Rolle hatte. Damals war es den Sklaven nicht gestattet gewesen, eine rechtlich gültige Ehe einzugehen; trotzdem waren dauerhafte Verbindungen zwischen Sklaven alles andere als selten und hatten für sie den Wert wirklicher Ehen. Doch zeigte sich die Veränderlichkeit solcher Bindungen (die im übrigen jederzeit vom Sklavenherrn aufgehoben werden konnten, weil er nach Lust und Laune jedem Beliebigen einen der Eheleute verkaufen konnte) schon an der Einfachheit des Ritus, mit dem die

Ehen zwischen Sklaven geschlossen oder aufgehoben wurden. Zur Eheschließung genügte es, daß die Brautleute sich an der Hand hielten und mit zusammengehaltenen Füßen beide über einen leicht über den Boden gehaltenen Besenstiel sprangen; um die Ehe aufzulösen, wurde umgekehrt verfahren, das heißt rückwärts gesprungen. Jedoch wurde die Sklavenfrau oft genug einfach zu einer Zuchtstute erniedrigt, wie sie jedem Hengst zur Verfügung steht, der sich ihr nähern will. So mußte sich die Frau notwendigerweise um den Nachwuchs kümmern und wurde zumindest für ein paar Jahre das einzige Familienoberhaupt; denn der erwachsene Mann (vorausgesetzt, daß es einen identifizierten oder identifizierbaren Vater gab) war in keiner Weise gehalten, die Verantwortung für die Familie mitzutragen. Die Möglichkeit, eine rechtlich verbindliche Ehe einzugehen, veränderte nach der Sklavenbefreiung nicht wesentlich die Rollen von Mann und Frau, auch weil die Frau sehr oft die Familie ernähren mußte, da es für sie einfacher als für den Mann war, eine bezahlte Arbeit zu finden, wenigstens als Dienstmädchen.

Die Situation eines Ehemannes oder Partners in einer Familie, die nur von der Mutter abhängt, ist selbstverständlich schwierig. Diesbezüglich schreibt Charles E. Silberman: »Das Ergebnis ist oft mehr als nur eine einfache psychische Flucht. Da der Ehemann unfähig ist, die männliche Rolle zu übernehmen, versucht er oft, seine Stärke durch Hervorkehrung seiner sexuellen Fähigkeiten unter Beweis zu stellen. Aber sein Bemühen kann kein positives Ergebnis bringen, und so beginnt er, sich von der Familie zu entfernen und verläßt sie am Ende ganz. Dieses Weggehen des Ehemannes trägt derweil dazu bei, das zu bestätigen, was die Ehefrau immer vermutet hatte: daß die Männer Taugenichtse sind . . .«[40]

Unzählige Blues spiegeln diese Situation und diese Gefühle wider. Die Frau kümmert sich um alles, während der Mann oft als verantwortungsloser Müßiggänger geschildert wird. Er ist der »Easy Rider« (oder »C. C. Rider« oder »See See Rider«), den wir schon in den Strophen der alten Ballade von Frankie und Albert getroffen haben und den man auch im Titel berühmter Blues wiederfindet. Er ist ein schlechter Kerl, der auf Kosten seiner Partnerin lebt, sich ein schönes Leben macht und zum Schluß verschwindet, wobei er ein leeres Bett und in seiner Partnerin die Erinnnerung an viele Liebesnächte zurückläßt.

Die »Blues vom leeren Bett« sind fast schon eine literarische Gattung, so zahlreich sind sie. Und natürlich sind die bekanntesten die, die der Epoche des sogenannten Klassischen Blues angehören und von den großen Bluessängerinnen in den zwanziger Jahren gesungen wurden, als der Jazz schon existierte. Derjenige von diesen Blues, der den größten Erfolg auch durch seine vielen sexuellen Bezüge hatte, hieß eben »Empty bed blues«, Blues vom leeren Bett, und war eines der Glanzstücke von Bessie Smith.

Er fing so an:

I woke up this morning with an awful aching head,
I woke up this morning with an awful aching head.
My new man had left me with a room and empty bed.[41]

In einem anderen Blues hatte die gleiche Bessie Smith (deren Mann sich nicht zu sehr vor einem »Easy Rider« unterschied) perfekt die Rolle der autoritären Matriarchin interpretiert, die die Geduld mit ihrem müßiggehenden Partner verloren hat. Der Blues trägt den Titel »Put it right here« und beginnt mit diesen Strophen:

I've had a man for fifteen years, give him his room and board,
Once he was like a Cadillac, now he's like an old, worn-out Ford;
He never brought me a lousy dime and put it in my hand,
So there'll be some changes from now on, according to my plan.

He's got to get it, bring it, and put it right here,
Or else he's goin' keep it out there;
If he must steal it, beg it, or borrow it somewhere,
Long as he gets it I don't care.

I'm tired of buyin' porkchops to grease his fat lips,
And he has to find another place for to park his old hips;
He must get it, and bring it, and put it right here,
Or else he's to keep it out here.[42]

(Mit freundlicher Genehmigung des Musikverlages Pickwick S. r. l., Mailand; alle Rechte vorbehalten.)

Zahllos sind auf der anderen Seite die Blues, in denen der Mann mit offensichtlicher Genugtuung erzählt, daß er sich von seiner Partnerin, deren dauernde Vorwürfe er mit Unwillen ertrug, befreit hat. Paul Oliver hat einen solchen Blues transkribiert; er ist wie viele andere eine Sammlung von Redewendungen, die man in Dutzenden von Blues zum gleichen Thema wiederfinden kann:

I'm goin' away sweet mama, and your cryin' won't make me stay,
I'm goin' away sweet mama, and your cryin' won't make me stay,
'Cause the more you cry, the further you'll drive me away.

Says I'm goin' away baby and I won't be back till fall,
Says I'm goin' away baby and I won't be back till fall,
And if the blues overtake me, I won't be back at all.

I'm goin' away baby, to wear you off my mind,
I'm goin' away baby, to wear you off my mind,
'Cause you keep me bothered, worried all the time.

One of these mornings baby, an' it won't be long,
One of these mornings baby, an' it wont be long,
I'm gonna catch the first thing smokin' and down the road I'm goin'.[43]

Die uralte Gewohnheit des Geschlechtsverkehrs außerhalb einer Ehe (so wurde er zur Sklavenzeit von den weißen Herren, die recht froh waren, auf diese Weise die Vervielfältigung ihrer Arbeiterschar zu sehen, gefördert und folglich von den Negern als sozial anerkannt und wünschenswert verstanden) erklärt nicht nur die Zerbrechlichkeit der Negerfamilie, die vielen Fälle ehelicher Untreue und die hohe Prozentzahl außerehelicher Geburten, die immer noch in den Neger-Gettos registriert wird. Sie erklärt auch die unbefangene – für einen Weißen puritanischer Erziehung geradezu irritierende – Offenheit, mit der sexuelle Themen in den Bluesstrophen behandelt werden.
Die Blues erotischen Inhalts sind ungezählt und vielleicht sogar in der Überzahl. Howard Odum und Guy B. Johnson schrieben 1925: »Eine große Menge von Material kann wegen der Vulgarität und Unanständigkeit des Inhalts nicht veröffentlicht werden.« Damit man nicht an übertriebene Prüderie ihrerseits dachte, führten sie näher aus: »Im allgemeinen kann die Phantasie die Dinge schlimmer darstellen, als sie in Wirklichkeit sind, aber in den Negerliedern übertrifft die Wirklichkeit bei weitem die Phantasie. Das vorherrschende Thema ist das des Geschlechtsverkehrs, und es gibt keine Zurückhaltung in den verwendeten Formen des Ausdrucks«. Sich selbst zensierend schlossen Odum und Johnson damit, daß »im Vergleich zu gewissen vulgären Liedern anderer Völker die der Neger eine Kategorie für sich sind.«[44]
In einem großen Teil dieser Blues beschreibt der Sänger, ein Mann oder eine Frau, seine eigenen Fähigkeiten und Vorzüge in der Liebe oder die des Partners. Hierbei werden manchmal deutliche Ausdrücke oder häufiger pittoreske Metaphern verwendet, wie solche, die sich auf die Automotoren beziehen, die nach der Verbreitung des »T«-Modells von Ford sehr populär geworden waren.
In der freudigen Zurschaustellung von Obszönität durch die Bluessänger haben einige, wie Philippe Charles und Jean-Louis Comolli, eine rebellische oder jedenfalls selbständige Haltung der Neger zu sehen geglaubt, die so zeigten, daß sie gewisse Regeln der »Vornehmheit« und »Mäßigung« der weißen Musik und Gesellschaft nicht akzeptieren wollten. Das ist eine Hypothese – typisch für den europäischen Intellektuellen, der die Geschichte der afro-amerikanischen Musik in klassenkämpferischen Begriffen sieht –, die

wahrscheinlich die Bluessänger selbst sehr verwundern würde. In Wahrheit hatte Sex für die Neger in der Sklavenzeit überhaupt nichts begierig Aufputschendes an sich und hatte es auch nicht für die Bluessänger und ihr Publikum; er war ein natürliches und amüsantes Thema.

Die erotischen Prahlereien des Bluessängers – auch darin getreuer Interpret der Psychologie des noch nicht verspießerten amerikanischen Negers – stellen eine unbewußt-naive Reaktion auf das quälende Minderwertigkeitsbewußtsein dar, das drei Jahrhunderte der Sklaverei und ein Jahrhundert der Erniedrigung und Quälereien dem Neger »made in USA« eingehämmert haben. In seinem Unterbewußtsein haßt er sich selbst und seine Hautfarbe. »Wenigstens lieben kann ich«, sagt sich der Neger, »und besser als die Weißen«.

Stimmt das? Stimmt es nicht? Das ist unwichtig; der amerikanische Neger weiß, daß ihn der Weiße für sexuell überlegen hält. Dies ist viele Jahre lang der einzige Trost für sein Ich gewesen.

Im übrigen liegt eine rebellische, herausfordernde und provozierende Einstellung dem Bluessänger fern, weil sie dem amerikanischen Neger bis vor kurzer Zeit fremd war. Der bluessingende Neger (d. h. der Neger der seit einiger Zeit abgeschlossenen Ära des authentischen Blues) verbreitet keine Schmähungen, er protestiert nicht einmal. Er stellt lediglich bitter fest, daß er nicht so wie der weiße Mann behandelt wird. So in »Black, brown and white« von Big Bill Broonzy, das 1945 komponiert wurde und beweist, wie wenig sich die Dinge für den Menschen dunkler Hautfarbe über die Jahrzehnte hinweg geändert hatten. Wir geben hier eine der vielen Strophen wieder, die immer wieder mit den drei gleichen Zeilen enden:

I was in a place one night, they was all havin' fun,
They was all buyin' beer an' wine, but they wouldn't sell me none.
They said: »If you's white you's alright,
If you is brown, stick around,
But as you are black, mmm mmm brother, git back, git back, git back!«[45]

Alles ist schlimmer für den Mann dunkler Hautfarbe. Auch die Naturkatastrophen, deren verheerende Folgen in vielen Blues beschrieben werden. Erschreckend sind gewisse Beschreibungen der Überschwemmung des Mississippi-Tals im Jahre 1927. Der »Risin' high water blues« von Blind Lemon Jefferson, einem blinden Sänger, der in Texas umherzog und einer der größten Vertreter des Blues der zwanziger Jahre war, beginnt so:

Water in Arkansas, people screamin' in Tennessee,
Ooh, people screamin' in Tennessee.
If I don't leave Memphis, backwater been al over po' me.
People say »This rainin' it has been for nights and days«,

People say »This rainin' it has been for nights and days«,
Thousands of people stands on the hills
Lookin' down where they used to stay.[46]

In seinen primitiven Entstehungsformen wurde der Blues – als er noch eine ungewisse, veränderliche und offene Struktur hatte, ähnlich wie die Hollers – ebenso wie die anderen amerikanischen Neger-Volkslieder entweder nur von einer Stimme oder unisono, nie harmonisch, gesungen. Die erste harmonische Begleitung im Ansatz wurde vom Banjo gestellt. Dieses Instrument von wahrscheinlich afrikanischer Herkunft, das in den Minstrel-Shows dominiert hatte, wurde später von der Gitarre ersetzt, die wegen ihrer Geschmeidigkeit viel geeigneter für die feinsinnige Ausdrucksweise des Blues ist.

Die erste Verbreitung des Blues unter der Negerbevölkerung des Südens geht auf den Anfang dieses Jahrhunderts zurück, als Bluessänger den Minstrel-Truppen beitraten, die seit siebzig Jahren die Szene des »leichten« amerikanischen Schauspiels beherrschten. In den Minstrel-Shows, die im Süden und Mittleren Westen herumzogen, nahm der Blues dann tatsächlich den Platz des schwindenden Ragtime ein (von dem später die Rede sein wird, genau wie von der Tätigkeit der Minstrel-Sänger). In einer dieser Truppen – und zwar den Rabbit Foot Minstrels, die zusammen mit den Mahara's Minstrels und der 1910 in New Orleans gegründeten Gruppe der Silas Green's eine der wichtigsten war – sang jahrelang Gertrude Pridgett Rainey, genannt »Ma«. Sie wird von der Jazzgeschichte als »Mutter des Blues« anerkannt, obwohl sie zusammen mit ihrem Mann Will Rainey einige Jahre lang zu zweit unter der witzigen Bezeichnung »The assassinators of the blues« (»Die Mörder des Blues«) aufgetreten war. »Ma« Rainey, die 1912 Bessie Smith, welche die größte der Bluesinterpretinnen werden sollte, als Anfängerin an ihrer Seite hatte, kann wirklich als das Bindeglied zwischen dem formlosen ländlichen Blues der Uranfänge und dem professionellen Klassischen Blues betrachtet werden, der seine Blütezeit in den zwanziger Jahren hatte.

Nach ihrem Zeugnis gegenüber Professor John W. Work von der Fisk University hatte Ma Rainey zum ersten Mal 1902 in einem Städtchen in Missouri ein Mädchen, das »eine seltsame und bewegende Klage« von sich gab, den Blues singen hören.[47] Hiernach sang sie immer Blues, ohne jedoch anfänglich das alte Repertoire der Minstrels zu übergehen: die sogenannten »Hokums« (»Scherze«), die von Banjo und kleinen Trommeln begleitet wurden, Balladen und spaßige Liedchen. Wie viele andere Sänger, die in ihre Fußstapfen treten sollten, nahm sie ihre Blues von der Straße, vom Lande, wo immer sie sie antraf, und übertrug sie »in Reinschrift«. Jedoch wollte sie sich keine Verdienste zuschreiben, die sie nicht hatte. In ihrem »Last minute blues«, den sie als Zugabe bei ihren Auftritten verwendete, sang sie:

If anybody asks you who wrote this lonesome song,
Tell 'em you don't know the writer but Ma Rainey put it on.[48]

Nicht so viele Bedenken hatte William Christopher Handy, Autor des so berühmten »St. Louis blues« (eines nicht orthodoxen Blues, den manche Puristen als zu sehr verarbeitet und ausgeklügelt kritisieren und in dem sogar ein Tangothema zum Vorschein kommt) und des »Memphis blues«, der das erste als Blues bezeichnete Stück war (das aber doch kein Blues war . . .), welches kurz nach 1912 großen populären Erfolg hatte. In dem Jahr wurde es unter diesem Titel veröffentlicht, nachdem es 1909 mit anderem Text als »Mr. Crump« erschienen war. Crump war eine Persönlichkeit in Memphis, und das Motiv war für seinen Wahlkampf geschrieben worden. Handy bezeichnete sich selbst in einigen nicht signierten Artikeln als »Vater des Blues« und ließ sich dann von anderen, auch vom Herausgeber seiner Autobiographie, so nennen, während er sich weitgehend Volkslieder zunutze gemacht und umgeformt hatte.

Der Klassische Blues[49], dessen Epoche praktisch im Jahre 1920 begann, hatte nun eine gefestigte strophische Struktur, einen fast festen harmonischen Ablauf und ein ausgesprochen theaterhaftes Gepräge. Er stellte sogar das erste Modell negroiden – oder besser: authentisch und ausschließlich negroiden – Schauspiels dar, dessen man sich entsinnen kann. Unter den ersten, die die Ausbaumöglichkeiten des Begriffes »Show« unter den Millionen von Negern, die den Süden und Südwesten der Vereinigten Staaten bevölkerten, begriffen, waren zwei Italiener, die Brüder Barasso aus Memphis. Der ältere von ihnen organisierte 1907 einen Kreis kleiner Theater für die Negergemeinden des Südens, deren Erfolg den jüngeren Bruder zwei Jahre später zur Gründung der berühmten oder eher berüchtigten »Theatre Owners Booking Agency« veranlaßte. Die Abkürzung der »TOBA« wurde wegen der Behandlung der engagierten Künstler und der gebotenen Hungerlöhne von den Opfern bald als »Tough On Black Artists« (»hart zu schwarzen Künstlern«) übersetzt.

Trotz ihres schlimmen Rufes besorgte die TOBA, die soweit kam, mehr als achtzig ausschließlich von Negern besuchte Theater zu kontrollieren, zahlreichen farbigen Künstlern viele Jahre lang ziemlich durchgehende Tourneen und trug zur Verbreitung der Negermusik in einem großen Gebiet bei, das sich von Philadelphia bis Texas, von Florida bis Alabama, von Arkansas bis Missouri und Ohio erstreckte.

Die Musik, die in den kleinen Theatern gespielt wurde, in denen die TOBA ihre Shows organisierte, war schon Jazz. Denn die Bluessänger – vor allem Frauen – ließen sich von einer kleinen Band begleiten, die auch Blasinstrumente enthielt. Der Blues des Einzelsängers mit der umgehängten Gitarre, der seine von den Nachbarn, vom Vater oder sogar vom Großvater gehörten

Geschichte so gut wie möglich wiedergibt, sollte einsam in der Armut des Südens bis in unsere Tage überleben. Aber seine Epoche endete, als der verstädterte Blues eine den Berufskünstlern vorbehaltene Musikgattung, eine Form volkstümlichen Schauspiels und schließlich eine Kunstform der Instrumente großer Jazzmusiker und der erschütternden Stimme von Bessie Smith wurde.

2. Minstrels und Ragtime

Während die amerikanischen Neger ihrer Musik eine Form gaben, wußte man nördlich der Mason-Dixon-Linie, die die Sklavenstaaten von den anderen Staaten trennte, herzlich wenig von ihnen. Und doch waren sie so zahlreich; 1860 waren es, bei einer Gesamtbevölkerung von einunddreißigeinhalb Millionen Menschen, fast viereinhalb Millionen. Von diesen waren circa 3.900.000 Sklaven, und die Hälfte der übrigen lebte außerhalb der Sklavenstaaten.

Zu viele Jahre lang hatte man gedacht, daß Neger kaum mehr als Tiere wären: barbarisch, lächerlich, kindisch und vielleicht auf ihre Art glücklich. Die Abolitionisten versuchten, dieses Bild, das nur zum Einschläfern des Gewissens und zur Tarnung der tragischen Realität der Sklaverei diente, zu zerstören, aber man kann nicht sagen, daß die Vorstellungen des Mannes auf der Straße – der nach 1852 doch so viele Tränen über »Onkel Toms Hütte« vergoß – viel klarer darüber geworden wären, was die Neger waren. Immerhin erregten diese Leute, die aus einer anderen Welt gekommen waren, die »nichts anderes als ein bißchen fettes Fleisch und den Sonnenuntergang brauchten«, diese Menschen, die »wilde und seltsame« Melodien sangen, wie Fanny Kemble in ihrem Tagebuch geschrieben hatte, die einen fast unverständlichen Dialekt sprachen und weder lesen noch schreiben konnten (weil die »Sklaven-Gesetze« verboten, daß es ihnen beigebracht wurde), die Neugier der Yankees und reizten ihre Phantasie.

Ein überaus reichhaltiges und bezeichnendes Bild der Vorstellungen, Meinungen, Vorurteile und Gefühle der Weißen in den Städten nördlich der Mason-Dixon-Linie gegenüber den Negern wird uns von den Minstrel-Shows geboten, die ab 1840 oder wenig später die kleinen amerikanischen Bühnen bis in die ersten Jahre dieses Jahrhunderts beherrschten. Nicht nur das: in vielen der Musikformen, die diese Shows belebten, ist der Einfluß, wenn auch nur indirekt und verzerrt (und mit anderen Musikarten europäischen, vor allem irischen und schottischen Ursprungs vermischt), von Plantagenliedern und besonders Spirituals zu hören. Von letzteren wußte man wenig, wenigstens solange man nicht die Konzerte der Fisk Jubilee Singers hören konnte, was jedenfalls ausreichte, um Entzückung über diese Spirituals hervorzurufen.

»Der Erfolg der Negro Minstrels«, hat Constance Rourke bemerkt, »fiel mit einer beträchtlichen Veränderung der Stellung des Negers in der Nation zusammen. Der kleine Jim Crow[1] tauchte fast im gleichen Augenblick auf, in dem der »Liberator«[2] gegründet wurde, und die »Minstrelsy« verbreitete sich im Lande und wurde immer populärer, je mehr der Kampf für die Befreiung der Sklaven während der vierziger und fünfziger Jahre zunahm. Es war natürlich die turbulente Epoche der Jackson-Demokratie . . ., in der viele Grundelemente des Nationalcharakters an die Oberfläche zu kommen schienen.«[3]

Die Minstrel-Sänger[4] improvisierten aus dem Stegreif nach traditionellen Vorlagen. Dabei spielten sie stark ausgeprägte Rollen, die mit der Zeit praktisch unveränderlich wurden. Es waren in ihrer Art Masken oder wenigstens Karikaturen, deren stilisierte Verhaltensweise bald einen fast rituellen Wert annahm. Jedoch war einige Zeit nötig, bevor der Minstrel-Sänger das Aussehen annahm, mit dem ihn viele identifizieren. Der taubenblaue Zylinder, der Klöppelstock, die Lackschuhe, die glänzende, lange Seidenjacke in himmelblau oder rot und die gestreiften Hosen, in besonders effektvollem Kontrast zum Gesicht, das mit einem verbrannten Korken schwarzgemalt war und durch einen weiß geschminkten breiten Mund tragisch wirkte, all das erschien erst nach Jahrzehnten phantasievoller Variationen auf der Bühne. Am Anfang des vorigen Jahrhunderts kleideten sich die Minstrel-Sänger so gut sie konnten, vielleicht sogar in Lumpen; aber immer hatten sie ein schwarzgemaltes Gesicht und fast immer ein Banjo in der Hand.

Der erste, der den Einfall hatte, sich das Gesicht schwarz zu bemalen und seinen Gesang mit einem Banjo zu begleiten, war ein Deutscher. Johann Gottlieb Graupner zeigte sich 1799 in diesem Aufzug im Federal Street Theatre in Boston und sang ein Lied, »The gay Negro boy«, das er selbst in den Straßen der Stadt Charleston aufgeschnappt hatte. Es wurde ein großer Erfolg; innerhalb weniger Jahre wurde der »Negro boy« zu einer Pflichtnummer in den amerikanischen Zirkusvorstellungen und Varieté-Theatern, die es sich zur Ehre machten, unter ihren Schauspielern solche »Black face entertainers« zu haben, die keine Neger, sondern als Neger maskierte Weiße waren.

Diese weißen Minstrel-Sänger hatten nur sehr verschwommene Kenntnisse von den Negern des Südens. Ihre Haltung gegenüber den Vorbildern, die sie nachzuahmen versuchten (womit sie im Publikum größte Heiterkeit erregten), war jedenfalls herzlich und spöttisch zugleich, wenigstens anfänglich.[5] Die Lieder, die sie sangen, wurden »Coon songs« genannt (»Coon« war damals der abfällige Spitzname für Neger) oder »Ethiopian melodies« – ein ebenso feierlicher wie falscher Begriff. Die beliebtesten dieser Lieder waren um 1830: »The coal black rose« von White Sidney, »Old Zip Coon«, auch bekannt als »Turkey in the straw« von George Washington Dixon, einem der wenigen damals tätigen farbigen Minstrel-Sänger, und »Jump Jim Crow«, das der Ire Thomas »Daddy« Rice herausgebracht hatte. Hierin wurde ein alter, lahmer Neger nachgeahmt, der in einem Pferdestall arbeitete und eben Jim Crow hieß; ein Name, der das Symbol für die Rassendiskriminierung in den Vereinigten Staaten werden sollte. Rice war nicht nur Sänger und Banjospieler, sondern auch Tänzer; ihm kann man die über ein Jahrhundert vorweggenommene Erfindung der Tanzschritte des »Truckin'« zusprechen. Dieser Tanz hatte dann seine Glückssträhne um 1936.

Jim Crow war eine der vielen karikaturenhaften Figuren, die von den Minstrel-Sängern interpretiert wurden; eine andere war Jim Brown. Der letztgenannte stellte sich auf der Bühne folgendermaßen vor:

I'm a science nigger, mah name is Jim Brown,
And de one dat play music up an' down de town.
I can beat de cymbals an' I can beat de drum
An' all de fancy tunes dat a nigger could cum.[6]

Worte voll komischer Anmaßung, die immerhin beweisen, daß die Neger schon damals berühmt wegen ihrer Fertigkeit im Spielen von Musikinstrumenten waren.[7]

Wie sie auch immer genannt wurde, die klassische, unveränderliche und nie fehlende Gestalt in den Minstrel-Shows war Sambo, der kindliche und einfältige Neger, ständig dämlich lächelnd, servil und komisch ehrerbietig zu den Weißen.

War die Gestalt Sambos nur ein Klischee, der Ausdruck des Rassenvorurteils? Leider nein.

Nach Ansicht von Stanley M. Elkins[8], der in der Sklaverei eine »totale Institution« sieht, in der man Situationen erkennen kann, die nicht allzusehr von solchen in politischen Sträflingslagern totalitärer Regime differieren, war Sambo das unvermeidliche Produkt des perversen Systems der Sklaverei, welches selbst die intelligentesten Menschen auf das Kindesstadium zurückbrachte und in ihnen (genau wie in vielen der genannten Lager geschehen) sogar ein Gefühl der Bewunderung für die Sklavenherren erweckte, die am Ende wie allgewaltige Herrscher aus einer überlegenen Rasse aufgefaßt wurden. Diese These hat jedoch in George P. Rawick einen Widersacher gefunden. Er hat daran erinnert, daß im System der Sklaverei eine große Vielfalt von Situationen existierte, bei denen dem Sklaven doch immer ein gewisser Spielraum gelassen war, innerhalb dessen er kämpfen konnte, um die natürliche und soziale Umwelt zu meistern. Einen Sambo traf man häufig unter den Sklaven an, räumt Rawick ein, aber man traf auch mutige Rebellen wie Nat Turner. »Wir müssen die Persönlichkeit des Sklaven unter zwei Gesichtspunkten sehen«, schreibt der amerikanische Soziologe. »Auf der einen Seite stehen die Unterwerfung und das Empfinden, es zu verdienen, ein Sklave zu sein; auf der anderen Seite steht eine enorme Menge Ärger, die sich zur Verteidigung der Persönlichkeit auswirkt und objektive Resultate in der Verbesserung seiner Lage und in der letztlichen Befreiung, wenigstens von der Sklaverei, hat.«[9]

Die goldene Zeit der Minstrel-Shows, in denen Sambo, wie gesagt, eine nie fehlende Zutat war, begann 1843, als im Bowery Amphitheatre in New York die Virginia Minstrels debütierten, zusammengestellt und geleitet von Dan Emmett, dem ersten bemerkenswerten Komponisten von vorjazzmäßiger Musik. Ihm sind unter anderem zwei sehr beliebte Kompositionen zu verdanken: »Old Dan Tucker« und »Dixie's Land«, das dann später einfach als »Dixie« bekannt wurde.[10] Dieses letztere Lied sollte praktisch die Hymne des Südstaaten-Heeres während des Sezessionskrieges werden. Die Virginia Minstrels folgten dem Beispiel von Daddy Rice und unternahmen 1844 auch eine kurze Europatournee. So ließen sie es zu, daß ihr Erbe in Amerika von einer anderen Truppe, den von Edwin Christy gegründeten Christy Minstrels, angetreten wurde. Christy zog die Sache groß auf und baute ein umfangreiches Schauspiel zusammen, das das klassische Modell für alle Minstrel-Shows wurde.

In den Shows der Christy Minstrels und den daraus abgeleiteten Shows traten keine Frauen auf. Auch die Frauenrollen wurden stets von verkleideten Männern gespielt. Der erste der drei Teile der Vorstellung war der typischste. Die Schauspieler, in phantasievollen Fräcken mit Schwalbenschwanz-Schößen und mit schwarzgemalten Gesichtern und Händen, setzten sich auf der Bühne im Halbkreis, mit einem Banjo auf dem Schoß. In ihrer Mitte stand der »Middle man«, auch »Mr. Interlocutor« genannt, der einzige, der kein schwarz bemaltes Gesicht hatte. Er unterhielt das Publikum durch Antworten auf die Hanswurstspäße und Gags der sitzenden Schauspieler, besonders derjenigen an den beiden Enden des Halbkreises, die Mr. Tambo und Mr. Bones hießen. Jede Vorstellung begann unweigerlich mit der Aufforderung: »Gentlemen, be seated.« (Herrschaften, bitte hinsetzen!), wonach die ersten Gags zwischen dem »Interlocutor« und den anderen, vor allem den »End men«, die auch Parodien und Schwänke darboten, ausgetauscht wurden. Der erste Teil der Show (in der die Musiknummern nicht fehlten) schloß mit dem »Walk around«, einer Art »Parade« der Schauspieler. Sie knüpfte an eine Sitte der Negersklaven an, die an Festtagen mit möglichst weit zurückgebeugtem Rücken einen seltsamen, karikaturenhaften Gruppenspaziergang vorführten, fast einen Tanz, in der Absicht, den gravitätischen Gang der weißen Herren nachzuäffen (die ihnen amüsiert zuguckten, ohne zu ahnen, daß sie selbst aufgezogen wurden). Aus dem stilisierten und rhythmisierten »Walk around« entstand der »Cake Walk«, der gegen Ende des Jahrhunderts in Amerika und dann in Europa Triumphe feiern sollte. Er war ein typischer Negertanz und paradoxerweise die von Negern gemachte Nachahmung der von Weißen gemachten Nachahmung der Neger, die ... die Weißen nachäfften!

Unter den meistgespielten Liedern in diesen Shows, angefangen mit den Vorstellungen der Christy Minstrels, waren die Kompositionen eines anderen Iren, Stephen Collins Foster. Er hatte sich mit den Melodien der Neger-Volkslieder vertraut machen können, weil er sie vor allem in Negerkirchen gehört hatte, in die ihn ein Kindermädchen gebracht hatte, das Mulattin war. Einige seiner zum großen Teil weltbekannten Lieder (wir denken an: »Oh Susannah«, »My old Kentucky home«, »Camptown races« und »Old folks at home«, später berühmt als »Swanee river«) stehen irgendwie im Zusammenhang mit Spirituals oder anderen negroiden Volksliedern Amerikas. Sie blieben Klassiker des amerikanischen Liedes und trugen ihm ein Denkmal in der Stadt Pittsburgh ein, in der er 1826 geboren worden war.

Bis zum Ende des Bürgerkrieges waren Negerkünstler selten in den Minstrel-Shows zu finden. Einer aber war berühmt: William Lane, genannt Juba, der Star der Ethiopian Minstrels. Er erweckte auch die Bewunderung von Charles Dickens, welcher von ihm 1842 in seinen »American notes« sprach. Juba kann als der erste amerikanische Negerkünstler bezeichnet werden, der auf der anderen Seite des Ozeans auftrat; er starb in England, wo er sich einige Jahre aufgehalten hatte.

In der Hauptblütezeit der Minstrel-Songs wurden die Shows auch auf den »Show boats« gegeben, großen Raddampfern auf dem Mississippi, auf denen ein kleines Theater eingerichtet war. Das erste »Show boat« hieß »Mr. Banjo« und bot Vorstellungen mit weißen und schwarzen Schauspielern, die alle in jedem Falle ein mit verbranntem Kork geschwärztes Gesicht hatten. Der Hauptkomiker und Kapitän mußte lediglich vermeiden, Häfen anzulaufen, in denen die rassistischen Gefühle der weißen Bevölkerung zu stark waren.

Unter den größten Erfolgsnummern der Minstrel-Shows waren auch Vorführungen bestimmter Tänze, aus denen die verschiedenen Arten des »Tap Dance«[11] entstanden, die sich in den ersten fünfzig Jahren dieses Jahrhunderts auch in Europa großer Publikumsgunst erfreuen sollten.

Das Ende des Bürgerkrieges brachte eine kleine Revolution in die Welt der »Black face entertainers«, in die nun endlich die Negerkünstler aktiv eintreten konnten. Das brachte jedoch keine wesentliche Änderungen für die Form der Shows und den Stil der Darbietungen mit sich, weil die Neger zu Anfang nichts anderes tun konnten, als die von den Weißen gemachte Nachahmung der Neger nachzuahmen. So spielten die wahren Neger auf den Bühnen mit schwarzgemaltem Gesicht weiterhin die Rollen, die ihnen die Tradition zugewiesen hatte. Sie bewegten sich weiter in der Umwelt, die sie als Sklaven gesehen hatte, mit dem erschwerenden Umstand, daß der alte Süden der Sklavenzeit in romantischen Farben fast wie ein verlorenes Paradies geschildert wurde. »Carry me back to old Virginny« (»Bring mich ins alte Virginia zurück«) sagte, schon von der ersten Zeile an, eines der berühmtesten Lieder aus der »Minstrelsy« der Jahre nach der Befreiung. Sein Autor, James Bland, war Sohn eines befreiten Negers, hatte als Laufbursche beim Kongreß in Washington gearbeitet und an der Howard University studieren können.

Die Minstrel-Shows waren nach dem Bürgerkrieg nicht nur nostalgischer Natur. Sehr oft wurde der Neger zur Zielscheibe für beißenden Spott. Vor allem der befreite und nun verstädterte Neger wurde in der bald klassischen Maske des »Negro dandy« stereotypisiert und karikiert. Das war ein grotesk-komischer Modegeck, den man lange Jahre nicht vergessen sollte. Mit ihm begann die Mode der bunten großen Seidenröcke und Zylinderhüte.

Das Jahrzehnt von 1870 bis 1880 sah die Erfolge der von Ned Harrigan und Tony Hart geleiteten Truppe; dann kam die Mode des Cake Walk, der am Ende des Jahrhunderts in den prunkvollen Wohnsitzen der Neureichen aus New York und Boston Einzug hielt. Sie waren sehr angetan von dem überraschenden Talent der beiden Tänzer Bert Williams und George Walker, der letzten großen Negerstars der Minstrel-Ära. Bevor die Minstrel-Show allmählich in den ersten Jahrzehnten unseres Jahrhunderts verschwand[12], bereitete sie immerhin das Eintreffen des Jazz dadurch vor, daß sie in den allerletzten Jahren des neunzehnten Jahrhunderts den mittlerweile triumphierenden Ragtime aufnahm und sich später die Mitarbeit der ersten Bluessänger und Jazzpioniere zunutze machte.

W. C. Handy, der gegen Ende des Jahrhunderts in einer Minstrel-Truppe unter Leitung des Iren William Mahara gearbeitet hatte, hat folgendes Zeugnis schriftlich hinterlassen: »Für einen Großteil der Neger, die der gehobenen Schicht angehörten, waren die Minstrel-Sänger verabscheuungswürdige Leute. Und doch kamen die größten Talente einer ganzen Generation dorther. Komponisten, Sänger, Musiker, Ansager, Schauspieler, sie alle wurden von den Minstrel-Shows einverleibt.«[13]

Handy bezog sich natürlich auf Neger wie ihn selbst. Aber er vergaß sicherlich auch nicht die Weißen mit dem rußgeschwärzten Gesicht, die ihnen vorausgegangen waren und das Publikum auf die Auftritte der authentischen Neger vorbereitet hatten. So hatten sie diesem auch geholfen, sich allmählich auf die Musik der Neger einzuhören, besonders auf den Ragtime.[14]

Der Ragtime brach im Jahre 1896 plötzlich in die amerikanische Musikszene und gleichzeitig in die malerische Welt der Minstrels ein. Das war kurz bevor das Wort »Rag« erstmals auf einer gedruckten Partitur erschien, in den Titeln »Mississippi Rag« des Weißen William Krell und »Harlem Rag« des Negers Tom Turpin, beide 1897 veröffentlicht. Der Ragtime stimmte fröhlich, und Amerika brauchte wirklich eine Musik zur Zerstreuung. Die Jahre des Wiederaufbaus waren schwer gewesen, und die, die man gerade durchmachte (1893 bis 1898), waren sehr hart. Elend, Hungermärsche, Unruhen, vorrevolutionäre Aufstände – man konnte einfach nicht mehr, und der Ragtime und mit ihm der Cake Walk kamen zur rechten Zeit, um die niedergeschlagenen Gemüter aufzumuntern und die späten neunziger Jahre zu erheitern, die so ihren Namen »The Gay Ninetines« wirklich zu Recht erhielten.

Obwohl der Ragtime seine erste Anregung aus der Folklore nahm, entstand er als bewußt geformte Musik, das heißt er war von Anfang an eine komponierte, aufgeschriebene, hauptsächlich pianistische Musik und auch sehr schwer zu spielen. Sein größter Vertreter, Scott Joplin – ein 1868 in Texarkana, Texas, geborener Neger, der sich in verrufenen Lokalen in Missouri eingespielt hatte, bevor er nach New York kam –, hatte gründliche musikalische Studien hinter sich und war sehr ehrgeizig, so daß er nicht nur viele Rags, sondern schließlich sogar in der neuen Musiksprache zwei wirkliche Opern schrieb.

Man hat gesagt, daß die Form des Ragtime der Rondoform ähnelt, und auch das Menuett ist in diesem Zusammenhang genannt worden. Zutreffender sind jedoch die Einwendungen, wonach nur einige der vielen von Joplin geschriebenen Rags Rondoform haben und wahrscheinich nur zufällig; weniger strittig ist die Abstammung des Ragtime vom Marsch.

In seiner am häufigsten anzutreffenden Form ist ein Ragtime-Stück auf vier Themen von je sechzehn Takten Länge, sogenannte »Strains«, aufgebaut, die manchmal von verschiedener Tonart sind und nach dem Schema AAB-BACCDD aufeinanderfolgen (dieses Schema findet sich auch im berühmtesten und erfolgreichsten Ragtime, dem »Maple Leaf rag« von Joplin, von dessen Partitur eine Million Exemplare verkauft wurden); das Ragtime-Stück ist im Zweivierteltakt gehalten. Die besondere Eigentümlichkeit des Ragtime aber ist in der dauernden Synkopierung des von der rechten Hand angeschlagenen Rhythmus zu suchen, während die linke Hand des Pianisten für eine Begleitung in nicht synkopiertem Zweivierteltakt sorgt. Die Gegenüberstellung von zwei Rhythmen innerhalb eines Schemas grundsätzlich europäischer Konzeption ist ein weiterer Aspekt der nicht unterdrückbaren Polyrhythmik der amerikanischen Negermusik, der auf die afrikanischen Urformen zurückgeführt werden muß. Marshall Stearns[15] hat die Ansicht geäußert, daß das Spiel der linken Hand durch den Einfluß des Marsches europäischer Herkunft zu erklären ist, wohingegen das synkopierte Spiel der rechten Hand seine Anregung aus der Banjo-Spielweise bezieht, die bei den Minstrel-Musikern und vor diesen bei den Negern des Südens üblich war.

Auf dieser rhythmischen Basis improvisierten die besten Ragtime-Pianisten – die nicht unbedingt die Komponisten waren – eine große Fülle von Figuren. Sie fügten nachträglich Akzente oder besondere Effekte hinzu, ließen anderes weg und schufen so recht verwickelte Darbietungen, in denen die negroiden Elemente letztendlich die Oberhand über solche europäischer Herkunft behielten. Auch der schwere Rhythmus der linken Hand des Pianisten wurde in einen flüssigeren Vierteltakt umgeformt, in dem die vier Taktteile gleichermaßen betont waren.

Der Erfolg des Ragtime war außergewöhnlich und um so überraschender, wenn man bedenkt, daß seine Verbreitung keine Massenmedien benutzen

konnte, die es noch nicht gab, sondern sich nur auf den Verkauf der Klavier-
partituren und der »Piano Rolls« – durchlöcherter Klavierwalzen, die zur
Betätigung der Pianolas dienten – stützen konnte.

Um 1900 spielten alle Ragtime. Die Pianisten spielten ihn, schwarze und
weiße, in den Saloons, in den Bars, in den Bordellen und auch in den eleganten
Lokalen; die Minstrels spielten ihn in ihren kleinen Schauspielen, so wie es die
Bands taten, angefangen mit dem damals erfolgreichen Orchester von John
Philip Sousa. Zu Ragtime-Klängen tanzte man dann den Cake Walk, in Ameri-
ka und in Europa.

Der Erfolg des Ragtime und Cake Walk erregte bei der traditionellen amerikanischen Kritik Anstoß. Im Jahre 1899 schrieb »The Musical Courier«: »Eine
Welle vulgärer, entarteter und schlüpfriger Musik hat das Land überschwemmt . . . Kein Badeort war diesen Sommer ohne sein Ragtime-Orche-
ster, seinen wöchentlichen Cake Walk . . . Die bessere Gesellschaft hat beschlossen, daß Ragtime und Cake Walk-Tanzen das Ereignis des Tages sind,
und man liest mit Befremden und Abscheu von Personen mit historischen und
aristokratischen Namen, die an diesem Sex-Tanz teilnehmen, während der
Cake Walk doch nichts anderes als ein afrikanischer »Bauchtanz«, eine mildere
Ausgabe afrikanischer Orgien ist, und die Musik ist degenerierte Musik . . .«[16]
Manche aber dachten anders darüber. In dieser Hinsicht muß vor allem auf den
Kritiker Rupert Hughes hingewiesen werden, der im gleichen Jahre im »Musical Record« einen lobenden Artikel[17] über die neue Musik schrieb, die er
richtig in Zusammenhang mit der Banjomusik der Sklaven brachte.

Auch einige namhafte europäische Musiker, angefangen mit Brahms, interes-
sierten sich für den Ragtime; Debussy wurde von ihm inspiriert, als er seinen
»Golliwog cakewalk« (1908) komponierte, ebenso wie Strawinsky, als er den
»Ragtime für elf Instrumente« (1918) und »Piano rag music« (1919) schrieb.

Das Glück des Ragtime dauerte ungefähr zwanzig Jahre und begann, sich mit
den ersten Auftritten einiger Pianisten, unter ihnen Joplin, 1893 bei der Weltausstellung in Chicago abzuzeichnen, als ihre Musik noch »Jig piano« genannt
wurde. (»Jig« war einer der vielen abfälligen Spitznamen für Neger). Nach
einer ersten Blüte, die auf die Städte Sedalia und St. Louis beschränkt war, in
denen einige Jahre lang das Tätigkeitsfeld Joplins und seines engagierten
Verlegers John Stark lag, verbreitete sich die neue Musik über die ganzen
Vereinigten Staaten und überquerte dann den Atlantik. Wichtige Stationen
ihrer Geschichte waren die Fertigstellung der ersten Ragtime-Oper von Joplin,
»A guest of honor« (1903), und dann die Veröffentlichung seiner Oper »Treemonisha« (1911), in drei Akten, die 1915 – ohne Bühnenausstattung, ohne
Kostüme und ohne Orchester – in einem Saal Harlems vor einem begrenzten
Negerpublikum aufgeführt wurde, das sie überhaupt nicht schätzte. Wahr-
scheinlich, weil – wie Rudi Blesh und Harriet Janis vermuten – »die Zuhörer

zwar fortschrittlich genug waren, um ihre volksmusikalische Vergangenheit zu verleugnen, aber nicht fortschrittlich genug, um einen Sinn für ihre künstlerischen Werte zu haben. Das ist ein Schritt«, fügen die beiden Autoren von »They all played ragtime« hinzu, »den die Neger bis heute noch nicht vollzogen haben«.[18] »Treemonisha« mußte noch ein halbes Jahrhundert warten, bevor sie auf Initiative der Choreographin Katherine Dunham im Memorial Arts Center in Atlanta, Georgia, inszeniert wurde. Dort wurde sie im Januar 1972 mit bestem Erfolg aufgeführt.

Der Tod Joplins 1917 fiel mit dem Ende der Ragtime-Ära zusammen. Der Ragtime wurde vom Jazz verdrängt, der teilweise von ihm abstammte.

Die Ragtime-Komponisten waren an großer Zahl. Die bedeutendsten außer Joplin, der alle anderen übertraf und als der erste große amerikanische Neger-Musiker angesehen werden kann, waren sicherlich James Scott und der weiße Joseph Lamb. Man kann diesen Namen noch viele weitere hinzufügen, beginnend mit Tom Turpin, Louis Chavin, Ben Harney (einem Weißen, der sich rühmte, der Erfinder dieser Musikgattung gewesen zu sein, weil er das Lied »You've been a good old wagon« geschrieben hatte, welches das erste in der musikalischen Sprache des Ragtime veröffentlichte Stück war und großen Erfolg hatte), bis hin zu einigen großen Persönlichkeiten des Jazz. Unter diesen traten vor allem Jelly Roll Morton in New Orleans und James P. Johnson in New York das Erbe ihrer älteren Kollegen an und trugen zur Entwicklung dieser Musik bei, so daß sie zu Jazz wurde.

Morton beschränkte sich nicht nur darauf, viele Ragtime-Stücke zu komponieren (man denke an »The pearls«, »Frog-i-more«, »Kansas City Stomp«, »Ham and eggs«, »The perfect rag«), sondern er orchestrierte sie auch. Man kann sagen, daß seine »Red Hot Peppers«-Formationen, die im goldenen Zeitalter des Jazz im Chicago der zwanziger Jahre viele weltberühmte Schallplatten aufnahmen, nichts anderes taten, als hochentwickelten orchestrierten Ragtime zu spielen. Was James P. Johnson und andere Pianisten angeht, die wie er 1920 und in den unmittelbar darauffolgenden Jahren in Harlem tätig waren, so formten sie den Ragtime ganz allmählich in etwas anderes um, das den Namen »Stride Piano« erhielt. Dies war ein sehr bedeutender Klavierstil, der eine der Hauptströmungen des Jazzpianos werden sollte.

Johnson hatte mit Joplin den Ehrgeiz gemein, ausgedehnte Werke zu schaffen. Unter anderem schrieb er eine »Harlem Symphony« (1932), mit vier Sätzen, die auch in der Carnegie Hall in New York aufgeführt wurde, sowie – in Zusammenarbeit mit Langston Hughes – eine Art Oper in einem Akt, »De organizer« (1939).

Das Glück des Ragtime beim großen Publikum war wahrscheinlich nicht nur seinem fröhlichen Gepräge, sondern auch dem Umstand zuzuschreiben, daß er in seinen vereinfachten und verbreiteteren Formen, auf die sich die Schlagerproduzenten stürzten, wie schon angedeutet nicht allzuweit von bestimmter europäischer Musik entfernt war. Jedoch war er in seinen echtesten und komplexen Formen eine Musik von Negern, die sich an Neger wendete, wie Rudi Blesh und Harriet Janis mit Nachdruck betont haben: »Ragtime . . . findet man wieder in der Art der Neger zu sprechen, im Predigen der Neger-geistlichen, im synkopierten Rhythmus des Shout-Spirituals. Man findet ihn wieder im Negerlied und im Negerjazz. Er ist ein dieser Rasse so eigener Ausdruck, daß man sagen kann, daß der Ragtime-Rhythmus die ganze Aktivi-tät des Negers durchdringt, sei es nun, daß er arbeitet oder sich amüsiert.«[19] Aus diesem Grund ist der Ragtime eine lebendige, wenn auch unterirdische Strömung im traditionellen Jazz geblieben. Viele Titel aus dem Repertoire der Bands des »Dixieland«[20], die heute immer noch auf der ganzen Welt gespielt werden, sind im Grunde orchestrierter Ragtime, zum Beispiel »Eccentric«, »That's a plenty«, »King Porter Stomp«, »Milenberg joys«. Man könnte neben solchen Stücken auch noch viele »Ragtime-angehauchte« Titel, wenn man so sagen darf, nennen, wie: »Muskrat Ramble«, »Ostrich walk«, und »Original Dixieland one step«. Der Einfluß des Ragtime ist so lebendig geblieben, daß sich immer wieder ein »Revival« (Wiederaufleben) abzeichnet. Ein solches hat es in den vierziger Jahren in San Francisco gegeben, als sich eine Gruppe weißer Musiker um Lu Watters sammelte. Ein zweites Aufleben, das zu einer wirklichen Wiederentdeckung wurde, verzeichnete man in den siebziger Jah-ren, als in den Vereinigten Staaten viele Konzerte mit Ragtime-Musik organi-siert wurden. Zu vielen dieser Konzerte wurde der über neunzigjährige Eubie Blake, der letzte Pianist aus der Zeit Joplins, eingeladen. Fast alle Werke von Scott Joplin wurden von der »New York Public Library« neu herausgegeben, man nahm wiederholt viele seiner Kompositionen neu auf, und schließlich wurde »Treemonisha« wieder ausgegraben.

Auch für die Laien ist der Ragtime jedenfalls ein alter Bekannter, denn ein jeder ist ihm früher oder später in irgendeinem Film begegnet, der im Amerika der »Gay Nineties« spielt. In den von Hollywood rekonstruierten Saloons ist der Ragtime-Pianist fast immer eine malerische Persönlichkeit mit aufgesetzter »Melone«, gestreiftem Hemd, breiten Hosenträgern und einer dicken Zigarre im Mund. Und auf dem Klavier fehlt nie ein großes Glas Bier.

3. Es war einmal New Orleans

Bis in die Mitte der fünfziger Jahre gab es kein Buch über die afro-amerikanische Musik, in dem nicht mehr oder weniger kategorisch behauptet wurde, daß der Jazz in New Orleans geboren wurde. Dort hatten sich gegen Ende des vorigen Jahrhunderts alle Quellen, die die Voraussetzungen zu dieser malerischen und gemischten Musik bildeten, getroffen und waren miteinander verschmolzen; dort hatten die großen Pioniere ihre ersten Schritte getan, angefangen mit Buddy Bolden, jenem Friseur, Herausgeber einer Zeitung und Stammvater der Jazzsolisten, dessen Trompete man in einer klaren Nacht angeblich auf einige Kilometer Entfernung hören konnte. Von dort aus hatten die ersten Meister des Jazz die Eroberung Chicagos, New Yorks und schließlich der ganzen Welt angetreten. Aus New Orleans war dann auch Louis Armstrong gekommen, und er war ja die treibende Kraft des Jazz in der ersten, strahlenden Epoche seiner Geschichte gewesen.

Aber war es wirklich so? Ist es wirklich wahr, daß New Orleans »die Wiege des Jazz« war? Einige Leute haben in jüngeren Jahren diese so oft erzählte Geschichte auf ihren Wahrheitsgehalt hin untersuchen wollen. Sie wollten die unwiderlegbaren historischen Tatsachen von den legendären oder mythischen Ereignissen, falls es solche gab, trennen. Man fing an, einige alte Jazzmusiker anzusprechen, die in den Städten im Nordosten herangewachsen waren, außerhalb des Einflusses der New Orleans-Musiker oder vor deren Ankunft, und man bekam Antworten zu hören, die sich mit der üblichen Geschichte nicht vollständig deckten. Leonhard Feather gibt auf den ersten Seiten seines »The book of jazz«[1] einige Aussagen alter Musiker wieder, die die Jazzentstehung in New Orleans bestreiten oder jedenfalls die sogenannte »offizielle« Geschichte berichtigen oder ergänzen.

Wilbur de Paris, ein farbiger Posaunist, der seine Laufbahn 1919 in Philadelphia begonnen hatte, hat ihm unter anderem gesagt: »Ich habe immer gedacht, daß, obwohl New Orleans ein Brennpunkt des Südens war, der überwiegende Teil der großen Städte in verschiedenen Gebieten unseres Landes einen Beitrag geleistet und verschiedene Stile geschaffen hat. Der Jazz«, hat er weiter ausgeführt, »entwickelte sich in verschiedenen Teilen des Landes, ohne daß man in dem einen Teil unbedingt wußte, was in den anderen Teilen gemacht wurde«. Der Stil eines Bix Beiderbecke beispielsweise war im Mittleren Westen auch bei den Negermusikern sehr verbreitet und ähnelte doch nicht dem klassischen Stil aus New Orleans. Dort gab es, um weiter die Ansicht von de Paris zu zitieren, eine ganze Schule von Musikern, technisch besser vorgebildet als die aus New Orleans, die unter italienischen und deutschen Lehrern gelernt hatten. Der Pianist Eubie Blake, der seine Karriere als Ragtime-Musiker in den goldenen Jahren des Cake Walk begonnen hatte, hat seinerseits daran erinnert, daß in den letzten Jahren des Jahrhunderts auch in Baltimore Begräbnisse mit Musikbegleitung stattgefunden haben sollen, ähnlich den Begräbnissen, die zum Brauchtum von New·Orleans und zur Geschichte des Jazz gehören. Er berichtet, daß er Orchester gehört habe, die eine jazzähnliche Musik spielten, lange bevor er das Wort »Jazz« hörte: »Wir nannten es Ragtime, egal, ob es nun Klaviermusik oder Orchestermusik war«. W. C. Handy, der im Bundesstaat Alabama geboren war und praktisch überall ein wenig gespielt hatte, ehe er in Memphis landete, hat ungefähr dasselbe gesagt und hinzugefügt: »Sogar zur Zeit der Minstrels[2] spielten wir eine jazzähnliche Musik, aber wir gaben ihr nicht diesen Namen«. Der Pianist Willie »The Lion« Smith hat für seinen Teil erklärt, daß in den Jahren vor dem ersten Weltkrieg bereits sehr guter Jazz in New York gemacht worden sei. Er habe niemals Musiker aus New Orleans nennen oder spielen hören, bis er auf Louis Armstrong stieß (der 1922 in den Norden kam). Diese Aussagen wurden zusätzlich von einem alten weißen Musiker namens Ralph Berton unterstützt. Bei einer kritischen Beurteilung des Feather-Buches für »The Jazz Review[3]« behauptete er, daß es in Chicago schon Jazz und zwar ziemlich blühenden vor dem Ende des ersten Weltkrieges gegeben habe, genau zu Beginn des Jahres 1918.

Jedoch bestätigen andere Zeugenaussagen, sei es auch nur indirekt, die traditionelle These und sind sehr bezeichnend. James P. Johnson, der das Erbe der Ragtime-Pianisten antrat und zusammen mit Willie »The Lion« Smith unter den ersten Vertretern des »Stride Piano«, des schon eindeutig jazzmäßigen Klavierstiles aus Harlem, war, ist sehr vorsichtig gewesen. Er wurde von Tom Davin für »The Jazz Review« interviewt und antwortete auf die Frage »Wurde in den Jahren vor 1914 in New York viel Jazz oder Ragtime gespielt«? folgendermaßen: »Es gab keine Jazzband von der Art, wie sie in New Orleans oder auf den Mississippi-Dampfern anzutreffen waren, sondern überall wurde Ragtime gespielt, in den Bars, in den Varietétheatern und in den Bordellen. Nach dem, was ich von älteren Musikern gehört habe, die zwischen 1890 und 1900 in New York arbeiteten, spielte man damals eine Art Ragtime. Das gleiche hat mir W. C. Handy gesagt. Die Orchester und die Pianisten der New Yorker Gegend spielten viele der alten Motive aus New Orleans«.[4] Eine weitere aufschlußreiche Aussage stammt von Garvin Bushell, einem Negersaxophonisten, der in den dreißiger Jahren ein Mitglied berühmter Orchester werden sollte. Er kam 1919 aus seinem heimatlichen Ohio nach New York und hörte sofort aufmerksam hin, was um ihn herum gespielt wurde. Er fand unter anderem, daß die » . . .Musiker aus New York damals anders spielten als die

Leute aus Chicago, St. Louis, Texas und New Orleans. Der angebliche »Jazz« aus New York war dem Ragtime näher und vom Blues weiter entfernt. Es gab keinen einzigen Musiker aus dem Osten, der wirklich Blues spielen konnte. Erst viel später lernten wir von den Musikern aus dem Süden, Blues zu spielen; ursprünglich gab es ihn bei uns nicht«.[5]

Buster Bailey, ein berühmter Negerklarinettist, hat gesagt: »Wir machten unsere Musik in Memphis zur selben Zeit wie die in Storyville in New Orleans. Der Unterschied war, daß die New Orleans-Bands mehr improvisierten. Wir spielten mehr nach Noten«. Und, mit Bezug auf eine Reise nach New Orleans, die er im Winter des Jahres 1917 unternommen hatte: »Die Reise nach New Orleans hat es mir übrigens nachher in Chicago sehr erleichtert, mich den New Orleans-Musikern stilistisch anzupassen«.[6]

Das Fehlen von Schallplatteneinspielungen macht es uns unmöglich, selbst zu hören, wie die Dinge nun wirklich lagen, bevor die Musiker aus New Orleans in den Norden kamen. Jedenfalls steht fest, daß die allerersten bekannten Jazzaufnahmen, von denen auch Buster Bailey einige hörte, Anfang 1917 in New York von der »Original Dixieland Jass Band«[7] gemacht wurden. Diese Band war kurz vorher aus New Orleans gekommen, hatte sofort einen außergewöhnlichen Erfolg und erregte auch viel Neugier beim breiten Publikum. Ein so großes Aufsehen ließe sich nicht erklären, wenn die Musik nicht anders gewesen wäre als die, die man bis dahin gehört hatte. Es ließe sich auch nicht erklären, warum die besten Jazzplatten der ersten Zeit in Chicago von Musikern eingespielt worden sind, die in ihrer überwältigenden Mehrheit aus New Orleans kamen.

Die Wahrheit läßt sich aus einer Fülle von Fakten und übereinstimmenden Indizien, aus den überwiegenden Zeugenaussagen und auch aus der Qualität der Schallplatten ableiten, die man miteinander vergleichen kann (Ragtime-Aufnahmen einerseits und die ersten Jazz-Einspielungen andererseits). Sie besteht darin, daß sich ein großer Sektor der leichten amerikanischen Musik radikal veränderte, nachdem die ersten farbigen und weißen Musiker aus New Orleans in den Norden kamen, d. h. zuerst nach Chicago und dann nach New York, und darin, daß – bis auf ganz seltene Ausnahmen – die aus dem Süden kommenden Musiker die ersten und hochangesehensten Lehrer aller anderen Musiker waren. Zu diesen anderen Musikern gehörte auch Bix Beiderbecke, der das Trompetenspielen nicht von irgendeinem Lehrer des Mittleren Westens lernte, wo er geboren war – wie es nach den Worten von Wilbur de Paris scheinen könnte –, sondern durch Abhören der Platten der Original Dixieland Jass Band und durch persönliches Lernen von Emmett Hardy. Dieser Trompeter war 1919 in Davenport (der Stadt, in der Bix lebte) aufgetreten und, man beachte, aus New Orleans gekommen. Nicht umsonst schrieb Beiderbecke 1925, als Hardy starb, ohne eine Spur seines Talentes auf Platte zu hinterlassen, an dessen Mutter folgende Worte: »Emmett ist der größte Musiker gewesen, den ich je gehört habe. Wenn es mir jemals gelingen sollte, mich der Größe Eures Sohnes zu nähern, werde ich glücklich sterben«.[8]

Es muß also ein sehr erheblicher Qualitätsunterschied zwischen den Musikern des Nordostens und Mittleren Westens und den ersten Jazzleuten aus dem Süden bestanden haben, auch wenn die ersteren, technisch gesehen, wahrscheinlich besser vorgebildet waren. Nur die Pianistin aus dem Norden, die die lange Tradition der großen Ragtime-Spieler hinter sich hatten, konnten sich erfolgreich mit ihren Kollegen aus New Orleans messen; denn diese wurden erst relativ spät in die Bandbesetzung eingefügt. Wenn man von Jelly Roll Morton und von Tony Jackson absieht, fielen also die New Orleans-Pianisten als Instrumentalisten nicht sehr auf und hatten jedenfalls nur geringen Einfluß auf die später bahnbrechenden Jazzpianisten.

Trotzdem gibt es einige legendäre Elemente in der Geschichte des frühen New Orleans-Jazz. So ist es zunächst einmal recht wahrscheinlich, daß ein Großteil der Musiker (vor allem die Kreolen, wie die beiden berühmten John Robichaux und Armand Piron, sowie die Musiker der Straßenkapellen gegen Ende des vorigen Jahrhunderts) überhaupt keinen Jazz spielte, sondern eine Musik, die eng verwandt war mit dem Ragtime – wenn nicht gar reiner Ragtime gemacht wurde –, den Märschen und anderen Musikformen europäischen Ursprungs. Und praktisch sicher ist, weil viele Musiker der Epoche es zugegeben haben, daß man zumindest bei einigen »Marching brass bands« (Marschkapellen) nicht von Polyphonie sprechen sollte, sondern hier ist es angebrachter, von Heterophonie zu reden. Darüber hinaus waren viele zur Legende gewordene Jazzkönige der ersten Generation wahrscheinlich ungeschliffene Instrumentalisten.

Ferner scheint kein Zweifel darüber zu bestehen, daß beim Eintreffen der New Orleans-Musiker im Norden bereits in New York, Chicago und anderswo eine Musik existierte, die dem frühen rauhen Jazz ziemlich ähnelte und nichts anderes als Orchesterragtime war, das heißt also eine Weiterführung einer negroiden Volksmusik, die in Missouri entstanden war. Diesbezüglich kann man auf alle Fälle die Ansichten von Martin Williams aus seinem Buch »Jazz masters of New Orleans« teilen: »Persönlich habe ich keine Zweifel«, hat Williams gesagt, »daß der Ragtime aus Missouri die Musik gewesen wäre, die er war, ob es nun den New Orleans-Jazz gegeben hätte oder nicht; ich glaube nicht, daß der Ragtime von der Musik aus New Orleans beeinflußt worden ist. Ich glaube dagegen, daß das Musikidiom von New Orleans vom Ragtime beeinflußt worden ist«.[9]

Wir meinen unsererseits, daß, wenn es in New Orleans nicht ganz besondere kulturelle und soziale Situationen gegeben hätte und wenn sich als Folge derselben nicht ein bestimmtes Musikidiom entwickelt hätte, es wahrschein-

63

lich den Jazz trotzdem gegeben hätte. (Schließich sind die amerikanischen Neger-Volkslieder, die Minstrel Shows, der Blues, die Bandmusik europäischen Ursprungs und endlich der Ragtime, die alle die Voraussetzungen und den Nährboden des Jazz bilden, nicht in New Orleans entstanden.) Aber der Jazz wäre anders gewesen. Möglicherweise sogar grundlegend anders.

Es ist also immer noch nötig, New Orleans und der Musik, die dort in der zweiten Hälfte des vorigen und den ersten Jahren dieses Jahrhunderts gemacht wurde, mehrere Seiten zu widmen.

New Orleans wurde 1718 gegründet und war ursprünglich ein französisches Städtchen, das bis ungefähr 1755 dem Mutterland angeschlossen war, das heißt bis in die Zeit des Siebenjährigen Krieges. Nachdem es so dem französischen Einfluß praktisch entzogen worden war, wurde es 1762 für kurze Zeit eine spanische Kolonie. 1800 erhielt Napoleon die Herrschaft über Louisiana zurück, verkaufte dieses Land aber wenig später, im Jahre 1803, an die Vereinigten Staaten, sehr zum Leidwesen der einheimischen Siedler, der Kreolen. Damals war New Orleans recht klein: es hatte etwa 10 000 Einwohner, zur Hälfte Neger.

Im neunzehnten Jahrhundert wuchs die Bevölkerung der Stadt enorm, der Handel entwickelte sich und alles veränderte sich allmählich. Vor allem änderte sich die Zusammensetzung der Bevölkerung, die sich innerhalb von vierzig Jahren verzehnfachte (so daß New Orleans die viertgrößte Stadt der Vereinigten Staaten wurde) und in hundert Jahren durch die Ankunft von Menschen aus den verschiedensten Ländern auf das Dreißigfache anstieg. Zwischen 1809 und 1810 kamen über Kuba circa 3000 Sklaven aus Haiti, und es trafen auch viele ihrer weißen Herren ein. Die ersteren, die noch zu den Tausenden von Sklaven kamen, die gegen Ende des achtzehnten Jahrhunderts von den westindischen Inseln herbeigeschafft worden waren, brachten ihre geheimnisvollen Voodoo-Riten, mit ihren »Doktoren« und »Königinnen«, mit sich; die letzteren holten die Freude an Luxus und Pracht nach New Orleans, von der sich die Kreolinnen, die im Vieux Carré lebten, sogleich verführen ließen.

Aus den anderen Teilen der Vereinigten Staaten kamen Kaufleute und Siedler englischer Abstammung und protestantischer Religion; aus Europa landeten massenweise neue Einwanderer, unter denen die italienischstämmigen Anfang dieses Jahrhunderts die zahlenmäßig stärkste Volksgruppe der Einwohner dieser Stadt ausmachen sollten. Was die Neger anbetraf, so war es nach dem Bürgerkrieg noch möglich, die Angehörigen der unterschiedlichen afrikanischen Stämme herauszufinden, die in nicht allzu weit zurückliegenden Jahren direkt aus Westafrika nach New Orleans importiert worden waren. Die meisten waren aus Senegal, von der Küste Guineas, vom Delta des Niger und aus dem Kongo. Unter denen, die aus Dahomey eingetroffen waren, befanden sich die wilden Aradas, die eigentlichen Begründer der Voodoo-Riten.

So war im letzten Jahrhundert die Stadt am Mississippi-Delta ein Schmelztiegel ungleicher Kulturen: der europäischen, vor allem französischen, englischen, spanischen und italienischen auf der einen Seite und der afrikanischen, in ihren unterschiedlichen Ausdrucksformen, auf der anderen. Die Stadt war relativ spät in die protestantische Gesellschaft eingefügt worden und im Grunde katholisch geblieben; aber sie war auch wirklich, so wie sie genannt wurde, die Voodoo-Hauptstadt der Vereinigten Staaten. Neben Weißen und Schwarzen gab es eine Zwischenkaste, die der farbigen Kreolen. Das waren die Kinder der Verbindungen zwischen weißen Herren und ihren Negersklavinnen, die durch das Testament des Vaters freigelassen worden waren, oder es waren Abkömmlinge solcher Freigelassenen.

Der Katholizismus der Bevölkerung in der Stadt und noch allgemeiner in Louisiana hatte in den Jahren vor dem Kauf dieses Staates durch die Vereinigten Staaten und in den darauffolgenden Jahren, in denen er als kulturelle Grundlage andauerte, positive Konsequenzen für die Traditionen – darunter die Gesänge, Tänze und Musik – der Sklaven gehabt (von denen viele, wie wir gesehen haben, erst kurz vorher herbeigebracht worden waren) und sollte sie noch lange haben. Zwar wurden die Sklaven hart behandelt – ja sogar noch härter als von den protestantischen Herren –, aber ihnen wurde die Freiheit gelassen, ihre Traditionen, Riten und Glaubensüberzeugungen zu pflegen. Es war der Hauptgrund dafür, daß bestimmte Sitten, bestimmte musikalische Ausdrucksweisen eindeutig afrikanischer Herkunft in Louisiana bis zum Anfang dieses Jahrhunderts recht lebendig geblieben waren, in der gleichen Weise, wie sie heute immer noch auf Haiti und in anderen ehemaligen Sklavenstaaten katholischer Prägung lebendig sind. Zu diesen Traditionen und Sitten gehören – über die Voodoo-Riten hinaus – die Tänze, Gesänge und die Art, die Trommeln zu schlagen. Alle diese Dinge wurden von den Negern noch lange Zeit im vorigen Jahrhundert praktiziert, während der Sklavenjahre bis zwanzig Jahre nach der Befreiung, und zwar auf dem Congo Square in New Orleans.

Von den Zeremonien, die an Samstagen und Sonntagen auf dem großen freien Platz stattfanden, auf dem heute der Beauregard Square liegt, und die allem Anschein nach um 1805 aufkamen, gibt es Beschreibungen von Personen, die daran teilnehmen konnten. So schrieb 1853 Henry Didimus (Henry Edward Durell) in seiner Biographie des Kreolenmusikers Moreau Gottschalk, des Komponisten verschiedener Stücke, die sich an die Volksmusik seines heimatlichen New Orleans anlehnten und von denen »La Bamboula – Danse des Nègres« vielleicht die berühmteste ist:

»Wenn ein Fremder in New Orleans an einem der Feiertage nachmittags die öffentlichen Plätze unten in der Stadt aufsucht, wird er sie voll von afrikanischen Einwohnern der Stadt finden. Diese Leute sind mit jeder Art von aufwendigen, barbarischen Festtagskleidern bekleidet und feiern eine wahre

Orgie der Ausgelassenheit. Wenn sich der Fremde dann diesem Schauplatz voller grenzenloser Fröhlichkeit nähert, wird er anfangen, einen bewegten, anhaltenden, tiefen, dumpfen Laut wahrzunehmen, der das Gelächter, die Rufe und das Geschrei von tausend Stimmen übertönt, und er wird sich verwundert fragen, was das wohl sein könnte. Es ist die Musik der Bamboula, der Bamboula-Tanz, ein Tanz, der das ganze Leben des Negers erfüllt. Er erweckt die Instinkte, Gefühle und Empfindungen, die die Natur seiner Rasse gegeben hat und die verborgen geblieben sind, weil sie durch die Berührung mit der Zivilisation teilweise unterdrückt wurden, ihm aber doch ein unauslöschliches Merkmal hinterlassen haben.

Beim Betreten des Platzes erblickt der Besucher die Menge, wie sie in dicht gedrängte, kreisförmige Gruppen im Durchmesser von nur wenigen Fuß unterteilt ist. Und dort, in der Mitte eines jeden Kreises, sitzt der Musiker und hält ein Faß zwischen den Beinen, auf dessen kräftigen Boden er mit zwei Stöcken[10] trommelt, unaufhörlich, stundenlang, wie ein Verrückter, während ihm der Schweiß im wahrsten Sinne des Wortes in Strömen herunterrinnt und die Erde tränkt. Dort strengen sich auch die Tänzer an, Männer und Frauen, besessen, begeistert, so daß sie keinerlei Müdigkeit in den Gliedern empfinden. Sie bewegen sich mit einer Schnelligkeit und Ausdauer, die man nur bei Maschinen für möglich halten sollte. Der Kopf ist vornüber gebeugt oder nach hinten gedreht, die Augen sind geschlossen oder schießen Blitze, während die Arme unter Rufen und spitzen Schreien in der Luft herumfuchteln oder den Rhythmus anzeigen. Mit den Händen wird auf die Schenkel getrommelt, zur Begleitung einer Musik, die unaufhörlich wirkt.

Die Füße werden kaum weiter bewegt, als sie lang sind, aber sie werden hochgehoben und fallen wieder runter, sie werden nach innen und nach außen gedreht; sie berühren den Boden zunächst mit den Fersen und dann mit den Zehenspitzen, immer schneller, so daß das Auge des Beobachters ihnen nicht folgen kann«.[11]

Mehr als dreißig Jahre später schrieb Georg W. Cable, ein Romanschriftsteller aus New Orleans, in der Ausgabe des »Century Magazin« vom Februar 1886: »Die Bamboula macht weiter Geschrei, Krach, windet sich, schießt Purzelbäume ... Die Musik verändert sich ...[12]«. In Wirklichkeit haben einige Leute auf gewisse Einzelheiten geachtet und daraus geschlossen, daß es sich um einen anderen Tanz handelte, die Counjaille, die zu den beliebtesten Tänzen in New Orleans gehörte. Ein dritter Tanz war ebenso beliebt wie die Bamboula und hieß Calinda. Die Calinda stand in engem Zusammenhang mit den Voodoo-Riten.

Als Cable schrieb, war New Orleans dabei, gewisse Eigentümlichkeiten zu verlieren, da es immer mehr angelsächsisch und protestantisch geworden war. Die Zeremonien am Congo Square hörten auf, und wenig später, im Jahre

1894, begann offiziell die Diskriminierung unter den Rassen. Das wurde nicht zum Drama für die Neger, die immer getrennt, ja abgesondert gelebt hatten, sondern zur Tragödie für die farbigen Kreolen. Sie hatten zusammen mit den Weißen im Vieux Carré, dem französischen Viertel gelebt, in den Häusern mit Torbögen und schmiedeeisernen Balustraden, die wie Spitzenverzierungen wirken, und sie hatten sich immer den Negern gegenüber für überlegen gehalten. Die grausame Rassenlogik der protestantischen Weißen stellte sie auf die gleiche Stufe mit den Negern und zwang sie, nach »Uptown« zu ziehen, in den anderen Stadtteil westlich der Canal Street, und gemeinsam mit den Negern zu leben. Wer von den Kreolen ein Instrument spielte und sich jahrelang der europäischen Musik gewidmet hatte, wer unter guten Lehrern gelernt hatte, sah sich plötzlich unter die schwarzen Musiker von »Uptown« gemischt, die eine rauhere und härtere Musik spielten, in der man das Echo der Spirituals, Work Songs, ländlichen Blues und des Ragtime hörte.

Die Einfügung der Kreolen in die Orchester aus »Uptown« bewirkte, wenigstens in technischer Hinsicht, eine Verfeinerung der Musik, die die dunkleren Neger machten.

In jenen Jahren gab es in der Stadt auch viele Straßenkapellen, die seit der Zeit Napoleons stets beliebt gewesen waren; zahlreich waren die farbigen Blaskapellen. Im Jahre 1881 wurden beim Begräbnis von Präsident Garfield wenigstens dreizehn gezählt, alle aus farbigen Musikern bestehend. Diese Kapellen wurden im allgemeinen von geheimen Bruderschaften finanziert (die in New Orleans an großer Zahl waren und oft keinen anderen Zweck verfolgten, als ihren Mitgliedern würdige Begräbnisse zu sichern) und zu unterschiedlichen Gelegenheiten eingesetzt: bei Straßenparaden, Ausflügen auf den Mississippi-Dampfern, Picknicks im Freien, so zum Beispiel am Ufer des Pontchartrain-Sees in der Nähe der Stadt, bei Tanzveranstaltungen und Begräbnissen.

Die Neger-Begräbnisse[13] in New Orleans hatten – und haben heute immer noch – ganz besondere Eigentümlichkeiten, die nach Ansicht des Anthropologen Melville J. Herskovits ihre Vorläufer in bestimmten Begräbniszeremonien in Dahomey und, nach anderweitiger Auffassung, auch bei anderen Völkern Westafrikas, wie den Ibus und Ashantis, haben. In den ersten Jahren unseres Jahrhunderts marschierte in einigen der vielen »Brass Bands« – die noch keine Musik machten, die sich Jazz nannte – hinter dem Sarg oft der Kornettist Bunk Johnson mit, der seine Laufbahn an der Seite Buddy Boldens begonnen hatte. Johnson hat eine detaillierte Beschreibung eines typischen New Orleans-Begräbnisses hinterlassen:

»Auf dem Weg zum Friedhof ... spielten wir immer sehr langsame Stücke, wie ›Nearer my God to Thee‹, ›Flee as a bird to the mountain‹, ›Come Thee disconsolate‹. Wir spielten in sehr langsamem Viervierteltakt; denn wir gingen sehr langsam hinter dem Sarg her.

Wir kamen auf dem Friedhof an und, nachdem der Tote zu Grabe getragen worden war, näherte sich die Band dem Grab . . ., und dann entfernten wir uns im Marschschritt nur zur Trommelbegleitung, bis wir ein oder zwei Häuserblocks vom Friedhof entfernt waren. Dann spielten wir Ragtime; das was die Leute heute ›Swing‹ nennen, ist Ragtime.[14] Wir spielten zum Beispiel ›Didn't he ramble‹? oder formten eins von diesen Spirituals in Ragtime um. Ein Tempo im Zweivierteltakt, wißt ihr, ein lebhafter Schritt. Wir spielten also ›Didn't he ramble?‹, ›When the Saints go marchin' in‹, ›Ain't gonna study war no more‹ und andere Stücke, die wir für diese Gelegenheiten in unserem Repertoire hatten.

Dann war da eine ›Second Line‹ (eine zweite Reihe), die ein bißchen das Gegenstück zu einer Parade von King Rex im Karnevalszug am Mardi Gras war. Der Polizei gelang es nicht, die ›Second Line‹ zurückzuhalten, die die Straßen, die Bürgersteige anfüllte und vor der Band, vor und hinter den Vertretungen der verschiedenen Bruderschaften herlief. Es waren enorme Menschenmassen bei den Begräbnissen. Diese Leute folgten dem Begräbnis bis zum Friedhof, nur um den Ragtime auf dem Rückweg zu hören. Einige Frauen trugen Bierflaschen unter dem Arm. Irgendwo blieben sie stehen und tranken die Flasche halb aus, um sich zu erfrischen; dann folgten sie weiter meilenweit der Band, im Staub, im Schmutz, liefen mitten auf der Straße, auf den Bürgersteigen. Die Polizei versuchte, Verkehrsstockungen zu vermeiden, aber ließ die Leute gewähren. Es gab niemals Schlägereien oder ähnliches; aber man konnte Leute sehen, die mitten auf der Straße tanzten . . .«.[15]

Die Anzahl der »Brass Bands« in den Jahren, als der Jazz sich zu artikulieren begann, war sehr beträchtlich. Unter den vielen kann man folgende nennen: die Excelsior Brass Band, in der drei Meister der Klarinette, Alphonse Picou und die beiden mexikanischen Brüder Lorenzo und Luis Tio, spielten; die Reliance Brass Bands von »Jack Papa« Laine; die Onward Brass Band mit dem Trompeter Manuel Perez; die Tuxedo Brass Band unter der Leitung von Oscar »Papa« Celestin; die Allen Brass Band, die von Henry Allen sr., dem Vater des berühmten Henry »Red« Allen, geleitet wurde, und schließlich die Camelia Brass Band. In diesen Bands wirkten um 1900 und unmittelbar danach die Stammväter des Jazz sowie viele der kreolischen Meister, die von der Rassendiskriminierung gezwungen worden waren, mit den Negern aus »Uptown« gemeinsame Sache zu machen. Die erste Generation der Jazzmusiker, die später die Welt eroberten, nicht ausgeschlossen Louis Armstrong, der damals noch ein Junge war, tanzte, spielte und schwitzte im Gedränge der »Second Line«.

Obwohl es hierzu gegensätzliche Zeugenaussagen gibt, ist es nicht allzu schwer, sich vorzustellen, wie die Musik dieser Blaskapellen in den ersten Jahren unseres Jahrhunderts geklungen haben mag. Die in späterer Zeit, aber noch im archaischen Stil eingespielten Aufnahmen in New Orleans, die (allerdings interpretationsbedürftigen[16]) Beschreibungen von Personen, die die Musik zu Beginn des Jahrhunderts gehört haben, die Vergleiche und die Schlußfolgerungen, die man wagen kann, sie alle bestätigen uns folgendes: es muß sich um eine ziemlich grobe Mischung aus Musik europäischer (französischer, deutscher, italienischer) Blaskapellen, aus Ragtime (der auf einen Marschrhythmus gegründet war, sollte man nicht vergessen) und aus Spirituals gehandelt haben. Von Ausnahmen abgesehen, die vor allem von kreolischen Musikern gebildet wurden, welche aus »Downtown« gekommen waren und also dort im Zentrum der Stadt gelernt und gespielt hatten, war der Großteil der Instrumentalisten nur mit einer ungefähren Technik und musikalischen Kenntnissen im Ansatz ausgerüstet. Die meisten spielten einfach nach Gehör. Auch deshalb neigten sie oft und gern zur Improvisation und variierten die musikalischen Vorlagen erheblich.

In den Jahren um 1900, als der Jazz geboren wurde, war New Orleans nicht nur wegen der malerischen Begräbnisse und der festlichen Paraden anläßlich der Karnevalsfeiern des Mardi Gras, die acht Tage dauerten, berühmt. Es war auch für seine Versammlungen mit musikalischer Untermalung und für die Tanzveranstaltungen im Freien bekannt. Diese fanden vor allem im Lincoln Park statt, der im öffentlichen Leben der Stadt den Platz des Congo Square eingenommen hatte. Der König des Lincoln Parks – aber auch aller Stellen im »Uptown«, an denen Musik gemacht wurde – war Buddy Bolden. Dieser 1878 geborene Kornettist leitete eine kleine Band, deren Aufbau typisch für den Jazz der Frühzeit werden sollte: drei oder vier Blasinstrumente – ein oder zwei Kornette, eine Posaune und eine Klarinette – und drei Rhythmusinstrumente – ein Banjo oder eine Gitarre, ein Kontrabaß und ein Schlagzeug. In dieser Besetzung gab es kein Klavier, weil es zu schwer im Freien zu transportieren gewesen wäre.

Es sieht so aus, als ob man Bolden (oder auch, nach Ansicht einiger Leute, dem Gitarristen Charlie Galloway, einem Altersgenossen Boldens) das Verdienst zusprechen muß, als erster Material für Orchesterdarbietungen verwendet zu haben, das der negroiden amerikanischen Volksmusik entnommen war. Jedenfalls gibt ihm die Tradition die Urheberschaft des »Hot Blues«, das heißt des von einer Band mit improvisierten Variationen gespielten Blues. Es steht auf alle Fälle fest, daß Boldens Popularität in den wenigen Jahren seiner Aktivität als Musiker groß war; die Frauen konnten ihm nicht widerstehen, und er konnte weder den Frauen noch dem Whisky widerstehen. Er führte ein hektisches Leben und verlor den Verstand; im Jahre 1907 wurde er in ein Irrenhaus in Lousiana eingeliefert, wo er erst viele Jahre später starb und zwar 1931. Wenn er wirklich der Erfinder des Jazz war, konnte er sich niemals über den Erfolg »seiner« Musik im klaren sein.

Wie dieser erste Jazzkönig nun gespielt hat und wie tüchtig er wirklich war, werden wir nie erfahren. Vielleicht war er wirklich ein etwas ungeschliffener Instrumentalist, wie ihn Louis Armstrong genannt hat (der allerdings ein kleines Kind von sechs Jahren war, als Bolden für immer aufhörte zu spielen . . .); vielleicht war er nicht nur ein Musiker, sondern vor allem ein »Showman«, der sich zur Schau stellte, wie Sidney Bechet erklärt hat. Selbst wenn er nicht der »gewaltigste Trompeter der Geschichte« war, wie Jelly Roll Morton, der des öfteren stark auftrug, feierlich verkündete, war er doch wahrscheinlich ein Begründer und Bahnbrecher. Ein anderer alter Meister der Trompete aus New Orleans, »Papa Mutt« Carey, hat gesagt: » . . .Buddy Bolden war der Mann. Wirklich, er war ein mächtiger Trompeter, und ein guter dazu. Ich glaube, er hat es verdient, wenn man ihn für den allerersten Jazzmusiker hält.«[17]

Außer Bolden sollte man noch einen weiteren Pionier erwähnen, »Jack Papa« Laine, einen Schlagzeuger, der als der Urahn des weißen Jazz angesehen werden kann, des »Dixieland«, wenn man so will. In seiner Hauptglückszeit leitete er in den ersten Jahren des Jahrhunderts ganze sieben Bands, alle mit dem gleichen Namen der Reliance Brass Band, die gleichzeitig in New Orleans wirkten. Er hatte Musiker unter sich, deren Namen in der Jazzgeschichte verbleiben sollten: unter anderem den Kornettisten Lawrence Vega, der, wie man erzählt, das Vorbild von Emmett Hardy war (und also vielleicht das Urbild von Bix Beiderbecke); den Klarinettisten Alcide »Yellow« Nuñez; den Kornettisten Nick La Rocca und den Pianisten Henry Ragas, die beide mit der Original Dixieland Jazz Band New York und London erobern sollten; die Brüder Abbie und George Brunis; den Klarinettisten Ernest Giardina und andere mehr.

Irgendwann war unter denen, die für Laine spielten, auch Emile Lacoume, »Stalebread« genannt, der 1897 im Alter von zwölf Jahren seine erste »Spasm Band« begründet hatte. Das war eine kleine Band, deren Mitglieder, alles Jungen, an den Straßenecken selbstgefertigte primitive Instrumente spielten, etwa eine Gitarre aus einer Seifenkiste, einen Kontrabaß aus einem halben Faß usw.

Unter den weißen Musikern aus New Orleans, die eine wichtige Rolle in der Geschichte des Jazz spielen sollten, verdient auch Paul Mares, Kornettist und Altersgenosse Armstrongs genannt zu werden. Ihm muß das Verdienst zuerkannt werden, daß er in Chicago, wohin er 1919 zog, einige tüchtige Musiker seiner Heimatstadt, wie den Klarinettisten Leon Roppolo, um sich in einer Band versammelte, die den Namen New Orleans Rhythm Kings erhielt und eine der bedeutendsten Bands der frühen zwanziger Jahre wurde.

Mares war bescheiden und nüchtern und auch der Mann, der das glaubwürdigste Urteil über die weißen Musiker seiner Geburtsstadt abgegeben hat. Er sagte: »Es gab keine weißen Orchester, die wirklich spielen konnten. Alle ahmten die Negerorchester nach.«[18]

Nicht wenige der bis hierhin erwähnten weißen Musiker spielten auch, wie ihre farbigen Kollegen, in Storyville, dem »Viertel der roten Laternen«. Es wurde dicht neben dem Vieux Carré eröffnet und war zwanzig Jahre lang, bis 1917, die Hauptstadt des Lasters in Amerika. Storyville umfaßte achtunddreißig Häuserblocks, und seine Hauptstraßen hießen Iberville Street, Bienville Street, Franklin Street, Liberty Street und – die berühmteste von allen – Basin Street. Es leitete seinen Namen von dem Stadtverordneten Sidney Story aus New Orleans ab, der für den Erlaß im Jahre 1897 verantwortlich war, wonach dieses Viertel in der Absicht abgegrenzt wurde, die schon reglementierte Prostitution besser zu kontrollieren und die Bürger vor Skandal zu schützen.[19]

Storyville aber wurde bald der größte Schauplatz von Skandalen in Amerika, ein Anziehungspunkt für die Touristen (die weißen, natürlich), ein Viertel der Schlägereien, Raubüberfälle und Betrügereien jeder Art; es war nicht nur ein Paradies der Prostituierten und vor allem ihrer Zuhälter und Verwalter.

Unter den letzteren war Tom Anderson der unumstrittene Herrscher, der offizielle »Bürgermeister« des Viertels und unter anderem Inhaber des Arlington Annex. Das war der führende Saloon im Viertel, der Tag und Nacht an der Ecke der Basin Street und Iberville Street geöffnet war. Dort konnte man etwa für 25 Cents die neueste Ausgabe des »Blue Book« erwerben. Das war ein Führer mit den Adressen der Prostituierten, der »Maisons«, »Châteaux« und »Palaces« in der Stadt. Auf den Seiten dieses Büchleins waren auch die Anzeigen der beiden großen Mätressen aus New Orleans zu lesen. Lulu White, die »Königin der Diamanten«, eine Mulattin, die von den Antillen gekommen war, besang ihre Mahogany Hall in der Basin Street. (»Gegen eine Summe von 40 000 Dollar errichtet. Das Haus ist aus Marmor gebaut und zählt vier Stockwerke. Es besitzt fünf Gesellschaftsräume, alle aufs eleganteste eingerichtet, und fünfzehn Schlafzimmer.«) Die »Gräfin« Willie Piazza versprach: »Wenn Ihr die ›Blues‹ habt, können die Gräfin und ihre Mädchen sie heilen. Die Gräfin hat zweifelsohne die schönsten und intelligentesten Octoroons in den Vereinigten Staaten.« Die »Octoroons«, Mulattinnen mit nur einem Achtel Negerblut, waren die begehrtesten Insassinnen der Freudenhäuser in Storyville.

Die Liste der im »Blue Book« genannten Adressen war lang. Im Jahre 1910 gab es im Viertel der roten Laternen fast zweihundert Freudenhäuser, die düsteren »Cribs« inbegriffen, welches Wohnungen waren, die nur aus einem Zimmer bestanden, wo sich die Mieterin für einen halben Dollar verkaufte. Dann gab es die Cabarets, die Tanzlokale, die Spielsalons, zahllose »Honky Tonks«, das heißt Kneipen, und »Tanzschulen«, wo man ein Bier bestellen mußte, um einen Schottischen oder einen Walzer mit einem »Taxi girl« tanzen zu können.

In den Jahren vor der Schließung Storyvilles, also in der Zeit zwischen ungefähr 1910 und 1917, waren seine Lokale die Brutplätze des Jazz. Überall wurde gespielt; in den mehr oder weniger eleganten Bordellen, wo man sich jedoch gewöhnlich darauf beschränkte, einen Pianisten oder höchstens ein Trio anzustellen, weil eine nicht so laute Musik vorgezogen wurde; in den Cabarets und in den Tanzsälen, wo im allgemeinen kleine Orchester mit sieben oder acht Instrumenten auftraten. Das waren ein oder zwei Kornette (die B-Trompete kam ebenso wie das Klavier und die Saxophone erst später in die typische Besetzung der Jazzorchester), eine Klarinette, eine Posaune, also die Hauptinstrumente der »Brass Bands«, manchmal eine Violine und dann die Rhythmusinstrumente: ein Banjo oder eine Gitarre, ein Saitenbaß oder eine Baßtuba und ein Schlagzeug.

Die »Gräfin« Willie Piazza war die erste, die die Idee hatte, einen Pianisten in ihrer »Maison« zu beschäftigen. Sie nahm unter anderem Tony Jackson, der damals einer der besten in der Stadt war. Für die »Gräfin« arbeitete auch Ann Cook, eine der ersten Bluessängerinnen. Große Pianisten spielten auch in der Mahogany Hall (der Armstrong seinen wunderschönen »Mahogany Hall stomp« widmen sollte): Richard M. Jones und Clarence Williams, die in den zwanziger Jahren zwei graue Eminenzen in der Produktion der »Race Recorde« wurden, das heißt der Schallplatten für die schwarzen Käufer und also der ersten Platten, die Jazzeinspielungen enthielten.

Im Arlington Annex trat der Pianist Jelly Roll Morton auf; in der »101 Ranch« auf der Franklin Street konnte man Joe »King« Oliver, Sidney Bechet, Manuel Perez, George »Pops« Forster und auch den einen oder anderen der weißen Musiker hören, die später zur Original Dixieland Jass Band gehörten. Im Cabaret von Pete Lala auf der Iberville Street arbeiteten in verschiedenen Zeiträumen der Kornettist Freddie Keppard, der Posaunist Kid Ory und dann – als Anfänger – Louis Armstrong; in der Tuxedo Dance Hall wurden die Gäste mit der Musik des Kornettisten Papa Celestin und des jungen Klarinettisten Johnny Dodds unterhalten, der wie Sidney Bechet noch einen langen Erfolgsweg vor sich hatte.

Oft konnte man die Jazzbands auch an den Straßenecken hören. Sie kamen auf großen Wagen an, die von Pferden gezogen wurden, und hielten an einer Kreuzung, um zu spielen und dabei irgendein bedeutendes Ereignis anzukündigen, meistens die Tanzveranstaltungen am Montagabend, aber auch eine sonstige Vorführung, einen Ausflug oder einen Boxkampf. Am hinteren Ende des Wagens saß der Posaunist immer rittlings, mit herunterbaumelnden Beinen, so daß er seine Zugposaune frei vorwärts und rückwärts bedienen konnte, ohne seine Musikerkollegen anzustoßen. Das ist der Grund, weshalb die Spielweise der frühen Jazzposaunisten immer noch »Tailgate« genannt wird. (»Tailgate« ist die hintere Öffnung des Wagens.)

Manchmal kam es vor, daß zwei Bands auf Wagen sich begegneten. Dann wetteiferten sie, wer am lautesten spielen konnte, um das Konkurrenz-Orchester zu besiegen und so das Publikum auf die Veranstaltung aufmerksam zu machen, für die man selber Propaganda machte. So entstand die Sitte der »Cutting Contests«, der Wettkämpfe, in denen die verschiedenen Jazzkönige, sobald es solche gab, versuchten, sich gegenseitig auszustechen, sich zu »schneiden« (»cut«), um ihren eigenen Vorrang zu behaupten.

»Die Orchester kämpften zu jener Zeit ständig miteinander«, hat sich Bunk Johnson erinnert. »Eine Band hatte zum Beispiel ein Engagement in der Love and Charity Hall, und dann kam eine andere vor das Gebäude, in dem die erste Band arbeitete, und spielte durch die Fenster hinein, um ihre Überlegenheit zu zeigen. Während der Umzüge beim Mardi Gras wurden die Orchester auf Wagen befördert und kamen nah aneinander heran, um sich gegenseitig anzuspielen und möglichst die gegnerische Band zu besiegen.«[20]

Die farbenprächtige Geschichte des New Orleans der goldenen Jahre von Storyville ist vollgepropft mit Anekdoten über die erstaunlichsten Unternehmungen der ersten Jazzleute.

Sie waren meistens halbberufliche Musiker; es gab zwar viel Musik in der Stadt, aber für den, der sie machte, besonders wenn er Neger war, gab es nur wenig Geld. So mußten sich die Musiker am Tage selbst weiterhelfen, so gut sie konnten, und die niedrigsten Arbeiten verrichten. Der eine war Maurer, ein anderer lud Baumwollballen auf die Schiffe des Mississippi, noch ein anderer war Schreiner oder Zigarrendreher. Fast alle waren außerdem musikalische Autodidakten. Ein Autodidakt war auch Freddie Keppard, der Kornettist, der Bolden auf dem Jazz-Thron gefolgt war und später das Zepter an Joe Oliver, den Lehrer Armstrongs, abtreten mußte.

Keppard und Oliver waren erbitterte Rivalen. Berühmt ist die Geschichte der musikalischen Fehde, die Oliver seinem Kollegen ansagte und die mit einer Niederlage Keppards endete. Der Pianist Richard M. Jones, der damals bei Oliver spielte, hat folgendes dazu erzählt: »Freddie Keppard spielte in einem Laden gegenüber auf der anderen Straßenseite und zog alle Leute in sein Lokal. Ich saß am Piano und Joe Oliver kam zu mir rüber und befahl mir mit nervöser, rauher Stimme: ›Los, drück mal B!‹ Er sagte nicht mal, welches Stück, er sagte nur: ›Los, drück mal B!‹ Ich tat, was er gesagt hatte, und er ging auf die Straße, stellte sich auf den Bürgersteig, hob sein Horn an die Lippen und blies die herrlichsten Sachen, die ich je gehört hatte. Da kamen die Leute aus all den Kneipen rundherum auf die Straße, um zu sehen, wer da so dufte Trompete spielte. Es dauerte nicht lange, und unser Laden war voll. Da kam Joe wieder rein, lächelte und sagte: ›Gott sei Dank, der Scheißkerl ärgert mich nun nicht mehr.‹ Von da an war unser Laden jeden Abend voll.«[21] Und von da an war er der König des Jazz: Joe Oliver, genannt »King«, der König.

Eine der aktivsten Bands in den wilden Jahren Storyvilles war die von Edward »Kid« Ory, einem 1886 in Laplace, Louisiana, geborenen kreolischen Posaunisten. Ory hatte 1914 ein Engagement im Lokal von Pete Lala gehabt, das damals von dem Pianisten Clarence Williams geführt wurde. Im Ory-Orchester wirkten viele der frühen Jazzgrößen: unter anderem einige der besten Klarinettisten seiner Generation, wie Johnny Dodds, Jimmie Noone, Sidney Bechet und Albert Nicholas; ferner die großen Meister des Kornetts, zunächst »Papa Mutt« Carey, dann Joe Oliver und schließlich, als dieser nach Chicago ging, Louis Armstrong, der das Instrument im Waifs' Home, einer Besserungsanstalt, erlernt hatte.

Viele Jahre später hat Ory gesagt: »Das erste Mal, daß ich mich erinnere, Louis Armstrong gesehen zu haben, war er noch ein kleiner Junge, der mit der Band vom Waifs' Home Kornett spielte. Aber schon damals ragte er über die anderen heraus. In jenen Tagen hatte ich eine ›Brass Band‹, die bei Begräbnissen, Umzügen und Picknicks spielte. Als Louis aus der Erziehungsanstalt entlassen war, nahm ihn Benny, mein Schlagzeuger, unter seine Fittiche.

Eines Abends brachte er ihn mit zum National Park, wo ich gerade spielte, und fragte, ob ich Louis mal einen mitblasen lassen würde. Ich hatte den Jungen schon mal bei einer Straßenparade der Anstaltsband gesehen und war herzlich gern einverstanden.

Louis kam aufs Podium, spielte ›Ole Miss‹ und den Blues, und das Publikum war außer Rand und Band. Keiner konnte es fassen, daß ein Junge in kurzen Hosen so unwahrscheinlich gut spielte. Von da ab tauchte Louis regelmäßig in den Lokalen auf, wo ich spielte. Ich ließ ihn immer einsteigen . . .«[22]

Eine andere große Persönlichkeit aus New Orleans war in diesen Jahren Jelly Roll Morton, einer der ersten, der die New Orleans-Musik in Chicago, New York und dann in Los Angeles bekannt machte. Er war es, der der erste große Jazz-Pianist wurde. In seinen Aufnahmen ist es am leichtesten, die Verwandtschaft mit dem Ragtime zu entdecken und bestimmte französische und spanische Einflüsse zu spüren, die die frühe Musik der Mississippi-Stadt charakterisieren.

In den Jahren, in denen Morton seine Wanderungen aus New Orleans begann, verließen auch andere Jazzleute die Stadt. Einer der ersten war der Bassist Bill Johnson, der schon im Jahre 1909 in Los Angeles ankam. Wenig später folgte ihm auf seine Einladung hin Freddie Keppard und begann dann eine lange Tournee mit seinem Original Creole Orchestra. Auch Tony Jackson brach ungefähr um die gleiche Zeit auf und siedelte sich in Chicago an. Die Jazzmusik bzw. die, die in New Orleans gemacht wurde (gesetzt den Fall – obwohl er nicht zutrifft –, die anderswo in Amerika gespielte Musik habe bereits die Bezeichnung Jazz verdient, wie manchmal behauptet wird), begann also, zwischen 1911 und 1915 außerhalb ihres Entstehungsortes bekannt zu werden.

Jedoch konnte das amerikanische Publikum, soweit es nicht auf einen sehr engen Kreis beschränkt war, diese Musik erst nach der Schließung der Freudenhäuser in Storyville am 12. November 1917 hören.

Die Räumung des Viertels der roten Laternen war vom Marinekommando der Vereinigten Staaten beschlossen worden. Es war besorgt über die Schlägereien, Diebstähle und sogar Totschläge, in die die Marinesoldaten, wenn sie Ausgang hatten, verwickelt wurden oder denen sie sogar zum Opfer fielen. Wer von den Geschäften in Storyville lebte, sah sich von einem Tag auf den anderen ohne Arbeit: in erster Linie die Prostituierten und ihre Zuhälter, aber auch die Kellner, Tellerwäscher, Köche und schließlich die Jazzmusiker, die fast ausschließlich in den Lokalen um die Basin Street arbeiteten.

»Es war ein erbärmlicher Anblick«, hat einer der alten New Orleans-Musiker, John A. Provenzano, geschrieben, der in diesen Jahren im »Tango Belt« ganz in der Nähe von Storyville spielte. »Basin Street, Franklin, Iberville, Bienville und St. Louis waren ein einziges Schlachtfeld von schwarzen und weißen Prostituierten, die ausziehen mußten. Einstmals waren sie die »Königinnen der Halbwelt« gewesen; nun lag all ihr Hab und Gut auf kleinen zweirädrigen Wagen und Schiebkarren, die von Negerjungen und alten Männern geschoben wurden, und sie verließen Storyville unter den Klängen von »Nearer my God to Thee«, gespielt von einem Massenaufgebot aller Jazzmusiker aus den Tanzlokalen des Distrikts.

Als der Abend hereinbrach, war der einst so berüchtigte Rotlicht-Distrikt nur noch ein Gespenst seiner selbst. Wo man auch hinsah – nichts als leere »Cribs«. Der häßliche kleine Chippie war weg und konnte nicht mehr viel Geld für seinen Liebling Lucy verlangen. Auch die schöne blonde Helen Smith aus dem »Sturm« würde nun von so manchem ihrer Anbeter vermißt werden. Die Kneipen und die altvertrauten Würstchenwagen blieben noch eine Zeitlang. Hin und wieder kam ein dunkelhäutiger Drehorgelmann vorbei, der eine der verstimmten Orgeln vom alten Giorlando für ein paar Stunden aus ihrem Dauerschlaf hochschreckte. Doch die grünen Fensterläden blieben für immer geschlossen. Der alte ›Red Light District‹ von New Orleans wurde Geschichte.«[23]

In der Zeit nach der Schließung des Viertels der roten Laternen beschlossen viele, die Stadt zu verlassen.

Einige Musiker hatten schon das Abenteuer gewagt, wie wir gesehen haben, und waren nach Los Angeles, Chicago, New York und in die Städte des Südwestens spielen gegangen. Die Nachrichten, die sie den Daheimgebliebenen schickten, waren ermutigend. Noch andere hatten Arbeit in den Bands gefunden, die auf den Schiffen spielten.

Schiffe, auf denen Orchester engagiert wurden, waren in diesen Jahren zahlreich; die unter Jazzhistorikern bekanntesten verkehrten auf dem Mississippi meistens bis St. Louis, manchmal aber auch weiter nordwärts. Andere boten Ausflüge auf dem Pontchartrain-See an.

Unter den »Riverboats«, den Raddampfern, hatten die Schiffe der Streckfus Line (namens »S. S. Capitol«, »Sidney«, »J. S.«, »St. Paul« und weitere) Orchester von Rang, unter denen die besten von dem Pianisten Fate Marable geleitet wurden, der auch die Calliope, eine Art Orgel mit dampfbetriebenen Pfeifen, spielte. Unter seiner Leitung spielten um 1920 Musiker, die später berühmt wurden: der junge Louis Armstrong, die Brüder Johnny und Baby Dodds, der Kontrabassist Pops Foster und Johnny St. Cyr, der Meister der Banjospieler und Gitarristen.

Aber damals war der große Zeitpunkt des Jazz in New Orleans schon vorbei. Die Musik, die jahrelang in den verrufenen Lokalen Storyvilles erklungen war, war sogar von den ehrbaren Einwohnern der Stadt schon völlig vergessen worden, vorausgesetzt, daß sie ihre Existenz überhaupt jemals zur Kenntnis genommen hatten. Bezeichnend ist in diesem Zusammenhang, was die »Times Picayune«, eine Zeitung aus New Orleans, am 20. Juni 1918 schrieb, als das Echo des aufsehenerregenden Erfolges anlangte, den die ersten Jazzmusiker der Stadt in Chicago und New York errungen hatten. Der Artikel war »Jass and Jassism«[24] betitelt:

»Was für eine Bedeutung hat diese ›Jass‹-Musik und also die ›Jass‹-Band? Ebensogut könnten wir uns fragen, warum es Groschenromane oder fetttropfende Erdnüsse gibt. Es sind alles Äußerungen schlechten Geschmacks jenes Bruchteils der Menschheit, der noch kein Bad in der Zivilisation genommen hat. Man könnte auch sagen, daß es eine unanständige Geschichte ist, die synkopiert und kontrapunktisch gespielt wird . . .

New Orleans ist am Thema des Jass besonders interessiert, nachdem von verschiedener Seite behauptet wird, daß diese Art musikalischen Lasters in dieser Stadt entstanden sei und sogar ihren Ursprung in übel beleumundeten Straßen bei uns gehabt habe. Wir akzeptieren zwar die Ehre dieser Urheberschaft nicht, müssen uns aber, da diese Geschichte nun einmal im Umlauf ist, dafür einsetzen, daß wir die letzten werden, die diese Greuelmusik in unsere ehrenwerte Gesellschaft aufnehmen. Wir müssen uns, zur Rettung unserer Bürgerehre, verpflichten, sie überall zu unterdrücken, wo wir sie Wurzel fassen sehen könnten. Ihr musikalischer Wert ist gleich Null, und ihre Möglichkeiten, Schaden anzurichten, sind groß.«

Der Jazz wurde zur schmutzigen Wäsche gerechnet und verschwand ganz aus dem Bild der Stadt am Mississippi-Delta. Erst in jüngerer Zeit wurde er, nachdem sich die Musik der Neger auch in den Augen vieler rechtschaffener Amerikaner Achtbarkeit verschafft hatte, wieder ein Bestandteil des Musiklebens dieser Stadt. Er wurde sogar eine Attraktion für die Touristen, die sich abends über die Bourbon Street, mitten im Vieux Carré, ergießen, um ein paar

Striptease-Nummern zu sehen und ein wenig guten alten amerikanischen Jazz zu hören. Meistens wird er von älteren Musikern gespielt, die die Stadt nicht verließen, als die »Großen« in den Norden gingen. Aber es ist Musik, die in den Formeln festgehalten wird, die ihre Pioniere erfunden haben; doch hat der Jazz echt und vital seinen Weg anderswohin fortgesetzt und sich mit ungewöhnlicher Schnelligkeit entfaltet.

Im Vieux Carré, wo das alte Städtchen der spanischen und französischen Siedler und ihrer verfeinerten Nachkommen gewesen war, ist zur Erinnerung an die Annalen des großen Jazz ein kleines Jazz-Museum geblieben, das mit großer Liebe und viel Mühe von verschiedenen begeisterten Förderern der New Orleans-Musik ausgerüstet wird.

Unter seinen Kostbarkeiten ist auch das Kornett, auf dem Louis Armstrong im Waifs' Home spielen gelernt hatte; in einer Ecke liegt ein Stein von Lulu Whites Mahogany Hall, die wie die anderen »Maisons«, die »Cribs« und die Kneipen in Storyville abgebrochen wurde. Auf der Basin Street, die in den Worten eines berühmten Blues »der Himmel auf Erden«, der Ort, »wo Schwarze und Weiße sich treffen«, genannt wurde, ist nichts geblieben, was an die Jahre erinnert, die so weit zurückzuliegen scheinen. Sie ist eine Verkehrsader, wie es viele in den amerikanischen Städten gibt. Wenn man sie überquert, muß man aufpassen, daß man nicht von einem Lastwagen überfahren wird.

4. Treffpunkt Chicago

»Algiers, Louisiana, den 17. Mai 1917

Herr,

ich habe vor einiger Zeit im ›Chicago Defender‹ gelesen, daß Sie mich für verschiedene Arbeiten brauchen. Ich will Ihnen sagen, daß ich Ihnen alle Männer bringen und schicken kann, die Sie für jede Arbeit nötig haben, und ich möchte auch kommen. Ich kann Ihnen alle Leute empfehlen, die ich mitbringe, um jede Arbeit zu machen, und Sie werden zufrieden sein. Ich bin zwanzig Jahre lang Vorarbeiter gewesen und außerdem Chef dieser Leute bei verschiedenen Arbeiten, an Maschinen, als Schmied, beim Rohrverlegen und allen Gelegenheitsarbeiten. Es sind alles gute Arbeiter, und sie werden jede Art Arbeit tun. Die haben auch das Zeug dazu, alles vom Schreiber an abwärts zu machen. Ich werde keinen Faulenzer mitbringen, sondern nur Männer, die malochen können und gutes Geld für ihre Arbeit wollen. Schreiben Sie mir sofort!«[1]

Dieser Brief – im englischen Original verworren, voller Fehler und daher nur annähernd übertragbar – ist einer von vielen, die in den Jahren vor dem ersten Weltkrieg von den armen »farbigen Leuten« (unser Briefschreiber wohnte in einem Vorort von New Orleans) an die Arbeitsvermittler geschickt wurden, die ihre Anzeigen im »Chicago Defender« veröffentlichten. Diese wichtigste Neger-Zeitung forderte die Bauern des Südens auf, in die Großstadt im Bundesstaat Illinois zu kommen. Wer einen Brief schrieb, dachte, ebenso wie Hunderttausende seiner Rassenbrüder, die im ländlichen Süden lebten, daß man nur im Norden auf ein besseres Leben hoffen konnte. Der Norden brauchte auf der anderen Seite diese Leute. Die Industrie der nördlichen Großstädte hatte großen Mangel an Arbeitskräften, weil viele Weiße ihre Arbeitsplätze in den Fabriken wegen der Einberufung zum Krieg verlassen mußten und weil die Einwanderung aus Europa praktisch aufgehört hatte.

Die Abwanderung begann auf breiter Ebene im Jahre 1914, und 1918 hatten schon 400 000 Neger die Südstaaten verlassen. Die meisten begaben sich nach Chicago, Detroit, New York, Philadelphia, Washington und auch in den Westen, nach Kalifornien. In Detroit hatte Ford (»Mister Ford«, sagten die Neger und betrachteten ihn als eine Art Wohltäter) als erster, eben im Jahre 1914, seine Stimme erschallen lassen. Er brauchte Arbeiter für seine Autofabriken und hatte jedem, der auf seinen Appell antwortete, einen Mindestlohn von fünf Dollar pro Tag versprochen.

Viele derjenigen, die in den Norden abwanderten, machten sich Illusionen. Sie dachten, daß sie in den großen Städten, von denen sie so viel reden gehört hatten, den alten Jim Crow, das heißt die Rassendiskriminierung, nicht mehr antreffen würden. Diese Gedanken versprachlichte Cow Cow Davenport in einem Blues, als er sang:

I'm tired of this Jim Crow, gonna leave this Jim Crow town.
Doggone my black soul, I'm sweet Chicago bound,
Yes, I'm leavin' here, from this ole Jim Crow town.

I'm goin' up North where they say money grows on trees.
I don't give a doggone, if ma black soul leaves,
I'm goin' where I don't need no B. V. D.'s[2].

Das »süße Chicago, wo das Geld auf den Bäumen wächst«, sollte sich durchaus nicht als süß erweisen.
Die South Side, das düstere Neger-Getto Chicagos zwischen der 12. und 36. Straße, war binnen kurzer Zeit von Einwanderern überfüllt. Die Spannungen zwischen den Weißen und den Neuankömmlingen ließen nicht lange auf sich warten und wurden bald akut. 1917 und 1918 wurden mehrere Bomben gegen einige Häuser geworfen, die von Negern bewohnt waren. Das war nur das Vorspiel zu den Unruhen, die an fünf Julitagen des Jahres 1919 ausbrachen. Die Chronik verzeichnete achtunddreißig Tote und mehr als fünfhundert Verletzte. Alles hatte angefangen, weil ein Negerjunge über die imaginäre Demarkationslinie geschwommen war, die die Neger vor dem Strand am See bei der 29. Straße von den Weißen trennte. Der Junge wurde mit Steinen beworfen und ertrank.
Als die Unruhen beseitigt waren, setzte Gouverneur Lowdon eine Kommission ein, die die verschiedenen Aspekte des »Negerproblems« untersuchen sowie Vorschläge zu Lösungen und Abhilfen ausarbeiten sollte. Nach einem Jahr schloß die Kommission ihre Arbeiten mit einem Bericht ab, in dem – mit erkennbarer Skepsis – an das Gewissen der Bürger appelliert wurde. Diese sollten keine »Methoden anwenden, die auf die gewaltsame Absonderung und Ausschließung der Neger ausgerichtet sind«. Die Neger sollten in die Gewerkschaften aufgenommen und nicht in öffentlichen Lokalen und am Arbeitsplatz diskriminiert werden usw.; es sollte kurzum das Mögliche getan werden, um die Beziehungen zwischen den beiden Rassen harmonisch zu gestalten. Die Kommission versäumte nicht, die Großschreibung des Wortes »Negro« und die Abschaffung des Begriffes »nigger«, da »geringschätzig und unnützerweise provokatorisch«, zu empfehlen.
Jedoch blieb die Lage gespannt. Alles summiert, wurden vom Juli 1917 bis

zum März 1921 achtundfünfzig Negerhäuser in Chicago von Bomben zerstört. Es gab zu viele Neger, dachten die Weißen. Innerhalb von zehn Jahren (zwischen 1910 und 1920) waren sie von 44 000 auf 109 000 angestiegen. Von diesen waren 90 000 aus anderen Bundesstaaten gebürtig, in der überwältigenden Mehrheit im Süden.

Indes hatte sich der Horizont der amerikanischen Negerbevölkerung oder wenigstens derjenigen, die den Süden verlassen hatten, erweitert. Dafür, daß er noch mehr erweitert wurde, sorgten die Neger, die im ersten Weltkrieg dienten. Dieser wurde für die farbigen Amerikaner, die die Meldung vom Kriegseintritt der Vereinigten Staaten mit Begeisterung aufgenommen hatten, zu einer bitteren Enttäuschung. Mehr als zwei Millionen Neger hatten sich beim Selective Service System freiwillig gemeldet, aber nur ungefähr 350 000 wurden angenommen. Unter diesen mußten sich die meisten mit Arbeiten in den Küchen oder sanitären Anlagen begnügen und die gröbsten Tätigkeiten verrichten. Nur etwa 100 000 wurden nach Europa geschickt, und wer von ihnen zu den Kampfeinheiten kam, mußte unter dem Kommando französischer Offiziere dienen. Als diese Soldaten in die Heimat zurückkehrten, erlitten sie manches Unrecht. Einige wurden gelyncht, sogar in Uniform. In den Gettos wuchsen Ärger und Frustration.

Die Konzentration in Gettos bewirkte infolge einer psychologischen Reaktion, die ausführlich analysiert worden ist[3], eine Verstärkung und eine Verherrlichung der kulturellen Werte des amerikanischen Negers. Dieser sah sich aus der »offiziellen« Gesellschaft ausgeschlossen, in seinen Erfolgs- und Entwicklungsmöglichkeiten gehemmt, tausendfach erniedrigt und fühlte sich also schließlich immer mehr mit denjenigen verbunden, die das gleiche Schicksal mit ihm teilten (und immer noch teilen). So bemühte er sich, um sein Gedankengut auszudrücken und um seine Persönlichkeit in Einklang mit seinen Rassenbrüdern zu offenbaren, am Ende mit ihnen gemeinsam, sich zu bestätigen und gegenüber den eigenen Frustrationen schadlos zu halten. Der beste Jazz war und bleibt eine solche Schadloshaltung, zweifelsohne die bedeutungsvollste.

Die Musiker, die während der Kriegsjahre in Europa oder wenig später aus New Orleans nach Chicago kamen, fanden sich fast alle an der South Side zusammengedrängt wieder, mit Engagements in dortigen Lokalen, kleinen Theatern und Tanzsälen. Die Neger, die am zahlreichsten waren, mußten gleich mit Jim Crow rechnen. Zum Glück merkte man in der künstlichen Welt, die sich abends auf die South State Street und ihre Umgebung senkte, weniger von der Diskriminierung. Weiß und schwarz waren gemischt, jedenfalls in bestimmten Nachtlokalen, und unter ihnen waren Leute jeden Schlages. Das ist der Eindruck, den die South State Street dieser Jahre auf Langston Hughes machte: »Eine wimmelnde Negerstraße voller Theater, Restaurants und Cabarets, immer dichtgedrängt voll. Und aufregend von morgens bis abends. Mitternacht war wie Mittag. Die Straße war zu jeder Tages- und Nachtzeit voll von Arbeitern und Spielern, frommen Leuten und Sündern. Die Häuser waren unwahrscheinlich überfüllt, und du hättest nicht für Geld und gute Worte einen anständigen Platz zum Wohnen finden können. Die Diebe, Gangster und Betrüger hatten ein perfekt durchorganisiertes eigenes Milieu.«[4] Die ersten wichtigen Musiker aus New Orleans, die nach Chicago kamen, waren, soweit man weiß, Tony Jackson, Jelly Roll Morton und die Mitglieder der Original Creole Band von Freddie Keppard, die mit Sicherheit 1911 in der Stadt weilten. Jackson und Morton kamen, nach den Äußerungen des letzteren, schon im Jahre 1907 an (doch gibt es Grund zum Zweifel); jedenfalls blieb nur Jackson. Dann war ein seltsam zusammengesetztes Quartett an der Reihe: Manuel Manetta, der mehrere Instrumente beherrschte, der Violinist Charles Elgar, der Trompeter Manuel Perez und der Posaunist George Filhe machten die »große Reise« in einem Eisenbahnwaggon versteckt. Perez und Filhe blieben einige Zeit; es ist sicher, daß beide zwischen 1914 und 1915 mit der Imperial Band im Arsonia Café spielten. Darüber hinaus wird berichtet, daß Perez zum Deluxe Café, zum Royal Gardens und zum Pekin überwechselte. Das Pekin war das erste Cabaret-Theater für Neger gewesen, das in der Stadt eröffnet wurde, und schon seit den ersten Jahren des Jahrhunderts in Betrieb. Im Jahre 1916 kehrte dann Keppard wieder.

Was die weißen Formationen anbetrifft, so kam als erste die des Posaunisten Tom Brown aus New Orleans nach Chicago. Sie trat im Juni 1915 im Lamb's Café, im Loop, auf. Die Leute, die sich die »Band aus Dixieland« anhören gingen, waren – wie uns deren Gitarrist Arnold Loyacano (ursprünglich: Lojacono) erzählt hat – zuerst fassungslos. Sie hielten sich die Ohren zu und riefen: »Zu laut!« Obwohl die Musik dieser Pioniere anscheinend schon »Jass«[5] genannt wurde, handelte es sich höchstwahrscheinlich nur um schnell gespielten Ragtime, wie Nick La Rocca erklärt hat und wie auch aus den Namen sichtbar wird, die diese kleine Band später annahm. So nannten sich die Musiker von Brown, als sie das Lamb's Café verließen, »The Kings of Ragtime«. Im übrigen waren die Grenzen zwischen frühem Jazz und Ragtime damals verwischt und noch nicht feststehend.

Mehr Glück hatte die Gruppe weißer Musiker aus New Orleans, die Anfang März 1916 in der Windy City (der »windigen Stadt«, wie Chicago genannt wird) eintraf und im Schiller's Café an der South Side debütierte. Ein gewisser Harry James, Inhaber eines Chicagoer Lokals, hatte sie in New Orleans gehört und nun herkommen lassen. Die Leitung hatte der Schlagzeuger Johnny Stein; die anderen waren der Kornettist Nick La Rocca, ehemaliger Elektriker, der Klarinettist Alcide »Yellow« Nuñez, der Posaunist Eddie Edwards, der als einziger Noten lesen konnte, und der Pianist Henry Ragas.

Wie die Atmosphäre des Lokals war, in dem sie uniformiert in langen Chauffeurmänteln auftraten, kann man einem kleinen Artikel entnehmen, der in der Ausgabe des »Chicago Herald« vom 1. Mai 1916 erschien. Der Beitrag trug die Überschrift »Sechzig Frauen entlarven das Laster« und berichtete über den Streifzug einer Delegation der Anti-Saloon League zum Schiller's Café. Die Liga hatte beschlossen, die Gesetzwidrigkeiten zu erkunden, die in gewissen Lokalen an der South Side begangen wurden.

» . . .Die Delegation begab sich zum Schiller's Café, Nr. 318 der 31. Straße Ost.

Eine Reihe Taxis fuhr vom Schiller's Café in Richtung Norden, Süden, Westen und Osten. Vor den Türen eine Menge Personen, die kämpften, um hereinzukommen. Ein schwitzender Portier hielt sie zurück. ›Ihr könnt nicht rein‹, brüllte er. ›Das Lokal ist besetzt. Wartet, bis noch mehr Leute rauskommen!‹ Das geschah um 2.30 Uhr morgens.

Die Menge vor den Türen wurde immer größer, und der Portier war vollauf damit beschäftigt, sich nicht überrennen zu lassen. Weit und breit war kein Polizist zu sehen. Endlich erhielt die Gruppe die Erlaubnis einzutreten und konnte sich durch Stöße mit den Ellbogen zu einem Tisch durchdrängen. Es war ein solcher Krach, daß man sein eigenes Wort nicht verstehen konnte. Das schrille Gekreische und Gelächter von betrunkenen Frauen wetteiferte mit dem Radau, den die aus New Orleans importierte Jass Band machte, die scheinbar mit ihrem Spiel überhaupt nicht mehr aufhören wollte. Männer und Frauen saßen Arm in Arm singend und grölend da an diesem abstoßenden Abend, während ihre unglücklichen (?) Glaubensgenossen vergeblich kämpften, um zu ihnen durchzudringen.

Die Delegation bestellte Gin, Cocktails und Bier, die im Handumdrehen serviert wurden . . .«

Aus dem Artikel geht klar hervor, daß das Lokal nicht nur die Bestimmungen über den Verkauf alkoholischer Getränke verletzte, sondern auch viel Erfolg hatte. Also hatte La Rocca nicht unrecht, als er seinem Biographen H. O. Brunn[6] erzählte, daß die Leute beim Klang der Musik des Orchesters vor Begeisterung wie verrückt wurden und schrien: »Gebt uns noch mehr Jass!« Trotz des Erfolges wurde Johnny Stein nach drei Monaten von den anderen vier Bandmitgliedern sitzengelassen. Sie begaben sich auf die Suche nach einem anderen Engagement und einer besseren Bezahlung und fanden gleich sowohl das eine als auch das andere. Unter dem neuen Namen der Original Dixieland Jass Band machten sie La Rocca zum Leader, ließen aus New Orleans einen neuen Schlagzeuger, Tony Sbarbaro, kommen und begannen so eine Blitzkarriere. Diese führte sie nach kurzer Zeit in ein elegantes Lokal, das zwar von Gangstern geführt, aber auch von berühmten Schauspielern besucht wurde (unter anderem kamen Persönlichkeiten wie Will Rogers, Fanny Brice, Bert

Williams und Al Jolson das Orchester hören), und dann Anfang 1917 nach New York in eines der Reisenweber-Restaurants, das in der Nähe des Columbus Circle gelegen war.

Der Erfolg war so groß, daß sich sofort die großen Schallplattenfirmen meldeten. Die erste war die Columbia, die zwei Stücke einspielen ließ. Da diese als nicht zur Veröffentlichung geeignet beurteilt wurden[7], entließ man das Orchester, welches sofort von der Firma Victor übernommen wurde. Sie nahm am 26. Februar des gleichen Jahres in ihren Studios die erste Jazzschallplatte auf, die je veröffentlicht wurde. Auf der einen Seite war der »Livery stable blues« und auf der anderen der »Original Dixieland one step«. Als die Leute von Victor die Platte herausgaben, fühlten sie sich verpflichtet, abwehrend die Hände vorzustrecken: »Ein Jass-Orchester ist ein Jass-Orchester«, ermahnte die Werbung, »und keine verrückt gewordene Abteilung der Victor ...« Das Publikum ließ sich darauf ein; von dieser Platte wurden eine Million Exemplare verkauft.

Dann kam eine Serie von Auftritten in Großbritannien und vor allem in London, wo die Band 1919 und 1920 über ein Jahr lang blieb und auch vor König Georg V. auftrat.

Die O. D. J. B. präsentierte sich dem Londoner Publikum in einer Musikrevue im Hippodrome und verweilte dann im Palladium, wo sie für die Tänzer spielte. Die Zeitung »The Star« vom 19. April 1919 kommentierte die Auftritte des Orchesters und schrieb: »Es ist interessant, die Gesichter der Tänzer im Palladium zu beobachten, wenn die Original Dixieland Jass Band – angeblich die einzige ihrer Art auf der Welt – ihr Bestes tut, um die Musik totzuschlagen. Die meisten sind über die seltsamen Dissonanzen sichtlich verblüfft, aber einige denken offenbar, nach ihrem zynischen Lächeln zu urteilen, daß es sich um einen musikalischen Scherz handelt, den man nicht ernst nehmen sollte. Vielleicht haben sie recht.«

Viele waren anderer Meinung. Einige Zeit später saß im Rector's, einem Lokal in der Tottenham Court Road, unter dem Publikum auch Iain Lang, der gerade damals seine Liebe zum Jazz entdeckte, die ein Leben lang anhalten sollte. Jahre später schrieb er in seinem Buch »Jazz in perspective«: »Es war eben im Rector's, als meine erste Begegnung mit dem Jazz erfolgte. Nach über einem Vierteljahrhundert habe ich immer noch die sehr lebendige Erinnerung an den Stil der Dixielanders vor Augen: ihren atemberaubenden Schwung, die präzisen Ansätze, das süße, irre Schmachten des Kornetts, das diabolische Jubilieren der Klarinette und das mächtige rhythmische Pulsieren der Posaune. Ich war da, verwirrt, inmitten einer erstaunten Menge und erregt über die Neuheit.«[8]

Die O. D. J. B. schrieb sich viele Verdienste zu, die sie nicht hatte, vor allem das, den Jazz »erfunden« zu haben. Sogar auf den Werbefotos des Orchesters war in gezierten Jugendstil-Lettern die Inschrift »Creators of jazz« (»Erfinder des Jazz«) zu lesen. Das gleiche stand auf dem Briefpapier La Roccas. Er nahm so die auch von Jelly Roll Morton und Clarence Williams aufgestellten Behauptungen vorweg, die auf ihre Visitenkarten ähnliche Bezeichnungen drucken ließen.

Ebenso anfechtbar wie der Anspruch, mit der O. D. J. B. den Jazz erfunden zu haben, war ein weiteres Verdienst, das La Rocca sich selbst zuerkannte (und das sein Biograph H. O. Brunn emphatisch bekräftigte), nämlich als erster das Wort »Jass« und dann »Jazz« für die Bezeichnung einer Orchesterformation verwendet zu haben. Es scheint in Wirklichkeit außer Zweifel zu stehen, daß ihm darin Tom Browns Band vorausgegangen ist; denn sie wurde zu einer bestimmten Zeit im Lamb's Café als »Brown Dixieland Jass Band – Direct from New Orleans – Best Dance Music in Chicago« präsentiert. Außerdem ist nicht gesagt, daß die vielen Musiker, die behauptet haben, sie hätten das Wort »Jass« für die Namensgebung ihrer Bands in Chicago schon seit 1914 verwendet, alles Lügner waren. Bert Kelly war es wohl nicht, als er in einem Artikel der »Variety« vom 2. Oktober 1957 erklärte: ». . .Ich hatte den Einfall, das Slang-Wort ›Jazz‹, das im äußersten Westen (das heißt in San Francisco) üblich war, als Namen für ein originelles Tanzorchester und meinen originellen Stil, einen tanzbaren Rhythmus zu spielen, im Jahre 1914 im College Inn in Chicago zu benutzen . . .« Eine gewisse Bedeutung kann die Tatsache haben, daß Kelly im darauffolgenden Jahr Verbindung zu Tom Brown hatte; er trat ihm Larry Shields, einen Klarinettisten aus New Orleans, ab, der anschließend der beste Solist der O. D. J. B. wurde.

Der gleiche Urheberanspruch scheint auch von Wilbur Sweatman (er hatte in Chicago und anschließend ab 1913 in New York gespielt) in einem Zeitungsartikel, der sogar schon 1915 in den »Chicago Daily News« erschien, erhoben worden zu sein. Das ist als sicher von Bud Jacobson in einem Artikel der Zeitschrift »Jazz Session« überliefert worden, welche 1945 eine Untersuchung über die Ursprünge dieses geheimnisvollen Wortes durchführen wollte.

Es ist immer ein Gegenstand von Kontroversen gewesen und wird niemals geklärt werden, welches das Ursprungsgebiet, die wahre Etymologie und die anfängliche Bedeutung des Begriffes »Jazz« waren. Diejenigen, die an das Studium dieses Problems herangetreten sind, haben nichts anderes tun können, als die im Laufe der Jahre von mehr oder weniger glaubwürdigen, mehr oder minder angesehenen Personen aufgestellten Hypothesen zur Kenntnis zu bringen und irgendeine Vorliebe für einige Theorien oder Vorbehalte gegenüber anderen zu zeigen. Vielleicht sind die gründlichsten Untersuchungen auf diesem Gebiet in jüngeren Jahren von Peter Tamony[9] und insbesondere von Alan P. Merriam und Fradley H. Garner[10] angestellt worden.

Ohne uns für die eine oder die andere dieser vielen Hypothesen, unter denen nur wenige aus irgendeinem genauen Grund als kaum glaubwürdig verworfen werden können, zu entscheiden, geben wir hier einige der gebräuchlichsten aus der Jazzliteratur wieder. Dort wird vor allem darüber diskutiert, ob der Begriff in San Francisco, in New Orleans, in Chicago oder aber in New York entstanden ist. Letztere These hat jedoch nur einige vereinzelte Anhänger. Bezüglich der Periode, in der man begann, den Ausdruck zu gebrauchen, sind viele Theorien aufgestellt worden: es ist allerdings sicher, daß er mit Bezug auf eine ganz bestimmte Musikgattung und in einem nicht nur begrenzten Personenkreis beginnend mit den Jahren zwischen 1915 und 1917 verwendet wurde. Das Wort Jazz ist jedenfalls mit Sicherheit in gedruckter Form, in dem Ausdruck »Ragtime und Jazz«, in einer Zeitung von San Francisco vom 6. März 1913 erschienen. Ein Artikel in »The Bulletin« sprach von einem Baseball-Spiel, in dem eine Mannschaft »Jazz«, das bedeutete »Feuer« oder »Enthusiasmus«, gezeigt habe. Ein gewisser, nicht näher identifizierter Chapman hat jedoch versichert, daß er mit seinen eigenen Augen ein altes Plakat von vor über hundert Jahren (also um 1860 gedruckt) gesehen habe, in dem das Wort »Jass« vorkam.

Zu den wenigen Dingen, an denen hinsichtlich dieser Vokabel niemand zweifelt, gehört ein besonderer Umstand. Zu der Zeit, als sie von den 1915 – 1916 nach Chicago gekommenen New Orleans-Bands erstmals benutzt wurde, war sie gleichzeitig eine eindeutig vulgäre, wenn nicht obszöne Bezeichnung. Tom Brown hat erklärt, daß seine Musik zuerst von einigen Vertretern der Musikergewerkschaft aus Chicago in verleumderischer Absicht »Jass« genannt wurde. Diese hatten nämlich die Auftritte der New Orleans-Band in ihrem Herrschaftsgebiet nicht genehmigt. Laut Brown war »Jass« (aber einige schrieben auch »jas«, »jasz«, »jascz« oder »jaz«) damals einfach ein schmutziges Wort, das in dem Bordellviertel Chicagos ohne irgendeinen Bezug auf eine Musikgattung gebraucht wurde. Das ist eine Meinung, die von vielen anerkannten amerikanischen Slang-Fachleuten bestätigt werden kann, die diesem Begriff eine ursprünglich sexuelle Bedeutung zuschreiben.

Für andere wiederum ist »Jazz« angeblich ein entstellter Eigenname; so zitiert man eine Gestalt der Minstrel-Shows, Mr. Jasbo (einen »Negro dandy«, der Cake Walk tanzte und dessen Name sich aus dem französischen Ausdruck »chasse beau« ableitete) oder einen gewissen Jasbo Brown, einen Negermusiker, von dem die »Musik Trade Review« in ihrer Nummer vom 14. Juni 1919 sprach. Sie veröffentlichte einen Briefwechsel aus Chicago, wonach dieser Brown »fünf Jahre zuvor« im Schiller's Café (seltsamer Zufall: gerade in dem Lokal, in dem zwei Jahre später die Musiker La Roccas debütierten) arbeitete und eine wilde und sonderbare Musik spielte, wenn er betrunken war. »Weiter, Jasbo, weiter!«, sagten die Gäste und gaben ihm zu trinken, damit er seine erregende Musik spielte.

Jasbo – man beachte wohl – ist nicht der einzige Musikername, der in diesem Zusammenhang erwähnt wird. Man hat von einem Charles mit Spitznamen Chaz, einem Jasper und einem Jess geredet. Ferner ist Bezug auf die Redewendung »to jazz it up« oder »to jazz 'em up« genommen worden, die in der Welt des amerikanischen Vaudeville in der Bedeutung von »aufheizen«, »mehr Rhythmus unterlegen« oder so ähnlich verwendet wird. Es gibt sogar Leute, die versichern, daß dieser Ausdruck aus der kreolischen Mundart von New Orleans stammt und aus irgendeinem afrikanischen Dialekt abgeleitet wurde. Diese These ist in Wahrheit die erste gewesen, die je in einem Artikel aufgestellt wurde. Er scheint der erste zu diesem Thema gewesen zu sein und erschien in der »New York Sun« vom 5. August 1917. Der Autor Walter Kingsley berief sich auf Lafcadio Hearn, den bekannten und angesehenen Erforscher des Brauchtums von Alt-New Orleans und der kreolischen Mundart. Laut Hearn (in dessen veröffentlichten Werken sich keine Spur dieser Aussage gefunden hat) soll der Ausdruck »to jaz« in New Orleans schon seit dem letzten Jahrhundert in der Bedeutung von »beschleunigen«, »erregen« gebraucht worden sein und von einem afrikanischen Begriff hergeleitet sein. Welches auch immer der Ursprung dieser Vokabel ist, viele Negermusiker des Jazz haben niemals ihre Abneigung gegen ein Wort verhehlt, das für sie einen üblen Geruch hat; nicht wenige fühlen sich unwohl, wenn es zur Bezeichnung ihrer Musik verwendet wird, auf der es ein Brandmal hinterlassen hat.

Nick La Rocca war also nicht der erste, der das Wort Jazz übernahm. Und er war auch nicht einmal der Komponist einiger berühmter Stücke in dem Repertoire seiner Band, die dennoch seine Unterschrift tragen. Unter diesen der so berühmte »Tiger rag«, den der Leiter der O. D. J. B. behauptete, durch Zusammenfügen verschiedener Teile von volkstümlichen, in seiner Geburtsstadt gehörten Themen »konstruiert« zu haben. In Wirklichkeit war der »Tiger rag« nichts anderes als die alte »Praline«, die die schwarzen Musiker aus New Orleans aus einer französischen Quadrille entwickelt hatten.[11]

Da die O. D. J. B. ja das erste Jazzorchester war, das Schallplatten einspielte (denn man mußte noch ein paar Jahre, und zwar bis 1922–23, warten, bevor man eine bestimmte Anzahl von Plattenaufnahmen zur Verfügung hatte, die Stil und Qualität des Jazz einiger wichtiger weißer und farbiger Musiker belegten), haben sich viele gefragt, ob die Musik der O. D. J. B., so wie sie auf den ersten Aufnahmen zu hören ist, ein typisches Beispiel für den Jazz dieses Zeitabschnittes bildet. Natürlich sind nur Hypothesen möglich; fest steht, daß diese Platten auch von Musikern – weißen und schwarzen – aufmerksam angehört und geschätzt wurden, die später berühmt wurden, und daß das Publikum die Platten mit Begeisterung aufnahm. Jedoch ist wahrscheinlich, daß der erste Jazz der O. D. J. B. (der noch mit dem Ragtime verwandt war und viele Züge von Varietémusik an sich hatte: so ahmten die Instrumente im

Verlauf der Stücke oft Tiergeräusche, besonders das Wiehern von Pferden, nach) sich ziemlich stark von der Musik unterschied, die im gleichen Zeitraum von den besseren, farbigen Musikern aus New Orleans gespielt wurde. Diese improvisierten mit mehr Freiheit und spielten, man beachte, an der South Side Chicagos vor einem teilweise schwarzen Publikum, das ein ganz anderes war als das, welches in New York den Erfolg der Musiker La Roccas herbeiführte. Wie dem auch sei, die von den Kritikern viele Jahre später zu der Musik dieses Orchesters abgegebenen Urteile sind höchst gegensätzlich. Vielleicht hat Gunther Schuller das objektivste Urteil gefällt. Er hat die Aufnahmen gründlich analysiert und ist zu dem Schluß gekommen, daß »die besten von ihnen eine ärgerliche Mischung aus gut und böse, aus Vulgarität, schlechtem Geschmack und guten musikalischen Absichten« sind.[12]

Ob die O. D. J. B. nun eine ungewöhnliche Jazzband war oder nicht, in den allererersten zwanziger Jahren machte sie viel von sich reden, vor allem unmittelbar nach der Rückkehr von ihrem triumphalen Londoner Aufenthalt nach New York. Jedoch für die Musiker aus Chicago und auch für die aus New York, die das Glück hatten, mit unter den Zuhörern zu sein, war das wahre, das große Orchester des Jazz ein anderes: die Band von King Oliver.

Oliver war Anfang 1918 zusammen mit Jimmie Noone aus New Orleans nach Chicago gereist, um im Royal Gardens aufzutreten. Aber sein Ruf bei den aus dem Süden übergesiedelten Musikern war so groß, daß er sofort in zwei Orchestern gleichzeitig spielte, dem von Bill Johnson, der ihn hergeholt hatte, und der Band unter Leitung des Klarinettisten Lawrence Duhé. Diese Band wirkte in einem anderen Tanzlokal an der South Side, dem Dreamland, und enthielt unter anderem Sidney Bechet und die Pianistin Lil Hardin.

Nach einigen Monaten, im Januar 1920, konnte Oliver einer neuen kleinen Formation, die im Dreamland auftrat, seinen Namen geben. Zum Ersatz für Bechet, der nach Europa abgereist war, hatte er Johnny Dodds gerufen. Dodds war früher schon mit einer Varietétruppe in den Norden gekommen, aber dann wieder nach New Orleans zurückgekehrt. Erneut nahm Oliver jetzt zwei Engagements an, wie es in diesen Jahren üblich war. Von halb zehn Uhr abends bis ein Uhr nachts war er im Dreamland und eilte dann, mit seinem vollständigen Orchester, zum Pekin, wo er bis sechs Uhr morgens spielte.

Das Pekin wurde damals wie viele Lokale Chicagos von Gangstern besucht. Sie waren seit dem Tage, als der Volstead Act in Kraft getreten war, der den Alkoholkonsum in den ganzen Vereinigten Staaten verbot, mehr denn je die Herren der Stadt. Diese wurde von dem Bürgermeister William Hale Thompson, unter seinen Freunden besser bekannt als »Big Bill«, recht ungezwungen verwaltet. Die Frechheit der Banden, die unter den großen augenblicklichen Rädelsführern agierten (der große Boß war damals Johnny Torrio, Neffe von Big Jim Colosimo, aber schon machte sich sein Liebling Al Capone bemerkbar), zeigte sich sofort. Seit dem offiziellen Inkrafttreten des Prohibitionsmus in der Nacht des 17. Januar 1920 waren kaum funfundfünfzig Minuten vergangen, als sechs maskierte und bewaffnete Banditen am Güterbahnhof Chicagos Whisky im Wert von 100 000 Dollar raubten. Er wurde gleich in Umlauf gesetzt, und zwar in den »Speakeasies«, den Lokalen mit Guckloch in der Eingangstür, wo der Alkohol allen Gesetzen zum Trotz in Strömen floß. Das war nur der Anfang; im Jahre 1923 waren 60 Prozent der Polizisten in der Stadt in den Alkoholhandel aktiv als »Operateure« verwickelt, wie der Polizeipräsident Charles Fitzmorris öffentlich zugab. Drei Jahre später erfaßte die Lohntüte Al Capones fast die Hälfte der Chicagoer Polizei. Und als am Ende der vierzehn Jahre der erhofften »Ära des klaren Kopfes und des sauberen Lebens« die Summe gezogen wurde, zählte man allein in Chicago 703 Morde unter rivalisierenden Banden, die in irgendeiner Weise mit dem Alkoholhandel zusammenhingen. Es gab unzählige »Speakeasies«; 1930 wurden allein in dieser Hauptstadt von Illinois mehr als zehntausend zahlenmäßig erfaßt. »Eine kranke Stadt«, ist sie definiert worden, »so kindisch stolz auf ihre Gangster und so wenig stolz auf ihre Künstler«.

Auch im Pekin wurden die Künstler – die Jazzmusiker, das heißt damals im Jahre 1920 die Leute von King Oliver – durchaus geringer angesehen als die Gangster, die sich als die Herren aufspielten. Erst wenige Monate vorher hatte dort ein »harter Killer« im Lokal zwei Polizisten umgebracht, aber die Schandtat hatte nicht allzuviel Anstoß erregt. Es war also kein besonders angenehmes Milieu, auch wenn die Trinkgelder der Kunden großzügig ausfielen. Außerdem waren die zwei Engagements, die die Creole Jazz Band über acht Stunden lang ununterbrochen in Anspruch nahmen, sehr anstrengend. Aus diesen Gründen nahmen Oliver und seine Musiker eine Anstellung in Kalifornien an, wo sie zwischen 1921 und 1922 fast ein Jahr blieben.

In der Zwischenzeit war in Chicago das Royal Gardens renoviert und in Lincoln Gardens umbenannt worden. Es konnte ungefähr siebenhundert Personen fassen (wenn sie sich drängten, was oft geschah, auch noch mehr Leute), und als Tanzkapelle für sie brauchte man ein gutes, ein ausgezeichnetes Jazzorchester. Man dachte daran, King Oliver zurückzuholen.

Die aus dem Süden eingetroffene Musik – Jazz und Blues – war nämlich dabei, ein gutes Geschäft für alle zu werden. Das hatten die Verkaufsziffern der ersten Platten bewiesen, die Mamie Smith in New York für die Firma Okeh aufgenommen hatte. Sie war die erste Person überhaupt gewesen, die als Einzelsänger je ein Aufnahmestudio betreten durfte. Im Februar 1920 gab sie so den Weg für die sogenannten »Race Records« frei. Auf diesen Platten, die für den Käufermarkt der amerikanischen Neger gedacht waren, sollte der beste Jazz der zwanziger Jahre dokumentiert bleiben. Unter den ersten Aufnahmen von Mamie Smith war ein Blues – genauer ein Pseudo-Blues – mit dem Titel

»Crazy blues«, komponiert von Perry Bradford. Er war der erste zuversichtliche und beharrliche Befürworter dieses großartigen Unternehmens ohne seinesgleichen gewesen. Von der Platte des »Crazy blues«, im August eingespielt, wurden, wie es heißt, dann mehr als eine Million Exemplare innerhalb von sieben Monaten verkauft; die Musikgeschäfte in den Negervierteln konnten die Platten nicht zeitig genug nachbestellen, so schnell waren sie ausverkauft.

Der Anfang von Radiosendungen (die erste fand am 14. September 1920 statt, aber der durchschlagende Erfolg kam erst 1922) bewirkte zusätzlich, gerade weil die neue Musik von den Radiosendern geächtet wurde, eine größere Verbreitung des Jazz durch Schallplatten, zum großen Verdruß der rechtschaffenen Bürger, die ihn bereits für eine Art nationalen Unglücks hielten.

Eine Vorstellung vom Ruf des Jazz bei den gottesfürchtigen Leuten jener Jahre mag die Lektüre eines Traktätchens – eines der vielen anführbaren – vermitteln, das unter der Überschrift »Der Jazz verdirbt die Mädchen, erklärt ein Reformator« in der Ausgabe des »New York American« vom 22. Januar 1922 erschien. Natürlich handelt es sich um einen Bericht aus Chicago.

»Ein moralisches Unglück ist dabei, Hunderte von jungen amerikanischen Mädchen durch die pathologische, Ärgernis erregende, sexuell aufreizende Musik der Jazzbands zu treffen, wie die Vereinigung zur Überwachung der guten Sitten mitteilt. Allein in Chicago haben die Vertreter der Vereinigung feststellen können, daß es in den letzten zwei Jahren eintausend gefallene Mädchen gegeben hat, deren Fall auf den Jazz zurückzuführen ist.

Die Mädchen der kleinen und großen Städte, in den armen wie in den reichen Wohnungen, sind Opfer der bizarren, verfänglichen und neurotischen Musik, die die modernen Tänze begleitet.

Diese entwürdigende Musik ist nicht nur in den verrufenen Lokalen zu hören, sondern oft auch bei studentischen Tänzen, in Luxushotels und in den Kreisen der sogenannten guten Gesellschaft«, stellt Rev. Phillip Yarrow, Vorsitzender der Vereinigung zur Überwachung der guten Sitten fest.

Die würdigen Herrschaften, die von Reverend Yarrow, wer weiß wo von der Leine gelassen und auf den Jazz angesetzt worden waren, wären wahrscheinlich sehr verwundert gewesen, wenn sie gelesen hätten, was kurz vorher in der Ausgabe der »Revue Romande« vom 15. Oktober 1919 gestanden hatte. Dort schrieb der namhafte Schweizer Orchesterdirigent Ernest Ansermet, der Gelegenheit gehabt hatte, in der Londoner Philharmonic Hall das Southern Syncopated Orchestra von Will Marion Cook zu hören. Es war eines der allerersten amerikanischen Negerorchester, die nach Europa kamen, und in seinen Reihen saß Sidney Bechet, der seit kurzem die Musiker seiner Heimatstadt New Orleans in Chicago zurückgelassen hatte: »Der ungewöhnlich virtuose Klarinettist des Southern Syncopated Orchestra ist wahrscheinlich der erste seiner

Rasse, der in vollendeter Form Bluesmelodien für Klarinette komponiert. Ich habe zwei davon gehört, die er in verhältnismäßig langer Zeit ausgearbeitet hatte. Obwohl sie sich untereinander sehr unterschieden, sind sie doch beide gleichermaßen bewunderungswürdig wegen ihres Einfallsreichtums, der Kraft ihrer Akzentuierung, der Kühnheit in ihrer Neuartigkeit und wegen ihrer Unvorhersehbarkeit. Sie zeigen schon, was ein Stil ist. Ihre Form ist packend, schroff und rauh, die Abschlüsse erbarmungslos kurz, etwa wie bei Bach im Brandenburger Konzert Nr. 2. Ich wünsche, den Namen dieses genialen Künstlers festzuhalten: es ist Sidney Bechet. Wenn jemand so oft versucht hat, in der Vergangenheit eine jener Gestalten zu entdecken, denen wir die Schöpfung unserer Kunst verdanken, so wie wir sie heute kennen – die Männer des 17. und 18. Jahrhunderts beispielsweise, die jene ausdrucksvollen Tanzarien schrieben, welche den Weg für Haydn und Mozart eröffneten –, welch eindrucksvolles Erlebnis ist es dann, diesem dicklichen tiefschwarzen Burschen mit den weißen Zähnen und der niedrigen Stirn gegenüberzustehen, der so glücklich ist, weil er genau weiß, was er tut, der aber über seine Kunst rein gar nichts aussagen kann, weil er ganz sicher ist, daß er seinen Weg schon gehen wird. Unwillkürlich muß man daran denken, daß es dieser eine Weg vielleicht ist, über den morgen die ganze Welt beschwingt schreiten wird.«[13]

Man kann jede Wette eingehen, daß die Musiker, die in den Lokalen engagiert waren, die auf der State Street und in ihrer Umgebung an der South Side eröffnet wurden, und unter ihnen die Jazzleute aus New Orleans[14] nicht im Traum daran dachten, daß ein Kollege von ihnen in Europa so ernst genommen werden konnte; andererseits ist aber auch anzunehmen, daß sie sich nicht allzusehr wegen der Verdammungen abhärmten, die in der Heimat von den rechtschaffenen Bürgern gegen ihre Musik verbreitet wurden. Sie kamen aus Storyville und waren Neger, also hatten sie noch ganz andere Dinge erlebt.

Als King Oliver mit seiner Creole Jazz Band im Juni 1922 auf dem Podium des Lincoln Gardens Platz nahm, dachte er nur daran, so gut wie möglich seine Arbeit zu verrichten, die auch darin bestand, die Gäste des Lokals zum Tanzen zu bringen. Da waren Weiße und Schwarze, und sie tanzten Bunny Hug, Charleston, Black Bottom und andere Modetänze von damals, während eine große Kugel aus kleinen Spiegeln, die an der Decke befestigt war und von zwei Scheinwerfern angestrahlt wurde, sich langsam drehte und sie mit lauter Leuchtflecken überflutete.

Viele können sich noch an das Orchester auf dem Podium im Lincoln Gardens erinnern. Nach einer gewissen Zeit, wenn Olivers Musiker sich warmgespielt hatten, zogen sie sich die Jacken und Krawatten aus; ab und zu schöpften sie mit einer Kelle eisgekühltes Wasser aus einem Eimer, den sie immer in greifbarer Nähe hielten. Der Bandleader, der ein tüchtiger Esser war, hatte eine imposante Figur, und wenn er sich anstrengte, dehnte sich sein Brustkorb so aus, daß sein Hemd aufging und darunter sein feuerrotes Unterhemd zum Vorschein kam. »Jetzt werde ich euch mein rotes Unterhemd zeigen«, sagte er manchmal. Das war für ihn, als ob er gesagt hätte: »Jetzt werde ich euch richtig einheizen.«

In kurzer Zeit verbreitete sich das Ansehen der Band in der Stadt und lockte eine größere Anzahl von Musikern in das Lokal. Sie blieben vor dem Podium stehen und versuchten, den Leuten aus dem Süden ein paar Berufsgeheimnisse abzuschauen. Sie wurden zu einer kleinen Menge, als im August zusätzlich Louis Armstrong zu der Formation trat, den Oliver aus New Orleans herbeigerufen hatte.

Little Louis, wie ihn damals die Kollegen nannten, war gerade zweiundzwanzig Jahre alt geworden, war dick und wirkte ziemlich plump. Als er in Chicago ankam, trug er einen braunen Mantel, der alles andere als elegant war, einen Strohhut und gelbe Schuhe. Aber dieser junge Kerl mit seinem ungehobelten Aussehen konnte Kornett spielen wie kein anderer zuvor und wurde sehr bald das Idol der Jazzmusiker, die sogar seine Art zu gestikulieren, zu gehen, zu sprechen nachahmten.

Die ersten Einspielungen der Creole Jazz Band wurden im April 1923 für die Marke Gennett in Richmond, im Bundesstaat Indiana, gemacht, werden dem Orchester aber, vor allem wegen ihrer mangelhaften technischen Aufnahmequalität, nicht gerecht. Jedoch stellen sie die erste Dokumentierung des besten Neger-Jazz auf Schallplatten dar. Diese Musik war gegenüber der, die man erst ein paar Jahre zuvor in New Orleans gespielt hatte, erheblich entwickelt. Oliver hatte wahrscheinlich, obwohl er noch ziemlich jung war – damals war er achtunddreißig Jahre alt –, das Ungestüm der frühen Jugend verloren.[15]

Nach all dem sind und bleiben diese Platten die klassischen Beispiele des New Orleans-Stils der zwanziger Jahre. Es ist ein Stil, in dem die polyphone Kollektivimprovisation im Verhältnis zu den Einzelsolos überwiegt. Die Improvisation wird innerhalb eines perfekt vorgesteckten Rahmens eingehalten und mit sicherer Hand vom Leader überwacht. Nur die »Breaks«, kurze rhythmisch-melodische Kadenzen, die zwischen die Ensemblepassagen eingeschaltet werden, stellen das Überraschungsmoment dar. Meistens wurden in diesem Orchester die Breaks von den beiden Kornettisten übernommen. Lange Solos waren auf den Jazztiteln noch nicht üblich geworden, möglicherweise weil die Musiker diese noch nicht genügend praktiziert hatten. Wie auf allen frühen Jazzaufnahmen dieser Jahre aus Chicago und New York ist die Improvisation eher eine Variation der Melodie als eine neue Erfindung, die auf die Akkorde des Grundthemas gegründet ist. Die Rollen der verschiedenen Instrumente bei der Durchführung sind schon klar abgezeichnet: die Kornette sind die Führungs- oder Lead-Instrumente und stellen die Melodie gegebenenfalls mit Abänderungen und Verschönerungen vor; um diese rankt sich frei, kontrapunktisch und ein wenig übermütig die Klarinette in kunstvollen Verzierungen; die Posaune übernimmt gemischte Baß- und Kontrapunkt-Funktionen (das ist der »Tailgate«-Stil, von dem schon gesprochen wurde). Klavier, Kontrabaß (dieser wird gezupft oder, genauer gesagt, anfänglich »slapped«, »geklatscht«) und Schlagzeug unterlegen den Blasinstrumenten ein recht leichtes rhythmisch-harmonisches Gewebe. Das Tempo wird durchgehend von Piano, Baß und Schlagzeug angegeben und ist im Zweivierteltakt gehalten. Bereits in jedem Stück ist die hinhaltende Eigenart des Jazz spürbar, der man die Bezeichnung »Swing« gegeben hat, diese besondere fließende und motorische Dynamik, die jahrzehntelang als unabdingbares und wesentliches Element des guten Jazz geachtet worden ist.

Während Oliver und seine Männer die Herren an der South Side waren, erregte eine andere – diesmal weiße – Band, die hauptsächlich aus Einwanderern von New Orleans bestand, seit einiger Zeit die Aufmerksamkeit des Publikums und der Gäste im Friar's Inn, einem Lokal im Loop, dem Herzen des weißen Chicago. Es waren die New Orleans Rhythm Kings, die in diesem Lokal Anfang 1921 unter dem Namen des Friar's Society Orchestra zum ersten Mal aufgetreten waren. Der organisatorische Leiter der Formation war Paul Mares, aber der musikalische Vorsteher der Gruppe war in Wirklichkeit der Pianist Elmer Schoebel, der als einziger Noten lesen konnte. Unter den Solisten taten sich der Posaunist George Brunis und noch mehr der Klarinettist Leon Roppolo sizilianischer Herkunft hervor, welcher im Jahre 1925 als noch ganz junger Mann von der Jazzszene abtrat, als er in eine Irrenanstalt in Louisiana geliefert werden mußte, wo er die letzten achtzehn Jahre seines Lebens verbrachte.

Auch das Friar's Inn wurde trotz der Absichten seines Inhabers, der daraus ein elegantes Lokal machen wollte (nicht umsonst hatte er die Band »Society Orchestra« genannt), bald ein Treffpunkt der Gangster. Unter den Gästen waren nicht selten Dion O'Banion und Al Capone anzutreffen. Die jungen Bandmitglieder kümmerten sich jedenfalls nicht darum und nahmen auch ihre Arbeit nicht zu ernst. Sie übten niemals, hat Mares Jahre später zugegeben. Die Proben wurden bei der Arbeit vor den Gästen durchgeführt, die nichts merkten. »Tatsächlich«, hat Mares im Gedanken an diese alten Zeiten erläutert, »spielte das Orchester gute Musik. Wir spielten nur in zwei Tempos: entweder Slow Drag (sehr langsamen Blues) oder den One-step im Zweivierteltakt. Wir taten unser möglichstes, die Musik der Farbigen so nachzuspielen, wie wir sie zu Hause gehört hatten. Wir taten unser Bestes, aber genau konnten wir den Negerstil natürlich nicht kopieren.«[16] Das ist wahr; die Spielweise der Band war, obwohl vorzüglich für die damalige Zeit, etwas schlaffer und weniger relaxt als die der besseren Negergruppen.

Trotzdem hatten auch die N. O. R. K. ihre begeisterten Anhänger. Ab und zu kam Bix Beiderbecke ins Lokal, der damals in der nahegelegenen Militärakademie von Lake Forest studierte, und oft lauschten an der Eingangstür – da sie zu jung waren, um hereingelassen zu werden – verschiedene Jungen von der Austin High School, die später fast alle berühmte Jazzmusiker werden sollten. Es waren die Brüder Jimmy und Dick Mc Partland, die Kornett beziehungsweise Gitarre oder Banjo spielten; Frank Teschemacher, der Violine und Saxophon beherrschte, aber dann als Klarinettist zur Geltung kommen sollte; Bud Freeman, Tenorsaxophonist und Jim Lannigan, ein Allround-Musiker. Zusammen mit Dave Tough am Schlagzeug und Dave North am Piano bildeten sie bald eine kleine Band, die von ihren Mitgliedern in Anlehnung an den ersten Namen des gemeinsamen Lieblingsorchesters Blue Friars getauft wurde. Sie nahmen sich die New Orleans Rhythm Kings zum Vorbild, die sie zum ersten Mal auf den 1922 in Richmond für Gennett aufgenommenen Platten gehört hatten. »Wir hatten uns für die Kings begeistert«, gab Jahre später Bud Freeman zu, »aber als wir King Oliver hören konnten, merkten wir den Unterschied.«[17]

Als die Mitglieder der Austin High School Gang – wie sie später genannt wurden – im Jahre 1922 ihre erste Band gründeten, waren sie Halbwüchsige; der älteste war siebzehn Jahre alt, der jüngste vierzehn.

Ein anderer weißer Musiker aus Chicago, der sich in diesem Zeitraum der Schule der Jazzmusiker aus New Orleans anschloß, hieß Francis »Muggsy« Spanier. Er war ein Kornettist mit einem lustigen Gesicht und abstehenden Ohren und spielte im Orchester von Sig Meyers, lief aber weg, sobald er konnte, um Oliver und Armstrong zuzuhören. Ein weiterer war der Schlagzeuger George Wettling und ein dritter Eddie Condon. Mit einigen dieser Vertreter der »Second Line« aus Chicago begann gerade damals auch ein Klarinettist namens Benny Goodman seine ersten Schritte als Instrumentalist zu tun. Er war 1922 im Alter von dreizehn Jahren darangegangen, berufsmäßig zu spielen, und durch die falsche Tür in die Welt des Jazz eingetreten, als er sich die Platten des mittelmäßigen weißen Klarinettisten Ted Lewis anhörte. Dann aber hatte er die richtigen Leute getroffen, das heißt die aus New Orleans stammenden Musiker.

Noch ein junger Mann, der in den anschließenden Jahren viel von sich reden machte, fing eben in dieser Zeit an, sich öfters in der Stadt blicken zu lassen: Bix Beiderbecke. Er hatte sein Studium abgebrochen und damit begonnen, hier und dort in Michigan und anderen Gegenden des Mittleren Westens zu spielen. So wurde er schließlich der Star einer kleinen Studentenband, die sich »The Wolverines« nannte.

Ende des Jahres 1925, als Louis Armstrong in die Windy City zurückkehrte, nachdem er mehr als ein Jahr lang im großen Orchester von Fletcher Henderson in New York gespielt hatte, waren die Helden des Chicagoer Jazz alle in der Stadt. Zu denen, die schon seit längerer Zeit aus dem Süden angelangt waren, und zu den Einheimischen, die seit kurzem damit angefangen hatten, Jazz zu spielen, hatten sich die Klarinettisten Barney Bigard und Albert Nicholas gesellt, die sich ebenfalls entschlossen hatten, New Orleans zu verlassen. Aus Kalifornien war Kid Ory wieder zu seinen alten Freunden gestoßen, und auch King Oliver war nach über einem Jahr Abwesenheit zurückgekommen. Was Jelly Roll Morton anbetrifft, so war er 1923 wieder am Ufer des Michigan-Sees aufgetaucht, nachdem er sich in allen Ecken und Winkeln der Vereinigten Staaten aufgehalten hatte. Aus Pittsburgh endlich war ein junger Pianist mit einem sehr originellen Stil, Earl Hines, eingetroffen.

Das goldene Zeitalter des Jazz in Chicago begann.

5. New York: Anfänge und Mißverständnisse

New York machte offiziell im Jahre 1917 durch die Original Dixieland Jazz Band die erste Bekanntschaft mit dem Jazz. Davor waren nur wenige Leute zufällig der Original Creole Band von Freddie Keppard begegnet, als sie 1915 mit einer Vaudeville-Show in der Stadt aufgetaucht und einige Monate danach wiedergekommen war; alle hatten sich hingegen mindestens zwanzig Jahre lang die Ohren mit Ragtime vollgestopft und hatten scheinbar immer noch nicht genug.

Der große Mann der New Yorker Musikszene war fast für die ganze Dauer des zweiten Jahrzehnts unseres Jahrhunderts James Reese Europe. Er war einer der wichtigsten Begründer sowie seit 1910 der erste Präsident des Clef Clubs gewesen, einer Art Mittelding zwischen kultureller Vereinigung, Freizeittreff und Arbeitsvermittlungsbüro, von Negermusikern aus der Stadt geleitet. Europe hatte das erste Konzert des natürlich von ihm selbst geleiteten Clef Club Orchestra organisiert und durchgeführt. Dies fand am 27. Mai 1910 im Manhattan Casino, dem damaligen Zentrum des gesellschaftlichen Lebens Harlems, statt. Er war schließlich auch derjenige gewesen, der den Weg für die großen »synkopierten Orchester« freigegeben hatte, die als ungefähre Vorankündigungen der Big Bands des Jazz angesehen werden können.

In seiner großen Zeit gelang es Europe sogar, ein Konzert mit »Negermusik« in der Carnegie Hall zu veranstalten. Er dirigierte ein riesiges Orchester, das zu diesem Anlaß zusammengestellt wurde und siebenundvierzig Mandolinen, siebenundzwanzig Harfen-Gitarren (Gitarren mit zusätzlichen Saiten, die damals ebenso wie die Mandolinen in den Cabarets modern waren), ferner elf Banjos, acht Geigen, dreizehn Violoncellos, acht Posaunen und viele andere Instrumente enthielt, die die große Bühne im Saal vollkommen einnahmen.

Jim Europe war außerdem der Vertrauensmusiker der Eheleute Irene und Vernon Castle. Dieses weiße Tänzerpaar erregte um 1914 – 1915 Aufsehen und kreierte den »Castle walk«, einen epochemachenden Tanz, wie es der Cake Walk war – und dann den Foxtrott, den es in Zusammenarbeit mit Europe ausfeilte.[1] (Viele Jahre später, und zwar 1939, erinnerten sich die Filmproduzenten aus Hollywood an diese zwei Tänzer und brachten einen Film heraus, in dem die Rollen der beiden Vorläufer der »Jazz-Ära« von Fred Astaire und Ginger Rogers dargestellt wurden.)

Wegen der schlechten technischen Aufnahmequalität der eingespielten Schallplatten können wir nur versuchen, uns vorzustellen, wie sich die Musik angehört hat, die Jim Europe dem Publikum im Manhattan Casino und der Carnegie Hall präsentierte.[2] Sie gründete sich wie die ganze populäre Musik Amerikas der ersten zwei Jahrzehnte dieses Jahrhunderts auf die Voraussetzungen des Ragtime, und sie war sehr anspruchsvoll. Wahrscheinlich war sie mit der Musik verwandt, die gewisse umfangreiche Zirkusorchester machten, welche in die berühmtesten schwarzen Minstrel-Gruppen eingefügt wurden, die in den ersten Jahren des Jahrhunderts den Süden und Südwesten bereisten. Sicherlich, die überladene Musik der von Jim Europe zusammengestellten »synkopierten Orchester« war weit entfernt sowohl vom Geist des Jazz, wie ihn die zwischen 1915 und 1917 angekommenen New Orleans-Musiker spielten, als auch vom Klavierspiel der besten Negerpianisten zwischen 1917 und 1920. Diese sogenannten »Ticklers« – wie sie sich selbst gern nannten – traten in bestimmten Lokalen Harlems auf, unter denen The Rock eines der meistbesuchtesten war. Zu diesen Pianisten zählten James P. Johnson, der geachtetste von allen, Luckey Roberts, Eubie Blake, Willie »The Lion« Smith und der fast legendäre Abba Labba, alias Richard Mc Lean. Sie begannen in diesen Jahren, den Ragtime in Jazz umzuformen und schufen so allmählich den besonderen Stil, der als »Stride Piano« bezeichnet wurde. Er wird durch die kräftige, hämmernde Begleitung der linken Hand charakterisiert, welche abwechselnd Baßtöne – meistens vereinzelte Noten – und Akkorde spielt. Das »Stride Piano« verlieh dem Ragtime die ausgeprägten Stimmungen des gerade aus dem Süden eingetroffenen Blues und wurde der typische Klavierstil Harlems in den zwanziger Jahren. Es zog junge Leute an, die es binnen weniger Jahre weit bringen sollten: Fats Waller und Duke Ellington.

In der Periode, in der Europe die Triumphe des Ehepaares Castle teilte und in der die »Ticklers«, ohne es zu merken, dem Ragtime den Gnadenstoß versetzten, begann die Negergemeinde New Yorks, sich zu vergrößern und sich ihrer selbst bewußt zu werden.

Die Neger hatten sich anfänglich nicht im nördlichen Teil Manhattans, das heißt in Harlem, zusammengezogen. Am Anfang des Jahrhunderts war dort ein elegantes Wohnviertel der begüterten weißen Klasse, das anschließend von Juden, Italienern, Iren, Deutschen, Finnen, alles Angehörige des Mittelstandes, bevölkert wurde. Die Neger waren gegen Ende des Jahrhunderts hauptsächlich im südlichen Teil Manhattans, genauer gesagt in Bowery, konzentriert. Kurz darauf waren sie in das unter dem Namen Greenwich Village bekannte Gebiet gerückt und fingen Anfang des Jahrhunderts an, zum nördlichen Teil der Stadt hin zu wandern. Ihr neues Getto hieß Black Bohemia und später San Juan Hill. Die Überbevölkerung des Gettos führte schließlich dazu, daß es unter dem Druck der Neger, die von allen Seiten herbeiströmten, platzte und bald ein Anziehungspunkt für Verbrechen und Laster wurde (für viele hieß es einfach »der Dschungel«). Zehntausende von Negern waren gezwungen, sich anderswo eine Wohnung zu suchen. Als sich die ersten von ihnen in Harlem niederließen, begannen die Weißen auszuziehen und überließen am Ende das Viertel den Neuankömmlingen. Zu diesen kamen noch die Einwanderer aus dem Süden, die in den Jahren der ersten Massenabwanderung zwischen 1914 und 1920 New York als Ziel gewählt hatten. Im Jahre 1920 gab es in der Stadt über 150 000 Neger; die meisten wohnten in Harlem.

Der Ort, der in den zwanziger Jahren das »schwarze Paris« werden und sich in späterer Zeit in ein Inferno verwandeln sollte, war eine ruhige Gemeinde, als die Jazzmusik hier und dort in New York erstmals zu hören war. Der größte Teil der Einwohner Harlems bemühte sich vor allem, zu vergessen und die eigene Hautfarbe vergessen zu lassen. Viele zogen zur Arbeit in der Fabrik den besten Anzug an, den sie besaßen. Diesen Leuten paßte der Blues, der wahre Jazz, auf man sich mit dem Ausdruck »Gutbucket«[3] bezog, nicht; denn er erinnerte an eine Vergangenheit voller Erniedrigung und düsterer Armut im Süden. Wer ihn hören wollte, mußte ihn in den ärmlichsten Lokalen des Viertels suchen gehen. Ansonsten zog man die Pseudo-Blues von W. C. Handy vor, der nach New York gekommen war, um einen Musikverlag zu gründen, und schließlich das Erbe von Jim Europe (der im Jahre 1919 tragisch umkam) als Hauptvertreter der »achtbaren« Negermusik antrat. Und wer weiß, ob sich nicht manche der neuen Kleinbürger Harlems angestrengt haben, Gefallen an den schmalzigen Liedchen zu finden, die das Paul Whiteman-Orchester spielte. Dieser weiße Musiker, der von der klassischen Musik hergekommen war, hatte Amerika mit seinen Aufnahmen »Whispering« und »Japanese sandman« überschwemmt und kontrollierte 1922 ungefähr zwanzig Tanzkapellen, die an verschiedenen Orten der Atlantikküste verstreut waren.

Die Gefühle der amerikanischen Neger waren in diesen frühen zwanziger Jahren verwirrt, um es gelinde auszudrücken. Auf der einen Seite unterließen sie, besonders diejenigen, die zu der entstehenden »Black Bourgeoisie« gehörten, keine Anstrengung, um sich in die amerikanische Gesellschaft einzufügen, um ihre Herkunft und ihre Hautfarbe vergessen zu lassen und sich der Einstellung und den Verhaltensregeln der herrschenden weißen Klasse anzupassen. Auf der anderen Seite ließen sie sich von den Worten eines Marcus Garvey begeistern. Dieser erste Apostel des »getrennten Nationalismus«, dieser große Tröster ersehnte die Rückkehr nach Afrika und die Verbrüderung aller Menschen schwarzer Rasse, denen er eine leuchtende Zukunft prophezeite.

»...Deshalb, Ihr Neger«, liest man in einer seiner Schriften, »sage ich Euch, daß uns mit der Universal Negro Improvement Association ein großartiges Schicksal erwartet. Ich sehe die Zukunft, ich sehe vor mir das Bild eines erlösten Afrikas, mit seinen lichtübersäten Städten, mit seiner wunderbaren Kultur, mit seinen Millionen von glücklichen Kindern, die hin und her laufen. Warum sollte ich die Hoffnung verlieren, warum sollte ich aufgeben und mich in dieser Epoche des Fortschritts mit den hintersten Plätzen begnügen? Denkt daran, daß Ihr Menschen seid, daß Gott Euch zu Herren dieser Schöpfung gemacht hat! Erhebt Euch, Ihr Menschen, erhebt Euch aus dem Dreck und heftet Eure Hoffnungen an die Sterne! Ja, richtet Euch auf so hoch wie die Sterne! Erlaubt niemandem, Euch wieder herunterzustoßen, erlaubt niemandem, Eure Hoffnungen zu zerstören; denn der Mensch ist nur Euresgleichen! Der Mensch ist Euer Bruder; er ist nicht Euer Herr; er ist nicht Euer Herrscher und Gebieter!«[4]

Garveys Flucht war eine Flucht nach vorne, nicht nur, weil er das Ausbrechen aus einer Gegenwart des Elends und der Erniedrigung in eine Zukunft anbot, die nur von den verlockenden Farben einer Utopie erleuchtet war, sondern weil er seiner Zeit wirklich um mehr als vierzig Jahre vorauseilte. Er hatte sich zum provisorischen Präsidenten einer lediglich erträumten afrikanischen Republik ausrufen lassen und zeigte sich in der Öffentlichkeit in einer prunkvoll-komischen Uniform mit einem großen Federbusch auf seiner Mütze. Seine nächsten Mitarbeiter zeichneten sich mit feierlichen Titeln, wie »Oberster Machthaber« und ähnlichen, aus. Auch fehlten in seiner Organisation nicht die »panafrikanischen motorisierten Truppen« und andere Phantasie-Abteilungen militärischer Natur. In den sechziger Jahren sollte die Partei der »Schwarzen Panther« den von Garvey vorgezeichneten Weg weiterverfolgen. Sie richtete imaginäre Ministerien ein, und die Vertreter des kulturellen Nationalismus forderten ihrerseits die Einwohner der Gettos auf, ihre Apathie abzuschütteln, Stolz auf ihre Rasse zu empfinden und in Afrika die Wurzeln ihrer Kultur und Würde als freie Menschen wiederzufinden.

Als Garvey die Herzen der Anhänger seiner Bewegung entflammte – man schätzt, daß es ungefähr fünf Millionen waren und daß ihm ein großer Teil der Bevölkerung in Harlem ergeben war –, übernahm die Alltagswirklichkeit leider die Aufgabe, den Negern Amerikas zu beweisen, daß das Afrika der nächtlich erleuchteten Städte und der glücklichen Kinder weit entfernt in Raum und Zeit war. Einstweilen mußte man den weißen Hausherren Achtung erweisen und sich gleichzeitig damit abfinden, im Elend zu hausen, zusammengepfercht in armseligen Unterkünften, wo die »hot beds«, die »warmen Betten« standen, die reihum immer von irgend jemand belegt wurden.

Die Neger verfügten nur über wenige Hilfsmittel, um die graue Eintönigkeit ihrer Tage aufzuhellen. Unter diesen war oft ein Trichter-Grammophon, ein »Victrola«, wie man damals sagte, vielleicht im Besitz eines Nachbarn. Aus dem Trichter dieses Grammophons ertönten meistens die Stimmen der ersten Bluessängerinnen, die für die armen Leute der Gettos in den Großstädten des Nordens und für die Landarbeiter des Südens ein großer Trost waren.

Der »Blues craze«, die Massenleidenschaft für den Blues, war in New York und dann in anderen Gebieten der Vereinigten Staaten ausgebrochen, gleich nachdem Mamie Smith im Jahre 1920 ihre ersten Platten für Okeh aufgenommen hatte. In New York hielt der »Blues craze« immerhin nicht so lange an wie anderswo; vielleicht hatte er dort seinen Höhepunkt schon am Anfang, als im Januar 1922 im Manhattan Casino ein großer Abend mit Musik und Tanz veranstaltet wurde, an dem bedeutende Persönlichkeiten teilnahmen. Ein Blues-Wettbewerb wurde in das Programm aufgenommen und endete mit einem Sieg von Trixie Smith, die vor Lucille Hegamin auf dem zweiten Platz knapp gewann. Die »Nachtigall aus dem Süden«, wie Trixie Smith in den Programmen genannt wurde, erhielt einen Pokal aus der Hand von Irene Castle, die nach dem Tod ihres Mannes im Kriege allein geblieben war. Die Witwe einer anderen berühmten Persönlichkeit aus der Welt der Musik, Enrico Caruso, klatschte Beifall.

Im Mai 1924 kündigte der »New York Clipper« an, daß der »Blues craze« beendet sei: »Der Schwanengesang der ›Race Records‹ scheint endgültig gesungen zu sein«, verkündete ein Bericht der Zeitung. Das war eine Übertreibung; denn wahr war daran nur, daß die erste heftige Liebe der New Yorker, vor allem der farbigen, für den Blues vorüber war. Aber der Blues verging nicht, und auch die »Race Records« hörten nicht auf.

Schnell verschwand dagegen der ganz falsche Jazz, den die kleinen weißen Bands aus New York gleich nach 1917 zu spielen begonnen hatten. Sie hatten den Anstoß vom Stil der Original Dixieland Jazz Band erhalten. Zu Beginn war beabsichtigt gewesen, von diesem Stil besonders das amüsante Äußere, die billigen Showeffekte, zu übernehmen. Die Gruppe von Earl Fuller hatte es probiert, und dann erneut, mit ebenso großem wie unverdientem Erfolg, Ted Lewis, ein ehemaliger Klarinettist dieser Gruppe, der sich lange hielt. Am meisten erheiterte jedoch Jimmy Durante, Pianist, aber vor allem komischer Schauspieler. Jahre später, als er in der ganzen Welt bekannt geworden war, weil er mit seiner riesigen Nase in vielen Erfolgsfilmen zu sehen war, erklärte er: »In einigen Bands, die damals auftraten, spielte das Kornett die Melodie, in anderen die Klarinette. In unserer Band spielte keiner die Melodie«.

An der ernstgemeinten, das heißt jazzmäßigeren Seite der Musik der O. D. J. B. hielten sich dagegen einige andere weiße Gruppen schadlos, die im New York der ganz frühen zwanziger Jahre tätig waren. Am meisten Glück hatten gewiß die Original Memphis Five, die von Phil Napoleon (alias Filippo Napoli) gegründet wurde und in der unter anderem der sehr gute Posaunist Miff Mole spielte, und die California Ramblers. Der Erfolg dieser Bands bestätigt, wie falsch der Jazz in New York in diesen Jahren noch verstanden wurde und welches Gewicht anderswo, und zwar in Chicago, der Einfluß der Negermusiker aus New Orleans hatte.

Nicht einmal die Neger New Yorks schufen damals große Dinge. Der berühmteste Solist der Stadt war der Trompeter Johnny Dunn, dem man lediglich das Verdienst zuerkennen muß, daß er die Verwendung besonderer Dämpfer im Jazz eingeführt hat. In den Händen begabterer Musiker, vor allem eines Bubber Miley, brachten diese dann in das Instrumentarium des Jazz eine neue und sehr eindrucksvolle Stimme, die von Duke Ellington erstaunlich ausgenutzt werden sollte.

Auch die Anfänge des Fletcher Henderson-Orchesters waren nicht gerade hinreißend. Henderson war im Jahre 1920 aus Georgia in der Absicht gekommen, sein Chemiestudium zu vertiefen. Statt dessen fand er sich auf einmal als Musiker wieder; denn das war einer der zugänglichsten Berufe für Menschen schwarzer Hautfarbe, eine der besten Rollen, die ihm die Weißen zuweisen konnten. 1924 dirigierte Henderson ein Orchester von ungefähr zehn Mann im Roseland am Broadway. Er spielte zum Tanz für die weißen Gäste und war bemüht, sie nicht allzusehr zu stören, indem er eine Musik machte, die auch bestimmte Neuerungen populärer weißer Bandleader berücksichtigte. Leute wie Paul Whiteman und Art Hickman hatten angefangen, in ihren Tanzorchestern Saxophonsätze einzusetzen.

Obwohl Henderson sein Bestes tat, um sein Publikum zufriedenzustellen, konnte er zum Glück nie vergessen, daß er ein Neger aus dem Süden war. So erfand er, ohne es sich überhaupt vorzunehmen, den Bigband-Jazz, der sich auf geschriebene Arrangements – die ersten waren von Don Redman – und improvisierte Solos stützt.

Fletcher Henderson war ebenso wie die anderen schwarzen Orchesterleiter beim breiten Publikum kaum bekannt. Für dieses war Jazz die Tanzmusik, wie Paul Whiteman spielte, und der beste Jazz war der, den der gleiche Whiteman mit großem Publicityaufwand Anfang 1924 in der Aeolian Hall in New York vorführte.

Diese würdevolle Konzerthalle war schon einmal durch Jazz oder, besser gesagt, durch etwas, was sich für Jazz hielt, es aber überhaupt nicht war, entweiht worden. Und unter den Förderern dieser »Schurkerei« war der Schriftsteller Carl Van Vechten, der gerade damals seine Berufung zum Verteidiger des Jazz und folglich der Neger erkannte.

Hohepriesterin dieses entheiligenden Zeremoniells war die franko-kanadische Sängerin Eva Gauthier. Am Abend des 1. November 1923 kramte sie nach der Interpretation einiger Stücke von Bartók, Hindemith, Schönberg, Milhaud und anderen namhaften europäischen Musikern, die als ahnungslose Garanten für Achtbarkeit auf den Plan gerufen worden waren, hintereinander andere Sachen in eigenen Versionen aus: »Alexander's ragtime band« (einen Pseudo-Rag von Irving Berlin, der zehn Jahre zuvor Furore gemacht hatte) und einige Lieder von Walter Donaldson, Jerome Kern und George Gershwin, der zu diesem Anlaß selbst am Klavier saß.

»Ich halte dies für eines der wichtigsten Ereignisse in der Geschichte der

Musik«, schrieb daraufhin in kindlichem Enthusiasmus Van Vechten an einen Freund. »Ich schlage vor, eine Lichterprozession mit Fackeln zu veranstalten, angeführt von Paul Whiteman und seinem Orchester, um Miss Gauthier als Pionierin zu ehren.«[5] Die Zeitungen gaben die Nachricht mit weniger Begeisterung, aber ausreichender Zustimmung wieder und unterstrichen dabei in den Überschriften, daß Eva Gauthier »den Jazz auf ein hohes Niveau angehoben«, »den Jazz achtbar gemacht« hatte usw.

Unter den ersten, die an jenem Abend Gershwin gratulierten, war Paul Whiteman, der eben bei dieser Gelegenheit den Einfall hatte, das Konzert durchzuführen, welches in der gleichen Aeolian Hall den sogenannten »symphonischen Jazz« aus der Taufe hob.

»Meine Idee für dieses Konzert«, schrieb dann Whiteman, »war, . . .den Zweiflern den Fortschritt zu beweisen, der in der populären Musik seit dem Tage des ersten, mißtönenden Jazz bis zu den augenblicklichen melodischen Formen erzielt worden ist. Ich dachte, daß viele von ihnen so sehr daran gewöhnt waren, Stücke von der Art des »Livery stable blues« zu verurteilen, daß sie weiter den modernen Jazz herabsetzten, ohne zu merken, wie sehr er sich inzwischen von den ersten, ungehobelten Versuchen unterscheidet . . .«[6]

Ein ungewöhnliches Publikum füllte die Aeolian Hall am Abend des 24. Februar 1924. Im Parkett saßen berühmte Musiker: Rachmaninow, Stokowsky, Heifetz, Kreisler, Damrosch, Mengelberg und weitere, nicht ausgeschlossen den König der Marschmusik, John Philip Sousa, und den der Operette »made in USA«, Victor Herbert, der als Beitrag zum Konzertprogramm eine Suite in vier Serenaden geschrieben hatte. Alle waren sie da, um der Geburt des »symphonischen Jazz« beizuwohnen, um der Verfeinerung der Negermusik Beifall zu zollen, die ja nichts anderes nötig hatte, als besänftigt, veredelt und gereinigt zu werden, um eben achtbar zu werden. Um Kunst zu werden, mit einem Wort gesagt.

Whiteman eröffnete das Konzert mit dem alten »Livery stable blues« La Roccas, den er als »authentischen Jazz« bezeichnete; dann präsentierte er, nachdem er die unterschiedlichsten Dinge zusammengewürfelt hatte – vom Salon-Ragtime eines Zez Confrey bis zum »Lied der Wolgaschlepper«, ohne natürlich das unvermeidliche »Alexander's ragtime band« auszuschließen – seinem Publikum die »Rhapsody in blue«, die zu diesem Anlaß George Gershwin in Auftrag gegeben und von dem Arrangeur Ferde Grofé orchestriert worden war.

Obwohl das Konzert wenige Tage nach einem anderen Konzert stattfand, in dem zum ersten Mal in New York Strawinskys »Le Sacre du Printemps« aufgeführt wurde, was noch viel größeres Aufsehen erregte, war der Erfolg sehr lebhaft. Selbst die konservativsten Kritiker gaben zu, daß man etwas Gutes gehört hatte. Von diesen schrieb nur Olin Downes, Kritiker der »New

York Times«, wenngleich er die »Rhapsodie« sehr lobte, daß seiner Meinung nach der einleitende »Livery stable blues« überhaupt nicht, so wie ihn Whiteman vorgestellt hatte, »ein Beispiel der entarteten Vergangenheit war, »aus der der moderne Jazz emporgestiegen ist«. Downes wies die Art, in der die Vorführung dieses Stückes gerechtfertigt worden war, »mit Empörung« zurück und nannte es »ein herrlich freches Stück; in seiner schlampigen Lustigkeit und urkomischen, satirischen Flegelhaftigkeit viel besser als die anderen geglätteten Kompositionen, die nachher zu hören waren.«[7]

Der Abend in der Aeolian Hall hatte unermeßliche Folgen für das Schicksal des Jazz. Einerseits machte er das Wort »Jazz« in aller Welt akzeptabel. Von diesem Wort fielen, wenigstens für eine gewisse Zeit und in bestimmten Kreisen, die Merkmale einer rohen und verdorbenen Bordellmusik ab. Folglich begünstigte dieser Abend, obwohl nur indirekt, auch die wirklichen Jazzmusiker, die von da an mit wohlwollenderem Blick betrachtet wurden. Andererseits verwurzelte er in Millionen von Menschen eine falsche Vorstellung von Jazz, der von dem einfachen Mann auf der Straße schließlich mit einer weichen, entfernt negroiden Tanzmusik gleichgesetzt wurde, deren große Helden Gershwin und der feierlich zum »König des Jazz« proklamierte Whiteman waren. Für viele Leute kam dieses Trugbild dann zu dem noch irreführenderen Bild der nicht vergessenen Minstrel-Sänger mit dem rußgeschwärzten Gesicht. Aus diesem Durcheinander entstand der Titel des ersten Tonfilms, »Der Jazz-Sänger«. Hierin sang Al Jolson, letzter der großen Minstrel-Sänger und erster erfolgreicher Interpret Gershwins, mit schwarz gemaltem Gesicht und einer Perücke aus krauser Wolle schmalzige Lieder.

In Wirklichkeit zeigte der Erfolg der Aeolian Hall, wenigstens für den, der die Dinge im Abstand von Jahren beurteilen kann, die Eigenartigkeit der Situation des authentischen Jazz. Er ist die Musik einer besonderen Kultur (grundsätzlich die der amerikanischen Neger), die in eine andere, herrschende Kultur europäischer Herkunft eingefügt und dieser folglich fremd ist – eine Kultur, diese letztere, die auf sehr unterschiedliche Werte gegründet ist und sich seit Jahrhunderten für jeder anderen Kultur überlegen hält. Die »Roheit«, die »rauhen« und »mißklingenden« Töne, die Whiteman mit seinen Anhängern und Mitarbeitern dem Negerjazz abgewöhnen wollte, waren keine und sind immer noch keine negativen Eigenschaften, außer für den, der eine Auffassung von »schön« hatte und hat, die in den Traditionen einer Kultur verwurzelt ist, die verschieden von der ist, die den Jazz zum Ausdruck gebracht hat. Die Glätte und der Schliff der Töne, die Präszision des Orchestervortrages, die harmonische Raffinesse waren in der Tat keine Dinge, die King Oliver, Jelly Roll Morton oder Louis Armstrong interessieren konnten, welche die Darbietungen des Riesenorchesters von Whiteman gewiß für schal, ausdruckslos und schlaff hielten.

Das große Mißverständnis hatte also begonnen. Es sollte jahrzehntelang andauern und viel später auch Musiker mit hineinziehen, die ausreichend mehr Qualifikationen als Whiteman mitbrachten. Stan Kenton zum Beispiel und sogar die Negermusiker des Modern Jazz Quartet (oder zumindest dessen Leiter John Lewis), auch sie auf der – etwas snobistischen und etwas neurotischen – Suche nach einer »Achtbarkeit«, die der europäischen Musik entlehnt ist, welche angeblich die einzige Bewahrerin dieser »Achtbarkeit« ist.

Jahre später, als man besser begriff, was Jazz ist, wurden andere und entgegengesetzte Fehler von denen begangen, die nicht nur gnadenlos Whiteman verdammten, den unwissenden Urheber einer Fälschung (und eines Ausdruckes paternalistischen Verhaltens kolonialer Prägung gegenüber den Negern), sondern auch George Gershwin, der, wenn er auch nie Jazz machte, doch ein sehr talentierter Komponist grundsätzlich europäischer Kultur war. Für viele Jazzliebhaber, die die herkömmliche weiße Betrachtungsweise umgekehrt haben, ist Gershwin nicht der Autor einer langen Serie von herrlichen Liedern, nicht der inspirierte Komponist der Oper »Porgy and Bess«, welche die schönste Huldigung eines weißen Musikers an die Kultur der amerikanischen Neger bleibt; er ist nur der Mann, der den Jazz mißverstanden und verraten hat. Ein Mann, der sich den Beifall und die Reichtümer, die eigentlich den Negern zustehen würden, widerrechlich angeeignet hat. Allerdings hätten diese nie eine Musik gemacht oder machen wollen, die der seinen ähnelt.

Und doch kannte Gershwin genau seine Grenzen und die Risiken, die er einging. Vor allem wußte er, daß er keinen Jazz machte. »Die große Musik der Vergangenheit in anderen Ländern«, hat er geschrieben, »ist immer auf die Volksmusik gegründet gewesen. Das ist die reichste Quelle musikalischer Fruchtbarkeit ... Es ist nicht immer erkannt worden, daß Amerika eine eigene Volksmusik hat ... Ich sehe den Jazz dagegen als eine amerikanische Volksmusik an; nicht als die einzige, aber als eine sehr kraftvolle, die wahrscheinlich im Blute, in der Empfindungsart der amerikanischen Menschen liegt ...«[8] Das sind Worte, die jeder Förderer des Jazz, Musiker, Kritiker oder einfacher Liebhaber, unterschrieben hätte, so wie damals die Situation der afro-amerikanischen Musik war.

Auch heute könnten die folgenden Sätze Gershwins von jedem beliebigen Jazzkenner unterzeichnet werden: »Gewisse Arten des Jazz zeugen von schlechtem Geschmack, aber ich bin überzeugt, daß viele Elemente in ihm liegen, die entwickelt werden können. Ich weiß aber nicht, ob er noch Jazz sein wird, wenn diese Arbeit beendet ist.«[9]

Gershwin sollte sich jedenfalls an den Leuten rächen, die nach seinem Tode seine Verdienste schmälerten. Viele Jahre lang haben seine schönsten Lieder, von »I got rhythm« bis »The man I love«, von »Lady be good« bis »Summertime«, die Basis für unzählige Jazzstücke dargestellt. Die Stücke wurden auf den Harmonien dieser Melodien improvisiert oder bearbeitet, oder sie wurden auf der Grundlage dieser Themen arrangiert. Tausende von schwarzen und weißen Jazzleuten waren beteiligt, alle vorbehaltlose Bewunderer der Musik Gershwins.

Das »Experiment in modern music«, das Whiteman und Gershwin an jenem Abend des Jahres 1924 machten, war nicht nur eine Illusion, das Ergebnis eines Mißverständnisses und einer verzerrten und etwas rassistischen kulturellen Bewertung; es war auch der aufsehenerregende Anfang einer Pendelschwingung, die viele Jahrzehnte lang andauerte (in Richtung weiß, dann in Richtung schwarz, dann wieder zum Weißen hin, erneut zum Schwarzen usw.); und es war das erste sichtbare Symptom auf dem Gebiet der Musik, oder allgemeiner gesagt der Kunst, für die Zwielichtigkeit, Unbeständigkeit und fast schizoide Ambivalenz der Einstellung der Weißen in Amerika gegenüber den Negern. Diese Ambivalenz, diese Wechselhaftigkeit der Gefühle hat den weißen Amerikaner zwischen einer Haltung des Verständnisses und sogar der Bewunderung und einer Haltung des Mißtrauens, der Verachtung, des Hasses hin und her schwanken lassen. Eine analoge Zwielichtigkeit, eine gleiche Unbeständigkeit der Einstellung und Verhaltensweise hat den amerikanischen Neger nach und nach dazu gebracht, den Weißen nachzuahmen und anschließend – aber auch gleichzeitig – stolz auf seine eigene Hautfarbe zu werden, sie dann aber wieder zu hassen; seine Haare zu striegeln und in Wellen legen zu lassen, um weniger wie ein Neger auszusehen; seine eigenen Rassenbrüder hellerer Hautfarbe (die »gelben« oder »sepiafarbenen«, die »Octoroons« und »Quadroons«) zu beneiden und schließlich mit Begeisterung im Gefolge der Anführer aus den sechziger Jahren zu verkünden: »Black ist beautiful!« – »Schwarz ist schön!« Sich integrieren oder trennen? Sich vermischen oder unterscheiden? Allein weitermachen oder um Hilfe ersuchen? Mit dem Weißen gehen oder ihn ignorieren? Das tragische, existentielle Dilemma des amerikanischen Negers, für das die verschiedenen Führer nach und nach unterschiedliche und oft gegensätzliche Lösungen pendelartig vorgeschlagen haben: von Booker T. Washington und W. E. B. Du Bois, Verfechtern der Integration (aber jeder auf seine eigene Art und Weise), zu Marcus Garvey, dem Separatisten; von Martin Luther King, der die Integration verfochten hat, bis hin zu den Separatisten Elijah Muhammad und Malcolm X., usw. usw. Dieses Dilemma spiegelt sich in der wechselvollen Geschichte des Jazz wieder. Von Mal zu Mal hat er abwechselnd auf Initiative der Weißen oder aber der Neger (jedoch gelegentlich auch, wie in der Swing-Ära, auf Initiative beider Rassen, die zeitweilig miteinander verbündet waren) riskiert, sich mit der weißen Musik zu vermischen oder wenigstens teilweise deren Stilelemente und Ästhetik zu übernehmen; anschließend hat er alles daran gesetzt, um sich von ihr zu unterscheiden; daraufhin hat er nochmals versucht, ihr zu ähneln, um sich dann abrupt von ihr zu trennen. Folglicherweise hat der Jazz seine Kritiker schließlich in Akrobaten verwandelt, weil sie gezwungen wurden, zwischen ästhetischen Konstanten, die miteinander in Konflikt geraten waren, hin und her zu jonglieren und sich an verschiedenartige kulturelle Bezugspunkte zu halten. Eine schwierige, um nicht zu sagen, unmögliche Situation, die am Ende in den sechziger Jahren die Front der Forscher und Liebhaber des Jazz in zwei Parteien spaltete, eine jede, ohne es zu merken, leicht rassistisch in der einen oder der anderen Richtung und auf jeden Fall stark von der eigenen Ideologie geprägt.

Whiteman gab das Startzeichen zu einem »weißen Moment« des Jazz, der gewisse Intellektuelle einen Riesenbock schießen ließ (Van Vechten als ersten, aber auch Francis Scott Fitzgerald, der den zwanziger Jahren den Namen »Jazz-Ära« gab, weil er Gershwin und die schmalzigen Saxophone irgendeiner »kommerziellen« Band im Sinn hatte) und den Geschmack des Publikums und vieler weißer Musiker in eine bestimmte Richtung lenkte. Jedoch verursachte er nicht im entferntesten eine Abweichung der Negermusiker von dem Weg, der in Chicago von den Leuten aus New Orleans und in New York von den Pianisten Harlems vorgezeichnet worden war; denn er hatte, bei wohlwollender Betrachtung, höchstens europäische Musik gemacht, die vage von Jazz beeinflußt war. Zu ganz anderen Resultaten kamen zehn Jahre später Benny Goodman und andere Vertreter des Swing, die den Jazz dadurch weißer werden ließen, daß sie von innen heraus vorgingen. Und nachdem weitere fünfzehn Jahre vergangen waren, brachten Gerry Mulligan, Gil Evans und andere »Propheten« des »Cool Jazz« es sogar fertig, den widerborstigen »Erzneger« Miles Davis in ihre Experimente mit hineinzuziehen.

Wenn Whiteman beabsichtigt hätte, die Neger zu seinem »symphonischen Jazz« zu bekehren – woran er wahrscheinlich nicht einmal im Traum dachte[10] –, hätte der Augenblick nicht schlechter gewählt sein können. Im Jahre 1925, nachdem Marcus Garvey wegen Postbetruges verhaftet und endgültig ausgeschaltet worden war, nahm nämlich mit der Veröffentlichung eines Manifestes von Alain Locke, das von einigen jungen Negerschriftstellern unterzeichnet war, jene Bewegung des Wiederauflebens der Negerkultur, jener blühende literarische Frühling seinen Anfang, der unter dem Namen der »Manhattan Black Renaissance« in die Geschichte eingegangen ist. Countee Cullen, James Weldon Johnson, Claude Mc Kay, Jean Toomer und vor allem Langston Hughes waren in erster Linie seine belebenden Kräfte. Die Entdeckung, Formung und Bewährung eines »neuen Negers« – dessen Mekka, laut Locke, Harlem sein sollte – waren das Ziel, das erreicht werden sollte (und man erklärte öffentlich, daß es erreicht werden sollte, was – wenn man es so sehen will – den Wunsch offenbarte, sich in den Augen der Weißen zu rehabilitieren).

Langston Hughes hat schriftlich hinterlassen, daß »der Neger von der Straße niemals von der Negerrenaissance gehört hatte«, und das gleiche läßt sich ohne weiteres auch von der überwiegenden Mehrheit der Jazzmusiker sagen. Aber wer aufgeweckt genug war und seine Augen und Ohren offen hielt, konnte spüren, daß die Anzeichen für einen Klimawechsel, für eine neue geistige Witterung in der Luft lagen.

In diesem erneuerten Klima erlebte der Jazz zwischen der Mitte der zwanziger Jahre und dem Jahre 1929, als der Börsenkrach auf der Wall Street seine Künstler hart traf, seine erste, großartige Blüte. Die Jahre des Lindbergh-Fluges, der »Flappers«, der Mädchen mit dem Herrenschnitt, die Charleston tanzten und möglichst wie Clara Bow aussehen wollten, die Jahre der Schießereien zwischen rivalisierenden Gangsterbanden, die Jahre, in denen die Studenten in schweren Dachspelz-Jacken einherstolzierten und alle in ihren hinteren Hosentaschen einen »Flachmann«, eine kleine Flasche mit Whisky schlechtester Qualität, stecken hatten, bildeten wirklich den Höhepunkt der »Jazz-Ära«.

Bei den Festen, die der große Gatsby veranstaltete, waren die wahren Jazzmusiker allerdings nicht zu finden. Die besten waren noch an der South Side in Chicago, oder sie waren in New York, im Roseland oder in den Cabarets von Harlem; die anderen, die weißen, zogen mit ihren Orchestern durch die Tanzsäle, die in den Städtchen des Mittleren Westens oder in der Umgebung von New York, Chicago, Detroit und an der Atlantikküste verstreut waren. Der eine oder andere arbeitete in den Theatern, im Orchesterraum.

Der Jazz – was auch immer man darunter verstand – , die Neger, Harlem, das wie ein faszinierender Dschungel betrachtet wurde, all dies war modern geworden.

Diese Mode war aufgekommen oder vielleicht eher vorweggenommen worden, als im Jahre 1913 die Revue »Darktown Follies« im Lafayette-Theater in Harlem inszeniert wurde, nachdem sie einige Monate vorher in Washington ihre Premiere hatte. Jedoch erst der überwältigende Erfolg von »Shuffle Along«, das 1921 am Broadway triumphierte und viele Monate lang im Programm blieb, eröffnete einen langen Reigen von Neger-Musicals, der bis in die frühen dreißiger Jahre nicht abriß. »Shuffle Along«, das ungefähr eine Million Dollar einbrachte, hatte zahlreiche Verdienste. Es brachte Florence Mills, die beliebteste Show-Künstlerin Harlems, groß heraus und führte zur Entdeckung von Josephine Baker, die im Alter von kaum 16 Jahren als letzte der tanzenden Chorus-Girls engagiert worden war, aber sofort die Aufmerksamkeit aller auf sich lenken konnte, weil sie alles mögliche anstellte. Darüber hinaus begründete diese Revue den Ruhm ihrer beiden Musikautoren Eubie Blake und Noble Sissle, die einen wichtigen Platz in der Geschichte des Jazz einnehmen sollten. Weitere erfolgsgekrönte Musikshows von Negern folgten auf »Shuffle Along«. Zwischen 1923 und 1924 wurden mindestens acht am Broadway inszeniert, von denen folgende erwähnt werden müssen: »Put and take« mit Musik von Perry Bradford und Spencer Williams, »Strut Miss Lizzie« und »Liza« (1922) sowie »Runnin' wild« (1923), das endgültig und mit viel Aufsehen den Charleston[11] einführte, dessen Musik James P. Johnson zu verdanken war.

Erfolgreich waren ferner »Plantation Revue« und »Dixie to Broadway«, die beide Florence Mills als Star hatten. Dagegen waren Josephine Baker, Eubie Blake und Noble Sissle im Jahre 1924 alle wieder zusammen an einem weiteren Riesenerfolg, »The Chocolate Dandies«, beteiligt.

Gleich nach der Uraufführung dieser letzteren Revue, die am 8. September 1924 im Colonial Theatre am Broadway stattfand, wollte der Rezensent des »Herald Tribune«, M. V. O' C., in einem langen, farbigen Artikel das beschreiben, was er gesehen hatte, aber nicht auf der Bühne, sondern im Parkett:

»... Es gab ausreichend Material für eine Erzählung von F. Scott Fitzgerald in der Gruppe der ›Flappers‹, die sich auf den Sitzen in den ersten Reihen erregten. Mit den feinen Absätzen ihrer Schühchen klapperten sie im Rhythmus der zündenden Melodien, die Eubie Blake aus dem Flügel im Orchesterraum herausholte.

Persönlichkeiten, die würdig wären, in einem biographischen Lexikon und dem goldenen Buch der oberen Zehntausend zu erscheinen, waren da und krümmten sich vor Lachen, obwohl sie sich alle in Schale geworfen hatten und es ein heißer Abend war. Hinten im Saal auf den Stehplätzen drängte sich eine große Menge ...«

Der Chronist bemerkte weiter mit Staunen, daß die Musiker des Orchesters alles auswendig spielten, ohne eine einzige Partitur vor sich zu haben. Er drückte seine Bewunderung für die Technik des Pianisten Blake aus und fuhr in seiner Beschreibung des Publikums fort:

»Neben uns saß ganz allein eine schöne Dame im Abendkleid; offenbar war sie eine der Fans von ›Shuffle Along‹, die sich jede Woche im Theater an der 63. Straße drängelten, um diese Revue wenigstens noch ein dutzendmal zu sehen. Die ganze zweite Reihe war von einer Gruppe ›Flappers‹ und ihren Begleitern besetzt. Sie schaukelten auf ihren Sitzen; es fehlte nicht viel, und sie wären heruntergefallen und auf den Gängen gelandet, als die Jazzstücke anfingen, die Zuschauer so weit zu bringen, daß sie mit den Füßen stampften.

Links von mir, in drei Logenrängen, saßen würdige Herren im Abendanzug, würdig jedoch nur bis etwa zur Hälfte der ersten Nummer. Dann legten sie ihre Würde beiseite und lachten derb, wie die Leute im Parkett, wo sich die aus Harlem gekommenen Anhänger von Sissle und Blake zusammendrängten. Auf der linken Seite waren einige Vertreter der ›Intelligenzija‹ mit feierlicher Miene und Kneifer auf der Nase. Auch sie vergaßen, daß sie zur ›Intelligenzija‹ gehörten und lachten schallend ...«

Etwas weiter wurde gesagt: »Was sollte schließlich – in einer Weltstadt dieser

ungleichen Nation – dem Geschmack der New Yorker auch mehr entgegenkommen als eine Show, wie sie nur der amerikanische Neger in all seiner
Vielseitigkeit und mit seinem angeborenen musikalischen Instinkt präsentieren
kann? . . .«[12]

Zu den ersten, die die Chance witterten, eine blühende Industrie auf dem
Talent der amerikanischen Neger und der Neugierde aufzubauen, die die
Weißen für sie empfanden, gehörten einige Gangster, deren Boß Owney
Madden 1922 wieder aufgetaucht war, nachdem er sieben Jahre Zuchthaus in
Sing-Sing abgesessen hatte. Sie übernahmen ein Lokal an der Ecke der Lenox
Avenue und der 142. Straße, das ein paar Monate lang ohne Erfolg von dem
ehemaligen Boxmeister Jack Johnson geführt worden war, und formten es in
ein elegantes Cabaret um, den Cotton Club. Dieser Club wurde streng der
weißen Kundschaft vorbehalten, aber das Programm wurde ausschließlich von
farbigen Orchestern, Schauspielern und Sängern bestritten. Die Tänzerinnen
wurden sorgfältig ausgesucht; sie mußten »high yellow«, das heißt möglichst
heller Hautfarbe, sein.

Die erste Revue wurde in dem Lokal im Herbst des Jahres 1922 inszeniert. Die
Musik war von einem talentierten jungen, weißen Komponisten namens
Jimmy Mc Hugh verfaßt worden, der bis 1930 die Musiktitel für die Shows im
Cotton Club schreiben sollte.

Nach 1925 wurde das Lokal immer stärker besucht, als die Negermode ausbrach. Zum Ausbruch dieser Mode hatte entscheidend der Erfolg des Romans
»Nigger Heaven« von Carl Van Vechten beigetragen, der zwar eine Liebestat
für die Neger sein wollte, sie aber wegen des Wortes »Nigger«, das im Titel
erschien, vor Wut kochen ließ.

In diesen Jahren, in denen Weiße und Neger sich blendend zu verstehen
schienen, konnte es sogar vorkommen, daß Ethel Barrymore sich das Gesicht
schwarz malte, um in »Scarlet Sister Mary« aufzutreten, während den Negern,
die das Lincoln Theatre in Harlem besuchten, gewissermaßen als Höflichkeits-
austausch der »Emperor Jones« von Eugene O' Neill dargeboten wurde.
Dieses Drama mit einem schwarzen Hauptdarsteller war von einem Weißen
verfaßt, der ein regelmäßiger Besucher der Lokale in Harlem war.

Und trotzdem – all diese Neugier auf die Welt der Neger, diese ganze Bewun-
derung für ihr Talent bedeutete überhaupt keine Anteilnahme an ihren Proble-
men, ihren Lebensbedingungen und ihrem Schicksal. Vorläufig wurden die
Neger mehr mit der Neugierde von Touristen als mit Verständnis betrachtet.
Lauschten doch die mit Juwelen behangenen Damen aus den Wohnsitzen im
Zentrum Manhattans, als der Cotton Club eine Mußübung für die vielen
Safaris der Touristen bis rauf ins Herz von Harlem wurde, verzückt dem Duke
Ellington-Orchester, klatschten der »Black and tan show« (»black and tan«
wegen der beteiligten Negerkünstler dunkler und heller, gelbbrauner, schein-

bar sonnenverbrannter Hautfarbe) herzlich Beifall, entrüsteten sich aber, wenn irgendein Neger an einem Tisch in der Nähe ihres Tisches saß. Auch die prominenten Neger, die einzigen, die das Lokal mit seinen sehr hohen Preisen besuchen durften, mußten sich damit begnügen, an Tischen zu sitzen, die nach hinten gerückt waren.

Jahre später schrieb Dan Burley, ein bekannter schwarzer Journalist, der lange in Harlem gelebt hatte, mit Bezug auf die Jahre, als die Neger modern waren: »Wir waren seltsame, malerische, amüsante, einfache Leute und wurden nur im Verhältnis zu dem Maß an Unterhaltung toleriert, das die Weißen aus uns herausholen konnten.«

6. Glanz vor dem Dunkel

Von 1925 bis 1929 – das heißt bis zur großen Wirtschaftskrise, die Amerika in Verzweiflung stürzte – erlebte die Jazzmusik ihre erste goldene Epoche. Während dieser Jahre funkelten vor allem die Sterne eines Louis Armstrong, Bix Beiderbecke und Fletcher Henderson, und Duke Ellingtons Stern ging auf, als er anfing, Seite an Seite mit Henderson an der Festlegung und Bereicherung der Sprache des Bigband-Jazz zu arbeiten. Um diese Musiker herum wirkte die Schar der anderen Hauptfiguren und Statisten, die größtenteils nicht nur voller Begeisterung, sondern sich auch der ihnen gebotenen Möglichkeit bewußt waren, eine Rolle bei der Schöpfung einer neuen Musik zu spielen.

Der Jazz wurde auf einmal mit Louis Armstrong großjährig, der während seines Aufenthaltes in New York bei Henderson gespielt und verschiedene Bluessängerinnen für die »Race Records« begleitet hatte. Dadurch konnte er seine Erfahrungen bereichern und sein Handwerk vervollkommnen. Als er nach Chicago zurückkehrte, war er für anspruchsvollere Aufgaben gerüstet. Damals war er nur bei den Musikern und den eifrigsten Besuchern der Jazzlokale bekannt, aber wenigstens eine Zeitung, der »Chicago Defender«, verfolgte sein Tun mit Aufmerksamkeit. Sie meldete mit angemessenen Worten auch seine Rückkehr in die Stadt: »Louis Armstrong, der größte Kornettist in den Vereinigten Staaten, zieht jeden Abend im Dreamland viele weiße Musiker an, die seine schmetternden und verwickelten Jazzphrasen hören kommen. Dieser Junge ist eine Kategorie für sich«.[1]

Gerade in diesen Tagen begann der Kornettist aus New Orleans, Schallplatten für die Marke Okeh mit einem zu diesem Zweck zusammengestellten Studio-Quintett unter dem Namen der Hot Five aufzunehmen. Diese Platten, deren Einspielungen mit unterschiedlichen Besetzungen bis zum Dezember 1928 gemacht wurden, bleiben Meilensteine in der Geschichte des Jazz. Sie zeigten den Übergang von der traditionellen New Orleans-Musik, die auf kontinuierliche, aber beschränkte Kollektivimprovisation aufgebaut ist, zu einem raffinierten musikalischen Einzelausdruck an. So ließen sie das, was anfänglich erst Folklore und dann volkstümliche Unterhaltungsmusik gewesen war, zu einer Kunstform werden – wenn der Spielende ein Künstler ist, heißt das natürlich. Armstrong war seinen Kollegen jedoch um einige Jahre voraus. Lediglich Beiderbecke hatte damals als Solist auf dem Kornett einen vergleichbaren Ruf. Eine Zeitlang wurde unter den Musikern diskutiert, wer der bessere war. Armstrong war es, wie die Zeit beweisen sollte. Beiderbecke aber sollte nach überwiegender Meinung unerreicht unter den weißen Musikern bleiben.

Im Jahre 1924 war Beiderbecke der Star der Wolverines. Ein paar Jahre später trat er, nachdem er mit verschiedenen Formationen gespielt hatte, in das große Orchester von Paul Whiteman ein. Dieser hatte, um seinem Ruf als »König des Jazz« gewachsen zu sein, angefangen, sich einige der augenblicklich besten Solisten zu sichern. Er engagierte den Violinisten Joe Venuti, den Gitarristen Eddie Lang, den Kornettisten Red Nichols, den Saxophonisten Frankie Trumbauer, die Brüder Jimmy und Tommy Dorsey, Spezialisten auf der Klarinette beziehungsweise Posaune; ferner in den dreißiger Jahren den Posaunisten Jack Teagarden, den Trompeter Bunny Berigan und andere.

In seiner glücklichsten Zeit spielte Beiderbecke bedeutende Aufnahmen ein, die einen sehr persönlichen und leicht melancholisch angehauchten Stil dokumentieren, der viele Nachahmer fand. Für seine Kollegen war Bix ein Held, eine sagenhafte Persönlichkeit, aber von den anderen bemerkten ihn wenige. Nach seinem Tode und als der Jazz in der zweiten Hälfte der dreißiger Jahre so populär wurde, gab es Leute, die auf der Suche nach Meldungen über ihn die Zeitungen seiner Zeit durchwühlen wollten. Aber sie fanden seinen Namen nur selten und dann fast immer bloß flüchtig genannt.

Die Clique der Jazzmusiker hatte jedoch leidenschaftliche Unterstützer. In Chicago zum Beispiel legte sich ein Metzger namens Charles Pierce mächtig ins Zeug und gab schließlich sogar seinen Namen für kleine Bands her, die auftraten, Platten einspielten und sich auch bemerkenswerte Solisten wie Muggsy Spanier und Frank Teschemacher zunutze machten. Ein weiterer Jazzfreund war darangegangen, um nur irgendwie selber Jazz machen zu können, vor sich hinzuträllern und dabei die Lippen an einen mit Papier umwickelten Kamm[2] zu halten. Er hieß Red Mc Kenzie, war ein ehemaliger Rennreiter aus St. Louis und kam Anfang 1924 in die Windy City, zusammen mit seiner Novelty-Gruppe[3], den Mound City Blue Blowers. Sie hatten sofort durchschlagenden Erfolg, der ihnen sogar ein Engagement in London eintrug.

Im goldenen Zeitalter des Jazz begeisterte auch Jelly Roll Morton die Chicagoer Szene an der South Side. Er war in der Stadt erschienen, nachdem er von Kalifornien bis Alaska umhergezogen war. Im Jahre 1926 betrat er zum ersten Mal die Aufnahmestudios der Plattenfirma Victor, um mit seiner Band, den sogenannten Red Hot Peppers, Musterstücke des Jazz wie aus einem Lehrbuch auf Wachs zu verewigen.

Ein anderer großer Förderer war Eddie Condon. Er spielte Banjo und Gitarre, aber seinen größten Beitrag zur Sache des Jazz leistete er als Organisator, Manager und treibende Kraft. 1927 versammelte er zusammen mit Red Mc Kenzie eine kleine Gruppe junger weißer Musiker zu Aufnahmen, von denen noch jahrzehntelang gesprochen wurde. Die Band mit dem Namen der Mc Kenzie & Condon's Chicagoans enthielt einige frühere Schüler der Austin High School – Jimmy Mc Partland, Bud Freeman, Teschemacher und Jim

Lannigan – sowie andere junge Leute, wie den Pianisten Joe Sullivan und den Schlagzeuger Gene Krupa, die im Kommen waren. Sie kann als typischster Ausdruck eines eigenen Jazzstils – eben des »Chicago-Stils« – gewertet werden, der sich sehr von dem der Neger unterschied, die in diesen Jahren die Lokale an der South Side belebten. Es ist eine nervös-gespannte, eine hysterische Musik, die man in bekannten Aufnahmen wie »China boy« und »Nobody's sweetheart« hören kann. Eine gemeinsame Explosion von zwei Takten am Ende eines jeden Solos schleudert das nächste Solo heraus. Die Phrasen sind kurz und verzerrt, die Klänge der Instrumente sind flach und dumpf, der Vortrag ist hektisch-gequält. Keine Spur von der Leidenschaftlichkeit, vom würdevollen und relaxten Schritt der Jazzleute aus Louisiana. Nicht einmal eine entfernte Erinnerung an das freche und manchmal amüsante Zusammenspiel der Original Dixieland Jazz Band. Der neurotische Jazz der Weißen aus Chicago läßt einen an die Schießereien zwischen den Gangstern, an das Kokettieren der tanzenden Charleston-Mädchen denken, aber gewiß nicht an den Duft der Magnolienbäume und die feuchte Hitze im romantischen und trägen New Orleans der Jahrhundertwende.

Es bestehen Kontroversen unter den Kritikern über den Wert der Musik der Weißen aus Chicago. Der typischsten, versteht sich, nicht etwa der Musik eines Muggsy Spanier oder Benny Goodman, die sich an den großen Negersolisten ausgerichtet hatten. Auch über einen der hervorstechendsten Mitglieder dieser Gruppe, den Klarinettisten Frank Teschemacher, sind die Meinungen geteilt. Für die einen ist er verstimmt und stümperhaft, für die anderen ein kühner Erneuerer. Wir glauben, daß die Wahrheit in der Mitte liegt. Das, was unter dem Namen »Chicago-Stil« vorüberging, stellte eine Abweichung von der Hauptstraße dar, die von vielen Schülern der Neger aus New Orleans begangen und gezeigt wurde, aber es war nicht wertlos und bedeutungslos. Es war der erste wirklich originelle weiße Jazz; er brachte mehr als irgendeine andere Musik die aufgeregte Atmosphäre, das harte Klima jener Jahre in Chicago zum Ausdruck, in denen die am besten organisierten Dinge anscheinend Tanzfeste und Verbrechen waren.

In den Lokalen, wo die Jazzmusiker spielten, feierte das Chicago der »Roaring Twenties«, der »goldenen zwanziger Jahre«, seine Bräuche. Es ging hoch her, man trank und gab mit größter Leichtigkeit sein Geld aus. Die großen Bosse der Gangsterbanden in der Stadt ließen sich dort oft blicken, auch weil einige von ihnen in der einen oder anderen Weise die Herren im Hause waren. Und wenn sie ankamen, führten sie sich ihrem Rang entsprechend auf.

»Einer, der sich oft im Grand Terrace blicken ließ«, erinnerte sich Earl Hines, der brillante Pianist, der ab 1928 jahrelang in diesem luxuriösen Cabaret arbeitete, »war der große Mann in Person, Al Capone. Er fuhr in einer sieben Tonnen schweren, gepanzerten Limousine durch die Gegend. Es machte ihm

Spaß, mit seinen Leibwächtern ins Lokal zu kommen. Er ordnete an, daß alle Türen geschlossen wurden, und dann verlangte er vom Orchester, daß es ihm seine Lieblingsstücke vorspielte. Mit größter Gleichgültigkeit verteilte er Hunderte von Dollars als Trinkgelder.«[4]

Hines hatte mit Armstrong und dann mit Jimmie Noone gespielt und war von Lucky Millinder zum Grand Terrace geholt worden. Millinder, eine Persönlichkeit aus dem Show Business, arbeitete für Ralph Capone, den Bruder von Al, der als Vermittler zwischen den Rädelsführern der Chicagoer Unterwelt und den Jazzleuten fungierte. Die Musiker waren nicht allzu wählerisch und hatten ein dickes Fell. Die Neger wurden nicht zur städtischen Musikergewerkschaft zugelassen und hatten es deshalb oft schwer. Sowohl ihnen als auch den Weißen konnte passieren, daß sich irgendeine Schlägerei oder Schießerei abspielte, während sie Musik spielten. Zum Glück hatten es die Gangster nicht auf die Musiker abgesehen. Es reichte, daß sie sich nicht einmischten und weiterspielten, als ob nichts geschehen wäre. Für sie gab es nur Trinkgelder und, wenn Capone der Gast war, auf seinen Wunsch schmalzige Schlager zu spielen, die allerdings etwas weniger als die Trinkgelder geschätzt wurden.

Der Mittelpunkt der Jazzwelt an der South Side Chicagos war in der zweiten Hälfte der zwanziger Jahre das Sunset Café, in dessen renovierten Räumen anschließend das Grand Terrace eingerichtet werden sollte. Als Louis Armstrong zwischen 1926 und 1927 im Sunset Café spielte, prangte über dem Eingang die Leuchtschrift: »Louis Armstrong – der größte Trompeter der Welt«. Auf der anderen Straßenseite, im Plantation, spielte zur gleichen Zeit King Oliver mit seinen Dixie Syncopators. Johnny Dodds hingegen war mit seinem Bruder, der Schlagzeug spielte, und anderen Musikern im Bert Kelly's Stables, einem Lokal, das wie ein Stall angelegt war – ganz schwarz gestrichen und mit Boxen für die Tische der Gäste. Hier mußten sich die Gäste im Gegensatz zu anderen Lokalen – wo der Alkohol frei verkauft wurde, so verboten dies auch war – ihre Flasche Whisky selber mitbringen. Das Lokal seinerseits stellte die Gläser, das Sodawasser und das Eis zu Freundschaftspreisen.

Andere Musiker, die mehr oder weniger professionell spielten, waren bei den »Rent Parties«[5] zu hören. Das waren Feste, die zu dem Zweck veranstaltet wurden, das nötige Geld für die Miete zu sammeln, entweder derjenigen Wohnung, in der das Fest stattfand, oder auch der Wohnung eines armen Teufels in finanziellen Schwierigkeiten. Jeder konnte teilnehmen, wenn er nur zahlte. Es war nicht einmal bekannt, wer der Wohnungseigentümer war, und auch nicht, wer das Büfett vorbereitet hatte, für das man bezahlen mußte. So wurde bis zum frühen Morgen gegessen und getrunken; die Leute tanzten und spielten Glücksspiele. Manchmal ging es tagelang so weiter. Der musikalische Teil wurde sehr oft von einem Pianisten bestritten (für ihn waren Essen und

Trinken frei), und der Jazz, den er spielte, erhielt schließlich den Namen Boogie Woogie. Es handelte sich um Blues, der in schnellem Tempo und in einem Stil vorgetragen wurde, wie er sich seit Jahren in Texas und anderen Gebieten des Südens und Südwestens großer Beliebtheit erfreute. Einige nannten ihn »Fast Western«, also schnellen Blues, den man westlich des Mississippi hören konnte. Die Pianisten spielten in einem Zwölfachteltakt (vier punktierte Achtelnoten, jede pro Takt von einer Sechzehntelnote gefolgt), schlugen mit der linken Hand einen rollenden Ostinato-Baß an und markierten mit der rechten Hand Riffs, das heißt trockene Phrasen voller Dynamik von zwei oder vier Takten Länge, die mehrfach wiederholt und durch häufige Tremolos und Arpeggio-Effekte gekennzeichnet waren. Ein perkussives Klavierspiel also, wie es zu den besten Traditionen der afro-amerikanischen Musik seit den Tagen des Ragtime gehörte.

Bei den Rent Parties in Chicago waren am Piano nicht selten Jimmy Yancey oder Albert Ammons und Meade »Lux« Lewis, die beide tagsüber als Taxifahrer arbeiteten, »Cripple« Clarence Lofton oder auch »Pinetop« Smith anzutreffen. Der letztgenannte Pianist nahm eine Platte mit dem Titel »Boogie Woogie« auf, die großen Erfolg hatte und diesem Pianostil wohl seinen Namen eintrug. Einige dieser Boogie-Künstler wurden ungefähr zehn Jahre später, mitten in der Swing-Ära, wiederentdeckt. Albert Ammons und Meade Lux Lewis waren dann verschiedene Jahre sehr erfolgreich.

Auch in Harlem ebenso wie in anderen Negergemeinden, zum Beispiel in St. Louis und Washington, waren damals die Rent Parties sehr häufig. In der Folgezeit wurden sie sogar noch öfter veranstaltet, und zwar in den Jahren der Depression, als in den Vereinigten Staaten die farbige Bevölkerung – und nicht allein sie – vom tiefsten Elend getroffen wurde.

Bei den Rent Parties in Harlem gab es jedoch keinen Boogie Woogie, sondern in erster Linie »Stride Piano« zu hören.

In seiner Schilderung der Ereignisse in Harlem während der Black Renaissance hat Langston Hughes auch die Rent Parties erwähnt, die dort abgehalten wurden: »Die Feste gegen Entgelt, an denen ich teilnahm und die samstags abends gefeiert wurden, waren oft amüsanter als jedes Nachtlokal. Sie fanden in kleinen Wohnungen statt, in denen weiß der liebe Himmel wer wohnte, weil selten die Gastgeber dort wohnten. Aber der Pianist wurde häufig von einem Gitarristen, einem nicht dazugehörigen Kornettisten oder von irgendwem begleitet, der gerade mit ein paar Trommeln reinkam. Für wenige Cents konnte man grauenhaften, geschmuggelten Aquavit, gebratenen Fisch und dampfende Innereien kaufen. Tanz, Gesang und allerlei Überraschungen hielten an, bis draußen der Morgen graute. Diese Feste, die oft als ›Empfänge‹ oder ›geschlossene Tanzveranstaltungen‹ bezeichnet wurden, waren im allgemeinen auf kleinen, knallbunten Plakaten angekündigt, die an den Türen der Fahrstühle hingen. Als ich in Harlem wohnte, ging ich fast jeden Samstagabend zu diesen Festen. Ich schrieb Dutzende von Gedichten über sie und verschlang zentnerweise gebratene Fische und Schweinsfüße, mit den entsprechenden Getränken. Ich lernte dort Kellner und Lastwagenfahrer, Arbeiter und Schuhputzer, Schneiderinnen und Portiers kennen. Immer noch habe ich ihr Gelächter, die langsame und weiche Musik in den Ohren. Ich spüre noch den Fußboden zittern, während die Paare tanzen.«[6]

Noch intensiver, dramatischer und wahrscheinlich auch noch realistischer ist die Beschreibung der Atmosphäre einer Rent Party, die sich in den Strophen eines berühmten Songs von Bessie Smith, »Gimme a pigfoot«, finden läßt:

Up in Harlem every Saturday night
When the high browns get together it's just too tight;
They all congregate at an all-night strut,
And what they do is »Tut! Tut! Tut!«
Old Hannah Brown from 'cross town,
Gets full of corn und starts breakin' 'em down;
Just at the break of day, you can hear old Hannah say:
»Gimme a pig foot and a bottle of beer,
Send me, gate, I don't care;
I feel just like I want to clown,
Give the piano player a drink because he's bringing me down.
He's got rhythm, yeaahh, when he stomps his feet,
He sends me right off to sleep;
Check all your razors and your guns,
We're gonna be wrasslin' when the wagon comes:
I want a pig foot and a bottle of beer;
Send me, 'cause I don't care; lay me, 'cause I don't care.
Send me, 'cause I don't care; lay me, 'cause I don't care.
Do the shim-sham-shimmy till the risin' sun;
Gimme a reefer and a gang of gin:
Lay me, 'cause I'm in sin; lay me, 'cause I'm fulla gin.«[7]

(Mit freundlicher Genehmigung des Musikverlages Pickwick S. r. l., Mailand; alle Rechte vorbehalten.)

In diesen Jahren gab es jedoch auch andere, viel vornehmere Feste in Harlem. Die prunkvollsten veranstaltete A'Lelia Walker, deren Mutter mit dem »Madame Walker«-System zur Glättung von krausem Negerhaar ein Riesenglück gemacht hatte. A'Lelia, eine Negerin sehr dunkler Hautfarbe, die sich gern mit einem silbernen Turban zeigte, war in den zwanziger Jahren die Göttin von Harlem. Zu ihren Festen kamen die angesehensten Leute New Yorks.

Viele der regelmäßigen Besucher der Walker-Feste wurden auch bei den Empfängen gesehen, die Carl Van Vechten in seiner Wohnung im Zentrum Manhattans gab. Van Vechten war ein Freund aller Künstler, hatte aber eine besondere Schwäche für die Neger und liebte den Jazz, den echten und den falschen. In seiner Wohnung konnte man Somerset Maugham, Salvador Dali, Rouben Mamoulian, aber auch Langston Hughes und sogar Bessie Smith antreffen, die einmal dorthin kam und Aufsehen erregte.

Eigentlich war damals nicht allzuviel Vorurteilslosigkeit nötig, um sich Negerkünstler ins Haus zu holen. Sie waren alle hochmodern, diese Schriftsteller und Dichter der Black Renaissance, die Musiker, Tänzer und Sänger. Der anhaltende Erfolg der Negerrevuen, von denen »Shuffle Along« das Musterbild gewesen war, bewies, daß die Negermode nicht nachlassen wollte. Im Gegenteil, 1927 wurde »Africana« mit der Sängerin Ethel Waters vorgestellt, die unter anderem das Evergreen »Dinah« aus der Taufe hob. Im Jahr darauf waren »Keep shufflin'« und das äußerst glückgesegnete »Blackbirds 1928« dran, welches insgesamt 518 Wiederholungen verzeichnen konnte, als Hauptdarsteller die Sängerin Adelaide Hall und den großen Steptänzer Bill »Bojangles« Robinson hatte (der praktisch damals seine brillante Karriere begann) und dessen Musik von Jimmy Mc Hugh komponiert wurde. Im Jahre 1929 wurden am Broadway sogar fünf »black revues« inszeniert. Eine davon war »Hot Chocolates«, mit Musik von Fats Waller.

In der zweiten Hälfte der zwanziger Jahre galt es als sehr schick, nach Harlem zu fahren, um eine »Floor show« von Negern zu sehen und Jazz zu hören. » . . . Tausende von Weißen kamen jeden Abend nach Harlem«, hat Langston Hughes geschrieben, »und dachten, daß es den Negern Freude machen würde, sie zu sehen. Sie waren felsenfest davon überzeugt, daß alle Einwohner des Viertels bei Sonnenuntergang ihre jeweiligen Wohnungen verließen, um in den Cabarets singen und tanzen zu gehen. Denn die Weißen sahen nichts anderes als Cabarets, keine Häuser.

Einige Besitzer von Nachtlokalen in Harlem begingen in ihrem Glück über den Zustrom der weißen Kundschaft den großen Fehler, ihren eigenen Rassenbrüdern die Tür vor der Nase zuzuschlagen, und folgten so dem Beispiel des Cotton Clubs. Die Folge war, daß sie in den meisten Fällen innerhalb kurzer Zeit die Kundschaft verloren und Bankrott machten. Sie hatten nicht begriffen, daß für die Weißen aus dem Zentrum New Yorks ein Großteil der Anziehungskraft Harlems einfach darin bestand, daß man dort sehen konnte, wie sich die Neger vergnügten. Und die kleineren Lokale . . . waren ohne ihre Negergäste wirklich nicht unterhaltsam.«[8]

Unterhaltsam waren dagegen das Connie's Inn, der Savoy Ballroom, das Small's Paradise, der Nest Club, der Lenox Club und natürlich der Cotton Club, den Lady Mountbatten »The Aristocrat of Harlem« nannte.

Dieses letztere Cabaret war seit Ende 1927 etwas über drei Jahre lang der Schauplatz des Orchesters, das Duke Ellington allmählich um die kleine Gruppe von Freunden herum aufgebaut hatte, die wie er aus Washington gekommen waren und mit denen er die ersten Erfahrungen im Kentucky Club am Broadway gesammelt hatte.

Ellington orientierte sich bei der Schöpfung seiner Musik nicht oder nur in geringem Maße und indirekt an den Jazzleuten aus New Orleans. Wie alle seine Altersgenossen, die im Osten der Vereinigten Staaten wohnten, wuchs er zusammen mit dem Ragtime auf, dessen späte orchestrale Nebenprodukte und kommerzielle Fassungen er vor allen Dingen kennenlernte. Später hatte er Gelegenheit, die Musikformen zu hören, die in New York gespielt wurden und manchmal das Resultat ungleicher Einflüsse und Verbindungen waren. Da gab es die Musik der Negerrevuen, die der ersten Formationen von Fletcher Henderson und der Band der Missourians, die Ellington im Cotton Club voranging, die gesungenen Blues und schließlich das »Stride Piano«. Wie viele andere, angesehenere Kollegen in New York mußte Ellington sich sofort dem Geschmack der weißen Kundschaft anpassen. Diese wollte in der Musik der Negerorchester das Echo eines ebenso romantischen wie wirklichkeitsfremden Dschungels wiederfinden.

Es nimmt also nicht wunder, daß sein Jazz in jenen Jahren im Grunde Show-Musik war und die Bezeichnung »Dschungel-Stil« zu Recht verdiente. Er mußte ja unter anderem dazu dienen, die Programm-Nummern zu begleiten, die jeden Abend die »Floor show« im Cotton Club bildeten. In diesen waren Exotik und Erotik mit einer guten Portion schlechten Geschmacks vermischt, wie Augenzeugen berichten. Nur die Musik war stets gut, ob sie nun von Ellington, Mc Hugh oder auch Harold Arlen geschrieben war. Arlen folgte 1930 auf Mc Hugh als offizieller Komponist für die Revuen, die vom Lokal inszeniert und alle sechs Monate gewechselt wurden.

Die Musik anderer Orchester, die im gleichen Zeitraum in Harlem tätig waren, entspricht in etwa dem Stil des ersten wichtigen Ellington-Orchesters. Außer den schon erwähnten Missourians gehörten zu diesen Orchestern das von Charlie Johnson, der ebenfalls damit beschäftigt war, eine künstliche Dschungel-Atmosphäre zu schaffen, und das von Chick Webb.

Die weißen Musiker verfolgten andere Wege. Das Modell der Original Dixieland Jazz Band war inzwischen fast vergessen; viele, wie der tüchtige Red Nichols, schauten auf Bix Beiderbecke; andere, wie Jean Goldkette, ein Manager, der von Detroit aus verschiedene Tanzorchester kontrollierte, dachten immer noch, daß der von Whiteman gezeigte Weg der richtige sei.

1926–1927 hatte Goldkette jedoch talentierte Solisten unter sich, wie Beiderbecke, Trumbauer und zwei weitere junge Musiker, Joe Venuti aus der Stadt Lecco in Norditalien und Eddie Lang, alias Salvatore Massaro, ebenfalls italienischer Abstammung. Diese beiden waren die Hauptfiguren in einer Serie von Aufnahmen, die als die allerersten Beispiele von »kammermusikalischem Jazz« angesehen werden können.

Wenn man von den Einflüssen absieht, die einzelne Musiker ausübten, waren die Unterschiede zwischen dem Jazz, der von New York ausging (und oft die Tanzlokale im Mittleren Westen, an der Atlantikküste und sogar in Detroit erreichte, wo die Mc Kinney's Cotton Pickers ansässig waren, ein Orchester unter Leitung von Don Redman, dem ehemaligen Arrangeur Hendersons), und dem Jazz, der in den Lokalen an der South Side Chicagos gespielt wurde, recht stark. Im allgemeinen läßt sich sagen, daß der New Yorker Jazz musiktechnisch gesehen raffinierter, aber auch showmäßiger, mehr auf die Ansprüche des weißen Publikums ausgerichtet war, während der Chicago-Jazz, der mehr oder weniger von der New Orleans-Musik abstammte, rauher und ausdrucksstärker war, auch weil er oft mit dem Negerpublikum oder wenigstens mit einer gemischten Zuhörerschaft rechnen mußte, wie sie die großen Tanzsäle an der South Side füllte. Der Blues bildete eine lebenswichtige Ader für den Chicago-Jazz, er verlieh ihm die dominierenden Wesenszüge, was man nicht vom New Yorker Jazz sagen konnte, welcher zwar den harmonischen Ablauf des Blues übernahm, aber ansonsten nicht von ihm abhängig war.

Der Blues in seiner reinen Form fehlte jedoch nicht einmal in New York. Während der ganzen zwanziger Jahre war er in den Negergemeinden sehr verbreitet, überall in den Vereinigten Staaten, allerdings besonders im Süden. In New York und Chicago wurden die allermeisten »Race Records« aufgenommen, und in deren Plattenkatalogen hatte der Blues den Löwenanteil. In den Theatern dieser Städte war nicht selten eine der großen Bluessängerinnen zu hören, die dem Kreis der TOBA angeschlossen waren und in diesen Jahren ihre größte Erfolgszeit erlebten.

Der ländliche Blues der Entstehungszeit hatte sich in der Zwischenzeit verändert, ist aber niemals ausgestorben. Außerdem machte sich sein Einfluß weiterhin im Stil und Repertoire der Bluessänger und Bluessängerinnen bemerkbar, die aus dem Süden kamen. Der Klassische Blues war schon zur Schauspielkunst geworden, und seine beliebtesten Interpretinnen waren mehr oder weniger große Bühnenstars. Der Erfolg ihrer Platten, von denen Millionen Exemplare verkauft wurden, machte einige von ihnen, wie Bessie Smith und Mamie Smith, wenigstens für eine gewisse Zeit reich.

Im Norden waren auch verschiedene Gesangskünstler eingetroffen, die im Süden schon lange in Stadt und Land bekannt waren. Blind Lemon Jefferson, Big Bill Broonzy, Lonnie Johnson und Leroy Carr, um nur einige zu nennen, konnten so ihre ersten Platten aufnehmen und hofften, auch am Erfolg der berühmten Sängerinnen dieser Zeit teilzuhaben. Unter diesen war auch die früheste Bluessängerin, die mütterliche »Ma« Rainey.

Ma Rainey spielte für Paramount ein, eine der Plattenmarken, die den Käufern der »Race Records« am vertrautesten waren. Von den anderen Firmen sah man am häufigsten die Etikette der Columbia, Okeh, Vocalion und Gennett. Unter den vielen kleineren Marken (nicht selten waren es Ableger bedeutender Konzerne) zeichnete sich Black Swan als erste Schallplattenfirma in Besitz eines Negers aus. Von den großen Konzernen zögerte nur Victor lange, sich mit Blues- und Jazz-Platten an den Käufermarkt der Neger zu wenden.

Ma Rainey war alles andere als eine schöne Frau, und als sie nach Chicago kam, um dort ihre ersten Platten aufzunehmen, war sie auch nicht mehr sehr jung, da sie 1886 – in Columbus, Georgia – geboren war. Auf das Negerpublikum übte sie jedenfalls eine außerordentliche Anziehungskraft aus. Eine Vorstellung davon, wie ihre Auftritte verliefen und wie sehr sie geschätzt wurden, kann eine von Thomas A. Dorsey hinterlassene Beschreibung vermitteln. Er begleitete sie als Pianist und Leiter des Bühnenorchesters in einer ihrer Tourneen durch die Südstaaten, die jedoch in Chicago in der zweiten Hälfte des Jahres 1924 startete. Dorsey schrieb folgendes über das Eröffnungskonzert, das im Grand Theatre, einem Negertheater an der South Side, stattfand:

» . . . Der Auftritt von Ma Rainey war der, welcher die Vorstellung abschloß . . . Der Vorhang hob sich langsam, und die Scheinwerfer beleuchteten mit gedämpftem Licht die Band auf der Bühne, während wir die Einleitung des ersten Stückes von ›Ma‹ spielten . . . ›Ma‹ war in einem großen Kasten versteckt, der die Form eines Victrolas hatte, eines dieser Trichtergrammophone, die vor vielen Jahren üblich waren. Dieses Victrola stand auf der anderen Bühnenseite. Dann kam ein Mädchen und legte eine große Platte auf. In dem Augenblick begann die Band, den ›Moonshine blues‹ zu spielen. ›Ma‹ sang die ersten Takte, während sie in dem Kasten versteckt war, dann öffnete sie eine Tür und kam im vollen Scheinwerferlicht heraus. Sie strahlte in einer schönen, glitzernden Kleidung, die zwanzig Pfund wog und trug eine Halskette aus lauter Goldmünzen zu fünf, zehn und zwanzig Dollar. Das Publikum raste. Es war, als ob die Vorstellung von vorne anfing. ›Ma‹ hatte ihre Zuschauer in der Hand. Die Diamanten an ihren Fingern blitzten wie viele kleine Feuer. Die Kette sah wie eine goldene Rüstung aus, die ihre Brust bedeckte. Die Leute nannten sie ›die Dame mit der goldenen Kehle‹ . . . Als ›Ma‹ ihre letzte Nummer und das große Finale gesungen hatte, bekamen wir sieben Vorhänge.«[9]

Das Publikum des Grand Theatre ließ sich nicht nur von den prunkvollen Kleidern und ihrer mächtigen, majestätischen Stimme faszinieren. Es war auch ergriffen, weil es sich selbst in die Geschichten hineinversetzte, Alltagsgeschichten für die amerikanischen Neger, die Ma Rainey mit ihrem erdhaften Gesang vortrug. Es waren Blues, die davon sprachen, daß der geliebte Mensch einen verlassen hatte; Blues, die vom »boll-weevil« berichteten, dem Baumwollkapselkäfer und unheilbringenden Schädling, der Tausende von Bauern des Südens zur Verzweiflung gebracht hatte; erotische Blues; Blues, die vom Mißgeschick redeten, das man angeblich mit Erdnußpulver und den »Mojos«, Amuletten, abwenden konnte; auch Blues, die von einsamen Besäufnissen erzählten; Blues über Heimweh und Nichtzurechtfinden in den großen Städten.

Typisch ist in dieser letzten Hinsicht der »South bound blues«:

Yes, I'm mad, my heart's sad, the man I love treats me so bad ,
He brought me out of my home town,
The city of New York has thrown me down,
Not a friend, to pay my rent.
I'm left alone without a home,
I told him I was leaving and my time ain't long.
My folks has sent me money and I'm Dixie-bound.

You done me wrong, you drove me down,
You caused me to weep and to moan.
I told him I'd see him, honey, some o' these days,
And I'm goin' tell him 'bout his lowdown dirty ways.
Done (Lawd) bought my ticket, Lawd, and my trunk is packed,
Goin' back to Georgia, folks, mamma's goin', sure ain't coming back.
My train's at the station, I done send my folks the news,
You can tell the world, I've got the South bound blues.[10]

Für die Neger Amerikas gab es offenbar immer einen Jordan-Fluß zu überqueren. Um vom Sklavendasein zur himmlischen Glückseligkeit zu gelangen, später, um aus dem Süden in den Norden zu kommen (dort oben, wo das »süße Chicago« war, nahe beim »Wasser des Michigan, das wie Sherry-Wein schmeckt«, wie die alten Blues versicherten), und am Ende, um aus den unwirtlichen Städten des Nordens wieder zu den Stätten der Kindheit im Süden zurückzukehren.

Einige der Blues, die Ma Rainey sang, hatte auch Bessie Smith, ihre größte und unschlagbare Rivalin, in ihrem Repertoire. Auch Bessie, die »Kaiserin des Blues«, wußte ihr Publikum zu hypnotisieren, das im Süden, wo sie häufig auf Tournee ging, und auch das im Norden. Sie sang ebenfalls den »Moonshine blues«, der von einer Heimkehr in den Süden sprach:

You'll find me reeling and a-rocking, howling like a hound.
I'll catch the first train that's going southbound,
Stop, you hear me say, stop, right through my brain, o stop that train,
So I can ride back home again.[11]

Wie Ma Rainey und Mamie Smith begeisterte auch Bessie Smith ihre Zuhörerschaft schon allein durch ihre Anwesenheit, wenn sie sich langsam im Scheinwerferlicht bewegte. Ein Psychologe würde wahrscheinlich in dieser harmlosen Form von Starkult ein Phänomen der Übertragung auf die eigene Person des Zuschauers erkennen. Diese Frauen mit ihren Ketten und Ringen, den glänzenden Kleidern und Straußenfedern hatten eine schwarze Haut wie die armen Teufel, die in die kleinen, den Negern vorbehaltenen Theater kamen, um sie zu sehen und zu hören. Viele Sängerinnen waren – genau wie ihre Zuhörer – aus dem »Tiefen Süden« gekommen, aber lebten in einer Welt voller Glanz (manchmal tatsächlich: Mamie Smith besaß ein prächtiges Haus mit einem Pianola in jedem Zimmer). Es war tröstlich zu wissen, daß sie es geschafft hatten, und sie in der Herrlichkeit einer hellerleuchteten Bühne zu sehen.

In seinem »Homage to the Empress of the Blues« drückt der Negerdichter Robert Hayden mit zwei Doppelversen das aus, was die farbigen Leute empfanden, wenn sie Bessie Smith sahen:

She came out on the stage in yard of pearls, emerging like a favorite scenic view,
flashed her golden smile and sang.
Und weiter:
She came out on the stage in ostrich feathers, beaded satin, and shone that smile
on us and sang.[12]

Es leuchtet ein, daß der Anblick von soviel Reichtum – meterweise Perlen, Straußenfedern, das mit kleinen Perlen übersäte Seidenkleid – und das herzliche Lächeln Bessies bereits ausreichten, um die Herzen ihres Publikums mit Glück zu erfüllen. Der Gesang kam später.

Jedoch waren die Bluessängerinnen der zwanziger Jahre nicht nur Sterne in der Welt der Shows, die man bewundern konnte und auf die man seine eigenen frustrierten Sehnsüchte übertragen konnte. Die Rolle der Bluessänger in der Negergemeinschaft gestern wie auch heutzutage konnte und kann als eine priesterliche Rolle bezeichnet werden, wie Ralph Ellison und Charles Keil scharfsinnig beobachtet haben. Der Bluessänger ist auf seine Weise tatsächlich ein Prediger, der die Probleme, Verhaltensweisen, Einstellungen und gültigen Wertvorstellungen dieser Gemeinschaft genauestens kennt und in seinem Gesang behandelt. Er bietet Verhaltensmodelle an, gibt Orientierungspunkte, schlägt Lösungen vor und wird zum Interpreten unbestimmter und unausgesprochener Gefühle. Aber er ist ein nachsichtiger Priester, der niemals straft. Er stellt sich nie über seine Zuhörerschaft, deren Schwächen er teilt.

Es gab viele Bluessängerinnen in den zwanziger Jahren, und sie hatten nicht alle den Erfolg, den sie verdient hätten. Außer denen, die schon erwähnt worden sind, und denen, die man nennen könnte, soll an die Namen von Clara Smith, Ida Cox, Victoria Spivey, Sippie Wallace, Sara Martin, Bertha »Chippie« Hill, Edmonia Henderson und Alberta Hunter erinnert werden. Zum großen Teil stammten die Bluessängerinnen aus dem Süden; die Sängerinnen aus dem Norden wie Mamie Smith und Ethel Waters hatten einen ausgearbeiteteren und leichteren Stil, der von Varietémusik beeinflußt war, die man in den Städten hörte.

Sie waren die Sterne der Armen, der Entrechteten. Sie hörten auf zu strahlen, als ihr Publikum so sehr in Not geriet, daß es nicht mehr das nötige Geld hatte, um ihre Platten oder die Eintrittskarten zu ihren Vorstellungen zu kaufen. Nach dem verhängnisvollen »schwarzen Donnerstag«, dem 24. Oktober 1929, als die Wall Street mit ihrem Börsenkrach Millionen von Amerikanern und vor allem die Neger überrollte, gab es für die Königinnen des Blues keine Rückendeckung mehr. Sie tauchten wieder in ihrem Volk unter, dessen Leid sie besungen und dem sie ein wenig Glück geschenkt hatten. Soweit die Männer betroffen waren, war keiner der Bluessänger, die aus Mississippi, Texas, Alabama oder Louisiana in den Norden gekommen waren, auch nur einen Augenblick lang eine Persönlichkeit der vergoldeten Welt des Show Business gewesen, wahrscheinlich weil niemand bei ihrem Anblick den Eindruck gehabt hätte, zu einer Legende aufzublicken. Sie waren und blieben einfache Straßensänger oder sogar Landstreicher.

Was die Theater des TOBA-Kreises anbelangt, so mußten sie darauf verzichten, Schauspieler und Sänger in Live-Shows vorzustellen. Im Jahre 1928 waren es noch achtzig Theater; 1932 waren sie fast alle in Kinos umgebaut.

Als die Depression anfing, hörte dort nicht nur der Blues auf. Praktisch endete auch – aber nur vorübergehend – der Jazz. Es ging, um alles mit einem Wort zu sagen, eine ganze Ära zu Ende, die Ära, die Francis Scott Fitzgerald die »Jazz-Ära« getauft hatte.

Ein paar Jahre später sollte Fitzgerald in Erinnerung an die tolle Epoche, die auch ihn unter ihren Zeitgenossen gesehen hatte, folgendes schreiben:

» . . . Nochmals müssen wir den Gürtel enger schnallen, und Schrecken befällt uns, wenn wir an unsere vergeudete Jugend denken. Aber manchmal gleitet ein geisterhafter Wirbel über Trommeln, ein asthmatisches Hauchen setzt Posaunen in Bewegung, und sie versetzen mich ins Jahr 1925 zurück, als wir Methylalkohol tranken und uns jeden Tag und in jeder Weise verbesserten. Es hatte ein erstes, vorzeitiges Kürzerwerden der Röcke gegeben, die Mädchen sahen in ihren Strickkleidern alle gleich aus, und Leute, von denen du nichts wissen wolltest, sagten: ›Ausgerechnet Bananen!‹[13] Es schien so als ob die ältere Generation spätestens in einigen Jahren abdanken und zulassen würde, daß die Welt von denen regiert wurde, die die Dinge genau so sahen, wie sie waren – alles sah rosarot und romantisch aus für uns, die wir damals jung waren; denn wir werden nie wieder mit der ganzen Intensität von damals unsere Umwelt empfinden.«[14]

Für die Neger gab es weniger Dinge, denen sie nachtrauern konnten. Aber auch für sie wurden die Jahre der Krise schlimmer, viel schlimmer als die doch so schweren Zeiten, in denen sie vom Lande in die Stadt abgewandert waren und dadurch, ohne es zu wissen, den Auftakt zur Ära des Jazz gegeben hatten. Allerdings nicht zu der »Jazz-Ära«, an die Fitzgerald dachte.

7. Krise, aber nicht in Kansas City

Obwohl Präsident Hoover wie sein Vorgänger Coolidge Optimismus zur Schau getragen und im Dezember 1929 erklärt hatte, daß die Wirtschaftslage Amerikas »in ihren Grundlagen gesund« sei, war die Wirklichkeit düsterer als die Pessimisten sich hätten vorstellen können. Im Verlauf einiger Monate erreichte die Anzahl der Arbeitslosen dramatische Ausmaße. Im Sommer 1932 waren es mehr als zwölf Millionen. Im Verhältnis waren die schwarzen Arbeitslosen die zahlreichsten. Kurz vor der Wiederbelebung im Jahre 1935 waren 65 Prozent der arbeitsfähigen Neger gezwungen, die öffentliche Wohlfahrt in Anspruch zu nehmen. Das Schlimmste war die Tatsache, daß auch die Wohlfahrtsunterstützungen nach diskriminierenden Maßstäben gewährt wurden. So wurden eine Zeitlang in Dallas und Houston in Texas die Neger von jeder Form der Unterstützung ausgeschlossen.

Einer der wenigen im Jahre 1933 aufgenommenen Blues drückt mit den Worten des Sängers Joe Stone die Gefühle der Neger aus:

It's hard time here, hard time everywhere,
It's hard time here, hard time everywhere,
It's hard time here, hard time everywhere.

I went down to the factory where I worked for years,
I went down to the factory where I worked for years ago.
And the boss man tol' me that I ain't comin' here no mo'.

And we have a little city that they call down in Hooverville,
We have a little city that they call down in Hooverville.
Times have got so hard, people, they ain't got no place to live.[1]

Einen Hoffnungsstrahl für alle bedeutete die überwältigende Wahl von Roosevelt im Jahre 1932. In seiner einige Monate später gehaltenen Eröffnungsrede verschwieg der neue Präsident dem Land keineswegs den Ernst der Lage: »Die Wertpapiere sind auf einen sehr tiefen Kurswert gefallen; die Steuern sind gestiegen; unsere Fähigkeit, unsere Schulden zu tilgen, ist geringer geworden; die Regierung sieht sich einer Verminderung der Einnahmen auf allen Gebieten gegenüber; der Warenaustausch ist in den bestehenden Handelsbeziehungen eingefroren; um uns sehen wir überall auf dem Boden die welken Blätter der Wirtschaftsunternehmen; die Landwirte können keinen Absatzmarkt für ihre Erzeugnisse finden; die von Tausenden von Familien in vielen Jahren angesammelten Ersparnisse sind aufgebraucht. Am erheblichsten ist die Tatsache, daß eine sehr große Anzahl von arbeitslosen Bürgern das schreckliche Problem des Überlebens vor sich hat und daß eine ebenso große Zahl sich abmüht, ohne eine angemessene Vergütung für ihre Arbeit zu erhalten.«

Man mußte sofort ans Werk gehen, um eine Reihe geeigneter Maßnahmen zu erforschen, und in erster Linie mußte man vermeiden, sich von Panik erfassen zu lassen. »Das einzige, wovor wir Angst haben müssen, ist die Angst selbst«, hatte Roosevelt außerdem gesagt. Unter Mitarbeit dessen, was sein »Gehirntrust« genannt worden ist, brachte er schnell das Reformprogramm »New Deal« zustande, einen umfassenden Plan zum Wiederaufbau der amerikanischen Wirtschaft, der fortgesetzte und einschneidende Eingriffe des Staates in viele Wirtschaftszweige vorsah, die herkömmlicherweise nach dem liberalistischen Grundsatz des Gewährenlassens der privaten Selbständigkeit überlassen waren.

Auch das New Deal, das schnell die Wirtschaftslage für alle zu verbessern begann, blieb nicht frei von – begründeten – Kritiken seitens der Neger, die sich immer noch diskriminiert sahen.

Carl Martin, ein Bluessänger, der 1932 von Tennessee nach Chicago kam, gab den Gefühlen vieler seiner Negerbrüder im Lied folgendermaßen Ausdruck:

Now I'm gettin' tired of sittin' around,
I ain't makin' a dime, just wearing my shoe-soles down,
Now everybody's cryin' »Let's have a New Deal«
Cause I've got to make a livin' if I have to rob or steal.

Am Ende des Blues gehen Fatalismus und Skepsis Hand in Hand:

Now I ain't made a dime since they closed down the mill,
I'm sittin' right here waitin' on that brand New Deal.[2]

Immerhin fing man mit dem New Deal an, manchen Schritt weiterzukommen, auch was die Lage der Neger anbetraf. Die Einrichtung des CIO (Congress of Industrial Organization) zum Beispiel erlaubte es ihnen, aktiv am gewerkschaftlichen Leben teilzunehmen, von dem sie zumeist ausgeschlossen gewesen waren.

Die Musiker des Jazz – einer Musik, die damals für die schwarze, nunmehr in Not geratene Minderheit bestimmt war beziehungsweise in etwas abgewandelten Formen für die Besucher der Nachtlokale und Ballsäle, die aber zum Luxus für wenige geworden waren – erlitten durch die Krise einen sehr harten Schlag. Nur wenigen gelang es, einigermaßen glimpflich davonzukommen oder wenigstens ihre Arbeit mit Würde fortzusetzen.

Duke Ellington blieb im Cotton Club bis Anfang 1931. Anschließend trat er hier und dort in den Vereinigten Staaten auf und zog es im Jahre 1933 schließlich vor, in Europa ein beifallfreudigeres Publikum zu suchen. So folgte er dem Beispiel von Louis Armstrong, der ein Jahr zuvor nach Europa gegangen war, einige Monate später erneut dorthin zurückkehrte und längere Zeit blieb. Auch Noble Sissle, der bereits den Atlantik überquert hatte, tat gut daran, zur Alten Welt zurückzufahren, die empfänglicher für den Jazz und weniger rassenfeindlich eingestellt war.

Das Fletcher Henderson – Orchester wurde von den Auswirkungen empfindlich betroffen. Es hatte die Stelle im Roseland verloren, entbehrte Jahre später seinen besten Solisten, den Tenorsaxophonisten Coleman Hawkins, der auch zeitweilig nach Europa ging, und mußte im Jahre 1934 aufgelöst werden. Auch Jelly Roll Morton hatte nach einer letzten Glanzzeit in den Jahren 1929–1930 keine Band mehr und mußte sogar seine berühmten Brillanten verkaufen.

Die großen Lokale in Harlem blieben immerhin geöffnet. Eines der wichtigsten, das Connie's Inn, wo bis zur Schließung im Jahre 1940 die Bigband einzog, die Don Redman nach Verlassen der Mc Kinney's Cotton Pickers gegründet hatte, mußte allerdings zum Broadway übersiedeln. Das Small's Paradise blieb das Reich von Charlie Johnson, und der Cotton Club nahm noch ausgezeichnete Formationen auf, angefangen mit dem Cab Calloway-Orchester. Calloway ersetzte dort Ellington und errang einen außergewöhnlichen Erfolg, vielleicht den bemerkenswertesten, den ein Negerorchester in jenen Jahren erzielen konnte.

Calloway war kein Orchesterdirigent und noch weniger ein Instrumentalist, auch wenn er Schlagzeug spielen konnte. Er war ein Sänger mit einem sehr persönlichen Stil, eine Art Tänzer, aber vor allem eine faszinierende und amüsierend treibende Kraft des Orchesters. Seine Verrenkungen vor dem Orchester, sein weißer Frack, sein Stab, seine Blicke und allem voran sein berühmtes »Hi-de-ho« (worauf das Publikum stets pünktlich mit einem »Hi-de-ho« im Chor antwortete) bildeten eine bezeichnende Note in der Sittengeschichte New Yorks in den dreißiger Jahren. Ihm war vor allem zu verdanken, daß der Cotton Club auch in der Depression der Mittelpunkt des mondänen Lebens in New York blieb.

Genau im Frühjahr 1933 erlebte das Lokal an der Lenox Avenue seine gelungenste Saison, als es eine Ausgabe der »Cotton Club Parade« präsentierte, die als Star Ethel Waters hatte. Sie wurde vom Orchester Duke Ellingtons begleitet, der aus diesem Anlaß heimgekehrt war. »Stormy Weather«, ein schönes Lied mit einem Hauch Blues aus der Feder von Harold Arlen, wurde damals herausgebracht und machte die Runde um die Welt.

Später zog ein neues Orchester ins Lokal ein. Es wurde von Jimmie Lunceford geleitet, der einer der Hauptvertreter der Swing-Ära werden sollte.

Auch das Savoy, von seinen Stammgästen »The Track«, »die Tanzpiste« genannt, machte gute Geschäfte. Es war immer der Tummelplatz der fähigsten Tänzer Harlems und die Bühne der besten schwarzen Bands. Dort war in den dreißiger Jahren die Bigband des großartigen und unermüdlichen Chick Webb zu hören, der aus Baltimore stammte. Er war klein und verkrüppelt, aber an seinem Schlagzeug trieb er das Orchester wie eine Herde vor sich her.

Das Savoy war 1926 in einem niedrigen Gebäude der Lenox Avenue in geringer Entfernung vom Cotton Club mit viel Reklameaufwand eröffnet worden und rühmte sich, »der schönste Ballsaal der Welt« zu sein. Für die Einwohner Harlems war es als Erholungsstätte von unersetzlicher Bedeutung. Deshalb wurde es auch während der Krise immer besucht, vor allem von der Negerjugend. Seine großen Ausmaße – die Tanzfläche war länger als siebzig Meter und fünfzehn Meter breit – machten es möglich, die Preise sehr niedrig zu halten. Für einen halben Dollar konnte man am Anfang der dreißiger Jahre an einer der vielen »Jazz-Schlachten« teilnehmen, die das Lokal häufig organisierte. Dabei lösten zwei oder mehr berühmte Orchester auf den beiden Seite an Seite befindlichen Podien einander ab. Sie wurden übrigens nicht hoch bezahlt; mit Ausnahme des Orchesterchefs erhielten die Bandmitglieder keinen Cent mehr als die gewerkschaftlichen Mindestsätze.

Wer tanzen wollte, ohne gegenüber den Meistern, die sich auf der Mitte der Tanzfläche drehten, unangenehm aufzufallen, tat auf jeden Fall gut daran, wenigstens durch Einübung einiger Tanzfiguren des »Lindy hop« gelenkiger zu werden. Das war ein akrobatischer Tanz, der im Jahre 1927 gleich nach dem historischen Flug Lindberghs über den Atlantik aufkam (»hop« bedeutet Hopser, und »Lindy« war der herzliche Spitzname, den ihm viele nach diesem Unternehmen gaben).[3] Damals wurde der Lindy hop bloß im Savoy und in wenigen anderen Tanzlokalen einiger großen Städte getanzt, aber ein paar Jahre später sollte er unter dem Namen »Jitterbug« zu einer Nationalleidenschaft werden. Um ihn ebenfalls kennenzulernen, mußten viele Europäer das Ende des zweiten Weltkrieges und damit das Eintreffen der ersten amerikanischen Musikfilme abwarten. Dann lernten sie ihn gleichzeitig mit dem älteren Boogie Woogie kennen, tanzten ihn auf den hämmernden Boogie-Rhythmus und identifizierten ihn damit.

Die Leitung des Savoy, eines der wenigen rentablen Unternehmen in Harlem, hatte nicht die geringste Mühe, gute Orchester für seine »Battles of Jazz« zu finden, weil New York in den Jahren der Depression nicht in der Lage war, viele Arbeitsmöglichkeiten zu bieten. Es hatte anderthalb Millionen Arbeitslose und wimmelte von Musikern, auch weil ein Großteil derjenigen, die in den vorangegangenen Jahren die Nächte Chicagos in Schwung gebracht hatten, sich in Massen hier niederließen. Das, nachdem die Polizei in einer recht späten Anwandlung rechtschaffenen Eifers zu Beginn des Jahres 1928 den Entschluß faßte, eine große Zahl von »Speakeasies«, darunter das Sunset, zu schließen, und dadurch dem Jazz mittelbar einen tödlichen Schlag versetzte. Andererseits war Chicago die Stadt mit den größten Schwierigkeiten in den Vereinigten Staaten, weil es an den Folgen der unverantwortlichen und korrupten Verwaltung seines Bürgermeisters Big Bill Thompson zu tragen hatte, der stark von Al Capone abhing. Zu Beginn der Depression war die Stadt mit dreihundert Millionen Dollar verschuldet. In einem einzigen Monat des Jahres 1932 wurden ganze achtunddreißig ihrer Banken gezwungen, ihre Schalter zu schließen. Die »Bread lines«, die Reihen derer, die auf eine kostenlose Brotverteilung warteten, waren länger als anderswo, und die Feldküchen, die Suppe verteilten, waren zahlreicher.

Es gab nur einen Trost: Das Reich der Gangster fing an zu wackeln. Al Capone, zum ersten Mal 1930 verurteilt, wurde im folgenden Jahre endgültig aus dem Wege geräumt, und auch Big Bill wurde nicht wiedergewählt. Sein Nachfolger Anton Cermak war eigentlich nicht viel besser als er, denn er erweckte gleich den Eindruck, daß er die Banden der Gangster unterstützte, die seine Wahl ermöglicht hatten, und daß er lediglich die inzwischen besiegte Bande Al Capones verfolgte. Aber auch Cermak wurde Anfang 1933 ausgeschaltet. Es wurde auf ihn geschossen, während er sich neben Roosevelt befand. Viele sagten damals, daß es ein Irrtum gewesen sei und daß eigentlich der Präsident getroffen werden sollte. Cermak beschuldigte jedoch auf dem Sterbebett die Bande Capones.

Es überrascht, daß es in diesen tragischen Jahren auch in Chicago Leute gab, die Lust hatten, sich bei Jazz zu amüsieren. Dennoch machte das eleganteste Cabaret an der South Side, das Grand Terrace, wo Earl Hines seit 1928 ein hervorragendes Orchester leitete, während der ganzen Dauer der Depression weiterhin leidliche Geschäfte, und auch andere Nachtlokale, wo Jazz gespielt wurde, setzten ihre Tätigkeit fort.

Die Zeit des »Chicago-Stils« war jedenfalls für immer vorbei, und Leute wie Eddie Condon, Benny Goodman, Gene Krupa, Jimmy Mc Partland, Bud Freeman, Joe Sullivan usw. wußten dies sehr wohl. Zwischen 1928 und 1929 trafen sie sich in New York in der Gegend um den Times Square wieder, wo in den kleinen Hotels fast alle weißen Jazzmusiker wohnten. In New York waren wenigstens die »Speakeasies« noch alle geöffnet und an großer Zahl. Man nimmt an, daß es Zehntausende waren und schließt nicht aus, daß sie irgendwann die Zahl einhunderttausend erreicht haben. Das störte keinesfalls den Schlaf von Jimmy Walker, dem verantwortungslosen Bürgermeister der Stadt, der ebenso sympathisch-elegant wie korrupt war. Von ihm sagte man, daß er mehr Zeit im Cotton Club als in seinem Büro verbrachte. Alle Mängel seiner Verwaltung kamen aufgrund einer Untersuchung zutage; auf seinem Stuhl saß dann ab 1934 der energische Fiorello La Guardia.

Auch die »Speakeasies« in New York sollten Enttäuschungen für die Musiker bereithalten. Nach dem Börsenkrach auf der Wall Street beschränkten sich viele Lokale, die bisher immer Bands beschäftigt hatten, aus Einsparungsgründen darauf, ihren Gästen konservierte Musik auf Schallplatten zu bieten. Das Problem der Musiker bestand deshalb darin, sich auf dem glimpflichsten Wege durchzuschlagen. Und das bedeutete damals, daß nur die wenigsten noch Jazz spielen konnten, während die allermeisten sich damit abfinden mußten, jedwede kleine Arbeit in der Hoffnung anzunehmen, daß sie nachher auch tatsächlich bezahlt würde, was aber häufig nicht geschah. Die Jazzmusiker besuchten regelmäßig bestimmte Lokale, auch um zu sehen, ob irgendein kurzfristiges Engagement – ein »Gig«, wie man in der Jazzsprache sagt – in Aussicht war. Die Neger trafen sich im Rhythm Club in Harlem, an der Ecke der 132. Straße und der Siebten Avenue. Dort vertrieben sie sich in Erwartung eines Arbeitsangebotes mit langen Jam Sessions und Billardpartien die Zeit. Die Weißen kamen zum Plunkett's, einem »Speakeasy« auf der 53. Straße unter der Hochbahn, das im Telefonverzeichnis als »Trombone Club« angegeben war, zu Ehren des Posaunisten Tommy Dorsey, der einer der meistgeachteten Stammgäste war.

»Jede Art von Geschäften wurde im Plunkett's abgeschlossen«, hat Eddie Condon geschrieben. »Das Telefon läutete fortwährend, die Bands wurden an der Bar zusammengestellt, und alle tranken. Wer eine Arbeit hatte, bezahlte die Zeche für den, der keine hatte. Das war eine Art Abmachung gegenseitiger Hilfeleistung; wer heute die Zeche für andere zahlen konnte, hatte es morgen vielleicht nötig, daß irgendein anderer ihn zum Trinken einlud. Es konnte einem passieren, mit nur fünfzehn Cents in der Tasche an der Bar zu stehen, während der Nebenmann einen Vertrag für fünfzehn Rundfunksendungen hatte. Dann war er an der Reihe, einem die Getränke zu bezahlen.«[4]

Im Plunkett's war es zwischen 1930 und Anfang 1931 leicht möglich, auch Bix Beiderbecke anzutreffen, der von allen am meisten heruntergekommen und am Ende war.

Zur Rettung des Einkommens einiger der besten Jazzleute der Stadt gab es Aufnahmesitzungen mit mehr oder weniger »kommerzieller« Musik. Solche wurde von Gruppen mit den wunderlichsten Namensgebungen eingespielt. Obwohl die Namen der Gruppen von Sitzung zu Sitzung zur späteren Verzweiflung der Diskographen wechselten, änderten sich die Namen der beteiligten Musiker – stets Weiße – nicht. Da waren Tommy und Jimmy Dorsey, Benny Goodman, Red Nichols, Glenn Miller, Joe Venuti, Gene Krupa, Jack Teagarden, Eddie Lang, um nur einige der bekanntesten und rührigsten anzugeben.

Sie waren die Privilegierten. Für den Jazzmann, der erst seit kurzem ans Licht gelangt war und nicht in New York wohnte, war praktisch nichts zu machen.

Max Kaminsky, ein kleiner jüdischer Trompeter russischer Abstammung, der angefangen hatte, die wilde Luft der Lokale in Chicago und Harlem gegen Ende der »Jazz-Ära« zu schnuppern, hat erzählt: »Während 1931, 1932 und größtenteils auch 1933 die Monate und Jahre vorübergingen, fragte ich mich manchmal, ob die herrlichen Tage, die ich in Chicago und Harlem erlebt hatte, nicht ein Traum gewesen waren. Die einzige Art, die ich fand, um durch diese langen und traurigen Jahre hindurchzukommen, bestand darin, daß ich lange Spaziergänge um den Franklin Park herum machte, bis ich ein wenig Seelenruhe und den nötigen Mut fand, um einen neuen Tag mit der wenig erfreulichen Aussicht auf vergebliche Arbeitssuche zu bewältigen. Während ich also Tag für Tag während der Depressionsjahre spazierenging, sagte ich mir: »Hier bin ich, nur ein kleiner Mann mit einem Namen wie Max Kaminsky, der in Boston, der gottverlassensten Stadt der Welt, lebt und einzig und allein Trompete blasen kann. Wenn es mir aber gelingt, mich aus dieser Situation zu befreien, wer weiß, ob ich es nicht schaffen werde, wer weiß, ob die Leute mich nicht trotz meines Namens und trotz meines Aussehens schätzen werden. So plagte ich mich drei Jahre lang, behalf mich durch irgendwelche Arbeit, wo ich konnte, und tat die ganze restliche Zeit nichts anderes als warten ...«[5]

Für die Neger, die nicht das Glück hatten, in den großen Cabarets in Harlem und in den wenigen noch existenten Lokalen in Chicago zu arbeiten, war die Lage noch mißlicher. Für sie waren Plattensitzungen große Ausnahmen, und viele weitere Arbeitsmöglichkeiten blieben ihnen durch die Rassenvorurteile verwehrt. Viele gaben ihren Beruf schließlich völlig auf. Kid Ory gab sich daran, zusammen mit seinem Bruder Hühner zu züchten. Sidney Bechet und Tommy Ladnier machten einen kleinen Laden in Harlem auf. Andere verwandelten sich in Taxifahrer, Schlafwagenschaffner oder Lastwagenfahrer.

Es kam die Stunde der schmalzigen, sogenannten »Sweet«-Orchester. Das erfolgreichste war das von Guy Lombardo. Seine Erkennungsmelodie versprach, und nicht zu Unrecht, die »süßeste Musik diesseits des Paradieses«. Bis zu einem gewissen Grad versuchten auch die schwarzen Orchester, den Geschmacksrichtungen des Publikums entgegenzukommen. So wurde wenigstens vor die Saxophone ein Sänger mit einer damals modernen jugendlichen Tenorstimme gestellt, die man heute nicht mehr anhören kann. Niemand von diesen Sängern durfte sich jedoch erhoffen, es mit dem weißen Rudy Vallee aufnehmen zu können, der mit seiner leichten Stimme in ein Megaphon sang und um 1930 eine ungeheure Popularität genoß. Vallee war wie Lombardo tausend Meilen vom Jazz entfernt, nicht jedoch Bing Crosby, der ihm bald den Rang ablief. Crosby hatte mit den besten Jazzmusikern Amerikas verkehrt, seit er zum ersten Mal mit den Three Rhythm Boys, dem Gesangstrio des Whiteman-Orchesters aufgetreten war.

Alle taten ihr Bestes, um die Stimmung der Leute hochzuhalten, desgleichen versuchten auch die Magnaten der Kinoindustrie zu tun. Gerade in den schlimmsten Jahren der Depression fingen sie an, die ersten Musikfilme mit den phantasievollen Choreographien von Busby Berkeley herauszubringen. Unter diesen war »42nd Street« das Musterbild, und Flo Ziegfeld war auf den Bühnen am Broadway der Vorläufer gewesen. Aber das Lied, an das sich viele noch erinnern, weil es vielleicht am besten das Klima jener Jahre widerspiegelt, hieß: »Brother, can you spare a dime?« – »Bruder, kannst du ein Zehncentstück erübrigen?«

Was die weißen Musiker angeht, die noch Jazz spielten oder ihn zu spielen glaubten, so mußten sie sich sehr bescheiden. So Red Nichols, der Platte für Platte mit verschiedenen Formationen einspielte, oder die Brüder Jimmy und Tommy Dorsey, die gemeinsam ein großes Orchester leiteten, das sich vor allem auf die Arrangements des jungen Glenn Miller stützte. Joe Venuti konnte sich durch sein Violinspiel jedem Milieu anpassen, und Ben Pollack hatte in seinem Orchester die absolute Auslese der Dixieland-Musiker jener Zeit.

Der Blues machte damals ein Tief durch, zumindest als eingespielte Musik und als Form öffentlicher Darbietung. Er war gewiß keine Musik der Zerstreuung – das Amerika der Krise suchte aber nichts anderes als diese – und wurde fast ausschließlich von den Negern der unteren Schichten verstanden und geliebt, die jetzt nur noch das Allernotwendigste zum Überleben kaufen konnten. Darüber hinaus hätte der Blues nicht leicht durch die Maschen der Zensur schlüpfen können, die nach 1928 infolge der Konzentration und Zentralisierung der Musikverlage geschaffen worden war, weil diese – wie die Filmindustrie – die Notwendigkeit empfunden hatten, sich moralische oder vielmehr moralistische Richtlinien aufzuerlegen. Für die ursprünglichen Texte, wie sie schon von Anfang an von den schwarzen Jazzleuten gebraucht worden waren – oft verschmitzt anspielend, nicht selten schlüpfrig, aber immer lebendig und bedeutungsvoll –, war dies das Ende oder beinahe. Sie wurden durch die Refrains von zweiunddreißig Takten ersetzt, unterteilt in vier Strophen (nach dem Schema AABA, wobei dei 3. B-Strophe ein Einschiebsel oder »Bridge«, »Release« oder »Channel« ist), und zwar in den Tagesschlagern. Sie kamen in den Tin Pan Alley heraus, der Straße am Broadway, wo die großen Musikverlage waren, und bildeten für eine lange Reihe von Jahren das Vehikel, auf das sich die Orchesterarrangements oder Improvisationen der Jazzsolisten vorwiegend stützten.

In seinem Buch »Jazz and the White Americans«[6] leitet Neil Leonard eine eingehende, vergleichende Untersuchung über den Inhalt der Liedertexte, die von den Sängern und Sängerinnen im Jazz vor 1928 verwendet wurden, und derjenigen, die in den folgenden Jahren übernommen wurden. Die Ergebnisse der Untersuchung, welche sich auf eine reichhaltige Beispielsammlung von Texten gründet, bestätigen nahezu das völlige Verschwinden einer gewissen Thematik (nämlich der realistischen, wenn nicht gar obszönen, des Blues) und deren Ersatz durch eine typisch weiß-amerikanische Groschenroman-Literatur der Zerstreuung. Diese sollte eine große Negersängerin wie Billie Holiday zwingen, »ein Segelboot im Mondlicht« anzusingen, das von ihren Erlebnissen und ihrer Vorstellungswelt ebenso weit entfernt war, wie ihr andererseits die Jahre zuvor von Bessie Smith gesungenen »Blues vom leeren Bett« nahestanden.

In jenen dunklen Jahren geschah auch etwas Widersinniges: Einige wichtige Jazzplatten wurden in Amerika aufgenommen, aber nur für den englischen Markt, der sie wünschte. Für den gleichen Markt ging man in Großbritannien dazu über, die »Race Records« wieder herauszugeben, die in den Vereinigten Staaten fast nur in den Neger-Gettos aufzutreiben gewesen waren. Das geschah 1933, als John Hammond, ein junger und reicher Jazz-Liebhaber, der oft Gelegenheit zu Reisen nach London hatte und Ende 1932 bereits einige Aufnahmen des Fletcher Henderson-Orchesters gemacht hatte, von der englischen Columbia den Auftrag erhielt, in New York zahlreiche Platten mit einigen der besten Jazzmusiker aufzunehmen. So kam es, daß Bessie Smith zum allerletzten Mal und nach Jahren halbzurückgezogenen Lebens in ein Aufnahmestudio zurückkehren konnte. Und so ergaben sich unverhoffte Gelegenheiten für Benny Goodman, Coleman Hawkins, den soeben entdeckten jungen Negerpianisten Teddy Wilson, Jack Teagarden, Gene Krupa, die Sängerin Mildred Bailey und viele andere, ihre beste Musik auf Schallplatten einzuspielen. Für eine dieser Aufnahmen, zusammen mit Goodman, betrat die noch ganz junge Billie Holiday zum ersten Mal ein Plattenstudio.

Diese Unternehmung war aus mehr als einem Grund außergewöhnlich. Die amerikanische Schallplattenindustrie lag buchstäblich danieder. Von der 1927 verkauften Rekordzahl von einhundertvier Millionen Schallplatten (und sehr viele davon waren Jazzplatten) sank man tief, bis 1932 der Tiefstand erreicht wurde, als im ganzen nur sechs Millionen abgesetzt werden konnten, von denen die Jazzplatten die berühmten weißen Raben bildeten. Fast alle Schallplattenfirmen mußten schließen. Im Jahre 1933 waren bloß noch drei in Betrieb, die Victor, die Decca und die Columbia, und letztere war nahe am Bankrott. Sie hätte für nichts in der Welt Jazzplatten herausgebracht, es sei denn, daß irgend jemand anders sie finanziert hätte, was dann ja auch tatsächlich geschah. Wenn die Columbia wirklich auf eigenes Risiko aufgenommen hätte, wären überdies sicherlich nicht schwarze Musiker zusammen mit weißen in ihr Studio geholt worden, was Hammond hingegen veranlaßte, weil er sich nur darum kümmerte, diejenigen heranzuziehen, die er für die besten hielt.

Vor dieser Zeit war die gleichzeitige Anwesenheit von weißen und schwarzen Jazzkünstlern in einem Studio nur gelegentlich vorgekommen, gewissermaßen zufällig.[7] Außerdem hatte man schwarze und weiße Jazzleute niemals gemeinsam öffentlich auftreten gesehen. Oder so schien es wenigstens, weil beispielsweise feststeht, daß Achille Baquet, ein Kreole heller Hautfarbe aus New Orleans, im Ensemble von Jimmy Durante gespielt hatte, weil er als Weißer »durchgehen« konnte. Jahre vorher hatte er es ebenfalls in der Ragtime Band von »Jack Papa« Laine tun können. Joe Venuti versichert ferner, daß sein brüderlicher Freund Eddie Lang sich oft Gesicht und Hände dunkel färbte, um mit irgendeiner Negerband zu spielen, ohne einen Skandal hervorzurufen.[8]

In Europa bestanden derartige Probleme nicht oder nur in einem unerheblichen Ausmaße. Deshalb war für die farbigen Jazzmusiker der Aufenthalt in der Alten Welt angenehm. Dort waren Tänze und Musik der Afro-Amerikaner schon seit der Zeit der Minstrels gut aufgenommen worden. Unter den ersten berühmten Bewunderern der amerikanischen Musik waren, wie bereits festgestellt, Brahms, Dvořák, Ansermet und Strawinsky. Zu ihnen gesellte sich dann Maurice Ravel, der begeistert war, als er Jimmie Noone und Earl Hines in Chicago hörte. Für die europäischen Intellektuellen hatte der Jazz den Zauber einer exotischen, primitiven und darum erfrischend ursprünglichen Kunst, den gleichen Zauber, der Picasso beim Anblick einer afrikanischen Skulptur ausrufen ließ: »Aber die ist ja schöner als die Venus von Milo!«

Auch das große europäische Publikum hatte die Jazz-Gruppen und allgemein die amerikanischen Negerorchester stets gefeiert, angefangen mit den Hell Fighters, der von Jim Europe dirigierten Militärkapelle, die 1918 in verschiedenen französischen Städten Konzerte gab und Begeisterung und Erregung hervorrief,[9] bis zu den Orchestern von Will Marion Cook, Noble Sissle und Sam Wooding, abgesehen von gewissen weißen Gruppen wie der Original Dixieland Jazz Band und den Mound City Blue Blowers. Begeistert hatte das Publikum dann den Negerrevuen aus Amerika Beifall gespendet, wie der »Revue Nègre« mit Josephine Baker, dem Claude Hopkins-Orchester und Sidney Bechet, die 1925 im Théâtre des Champs Élysée debütierte, oder den »Blackbirds of 1926« mit Florence Mills, die im Pavilion in London auftrat und sich den Namen des glänzendsten Sterns der Londoner Bühnen verdiente.

Man darf sich demnach nicht wundern, daß die ersten ausschließlich dem echten Jazz gewidmeten Bücher in Europa geschrieben wurden, gerade dann, als Amerika nahe daran war, seine einheimische Musik zu vergessen. Das erste dieser Bücher wurde 1932 von dem Belgier Robert Goffin[10] geschrieben, das zweite zwei Jahre später von Hugues Panassié[11], einem damals noch sehr jungen Franzosen. Panassié war von Mezz Mezzrow, einem Klarinettisten aus Chicago, in die Geheimnisse des Jazz eingeweiht worden, als dieser im Jahre 1929 kurze Zeit in Paris aufgetreten war. Beide Bücher waren vor allem von natürlicher Begeisterung erfüllt. Sie hatten für die Verbreitung des Jazz in der Alten Welt eine ungeheure Bedeutung. So lernten dort viele den authentischen, improvisierten Hot Jazz, also den heißen Jazz, als einzig beachtenswerten kennen und konnten ihn von dem üblichen glatten, vollständig komponierten »Jazz« unterscheiden, der ja überhaupt kein Jazz war, sondern billige Tanzmusik, die von der Musik eines Paul Whiteman und anderer weißer Orchesterleiter abstammte.

In den Vereinigten Staaten waren die ersten Jazzwissenschaftler isoliert. In seiner Heimat hatte der Jazz, wenn er nicht mit der jeweils modernen Tanzmusik verwechselt wurde, was oft geschah, einen viel schlechteren Ruf als anderswo. Er roch nach Neger-Getto und Freudenhaus; die Bluestexte waren voller Zweideutigkeiten und sexueller Andeutungen und entsetzten die ehrbaren Bürger. Und dann wurde der Jazz mit den »Speakeasies« in Verbindung gebracht, mit den Gangstern, die sie kontrollierten und besuchten, und mit dem schlechten Alkohol, den man dort zu trinken bekam. Und als ob das noch nicht gereicht hätte – die Jazzmusiker waren in ihrer Mehrzahl Neger oder Italiener (der Geburt oder Abstammung nach) oder auch aus Osteuropa stammende Juden. Also alles Leute, die nicht gerade von denen geliebt wurden, die am Hebel der Macht saßen und sich rühmten, richtig zu liegen. Das bedeutete und bedeutet immer noch für viele, »WASP« zu sein, das heißt: weiß, angelsächsisch und protestantisch. Einem von seiner ethnischen und kulturellen Überlegenheit überzeugten »WASP« fällt es schwer zuzugeben, daß die einzige wirklich original amerikanische Kunstform von Leuten geschaffen worden sein kann, die nicht »WASP« sind, sondern in Gettos verdrängt worden sind. Der soziale Status des Jazz besserte sich ein wenig, als im Dezember 1933 das Ende des Prohibitionismus verfügt wurde. Von diesem Zeitpunkt an wurde diese Musik wenigstens nicht mehr in engem Zusammenhang mit der Illegalität gesehen, aus dem einfachen Grunde, daß der Alkohol, den man beim Hören des Jazz in den Nachtlokalen trank, nicht mehr verboten war ...

Das »Repeal«, also die Aufhebung des Prohibitionismus, bedeutete aber nicht nur das. Es bewirkte unter anderem auch eine Steigerung der Arbeitsmöglichkeiten für die Musiker sowie für die Bluessänger. Einer dieser Bluessänger, Peetie Wheatstraw, der gern unter dem Beinamen »Der Schwiegersohn des Teufels« auftrat, versäumte nicht, diesem Ereignis einen zur Abwechslung mal fröhlichen Blues zu widmen. Er trug den Titel »Good whiskey blues« und sagte unter anderem:

Well, now I'm so glad we got good whiskey back today,
Well, now I can drink all night long, oooh, well, well,
I won't have no doctor bill to pay.[12]

Die ganz wenigen Amerikaner, die den Jazz für eine Kunstform hielten, die es wert war, geachtet und erforscht zu werden, betrachteten sich noch als Antikonformisten und fast als Verschwörer, als sie gegen Mitte der dreißiger Jahre anfingen, im Commodore Music Shop zu verkehren. Er wurde von Milt Gabler in der 42. Straße geführt und war eine gewisse Zeit lang praktisch das einzige Geschäft im weißen New York, wo Platten mit Negerjazz zu hören und zu kaufen waren. Zu diesen Pionieren, die alle sehr jung waren, gehörten unter anderem John Hammond, der als einer der ersten die Geschäfte Harlems auf der Suche nach »Race Records« durchgekämmt hatte, Wilder Hobson und Marshall Stearns, die noch wichtige Beiträge zur Geschichtsschreibung und Kritik im Jazz liefern sollten, sowie der allgewaltige Eddie Condon.

Wenn jemand in diesen Jahren in der Lage gewesen wäre, aufmerksam und mit dem notwendigen Abstand zu verfolgen, was in der Welt der amerikanischen Orchester vor sich ging, hätte er immerhin daraus manch gute Aussicht für das künftige Schicksal des Jazz ablesen können. Insbesondere hätten der Erfolg von Cab Calloway im Cotton Club und auch die Begeisterung für das Casa Loma Orchestra in den Colleges des Ostens zum Optimismus veranlassen können. Diese weiße Bigband aus Detroit stand unter Leitung von Glen Gray, dessen fähiger Arrangeur Gene Gifford den Richtlinien folgte, die in den großen Negerorchestern erprobt waren. Solche Orchester hatte er vor allem im Südwesten und in Kansas City hören können, wo der Jazz gerade dann aufzublühen begann, als er anderswo ein Abfallen zu verzeichnen hatte.

Die Beliebtheit des Jazz im Südwesten und noch mehr in Kansas City, im Bundesstaat Missouri, sogar während der schlimmsten Krisenjahre, war ein weiteres tröstliches Zeichen. Allerdings kannten nur wenige Leute die Bands, die in diesen Gegenden tätig waren, weil die Schallplattenindustrie ihre Zentren in New York und Chicago hatte und nur selten einen Stab von Aufnahmeingenieuren mit transportablen Geräten in den Süden entsandte. Sie ignorierte praktisch diese Orchester zunächst, von Ausnahmen abgesehen. Die wichtigste davon bildete das Bennie Moten-Orchester, welches seine ersten Platten 1923 und 1924 für Okeh eingespielt und mehrfach in New York und anderen Orten als Kansas City gespielt hatte.

Die Aufnahmen Motens in diesen Jahren beweisen, wie stark die Bluestradition in Kansas City und seiner Umgebung verwurzelt war, neben der Tradition des Ragtime, der ja in Missouri entstanden war. Das hohe Niveau und die erfolgreiche Tätigkeit der Formationen, die wie Moten in den zwanziger Jahren und in noch größerer Anzahl zu Beginn der dreißiger Jahre in Kansas City arbeiteten, lassen sich aus der geographischen Lage, die die Stadt zum größten Handelszentrum im Südwesten gemacht hatte, sowie aus dem besonderen Klima heraus erklären, das dort herrschte, seit Kansas City zum persönlichen Machtbereich von Tom Pendergast geworden war. Dieser skrupellose und schlaue Politikaster hielt einige Jahrzehnte lang die politische und wirtschaftliche Macht in Händen und kontrollierte jede Art von dunklen Geschäften, vom Alkoholschmuggel bis zum Netz der Nachtlokale. Die »Pendergast-Ära« dauerte vom Beginn dieses Jahrhunderts bis 1938, als der große Boß wegen Steuerhinterziehung verurteilt wurde und ins Gefängnis kam. Man konnte beweisen, daß er die Staatskasse um eine halbe Million Dollar betrogen hatte, aber in Kansas City hat niemand je geglaubt, daß diese Summe der Wirklichkeit entsprach, weil seine mehr oder weniger sauberen Geschäfte um Milliarden gingen. Eine bestimmte Zeit lang machte sich Pendergast auch die Mitarbeit von Johnny Lazia, dem »Al Capone von Kansas City«, zunutze, der unter anderem die Polizei kontrollierte und, wie es ein Drehbuch im Film für solche Gestalten verlangt, am Ende von einem Maschinengewehr durchlöchert wurde.

Kansas City war eine reiche Stadt, aus der man auf vielerlei Art und Weise seinen Vorteil ziehen konnte. Im Jahre 1930 zählte sie ungefähr eine halbe Million Einwohner – der Anteil der Neger lag bei 10 oder 15 Prozent –, aber zu der ansässigen Bevölkerung kamen jeden Tag Hunderte Händler, die aus den benachbarten Bundesstaaten herbeiströmten, um ihre Geschäfte abzuschließen. Viele trugen einen breitrandigen, tief ins Gesicht gedrückten Stetson-Hut und elegante Cowboystiefel und waren fest entschlossen, sich zu amüsieren, sobald sie das Geschäft abgewickelt hatten, dessentwegen sie gekommen waren. Um sich einen fröhlichen Abend zu machen, hatten sie nur die Mühe der Wahl unter den Dutzenden von Nachtlokalen, von denen die Stadt wimmelte, zu einem guten Teil im Negerviertel. Nicht umsonst hatte ein Journalist des »World-Herald« aus Omaha nach einem Besuch der Pendergast-Stadt geschrieben: »Wenn ihr die Sünde sehen wollt, dann laßt Paris bleiben und geht nach Kansas City!« [13]

Für die Jazzmusiker war die Stadt eine Art Paradies auf Erden, umsomehr als ihre Kollegen an anderen Orten in diesen Jahren Hunger litten. Die besten Lokale für sie waren das Sunset und der Subway Club, beide von dem Neger Piney Brown geführt, der gute Jazzmusiker gern hatte und von ihnen ebenfalls geliebt wurde, und dann der Reno Club, das wichtigste Lokal von allen, unter Leitung von einem der Pendergast-Leute.

Für einen begrenzten Kreis von Liebhabern hatte das Reno eine ganz besondere Anziehungskraft. Dort war eine kleine Galerie, die man über eine unbequeme und gefährliche schmale Treppe erreichte und von der aus man unter idealen Bedingungen die Musik der Band anhören und – was für viele vor allem zählte – ohne einen Cent auszugeben den Rauch der Marihuana-Zigaretten einatmen konnte, die die Musiker auf dem Podium ungehindert rauchten.

Die Lokale von Kansas City waren wegen der dort stattfindenden Jam Sessions berühmt, an denen die besten Musiker in der Stadt teilnahmen. Unter ihnen war kein einziger Weißer. Vor allem die Leute vom Bennie Moten-Orchester waren dort anzutreffen, die später großenteils von Count Basie übernommen wurden, außerdem die Mitglieder der Clouds of Joy von Andy Kirk. Diese hatten schon Gelegenheit gehabt, im Osten bekannt zu werden, und ihr Arrangeur und Star war die Pianistin Mary Lou Williams. Zu diesen Namen kamen die besten Solisten anderer Ensembles, die entweder in der Stadt ansässig waren oder sich auf der Durchreise befanden. Es gab endlose Jam Sessions, wahre Wettkämpfe oder besser Erprobungen des Leistungsvermögens, bei denen die Solisten ihren Ruf und ihren Ehrgeiz aufs Spiel setzten. Alle, die zur Elite des Kansas City-Jazz jener Jahre gehörten, fühlten sich zur Teilnahme verpflichtet. In der goldenen Epoche der Jam Sessions – zwischen 1933 und 1936 oder ungefähr in dieser Zeitspanne – konnte man bei irgendeinem »Cutting contest« mit Leichtigkeit den Saxophonisten Lester Young, Ben Webster, Dick Wilson, Herschel Evans, Buster Smith und zuletzt auch dem jungen Charlie Parker begegnen. Da waren die Pianisten Mary Lou Williams und Sammy Price, der Trompeter Oran »Hot Lips« Page, der Schlagzeuger Jo Jones und viele andere. Einige Leute erinnern sich noch, daß Kontrabassisten mit ihrem Instrument auf der Schulter meilenweit liefen, um den Ort der Jam Session zu erreichen. (Manchmal kamen sie aus der Zwillingsstadt gleichen Namens Kansas City im Bundesstaat Kansas, jenseits des Missouri-Flusses.) Andere Jazzleute wurden mitten in der Nacht oder sogar im Morgengrauen von Kollegen geweckt, die um Mithilfe bei der Überbrückung einer schwierigen Situation baten. Das passierte in der Hauptsache denjenigen, die Rhythmusinstrumente – Klavier, Kontrabaß oder Schlagzeug – spielten, weil sie von Zeit zu Zeit abgelöst werden mußten, da sie als einzige ununterbrochen spielten, während die Blasinstrumente abwechselnd ihre Solos brachten.

Manche Jam Session ist in die Geschichte eingegangen, wie die von 1934 im Cherry Blossom, bei der Coleman Hawkins, damals der unbestrittene König des Tenorsaxophons, der mit dem Fletcher Henderson-Orchester in die Stadt gekommen war, gegen die angesehensten Tenorsaxophonisten der Gegend, und zwar Lester Young, Ben Webster und Herschel Evans, antreten mußte und nach übereinstimmenden Zeugenaussagen der Anwesenden geschlagen wurde.

Die Bands aus Kansas City spielten Jazz in einem besonderen Stil, etwas rauh und recht verschieden von dem, der in den gleichen Jahren in den besten Cabarets von Harlem zu hören war. Dort wurde eine Musik gemacht, die in einem gewissen Grad von den Erfordernissen der Shows abhing. Die wichtigsten Orchester Harlems richteten sich ursprünglich vor allem nach der Musik, welche die Neger-Revuen im New York der zwanziger Jahre begleitete. Sie hatte es, zumindest in den eleganteren Lokalen, fast ausschließlich mit einem weißen und oft sehr exzentrischen Publikum zu tun. Außerdem mußten sie farbenfreudige und ausgefeilte Begleitungen zu den »Floor shows« bieten. Obwohl auch in Kansas City die »Floor shows« keineswegs unbekannt waren (im Reno wurden allabendlich vier gezeigt), blieb dort der Einfluß der Revuemusik unbemerkt, und das Publikum war weniger überspannt. Es suchte nicht wie die Weißen, die aus der New Yorker »Unterstadt« rauf nach Harlem kamen, exotische Emotionen, es erwartete nicht, in einem Nachtlokal die Klänge und Geräusche des Dschungels zu hören. Es wollte sich bloß in angenehmer Gesellschaft amüsieren und sich vielleicht einen antrinken. Die Musiker konnten infolgedessen Jazz spielen, wie es ihnen gefiel, und den Weg weiterverfolgen, der von dem ersten wichtigen Orchester unter Bennie Moten, das sich in der Stadt Geltung verschafft hatte, aufgezeigt worden war.

Um 1930 war das Moten-Orchester, nachdem es nach und nach seine Besetzung erweitert hatte, schon eine Bigband, die erregenden Jazz spielte. Er war auf Riffs und auf Arrangements aufgebaut, die die Bläsersätze Schlag auf Schlag einsetzten, abwechselnd die Holzbläser, also die Saxophone, und die Blechbläser, das heißt Trompeten und Posaunen.

»Die Riffs«, schrieb Marshall Stearns mit Bezug auf Moten-Einspielungen des Jahres 1932, »wurden boleroähnlich von einer Sektion zur anderen ›geworfen‹, sie wurden von Chorus zu Chorus komplexer und entwickelten sich schließlich zu einem swingenden Höhepunkt. Denn das wichtigste Ziel war immer ein flüssigerer antreibender Rhythmus, den nicht einmal die Riffs unterbrechen durften. Zu diesem Zweck wurde das Banjo durch die Gitarre ersetzt, und der Schlagbaß fing zu ›gehen‹ an. Er spielte nun statt der üblichen ein oder zwei Noten melodische Figuren ...« [14]

Einen eigenen Stil hatten auch die besten Bluessänger der Stadt: Jimmy Rushing, der mit Count Basie Berühmtheit erlangen und von vielen als der beste Vertreter des City Blues betrachtet werden sollte; »Big« Joe Turner, der zusammen mit dem Boogie Woogie-Spezialisten Pete Johnson, einem der anerkanntesten Pianisten aus Kansas City, ein Team bildete; außerdem die Sängerinnen Julia Lee und Ada Brown. Ihr Gesang war im Gegensatz zu dem der Bluessänger aus dem ländlichen Süden nicht tiefsinnig und bedrückt. Er war vielmehr durch den »Shout«, den »Schrei«, gekennzeichnet, durch den wuchtigen Predigerton, der typisch für bestimmte religiöse Negergesänge, die Sermons und Jubilees, ist. Und ihre Blues waren häufig fröhlich. Im Verlauf der Jahre sollte der laute, erregende »shouted blues« die Oberhand über den mit leiser Schwermut gesungenen ländlichen Blues aus dem Süden gewinnen.

Neben den Orchestern, die während der Jahre, in denen Pendergast Wohlstand und Korruption verbreitete, die Nächte von Kansas City mit Frohsinn erfüllten, verdienen weitere Formationen erwähnt zu werden, die im Südwesten ein hohes Ansehen genossen. In der Sprache der Theaterwelt wurden sie »Territory Bands« genannt, weil sie auf ein bestimmtes Gebiet beschränkt waren, in dem sie eine führende Rolle oder sogar eine Monopolstellung einnahmen.

Zu den frühesten unter diesen gehörte die Band von Alphonso Trent. Sie machte circa ein Jahrzehnt lang, bis 1934, in Dallas, Texas, und Umgebung die guten und die schlechten Zeiten mit und wurde sehr bewundert. Fast gleichzeitig mit ihr setzte sich ebenfalls in Texas, mit Sitz in San Antonio, das Orchester von Troy Floyd durch. Ebenso wie Trent machte auch Floyd nur einige wenige Aufnahmen, die ihm nicht gerecht werden, wie glaubhaft versichert wird. Oklahoma dagegen war zwischen 1925 und 1934 das Reich der Blue Devils, gewissermaßen eines Wanderorchesters, unter Leitung des Bassisten Walter Page. Er hatte Musiker in seinen Reihen, die mehr oder weniger prominent werden sollten, unter anderem Lester Young, Jimmy Rushing, Count Basie, Buster Smith und Hot Lips Page.

Die besten Orchester in Kansas City, also die von Count Basie und Andy Kirk, lieferten einen Beitrag neuer Ideen und bereicherten schließlich um die Mitte der dreißiger Jahre das Spektrum der berühmtesten Formationen der Swing-Ära, die zwischen 1935 und 1936 einsetzte. Das gleiche taten Pete Johnson, Big Joe Turner, Hot Lips Page und weitere Größen der Jazzszene aus Missouri und dem Südwesten. Aus dieser Gegend kam dann noch ein paar Jahre später eine zweite Welle von Musikern nach New York, zuerst Charlie Christian und Charlie Parker, die eine entscheidende Rolle in der Revolutionierung der Sprache des Jazz gegen Ende des zweiten Weltkrieges spielten.

In Kansas City und im Südwesten blieb praktisch nichts, was anhörenswert gewesen wäre. Der gute Jazz verschwand fast vollständig, als die sogenannte »Pendergast machine« demontiert wurde. Im Herzen derjenigen aber, die diese sagenhaften Jahre miterlebt hatten, verblieb die sehnsüchtige Erinnerung.

Im Gedenken an diese Zeit sollte Big Joe Turner im Jahre 1940 Piney Brown, dem gutmütigen Geschäftsführer des Sunset, dessen Barkeeper und Sänger er gewesen war, einen Blues mit dem Titel »Piney Brown blues« widmen:

Yes, I dreamed last night I was standing on the corner of Eighteenth and Vine
Yes, I dreamed last night I was standing on the corner of Eighteenth and Vine
I shook hands with Piney Brown and I could hardly keep from cryin'.[15]

8. Swing, Musik zum Tanzen

In seinen Ausführungen über den Beitrag des Negers zur amerikanischen Kultur verweilt Alain Locke, der Vorkämpfer des »Neuen Negers« und der Black Renaissance, bei der Analyse bestimmter Eigentümlichkeiten des Jazz und schreibt: »Der Jazz ist vor allem keine rein volkstümliche negroide Ausdrucksform, sondern er ist ein Mischprodukt aus der Reaktion der Elemente volksmusikalischer schwarzer Gesänge und Tänze auf volkstümliche und allgemeine Elemente des amerikanischen Lebens. Zu einem Drittel ist der Jazz ein typisches Neger-Idiom, zu einem Drittel gehört er zur Denkungsart und Empfindungsweise der normalen amerikanischen Mittelklasse, und zu einem Drittel ist er Ausdruck des »Maschinenzeitalters«, das zunehmend auf die westliche Welt übergreift, statt spezifisch amerikanisch zu sein.« [1]

Wenn man berücksichtigt, daß Locke dies im Jahre 1929 schrieb, muß man unbedingt seine Meinung teilen. Im Verlauf der Jahre aber haben sich Situation und Gestalt des Jazz mehrfach verändert. Zusammen mit ihnen hat sich das Verhältnis zwischen den Elementen geändert, zwischen den negroiden einerseits und den weißamerikanischen oder allgemeiner gesagt westlichen andererseits. All diese Elemente waren schon von Anfang an miteinander vermischt in dieser Musik enthalten gewesen. Wenn Locke einige Jahre später, mitten in der sogenannten Swing-Ära, geschrieben hätte, würde er wahrscheinlich die Dosierung der schwarzen und weißen Elemente anders verteilt haben. Denn nie war der Jazz so sehr ein Bestandteil im Leben des weißen Mittelstands-Amerikaners wie in dem Jahrzehnt zwischen ungefähr 1935 und 1945. Niemals sonst schien er so wie damals mit den standardisierten Idealen übereinzustimmen, sich so der Mentalität und den Geschmacksrichtungen eines jungen, optimistischen, aktiven und leistungsfähigen Volkes anzupassen, wie es dasjenige war, dem Roosevelt am Ende der Depression nach dem Börsenkrach auf der Wall Street ein wirtschaftlich gesundetes Amerika wiedergegeben hatte.

Der »Gehirntrust« Roosevelts hatte schnell und gut gearbeitet. Im Jahre 1935, nachdem gerade drei Jahre des »New Deal« verstrichen waren, konnte die Depression als sozusagen überwunden betrachtet werden, und man durfte mit Zuversicht in die Zukunft blicken. Wer jung war, sah den Augenblick gekommen, sich zu amüsieren, um die trostlosen Jahre der Vergangenheit zu vergessen. Damals änderte sich vieles, und es änderte sich auch die Musik des täglichen Konsums. Die schmalzigen und rührseligen Liedchen, die so sehr dem Klima der Resignation und Selbstbemitleidung der frühen dreißiger Jahre entsprochen hatten, verschwanden im Handumdrehen und wichen einer kurzweiligen, heiteren und anregenden Musik, anscheinend eigens für Tänzer mit guten Muskeln und langem Atem erfunden. Diese Musik erhielt den Namen »Swing«[2], und der Swing war nichts anderes als Jazz, eine Art Jazz, die dem Typ sehr ähnelte, den die Besucher bestimmter Lokale von den Bigbands unter Fletcher Henderson, Cab Calloway, Jimmie Lunceford, Chick Webb, Count Basie oder vom Casa Loma Orchestra gehört hatten. Deren Musik war höchstens geglättet und perfektioniert worden und lief wie ein geölter Präzisionsapparat ab. Durch die gleichmäßige Betonung aller vier Taktteile war der Rhythmus fließender, flotter, elastischer und »tanzbarer« geworden. Die Melodien waren manchmal auf sehr wirkungsvolle Riffs aufgebaut, aber noch häufiger dem Repertoire der Tin Pan Alley entnommen und so eingängiger und singbarer geworden.

Das Bemühen, den Jazz besser an den Mann zu bringen, machte es notwendig, einige seiner typischsten Charakteristiken zu opfern. Der starke Getto-Geruch, den der Jazz hatte, als er in den Lokalen an der South Side Chicagos und in den kleinen Theatern des TOBA-Kreises erklang, seine verwegene Aggressivität, die ursprüngliche Unbefangenheit und Offenherzigkeit gingen verloren. Wenn der Jazz anfänglich Volksmusik gewesen war, um dann in manchen Fällen (ohne Wissen der Ausübenden und der Zuhörenden) Kunst zu werden, war er nach 1935 ungefähr ein Jahrzehnt lang fast immer Unterhaltungsmusik, ein weitverbreitetes Konsumprodukt, perfekt zugeschnitten und sehr funktionell.

Zu diesem Umformungsprozeß trugen alle Musiker freudig bei, die weißen wie die schwarzen, die es kaum für möglich hielten, ihre Musik endlich akzeptiert zu sehen. Was das Publikum angeht, so machte es das Spiel mit Begeisterung und unabhängig von seiner Rassenzugehörigkeit mit. Die Weißen, die sich auf der großen Tanzfläche des Meadowbrook in New Jersey zusammendrängten, gerieten wegen der Orchester, die sich auf dem Podium ablösten, genauso in Entzücken wie die schwarzen Gäste des Savoy in Harlem, und die gehörte Musik war im Grunde die gleiche.

Eine so beträchtliche Übereinstimmung unter den Musikern über die Ziele sowie die Gleichheit der Geschmacksrichtungen des weißen und des schwarzen Publikums mögen überraschen, wenn man bedenkt, wie unterschiedlich diese Ziele und Geschmacksrichtungen noch in der jüngsten Vergangenheit gewesen waren. Sie werden aber verständlich, wenn man an die fortschreitende Anpassung der farbigen Minderheit an die weißen Kulturwerte, verstärkt durch die Zunahme der neuen Negerbourgeoisie, denkt. Es waren doch schon längere Jahre seit den ersten, riesigen Abwanderungswellen aus dem Süden vergangen, und die Anzahl der Getto-Bewohner in den Städten, die sich mit der Vorherrschaft der Weißen abgefunden und bemüht hatten, deren Verhaltensweise nachzuahmen und ihre Ideale zu übernehmen, war enorm gewachsen. Garvey war inzwischen fast vergessen, und Elijah Muhammad war noch nicht im Kommen. Im Augenblick machten diejenigen großartige Geschäfte, die zweifelhafte Mittelchen zur Aufhellung der Hautfarbe für Leute vertrieben, die sich ihrer eigenen Hautfarbe schämten.

Wer sich nicht schämte, Neger zu sein, und jedenfalls gelernt hatte, die Weißen zu hassen, hatte auch gelernt, sich seine wahren Gefühle nicht anmerken zu lassen, um, so gut es ging, in einer Gesellschaft zu leben, die ihn ablehnte. »Jeden Tag«, hat Richard Wright geschrieben, »bemühten wir uns, das äußerliche Verhalten zu bewahren, das den Haß und die Furcht vor den Herren der Erde am besten verbarg. So wurde uns im Verlauf der Jahre dieses doppelte Benehmen zur zweiten Natur, und es gelang uns, eine gewisse Immunität gegenüber der täglichen Unterdrückung zu entwickeln.« [3]

Es war immer so gewesen. ». . . Der Neger nützt seine genaue Kenntnis des Weißen aus, um seine eigenen Lebensbedingungen zu verbessern«, hatte im Jahre 1929 Robert R. Morton geschrieben, der auf Booker T. Washington im Präsidium des Tuskegee Institute gefolgt war. »Ein guter Teil dessen, was als rassische Eigenart des Negers angesehen wird, ist nichts anderes als eine gekonnte und scharfsinnige Anpassung seines Verhaltens und seiner Methoden an das, was er als schwache Seiten und wunderliche Angewohnheiten seiner weißen Umgebung kennt. Da der Neger weiß, was man von ihm erwartet, und sich auch im klaren darüber ist, was er selbst will, bedient er sich mit Schlauheit seiner Kenntnis, um einem Widerstand zuvorzukommen und ohne Kampf seine eigenen Ziele zu erreichen.« [4]

Wenn das alles von denen erkannt worden wäre, die in den ersten Jahren der Roosevelt-Ära geglaubt hatten, daß das Negerproblem in den Vereinigten Staaten durch einen schmerzlosen Kolonisierungsprozeß und die Einhaltung einer von ihren Opfern mit Resignation ertragenen Rassentrennung bereits auf dem Wege der Lösung sei, hätten sie sich große Enttäuschungen in nicht allzu ferner Zukunft ersparen können. Sie hätten besser daran getan, nicht zu glauben, daß die glatt gestrichenen und mit Pomade eingeriebenen Haare sowie die eleganten Fräcke der schwarzen Jazzmusiker – neben den anderen scheinbar vertrauenerweckenden Dingen – eine aufrichtige Huldigung an die kulturelle Überlegenheit der Weißen wären. Es wäre realistischer gewesen, wenn sie diese Dinge als Erscheinungsformen einer Schutztarnung angesehen hätten, die in einer Gesellschaft herrschender Diskriminierung zum Überleben notwendig ist.

Man hätte auch den Aufständen, die ab und zu in den Gettos ausbrachen, mehr Aufmerksamkeit widmen sollen. Der Aufstand, der Harlem im März 1935 erschütterte, war besonders folgenschwer. Er war einer der Gründe, vielleicht der wichtigste, dafür, daß das »schwarze Paris« eben von dieser Zeit an aufhörte, ein Touristenziel für die Damen im Hermelinpelz und ihre Begleiter aus der Stadtmitte zu sein. Sie waren nicht mehr in den künstlichen Dschungel verliebt, der ihnen mit soviel gutem Willen von den Geschäftsführern des Cotton Clubs, des Small's Paradise und anderer »Black and tan«-Cabarets geboten wurde. Bereits im Herbst des gleichen Jahres begann die Kundschaft der besten Nachtlokale des Viertels, sich seltener zu machen. Im Februar 1936 mußte sogar der Cotton Club seine Pforten schließen und zog ohne viel Erfolg zum Broadway um, womit das Ende eines Kapitels in der Sittengeschichte New Yorks angezeigt wurde.

Einem oberflächlichen Beobachter erscheint das Jahrzehnt des Swing jedenfalls als die Zeit der großen Verbrüderung zwischen Weißen und Negern, zumindest in der kleinen Welt der Jazzbands. Natürlich eine Verbrüderung mit vielen Einschränkungen, aber in einigen Fällen doch aufsehenerregend herausgestellt. Auf diese Zeit geht unter anderem das erste öffentliche Auftreten weißer Musiker zusammen mit einigen Negern zurück. Das Eis wurde von Benny Goodman gebrochen, als er in seinem Trio den Pianisten Teddy Wilson vorstellte (mit dem er sich sogar trotz der drohenden Gefahr eines Aufruhrs nach Dallas, ins rassistische Texas, wagte) und Nachahmer fand.

Goodman hatte ebenso wie viele andere weiße Jazzmusiker der frühen Generation seine Bewunderung für die schwarzen Musiker, an denen er sich orientierte und deren Mitarbeit er stets suchte, niemals verheimlicht. Das gleiche läßt sich aber, von wenigen Ausnahmen abgesehen, in den frühen Jahren der Jazzgeschichte nicht vom Verhalten der Neger gegenüber den Weißen sagen. In der Swing-Ära änderte sich auch diese Situation. So gab es beispielsweise Negerorchester, die Arrangements verwerteten, welche von Weißen geschrieben worden waren. Sie taten dies nicht nur, um dem Geschmack ihres meist weißen Publikums entgegenzukommen, sondern auch aus einer allerdings nur vorübergehenden Akzeptierung gewisser ästhetischer Ideale heraus. Diese wären dagegen den Jazzleuten, die um 1920 von New Orleans nach Chicago abgewandert waren, völlig unpassend vorgekommen.

Auch aus diesem Grunde war der Jazz in der Swing-Ära die Musik aller Amerikaner oder wenigstens der ganzen amerikanischen Jugend. Deshalb war er einträglich und stand in hohem Ansehen, wie es nie zuvor der Fall gewesen und in Zukunft nie wieder der Fall sein sollte.

Der Funken zum Ausbruch des »Swing craze«, der Massenleidenschaft für den Swing, sprang durch Benny Goodman. Dieser Klarinettist hatte sich ein paar Jahre lang in den Bands von Ben Pollack und Red Nichols eingespielt und schließlich 1934 den Entschluß gefaßt, ein eigenes Orchester von dreizehn Mann zu gründen.

Zunächst passierte gar nichts. Ein wichtiges Radioprogramm, in dem man jeden Samstag drei Stunden ununterbrochen Tanzmusik hören konnte, war nötig, um Goodmans Jazz in den ganzen Vereinigten Staaten bekannt zu machen, von einer Küste zur anderen. In der Zwischenzeit war seine Musik durch die Hinzuziehung erstklassiger Instrumentalisten, an erster Stelle des Schlagzeugers Gene Krupa, und dank der Arrangements von Fletcher Henderson viel besser geworden.

Die lange und erfolglose Tournee des Orchesters quer durch den amerikanischen Kontinent unmittelbar nach dem Ende der Radiosendungen sowie der überraschende und triumphale Abschluß dieser Tournee in Los Angeles im August 1935 bilden den »Feldzug« in der Geschichte des Jazz, der eben damals seinen Weg zur Eroberung der Welt begann.

Folgendes war geschehen: Die jungen Leute in Kalifornien hatten das Radioprogramm Goodmans während der günstigsten Sendezeiten am Abend hören können und so zwischen 22 und 23 Uhr, als es die meisten Hörer gab, die eindrucksvollsten Arrangements des Orchesters genossen. Als nun die Goodman-Musiker müde und durch eine lange Serie von Mißerfolgen entmutigt im Palomar Ballroom ankamen und anfingen, für die Tanzpaare zu spielen, merkten sie nach einer Weile zu ihrer Verwunderung, daß viele die besten Nummern des Orchesters kannten und sie mit großer Begeisterung aufnahmen.

»Soviel ich wußte«, hat Goodman erzählt, »hätte das unser letzter gemeinsamer Abend sein können, also war es egal, wenn wir uns ein bißchen vergnügten, solange wir noch konnten. Darum ließ ich für den nächsten Set einige unserer großen Fletcher Henderson-Arrangements spielen. Ich sah sofort, daß meine Leute begriffen hatten, was ich von ihnen wollte. Und von dem Augenblick an, als sie loslegten, spielten sie so gut, wie sie es seit unserer Abreise aus New York nur selten getan hatten.

Zu unserem größten Erstaunen sahen wir, daß eine Hälfte des Publikums zu tanzen aufhörte und sich um die Bühne drängte. Es war ein völlig neues Erlebnis für mich, und es war bestimmt ganz hinreißend. Das war der Augenblick, der über meine Karriere entschied. Nach einer Reise von dreitausend Meilen hatten wir endlich Leute angetroffen, die gern bereit waren, sich das anzuhören, was wir zu machen beabsichtigten, und unsere Musik so zu akzeptieren, wie wir sie spielen wollten. Dieser erste laute Schrei der Menge war einer der schönsten Klänge, die ich jemals in meinem Leben gehört habe.« [5]

Dann gab es ein äußerst erfolgreiches Engagement im Congress Hotel in Chicago, das zwei Monate andauerte, und anschließend im März 1937 eine Reihe von Auftritten im Paramount Theatre in New York. Hier begannen die angenehmen Überraschungen für Goodman gleich am ersten Tag, als um sieben Uhr morgens schon eine Schlange von zweihundert jungen Menschen zu sehen war, die sich vor der Theaterkasse gebildet hatte. Insgesamt kamen ganze 21 000 Personen zu den fünf Vorstellungen des ersten Tages, die zwischen die Vorführungen eines Films von Claudette Colbert gelegt wurden. Sie verzehrten für 900 Dollar Süßigkeiten und stellten alles mögliche an. Zum ersten Mal in der Geschichte der Theaterwelt sah man die Zuschauer zwischen den Sitzreihen und dann sogar auf der Bühne tanzen, zur größten Sorge der Theaterangestellten, die über die eventuellen Folgen dieses ungewöhnlichen Treibens schockiert waren.

Der Erfolg Goodmans hatte riesige Folgen. Innerhalb kurzer Zeit wurde das Panorama der leichten Musik in Amerika – und indirekt auch in Europa – revolutioniert. Der Jazz wurde auf beiden Seiten des Atlantiks sehr populär, und die kleinen und großen Orchester, aber vor allem die Bigbands mit einer hübschen Sängerin im langen Kleid am Mikrophon, nahmen immer mehr zu. Viele Orchester spielten »sweet«, aber sehr viele waren Swing-Orchester, machten also tanzbaren, polierten und nicht selten stereotypen Jazz, aber doch Jazz mit mehr oder weniger improvisierten Solos.[6]

Goodman, der sofort zum »König des Swing« gekrönt wurde, stand bald einer geschulten Konkurrenz gegenüber. Vor allen Dingen die schwarzen Bigbands gaben ihm harte Nüsse zu knacken. Sie waren seit Jahren tätig und vergrößerten damals ihre Zuhörerschaft. Da war die Bigband von Duke Ellington, mehr denn je die beste Amerikas, und es gab die großen Orchester von Henderson, Lunceford, Webb, Calloway und Armstrong. Aus Kansas City kam im Jahre 1936 Count Basie an, nachdem er von John Hammond entdeckt und gemanagt (aber auch von Goodman bezahlt) worden war. Seine Formation hatte zuerst einige Schwierigkeiten, aber setzte sich dann als eines der hervorragendsten Orchester durch und übte einen starken und andauernden Einfluß aus. Eine weitere Band aus Kansas City, die unter Leitung von Andy Kirk stand und die ausgezeichnete Pianistin Mary Lou Williams als solistische Attraktion und Arrangeur hatte, war schon früher im Norden aufgetreten und kehrte nun schnell dorthin zurück. In New York, Chicago, Philadelphia und vielen anderen Großstädten gab es Geld und Ansehen für alle.

Geld und Ansehen gab es hauptsächlich für die Weißen. Einige der meistbewunderten hatten schon seit einiger Zeit Eindruck gemacht. So Jimmy und Tommy Dorsey, die nach vielen Streitereien das gemeinsam geleitete Orchester auflösten und jeder für sich ein neues gründeten; ferner die Mitglieder des Casa Loma Orchestra, die eine ziemlich mechanische, aber zündende und effektvolle Musik spielten; oder auch die Musiker, die zu guter Letzt für Ben Pollack gearbeitet und sich dann selbständig gemacht hatten. Diese machten gemeinschaftlich eine Formation auf, zu deren nominellem Leader nach außen hin Bob Crosby, ein Bruder des berühmten Bing und wie er Sänger, ernannt wurde, während das Management Gil Rodin anvertraut war. Von einem Leiter im eigentlichen Sinne des Wortes konnte keine Rede sein, da alle gleichermaßen mitverantwortlich waren.

Am Anfang der Swing-Ära war das Bob Crosby-Orchester das einzige, das in einem Stil spielte, der eng verwandt mit dem New Orleans-Jazz war. Er wurde in einer Bigband-Fassung mit wirkungsvollen und farbigen Arrangements präsentiert. In den Reihen des Orchesters saßen einige Solisten, die aus der Stadt am Mississippi-Delta stammten (Eddie Miller, Tenorsaxophon; Irving Fazola, Klarinette; Ray Bauduc, Schlagzeug; Nappy Lamare, Gitarre), was schon Grund genug war, um gewissen Traditionen treu zu bleiben. Gefühls-mäßig standen aber auch weitere Mitglieder diesen Traditionen nahe, etwa Joe Sullivan, der seinen Platz bald einem anderen vorzüglichen Pianisten, Bob Zurke, überlassen mußte, und Rodin selbst. Sie hatten in den goldenen Jahren der South Side in Chicago gespielt. Das Crosby-Orchester ebnete den Weg für das erste »Dixieland-Revival« der Jazzgeschichte und wurde bald von anderen nachgeahmt. Vor allem Muggsy Spanier gründete, sobald er frei von Verpflich-tungen war, eine Ragtime Band, auf die 1941 eine Bigband folgte.

Dann kamen die Nachwuchsmusiker. Zu den ersten, die an der Spitze von Bigbands in die Schranken traten, gehörten zwei Klarinettisten: Artie Shaw und Woody Herman. Shaw brachte eine kurze Zeit lang Goodmans Thron zum Wanken, da er ihm auf der Ebene der technischen Beherrschung seines Instrumentes fast gleichkam. Herman sammelte die Überbleibsel des Orche-sters von Isham Jones und sollte im Verlauf der Jahre immer mehr zur Geltung kommen. Im Jahre 1937 baute auch Glenn Miller, vorher Arrangeur bei Pollack, Nichols und den Dorsey-Brüdern, ein großes Orchester auf, das am Ende jedes andere an Beliebtheit übertreffen sollte.

Die Swingorchester waren gefällig anzuhören und anzusehen. Alle ihre Mit-glieder trugen elegante Uniformen, und es kam nicht selten vor, daß sich der Leader im Frack zeigte. Jede Band hatte ein großes Gefolge von Fans. Das Radio übertrug dauernd ihre Musik, häufig direkt aus den Tanzsälen, und die großen Hotels hielten sich solche Orchester regulär in ihren Sälen. In New York konnte man immer irgendeine Swingband im Pennsylvania Hotel, im New Yorker, im Lincoln, im Commodore oder im Lexington treffen. Wer in Chicago diese Bands hören wollte, ging zum Congress Hotel, zum Sherman oder zum Blackhawk. Dann gab es die riesigen, von der Jugend besuchten »Ballrooms«: das alte Roseland am Broadway, das Meadowbrook und das Glen Island Casino, das man von New York aus nach kurzer Autofahrt erreichen konnte; ferner das Aragon und das Trianon in Chicago; im Raum von Los Angeles das Palladium und das Palomar; außerdem viele andere, die überall in Amerika verstreut lagen. In Harlem war natürlich das Savoy, wo der kleine Schlagzeuger Chick Webb seit Jahren fest im Sattel saß.

Im Savoy waren fast alle Gäste Neger, aber auch die Weißen fehlten nicht. Viele davon kamen vor allem anläßlich der »Orchester-Schlachten«, bei denen das Chick Webb-Orchester im Wettkampf mit anderen gleichermaßen populä-ren Formationen auftrat, weiße Orchester nicht ausgeschlossen.

»Die Schlachten im Savoy waren eine große Sache«, erinnerte sich Sandy Williams, einer von Webbs Posaunisten. »Wir trainierten wie ein Preisboxer. Wir hatten besondere Proben. Die Blechbläser übten im unteren Stockwerk, die Saxophone im oberen, und die Rhythmusgruppe irgendwo anders. Wir hatten den Ruf, jede Band wegzublasen, die ins Savoy kam, nicht aber die von Duke. Das Lokal war gedrängt voll an dem Abend, als er kam, und als wir zu spielen anfingen, ließen wir fast den Saal zusammenstürzen. Dann legte er los und spielte ein Stück gleich nach dem anderen. Alle wiegten sich im Rhythmus mit ihm. Auf einmal sah ich Chick, wie er sich ins Büro fortschlich. ›Ich kann das nicht aushalten‹, sagte er mir. ›Dies ist das erste Mal, daß wir wirklich fertiggemacht worden sind.‹«[7]

Der gleiche Williams mußte jedoch zugeben, daß es auch andere Abende gegeben hat, an denen das Orchester des kleinen Königs vom Savoy in Schwierigkeiten geriet. Zum Beispiel, als Goodman mit Gene Krupa, Linonel Hampton, Teddy Wilson und Harry James kam und gut 20 000 Personen zurückgewiesen werden mußten, die noch ins Lokal kommen wollten. Oder den Abend, als Count Basie kam, oder den, an dem die Mannschaft von Webb den Leuten vom Casa Loma Orchestra gegenübertrat.

Ein Abend im Savoy – ein beliebiger, aber besonders die Samstagabende, die zu langen Nächten wurden, weil sie erst am folgenden Morgen um acht Uhr mit dem »Breakfast dance«, dem »Frühstückstanz«, endeten – war auch für einen Weißen ein aufregendes Erlebnis, vor allem, wenn er zu den Jazzliebhabern gehörte. Wie Otis Ferguson, einer der ersten begeisterten Chronisten der afro-amerikanischen Musik, der in »The New Republic« eine lebhafte Beschreibung einer solchen Nacht veröffentlcht hat:

»Hunderte von Menschen (an einem guten Abend vielleicht bis zu 1600)«, liest man unter anderem in dem 1936 geschriebenen Artikel, »sind auf der Tanzfläche oder sitzen an den Tischen oder an der Bar. In einiger Entfernung steht in einer Ecke eine Reihe von Taxi girls, mit denen man für zwei kleine Münzen drei Tänze tanzen kann. Von der Decke leuchten rosafarbene Lichter herab, und überall geschieht etwas. Der Mittelpunkt des Lebens im Saal aber ist hier oben auf dem Podium, wo in zwei Reihen geordnet die Jungs vom Orchester stehen, die an ihren Instrumenten schwitzen und mit ihren Füßen im Rhythmus so heftig auf den Boden stampfen, daß er erzittert; hier oben, wo das glockenförmige Sousaphon wie ein Vollmond aussieht, der sein glitzerndes Licht auf die Tänzer wirft, wo die pulsierende Rhythmusgruppe – Gitarre, Piano, Kontrabaß, Schlagzeug – diese ganze überschäumende Energie im Zaum hält und sie zwingt, den Rhythmus einzuhalten. Und wenn die Musiker von Teddy Hill die letzten Chorusse eines ihrer Glanzstücke, »Christopher Columbus«, mit seinen mitreißenden Figuren zu spielen beginnen, die von den Blechbläsern entworfen und von den Saxophonen beantwortet werden, dann vergessen die Tänzer das Tanzen und drängen sich um das Podium. Dort bleiben sie stehen, zeigen den Rhythmus nur mit den Muskeln und den Gliedern an und lassen sich ihn über ihre hochgehobenen Gesichter gießen, als ob er Wasser wäre (und der Walzer soll zum Teufel gehen!). Der Boden zittert, das Lokal wirkt wie eine Dynamomaschine, und die rauchgeschwängerte Luft steigt wogenförmig empor ... Es ist eine Musik, die auch Taube hören können.«[8]

In fast allen Tanzlokalen und nirgendwo so sehr wie im Savoy wüteten die »Jitterbugs«, also die Swingfanatiker, die Spezialisten des »Lindy Hop«. Viele Bandleader konnten sie nicht leiden, weil sie aufdringlich waren, das sonstige Publikum störten und die Aufmerksamkeit vom Orchester weg auf sich zu lenken suchten. Die älteren weinten den jungen Leuten nach, die während der »Jazz-Ära« Charleston oder Black Bottom getanzt hatten, ohne dadurch das Lokal aus den Angeln zu heben. Besonders Artie Shaw konnte die Jitterbugs nicht ausstehen; er gab ihnen die Schuld, als er im Jahre 1939 sein Orchester im Stich ließ, ganz allein nach Mexiko floh und die Swingwelt verblüfft zurückließ.

Und doch waren die Jitterbugs diejenigen gewesen, die aus jedem wichtigen Bandleader einen Star, fast so leuchtend wie in Hollywood, gemacht hatten. Sie kannten die Arrangements der beliebtesten Stücke auswendig, vor allem die »Killer-dillers«, die Nummern, die am meisten imponierten und motorisch wirkten. Sie erkannten nach wenigen Noten den Stil dieses oder jenes Orchesters und wußten die Namen der Solisten. Wenn die Musiker nach einer anstrengenden Reise von vielen hundert Kilometern vor dem Eingang des Tanzlokals aus dem Bus geladen wurden und schon fertig angezogen zum Auftritt waren, sahen sie eine kleine Gruppe von fröhlichen und frechen Jitterbugs mit gezücktem Bleistift für das Autogramm vor sich.

Um ein Orchester zu hören, konnte man auch ins Theater gehen. Am Broadway gab es hierfür das Paramount und das Strand; in Harlem waren das Apollo und das Harlem Opera House. Außer der Musikshow wurde ein Film gezeigt, der in dem mäßigen Eintrittspreis mit inbegriffen war. Im Jahre 1938 öffnete sogar die ehrwürdige Carnegie Hall dem Swing ihre Türen und bot das erste Konzert einer denkwürdigen Serie von Jazzveranstaltungen.

Dieses Konzert wurde am Abend des 16. Januar gegeben und war wegen des großartigen Einsatzes seiner Künstler und des nachfolgenden Echos vielleicht das bedeutendste Ereignis der Swing-Ära. Im Vordergrund stand das Benny Goodman-Orchester, damals auf dem Höhepunkt seines Ruhmes. Der Leader wollte, daß außer Lionel Hampton und Teddy Wilson, die mit Gene Krupa sein berühmtes Quartett bildeten, weitere berühmte Negersolisten aus verschiedenen Bigbands teilnahmen: Count Basie, Lester Young, Johnny Hodges, Cootie Williams, Buck Clayton, Harry Carney und andere.

Am Tag darauf schrieb Olin Downes, Kritiker der »New York Times«: »Als Mr. Goodman auf die Bühne kam, erhielt er von der erregten Menge eine Huldigung, die eines Toscanini würdig gewesen wäre. Es waren einige Minuten nötig, bevor wieder Stille eintrat. Erregung lag in der Luft, fast Elektrizität, und man hörte viel Gelächter. Noch ehe die Musik zu Ende war, brach das Publikum in rauschenden Applaus aus. Weitere Beifallsstürme ernteten die einzelnen Orchestermitglieder, als sie nach und nach aufstanden und ihren besonderen und ausgeschmückten Beitrag leisteten ... Dieses großartige Publikum war vor Freude fast außer sich ...«

Das Goodman-Konzert in der Carnegie Hall war nicht das einzige, das den New Yorkern in diesen Jahren eine Schlemmermahlzeit in Sachen Jazz bot. 1936 waren im Imperial Theater hintereinander ganze siebzehn Bands zu Gehör gebracht worden. Sogar fünfundzwanzig wurden im Frühjahr 1938 im Randall's Island-Stadion am Stadtrand zu einem »Swing-Karneval« zusammengetrommelt, der als Urahn der Mammut-Jazzfestivals angesehen werden kann, wie sie vor allem von der zweiten Hälfte der fünfziger Jahre an zu Hunderten in Amerika und Europa organisiert werden sollten. Die Carnegie Hall öffnete außerdem dem Jazz am Tag vor Weihnachtsabend des gleichen Jahres 1938 und noch einmal, genau ein Jahr später, erneut die Pforten. Es waren Konzerte, die unter dem Motto »From Spirituals to Swing« von John Hammond durchgeführt wurden und wie das Goodman-Konzert auf Schallplatten festgehalten sind. Am ersten dieser beiden Abende wurden die drei größten Boogie Woogie-Pianisten, Albert Ammons und Meade Lux Lewis aus Chicago und Pete Johnson aus Kansas City, zum ersten Mal gemeinsam vorgestellt. Hammond selbst hatte sie wiedergefunden. Meade Lux Lewis war drei Jahre zuvor nach langer Suche in einer Autowerkstatt an der South Side ausfindig gemacht worden, in der er Wagen wusch. Hammond wollte ihn in ein Aufnahmestudio bringen, was er dann auch tat. Dort ließ er ihn eine neue Version seines »Honky tonk train blues« einspielen, den er auf einem abgespielten »Race Record« in einer Aufnahme des Jahres 1927 gehört hatte. Nach dem Auftreten der drei Pianisten in der Carnegie Hall kam die Boogie Woogie-Mode auf. Zur Freude der Tänzer, die diesen hämmernden Rhythmus viele Jahre sehr schätzten, wurde er dann auch in Orchesterfassungen übertragen.

Soviel Enthusiasmus auf der Seite des Publikums ermutigte die Handvoll leidenschaftlicher Jazzforscher in Amerika, anspruchsvolle Unternehmungen einzuleiten. Einige von ihnen sammelten sich um Charles Edward Smith und Frederic Ramsey jr. und begaben sich auf die Suche nach den alten Jazzgrößen, um mit Hilfe ihres Erinnerungsvermögens die Geschichte der aus New Orleans stammenden Musik zu rekonstruieren. Frederic Ramsey und William Russell hatten das größte Glück, weil es ihnen gelang, Bunk Johnson aufzuspüren. Bunk war inzwischen nicht mehr in der Lage zu spielen, weil er alle

Zähne verloren hatte, und war Lastwagenfahrer in einer Plantage von New Iberia in Louisiana geworden. Von ihm erhielten sie viele Informationen, die in dem Buch »Jazzmen« verwertet wurden. Es erschien 1939 und war die erste von Amerikanern verfaßte Jazzgeschichte. Bunk Johnson bekam ein neues Gebiß und ließ sich dazu bewegen, wieder eine Trompete in die Hand zu nehmen. Er spielte zusammen mit alten und jungen Musikern und machte mit ihnen Plattenaufnahmen. So erhielt das »New Orleans Revival« (das Wiederaufleben des New Orleans-Jazz), das durch den Unternehmungsgeist einer kleinen Musikergruppe unter Leitung von Lu Watters bereits in San Francisco eingeleitet worden war, einen neuen und starken Auftrieb.

Im Jahre 1938 trat auf einmal auch ein weiterer alter Meister aus Storyville, Jelly Roll Morton, wieder in den Vordergrund. Morton wurde unverzüglich in das Auditorium der Kongress-Bibliothek in Washington gebracht, um eine lange Aufnahmeserie von hohem dokumentarischem Wert einzuspielen.

Auch Milt Gabler, der Eigentümer des Commodore Music Shop, bemühte sich sehr aktiv. Er war im Jahre 1935 darangegangen, Platten mit frühem Jazz wieder aufzulegen, und brachte so Aufnahmen, die Jahre vorher auf den »Race Records« erschienen waren, wieder ans Licht. Sie wurden durch die UHCA (United Hot Clubs of America) vertrieben, eine Institution, die er zusammen mit Marshall Stearns, John Hammond und anderen nach dem Vorbild der Jazzclubs geschaffen hatte, die in einigen europäischen Ländern entstanden waren. Danach fing er an, Schallplatten für eine eigene Marke, die Commodore, zu produzieren, und holte dafür zahlreiche schwarze und weiße Meister des Jazz ins Aufnahmestudio. Als ob das noch nicht gereicht hätte, setzte er sich daran, regelmäßig Jam Sessions mit den besten New Yorker Jazzmusikern zu organisieren, zuerst in den Plattenstudios der Decca in Anwesenheit eines beschränkten Publikums von Kunstkennern und später im Jimmy Ryan's. Dort konnte man für einen Dollar Eintrittsgeld drei Stunden hintereinander besten Jazz hören.

Das Jimmy Ryan's gehörte zu den vielen kleinen Lokalen, die in den Jahren, als der Swing König war, eines neben dem anderen auf beiden Seiten der 52. Straße, zwischen der Sechsten und Fünften Avenue in der Nähe des Broadway, eröffnet wurden und in denen man bis in die tiefe Nacht Jazz spielte. Als dieses Lokal 1940 zum ersten Mal aufmachte, war die »Swing Street« oder einfacher »die Straße«, wie sie den Musikern und Taxifahrern als solche geläufig war, schon seit ein paar Jahren das Zentrum der Jazzwelt. (Sie war »the Street« auch für die Striptease-Tänzerinnen, Komiker und all die anderen mehr oder weniger bekannten Persönlichkeiten, die die Nächte in den vielen weiteren Clubs der Straße verbrachten, in denen kein Jazz gespielt wurde.) »Die Straße« belebte sich erstmals zwischen 1934 und 1935, aber eines ihrer Lokale, das Onyx, war schon seit den ganz frühen dreißiger Jahren der Lieblingstreffpunkt der Jazzmusiker gewesen. Damals war es eines der vielen »Speakeasies« – ungefähr vierzig oder kaum weniger – , die auf diesem Straßenzug aufmachten (wohlgemerkt nur für die Freunde, die das Losungswort sagen konnten). Um damals in das Onyx hereinzukommen, reichte es, dem Mann, der durch das Guckloch in der Eingangstür schaute, zu sagen: »Ich bin vom Local 802«, was nichts anderes als die New Yorker Abteilung der Musikergewerkschaft ist. Wenn man die Schwelle überschritten hatte, war es leicht möglich, irgendeinen berühmten Jazzpianisten über die Tasten gebeugt zu sehen. Zum Beispiel Art Tatum, der gerade zu unglaublichen Klavierdemonstrationen aus Ohio angekommen war und stundenlang gratis spielte, wobei er sich mit den Flaschen Bier, die ihm der Eigentümer Joe Helbock gab, begnügte (ein halbes Dutzend pro Tag, wenn man diesem Glauben schenken darf); oder Joe Sullivan, der im Jahre 1933 als erster Musiker eine Lohntüte erhielt; oder Willie »The Lion« Smith. Es kamen viele Musiker zum Zuhören oder zum Spielen, weil das Plunkett's, das bis kurz vorher ihr Nest gewesen war, aus der Mode kam.

Das Onyx konnte nach dem Ende des Prohibitionismus im Februar 1934 offiziell eingeweiht werden. Das erfolgte in großem Stil mit einer Jam Session, die die ganze Nacht dauerte. Danach begann sein regulärer Betrieb mit Engagements der Vokal- und Instrumental-Gruppe der Spirits of Rhythm mit dem lustigen Sänger Leo Watson, später des Violinisten Stuff Smith und des Ensembles von Mike Riley und Ed Farley (mit Eddie Condon und Red Mc Kenzie), das mit der fröhlichen kleinen Melodie »The music goes 'round and around« Aufsehen erregte. Einige Monate lang wurde der ansteckende Refrain dieses Hits von ganz Amerika gesungen. Teddy Wilson erinnert sich, daß er am frühen Neujahrsmorgen des Jahres 1935 auf dem Heimweg von der Arbeit keinem Betrunkenen auf der 52. Straße begegnete, der nicht den berühmten Vers »Oh-ho-ho . . . Oh-ho-ho . . . and it comes out here« lallte.

Der große Erfolg von »The music goes 'round and around« und der ersten Combos im Onyx leistete einen entscheidenden Beitrag zur Einführung der 52. Straße als »Swing-Straße« und für die Nichteingeweihten als »Straße, wo immer Neujahrsnacht ist«. Aber dazu trugen auch der Trompeter und Sänger Louis Prima, der Ende 1934 ein anderes Lokal, »The Famous Door«, gut eingeführt hatte, sowie Wingy Manone bei, wie Prima ein italo-amerikanischer Trompeter und Sänger und wie er aus New Orleans gekommen. Manone hatte sich mit seiner Band schon seit ein paar Monaten in einem dritten Club der »Straße«, dem Hickory House, niedergelassen, als der Erfolg seiner Platte mit einer karikaturistischen Fassung von »The isle of Capri« – im Original ein schmalziger, pseudo-italienischer Schlager englischer Herkunft – ihn 1935 über Nacht sehr bekannt machte.

Weitere Combos, weitere Sänger und weitere Bars verstärkten den Ruf der 52. Straße als »Nabel der Jazzwelt« und noch allgemeiner als Zentrum des New

Yorker Nachtlebens. Unter den Gruppen, die am besten ankamen, war das Sextett des Kontrabassisten John Kirby, eines der elegantesten kleinen Neger-orchester dieser Zeit, das sich lange im Onyx hielt. Im Jahre 1937 trat dieser Formation eine zarte Sängerin aus Pittsburgh, Maxine Sullivan, bei, die Frau Kirby werden sollte und gleich groß herauskam, als sie unter Leitung von Claude Thornhill eine Jazz-Fassung des alten schottischen Liedes »Loch Lo-mond« aufnahm, die 1938 überall zu hören war.

Im Famous Door erhielt Billie Holiday 1935 ihr erstes Engagement außerhalb Harlems. Ihr Gesang wurde von Teddy Wilson, einem liebenswürdigen Piani-sten mit einem klaren und leichten Anschlag, begleitet, der anfangs unter dem Einfluß von Earl Hines stand. Billie sollte die unangefochtene Königin der 52. Straße werden und sang in deren Bars (besonders im Kelly's Stable, das 1940 auf der »Swing Street« aufmachte, und im Downbeat, das 1944 eröffnet wurde) viele Jahre lang, was ihr eine breite Beliebtheit einbrachte. Allerdings wurde darüber diskutiert, ob Billie, ein Mädchen mit einer herben und unnachahmli-chen Stimme, in Ella Fitzgerald eine ebenbürtige Rivalin fand. Ella hatte Mitte der dreißiger Jahre mit dem Orchester von Chick Webb (der bereits 1939 verstarb) im Savoy debütiert und trat manchmal in der 52. Straße auf.

In einem anderen »Famous Door« (nicht in dem, das 1934 eröffnet worden war, sondern in einem gleichnamigen Lokal, welches 1937 aufmachte) ernteten die Orchester von Count Basie und Woody Herman ihre ersten wirklichen Erfolge, und die 1939 von Charlie Barnet gegründete Bigband wurde dort aus der Taufe gehoben. Auch Red Norvo gehörte verschiedene Jahre zum Bestand des Hauses. Er war der einzig wesentliche Xylophonist im Jazz, bevor er sich dem Vibraphon zuwandte, das er in verschiedenen eigenen Bands spielte, einmal auch an der Seite seiner Frau Mildred Bailey. Sie ist die erste weiße Sängerin (jedoch teilweise indianischen Blutes) gewesen, die sich dem Niveau der großen farbigen Künstlerinnen in etwa genähert hat.

Eines der belebtesten Lokale auf der »Straße« blieb lange Jahre das Hickory House, in dem ab 1937 die Combo von Joe Marsala fast ein Jahrzehnt spielte. Marsala hatte sich dort erstmalig als »Sideman«[9] von Wingy Manone, neben Eddie Condon und einigen anderen, gezeigt. Er hatte beträchtliche Verdienste, nicht nur als fähiger Klarinettist. Auf der 52. Straße war er der erste unter den weißen Musikern, der den einen oder anderen Negersolisten zur Mitarbeit heranzog. Er organisierte auch als erster kurz nach dem Beginn seines Engage-ments eine lange Serie von sonntäglichen Jam Sessions in seinem Lokal, zu denen er die besten zur Verfügung stehenden Jazzmusiker einlud. In einer solchen Jam Session trat zum ersten Mal ein jugendlicher Schlagzeuger auf, von dem man noch hören sollte, und zwar Buddy Rich.

In diesem oder jenem Club der »Straße« war es in den Jahren der Swing-Ära auch gut möglich, daß man Art Tatum, seit einiger Zeit einer der bestbezahlten Solisten der Umgebung, oder Fats Waller antraf, der verschiedene Monate lang im Yacht Club zu hören war. Auch Bunny Berigan, ein hochgeschätzter weißer Trompeter, war eine gewohnte Erscheinung der 52. Straße, ebenso Coleman Hawkins, der nach seiner Rückkehr aus Europa oft dahin kam, oder der Trompeter Henry »Red« Allen, der mit King Oliver und anderen Jazzleuten zusammengearbeitet hatte, die wie er selbst aus New Orleans stammten, und bemüht gewesen war, den Stil Louis Armstrongs weiterzuführen.

Es ist recht schwierig, den Musikern, Sängern und Bands, den großen und den kleinen, die die Nächte der »Swing Street« in ihrer glanzvollsten Zeit in Schwung brachten, gerecht zu werden.[10] Es ist sogar schwer möglich, die Geschichte von einigen ihrer kleinen Lokale genau zu verfolgen, da sie mehrfach den Besitzer und die Anschrift wechselten. Das eine folgte auf das andere, aber gelegentlich wechselten sie auch gleichzeitig die Adresse und den Besitzer, so daß gewisse neue Lokale nur Namensvettern von anderen, älteren waren, deren Ruf sie ausnützten. Jedoch soll wenigstens noch an die Serie der sonntäglichen Jam Sessions erinnert werden, die in den Kriegsjahren auch im Kelly's Stable veranstaltet wurden. Ferner müssen einige weitere »Jazz spots« erwähnt werden, die wie das schon genannte Downbeat in den vierziger Jahren zu den bereits länger betriebenen Lokalen hinzukamen oder diese ersetzten. Im Spotlite, dem neuen Onyx und dem Three Deuces sollten die führenden Jazzleute der Generation, die auf die hier behandelte folgte, ihre ersten Bewährungsproben ablegen.

Die Musik, die in der zweiten Hälfte der dreißiger Jahre und wenig später in den fünfstöckigen Häusern entlang der »Straße« gemacht wurde, unterschied sich im allgemeinen ziemlich stark von der Bigband-Musik, die in den Hotelsälen und »Ballrooms« in New York, Chicago, Los Angeles und anderen Großstädten gespielt wurde. Sie war schwärzer, den Jazzformen der zwanziger Jahre näher, und es war keine zum Tanzen bestimmte Musik. Dennoch war der Unterschied zwischen ihr und dem ungefähr zehn Jahre vorher gehörten South Side-Jazz und noch mehr dem unverfälschten Blues sehr erheblich. Von wenigen, vielleicht auffälligen Ausnahmen abgesehen, wie sie von den Orchestern von Count Basie und Woody Herman gebildet wurden, hatte der Blues lediglich einen zweitrangigen Platz im Repertoire der Swing-Formationen. Man konnte ihn gewöhnlich besser an den Harmonien und an der Struktur einiger Instrumentaltitel als am Geist der Darbietungen wiedererkennen.

Um wieder authentischen Blues der Chicagoer South Side – oder eher noch aus dem Südwesten – zu hören, mußte man die Wiederentdeckung des Boogie Woogie und den großen Erfolg abwarten, den seine besten Vertreter in der Carnegie Hall davontrugen. Während ihres Aufenthaltes im Café Society, einem Lokal in Greenwich Village, das von Prominenten besucht wurde, wiederholte sich dann dieser Erfolg.

Im Village fand der echteste Jazz, genauer gesagt der »Dixieland«, gegen Ende der dreißiger Jahre eine weitere sichere Zufluchtsstätte im Nick's, einem Lokal unter Leitung von Nick Rongetti. Dort trafen sich viele der Musiker wieder, die ungefähr fünfzehn Jahre zuvor in Chicago Jazz spielen gelernt hatten und jetzt in Eddie Condon ihren Führer hatten. Ebenfalls im Village, und zwar im Café Society, begannen gerade um diese Zeit auch schwarze Jazzmusiker, gemeinsam mit weißen aufzutreten, und nahmen so eine Gepflogenheit vorweg, die auf der 52. Straße erst später allgemein üblich werden sollte. Noch mehr Zeit war sowohl im Village als auch auf der »Swing Street« nötig, bis auch die Lokale ihre Politik hinsichtlich der Hautfarbe ihrer Gäste änderten. Jahrelang durften, mit wenigen Ausnahmen, nur Weiße kommen. Erst 1942–43 waren die Vorurteile der Clubbesitzer (und der weißen Gäste) gegenüber dem farbigen Publikum weitgehend überwunden.

In der Erinnerung an die Jahre, in denen sie ein Star der 52. Straße war, sprach Billie Holiday mit bitteren Worten über dieses Thema: »Es gab keine Baumwolle zwischen dem Leon & Eddie's und dem East River zu pflücken, aber glaubt mir, wie auch immer Ihr es ansaht, es war ein Leben wie auf einer Plantage. Und wir gingen nicht zum Angucken dahin, sondern mußten da leben. Sobald wir unsere Nummer beendet hatten, mußten wir durch die Hintertür verschwinden und uns draußen in die Ecke setzen.«[11] Eines Tages wurde Billie zusammen mit Teddy Wilson entlassen, weil sie sich an einem Tisch mit Charlie Barnet unterhalten hatte, der sie oft besuchen kam.

Die in den Jazzlokalen herrschende Diskriminierung hatte erhebliche Auswirkungen, sowohl auf die Verhaltensweise der Negerkünstler als auch auf die Qualität ihrer Musik. Vor allen Dingen während der Swing-Ära, als sie sahen, wie ihr Publikum ungeheuer wuchs und ihre Einkünfte folglicherweise, wenn auch nicht in einem entsprechenden Verhältnis, stiegen, waren viele dieser Negermusiker versucht, den zuhörenden Weißen gegenüber eine entgegenkommende, im Grunde servile Haltung einzunehmen. Ein solcher Musiker wird von den Rassengenossen, die sich ihrer Würde am meisten bewußt sind, verächtlich als »Onkel Tom« bezeichnet. Ein »Onkel Tom« zu sein bedeutet in der Jazzwelt nicht nur, dem weißen Publikum das zu geben, was es will, sondern auch, die Rolle des Negers zu spielen, wie er von der verzerrenden Optik des Rassenvorurteils gesehen wird, genauso wie es die Neger in den Minstrel-Shows tun mußten. Es bedeutet, vor der Zuhörerschaft mit der Einstellung und dem Ausdruck des infantilen, fröhlichen, seine Unterlegenheit freudig eingestehenden Negers aufzutreten. Es bedeutet auch, die eigene Musik als etwas Minderwertiges, kaum Bedeutendes darzubieten, was nur dazu dient, ein paar Stunden nett zu vertreiben.

Es war ein bißchen das, was damals Fats Waller zu tun begann und auch Louis Armstrong in den letzten Jahren seiner langen Laufbahn immer mehr tun sollte. Armstrong war ein hochintelligenter Mann und charakterlich alles andere als fügsam. Für sein Publikum aber war er ein ewig großer Junge, einfältig, komisch und fröhlich. (Einmal jedoch ergriff Billie Holiday energisch für ihn Partei: »Er ist ein Tom aus tiefstem Herzen!«, sagte sie und sprach ihn für immer frei, wie fast alle getan haben.)

Als in Europa der Krieg ausbrach, erlebte der »Swing craze« in Amerika seine letzten Aufwallungen, bevor er dem Untergang entgegenging. Einige Orchester begannen sich gerade damals durchzusetzen, wie die von Glenn Miller, Woody Herman, Charlie Barnet (das sich rühmte, das »schwärzeste der weißen Orchester« zu sein, und das nicht zu Unrecht) oder Gene Krupa. Krupa war der erste von Goodmans großen Stars gewesen, der eine eigene Bigband startete, und wurde dann von Harry James, Teddy Wilson und schließlich Lionel Hampton gefolgt.

Das Interesse für die Swingmusik war jedenfalls im Jahre 1939 noch äußerst lebendig. Bei einer statistischen Erhebung ergab sich, daß von den fünfzig Millionen Schallplatten, die in diesem Jahr in den Vereinigten Staaten verkauft wurden, siebzehn Millionen als Platten mit Swingmusik, also mit mehr oder weniger verzuckertem Jazz, eingestuft werden konnten. Wenige Monate später, im November 1940, zählte man allerdings nur 6000 Zuhörer bei einem riesigen Treffen von Swing- und »Sweet«-Orchestern, das im Manhattan Center New Yorks veranstaltet wurde; und doch fehlten unter den achtundzwanzig eingeladenen Formationen nicht die so beliebten Bigbands von Goodman, Basie, Miller und Lunceford.

Der Ausbruch des Krieges hatte auch für die Welt des Jazz und der großen Orchester schlimme Auswirkungen. Die Bandbesetzungen wurden durch die dauernden Einberufungen der Musiker äußerst unbeständig. Es gab auch schwerwiegende Folgen für die Welt der amerikanischen Neger, die buchstäblich durcheinandergewürfelt wurde. Die rasche Ausdehnung der Kriegsindustrie rief eine neue Massenabwanderung der Farbigen in die großen Industriezentren hervor. In Detroit, wo jetzt Panzer und Jeeps statt Autos hergestellt wurden, in New York, Chicago, Philadelphia, Pittsburgh, Oakland und Los Angeles trafen die Neger allmählich zu Zehntausenden ein und mußten gleich kämpfen um durchzusetzen, daß sie bei den Einstellungen und noch allgemeiner im Fabrikleben nicht diskriminiert wurden. Im Juni 1941 drohte einer ihrer Führer, A. Philip Randolph, eine große Masse von Negern nach Washington zusammenzuziehen, wenn nicht für das Ende der diskriminierenden Praktiken garantiert würde. Das Ergebnis war ein Erlaß von Präsident Roosevelt, der eine »Federal Commission for the fair employment practices« einrichtete. Diese sollte, wie der Name besagt, durch Überwachung und Eingreifen dafür Sorge tragen, daß bezüglich der Arbeitsverhältnisse »legale Praktiken« eingehalten wurden, was die schwarzen Arbeiter anbetraf.

Der ländliche Süden, wo 1940 noch zwei Drittel der farbigen Bevölkerung in der Landwirtschaft beschäftigt waren, begann sich zu entvölkern, und die Gettos der großen Industriestädte blähten sich auf, kochten über und explodierten. Hier und dort brachen Tumulte aus. Die schwersten ereigneten sich 1943 in Detroit, wo die schwarze Bevölkerung durch die Ankunft von mehr als 50 000 Zugewanderten schwindelerregend gestiegen war. Schon waren Gewalttaten infolge plötzlicher Mieterhöhungen zu verzeichnen, außerdem Proteststreiks in den Fabriken, wo sich die weißen Arbeiter mit der durch Regierungsverordnungen verfügten Tariferhöhung vieler Neger nicht abfinden wollten. An einem Junisonntag schließlich entarteten Schlägereien in einem von Schwarzen und Weißen besuchten Vergnügungslokal in einen Konflikt großer Ausmaße aus. Im Neger-Getto, ironischerweise »Paradise Valley« genannt, beklagte man das erste Blutvergießen und erste Plünderungen, die sich dann auf andere Stadtviertel ausdehnten. Als die Tumulte unterdrückt wurden, zählte man 34 Tote, unter ihnen 25 Neger. Der Sachschaden überstieg zwei Millionen Dollar.

In Harlem brachen im gleichen Jahre ebenfalls Unruhen aus, hervorgerufen durch den Versuch eines weißen Polizisten, eine Negerfrau zu verhaften, die von einem Soldaten ihrer Hautfarbe verteidigt wurde. Weiße Passanten wurden angegriffen, viele parkende Autos umgeworfen, Polizisten mit Ziegelsteinen und Flaschen beworfen und zahlreiche Geschäfte geplündert und in Brand gesteckt. Als alles zu Ende war, zählte man 6 Tote und 500 Verletzte.

Einer neuen Welle von Gewalt versuchte der »Congress of Racial Equality« (CORE) Einhalt zu gebieten. Diese neue, in der Mehrzahl von Weißen gebildete Organisation begann ihre Tätigkeit um diese Zeit und setzte sich zum Ziel, die Rassendiskriminierung mit friedlichen Mitteln zu bekämpfen, indem sie die Methoden Gandhis mit dem Sit-in verband, das während der Streiks in den dreißiger Jahren ausprobiert worden war. Es war auch dem CORE wie der NAACP und anderen Druck ausübenden Gruppen zu verdanken, daß gegen Kriegsende Schritte in Richtung auf eine Integration von Schwarzen und Weißen in den Streitkräften unternommen wurden, die erst nach 1949 erfolgen sollte. Indessen konnte die Tatsache, daß die Vereinigten Staaten ein Heer führten, in dem die Rassendiskriminierung noch in reichlichem Maße praktiziert wurde, in den Negern nur bittere Gedanken auslösen. Auch die Reden derjenigen, die mit Verachtung von den »Gelben« sprachen, gegen die das Land an den Kriegsfronten des Pazifiks kämpfte, waren wirklich nicht dazu angetan, die Neger zu beruhigen. Auch das wurde zur künftigen Erinnerung auf die Rechnung gesetzt.

Daß etwas in der Einstellung der Neger gegenüber den Weißen, die vielen nicht mehr als ein nachahmenswertes Vorbild erschienen, in einer Wandlung begriffen war, konnte man an vielen, auch kleinen Dingen sehen. Zum Beispiel an der um das Jahr 1942 aufkommenden Mode des »Zoot suit«, des Anzuges der Harlemer Stutzer, der von Cab Calloway kreiert worden war. Er war eine regelrechte Karikatur der Weißen: Die auffällige Jacke mit den breiten Schultern reichte bis zu den Knien, und die sehr weiten Hosen waren eng an den Knöcheln. Ein breitkrempiger Hut und eine riesige Uhrkette vollendeten die Kleidung. Diese Aufmachung ist zweifelsohne komisch und wirkt nach Verspottung. Noch einige Jahre weiter, und die Neger Harlems zeigten sich im Dashiki, der Kleidung der echten Afrikaner, zum Zeichen ihrer völligen Ablehnung der weißen Kultur.

In den Kriegsjahren war es jedenfalls an der Front des Rassenkonfliktes noch nicht zum Bruch gekommen. Es sah so aus, als ob das Problem des Zusammenlebens der beiden Rassen am Ende doch noch stufenweise gelöst werden könnte. In gewissen Dingen verstanden sich die beiden Seiten noch, und eines davon war der Swing. Während der ganzen damaligen Zeit erfüllte er weiterhin seine Funktion als tröstliche Musik der Ablenkung. Und man hörte ihn überall, in der Heimat und auch an den Kriegsfronten, wo er über den Rundfunk und die sogenannten »V discs« ankam. Das waren Schallplatten, die ausschließlich für die Streitkräfte hergestellt wurden und auf denen der beste Jazz der damaligen Zeit festgehalten war. Im ganzen Jahre 1943 und auch einige Monate vorher und nachher waren die »V discs« die einzigen in den Vereinigten Staaten produzierten Platten, und zwar deshalb, weil die amerikanische Musikergewerkschaft in diesem gesamten Zeitraum eine Bestreikung der Schallplatteneinspielungen aufrechterhielt. Sie wollte erreichen, daß die an den Aufnahmen beteiligten Instrumentalisten auch für die weitere Verwendung ihrer Einspielungen bei Rundfunksendungen bezahlt würden. Am Ende setzte die Gewerkschaft ihr Ziel durch, aber die Musiker errangen einen Pyrrhussieg, weil das Fehlen von Platten in der Zwischenzeit ein schnelles Nachlassen des Publikumsinteresses für die Swingorchester bewirkt hatte, die also schließlich aus der Mode kamen. Ihr Platz im Herzen der meisten Amerikaner wurde von den Sängern und Sängerinnen eingenommen, die, da sie nicht von der Gewerkschaft vertreten wurden, auch in den langen Monaten des Streiks weiter Platten aufgenommen hatten, wobei sie meistens von Gesangschören begleitet wurden.

So endete die Swing-Ära in der Stille der Aufnahmestudios. Es gibt Leute, die ihr Ende auf eine dramatischere Weise durch den Tod Glenn Millers gesetzt sehen. Als Orchesterleiter der amerikanischen Luftwaffe im Range eines Majors war er sehr bekannt geworden, bevor er an einem Dezembertag des Jahres 1944 bei einem Flug infolge Maschinenschadens verunglückte und mit dem Flugzeug, das ihn von England nach Frankreich bringen sollte, über dem Ärmelkanal abstürzte.

Eben die Musik Millers (zusammen mit der von Herman, den Dorsey-Brüdern, James, Hampton, Barnet und vielen anderen) kam in Filmen und auf Schallplatten im Gefolge der amerikanischen Truppen als erste in Europa an. »In the mood«, ein Boogie Woogie, der in der Musik des Films »Sun Valley Serenade« zu hören war, und die »Moonlight serenade«, mit ihrem unverkennbaren Sound aus der Mischung von Klarinetten und Saxophonen, gehörten zu den Stücken, die den Europäern deutlich machten, daß der Krieg wirklich vorbei war. Wer wollte, konnte jetzt auch diesseits des Atlantiks den Jazz entdecken oder wiederentdecken, den kommerziellen der Swing-Ära und den der zwanziger Jahre. Die Europäer interessierten sich für diese Dinge und warfen sich auf die »V discs« und dann auf die ersten regulär erhältlichen Aufnahmen, um sich die Ohren mit Jazz vollzustopfen. Sie verschlangen mit einem einzigen Bissen Jahre von Musik und versuchten zu verstehen. Vielleicht konnten sie sogar besser als die Amerikaner begreifen, was die Swingmusik gewesen war (und noch war, da sie keineswegs völlig verschwunden war), weil sie sie in geballter Form vor sich hatten, und vielleicht konnten sie eher ermessen, was von all den Einspielungen aus den Jahren des »Swing craze« wert war, erwähnt und aufbewahrt zu werden.

Die erste Bestandsaufnahme sah negativ aus, da die eingängigen und ebenso gefälligen wie unverbindlichen Musiktitel für das breite Publikum der Tanzwütigen gegenüber den restlichen Aufnahmen eindeutig in der Überzahl waren. Wenn man aber genauer hinschaut, sieht die Bilanz der Swing-Ära alles in allem positiv aus. Die Rechnung stimmt schon allein durch die Beiträge von Duke Ellington, der um 1940 eine äußerst fruchtbare Schaffensperiode durchmachte, und Count Basie, der wie Ellington niemals kommerziellen Versuchungen nachgab. Daneben stehen die Leistungen vieler tüchtiger Solisten wie Coleman Hawkins, Johnny Hodges, Art Tatum, Fats Waller, Teddy Wilson sowie Roy Eldridge, Lester Young und Charlie Christian, von denen später die Rede sein wird, weil sie eine entscheidende Rolle in der weiteren Entwicklung des Jazz spielten.

Auf die gleiche Stufe mit den großen Negermusikern sollte Benny Goodman gestellt werden, dessen Orchester sich seinen Ruhm allerdings nicht, wie viele Jazzpuristen versichert haben, widerrechtlich aneignete, sondern ihn vollends abarbeitete, und sei es auch nur durch die äußerliche Perfektion der Darbietungen, die unter diesem Gesichtspunkt eine Herausforderung für jedermann darstellten. Dieses Orchester war gewiß besser als fast alle anderen damals tätigen, einschließlich der Formationen von Jimmie Lunceford, Cab Calloway (dessen Bigband jedoch in den frühen vierziger Jahren eine sehr erfolgreiche Blütezeit erlebte), Andy Kirk, Earl Hines und der damaligen Bigband von Louis Armstrong, die nur wegen der Solos dieses Trompeters und manches »Sideman« Aufmerksamkeit verdient.

Einen Platz für sich und eine eigene Abhandlung verdient unter den Negerorchestern das des Vibraphonisten, Pianisten und gelegentlichen Schlagzeugers Lionel Hampton. Mit einer Reihe sehr effektvoller Aufnahmen, die auf einen Boogie Woogie-Rhythmus aufgebaut waren, gab er eine Vorahnung der donnernden Dynamik und heißen Atmosphäre des »Rhythm and Blues«, der in der unmittelbaren Nachkriegszeit aufkommen sollte. Mit seinem »Flying home« brachte Hampton das schwarze und das weiße Publikum zur Raserei. (Ist es wahr, daß ein Zuschauer im Marihuana-Rausch, als er diese erregende Musik im Apollo Theatre hörte, sich einbildete zu fliegen und von der Galerie ins Parkett stürzte? So berichtet Malcolm X.) Das gleiche bewirkten die Riffs des »One o' clock jump«, die von Basie in Umlauf gesetzt wurden und fast die offizielle Hymne der Swing-Ära waren.

Die weißen Bigbands, die Goodman den Vorrang streitig machten, waren mehr bemüht, ein breites Publikum anzuziehen, als Jazz zu machen. So war es mit den Orchestern von Tommy Dorsey, Artie Shaw, Jimmy Dorsey, Harry James und Glenn Miller. Obwohl sie technisch gesehen einwandfrei spielten, verdeutlichen sie eher die Geschichte der leichten Konsummusik als die des Jazz. Anders zu beurteilen sind die Formationen von Bob Crosby und Muggsy Spanier, deren treues Festhalten am Vorbild des Dixieland bereits erwähnt wurde, sowie die Bigband von Charlie Barnet, der gern schwarze Solisten beschäftigte.

Die rasche Vermehrung der Swingorchester hatte positive Auswirkungen auf die Technik der Arrangeure, deren Zahl beträchtlich anstieg. Neben den wenigen Veteranen wie Ellington, Henderson, Redman und Benny Carter, die damals aktiver denn je waren, kamen viele fähige junge Arrangeure zum Vorschein. Allen voran Billy Strayhorn, der sich als rechter Arm Duke Ellingtons gleich durchsetzte, ferner Jimmy Mundy und Edgar Sampson, ausgezeichnete Mitarbeiter Goodmans, und endlich Sy Oliver, der hervorragende Partituren für Lunceford und Tommy Dorsey schrieb. Unter den Weißen zeichneten sich in besonderer Weise Eddie Sauter – er arbeitete für das Orchester von Red Norvo –, Bob Haggart, Deane Kincaide und Matty Matlock, alle drei Arrangeure für Bob Crosby, und zuletzt Johnny Mandel aus.

Verhältnismäßig gering an Zahl waren in der Zeit von 1935 bis 1945 die festen Bands mit kleinen Besetzungen. Die beliebtesten wurden aus dem Bestand der Bigbands gebildet oder diesen gegebenenfalls als zusätzliche Attraktionen hinzugefügt. Zu dieser Kategorie gehören das Trio, das Quartett und schließlich das Sextett und Septett von Benny Goodman, die zu ihrer Zeit keine Rivalen hatten, außerdem die Bob Cats von Bob Crosby und dann die Gramercy Five von Artie Shaw, die Jazz mit gutem Geschmack, Einfallsreichtum und Eleganz spielte. Von den festen schwarzen Gruppen waren die kleinen Bands von Fats Waller, die jedoch fast ausschließlich im Aufnahmestudio wirkten, und das bereits genannte John Kirby-Sextett am erfolgreichsten.

Einen großen Teil des besten Jazz aus der Swing-Ära verdanken wir jedenfalls den Gelegenheitsgruppen, die sich in den Lokalen der 52. Straße oder des Greenwich Village in New York trafen und vielleicht zufällig in den Schallplattenstudios zusammengestellt wurden.

Im Verhältnis reichhaltiger war das Panorama des Gesangsjazz in diesen Jahren. Obwohl das goldene Zeitalter der Bluessängerinnen endgültig vorbei war, bestand auch damals kein Mangel an bedeutenden »Blues Singers«, unter denen die aus Kansas City schon erwähnt wurden; noch fehlte es an Instrumentalisten, die auch sangen und in Louis Armstrong ihren unübertrefflichen Meister hatten. Das beste Vermächtnis dieser Jahre erbrachten auf jeden Fall die großen Sängerinnen der sogenannten »Ballads«, zu denen zu sagen wäre, daß sich ihre Art später verloren hat. Um die Mitte der dreißiger Jahre setzten sich, wie wir bereits gesehen haben, Billie Holiday, Ella Fitzgerald und Mildred Bailey durch. Zwischen 1942 und 1943 kamen Anita O' Day, eine weiße Sängerin, die neben Roy Eldridge eine der Attraktionen des Gene Krupa-Orchesters war, sowie Sarah Vaughan, die sich in den Orchestern von Earl Hines und Billy Eckstine behauptete.

Als die Swing-Ära ihr Ende erreichte, dachten viele der ernsthaftesten Jazzforscher, daß ihre Lieblingsmusik ihren Entwicklungsgang endgültig beendet hatte. In den Hollywood-Filmen sah man die letzten weißen Swingorchester, die durch einen Streichersatz erweitert waren. Diese Geigen versprachen dem, der an die wechselvolle Geschichte der South Side und Harlems dachte, gar nichts Gutes und erinnerten an Paul Whiteman.

Und doch mußte alles wieder von neuem anfangen. Schließlich war Krieg gewesen.

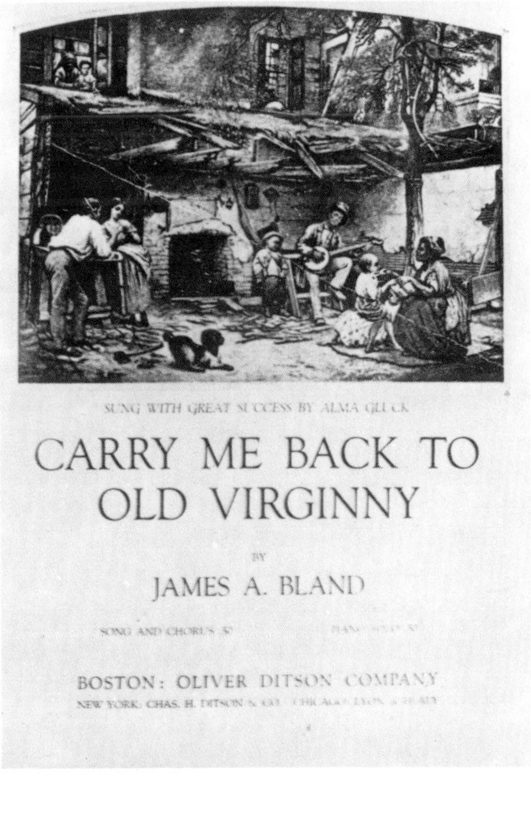

SUNG WITH GREAT SUCCESS BY ALMA GLUCK

CARRY ME BACK TO OLD VIRGINNY

BY

JAMES A. BLAND

SONG AND CHORUS 50¢   PIANO SOLO 40¢

BOSTON: OLIVER DITSON COMPANY
NEW YORK: CHAS. H. DITSON & CO.   CHICAGO: LYON & HEALY

Zwei idyllische Darstellungen des »Tiefen Südens«, wie ihn die amerikanische Bildkunst des 19. Jahrhunderts sah. Oben: eine berühmte Lithographie von Courier und Ives, die Raddampfer auf dem Mississippi und glückliche Negerlein am Ufer zeigt, deren Leben aus Musik besteht. Unten das Titelblatt eines Notenheftes mit einem beliebten Song aus der Minstrel-Zeit.

Oben: die Gesangsgruppe der Fisk Jubilee Singers, die in den Jahren unmittelbar nach dem Sezessions-
krieg der Welt zum ersten Mal die Spirituals vorstellte. Die Gruppe wurde 1871 zusammengestellt, um die
erforderlichen Mittel für die seit kurzem gegründete Fisk University, eine Negeruniversität in Nashville,
Tennessee, zusammenzutragen. Untere Reihe links: zwei »clog dancers«, die in den Minstrel-Shows
auftraten. In der Mitte der Minstrel-Sänger Daddy Rice in der Rolle des »Jim Crow«. Rechts unten ein
weiterer berühmter Minstrel-Musiker namens Juba Lane, der erste amerikanische Negerkünstler, der in
Europa aufgetreten ist.

Oben: ein Plakat mit der Ankündigung einer Minstrel Show der Buckley's New Orleans Serenaders. In der Mitte dieses Plakats sind sitzend die nie fehlenden Banjospieler und jeweils außen die beiden »End men« dargestellt. Auf die Zeit der Minstrel Shows geht auch die Abbildung darunter zurück, auf der die beiden Schauspieler im »Walk around« einherstolzieren, einer Art »Parade«, aus der der »Cake Walk« entstand.

Im Orchester von Bennie Moten (oberes Foto, circa 1929 aufgenommen) wuchsen die besten Jazzmusiker des Kansas City-Jazz heran, unter anderem Count Basie (er sitzt in der Mitte links, Moten gegenüber), der Sänger Jimmy Rushing (zwischen den beiden stehend) und Harlan Leonard (hinter Moten). Das untere Foto zeigt Benny Goodman mit seinem Orchester von 1937, der Zeit seiner großen Erfolge. Unter den Solisten Gene Krupa am Schlagzeug, Harry James als erster Trompeter von links und der Saxophonist Vido Musso (hinter Goodman).

Einige Persönlichkeiten aus der Swing-Ära: rechts
ein Porträt von Benny Goodman um 1935; oben links
die beiden Pianisten Albert Ammons (links im Bild)
und Meade Lux Lewis, die 1938 den Boogie Woogie
populär machten; darunter der Gitarrist Charlie
Christian. – Auf der nächsten Seite: weitere bekannte
Vertreter des Swing. Auf dem Foto oben Jimmie
Lunceford mit seinem beliebten Orchester, 1938.
Die beiden unteren Fotos zeigen die Brüder Tommy
(links) und Jimmy Dorsey.

9. Erneuerung: der Bebop

Der Bebop kam im Jahre 1944 in den Lokalen an der 52. Straße zum Vorschein, und die ersten, die herbeieilten, um ihn zu hören, waren bestürzt. Ein paar Jahre später erzählte Dave Tough, wie der neue Jazz auf einige Mitglieder des Woody Herman-Orchesters wirkte, die zusammen mit ihm ins Onyx gegangen waren, um das Quintett von Dizzy Gillespie und Oscar Pettiford zu hören, das man als die erste Bebop-Gruppe bezeichnen kann: »Als wir hereinkamen, nahmen die Burschen da drin ihre Hörner und bliesen verrücktes Zeug. Auf einmal hörte einer ganz plötzlich auf, und ein anderer fing aus einem völlig unerfindlichen Grund an. Wir wußten nie, wann ein Solo anfing oder aufhörte. Schließlich hörten sie alle auf einmal auf und verschwanden vom Podium. Wir waren ziemlich erschrocken.«[1]

Damals begannen die Polemiken, die Diskussionen für und gegen die neue Musik, die im Verlauf einiger Jahre sehr heftig werden sollten, und auch die Verdammungen derjenigen, die sie spielten, fehlten nicht. Die kleine Welt des Jazz, die bis kurz vorher geschlossen, solidarisch und einig gewesen war, teilte sich. Auf der einen Seite marschierten die anfangs recht geringen Verfechter der neuen Vokabel auf. Auf der anderen Seite sammelten sich die unnachgiebigen Bewahrer der Tradition. Diese wurden durch die alten, hervorragenden Vertreter des Jazz aus New Orleans und Chicago sowie durch die junge Generation der Anhänger des Revivals verkörpert, die es sich zur Aufgabe gemacht hatten, die ursprünglichen Formen der afro-amerikanischen Musik ans Licht zu bringen und weiterzuführen. Zwischen den Modernisten und Traditionalisten blieb für niemanden Platz; einige Jahre lang wurden die Jazzmusiker der Zwischengeneration, die während der goldenen Jahre des Swing auf den Schild gehoben worden waren, in eine Ecke gestellt und vergessen.

Sollte der Bebop wirklich die Musik der Zukunft sein? Oder handelte es sich lediglich um eine Verirrung von wenigen Überspannten, um eine vorübergehende Verrücktheit? Man vertrat diesseits und jenseits des Atlantiks die eine oder die andere These und stritt sich einige Jahre darüber. Eine recht lange Zeit verging, bevor der größte Teil der »moldy figs« (der »muffigen Feigen« – mit diesem Ausdruck wurden die Traditionalisten von ihren Gegnern, den Modernisten, belegt) die neue Realität hinnahm. Und die Realität sah so aus, daß der Jazz von jetzt an völlig und ohne Möglichkeit einer Umkehr anders geworden war. Er war, besser gesagt, in einem langen Satz nach vorne gesprungen und hatte sich dadurch entwickelt.

Viel weniger Zeit war erforderlich, um die Entstehungsgeschichte dieser anscheinend plötzlichen Wandlung zu rekonstruieren, um die Hauptverantwortlichen der Reformen zu finden und die Arten und Bedeutungen derselben zu analysieren. Als man nach geduldiger Befragung gewisser Musiker und nach dem Auffinden und aufmerksameren Wiederabhören einiger bezeichnender Aufnahmen das kleine Geheimnis lüftete, schloß man daraus, daß der Bebop (oder »rebop«, wie er am Anfang hieß) nicht auf einmal in der 52. Straße kreiert worden war, sondern Vorläufer in einigen Solisten gehabt hatte, die gegen Ende der dreißiger Jahre aufgetreten waren. Danach wurde er in einigen kleinen Lokalen Harlems, in die die Weißen im allgemeinen keinen Fuß setzten, erstmalig ausgearbeitet. Eines dieser Lokale, das früher ein Saal des Cecil-Hotels in der 118. Straße West gewesen war, hatte eine besondere Bedeutung als Treffpunkt der zukünftigen Jazz-Reformer gehabt. Es hieß Minton's Playhouse, nach dem Namen von Henry Minton, einem ehemaligen Saxophonisten, der sein Eigentümer war. Es war ziemlich verwahrlost und zu neuem Leben erstanden, als im Herbst 1940 Teddy Hill, ein früherer Orchesterchef, den die Jazzmusiker mochten, seine Leitung übernahm.

Zu dieser Zeit waren die Jam Sessions noch sehr beliebt, so daß Hill den Einfall hatte, die Gestaltung der Abende der freien Initiative der Lokalbesucher zu überlassen, die zu einem sehr großen Teil Musiker waren. Er kümmerte sich nur darum, eine ganz kleine »House band« zu engagieren. Dafür holte er den Schlagzeuger Kenny Clarke, der bis wenige Monate zuvor in seinem Orchester gesessen hatte, Thelonious Monk, einen damals unbekannten Pianisten, der einige Zeit in den Negerkirchen des Südens und Mittleren Westens gespielt hatte, und zwei weitere, den Bassisten Nick Fenton und den Trompeter Joe Guy. Zu ihnen konnte dann jeder stoßen, der Lust hatte.

Die Freiwilligen ließen weder auf sich warten noch ließen sie sich bitten. Vor allem montags, wenn die Orchester ihren Ruhetag hatten, war das Minton's sehr voll. Man mußte sich anstellen, um auf das Podest zu steigen und zu spielen. Da waren Musiker von gutem Ruf, wie Coleman Hawkins, Art Tatum, Teddy Wilson, Benny Carter, Chu Berry und Mary Lou Williams. Außerdem gab es viele junge Leute, von denen einige erst vor kurzem aus dem Mittleren Westen, dem Süden und dem Südwesten nach New York gekommen waren. Unter diesen letzteren ragte Charlie Christian hervor, ein junger Bursche, den John Hammond im weit entfernten Oklahoma aufgestöbert und dann in der Benny Goodman-Band untergebracht hatte. Er spielte elektrische Gitarre, ein Instrument, das erst wenige verwendeten, und er wurde von allen Kollegen uneingeschränkt bewundert. Er konnte mit unerschöpflicher Phantasie und in einem ganz persönlichen Stil spielen, Riff auf Riff, eines aufregender als das andere, ausdenken, und seine Phrasen waren spontan und geschmackvoll.

162

Christian kam jeden Abend, wenn er seine Arbeit mit der kleinen Goodman-Besetzung beendet hatte. Weniger regelmäßig, aber doch häufig waren die Besuche anderer Solisten, denen die Kollegen schon seit geraumer Zeit aufmerksam zuhörten. Der Tenorsaxophonist Lester Young war im Orchester von Count Basie bekannt geworden, seit er mit diesem vor einigen Jahren aus Kansas City gekommen war. Er hatte sich die Freiheit genommen, in einem Stil zu spielen, der von dem allgemein üblichen Hawkins-Stil stark abwich. Roy Eldridge hatte einen akrobatischen, ganz eigenen Stil erfunden und die Phrasierung einiger von ihm bewunderter Saxophonisten auf sein Trompetenblasen übertragen. Jimmy Blanton war ein neunzehnjähriger Kontrabassist, den Duke Ellington vor kurzem in St. Louis entdeckt hatte, und spielte sein Instrument wie niemand vor ihm. Vor allem diese vier Musiker waren die Vorläufer des neuen Jazz, wie sich später zeigen sollte.

Andere junge Männer begannen wenig später, sich im Lokal blicken zu lassen: ein ziemlich seltsamer Pianist namens Bud Powell, der im Gefolge von Thelonious Monk angekommen war; zwei weitere bemerkenswerte Pianisten, Clyde Hart und Tadd Dameron (dieser letztere war in Cleveland geboren und in Kansas City im Orchester von Harlan Leonard aufgefallen); schließlich Dizzy Gillespie, ein Trompeter mit dem dauerhaften Ruf eines Possenreißers, der seine Laufbahn damit begonnen hatte, Roy Eldridge zu imitieren, und dann in den Orchestern von Teddy Hill und Cab Calloway gespielt hatte. Im Herbst des Jahres 1941 gesellte sich noch ein komischer Kauz, der aus Kansas City gekommen war, zur Gruppe der gewöhnlichen Gäste im Minton's. Sein Name war Charlie Parker, aber alle nannten ihn »Bird« (»Vogel«). Er hatte eine Menge Leute verwundert, die ihn im Clarke Monroe's Uptown House auf der 138. Straße gehört hatten (einem anderen Lokal Harlems, wo die Jam Sessions unerläßlich waren; ein drittes war das von Puss Johnson in der St. Nicholas Avenue). So wollten Kenny Clarke und Thelonious Monk, die von den Wundertaten dieses jungen Altsaxophonisten gehört hatten, dorthin gehen um zu sehen, was los war:

»Bird spielte Sachen, die wir früher niemals gehört hatten«, erzählte später Clarke, als er von seinem Ausflug mit Monk sprach. »Er spielte Phrasen, die ich glaubte, selber für das Schlagzeug erfunden zu haben. Er war zweimal so schnell wie Lester Young, und seine harmonische Konzeption war etwas, was Lester sich nicht einmal erträumte. Bird folgte dem gleichen Weg wie wir, aber er war schon viel weiter als wir ... Für ein paar Dollar ließen wir ihn vom Monroe's zum Minton's überwechseln.«[2]

Viele der jungen Musiker, die das Minton's besuchten, empfanden mehr oder weniger unbewußt, daß der Jazz, der sie umgab, drauf und dran war, sich zu überleben. Klarer wurde ihnen bewußt, daß die Rolle, die ihnen in irgendeinem großen Swingorchester übertragen worden war, mochte es auch eines der berühmtesten sein, nicht das richtige für sie war, weil sie ihnen nicht ermöglichte, sich vollständig auszudrücken. Sie fühlten, daß man etwas mehr als eine Musik zustandebringen konnte und mußte, die bestenfalls dazu geeignet war, die Jitterbugs auf der Tanzfläche irgendeines Tanzsaales zu entfesseln. Immerhin nahm sich keiner von ihnen mit Wissen und Willen vor, die Rolle des Reformers zu spielen und ein neues Kapitel einzuleiten.[3] Auch diejenigen, die sich darum bemühten, ihre eigene Ausdrucksweise als Instrumentalist oder Komponist zu erneuern und zu bereichern, hätten sich niemals träumen lassen, daß ihr Suchen dazu beitrug, den Weg zu einer kleinen Revolution zu bahnen. Jeder unter den hervorstechendsten Persönlichkeiten im Minton's hatte ein paar persönliche Entdeckungen gemacht oder war dabei, einen neuen »Trick« anzubringen, um einen bescheidenen Ausdruck zu gebrauchen, der von den Jazzleuten gern benutzt wird. Parker hatte zum Beispiel entdeckt, daß er durch Verwendung der am weitesten auseinanderliegenden Noten der Akkorde eines bestimmten Themas frische und aufreizende Melodielinien erzielte, die er dann entsprechend harmonisierte. Kenny Clarke seinerseits hatte die grundsätzliche Rhythmusangabe von der großen Trommel auf das Becken verlagert, wobei die große Trommel nur für isolierte Akzentsetzungen benutzt wurde, für die »Bomben«, die Jo Jones, einer der Leute Basies seit der Kansas City-Zeit, erstmals brachte. Dieses System hatte Clarke schon seit einigen Jahren während seiner Zeit in der Roy Eldridge-Bigband experimentiert und im Lokal der 118. Straße weiter vervollkommnet. Da war es auch zweckdienlich, weil dort sehr schnelle Tempos durchzuhalten waren. Sie wurden oft und gern angeschlagen, auch um mittelmäßige Musiker zu entmutigen und fernzuhalten, die in den Jam Sessions zur Verzweiflung der besseren Kollegen mit allen spielen wollten. Ebenfalls zu dem Zweck, die fachlich unbemittelten Musiker aus dem Spiel zu halten, trafen sich Gillespie, Monk und Clarke nachmittags manchmal und tüftelten gewisse komplizierte Harmonieschemen aus, die ihre Kollegen in Schwierigkeiten bringen sollten. Das war der Ursprung einiger harmonischer Erneuerungen der »Boppers«. »Epistrophy«, ein Thema von Clarke und Monk, in dem mehr als eine Vorahnung des Bebop war, entstand damals.

Noch viel deutlicher war der Beitrag, den Charlie Parker zur Festlegung der neuen Ausdrucksweise des Jazz leistete. Innerhalb einiger Jahre sollte er sich als einer der größten Erfinder der Jazzmusik durchsetzen, deren Lauf er buchstäblich vom Wege abbrachte. Parker hatte seine Jugend während der letzten Jahre der Pendergast-Ära in Kansas City zugebracht. Er hatte aufmerksam den bekanntesten Jazzleuten zugehört, die in den Cabarets des Negerviertels arbeiteten, und er hatte zusammen mit der Luft die Blues eingeatmet, die dort unten zu Hause sind. So originell sein Stil auch war, den Jazzmusikern, die ihn in Harlem um 1940 hörten, kam er vertraut vor. Schließlich war er auf

164

den Blues gegründet und vom Stil bestimmter Persönlichkeiten ausgegangen, die vielen bekannt waren; von Lester Young und Buster Smith, dem Saxophonisten aus Texas, der zu den Blue Devils von Walter Page gehört hatte.

Die Jam Sessions im Minton's dienten vor allem dazu, die Freundschaftsbande zwischen den zukünftigen Vertretern des modernen Jazz zu stärken, deren Suchen damals demselben Ziele zustrebte. Jedoch waren viele Monate gemeinschaftlicher Arbeit vonnöten, besonders in jenen unersetzlichen Laboratorien, die die Bigbands waren, ehe sich unter ihnen eine wirkliche Übereinstimmung über musikalische Ideen und Empfindungsweisen herausbildete und ehe man also von einem neuen Stil sprechen konnte.

Das erste Orchester, das als Brutstätte des modernen Jazz fungierte, war die Bigband von Earl Hines zwischen Ende 1942 und dem Sommer 1943. Einer nach dem anderen kamen der Trompeter Little Benny Harris, der Posaunist Bennie Green, Dizzy Gillespie, der eine herausragende Rolle in der Formation einnahm, als er auch Arrangements für sie schrieb, und etwas später Charlie Parker, der als Tenorsaxophonist eingestellt worden war und sich sofort als der Undisziplinierteste in der Gemeinschaft entpuppte. Der Sänger war Billy Eckstine, zu dem im Frühjahr 1943 Sarah Vaughan trat, ein Mädchen, das er selbst an einem Amateurabend im Apollo in Harlem gehört und dann Hines empfohlen hatte.

Wie das Orchester zu dieser Zeit spielte, können wir nicht erfahren, da es wegen des langen Streiks, der in diesen Monaten die Tätigkeit der Aufnahmestudios lahmlegte, keine einzige Platte einspielen konnte. Aber da man den Geschmack von Hines kennt und bestimmte Aussagen von ihm hat (»Ich habe nichts davon gemerkt, daß da Jazz neuer Art entstanden sein soll, auch wenn Parker ungefähr so spielte wie jetzt«, gestand er dem Autor dieser Zeilen während einer Unterhaltung, die ein paar Jahre später, und zwar 1949, stattfand), scheint es wahrscheinlich, daß nur wenige der neuen Ideen, die in der Gruppe reiften, die als eine »Clique«, eine zwielichtige Versammlung von Glaubensgenossen angesehen wurde, in den Arrangements des Orchesters erkennbar waren. Aber etwas Neues mußte da doch sein, zum Beispiel in dem von Gillespie komponierten Stück mit dem Titel »A night in Tunisia«, dessen melodischer und harmonischer Ablauf schon eindeutig »bopperhaft« ist. Und dann kann man auch dem Glauben schenken, was Neal Hefti gesagt hat, der einige Arrangements für dieses Orchester geschrieben hatte: »Ich dachte, daß es das Größte wäre, was ich je geschrieben hatte, und wenn das Orchester in der Lage gewesen wäre, Platten aufzunehmen, würde ich es vielleicht jetzt noch denken.« [4]

Im Juli des Jahres 1943 begann das Orchester sich aufzulösen. Seine besten Solisten gingen früher oder später, und auch Eckstine ging, weil er entschlossen war, seine errungene Popularität zu seinem eigenen Gewinn besser auszunützen. Bird tat sich eine Zeitlang mit Cootie Williams und dann mit anderen zusammen. Dizzy trat der kleinen Band von Coleman Hawkins und anschließend, drei Wochen lang, dem Ellington-Orchester bei.

Dann bot sich Dizzy die Gelegenheit, sich zum ersten Mal selbständig zu machen. Er gründete ein Quintett, das von ihm und Oscar Pettiford geleitet wurde, einem Kontrabassisten indianischer Abstammung, der bei Charlie Barnet und danach einige Monate im Minton's gespielt hatte. Wenn es nach den beiden gegangen wäre, hätten Charlie Parker, Bud Powell und Max Roach die Gruppe vervollständigen müssen. Da aber die beiden erstgenannten aus verschiedenen Gründen nicht angestellt werden konnten, mußte man auf den Pianisten George Wallington (einen Sizilianer, dessen wirklicher Name Giorgio Figlia ist) zurückgreifen und als zweiten Bläser den Tenorsaxophonisten Don Byas aufnehmen, der anfänglich im Lokal engagiert worden war, um eine zweite Gruppe zu leiten. Dagegen war es möglich, Max Roach zu bekommen, einen jungen Schlagzeuger, der seine ersten beruflichen Schritte neben Parker im Clarke Monroe's getan hatte und dann oft im Minton's gesehen worden war, wo er die Arbeit von Kenny Clarke verfolgen wollte.

Das Quintett debütierte Anfang 1944 im Onyx und verbreitete Schrecken unter dem Publikum und den Musikern, einschließlich der Mitglieder des Herman-Orchesters, wie wir gesehen haben, obwohl diese doch alles andere als konservativ waren. Aber es gab auch Leute, die begeistert zuhörten. Nach der Meinung von Gillespie waren sie sogar in der Mehrheit.

»Das Publikum«, erinnerte sich Dizzy, »war wirklich was. Es merkte, daß etwas Neues geschah. Das Lokal war immer voll. Eines Abends kam Jimmy Dorsey rein. Wir spielten großartig. Er konnte es nicht glauben. Am Abend darauf kam er wieder, und er betrank sich nicht. Er war nüchtern, und das passierte ihm nicht oft. Er war verdammt nüchtern! Nachher hatte er eine kleine Party in seinem Hotel, dem Astor Hotel, und er lud mich ein. Er umarmte mich, als wir die Straße runtergingen. Er sagte: ›Junge! Diese Scheiße, die ihr alle da spielt! Ich würde dich bestimmt gern in meiner Band engagieren. Aber du bist so schwarz.‹ Ich sagte: ›Nun, wenn ich nicht so wäre, könnte ich nicht so spielen.‹«[5]

Obwohl diese Band fast per Zufall entstanden war – wie viele andere, die sich in diesen fetten Jahren in den Lokalen der 52. Straße ablösten –, hatten ihre Mitglieder sehr ähnliche Vorstellungen von der Musik, die sie zu spielen beabsichtigten. Nur Byas, der vom Basie-Orchester kam und ein Gefolgsmann von Hawkins war, stimmte mit seinen Kollegen nicht überein; er wurde jedenfalls sehr schnell durch Budd Johnson ersetzt.

Man kann sagen, daß in der Musik dieser kühnen Gruppe die im Minton's aufgetauchten und dann im Earl Hines-Orchester gereiften Ideen summiert, geordnet, bestimmt und besser ausgedrückt wurden. Weitere Neuerungen

kamen zu den schon experimentierten; die wichtigste – Pettiford zu verdanken
– war die systematische Vorstellung des Themas am Anfang und am Ende jedes
Stückes, unisono von Trompete und Saxophon gespielt. Auch der Name
»Bebop« entstand – wenigstens offiziell – in diesen Tagen und in diesem Lokal.
Es war ein lautmalerisches Wort, das stimmlich das aus zwei Noten bestehende
Motiv übersetzte, welches in einem bestimmten Stück immer wieder vorkam,
das oft von dem Quintett gespielt und schließlich »Bebop« genannt wurde.
Mit zwei staccato gespielten Noten wie diesen endeten viele der vom Quintett
vorgetragenen Phrasen wie in einem Schluckauf. Sie waren von den synkopier-
ten Figuren abgeleitet, die Kenny Clarke gern an der großen Trommel entwarf
und die Teddy Hill, der sie allabendlich hörte, nicht begreifen konnte: »Was
zum Teufel soll dieses Kloop-mop?«, fragte er. Er sagte das so oft, daß Clarke
»Klook« gerufen wurde.
Einige Stücke, die im Onyx gespielt wurden, schlugen ein. Eines, das schon im
Repertoire des Hines-Orchesters war, hieß »Salt Peanuts«, weil Dizzy sich
damit vergnügte, diese beiden Wörtchen auf dem hochzuckenden kleinen
Motiv des Themas zu wiederholen. Ein anderes, von Pettiford ausgedacht,
hieß »For bass faces only«; als es später in »One bass hit« umgetauft und Ray
Brown, dem besten Bassisten der neuen Generation, übergeben wurde, sollte
es eine Glanznummer der Bigband von Gillespie werden. Roach zeigte auf der
anderen Seite seine bereits ungewöhnlichen Fähigkeiten als Virtuoso-Schlag-
zeuger in einem Stück mit dem Titel »Max is making wax«.
Nach drei Monaten Arbeit im Onyx trennten sich Gillespie und Pettiford. Der
Trompeter nahm Budd Johnson und Max Roach mit und zog in ein anderes
Lokal der »Straße«, den Yacht Club, wo auch Eckstine auftrat. Pettiford blieb
im Onyx und ersetzte die scheidenden Musiker durch unbedeutendere, darunter Joe Guy. So gab es zwei Bebop-Gruppen in New York. Und schon waren
die ersten Schallplatten fertig, die aufgenommene Beispiele des neuen Jazz
enthielten. Coleman Hawkins hatte sie aus der Taufe gehoben, da er aus seiner
Begeisterung für die »neuen Klänge« – dieser Ausdruck wurde von vielen
verwendet – einer Studioband seinen Namen gab, die sich zum größten Teil
aus Solisten der ersten Onyx-Gruppe und einigen anderen zusammensetzte.
Indessen war der Ruhm Eckstines erheblich gestiegen, und sein Manager Billy
Shaw hatte ehrgeizige Pläne für ihn. Als Eckstines Engagement im Yacht Club
zu Ende war, hielt Shaw den Augenblick für gekommen, seinen Schützling
ganz groß herauszubringen, und machte ihm den Vorschlag, eine Bigband zu
gründen, deren Hauptattraktion seine Stimme werden sollte. Der Sänger sagte
begeistert zu. Er griff dann auf viele der Leute zurück, die mit ihm zusammen
in der Formation von Earl Hines gearbeitet hatten, und nahm Gillespie als
musikalischen Leader des neuen Orchesters. Es sollte als erstes den Bebop an
verschiedenen Orten der Vereinigten Staaten bekannt machen.

Im Juni debütierte das Orchester in Wilmington, im Bundesstaat Delaware, ohne seinen musikalischen Leiter, weil sich Dizzy in einem Reisezug verschlafen hatte. Auch der engagierte Schlagzeuger fehlte, weil er einberufen worden war. Erst kurz darauf konnte die Bigband in St. Louis als endgültig betrachtet werden. In ihren Reihen saßen, von Gillespie und Parker abgesehen, Budd Johnson, Bennie Green, der Bassist Tommy Potter, der Baritonsaxophonist Leo Parker, der Tenorsaxophonist Gene Ammons, der Schlagzeuger Art Blakey und weitere. Als Arrangeure arbeiteten Budd Johnson und Jerry Valentine, beide frühere Mitarbeiter von Hines, dann Tadd Dameron und Gil Fuller. Es war aus mehr als einem Grund ein schwieriges Orchester. Es machte eine sehr progressive Musik und enthielt Personen, die – gelinde ausgedrückt – unberechenbar waren. Jedoch kam es dank der Beliebtheit seines Chefs Eckstine, dank der Stimme von Sarah Vaughan, die sich eben damals als beste Sängerin der jüngsten Generation durchzusetzen begann, und auch dank der Neugier, die der neue Jazz beim breiten Publikum hervorrief, gut davon. So zog das Orchester trotz einiger Mißgeschicke und der wunderlichen Launen Parkers und einiger anderer Musiker nach ein paar Monaten seines Bestehens eine glänzende Bilanz und blieb noch einige Jahre lang, bis zum Februar 1947, zusammen. Weitere fähige Solisten, von denen man später noch viel reden sollte, gingen durch seine Reihen. Unter den vielen waren Miles Davis, ein Trompeter, der soeben anfing, Dexter Gordon und Lucky Thompson, beide Tenorsaxophonisten, sowie der Trompeter Fats Navarro. Er nahm den Platz von Gillespie ein, nachdem dieser die Leitung der Bigband Budd Johnson überließ und wieder in der 52. Straße arbeitete, womit er dem Beispiel Parkers folgte.

Dizzy und Bird, die für Musiker und Kenner nunmehr die unbestrittenen Führer des modernen Jazz waren, trafen sich Seite an Seite im Three Deuces in einem Quintett wieder, das Aufsehen erregte. Ebenso sensationell waren für den, der auf die Ereignisse im New Yorker Jazzkreis achtete, einige Schallplatten. Sie wurden in diesen Monaten von Gillespie, Parker und anderen jungen Musikern für bestimmte unabhängige Marken – National, Savoy, Apollo, Continental, Guild, Manor – eingespielt und brachten einem breiteren Publikum die ersten Beispiele von typischem »Bop« zur Kenntnis. Zwei Konzerte, die in der Town Hall im Mai und Juni 1945 gegeben wurden, stellten für Gillespie und Parker, die die Stars waren, eine Art öffentlicher Krönung dar, über den Kreis derer hinaus, die für diese Musik arbeiteten.

Es war in jedem Fall noch mehr nötig, damit der moderne Jazz von vielen verstanden würde und Anklang fände. Das mußte Gillespie selbst erfahren, als er in der zweiten Hälfte des Jahres 1945 mit seiner ersten Bigband auf Tournee bis in den Süden ging und dabei auf allgemeine Verständnislosigkeit stieß. Noch schlimmer erging es ihm ein paar Monate später, als er zusammen mit

Parker, dem Vibraphonisten Milt Jackson, Ray Brown und einigen anderen in einem Lokal in Hollywood engagiert wurde. Zu ihrem Glück fanden die »Boppers« in Los Angeles Verständnis und greifbare Unterstützung in Ross Russell, einem Bewunderer, der ein Plattengeschäft führte. Er begab sich daran, eigene Schallplatten auf der Marke Dial herauszubringen, und setzte dafür Parker, Gillespie, Dexter Gordon, Howard Mc Ghee – einen weiteren tüchtigen Trompeter und Schüler Gillespies – und andere ein.

Danach kamen die »neuen Klänge« ganz allmählich an. Als Gillespie so im Frühjahr 1946 eine zweite Bigband gründete, hatte er gleich im Spotlite auf der 52. Straße einen guten Erfolg. Und als am Jahresende die Stimmzettel ausgezählt wurden, die bei der New Yorker Zeitschrift »Metronome« zur jährlich veranstalteten Leserumfrage eintrafen, zeigte sich, daß der Trompeter auf dem ersten Platz vor all seinen Kollegen lag. Noch einige Monate vergingen, und im September 1947 öffnete die Carnegie Hall dem Gillespie-Orchester und Parker, der seit kurzem von einer schweren psychischen Krise wiederhergestellt war, sowie Ella Fitzgerald ihre Pforten. Es war das erste Großkonzert des »Bop« in der Geschichte und stand unter der Schirmherrschaft von Leonard Feather. Bei dieser Gelegenheit präsentierte das Orchester von Dizzy unter anderem eine der ersten Probenummern jener Vermischung des »Bop« mit Rhythmen von den Antillen, die zahlreiche und interessante Ergebnisse hervorbringen und den Namen »Afro Cuban bop« annahmen sollte.

Im Jahre 1947 war der Bebop eine Tatsache, die alle, die den Jazz verfolgten, zur Kenntnis nehmen mußten und mit der man zu rechnen hatte. Also wurde begonnen, die neue Musik zu analysieren, um zu begreifen, was es an wirklich Neuem in ihr geben könnte gegenüber dem Jazz, wie man ihn bis zu diesem Zeitpunkt gekannt hatte. Viele redeten von einer Revolution; manche, angefangen mit Hugues Panassié, der seine Meinung nie wieder ändern sollte, sprachen hingegen von einer Verirrung, einer Degenerationserscheinung und weigerten sich, eine neue Verkörperung des Jazz im »Bop« anzuerkennen.

Nicht weniger streng waren die Urteile bestimmter Musiker der alten Garde. Eddie Condon erklärte öffentlich, daß der »Bop« für ihn ebensowenig mit Musik zu tun hatte wie eine Mandelentzündung. Louis Armstrong nahm sich dagegen die Jazzleute der neuen Generation vor, die die alten Jazzer in Schwierigkeiten gebracht hatten und ihm deshalb voller Bosheit erschienen. »Alles, was sie machen wollen«, erklärte er dem »Down Beat«, »ist nichts weiter als eine krankhafte Sucht, sich selbst zur Schau zu stellen. Und jeder alte Trick ist ihnen gut genug, wenn er nur etwas anderes ist als das, was Ihr bis jetzt gespielt habt. So kramen sie all diese verrückten Akkorde aus, die nichts bedeuten, und am Anfang sind die Leute bloß deshalb neugierig, weil es sich um etwas Neues handelt, aber bald werden sie es leid, weil es keine wirklich gute Neuheit ist. Da gibt es überhaupt keine Melodie, die sich einprägen

169

könnte, und keinen regelmäßigen Rhythmus, auf den man tanzen könnte. Und so werden sie schließlich wieder arm, und es gibt für niemanden mehr Arbeit, und das hat Euch dann diese moderne Bosheit eingebracht.«[6]

Die Wirklichkeit sah sehr anders aus. Der Bebop stellte nicht nur einen erheblichen Fortschritt gegenüber dem früheren Jazz in rhythmischer, harmonischer und melodischer Hinsicht dar, sondern bedeutete auch den vollständigen Bruch mit einer industrialisierten und stereotyp gewordenen Musik, die nun der sogenannte Swing geworden war, so wie ihn die populärsten Orchester Amerikas, und zwar vor allem die weißen, spielten. Der Bebop – vielmehr der »Bop«, wie man zu sagen anfing – wollte keine Musik zum Tanzen sein. Er wollte eine »reine« Musik zum Hören sein und war von seinem Wesen her ausgesucht schwarz.

Es wurde bereits von ein paar Neuerungen gesprochen, die die »Boppers« in den Jazz brachten, und deren Voraussetzungen und Entstehungsgeschichte sind hier angedeutet worden. Wir haben gesehen, daß der Bop zu einem Teil das Ergebnis eines stufenweisen und spontanen Entwicklungsprozesses der individuellen Stile einiger Solisten aus der Swing-Ära war. Ein Prozeß, der jedenfalls durch ein paar junge hochtalentierte Jazzleute beschleunigt und dann vom bisherigen Wege abgebracht wurde. Unter diesen Musikern waren vor allem Parker sowie Gillespie, Bud Powell und Kenny Clarke, um nur die wichtigsten Erneuerer anzuführen. Ihre stilistischen Eigentümlichkeiten und ihre Einfälle entstanden manchmal aus Zufall, andere Male wurden sie Punkt für Punkt erdacht, mit kalter Berechnung ausprobiert und waren öfter logische Schlußfolgerungen eines neuen Entwurfes. Sie verbreiteten sich blitzschnell in dem engen Kreis der Verehrer der »neuen Klänge«, die sie unverzüglich übernahmen und in Formeln kleideten.

Obwohl die Reformbewegung, wie schon bemerkt, am Anfang nicht bewußt erfolgte und auch nicht gleich einen systematischen und konsequenten Charakter annahm, vielmehr von einigen individuellen Ausgangspunkten aus langsam vorwärtsschritt, so verging doch nicht viel Zeit, bis jeder Aspekt der Jazzmusik einer Revision unterworfen wurde. Man fing damit an, das Material der musikalischen Themen zu erneuern. Das seit einigen Jahren verwendete Material war – natürlich mit Ausnahme des traditionellen Jazz – auf die Schlager gegründet, die in der Tin Pan Alley serienmäßig hergestellt wurden, und schien nicht anregend genug zu sein. Man holte vor allen Dingen den Blues wieder hervor, weil er fast allen »Boppers« wohlbekannt war, da sie zum großen Teil in Kansas City und im Südwesten aufgewachsen waren. Und dann wurden viele Originalthemen dadurch erfunden, daß man in den meisten Fällen neue Melodielinien über die Akkorde verschiedener Standardstücke legte, die besonders gut zur Improvisation geeignet waren. So entstanden sonderbare, kaum eingängige Melodien, aus »abgestoßenen« Phrasen konstruiert, die im Zickzack verlaufen, äußerst dynamisch sind und durch bis dahin ungewöhnliche Intervalle gekennzeichnet werden; Phrasen, die sich in ihrer gegenseitigen Verbindung auf ein unbeständiges Gleichgewicht stützen, das einen zunächst bestürzt. Sehr oft unterschieden sich die neuen Themen so stark von denen, auf deren Harmonien sie gegründet worden waren, daß sie einen neuen Titel verdienten und ausschließlich den Autoren der Ausarbeitung, das heißt den Solisten, zuzuschreiben waren. In diesem Verfahren – grundlegend verschieden von der Variation auf einem Thema oder auch von der Improvisation auf den Akkorden, in der Art eines Coleman Hawkins, damit wir uns richtig verstehen – sind die »Boppers« unübertroffene Meister gewesen. Sie waren um so mehr zu bewundern, wenn man die begrenzte Anzahl der Standardstücke bedenkt, die von ihnen so oft »regeneriert« wurden.[7] Zu den damals meistverwendeten harmonischen Abläufen gehörten die von »How high the moon«, »I got rhythm«, »All the things you are«, »Whispering«, »Indiana«, »Just you, just me«, »Cherokee«, »'S wonderful«. Das erstgenannte Stück wurde so oft wiederholt, daß es als Hymne der »Boppers« bezeichnet werden kann.

Auch die herkömmlichen Harmonienabläufe des Jazz waren langweilig geworden. Soweit sie nicht beiseite gelegt wurden, frischte man sie auf und bereicherte sie. Dabei griff man häufig zur Harmonienveränderung. Die ausgedehnte Verwendung von chromatischen Effekten beeinträchtigte die vorher feste tonale Konzeption des Jazz so sehr[8], daß manchmal, besonders bei Parker, die Grenzen der Polytonalität erreicht wurden.

Die radikalsten Reformen jedoch betrafen das rhythmische Element. Eine freiere Metrik, allerdings im Rahmen des obligaten Vierviertaktes, ein differenzierterer und eigenwilligerer Vortrag, der den Pausen Luft gibt und die Augenblicke der Stille ausdrucksvoll macht, sind die hervorstechenden Charakteristiken der Bop-Phrasen. Durch die dauernde Veränderung der früher gleichförmigen Akzentuierung nehmen diese einen bruchstückhaften und dynamischen Verlauf. Der rhythmische Unterbau wird durch tausend unterschiedliche Skizzen belebt und bringt die Solos, die er stützt, unterstreicht und auf mancherlei Art kommentiert, zum Gären. Wenn man es genau betrachtet, ist es sogar nicht mehr angebracht, von einem Unterbau zu reden, weil die Rhythmusgruppe im Bop nicht mehr die untergeordnete Rolle einnimmt, die ihr in der Vergangenheit zugeteilt worden war, um nun mit Kraft und Phantasie in die Gestaltung der Musik einzugreifen.

Natürlich hatte auch im Bop die Rhythmusgruppe grundsätzlich die Aufgabe, den Takt anzugeben und jenes regelmäßige Pulsieren zu gewährleisten, das fast ein Atmen, ein biologischer Rhythmus ist und »Beat« heißt. Aber der Beat ist im Bop – wo er vor allem der Perkussion des Beckens und dem Anschlag der Baßsaiten am Kontrabaß übertragen wird – im wesentlichen polyrhythmisch.

Er ist auf einen »gebundenen«, leichten, bebenden und durchdringenden Klang begründet, wird durch Betätigung des Pedals der großen Trommel mit vereinzelten Akzenten durchsetzt und durch phantasievolle rhythmische Figuren, die an den kleinen Trommeln sowie am Becken entworfen werden, unterbrochen und kompliziert gestaltet. Er unterscheidet sich also sehr vom schweren und gleichförmigen Beat, der von den Swing-Schlagzeugern erzeugt wurde (hauptsächlich an der großen Trommel und an den Tom-Toms), und er ist unendlich anregender für die Solisten. Nicht selten haben einige der rhythmischen Figuren des Bop den Anstoß zu Themen gegeben, die auf Riffs basierten. So bei »Salt peanuts«, »Bebop« und »Op-Bop-Sh'-Bam«.

Da neue und komplexere Aufgaben bewältigt werden mußten, wurde die Rhythmusgruppe rationeller umorganisiert, um Überflüssiges zu vermeiden und das Risiko falscher Relationen herabzusetzen, die in einer fast völlig improvisierten Musik immer möglich sind. Die Gitarre, die inzwischen als überflüssig für die Begleitung betrachtet wurde, verschwand praktisch aus der Rhythmusgruppe. Als sie später wieder auftauchte, war sie ein Soloinstrument auf der gleichen Ebene wie die Bläser. Die Funktion des Pianos wurde vereinfacht. Der Pianist hatte immer weniger eine perkussive Aufgabe zu erfüllen, welche angemessener von anderen Instrumenten durchgeführt wurde, und war bemüht, die bereits vom Kontrabaß gespielten Baßtöne nicht unnötigerweise zu verdoppeln. Also vereinfachte er bei der Begleitung das Spiel der linken Hand und beschränkte sich darauf, sie zu einem mäßigen Kommentar auf der Grundlage von weitläufigen, synkopierten Akkorden einzusetzen. Clyde Hart scheint der erste Pianist gewesen zu sein, der dieses System der Begleitung verwendete, doch ist sicher, daß ein Präzedenzfall schon in dem sparsamen Klavierstil Count Basies existierte.

Lennie Tristano, einer der intelligentesten weißen Musiker, die sich dem neuen Jazz widmeten, hat die Unterschiede zwischen der rhythmischen Konzeption der Swingorchester und der Bebop-Gruppen eindrucksvoll zusammengefaßt und dabei die Überlegenheit und die Vorteile der letzteren herausgestellt:

»Der Swing war heiß, schwer und laut. Der Bebop ist frisch, leicht und locker. Der Swing rasselte und schnaubte vorwärts wie eine alte Lokomotive . . ., der Bebop hat einen subtileren Beat, der durch die Verwicklung besser ausgesprochen wird. Wenn man so verhältnismäßig leise spielt, kann man interessante und komplexere Akkorde einführen . . . Im Unterschied zu einer Rhythmusgruppe, die jeden Akkord schwer anschlägt, vier Schläge pro Takt, so daß drei oder vier Solisten den gleichen Akkord spielen können . . ., benutzt die Rhythmusgruppe im Bebop ein System des Tüpfelns mit Akkorden. Auf diese Weise ist der Solist in der Lage, den Akkord zu hören, ohne ihn in die Ohren gehauen zu bekommen. Er kann denken, während er spielt . . .«[9]

Das Unisonospiel von zwei (oder mehr) Blasinstrumenten zur Vorstellung des

Themas am Anfang und Ende des Stückes, die oft von den »Boppers« verwendeten ganz schnellen Tempi, das sich daraus ergebende Virtuosentum (bei gewissen Sechzehntelnoten der Bop-Trompeter in schnellen Tempi stockte den Kennern der Atem, als sie sie die ersten Male hörten), die abrupten Unterbrechungen, die plötzlichen Anfänge, die Sprünge um eine Oktave, das häufige Einsetzen des karikaturistisch und grotesk gewordenen Scat-Gesanges, schließlich die Vorliebe für Dissonanzen bei den Harmonien und für das Intervall der verminderten Quint, das am Ende im Bop die Wichtigkeit und den kennzeichnenden Wert einnahm, den die »Blue notes« in der Blues-Melodie haben – all das waren weitere Unterscheidungsmerkmale des modernen Jazz, denen die ausübenden Musiker einige Zeit lang absolut treu blieben.[10]

Die »Boppers« wurden innerhalb kurzer Zeit eine Sekte im wahrsten Sinne des Wortes. Sie waren nämlich ebensosehr darauf versessen, sich von der Masse zu unterscheiden und zu isolieren, wie sich untereinander anzupassen. Einer imitierte den anderen im Benehmen, im Gestikulieren, im Sprechen und in der Kleidung. Ihrerseits wurden sie dann von ihren Anhängern und Freunden, den »Hipsters«, nachgeäfft. Diese hielten sich für unkonformistische Leute, die stets auf dem laufenden und in alle geheimen Dinge eingeweiht waren, für »hip«, wie man damals sagte. Ihnen stellten sich angeblich alle anderen entgegen, und zwar die »Squares«, die borniertern, bürgerlichen und nicht informierten Konformisten.

In der Kleinwelt der »Boppers« und der »Hipsters« verbreiteten sich Modeerscheinungen in Windeseile. Die auffälligste Mode betraf das Äußere: ein strenggläubiger »Bopper« trug ständig eine gleichgültige Miene zur Schau und eine Baskenmütze auf dem Kopf. Er trennte sich niemals, auch nicht wenn er in irgendeinem halbdunklen Nachtlokal spielte, von seiner riesigen schwarzen Sonnenbrille, und unter seiner Lippe wippte herausfordernd ein »Goatee«, ein kleiner Haarbüschel, den man bei uns Ziegenbart nennt. Wer diesen »New Look« ohne viel Zeitverlust übernehmen wollte, konnte für wenig Geld den »Bop kit« kaufen, das heißt die komplette Serie dieses Krimskrams: Baskenmütze, Brille (nur die Fassung!) und einen künstlichen »Goatee« zum Aufkleben an das Kinn[11]. Um den Aufzug zu vervollständigen, prunkten manche mit einer langen Zigarettenspitze und einer breiten, flatternden Krawatte mit großer Schleife à la Lavallière. Diese Krawatte sollte wie die Brille einen Intellektualismus von Bohemiens und außerdem einen gewissen umstürzlerischen Hang anzeigen. Aber die Brille, die so dunkel war, daß sie die Augen ihres Trägers unsichtbar machte, hatte noch einen anderen und raffinierteren Zweck. Der »Bopper« und der »Hipster« achteten scharf auf das, was um sie herum geschah, sie wurden alles gewahr – das meinten sie wenigstens –, aber sie ließen nicht zu, daß die Außenstehenden, die Nichteingeweihten, die »Squares«, in ihren persönlichen Bereich eindrangen.

Die gleiche Funktion hatte der seltsame Slang, den sie in kurzer Zeit schufen und der sich mit den unter Jazzleuten und auch unter Rauschgiftsüchtigen gebräuchlichen Varianten in die Sprache einfügte, die in den Neger-Gettos schon immer existiert hatte. Nichts kann besser als ein solcher Slang, der nur im Bereich einer engen und heimlichen Gemeinschaft zu entziffern ist, die Verbundenheit unter den Mitgliedern stärken und eine Barriere gegen die Außenwelt aufrichten.

Noch überraschender für den Außenstehenden wirkte eine weitere Mode (aber es war durchaus nicht nur eine Mode, wie man später sehen sollte), die zu dieser Zeit als eine der vielen absonderlichen Launen der »Boppers« aufgefaßt wurde. Es waren die Übertritte zur mohammedanischen Religion, die sich gerade während der Blütezeit des Bop in der Negergemeinschaft New Yorks häuften. Unter den Musikern war der Islam von einem indischen Guru-Prediger namens Ahmediyya propagiert worden, der viele Neubekehrte zu verzeichnen hatte[12]. Wer damals zum neuen Glauben übertrat und einen arabischen Namen annahm, wollte jedenfalls nicht nur beweisen, daß er »hip« war, sondern auch eine Lösung für die schwierigen Probleme finden, die ihm seine Hautfarbe stellte. Ein mohammedanischer Neger kann in Amerika schließlich mehr geachtet werden, als ein Neger, der von Sklaven abstammt. Und dann beginnt ein Neger dadurch, daß er ein Moslem wird, sich etwas weniger amerikanisch und etwas mehr afrikanisch vorzukommen. Er rückt von seinen weißen Bedrückern weg und findet wenigstens einen Teil der Identität und der Würde wieder, die er auf amerikanischem Boden verloren hat. Das hatte vor allen anderen Elijah Muhammad, der Anführer der Black Muslims verstanden, die damals eine kleine Sekte bildeten, die im Mittleren Westen tätig war. Und das sollte Jahre später von seinem genialen Jünger Malcolm X perfekt verstanden werden, als er seine Rassenbrüder im Namen des Propheten zur Revolte aufhetzte.

Die ewig sensationshungrigen Journalisten ließen sich die Gelegenheit nicht entgehen und schrieben verwundert und belustigt sehr ironische Artikel über diese seltsamen Gestalten, die die »Boppers« und ihre Gefolgsleute waren. Dabei stellten sie ihre exzentrischen Eigenarten heraus, ignorierten dagegen Wert und Bedeutung ihrer Musik.

»How deaf can you get« (»Wie taub könnt ihr werden?«) war der Titel eines Aufsatzes über den Bop in der Wochenzeitschrift »Time«[13]. Ein paar Monate später zeigte »Life«[14] deutlich, wie die Einstellung eines Durchschnittsamerikaners zu den »Boppers« aussah. Ein ausführlicher Fotobericht über sie wurde veröffentlicht, in dem der schlechte Geschmack nur noch von der Unwissenheit derjenigen übertroffen wurde, die ihn verfaßt hatten. Der Name Parkers, des unangefochtenen Führers des modernen Jazz, war dort nicht einmal genannt, während den Baskenmützen, den dunklen Brillen und der Zugehörigkeit vieler »Boppers« zum Islam große Bedeutung zugemessen wurde. Dizzy Gillespie wurde zu Unrecht zu den neuen Moslems gezählt; er hatte sich den Reportern zuliebe in Richtung Mekka auf die Erde geworfen und in Gebetshaltung fotografieren lassen.

Niemandem fiel damals ein zu versuchen, die tiefere Bedeutung der kleinen Katastrophe zu erklären, welche die Welt des Jazz durcheinandergebracht hatte, und nach den wahren Gründen dessen zu forschen, was ganz nach einem radikalen Wandel der Grundeinstellung der jungen amerikanischen Neger noch vor ihrem Verhaltenswechsel aussah und es auch tatsächlich war. Es mußten noch verschiedene Jahre vergehen, ehe das Phänomen des Bebop in seinen psychologischen und sozialen Motivationen analysiert wurde. Und es darf nicht verwundern, daß der Autor der gründlichsten Analyse[15] ein schwarzer Schriftsteller war, LeRoi Jones, einer der gebildetsten Anführer der nationalistischen afro-amerikanischen Bewegung der sechziger Jahre.

Der Krieg mit seiner starken Erschütterung des Gewissens der amerikanischen Neger, mit den Enttäuschungen und Frustrationen, die er für fast alle von ihnen mit sich brachte, mit den starken Abwanderungen innerhalb des Landes, die von den Notwendigkeiten der Kriegsindustrie bestimmt wurden und die Geographie der farbigen Bevölkerung auf dem Gebiet der Vereinigten Staaten umwälzten, dieser Krieg war natürlich die erste Ursache für jeden Wandel gewesen. Parker, Gillespie und die anderen Jazz-Reformer bemühten sich vor allem anderen oder sogar ausschließlich, Musik zu machen, aber wurden am Ende zu Hauptvertretern und Helden der soziologischen Gruppe, die sie hervorgebracht hatte. Denn sie interpretierten besser als andere, wenn auch unbewußt, die veränderte Sicht ihrer Rassenbrüder (vor allem der gleichaltrigen, die deshalb hinsichtlich der sie umgebenden Realität sensibler waren) und in erster Linie die gewandelte Auffassung von ihrem Verhältnis zum weißen Amerika.

Der Mythos von der Integration, der am Ende der dreißiger Jahre in breiten Teilen der Negerbevölkerung Glauben gefunden hatte, schien vielen schon entmythisiert.

Die Rede von den »vier Freiheiten« war eine der edelsten Reden gewesen, die Roosevelt gehalten hatte, aber was die Neger anbetraf, waren viele der damals gemachten Versprechungen – die wichtigsten, von ihrem Standpunkt aus gesehen – nicht eingehalten worden. »Gleichheit der Chancen für die Jugend und für die anderen. Arbeit für die, die sie brauchen. Das Ende besonderer Privilegien, die wenigen vorbehalten sind. Genuß der Errungenschaften des wissenschaftlichen Fortschritts für einen höheren und allgemeineren Lebensstandard. Das sind die grundlegenden Dinge, die nicht aus den Augen verloren werden dürfen . . .« So hatte der Präsident im Jahre 1941 gesagt. Als diese Worte am Ende des schrecklichen Krieges, an dem auch die Neger teilgenommen hatten, wiedergelesen wurden, klangen sie für die Enterbten der Gettos wie Hohn. Viele Mitglieder der Negergemeinden, besonders die jungen, wurden zynisch und isolierten sich immer mehr von der weißen Gesellschaft, die sie mit Mißtrauen und wachsender Feindseligkeit betrachteten. Während sie sich isolierten, waren sie bemüht, sich möglichst stark von denen zu unterscheiden, von denen sie beherrscht und verachtet wurden, und miteinander einen Block zu bilden. Dafür war jedes Mittel recht, auch die Baskenmützen, die dunklen Brillen, der »Slang« der »Boppers« und die Zugehörigkeit zum Islam.

»Die Musiker der vierziger Jahre«, hat LeRoi Jones geschrieben, »begriffen jedoch die Frustration, die die amerikanische Gesellschaft für den Neger bereithielt, daß nämlich die einzige Assimilation, die die Gesellschaft vorsah, zum Verschwinden der wichtigsten Dinge führte, die der Schwarze besaß, wobei er nicht einmal, wie der weiße Amerikaner, politisch und ökonomisch entschädigt wurde.«

Später bemerkt Jones: »Es war mehr als nur zufällig, daß die Negermusik, die sich in den vierziger Jahren entwickelte, soziale Umwälzung implizierte. In gewissem Maße resultierte diese Musik aus bewußten Versuchen, sie vor der Gefahr zu bewahren, vom Mainstream verwässert oder auch nur von ihm verstanden zu werden. Zum einen begannen die jungen Musiker, sich selbst als »seriöse« Musiker anzusehen, sogar als Künstler, und nicht mehr nur als Unterhalter. Und diese Haltung zerstörte sehr bald die geschützte provinzielle Atmosphäre der »Folklore« im Jazz. Musiker wie Charlie Parker, Thelonious Monk und Dizzy Gillespie sollen alle zu verschiedenen Zeiten gesagt haben: »Es ist mir egal, ob man meiner Musik zuhört oder nicht.« Diese Haltung verwirrte sicherlich die Speakeasy-Charleston-Cotton Club-Gesellschaft der weißen Amerikaner, die den Jazz nur mit der Befreiung von der sozialen Verantwortung identifiziert hatten.«[16]

Ganz richtig. Die Tatsache, daß der Jazz nach Parker aufhörte, eine volkstümliche Musik oder sogar eine Musik der Zerstreuung und Unterhaltung zu sein, wie er es in der Swing-Ära gewesen war, besiegelte eine – bis auf den heutigen Tag nicht aufgehobene – Ablehnung seitens des Establishments, und nicht nur des amerikanischen. Man konnte ja einem Neger auch Beifall klatschen, der »auf seinem Platz« saß, um so mehr, wenn es der Platz des musikalischen Hofnarren war, aber es war und ist für zuviele Leute immer noch schwierig zuzugeben, daß ein Volk, das für minderwertig gehalten wird (wenn es nicht minderwertig wäre, wie ließe sich dann die Ausschließung, um nicht zu sagen: Unterdrückung, rechtfertigen?), den Anspruch auf ein vollwertiges Bürgerrecht, ebenso wie die Weißen, in der Welt der Kunst haben kann. Nicht umsonst sind noch heute die meisten Menschen in Amerika wie in Europa nur bereit, den Jazz so weit zu akzeptieren, wie er der weißen Kultur (der musikalischen und der nichtmusikalischen) irgendwie huldigt. Der noch andauernde

Erfolg der Spirituals, die Gesänge von Sklaven sind, welche die Religion ihrer Herren angenommen haben, sowie die sehr herzliche Aufnahme, die das breite Publikum über zwanzig Jahre lang dem Modern Jazz Quartet bereitet hat, das Bach und andere Größen der europäischen Musik nicht aus den Augen ließ, lassen sich so erklären. In gleicher Weise ist die anhaltende Sympathie vieler Leute (vor allem in akademischen Kreisen, die in dieser Hinsicht ein halbes Jahrhundert zurückgeblieben sind) für den sogenannten »symphonischen Jazz« zu erklären, der von Gershwin und Whiteman aufgebracht wurde.

Sehr verschieden von der Behandlung der »Boppers« war die gute Aufnahme einiger weißer Orchester, die zur gleichen Zeit, als sich Parker, Gillespie und ihre Jünger mit Mühe durchsetzten, auf verschiedene Weise versuchten, den Jazz aus der Sackgasse zu holen, in die er in den Kriegsjahren geraten war. Zwischen 1945 und 1946 war das beliebteste Orchester sicher die Woody Herman-Bigband, die übermütigen, aufregenden und spannungsgeladenen Jazz spielte, der eigens dazu geschaffen zu sein schien, den soeben beendeten Krieg vergessen zu lassen, und zu Recht begeisterten Anklang fand. Ungefähr um die gleiche Zeit behauptete sich ein weiteres Orchester, das von Boyd Raeburn. Es lenkte die Aufmerksamkeit eines Publikumsteils und vieler Kritiker auf sich, als es anspruchsvolle Partituren vorlegte. Diese näherten sich der großen zeitgenössischen Musik Europas, aber auch dem Bebop, für den Adjektive wie »advanced«, »progressive« und so ähnlich verwendet wurden. Urheber dieses »progressiven Jazz«, vorausgesetzt, daß es sich wirklich um Jazz handelte, waren Arrangeure, von denen eine gewisse Zeit lang viel gesprochen wurde, George Handy und – in geringerem Maße – Eddie Finckel. Der erste hatte engagierte Kompositionen, wie »Jazz symphony« (auch »Tone poem« betitelt) und »Jitterburg suite«, geschrieben, und der zweite war unter anderem Autor des »March of the Boyds« und des Titels »Boyd meets Strawinsky«, auf den das Orchester sehr stolz war. Auch die Formation des Schlagzeugers Ray Mc Kinley machte damals eine kurze Glanzzeit durch, die dem Verdienst des Arrangeurs Eddie Sauter zu verdanken war. Jedoch auch dieses Orchester wurde ebenso wie das von Raeburn schnell vergessen.

Ein sehr unterschiedliches Schicksal erlebte ein weiteres »progressives« Orchester (damals war diese Bezeichnung sehr häufig und stark begehrt). Stan Kenton hatte es bereits 1940 gegründet, und es hatte sich durchgesetzt, nachdem eine von ihm Ende 1943 aufgenommene Platte, »Artistry in rhythm«, über den Rundfunk in ganz Amerika zu hören war. Die sogenannte »Kenton-Ära«, wie die Zeitspanne seiner größten Popularität genannt wurde, begann praktisch jedoch erst im Jahre 1945, als Pete Rugolo, ein in Kalifornien aufgewachsener Arrangeur sizilianischer Abstammung, seiner Mannschaft beitrat und ihm durch sehr effektvoll gehaltene Partituren bei der Ausfeilung einer neuen Formel und bei einem neuen »Sound« half.

In den Jahren 1947-48, einer für Kenton sehr ereignisreichen und erfolggeseg-neten Periode, war er noch nicht oder höchstens oberflächlich vom Bop beeinflußt worden, auch wenn er sich wie Gillespie von afro-kubanischen Rhythmen verleiten ließ. Er glaubte mehr an die Möglichkeit, interessante Resultate durch etwas zu erzielen, das die Mitte zwischen dem Jazz und der zeitgenössischen symphonischen Musik Europas hielt. Sein Optimismus, der Ausmaße von Größenwahn erreichte, wurde von anderen geteilt. Im Kom-mentar zu einem Konzert, das im Zeichen des »Progressive Jazz« in diesen Monaten von Kentons großem Orchester in der Carnegie Hall gegeben wurde, schrieb der Kritiker der »Variety« (der Bibel der Theaterwelt, die sich wohl hütete, die Unternehmungen von Parker und Genossen besonders hervorzu-heben) unter anderem: »Seine Musik, voll von dissonanten und atonalen Akkorden, reich an Perkussion, mit ihren schmetternden, aber außerordent-lich präzisen Blechinstrumenten, könnte auf dem Gebiet des Jazz wahrschein-lich mit der Musik von Strawinsky und Schostakowitsch verglichen werden.«[17]
Als empfänglicher für den neuen Jazz der Neger erwies sich Woody Herman. Bei der Neubildung seiner Bigband im Sommer des Jahres 1947 zögerte er nicht, seinen Arrangements und deren Ausführungen einen eindeutigen Be-bop-Charakter zu verleihen. Das gleiche tat Benny Goodman für die Dauer von einigen Monaten, aber erst nach langem Zögern. Er überraschte alle, als er in seinen Gruppen auch typische Negersolisten des Bop spielen ließ, wie den Tenorsaxophonisten Wardell Gray und Fats Navarro, der inzwischen als der Trompeter Nummer zwei der neuen Generation angesehen werden konnte.
Diese Anerkennung, die der ehemalige König des Swing – allerdings mit zusammengebissenen Zähnen – dem Bop zollte, war recht bezeichnend. Sie sollte bedeuten, daß die »Boppers« es geschafft hatten und nicht mehr ignoriert werden konnten. Nicht umsonst hatten sie eben in diesen Monaten des Jahres 1948 ihr Hauptquartier von der 52. Straße, die aus mancherlei Gründen im völligen Verfall begriffen war, an den Broadway verlegt. Dort nahmen sie das Royal Roost in Besitz, ein Lokal, in dem man Bebop hörte und dabei Brat-hähnchen aß. Als dieses Geschäft so gut lief, hatte die Leitung des Royal Roost, das aus Jux auch »Metropolitan Bopera House« genannt wurde, im darauffolgenden Jahr den guten Einfall, mit Sack und Pack auf die andere Seite des Broadway in die »Bop City« umzuziehen, wo allabendlich etwa tausend Besucher Platz finden konnten.
Der Widerstand gegen den Bop innerhalb der Jazzwelt hatte jedoch keines-wegs aufgehört. Im Gegenteil, der Bebop wurde von mehreren Kritikern, angefangen mit Rudi Blesh, offen bekämpft. Blesh hatte viele Musiker der alten Garde um sich versammelt, spielte mit ihnen Schallplatten für seine Marke Circle ein und leitete Radiosendungen unter der Bezeichnung »This is Jazz« (»Das ist Jazz«). Auch verschiedene Musiker bekämpften den Bebop, wie wir

bereits gesehen haben. Außerdem fand die Bewegung des »New Orleans Revivals« immer mehr Anklang bei einem Publikum, das ständig wuchs. Die Wiederentdeckung von Bunk Johnson war die erste in einer langen Serie, durch die alte Pioniere des Jazz wiedergefunden und erneut groß herausgestellt wurden. Um sie scharten sich dann die neuen Anhänger des traditionellen Jazz. Im Jahre 1944 hatten die jungen Amerikaner durch beliebte Radiosendungen, die in Los Angeles von dem Schauspieler Orson Welles gestaltet wurden, Kid Ory kennengelernt. Der Posaunist aus Storyville war in den Kriegsjahren nach einer langen Zeit zurückgezogenen Lebens zur Musik zurückgekehrt und 1948 schon so berühmt, daß er seine erste lange Konzerttournee durchführen konnte. Unter den vielen weiteren alten Meistern, die wieder auftraten, verdient ferner Oscar »Papa« Celestin genannt zu werden. Er tauchte 1947 aus der Obskurität wieder auf, bildete eine neue Band und nahm seine Jahre vorher unterbrochene Karriere erneut auf. Ein ähnlich glückliches Schicksal hatte der Klarinettist George Lewis, der sich länger damit abgefunden hatte, als Hafenarbeiter in New Orleans zu leben. Gleich nachdem er 1942 wiedergefunden wurde, trat er der Bunk Johnson-Band bei und wurde auch in New York von vielen geschätzt. Als 1946 das Abenteuer des wiederaufgelebten Bandleaders unglücklich ausging, konnte Lewis in New Orleans eine eigene Band bilden. Dort sollte er die Pflege des alten Jazz zum Entzücken seiner heimlichen Anhänger und noch mehr zur Freude der Besucher dieser Stadt viele Jahre lang lebendig gestalten.

In New York wurde die Fahne des Dixieland hochgehalten und vor allem von Eddie Condon manchmal herausfordernd geschwenkt. Er hatte am Ende des Krieges ein Lokal in Greenwich Village eröffnet, wo er jeden Abend in der Runde seiner Fans spielte. An der Westküste, genauer gesagt in San Francisco, war Lu Watters mit seiner kleinen Musikergemeinde der eifrigste Bewahrer der Tradition des Jazz. Diese weißen Musiker waren in King Oliver verliebt und rekonstruierten seinen Stil, ohne dabei den noch älteren Ragtime zu vernachlässigen. Das Watters-Orchester war schon 1940 gegründet worden und wurde aufgelöst, als sein Leiter die beiden besten Mitglieder verlor, den Posaunisten Turk Murphy und den Trompeter Bob Scobey. Diese beiden wurden ihrerseits Leiter von traditionellen Bands und verewigten so eine richtige eigene kalifornische Schule.

Der Jazz alter Prägung, der schwarze wie der weiße, wurde von den Pionieren wieder aufgebracht oder auch von jungen Liebhabern mit wissenschaftlicher Gründlichkeit neu geschaffen. Diese waren oft Amateure, immer Weiße und seit 1950 zu einem sehr großen Teil in Europa gebürtig und tätig. Der alte Jazz wurde damals und wird noch immer vom Negerpublikum übersehen, weil es noch nicht in der Lage gewesen ist, den Geschmack an der Bergung von Kulturgut zu erlangen, und aus verständlichen Gründen nie einen Hang gehabt hat, seine Geschichte nochmals durchzulesen, wozu es allerdings in der Stunde des großen Aufstandes in den sechziger Jahren gezwungen werden sollte.

Für das große afro-amerikanische Publikum bedeutete der Verfall des sogenannten Swing, auf den das allmähliche Verschwinden der großen Orchester folgte, auch das Ende seiner engen Teilnahmebeziehung am Phänomen Jazz, die seit den Zeiten Buddy Boldens immer existiert hatte. Im Savoy in Harlem hatten in der Swing-Ära Zehntausende von Negern mit Begeisterung die Auftritte der Bigbands verfolgt, die sich auf den beiden Podien ablösten. Aber als der Bebop seinen lärmenden Auftritt hatte, wurden diese gleichen Personen oder ihre jüngeren Geschwister völlig verwirrt.

Für die Masse der schwarzen Proletarier – die, man beachte es wohl, immer die Jazzgrößen hervorgebracht hat und sie weiter hervorbringen wird – war eine einfachere und anregendere Musik nötig, die natürlich auf den Blues gegründet und von einem rhythmischen Pulsieren ohne Mißverständnisse gekennzeichnet sein mußte, eine wuchtige Musik, die einem Lust machte zu tanzen, sich hin und her zu wiegen und zu lachen. Diese Musik nahm eine Form oder, genauer gesagt, eine erste Form an, als man ihren Bedarf zu spüren begann, und zwar gerade in den Jahren, als sich nach dem Verfall des Swing der Bebop durchsetzte. Sie wurde schließlich als »Rhythm and Blues« bezeichnet, weil das der Begriff war, der in den Katalogen der Plattenfirmen den Ausdruck »Race Records« ersetzt hatte, der jetzt beleidigend gewirkt hätte. Unter dem allgemeinen Begriff »Rhythm and Blues« wurden die Schallplatten aufgeführt, die speziell für das Negerpublikum gedacht waren: gesungene oder vielmehr fast geschriene Blues, in den meisten Fällen lustig oder augenzwinkernd, weil die leisen und bedrückten Blues des ländlichen Südens nur noch eine weit zurückliegende Erinnerung waren, sowie stark rhythmisierte Instrumentalstücke, die sich untereinander in ihrer Art sehr ähnelten und denen oft auch die Bluesharmonien zugrunde lagen. Fast immer handelte es sich um ungeschliffenen und rohen Jazz, der zum unmittelbaren Konsum durch ein anspruchsloses Publikum bestimmt war.

Die Musiker, die als erste die Formeln und Stilelemente fanden, welche dann die Grundelemente des Rhythm and Blues wurden, so wie er in der zweiten Hälfte der vierziger Jahre Gestalt annahm, waren wahrscheinlich Joe Liggins, der unmittelbar nach dem Krieg einen großen Erfolg durch ein Stück mit dem Titel »The honeydripper« erzielte, sowie Roy Milton, Johnny Otis und Louis Jordan. Das Quintett dieses letztgenannten, die sogenannte Tympany Five, spielte einen ganz heißen und dynamischen Typ von Jazz, dem das etwas nasal wirkende und übermütige Altsaxophon-Spiel des Leaders eine besondere Färbung verlieh. Neben diesen Namen müssen einige Saxophonisten erwähnt werden, die in den Kriegsjahren in die Bigband von Lionel Hampton eingetreten waren, dessen aufsehenerregende Boogie Woogies die Theaterparkette erschütterten und die Jitterburgs durch die Tanzsäle Amerikas wirbeln ließen. Als Stammvater und als bester dieser Saxophonisten kann Illinois Jacquet angesehen werden, dem Arnett Cobb folgte, wie er Texaner. Beide spielten (und spielen noch) das Tenorsaxophon in einem Stil, der eine Verschärfung der Spielweise von Coleman Hawkins ist: ein »erotischer« Stil, wie er definiert worden ist, flammend, brüllend und überwältigend. Er sollte so stark nachgeahmt werden, daß sich die Kritiker veranlaßt sahen, für seine Ausübenden einen neuen und malerischen Ausdruck zu prägen. Sie nannten sie »Honkers«, weil sie an den Schrei der Wildgänse, den »honk«, erinnern. Ein dritter ehemaliger Hampton-Saxophonist, der sich unter den ersten Größen des Rhythm and Blues behauptete, war Earl Bostic. Auch auf seine gespannte und drückende Spielweise und den glühenden Ton seines Saxophons paßt die Bezeichnung »erotisch«.

In dem zurückentwickelten, herabgesetzten Jazz, der Rhythm and Blues getauft wurde, war das Hauptinstrument, wenigstens in der Anfangszeit, eben das Saxophon, das Alt- oder Tenorsaxophon. Alle ließen dieses Instrument in derselben heftig erregten Sprache sprechen, mit dem gleichen brüllenden Klang, und holten die gleichen schlechten Effekte, Grunzen, Pfeifen und Schmatzen, aus ihm heraus. Es kam nur darauf an, das Publikum zu amüsieren, »anzuheizen« und zu erregen, »eine Show abzuziehen«, und zu diesem Zweck schien jedes Mittel recht. Es gab Musiker, die, ohne einen Augenblick mit dem Saxophonblasen aufzuhören, allabendlich das Heldenstück vollbrachten, Jacke und Hemd auszuziehen und auf den Boden zu werfen. Andere vollführten beim Spielen ulkige Körperverrenkungen oder hüpften umher, und noch andere spreizten ihre Beine völlig auseinander und spielten in dieser höchst unbequemen Stellung weiter. Man braucht kaum zu bemerken, daß diese »Gimmicks« (Effekthascherei, billige Gags für die Einfaltspinsel, würden wir sagen) den Abscheu der wahren Jazzmusiker erregten, doch wurden sie nicht nur von einem bestimmten Publikums-Typ, sondern auch von den Impresarios gern gesehen, als diese damit sehr gute Geschäfte zu machen begannen.

Vom Rhythm and Blues wird im Verlauf dieser Geschichte noch die Rede sein müssen, weil er – in quantitativer Hinsicht – eine immer größere Bedeutung annehmen und ab Mitte der fünfziger Jahre auf der ganzen Welt sehr populär werden sollte, als er vorübergehend in »Rock and Roll« umbenannt wurde und seine ersten auffälligen Umgestaltungen erfuhr. An dieser Stelle reicht es, die wirklich bedeutungsvolle Tatsache zu unterstreichen, daß es vom Ende des zweiten Weltkrieges an für das afro-amerikanische Volk nicht nur eine Musik gab, sondern zwei Musikgattungen, die sich unabhängig voneinander und immer weiter auseinander entwickelt haben, bis zu einem Punkt, der ihren gemeinsamen Ursprung vergessen ließ. Der eigentliche Jazz endete nach der Revolution Parkers und der anderen »Boppers« in der Rolle einer Musik, die innerhalb gewisser Grenzen »gelehrt« und einer Minderheit mit entwickelten Geschmacksrichtungen vorbehalten war, während der Rhythm and Blues von Anfang an ein Konsumprodukt war und dann immer ein solches blieb. Der Rhythm and Blues wurde nach standardisierten Formeln serienmäßig hergestellt und war für die Massen bestimmt, zuerst ausschließlich für die schwarzen amerikanischen Massen und in jüngeren Jahren auch für die weißen und europäischen. Zwischen der einen und der anderen Musik ein gemeinsamer Nenner: der Blues. Jedoch ist der Blues im Jazz schon seit längerer Zeit im wesentlichen ein harmonisches Schema, ein Bezugsrahmen zur Formulierung des musikalischen Gedankens, zum Improvisieren. Im Rhythm and Blues ist er dagegen noch sehr häufig ein echter volkstümlicher Ausdruck mit einer genau umschriebenen sozialen Funktion in der Negergemeinschaft.[18]

Der Bop, der »progressive« Jazz Stan Kentons und anderer weißer Orchesterleiter sowie der gemäßigtere Jazz der Bigbands, die ihre Auffassung nach dem Verfall des Swing nicht wesentlich geändert hatten, außerdem der negroide und der weiße Revival-Jazz, wie er der Vergangenheit entrissen, festgehalten oder neu gebildet wurde, und schließlich der Rhythm and Blues, erschöpften nicht den breiten Fächer des Jazz in der unmittelbaren Nachkriegszeit. Es gab viele weitere Dinge. Da war zum Beispiel der elegante Jazz, der sich damals großer Beliebtheit erfreute und von gewissen kleinen Gruppen gespielt wurde, unter denen das Trio des guten Pianisten und noch nicht so berühmten Sängers Nat King Cole das Musterbeispiel war. Dann war da der schwer einzustufende Jazz einiger Einzelgänger, die nicht von anderen abgeleitet werden können und seit kurzer Zeit aufgetaucht waren, etwa des Pianisten Erroll Garner. Er kam gegen Kriegsende aus seinem heimatlichen Pittsburgh nach New York und hatte wegen der Originalität seines Stiles, gekennzeichnet durch das verwirrend unterschiedliche Spiel der beiden Klavierhände, gleich einen sensationellen Durchbruch in den Lokalen der 52. Straße. Es gab die Musik der Jazzleute der Zwischengeneration, die in den unterschiedlichsten Bands versammelt waren. Ferner gab es den anregenden, völlig improvisierten Jazz, den der Impresario Norman Granz seit 1946 unter dem bald berühmt gewordenen Motto »Jazz at the Philharmonic« durch die ganzen Vereinigten Staaten trug. Granz ist unter den Leuten, die kein Instrument spielen, gewiß die Persönlichkeit, die den größten Einfluß in der Jazzwelt ausgeübt hat. Als er noch Student an der Universität in Kalifornien war, folgte er dem Beispiel dessen, was Milt Gabler in New York machte, und begann, öffentliche Jam Sessions zu organisieren. Durch deren Erfolg ermutigt versuchte er daraufhin im Juli 1944, seinen ersten großen Coup zu landen, und veranstaltete mit einigen der besten Solisten, die damals dort zur Verfügung standen, ein Konzert im Philharmonic Auditorium in Los Angeles. Die Plakate logen also nicht, als sie »Jazz at the Philharmonic« ankündigten, und viele Leute kamen. Manch einer erwartete wahrscheinlich (das vermutet Granz), irgendein vornehmes Experiment der Verschmelzung von Jazz mit klassischer Musik zu erleben. Wie dem auch immer war, wer an diesem Tag eine Eintrittskarte kaufte, war von dem begeistert, was er zu hören bekam. Das gleiche läßt sich von einem großen Teil der Besucher der zahlreichen Konzerte sagen, die der Impresario aus Los Angeles anschließend in verschiedenen Städten der Vereinigten Staaten und seit 1952 auch – und noch häufiger – in Europa und manchmal in Asien durchführte.

Die Absicht und mit ihr die Philosophie von Granz waren und bleiben einfach: dem Publikum anregenden Jazz zu geben, keinen futuristischen, aber auch keinen allzu konservativen Jazz, sondern solchen, der von einigen der größten verfügbaren Solisten, Negern und Weißen, improvisiert wird, die miteinander wetteifern. Als Granz anfing, Platten zu produzieren, hielt er sich an die gleichen Grundsätze. Zuallererst nahm er seine Konzerte auf (er war der erste, der »Live«-Aufnahmen, mit Ansagen, Applaus und allem anderen, veröffentlichte), und dann versammelte er jahrelang sehr berühmte Solisten und Sänger in den Aufnahmestudios und ließ ihnen die größte Ausdrucksfreiheit.

Die Kritiken an der wettkämpferischen, eindeutig showmäßigen Auffassung der Musik, wie sie unter dem Zeichen JATP (der »Jazz at the Philharmonic« wurde bald so bekannt, daß er eine Abkürzung verdiente) präsentiert wurde, blieben nicht aus. Besonders in Europa waren sie streng, weil gewisse kulturelle Gegebenheiten es vielen dort anfänglich schwer machten, die Haltung zahlreicher, auch prominenter Jazzmusiker zu verstehen, die stets bereit sind, »Show« statt »Konzerte« zu bieten. Auch ihre geringe Neigung, sich selbst ernst zu nehmen, wurde schwer verstanden. (Diese Verhaltensweisen sind vor allem auf die Tatsache zurückzuführen, daß die Musiker viele Jahre lang in ihrer Heimat von fast niemandem als Künstler angesehen wurden; auch hätte man ihr Auftreten mit einem Anspruch auf künstlerische Aussage dort nicht akzeptiert.) Aber die Zeit hat gezeigt, daß die Verfechter eines »achtbaren« Jazz (im Sinne der Maßstäbe der europäischen Kultur, versteht sich), der also von anspruchsvollen, vielleicht sogar noch vollständig aufgeschriebenen Werken verkörpert wird – anstelle der zwanglosen, gelassenen und überwiegend improvisierten Darbietungen –, die echtesten Werte der Jazzmusik aus den Augen verloren oder nicht ganz verstanden hatten. Im Jazz hat sich dieser Typ von Darbietungen letzten Endes besser gehalten als zahlreiche Partituren voller Ansprüche, an die sich noch so berühmte Komponisten herangewagt haben. Und so kann man heute leichten Herzens gewisse Auswüchse des Jazz der Prägung eines Norman Granz verzeihen und dafür dem Werk des großen Impresarios die verdiente Anerkennung zollen. Er hat sich nicht nur darauf beschränkt, die größten Vertreter des Jazz gemeinsam auf die bedeutendsten Bühnen der halben Welt zu bringen und mit ihnen viele Platten aufzunehmen, sondern er hat auch mit Mut und Verbissenheit einen langen Krieg gegen die Rassenvorurteile seiner Landsleute geführt und dabei einige positive Ergebnisse erzielt.

In der Zeit des Bop vernachlässigte Norman Granz nicht dessen wichtigste Streiter. Er stellte unter anderem Charlie Parker und Dizzy Gillespie mehrfach in Konzerten vor und spielte viele Schallplatten mit ihnen ein. Aber seine größten Plattenerfolge hatte er mit solchen Aufnahmen wie »Perdido«, das während eines Auftrittes des JATP mitgeschnitten wurde und eine dem Weltuntergang ähnliche Version dieses Stückes enthielt, in der Illinois Jacquet und Flip Phillips, ehemals Tenorsaxophonist bei Woody Herman, wetteiferten, wer das Publikum noch mehr anheizen und erregen konnte.

Im Jahre 1949 präsentierte Granz in einem seiner »Jazz at the Philharmonic«-Konzerte auch einen vierundzwanzigjährigen Pianisten, der von einem seiner Solisten in Kanada gehört worden war und daraufhin engagiert wurde. Es war Oscar Peterson, ein riesiger Neger, gebürtig aus Montreal. Mit einem triumphalen Erfolg begann so die glückliche Laufbahn eines der angesehensten Jazzpianisten, dessen Instrumentaltechnik mit der von Art Tatum konkurriert. Granz war einer der ganz wenigen Leute in der Jazzwelt, die in diesem Jahr und in den darauffolgenden Jahren ausgezeichnete Geschäfte machten. Gerade 1949 begann man nämlich, die ersten sichtbaren Anzeichen einer Krise zu spüren, welche die bekanntesten Orchesterleiter Amerikas ihre Bigbands eine nach der anderen auflösen ließ. Diese sollten, von ganz wenigen Ausnahmen abgesehen, nie wieder zu neuem Leben erstehen. Die Krise zog natürlich auch die »Boppers« in Mitleidenschaft, die von den Agenten des Music Business inzwischen mit offenem Mißtrauen betrachtet wurden. Viele waren davon überzeugt, daß sie die Hauptverantwortlichen für das Nachlassen der Beliebtheit des Jazz waren. Auf jeden Fall waren die »Boppers« diejenigen gewesen, die den Jazz als tanzbare Musik aus der Mode gebracht hatten.

Es war nicht viel erforderlich, um ihnen Schwierigkeiten zu bereiten und den Bebop von der Bildfläche verschwinden zu lassen, wenn man unter Bebop die Musik versteht, die von den ersten Platten Birds und Dizzys, dem Quintett im Royal Roost unter Tadd Dameron mit Fats Navarro und anderen, Parkers Quintett mit Miles Davis, den beiden ersten Gillespie-Orchestern oder von den vielen weiteren Eintagsgruppen geprägt worden war. Solche hatten sich zwischen 1947 und 1949 gebildet und enthielten einige der besten »Boppers«: den Pianisten Bud Powell, der der Parker des Klaviers war und Schule machte; J. J. Johnson, dessen außergewöhnliche Instrumentaltechnik die Posaunenspielweise revolutionierte; den Altsaxophonisten Sonny Stitt, fast einen halben Parker; oder die Tenorsaxophonisten (Dexter Gordon, Wardell Gray, Gene Ammons und viele andere), die die Stile von Bird und Lester Young, dessen Spiel auf einmal verbindlich erschien, miteinander in Einklang gebracht hatten.

Die Musik der »Boppers« war schwierig, und nachdem der Augenblick der ersten Neugier vorüber war, hörten die Leute auf, sie zu verfolgen. Nicht einmal die Weißen, die sich dem modernen Jazz widmeten, brachten es fertig, vom großen Publikum akzeptiert zu werden. Boyd Raeburn und Georgie Auld waren nicht dazu in der Lage, und auch der Tenorsaxophonist Charlie Ventura schaffte es nicht, obwohl er doch »Bop for the people« (so hieß der Slogan) zu machen versuchte, als er eine kunstvolle Formel experimentierte, bei der die Instrumentalparts anmutig mit den Stimmen von Roy Kral und Jackie Cain verschmolzen wurden. Letzten Endes war Woody Herman derjenige von den weißen Orchesterchefs, der den meisten Erfolg und auch die hervorragendsten Ergebnisse mit seiner Bigband hatte, die als die »zweite Herde« in die Jazzgeschichte eingegangen ist. (Die »erste Herde« war die Formation von 1945-46.) Auch Herman mußte allerdings sein Orchester im Jahre 1949 auflösen; denn die Zeiten waren wirklich schlimm.

Um 1950 war die kleine Welt der schwarzen »Boppers« der Verzweiflung nahe. Dizzy Gillespie rettete sich, ein schwer zu erschütternder Mann, der die Methode gefunden hat, sich seinem Publikum mitzuteilen und es zu belustigen, obwohl er fast immer ausgezeichnete Musik macht. Und Parker, der anfing, sich mit einem Streichorchester zur Schau zu stellen, entkam, aber nur noch für kurze Zeit. Einige andere konnten sich noch retten, aber die meisten führten ein elendes Leben. Dies nicht nur wegen der Armut und der Frustration, die im Unverständnis des Publikums für ihre Musik begründet war. Auch die unter ihnen sehr verbreiteten Rauschgifte – die »harten«, die den Verstand durcheinanderbringen und den Menschen töten – waren daran schuld. Wegen dieser Rauschgifte ruinierten die besten Talente des modernen Jazz ihre Existenz: Parker starb, noch keine fünfunddreißig Jahre alt, im Jahre 1955; Bud Powell wurde zum ersten Mal 1947 im Alter von dreiundzwanzig Jahren in ein Irrenhaus gesperrt und begann so einen Leidensweg, der erst mit seinem Tode enden sollte; Fats Navarro wurde im Alter von siebenundzwanzig Jahren vom Heroin getötet; Tadd Dameron und Gene Ammons verbrachten lange Jahre im Gefängnis, nachdem sie mehrfach wegen Rauschgiftvergehen verurteilt worden waren. Diese Liste könnte noch lange fortgesetzt werden.

Keiner von ihnen war ein Verbrecher, obwohl viele von ihnen schwache Menschen waren. Ihr größter Fehler war der, daß sie mit der hohen Sensibilität der Künstler ihre tragische Lage als Kinder des Neger-Gettos in dem besonderen Augenblick der Geschichte der farbigen Amerikaner spürten, als sich die Welt um sie veränderte. Zwischen 1940, als sich viele von ihnen zum ersten Mal im Minton's trafen, und 1950, als ihre Musik von den grausamen Marktgesetzen weggefegt wurde, nahm die Negerbevölkerung New Yorks um 63 Prozent zu. Jetzt lebten in der größten Stadt der Vereinigten Staaten ungefähr 750 000 Neger. Der überwiegende Teil von ihnen wohnte in Harlem, das nicht mehr das »schwarze Paris« war, das sich die oberen Zehntausend in den Zeiten des Cotton Clubs als Ziel für ihre beherzten Nächte ausgesucht hatten, nicht mehr das Mekka des »Neuen Negers«, das Alain Locke erträumt hatte, sondern ein Inferno. Ein Paradies jedoch für die Schieber, die Zuhälter und die Großhändler in Sachen Rauschgift.

10. Der Jazz wird kühl

Die kurze Zeit zwischen 1948 und 1952 war für die Jazzleute schwierig, und zwar aus mehr als einem Grunde. Die Euphorie der unmittelbaren Nachkriegszeit, welche die Vergnügungsindustrie gedeihen ließ, war erloschen, und die Blütezeit der intensiven schöpferischen Tätigkeit – auch sie eine Auswirkung des Krieges –, die das Entstehen und den Erfolg des Bebop gesehen hatte, war zu Ende gegangen.

Die berühmtesten der großen amerikanischen Jazzorchester mußten eines nach dem anderen aufgelöst werden. Sie ergaben sich den Schwierigkeiten eines Marktes, der im Wandel begriffen war. Die Jugend verlor die Freude am Tanzen und konnte auf der anderen Seite von der Musik, die von diesen Jazz-Bigbands gespielt wurde, nicht dazu ermuntert werden, so durch die Tanzsäle zu wirbeln wie in der Zeit, als Benny Goodman und Tommy Dorsey die Szene beherrschten. Was die echten Jazzmusiker – solche, die nicht für Tänzer spielten, wohlverstanden – anbetraf, so sahen sie sich einem viel kleineren Publikum als früher gegenüber, weil die »Boppers« mit ihrer übel gelaunten und verschrobenen Musik das Music Business kaputt gemacht hatten, genau so, wie man in den Fachzeitschriften lesen konnte, die voller Klagen seitens der Inhaber von Clubs und Tanzlokalen und der Plattenproduzenten waren.

Es genügte, einen Abendspaziergang über die 52. Straße in New York zu machen, um sich vor Augen zu führen, wie sehr sich die Dinge im Verlauf weniger Jahre geändert hatten. In den kleinen Lokalen, die auf beiden Seiten der Straße lagen, die einst die »Swing Street« gewesen war, konnte man nun viel eher auf Striptease-Tänzerinnen als auf Jazzleute stoßen. Die Jazzmusiker trieben sich jetzt um die neuen »Tempel« des Jazz herum, die am Broadway errichtet worden waren, ohne allzuviel Hoffnung, dort Arbeit zu finden, es sei denn, daß sie Persönlichkeiten ersten Ranges waren.

Andererseits empfand mehr als einer von ihnen auch die Notwendigkeit einer Zeit der inneren Sammlung, um seine Gedanken zu ordnen und sich dann mit größerer Sicherheit wieder auf den Weg zu machen. Tatsächlich mußten die vielen Neuerungen, die von den »Boppers« eingeführt worden waren, verdaut, nochmals durchdacht und vertieft werden. Nicht wenige Musiker merkten mehr oder weniger deutlich, daß die eckige, provokatorische und erfindungsreiche Musik, die ein paar Jahre zuvor in den »Jazz spots« der 52. Straße aufgetaucht war, vereinfacht, flüssiger gemacht und vielleicht ein wenig gefälliger gestaltet werden mußte. Andere, die sich gleichermaßen der Notwendigkeit bewußt waren, die musikalischen Ideen der »Boppers« weiter auszuarbeiten, hatten aber die Empfindung, daß man mit größerer Entschiedenheit auf dem von Parker und seinen Jüngern eingeschlagenen Weg fortschreiten müsse, um sich immer weiter von den showmäßigen und etwas wettkämpferischen Auffassungen zu entfernen, die den Jazz viele Jahre lang beherrscht hatten.

Einige weiße Jazzmusiker waren es, die mehr als die anderen vom typischen Bop abrückten, den sie von Anfang an als Rohmaterial ansahen, das bearbeitet werden mußte, damit es abkühlte, und das man dann in Formen raffinierter Vielfalt zusammenlegen sollte. Der herbe Beigeschmack nach Blues im Jazz Charlie Parkers bedeutete ihnen nicht viel, da sie nicht im Neger-Getto irgendeiner amerikanischen Großstadt geboren waren, während die kühne Harmonik, Melodik und Rhythmik seiner musikalischen Erfindungen sie anregten. Es reizte sie die Möglichkeit – die Parker und seine Glaubensgenossen auch für sie erahnt hatten –, auf den Grundlagen des Bop eine Kunstmusik zu schaffen, die einige Werte der europäischen Musik mit in Betracht zog.

Diese »wichtige« Musik, die vom akademischen Gesichtspunkt aus gesehen einwandfrei war und eher in Konzertsäle als in verrauchte Lokale paßte, in denen sich die Jazzmusiker und ihre Bewunderer zusammendrängten, sollte den Namen »Cool Jazz«, das heißt »kühler Jazz«, annehmen, da sie ruhig, distanziert und gleichmütig war. (Das Eigenschaftswort »cool« hat im Slang viele Bedeutungen; es kann auch »vorzüglich« und sogar »völlig in Ordnung« bedeuten. Nicht umsonst war es unter den Jazzleuten von Lester Young eingeführt worden, dem der Slang der »Hipsters« einige farbige Ausdrücke verdankt.)

Der Cool Jazz hatte ein ganz kurzes Leben, das nicht vom Glück gesegnet war. Aus heutiger Sicht scheint er mehr eine Verirrung als eine Etappe in der Jazzgeschichte zu sein. Diese nahm ihren Gang wieder auf, ohne ihn zu berücksichtigen, als das Abenteuer der »Coolsters« (so wurden die Vertreter des neuen Stils von einigen genannt) sein Ende fand. Nichtsdestoweniger war es absolut kein unrühmliches Abenteuer; denn von den wenigen Aufnahmen, die man mit Sicherheit diesem Stil zuordnen kann, gehören einige zu den schönsten der Jazz-Diskothek. Und es war ein notwendiges Abenteuer, weil es ermöglichte, einige noch nicht erspähte Wege der Jazzsprache zu erproben und ihre Grenzen zu erkennen.

Daß gewisse Experimente nötig und zu diesem besonderen Zeitpunkt unvermeidlich waren, zeigt sich an der Gleichzeitigkeit, mit der Musiker verschiedener Herkunft in unterschiedlichen und auch örtlich auseinanderliegenden Milieus sie unternahmen, und an dem eigentümlichen Zusammenlaufen ihrer Bestrebungen.

Um die allerersten Äußerungen dessen herauszufinden, was sich als eine neue

Konzeption des Jazz herausstellen sollte, muß man auf das Jahr 1946 zurückgehen und die Aufmerksamkeit auf die Tätigkeit von drei verschiedenen Musi-
kergruppen lenken. Eine wurde von Lennie Tristano, einem gerade in New
York angekommenen Pianisten italienischer Abstammung, geleitet, der mit
seinem Trio den Kennern sogleich auffiel. Eine zweite Gruppe stand unter
Leitung des Arrangeurs Gene Roland, der ein Orchester mit vier Tenorsaxophonisten gründete und dadurch ohne sein Wissen eine Saat säte, die großartig
aufgehen sollte. Eine dritte Gruppe schließlich hatte sich in San Francisco um
den Pianisten und Komponisten Dave Brubeck gesammelt, einen Schüler von
Darius Milhaud, der damals seine ersten Schritte tat. Zwei Jahre später starte-
ten weitere Musiker, die ebenfalls in New York tätig waren, ein Experiment
mit ganz hervorragenden Ergebnissen. In ihrer Formation fielen der kanadische Arrangeur Gil Evans, ein einundzwanzigjähriger Baritonsaxophonist und
Arrangeur namens Gerry Mulligan sowie Miles Davis und John Lewis auf, die
beiden bekanntesten Solisten unter den ganz wenigen schwarzen Jazzmusikern, die an dem Cool Jazz-Abenteuer beteiligt waren.
Tristano war – und ist es immer noch, obwohl er seit vielen Jahren zurückgezogen lebt – einer der großen Köpfe des Jazz. Als man anfing, über ihn zu
reden, spielte er eine Musik, die sehr eng mit dem Bebop verwandt und
dennoch würdevoll, bewußt ästhetisch und etwas kalt war. In seinem Jazz kam
Bach zum Vorschein. Das Spiel der Baßfiguren, das fugenartige Zeitmaß, der
Kontrapunkt in Schönschrift, die kompositorische Strenge, der schwerelose
Wohlklang der Blasinstrumente, die später seinem Ensemble hinzugefügt wurden und zur Ehre der neuen Ästhetik keine Vibratos verwendeten, gaben
seiner »Kammermusik« eine Eleganz des 18. Jahrhunderts.
Analog zu Tristanos Experimenten verliefen die gleichzeitig vor allem von
Dave Brubeck mit einigen Schülern durchgeführten Versuche. Unter ihnen
ragten Dave Van Kriedt und der Klarinettist Bill Smith hervor. Die erste
Gruppe, die Brubeck im Jahre 1946 gründete, war ein Oktett und hatte wegen
der aristokratischen Konzeption der Partituren, auf die sie sich einließ, ein
schweres Leben. In diesen Partituren waren Fugen und Kontrapunkt Zeichen
von Vornehmheit, und es fehlten auch nicht Abschweifungen auf die damals
praktisch noch nicht erforschten Gebiete der Polytonalität und Polyrhythmik.
Die wenigen Aufnahmen des Oktetts, die erst 1959 eingespielt werden konnten, als das Ensemble schon aufgelöst worden war, um durch ein Trio ersetzt
zu werden, sind vor allem wegen der ausgearbeiteten Kostbarkeit der Arrangements zu schätzen. Unter diesen Einspielungen verdient die polytonale »Fugue
on bop themes« von Van Kriedt eine besondere Erwähnung. Wenn man sie
hört, kann man das besser verstehen, was Brubeck Jahre später Ralph J.
Gleason gesagt hat: »Ich bin von Tristano wirklich beeindruckt worden. Und
ich denke, daß es aufregend war, diese erste Gruppe von Miles Davis zu hören.

Sie hat mir sehr gut gefallen. Ich weiß, daß das Oktett vor dieser Gruppe entstanden ist . . ., aber diese Gruppe machte vor unserer Aufnahmen. Ich meine, daß Tristano und diese Musiker (der Gruppe von Davis) ähnliche Dinge machten wie die, die wir an der Pazifikküste betrieben. Es war eine natürliche Entwicklung der Dinge dieser Zeit.«[1]

Auch Gene Roland versuchte, Partituren neuen Typs zu schreiben. In einem Orchester, das er in New York gründete, hatte er vier Tenorsaxophone zur Verfügung (zwei davon waren in den festen Händen von Stan Getz und Al Cohn), die es ihm möglich machten, einen noch nie dagewesenen und hinreißenden Sound zu erreichen. Das regte ihn an, im Jahre darauf, und zwar Anfang 1947, das Experiment zu wiederholen. Diesmal war die Formation, für die er schrieb und in der er Piano spielte, in Los Angeles ansässig und wurde nicht von ihm geleitet. Die vier Saxophone jedoch waren alle ausgezeichnet. Dieses Viergestirn hatte Gewicht in der Geschichte des Jazz. Es wurde fast vollständig von dem Orchester übernommen, das Woody Herman ein paar Monate später gründete, und gab den Arrangements der Bigband eine besondere Färbung. Darunter wurde »Four brothers«, das von Herman und Jimmy Giuffre (dem einzigen der vier Saxophonisten, der dem Orchester nicht sofort beitrat) in Auftrag gegeben worden war, das inspirierende Vorbild und gleichzeitig ein sehr oft zitiertes Beispiel des Cool Jazz.

Unter den vier Saxophonen zeichnete sich das Spiel von Stan Getz aus. Es war klar und durchsichtig, diente einer leichten und relaxten Phrasierung und lehnte sich dem Ton von Lester Young an. Als man es in den ersten Aufnahmen der »zweiten Herde« Herman hörte, machte es Eindruck und wurde als so schön empfunden, daß irgend jemand Getz den Beinamen »The Sound« gab. Und doch war dieser so neue Klang keine Einzelerscheinung. Ein anderer ganz junger Mann, der zu der kleinen Mannschaft von Tristano gehört hatte, als dieser Pianist sich noch schlecht und recht in Chicago durchschlug, hatte einen ebenso sauberen und feinen Ton gefunden. Es war Lee Konitz. Die Musik dieses Altsaxophonisten war aber kälter und strenger und enthielt keine Spuren der subtilen Sinnlichkeit, die man im Spiel von Getz hören konnte.

Die Gruppe von Miles Davis, auf die sich die oben wiedergegebenen Worte Brubecks bezogen, wurde später gebildet, aber die von ihr erzielten Resultate waren so ansehnlich, daß viele Jazzforscher ihre Aufmerksamkeit ausschließlich auf sie richteten und in ihren Aufnahmen zu Unrecht die ersten Beispiele des Cool Jazz sahen.[2] Das Ensemble hatte sich nach freier Wahl seiner Mitglieder spontan gebildet. Sie waren einander nicht nur durch gegenseitige Achtung, sondern auch und in erster Linie durch eine erhebliche Gemeinsamkeit ihrer Geschmacksrichtungen und Ideen verbunden. Sie trafen sich oft, um über Musik zu diskutieren und Platten in der Wohnung von Gil Evans zu hören, die aus einem bescheidenen großen Zimmer im Kellergeschoß eines Hauses auf

der 55. Straße in New York bestand. Diese Musiker stellten fest, daß sie die Meinungen des kanadischen Arrangeurs teilten. Er wollte etwas ganz Neues schaffen, dabei jedoch an die Erfahrungen anknüpfen, die er mit dem Orchester von Claude Thornhill gemacht hatte, für den er verschiedene Jahre lang Partituren geschrieben und den er erst seit kurzem verlassen hatte. Obwohl diese Trennung von Thornhill gerade wegen Differenzen musikalischer Natur erfolgt war, meinte Evans, daß der Sound, den sein ehemaliger Leader für sein Orchester gefunden hatte, die Wiederaufnahme und Neubearbeitung durch eine Jazzgruppe wert war. Dieser Sound war durch die Verwendung der French horns (zu denen später eine Baßtuba kam) gekennzeichnet, die wegen ihres begrenzten Klangumfanges die Art des Einsatzes der anderen Instrumente begrenzten. »Dieser uralte, quälende Sound ohne Vibrato«, erinnerte sich Evans Jahre später, »mischte sich in verschiedenen Kombinationen mit den Klangfarben der Saxophone und der Blechbläser ... Die Melodie war sehr langsam, ruhend, die Synkopierung auf ein Minimum reduziert. Alles mußte leiser gespielt werden, um diesen bestimmten Sound zu erzeugen, und nichts durfte getan werden, was die Aufmerksamkeit von ihm ablenken konnte. Dieser Sound lag wie eine Wolke über allem.«[3]
Und doch hatte dieser gedämpfte, unbewegliche, geradezu hypnotische Sound eine unbestreitbare Anziehungskraft. Es war nur nötig, ihn aus melodischer, harmonischer und rhythmischer Sicht ein wenig in Bewegung zu bringen – wie Evans Thornhill mehrmals ohne Erfolg gesagt hatte – und zu diesem Zweck waren Jazzsolisten erforderlich. Zu diesen konnten Gerry Mulligan und Lee Konitz sehr gut passen, die bis kurz vorher zum Thornhill-Orchester gehört hatten (Mulligan hatte für dieses sogar ein paar Arrangements geschrieben), und auch Miles Davis und John Lewis konnten passen; sie waren zwar in der Welt der »Boppers« aufgewachsen, zogen aber die ruhige Atmosphäre vor, die den natürlichen Lebensraum der weißen Kollegen um Evans bildete.
Davis nahm das Ruder in die Hand, als er mit den Freunden von Evans und einigen weiteren eine Gruppe von neun Elementen gründete und sie im September 1948 im Royal Roost engagieren ließ. Im Bewußtsein der Bedeutung, welche die Arrangements für diese Gruppe hatten, ließ er ein Schild am Eingang des Lokals anbringen, das ankündigte: »Arrangements von Gerry Mulligan, Gil Evans und John Lewis.« So etwas war in der Jazzwelt, wo die Solisten immer die Stars sind, vorher noch niemals gesehen worden.
Die Musik gefiel den Stammgästen des Broadway-Lokals sehr gut, aber sie war zu raffiniert, um einem breiteren Publikum »verkauft« werden zu können, und so mußte das Ensemble aufgelöst werden, nachdem es nur zwei Wochen lang aufgetreten war. Aber die Musiker, die an diesem Unternehmen teilgenommen hatten, vergaßen es nicht und folgten Miles gern, als er sie einige Monate später zu drei Aufnahmesitzungen einlud, bei denen zwölf Stücke entstanden, die

repräsentativ für den Stil der Gruppe sind.[4] Diese Titel, die in den Studios der Capitol eingespielt worden sind, wurden von drei leicht unterschiedlichen Formationen ausgeführt. In ihnen kann man außer Davis, Mulligan, Konitz, Lewis und fähigen Schlagzeugern wie Max Roach und Kenny Clarke ein French horn und eine Baßtuba hören, die unumgänglich waren, um den weichen, dumpfen Sound des Orchesters von Claude Thornhill wachzurufen, das ja den Ausgangspunkt für die Experimente der Gruppe gebildet hatte. Über diesen Sound hinaus gab es aber die jazzmäßigere Inspiration, die dem solistischen Beitrag zu verdanken war, den Gil Evans in der Formation seines ehemaligen Leaders vermißt hatte. Trotzdem waren die Solos nicht ungestüm oder imposant; sie waren im Gegenteil leicht, gelassen, »kühl« und fügten sich in ein Klanggewebe voller Kostbarkeiten ein.

»Diese Schallplatten von Miles«, hat Evans gesagt, »gaben eine Vorstellung von dem, was man durch die Kombinierung der Instrumentalstimmen erreichen kann, wie sie der Ausführung Intensität oder Relaxtheit zu verleihen vermag. Betrachten wir die vier hauptsächlichen Blasinstrumente, die Miles in seiner aus neun Personen bestehenden Gruppe hatte. Wenn sie zusammenspielten, stellten sie eine besondere Stimme dar, die eine besondere Melodielinie spielte. In gewisser Hinsicht war es so, als ob man nur einen einzigen Part schreiben würde. Aber dieser Sound konnte auf viele Arten verändert werden, indem man die Instrumente in verschiedener Weise miteinander kombinierte.[5]

Farbig und zart liebkosend und mit einzigartigem harmonischen und kompositorischen Können verfaßt ist der größte Teil dieser Arrangements. So wurden sie für das Davis-Ensemble geschrieben, und zwar von Gerry Mulligan (»Jeru«, »Venus de Milo«, »Godchild«, »Rocker«), von Johnny Carisi (einem Trompeter und Komponisten, der unter Thornhill gearbeitet hatte und sich rühmen konnte, als einziger weißer Musiker das Minton's Anfang der vierziger Jahre mit Ausdauer besucht zu haben; von ihm stammt »Israel«, eines der gelungensten Stücke dieser Serie), von John Lewis (»Rouge«, »Move« und »Budo«) und schließlich von Gil Evans (der außer »Moon dreams« einen Titel »Boplicity« orchestrierte, den er selbst unter dem Pseudonym Cleo Henry komponiert hatte). Es sind unübertroffene Beispiele jenes sehr fortentwickelten und sogar spitzfindig ausgeklügelten Jazz, der »Cool« hieß und eine Zweitstudie und Überarbeitung vieler Neuerungen aus »weißer« Sicht darstellte, so wie sie ungestüm und ungeordnet aus der Reform der schwarzen »Boppers« entsprungen waren.[6] Tristano, Brubeck und die Verantwortlichen des vom Woody Herman-Orchester mit viel Erfolg verwendeten »Four Brothers Sound« hatten sich dem gleichen Problem gestellt. Die letztgenannten hatten mit ihrer Vorliebe für leichte und elegante Melodielinien, für dunkle Farben und matte Klangwirkungen ohne Vibrato sogar einige der musikalischen Züge der Miles Davis-Gruppe vorweggenommen.

Es gab keine weiteren Erfindungen von Belang in der kurzen Blütezeit des Cool Jazz, die um 1949 ihren Höhepunkt erreichte und zwei oder drei Jahre später ihren Abschluß fand. Einige der Formationen, die um das Jahr 1950 in diesem Bereich wirkten, wurden am meisten besprochen: Dave Brubeck gründete sein erstes Quartett mit dem Altsaxophonisten Paul Desmond, nachdem er sein Trio aufgelöst hatte. Der englische Pianist George Shearing hatte einen neuen Klang vorgelegt, der durch das delikate Unisonospiel von Piano, Vibraphon und Gitarre erzeugt wurde, und leitete ein Quintett. Red Norvo konnte in seinem Trio anfänglich auf die Mitarbeit zweier talentierter Musiker, des Gitarristen Tal Farlow und des Kontrabassisten Charlie Mingus, zählen. Schließlich gab es noch bestimmte Gruppen, die von dem Klarinettisten Buddy de Franco geführt wurden. Alle obengenannten Formationen spielten jedoch eine Musik, die eher angenehm als anspruchsvoll, außerdem gefällig, aber auch etwas kraftlos war und keine großen Spuren hinterlassen hat.

Dagegen setzte der vorzügliche Jazz von Davis seine Zeichen und wurde in Amerika und Europa sofort imitiert. Allerdings kann man nicht sagen, daß die Arrangeure, die sich an ihm ausrichteten, es verstanden hätten, auf der Höhe der Norm zu bleiben, die in den Capitol-Sitzungen festgelegt wurde. Die meisten machten nur eine ebenso anmaßende wie mechanische und kalte Musik, die in großen Mengen konsumiert wurde, solange sie frisch war, bald aber der Vergessenheit anheimfiel. Dieses Schicksal erlebte der sogenannte »West Coast Jazz«, der in den frühen fünfziger Jahren unter der Schirmherrschaft von Shorty Rogers von Los Angeles ausging. Dieser Trompeter und tüchtige Arrangeur machte aus der großen kalifornischen Stadt ein sehr aktives Jazz-Zentrum.

Kalifornien war immer eine Grenzprovinz in der Welt des Jazz gewesen. Allerdings hatte es schon in den Jahren vor dem ersten Weltkrieg Musiker zu Gast gehabt, die aus New Orleans nach Los Angeles gekommen waren. Zuerst kamen Bill Johnson und Freddie Keppard an und wurden dann von Jelly Roll Morton und Kid Ory gefolgt. Morton und Ory waren beide lange Zeit sowohl in San Francisco als auch in Los Angeles ansässig. In dieser letzteren Stadt machte Kid Ory im Jahre 1922 die Aufnahmen für diejenige Schallplatte, die im allgemeinen als die erste veröffentlichte Platte mit Negerjazz angesehen wird[7]. Auch King Oliver gehörte mit seiner Creole Jazz Band zu den frühesten Botschaftern der afro-amerikanischen Musik an der Westküste. Dort verweilte dann Mitte der zwanziger Jahre die Band von Ben Pollack, in der der heranwachsende Benny Goodman spielte, ebenfalls längere Zeit. Die älteren Jazzfreunde erinnern sich noch heute an den Aufenthalt von Louis Armstrong in Culver City zu Beginn des anschließenden Jahrzehnts sowie an den Ausbruch des »Swing craze« im Palomar Ballrom von Los Angeles im Jahre 1935. Trotz des Kommens und Gehens der Orchester waren weder Los Angeles noch San

Francisco in den darauffolgenden Jahren jemals blühende Jazz-Zentren. Das wurden sie jedoch in den Jahren des zweiten Weltkrieges, als es vor allen Dingen dem Wiederaufleben des frühen Jazz zu verdanken war, daß sie immer mehr mit Jazzleben erfüllt wurden.

Um 1950 hörte man in den eleganten Lokalen von Los Angeles und besonders Hollywood fast ausschließlich Dixieland. Dort arbeiteten nämlich Eddie Miller, Ben Pollack, Jack Teagarden, Red Nichols, Kid Ory und viele andere. Und dort erntete auch die »Firehouse Five plus Two«, die aus sieben Angestellten der Walt Disney-Studios bestand, erste Erfolge. In Feuerwehruniformen alten Stils spielte diese Band wieder Charleston und leistete damit in der mondänen Gesellschaft auch ihren Beitrag zur Verbreitung des traditionellen Jazz.

Das Flämmchen des modernen Jazz, das Gillespie und Parker in Hollywood entzündet hatten, wurde praktisch bloß in einem Lokal Kaliforniens, dem Lighthouse in Hermosa Beach, wenige Kilometer südlich von Los Angeles, am Leben erhalten. Howard Rumsey, ein ehemaliger Bassist Kentons, leitete es. Er hatte eine Serie von sonntäglichen Jam Sessions gestartet, die um 1950 allmählich von einer kleinen Zahl weiterer Schüler Kentons (aber auch Hermans) belebt wurden, die damals in der Gegend wohnten. Unter ihnen waren Shorty Rogers, der brillante Schlagzeuger Shelly Manne, Jimmy Giuffre, der Hornbläser John Graas und der Altsaxophonist Bud Shank. Sie bildeten zusammen mit einigen anderen den Kern der kalifornischen Jazz-Kolonie, die innerhalb von zwei oder drei Jahren dem Jazz eine neue und große Beliebtheit einbringen sollte.

Als offizieller Zeitpunkt der Geburt des neuen Westküsten-Jazz kann ein Sommertag des Jahres 1950 bezeichnet werden. An diesem Tage organisierte der Impresario Gene Norman – damals der aktivste Jazzveranstalter in der Umgebung von Los Angeles – eine Aufnahmesitzung und gruppierte einige Mitglieder des Kenton-Orchesters um Shorty Rogers, darunter Manne, Graas, Giuffre und den Altsaxophonisten Art Pepper. Zu diesen wurde noch der schwarze Pianist Hampton Hawes gefügt. Die bei dieser Gelegenheit aufgenommenen Stücke wurden auf einer Langspielplatte von Capitol unter dem Titel »Modern sounds by Shorty Rogers and his Giants« herausgegeben. Sie zeigten deutlich die Sympathien der jungen Kenton-Leute für den Cool Jazz, wie er vom Davis-Ensemble im Royal Roost geboten wurde, aber dienten dazu, die Aufmerksamkeit des Publikums auf die neue Gemeinschaft ausgewählter kalifornischer Musiker zu lenken. Von diesem Augenblick an sollten diese bei unzähligen Jazz-Initiativen eng zusammenarbeiten.

Die einflußreichsten Musiker der Gruppe kamen bald zum Vorschein. Es waren Rogers, Jimmy Giuffre und Shelly Manne. Hinter den Kulissen übte ein Professor, Wesley La Violette, einen geheimen Einfluß aus. Er war ein Mann der klassischen Musik und hatte sich die Aufgabe gestellt, die musikalische

Ausbildung der willigsten Jazzmusiker zu vervollständigen, die dadurch eine gemeinsame Grundlage erhielten, auf der sie sich besser verständigen und ihre Sprache anpassen konnten. Die Tatsache, daß sie im Lighthouse verkehrten, dessen fester Gruppe Rogers, Giuffre sowie der Tenorsaxophonist Bob Cooper und der Posaunist Milt Bernhart – auch ehemalige Kenton-Leute – beitraten, trug zusätzlich zur Zusammenschweißung dieser kleinen Kolonie bei. Vom Jahre 1952 an wurde diese dann tatkräftig von dem Plattenproduzenten Lester Koenig unterstützt, als er Möglichkeiten sah und neben seiner Plattenmarke für traditionellen Jazz, Good Time Jazz, eine zweite für den modernen, Contemporary, begründete.

Obgleich mehr als ein Beobachter der Jazzszene den »West Coast Jazz« in dem Stil des Arrangeurs Shorty Rogers gesehen hat, halten wir es für unwahrscheinlich, daß der neue kalifornische Jazz die Bedeutung erlangt hätte, die er hatte, wenn Gerry Mulligan anfangs nicht entscheidend zu ihm beigetragen hätte. Im Sommer 1952 spielte er gerade in einem Lokal von Los Angeles, The Haig, zusammen mit einem Quartett ohne Piano, das auf Initiative von Dick Bock, einem unternehmungslustigen jungen Mann, der sich um die Werbung für das Lokal kümmerte, gegründet worden war. Dieses Quartett erregte Aufsehen. Es begeisterte auch Bock so sehr, daß er unverzüglich eine Plattenmarke, Pacific Jazz, herausgab und für sie die ersten Aufnahmen der gerade entstandenen Gruppe einspielen ließ.

Als die erste Schellackplatte mit 78 Umdrehungen von diesem Quartett erschien, nahmen die Jazzfreunde Kenntnis von der Existenz einer neuen Persönlichkeit und eines noch nicht dagewesenen, hinreißenden Sounds. Diese Musik hatte wirklich ein eigentümliches Fluidum und war mit spartanisch einfachen Mitteln gemacht. Die etwas herbe Anmut von Mulligans Baritonsaxophon bildete eine perfekte Einheit mit dem weichen und einschmeichelnden Klang der Trompete von Chet Baker, welcher an seiner Seite spielte. Die Musikalität und Glätte der Melodielinien, das prompte Ensemblespiel, der feine Kontrapunkt sowie die funktionelle, ebenso antreibende wie zurückhaltende Unterstützung der Rhythmusinstrumente waren weitere typische Züge dieses gleichzeitig entspannten und muskulösen Jazz, der sich schon klar vom Cool Jazz unterschied, von dem er allerdings herrührte.

Aller Raffinesse zum Trotz war diese Musik greifbar und genießbar, und deshalb gefiel sie sofort dem Publikum und noch mehr den Jazzmusikern in Los Angeles. Sie stürzten sich begeistert auf die Einfälle des blonden Saxophonisten, um sie in reichlichem Maße auszunützen. Dabei gingen viele Dinge verloren, etwa die beeindruckende Schlichtheit, die ein wenig schlaksige Grazie und die subtile Ironie. Es blieben jedoch der Sinn für singbare und gefällige Melodielinien und der rhythmische Schwung, zwei Dinge, die das Publikum seit langer Zeit nicht mehr gesehen und die es vermißt hatte.

Mit Zustimmung einer breiten Zuhörerschaft setzten viele Jazzleute wieder Vertrauen in die Ausdrucksmöglichkeiten des Jazz, die – so hatte Mulligan gelehrt – benutzt werden konnten, um eine Musik zu schaffen, die gleichzeitig »konsumierbar« und »achtbar« war.

Gerade diese Vereinbarung der Gegensätze machte es den Männern an der Westküste möglich, ein paar Jahre lang im Zentrum der Jazzszene zu bleiben. Ihre Musik war gewiß nicht so erregend und unterhaltend wie diejenige, welche die Vorkämpfer des Swing fünfzehn Jahre vorher auf der ganzen Welt durchgesetzt hatten. Aber obwohl sie hergeholter als der Swing war und man überhaupt nicht nach ihr tanzen konnte, war sie auch für den Mann auf der Straße vollkommen verdaulich. Es war letzten Endes »weiße« Musik, und die Leute spürten das, auch wenn sie sich dessen nicht bewußt waren.

Innerhalb weniger Monate konnte die Krise, die für die Dauer von einigen Jahren die Jazzwelt heimgesucht hatte, als überwunden betrachtet werden. Wenigstens für die weißen Musiker; denn die Neger schlossen sich, von ganz wenigen Ausnahmen abgesehen, der neuen kalifornischen Ästhetik nicht an und machten weiter schlechte Zeiten durch. Die Schwarzen waren nicht nur durch eine Musik ausgebootet worden, die dem breiten Publikum lieber war als die Musik, die sie selbst bieten konnten, sondern befanden sich auch in einer Zeit der Ratlosigkeit. Wenige von ihnen vermochten sich eine Musik vorzustellen, die anders war als diejenige, die Parker erfunden hatte und die – so schien es – inzwischen ein abgeschlossenes Kapitel darstellte. Wenn man es genau betrachtet, gab es eigentlich nur zwei farbige Musiker – Thelonious Monk, der immer schon gemacht hatte, was ihm paßte, ohne danach zu fragen, was um ihn herum geschah, und John Lewis, der 1952 zum ersten Mal sein Modern Jazz Quartett in einem Aufnahmestudio versammelt hatte – die dabei waren, etwas Originelles zu schaffen.

Weder Monk noch Lewis standen jedoch im vollen Scheinwerferlicht. Während der ganzen ersten Hälfte der fünfziger Jahre – und auch etwas früher und später – lag der Jazz in den Händen der Weißen, und zwar nicht nur derjenigen, die inzwischen in Kalifornien Wurzel gefaßt hatten, sondern auch derer, die von dort aus ihren Triumphzug angetreten hatten und schließlich früher oder später im Osten landeten oder, wie Brubeck, Mulligan und Getz, wieder landeten. Sie alle waren sehr aktiv und besonders zwischen 1953 und 1956 kreativ, als der Jazz kalifornischer Prägung seine blühendste und glücklichste Periode durchmachte.

In diesen Jahren kamen viele anspruchsvolle Schallplatten zustande. Shelly Manne fand einen guten Posten bei der Contemporary, für die er reichlich einspielte und sich dabei der besten verfügbaren Arrangeure wie Giuffre, Bill Holman, Jack Montrose, Marty Paich und Bob Cooper bediente, die häufig mit ehrgeizigen Experimenten beschäftigt waren. Chet Baker wurde bald von der Pacific Jazz eingeladen, an der Spitze eigener Gruppen zu spielen, deren Aufnahmen ihm dann bei der Leserumfrage von »Down Beat« den Sieg unter den Trompetern eintrugen. Bud Shank und Bob Cooper wurden unzertrennliche Gefährten und gaben im Jahre 1954 eine erste Probe dessen, was man durch die Kombination eines Duettes aus Flöte und Oboe erreichen konnte. Mulligan seinerseits beschränkte seine Aufmerksamkeit nicht nur auf das Quartett (in dem Bob Brookmeyer, ein Posaunist mit einer ganz lockeren Technik und einem unverwechselbaren Ton, auf Baker gefolgt war), sondern komponierte auch hervorragende Musik für ein Orchester von zehn Mann, das den Jazz-Unternehmungen der Firma Capitol weitere Ehre einbrachte.

Jimmy Giuffre war mindestens genauso ehrgeizig. Er schrieb anspruchsvolle Partituren für jeden, der solche wünschte, und suchte als Instrumentalist neue Wege, indem er besonders der Klarinette seine Bemühungen widmete. Er lieferte den ersten Nachweis gewisser revolutionärer Theorien, die in ihm reiften, als er eine Platte unter dem Titel »Tangents in jazz« für Capitol einspielen konnte, die viel von sich reden machte. Giuffre hatte sich vorgenommen, anhand dieser Aufnahmen zu beweisen, daß der Jazz überhaupt keinen ausdrücklichen Beat braucht. Im Gegenteil, er glaubte, daß das ständige rhythmische Pulsieren, wie es durch Schlagzeug und Baß hervorgerufen wird, störend für die freie Improvisation und hinderlich für die volle Entfaltung des solistischen Tons sei. Ein paar Monate später wurde sein Vorschlag auf einer Langspielplatte für Atlantic noch deutlicher und provokatorischer. Dort spielte Giuffre in einem Stück, »So low«, seine Klarinette nämlich ganz allein und trat dabei den Takt mit den Füßen. Es sollten noch mindestens fünfzehn Jahre vergehen, bevor einige Jazzmusiker den Mut hatten, seinem Beispiel zu folgen (und dem von Coleman Hawkins, der ihm mit seinem überraschenden »Picasso« zuvorgekommen war) und also ganz alleine aufzutreten, um sich ohne fremde Einmischung auszudrücken, wie es die Pianisten immer gekonnt hatten.

Gewisse Musik von Giuffre erinnert entfernt an Hirtenmusik. Das gilt auch für andere Jazzstücke, die in dieser Zeit in Kalifornien entstanden, wo das Klima und die Lebensbedingungen sich sehr von dem unterscheiden, was die Jazzleute in New York kennengelernt hatten.

Dazu hat John Graas folgendes gesagt: »Man hat als Musiker (hier in Los Angeles) ein freieres Leben und kann sich besser entspannen. Zuerst einmal hat man mehr Platz. Wir haben alle unser eigenes Zuhause, und es ist hier billiger, sich ein Haus zu kaufen, als Miete zu bezahlen. Das ist also das eine: Niemand nimmt dir deine Wohnung weg. Man hat hier als Musiker etwas von der Sicherheit, die die Leute in anderen Berufen haben, und dadurch wird es einem leichter gemacht, schöpferisch tätig zu sein. Und wenn einer hier keine Arbeit hat, wird er nicht von Panik erfaßt, wie es in New York passiert. Darüber hinaus können wir bei all diesem Raum, der zur Verfügung steht, in Ruhe auf unseren Instrumenten üben. Das ist in einer Wohnung in New York kaum möglich. Hier ist es auch deshalb anders als in New York, weil New York dir Angst einflößt. So geht es mir jedenfalls. Alles da oben ist so schwierig und bewegt sich so in Eile. In einem gewissen Sinne mag New York aufregender sein, aber ein Musiker wird dermaßen vom Existenzkampf in Anspruch genommen, daß er weniger Gelegenheiten zum Experimentieren hat.«[8]

Auch die sehr wenigen schwarzen Jazzmusiker, denen es Mitte der fünfziger Jahre in Kalifornien gelang, sich Geltung zu verschaffen, fühlten offensichtlich den Einfluß der heiteren Atmosphäre und des Wohlstandsklimas in diesem kleinen Jazz-Paradies. Der Saxophonist, Klarinettist und Flötist Buddy Collette, der reichlich für Contemporary einspielte, war einer von ihnen. Seine Musik ist frisch und angenehm, aber ziemlich sanft, wenn man sie mit der Musik der »Boppers« aus New York vergleicht. Das trifft auch auf das Quintett zu, das 1955 von dem Schlagzeuger Chico Hamilton gegründet wurde. Es zeigte nämlich Collette und stellte unter anderem den weißen Gitarristen Jim Hall vor, der damals kaum mehr als ein Anfänger war. Die Musik des Quintetts, die einige Jahre lang sehr gelobt wurde, erinnerte nicht im entferntesten an das Elend der Gettos; sie war sauber, liebenswürdig und wohlgeformt. Sie liebäugelte manchmal sogar mit der klassischen Musik. Heute würde sie als »konform mit dem System« bezeichnet.

Eigentlich sind keine erheblichen Unterschiede in der Atmosphäre und, allgemeiner gesagt, in der musikalischen Konzeption der vielen Aufnahmen festzustellen, die in diesen Jahren von Gruppen eingespielt wurden, wie sie sich in der Gegend von Los Angeles bildeten, wieder trennten und mehr oder weniger die gleichen Musiker beschäftigten. Von Ausnahmen abgesehen ähnelten sich die Instrumentalstile, die technisch alle einwandfrei waren, sehr, und die Arrangeure zeigten bestimmt keine Phantasie. Wenn sie sich sehr anstrengten, schrieben sie in den meisten Fällen mit perfekter Routine gelehrte und komplexe Partituren, die aber einfallslos und ohne echte Originalität waren. Gerry Mulligan hatte nicht ganz unrecht, als er sich in einem Interview über dieses Thema verpflichtet fühlte, sich von dem zu distanzieren, was seine in Kalifornien verbliebenen Kollegen machten. Er warf ihnen vor allem vor, daß sie immer wieder den gleichen Orchester-Sound produzierten, der gefällig und maßvoll getönt und im Grunde der Sound war, auf den sich Shorty Rogers spezialisiert hatte.

Viele weitere Solisten, außer den hier genannten, hatten in den glücklichen Jahren des West Coast Jazz Gelegenheit, Anerkennung zu finden. Da waren ehemalige Kenton-Leute wie der Trompeter Maynard Ferguson und Conte Candoli oder der Posaunist Frank Rosolino, der jahrelang im Ensemble des Lighthouse blieb, sowie, um nur die besseren Musiker zu erwähnen, ein fähiger Pianist namens Russ Freeman und ein ausgezeichneter Gitarrist wie Barney Kessel. Dann erregten auch ein paar Experimente auf dem Gebiet des atonalen und Zwölfton-Jazz Interesse, die Duane Tatro und Lyle Murphy durchführten.

Dann verlor Los Angeles, während die schwarzen Jazzmusiker im Osten wieder Auftrieb erhielten, in den Augen der Beobachter der Jazzszene seine Bedeutung. Die Musik, die einige Jahre lang ausschließlich ihre Aufmerksamkeit beansprucht hatte, wirkte immer fader und langweiliger, und man sprach nicht mehr von ihr oder höchstens, um über sie herzuziehen.

Ein großer Teil derjenigen, die in Los Angeles blieben, wurde immer mehr von der anonymen, aber gut bezahlten Arbeit in den Studios in Anspruch genommen. Es waren alles Musiker von Format, die auf den ersten Blick jeden noch so schwierigen Part lesen konnten und in der Lage waren, in jeder Situation zurechtzukommen, sowohl in den Aufnahmestudios der Plattenfirmen als auch in den Filmstudios. Dagegen machten einige der Musiker, die den Jazz an der Westküste aus der Taufe gehoben hatten und dann in den Osten gezogen waren, weiter von sich reden. Gerry Mulligan verstärkte sein Ansehen, als er auch in Europa auftrat. Dave Brubeck erschien wegen des außergewöhnlichen Erfolges seines Quartetts, das insgesamt siebzehn Jahre lang bestehen sollte, auf dem Titelblatt des »Time«-Magazins. Chet Baker begab sich in der zweiten Hälfte der fünfziger Jahre auf die andere Seite des Atlantiks und wurde in tausend Mißgeschicke verstrickt. Jimmy Giuffre schließlich schlug im Jahre 1957 seinen festen Wohnsitz in New York auf und präsentierte dort ein ausgezeichnetes Trio, das den Kontrapunkt und die Volksmusik – den Blues aus Texas, wo er geboren war – miteinander vereinte und in Jim Hall ein verstärkendes Element fand.

Von den Leadern der ersten Stunde verblieben nur Shorty Rogers und Shelly Manne in Los Angeles, aber Rogers gab den Jazz bald auf und widmete seine Zeit der Plattenindustrie und den Arrangements für kommerzielle Gruppen. Manne hingegen blieb seiner Sache treu; denn obwohl er sich um seine geliebten Ausstellungspferde und die Aufnahme von Filmmusik kümmerte, setzte er sich weiter für den Jazz ein und führte mehrere Jahre ein Lokal, das Shelly Manne Hole, das binnen kurzer Zeit das lebendigste Jazz-Zentrum im Westen wurde und auch hervorragende eigene Gruppen vorstellte.

In den sechziger Jahren war das Panorama in Kalifornien völig verändert. Jetzt gab es zu seiner Belebung ein neues Aufgebot an Musikern, darunter viele Neger. Jedoch gelang es auch den besten von ihnen nicht, soviel ins Gespräch zu kommen wie ihre Kollegen, die in der gleichen Gegend bis kurz vorher die guten und die schlechten Zeiten mitgemacht hatten. Wiederum waren die Scheinwerfer auf New York gerichtet. Im übrigen warteten auch die neuen, angestammten Musiker aus Kalifornien und die Wahlkalifornier auf die Ankunft der Farbigen aus dem Osten, die einen »heißeren« und »härteren« Jazz als je zuvor spielten, der der genaue Gegensatz dessen war, was als »cool« bezeichnet und dann in Los Angeles wieder aufgenommen und ausgeschmückt worden war.[9]

Die von den Cool Jazz-Leuten angezeigte Richtung wurde nur von John Lewis und seinem Modern Jazz Quartet verfolgt. Dieses Quartett sollte viele Jahre lang weiterhin feierliche, friedliche und »achtbare« Musik spielen, zum Entzücken des konservativen Publikums und der elitären Konzertbesucher der Alten Welt, für die der Jazz umso akzeptabler wird, je mehr er versucht, der europäischen klassischen Musik zu ähneln.

11. Wiedererwachen: der Hardbop

Noch heute fällt es schwer, ein umfassendes und gedrängtes Urteil über die fünfziger Jahre in den Vereinigten Staaten abzugeben. Es war eine Zeit des Überganges, reich an Widersprüchen jeder Art, eine Zeit, die im Zeichen des Koreakrieges und der Hexenjagd des Senators Joseph Mc Carthy begann und ihren Abschluß in den ersten Aufständen der Südstaatenneger fand, die noch im Ungewissen über ihre Identität und Rolle im amerikanischen Leben und alles andere als sich ihrer Macht bewußt waren. Einige Jahre darauf schrieb der Historiker Fred J. Cook in seinem Buch »The nightmare decade«[1]: »Der jungen Generation von heute mag es unglaublich erscheinen, daß man ein ganzes Jahrzehnt lang im Lande ein Gemurmel der Mißbilligung nur mit größter Mühe wahrnehmen konnte.« Später bemerkte Stefan Kanfer bei seinem Versuch, in einer kurzen Abhandlung für »Time«[2] das Charakteristische dieses Jahrzehnts zusammenzufassen und seine tiefste Bedeutung herauszukristallisieren: »Die Frustration war an der Tagesordnung, auf dem Hintersitz eines Autos ebenso wie in einer der ersten Reihen im Senat. Paddy Chayefsky näherte sich mehr als die anderen dem wirklichen Lebensstil, als er in dem Film ›Marty‹ eine Darstellung der unendlichen Langeweile eines Samstagabends bot: ›Also dann, was möchtest du tun, Angie?‹ Es kann nicht wundernehmen, daß die fünfziger Jahre das Vorzimmer des Protestes, der Pornographie, der Aufstände von Jugendlichen, der Gewalt, des ›bissigen‹ Rock und der politischen Wende waren.«

Tatsächlich begann sich auch etwas im Verlauf der im allgemeinen schläfrigen »Fifties« zu bewegen, und es darf nicht verwundern, daß die ersten, die wenigstens dunkel ahnten, daß die Welt ein anderes Aussehen bekam, Künstler waren. Man könnte von Jackson Pollock sprechen, dessen außergewöhnliches Abenteuer auf dem Gebiet der modernen Malerei bereits 1956 abgeschlossen war, und man könnte auch an einige Filmschauspieler neuen Typs wie James Dean und Marlon Brando denken, die um so vieles unruhiger und feinfühliger als ihre älteren Kollegen waren. Aber auf diesen Seiten hier ist es angebrachter, gleich von bestimmten schwarzen Jazzleuten zu reden, die in der lebendigsten, angespanntesten und widerspruchsvollsten Stadt der Welt, nämlich in New York, arbeiteten. Einige Jahre lang schienen sie im ungewissen darüber gewesen zu sein, welchen Weg sie einschlagen sollten, sie wirkten kaum kreativ, wenn nicht gar völlig erledigt. Dann kam für sie fast plötzlich der Augenblick des Wiedererwachens.

Dieser Augenblick kam – die Genauigkeit der Zeitangabe soll nicht zwingend sein – im Jahre 1954. Um der Wahrheit die Ehre zu geben, muß man sagen, daß in diesem Jahre der Initiativen die ganze Front des Jazz in Bewegung war. Die ersten, die sich gerührt hatten, waren, wie wir bereits gesehen haben, die Weißen in Los Angeles gewesen. Jedoch die Neger New Yorks ließen sich, als sie ebenfalls Nutzen aus der Sympathiewelle für den Jazz zogen, die durch deren Erfolg aufgekommen war, durchaus nicht von einem Dave Brubeck oder Gerry Mulligan ins Schlepptau nehmen, welche mit ihren Gruppen die ausschließliche Aufmerksamkeit der Fachzeitschriften in Anspruch nahmen, und ließen sich auch von den Angeboten gewisser hochnäsiger »progressiver« Musiker mit ihren edlen Absichten weniger denn je verleiten. Im Gegenteil, sie setzten noch einmal ihren Kopf durch, schöpften aus den eigenen Quellen des Jazz – dem Blues, den religiösen Liedern – und griffen das Gespräch an dem Punkt wieder auf, an dem es die »Boppers« der ersten Garde aus Verbitterung über das fehlende Interesse des Publikums und angesichts der zu vielen Schwierigkeiten, auf die sie gestoßen waren, abgebrochen hatten. Selbst John Lewis, der mit seinem Modern Jazz Quartet (das gerade 1954 seine reguläre Tätigkeit aufnahm) mehr als die anderen der großen Musik europäischer Tradition huldigte, dachte immer noch mehr an den Blues und an Charlie Parker als an Bach.

Gegen Mitte der fünfziger Jahre war die Jazzwelt in zwei recht deutlich profilierte Lager aufgespalten. Auf der einen Seite standen die Weißen, hochgestochen, überspannt, »musikalisch«, nicht selten kraftlos und formalistisch und manchmal feierlich-intellektualistisch, teilweise noch an die Ästhetik des Cool Jazz gebunden. Wer sich von ihnen am weitesten vorwagte, erträumte eine ehrgeizige, konzertmäßige und überwiegend schriftlich festgelegte Musik, der man die Bezeichnung »Third Stream Music« gab, weil sie eine »dritte Strömung« darstellen wollte, in der der Jazz und die Musik gebildeter Tradition zusammenfließen und auf verschiedene Weise miteinander verschmolzen werden sollten. Auf der anderen Seite standen die Neger, die in einem weitgehend improvisierten, aggressiven, brennend heißen und sehr einfachen Jazz, der auf den Blues gegründet war, wieder zu sich selbst und die Kraft fanden, den Weg erneut aufzunehmen. Diese starke Musik sollte innerhalb von drei oder vier Jahren die Oberhand gewinnen und die Aufmerksamkeit der Kritiker und der Jazzfreunde von den Weißen ablenken, die aus Kalifornien stammten oder Wahlkalifornier waren.

Den Versuch, die gegensätzlichen Vorstellungen der einen und der anderen Partei miteinander in Einklang zu bringen, unternahmen nur wenige. Einer von ihnen war anfänglich Charlie Mingus. In seinen idealen Labors, den »Jazz Workshops«, setzte er häufig weiße Musiker ein, die unter Umständen sogar Cool-Experimente mitgemacht hatten. Ein anderer war George Russell, ein ausgezeichneter schwarzer Komponist, der mit Claude Thornhill, Buddy de Franco und Lee Konitz zusammengearbeitet und soeben eine Art Musiksystem fertiggestellt hatte, das er als »Lydian concept of tonal organization« bezeichnete.

Das Thema der Weißen, die aus Los Angeles nach New York gekommen oder schon seit Jahren in dieser Stadt tätig waren, läßt sich schnell zu Ende führen. Von den Quartetten Brubecks und Mulligans ist schon gesprochen worden. Neben diese kann man Stan Getz stellen, der im Jahre 1953 ein Quintett gebildet hatte, das Dank der Mitarbeit des Posaunisten Bob Brookmeyer mit dazu beitrug, den lieblichen »kalifornischen« Sound von einer Küste zur anderen zu verbreiten. Fügt man die Namen von Woody Herman und Stan Kenton hinzu, deren große Orchester immer noch populär waren, so ist man schon in Verlegenheit, weitere Persönlichkeiten – außer den Jazzleuten aus Los Angeles, von denen ausführlich die Rede war – zu nennen, die als Leiter einer großen oder kleinen weißen Formation zwischen 1954 und 1955 Spuren hinterlassen haben.

Es gab jedoch weiße Musiker, die wegen der Dinge viel von sich reden machten, die sie in Zusammenarbeit mit farbigen Kollegen schufen. Einer von diesen war der Posaunist Kai Winding. Auf Veranlassung von Ozzie Cadena, dem Chef der Plattenfirma Savoy, gründete er zusammen mit J. J. Johnson ein swingendes, musikalisch und technisch tadelloses Quintett, das einen erheblichen Beitrag zum niveauvolleren Einsatz der Posaune leistete. Dieses Instrument wurde damals mit dem größten Erfolg verwendet. Auch Gunther Schuller, erster Hornbläser beim Metropolitan Orchestra und vor allem Komponist, verdient wegen seiner Arbeit mit einem berühmten schwarzen Kollegen erwähnt zu werden; denn 1955 tat er sich zum ersten Mal mit John Lewis zusammen, um die Möglichkeiten der »Third Stream Music« zu prüfen und bezeichnende Beispiele dieser Musik bekannt zu machen. Mann kann sagen, daß Schuller und Lewis sowie Kenton wirklich die überzeugtesten und eifrigsten Vertreter der Notwendigkeit waren, die »andere« Musik nicht aus den Augen zu verlieren. Ungefähr in dem gleichen Rahmen bewegten sich weitere weiße Musiker wie Bill Russo, Teo Macero und das Team von Teddy Charles und Hall Overton – auch dieser ein Komponist klassischer Vorbildung – das unter der Bezeichnung »New Directions« ein paar interessante, schnell vergessene Platten aufnahm.

Ganz andere Erfolge hatten die Initiativen derer, die sich auf den Blues warfen, und besonders derjenigen, die an den »Rhythm and Blues« anschlossen. Der Rhythm and Blues trat eben in diesen Jahren aus dem Neger-Getto, in dem er immer gelebt hatte, und wurde unter dem neuen Namen »Rock and Roll«[3] ein Massenprodukt. So war er von Alan Freed, einem unternehmungslustigen Diskjockey, getauft worden, der zu seiner eigenen Überraschung merkte, daß der schwarze Rhythm and Blues dem jungen weißen Publikum ebenfalls gefiel. Also warb er unermüdlich und wohl auch nicht ohne persönliches Interesse für ihn. Die Ergebnisse seiner hämmernden Propagandaaktion über den Rundfunk, zuerst von Cleveland und dann von New York aus, waren viel ansehnlicher als von ihm selbst oder anderen erwartet werden konnte. Um 1955-1956 wurde der Rock and Roll zum Gegenstand eines fanatischen Massenkultes, ungefähr so wie der Swing, der zwanzig Jahre vorher mit seinen Bigbands zum König gekrönt worden war.

Der Rock and Roll war nicht immer mit dem typischsten Rhythm and Blues gleichzusetzen. Seine besten Stücke konnten als Mischprodukte zwischen dem Rhythm and Blues und dem angesehen werden, was in Kennerkreisen »Country- und Western-Music« (abwertend: »Hillbilly«) genannt wird. Das ist die – selbstverständlich weiße – ländliche Musik des Südens und Westens, die bis auf Traditionen aus den Gründerjahren zurückgeht. Es konnte auch noch andere Zutaten zum Rock and Roll geben. Zu der Country- und Western-Musik, einer eigenen und anderen Welt als der des Jazz, hatten zu Beginn ihrer Laufbahn zwei Musiker gehört, die eine entscheidende Rolle beim ersten Durchbruch des Rock and Roll spielten: Bill Haley, ein mittelmäßiger Gitarrist, ferner Sänger und Leiter einer alltäglichen Gruppe, sowie Elvis Presley, ein ganz junger Sänger, der sogar den erregendsten Bluessängern aufmerksam zugehört hatte und sein Bestes tat, um sie nachzuahmen.

Wenn man einige allerdings beachtliche Vorläufer außer acht läßt, kann man sagen, daß das Stück, welches den neuen Massenwahn ausbrechen ließ, »Rock around the clock« hieß. Es war die Nachahmung eines Rhythm and Blues-Titels und wurde von Bill Haley 1954 als Platte eingespielt. Als diese Aufnahme in den Soundtrack eines bedeutenden Films, »Blackboard Jungle«, eingefügt wurde, wirkte sie wie eine Bombe, so daß man schnell einen gleichnamigen Film um sie zusammenbastelte, in dem auch Haley auftrat. Trotz des schlecht verarbeiteten Stoffes und Drehbuches und der Ärmlichkeit der eingesetzten Mittel rief dieser kleine Film unbeschreibliche Begeisterung hervor und ließ die Tinte der Berichterstatter der halben Welt in Strömen fließen. Während der Vorführungen tanzten die jungen Leute in den Gängen der Kinos, genauso wie die Jugendlichen zwanzig Jahre vorher, als Benny Goodman im Paramount spielte. Einige mußten in ihrem Erregungszustand auf einer Tragbahre aus dem Saal geschafft werden. Offensichtlich war diese heftige und wilde, einfache und freche Musik genau das, was vonnöten war, um die ganz jungen Menschen in Entzücken zu versetzen und wieder in die Tanzlokale zu holen. (»Der Rock and Roll gefällt niemandem außer dem Publikum«, bemerkte Bill Haley und verteidigte sich damit gegen die Leute, die seine Musik erbarmungslos verteufelten. Er hatte nicht unrecht, da er ja in seinen beiden Erfolgsjahren auf dem Plattenmarkt neun Millionen Singles verkaufen konnte . . .).

Als die Jugendlichen dann Elvis Presley mit umgehängter Gitarre vor sich sahen und ihn »Heartbreak Hotel«, »Tutti frutti« und »Hound dog« singen hörten, brach Raserei aus. Man bemühte Psychologen und Soziologen, um sich diese Raserei erklären zu lassen. Die illusionslosesten unter ihnen hoben vor aller Begeisterung für die Musik die aufreizend wiegenden Hüftbewegungen von Elvis hervor, die ihm dann einen Beinamen eintrugen; ein Schriftsteller spuckte große Töne: »Elvis ›the Pelvis‹ gehört in den Dschungel«.

Es handelte sich sowohl bei Haley als auch bei Presley und denen, die ihnen nacheiferten, um eine Verkleidung und eine Degenerationserscheinung der afro-amerikanischen Musik und folglich um ein Unterprodukt des Jazz. Jedoch hatte man in diesem Falle seitens der Musiker nicht zum früher oft experimentierten Prozeß des raffinierten Austüftelns und Versüßens gegriffen. Das Musikmaterial wurde im Gegenteil brutalisiert und primitivisiert, wenn man so sagen darf, und mit Raffinesse präsentiert, wobei man sich auf Gags stützte, die beim Publikum sicher ankamen.

Der »R ’n’ R« (bald wurden nur noch die beiden Anfangsbuchstaben benutzt und das »and« zu »’n’« verkürzt, ähnlich wie aus dem Rhythm and Blues der »R & B« geworden war) hatte bei allen negativen Auswirkungen ein positives Ergebnis, weil er dazu beitrug, eine Bresche durch die aufgerichteten Rassenschranken zu schlagen. Die schwarzen und weißen Jugendlichen mischten sich ungezwungen, wie man es früher nie erlebt hatte, um dicht nebeneinander dieselbe Musik zu hören, und ihre Lieblinge konnten ganz gleich welcher Hautfarbe sein. Neben die Weißen, die die neue Mode aufbrachten, traten nämlich sofort verschiedene schwarze Sänger und Instrumentalisten. Sie hatten bis zu diesem Augenblick nur für die unabhängigen kleinen Plattenfirmen eingespielt, die jahrelang als einzige Rhythm and Blues-Aufnahmen herausgebracht hatten. Zu den ersten, die sich auszeichneten, gehörten Little Richard, Chuck Berry, Fats Domino und Ray Charles, der begabteste von allen. Natürlich hielten sie sich mehr als ihre weißen Kollegen an den Rhythm and Blues, das heißt also an die Traditionen des Blues und der religiösen Negermusik.

In einem Punkte waren sich die Musiker des Rock and Roll – die schwarzen wie die weißen – einig, nämlich Show zu machen, was oft bedeutete, das Publikum absichtlich mit leicht wirksamen Tricks anzuheizen. Sie waren sich auch darin einig, einen anderen Beat als den im Jazz üblichen zu verwenden, der im Rock and Roll fast nur auf stark betonte Triolen begründet ist.

Daß nun der Zeitpunkt gekommen war, die Musik der Afro-Amerikaner auch in ihren einfachsten und ansprechendsten Formen mit offenen Armen aufzunehmen, wurde auch von dem großen volkstümlichen Erfolg bewiesen, der um die gleiche Zeit der Sängerin Mahalia Jackson hold war. Sie wurde im Jahre 1954 von der Columbia unter Vertrag genommen und macht die Gospel Songs, die Lieder vom Evangelium, bald auf der ganzen Welt vertraut.[4]

205

Auch in diesem Falle handelte es sich nicht um eine Neuheit. Die Gospel Songs waren in der gleichen Gestalt, in der sie Mahalia Jackson populär machte, schon seit über zwanzig Jahren wohlbekannt; nur waren sie noch mehr als der Rhythm and Blues auf die Negergemeinden Amerikas beschränkt geblieben. Ihre Ursprünge verlieren sich in weit zurückliegenden Jahren, da ihre Vorläufer nichts anderes als die Spirituals, die Jubilees, die Predigten der schwarzen Prediger und noch allgemeiner die Hymnen sind, die in den Kirchen des Südens schon seit der Sklaverei erklungen waren. Aber die alten Hymnen waren anders; sie waren vor dem Blues und folglich lange vor dem Jazz entstanden und wurden von diesem über einen größeren Zeitraum hinweg nicht im entferntesten beeinflußt. Die Gospel Songs hingegen entstanden gerade aus der Vermischung der religiösen Hymnen mit dem Blues und dem Jazz. Diese Vermischung wurde erstmalig und mit Absicht von dem Negermusiker Thomas A. Dorsey vollzogen. Er war von Atlanta nach Chicago gekommen und dort in den frühen zwanziger Jahren geblieben. Unter dem Künstlernamen Georgia Tom sang er »sündige« Blues und begleitete dann auch als Pianist berühmte Bluessängerinnen, darunter Ma Rainey. Später »bekehrte« er sich zur religiösen Musik und widmete sich auch dem Kirchenleben. Dorsey seinerseits hatte Vorgänger gehabt. Seine Hymnen lehnten sich an die an, die Reverend C. H. Tindley geschrieben hatte, und konnten entfernt mit denen von Isaac Watts in Verbindung gebracht werden, denen ein bestimmter »wehklagender« Gesangsstil eigen ist (man müßte besser »moaning« sagen, um ein geläufiges englisches Wort zu gebrauchen), der der ganzen afro-amerikanischen Musik zugrunde liegt. Aber Dorsey war dennoch ein Erneuerer. Zunächst einmal war er derjenige, der die Bezeichnung »Gospel Songs« erfand. »In den frühen zwanziger Jahren«, hat er erzählt, »habe ich den Ausdruck Gospel Songs geprägt, nachdem ich eines Sonntagmorgens am äußersten Ende der South Side Chicago eine Gruppe von fünf Personen hörte. Das war das erste Mal, daß ich einen Gospel-Chor hörte. Damals gab es keine Gospel Songs; man nannte sie evangelistic songs.«[5] Dorsey war auch der Mann, der die Industrie der Gospel-Musik in Schwung brachte, indem er seine Lieder in den Negergemeinden schon von den Jahren der Depression an bekannt machte. Dort stellte er Sänger vor, begleitete sie und veranstaltete verschiedene nationale Treffen von Gesangsgruppen. Aber vor allem war ihm, wie schon gesagt, die Vervollkommnung der Formel zu verdanken, die diesen Gesängen einen weltweiten Erfolg sichern sollte. »Ich habe versucht, das zu tun, was Tindley machte, und eine Zeitlang klappte die Sache«, hat er in einem Interview erläutert, »aber dann begann diese Musik, an Kraft zu verlieren. Da fing ich an, etwas von dem Beat des Jazz in die Gospel-Musik zu bringen und die sogenannten Riffs, also wiederkehrende rhythmische Phrasen, einzufügen. Die Lieder dieser Art verkauften sich dreimal so gut wie die, die so gesungen wurden, wie auf dem Papier geschrieben stand, und keine Riffs oder Wiederholungen enthielten.«[6] Nicht genug damit; wie Tony Heilbut bemerkt hat, »verband Dorsey die Frohe Botschaft des Evangeliums (gospel) mit der traurigen Botschaft des Blues in einer Form, die die weltlichen Sänger Gospel Blues nennen.«[7] Das ist eine Form des Blues, die die Grundlage für viele »Pop«-Musik bilden und in den sechziger Jahren die Oberhand über den im wesentlichen jazzmäßigen Blues gewinnen sollte, wie er in Zusammenhang mit den Namen von Bessie Smith und Jimmy Rushing gebracht wird, um nur zwei seiner größten Künstler zu nennen.

Während seiner langen Laufbahn arbeitete Dorsey mit mehreren der besten Gospel-Sängerinnen, wie Sallie Martin, Roberta Martin und Mahalia Jackson. Er schrieb sehr gute Songs für Mahalia und unternahm mit ihr verschiedene Tourneen, die beide zu Auftritten in die Kirchen der Neger brachten.

In diesen Kirchen – besonders in den »Sanctified Churches«[8], wo die leidenschaftlichsten und ergreifendsten Gospel Songs zu Hause sind – bildet die Musik einen unentbehrlichen Teil der Liturgie und hat als Ausübende die Gläubigen selbst, welche in einer für uns kaum vorstellbaren Art und Weise mit hineinbezogen und mitgerissen werden. Nicht umsonst werden diese Gläubigen, die tanzen, sich hin und her werfen, aus vollem Halse schreien und in religiöse Ekstase geraten, »holy rollers« genannt. (Man beachte, daß »to roll« oft und auch hier etwa »wiegend gehen« bedeutet; in diesem Sinne ist es ebenfalls in dem Begriff »Rock and Roll« zu verstehen, der also ungefähr mit »schaukeln und sich wiegen« übersetzt werden kann.)

Die Sängerin Dorothy Love hat mit folgenden Worten beschrieben, was in diesen Kirchen geschieht, wenn sich die »Congregation«, überwältigt vom religiösen Eifer und der Begeisterung für die Musik, in eine Gruppe von »holy rollers« verwandelt:

Some get happy, they run.
Other speak in an unknown tongue,
Some cry out in a spiritual trance,
Have you ever seen the saints do the holy dance?[9]

Wie sollte man da nicht an die »Ring Shouts« oder an die Voodoo-Riten denken, die auf den Sklavenschiffen von Westafrika nach New Orleans mitgebracht wurden?

Es läßt sich nicht sagen, ob die Aufnahme der Gospel Songs durch das breite Publikum den Erfolg des Rock and Roll und seiner anschließenden Umformungen gefördert hat oder ob eher das Gegenteil der Fall war. Wahrscheinlich waren die Zeiten reif dafür, daß sowohl die eine als auch die andere Musik sich durchsetzte, so wie sich um die gleiche Zeit der Negerjazz behauptete oder genauer: wieder behauptete, der dem Blues am nächsten war, wie wir später sehen werden.

Der Rock and Roll näherte sich der Gospel-Musik immer mehr und verschmolz schließlich mit ihr in der Musik, die in jüngeren Jahren »Soul Music« genannt wurde.[10] Ray Charles, James Brown und Aretha Franklin sind bis auf den heutigen Tag ihre beliebtesten Vertreter. »Soul Music« nicht deshalb, weil es »Seelenmusik« und also geistliche Musik wäre (wohl aber voller »Negerseele«, das heißt echt negroid und niemals ohne einen wesentlichen Bestandteil von Erregung, was sich in einem euphorischen und jubelnden Verhalten äußert, in dem Ergriffenheit und Fröhlichkeit gleichermaßen intensiv sind und ineinander übergehen), sondern weil es eben eine »schwarze« Musik ist, denjenigen vorbehalten, die gelernt haben, sich untereinander »Soul brothers« und »Soul sisters«, »Seelenbrüder« und »Seelenschwestern« zu nennen, weil sie durch das Schicksal ihrer Hautfarbe verbrüdert und deshalb solidarisch sind. Solidarisch auch im Kampf und im Widerstand gegen den weißen Mann, »the Man«, wie sie sich schon damals angewöhnt hatten, ihn zu nennen, als sie ihm im ländlichen Süden gehorchen mußten.

Auch auf dem Gebiet des eigentlichen Negerjazz waren die hier behandelten Jahre wichtig wegen der Veränderungen, die sie also mit sich brachten. Daß ein Klimawechsel eintrat, daß ein neuer Geist die farbigen Jazzmusiker beseelte und daß das Publikum eine andere Einstellung gegenüber ihrer echtesten Musik zeigte, begann man an dem zu merken, was zwei große Orchester spielten und an Zustimmung erhielten. Die Bigband von Count Basie erlebte damals ihren triumphalen Aufstieg und übertraf einige Jahre lang sogar das Ellington-Orchester an Popularität. Die Bigband von Lionel Hampton war zwar ziemlich uneben, hatte aber im Sommer 1953 einige fähige junge Solisten in ihren Reihen, die einen erheblichen Einfluß auf ihre Kollegen ausübten. Es waren die Trompeter Clifford Brown und Art Farmer, der Posaunist Quincy Jones, der Altsaxophonist Gigi Gryce und einige andere. Nachdem sie das Hampton-Orchester am Ende einer Europa-Tournee verlassen hatten, sollten sie ein neues Feuer in die kleinen Gruppen, die in verschiedenen Lokalen New Yorks auftraten, und in die Aufnahmestudios bringen.

Clifford Brown schloß sich dann dem Schlagzeuger Art Blakey an, mit dem ein weiterer junger Musiker, Horace Silver, schon seit einiger Zeit zusammenarbeitete; dieser Pianist war zwei Jahre zuvor, also 1951, von Stan Getz in Connecticut entdeckt worden und hatte sich danach in New York niedergelassen. Ein paar Monate später tat sich Brown mit Max Roach zusammen und gründete ein kraftvolles und lebendiges Quintett, dem bald Sonny Rollins, ein sehr talentierter Tenorsaxophonist auf dem Weg zum Erfolg, beitrat. Als Silver ein eigenes Quintett gründete, nachdem er einige Monate lang der musikalische Leiter der Gruppe der Jazz Messengers gewesen war, in der Blakey – er blieb der Leader – die treibende Kraft war, konnte man sagen, daß die Ensembles, in denen die Charakteristiken des seit Mitte der fünfziger Jahre führenden Jazz am besten vertreten waren, praktisch feststanden: das Quintett von Clifford Brown und Max Roach, die Jazz Messengers von Art Blakey, ein wahres Nest der Talente, und das Quintett von Horace Silver. Die beiden letztgenannten Gruppen bestehen nach unzähligen Umbesetzungen, aber ohne wesentliche Wandlungen ihres kennzeichnenden Stiles, bis auf den heutigen Tag.

Diese drei Gruppen und, wenn man sie im einzelnen betrachtet, ihre oben genannten, wichtigsten Solisten, die sämtlich Anregungen gaben und Begründer musikalischer Schulen wurden, waren die Verantwortlichen für die soundsovielte Reform der Jazzmusik, deren Auswirkungen dauerhaft sein sollten.

Mehr als von einer Reform sollte man von einer Wiederentdeckung der Quellen, einer Neubewertung der Grundzüge des Jazz sprechen. Die Improvisation, der rhythmische »Drive«, die Erregung, das »Blues Feeling« (das Gefühl für den Blues) – all das war schließlich von den Kaliforniern vernachlässigt worden.

Der Ausgangs- und Bezugspunkt für diese neue Generation von Jazzleuten war der Bop. Ihre Musik kann als eine Reinkarnation des Bop angesehen werden. Aber der neue Bop war einfacher, drückender, aggressiver, heißer und vibrierender als der Bop eines Parker, Gillespie und Powell, und er war auch weniger dramatisch. Er war, um Slang-Ausdrücke zu verwenden, die seit damals gängige Münze sind, »funky« und »earthy« (»stinkig« und »erdhaft«, wörtlich übersetzt), und er war vor allem robust und hart. Das eine oder andere dieser Eigenschaftswörter wurde benutzt, um ihn zu definieren, sobald man begriff, daß man eine neue Jazzschule im wahrsten Sinne des Wortes vor sich hatte. Man sprach von »Neo-bop«, von »funky jazz« und noch häufiger von »Hardbop«, »hartem Bop«.

Auf der Grundlage der gegebenen Hinweise von Brown, Rollins, Silver, Blakey und Roach, die die ersten und bedeutendsten Förderer des neuen Kurses waren, veränderten die meisten Jazzmusiker ihren Stil. Der leichte, weiche Ton der Instrumente ohne oder fast ohne Vibrato, die harmonischen und klanglichen Kostbarkeiten, in denen man sich einige Jahre lang selbst gefallen hatte, wurden vergessen. Was jetzt zählte, war »hart zu swingen« (»to swing hard«), brennend heißen Jazz zu spielen beziehungsweise »to cook« (»zu kochen«), um es im Slang auszudrücken, und dafür zu sorgen, daß die Zuhörer im Rhythmus mit den Füßen stampften.

Und es war wichtig, von Anfang bis Ende zu improvisieren. Jeder öffentliche Auftritt, jede Aufnahmesitzung wurde zu einer »Blowding session«, einer Art Ritus, bei dem die Musiker aus vollem Halse bliesen und sich dabei auf das unentbehrliche harmonische Schema des Blues stützten. Das Übel daran war, daß diese Improvisationen oft dürftig waren und nur Routine verrieten; nicht selten wurden sie weitschweifig und langweilig, es sei denn, daß die besten Leute mitmachten. Überdies machte man keinen großen Unterschied mehr zwischen der Verhaltensweise bei der allabendlichen Arbeit in den Jazzlokalen und der Spielweise in den Aufnahmestudios. Früher war es so gewesen, daß die Jazzmusiker bei dem Aufnehmen von Schallplatten wußten, daß sie alles innerhalb von drei Minuten oder wenig mehr – der Dauer einer Plattenseite mit 78 Umdrehungen – aussagen mußten und sich deshalb bemühten, in dieser kurzen Zeitspanne ihr Bestes zu geben. Später änderte sich mit der Verbreitung der Langspielplatten alles, als durch diese in den frühen fünfziger Jahren die 78er Schellackplatten verdrängt wurden. Die Musiker fingen an, sich frei von jeder Bindung zu fühlen und wurden zügellos. Die »Hardboppers« waren die ersten, die diese erlangte Freiheit mißbrauchten, aber sie waren keineswegs die einzigen. Im Verlauf der Jahre verschlechterten sich die Dinge in dieser Hinsicht beträchtlich.

Dem Beispiel der besten »Hardboppers« folgend taten fast alle Jazzleute ihr möglichstes, um ihren Stil auf den neuesten Stand zu bringen.

Die jungen Trompeter, die bis dahin vor allem Gillespie und Davis gefolgt waren, begannen, mit Feuer und Kraft wie der neue Star Clifford Brown zu blasen. Sie waren bestrebt, seine heiße und strahlende Klangfülle zu imitieren und nahmen sich seine Ausdruckskraft und blendende Technik zum Vorbild. Damit knüpften sie wieder an Fats Navarro, den feurigsten der »Boppers« und geistigen Vater Browns, an.

Von Brown stammte dann eine ganze Trompeter-Generation ab, und es ist jammerschade, daß ihr Lehrmeister nicht lange am Leben geblieben ist, um weiterhin ihr Führer zu sein. Keiner von den so zahlreichen Trompetern, die in den letzten zwanzig Jahren in seine Fußstapfen getreten sind, von Donald Byrd und Lee Morgan bis zu Booker Little und dem virtuosen Freddie Hubbard, brachte es fertig, ihn zu erreichen. Aber das Schicksal wollte, daß auch Clifford Brown nach einer steilen und glänzenden Karriere in jungen Jahren starb; er kam im Alter von weniger als sechsundzwanzig Jahren 1956 bei einem Autounfall ums Leben. Von ihm sind viele Aufnahmen erhalten, die noch heute zu den besten Beispielen des Hardbop gerechnet werden. Um einige Titel zu nennen: »Night in Tunisia« und »Quicksilver« mit Blakey, sowie »Parisian thoroughfare«, »Jordu«, »Joy spring« und »Daahoud« mit Roach.

Auch Horace Silver verkörperte den Übergang von den »Boppers« der ersten Generation – in seinem Fall: Bud Powell – zu den jungen Musikern der neuen Garde, die sich in seine erregte, perkussive, alles in allem einfache Pianistik beim ersten Hinhören verliebten und seinen markanten Anschlag nachahmten. Aber Silver beschränkte sich nicht darauf, einen starken Einfluß auf die Pianisten auszuüben. Er entwickelte auch beträchtliche Fähigkeiten als Komponist und schuf anziehende Themen, in denen manchmal der Widerhall der religiösen Negermusik wahrzunehmen ist. Ein in dieser Beziehung bedeutungsvolles Stück, das ein Musterbild für sehr viele darstellen sollte, ist »The preacher«. Es wurde von dem Pianisten, als er noch zusammen mit den Jazz Messengers spielte, dadurch komponiert, daß er sich auf die Harmonien des Spirituals »Show me the way to go home« stützte.

Art Blakey seinerseits verurteilte alle leichten und raffinierten Schlagzeuger zum Tode (der einzige, der sich taub stellte, war Connie Kay, welcher sich ebenso wie seine Kollegen vom Modern Jazz Quartet nicht im geringsten von den »Hardboppers« beeinflussen ließ), brachte ein wuchtiges, aufdringliches und sehr stabiles »Drumming« auf und ließ das Schlagzeug zu einem der Hauptfaktoren des Jazzspielens werden. Daß dieses Instrument sich trotz seiner vorwärtstreibenden Kraft, die ja verstärkt worden war, in einer sehr komplexen, phantasievollen und geschmeidigen Sprache ausdrücken konnte, wurde vor allem von Max Roach bewiesen, auch als er der erste war, der mit ausgesprochen hervorragenden Resultaten Jazz in ungeradem Zeitmaß spielte.

Das Problem des Jazz im Walzertakt war in der Vergangenheit schon mehr als einmal angegangen worden, ohne daß überzeugende Ergebnisse erbracht wurden. Die besten hatte Fats Waller mit seinem schönen »Jitterbug waltz« erzielt; die schwächsten erreichte Benny Carter, als er in den dreißiger Jahren in Europa sein etwas künstliches »Waltzing the blues« einspielte. Danach waren viele Jahre lang keine Versuche mehr unternommen worden, so daß die meisten zu der Überzeugung gelangten, daß der Jazz für immer in einem Rhythmus verankert bleiben müßte, der auf die »regulären« vier Schläge pro Takt gegründet war. Dem einen oder anderen kamen Zweifel daran, als er »Carolina moon« hörte, einen Walzer im Sechsvierteltakt, den eine Studioformation um Thelonious Monk mit eben Roach als Schlagzeuger aufgenommen hatte. Aber die erste überzeugende Demonstration, daß Jazz – vielmehr »Swing«, in der rhythmischen Bedeutung dieses Begriffes – und Walzertakt vollkommen in Einklang miteinander gebracht werden konnten, wurde erst verschiedene Jahre später, und zwar 1956, geliefert. Es war ein Stück, das in das Repertoire des Quintetts von Brown und Roach aufgenommen wurde und von dessen Mitglied Rollins als »Valse hot« komponiert worden war. Die durch diese Komposition erzielten Resultate waren so ermutigend, daß sich der Schlagzeuger veranlaßt sah, eine ganze Serie von Jazz-Walzern für eine Langspielplatte einzuspielen, die von der Mercury unter dem Titel »Jazz in ³/₄ time« veröffentlicht wurde. Von da an vergaßen die Jazzmusiker den Walzertakt nicht mehr. Man zog in diesem Zusammenhang den Sechsachteltakt vor, der auch in der Gospel-Musik häufig vorkommt.

Sonny Rollins, der origineller als die anderen »Größen« des Hardbop ist, wurde nicht wie diese sklavisch imitiert. Aber nach seinem Erscheinen auf der Jazzszene hat es keinen Saxophonisten gegeben, der nicht die Notwendigkeit empfunden hätte, den Ton seines Instrumentes zu verstärken und die Kraft seines Ansatzes zu erhöhen, oder der nicht versucht hätte, das tiefe Register des Tenorsaxophons auszuschöpfen, wie Rollins es besser als jeder andere vermag.

Die Schar der »Hardboppers« wurde durch einen weiteren wichtigen Musiker bereichert, als im Jahre 1955 Julian Adderley, mit dem Beinamen »Cannonball«, in New York auftrat. Der aus Florida gebürtige Altsaxophonist hatte einen guten Schuß »westindischen« Blutes und spielte mit verblüffender Gewandtheit in einem von Parker abgeleiteten Stil. Sein unvorbereiteter Auftritt im Café Bohemia, einem neuen Jazzlokal von Bedeutung in Greenwich Village, versetzte die Kollegen und Kenner in Entzücken und brachte ihm eine sofortige Verpflichtung bei der Plattenfirma Mercury ein. Wenig später konnte er zusammen mit seinem Bruder Nat, einem guten Trompeter, ein Ensemble gründen. Diese erste Gruppe der Gebrüder Adderley hat im Hardbop Geschichte gemacht.

Ein breiter Erfolg war den beiden Brüdern später, und zwar in den Jahren 1959-60, hold, nachdem sie in Zusammenarbeit mit dem Pianisten und Komponisten Bobby Timmons einige Titel in ihr Repertoire übernommen hatten, in denen der Jazz stark von der Gospel-Musik beeinfluß wurde. Das gleiche Rezept war zuerst von Silver und anschließend von dem gleichen Timmons ausprobiert worden, als er während seiner erst kürzlichen Tätigkeit bei den Jazz Messengers »Moanin'«, ein erfolgreiches Thema dieses Typs, geschrieben hatte. Mit diesem »Soul jazz« – eine Bezeichnung fand man sofort, legte sie aber bald wieder beiseite – sollten die Brüder Adderley ihr Glück machen, als ihnen einige große Erfolge beschert waren: »This here« und »Dat there« von Timmons, »Work song« von Nat Adderley bis hin zu »Mercy, mercy, mercy«, das von dem Österreicher Joe Zawinul komponiert wurde. Dieser Pianist war während der sechziger Jahre lange Zeit die »Graue Eminenz« des Ensembles und sollte mit seiner intensiven und überraschend negroiden Komposition dem Adderley-Quintett zu großem Erfolg verhelfen.

Zwischenzeitlich waren in der Jazzwelt im Osten viele weitere Dinge geschehen. Im Jahre 1954 hatte der Impresario George Wein mit Hilfe von Louis Lorillard, einem reichen Mann aus der Tabakindustrie, zum ersten Mal das Jazz-Festival in Newport veranstaltet, das in der Folgezeit zu einer festen Institution werden sollte. Im darauffolgenden Jahre setzte sich mit Macht die elektrische Orgel durch. Das Spiel von Jimmy Smith eröffnete ungeahnte Möglichkeiten, so daß eine große Anzahl von Musikern den Entschluß faßte, sich diesem Instrument zu widmen.[11] Auch die Flöte begann in diesen Jahren, im Jazz immer mehr verwendet zu werden, und nahm den Platz der Klarinette ein, die außer Gebrauch gekommen war. Der Pionier der Flöte im Jazz war Wayman Carver im Orchester von Chick Webb gewesen, aber ihre eigentlichen Verbreiter – außer den »Kaliforniern« Bud Shank und Buddy Collette, die bereits behandelt worden sind – wurden Frank Wess in der Basie-Bigband, Herbie Mann, Yusef Lateef und ein paar weitere, die wie die genannten hauptsächlich in New York arbeiteten. Ferner erlebte man die Wiederauferstehung von Miles Davis mit, der sich nach schwierigen Momenten in den Jahren, die auf das »Cool«-Experiment folgten, den »Hardboppers« angeschlossen hatte. Nun leitete er eine ausgezeichnete Gruppe, in der hochtalentierte Solisten nebeneinander wirkten, etwa der weiße Pianist Bill Evans, der damals seine glänzende Laufbahn einleitete, Cannonball Adderley und John Coltrane, der allmählich eine ganz neue Sprache ausarbeitete, mit der Jahre später alle noch rechnen mußten.

Als Coltrane zum ersten Mal der Formation von Davis beitrat, war er ein »Hardbopper« recht konventionellen Stils, aber er gehörte zu dem Grüppchen der besten Tenorsaxophonisten des Augenblicks. Die anderen, abgesehen von Rollins, hießen Johnny Criffin, Benny Golson (sein Ruf stützt sich heute auf seine Begabung als Komponist) und Hank Mobley (er war einer der ersten Jazz Messengers). Coltrane, Rollins und Griffin unterstützten einer nach dem anderen auch Thelonious Monk, der ab 1957 endlich von einem nicht zu begrenzten Publikum gehört werden konnte, als sein erstes Quartett mit Coltrane im Five Spot, in Bowery, engagiert wurde und die Begeisterung von Musikern und Kritikern hervorrief.

Soviele anregende Ereignisse und die Qualität des neuen Negerjazz selbst bewirkten, daß die Musik der Afro-Amerikaner eine richtige Hochkonjunktur erlebte. Die Konzerte und Tourneen nach Europa nahmen um ein Vielfaches zu. In New York, das wieder die Welthauptstadt des Jazz geworden war, ließen sich um die Mitte der fünfziger Jahre viele fähige Musiker nieder. Eine quantitativ und qualitativ ansehnliche Truppe traf nach und nach aus Detroit ein. Unter den ersten, die aus der Stadt der Automobilwerke anreisten und am Ufer des Hudson-Flusses ansässig wurden, waren die Brüder Hank und Thad Jones, die Piano beziehungsweise Trompete spielten; 1956 folgte ihnen Elvin, der dritte Bruder, der den Schlagzeugern eine noch nicht dagewesene, ausdrucksreiche Spielweise zeigen sollte.

Aus Detroit kamen ungefähr im gleichen Zeitraum ferner der Gitarrist Kenny Burrell und der Baritonsaxophonist Pepper Adams. Dieser letztere war ein Weißer, der einen neuen, »harten« Stil für sein Instrument vorlegte.

Die Wiederbelebung des Jazz ließ allerdings die Bigbands, für die es einige Jahre zuvor ein Massensterben gegeben hatte, nicht wieder erstehen. Trotz der Anstrengungen einiger Bandleader, das Gegenteil zu beweisen, hatte das Publikum der jungen Leute inzwischen die Freude daran verloren, zum Jazz zu tanzen. Man konnte das Tanzbein viel besser zum motorischen Rhythmus des Rock and Roll schwingen. Er sollte in seinen anschließenden Umformungen die einzige tanzbare Musik sein, die vom Jazz herkam. Die Bigbands mußten sich damit begnügen, für die Kenner zu spielen, vor allen Dingen bei Auftritten konzertartiger Aufmachung, genau wie die kleineren Ensembles. Obwohl sich aus diesem Grunde nur eine spärliche Anzahl von Bigbands halten konnte, war die Qualität derer, die ihrer Sache treu blieben, gewiß nicht minderwertig. Es war nicht mehr angebracht, sich zu Kompromissen mit dem Publikum herabzulassen, da es ja keine Jugendlichen mehr darunter gab, die von einem großen Orchester nichts anderes als ein einprägsames, laut gespieltes Motiv und einen erregenden, tanzbaren Rhythmus verlangten.

So spielten die meistgeliebten Bigbands, die Orchester von Basie und Ellington, in diesen Jahren »reinen« Jazz, und das gleiche läßt sich von der Bigband sagen, die von Dizzy Gillespie 1956 für eine Propaganda-Tournee in die Länder des Ostens zusammengestellt wurde und kaum zwei Jahre zusammenhielt. Ein anderes gutes Orchester, das in den gleichen Monaten bekannt wurde, war von Maynard Ferguson gebildet worden, dem kanadischen Trompeter, der sich bei Stan Kenton entpuppt hatte.

Durch den Anbruch des Hardbop ging die Bedeutung der »Standards«, die aus der leichten Musik entliehen worden waren, entschieden zurück. Über zwanzig Jahre lang hatten sie den Jazzleuten die Grundthemen (oder nur die Grundakkorde) für ihre Improvisationen gestellt. Mit den fünfziger Jahren begannen nämlich die Originalkompositionen im Jazz zuzunehmen – die oft nichts anderes als »Head Arrangements« sind, die auf die Bluesharmonien oder vielleicht auf Riffs aufgebaut werden – und diese Tatsache hatte erhebliche Folgen für das Los dessen, der Jazz singt oder Jazz singen will.

Die Zeiten, in denen jedes große Orchester eine hübsche Sängerin im eleganten Abendkleid beschäftigte, waren nun längst vorbei. Von der Mitte der fünfziger Jahre an gab es für die menschliche Stimme wenig Platz im Instrumentarium des Jazz, wenn man »Jazz« in einengendem Sinne versteht und den Rhythm and Blues und die »Soul Music« ausschließt, die von da an die einzigen Betätigungsfelder für die (selbstverständlich schwarzen) Sänger darstellten. Der große Jazz-Gesang im eigentlichen Sinne blieb das Vorrecht der schon seit langem aktiven weiblichen »Vocalists« Ella Fitzgerald, Billie Holiday (solange sie noch da war), Sarah Vaughan und Anita O' Day. Diese letztgenannte ist nach dem allzu frühen Tod von Mildred Bailey im Jahre 1951 die einzige weiße Jazzsängerin von Format geblieben. Zu diesen hervorragenden frühen Sängerinnen, die bis auf den heutigen Tag unübertroffen sind, kamen nur wenige weitere »Vocalists« mit einer mehr oder minder starken persönlichen Note, wie Carmen Mc Rae, Dinah Washington, Helen Merrill und Pearl Bailey. Ihre Zugehörigkeit zur Welt des Jazz ist in manchen Fällen umstritten.

Nichtsdestoweniger schien der Jazz-Gesang gerade in den hier behandelten Jahren eine neue und vielversprechende Formel in dem sogenannten »vocalese« zu finden. Es bestand in der Anpassung von ebenso bizarren wie witzigen Phantasieversen an berühmte Instrumentalstücke, die in Gesang umgestaltet wurden, und zwar Note für Note absolut getreu in allen Einzelheiten und Feinheiten, die das Vergnügen der Jazzfans ausmachen. Der Erfinder des »vocalese« war der Neger Eddie Jefferson. Seinem Beispiel folgte Jahre später King Pleasure, als er 1952 aus dem Saxophonsolo von James Moody in »I'm in the mood for love« eine Vokal-Version erarbeitete, die so zu »Moody's mood for love« wurde. An King Pleasure orientierte sich bald die Engländerin Annie Ross und entwickelte eine amüsante Vokal-Version aus dem Tenorsaxophon-Solo, das ein anderer Bop-Musiker namens Wardell Gray auf dem Thema von »Twisted« improvisiert hatte. Anschließend versuchten sich Dave Lambert und Jan Hendricks an dieser Neuheit. Gleich nachdem sie 1957 dem »Four Brothers«-Thema von Herman eine »Vokalisation« (man müßte eigentlich »Textgebung« sagen) unterlegt hatten, taten sie sich mit Annie Ross zusammen. Mit gemeinsamer Mühe und Gewissenhaftigkeit wurde unter dem Titel »Sing a song of Basie« eine aufsehenerregende Langspielplatte aufgenommen, die sich auf Arrangements des Basie-Orchesters stützte. Der Erfolg hielt die drei Musiker lange Zeit zu ähnlichen Unternehmungen zusammen.

Das Erbe des Trios Lambert – Hendricks – Ross (die Sängerin wurde dann zwei Jahre vor der endgültigen Auflösung des Trios, die 1964 erfolgte, von Yolande Bavan ersetzt) trat die ausgezeichnete französische Vokal-Gruppe der Double Six unter Leitung von Mimi Perrin an. Aber auch dieses Ensemble mußte angesichts der Schwierigkeiten die Waffen strecken. Und das schwierige und verfeinerte »vocalese« machte keine Geschichte mehr, obwohl es etwa zehn Jahre später durch Bette Midler und durch die Pointer Sisters wieder ein paarmal zum Vorschein kommen sollte.

Der Untergang des Jazz-Gesanges, wie er sich mehr oder weniger direkt auf die von der Tin Pan Alley herausgebrachten Themen gründete, darf nicht verwundern, auch wenn dieser Gesang vom musikalischen Gesichtspunkt aus gesehen äußerst raffiniert sowie illusionslos und sogar entmythisierend war. (Keine der großen Jazzsängerinnen hat die Bedeutung der Schlagertexte jemals zu ernst genommen.)

Gegen Ende der fünfziger Jahre war der echte Jazz nochmals in einer Umwandlung begriffen, die diesmal radikaler denn je war.

Es bestanden sehr gute Gründe dafür, daß die schwarzen Jazzmusiker zu einem anderen Thema übergingen. Die leidvolle Geschichte der Afro-Amerikaner war dabei, in ihre dramatischste Phase einzutreten. Der Konflikt zwischen der farbigen Minderheit und dem weißen Establishment, der immer noch latent war, stand kurz vor seiner Explosion.

Der erste Herd des Aufruhrs hatte sich scheinbar zufällig entzündet, nur weil eine ruhige schwarze Dame, Rosa Parks, sich im Dezember 1955 geweigert hatte aufzustehen, um einem weißen Fahrgast ihren Sitzplatz zu räumen, wie ihr von einem Busfahrer in Montgomery, im Bundesstaat Alabama, befohlen worden war. So hatte man es schon immer gehandhabt, weil das die Regel im rassistischen Süden war. Aber Rosa, eine einfache Näherin, einst Sekretärin des Ortssitzes der NAACP, dachte, daß der Augenblick gekommen war, »Schluß!« zu sagen. Niemand vor ihr hatte je den Mut zur Verweigerung eines solchen Befehls gehabt, und man fragte sich noch lange Zeit, wie so etwas geschehen konnte. In einem Interview gab Rosa Parks Monate später eine sehr einfache Erklärung ihres Verhaltens: »Also, zunächst einmal hatte ich den ganzen Tag gearbeitet und war sehr müde. Ich mache die Kleider, die die weißen Leute dann anziehen. Jedenfalls war es nicht das, woran ich dachte, sondern eher an etwas anderes: Wann und wie würden unsere Menschenrechte anerkannt werden? Der Teil des Busses, wo ich saß, war die ›colored section‹, wie wir sie nennen, besonders in diesem Viertel, weil der Autobus zu mehr als zwei Drittel von farbigen Fahrgästen besetzt war, und ein großer Teil von ihnen stand. Und jedesmal, wenn weiße Fahrgäste zustiegen, mußten wir für sie nach hinten rücken, auch wenn kein Platz mehr da war. Es war eine Zumutung... Bezahlt zu haben, um zu sitzen und hundert Meter gut zu fahren und dann wieder aufzustehen – das war zuviel.«[12]

Noch überraschender als das Verhalten von Rosa Parks waren für die Weißen, aber auch für viele Neger, die folgenden Ereignisse. Die sofortige Verhaftung Rosas verwunderte nicht; die Reaktion der Negergemeinde der Stadt löste Erstaunen aus. Auf Anregung von Martin Luther King, dem Pastor einer Baptistenkirche in Montgomery, beschloß sie, die Buslinien der betreffenden Gesellschaft zu boykottieren. Es sollte nur eine eintägige Demonstration sein, dauerte aber länger als ein Jahr. »Aufgrund eines außergewöhnlichen Zusammentreffens von Kräften rief die Verhaftung von Rosa Parks das hervor, was kein anderes Ereignis, so schrecklich es auch war, hervorrufen konnte«, erzählt Lerone Bennett jr..« Sie vereinigte und verdeutlichte die Unzufriedenheit einer ganzen Negergemeinde. Indem diese Verhaftung das bewirkte und dabei zeigte, was man tun konnte, öffnete sie die Schleusen sozialer Energie, die sich über den Süden und über den Norden ergossen. (...) Die 382 Tage des Autobus-Boykotts änderten den Sinn von Martin Luther King. Und der so verwandelte Martin Luther King schaffte es, das Gesicht und das Herz des Negers, des Weißen und Amerikas zu verändern.«[13]

Der Boykott, der zu 99 Prozent gelang, brachte die Montgomery City Lines Inc. an den Rand des Bankrotts und führte zum Entstehen der Montgomery Improvement Association (MIA), zu deren Präsident King einstimmig gewählt wurde. Er erzielte darüber hinaus ein erstes wichtiges Ergebnis, als der Oberste

Gerichtshof im November 1956 die Rassentrennung in den Bussen von Montgomery für verfassungswidrig erklärte. Ein weiterer Schritt auf dem Wege zur Gleichberechtigung der farbigen Minderheit war die von King veranlaßte Gründung der Southern Christian Leadership Conference (SCLC), einer Vereinigung, die ein erhebliches politisches Gewicht hatte.

King wurde auf jede denkbare Art verfolgt. Eine Bombe wurde gegen sein Haus geworfen, und wenig später wurde er zum ersten Mal verhaftet. Und es fehlten auch nicht die Polemiken, selbst in der Negergemeinschaft, bezüglich seiner Methoden des gewaltlosen Widerstandes, der von den Lehren Gandhis ausging. Aber die Lawine war schon im Rollen. Die Neger fühlten fast alle, daß der Augenblick gekommen war, der Unterdrückung Einhalt zu gebieten, wie es Rosa getan hatte.

Der rassistische Süden ließ sich nicht einschüchtern. Dafür gab es einen erneuten Beweis im September 1957, als neun Negerjungen in Little Rock, im Bundesstaat Arkansas, vergeblich die Zulassung zu einer Mittelschule zusammen mit weißen Altersgenossen beantragten. Sie hatten das Recht dazu; denn der Oberste Gerichtshof, von dem vor langer Zeit das Prinzip »gleich, aber getrennt« gutgeheißen worden war, hatte nun vor drei Jahren die Rassentrennung in den Schulen für verfassungswidrig erklärt. Jedoch war in verschiedenen Südstaaten die im Urteil enthaltene Anordnung graue Theorie geblieben, und es war schon zu ersten Gewaltakten im Zusammenhang mit der Aufnahme einer Negerstudentin an der Universität von Alabama gekommen.

In Little Rock ereigneten sich so schwere Zwischenfälle voller Rassenhaß, daß Präsident Eisenhower beschloß, Bundestruppen dorthin zu entsenden, um die Rechte der Neger zu schützen und die Situation, die Ausmaße einer offenen Herausforderung angenommen hatte, unter Kontrolle zu halten. Er erzielte nur einen vorübergehenden Erfolg; denn nachdem die Negerjungen unter Truppenschutz in die Schule zurückgebracht worden waren, aus der man sie ausgestoßen hatte, ließ Orval Faubus, der Gouverneur von Arkansas, die öffentlichen Schulen für das ganze Schuljahr 1958–59 schließen. Mit dieser Heldentat wurde er zu einer Art Lokalpatriot und für die Neger zum Symbol der Rassendiskriminierung, des haßerregenden Gesichtes eines reaktionären und stumpfsinnigen Amerika, das man schlagen mußte.

In der Zwischenzeit, gerade als viele Neger in Martin Luther King ihren neuen Führer erkannten, geschahen weitere bedeutungsvolle Dinge, die zeigten, daß nicht nur die farbige Minderheit die drückende, aufgezwungene Abhängigkeit vom »American way of life«, die Widersinnigkeit und inneren Widersprüche des »Systems« und die Mißbräuche der herrschenden Klasse leid war. Unter den Unzufriedenen, den Unruhigen waren auch viele Weiße und nicht unbedingt nur die ärmsten. Diese Ungeduld, dieses existenzielle Unbehagen wurde zuerst von einigen Schriftstellern versprachlicht. Jack Kerouac, Allen Ginsberg, Lawrence Ferlinghetti, Gregory Corso und andere übernahmen die Rolle der Hauptvertreter der sogenannten »Beat-Generation«. Eine »müde«, bittere, unsichere Generation, die sich der Widersinnigkeit und der Ungerechtigkeiten der Welt, in der sie leben muß, schmerzhaft bewußt ist.

» . . . ›Beat‹ sein bedeutet nicht so sehr, todmüde zu sein, als die Nerven unter der Haut zu haben, nicht so sehr, ›es bis oben hin satt zu haben‹, als sich entleert zu fühlen«, hat John Clellon Holmes erklärt. »›Beat‹ beschreibt einen von jeder Überstruktur freien Gemütszustand, der feinfühlig gegenüber den Ereignissen aus der Außenwelt ist, aber keine Banalitäten ertragen kann. ›Beat‹ sein heißt, in den Abgrund der Persönlichkeit gesunken zu sein, die Dinge aus der Tiefe zu sehen, Existentialist eher im Sinne von Kierkegaard als von Jean-Paul Sartre zu sein . . .«[14]

Der »Beatnik« war der jüngere Bruder des »Hipsters« aus den vierziger Jahren, der mit den »Boppers« verkehrte und sich nach dem Beispiel Charlie Parkers Heroin in die Venen spritzte. Aber er war anders. Der »Hipster« war kalt, zynisch, aggressiv; der »Beatnik« ist auf seine Art ein Poet. »Der ›Beatnik‹ – häufig Jude – stammt aus der Mittelklasse, und vor fünfundzwanzig Jahren wäre er der ›Young Communist League‹ beigetreten«, schreibt Norman Mailer. »Heute wird er ein ›Gammler‹ als Antwort auf den Konformismus seiner Eltern . . . Der freundliche, seiner Rasse entfremdete ›Beatnik‹ ist oft ein radikaler Pazifist und hat sich gegen die Gewalt ausgesprochen. In Wirklichkeit ist seine Gewalt tief in ihm verschlossen, und er hat keine Möglichkeit, sie anzuwenden. Sein Gewaltakt ist der Selbstmord . . . Und doch ist der ›Beatnik‹ auf seine verblichene Art ein Fahnenträger jener keineswegs verlorengegangenen Werte der Freiheit, der freien Meinungsäußerung und Gleichheit, die ihn als erste gegen die Heuchelei und nackte, ungebildete Plattheit der Mittelklasse in Bewegung setzten.«[15]

Der »Beatnik« erschien in einer dramatischen Art im vollen Scheinwerferlicht, als Allen Ginsberg mit Leidenschaft und quälendem Schmerz eine Anklage hinausschrie. Im Jahre 1955 trug er in San Francisco zum ersten Mal sein Gedicht »Howl« (»Aufschrei«) vor, das den Weg zu einem blühenden literarischen Frühling eröffnete und die sensibelsten Menschen darauf aufmerksam machte, daß etwas Wichtiges im Werden war.

»Howl« beginnt mit diesen Versen:

»I saw the best minds of my generation destroyed by madness, starving hysterical naked, / dragging themselves through the negro streets at dawn, looking for an angry fix, / angelheaded hipsters burning for the ancient heavenly connection to the starry dynamo in the machinery of night, / who poverty and tatters and hollow-eyed and high sat up smoking in the supernatural darkness of cold-water flats floating across the tops of cities contemplating jazz . . .«[16]

Aus den Versen von »Howl« taucht das erschütternde Bild des »anderen« Amerika auf, mit dem sich die großen Filmproduzenten aus Hollywood niemals beschäftigen wollten, das das Establishment vorgab nicht zu sehen oder stillschweigend unterdrückte. »›Howl‹ war das Manifest einer Generation«, schreibt Fernanda Pivano, »welche nicht mehr an die pseudowissenschaftlichen Mythen glaubte, die zur Mechanisierung Amerikas und zu seiner uneingeschränkten Anbetung des Geldes als Mittel zur Erlangung der Macht auf allen Gebieten geführt hatte; aber gegen den Mythos des Geldes zu wirken war natürlich sehr schwer ... Es schien Ginsberg, daß es den Menschen vielleicht gelingen würde, von ihr (der Geldsucht) geheilt zu werden, wenn sie eine Kommunikationsmöglichkeit wiederfänden, die ihnen die Befreiung von den gängigen Überstrukturen ermöglicht (wie sie von den Massenmedien mit ihrer psychologischen Gewalt durch die Propaganda in Presse, Rundfunk, Fernsehen und in den Kirchen dem freien Gedanken aufgezwungen werden); diese Überstrukturen sind nun durch die Herauskristallisierung von vorgefaßten Meinungen und Vorurteilen, die der Kontrolle des individuellen Bewußtseins entgangen waren, aus den Fugen geraten.«[17]

Man mußte infolgedessen wieder von vorne anfangen und zu einem Zustand seelischer Reinheit zurückkehren. Und um diesen Zustand wiederzuerlangen, würde – so dachten die »Beatniks« ebenso wie ihre literarischen Vorkämpfer – das Rauschgift wohl sehr hilfreich sein; nicht das »harte Zeug«, das die »Hipsters« und viele »Boppers«, die zu ihrem Kreis gehörten, um den Verstand oder ums Leben gebracht hatte, sondern das leichtere Marihuana, zu dem jedoch anschließend das tödliche LSD und noch andere Dinge hinzugefügt wurden.

Weniger gefährlich als die Flucht in die künstlichen Paradiese des Rauschgiftes war das Ausweichen in die verdünnten Lufthöhen gewissen orientalischen Mystizismus. Der Zen-Buddhismus, der in Amerika von einem ehemaligen evangelischen Pastor namens Alan Watts verbreitet wurde, schien vielen eine Lösung zu sein. Später kam die Stunde des indischen Mystizismus, der Jahre darauf auch viele Jazzleute faszinieren sollte.

Es ist kein Zufall, daß die Schriftsteller der »Beat-Generation« und ihre Anhänger empfanden, den Jazzmusikern nahezustehen. Viele dieser Schriftsteller konnten sich als »weiße Neger« betrachten, das heißt als Weiße, die es vorgezogen hatten, wie die Neger zu leben, und alle, die schwarzen und die weißen, waren gegen das offizielle, von den »WASP« und dem Götzen Dollar beherrschte Amerika. Vor allem Kerouac fühlte, daß die Jazzmusiker (besonders die »Boppers« und unter diesen sein Idol Charlie Parker) seiner gleichen Rasse angehörten und daß ihre Musik seine Musik war. In dem 1957 nach acht Jahren Wartezeit veröffentlichten »On the road« ist der Jazz überall. Ein Buch, das er in neuerer Zeit herausgab, heißt sogar »Doctor Sax«.

Das Verhängnis wollte es, daß die Dichter der »Beat-Generation« sich mit den Jazzmusikern trafen und mit ihnen zusammenarbeiteten, und die ersten Treffen konnten natürlich nirgendwo anders als in den kleinen Lokalen von San Francisco, dem lebhaftesten Zentrum der Renaissance der amerikanischen Dichtkunst, erfolgen. Es war die Lieblingsstadt eines Ginsberg, Kerouac und Ferlinghetti, und die »Beatniks« hatten ihre Hochburg aus ihr gemacht. So feierten der Jazz und die Dichtkunst ihre Vermählung gerade in dem Jahr, als »On the road« herausgebracht wurde, und in der Stadt, in der zum ersten Mal das erschütternde »Howl« von Ginsberg erklungen war. Die Dichter gaben ihre Verse bei drängendem Jazz-Rhythmus zum besten, während die Solisten improvisierten und dabei Worte und Bedeutungen unterstrichen, ausschmückten, verstärkten und abschwächten.

Das war nun absolut nichts Neues. In den zwanziger Jahren hatte Langston Hughes, einer der ersten amerikanischen Gelehrten, die sich in den Jazz verliebten, einige seiner Gedichte vorgetragen, während ihn ein Pianist begleitete. Ungefähr zwanzig Jahre später war das Experiment in Chicago von einem weiteren Dichter guten Ansehens, Kenneth Rexroth, wieder aufgenommen worden. Eben Rexroth war der eifrigste Verfechter der Ehe Jazz – Poesie, die zwischen 1957 und 1958 zu halten schien.

Die Jazzmusiker, vor allem die weißen, gaben sich begeistert zu diesem Spiel her, und einige Monate lang wurden die Versammlungen, bei denen die Poesie von einer improvisierten Jazz-Kulisse angeregt wurde (ja sogar mit dem Jazz vermischt wurde und mit ihm eine Einheit bildete), mit großem Interesse verfolgt und nahmen stark zu. Man las unveröffentlichte oder schon berühmte Gedichte von jungen oder namhaften amerikanischen Dichtern; manches Gedicht wurde zu einem solchen Anlaß verfaßt. Es scheint festzustehen, daß der erste, der ein Gedicht schrieb, damit es mit Jazzbegleitung vorgetragen wurde, Ferlinghetti war; er nannte es »Autobiography«. Bald wurden auch in New York, besonders in Greenwich Village, Abende mit »Jazz und Poesie« veranstaltet. Kerouac blieb zwei Abende im Village Vanguard, wo auch der schon betagte Langston Hughes auftrat. Rexroth brachte es fertig, zwei Wochen im Five Spot auszuhalten. Irgendwann hing der Inhaber des Half Note, als ihm die Dichter ausgingen, ein Schild mit der Aufschrift »Poets wanted« (»Dichter gesucht«) aus.

Aber es hielt nicht an. Im Jahre 1959 konnte die Mode bereits als überholt angesehen werden. Der schwere Fehler der Leute, die sich dem Thema »Jazz und Poesie« widmeten, lag darin, daß sie sich an eine beschränkte Elite von Intellektuellen wandten, die in der Lage waren, gleichzeitig den dichterischen Wert der Texte und die Vorzüge des Jazz zu schätzen, der mit seinen Improvisationen schon an sich eine erhebliche Aufmerksamkeit seitens der Zuhörer verlangte. Die »Jazz und Poesie«-Episode war also kurz. Sie mobilisierte zwar viele Geister und ließ unerforschte Gebiete erahnen, hinterließ aber außer einem halben Dutzend Platten, die heute Sammlerraritäten sind, keine Spuren.

Die neue amerikanische Intelligenzija begegnete dem Jazz auch auf anderen Tätigkeitsgebieten, und in dieser Hinsicht sollte es genügen, an den 1958 von John Cassavetes gedrehten Film »Shadows« (»Schatten«) unter musikalischer Mitwirkung von Charlie Mingus zu erinnern. Über »Shadows«, seinen halb-dokumentarischen Stil, die bewegliche Kameraführung und die Behauptung von Cassavetes, mit diesem Film eine »filmische Improvisation« verwirklicht zu haben, ist von Fachleuten des neuen amerikanischen Films lange und breit diskutiert worden. Für unsere Ausführungen hier liegt uns nur daran zu bemerken, daß auch in diesem Fall der improvisierte Jazz – der in dem Film eine sehr wichtige Rolle spielte – eine Einheit mit dem Werk eines auf einem anderen Gebiet tätigen Künstlers bildete und sich als einzige Musikart bestä-tigte, die eine bestimmte Wirklichkeit und eine bestimmte, wirklich aktuelle Art und Weise, diese zum Bewußtsein zu bringen, ausdrücken und kommen-tieren kann.

Trotz der Sympathien, die viele Vertreter der neuen amerikanischen Intelli-genz-Aristokratie in diesen Jahren dem Jazz entgegenbrachten, trotz der Gunst, die Blues – in mehr oder minder veränderten Formen – und Gospel-Songs beim großen Publikum fanden, und trotz der Zunahme der »weißen Neger« begriff man bald, daß die lebhaftesten Wortführer des schwarzen Jazz im Begriff waren, ihre den Weißen in der Vergangenheit entgegengestreckte Hand zurückzuziehen, und nunmehr entschieden waren, für sich alleine wei-terzugehen.

Die Zeit der aufrichtigen, heuchlerischen oder opportunistischen Verbrüde-rungen war vorbei. Die Wut der Neger steigerte sich überall, und man forderte mit lauter Stimme die Freiheit.

Es sollten noch einige Jahre vergehen, bis etwas von dieser Freiheit erobert wurde, bevor die Dinge sich für die Neger fühlbar besserten. Es waren Jahre blutiger Aufstände, der Zerstörungen, der Zusammenstöße mit der Polizei, der Raserei. In diesen Jahren begannen die jüngsten unter den Jazzmusikern, ob sie es nun beabsichtigten oder nicht, eine andere Musik zu spielen.

Innerhalb kurzer Zeit blieben als Erinnerung an die vorangegangenen Epochen des Jazz nur die Schallplatten und die Musiker der älteren oder jedenfalls nicht mehr ganz jungen Generationen. Sie machten fast alle das weiter, was sie schon immer gemacht hatten, gefolgt von der Schar der Umsichtigen, die die Ent-scheidung getroffen haben, beim »Mainstream« zu bleiben. Jedoch konnte man auch die alten Musiker nicht mehr an den Stätten hören, die ihre ersten Triumphe gesehen hatten. Harlem war inzwischen – wenn man von einigen Inseln absieht, die von Jazzmusikern besucht wurden – eine tote Gegend für den Jazz. Das Apollo war dabei, sich in ein Theater für den Rhythm and Blues zu verwandeln, und die eleganten Cabarets, die von den reichen Einwohnern der Stadtmitte besucht worden waren, gehörten der Vergangenheit an. Sogar das Savoy verschwand von der Bildfläche; es wurde im Jahre 1958 abgerissen, nachdem es zweiunddreißig Jahre lang ununterbrochen in Betrieb gewesen war. In der 52. Straße, im Zentrum Manhattans, wurden die Häuser aus braunem Sandstein, die so viele Jahre lang Jazzbands zu Gast gehabt hatten, eines nach dem anderen durch schwindelerregende Wolkenkratzer ersetzt. Als 1962 auch das Jimmy Ryan's, Hochburg der Dixieland-Freunde, weggefegt wurde, kommentierte das »Journal American« das Ereignis mit Worten des Bedauerns. Es war, wie der Titel besagte, das Ende der Ära der »Swing-Street«. Als manche Jazzfreunde der alten Generation sich dessen bewußt wurden, was tatsächlich vor sich ging, folgerten sie weiter. Für sie war nicht nur die Ära der 52. Straße zu Ende; auch die Ära des Jazz war vorbei.

Doch das traf nicht zu. Vielen anderen stand noch etwas Schönes bevor, weil die Neger drauf und dran waren, ihre Musik wieder in die Hand zu nehmen.

12. Revolte: der Free Jazz

Was in den stürmischen sechziger Jahren geschah – die Negerrevolution, das Sichbehaupten der neuen amerikanischen Linken, das Anwachsen der innerlichen Spannungen in den Vereinigten Staaten, die Blüte der Gegenkultur »Underground«, die sich verbreitende Gewalt, die tiefgreifende Erneuerung der Moralvorstellungen, die Studentenrebellion, die Anfechtung des Prinzips der Autorität und der Autoritäten sowie der Zusammenbruch vieler Werte, Mythen und Tabus, die bisher als unantastbar galten – spiegelte sich klar in den Musikarten wieder, die typische Ausdrucksformen der damals in Aufruhr oder Unruhe befindlichen Gesellschaftsgruppen darstellen: im Jazz und in allem, was vom Jazz abgeleitet ist und, wie wir im Kapitel über Rock sehen werden, schließlich eine riesige Popularität erobern sollte.

Die Übereinstimmung, wenn nicht sogar die Beziehung zwischen Ursache und Wirkung, von sozialpolitischen Umwälzungen und Musikarten – die scheinbar diese Umwälzungen kommentieren und manchmal darstellen wollten – scheint in vielen Fällen so deutlich und pünktlich, daß es einem schwerfällt, der Versuchung zu widerstehen, bestimmte Übereinstimmungen und Beziehungen zu akzentuieren und dabei Geschehnisse und Bedeutungen zu simplifizieren. Geschehnisse und Bedeutungen, die hingegen auch widersprüchlich und doppeldeutig waren.

Nicht alle Künstler, mit denen sich diese Geschichte beschäftigen will, lebten und erlebten die Ereignisse nämlich auf die gleiche Weise und mit gleicher Intensität. Natürlicherweise zeigten sich die jungen Musiker und unter ihnen diejenigen, die immer noch dem Elend und den Spannungen des Gettos am nächsten waren, empfindsamer gegenüber den Veränderungen der sie umgebenden Realität, gegenüber den Ideen, Forderungen und Stimmungen, die in ihrer Gesellschaftsgruppe vorherrschten. Der neue Akt der erregenden Geschichte der Jazzmusik hatte also eine beschränkte Handvoll junger Neger als seine Haupthelden und wurde auf der gleichen dichtgedrängten Bühne, die verschiedene Jahre vorher den Einbruch der »Boppers« gesehen hatte, und zwar in der Stadt New York, gespielt.

Am Anfang, zu der Zeit, als Martin Luther King seine ersten Erfolge erntete, gab es nicht soviel in der Musik der progressivsten schwarzen Jazzleute, was eine plötzliche Kursänderung ahnen ließ. Die Männer des Hardbop schienen sehr zufrieden zu sein, im Rahmen ihrer eigenen Traditionen zu wirken und überhaupt nicht die Absicht zu haben, neue Dinge zu schaffen. Und wer sich wie Thelonious Monk und Sonny Rollins (der mit Mut auf dem Gebiet der thematischen Improvisation vorankam) fern von den ausgetretenen Pfaden hielt, war eher ein Einzelgänger, der entschlossen war, außerhalb der Herde zu bleiben, als ein Begründer und ein Führer.

Was diejenigen Weißen anbetrifft, von denen man vor allem sprach – Mulligan, Brubeck, Kenton, Giuffre, um einige Namen zu nennen – so waren sie in unterschiedlichem Maße immer noch am Prozeß der Intellektualisierung interessiert, an der Verfeinerung der Formen, die ihren Höhepunkt in den Jahren des Cool Jazz erlebt hatte. Recht nah an ihre Konzeptionen hielt sich auch das Modern Jazz Quartet, dessen musikalischer Leiter John Lewis noch viele Jahre sein persönliches Muster der Europäisierung des Jazz weiterverfolgen sollte.

Man konnte also in einem großen Teil des Jazz, der gegen Ende der fünfziger Jahre gespielt wurde, einen gemeinsamen Nenner erkennen, und zwar den Respekt vor gewissen Traditionen und gewissen ästhetischen Kriterien. Aber die Traditionen und ästhetischen Kriterien, die von den schwarzen Jazzmusikern berücksichtigt wurden, waren grundsätzlich anders als die, welche das Werk ihrer weißen Kollegen prägten und inspirierten. Nur Lewis bildete eine Ausnahme.

Der eine oder andere unter den Negern begnügte sich jedoch nicht damit, Material auszuarbeiten, das von der eigenen Tradition gestellt wurde, und heute ist es im nachhinein nicht schwierig, die Personen ausfindig zu machen, die eben damals als erste die »guten alten Regeln« zur Diskussion stellten und jeder für sich einen Weg einschlugen, den die Vertreter des sogenannten »new thing« (des »neuen Dings«) wenige Jahre später gehen sollten. Charlie Mingus war vielleicht der erste, der ein Zeichen für die Zukunft setzte, als er im Jahre 1956 sein »Pithecanthropus erectus« aufnahm, eine ungestüm expressionistische Komposition-Ausführung, in der der musikalische Vortrag streckenweise schrill, wirr und schreiend ist. Im gleichen Zeitraum begann der Pianist Cecil Taylor, auf sich aufmerksam zu machen, als er wenigen Liebhabern im Five Spot eine perkussive, von großer Energie belebte Musik präsentierte, die dazu bestimmt zu sein schien, sich in eine atonale Richtung zu entwickeln. Dann war Ornette Coleman dran, ein Altsaxophonist aus Texas, der 1958 in Los Angeles entdeckt wurde und im Jahre darauf nach New York übersiedelte. Er hinterließ Bestürzung in der Jazzwelt mit einer »freien« (»free«) Musik, die einen entschiedenen Bruch mit der Vergangenheit darstellte. An seiner Seite war der Trompeter Don Cherry, der während des Aufenthaltes in Kalifornien Entbehrungen und Gram mit ihm geteilt hatte. Ein weiterer Altsaxophonist außergewöhnlichen Talentes setzte sich zu dieser Zeit endgültig durch: John Coltrane, der, wie wir schon gesehen haben, in den Gruppen von Monk und

Miles Davis geschätzt worden war und dann fast auf einmal reifte. Als er 1960 sein Quartett gründete, zeigte er vollendet seinen ganz persönlichen Stil.

Das Jahr 1960 brachte nicht nur die aufsehenerregende Bestätigung Coltranes. Es war aus weiteren Gründen ein entscheidendes Jahr in der Geschichte des Jazz. In diesem Jahre nahm Cecil Taylor einen vielversprechenden Tenorsaxophonisten namens Archie Shepp unter seine Obhut, der bald eine hervorragende Rolle in der Avantgarde-Truppe spielen sollte. Es war auch das Jahr, in dem Eric Dolphy, noch ein sehr fähiger Altsaxophonist (aber auch Flötist, Klarinettist und Komponist), aus Kalifornien nach New York kam und von Mingus und Coltrane einem zahlreichen Publikum vorgestellt wurde; diese beiden hatten ihn in verschiedenen Augenblicken seiner brillanten und leider sehr kurzen Karriere zur Seite. In diesem Jahr entstanden ferner einige Aufnahmen großer Bedeutung, die einen klaren Hinweis darauf gaben, was die neue afro-amerikanische Musik aus struktureller Sicht und vom Gesichtspunkt der inspirierenden Motive aus sein sollte.

Drei Aufnahmen können in besonderer Weise als Meilensteine betrachtet werden. An erster Stelle »Free jazz«, eine lange und sehr freie Improvisation eines »doppelten Quartetts« – des Quartetts von Ornette Coleman (dem Verantwortlichen für dieses kühne Experiment) und des Quartetts von Dolphy – die als erstes und sehr glückliches Beispiel des revolutionären Jazz der sechziger Jahre angesehen werden muß. In diesem Jazz ist die Improvisation nicht mehr auf Themen und auf Akkordenfolgen gegründet, und die ästhetischen Konzeptionen und harmonischen Regeln, die von den Jazzmusikern der vorangegangenen Generationen akzeptiert worden waren, hatten nur ganz geringe Auswirkungen auf ihn. Dann »My favorite things«, das dem internationalen Publikum Bewunderung für die heftige, berauschende und leidenschaftliche Expressivität John Coltranes abnötigte; von diesem Augenblick an nahm er den Platz von Charlie Parker als Führungsstimme der Jazzmusiker ein. Schließlich die »Freedom now suite« von Max Roach, in der die Jazzmusik einen Beitrag zum Befreiungskampf des afro-amerikanischen Volkes leisten wollte und sich zum ersten Mal zum Mittel eines ungestümen Protestes und gebieterischen Verlangens nach Gerechtigkeit machte.

Diesbezüglich hatte es ein paar frühere Beispiele gegeben. Aber die »Freedom suite« (»Suite der Freiheit«, nicht die »Freiheit jetzt-Suite«[1] von Roach), die Rollins zwei Jahre vorher aufgenommen hatte, war nur im Titel bedeutungsvoll, der jedenfalls eher eine Sehnsucht nach Freiheit als eine Forderung nach Gerechtigkeit ausdrückte. Und auch das zynische »Fables of Faubus«, mit dem Charlie Mingus den Gouverneur von Arkansas, den traurigen Helden der bitteren Ereignisse von Little Rock, anprangerte, war etwas weniger Anspruchsvolles, weil es jemanden aufs Korn nahm, der auch die Empörung von Millionen Weißen hervorgerufen hatte.

In der »Freedom now suite« spürt man einen neuen und anderen Geist. Der Schmerz vermischt sich mit Zorn, der Protest ist energisch und gezielt und bezieht sich nicht nur auf die Lage der Afro-Amerikaner, sondern auch auf die Diskriminierung, der die Neger Südafrikas zum Opfer fallen (wo der Verkauf dieser Schallplatte sofort verboten wurde).[2] Zwei Titel in der Suite, »Tears for Johannesburg« (»Tränen für Johannesburg«) und »All Africa« (»Ganz Afrika«), sind hierfür bezeichnend. Das Mitgefühl für die unterdrückten Brüder macht nicht an den Ufern des Atlantiks halt, das Negertum kennt keine Grenzen.

Afrika hatte damals nicht mehr die verschwommenen Umrisse eines Mythos wie zur Zeit von Marcus Garvey und schien auch nicht so weit weg zu sein. Dem Herzen der amerikanischen Neger hatte es noch nie so nahegestanden. Aber es war nicht bloß ein Solidaritätsgefühl gegenüber den Opfern der südafrikanischen Apartheid, das die Afro-Amerikaner tief bewegte; sie waren ergriffen und begeistert von den Erfolgen, die ihre Rassenbrüder in den Befreiungskämpfen vom Joch des Kolonialismus davontrugen.[3] Die zu Dutzenden entstehenden neuen afrikanischen Staaten bildeten einen Beweis für die Fähigkeiten und den Wert des schwarzen Volkes und bewiesen, daß der Weiße schließlich doch nicht unbesiegbar war. Die Gerechtigkeit würde einmal auch in Amerika triumphieren, so wie sie bereits in weiten Gebieten des schwarzen Erdteils triumphierte. Derweil wurden die Siege der afrikanischen Brüder wie eigene Siege von all den Leuten empfunden, die in den Vereinigten Staaten mit banger Erwartung die dramatischen Begebenheiten des Kampfes verfolgten, der in Reverend King seinen größten Heerführer hatte.

Die Schlacht ging unaufhörlich weiter, auch wenn sie vorerst hauptsächlich im Süden geschlagen wurde. Dort nahmen im Jahre 1969 die Protestaktionen der schwarzen Studenten, die sich die Technik des Sit-in zu eigen gemacht hatten, in einem solchen Maße zu, daß es sich bald als notwendig erwies, ein Komitee zu ihrer Koordinierung zu bilden. Dieses »Student Non-Violent Coordinary Committee« (SNCC) trat mit seiner Tätigkeit neben die SCLC von King. Einige Monate später erregten die sogenannten »Freedom Riders« (die »Reisenden für die Freiheit«) großes Aufsehen in der öffentlichen Meinung. Das waren Gruppen von mutigen Schwarzen und Weißen, die darangegangen waren, durch die Südstaaten in Überlandbussen zu reisen, um gegen die Rassendiskriminierung zu protestieren, die in diesen öffentlichen Verkehrsmitteln auf den großen Nationalstraßen immer noch praktiziert wurde. In Anniston, Alabama, entgingen einige Freedom Riders mit knapper Not dem Lynchen, und die Empörung, die dieser grauenhafte Überfall auslöste, gab dem Kampf neuen Antrieb.

Jetzt waren die weißen »Liberals« nicht mehr diejenigen, die das Vorgehen förderten und mit ihrem Rat und ihrer Unterstützung die Strategie bestimmten. Nun waren die Schwarzen selbst die Hauptteilnehmer am Kampf. Die Weißen konnten ihnen zur Seite stehen, wenn sie wollten; denn auch sie wurden gebraucht, weil der zurückzulegende Weg noch lang war.

Aber das Vertrauen auf den endgültigen Sieg war groß. Die feierlichen Noten von »We shall overcome« (»Wir werden siegen«) klangen bald überall. Dieses alte Volkslied war zur Marseillaise des schwarzen Aufstandes geworden. King hatte es zum ersten Mal in seiner Kirche in Montgomery gesungen, die von einer Rassistenbande bestürmt wurde und in die schon das von der Polizei zur Anwendung gebrachte Gas gedrungen war.

Im Jahr 1963 wurde der Kampf härter. Birmingham, Alabama, war mehrfach Schauplatz schlimmer Gewalttakte, bei denen die Rassenhasser des Südens ihre ganze Unmenschlichkeit zeigten. Im Mai diente eine friedliche Negerdemonstration als Vorwand für eine wütende Repression; im September wurde eine Bombe in einer Negerkirche zur Explosion gebracht, wobei vier kleine Kinder ums Leben kamen; im Juni wurde in Jackson Edgar Meavers, der Sekretär der NAACP für den Bundesstaat Mississippi, in einem Hinterhalt umgebracht.

Bei soviel Gewalttaten gab es ab und zu einen erneuten Hoffnungsfunken für die Leute, die wie King eine friedliche Lösung des Konfliktes erträumten. Die Rede, die Präsident Kennedy im Juni vor den Fernsehkameras hielt, betraf vor allem das Rassenproblem und stellte einen solchen Hoffnungsschimmer dar: »Wenn die Amerikaner nach Vietnam oder nach Berlin gehen müssen, dann fordern wir nicht nur Weiße an«, sagte er. »Jeder Amerikaner müßte das Recht haben, so behandelt zu werden, wie er selbst behandelt werden möchte. Aber das ist nicht der Fall . . . Amerika muß als Land und als Volk eine schwere moralische Krise bewältigen. Diese kann nicht durch unterdrückende Polizeiaktionen gelöst, nicht den immer erregteren Straßendemonstrationen überlassen und nicht durch Einzelmaßnahmen oder Gelegenheitsreden zum Schweigen gebracht werden. Es ist an der Zeit, im Kongreß, in den gesetzgebenden Organen, auf kommunaler Ebene und in jeder Kundgebung des öffentlichen Lebens zu handeln«.

Der große Marsch auf Washington, der für den 28. August 1963, den hundertsten Jahrestag der Proklamation der Sklavenbefreiung durch Lincoln, angesagt wurde, war eben durch diese Rede Kennedys gefördert und von ihm selbst genehmigt worden. Er schien den Optimisten recht zu geben. An diesem Tag versammelten sich ca. zweihundertfünfzigtausend Menschen, von denen ein Fünftel Weiße waren, vor dem Lincoln-Denkmal. Die gehaltenen Reden waren erhebend; als Mahalia Jackson »We shall overcome« anstimmte, teilten sehr viele die Überzeugung, daß Recht und Gerechtigkeit bald siegen würden.

Und doch begann der Abstieg Martin Luther Kings an diesem Tag seines Triumphes. Mit seiner Rede »Ich habe einen Traum« bewegte der mutige

Apostel der Gewaltlosigkeit Millionen Amerikaner, aber dazu gehörten nicht diejenigen, die das Rassenproblem für unlösbar hielten, wenn die Institutionen unverändert blieben, und die glaubten, daß nun der Augenblick für den wirklichen Krieg gekommen sei. Einer von diesen war Malcolm X, der feurige Leader der Black Muslims. Seit Monaten entflammte er die Herzen seiner Rassenbrüder mit scharfsinnigen und sehr geschickten Reden, die darauf hinzielten, das Bewußtsein des eigenen Wertes und den Stolz auf die eigene Geschichte und Hautfarbe in sie hineinzuhämmern, als unerläßliche Voraussetzungen, um die »weißen Teufel« mit der notwendigen Willenskraft zu bekämpfen. »Ich bin diesen Zirkus auch ansehen gegangen«, hat Malcolm zu diesem Marsch geschrieben. »Wer hat jemals gehört, daß wütende Revolutionäre zusammen ›We shall overcome . . . someday‹ singen können, während sie ausgerechnet die Leute streifen und Arm in Arm mit ihnen weitergehen, gegen die sie sich auflehnen sollten?«[4]

Die Bombe von Birmingham und zwei Monate später die Ermordung Kennedys sorgten dafür, daß dem, der noch letzte Hoffnungen hatte, auch diese noch genommen wurden. Nicht einmal die – im übrigen stark umstrittene – Verabschiedung des Civil Rights Act, des von Kennedy vorbereiteten Gesetzes, das der farbigen Minderheit die Zuerkennung ihrer Bürgerrechte endgültig bestätigte und von Präsident Johnson am 2. Juli 1964 unterschrieben wurde, erreichte, daß die Neger sich beruhigten. In jedem Augenblick ihrer Existenz konnten sie feststellen, wie illusorisch die Freiheit und die Gleichheit waren, von denen die Gesetze sprachen. Im Juli brachen in Harlem und den Gettos von Rochester und Philadelphia sowie an anderen Orten teils schwere Unruhen aus. Sie bewiesen neben anderen Dingen, daß Martin Luther King inzwischen die Kontrolle über die Bewegung verloren hatte, die er ins Leben gerufen hatte.

Tatsache war, daß man jetzt nicht mehr von einer Bewegung und auch nicht mehr von einer Revolte reden konnte. Jetzt mußte man von einer Revolution sprechen. Alle begriffen, daß eine große Partie gespielt wurde, und viele dachten, daß die Stunde der radikalen Veränderungen gekommen wäre, und das nicht nur hinsichtlich der Beziehungen zwischen den Rassen. Im Herbst erhoben sich auch die Studenten der Universität Berkeley und leiteten eine Kettenreaktion ein, die bald auf Europa übergriff. Malcolm X hatte mit den Black Muslims gebrochen und fuhr nach Afrika und Nahost, weil er beabsichtigte, »das Negerproblem zu internationalisieren« und den Aufstand der Afro-Amerikaner in den Rahmen des Befreiungskampfes der kolonisierten Völker einzufügen. King seinerseits kehrte Anfang 1965 in die Höhle des Löwen, nach Selma in Alabama, dem rassenfeindlichsten Bundesstaat Amerikas, zurück und wurde dort zum Helden, Zeugen und Opfer dramatischer Ereignisse, welche die ersten Seiten der Zeitungen füllten: seine sechzehnte Verhaftung; der erste

Demonstrationsmarsch auf Montgomery, die Hauptstadt des Staates, der mit Brutalität und Blutvergießen von der Leibgarde des Gouverneurs George Wallace unterbrochen wurde; dann der zweite Marsch, der von King gestoppt wurde, weil er sich nicht imstande sah, der von den Behörden an ihn ergangenen Aufforderung keine Folge zu leisten; schließlich der dritte Marsch, der mit dem Einzug eines Zuges in Montgomery abgeschlossen wurde, zu dem zahlreiche Persönlichkeiten der Negerwelt, wie Ella Fitzgerald, Mahalia Jackson, Harry Belafonte, Sammy Davis jr., James Baldwin und viele andere, kamen. Malcolm X hätte den Marsch wahrscheinlich als eine Zirkusparade bezeichnet, aber sein Mund war inzwischen für immer geschlossen; er war einige Wochen vorher bei einer Versammlung in Harlem ermordet worden. Andere Gewalttaten waren ein paar Monate darauf später in Watts, dem großen Negervorort von Los Angeles, zu verzeichnen. Die Unruhen, die im August ausbrachen, waren die schwersten der amerikanischen Geschichte. Als die Revolte nach fünfzehn Tagen Schießereien, Zerstörungen und Bränden bezwungen wurde, zählte man vierunddreißig Tote. Die angerichteten Sachschäden waren unübersehbar.

Nun hatte sich die Schlacht in die Gettos der Großstädte verlagert, und deshalb faßte King den Entschluß, sich in Chicago niederzulassen, und zwar in einem seiner ärmsten Stadtviertel. Jedoch waren ihm nur wenige Anhänger geblieben. Er wurde beschuldigt, in stillschweigendem Einverständnis mit dem Establishment zu stehen, in jedem Fall zu schwach und zu vertrauensselig zu sein und übertriebenen Respekt vor den Peinigern seines Volkes zu haben. Als im Juni 1966 ein erneuter großer Marsch begann, der von James Meredith im Bundesstaat Mississippi angeregt worden war, wurde er bald gezwungen, die Führung der Demonstranten dem fünfundzwanzigjährigen Präsidenten des SNCC, Stokeley Carmichael, zu überlassen, der diese aufforderte, mit ihm das Schlagwort »Black Power!« auszurufen, das schnell populär werden sollte.

»Schwarze Macht!« bedeutet Separatismus; hiernach sollen die Neger möglichst bald die zur Selbstverwaltung notwendige Macht ergreifen. Das Programm der Partei der »Schwarzen Panther«, die im Okober 1966 in Oakland in Kalifornien gegründet wurde, geht weit darüber hinaus. Für ihre Urheber Huey Newton und Bobby Seale ist die Rassendiskriminierung das Produkt des kapitalistischen Systems, und dieses soll umgestürzt werden. Für sie ist auch der kulturelle Nationalismus, der Ron Karenga, LeRoi Jones und den gleichen Carmichael zu seinen Hauptvertretern zählte, nutzlos, er ist alter Kram, ja er wird sogar verdächtigt, dem »System« in die Hände zu arbeiten. Die Gründer der »Black Panther Party« nehmen sich also nicht vor, Rassismus mit umgekehrtem Vorzeichen zu betreiben, sondern mit größter Härte einen Klassenkampf zu führen. Wenn die Weißen sich ihnen anschließen wollen, können sie kommen, aber nur, wenn sie zusammen mit ihnen alles verändern wollen.

Vorausgesetzt also, sie vergessen niemals, daß die Polizisten und Funktionäre des Establishments »pigs« (»Schweine«) sind.

Auch die letzten Nachwuchsmusiker des Jazz haben beschlossen, alles zu verändern, angefangen mit dem Wort Jazz, das nach Diskriminierung »stinkt« und an die Zeiten erinnert, als es viele »Onkel Toms« gab, die bereit waren, Musik zu spielen, um die Weißen zu unterhalten, und bereit, für sie die Rolle des Negers zu spielen. »Jazz ist ›Jim Crow‹«, erklärt Albert Ayler, einer der begabtesten Vertreter der Avantgarde. »Er gehört in eine andere Ära, eine andere Zeit und an einen anderen Ort. Wir spielen ›free music‹ (›freie Musik‹).« Andere bevorzugen den Ausdruck »black music« (»schwarze Musik«), wenn sie sich allgemeiner auf alle Formen des Jazz beziehen. Die Leute von der AACM (Association for the Advancement of Creative Musicians), einer gewerkschaftsähnlichen Genossenschaft von Musikern der Avantgarde, die 1965 in Chicago zusammengetreten ist, ziehen voller Stolz dagegen vor, sogar von »great black music« (»großer schwarzer Musik«) zu reden. Zu der Losung »Black Power!« hat sich nämlich das Schlagwort gesellt, das »Black is beautiful« (»Schwarz ist schön«) verkündet. Malcolm X hatte es in seinen Versammlungen gesagt und wiederholt, die Prediger des kulturellen Nationalismus hatten es unzählige Male eingeschärft, und ein paar Erfolge hatten sie erzielt.

Der neue Stolz auf die eigene Hautfarbe, auf die weiter zurückliegende eigene Geschichte – die so viele erst seit kurzem kennenzulernen begonnen haben – sowie auf die afrikanischen Ursprünge und die Produkte der Eigenkultur ist im Verhalten, in der Einstellung und vor allem in den Erklärungen vieler Jazzleute deutlich zu merken. Besonders bei den jüngsten Musikern, in deren Milieu die nationalistischen Ideen früher als in jedem anderen Sektor der afro-amerikanischen Bevölkerung Verbreitung fanden, wie Frank Kofsky, Autor eines Buches über dieses Thema, versichert.[5] In ihnen verstärkt sich immer mehr das Bewußtsein, die einzige echt amerikanische Kunstform geschaffen zu haben und um die Früchte ihrer Erfindungskraft betrogen worden zu sein, über die man nun die Kontrolle zu erlangen versucht. »Selber handeln«, »schwarzes Gewissen« sind Parolen, die in den Negergemeinden Amerikas häufig zu hören sind, und die Jazzmusiker gehören zu den ersten, die sie in die Praxis übertragen oder zu übertragen versuchen. Nun sind sie diejenigen, die die Spielregeln bestimmen, auch wenn sie sehen, daß sie ausgeschlossen oder offen angefeindet werden, wie es wirklich vorgekommen ist.

»Aus kultureller Sicht«, sagt Archie Shepp zu LeRoi Jones, »ist Amerika ein rückständiges Land, und die Amerikaner sind rückständig. Aber der Jazz ist eine amerikanische Realität. Eine unbestreitbare Realtität. Der Jazzmusiker ist wie ein Reporter, ein Journalist der Ästhetik Amerikas. Die Weißen, die in die kleinen Lokale von New Orleans usw. gingen, glaubten, die Musik der »Nigger« zu hören, aber sie irrten sich; sie hörten amerikanische Musik. Aber sie wußten es nicht. Auch heute wissen die Weißen, die zur Lower East Side gehen, es vielleicht nicht, aber sie hören amerikanische Musik . . ., den Beitrag des Negers, seine Gabe an Amerika. Einige Weiße glauben, ein Recht auf den Jazz zu haben . . . Vielleicht ist es wahr . . . Aber sie müßten dankbar für den Jazz sein . . . Er ist ein Geschenk, das der Neger ihnen gemacht hat, aber sie können diese Tatsache nicht hinnehmen. Es sind zu viele Probleme darin verwickelt, die mit den sozialen und geschichtlichen Beziehungen zwischen den beiden Völkern zusammenhängen. Das macht es ihnen so schwer, den Jazz und den Neger als seinen wahren Erfinder zu akzeptieren.«[6]

Es haben sich nicht nur die Meinungen der schwarzen Musiker über sich selbst, über den Wert ihrer Musik und über deren Beziehungen zu der Musik der Weißen und zu den Mächtigen der Musikindustrie verändert. Für viele hat sich auch die Vorstellung über den Jazz an sich geändert, bei dem man das grundlegend afrikanische Wesen, die Eigenständigkeit gegenüber der Musik westlicher Tradition und die soziale und politische Zweckdienlichkeit betont und verherrlicht.

Der neue Negerjazz bemüht sich auf jede erdenkliche Art und Weise, den schwarzen Zorn auszudrücken und darzustellen. Vor allem Shepp, der Mitte der sechziger Jahre schon der am meisten ideologisierte Jazzmusiker von allen schien, setzte alles daran, um die Grenzen der semantischen Möglichkeiten der Musik zu überwinden, um dem, was er spielte, eine politische Bedeutung zu verleihen und aus dem Jazz ein Kampfmittel zu machen. »Ich bin ein antifaschistischer Künstler«, schrieb er in einem sprengstoffgeladenen Artikel, der den Lesern des »Down Beat«[7] gewidmet war. »Meine Musik ist zweckgebunden. Ich spiele Musik, die meinen Tod durch eure Hand verkündet. Ich frohlocke, weil ich gegen euren Willen lebe. Ich gebe euch einen Teil jedesmal, wenn ihr mir zuhört, was heute nie vorkommt . . . Ich werde euch nicht erlauben, mich zu formen; diese Zeit ist vorbei. Und wenn euch meine Musik nicht reicht, werde ich für euch ein Gedicht, ein Theaterstück schreiben.[8] Und in jedem Augenblick werde ich euch zurufen: Reißt das Getto nieder! Laßt mein Volk frei!«

Kurz vorher hatte er gewarnt: »Ich frage euch nur dies: Stellt ihr euch niemals die Frage, wie mein und unser Zorn aussehen muß, wenn er entbrannt ist, was ganz sicher geschehen wird? Unsere Rache wird schwarz sein wie unser Leid, so schwarz wie Fidel Castro, so schwarz wie Ho-tschi-minh.«

Der Free Jazz war anfänglich gar nicht »die Musik der Gewehre, Kugeln und Flugzeuge, die Musik gegen die amerikanische Gesellschaft«, wie er auf dem Höhepunkt der Negerrevolution von LeRoi Jones definiert werden sollte. Um das Jahr 1969, als Ornette Coleman und Cecil Taylor die ersten Schallplattenaufnahmen, die als »free« bezeichnet werden können, sahen weder diese beiden noch die Jazzmusiker, die mit ihnen wirkten, ihre Musik in diesem Sinne.

Wie die »Boppers« fünfzehn Jahre zuvor waren sie die feinen Antennen einer Gesellschaft im Gärungsprozeß und spiegelten unbewußt das, was um sie herum geschah, wider – und enthüllten sogar, was unter der Oberfläche schwelte – jedoch waren sie in erster Linie bestrebt, ihre Gefühle und Vorstellungen vollkommen auszudrücken und die formalen Merkmale ihrer Musik zu bestimmen, die sie immer noch von Voraussetzungen behindert sahen, welche sie als unnatürlich empfanden.

Diejenigen Musiker, die entschieden mit der Vergangenheit brachen und Anhänger fanden – das heißt Cecil Taylor, John Coltrane und Ornette Coleman (Mingus war ein Vorläufer, begründete aber keine Schule) – waren von verschiedenen Ausgangspunkten ausgegangen und hatten jeder einen eigenen Mitarbeiterkreis. Taylor hat immer die zeitgenössische europäische Musik in Betracht gezogen, die er vollkommen kannte, und sich niemals, auch nicht am Anfang seiner Laufbahn, in irgendeine vorher existente Jazzrichtung eingefügt. In seinen ersten Aufnahmen lassen sich allerhöchstens Einflüsse des Hardbop und ein paar Anklänge an Monk erkennen. Coltrane war, wie wir gesehen haben, ein »Hardbopper« gewesen und davor ein Musiker des Rhythm and Blues. Coleman schien aus dem Nichts gekommen zu sein, da seine in mittelmäßigen Gruppen gesammelte Erfahrung keine Auswirkung auf seinen reifen Stil gehabt hatte und er nur indirekt von Parker abzuleiten ist. Die drei gingen also von verschiedenen Standpunkten aus und bewegten sich unabhängig voneinander. Im Unterschied zu den »Boppers« arbeiteten sie nicht miteinander an der Festlegung einer gemeinsamen Ausdrucksweise und bekannten sich nicht zu ähnlichen Ideen. Coltrane hielt sich sogar von den Vertretern des Free Jazz (mit Ausnahme des vielseitigen und anpassungsfähigen Eric Dolphy, der kurze Zeit mit ihm zusammen war) einige Jahre lang fern und übernahm ihr Glaubensbekenntnis erst spät. Und dennoch summierten und trafen sich die unterschiedlichen Einflüsse dieser Musiker und bestimmten praktisch alle interessanten Entwicklungen des Avantgarde-Jazz der sechziger Jahre.

Die drei Musiker hatten nicht gleichermaßen Glück. Nur Coltrane gelang es, durch eine beträchtliche Aufnahmeaktivität und seine zahlreichen Auftritte im In- und Ausland die uneingeschränkte Anerkennung eines breiten Publikums zu finden. Coleman verschwand nach den Polemiken und Begeisterungsstürmen, die seine frühen Schallplatten und sein Debüt im Osten der Vereinigten Staaten ausgelöst hatten, sogar zwei Jahre (1963–64) von der Jazzszene. Taylor führte immer ein schwieriges Leben und hatte nur selten Gelegenheit, Zuhörer zu finden.

Auf der anderen Seite waren die Jahre, in denen die afro-amerikanische Musik neue Wege einschlug, keinesfalls ertragreich für die Jazzleute, welcher Glaubensrichtung auch immer sie angehörten. Nachdem die Hochkonjunktur vorbei war, die mit den Erfolgen der Quartette von Mulligan und Brubeck eingeleitet worden war, hatte eine erneute Flaute eingesetzt, die besorgniserregende Ausmaße annehmen sollte. Die Krise hatte mehr als einen Grund. Zunächst einmal nahm jetzt der Rock and Roll, eine leichte, unter die Haut gehende und überdies tanzbare Musik, die Aufmerksamkeit der ganz jungen Leute in Anspruch. Kurz nach 1960 machte der Twist, ein Tanz nach Maß für diese Art Musik, viel Aufsehen. In den frühen sechziger Jahren erfreuten sich auch die Gospel-Chöre der Gunst eines großen Publikumsteils. Ein paar dieser Chöre dachten nicht an den religiösen Charakter ihrer Musik, als sie sich im Sweet Chariot, einem New Yorker Nachtlokal, engagieren ließen. Ein unvoreingenommener Impresario eröffnete es 1963, allerdings ohne allzuviel Glück, in der Absicht, seinen Gästen nur diese Lieder des Evangeliums zu Gehör zu bringen. Ebenfalls in dieser Zeit traten einige Sänger mehr oder weniger echter Folklore in den Vordergrund. Zwei von ihnen, Bob Dylan und Joan Baez, wurden binnen kurzer Zeit Idole der Jugend. Was den Jazz anbetrifft, so wirkten gewisse typische negroide Musikformen, die in den letzten Jahren Oberwasser bekommen hatten, wenig appetitanregend auf einen großen Teil des weißen Publikums, das die sanften und in Schönschrift ausgeführten Stücke der »Kalifornier« mit Wohlgefallen aufgenommen hatte.

Wer seine Liebe zum Jazz nicht verloren hatte, hörte jedenfalls keine »free music«. Sie blieb einige Jahre lang ein Untergrundphänomen, das von wenigen Eingeweihten verfolgt wurde. Unter den Nichteingeweihten hörten die Leute, die für Neuheiten am meisten empfänglich waren, vor allem Coltrane, Rollins, Mingus, Monk, die soeben von Gerry Mulligan gebildete Concert Jazz Band, Dizzy Gillespie und Miles Davis, dessen Aufnahmen mit Gil Evans immer noch viel Zuspruch fanden. Zur Freude der langjährigen Fans gab es dann die Unternehmungen von Duke Ellington und Woody Herman. Ihre Orchester waren wieder auf der Höhe des Ruhms.

Für den, der eine weichere Musik wollte, war Bill Evans da, der begabteste und raffinierteste der weißen Pianisten. Und es gab die Jazz-Samba beziehungsweise die ganz neue Vermischung von Jazz und Bossa Nova. Sie wurde nach der Veröffentlichung einer Langspielplatte populär, die Stan Getz 1962 mit Charlie Byrd aufnahm. Dieser Gitarrist hatte aus Rio de Janeiro eine schöne Erinnerung an die Bossa Nova-Musik mitgebracht, die auch dort relativ neu war,[9] und die Idee gehabt, diese Platte einzuspielen. »Desafinado«, ein anmutiges Motiv von Antonio Carlos Jobim, war das Stück, das am besten ankam. Es gab den Startschuß für eine eigene neue Mode und half Getz wieder in den Sattel. Der Erfolg der Jazz-Samba, die auch sehr fähige Negermusiker wie Coleman Hawkins, Sonny Rollins, Cannonball Adderley, Quincy Jones und besonders Dizzy Gillespie interessierte (er nahm sie ständig in sein Repertoire auf), beweist, wie verschiedenartig die Anregungen, Gemütsstimmungen und Interessen der Jazzleute immer gewesen sind und wie einseitig eine ausschließlich sozialpolitische Deutung der afro-amerikanischen Musik der sechziger Jahre ist. In Wahrheit war diese Musik meistens unverbindlich, Selbstzweck und oft nur zum Vergnügen der Musiker und ihrer Zuhörer geschaffen.

Das traf jedoch auf die Leute von der Avantgarde ganz und gar nicht zu. Sie hatten überhaupt nicht vor, ihr Publikum zu unterhalten, und dachten nicht einmal im Traum daran, mit den berühmtesten Jazzmusikern hinsichtlich ihrer Beliebtheit zu konkurrieren. Mehr als Beifall suchten sie Verständnis, und mit einem gelegentlichen Engagement in den Jazz-Clubs von einiger Bedeutung hätten sie sich zufriedengegeben. Aber diese Lokale – sie lagen fast alle auf den Straßen des Greenwich Village im südlichen Teil Manhattans und waren zu wenige, um den Hunderten von Musikern, die in New York und Umgebung wohnten, Arbeit zu verschaffen – engagierten ausschließlich solche Gruppen, die eine Gewähr dafür boten, ein zahlreiches Publikum anzuziehen. Für die anderen blieben die Türen des Village Vanguard, des Half Note, des Village Gate und des neuen Five Spot geschlossen. Die Jazz Gallery schloß wegen schlechter Geschäfte endgültig im Jahre 1962. (Für das Birdland am Broadway sollte das Ende 1964 kommen.)

Für die Free Jazz-Musiker blieben nur die Brotkrümchen übrig, das heißt die wenigen Dollar, die gewissen Cafés dritter Ordnung bezahlen konnten, die hier und dort verstreut zwischen dem Village und der Lower East Side lagen. Eines davon war das White Whale. Um 1963 waren dort Don Cherry, Archie Shepp und der Schlagzeuger Eddie Blackwell mit ihrem Anhang zu hören. Ein anderes war das Take Three, in dem lange das Trio von Cecil Taylor spielte, ein drittes der Playhouse Coffee Shop, wo viele Abende das Ensemble einer seltsamen Persönlichkeit namens Sun Ra zu Gast war, von der man ein paar Jahre später viel reden sollte. Weitere Adressen in den Taschenbüchern der neuen Jazzleute betrafen das Harout's, das Avital, das Metro, das Speakeasy, alles recht heruntergekommene kleine Lokale mit dem einzigen Vorzug, daß dort ab und zu ein Jazzabend veranstaltet wurde.

Wer in diesen mageren Jahren auf die Suche nach der neuen Musik ging, konnte auch die Seiten des »Village Voice«, des New Yorker »Underground«-Organs durchblättern, in dem oft Anzeigen von Konzerten standen. In den meisten Fällen wurden sie in irgendeiner für wenige Dollar gemieteten Lagerhalle des Viertels von den Musikern selbst organisiert. LeRoi Jones, der eine häufig gesehene Erscheinung in diesen Konzerten war, erinnert sich, daß er im gleichen Jahre 1963 dabei mehrere hochinteressante Solisten und Ensembles gehört hat, wie Trios unter Don Cherry, eine von Archie Shepp und dem Trompeter Bill Dixon geführte Gruppe, den schwarzen Altsaxophonisten John Tchicai aus Dänemark, den Schlagzeuger Billy Higgins und verschiedene mehr.

In New York war das Leben also hart, und an anderen Orten in den Vereinigten Staaten (vielleicht Chicago ausgenommen, wo sich noch eine kleine Gruppe von Avantgarde-Musikern rüstete) gab es praktisch niemanden, der die neuen Klänge hören wollte. Es war einfacher, ein Engagement in Europa zu finden. Dort begannen nämlich ab 1962 einige Vertreter dessen einzutreffen, was schon als eine Bewegung angesehen werden konnte. Als erste überquerten die Gruppe von Shepp und Dixon sowie das Trio von Cecil Taylor in diesem Jahr den Atlantik. Zu dem Trio stieß Albert Ayler, der erst vor kurzem von Cleveland nach New York übergesiedelt und nun ohne einen Vertrag in der Tasche nach Europa gekommen war. Sowohl Taylor als auch Ayler – der sich einige Monate lang in Skandinavien aufhielt – erhielten die Chance, Schallplatten aufzunehemn. Shepp und Cherry wurde diese Möglichkeit ebenfalls geboten, als sie im darauffolgenden Jahr mit der Gruppe der New York Contemporary Five in die Alte Welt zurückkehrten und bis in die Sowjetunion vordrangen.

In Kopenhagen fanden die Botschafter des neuen Jazz auch das, was sie in ihrer Heimat vergeblich gesucht hatten, und zwar ein bedeutendes Lokal, wo sie für eine halbwegs angemessene Gage und nicht allzu kurze Zeiträume ihre Musik vorstellen konnten. Es war das Jazzhus Montmartre, damals das lebendigste Jazz-Zentrum Europas, das »Minton's des Free Jazz«, wie jemand es bezeichnet hat.

Im Jahre 1964 gerieten die Dinge für die Avantgardisten auch in New York in Bewegung. Derweil verstärkte sich die Aufnahmetätigkeit dank der Initiativen von Bob Thiele, dem künstlerischen Berater der Firma Impulse, welcher Archie Shepp verpflichtet hatte, und vor allem von Bernard Stollman, einem Rechtsanwalt und Jazzliebhaber, der mit den besten Musikern der letzten Richtung eine lange Serie von Einspielungen für ESP zu machen begann. Diese Marke sollte bald von ihm lanciert werden. Unter der Bezeichnung »The October Revolution in Jazz« (man war im Oktover 1964, und vielen kam nicht einmal der Verdacht, daß man auf einen anderen Oktober und auf eine andere Revolution anspielte . . .) wollte dann Bill Dixon dem Publikum und der Kritik eine breite Übersicht über die Kräfte des Avantgarde-Jazz bieten, oder vielmehr des »new thing«, wie seit einiger Zeit gesagt wurde. Während der vier Tage, an denen sich das von ihm organisierte kleine Festival abspielte, drängten sich im Kellergeschoß des Cellar Café in der 91. Straße insgesamt an die dreitausend Personen, und auf dem Podium wechselten Dutzende von Musikern, die in mehr als zwanzig Ensembles gruppiert waren, einander ab. Wer nicht mitspielte (aber auch der eine oder andere der Ausführenden), lieferte seinen Beitrag an den runden Tischen unter Vorsitz des gleichen Trompeters, wo Cecil Taylor, Archie Shepp, Steve Lacy, Sun Ra, Teo Macero und verschiedene andere gesehen wurden, die sich in lebhaften Diskussionen mit Themen

höchster Aktualität beschäftigten, wie: »Der Aufstieg der Folkmusik und der Niedergang des Jazz«, »Die wirtschaftlichen Probleme des Jazz« oder: »Jim Crow und Crow Jim« (also der traditionelle Rassismus gegen die Neger und dessen Umkehrung, das heißt der neue Rassismus gegen die Weißen, der sich in der Jazzwelt auszubreiten begann). In den Konzerten waren nicht nur die progressivsten schwarzen Musiker zu hören, sondern auch viele Weiße, die an den »freien Formen« besonders interessiert waren, zum Beispiel Jimmy Giuffre, der sich nun voller Begeisterung (jedoch nicht endgültig, wie sich später erwiesen hat) den neuen Klängen gewidmet hatte, der kanadische Pianist Paul Bley, der Posaunist Roswell Rudd, der Kontrabassist David Izenzon und der Wiener Trompeter und Komponist Mike Mantler. Im Publikum saßen verschiedene Journalisten und zahlreiche Musiker, unter denen sich auch Ornette Coleman befand, seit geraumer Zeit zurückgezogen und in einer Krise befindlich, obwohl ja gerade er der Hauptverantwortliche für diese Revolution war.
Der von Dixon und seinen Freunden verfolgte Zweck wurde in vollem Umfang erreicht. Die Konzerte erregten großes Aufsehen, und die Jazzwelt mußte zur Kenntnis nehmen, daß das »neue Ding« nicht weiterhin übersehen werden konnte. Überzeugt von der Bedeutung des Ereignisses hielt es »Down Beat« für angebracht, zwei seiner besten Kritiker, Dan Morgenstern und Martin Williams, jeden für sich mit der Abfassung eines Berichtes über das Festival zu beauftragen.
Morgenstern zeigte sich besonders scharfsinnig: »Das ›new thing‹ ist ein Ausdruck der Unzufriedenheit mit dem Status quo, eine Ablehnung, die herrschenden Konventionen zu akzeptieren, ein oftmals wütender Angriff auf die Gegenwart und einen Großteil der Vergangenheit. Aber gleichzeitig ist in seinem Grunde eine romantische Sehnsucht nach Freude, nach Akzeptierung, nach jener undefinierbaren Sache spürbar, die sich ›Freiheit‹ nennt. Es ist oft aufreibend weitschweifig, wortreich, undiszipliniert und chaotisch. Aber es ist auch fähig, Augenblicke seltener Schönheit, großer Intensität und surrealistischen Humors hervorzubringen sowie Momente jener erregenden Offenbarung einer hier und jetzt gemachten musikalischen Entdeckung, die den Zauber und die Stärke des Jazz darstellt.
Aber ist das Jazz? Einige der grundlegenden Elemente fehlen. Es ist wenig von dem da, was wir als »Swing« zu erkennen gelernt haben. Häufig gibt es keine Spur von der formalen Ordnung, die sich fast in allem Jazz findet: weder eine Rhythmusgruppe noch Melodieninstrumente, keine Solos, die Ensemblepassagen gegenübergestellt würden, kein regelmäßiges Zeitmaß usw. Nichtsdestoweniger sind Sound und Feeling oft von der Art, die dem Jazz eigen und uns vertraut ist, und es ist sicher, daß es sich nicht um ›klassische‹ Musik handelt, welche Bedeutung man auch diesem zweifelhaften Begriff geben mag. Was immer es ist (und man hat oft den Eindruck, daß die Musiker selber nicht

genau wissen, womit sie sich beschäftigen: es ist ein musikalisches Dahinflie-ßen, wenn man es irgendwie definieren will), man darf ihm nicht das Unrecht tun, ungerechtfertigte Vergleiche anzustellen. Einen Schlagzeuger zu beschul-digen, er habe keinen ›Swing‹ im Sinne dessen, der ihn kritisiert, ist unrichtig und nutzlos. Von den Musikern zu verlangen, daß sie formalen Mustern folgen, die sie offensichtlich ablehnen, ist ebenso albern wie einem abstrakten Maler vorzuwerfen, daß er nicht die Wirklichkeit darstellt.«[10]

Morgensterns weise Worte verhallten in der Leere für einen sehr großen Teil der Jazzliebhaber und für fast die Gesamtheit der Musiker der vorangegange-nen Generationen. Davon waren auch die »Boppers« nicht ausgeschlossen, welche gerade die neue Musik mit nicht mehr brauchbaren Kriterien und Wertmaßstäben maßen und gnadenlos verdammten. Unter den Kritikern gab es in Amerika nur wenige, die sich der neuen Musik ohne Vorbehalte an-schlossen.

Immerhin hatten sich die Avantgardisten auch beim jugendlichen Publikum zahlreiche Freunde geschaffen, und sie gaben nicht nach. Einige von ihnen (Farbige wie Dixon, Taylor, Shepp, Sun Ra, John Tchicai, und auch Weiße wie Mike Mantler, Paul Bley, Roswell Rudd, sowie die Pianisten Burton Greene und Carla Bley) gründeten auf der Höhe der Beifallstürme, die durch den Erfolg des October Revolution-Festivals ausgelöst wurden, die Jazz Compo-sers' Guild, eine Vereinigung mit gewerkschaftlichem Charakter, die als Mittel gegen die Ausbeutung und zur Vermeidung der Diskriminierung durch das Establishment gedacht war, das heißt seitens der Geschäftsführer der Lokale, der Direktoren der Schallplattenfirmen, der Agenten und der Organisatoren von Konzerten. Die Vereinigung bestand nur wenige Monate, aber bevor die Kontraste zwischen ihren Mitgliedern das Ende herbeiführten, konnte sie einige verdienstvolle Initiativen ergreifen. So organisierte sie Konzerte mit avantgardistischer Musik in der Judson Hall an der 56. Straße und ein wenig später im Contemporary Center in Greenwich Village. Sie wurde vom Jazz Composer's Orchestra überlebt, einem Ensemble von acht Mitgliedern, das Mike Mantler noch für bedeutende Auftritte beim Festival in Newport und im Museum of Modern Art in New York zusammenstellte. (»Es gibt nichts, was älter wäre als das Chaos ... aber dann und wann wird es noch von einer mutigen Seele entdeckt«, kommentierte Ralph Berton auf den Seiten des »Down Beat«.[11]) Dieses Orchester bildete die Voraussetzung für die Jazz Composer's Orchestra Association (JCOA), die 1968 ins Leben gerufen wurde.

1965 und 1966 waren vielleicht die goldenen Jahre des »new thing«, nicht so sehr, was seine Aufnahme durch das Publikum und die Männer des »Jazz-Bu-siness« betrifft, die sich gleichwohl einstellte, jedoch immer einen begrenzten Umfang beibehalten sollte, als hinsichtlich der Kreativität seiner begabtesten

Vertreter, die eben damals einen großen Teil ihrer besten Werke hervorbrachten.

Inzwischen war Ornette Coleman zu voller Aktivität zurückgekehrt. Er wurde in Europa herzlich aufgenommen und nahm dort live die ersten Platten nach einer langen Pause auf. Zu seiner tatkräftigen Unterstützung bei der Verteidigung der neuen Musik kam dann zum Erstaunen vieler John Coltrane und hinterließ mit »Ascension« eines der eindrucksvollsten Beispiele des Free Jazz. Für diese anspruchsvolle Einspielung hatte Coltrane unter anderem einige der fähigsten Saxophonisten der jüngsten Generation neben sich gewollt, und zwar Archie Shepp, der sich im übrigen bei der Formung seines Stils klar an ihn gelehnt hatte, Farrell »Pharoah« Sanders, einen seiner Schüler, und schließlich Marion Brown und John Tchicai, Spezialisten des Altsaxophons. Auch Shepp machte damals eine sehr glückliche Zeit durch. Auf jene Monate gehen zwei seiner repräsentativsten Aufnahmen zurück: »Malcolm, Malcolm, semper Malcolm«, das mit dem Vortrag eines von ihm verfaßten Gedichtes auf den großen schwarzen Anführer beginnt, der erst wenige Tage zuvor ermordet worden war, sowie »On this night«, das W. E. B. Du Bois gewidmet ist. Auf dieser Einspielung ermahnt die kristallklare Stimme der Sängerin Christine Spencer: »Now is the time for all men to stand. /Rise up you starved and toiling masses.«[12] Die Nacht, von der im Titel der Komposition die Rede ist, ist die Befreiungsnacht des afro-amerikanischen Volkes. Was Cecil Taylor angeht – um die Liste der »vier Größen« des neuen Jazz der sechziger Jahre zu vervollständigen –, so hatte auch er mehr Glück als in der Vergangenheit, und es gelang ihm, seine Musik vielen zu Gehör zu bringen. Er gab ein Konzert in der Town Hall, trat in Newport auf und machte seine ersten Schallplattenaufnahmen in Amerika seit 1961.

Obgleich diese vier Musiker die Szene der »free music« beherrschten (Eric Dolphy, der als die fünfte »Größe« betrachtet werden kann, war 1964 allzu früh in Europa gestorben, wo er sich erst seit kurzer Zeit nach Beendigung einer Tournee mit Charlie Mingus niedergelassen hatte), wurden in diesen beiden Jahren weitere Männer, die mit diesem oder jenem von ihnen zusammengespielt hatten, erfolgreich produktiv. Das traf besonders auf Don Cherry zu, der in Amerika und Europa (wo er schließlich einen festen Wohnsitz nehmen sollte) in diesen Monaten zahlreiche Schallplatten-Dokumente seiner reichen poetischen Ader verewigte. Es mag genügen, an die »Symphony for improvisers« zu erinnern, die mit einer seiner Gruppen für Blue Note aufgenommen wurde (hierbei ragte der argentinische Tenorsaxophonist Gato Barbieri heraus, der damals an seiner Seite wirkte), und an die Mitschnitte eines Konzertes in der Beethoven-Halle in Stuttgart, das er gemeinsam mit einem Ensemble gab, welches in Schweden von einem anderen berühmten Jazzmusiker im Exil, George Russell, zusammengestellt worden war.

Auch Albert Ayler – wie viele andere Coltrane verpflichtet – konnte schon als eine der herausragenden Persönlichkeiten des »new thing« angesehen werden. LeRoi Jones hatte ihn »den Dynamit-Klang unserer Zeit« genannt. Während aber das Saxophon von Shepp mit seiner bestialisch wilden, rauhen, kratzenden, brüllenden Stimme die schwarze Wut ausdrücken zu wollen scheint,[13] will Aylers Saxophonspiel nicht verletzen. Es beabsichtigt im Gegenteil, wie er selbst ebenso wie viele andere »Free«-Musiker mehrfach erklärt hat, den Menschen eine Friedensbotschaft zu bringen und ihre Fähigkeiten zur Verständigung zu verbessern. Jedoch ruft sein Saxophonspiel dabei, den Absichten seines Spielers zum Trotz, eine alles andere als idyllische Realität wach. In seiner unnachahmlichen Instrumentalstimme, die menschlich klingt, entdeckt man die ohnmächtige Angst, die unbefriedigten Sehnsüchte, die leidenschaftlichen Impulse zur Revolte der Enterbten des Gettos in jenen Jahren des Aufruhrs. Das muß auch Ayler selbst gespürt haben, als er bei einer Gelegenheit seine Musik als einen »stillen Schrei« bezeichnete.

In der glühend heißen, fieberhaften und kreischenden Musik seiner Gruppen hört man häufig verzerrte Echos der Marschkapellen aus New Orleans, verschwommene Anklänge an Calypsos oder Fetzen anderer Volksmusikarten, die gleich die Kirmes–Atmosphäre von Volksfesten im Freien ins Gedächtnis rufen, wo Klänge, Gerüche und Festtagslaune sich fröhlich mischen und überlagern. Aber hier fehlt die Freude ganz und gar. Die Heiterkeit wirkt vorgetäuscht in Form eines Trugbildes, das ein mechanisches Ballett zeigt, und wird von einem grausigen Zerrspiegel reflektiert. Man vergleiche »The truth is marching in«, eines von Aylers besten und typischsten Stücken, oder »Love cry«, »Ghosts« und »Spirits«, andere recht bekannte Proben seiner Kunst.

Nach den Hauptvertretern finden wir Sun Ra und seinen kleinen Hof von Getreuen in einer abseits liegenden Welt (die er auf irgendeiner weit abgelegenen Milchstraße lokalisieren würde). Es sind die Männer des »Solar Arkestra«, »Science Myth Arkestra«, »Space Arkestra« oder auch »Astro Infinity Arkestra«; die Namen wechseln immer von Saison zu Saison, nur »Arkestra« bleibt. Um 1965–1966 wußte man herzlich wenig von diesem sonderbaren Kauz, der eingehüllt in malerische Bekleidung auftritt, die religiösen Gewändern gleicht, und ab und zu eine leuchtende Sonne aus Metall schwenkt und vor sein Gesicht hält, als ob er das Böse beschwören und die Umstehenden zum Gebet auffordern wolle. Und auch heute weiß man von ihm nicht viel mehr, trotz seiner vielen Konzerte in Europa und der Flut der gegebenen Interviews. In diesen redet er über Sternbilder und ferne Planeten, über ägyptische Gottheiten (auch in seinem Pseudonym erscheint der Name von Ra, dem altägyptischen Gott des Sonnengestirns), über kosmische Harmonien und andere geheimnisvolle Dinge. Heute weiß man unter anderem, daß er 1914 in Alabama geboren wurde und 1961 von Chicago nach New York kam. In der unmittelbaren Nachkriegszeit hatte er ein paar Monate lang bei Fletcher Henderson gespielt. Für viele seiner Musiker, die mit ihm zusammen in einer Art familiär-religiöser Gemeinschaft leben, ist er ein Oberhaupt von Gottes Gnaden und auf seine Weise ein Priester, ein Guru. Seine Musik, die so oft formlos und chaotisch ist und in der die Perkussionsarten eine überwiegende Rolle spielen, hat Entrüstung und Begeisterung hervorgerufen (nicht in Amerika, wo sie praktisch ignoriert worden ist), und seine Darbietungen, die mit geheimkultischem Zeremoniell ablaufen, sind von vielen als Schwindel und als lächerlich verurteilt worden.

Es fehlten jedoch auch nicht die Leute, die – wie es richtig ist – den »Fall Sun Ra« als ein vereinzeltes, aber sehr bezeichnendes soziologisches Phänomen untersucht haben, dessen Ursprünge und Gründe im schwarzen Getto zu suchen sind. Für ihn und die Seinen hat dieses so eigenartige Musikmachen den Wert und die Bedeutung eines magischen Ritus, der die Flucht in die Himmelshöhen der Phantasie aus der zur Entfremdung führenden Unmenschlichkeit des Getto-Lebens heraus ermöglicht. Das Orchester wird so zu einer sich selbst genügenden und privilegierten Arche (»ark«, die Wurzel von »Arkestra«, bedeutet »Arche«), in der man die Beziehung zum Göttlichen aufrechterhält und entfernt vom Elend einer verfluchten Welt bleibt. Die Harmonie, deren Fehlen die Einwohner des Gettos schmerzvoll empfinden, wird außerhalb unseres Weltraumes gesucht und in der Traumwelt einer heiligen Darbietung erlebt. Es kann nicht verwundern, daß diese Harmonie – in musikalischen Ausdruck übersetzt – vielen unverständlich erscheint. »Meine Musik ist natürlich, aber außerhalb dieses Planeten«, hat Sun Ra erklärt. »Ich betrachte diesen Planeten nicht als einen Planeten des Lebens ... Das ist kein Leben, es ist Tod, der als Leben verkleidet ist.«[14]

Neben den Hauptvertretern der neuen Musik gab es die Masse der Träger von Nebenrollen. Viele von ihnen wurden hier schon namentlich genannt, sei es auch nur beiläufig, andere verdienen noch eine Erwähnung, auch wenn einige lediglich eine kurze Zeit oder nur zwischendurch im Scheinwerferlicht standen, wie die Saxophonisten Giuseppi Logan und Ken Mc Intyre. Nicht alle diejenigen, die um die Meister kreisen, verdienen indessen, als große oder kleine Vertreter des »new thing« angesehen zu werden; denn es handelt sich eher um moderne Solisten, die bei besonderen und vielleicht sogar zahlreichen Gelegenheiten neuen Jazz gemacht haben, sich jedoch überwiegend für weniger waghalsige Unternehmungen freihielten. Das ist der Fall bei den engsten Mitarbeitern von John Coltrane: Mc Coy Tyner, Jimmy Garrison und Elvin Jones. Andere – wie zum Beispiel Gato Barbieri, Jimmy Giuffre und Paul Bley – haben sich zwar ein paar Jahre lang dem Free Jazz intensiv gewidmet, sind aber anschließend zu anderen Experimenten übergegangen. Unter den typischeren Free Jazz-Musikern wird es reichen, noch die Namen der Saxophonisten Sam Rivers, Robin Kenyatta, Jimmy Lyons, Byron Allen und Frank Wright zu nennen, ferner die Trompeter Clifford Thornton und Don Ayler, die Kontrabassisten Gary Peacock, Alan Silva und Reggie Johnson, die Pianisten Dave Burrell und Don Pullen sowie die Schlagzeuger Sunny Murray, Milford Graves und Andrew Cyrille.

Außerhalb von New York, wo alle Musiker tätig waren, von denen bisher die Rede war, gingen die Jazzmusiker die üblichen Wege. Nur in Chicago, wie schon angedeutet, behauptete sich damals eine kleine Gruppe von Avantgarde-Musikern, die ihren Bezugs- und Sammelpunkt in der AACM hatte und noch hat. In dieser Vereinigung haben sich Solisten von Rang zusammengefunden: der Pianist Richard Abrams, der ihr erster Präsident war, die vielseitigen Multiinstrumentalisten Joseph Jarman, Roscoe Mitchell und Anthony Braxton, der Trompeter Lester Bowie, der Violinist Leroy Jenkins, der Schlagzeuger Steve Mc Call und der Bassist Malachi Favors. Einige von ihnen sollten jahrelang dem Art Ensemble of Chicago angehören und schmeichelhafte Erfolge in Europa erringen.

Alle diese Musiker haben sich nicht nur darauf beschränkt, dem tonalen System den Rücken zu kehren und innerhalb gewisser Grenzen die Regeln der musikalischen Sprache zu ignorieren, die ihre älteren Brüder benutzt und immer befolgt hatten, wenn auch in Anpassung an ihre eigenen Ansprüche und Geschmacksrichtungen. Im Bewußtsein ihrer grundlegenden Entfremdung von diesen Regeln haben sie sich vor allem mit Entschiedenheit den ästhetischen Konzeptionen widersetzt, die Jahrhunderte hindurch das Kunstschaffen in der westlichen Welt europäischer Kultur bestimmt hatten, um provokatorisch und gebieterisch ihre eigene Weltanschauung und ihre eigene Wesensart zu betonen. Die Suche nach dem »Schönen«, nach der Harmonie der Formen, nach diesen Dingen, die wie etwas Objektives, außerhalb des Künstlers Stehendes (und vielleicht sogar vor ihm Existentes) angesehen werden, haben sie durch die Suche nach der unmittelbaren individuellen Expressivität ersetzt. Diese tut sich jedoch fast immer in der Gemeinschaft mit anderen kund, in der Art eines panischen Rituells von grundlegend spielerischem Charakter. Es ist eine tiefgreifende, totale Expressivität, ohne Hindernisse und Zensuren, eine Explosion unbezwingbarer Vitalität. Folglich ist man zur – durchaus mehr heterophonen als polyphonen – Kollektivimprovisation zurückgekehrt, die den frühen Jazz gekennzeichnet hatte. Allerdings wurde der demokratische Charakter des Schöpfungsprozesses im Rahmen der Gruppe herausgestellt, in der also die Führungsstimmen und noch vor diesen die Leitmotive zu schwinden neigen (aber selten völlig verschwinden). Dazu neigen auch die Harmonienfolgen mit struktureller Funktion sowie nicht selten sogar jener rhythmische Pulsschlag, der Beat, der eine Grenze und eine Beschränkung bei der Erfindungstätigkeit der einzelnen Musiker darstellt, während er als Stütze und

Führer für die Erfindung dient und dabei teilweise die Aufgabe eines Kode zum Zwecke der Kommunikation übernimmt. Der regelmäßige Beat wurde in der Tat häufig durch einen andauernden perkussiven Fluß ersetzt, in dem verschiedene Rhythmen sich überlagern, miteinander verschmelzen und mit dem Klang der Melodieinstrumente ein Ganzes bilden.

Demgemäß ist der Personalisierungsprozeß der Instrumentalklänge – die seltener als früher einmal auf Prototypen zurückgeführt werden können und himmelweit von gewissen abendländischen Schönheitsidealen entfernt sind – bis zu den äußersten Grenzen vorangetrieben worden, hin zu einem expressionistischen »Anthropomorphismus«, der abgesehen von allem anderen durch wirkliche Onomatopöien die Bekanntgabe verstandesgemäß erfaßbarer Inhalte möglich gemacht hat.

Wenn man das voraussetzt, erklärt sich der Polymorphismus des Free Jazz vollkommen. Er kann wirklich nicht mittels einer Aufzählung von Stileigenheiten, von periodisch wiederkehrenden Formen definiert werden. Es ist eine Vielgestaltigkeit, die Philippe Carles und Jean-Luis Comolli in ihrer genauen und detaillierten morphologischen Untersuchung im Rahmen des Buches »Free Jazz /Black Power«[15] definieren als »die auf allen Ebenen und in allen Richtungen greifbare Multiplikation, Konfrontation, Nebeneinandersetzung von Materialien, Quellen, Kodierungen, Manieren und Welten, deren sich die Musiker nun bedienen oder auf die sie sich berufen«.

Der absolut bedenkenlose Eklektizismus der Free-Musiker, die sich oft und manchmal gleichzeitig den Musikarten des Pop und der Folklore der halben Welt (Afrika, Indien, Nahost, Südamerika . . .) genähert haben, ihre Neigung zur Entheiligung und grotesken Verunstaltung, ihre Bereitschaft, in ihr Musizieren jede Art von Klängen und Geräuschen einzufügen, die mit den unterschiedlichsten Hilfsmitteln erzeugt werden, ferner die Multiplikation der Melodielinien, welche in keinem harmonischen Zusammenhang stehen, sowie der Zitate und Rhythmen (die polyrhythmische Reichhaltigkeit des Free Jazz, in dem die Perkussionsinstrumente häufig an großer Zahl sind, ist außergewöhnlich) – all das war nicht das Resultat ausgedachter und aufeinander abgestimmter Auswahl, um bestimmte formale Ergebnisse zu erzielen, wie es bei vielen Stilelementen des Bop und Cool Jazz der Fall ist. Es war die Folge des expressiv-panischen Angehens der Welt der Töne und des bereits erwähnten protestierenden und rebellierenden Verhaltens. Das gleiche läßt sich bezüglich der Heftigkeit und Schrillheit der Töne, der hektisch erregten Spannung eines Großteils der Free Jazz-Stücke sagen. Diese können für den Zuhörer unerträglich werden, der sie als einen Angriff, eine Beleidigung erlebt.

Natürlich ist die erste Reaktion von sehr vielen gegenüber dem »new thing« Ablehnung oder zumindest Verwirrung gewesen. Auch die für gewagte Experimente am meisten aufgeschlossenen Zuhörer befanden sich tatsächlich vor unüberwindlichen Verständnisschwierigkeiten. Dies wegen der Unabhängigkeit oder Widersprüchlichkeit der Vorhaben der einzelnen Ensemblemitglieder, wegen der Unmöglichkeit, ein klangliches Kontinuum zu analysieren, welches nicht aus unterscheidbaren Teilen besteht, und noch allgemeiner wegen der Unmöglichkeit, sich auf einen klar in Regeln festgelegten Kode zu beziehen, der nicht nur dem mitteilenden Musiker, sondern auch dem aufnehmenden Zuhörer bekannt ist – eine unentbehrliche Voraussetzung für Kommunikation im vollen Sinne dieses Begriffes, wenn es nicht bloß eine Übertragung physischer Reize sein soll. Wenn ein Bezugskode fehlt (das heißt ein System von Normen, die herkömmlich die Verknüpfungsmöglichkeit der zum System selbst gehörigen Zeichen regeln, in unserem Falle der musikalischen Zeichen), kann es beim Zuhörer kein solches System der Erwartungen geben und sich auch nicht durch Gewöhnung in ihm bilden, das jene ununterbrochene Aufeinanderfolge der Voraussicht des im Gang befindlichen musikalischen Geschehens ermöglicht, die unabdingbare Bedingung für das Verständnis und den Genuß jeglicher Musik ist.[16] Beim Fehlen eines Kode kann sich andererseits das Netz von Maßstäben zur Beurteilung, der Komplex von Modellen, auf den sich in der Regel die ästhetische Bewertung gründet, nicht bilden.

In anderen Fällen ist das Verständnis, wenn auch sehr schwierig, doch möglich, und diese Möglichkeit bietet sich immer dann, wenn in dem klanglichen Kontinuum Kondensationskerne, strukturelle melodische und bzw. oder rhythmische Themen, Spannungslinien erkennbar sind, die ebenso viele Prinzipien der Artikulation, der Organisation bilden. In diesen Fällen ist die Entropie[17] des Systems nicht so groß, daß sie nicht irgendwelche, wenn auch nur schwache Strukturen ahnen ließe, und ein – natürlich sehr persönlicher – Kode wird vom Künstler verwendet und vom Zuhörer erkannt. So findet eine Kommunikation statt, und eine Bewertung ist möglich. In den besten Beispielen des Free Jazz findet sich diese Situation immer wieder, und gerade diese Beispiele machen es möglich, die neue Musik mit Sicherheit mit der Richtung des Jazz in Verbindung zu bringen oder jedenfalls, falls dieser Begriff einschränkend oder reich an »weißen« Zügen scheint, mit den afro-amerikanischen Musiktraditionen.

In all diesen Fällen, die dann die einzigen sind, die die Aufmerksamkeit des Kritikers verdienen, steht man eigentlich nicht einer entschiedenen Ablehnung der alten Prinzipien gegenüber, sondern bedeutenden Abweichungen von Normen und Methoden, die früher von den Jazz-Musikern akzeptiert und eingehalten wurden und jetzt auf jeden Fall nicht völlig aus den Augen verloren werden.[18] Die Freiheit ist groß und trifft doch immer auf Grenzen, und sie überschreitet nicht die Grenze zur Anarchie. Die Strukturen sind äußerst brüchig, verschwommen, offen, komplex und sogar widersprüchlich (und folglich sind die Ergebnisse über alle Maßen zweifelhaft und zwielichtig), aber sie reichen aus, um die Kommunikation herzustellen. Mit demjenigen, wohlverstanden, der es vermag, solche Strukturen zu erkennen, deren Begründungen zu verstehen, und der ausreichend an die überaus freie Logik gewöhnt ist, die dem Free Jazz und seinen Klängen eigen ist.

An dieser Stelle wird der Leser, wenn er die Ereignisse der zeitgenössischen Kunst verfolgt, sicherlich die Existenz einer weitgehenden Übereinstimmung zwischen der Poetik des Free Jazz und der der Kunstäußerungen der westlichen Avantgarde bemerkt haben, die aus Europa oder dem Ursprung nach aus Europa, also auch aus dem weißen Amerika kommt. Es ist tatsächlich leicht, eine analoge Vorliebe für schwache, vage, offene Strukturen anzutreffen (in welchen das Maß der Entropie manchmal so hoch ist, daß man von einem Quasi-Chaos reden kann), eine ebenso große Zwielichtigkeit von Bedeutungen als unmittelbare Konsequenz der Öffnung der Strukturen, die Berufung auf den Zufall beim Schöpfungsprozeß, den Nachdruck, der auf die schöpferische Geste und auf ausdrucksvolles Verhalten eher als auf das geschaffene Objekt gelegt wird (das auch entfallen kann; man denke an die sogenannte begriffliche Kunst), die Vorliebe für einfache, ungeschliffene Materialien (und in der Musik für Geräusche, für die »konkreten« Klänge) sowie die Nebeneinanderstellung heterogener Elemente, das zwielichtige Hin- und Herschwanken zwischen Engagement und Spiel, den Hang zur Entheiligung und zur Selbstironie und schließlich die Lust am Angreifen des Publikums durch abnorme, schockierende Verhaltensweisen.

Diese Übereinstimmung von Vorsätzen, Mitteln und Ergebnissen bildet vielleicht den Hauptgrund dafür, daß viele weiße Musiker ausgesucht »abendländischer« Ausbildung in jüngster Zeit mehr in Europa als in Amerika vom Free Jazz angezogen wurden. Nicht selten haben sie seine Formen und Bedeutungen verzerrt, indem sie in diese grundsätzlich negroide Musik afrikanischen Ursprungs – deren Durchschlagskraft hauptsächlich von ihrer Unberührtheit, vom Ausbleiben der Verfälschung abhängt – äußerst überspannte Elemente und Methoden hineingetragen haben, die in einer ganz anderen Kultur entstanden sind.

Zu diesem ersten Grund der Verwirrung objektiver Natur ist sofort ein weiterer hinzugetreten, der auf das Verhalten des Publikums, besonders des europäischen, gegenüber der neuen Musik zurückgeführt werden kann. Wenn diese nicht vollständig abgelehnt wurde, ist sie von vielen mit unterschiedsloser Begeisterung aufgenommen worden, und das Publikum hat den wahren Künstlern wie den anmaßenden Schwindlern, die auf diesem Gebiet gewiß nicht fehlen, gleichermaßen Beifall gezollt.

Die Hauptursache für diese Verwirrung ist in der Schwierigkeit zu suchen, in der brodelnden Masse der Klänge, die aus den Instrumenten der »Free«-Musiker dringen, strukturelle Themen, angewandte Methoden, Linien zu erkennen, nach denen sich der Schöpfungsprozeß entwickelt oder verdichtet; in der Schwierigkeit (um auf die Terminologie der Informationstheorie zurückzugreifen), die Nachrichten-Zeichen – einer überdies offenen und widersprüchlichen Struktur, so daß sie immer äußerst mehrdeutig sind – von den Hintergrundgeräuschen zu isolieren, die ihren Empfang stören und wiederum andere Nachrichten-Zeichen sind, die auf unterschiedlichen Kanälen übermittelt werden (das heißt von anderen Musikern, die spielen, während sie Projekte verfolgen, die innerhalb gewisser Grenzen eigenständig sind). Dies würde jedoch nicht genügen, um die angedeutete kritiklose Aufnahme des Free Jazz zu erklären. Sie findet ihre hauptsächliche Erklärung in Gründen ideologischer Natur, und zwar in der Zustimmung seitens der Zuhörer bezüglich der Absichten (der wirklichen und der vermuteten) der Musiker, Absichten der Zerstörung, der Auflehnung gegen das System, gegen das Establishment, für die Eroberung der mit Füßen getretenen Freiheit.

Die Einflüsse, Eingebungen und Motivierungen, die der Musiker dem soziologisch-kulturellen Zusammenhang entnimmt, in dessen Rahmen er wirkt, und die sich notwendigerweise in dem, was er spielt, offenbaren, werden in der Tat von vielen als die tiefe Bedeutung der von den Musikern übermittelten Kundgebung verstanden. Sie wird nicht als eine Struktur »autoreflexiver«, »undurchsichtiger« Zeichen aufgefaßt (die musikalischen Zeichen sind als »undurchsichtig« wegen ihres Mangels an semantischer Dichte definiert worden), sondern im Ganzen als ritualistische, symbolische Geste, deren Wert eng von außermusikalischen Werten abhängig ist, auf die sie sich bezieht oder angeblich bezieht. Und so wird also die Darbietung des Free Jazz von einem gewissen Teil des (wohlgemerkt: europäischen) Publikums immer und ausnahmslos als politisch gemeint und politisch bedeutsam interpretiert, sogar als sozial nützlich (während sie oft genug nur spielerischer Natur ist), und ihr Genuß wird als Ersatzhandlung für revolutionäre Tat oder wenigstens als Pflichtübung zur Unterstützung einer gerechten Sache erlebt.

Diese Situation wurde zum Teil durch programmatische Erklärungen, durch die Haltung einiger schwarzer Musiker der letzten Welle, allen voran Archie Shepp, und durch die begeisterte Unterstützung herbeigeführt, die ihnen von berühmten Vertretern des schwarzen Kulturnationalismus, vor allem von Le Roi Jones, gewährt wurde. Sie hat bewirkt, daß der neuen Musik in Amerika und in Europa ein unterschiedliches Schicksal beschieden war. Das »new thing« wurde in seiner Heimat ignoriert, verachtet oder jedenfalls an die Wand gedrückt. In der Alten Welt hat es bei den Jugendlichen bald eine große Anzahl fanatischer Anhänger und einen blühenden Absatzmarkt gefunden. Hier wurde es nicht als Fremdling oder Feind, sondern im Gegenteil als symbolischer Ausdruck eines Kampfes angesehen, dessen zerstörerische Ziele gutgeheißen wurden.

Aus diesem Grunde nahm in der zweiten Hälfte der sechziger Jahre der Zustrom der Negermusiker, vor allem der jungen, nach Europa fühlbar zu, und es wuchs die Zahl derer, die sich hier dauerhaft niederließen. Auf dieser Seite des Atlantiks waren die Arbeitsmöglichkeiten wirklich gerade dann zahlreicher geworden, als sie sich in der Heimat immer mehr verringerten, und das Publikum, das sich in Amerika gleichgültig oder feindlich verhielt, spendete hier warmherzigen Beifall.

Aber es gab auch einen anderen Grund, der viele Musiker dazu trieb, ihr Land zu verlassen. Es war der Wunsch, dem Klima der Gewalttätigkeit zu entfliehen, das nun das amerikanische Leben kennzeichnete und unter anderem die Kluft und Verständnislosigkeit zwischen der schwarzen und weißen Bevölkerung vergrößert hatte. Das Fehlen des Verständnisses wurde vor allem von denen schmerzlich empfunden, die wie die schwarzen Jazzmusiker fast ausschließlich im Kontakt mit Menschen anderer Hautfarbe arbeiteten und von diesen zur Bestreitung des Lebensunterhaltes abhingen.

In diesen Jahren herrschte die Gewalt überall in den Städten der Vereinigten Staaten. Um im Rahmen des Rassenkonfliktes zu bleiben, allein im Sommer des Jahres 1967 gab es (wenn man sich an den Bericht der von Johnson eingesetzten Kommission zur gründlichen Untersuchung der mehr oder weniger weit zurückliegenden Ursachen der Bürgerunruhen hält)[19] 164 Aufstände, und die Toten, Verletzten und Verhafteten waren an großer Zahl. Detroit, Cincinnati und Newark bildeten den Schauplatz regelrechter Erhebungen mit Waffengewalt. In Newark wurde neben vielen anderen LeRoi Jones verhaftet, der dann verschiedene Monate im Gefängnis verbüßen mußte.

Die zunehmenden Auseinandersetzungen um den Vietnam-Krieg erhitzten die Gemüter noch mehr, die der Weißen und die der Schwarzen. Die letzteren sahen in diesem Krieg riesige Geldmittel verschwendet, die eine sehr viel nützlichere Verwendung zur Verbesserung ihrer Notlage und zur Sanierung der Gettos gefunden hätten. Auch der auf Gesetzmäßigkeit bedachte Reverend King hatte inzwischen eine harte Haltung eingenommen und gegen den Krieg in Vietnam Stellung bezogen. Der einst für seine Mäßigung bekannte Carmichael näherte sich immer mehr den Schwarzen Panthern und bekleidete in dieser Partei schließlich einige Zeit lang wichtige Ämter.

Die Ermordung von Martin Luther King im April 1968 mit den dadurch in mehr als siebzig Städten hervorgerufenen Tumulten, und dann zwei Monate später die Ermordung von Robert Kennedy erweckten in der Welt den Eindruck, als ob Amerika nur noch einen Schritt vom Abgrund entfernt stünde. Zur gleichen Zeit brachten die dramatischen Mai-Ereignisse in Paris sehr viele Leute zu der Überzeugung, daß eine Ära nunmehr zu Ende sei und der Beginn einer neuen bevorstünde.

Unter den vielen Sprüchen, die die in der Sorbonne verbarrikadierten Studenten an die Mauern schrieben, fand sich die Mahnung: »Es ist verboten zu verbieten!« Ein eigenartiges Zusammentreffen, daß ein französischer Jazzkritiker kurz vorher geschrieben hatte, daß das Motto der »Free«-Musiker gerade das hätte sein können: »Es ist verboten zu verbieten!«

13. Die Zeit des Rock in Europa

Das Problem der Definition des Untersuchungsgegenstandes in einem Buch wie diesem, das sich mit der Jazzmusik beschäftigen will, wird zunehmend und in erheblichem Maße komplizierter, wenn man dazu übergeht, von den Geschehnissen in der zweiten Hälfte der sechziger Jahre und unmittelbar danach zu berichten.

Paradoxerweise wird man gezwungen, an das Problem der Definition des Jazz – das wir von den ersten Seiten an als sehr schwer lösbar erkannt haben – gerade in dem Augenblick heranzutreten (oder vielleicht, besser gesagt, es als gelöst zu betrachten), in dem die Legitimität bestimmter Qualifikationen von vielen geleugnet und das Recht beansprucht wird, die Sprache des Jazz, wie auch immer sie sein mag, mit musikalischen Sprachen, Stilmerkmalen, Techniken oder Konzeptionen anzustecken, die Musikarten zugehören, welche anderen Kulturen entstammen.

Während dieses Buch geschrieben wird, spricht man immer häufiger von »totaler« Musik; der Markt ist – zu Recht oder zu Unrecht – mit Schallplatten übersättigt, die unter dem Etikett »Jazz-Rock« laufen oder mit anderen, ebenso zweifelhaften Bezeichnungen belegt werden, weil es sich wirklich um Zwitterprodukte handelt. Ein großer Teil der Musiker, die dem Publikum und besonders den Jazzliebhabern der letzten Generation am meisten gefallen, sind keine amerikanischen Neger. Einige sind nicht einmal in den Vereinigten Staaten geboren. Und doch redet man seit einigen Jahren, und zwar genau seit 1972, als das erste Jazz-Festival »von Newport« nach New York verlegt wurde und wenigstens einhunderttausend Menschen in die Theater und Stadien dieser Stadt holte, nachdrücklich und mit Recht von einem Wiederaufleben des Jazz, auf den gerade die jungen Menschen mit Sympathie blicken, die lange Zeit von anderen und leichteren Musikarten angezogen wurden.

Manch einer hat in der heutigen verworrenen Lage Ähnlichkeiten mit dem zu erkennen geglaubt, was in der Swing-Ära geschah, als der Jazz sehr oft seine negroiden Züge verlor, um sich in eine angenehme Musik zu verwandeln, die zum anspruchslosen Gebrauch für ein sehr breites jugendliches Publikum bestimmt war. Doch es handelt sich um flüchtige Analogien, die sich vielleicht alle auf eine einzige Tatsache zurückführen lassen, die damals wie heute erneut zu verzeichnen ist: die Inbesitznahme der Musik afro-amerikanischen Ursprungs durch die größten Schallplattenfirmen, durch die bedeutenden Impresarios und durch das ganze Heer der Gewerbetreibenden der Gebrauchsmusik, die die Musik afro-amerikanischer Herkunft wieder einmal genötigt haben, Formen anzunehmen, die ihr nicht angemessen sind, um sie dadurch dem breiten – natürlich weißen – Publikum besser verkaufen zu können.

Wenn man hiervon und von all dem, was sich daraus als direkte Folgerung ergibt, absieht (unter Einbeziehung der Schwierigkeit, viele der unter dem Etikett »Jazz« vertriebenen Produkte als solche zu klassifizieren), so ist die gegenwärtige Situation sehr verschieden von der bekannten Lage in dem Jahrzehnt, als der Swing regierte. Sie ist viel differenzierter, unbeständiger und verwirrter bis zu einem Grad, der den Scharfsinn des Beobachters auf eine harte Probe stellt. Er möchte in dem Sammelsurium von ungleichen Formen und Angeboten, die manchmal zusammenlaufen und manchmal auseinanderstreben, wenn sie nicht sogar gegensätzlich sind, die Hauptlinien der Entwicklung erkennen und unter diesen die Grundtendenz, die das jeweilige Klima zu jedem Zeitpunkt der Jazzgeschichte festlegt.

Doch die Schwierigkeiten hören hier nicht auf. Angesichts des bedenkenlosen Eklektizismus und der bestürzenden Vielgestaltigkeit des zeitgenössischen Jazz und dessen, was von Jazz abgeleitet ist und an ihn grenzt (und ihn seinerseits immer fühlbarer bestimmt und beeinflußt), fühlt sich der Jazzforscher, wie einleitend angedeutet, häufig unsicher hinsichtlich dessen, was Gegenstand seiner Untersuchung sein soll oder nicht sein soll. Folglich sieht er sich gezwungen, eine Auswahl auf der Grundlage von Kriterien ästhetisch-kultureller Natur vorzunehmen, um nicht vom Thema abzuschweifen und um seine Aufmerksamkeit nicht Musikarten und Umständen zu widmen, die mit dem Gegenstand seines Interesses wenig zu tun haben. Es ist überflüssig zu unterstreichen, daß eine solche Auswahl immer gewagt und diskutierbar ist, weil sie ja auf komplexe Wertschätzungen zurückgeht, die vielleicht persönlicher Art sind und gewiß nicht wissenschaftlichen Maßstäben entsprechen. Aber deshalb läßt sich eine derartige Auswahl doch nicht vermeiden. Wer die Geschichte der Musik, die im Süden der Vereinigten Staaten zwischen dem Ende des vorigen Jahrhunderts und dem Anfang unseres Jahrhunderts geboren wurde, die dann ihre Sprache festlegte und sie nach und nach in Chicago, Kansas City, New York und Los Angeles veränderte, weitererzählen will, muß sich in dem Augenblick, in dem er bei bestimmten Kursänderungen jüngerer Zeit und bei gewissen Umwälzungen angelangt ist, die Frage stellen, ob das, was er vor sich sieht, ein neues Kapitel dieser bewegten Geschichte ist oder vielmehr ein unglücklicher Zufall, eine augenblickliche Krise, ein auf ihren Weg gestelltes Hindernis oder sogar eines der ersten Anzeichen für einen Prozeß des Verfalls oder der Auflösung.

Auf der anderen Seite ist es auch nicht möglich, von den letzten Entwicklungen des Jazz zu sprechen und dabei innerhalb der Grenzen der Kultur zu bleiben, die ihn ursprünglich zum Ausdruck gebracht hat, das heißt, um es nochmals zu wiederholen, der Kultur der Afro-Amerikaner sowie bestimmter weißer Amerikaner, die teilweise ihr Schicksal geteilt oder in einem bestimmten Umfang mit ihnen gemeinsame Sache gemacht haben, sei es auch nur, indem sie sie imitierten. Man muß auch von der sogenannten »Underground«-Kultur reden, dann von der Popmusik und von den Volksmusikarten, die sich mit ihr zum Teil den Erfolg geteilt haben, und man muß, wenn auch nur flüchtig, auf Ereignisse hinweisen, die sich in der Welt der Weißen abgespielt haben, parallel zu denen, die den Weg der Negerrevolution zeichneten. Und es ist nötig, von Europa zu sprechen, mehr als dies bisher der Fall war.

Es waren in der Tat parallele Ereignisse; denn die »Black Revolution« ging im gleichen Schritt mit einer anderen, allgemeineren und beeindruckenderen Kulturrevolution voran, deren erste Vorzeichen in den Kundgebungen des existentiellen Unbehagens der »Beatniks« und ihrer Fahnenträger bestanden hatten, eines Unbehagens, das nicht selten zum Selbstmord führte. Die jüngeren Brüder der »Beatniks«, die »Hippies«, erwiesen sich wie diese als unduldsam gegenüber der gegenwärtigen Realität und nicht bereit, deren Ungerechtigkeiten und Bedrückungen zu ertragen. Sie waren in gleicher Weise wie sie Gegner der Gewalt, aber schienen doch für eine kurze Zeit optimistischer in der Erwartung einer besseren Welt. Ihr Barde war damals – gegen Mitte der sechziger Jahre – ein junger jüdischer Sänger namens Bob Dylan, der mit seinen Liedern, die von der amerikanischen Folklore angeregt waren (sein Held und Inspirator hieß Woody Guthrie), gegen die Ungerechtigkeiten des Systems, die Unterdrückung des Gewissens und gegen die Rassendiskriminierung protestierte und dem es gelang, auf dichterische Weise die Verzweiflung, die Einsamkeit, die Frustrationen und die mangelnde Kommunikationsfähigkeit auszudrücken, kurz und gut die Krankheiten des Menschen im Zeitalter der Wasserstoffbombe. Fast gleichzeitig mit ihm setzte sich Joan Baez mit ihrer klaren Stimme und ihrem süßen, madonnenhaften Lächeln durch, auch sie eine Führerin der neuen Generation, eine Predigerin der Gewaltlosigkeit, eine entschiedene Gegnerin des Vietnamkrieges, Freundin der revoltierenden Neger und Feindin des Systems. In seinen und in ihren Liedern fand sich eine ganze Generation von Jugendlichen. Sie hatten ihre kämpferische Avantgarde in den Studenten, die im Herbst 1964 das Free Speech Movement gründeten, die Universität Berkeley in Kalifornien belagerten und als Losung weitergaben: »Trau' keinem über dreißig!«

So wie sich damals die Kluft zwischen der schwarzen und der weißen Gemeinschaft vertiefte, öffnete sich dann ein Meer des Unverständnisses zwischen den Jugendlichen auf der einen Seite, die sich erstmals als eine soziale Gruppe verstanden, und den Erwachsenen auf der anderen, welche von vielen unter ihnen als Vertreter einer entgegengesetzten Klasse gesehen wurden. Die innerhalb weniger Jahre entstandene Definition einer regelrechten Subkultur der

Jugendlichen, deren Werte sehr häufig den akzeptierten Werten in der Welt der Erwachsenen in polemischer Weise gegenübergesetzt wurden und werden, war die Konsequenz dieser Bewußtseinsbildung der Gruppe. Ihr Erneuerungsbedürfnis, ihre Protesthaltung und ihr von den »bürgerlichen« Normen ostentativ abweichendes Verhalten machten sich jedenfalls viele nicht mehr ganz so junge Intellektuelle, die ebenfalls die Gegenwart nicht tolerierten und eine totale Erneuerung ersehnten, zu eigen. Diese Subkultur (eigentlich: Gegenkultur) erhielt den Namen »Underground«, weil sie vor allem anfänglich eine an den Rand gedrückte, unter der Oberfläche kochende, eben im Untergrund befindliche Kultur war.

»Der ›Underground‹ der sechziger Jahre stellt einen ganz eigenartigen Aspekt des inneren Dissenses dar«, hat Mario Maffi geschrieben. »Ein Dissens, der mit den Waffen der Nichtteilnahme, der ästhetisch-psychologisch-psychedelischen Revolution, der individuellen Befreiung, der Abkehr von der Gesellschaft, der Suche nach neuen inneren und äußeren Erfahrungen, der Gewaltlosigkeit, des Irrationalismus-Mystzismus und des verzweifelten Willens zur Schaffung einer Welt für sich ausgetragen wird, in der Gewalt, Unterjochung, Konkurrenzdenken und Technologie nicht existieren sollen; eher ein Symptom für die Entmenschlichung und die Unmenschlichkeit – der Abscheu vor der Barbarei – als ein wirklicher Kampf gegen sie. Ein Dissens, der jedoch gegen Ende der sechziger Jahre dazu neigt, in das Spektrum der radikalen Organisationen einzumünden und anarchistische und apokalyptische Angriffsstellungen gegen das System entstehen läßt.«[1]

In der »Underground«-Kultur (der Marcuse, ohne es sich vorzunehmen, eine ideologische Grundlage lieferte) hat die Musik schon von Anfang an eine Rolle von großer Bedeutung gespielt und einen sinnbildlichen Wert angenommen. Nicht der Jazz war es, der zu schwierig ist, um von der großen Masse geliebt zu werden, sondern der lärmende elektronische Rock mit der Zugabe der Volksmusikarten und des schwarzen Blues, der über den »Rhythm and Blues« dessen Stammvater geworden ist und noch heute sein Fundament bildet.

Bereits gegen Mitte der sechziger Jahre war der Rock (damals redeten viele eher von der »Beat-Musik«) schon recht verschieden vom Rock and Roll, der in Bill Haley und Elvis Presley seine ersten Meister gefunden hatte, und er war weit entfernt vom Rhythm and Blues eines Ray Charles, Chuck Berry, Little Richard oder Fats Domino, die ein paar Jahre später zu Ehren kamen. Diese Musikarten hatten immer mehr das Gewicht gewisser weißer Elemente zu spüren bekommen, die schließlich die Oberhand gewannen: die aus der »Country and Western«-Musik (deren lebendigster Mittelpunkt Nashville in Tennessee war und mehr denn je noch heute ist); die aus den verschiedenen Formen von Folk-Musik, die manchmal originell und noch öfter umgearbeitet und verfälscht sind und außer von Dylan und Joan Baez von Pete Seeger, dem

Kingston Trio, Peter, Paul and Mary und vielen anderen populär gemacht wurden; die Elemente aus bestimmter leichter Musik, die nach den geläufigen Rezepten hergestellt wurde; schließlich gab es das, was zwischen 1963 und 1964 in England von zwei binnen kurzer Zeit äußerst populär gewordenen Gruppen entwickelt und ausgefeilt wurde. Dies waren die Beatles und die Rolling Stones, die beide von der Nachahmung des Rock and Roll und des Rhythm and Blues ausgegangen waren. Vor allem diese zwei Gruppen und besonders die Beatles (deren Stil immer englischer wurde) waren es, die plötzlich die Szene der Popmusik in Europa und in den Vereinigten Staaten wiederbelebten.

Man kann sagen, daß in diesen Jahren die Ära des Rock begonnen hat, die ihren Höhepunkt erreichte, als der Stern von Jimi Hendrix aufging. Dieser junge amerikanische Negergitarrist hatte in seiner Heimat in völliger Obskurität innerhalb der Welt des Rhythm and Blues gelebt und erzielte einen explosionsartigen Erfolg 1966 in London sowie beim ersten großen Pop-Festival, das im Juni 1967 in Monterey in Kalifornien veranstaltet wurde und zeigte, wie ungeheuer groß das Publikum für diese Musik war und was sie für Leute im Alter von zwanzig Jahren bedeutete.[2] Unter den Anwesenden in Monterey waren Hendrix, die Sängerin Janis Joplin, die Gruppen Jefferson Airplane, Canned Heat, Big Brother and the Holding Company neben vielen weiteren neuen und ganz neuen Lieblingen der jüngsten Generation. Unter ihnen fehlte auch nicht Ravi Shankar, der meisterhafte indische Sitar-Spieler. Er war zehn Jahre zuvor zum ersten Male in den Vereinigten Staaten aufgetreten und wurde mit höchster Aufmerksamkeit bedacht, weil Indien und noch allgemeiner der orientalische Mystizismus, angefangen mit dem schon erwähnten Zen-Buddhismus, in der »Underground«-Kultur sogleich einen wichtigen Platz einnahmen.

Die großen Pop-Veranstaltungen, die danach in den Vereinigten Staaten und anschließend in Europa immer mehr zunahmen, bestätigten das, was die aufmerksameren Beobachter in Monterey geahnt hatten, und zwar vor allem, daß diese Musik eher etwas sehr Wichtiges in sozialer und also auch politischer Hinsicht als ein aus ästhetischer Sicht besonders beachtenswertes Phänomen darstellte. Die Beziehung zwischen der sozialen Wirklichkeit der gärenden oder rebellierenden Welt der Jugend und dieser schockierenden, heftigen Musik (die doch so oft dem Programm nach pazifistisch war, wie es die bivalenten Stimmungen jener Jahre geboten) war in der Tat sehr eng und hatte Züge angenommen, die in der Geschichte nicht ihresgleichen hatten. Gefallen war die Trennwand zwischen den Künstlern und dem Publikum, welches nun anfing, sich in den Künstlern vollkommen dargestellt zu sehen und durch seine intensive gefühlsmäßige Teilnahme sowie durch eigene Ausübung von ideologischem Druck seinerseits starken Einfluß auf den Schöpfungsprozeß zu nehmen. Die Musik hatte die Rolle einer notwendigen Dimension für gewisse existentielle Situationen angenommen, die Funktion des musikalischen Rahmens für einen kollektiven vitalistischen Ritus, ein Freudenfest, bei dem die einzelnen Teilnehmer ihre individuelle Freiheit – besser: Befreiung – feiern, indem sie gruppenweise ihre eigenen Hemmungen überwinden und innerhalb dieser Gruppe jahrhundertealte Tabus verlachen. In der Welt des Rock hörte die Musik auf, eine persönliche Botschaft mit ästhetischer Funktion zu sein, die vor allem in ihren formalen Werten zu genießen war, um eine soziale Botschaft und Ritus einer bestimmten Gesellschaft zu werden, die Szenerie und zugleich Gelegenheit für einen Ritus (in dem eine erotische Komponente von Bedeutung ist), ein Mittel, um den eigenen Dissens kundzutun und eine »andersartige« Identität zu bestätigen; eine gemeinsam geschwungene Fahne, ein Abzeichen am Knopfloch, ein Instrument und ein Symbol der Entheiligung.

Eine Entheiligung auch der ernsten Musik und der »ernstgenommenen« leichten Musik, wie sie in der Welt der Erwachsenen akzeptiert und geehrt werden. Diese Musikarten haben nach dem Dafürhalten der Jugendlichen jegliche soziale Funktion verloren (oder sie haben eine Funktion der Konservierung erworben) sowie gleichzeitig jeden spielerischen Charakter; erforderliche Eigenschaften, die sich bloß scheinbar widersprechen, sich dagegen im Rock summiert vorfinden.

Im übrigen wehte ein Wind radikaler Veränderungen auch für andere Aspekte der Welt der Musik, und das nicht nur in Amerika. Dies sind die Worte, die ein unbekannter Student in den heißen Maitagen des Jahres 1968 auf einer Mauer des Pariser Konservatoriums verewigte: »Wir wollen eine wilde und vergängliche Musik. – Wir schlagen eine grundlegende Änderung vor: Bestreikung der Konzerte. – Musikalische Meetings: Versammlungen kollektiver Suche. – Abschaffung des Urheberrechts; die klanglichen Strukturen gehören jedem von uns.«[3]

Das, was die Jugendlichen ohne Mühe erhielten, war die wilde und vergängliche Musik. Das Übel war, daß sie ihnen ausgerechnet von der so sehr angefochtenen Musikindustrie verabreicht wurde, die darin gleich ein Riesengeschäft witterte und mit dem größten Vergnügen musikalische Meetings organisierte, an denen Zehntausende, wenn nicht sogar Hunderttausende junger Menschen teilnehmen konnten, statt förmlicher Konzerte, die nur für eine Elite von Liebhabern bestimmt waren. Tatsächlich gehörte das Gefüge der Welt der Musik keineswegs den Jugendlichen (die sich darüber ärgerten und ihr Bestes taten, besonders in jüngster Zeit und in einigen europäischen Ländern, um irgendeine Alternativlösung in die Tat umzusetzen), und das Urheberrecht wirkte immer noch sehr attraktiv auf den, der die Arten von Musik herstellte, die in großen Mengen konsumiert wurden. So kam es, daß das, was die Musik des jugendlichen Dissenses werden sollte, im Handumdrehen ein industriell hergestelltes Serienprodukt wurde, fast immer ohne anregende Ideen und mit einem Mechanismus, der mit kühler Berechnung von solchen Leuten ins Werk gesetzt wurde und wird, die genau wissen, auf welche Tricks und Formeln man zurückgreifen muß, um unbefangene Zuhörer zu erregen. Mit anderen Worten, es wurde die von den Experten des Marketing studierte Musik für den Massenkonsum derjenigen, die gegen die Konsumgesellschaft protestieren.

Abgesehen von anderen Kreisen ist den Jugendlichen nichts anderes übriggeblieben als der Versuch, sobald als möglich die Musik kostenlos zu bekommen, die sie trotz allem weiterhin als die ihre empfanden. Damit haben sie den Organisatoren der großen Pop-Veranstaltungen viel Kopfzerbrechen bereitet, wenn diese die Absperrungen, die sie zum Schutz ihrer eigenen Interessen und derer der bald verbündeten reichen Künstler aufgerichtet hatten, von der Menge durchbrochen sahen.

Hier ist nicht der richtige Ort für eine Untersuchung der verschiedenen Musikarten, die unter der allgemeinen Bezeichnung »Pop« laufen.[4] Obwohl, wie wir gesehen haben, der Rock im eigentlichen Sinne eine verfälschte Ableitung des Jazz ist, handelt es sich in Wirklichkeit um musikalische Ausdrucksformen, die der afro-amerikanischen Musik fremd und somit vom Jazz sowohl in der Form als auch im Geiste recht weit entfernt sind, mit Ausnahme der Blues-Harmonien und des Rhythm and Blues, der immer noch als Bindeglied zwischen der einen und anderen Musik fungiert und den Punkt der Interessenübereinstimmung zwischen dem typischen (fast immer weißen) Rock-Publikum und der (überwiegend schwarzen) Zuhörerschaft der Soul-Musik bildet. Immerhin sind die Grenzüberschreitungen aus dem einen wie dem anderen Gebiet heraus in den letzten Jahren ziemlich zahlreich gewesen und weisen auf eine Zunahme hin. Darüber hinaus hat die neuliche Entdeckung des Jazz durch einen Teil des Rock-Publikums einen bemerkenswerten Einfluß auf die neuesten Entwicklungen der Musik gehabt, mit der sich dieses Buch beschäftigt, sowie auf die Art, in der diese vom Zuhörer verstanden und entgegengenommen wird.

Wenn man von den Interpreten des Blues und der Soul-Musik absieht, über deren Allgegenwart und »Vieldeutigkeit« bereits gesprochen wurde, kann man sagen, daß die Angelegenheiten des Jazz und die des Rock angefangen haben, sich zwischen 1967 und 1968 miteinander zu vermischen, als einige ausgezeichnete weiße Jazzmusiker (der Vibraphonist Gary Burton, der Trompeter Don Ellis, welcher seit kurzem ein großes, sehr originelles Orchester gegründet hatte, der Flötist Herbie Mann und andere, unter ihnen einige Engländer) ihrem Jazz einen anfangs leichten und dann immer spürbareren Rock-Anstrich gaben. Sie verwendeten in ihren Gruppen einige elektrische und elektronische

Instrumente, deren Einsatz sich im Rock stufenweise ausgebreitet hatte. Ihrem Beispiel folgten bald andere. Einige Saxophonisten (sogar Lee Konitz, einst berühmt wegen des leichten und klaren Tons auf seinem Instrument) experimentierten mit dem »Varitone«, um den Klang ihrer Instrumente elektronisch zu manipulieren, der so intensiver und voller wurde. Desgleichen taten gewisse Trompeter mit dem »Wah-Wah«-Pedal, sowie die Pianisten, welche die Möglichkeiten des elektrischen Pianos und manchmal elektronische Synthesizer ausprobierten. Weniger neu waren im Jazz die elektrisch verstärkten Kontrabässe, die seit 1950 von Monk Montgomery im Orchester von Lionel Hampton verwendet wurden. Ihr Gebrauch ist in jüngster Zeit allgemein üblich geworden. Und dann gab es natürlich die elektrischen Gitarren. Was man aber um 1970 in den Händen einiger Jazzmusiker zu sehen begann, sind keine elektrischen Gitarren des durch Charlie Christian populär gewordenen Typs, die an einen Verstärker mäßiger Potenz angeschlossen sind, sondern äußerst verstärkte Instrumente ohne Resonanzboden. Es sind die gleichen Instrumente, die in den Ensembles des Rhythm and Blues und des Rock vorherrschen, in denen sie seit langem die Saxophone verdrängt haben.

Dann kam die Violine wieder auf, auch sie elektrisch verstärkt. (Der Pionier der verstärkten Violine war kurz vor dem letzten Weltkrieg der Neger Eddie South gewesen.) Manchmal war sie ohne Resonanzboden. Ihr Klang verbindet sich bestens mit dem der anderen elektronischen Instrumente und war den jungen Leuten seit langem vertraut, weil sie in den Pop-Gruppen viel verwendet wurde. Diese hatten die Geige aus dem Typ der Western-Volksmusik übernommen, der unter dem Namen »Blue Grass« bekannt ist und in den historischen Tagen des Westens die kleinen Feste der Pioniere mit »Square Dances« untermalte. Dem Wiederaufkommen der Violine ist zu verdanken, daß solche Altmeister wie Joe Venuti und Stephane Grappelli wieder zu den angesehensten Jazzmusikern gerechnet wurden und schwarze und weiße Violinisten unter den Nachwuchsmusikern des Jazz zunehmen. Bei den farbigen Amerikanern verdienen Leroy Jenkins, Michael White und Sugarcane Harris erwähnt zu werden, bei den Europäern noch mehr der Franzsoe Jean-Luc Ponty und der Pole Michal Urbaniak.

Der Notwendigkeit zur Anpassung an den veränderten Sound der Jazz-Gruppen, wie er durch die Verwendung von elektronischen oder elektrisch verstärkten, für Rock-Besetzungen typischen Instrumenten herbeigeführt wurde, ist auch die nach 1970 zunehmende Verbreitung des Sopransaxophons zuzuschreiben. John Coltrane hatte es wieder zu Ehren gebracht und schon Jahre zuvor in einer neuen Sprache sprechen lassen, ohne jedoch im Augenblick Nachahmer zu finden.

Aus den gleichen Gründen akustischer Einheitlichkeit hat sich auch die Verwendung der Flöte immer mehr ausgedehnt. Sie wurde in den meisten Fällen nicht in dem ruhigen, hirtenartigen Stil gespielt, der Jahre vorher modern geworden war (Bud Shank, Buddy Collette, Frank Wess usw.), sondern in der wütenden, scharfen Weise, die Roland Kirk aufgebracht hatte. Dieser blinde Multi-Instrumentalist hatte Aufsehen in der Jazzwelt dadurch erregt, daß er gleichzeitig drei Saxophone spielte (von denen zwei, das Manzello und das Stritch, ebenso antiquiert wie wunderlich sind) und wurde vor allem als Flötist geschätzt. Gleichzeitig summte und blies er in sein Instrument hinein, das er ganz nahe ans Mikrofon hielt, damit der Klang erheblich verstärkt wurde.

Obwohl der Prozeß der Verschmelzung von Jazz und Pop gerade erst am Anfang war, schien um 1968–1969 einigen nicht uninteressierten Beobachtern und vor allem einer gewissen Anzahl von Impresarios, Schallplattenproduzenten und Journalisten spezialisierter Zeitungen, die darauf erpicht waren, den inzwischen eingeengten Kreis ihrer Leser zu erweitern, die Stunde der Verbrüderung zwischen den beiden Musikarten und ihren jeweiligen Anhängern gekommen zu sein. Die New Yorker Zeitschrift »Jazz« änderte ihren Titel in »Jazz & Pop« und übernahm unter anderem einen Artikel des angesehenen Nat Hentoff, der den Lobpreis der Vereinigung der populären Musikarten, der weißen und der schwarzen, sang. Er unterstrich dabei einige gemeinsame Aspekte – die bei genauem Hinsehen absolut äußerlicher Natur waren – und gab der Hoffnung Ausdruck, daß die Grenzen, die beide Musikarten noch trennten, in kürzester Zeit niedergerissen würden. Auch »Down Beat« entschloß sich, auf seinen Seiten, die bislang dem Jazz vorbehalten gewesen waren, dem Pop Platz zu machen. Diesem Beispiel folgte manche europäische Zeitschrift. Bei den großen Festivals im Freien lösten Rock-Gruppen mit der größten Unbefangenheit die Jazz-Ensembles ab, zum Schaden der letzteren, die eine weniger auf Effekthascherei bedachte, schwierigere und verfeinertere Musik mit geringerer Lautstärke spielten (schon hatte die Welle des »Hard Rock«[5] eingesetzt, in dem die Verstärkung der elektronischen Instrumente sehr hohe Ausmaße annimmt) und sich in die zweite Reihe gedrängt, wenn nicht sogar völlig ignoriert sahen.

Wie es in den vorangegangenen Monaten – jedoch in begrenztem Maße – bei anderen amerikanischen Jazz-Festivals geschehen war, öffnete auch Newport, Sitz des wichtigsten Jazz-Festes der Welt, den Musikern und Sängern des Rock die Türen, ja, riß sie ihnen sogar sperrangelweit auf. Im Sommer 1969 (der Zeit ihrer Verherrlichung in Woodstock) teilten diese sich Bühne und Beifall mit den Jazzmusikern. Aber es war kein friedliches Fest der musikalischen Vereinigung, wie gehofft wurde. Den Anwesenden – auch der Autor dieser Zeilen war dort – wurde klar, daß die Welten von Jazz und Rock äußerst verschieden und weit voneinander entfernt waren. Die »Rockers« und Jazzleute ignorierten sich gegenseitig, und die Zuhörer ertrugen mit Mühe mal die einen, mal die anderen, je nach Geschmack und Alter. In der Mitte, um einen Großteil der

Zuhörer auf den unbequemen Feldstühlen festzuhalten, standen die Männer des neuen Blues. Aber der fähige und schon sehr beliebte B. B. King wurde mit dem gleichen Beifall bedacht wie der weiße, lümmelhafte Johnny Winter, der ihn wiederholte, oder wie der Engländer John Mayall, der ungeniert ländlichen Blues mit Jazz von der Sorte eines Coltrane vermischte und dabei in der malerischen Tracht der Trapper des Wilden Westens auftrat. Der britische Blues – in Amerika wie in der übrigen Welt von den Rolling Stones bekannt gemacht, die von einer Imitation des schwarzen Muddy Waters ausgegangen waren und anschließend von ihm selbst imitiert wurden – war nämlich für das jugendliche Publikum schon wichtig, fast so sehr wie der städtische Blues der amerikanischen Neger, dessen Hauptquartier seit langer Zeit an der South Side Chicagos aufgeschlagen war.

In einer kleinen Ecke standen die Männer des Free Jazz, die wie die aus Barmherzigkeit eingeladenen armen Verwandten aussahen. Sie waren in den Ensembles von Sunny Murray und Sun Ra zusammengefaßt. Für sie gab es kein Verständnis und kein Händeklatschen, nicht einmal aus Höflichkeitsgründen, weder von weißer noch von schwarzer Seite. Die Schwarzen gerieten in Verzückung, als der Augenblick der explosionsartigen Mischung aus Rhythm and Blues und Rock von Sly Stone und seiner seltsamen Clique sowie von James Brown, dem »Soul Brother Nummer eins«, kam. Dieser Mann schreit Blues und Soul-Musik in einem äußerst kraftvollen Stil, wobei er sich wie rasend vor dem Mikrofon windet. Er ist es, der seinen »Soul brothers« mit seiner dreisten Selbstsicherheit Mut einflößt, und mit seiner animalischen Anziehungskraft und Sexy-Manier beweist er es ihnen: »Black is beautiful.«

Aber es gibt einen gemeinsamen Nenner, der die Jugendlichen, die schwarzen und die weißen, die diesmal in Newport zusammengekommen sind, untereinander ähnlich macht: Sie gehören fast alle zum »anderen Amerika«, das sich gegen das Establishment aufgelehnt hat, das mit Macht gegen den Vietnam-Krieg protestiert, das Zeigefinger und Mittelfinger zum Zeichen des Friedens hebt, jedoch bei der kleinsten Herausforderung zum Prügeln bereit ist. (Ungefähr 120 Personen wurden wegen Verletzungen und Quetschungen im Krankenhaus von Newport behandelt und gepflegt. Noch dramatischer sollte die Bilanz anderer Pop-Festivals werden, die in der Folgezeit stattfanden. Das Festival in Newport selbst wurde im Jahre 1971 wegen schwerer Unruhen abgebrochen und mußte später nach New York verlegt werden.) Diese Jugendlichen gehören zu jenem jungen Amerika, das sich auf die seltsamste Art und Weise kleidet, das sich rühmt, Rauschgifte zu nehmen, das seine erotischen Anwandlungen in der Öffentlichkeit zur Schau stellt und als Wahrzeichen eine lange Mähne trägt. Aber achtet auf die Kleidung der Neger und der Weißen: Ihre Kleider ähneln sich, jedoch die Gewänder der Neger sind eine Nachahmung des afrikanischen Dashiki (der erste Jazzmusiker, der sich so kleidete, war Art Blakey gewesen, und sein Beispiel wurde von Archie Shepp und anschließend von vielen anderen befolgt), während die Kleider der Weißen ein Symbol des Nonkonformismus der Leute sind, die sich selbst gern »freak« nennen lassen, also »verrückt«, »grotesk« oder so ähnlich. Und seht Euch die Haare an: Die Weißen lassen sie nach »Hippy«-Mode bis auf die Schultern herunterfallen, während die Neger sie hoch und locker auf dem Kopf tragen, fast wie einen Strahlenkranz, im »Afro-Look«, wie man sagt. Die Pomaden der Madame Walker, die die Haare der Neger strafften und glätteten, um sie denen ihrer weißen Herren ähnlich zu machen, sind nicht einmal mehr eine Erinnerung. Jetzt sind krause Haare ein Glorienschein, ein Banner. Sie besagen Afrika.

Die Neger schauen tatsächlich auf Afrika. Auf den Kontinent alter Kultur, der nunmehr fast gänzlich frei ist, auf den Kontinent, von dem Malcolm X so oft gesprochen hat, aus dem ihre Vorfahren gekommen waren, auf Sklavenschiffen und zusammengepfercht wie Sardinen. Dennoch offenbaren ihre musikalischen Geschmacksrichtungen immer noch die Einwirkungen eines langen Akkulturationsprozesses in der Neuen Welt; denn ihre Idole sind zwar fast immer Neger, aber doch unmißverständlich Amerikaner. Sie lassen sich nur dann von ihnen bezaubern, wenn sie eine einfache, stark mit Rhythmus unterlegte Musik machen, die auf den Blues und auf die Gospel-Musik gegründet ist, wie eben James Brown oder Aretha Franklin, die mitreißende »Lady Soul«. Denjenigen Musikern, die wirklich an Afrika denken und sich manchmal bei dem, was sie spielen, daran erinnern wollen, also den engagiertesten Free Jazz-Vertretern, gelingt es nicht, sich mitzuteilen. Diese Musiker finden nur in Europa Verständnis. Bei den Weißen, nicht bei den Schwarzen.

Dafür gab es eine aufsehenerregende Bestätigung gerade in jenem Sommer des Jahres 1969, als sich viele von ihnen in Paris zusammenfanden, wohin sie auf verschiedenen Wegen und aus unterschiedlichen Gründen gekommen waren. Als erste waren die Musiker des Art Ensemble of Chicago eingetroffen, die sich zwei Jahre in Paris aufhalten und 1974 erneut dorthin zurückkommen sollten. Dann war die Gruppe von Archie Shepp an der Reihe, mit Sunny Murray, Clifford Thornton, dem Posaunisten Grachan Moncur III und anderen. Sie hatten Ende Juli den Ozean überquert, weil sie nach Algier zum Panafrikanischen Festival, das den Negerkünsten gewidmet war, eingeladen worden waren. Als sie nach dieser Veranstaltung in Paris auftraten, verhehlten sie nicht ihre Begeisterung für das, was sie gesehen und gehört hatten. »Es ist eine Rückkehr nach Afrika nach fünfhundert Jahren der Trennung gewesen«, erzählte Shepp dem »Jazz Magazine«. »Ich bin den Tuaregs begegnet und habe sie als mir nahestehend empfunden. Es war eine Offenbarung, es gab keinen Unterschied zwischen ihrer und meiner Musik. Der Rhythmus ist der gleiche, er ist ›schwarz‹. Er ruft die Ebene und die Wüste ins Gedächtnis.«[6]

258

In Frankreich bildeten die amerikanischen Vertreter des Free Jazz in jenem Sommer eine kleine Menge. Sie waren von der liebevollen Begeisterung vieler Bewunderer umgeben und wurden zum Gegenstand der lebhaftesten Aufmerksamkeit seitens der Kritiker. Allein eine einzige Pariser Plattenfirma, die Byg, konnte im Verlaufe weniger Wochen mehr als zwanzig Langspielplatten mit ihnen einspielen, die allerdings zu einem guten Teil mittelmäßig sind. Ein ebenfalls sehr warmherziger Empfang wurde Ende Juli dem mit allen Ehren eingeladenen Cecil Taylor und seinem Quartett beim Festival zeitgenössischer Musik zuteil, das von der Fondation Maeght in St. Paul de Vence in der Nähe von Nizza organisiert wurde. Dem Pianisten, der alles andere als ein Prophet im eigenen Vaterland galt, spendete ein auserlesenes Publikum Beifall. Unter den Zuhörern sah man den Maler Miró, den Philosophen Marcuse sowie Stockhausen, von dessen Musik Taylor auch einige Interpretationen vorstellen wollte.

Es bestand kein Zweifel: das tägliche Brot mußten sich die Männer des Free Jazz diesseits des Atlantiks verdienen kommen, wo sich bereits zahlreiche lokale Musiker an die neue Musik heranwagten, mit teils glänzenden und teils fragwürdigen Resultaten, und wo sich mittlerweile viele amerikanische Jazzleute der letzten Generation niedergelassen hatten. Verschiedene Gründe erklären die herzliche Aufnahme, die den Jazzmusikern und speziell denen von der Avantgarde in Europa bereitet worden ist. Einige dieser Gründe treffen auf alle Jazzmusiker, die jungen wie die alten, zu und haben immer existiert. Das Fehlen rassistischer Einstellungen im Publikum, ein angestammter Respekt vor der Kunst in jeder Erscheinungsform und die Neugierde auf eine Musik, die für viele immer noch den Charme fern ersehnter, exotischer oder jedenfalls nicht vertrauter Dinge bewahrt. Andere Gründe sind ideologischer Natur und erklären die Sympathien, von denen vor allem der Free Jazz profitiert hat. Zunächst hat die größere Vertrautheit des europäischen Publikums mit den künstlerischen Ausdrucksformen der Avantgarde die Jazzleute der neuesten Prägung das nützliche Vorurteil all derer finden lassen, die zur Solidarität mit dem bereit sind, der Absichten zur Entwürdigung der Werte und Formen traditioneller Kunst bekundet. Andererseits hat sich das besondere Klima politischer Spannungen zu ihren Gunsten ausgewirkt, das in den letzten Jahren in bestimmten europäischen Ländern entstanden ist, wo der Free Jazz sogleich als Symbol der Auflehnung gegen das Establishment (gegen jedwede Form von Establishment) verstanden und als solches mit viel Beifall bedacht worden ist. Der Sturmwind der Rebellion, der ausgehend von Berkeley durch die Vereinigten Staaten gebraust war und eine neue, andere Jugend gezeigt hatte, war nämlich auch in Europa angelangt und hatte hier ähnliche Wirkungen hervorgerufen. Die Studenten, die sich in Nanterre, an der Sorbonne und in vielen anderen Universitäten erhoben hatten und in Frankreich und anderen Ländern zum Zündstoff für die Explosion sozialer Spannungen großen Ausmaßes wurden, unterschieden sich nicht allzusehr von ihren amerikanischen Kollegen und verfolgten ungefähr die gleichen Ziele. Auch sie fühlten sich weit entfernt von der Generation ihrer Väter und waren zum Kampf gegen die vorherrschende Kultur angetreten, gegen die Werte, auf die sich das verhaßte System gründet.

Wie ihre Altersgenossen in den Vereinigten Staaten und aus eben den gleichen Gründen hatten die europäischen Jugendlichen im Rock die Musik ihrer Wahl gesehen. Viele von ihnen stellten den Free Jazz in Anbetracht seiner umstürzlerischen Bedeutungen an die Seite des Rock, etwas, was in Amerika nicht geschehen war. Dort wird die grundlegende Andersartigkeit der Kultur des Neger-Gettos – Hintergrund und natürliche Heimat des Free Jazz – gegenüber der »Underground«-Kultur, in der sich der Rock als typische musikalische Ausdrucksform festgesetzt hatte, deutlicher empfunden, auch in unbewußter Weise.

Auch die europäischen Jazzmusiker, die immer in der Nähe oder inmitten der Welt der jungen Menschen gelebt haben, bekamen die Folgen der sie umgebenden veränderten Atmosphäre unverzüglich zu spüren.

Sie wurden fast gleichzeitig von den Erneuerungsbedürfnissen überfallen, die sowohl im Free Jazz als auch im Rock Ausdruck fanden, und vor die Notwendigkeit gestellt, sich zuerst mit der einen und dann mit der anderen Musik auseinanderzusetzen. Folglich auch mit einem neuen Publikum, welches zuerst die Aktivitäten der »Rockers« mit Leidenschaft verfolgt hatte und dann anfing, sich für ihre Tätigkeit zu interessieren, wobei es mit seiner Einstellung und Verhaltensweise auf die Qualität ihrer Musik und ihren Lebensstil Einfluß nahm.

Die Vermischung zwischen Rock und Free Jazz, von der es nicht wenige Beispiele europäischer Musiker gegeben hat (sie sind dagegen im amerikanischen Jazz sehr selten, und der Fall des späteren Albert Ayler ist wirklich anomal), ist die unmittelbare Konsequenz des im europäischen Rahmen bestehenden engen Zusammenlebens von Avantgarde-Jazz und Rock. Der letztere hat in seinen progressiven Formen schließlich jede noch so ferne Erinnerung an seine Ursprünge, die im Rhythm and Blues zu suchen sind, verloren.

Bis zu welchem Grad dann das europäische Milieu auf die Musik der amerikanischen Free Jazz-Vertreter, die sich lange auf dieser Seite des Atlantiks aufgehalten haben, Einfluß genommen hat, ist schwer zu bestimmen. Tatsache ist, daß sich viele von ihnen, wenn auch nur zeitweilig, dem angetroffenen Klima angepaßt und vor allen Dingen die applausfördernden politischen Bezüge in ihrer Musik, auch in künstlicher Weise, akzentuiert haben. Dabei stürzten sie sich manchmal auf Experimente, die besser zu den Besuchern der Darmstädter Sommer-Seminare als zu Afro-Amerikanern paßten.

Natürlich sind es aber vor allem die Europäer gewesen, die in den Free Jazz Konzeptionen, Techniken und Bedeutungen getragen haben, die im Rahmen der Avantgarde nach Weber gereift sind. Man könnte an die Namen von vielen, besonders deutschen und französischen Musikern erinnern, die sich dabei hervorgetan haben. Unter ihnen ragen der Deutsche Wolfgang Dauner und der Franzose Michel Portal, ein ehemaliger Mitarbeiter Stockhausens,[7] hervor.

Soviele Vermischungen oder, wenn man so will, Verwirrungen dürfen nicht verwundern. Seit Ende der sechziger Jahre ist Europa nicht nur der Aufenthaltsort einiger weniger amerikanischer Solisten im Exil; es ist nicht mehr bloß ein Markt, der für viele Jazzleute reichhaltiger als der US-amerikanische ist. Es ist ein Platz, wo von brüderlich vereinten amerikanischen und europäischen Musikern viel Jazz gemacht wird und wo sich das Publikum bemerkbar macht, indem es die einen und die anderen in gewisse Richtungen drängt, die manches Mal von den Richtungen abweichen, die die Musiker in den Vereinigten Staaten verfolgen.

Jetzt zeigt sich die Welt des Jazz nicht mehr, wie es so lange der Fall war, in zwei Hälften geteilt, das Mutterland USA und eine europäische Kolonie, in der sich höchstens eine provinzielle Kunst entwickeln kann. Jetzt ist es ein Weltall, das aus vielen ineinander übergehenden kleinen Welten besteht, die den unterschiedlichsten äußeren Einflüssen offenstehen und in denen alles zu finden ist.

Es haben sich wahrlich viele Dinge seit den Zeiten gewandelt, in denen sich in den Pariser Kellern die Jazzfans zusammendrängten, um die verschiedenen New Orleans-Jazzbands zu hören, die sich nach dem zweiten Weltkrieg gebildet hatten; als sie sich nicht nur mit dem heimischen Jazz begnügen mußten, der aus der ungewöhnlichen Trompete des talentierten Schriftstellers Boris Vian kam, der noch von niemandem entdeckt worden war, oder mit der Musik eines anderen eifrigen Amateurs, wie er es war. In jenen und den darauffolgenden zwanzig Jahren hatten die europäischen Musiker, die sich für die schwierige Laufbahn eines Jazzmusikers entschieden hatten, nichts anderes tun können, als die Stile, die nach und nach von den großen amerikanischen Solisten vorgelegt wurden, in der bestmöglichen Weise, häufig sehr wirkungsvoll, aber mit Resultaten von zweifelhaftem ästhetischen Wert nachzuahmen. Sie alle waren bereit, die Technik, Spielweise und Philosophie ohne jegliches Bedauern zu ändern, wenn die neuen Sterne in den Vereinigten Staaten Neues aufbrachten. Die Gründe dafür kann man verstehen: Das kulturelle Hinterland der amerikanischen Jazzmusiker hatte am Anfang mit dem ihrigen praktisch nichts gemein, und wer als in Europa geborener und aufgewachsener Musiker angestammten Jazz hätte zustandebringen wollen, hätte sich schon allein deshalb in einer ichbezogenen Dimension außerhalb der Geschichte befunden, jedenfalls außerhalb des kulturellen Raumes der amerikanischen Jazzmusiker.

Vielleicht wäre er gewillt gewesen, sich zu fragen, was denn seine Musik überhaupt wäre und ob der Jazz am Ende nur eine Art zu spielen wäre, eine Art, die Noten vorzutragen, zu phrasieren, den Rhythmus zu empfinden und so weiter.

Abgesehen vom Fall des französischen Zigeunermusikers Django Reinhardt fand derjenige, der die Verpflichtung empfand, sich so weit als möglich der genannten kulturellen Abhängigkeit zu entziehen, viele Jahre lang keine bessere Lösung, als das thematische Material für seine Ausarbeitungen und Improvisationen dem Erbgut der jeweiligen lokalen Volkskunst zu entnehmen (eine Praxis, in der sich besonders die Musiker Osteuropas hervorgetan haben) oder sich wenigstens teilweise an den eigenen gebildeten Traditionen auszurichten; das taten unter anderem Martial Solal und Friedrich Gulda, dessen klare und strenge, sehr elegante Pianistik eben die solide klassische Ausbildung verrät. Allmählich änderte sich die Lage jedoch. Die Verstärkung des Kulturaustausches mit den Vereinigten Staaten und insbesondere die Arbeits- und Lebensgewohnheiten vieler europäischer Jazzmusiker mit zahlreichen, in ihren Ländern ansässigen amerikanischen Kollegen haben es nicht nur den besten von ihnen ermöglicht, sich das Jazz-Idiom bis zur Vollkommenheit anzueignen, sondern auch zur Konsolidierung einer gemeinsamen kulturellen Plattform der Musiker Europas und Amerikas geführt, die nicht mit der Musik und in der Musik anfängt und aufhört, sondern ebenfalls die Weltanschauung, Geisteshaltung und Verhaltensweise derjenigen betrifft, die die Musik machen.

Sehr umfangreich würde eine Liste der großen und kleinen, dauerhaften und kurzlebigen Gruppen, in denen die neue internationale Jazz-Verbrüderung erprobt und gefestigt wurde und die oftmals bei unzähligen, alljährlich in Europa veranstalteten Jazz-Festivals oder in den Jazz-Clubs der größten Städte zu hören waren (wie im Ronnie Scott's in Londons Soho, dessen Adresse im Notizbuch von vielen hundert Jazzleuten steht). Wenigstens drei Ensembles verdienen auf jeden Fall genannt zu werden, sowohl wegen ihrer Meisterschaft als auch deshalb, weil sie kennzeichnende Beispiele dieser Verbrüderung darstellen. Es sind: das Quartett, das aus dem amerikanischen Altsaxophonisten Phil Woods und seiner »European Rhythm Machine« besteht, deren Stützen der Schlagzeuger Daniel Humair und der Pianist George Gruntz, beide Schweizer, waren; das von dem außergewöhnlichen englischen Saxophonisten John Surman mit den Amerikanern Barre Phillips und Stu Martin gebildete »Trio«; schließlich vor allen Dingen die Clarke-Boland Big Band, die in Deutschland um Kenny Clarke und den belgischen Arrangeur Francy Boland geformt wurde und innerhalb von zwölf Jahren in ihren Reihen einige der berühmtesten in der Alten Welt lebenden amerikanischen Jazzmusiker und Solisten aus einem halben Dutzend europäischer Staaten einander ablösen sah.

Seit Ende der sechziger Jahre ist der neue europäische Jazzmusiker eine unbestreitbare Realität. Es ist ein Musiker, der sich nicht darauf beschränkt, nach Art der Amerikaner zu spielen, nachdem er rückwirkend ihre Ideen und stilistischen Entwürfe gesammelt hat, sondern oft gemeinsam mit ihnen Musik macht und keine Angst mehr vor dem Erfinden hat. Jetzt kann er sich seine Inspirationen von überall herholen, und er wird dazu sogar von denjenigen ermutigt, die nach der großen Vermischung, die die »Free«-Leute vorgenommen haben, nicht mehr wissen, was nun eigentlich Jazz ist oder nicht ist, die die Nützlichkeit jeder Unterteilung in »Gattungen« in Abrede stellen und Schulen ablehnen, wobei sie sich vollkommen in Übereinstimmung mit der gegenwärtigen Zeit befinden. (Ist es nicht vielleicht die Stunde der »Zwischenstufe« in der Kunst, wenn man beispielsweise Bildhauerei und Malerei oft nicht voneinander unterscheiden kann?)

Dasselbe ist, vielleicht in geringerem Maße, bei den amerikanischen Jazzmusikern der Fall. Sie lassen sich von Abenteuern jeder Art verleiten und unterliegen verschiedenen und gegensätzlichen Einflüssen. Unter diesen scheinen zwei vorzuherrschen, der Rock-Einfluß, der sich wie dargelegt um das Jahr 1967 abzuzeichnen begann und übermäßig zugenommen hat, nachdem sich Miles Davis zwei Jahre später zum Anführer des Jazz-Rock machte, sowie der Einfluß der nicht-nordamerikanischen Volksmusikarten, speziell der indischen, vorderorientalischen, afrikanischen und südamerikanischen.

Es ist nicht schwer, die Gründe zu verstehen, weswegen viele, meistens weiße Jazzmusiker angefangen haben, typische Stilelemente, Klänge, technische Hilfsmittel und Verfahrensweisen des Rock zu verwerten. Man mußte um jeden Preis die Aufmerksamkeit des jungen Publikums zurückgewinnen, das inzwischen ja von dieser Musik wie von einem Magnet angezogen wurde, und überdies gab es niemanden unter den Jazzleuten, der in der Lage gewesen wäre, unter Anlehnung an die afro-amerikanische Tradition neue Ausdrucksformen zu erfinden. Durch den frühzeitigen Tod von John Coltrane fehlte der von allen geachtete Meister, der große Solist, der den einzuschlagenden Weg weist. Auch konnte man keine neuen Dinge von den Vertretern des Free Jazz erwarten, die die Begeisterung, Erfindungskraft und Kampflust der frühen Jahre verloren zu haben schienen. Dies nicht nur wegen der Niedergeschlagenheit, welche auf die äußerst geringe Unterstützung zurückzuführen war, die ihnen – in Amerika – vom Publikum, von den Kritikern, von den Impresarios, von den Schallplattenproduzenten und von ihren Kollegen zuteil geworden war, sondern auch vielleicht wegen des Klimawechsels, der an der Front des Rassenkonfliktes zu verzeichnen war und den sie wahrgenommen und unbewußt in ihrer Musik widergespiegelt hatten. An dieser Front war nach den Aufständen der Jahre 1967 und 1968 eine relative Ruhe eingetreten, sei es wegen eines natürlichen Rückgangs der Wut aufgrund der errungenen Resulta-

te, sei es wegen der schweren Repressionsakte, die der Staat gegen die heftig-
sten Anführer der Rebellion einleitete. (Newton und Seale wurden ins Gefängnis gesteckt; Eldridge Cleaver, der an ihrer Seite in der Black Panther Party
gewesen war, und Stokely Carmichael mußten ins Exil nach Afrika; Angela
Davis, Freundin der Soledad-Brüder, wurde unter der Beschuldigung schwerer
Vergehen verhaftet. Diese Liste ließe sich fortsetzen.)
Wenn das Laufen einiger Jazzmusiker in Richtung Rock dem Wunsch zu
entspringen scheint, dem Geschmack der Massen entgegenzukommen, so wirken diejenigen Gründe feiner und komplexer, die viele andere veranlaßt haben,
Streifzüge jenseites der ethnischen Grenzen des Jazz zu unternehmen und
infolgedessen eine große Zahl exotischer Instrumente einzusetzen. Da gibt es
solche aus dem Orient, aus Afrika und aus Brasilien, und es gilt die Devise: Je
mehr, desto besser! Abgesehen von den Experimenten, die die Europäer auf
der Suche nach einer eigenen Identität durchgeführt haben, indem sie sich auf
die örtlichen volkstümlichen Musikarten stützten, und abgesehen von der
systematischen Aneignung der lateinamerikanischen Rhythmen sowie von
einigen gelegentlichen Präzedenzfällen (zum Beispiel die »Sketches of Spain«
von Miles Davis und Gil Evans, aufgenommen 1959) läßt sich sagen, daß das
Startsignal zur Entdeckungsfahrt der exotischen Musikformen von John Coltrane gegeben worden ist. Um 1960 begann er sich für die indische Musik zu
interessieren. Er war fasziniert von der in ihr enthaltenen Geistigkeit und von
ihrer Modalität, das heißt von der Möglichkeit, die Improvisation auf besondere Tonleitern anstatt auf Abfolgen vorgegebener Akkorde zu stützen.
Das Beispiel Coltranes hätte vielleicht ausgereicht, um viele dazu zu bringen,
seinen Spuren zu folgen, aber es gab noch Weiteres. Es bestand die von den
Avantgarde-Leuten stark empfundene Notwendigkeit, thematisches Material
zu verwenden, das radikal anders als das im Jazz bis zur »Free«-Revolution
benutzte war. Es gab die von vielen schwarzen und politisch bewußteren
Jazzmusikern gespürte Anziehungskraft der afrikanischen Kultur[8] und also
auch ihrer Musikarten. (Art Blakey, Max Roach, Archie Shepp, Pharoah
Sanders und Don Cherry gehörten zu denen, die sich dafür am meisten
interessiert haben, um natürlich nicht von den Afrikanern, wie dem Pianisten
und Komponisten Dollar Brand, zu reden.) Viele afro-amerikanische Musiker
hatten außerdem den Wunsch, sich geistig von den Vereinigten Staaten loszusagen. Und es gab schließlich den Anklang, den der Hindu-Mystizismus bei
den »Hippies« gefunden hatte. Jemanden, der den Platz kennt, den orientalische Meditation und Arten von Volksmusik in der »Underground«-Kultur
einnehmen, und der weiß, wie nahe dem Herzen ihrer Vertreter die Enterbten
der Dritten Welt stehen, kann es nicht verwundern, daß die indischen Musikformen bald auch in der Welt des Pop ihren Einfluß geltend machten. Die
ersten, die darauf zurückgriffen, waren die Beatles gewesen, und ihr Beispiel,

wie das von Coltrane auf der Seite der Jazzmusiker, konnte nicht unbefolgt bleiben. Und so wurde der Weg des Pop eine weitere Straße, auf der die exotischen Volksmusikarten die vielseitigen Nachwuchsmusiker erreicht haben.

Ein Inventar dessen, was während der Abfassung dieses Buches in der Welt des Jazz und in der Nähe seiner inzwischen verschwommenen und umstrittenen Grenzen vor sich geht, ermöglicht es nicht, wie eingangs angedeutet, eine Grundtendenz, die eindeutig über die anderen Tendenzen dominiert, eine klare Entwicklungslinie, die vom Großteil der neuesten Jazzmusiker verfolgt wird, zu erkennen. In Wirklichkeit existiert eine Vielfalt von Strömungen, wie sie noch niemals in der Geschichte des Jazz zu sehen war.

Schauen wir uns das einmal näher an, unter Berücksichtigung dessen, was auf den vorangegangenen Seiten gesagt wurde.

Der Jazz-Rock beherrscht den Markt und findet um so mehr Anklang, je mehr Rock-Anleihen bei der Dosierung der Zutaten überwiegen. Anfangs wurden eigentlich äußerst zufriedenstellende Resultate erzielt. Gary Burton und Don Ellis, um mit diesen beiden anzufangen, hatten eine besonders glückliche Hand bei der Verwendung von Hilfsmitteln aus der Elektronik bewiesen und ihrer komplexen und raffinierten Musik einen eindrucksvollen Glanz, eine großartige Dimension und neue Farbgebungen verliehen. Miles Davis hatte sogar weite Horizonte erblicken lassen, als er sich im Jahre 1969 für die Sache der Elektronik einsetzte und unter anderem gleich eine faszinierende und originelle Platte wie »Bitches Brew« aufnahm. Aber auf die großen Hoffnungen, die diese ersten brillanten Erfolge erweckten, folgte bald bitterste Enttäuschung, nicht so sehr und nicht ausschließlich wegen des deutlichen musikalischen Verfalls von Miles Davis, als wegen der Wirkungen, die sein Publikumserfolg auf eine große Anzahl tüchtiger Musiker hatte, vor allem auf einige von ihnen, die in den letzten Jahren mit ihm zusammengearbeitet hatten. Diese Musiker sind seinem Beispiel und seinem Schicksal gefolgt, das zwar in wirtschaftlicher Hinsicht glänzend, aber vom künstlerischen Standpunkt aus kläglich ist. Es ist in der Tat nicht leicht, die letzte und erfolgreichste Produktion von Joe Zawinul und dem Saxophonisten Wayne Shorter, die sich in der Gruppe Weather Report trafen, nachdem sie eine maßgebliche Rolle bei der stilistischen Wiedergeburt von Miles Davis gespielt hatten, aus ästhetischer Sicht gutzuheißen. Das gleiche gilt von Tony Williams, dem ehemaligen Davis-Schlagzeuger, der sich in dem Trio Lifetime dem Jazz-Rock zugewandt hat, und von dem englischen Gitarristen John Mc Laughlin, der von Williams und Davis in den Vereinigten Staaten herausgestellt wurde und mit seinem Mahavishnu Orchestra 1973 alle schwarzen und weißen Jazzmusiker an Beliebtheit übertraf, als er bei der Umfrage von »Down Beat« fünf erste Plätze belegte. Ebenso gilt es von dem Italo-Amerikaner Armando »Chick« Corea, der von

einer delikaten Pianistik brüsk zum intellektualistischsten und verschroben-
sten Free Jazz und von dort zum leichten Jazz-Rock seiner Gruppe Return to
Forever überwechselte, sowie von Herbie Hancock, einem ausgezeichneten
Jazzpianisten, der in kurzer Zeit durch einen ungeheuren Glücksfall zum
Massenverteiler von grobkörnigem elektronischen Rock wurde.[9]
Ist das alles Jazz, was sie zum gegenwärtigen Zeitpunkt machen, diese ehemali-
gen Mitarbeiter von Miles Davis und Davis selber? Wenn Jazz das ist, was
mehr als nur einen vagen Zusammenhang mit der afro-amerikanischen Musik
hat, so wie man sie bis zum Ende der sechziger Jahre kennengelernt hat, muß
die Antwort in vielen Fällen negativ sein.
Das Gros der schwarzen amerikanischen Musiker ist jedoch den Spuren von
Davis nicht gefolgt. Es hat sich dagegen in der Nähe der von Parker, Clifford
Brown und Coltrane aufgezeigten Hauptstraße gehalten und die Aussage der
»Hardboppers« weitergeführt, deren musikalische Sprache unter dem Einfluß
des Avantgarde-Jazz, von dem die weniger radikalen Erneuerungsvorschläge
übernommen wurden, und des Rock bereichert und auf den neuesten Stand
gebracht worden ist. Am Rock hat man sich nur mit Vorsicht ausgerichtet, um
den Sound durch Aufnahme einiger elektrischer Instrumente (Klavier und
Baß, in den meisten Fällen) und weitgehendere Verstärkung der Blasinstrumente umzuarbeiten, abgesehen vom verbreiteten Einsatz von Perkussionsinstrumenten exotischer Herkunft, die jetzt überall zu finden sind. Die Hauptfiguren des neuen Hardbop sind immer noch diejenigen, die die Jazzszene um
das Jahr 1955 und ein wenig später belebten: Art Blakey, Max Roach, Horace
Silver, Sonny Rollins und Charlie Mingus (die beiden letztgenannten lassen
sich eigentlich nur schlecht in diese oder jene Schule einordnen). Sie werden
von denen unterstützt, die etwas später zu den Reihen der »Hardboppers«
stießen, zum Beispiel Elvin Jones, Mc Coy Tyner und Freddie Hubbard, um
nur die berühmtesten und begabtesten zu nennen. Jeder von ihnen hat Gruppen bester Qualität geleitet. In diesem neuen typischen afro-amerikanischen
»Mainstream«, der in den Jazzlokalen New Yorks den Ton angibt, erfreuen
sich einige mehr oder weniger junge schwarze Solisten immer höherer Wertschätzung. Sie scheinen die Fortdauer der Jazztradition, die an den Bop und
also auch an den Blues anschließt, garantieren zu wollen. Der Tenorsaxophonist Billy Harper und die Trompeter Marvin Peterson, Woody Shaw, Charles
Tolliver und Jon Faddis sind einige der erwähnenswerten Namen.
Aber der gegenwärtige »Mainstream-Jazz« erschöpft sich sicherlich nicht im
neuen schwarzen Hardbop. Die Musiker, die in einem an keine besonderen
Schulen gebundenen modernen Stil spielen, der dennoch in verschiedenem
Maße und auf unterschiedliche Weise vom Bop beeinflußt ist, sind zahllos, und
ihre Liste wäre infolgedessen überlang und ermüdend. Hier soll die Feststel-
lung genügen, daß neben dem genannten negroiden »Mainstream-Jazz« auch

266

ein weißer (oder überwiegend weißer) »Mainstream« erkannt werden kann. In diesem hat die Avantgarde der sechziger Jahre keine nennenswerten Spuren hinterlassen, und formale Perfektion, Präzision der Ausführung, Wohlklang der Töne und Melodieführung überwiegen gegenüber den Werten des Ausdrucks. Als diesbezügliche Beispiele können die großen Orchester angeführt werden, die in den letzten Jahren von Veteranen wie Stan Kenton, Woody Herman und Buddy Rich geleitet werden, sowie die gemischte Bigband von Thad Jones und Mel Lewis. Diesen Orchestern kann man viele Eintagsformationen gegenüberstellen, die neuerdings in New York oder Los Angeles oft unter der Führung von brillanten Musikern wie Gil Evans, Gerald Wilson, Oliver Nelson usw. zusammengestellt worden sind.

Von den Schwierigkeiten, denen die Vertreter der Avantgarde der sechziger Jahre in der Heimat begegnet sind, war schon wiederholt die Rede. An dieser Stelle muß bemerkt werden, daß sie die Waffen nicht gestreckt haben, auch wenn fast alle, angefangen mit Archie Shepp, vorsichtiger als seinerzeit wirken. Die bezeichnendste Tatsache, die hinsichtlich ihrer jüngsten Aktivität hervorgehoben werden muß, ist der Umstand, daß sie mit ihren Initiativen einer Sebstverwaltung (und in einigen Fällen einer Gegeninformation), deren erstes Beispiel die Jazz Composers' Guild gebildet hatte, ein besseres Los gefunden haben. Das Studio Rivbea, von dem langjährigen, glänzenden Mitarbeiter Cecil Taylors und Saxophonisten Sam Rivers ins Leben gerufen, das Studio We, bei dem die NYMO (New York Musicians' Organisation) ansässig ist, und schließlich die JCOA (Jazz Composer's Orchestra Association) unter der Leitung von Mike Mantler verwirklichten und verwirklichen noch immer erfolgreich ihre Programme. Sie bieten den progressivsten Musikern die Möglichkeit, sich auszudrücken und sich Gehör zu verschaffen, was ihnen von den Managern des »Music Business« verwehrt wird. Die Selbstverwaltung hat, wenn auch nur in beschränktem Maß, ebenfalls eine Schallplattendokumentation der Tätigkeit dieser Musiker möglich gemacht, von denen sich viele gezwungen gesehen haben, ihre Platten selber zu produzieren. Neue große Meister des Free Jazz sind allerdings nach denen, die sich um 1960 durchgesetzt haben, nicht am Horizont erschienen. Ornette Coleman und Cecil Taylor sind immer noch die schöpferischsten, und ihre Musik scheint vielen das letzte Thule zu sein, die Stadt am Ende der Welt, die Schwelle, über die man das Gebiet von Lärm, Wunschdenken und Wahnsinn betritt. Nach dem frühzeitigen Tod von Albert Ayler (seine Leiche wurde 1970 aus dem Wasser des East River gefischt) sind heute die lebendigsten und geschätztesten unter den anderen Free Jazz-Musikern anscheinend Pharoah Sanders und Don Cherry. Dieser letztere hat sich jetzt in Skandinavien niedergelassen und widmet sich einer »totalen« Musik, die vollgepackt mit exotischen Zutaten ist und in der nur gelegentlich Free Jazz zutage tritt.

Ihren Traditionen getreuer geblieben sind offensichtlich die Musiker des Blues und der »Soul«-Musik, in all ihren Varianten, die den weiten Bereich von der Gospel-Musik bis hin zum mehr oder weniger verfälschten Rhythm and Blues umfassen.[10]

Man kann aber nicht sagen, daß der Blues, der heutzutage bei den jungen Menschen so beliebt ist – nachdem sie durch das Hören der Rock-Gruppen auf ihn gestoßen sind – Künstler zählt, die den großen Bluesinterpreten der Vergangenheit vergleichbar wären. Sicher hat der Blues in der Negergemeinschaft die Bedeutsamkeit und Funktion verloren, die er ursprünglich hatte. Wenn man von den immer noch rührigen Sängern des ländlichen Blues absieht, die einen Teil des echten musikalischen Volksgutes der schwarzen Amerikaner darstellen (wie Robert Pete Williams und Sonny Terry, um nur zwei typische Persönlichkeiten zu nennen), sind die populären Bluessänger der siebziger Jahre in der Hauptsache Leute des Showgeschäftes, die ihr Publikum amüsieren wollen und sich an stereotype Muster halten.

Viel verschiedenartiger und bevölkert wie nie zuvor ist die Szene der »Soul«-Musik. Auch sie ist eine Unterhaltungsmusik (natürlich mit Ausnahme dessen, was in den Kirchen gespielt wird), manchmal rauh, fast immer heiter, häufig technisch einwandfrei und in ihren verschiedenen Formen vor allem für das Negerpublikum aller sozialen Klassen bestimmt. Eine Musik, die jedenfalls besser als der recht ausgelassene Rhythm and Blues der Anfangszeit um 1950 ist. Heute geht man auf dem Gebiet der »Soul«-Musik nicht umsonst auf die Suche nach Talenten. Es soll genügen, neben der schon zitierten Aretha Franklin den verstorbenen Otis Redding, ferner Isaac Hayes, Marvin Gaye, Stevie Wonder und Gladys Knight zu erwähnen, alles Vertreter der typischsten afro-amerikanischen Musik, die für einen anspruchslosen Konsum gedacht ist. In den Begleitorchestern dieser Sänger – die kein Weißer jemals nachahmen können wird – kann man dann fast immer irgendeinen fähigen Jazzsolisten finden, der sein Einkommen aufbessern will, oder einen vielversprechenden Musiker, der seine ersten Erfahrungen sammelt.

Beim Hören der Leute, die auf der »Soul«-Szene tätig sind, wo auch immer noch zahlreiche Pioniere aus den fünfziger Jahren (wie Ray Charles, Chuck Berry und Bo Diddley) wirken, darf man sich fragen, wer dem Jazz näher ist: sie – die im allgemeinen nicht als Jazzmusiker angesehen werden – oder aber viele andere angebliche Jazzmusiker, die in Amerika und in Europa ihre Launen in den waghalsigsten Experimenten austoben, indem sie von der Freiheit profitieren, die die Erfinder der »free music« für alle gewonnen haben. Unter den Experimentatoren und vielseitigen Musikern bilden die Weißen heute, in der zweiten Hälfte der siebziger Jahre, die Mehrheit, und nicht wenige von ihnen sind nicht einmal Nordamerikaner. Es ist kein Zufall, daß zwei der bemerkenswertesten, in jüngster Zeit zur Geltung gekommenen

Persönlichkeiten, der argentinische Tenorsaxophonist Gato Barbieri und der Pianist Keith Jarrett (der sehr naher europäischer Abstammung ist) nicht nur Weiße sind, sondern trotz ihrer Lehrzeit unter den Negern New Yorks aus Musikarten geschöpft haben, die anderen Kulturbereichen angehören. Barbieri hat nämlich an die musikalische Folklore Lateinamerikas angeknüpft (aber auch an Coltrane und Pharoah Sanders und neuerdings ein wenig an Rock), und Jarrett an bestimmte spätromantische Musik aus Europa, die er geschickt mit Gospel-Musik und progressivstem Jazz (sowie aus Pop-Rhythmen) zu einem organischen Ganzen verschmolzen hat.

Ist die Kreuzung des afro-amerikanischen Jazz mit den Musikformen unterschiedlicher Kulturen – vor allen Dingen und in besonderer Weise mit dem Rock – dazu bestimmt, eine »dritte Gattung« zum Leben zu erwecken, die nach und nach die Stelle der Musik einnehmen wird, deren Geschichte wir bis hierhin erzählt haben, oder bildet sie im Gegenteil nur eine vorübergehende Episode, die im wesentlichen von geschäftlichen Erwägungen bestimmt wird? Beide Theorien haben Verfechter gefunden und können durch starke Argumente gestützt werden.

In einem vor nicht allzulanger Zeit erschienenen Artikel[11] hat Leonard Feather, ein sehr aufmerksamer Jazzchronist, diese Frage einigen bekannten Fachleuten – Musikern, Kritikern und Impresarios – vorgelegt und darauf widersprechende Antworten erhalten. Die meisten haben sich jedenfalls zuversichtlich hinsichtlich eines Überlebens des Jazz als getrennte Größe geäußert: »Nicht nur eine dauernde Verschmelzung ist nicht unvermeidlich«, hat mit besonderer Überzeugung der Impresario George Wein erklärt, »sondern auch jedes Gemisch, das es (zwischen dem Jazz und dem Rock) gegeben haben mag, wird bald vollständig verschwinden. Der Rock ist zu beschränkt für die Kunst eines wirklichen Jazzmusikers.« Sicher ist, daß der »wirkliche Jazzmusiker« heutzutage von allen Seiten belagert wird und wie nie zuvor tausend Versuchungen durch die Vertreter der Musikindustrie ausgesetzt ist. Sie liefern ihm außer der Aussicht auf reichliche Einnahmen auch ideologische Alibis, damit er ihnen sein Talent zur Verfügung stellt. Denn man kann die Kunstmusik (das heißt in unserem Fall: den Jazz) zugunsten der Konsummusik, die nach sicher wirkenden Rezepten (also: Rock-Rezepten) serienmäßig hergestellt wird, zwar bloß deshalb aufgeben, um schnell reich zu werden, aber es kann einem auch geglaubt und Beifall gezollt werden, wenn man dabei erklärt, man habe so ein breiteres Publikum suchen wollen und deshalb den Elfenbeinturm der »reinen Kunst« in einer Zeit verlassen, in der sich die Künstler unter die Leute von der Straße mischen und eine einfache, für alle verständliche Sprache sprechen müssen.[12]

Immerhin, die »wirklichen Jazzmusiker«, die den Versuchungen widerstreben, die lächelnd den Kopf schütteln, wenn jemand sie nach einem Urteil über die

Aktivitäten der triumphierenden Massenverteiler von Jazz-Rock fragt, sind noch sehr zahlreich, auch unter den jungen Musikern. Es sind die Jazzleute, die den neuen Hardbop machen, von dem wir gesprochen haben, und die Avantgarde-Musiker, die das Feld nicht geräumt haben und sich nicht zu Abenteuern auf fremden Gebieten verlocken ließen. Sie sind es, die die beste Ausdrucksform der Kultur des Neger-Gettos darstellen, jener Kultur, die der Musik dieses Jahrhunderts eine beträchtliche Anzahl hochtalentierter Künstler gegeben hat und die es verstanden hat, der systematischen Ausbeutung, der Erniedrigung zur Handelsware und der vulgären Entstellung der Geistesprodukte ihrer besten Männer zu widerstehen.

Diese Kultur wird überdauern, darauf kann man jede Wette eingehen. Jedenfalls, solange die Afro-Amerikaner noch eine Gemeinschaft bilden.

Teil 2
Die Persönlichkeiten

Jelly Roll Morton

Alan Lomax, der Mortons Erinnerungen aus dessen eigenem Munde in einer berühmten Aufnahmenserie für die Kongreß-Bibliothek[1] festhielt, nannte ihn einen »kreolischen Cellini«. In einer weniger poetischen Weise haben ihn viele seiner Kollegen als einen unerträglichen Aufschneider, als einen von sich eingenommenen Schwätzer und Lügner geschildert. Ellington war so grausam, ihm nur »das Talent, über Jelly Roll Morton zu reden« zuzuerkennen. Die Geschichtsschreiber des Jazz waren so verwirrt von seinen Übertreibungen und unverfrorenen Lügen, daß sie schließlich allem mißtrauten, was er von sich und seiner Laufbahn sagte. Einer von ihnen, Samuel Charters, hat seine Biographie sogar aus seiner ansonsten recht umfassenden Enzyklopädie der Musiker in New Orleans ausgeschlossen, weil er der Ansicht war, daß »es nicht bewiesen sei, daß er jemals beruflich in der Stadt gespielt hat, weil er sie dem Anschein nach verließ, als er noch zu jung war«.[2]

Soviel verständliches Mißtrauen gegenüber einem Manne, der unter anderem wiederholt erklärt hat, daß er »im Jahre 1902 den Jazz erfand«, hat am Ende dem Ansehen Jelly Roll Mortons schweren Schaden zugefügt. Er war sicherlich nicht »der Erfinder von Jazz-Stomp-Swing« und auch nicht »der Welt größter Komponist von heißer Musik«, wie auf seinen Visitenkarten zu lesen war, aber er war mit Gewißheit einer der begabtesten Musiker der frühen Jazzgeschichte und darüber hinaus eine ihrer ausdrucksvollsten Persönlichkeiten.

Er war ein farbiger Kreole, sehr stolz auf seine ferne französische Abstammung, ein Snob und auch ein wenig rassistisch, wie fast alle Kreolen aus Louisiana waren. Die Neger dunkler Hautfarbe waren für sie »Nigger«, ungehobelte, verabscheuungswürdige Leute. Er war um 1885 in New Orleans geboren; weder er noch seine beiden Schwestern wußten genau, wann. Seiner Frau sagte er, daß er 1886 geboren wurde; auf einer Versicherungs-Police gab er 1888 als Geburtsjahr an, welches aber 1885 in den Dokumenten der Kongreß-Bibliothek in Washington und 1890 auf seinem Grabstein in Los Angeles lautet. Sein Geburtstag, der 20. September, ist dagegen nicht strittig.

Auch über seine Herkunft bestehen viele Zweifel. War sein Vater wirklich Ed La Menthe, wie er versicherte? Dieser lebte zum Zeitpunkt der Geburt des späteren Jelly Roll mit seiner Mutter zusammen; ob er im rechtlichen Sinne ihr Mann war, konnten nichtmals die Stiefschwestern des Musikers mit Sicherheit sagen. Sie wußten nur, daß La Menthe ein Betrüger war und daß er von ihrer

Mutter aus dem Hause gejagt worden war. Diese tat sich dann mit einem gewissen William Morton zusammen, der in den Hotels von New Orleans Koffer die Treppen rauf und runter schleppte und vielleicht der wirkliche Vater von Jelly Roll war, welcher es allerdings vorzog, ihn nicht zu erwähnen, als er seine Biographie für die Kongreß-Bibliothek erzählte. Er sagte Lomax, daß er den Familiennamen Morton als Pseudonym annahm, weil er nicht unter einem französischen Namen bekannt werden wollte. Sein rechtlicher Name war jedenfalls fast mit Sicherheit Ferdinand La Menthe.[3]

Er wurde gleich aus dem Hause geschickt. Seine frühe Kindheit verlebte er bei einer »Patentante«, Eulalie Echo. Sie war eine Art gutmütige Zauberin und sehr vertraut mit den Voodoo-Zaubereien. In ihrem Hause wunderte sich niemand, wenn aus bis zum Rand gefüllten Wassergläsern Stimmen drangen. Damals nahmen Musikstudien des Jungen einen Großteil seiner Zeit ein. Er lernte und spielte mit großem Eifer Gitarre, Posaune und vor allem Klavier. Nach seinen Angaben war er siebzehn Jahre alt, als er Storyville, das Viertel der roten Laternen, »einnahm«. Trotz der Skepsis von Charters ist es so gut wie sicher, daß er ein paar Jahre lang in einigen der elegantesten Freudenhäusern von New Orleans Klavier spielte. Zu denen, die das bezeugt haben, gehört Bunk Johnson, ein alter Meister des Kornetts. Er erinnerte sich, daß er auch in einer Nacht des Jahres 1903 mit ihm zusammen in der »Maison« von Hattie Rogers gespielt hat. Johnson hat bestätigt, daß die Damen der »Sporting houses« ganz verrückt nach dem jungen Pianisten waren. Sie nannten ihn »Winding Boy« oder auch »Wining Boy«. Dieser Slang-Ausdruck bezog sich auf seine erotischen Fähigkeiten, ebenso wie »Jelly Roll«, der Beinamen mit sexueller Bedeutung, den er sich einige Jahre später selber zulegte. Wie die bekanntesten anderen Pianisten in Storyville – Tony Jackson, Albert Cahill, Alfred Wilson und Kid Ross – spielte Morton zur Unterhaltung in dem Salon, in dem die Kunden warteten. Die Mädchen halfen ihm, sich die Taschen mit Dollars zu füllen, und knöpften den Kunden, die alles Weiße waren, manches reichliche Trinkgeld für ihn ab.

Der vielleicht beste unter den »professors«, die in den Bordellen Klavier spielten, war Tony Jackson, ein femininer, ziemlich hochmütiger Farbiger, der im Hause der Gypsy Schaeffer arbeitete.

Die Reklame für dieses Haus, die auf den Seiten des sehr verbreiteten »Blue Book« zu finden war, verkündete:

»Es ist keine leichte Aufgabe, ein Etablissement zu leiten, in welchem jedermann sorgfältig bedient wird, und Gypsy hat Anrecht auf großes Lob. Ihr ganzes Leben lang hat Gypsy es sich zum Prinzip gemacht, jeden genau gleich zu behandeln und dafür zu sorgen, daß sich alle um sie herum wohlfühlen. Es gibt wenige Frauen, welche mit den Geschäftsherren auf besserem Fuße stehen als Gypsy, die immer eines der besten und vornehmsten Häuser führte, wo sich ein Privatmann mit einer Menge hübscher und kultivierter Damen vergnügen kann. Ein einmaliger Besuch bedeutet lange Erinnerung und Freundschaft für immer.

Kann ein vernünftiger Mensch mehr erwarten?«

Jacksons Spezialität war »The naked dance«, ein schneller Ragtime, eckig und ein bißchen komisch, den er selbst komponiert hatte. Dieses Stück diente dazu, den Nackttanz irgendeiner schönen »Octoroon« zu begleiten, wenn diese besondere Vorführung gewünscht wurde. Zu diesem Zweck war in dem Raum, wo sich das Klavier befand, eine winzige Bühne eingerichtet. Jelly beneidete Jackson um seine Fähigkeiten als Pianist. Viele Jahre später sollte er in einem Brief an Roy J. Carew[4], seinen besten Freund während seiner Zeit in Washington, mit einer für ihn erstaunlichen Bescheidenheit zugeben, daß er sich Jackson und auch anderen Pianisten Storyvilles gegenüber immer unterlegen gefühlt habe und gerade deshalb bemüht gewesen sei, sich von ihnen durch Schaffung eines eigenen Stiles zu unterscheiden. Und dieser Stil war nach seinen Worten nichts anderes als der Jazz, der so von ihm »erfunden« wurde. Die »Gräfin« Willie Piazza, eine der Königinnen Storyvilles, bekräftigte jedoch Mortons Darstellung nicht. Viele Jahre nach der Schließung des Viertels erklärte sie in einem Interview: »Ich bin die erste in New Orleans gewesen, die einen Jazzpianisten im Viertel der roten Laternen angestellt hat . . . In dieser Zeit gehörte der Jazz hauptsächlich zu den Tanzsälen und Cabarets . . . Der Jazz hat nicht in den Freudenhäusern begonnen . . . Aber er war das, was unsere Kunden hören wollten.«[5]

Der Aufenthalt des »Wining Boy« in Storyville war von kurzer Dauer. Im Jahre 1904 fing er an, kreuz und quer durch die Vereinigten Staaten zu streifen und nur selten nach New Orleans zurückzukehren, das er 1907 endgültig verließ.

In jenen Jahren hielt er sich weniger für einen Pianisten als für einen Meister, ja sogar »Hai« im Billardspielen und Berufswetten, immer auf der Suche nach Hühnchen, die er rupfen konnte. Weitere Hühnchen rupfte er am Spieltisch (Jahre später sagte er, daß einer der Gründe für die Verschlechterung seiner Sehkraft der war, daß er zu lange Zeit seine Augen anstrengen mußte, um die kleinen Flecken zu erkennen, mit denen er die Spielkarten markiert hatte), und wieder andere ließ er durch manches Dämchen rupfen, das für ihn arbeitete. Die schlimmen Gesellen der »Honky tonks« des Südens lernten ihn kennen und hassen, die Pianisten – die er herausforderte, ohne seine Verachtung für sie zu verbergen – lernten ihn fürchten. Die Polizisten hatten ein Auge auf ihn und sperrten ihn dann und wann ein. Typen wie ihn kannten sie gut und waren ihnen nicht gewogen. »Ein Musiker ist in dieser Gegend ein Niemand«, sagte ihm eines Tages ein Polizist in Helena im Staat Arkansas. »Wir sperren mehr Musiker als Leute irgendeiner anderen Sorte ein.«

Jelly Roll – inzwischen nannten ihn alle so – war einer der ersten Verbreiter des Jazz. In dem Jahrzehnt, das auf seine endgültige Abreise aus New Orleans folgte, war er in vielen Orten des Südens und Südwestens und auch in Chicago zu hören. Dort traf er gleich nach Tony Jackson ein und spielte im Deluxe und im Elite no. 2 an der South Side. Er muß dort wirklich geschätzt worden sein, wenn die Erinnerungen derer nicht verworren waren, die versichert haben, daß Polizei nötig war, um die Leute am Eingang der Lokale zurückzuhalten, in denen das Debüt von Persönlichkeiten wie Morton und Tony Jackson angekündigt war.

Ungefähr um die gleiche Zeit, und zwar im Jahre 1911, trat Jelly Roll auch in New York auf. James P. Johnson erinnerte sich, ihn in einem Lokal Harlems gesehen zu haben. Morton war äußerst elegant gekleidet und hatte zwei leichte Mädchen bei sich, die für ihn arbeiteten. Er hatte ein fürstliches Benehmen und einen ganz eigenen Stil, sich ans Klavier zu begeben. »Er zog seinen Überzieher aus, der ein besonderes Futter hatte, das die Blicke aller fesselte«, hat sich Johnson erinnert. »Dann drehte er ihn herum und legte ihn, statt ihn zu falten, längs über das Klavier, ganz feierlich, so als ob der Überzieher ein Vermögen wert sei und ganz vorsichtig behandelt werden müsse. Danach holte er ein großes Taschentuch aus Seide hervor, schüttelte es säuberlich aus und wischte damit den Klavierschemel ab. Dann setzte er sich hin, spielte einen besonderen, eigenen Akkord (jeder »Tickler« hatte einen solchen, der eine Art Warenzeichen war, wie ein Signal) und legte los. Das erste Stück, das er spielte, war immer ein sehr lebhafter Rag, um das Publikum in Erstaunen zu versetzen.«[6]

Im Jahre 1917 war Morton in Los Angeles, wo er in mehreren Lokalen arbeitete, eine Spielhölle leitete, gute Geschäfte machte und eine der glücklichsten Zeiten seines Lebens verbrachte. Er hatte Anita Gonzales geheiratet, die »Mamanita« oder »Sweet Anita«, der berühmte Stücke gewidmet wurden. Sie betrieb eine kleine Pension und half ihm damit, jenes kostspielige Leben zu führen, für das er eine unwiderstehliche Neigung empfand. Elegante Anzüge (häufig wechselte er drei pro Tag), Tausenddollarscheine, die er lässig in der Tasche trug und bei jeder Gelegenheit herausgucken ließ, und Brillanten, überall Brillanten, auch an den Strumpfbändern und an der Unterwäsche. Ein halbkarätiger Brillant, in Gold gefaßt, war an einem Vorderzahn befestigt und glitzerte aus seinem Mund. Das war damals eine Mode in Theaterkreisen; auch Baby Cox trug einen, die Sängerin, die mit Erfolg in den Negerrevuen in New York auftrat und eine berühmte Version von »The mooche« mit dem Ellington-Orchester sang.

Fünf Jahre lang war Los Angeles Jelly Rolls Operationsbasis, aber von seinen verschiedenen Geschäften waren nicht alle sauber. Von dort aus begab sich der Pianist südwärts bis nach Mexiko, nordwärts bis Vancouver und vielleicht Alaska, ostwärts nach Arizona, Wyoming, Colorado und wer weiß wohin sonst noch. Irgend jemand hat sich erinnert, daß er ihn in dieser traumhaften Zeit in Los Angeles traf. Er pflegte in ein Lokal einzutreten, hörte sich einen Augenblick lang den Pianisten an und sagte ihm dann mit lauter Stimme: »Jedesmal, wenn du mich hereinkommen siehst, geh' von diesem Klavier weg!«

Für seine Kollegen dunkler Hautfarbe empfand er keine Sympathie, gleichgültig, was sie spielten. Sie waren ihm zu ungehobelt. Dafür erhielt er eine weitere Bestätigung, als er die Idee hatte, für ein Engagement im Wayside Park von Watts, einem Vorort von Los Angeles, drei angesehene Musiker aus New Orleans kommen zu lassen. Es waren: der Kornettist Buddy Petit, der damals nur Freddie Keppard und King Oliver nachstand, der Posaunist Frankie Dusen und der Klarinettist Wade Whaley. Daß Whaley sich die Klarinette in seine hintere Hosentasche steckte, war schon schwer genug zu ertragen, aber was Mortons Geduldsfaden völlig reißen ließ, war das Verlangen der drei, sich am Arbeitsplatz ihre roten Bohnen mit Reis zu kochen, wie es bei ihnen zu Hause üblich war. Es gab einen Streit, die drei gingen fort und schlugen die Türe hinter sich zu. Petit schwor Jelly, daß er umgebracht würde, wenn er jemals nach New Orleans zurückkehren sollte.

Aber der Pianist dachte nicht im entferntesten daran, in seine Heimatstadt zurückzukehren, wo es kein Storyville mit »Octoroons« in Abendkleidern mehr gab, die fröhlich riefen: »Kommt euch den Wining Boy anhören!« und ihn oft »professor« nannten. Jetzt war die Stunde für Chicago gekommen. Jelly zog dorthin oder, besser gesagt, er ging, um die sogenannte »windige Stadt« 1923 »im Sturm einzunehmen«, alles nur, weil er sich inzwischen von Anita getrennt hatte.

Gleich nach seiner Ankunft in Chicago merkte er, daß diese Stadt wie geschaffen für ihn war. Alle an der South Side »spielten Jelly Roll«, um mit ihm zu reden. Viele spielten ein von ihm Jahre zuvor komponiertes Stück mit dem Titel »Wolverines«. Die Gebrüder Melrose, zwei junge Verleger aus Chicago, die auf den Jazz gesetzt hatten, unterlegten diesem Stück einen Text und tauften es in »Wolverine blues« um, nicht, weil es ein Blues war, sondern weil »Blues« damals ein Zauberwort war, unter dem man jede Art von Musik gut verkaufen konnte.

Über dem Laden der Gebrüder Melrose wehte eine Fahne mit der Aufschrift »Hier wird der Wolverine blues verkauft«, als Jelly Roll hereinstürmte. Fünfundzwanzig Jahre später konnte sich Lester Melrose noch deutlich an diese Szene erinnern:

»Da kam ein Bursche mit einem großen, roten Tuch um den Hals und einem Zehngallonen-Cowboyhut auf dem Kopf in unser Geschäft und brüllte: »Alle aufgepaßt, ich bin Jelly Roll Morton aus New Orleans, der Erfinder des Jazz!« Eine Stunde lang sprach er ununterbrochen von seinem Können, und dann setzte er sich ans Klavier und bewies, daß er noch mehr konnte als er behauptet hatte. So kam Jelly zu seinem Start.«[7]

Kurz darauf spielte Morton in Richmond seine ersten Klaviersoli ein, den »King Porter stomp« – benannt nach einem Pianisten namens Porter King, den er gehört hatte – ferner seinen schon alten »New Orleans blues«, außerdem »Kansas City stomps« und »The pearls« – als ideale »Perlenkette« einer Barkellnerin gewidmet, die ihm gefallen hatte – sowie »Grandpa's spells« und natürlich den »Wolverine blues«. Im darauffolgenden Jahr kamen weitere wichtige Aufnahmen hinzu: »Shreveport stomps«, »Mamanita«, »Jelly Roll blues«, »Frog – i – More«, »Big Foot ham« (beziehungsweise »Big Fat ham«), »Stratford hunch« und »Milenberg Joys«.

In diesen Titeln, alles Eigenkompositionen, lassen sich schon mit Klarheit einige der größten Eigenschaften Mortons als Komponist und Pianist erkennen. Die Genauigkeit seiner musikalischen Handschrift und die Originalität seiner thematisch oft reichhaltigen Kompositionen, sein Formgefühl, die Freiheit und der Reichtum seiner Ausdrucksweise reichen aus, um ihm eine Vorrangstellung unter den besten Komponisten des Jazz einzuräumen. Auf diesen seinen ersten Schallplatten tritt der große Unterschied zwischen der Musik Mortons und dem Ragtime, aus dem er besonders anfänglich geschöpft hatte, bereits klar zutage.

»Der Ragtime«, hat Morton gesagt, »ist eine spezielle Art von Synkopierung, für die sich nur bestimmte Stücke eignen. Jazz aber ist ein Stil, der bei sämtlichen Melodien angewendet werden kann.«[8] Nicht nur das; der Ragtime ist im wesentlichen geschriebene Musik, während im Jazz die Improvisation eine Hauptrolle spielt, und Jelly Roll war immer ein großer, ein phantasievoller Improvisator und ein unerschöpflicher Erfinder von Melodien und Variationen.

Morton erdachte seine Melodielinien nicht nur mit einer Gelöstheit und Freiheit, die den Ragtimekomponisten völlig unbekannt war, sondern entfernte aus ihrer Musik auch das Gekünstelte, Mechanische und kalt Konstruierte, das charakteristisch für soviel Ragtime war, indem er eine große rhythmische Vielfalt in sein Spiel einführte. Diesbezüglich hat Martin Williams in einer meisterhaften Abhandlung über Mortons Musik bemerkt, daß »man Mortons Glättung der Ragtime-Rhythmen beschreiben könnte als das Resultat der Hinzufügung – zum zerhackten Zweivierteltakt und zu den einfachen Ragtime-Synkopen – von komplexeren, vom Tango abgeleiteten Synkopen und von polyphonischen Bass-Melodien, die von bestimmten Märschen und europäischen Volkstänzen entliehen und umgearbeitet wurden«.[9]

Die Heranziehung des Tango-Rhythmus, der Märsche und europäischen Volkstänze läßt sich leicht verstehen, wenn man daran denkt, daß Jelly Roll Morton der Volksmusik seiner Heimatstadt immer verbunden blieb. Neben dem Blues waren dort Märsche und Tanzmusik französischer und spanischer Herkunft stark vertreten. Nicht umsonst bestand Jelly Roll darauf, daß bestimmter Jazz einen »Spanish tinge«, einen »spanischen Anstrich«, haben mußte.

Im September des Jahres 1926 betrat Morton die Studios der Plattenfirma Victor in Chicago zu einer ersten Aufnahmesitzung mit einer Band, die unter dem Namen »Red Hot Peppers« eigens zu diesem Anlaß aus einigen der besten New Orleans-Musiker zusammengestellt wurde. Die entstandenen Titel werden gemeinsam mit weiteren Stücken, die in den beiden folgenden Jahren unter dem gleichen Namen und teilweise in New York eingespielt wurden, überall zu den Meisterwerken des traditionellen Jazz gerechnet. Sie sind bewunderungswürdig wegen der Erfindungsgabe und Ursprünglichkeit ihrer Kompositionen und Arrangements und wegen der Vollkommenheit ihrer Ausführungen. »Black bottom stomp«, »Smoke house blues«, »The chant«, der wunderschöne, auf einem Begräbnismarsch basierende »Dead man blues«, »Doctor Jazz«, »Grandpa's spells«, »Wild man blues«, »The pearls«, »Kansas City stomps«, »Georgia swing« sowie der »Wolverine blues« (in einer Triobesetzung mit Johnny und Baby Dodds) gehören zu den glänzendsten Edelsteinen dieser langen Serie von Titeln, in denen Morton seine ganze Geschicklichkeit und seinen unermeßlichen Stolz einsetzte.

Es ist geschrieben worden, daß niemals Jazzaufnahmen mit soviel Sorgfalt vorbereitet worden sind, und das mag zumindest im Bereich des traditionellen Jazz wahr sein. Alles wurde damals peinlich genau vorbereitet und lange geprobt. Trotzdem ließ der Leader seinen besten Instrumentalisten die Freiheit zum Improvisieren kurzer Soli. Jahre später, als er nicht mehr so fähige Solisten unter sich hatte, sollte er weit weniger gefällig sein; denn dann mußte die Musik genauso gespielt werden, wie er, Jelly Roll, sie aufgeschrieben hatte.

Das Gleichgewicht zwischen den verschiedenen Instrumentalparten und das zwischen den aufgezeichneten und den improvisierten Teilen, den Einzelteilen auf der einen und dem Ganzen auf der anderen Seite, ist ungewöhnlich. Und außerordentlich ist der Zusammenhalt der Ausführungen und die Folgerichtigkeit der Ideen, die Morton in diesen kurzen Meisterwerken von drei Minuten Länge reichlich zum Ausdruck brachte. Ausgezeichnete Solisten wie die Klarinettisten Omer Simeon, Barney Bigard, Johnny Dodds und Darnell Howard, die Trompeter George Mitchell und Ward Pinkett, der Posaunist Kid Ory und der Schlagzeuger Baby Dodds leisteten hierzu beachtliche Beiträge.

Der sehr große Erfolg der Red Hot Peppers-Schallplatten veranlaßte die Victor, die Band in ihrer Werbung als das »Hot Orchestra Nummer eins« vorzustellen. Das war kein hinreichender Grund, um Morton Engagements mit seiner Formation in den Lokalen Chicagos zu sichern. Jelly Roll redete zuviel und legte sich mit allen an, besonders mit den Leuten, die ihm Arbeit verschaffen konnten. In New York, wohin er im Jahre 1928 zog, war die Lage nicht besser. Es gelang ihm eher, Engagements in den Nachbarstaaten zu finden.

Die Schallplattenaufnahmen wurden indessen fortgesetzt. Unter den neuen Klaviersoli, die 1929 eingespielt wurden, verdient der Titel »Freakish« eine besondere Erwähnung. Es war eine harmonisch sehr fortschrittliche Eigenkomposition (interessant ist die Verwendung von Nonenakkorden im ersten Teil), die an das berühmte »In a mist« von Bix Beiderbecke aus dem Jahre 1927 erinnern kann.

1929 und 1930 waren die letzten guten Jahre, wenn man der Aussage von Mabel Bertrand, einer Tänzerin, die Morton 1928 heiratete, Glauben schenken darf. Mabel erzählte Lomax von glücklich verlaufenen Tourneen, einer Menge Brillanten, großen Hotels und Luxusautos und berichtete auch von Streitigkeiten, die ihr Mann mit seinen Musikern hatte, undisziplinierten und häufig nicht präsentierfähigen »Niggern«, die ihn am Ende im Stich ließen.

Damals begann der Niedergang, und er kam schnell. Es war die Zeit der Depression, und Jelly hatte zu vielen Leuten auf die Füße getreten. Nun verbrachte er seine Tage im Rhythm Club, dem Treffpunkt der farbigen Jazzleute in New York. Er redete ununterbrochen oder, besser gesagt, er hielt Vorträge. Sein Lieblingsthema hieß Jelly Roll Morton.

Er ließ sich auf Geschäfte ein und hatte Pech. Als er einen kleinen Musikverlag schließen mußte, gab er die Schuld einem Teilhaber, der ihn angeblich durch eine mysteriöse Person, die sich auf Voodoo-Zaubereien verstand, verhext hatte.

1935 verließ Jelly die ergebene Mabel von einem auf den anderen Tag. Er sagte ihr, daß er nach Washington fuhr, um sich mit Boxkämpfen zu befassen, und ließ zwei Jahre lang nichts mehr von sich hören. Später stellte sich heraus, daß er zusammen mit einer Frau die Leitung eines Nachtclubs dritter Ordnung übernommen hatte, der in jeder Saison seinen Namen wechselte: »The Music Box«, »The Blue Moon Inn« beziehungsweise »The Jungle Club«. Dort war er Mädchen für alles, spielte Klavier, fungierte als Geschäftsführer und machte die Buchführung.

Mit diesen Dingen war er in Washington beschäftigt, als er im März 1938 zufällig eine Radiosendung hörte, in der W. C. Handy als »Vater des Blues« und »Erfinder des Jazz« vorgestellt wurde. In dem Gefühl, um einen Titel beraubt worden zu sein, der ihm von Rechts wegen zustand (nicht um den Titel als »Vater des Blues«, den er Handy in jedem Falle berechtigterweise absprach), schrieb Jelly Roll einen geharnischten offenen Brief an Robert Ripley, der Handy in jener Sendung vorgestellt hatte, und schickte ihn an die Zeitung »Baltimore Afro-American« und zur Kenntnisnahme an »Down Beat« in Chicago.

In dem Brief hieß es unter anderem: »Es ist allgemein bekannt und über jeden Widerspruch erhaben, daß New Orleans die Wiege des Jazz ist, und ich persönlich war sein Schöpfer im Jahre 1902 . . .«

Die Veröffentlichung des Briefes – den Handy als »Aktion eines Verrückten« bezeichnete – in der Zeitschrift »Down Beat« erregte großes Aufsehen und führte dazu, die Aufmerksamkeit der Jazzwelt auf den vergessenen Leiter der Red Hot Peppers zu lenken. Im Jungle Club begann man neue Gesichter zu sehen. Es waren die jungen Jazzfreunde, die nach den triumphalen Erfolgen von Benny Goodman überaus zahlreich geworden waren und den legendären Pianisten persönlich kennenlernen wollten. Unter den vielen traf auch Alan Lomax dort ein, ein Ethnologe und Musikwissenschaftler, der einmal berühmt werden sollte und damals von der Kongreß-Bibliothek in Washington den Auftrag erhalten hatte, ein Tonarchiv amerikanischer Volksmusik einzurichten. Er sah in Jelly Roll eine ideale Person für seine Aufnahmetätigkeit.

Im Mai des Jahres begann Morton im Auditorium der Kongreß-Bibliothek die lange Erzählung seines abenteuerlichen Lebens, die er mit vielen musikalischen Beispielen illustrierte. Es waren seine ersten Einspielungen nach 1930. Über einen ganzen Monat lang enthüllte er vor einem immer erstaunteren Lomax eine faszinierende und vergnügliche Welt voller Spitzbuben, Vagabunden, Lebedamen und Kneipenpianisten. Er erläuterte die Prinzipien seiner musikalischen Ästhetik, spielte alle Stücke aus seinem Repertoire vor, imitierte die Stile längstvergessener Pianisten und bewies, daß er eine sehr hohe Intelligenz, ein teils vorzügliches und teils sehr getrübtes Erinnerungsvermögen, ein großes Talent und maßloses Ich hatte. Als Lomax einige Jahre später das gesammelte Material ordnete und mit den Zeugenaussagen anderer für ein sehr lebendiges Buch mit dem Titel »Mister Jelly Roll« ergänzte, verbarg er nicht den Verdacht, daß dieser Mann fast paranoid und zumindest ebenso neurotisch wie genial gewesen sein könnte.

Morton glaubte, daß seine Stunde endlich gekommen sei, und tatsächlich begann sich seine Lage etwas zu verbessern. Er konnte hier und da auftreten und auch an verschiedenen Jam Sessions in New York teilnehmen. Dort ließ er sich Ende 1938 erneut nieder und hatte endlich die Gelegenheit, vor einer breiten Zuhörerschaft zu sprechen und Interviews zu geben. »Mein Freund«, sagte er zu den berühmtesten Musikern, die er traf, »was du auch spielst, du spielst Jelly Roll.« George Hoefer, einem angesehenen Jazzhistoriker, der ihn im Sommer 1940 für »Down Beat« interviewte, sagte er: »New Orleans-Stil, Chicago-Stil, Kansas City-Stil, New York-Stil – es ist alles Jelly Roll-Stil.« Aber er äußerte nicht nur Dinge dieser Art, er sagte auch sehr Scharfsinniges über den Jazz und zeigte sich so als ein Mann mit erlesenem Geschmack und höchst klaren Ideen. »Der erste Intellektuelle, den der Jazz hervorgebracht hat« – so nannte ihn Martin Williams.

Obwohl er im September 1939 zusammen mit ausgezeichneten Solisten (Sidney Bechet, Sidney de Paris, Albert Nicholas usw.) noch manche gute Aufnahme machte, erreichte er den Gipfel der Popularität nicht wieder. Auf diejenigen, die ihr Gehör an den Klang der großen Swing-Orchester gewöhnt hatten, wirkte sein Stil archaisch. Außerdem begann sich sein Gesundheitszustand zu verschlechtern; denn er hatte ein Herzleiden und ein schlimmes Asthma. Er wurde in ein Krankenhaus in New York eingeliefert, und als er wieder entlassen wurde, sagten ihm die Ärzte, daß er nie wieder spielen dürfe.

Einesteils, um in einem günstigeren Klima leben zu können, aber auch aus seiner immer noch vorhandenen Abenteuerlust heraus lud er Ende 1940 alle seine Sachen auf zwei Autos, band diese mit einem Seil aneinander und machte sich auf die Reise in Richtung Los Angeles. Mabel sollte nachkommen, sobald sich die Lage geklärt hatte. Aber sie traf ihn nie wieder; sie erhielt ein paar Briefe von ihm und schließlich nur noch einen Umschlag mit einem leeren Postanweisungs-Formular, auf dem zwei Zeilen gekritzelt waren: »Werde bald schreiben – immer noch krank.« Dann bekam sie die Nachricht, daß Jelly Roll am 10. Juli 1941 im County General Hospital in Los Angeles gestorben war.

Zu seinem Begräbnis kamen nur wenige. Kid Ory war da, »Papa Mutt« Carey und einige weitere Veteranen aus New Orleans, aber es fehlten die berühmten Musiker, die doch in jenen Tagen in Los Angeles weilten. »Down Beat« enthüllte das auffällige Fernbleiben gewisser Musiker wie Duke Ellington und Jimmie Lunceford, die ihre Schuld gegenüber dem Musiker aus New Orleans niemals zugeben wollten.

Wie viele andere hatten sie ihm seine Protzerei nicht verziehen. Sie wollten nicht zugestehen, daß diese zu einem großen Teil gerechtfertigt war.

King Oliver

Er war ein eigensinniger, mißtrauischer Mann, einer, der alles selber machen wollte. Er glaubte, seine Geschäfte besser als jeder andere betreiben zu können, aber alles in allem genommen war er unvorsichtig und traf viele Fehlentscheidungen. Zu seinen Musikern war er streng; einer von ihnen, Fred Moore, erinnerte sich, daß Oliver manchmal einen Revolver drohend und gut sichtbar auf den Tisch legte, bevor er sich vergewisserte, daß alle zu den Proben zur Stelle waren. Für seinen Lieblingsschüler Louis Armstrong empfand er eine herzliche Bewunderung und auch wahrscheinlich ein wenig Neid. Vielleicht waren beide Dinge der Grund für seine Tränen, als er an jenem Abend des Jahres 1928 in einem für ihn ungewöhnlich eleganten Aufzug und mit einer scheinbar glücklichen Miene in das Savoy in Chicago ging, um Armstrong zu hören, wie dieser selbst einige Jahre später berichtete.

Oliver sah imponierend aus; vor seinem Orchester gab er eine glänzende Figur ab. Er wirkte älter, als er in Wirklichkeit war und hieß schon »Papa Joe«, als er erst vierzig Jahre alt war.

Joe »King« Oliver war jedoch nicht nur eine Persönlichkeit, sondern auch ein ausgezeichneter Musiker. Er war der erste »König« des Jazz, dessen Ruhm viele Jahre überdauerte, der erste Kornettist, dessen Größe auf zahlreichen Schallplatten belegt ist.

Am 11. Mai 1885 wurde er auf einer Plantage bei Donaldsville südlich von Baton Rouge in Louisiana geboren.[1] Als Kind kam Oliver nach New Orleans und fing gleich an, sich seinen Lebensunterhalt durch Verrichtung niedriger Tätigkeiten zu verdienen. Dann widmete er sich der Musik und spielte in den bekanntesten Bands der Stadt, der Olympia Band, der Onward Brass Band, der Eagle Band, der Original Superior Band und anderen mehr. Und um genügend Geld zu verdienen, übte er, so wie es damals üblich war, noch einen anderen Beruf aus. Eine gewisse Zeit lang war er Diener in einem Privathaus. Er spielte auf den Straßen von New Orleans, bei Tanzveranstaltungen und natürlich in den Lokalen von Storyville, und zwar unter anderem bei Pete Lala und in der 101 Ranch. Die letzte Band, bei der er in New Orleans spielte, war die von Kid Ory, von dem er sich im Jahre 1918 verabschiedete, um nach Chicago zu gehen. Hier bekam er an der South Side sofort zwei Engagements, eins im Royal Gardens beim Orchester von Bill Johnson und eins im Dreamland bei Lawrence Duhé, den dessen Trompeter Mutt Carey verlassen hatte. Zwei gleichzeitige Engagements, im Dreamland und im Pekin, hatte er nochmals zwischen 1920 und Mai 1921, bevor er sich mit seiner eigenen Creole Jazz Band nach Kalifornien aufmachte und dort im Pergola Dancing Pavilion in San Francisco und anschließend in Los Angeles und Oakland auftrat. Im Juni 1922 kehrte er nach Chicago zurück und debütierte im Lincoln Gardens. Er erntete gleich einen lebhaften Erfolg, aus dem ein triumphaler Erfolg wurde, als Louis Armstrong, gerade aus New Orleans gekommen, zu der Gruppe stieß.

Die goldene Zeit King Olivers dauerte nicht lange. Nach einer kurzen Tournee in den Mittleren Westen und der Einspielung einer Serie wichtiger Plattenaufnahmen verlor der inzwischen berühmte Bandleader einige seiner besten Solisten, und zwar vor allem die Brüder Johnny und Baby Dodds sowie, nach einer weiteren Tournee, Armstrong und dessen gerade angetraute Frau Lil Hardin. Danach gelang es ihm trotz all seiner Anstrengungen nicht wieder, eine solche Formation zusammenzustellen, die mit der zu vergleichen gewesen wäre, welche ihm 1922–1923 in Chicago den Jubel der Zuhörer eingebracht hatte. Für eine gewisse Zeit mußte er sich Ende 1924 – Anfang 1925 damit begnügen, unter der Leitung eines anderen, und zwar von Dave Peyton, in einem sogenannten »Symphonic Orchestra« zu spielen, das nur so hieß und im Plantation Café engagiert war. In diesem Lokal konnte Oliver, der von Peyton als der größte Jazzkornettist der Welt vorgestellt wurde, aber immerhin wieder eine eigene Band, die Dixie Syncopators, leiten. Diese blieb dort, bis das Lokal, das schon während einer Schießerei rivalisierender Gangsterbanden in Mitleidenschaft gezogen worden war, im März 1927 einem Brand zum Opfer fiel. Dann siedelte Oliver nach New York über und folgte einem Engagement im Savoy, dem großen Tanzlokal Harlems. Kurz darauf verpaßte er das, was vielleicht die große Chance seines Lebens hätte werden können, als er ein Angebot des eleganten Cotton Clubs ausschlug. Die Gelegenheit, die Oliver geboten worden war, wurde daraufhin von dem jungen Duke Ellington wahrgenommen, der so eine außergewöhnliche Karriere damals begann.

Für Oliver fing dagegen die schlechte Zeit an, noch verschlimmert durch die Wirtschaftskrise, die die Vereinigten Staaten erfaßte. Zu allem hatte sich in der Zwischenzeit auch noch der Publikumsgeschmack gewandelt. Es war die heißen Soli leid geworden und gewöhnte sich an die schmalzigen Liedchen, die vom Radio, vom soeben aufgekommenen Tonfilm und von vielen weißen Orchestern, darunter dem triumphierenden Paul Whiteman, verbreitet wurden.

Die Chronik des ruhelosen Lebens, das Oliver in den Jahren nach 1931 führte, ist dramatisch. Umgeben von drittrangigen Musikern zog er ein paar Jahre durch den Südwesten und Süden der Vereinigten Staaten, nahm jedes noch so geartete Engagement an, das ihm angeboten wurde, und geriet in alle möglichen Mißgeschicke. Betrügerische Impresarios, nicht bezahlte Vergütungen, Rassenvorurteile, Streitigkeiten unter und mit seinen Musikern – es war ein einziger Leidensweg. Von Zeit zu Zeit blieb der Autobus, mit dem das Orchester reiste, wegen eines Schadens stehen, und für seine Reparatur fehlte das Geld.

Aber das wahre, nicht wiedergutzumachende Unglück fing an, als Oliver von einer schweren Form von Pyorrhöe befallen wurde und hintereinander alle Zähne verlor.

Er konnte nicht mehr spielen und mußte sich mehr schlecht als recht durchschlagen. In Savannah, Georgia, wo er zuletzt, von allen verlassen, um 1936 landete, machte er mit wenig Erfolg einen Obst- und Gemüseladen auf. Am Ende fand er einen Posten als Arbeiter in einem Billardsaal. Fünfzehn Stunden Arbeit pro Tag für ein paar Cents. Seiner Schwester Victoria, an der er sehr hing, schrieb er von seinen Schwierigkeiten, daß er nicht genug Geld hätte, um nach New York zurückzukehren, und daß er nicht einmal die Kleidung besaß, um sich vor der Kälte zu schützen. Aber er gab sich optimistisch: »Wenn sich eine Türe schließt, macht der liebe Gott eine andere auf«, wiederholte er in den Briefen an sie.[2]

Er starb am 10. April 1938 an den Folgen einer Gehirnblutung. Seine Schwester verwendete die Dollars, die sie beiseitegelegt hatte, um die Miete zu bezahlen, darauf, die Leiche nach New York transportieren zu lassen und für die Beerdigung in Bronx zu sorgen. Aber es blieb ihr nicht genügend Geld für einen Grabstein übrig.

Von Joe »King« Oliver blieb nichts als die Erinnerung derer, die ihn gekannt hatten, viele hervorragende Jazznummern, die er komponiert hat (»Dippermouth blues«, auch bekannt als »Sugar foot stomp«, ferner »West End blues«, »Snag it«, »Canal Street blues« und »Doctor Jazz« sind vielleicht die bekanntesten), und zahlreiche Schallplatten, von denen die ersten 1923 mit der Creole Jazz Band und die letzten 1931 aufgenommen wurden.

Die repräsentativsten und historisch bedeutsamsten sind die ersten Aufnahmen – erhältlich auf vielen Wiederveröffentlichungen – jedoch beweist eine erhebliche Anzahl späterer Einspielungen, verschiedene Begleitungen von Bluessängerinnen inbegriffen, daß Olivers Abstieg weniger schnell vonstatten ging, als im allgemeinen behauptet wird, und daß die Abnahme seiner Popularität mehr auf den Wechsel des Publikumsgeschmacks und auf sein Mißgeschick als auf ein wirkliches Nachlassen seiner Ausdrucksmittel und seines Einfallsreichtums zurückzuführen ist. Was seinen Stil als Kornettisten anbelangt, so hatte Oliver vor allem das Unglück, bald und weit von Louis Armstrong überrundet zu werden, dessen Musik die glänzende Weiterentwicklung seiner Musik war. Die solistische Sprache Olivers ist in der Tat einfacher, rauher und vor allen Dingen vorsichtiger als die seines Lieblingsschülers, aber sie ist streng logisch aufgebaut und entbehrt nicht einer gewissen majestätischen Ursprünglichkeit. Seine besten Soli, unter denen die beiden Versionen des »Dippermouth blues«, aufgenommen 1923 von der Creole Jazz Band, berühmt sind, zeigen seine Stärke als Improvisator, der sich nahe an die Melodielinie des Themas hält. Oliver verwendete oft Dämpfer, und obwohl nichts davon in Schallplattenform erhalten ist, war er berühmt für seine Fähigkeit, sie so zu handhaben, daß er seltsame Klangeffekte wie die einer sprechenden menschlichen Stimme erzielte. Um die durch Dämpfer-Einsatz verfeinerte klangliche Wirkung seines Instrumentes zu beschreiben, hat man impressionistische, aber ausdrucksreiche Adjektive wie »ätzend« und »blue« gebraucht.

Seine größten Verdienste sind jedoch in seinem Können als ein Orchesterleiter sicherer Hand mit klaren Ideen zu sehen. Er hatte eine sehr persönliche Vorstellung von der Ausführung der Jazzmusik, bei der das Ensemblespiel (in dessen Rahmen den Instrumenten jedoch eine bestimmte Freiheit gewährt wird) wenig Raum für individuelle Bravourleistungen läßt, die sich im allgemeinen in sehr kurzen »Breaks« erschöpfen.

Sidney Bechet

»Im Gegensatz zu der Mehrzahl der großen Jazzmusiker«, hat Charles Delaunay geschrieben, »ist Sidney Bechet immer ein Einzelgänger gewesen, ein Freischärler, der es vorzog, als Solist aufzutreten, um kein Sklave eines Orchesterleiters zu sein und so seine Bewegungsfreiheit zur Befriedigung seiner Reiselust zu bewahren.«[1] Dieser Trieb war so stark, sein Unabhängigkeitssinn war so ausgeprägt, daß er viele Jahre lang ein unstetes Leben in allen vier Winkeln Europas führte und am Ende in Abenteuer hineingeriet, die eines fahrenden Ritters würdig gewesen wären.

In den zwanziger Jahren reiste er überall umher, von England bis Frankreich und Deutschland, von Rußland bis Italien, Spanien und Portugal, und außerdem kehrte er mehrfach in seine Heimat zurück. Er wurde vor Gericht gestellt, ins Gefängnis gesteckt und zweimal aus den Ländern ausgewiesen, in denen er sich befand; er trat als Musiker und Schauspieler Revuen bei und spielte Klarinette und Saxophon an Orten, die von den Jazzmusikern am wenigsten aufgesucht wurden, einmal sogar im Buckingham Palace. Zwischen der einen und der anderen Reise fand er die Zeit, ein »Speakeasy« und, Jahre später, sogar eine Art Büglerei zu eröffnen. Als er schließlich starb, wurde ihm in Frankreich ein Bronzedenkmal errichtet.

Und doch begann dieses für einen Jazzmusiker so ungewöhnliche Leben an dem Ort und zu der Zeit, die auch den Ausgangspunkt für viele andere Pioniere der afro-amerikanischen Musik setzten, und ein paar Jahre lang verlief dieses Leben auch parallel zu dem weiterer Pioniere und machte die gleichen Etappen durch. Sidney Bechet gehörte nämlich zur Generation eines Armstrong oder der Gebrüder Dodds, die in der »Second Line« hinter den Begräbniszügen marschierte, die in den Lokalen von Storyville und anschließend in den Cabarets an der South Side spielte.

In New Orleans, wo er am 14. Mai 1897 in einer Familie farbiger Kreolen geboren wurde, war das Schicksal für einen Menschen seiner Herkunft praktisch vorgezeichnet. Sein Großvater war ein Sklave gewesen, der sang, tanzte und auf dem Congo Square Trommeln schlug. Sein Vater führte ein kleines Schuhgeschäft, um seine sieben Kinder aufzuziehen, so gut er konnte, hatte aber ebensoviel Neigung zur Musik, und das traf auch auf seine Brüder zu. Und weil Sidney der begabteste von allen war, stand gleich fest, daß er Musiker wurde. Mit sechs Jahren spielte er schon so gut Klarinette, daß George Baquet, einer der angesehensten Musiker der Stadt, sich erbot, ihm kostenlos Unterrichtsstunden zu erteilen. Er ging nicht über eine technisch-praktische Unterweisung hinaus, und auch die anderen Meister, die ihn in die Geheimnisse der Klarinette einführten, das heißt Louis Nelson sowie die beiden Lorenzo Tio junior und Lorenzo Tio senior, dachten nicht daran, ihn in Musik zu unterrichten. In New Orleans wurde es nicht für notwendig erachtet, Musik lesen und schreiben zu können; wichtig war es, so bald als möglich in der Lage zu sein, in einem der vielen Orchester der Stadt zu spielen.

Sidney hielt sich sehr schnell für ausreichend vorbereitet. Mit elf Jahren war er schon Mitglied der Eagle Band, die Bunk Johnson nach Buddy Bolden übernommen hatte, und kurz darauf wagte er sich in langen Hosen, die ihn wie einen jungen Mann aussehen lassen sollten, in die Lokale Storyvilles, um in dieser oder jener Band mitzuspielen. Er wurde auch an der Seite King Olivers gesehen und gehört, marschierte in den »Brass Bands« mit, spielte in den Tanzsälen und ließ sich eines schönen Tages sogar von Clarence Williams dazu bewegen, ihm mit einer Pick up-Band in Richtung Norden zu folgen. Der Bestimmungsort war jedoch nicht Chicago, wie der heranwachsende Sidney gedacht hatte; es war Texas und dort strandeten die abenteuerlustigen Musiker aus New Orleans dann in Galveston. Um sich die Rückreise nach Hause zu verdienen, mußte Bechet im Zug Klarinette spielen.

Mit zwanzig Jahren entschloß er sich im Sommer 1917, die große Reise zu unternehmen. Er schloß sich einer Vaudeville-Truppe an, die ihn etappenweise bis Chicago brachte. Dort machte er halt, wie er sich vorgenommen hatte. Die Freunde, die vor ihm dorthin gefahren waren, hatten sehr ermutigende Nachrichten bezüglich der Arbeitsmöglichkeiten in den Lokalen an der South Side nach Hause geschickt, und er wollte eine solche Möglichkeit wahrnehmen. In kurzer Zeit fand er sich inmitten von Leuten aus seiner Heimat beim Orchester von Lawrence Duhé im Deluxe Café wieder. Dann zog das Ensemble ins Dreamland, wo King Oliver hinzukam und Bechet anschließend wegging. Sidney ging zu Freddie Keppard, bekam Streit mit ihm, wie es früher oder später allen erging, und verließ ihn, um ins Pekin überzuwechseln, wo ein weiterer Ankömmling aus Storyville, Tony Jackson, Klavier spielte.

Danach wurde er von Will Marion Cook angeworben, der das Southern Syncopated Orchestra dirigierte, eine jener Riesenformationen voller Mandolinen und Banjos, wie sie Jim Europe in New York aufgebracht hatte. Mit dieser Truppe von sechsunddreißig Musikern und fünfundzwanzig Chorsängern schiffte sich Bechet im Juni 1919 auf einem mit Vieh beladenen Handelsschiff nach England ein. In der Philharmonic Hall in London hatte Cook mit seinen Leuten einen großen Erfolg. Was Bechet anbetraf, der mit langen Klarinetten-Soli auftrat, so machte er einen solchen Eindruck auf Ernest Ansermet, den Direktor des Orchesters der Suisse Romande, daß dieser sich veranlaßt sah, einen begeisterten und prophetischen Artikel für die »Revue Romande« zu schreiben.[2] Auch König George V. wollte das amerikanische Orchester hören und ließ es an den königlichen Hof kommen: wie Ansermet schätzte er Bechets »Characteristic blues« sehr, welcher seinerseits den Königspalast sehr schätzte, der ihm »mit seinen vielen Teppichen und unzähligen Türen so ähnlich wie die Grand Central Station« vorkam.[3]

Nach einigen erfolgreichen Monaten in England löste sich Cooks Orchester auf. Bechet blieb mit einigen seiner Mitglieder unter Leitung des Schlagzeugers Benny Peyton in London. Dann fuhr er nach Paris und kehrte erneut in die englische Hauptstadt zurück, wo er in dem wieder zusammengestellten Southern Syncopated Orchestra sowie in der kleinen Band von Peyton spielte. In London schlitterte der Klarinettist zusammen mit seinem Freund in ein unerfreuliches Abenteuer um zwei Frauen und landete vor einem Richter, der ihn zu Recht oder zu Unrecht (Bechet behauptete, es habe sich um ein sprachliches Mißverständnis gehandelt . . .) des Landes verwies.

Im November 1921 kehrte Bechet mit einem Sarrusophon, einem Instrument aus der Familie der Oboe, das er in einem Londoner Geschäft aufgetrieben hatte, nach Amerika zurück und blieb in New York. Wenige Monate später gehörte er zur Besetzung einer Musikrevue, »How come?«, die neben weiteren Attraktionen eine damals noch unbekannte Bluessängerin namens Bessie Smith präsentierte. Die Show fand an einigen Orten Anklang, fiel aber in New York durch und wurde dort bald abgesetzt.

Bechets erste Aufnahmen mit einer von Clarence Williams zusammengestellten und »Blue Five« getauften Studioband für die Plattenfirma Okeh gehen auf den Juli des Jahres 1923 zurück. An einigen Plattensitzungen, die in den darauffolgenden Monaten unter der gleichen Bezeichnung stattfanden, nahm auch Louis Armstrong teil, der damals mit dem Orchester von Fletcher Henderson im Roseland spielte. In all diesen Einspielungen, auf denen Bechet sowohl Klarinette als auch Sopransaxophon – sein späteres Exklusivinstrument – und sogar Sarrusophon spielt, zeigt er sich bereits als ein vollkommen reifer Solist. Einige von diesen, wie »Wild cat blues«, »Kansas City man blues«, »Texas moaner blues« und »Cake walking babies from home«, werden auch heutzutage noch zu den größten Kostbarkeiten des Jazz gerechnet.

In den gleichen Monaten arbeitete Bechet, der die besondere Gabe hatte, eine große Anzahl von Erlebnissen innerhalb kurzer Zeit zu vereinen, mit Mamie Smith und verschiedenen Gruppen, trat wiederum in die Besetzung einer Musikrevue ein, spielte mit James P. Johnson und anschließend mit den Washingtonians, dem neugegründeten Orchester von Duke Ellington, der von diesem Augenblick an sein glühender Verehrer wurde. Aus gutem Grund eröffnete Bechet in Harlem den »Club Basha« (so benannt, damit sein Familienname französischer Herkunft ein bißchen korrekter ausgesprochen würde), welcher seinen Kunden Jazz und geschmuggelten Alkohol bot.

Nach Schließung des Lokals bereitete sich Sidney auf eine erneute Atlantiküberquerung mit einer Revuetruppe vor, die zwar in Amerika aufgestellt, aber für Europa bestimmt war. Ihr Star war Josephine Baker, die am Broadway in der Revue »Shuffle along« entdeckt worden war, und das Orchester war das von Claude Hopkins. Bechet war verpflichtet worden, im Orchesterraum zu spielen und auch auf der Bühne als Schauspieler und Musikvirtuose aufzutreten. In Paris, wo die »Revue Nègre« Ende 1925 debütierte, gab es einen ungeheuren Erfolg, der Josephine Baker ein Engagement in den Folies Bergères und einen bleibenden Platz im Herzen der Pariser einbrachte. Bechet folgte der Truppe bis Berlin, der letzten Station der Tournee, und machte sich dann wieder auf den Weg. Diesmal zog er mit einer Band, die nochmals von Benny Peyton gebildet worden war, in die Sowjetunion. »Das sprechende Saxophon«, wie es in der Reklame hieß, war in verschiedenen russischen Städten zu hören, auch in Moskau, wo eine Frau, die noch nie einen Neger gesehen hatte und mit einem Finger nachprüfen wollte, ob sein Gesicht angemalt war, eine kräftige Ohrfeige einstecken mußte.

Es ist anstrengend, seinem Schritt von dem Augenblick an zu folgen, als er Rußland verließ. Er drehte sich wie ein Kreisel von einem Ende Europas zum anderen, manchmal allein und dann wieder mit einer Revuetruppe (einer neuen Ausgabe der »Revue Nègre«), machte einen Abstecher nach Harlem und kehrte 1928 nach Paris zurück.

Ein paar Tage vor Weihnachten in diesem gleichen Jahre stellte er ausgerechnet in Paris etwas Schlimmes an. Tief in der Nacht kam er aus einer Bar auf dem Montmartre, in der er arbeitete, und traf einen anderen Musiker namens Mike Mc Kendrick. Er hatte eine heftige Auseinandersetzung mit ihm, die am frühen Morgen mit einer Schießerei endete. Die beiden Streitenden fügten sich praktisch keinen Schaden zu, aber drei Passanten wurden verletzt. Der Vorfall hatte einen gewissen Widerhall, auch in den Zeitungen (»Kampf zwischen Negern auf dem Montmartre«, lautete die Überschrift eines Artikels, den die Zeitung »L' Intransigeant« der üblen Geschichte widmete), und endete vor Gericht. Trotz der günstigen Zeugenaussage des Dichters Louis Aragon, der sich verpflichtet fühlte, den beiden Hilfestellung zu leisten, weil er eine starke Sympathie für Jazzmusiker hatte, wurde jeder der beiden Duellanten zu fünfzehn Monaten Gefängnis verurteilt. Bechet saß zwölf davon ab, wurde dann entlassen und aus Frankreich ausgewiesen. Kurze Zeit später aber, nachdem der Saxophonist sich etwas in Berlin aufgehalten und eine Stippvisite in New York gemacht hatte, war er erneut in Paris, allerdings heimlich, und zwar mit dem Orchester von Noble Sissle. An seiner Seite war Tommy Ladnier, ein hervorragender Trompeter aus Louisiana, den er sage und schreibe in Moskau kennengelernt hatte (wohin dieser mit einer Europa-Tournee des Sam Wooding-Orchesters gekommen war) und der ihm ein treuer Kollege werden sollte.

Mit ihm zusammen kehrte er nach Berlin zurück und trat dort im »Haus Vaterland« auf, wo er schon früher gespielt hatte, aber der Boden schien ihm unter den Füßen zu brennen; denn Anfang 1931 war er schon wieder gemeinsam mit Ladnier in New York beim Sissle-Orchester. Das dauerte natürlich nicht lange. Wenig später arbeitete er bereits für Duke Ellington, mit dem er gerade lange genug zusammenblieb, um Johnny Hodges ein paar Unterrichtsstunden zu erteilen. Hodges hatte früher einmal mit ihm im Quartett von Willie »The Lion« Smith und im Club Basha gespielt und wurde dauerhaft von ihm beeinflußt.

1932, in einem der schrecklichsten Jahre der Depression, hatte Sidney den Mut, mit Ladnier ein Sextett, The New Orleans Feetwarmers, zu gründen. Damit trat er auch im Savoy in Harlem auf und spielte ausgezeichnete Schallplatten ein (»I've found a new baby«, »Maple Leaf rag« und »Shag« gehören zu den meistgeschätzten Titeln). Aber die Zeiten waren zu hart, und auch die Feetwarmers mußten aufgelöst werden.

».. . Ja, damals ging es ziemlich schlecht«, hat Bechet geschrieben, »und eine Zeitlang hatten Tommy und ich einen Schneiderladen in der Nähe der St. Nicholas Avenue. Das war kein Geschäft, welches Anzüge anfertigte, sondern bloß bügelte und reparierte, und wir nannten es »Southern Tailor Shop«. Tommy half mit und putzte Schuhe . . . Eine Menge arbeitsloser Musiker und einige, die eine Arbeit hatten, kamen oft vorbei, und wir hielten unsere Jam Sessions im Hinterraum des Ladens ab[4].«

Vielleicht, weil sich die Jahre allmählich bemerkbar machten, packte Bechet nach Schließung des Geschäftes 1934 nicht wieder die Koffer für eine Reise nach Europa, sondern ging zurück zu Noble Sissle. Mit dessen Orchester machte er bedeutende Schallplattenaufnahmen wie »Blackstick« und »When the sun sets down South«. Sie bildeten den Start für eine Serie von Einspielungen, die als die gelungensten unter den zahlreichen Titeln des Saxophonisten während seiner langen Karriere anzusehen sind.

1938 verließ Bechet Sissle endgültig und fing an, in seiner Heimat bei den Kollegen, den Jazzfreunden und Kritikern bekannt zu werden, nachdem man ihn wegen seiner dauernden Wanderfahrten praktisch übersehen hatte. Ende der dreißiger Jahre und während der gesamten Kriegszeit spielte er mit den wichtigsten Jazzleuten aus New York, arbeitete wiederholt im Nick's in Greenwich Village, im Jimmy Ryan's auf der 52. Straße sowie in anderen, weniger bekannten Jazzlokalen und nahm viele Platten auf, die ihm voll gerecht werden.

Ein Verzeichnis seiner beachtenswerten Aufnahmen aus diesen Jahren wäre umfangreich. Hier soll es reichen, folgende zu erwähnen: »Really the blues« mit Ladnier, die Stücke der von ihm und Muggsy Spanier geleiteten »Big Four«, das wunderschöne »Summertime« von 1939, die 1940 mit Louis Armstrong aufgenommenen Titel »Coal cart blues«, »Perdido Street blues«, »2:19 blues« und »Down in Honky Tonk Town«, »Blues in thirds« mit Earl Hines, ferner »Shake it and break it«, »Sleepy time down South«, »Blue horizon« sowie »Out of the gallion«, die alle mit Studioformationen ausgeführt wurden.

1946 eröffnete Bechet, um mal etwas anderes und neues zu machen, eine »Musikschule« in Brooklyn. Der erste, der zu dieser Schule kam, war Bob Wilber. Er war sein ergebenster Bewunderer und Jünger und hegte immer den Verdacht, daß er der einzige oder fast einzige Schüler der ganzen Schule war. Vielleicht gab es noch ein oder zwei weitere. Da die Schule jedenfalls so schlechte Geschäfte machte, entschloß sich der Schüler am Ende, in die Wohnung des Meisters überzusiedeln und einen Teil der Mietkosten auf sich zu nehmen. Bechet machte auch mit Wilber, der mit ihm im Jimmy Ryan's spielte, gute Aufnahmen. Eine davon, das jubilierende »Broken windmill«, zeigt schon deutlich jene kreolische, französierende Ader in seiner Musik, die ein paar Jahre später in Frankreich zum Ausbruch kommen sollte.

Als der Saxophonist aus New Orleans damals Wilber mit väterlicher Fürsorge ausbildete, dachte er vielleicht, daß seine Zeit vorüber sei. Eine neue Generation von Jazzmusikern unter Führung von Charlie Parker und Dizzy Gillespie war zur Geltung gekommen, und es sah so aus, als ob es in Amerika keinen Platz mehr für Musiker traditioneller Stile gäbe, auch wenn der New Orleans-Jazz manches mehr oder weniger dauerhafte »Revival« erlebt hatte. Sicher ist, daß Bechet, als er im Mai 1949 nach Paris fuhr, um an einem großen Jazz-Festival teilzunehmen, das von Charles Delaunay in der Salle Pleyel veranstaltet wurde, überhaupt nicht erwartete, Eindruck auf das Publikum zu machen.

»Ich glaubte, sie würden mich für einen kleinen Jazzmusiker halten«, gestand er bei der Erzählung seines Lebens für eine in Frankreich aufgenommene Plattenserie, »ich dachte wirklich, die Leute würden mich auslachen, weil ich in einem alten Stil spielte. Ihr versteht, ich war hierzulande neu . . . Aber während des Konzertes hatte ich ein Stück, dazu noch ein altes Stück, mit dem ich gar keinen üblen Erfolg gehabt habe.«[5]

Tatsächlich war es nicht nur ein Erfolg, sondern ein Triumph. Alle Musiker, die mit ihm aus Amerika gekommen waren – angefangen mit Parker, der zu dieser Zeit in äußerst schlechter Form war, bis hin zu Miles Davis, der sich von der Umgebung einschüchtern ließ – verschwanden buchstäblich hinter dem alten Löwen aus New Orleans, der so den erfolgreichsten Teil seiner Laufbahn begann. Kurz darauf schlug ihm nämlich Delaunay vor wiederzukommen und bot ihm seine Dienste als Manager und Agent an. Sein Rat wurde sofort befolgt. Auf diese Weise verbrachte Sidney Bechet, abgesehen von einigen kurzen Zwischenbesuchen in Amerika, die letzten Jahre seines Lebens in Paris. Er spielte überall, wo es Jazz-Liebhaber gab, und ließ sich zunächst vom Claude Luter-Orchester und dann von der Band unter André Réwéliotty, zwei der besten traditionellen Formationen Frankreichs, sowie ab und zu von anderen Gruppen begleiten. Er rief unbeschreibliche Begeisterungsstürme hervor. Man kann sagen, daß die fünfziger Jahre des Jazz in Europa die Ära Sidney Bechets waren. Dank seinem Beispiel und während seiner Erfolgszeit nahmen die Bands im New Orleans-Stil, die mehr oder weniger aus Amateuren bestanden, in jedem Land der Alten Welt ständig zu. Hier bedeutete der Jazz etwas. Auch das Sopransaxophon, das bis zu diesem Zeitpunkt praktisch unbekannt gewesen war, hatte zum ersten Mal eine Erfolgszeit. Bechets Popularität war so groß, daß seine längere Anwesenheit in einem sommerlichen Tanzlokal von Juan les Pins, dem Vieux Colombier, allein ausreichte, um diesen Ort an der Côte d'Azur endgültig berühmt zu machen. Seine Einwohner, die ständigen und die vorübergehenden, huldigten ihm mit denkwürdigen Feiern anläßlich seiner dritten Hochzeit, die im Jahre 1951 im unmittelbar benachbarten Antibes stattfand.

Als Bechet am 14. Mai 1959, genau am Tage seines zweiundsechzigsten Geburtstages, in Paris starb, war es für viele seiner französischen Bewunderer so, als ob ein lieber Freund gestorben wäre. Ein Freund, der eine väterlich-liebenswürdige Art haben konnte und jedem, der Jazz spielte, eine Menge Ratschläge erteilte. Aber er konnte auch unduldsam, anspruchsvoll und barsch sein; er war mißtrauisch und paßte wie ein alter Gutsverwalter vom Lande auf das Geld auf. Jedoch zu seinem Publikum war er sehr freigiebig und schenkte ihm all seine Kräfte. Ein Mann jedenfalls, der wegen seiner außerordentlichen Vitalität ein weites Tätigkeitsfeld ausfüllte und eine große Lücke hinterließ. Niemand in Europa wunderte sich, als der Gemeinderat von Antibes den Beschluß faßte, ihm im Pinienhain von Juan les Pins ein Denkmal, und zwar eine Bronzebüste von beträchtlicher Größe, errichten zu lassen.

Die überschäumende Vitalität und der Freiheitssinn des Menschen Sidney Bechet finden sich in seiner vehementen, überstürzenden und aggressiven Musik wieder. Sein Saxophon singt immer aus voller Kehle, jede Note von ihm vibriert heftig, ist brennend heiß. Sein Instrument mag mit jedem anderen zusammenklingen, aber nur selten spielt es ihm gegenüber für die Dauer einer kurzen kontrapunktischen Passage eine zweitrangige Rolle. Rudi Blesh hat ganz richtig geschrieben, daß Bechet seinem Temperament nach ein Trompeter ohne Trompete war. Sein Spiel war immer die Führungsstimme des Orchesters, diejenige, die der Ausführung Farbe und Feuer gibt.

Sein Stil war und bleibt einzigartig, obwohl er viele Nachahmer fand und darüber hinaus den einen oder anderen Solisten, in erster Linie Johnny Hodges, beeinflußte. In seinen langen kraftvollen und ausdrucksreichen Phrasen wird systematisch Gebrauch von der Technik des Hinüberziehens eines Tones zu dem darauffolgenden gemacht, ohne abzusetzen. So wird das heikle Problem perfekt gelöst, das jeder Spezialist des Sopransaxophons angehen mußte, nämlich das der exakten Intonation. In seinen Phrasen werden die »richtigen« Töne stufenweise erreicht und gehören zu einer andauernden, gewundenen Melodielinie, auf die die Betonungen wie Peitschenhiebe fallen.

Nicht alle Beurteilungen Bechets als Saxophonist sind positiv gewesen. Viele haben sein starkes und hervorgehobenes, fast weinerliches Vibrato kritisiert. Andere haben ihm einen gewissen Hang – feststellbar in seinen langsamen Stücken – zu einer billigen Sentimentalität vorgeworfen, die ein wenig an das neunzehnte Jahrhundert anklingt. Wiederum andere und besonders diejenigen, die von einem Jazzmusiker das strenge Festhalten an bestimmten traditionellen Richtlinien und die Wahrung eines Repertoires ohne kommerzielle Konzessionen erwarten, sind durch die Bedenkenlosigkeit, die Bechet stets bei der Wahl seiner Themen (unter denen auch von ihm komponierte Motive exotischer Färbung sowie außerhalb der Jazzwelt entstandene Melodien wie »Laura« nicht fehlen) und manchmal auch bei der Auswahl seiner Mitarbeiter gezeigt hat, verstimmt worden. In dieser letzteren Hinsicht erregte eine Aufnahmeserie großes Aufsehen, die er in Paris mit zwei Jazzleuten modernen Stils wie dem Pianisten Martial Solal und Kenny Clarke machte.

Die Kritiken an der Musik, die der Saxophonist in den letzten Jahren seiner Laufbahn. dem europäischen Publikum zu Gehör brachte und für die Plattenfirma Vogue in Paris in reichlichem Maße einspielte, sind sicherlich begründeter. Der Einfluß der französischen Umwelt wirkte tief auf Bechet und erweckte in ihm mit Nachdruck gewisse uralte kreolische – das heißt: im Grunde französische – Reminiszenzen, die im frühen New Orleans-Jazz noch spürbar waren. Auf der anderen Seite verstärkte das Bewußtsein, jedwede Zuhörerschaft begeistern zu können, in ihm jenen Hang, sich als Publikumsliebling vorzudrängeln, den er immer hatte und der erstmals auf den Bühnenbrettern der Negerrevuen in den zwanziger Jahren zum Vorschein gekommen war. So stellen einige Stücke seiner französischen Zeit, von denen das allzu erfolgreiche »Les oignons« ein charakteristisches Beispiel bildet, eine Degenerationserscheinung des traditionellen Jazz zu einer showmäßigen, jahrmarktartigen, ebenso aufregenden wie bedeutungsarmen Musik dar.

Noch weiter vom Geist des authentischen Jazz entfernt sind die zwei Kompositionen, die andererseits aus unterschiedlichen Gründen seine beiden wichtigsten Kompositionen sind, nämlich »Petite fleur«, das Ende der fünfziger Jahre in Europa einen riesigen Erfolg hatte und als tanzbares Stück für einen europäischen Nachtclub bezeichnet werden kann, sowie die von ihm komponierte Ballettmusik »La nuit est une sorcière«, die Züge von Filmmusik und Kitsch an sich hat.

Übereinstimmend positiv ist jedoch das Urteil der Kritiker über seine Aktivität als Klarinettist, die leider nur auf wenigen Platten dokumentiert ist. Diese reichen aber in jedem Falle aus, um ihn als den vielseitigsten Klarinettisten der

Schule von New Orleans zu bezeichnen, die doch so beachtliche Persönlichkeiten wie Johnny Dodds, Jimmie Noone, Barney Bigard, Albert Nicholas, Omer Simeon, Leon Roppolo, Larry Shields, Joe Darensbourg bis hin zu den jüngeren Irving Fazola und Pete Fountain hervorgebracht hat.

Sidney Bechet aber wird im Herzen und im Gedächtnis der Jazzfreunde lebendig bleiben als der erste große Meister des Sopransaxophons.

Bessie Smith

»Jetzt tritt eine große Stille ein. Nur das Klavier ist zu hören. Es ist der Blues.
Etwas spannt sich in mir. Mensch, wie wird sie aussehen? Ich habe sie noch nie
vorher gesehen.
Dann höre ich ihre Stimme und, Donnerwetter, ich weiß, das ist er . . . mein
Glückstag. Ich höre das Beste und sehe sie dazu. Da ist sie. Strahlend ist das
richtige Wort, das einzige, das sie beschreiben kann. Natürlich, sie ist nicht
schön, aber für mich ist sie es. Ein weißes, schimmerndes Abendkleid, eine
großartige, hochgewachsene Frau, und sie beherrscht die Bühne und das ganze
Haus vollständig, wenn sie den »Yellow dog blues« singt. Ja, ich kann es nicht
ausdrücken, sie hat eben Ausstrahlung und erfaßt und fesselt mich. Es gibt
keine Erklärung für ihren Gesang, ihre Stimme. Sie benötigt kein Mikrophon
und benutzt auch keins. Ich bin nicht sicher, ob diese verdammten Dinger in
dem Jahr schon aufgekommen waren. Jeder kann sie singen hören. Dieses
Mädchen singt aus seinem Herzen. Sie läßt mich keinen Augenblick aus ihrem
Bann. Während sie singt, geht sie langsam über die Bühne. Ihr Kopf ist etwas
geneigt. Von meinem Sitzplatz aus kann ich nicht erkennen, ob sie ihre Augen
geschlossen oder geöffnet hält. Weiter und weiter, ein Stück nach dem anderen
die gleiche Stille, eine großartige Darbietung, ein donnernder Applaus. Wir
möchten sie nicht aufhören lassen.«[1]
Der Mann, der diese Zeilen geschrieben hat, ist Art Hodes, ein Altmeister des
Klaviers, einer von vielen Jazzleuten, die das Glück hatten, Bessie Smith »live«
zu sehen und zu hören. Für ihn, der sie in Chicago hörte, wie für viele andere
ist die Erinnerung an die Begegnung mit der »Kaiserin des Blues«, wie sie
genannt wurde, unauslöschlich. Bessie war in ihrer großen Zeit wirklich eine
Persönlichkeit und auf ihrem Gebiet eine unvergleichliche Künstlerin.
Zu Ruhm und Reichtum gelangte Bessie Smith sehr bald, nachdem sie 1923
ihre ersten Platten aufgenommen hatte, aber ihre Kindheit und Jugend waren
durch tiefstes Elend getrübt worden. Sie wurde als Kind einer zahlreichen
Familie in Chattanooga in Tennessee geboren. Zusammen mit drei Schwestern
und drei Brüdern wurde sie nach dem Tode ihres Vaters, der auch Prediger der
Baptisten-Kirche war, früh zum Waisenkind. Wann sie geboren ist, bleibt
strittig, einerseits wegen des Fehlens eines Geburtsregisters (im Süden kümmerte man sich nicht darum, die Geburten von Negern zu registrieren),
andererseits, weil sie selbst zur Verwirrung ihrer späteren Biographen mit
beitrug, indem sie ihr Lebensalter herabsetzte. Es ist jedoch wahrscheinlich,

daß das von ihr selbst angegebene Geburtsdatum auf dem Antrag für die Heiratserlaubnis korrekt ist, also der 15. April 1894.

Bessie begann, für wenig Geld zu singen, als sie noch ein kleines Mädchen war, und wurde im Jahre 1912 Berufssängerin, als ihr Bruder Clarence ihr ein Engagement bei einer Truppe unter Leitung der Eheleute Lonnie und Cora Fisher besorgen konnte. Auch »Ma« Rainey und ihr Mann gehörten zu dieser Truppe, die kleine Vaudeville-Shows veranstaltete. Aber Bessie blieb nur sehr kurze Zeit dort. Nach ein paar Monaten war sie schon in Georgia bei einer anderen Truppe, in der ebenfalls die beiden Raineys arbeiteten. Wegen ihrer Zusammenarbeit mit der »Mutter des Blues« in den ersten Monaten ihrer Laufbahn sollte jahrelang immer wieder betont werden, daß Ma Rainey diejenige gewesen ist, die Bessie entdeckt und das Bluessingen gelehrt hat. Man sagte und wiederholte sogar, Ma habe Bessie als junges Mädchen entführt und Jahre hindurch bei sich behalten. Bessie lieferte allerdings sogleich den Beweis dafür, daß sie selbst in der Lage war, sich zu rühren. 1913 finden sich ihre Spuren beim Theater »81« in Atlanta wieder. Dieses sollte in den unmittelbar folgenden Jahren ihr Ausgangspunkt werden, zu dem sie zwischen einer Tournee und der nächsten häufig zurückkehrte. Die kleinen Theater des TOBA-Kreises im Süden und zwei Minstrel-Gruppen (farbige, wie alle Gruppen dieser Art, die noch im Süden der Vereinigten Staaten umherzogen), und zwar die Florida Blossoms und die Minstrels von Silas Green, zählten sie zu ihren Stars, bevor sie wichtigere Engagements bekommen konnte. Ein solcher Vertrag führte sie 1921 zum ersten Mal in das Standard Theatre in Philadelphia, ein weiterer im Jahre darauf gemeinsam mit dem Charlie Johnson-Orchester in das eleganteste Tanzlokal von Atlantic City, das Paradise Gardens. Die Zeit war reif für ihren Durchbruch auf nationaler Ebene. Die Schallplattengesellschaften New Yorks waren nach dem Erfolg des »Crazy blues« auf der Suche nach Sängerinnen, die wieder einen solchen Hit bringen konnten. Bessie wurde von den Leuten der Black Swan gehört, überzeugte sie aber nicht. Für diese Neger, die der entstehenden Bürgerschicht angehörten, war sie zu rauh, zu negroid im Vergleich zu Mamie Smith, welche in Cincinnati geboren war, seit ihrer Jugend in New York lebte und sich dort an die den Weißen genehmere Musik gewöhnt hatte. Bessie versuchte es auch kurz bei einer anderen Plattenfirma, der Emerson, wo sie von Perry Bradford gesteuert wurde, aber wenn sie wirklich irgendeine Plattenseite für diese Marke aufgenommen hat, was sicher zu sein scheint, wurde diese entweder nicht veröffentlicht oder erschien unter einem anderen Namen.[2] Auch bei der Okeh, wo Bessie im Studio von Clarence Williams, Sidney Bechet, Bubber Miley und einigen anderen begleitet wurde, erlebte sie einen Mißerfolg. Das war nicht weiter schlimm, weil sie in der Zwischenzeit in die Besetzung von »How come?«, einer der vielen Negerrevuen jener Jahre, eintreten konnte. Diese sollte bald darauf, im April 1923, von Philadelphia zum Broadway überwechseln.

Aber es war vom Schicksal bestimmt, daß Bessie nicht mit der Truppe von »How come?« zum Broadway gelangte, weil sie mit dem Autor der Revue aneinandergeriet und schnell auf üble Weise hinausgeworfen wurde. Es war dagegen vorherbestimmt, daß ihr nächster Versuch, Platten aufzunehmen – diesmal für die Columbia – von Erfolg gekrönt war. Mehr als einer rühmt sich, bei dieser Gelegenheit die Sängerin entdeckt und so dazu beigetragen zu haben, daß sie als großer Star der Schallplattenindustrie herauskam. Jedoch ist die Wahrheit die, daß Bessie bereits seit längerer Zeit einem ziemlich breiten Publikum bekannt war. Also hatte auch der Inhaber eines Plattengeschäftes in Philadelphia, der anscheinend Clarence Williams den Vorschlag machte, sie Frank Walker, dem künstlerischen Leiter der Columbia für die »Race Records«, vorzustellen, kein allzu großes Verdienst; und noch weniger Williams selbst, der sie dazu überredete, ihn zu ihrem Manager zu machen, weil er sie von Philadelphia zum Büro der Columbia nach New York gebracht hatte, wobei er sich als Vermittlungsgebühr 50% ihrer Einnahmen zahlen ließ . . .

Bessie spielte ihre ersten Platten im Februar 1923 ein. Am ersten Tag, an dessen Ende keine ihrer vielen aufgenommenen Seiten für geeignet zur Veröffentlichung befunden wurde, war sie nicht vom Glück gesegnet, aber am zweiten Tag schaffte sie es sehr gut, als sie den »Down hearted blues« aufnahm, der sie berühmt machen sollte. Von der Schallplatte mit diesem Blues (der nicht einmal erstmalig erschien, da er schon mit gutem Erfolg in einer gesungenen Platten-Version von Alberta Hunter veröffentlicht worden war) wurden in weniger als sieben Monaten 780 000 Exemplare verkauft. Für diese Zeit eine schwindelerregende Ziffer.

Bessie, die zwischenzeitlich in zweiter Ehe einen Nachtwächter namens Jack Gee geheiratet hatte, mit dem sie seit einiger Zeit zusammenlebte (ihr erster Mann war kurz nach der Hochzeit gestorben), konnte von sich sagen, daß sie groß herausgekommen war. Sie trennte sich brüsk von Clarence Williams, schloß mit der Columbia einen leidlichen Vertrag ab, ernannte als Manager für ihre Schallplattentätigkeit Walker selbst, der so gewissermaßen mit sich selber verhandeln konnte, nahm weitere Platten auf und begann eine lange Tournee, die zahlreiche große und kleine Städte im Süden berührte. Überall erntete Bessie lebhaftesten Beifall. Die Negerzeitungen berichteten darüber mit begeisterten Worten, wie man sie in dem Artikel über eine Vorstellung findet, die sie mit ihrer kleinen Truppe im Frolic Theatre in Birmingham, Alabama, gab. »Die Straßen waren versperrt, Hunderte und Hunderte konnten keinen Einlaß zu dieser Vorstellung bekommen«, war unter anderem in einer Pressenotiz zu lesen, die von Billy Chambers unterzeichnet war und in vielen Zeitungen erschien. »Bessie Smith mit Irving Johns am Klavier, bevor ihr eigener besonderer Vorhang mit ›Nobody's bizness if I do‹ die volle Bühne freigab, gefolgt von ›Gulf Coast blues‹, die stürmischen Applaus erhielten und das Haus zum Toben brachten.«[3]

Hiernach konnte sich Bessie Smith einige Jahre lang nur gelegentlich eine kurze Ruhepause in ihrem neuen Heim in Philadelphia gönnen. Die Tourneen folgten in jeder Saison aufeinander und berührten nun auch die Großstädte im Norden wie Chicago, Detroit, Philadelphia und New York. In die letztgenannte Stadt kehrte Bessie oft zurück, um Platten aufzunehmen. Manchmal sang sie Stücke, die zum Repertoire anderer Bluessängerinnen gehörten, zum Beispiel den bereits erwähnten »Down hearted blues« oder den »Graveyard blues« von Ida Cox, »Beale Street mama« und »Aggravatin' papa« von Lucille Hegamin oder auch »Bo-weavil blues« und »Moonshine blues« von Ma Rainey. Jedoch verstand Bessie es immer, das verwendete Material umzuwandeln und ihm den Stempel ihrer starken Persönlichkeit aufzudrücken. Oft entstammten ihre Blues dem reichhaltigen Volksmusikgut des Tiefen Südens und wurden dann umgearbeitet und ausgefeilt oder jedenfalls immer von ihr und ihren engsten Mitarbeitern verändert. Eine besondere Vorrangstellung hatten James P. Johnson, Clarance Williams (nachdem sie sich mit ihm ausgesöhnt hatte), Fred Longshaw und Porter Grainger (zwei Pianisten von begrenztem Ruf, aber für sie ideale Begleiter), Fletcher Henderson und seine besten Solisten – der Trompeter Joe Smith, der Posaunist Charlie Green sowie der Klarinettist Buster Bailey in erster Linie, ohne jedoch Louis Armstrong zu vergessen, der im Jahre 1925 einige denkwürdige Aufnahmen mit ihr machte – die häufig zu Aufnahmesitzungen mit ihr herangezogen wurden.

»Wir machten für Bessies Platten keine Proben«, hat sich Buster Bailey zu diesen Plattensitzungen erinnert. »Sie ging einfach mit uns ins Studio, das irgendwo beim Columbus Circle lag. Niemand von uns hat je die Sachen geprobt, die wir mit ihr aufgenommen haben. Wir gingen einfach ins Studio. Fletcher gab die Tonart an. Das wurde übrigens nicht nur bei Bessie, sondern auch bei fast allen Bluessängerinnen so gehandhabt. Die Sängerinnen hatten vielleicht ein paar Worte auf ihrem Zettel stehen, damit sie sich erinnerten, wie die Verse liefen, aber Noten standen nie drauf . . . Wir nahmen mit Trichter auf. Es ist ja bekannt, wie damals Schallplatten gemacht wurden. Wir bastelten herum, bis wir eine vernünftige Balance hingekriegt hatten, und dann spielten wir das Stück zwei- oder dreimal, aber wir nahmen von einem Stück nie mehr als zwei Versionen auf. Wir spielten im allgemeinen nur zwei Seiten (einer 78er Schellackplatte) in einer Session ein, und zu der Zeit kriegten wir dafür mehr Geld als jetzt.«[4]

Bessies Platten verkauften sich sehr gut. Im Norden waren sie nur in den Negervierteln zu haben, aber im Süden fand man sie überall. Dort wurde die Sängerin nämlich auch von denjenigen Weißen sehr geschätzt, die den Blues

»im Blut« hatten, so daß sie nicht selten besondere Vorstellungen für sie geben mußte. Einige ihrer Auftritte wurden dann live im Radio übertragen und so auch und speziell vom weißen Publikum gehört.

Die Shows von Bessie und ihrer Truppe wurden teilweise unter einem Zeltdach und teilweise in Theatern veranstaltet, vor allen in denen des TOBA-Kreises. Sie bestanden aus verschiedenen Varieté-Darbietungen und unterschieden sich nicht allzusehr von den letzten Minstrel-Shows der Neger, die unter der Bezeichnung »Carnival shows« als deren ungefähre Weiterentwicklung immer noch zu sehen waren. Um sich bequemer von einer Stadt zur anderen begeben zu können und vor allen Dingen zur Vermeidung der Schwierigkeiten, auf die die Neger bei der Suche nach einer Unterkunft stets stießen, erwarb Bessie 1925 einen eigenen Eisenbahnwagen, der mit Schlafwagen, Küche, Badezimmer, Abstellräumen usw. ausgerüstet war. Der Wagen war gelb angestrichen und mit auffälliger Beschriftung in grün versehen. Er konnte bis zu 35 Personen unterbringen. Oft stellte sich Bessie selbst an den Kochherd. In jedem Falle war sie es, die der Truppe ihren Willen und ihre Launen aufzwang. Der Manager war ihr Bruder Clarence, auch wenn ihr Mann alles daransetzte, als solcher zu erscheinen (»Jack Gee präsentiert Bessie Smith«, hieß es im allgemeinen auf den Plakaten), und ihre engsten Mitarbeiterinnen waren zwei Nichten und ihre Schwägerin. Diese machten zusammen mit Clarence von allem etwas: sie trugen vor, tanzten und verkauften die Eintrittskarten. Sie machten sich auch bei der Verwaltung der Vorräte an Bonbons, Erdnüssen usw. nützlich, die im Wagen verstaut waren und während der Pausen verkauft wurden.

Kurz vor Beginn der Vorstellung marschierten die Orchestermitglieder musizierend durch die Straßen der Stadt und warben für dieses Ereignis. Ihnen folgten einige Angehörige der Truppe. Die hochgehaltenen Reklameschilder verkündeten, daß es »A Hot Show Tonight« (»eine heiße Schau heute abend«) geben würde und ferner: »Bessie Smith And Her Gang Are Here« (»Bessie Smith und ihre Truppe sind hier«). Sehr häufig spielte die Band ein Stück aus der Zeit des spanisch-amerikanischen Krieges, »There'll be a hot time in the old town tonight«. Wenn der kleine Umzug zum Zelt zurückkehrte, wurde er immer von einer kleinen Schlange von Leuten begleitet, die darauf brannten, die Eintrittskarten zu kaufen.

Das runde Zelt war groß und hatte 1500 Sitzplätze sowie Raum für mindestens weitere hundert Stehplätze. Wer jedoch zu spät kam, lief Gefahr, keinen Einlaß mehr zu finden. Es kam auch in den kleinen Städten oft vor, daß Bessie das Zelt mehrere Abende hintereinander vollständig füllen konnte.

Nach Ende der Vorstellungen kam der große Augenblick für Jack Gee, der eine wahre Befriedigung dabei empfand, die Einnahmen wieder und wieder zu zählen.

Bessie beschränkte sich nicht darauf zu singen. Sie war auch eine gute Tänzerin, Komikerin und Komödiantin. Alles, was sie anpackte, zog das Publikum in ihren Bann. Ihre Bühnenkostüme waren nicht besonders gestaltet, doch liebte sie es, lange Perlenketten, einen Spitzenschal und Straußenfedern zu tragen. Ihre bevorzugte Kopfbedeckung hingegen war sehr phantasievoll. Es war eine Art Rugbyspieler-Sturzhelm, besetzt mit kleinen Perlen und Glitzerschmuck, von dem auf beiden Seiten zwei breite Flügel mit langen Fransen ausgingen. Das Ganze erinnerte an einen Lampenschirm, so wie sie damals modern waren. Eine glänzende, rabenschwarze Perücke, aus Roßhaar gefertigt, vervollständigte ihre Aufmachung. Nicht selten trat Bessie im schon klassisch gewordenen Kostüm einer »Mammy« aus dem Süden auf, das dem Publikum seit der Zeit der Minstrel-Shows vertraut war, mit einem zusammengeknoteten Kopftuch, dessen Zipfel nach vorne zeigten, und in einem knallbunten, vielleicht getupften Baumwollkleid. Der breite Rock reichte bis auf die Füße, und darüber war eine Schürze. Ein Kissen hinten unter dem weiten Unterrock löste Lachsalven bei den Zuschauern aus.

Die Bühnenkulisse rief die Erinnerung an den Süden wach, wie man ihn auf gewissen Drucken bewundern konnte. Gegen einen orangefarbigen Himmel mit einem leuchtenden Vollmond hob sich die Silhouette eines Magnolienbaumes ab.

Das ausschließlich aus Negern bestehende Publikum – wenn man von den besonderen Vorstellungen absieht, von denen bereits die Rede war – folgte den Liedern Bessies, die fast immer Blues waren, mit großer eigener Anteilnahme. Die Doppelsinnigkeiten und Zweideutigkeiten erregten tosendes Gelächter und führten zu laut gerufenen Kommentaren. Ausrufe wie »Gut, Schwester!« und »Amen!« unterstrichen die Schlußfolgerungen des Blues, in dem viele Male von einer »Sweet Mama« gesprochen wurde, die ihren Freund fortjagte, weil er auf ihre Kosten gelebt hatte, oder sich für seine Untreue rächte. Es waren die Themen des Kampfes der Geschlechter, eine ewige Konstante in der Soziologie der amerikanischen Neger.

Bei Bessie konnte alles vorkommen. Die Kaiserin des Blues war oft zu betrunken, um singen zu können: manchmal war sie in heftige Streitigkeiten mit ihrem Mann verwickelt, die dann mit dramatischen Fluchtversuchen der einen oder anderen Seite endeten. Jack Gee konnte es nämlich nicht ertragen, daß seine Frau trank (und sie trank sehr viel schlechten Schmuggel-Whisky), doch noch weniger konnte er ihre zahlreichen Treuebrüche ertragen, besonders nicht die einer gewissen Art. So hatte er nicht viel Zeit gebraucht zu merken, daß Bessie ihn jedes Mal, wenn sie allein gelassen wurde, mit dem ersten besten betrog, aber er war wirklich verwirrt, als er feststellte, daß sie mit gleicher Ungeniertheit ganz eigenartige Beziehungen zu Tänzerinnen ihrer Truppe unterhielt. Jedenfalls ließ er sich recht bald trösten; denn auf einmal konnte sie sein Verhältnis mit einer ziemlich berühmten Schauspielerin aufdecken, prügelte sich mit ihm und ließ ihn am Ende sitzen.

Bessie Smith war eine rauhe und rauflustige Frau, unbeherrscht bis zur Zügellosigkeit. In den »Speakeasies« in der Umgebung der Theater, in denen sie auftrat, war sie wohlbekannt. An einem einzigen Abend war sie imstande, mehr als ein Lokal zu besuchen und alle Gäste freizuhalten. Auch bei der Leiterin eines »buffet flat« in Detroit war sie bekannt. Das war eines jener verschwiegenen Apartments, wie sie in den zwanziger Jahren in den Negervierteln an recht großer Zahl waren und wo man trank, Glücksspiele spielte und sich der Liebe hingab, öfters nach irgendeiner erotischen Vorführung.

Die Mitarbeiter kannten die Schwächen ihrer Chefin bestens, aber wenn jemand unter ihnen sie auch mißbilligte, hütete er sich wohl davor, den Mund aufzumachen. Bessie war stets bereit, jeden mit Fäusten zu traktieren, der ihr in die Quere kam. Sie war fähig, alles stehen und liegen zu lassen, mochte jeder, so gut er konnte, mit eigenen Mitteln nach Hause zurückkehren, falls er welche hatte. Und doch, wenn sie auch gewalttätig war und wie ein Hafenarbeiter am Mississippi redete, sie konnte sehr großzügig sein und war es häufig. Zu ihrem nichtsnützigen Mann war sie vor der Trennung geradezu von verschwenderischer Freigebigkeit gewesen. Der Cadillac in seiner Spezialanfertigung, den sie ihm 1926 geschenkt hatte, war in aller Munde, ebenso wie die kostbaren Anzüge, die sie ihm maßschneidern ließ. Gleichermaßen großzügig war Bessie zu ihren drei Schwestern, die sie zu einem bestimmten Zeitpunkt aus Chattanooga nach Philadelphia kommen ließ, um für sie Sorge zu tragen. Keine von den dreien dachte je daran, sich irgendeine Arbeit zu suchen, und als Bessie in der Hoffnung, ihr Problem besser zu lösen, ihnen ein Restaurant kaufte, das sie führen sollten, verwirtschafteten sie es schneller, als man es sich vorstellen kann.

Zum Glück konnte Bessie sich allerlei Luxus erlauben. Seit 1923 betrugen ihre Einkünfte ungefähr 2000 Dollar pro Woche. Ihre Schallplatten verkauften sich immer sehr gut, und ihre Show »Harlem frolics«, die mehrfach neu bearbeitet wurde, sahen Hunderttausende. Hierauf folgte im Jahre 1928 die Show »Mississippi days«, in der Bessie unter orkanartigem Applaus einen Blues voller Doppelsinnigkeiten sang, um dessen Plattenaufnahme sich die Leute rissen, und zwar den »Empty bed blues«.

Während »Mississippi days« im Lafayetto Theatre Harlems lief, erhielt Bessie eine für sie ungewöhnliche Einladung. Der Schriftsteller Carl Van Vechten wünschte sie bei einem Empfang, den er gemeinsam mit Fania Marinoff in ihrem schönen Haus im Zentrum Manhattans gab.

Viele Jahre später sollte Van Vechten dieses Ereignisses in »Jazz Record«, einer kleinen Zeitschrift unter Leitung von Art Hodes, gedenken:

»Porter Grainger brachte sie in meine Wohnung in der 55. Straße West . . .«, schrieb der Autor von »Nigger Heaven«. »George Gershwin war da und Marguerite d' Alvarez und Constance Collier, möglicherweise auch Adele Astaire. Im Salon drängte sich das hochintellektuelle Publikum. Bessie wollte was zu trinken haben. Vorher konnte sie nicht singen. Sie bat um ein Glas puren Gin, und mit einem Schluck stürzte sie ein Glas runter, in dem fast ein halber Liter war. Und dann kniete sie sich in den Blues. Eine brennende Zigarette hing ihr aus einem Mundwinkel. Porter saß am Klavier, und sie kniete sich tief, ganz tief in den Blues. Ich bin sicher, daß niemand, der an diesem Abend dabei war, es je vergessen wird; da stand keine Schauspielerin vor uns, keine Frau, die das Leid einer Frau nachahmt. Da wurde nicht getan als ob. Es war die Sache selbst. Eine Frau schnitt sich mit einem Messer ins Fleisch, bis ihr Herz vor uns lag, bis wir alle es sehen konnten und bis wir litten, wie sie litt. Sie öffnete vor uns ihr Herz in Rhythmen, die waren so wild, daß man es kaum ertragen konnte.«[5]

Van Vechtens Erzählung war jedoch ungenau und vor allem rücksichtsvoll und zurückhaltend. Chris Albertson, der zuverlässigste Biograph von Bessie Smith, hat sich der Mühe unterzogen, jemanden von den Anwesenden bei diesem Fest später zu befragen, und deshalb hat er etwas richtigzustellen und zu ergänzen. Die Geschichte mit der Zigarette zum Beispiel läßt sich nicht halten; denn Bessie sang aus voller Kehle, was man mit einer Zigarette im Mundwinkel unmöglich machen kann, und dann rauchte sie überhaupt nicht beziehungsweise rauchte nur »Reefers«, das heißt Marihuana-Zigaretten, aber wahrscheinlich nicht bei dieser Gelegenheit. Und außerdem trank sie niemals Gin, sondern Whisky, und vom Gin sprechen nur ihre Blues. Was ferner Van Vechten nicht erwähnte, ist, daß Bessie an jenem Abend zuviel trank, was häufig vorkam. Sie wurde von ihren Freunden praktisch fortgetragen, welche sie jedoch nicht daran hindern konnten, mit lauter Stimme eine Flut von Schimpfwörtern auszustoßen, als die feine Herrin des Hauses sie zum Dank umarmen wollte.

Viele Dinge ereigneten sich im Jahre 1929, und es waren nicht nur erfreuliche. Es war das Jahr der endgültigen Trennung von ihrem Mann, das Jahr der guten Erfolge der Shows »Steamboat days«, »Late hour dances« und »Midnight steppers« sowie des Mißerfolges von »Pansy«, einer am Broadway mit katastrophalen Ergebnissen inszenierten Revue, in der bloß Bessie – im übrigen der einzige Star der Besetzung – mit Ehren abschnitt. Ebenfalls auf das Jahr 1929 geht die Herstellung eines kurzen Spielfilms mit dem Titel »St. Louis blues« unter der Regie von Dudley Murphy zurück. Wer diesen Film gesehen hat, versichert, daß Bessie, die die Rolle der Hauptdarstellerin spielte und auch den berühmten Blues von W. C. Handy sang, bei dieser Gelegenheit ein bemerkenswertes Talent als dramatische Schauspielerin bewiesen hat.

Die Krise nach dem Börsenkrach auf der Wall Street brachte Bessie bald in

Schwierigkeiten. Innerhalb weniger Monate brach der Verkauf ihrer Schallplatten zusammen. Von ihren letzten Einspielungen zwischen 1930 und 1931 wurden nur ein paar tausend Exemplare produziert und schließlich nur noch wenige hundert Stück. Als Frank Walker feststellen mußte, daß der Markt der »Race Records« nicht mehr existierte, konnte er ihren Vertrag nicht mehr erneuern. Aber nicht nur der Markt der Platten für das schwarze Publikum war verschwunden, auch die Welt, in der Bessie eine der Hauptpersonen gewesen war, brach zusammen. Die Blues, zu »bedrückend« für Leute, die schon genug eigene Sorgen hatten, mit denen sie sich beschäftigen mußten, kamen aus der Mode, und sanft entschlummerte die vom Tonfilm verdrängte Vaudeville-Show. Für die Theater des TOBA-Kreises bedeutete dies das Ende, und sogar für das glorreiche Lincoln Theatre Harlems kam das Ende, als es 1931 in eine Baptistenkirche umgewandelt werden mußte.

Bessies Lage verschlimmerte sich noch dadurch, daß ihr Mann ihr gemeinsames Adoptivkind entführte, das von nun an ein unstetes Leben führen und von einer Besserungsanstalt zur nächsten geschickt werden sollte.

Die Engagements wurden seltener und die Vergütungen bedeutend schlechter; manchmal erschien Bessies Namen am Ende eines Plakats. Wahrscheinlich wäre sie in das tiefste Elend gefallen, wenn sich nicht ein bekannter Alkoholschmuggler aus Chicago namens Richard Morgan mit ihr zusammengetan hätte, der ihr anhänglichster Begleiter in ihren letzten Lebensjahren werden sollte.

Im Jahre 1933 kreuzte sich der Weg von Bessie Smith mit dem von John Hammond, der damals auf der Suche nach talentierten Künstlern aus der Jazzwelt war, mit denen er eine lange Serie von Plattenaufnahmen machen wollte, die ihm für den englischen Markt in Auftrag gegeben worden waren. So kam es, daß die Kaiserin des Blues am 24. November 1933 ein letztes Mal ihren Fuß in ein Aufnahmestudio setzen konnte. Dort traf sie recht bekannte Begleitmusiker, wie Jack Teagarden, den Trompeter Frankie Newton, den Pianisten Buck Washington, den Tenorsaxophonisten Chu Berry und ein paar weitere, zu denen noch – für einen einzigen Titel – Benny Goodman trat. Mit diesen Musikern spielte sie vier Stücke ein, die beweisen, daß ihre Stimme immer noch die von früher war. »Gimme a pigfoot«, »Do your duty«, »Take me for a buggy ride« und »Down in the dumps« gehören zu den überzeugendsten Dokumenten ihrer Kunst.

Das darauffolgende Jahr war das schlimmste ihrer Laufbahn. Wer sich an ihren Namen noch erinnerte, betrachtete sie als eine Persönlichkeit aus einer anderen Ära, und wer sie im Apollo Theatre oder im Harlem Opera House hören ging, spendete mit wenig Begeisterung Beifall. Die folgenden Zeilen wurden von einem Chronisten des »New York Age« geschrieben, der sie in einer Varieté-Vorführung erlebte, welche im Oktober des Jahres in diesem letztgenannten

Bessie Smith

Count Basie

Woody Herman

Lester Young

Theater stattfand und unter Mitwirkung des Don Redman-Orchesters gegeben wurde:

»Wenn da nicht die recht geschickten und originellen Arrangements wären, die Don Redmond (sic) und seine Band spielen, wäre die Show dieser Woche im Harlem Opera House kaum einen Pfifferling wert . . . Bessie Smith ist zweifelsohne eine gute Bluessängerin – aber Bluessängerinnen scheinen nicht mehr so geschätzt zu werden wie früher. Ihre Aufnahme durch das Publikum war zwar recht herzlich, aber anscheinend mehr auf eine Wertschätzung ihrer Persönlichkeit als des Gebotenen zurückzuführen. Natürlich riefen die üblichen gewagten Verse das übliche obszöne Gelächter hervor, doch – sie wurde überhaupt nicht zu einer Zugabe zurückgerufen.«[6]

Wenige Monate später, als Leonard Feather als ganz junger Fachjournalist und Korrespondent des »Melody Maker« gerade aus England in New York angekommen war und Bessie im Apollo hören ging, war er enttäuscht. Sie war auch diesmal sturzbetrunken. In der Erinnerung an diese peinliche Begegnung schrieb Feather viele Jahre später: »Sie hatte seit zehn Jahren ihre goldene Zeit hinter sich, und es gab alles in allem vielleicht hundert Amerikaner (von denen 95 Weiße waren), die eine vage Vorstellung von dem hatten, was sie für die Geschichte der musikalischen Kunst in den zwanziger Jahren bedeutet hatte. Für den größten Teil der Weißen war sie eine Unbekannte; für fast alle Neger war sie bloß eine fast vergessene Vaudeville-Künstlerin.«[7]

Die Wiederauferstehung des Jazz, die dem triumphalen Erfolg Benny Goodmans zu verdanken war, brachte auch Bessie Smith wieder ins volle Rampenlicht. Die Gelegenheit zur Rückkehr wurde ihr Anfang 1936 von der Leitung des Connie's Inn geboten, das seit einiger Zeit aus Harlem zur 48. Straße in die Nähe des Broadway übergesiedelt war. Die Sängerin der Show, Billie Holiday, war nämlich erkrankt, und Bessie wurde als ihr Ersatz geholt. Sie kam gut an, auch weil sie seit ein paar Jahren in steigendem Maße ihr Repertoire verwässert und die alten Blues durch gängige Liedchen ersetzt hatte. In diesem Cabaret blieb sie mehr als zwei Monate und wurde während dieser Zeit von den Musikern und Förderern des Jazz geehrt. Eines Abends wurde sie von diesen ins Famous Door auf der 52. Straße mitgenommen, wo sie alle durch ihr Können verblüffte.

Jetzt schienen sich alle Leute ihrer zu entsinnen, und die Arbeitsangebote häuften sich. Eine gute Gelegenheit schien gekommen zu sein, als ihr vorgeschlagen wurde, in die Truppe der Musikshow »Broadway Rastus« einzutreten, die den Süden bereiste.

Es geschah während einer Reise im Verlauf der Tournee mit dieser Truppe, daß Bessie Smith am 26. September 1937 auf einer schmalen Straße des Staates Mississippi einem tödlichen Verkehrsunfall zum Opfer fiel. Sie war mit einem Auto, das von Richard Morgan gefahren wurde, nachts von Memphis in

Richtung Süden abgefahren. Ungefähr hundert Kilometer von dieser Stadt entfernt prallte das Auto mit aller Wucht gegen einen Lastwagen, der auf einer Seite der Straße gehalten und sich gerade wieder in Bewegung gesetzt hatte, und überschlug sich auf einer Seite. Bessie wurde schwer verletzt; ein Unterarm wurde fast abgerissen.

Über die Ereignisse, die in den wenigen Stunden danach folgten, bevor die Sängerin in einem Krankenhaus des nahegelegenen Clarksdale starb, sind viele Unrichtigkeiten geschrieben und gesagt worden. Vor allen Dingen sagte und wiederholte man viele Jahre lang, daß Bessie hätte gerettet werden können, wenn sie nicht von dem Krankenhaus, zu dem sie gebracht worden war, wegen ihrer Hautfarbe abgewiesen worden wäre. Bessie sei danach während der Suche nach einem Krankenhaus, das bereit gewesen wäre, sie aufzunehmen, verblutet, als ein Opfer der Rassendiskriminierung des Südens. Eine berüchtigte Angelegenheit mit viel bösem Blut wurde daraus, so sehr, daß Edward Albee in Anlehnung an diese Geschichte ein ergreifendes Drama in einem Akt unter dem Titel »The death of Bessie Smith« (»Der Tod der Bessie Smith«) schrieb, das 1960 in Berlin uraufgeführt und anschließend wiederholt inszeniert wurde.

Der erste, der den Wahrheitsgehalt dieser Version von Bessies Tod kontrollieren wollte, war George Hoefer.[8] Nach Durchführung der erforderlichen Nachforschungen kam er zu einer unterschiedlichen Rekonstruktion der Vorgänge, welche später durch Chris Albertson eine Bestätigung in ihren Hauptzügen fand. Dieser sammelte verschiedene Jahre darauf mit großer Gewissenhaftigkeit die noch verfügbaren Zeugenaussagen über die schon weit zurückliegenden Ereignisse und kontrollierte die Dokumente.[9]

So steht es inzwischen also fest, daß gleich nach dem Unfall am Unglücksort zufällig ein Auto eintraf, in dem sich zwei Personen befanden. Einer davon war ein bekannter Arzt aus Memphis, der bei der Verletzten die erste Notbehandlung vornahm und dann einen Krankenwagen rufen ließ. Der Zufall wollte es, daß auch das Auto des Arztes von einem weiteren hinzugekommenen Auto angefahren wurde, dessen beide Insassen ihrerseits Verletzungen davontrugen. Infolgedessen mußte ein zweiter Krankenwagen herbeigerufen werden. Es steht fest, daß Bessie zu einem Krankenhaus für Neger, dem Afro-American Hospital, gefahren wurde, und es ist praktisch sicher, daß niemand auch nur einen Augenblick daran dachte, sie in das – übrigens sehr nahe gelegene – Krankenhaus für Weiße zu bringen. Sie starb trotz der ärztlichen Bemühungen, die ihr zuteil wurden, an ihren schweren Verletzungen, die als in jedem Fall tödlich beurteilt wurden.

Wie war die andere Version entstanden? Aus einem Artikel in »Down Beat«, den der stets impulsive John Hammond einen Monat nach dem Unfall schrieb, als er diesbezüglich nur Gerüchte gesammelt hatte, die er nicht kontrollierte und übrigens auch in zweifelndem Ton wiedergab.[10] Die unverzügliche und entrüstete Reaktion der Gesundheitsbehörden von Clarksdale, die eine Richtigstellung der Nachricht verlangten, nützte nichts. »Down Beat« veröffentlichte einen zweiten Artikel, in dem präzisiert wurde, daß Bessie sogleich zum Krankenhaus für die Neger gebracht worden war, jedoch die erste Version der Ereignisse blieb im Gedächtnis und im Herzen aller haften.

An der Beerdigung, die ein paar Tage später in Philadelphia stattfand, nahmen mindestens siebentausend Personen teil, aber Bessies Grab blieb ohne Grabstein. Ihr Mann war von der Rolle des untröstlichen Witwers sehr angetan und konnte das erforderliche Geld für einen solchen Stein niemals auftreiben; als Unterschriftssammlungen veranstaltet wurden, um ihm zum Nötigen zu verhelfen, erhielt er das Geld ausgehändigt, doch wurde dieses für andere Zwecke ausgegeben. Man mußte bis 1970 warten, bevor das skandalöse Versäumnis wiedergutgemacht wurde. Dafür sorgte die Werbeabteilung der Columbia anläßlich der Veröffentlichung des ersten der fünf Doppelalben mit allen schon früher erschienenen 160 Aufnahmen von den insgesamt 180 Einspielungen, welche die Kaiserin des Blues während ihrer Laufbahn gemacht hatte. Auf den Grabstein wurden folgende Worte eingraviert: »The greatest blues singer in the world will never stop singing« (Die größte Bluessängerin der Welt wird niemals aufhören zu singen«).

Diese Inschrift sagt die Wahrheit, zumindest bis auf den heutigen Tag. Überall, wo es einen Jazzfreund gibt, werden die Schallplatten von Bessie Smith eifersüchtig gehütet und immer wieder auf den Plattenteller gelegt.

Ihre bewunderungswürdigen Aufnahmen sind sehr zahlreich; einige jedoch sind besondere Glanzstücke und können als Klassiker der afro-amerikanischen Musik angesehen werden. Auch wenn man hierbei bestimmt hochinteressante Titel ausläßt, muß man vor allem wenigstens folgende nennen: »Jail house blues« (1923), »Weeping willow blues (1924), »My man blues« (1925), sechs wunderschöne Seiten der neun Aufnahmen zusammen mit dem jungen Armstrong, und zwar »Cold in hand blues«, »Careless love blues«, »Nashville women's blues«, »I ain't gonna play no second fiddle«, »J. C. Holmes blues« und der berühmte »St. Louis blues«, ferner »Trombone Cholly«, in dem die Posaune von Charlie Green der Sängerin erfindungsreich antwortet, und außerdem noch »Mean old bed bug blues«, »Back water blues« sowie »Preachin' the blues« (1927). »Washwoman's blues« und »Me and my gin« ragen unter den Einspielungen des Jahres 1928 heraus, während »Nobody knows you when yuo're down and out« von 1929 sicherlich eine ihrer dramatischsten Interpretationen ist. Alles andere als selten waren in ihrem Repertoire die Erfolgslieder dieser Zeit, die keine Blues waren, und als Beispiele dieser Art reichen ihre meisterhafte Version von »After you've gone« (1927) oder zwei Pseudo-Gospel Songs von 1930: »On revival day« und »Moan, you mourners«. Abschließend kann man nicht umhin, nochmals das trächtige »Gimme a pigfoot« zu erwähnen, mit dem Bessie wie mit einem Aufschrei ihre Karriere in den Aufnahmestudios abschloß.

In den genannten Stücken und in vielen weiteren Aufnahmen entfaltet Bessie Smith ihre außergewöhnlichen Gaben als dramatische, oft tragische Sängerin mit einer tiefen und mächtigen Stimme von großer Ausdruckskraft. Mit ihr wurde der Blues zur Kunst, so wie der Instrumentaljazz in den gleichen Jahren durch Louis Armstrong Kunst wurde. Eine Kunst, die dem einfachen Volk, an das sie sich wandte, vollkommen verständlich, aber deshalb nicht primitiv oder populär, im abfälligen Sinne dieses Begriffes, war. Tatsächlich war Bessie nicht nur eine Sängerin mit einer strahlenden Ausdrucksweise, die ihr Publikum hypnotisieren und es tief erschüttern konnte; sie war auch eine zwar instinktive, aber ganz ausgezeichnete Musikerin, unübertroffen bis auf den heutigen Tag.

Sie verstand es, die musikalischen Phrasen mit großer Originalität umzuformen; die völlig unvorhersehbare Weise, wie sie die Phrasen zum Atemholen unterteilte, die Art, in der sie die Akzente auf bestimmte Worte fallen ließ, dafür andere langzog, ihr meisterhaftes Hinüberziehen eines Tones zu dem darauffolgenden – manchmal in doppelter Hinsicht, und zwar zuerst absteigend und dann ansteigend – die vollkommene Kontrolle der Tongebung sowie ihre typische Fähigkeit, dem Vortrag außergewöhnliche Flüssigkeit und Kontinuität zu verleihen, sind noch heute Grund zum Staunen. All dies verwunderte und begeisterte auch viele Jazz-Sängerinnen, die nach ihr kamen, vor allem Billie Holiday, die sich an ihr ausrichtete, und dann Ella Fitzgerald, die anfänglich versuchte, Connee Boswell zu imitieren, aber auch, ohne es zu merken, für immer von der unglücklichen Kaiserin des Blues beeinflußt wurde.

Fletcher Henderson

Fletcher Henderson schreibt man im allgemeinen die Schöpfung des Bigband-Jazz zu. Wenn ihm dieser Titel wirklich gebührt – und er ist anfechtbar, weil der wirkliche musikalische Leiter, der Architekt seiner ersten und bedeutungsvollsten Besetzungen Don Redman war – so muß man zumindest sagen, daß bestimmte Resultate nicht absichtlich von ihm erzielt wurden. Sein Fall ist paradox. Es traf sich, daß er die erste Bigband des Jazz leitete, fast ohne sich dessen bewußt zu werden, und nur die Dinge um sich herum geschehen ließ. Er hatte eine große Anzahl erstklassiger Musiker unter sich, er war ein inspirierendes Element, und doch war er, wenn man nach denen geht, die ihn gekannt haben, ein schwacher Mensch, gleichgültig »bis zum Grad der Unverantwortlichkeit« (um einen Ausspruch von John Hammond zu zitieren), der die Ereignisse einschließlich derer, die ihn nahe betrafen, unbeteiligt, ja fast belustigt beobachtete. Niemand kann sich daran erinnern, ihn jemals zornig oder begeistert gesehen zu haben. Alle haben ihn als einen desinteressierten, immer allzu ruhigen und ebenso gleichgültigen wie höflichen Mann in Erinnerung. Vielleicht – das ist eine Theorie, die vertreten worden ist – weil er niemals einen Beruf ernst genommen hat (er stammte aus der gehobenen Bürgerschicht der Neger, war streng erzogen und zum Studium der klassischen Musik angehalten worden), der damals wenig geachtet wurde; denn er war der Leiter eines – zudem noch schwarzen – Tanzorchesters. Und der Jazz war zu dieser Zeit noch keine Musik, die als hörenswert galt, es sei denn für eine Minderheit der direkt interessierten Personen.

Henderson wurde am 18. Dezember 1897[1] in Cuthbert im Bundesstaat Georgia geboren. Er war der Sohn eines Lehrers, welcher Direktor einer Privatschule für Neger, der Howard Normal School, wurde. Seine Mutter, eine Klavierlehrerin, war seine erste Lehrerin, und sie leitete ihn zum Studium der klassischen Musik an. Das gleiche Schicksal widerfuhr seiner Schwester Irma und seinem sieben Jahre jüngeren Bruder Horace. Trotzdem sah der junge Fletcher die Musik nicht als einen für ihn möglichen Beruf an. Er erwarb das Diplom für Chemie am Morehouse College in Atlanta und zog im Jahre 1920 nach New York, in der Absicht, seine Studien an der Columbia University abzuschließen.

Aber da wurde er gleich in das »Music business« hineingezogen, und zwar als angestellter Schreiber, Vorführer und Propagandist für Lieder des Verlages von W. C. Handy und Harry Pace, des bahnbrechenden Unternehmens auf dem Gebiet der amerikanischen Negermusik. Als Pace sich 1921 von seinem Teilhaber trennte und eine Schallplattenfirma, die Black Swan Records, gründete, folgte ihm Henderson als musikalischer Leiter. Damals begann er seine Tätigkeit als Begleiter von Bluessängerinnen, Pianist und Leiter von Gelegenheitsgruppen. Die erste Berühmtheit, in deren Dienste er trat, war eine aus Pennsylvania gebürtige Sängerin namens Ethel Waters, der eine glänzende Karriere bevorstehen sollte. In ihrer Autobiographie erinnerte sich Ethel Waters an ihren ersten Besuch bei der neugegründeten Plattenfirma und ihre erste Begegnung mit Henderson: »Das Büro der Black Swan war, glaube ich, in der Wohnung des Inhabers. An dem Tag, als ich hinging, traf ich Fletcher Henderson, der sich sehr wichtig tat . . . Es wurde lange darüber diskutiert, ob ich volkstümliche Stücke oder ›Kulturlieder‹ singen sollte.«[2] Das Dilemma läßt sich erklären: Pace war der einzige schwarze Plattenverleger und wußte sich nicht zu entscheiden, ob er dem Geschmack derjenigen Rassenbrüder entgegenkommen sollte, die höher hinauswollten, indem sie die Weißen weitmöglichst imitierten, oder aber derjenigen, die einfach die Lieder ihrer Heimat hören wollten. Er entschied sich für die Volksstücke; als er später anderen Sinnes wurde, mußte er zumachen.

Die Anfänge waren verheißungsvoll; denn die erste Platte von Ethel Waters verkaufte sich bestens. Und da Pace und Henderson sogleich begriffen, daß sie es mit einem Star zu tun hatten, beschlossen sie, eine lange Propagandatournee durch zahlreiche Varieté-Theater des Ostens und Südens für sie zu arrangieren. Henderson sollte sie mit einer kleinen Jazzgruppe begleiten, aber bevor er die Reise antrat, mußte er die Zustimmung seiner Familie abwarten, die eigens aus Georgia anreiste, um sich zu vergewissern, daß die Sängerin wirklich eine empfehlenswerte Dame war.

Eine der ersten Städte, die diese Tournee Ende November 1921 berührte, war Philadelphia. Der Auftritt von Ethel Waters mit den Black Swan Jazz Masters – so war die von Henderson geleitete Gruppe getauft worden – wurde in eine Varieté-Show eingebaut, in der auch der ehemalige Boxmeister im Schwergewicht Jack Johnson auftrat, einer der ersten Helden in der Mythologie der amerikanischen Neger. Während der Rundreise, die die kleine Truppe der Black Swan bis nach New Orleans führte, hatte Henderson Gelegenheit, zwei Musikern zu begegnen, deren er sich in der Folgezeit noch entsinnen sollte. Es waren Joe Smith, ein hervorragender Trompeter, der jahrelang mit ihm zusammenarbeiten sollte und ein Dämpfer-Spezialist war, sowie Louis Armstrong, dem er sofort ein Engagement anbot, allerdings ohne Erfolg. Auf der Tournee widmete er sich während des Aufenthaltes in Chicago auf Drängen von Ethel Waters auch intensiv den Piano Rolls von James P. Johnson, um sich das Bluesgefühl anzueignen, das ihm noch abging.

Ein paar Monate nach seiner Rückkehr nach New York nahm Henderson wieder seine Tätigkeit bei der Black Swan auf, welche jedoch 1924 ihre Pforten schloß. Er begleitete wiederum Bluessängerinnen für die »Race Records«, die reißenden Absatz fanden. Diese Arbeit setzte er einige Jahre fort, und sie brachte ihn in Verbindung mit den berühmtesten Bluessängerinnen seiner Zeit wie Bessie Smith, Clara Smith, Maggie Jones, Trixie Smith, Rosa Henderson, Alberta Hunter und vielen anderen. So bildete sich in den Aufnahmestudios um ihn herum der Kern dessen, was sein erstes Tanzorchester werden sollte, das zufällig und gegen seinen Willen zustandekam, wenn man dem glauben soll, was Don Redman erzählt hat.[3]

Im September 1923 erfuhren einige Musiker, die zusammen mit Henderson von einer Plattensitzung für Columbia zurückkehrten, von irgend jemand, den sie trafen, daß man ein Orchester für den Club Alabam suchte, ein unterirdisches Lokal auf der 44. Straße in der Nähe des Broadway. Mit Widerwillen und nur um seine Kollegen zufriedenzustellen, meldete sich Fletcher sofort, obwohl er weder den Bassisten noch den Schlagzeuger bei sich hatte, die an der Aufnahmesitzung nicht teilgenommen hatten, für eine Hörprobe und bekam das Engagement ab Januar 1924. Die Bezahlung war sehr bescheiden – insgesamt 300 Dollar pro Woche – aber die Arbeit in den Aufnahmestudios sollte allen ermöglichen, ihre Einkünfte aufzubessern. So begann das erste Fletcher Henderson-Orchester seine Aktivität.

Am Anfang war es gewiß keine glänzende Formation. Sie stützte sich auf Standard-Arrangements, die sogenannten »stock arrangements«, und suchte dem Geschmack der weißen Tänzer entgegenzukommen, die den Club Alabam füllten und für die das Orchester Paul Whiteman das Höchste war. Aber unter Hendersons Leuten waren schon echte Talente, wenn auch erst im Kommen. Einige, wie der damals neunzehnjährige Coleman Hawkins, sollten noch ein paar Jahre brauchen, um ihren eigenen Weg zu finden, doch einer war praktisch schon so weit, daß er gute Arbeit leisten konnte: der Altsaxophonist und Arrangeur Don Redman.

Redman war erst dreiundzwanzig Jahre alt, als er dem Orchester des Club Alabam beitrat (er wurde im Jahre 1900 in Piedmont, West Virginia, geboren), jedoch war er bereits ein sehr erfahrener Musiker. Als eine Art Wunderknabe konnte er im Alter von zwölf Jahren schon zahlreiche Blasinstrumente ziemlich gut spielen und vollendete dann gründliche musikalische Studien an den Konservatorien von Chicago und Boston. Und Fletcher fing an, ihn in den Aufnahmestudios einzusetzen.

In seiner Eigenschaft als einziger Arrangeur dieser Formation wurde Redman der Schöpfer ihres Stils. Er war derjenige, der vor jedem anderen eine jazzgerechte Ausdrucksweise für die Bigband erfand, in die sich die Improvisation der Solisten einfügt oder in der sie, besser gesagt, innerhalb der geschriebenen Partituren ihren eigenen Raum findet. Fürs erste waren die Ergebnisse mäßig, auch wenn schon ein dritter wichtiger Schritt in der Entwicklung des Jazz vollzogen worden war. Denn dieser war im Verlauf von zwanzig oder vielleicht weniger Jahren aus dem Stadium der Heterophonie (der ersten New Orleans-Bands) zur mehr oder weniger improvisierten Polyphonie (der in Chicago tätigen Gruppen) und schließlich zur Homophonie übergegangen, in der eine melodische Hauptlinie von zurücktretenden Stimmen harmonisch begleitet wird. Man kann auf jeden Fall sagen, daß Hendersons Ensemble nicht eher nennenswerte Resultate erreichte, bis es im Sommer 1924 im Roseland, einem riesigen Tanzsaal in der Nähe des Times Square, an der Ecke des Broadway und der 51. Straße, verpflichtet und durch den Beitrag Louis Armstrongs bereichert wurde, der als Ersatz für Joe Smith bestellt war.

Henderson leitete nicht das einzige Orchester im Roseland, dem damals berühmtesten Ballsaal der Vereinigten Staaten, der streng dem weißen Publikum vorbehalten war. Als Hauptorchester gab es ein anderes, das weiß war und unter Sam Lanin stand. Man sagt, daß Lanin die Nähe einer schwarzen Bigband nicht genehm war; schon die Band unter Leitung des Violinisten Armand J. Piron, eines der geschätztesten Orchesterchefs der »society bands« aus New Orleans, hatte ihm nicht gepaßt, als sie den Henderson-Leuten vorausgegangen war. Das Publikum bewies indessen sofort seine Wertschätzung für das Henderson-Orchester, und auch einige Musiker von Lanin, wie Red Nichols, verfolgten mit großem Interesse, was ihre farbigen Kollegen machten.

Armstrongs Eintreffen regte die Erfindungsgabe von Redman an. Das beweist das glänzende Arrangement von »Copenhagen«, aufgenommen unmittelbar nach dem Orchesterbeitritt des New Orleans-Kornettisten. Einige Monate später folgte eine weitere berühmte Aufnahme, »Sugar foot stomp«, die sich auf eines der wesentlichen Stücke aus dem Repertoire King Olivers, den »Dippermouth blues«, gründete. Die Rückkehr von Joe Smith sowie das stufenweise Reifen bestimmter Solisten, wie des Klarinettisten Buster Bailey, des Posaunisten Charlie Green und des bald zum ersten großen Jazz-Saxophonisten werdenden Coleman Hawkins, sorgten für zusätzliche Fortschritte des Orchesters, so daß es nicht zu sehr unter dem Verlust des Ende 1925 nach Chicago zurückkehrenden Louis Armstrong litt, als er zuerst durch Rex Stewart und dann durch Tommy Ladnier ersetzt wurde. Andere wertvolle Neueinstellungen waren die beiden Posaunisten Benny Morton und – anschließend – Jimmy Harrison gewesen. Dieser letztgenannte war zusammen mit dem vor ihm auf der Bildfläche erschienenen weißen Miff Mole von entscheidender Bedeutung für die Schaffung eines solistischen Posaunen-Stiles, der im Vergleich zu den New Orleans-Pionieren Kid Ory und George Brunis fortgeschrittener und selbständiger war.

Die Zeitspanne, die das Jahr 1926 und die erste Hälfte von 1927 umfaßt, war vielleicht die beste Zeit des Henderson-Orchesters. Damals entstanden die Einspielungen von einigen der glücklichsten Redman-Arrangements, wie »The stampede«, »Henderson stomp«, »Whiteman stomp« (ursprünglich für das Orchester von Paul Whiteman geschrieben) und »Tozo«, in dem – vielleicht erstmalig in einem Jazz-Titel – dreifache Tempi experimentiert wurden.

Auf diesen und anderen gleichzeitigen und vorangegangenen Plattenaufnahmen lassen sich charakteristische Züge der Orchesterformel erkennen, die Redman nach und nach für Henderson ausgearbeitet hatte. Das Hauptproblem, das es zu lösen galt, bestand, wie bereits gezeigt wurde, darin, die jazzmäßige Improvisation – gekennzeichnet durch den individuellen Stil des Solisten, der neue melodische Linien auf einer bestimmten harmonischen Grundlage improvisiert – in Einklang mit den aufgeschriebenen Partien zu bringen, so wie sie entsprechend der Anzahl der Musiker erforderlich waren. 1927 war diese Zahl auf eine Standardbesetzung festgelegt worden, die aus drei Trompeten, drei Holzblasinstrumenten (Saxophonen und Klarinetten, gemischt eingesetzt), zwei Posaunen (anfänglich einer) und der Rhythmusgruppe bestand, zu der Klavier, Banjo, Baßtuba und Schlagzeug gehörten.

Redman gelang es vollkommen, sein Problem zu lösen. Er ließ die Sätze (das heißt die Blechblasinstrumente – Trompeten und Posaunen – und die Holzblasinstrumente – Saxophone und Klarinetten – die oft in wechselseitigem Kontrast nach Art von Schlag und Gegenschlag verwendet wurden) in der gleichen Sprache sprechen, die von den improvisierenden Solisten gebraucht wurde. Auf die bestmögliche Art verschmolz er – doch hier gebührt das Verdienst vor allem Henderson – die solistischen mit den kollektiven, arrangierten Partien. Diese letzteren können als Basis für die Soli dienen oder auf verschiedene Arten mit diesen abwechseln.

Natürlich hatte Redman seine Anregung dem musikalischen Material entnommen, das sich in jenen Jahren seiner Aufmerksamkeit darbot. Er hatte die Riffs verwertet und verstärkt; er hatte vor allen Dingen zu Beginn versucht, den Dixieland orchestral auszuarbeiten, der in den frühen zwanziger Jahren in New York beispielsweise von der Original Memphis Five zu hören war; er hatte aufmerksam die Plattenaufnahmen von King Olivers Creole Jazz Band gehört, welche bereits Arrangements im Ansatz benutzte, die gemeinschaftlich erarbeitet und nach Gedächtnis weitergegeben wurden (die bis heute »Head Arrangements« oder einfach »Heads« genannt werden). Was den Einsatz von Saxophon-Sätzen anbetrifft, die praktisch in New Orleans unbekannt waren, so war dieser schon seit einiger Zeit in den Partituren üblich, die von den weißen Orchestern, angefangen mit Paul Whiteman, gespielt wurden. Hinsichtlich des Klarinetten-Trios, das eine Art Warenzeichen wurde, griff Redman wahrscheinlich auf bestimmte Vaudeville-Musik zurück, die vom Ragtime herkam und um 1920 und wenig später in New York modern war. Da hatte

313

man ähnliche Trios, die allerdings völlig anderen Geistes waren, häufig hören können.

Ausgehend von gewissen Voraussetzungen und Anregungen machte Redman jedenfalls große Schritte vorwärts. Dabei wurde er selbstverständlich von den Fähigkeiten Hendersons als Orchesterleiter und vom Können der Solisten unterstützt, die dieser zu vereinen verstand und in gutem Einvernehmen zusammenarbeiten ließ. Sie vor allem gaben den ihnen vorgelegten Arrangements Wert und Bedeutung im Sinne des Jazz; sie machten mit großer Virtuosität die plötzlichen Wechsel von Rhythmus und Tonart möglich, wenn sie Redmans oft schwere und harmonisch fortgeschrittene Partituren korrekt, aber auch mit der flüssigen Dynamik, dem Swing und dem »Drive« spielten, die charakteristisch für den besten Jazz sind.

Nur für die Rhythmusgruppe war noch keine passende Lösung gefunden worden, zum Teil wegen des Vorhandenseins von Banjo und Baßtuba, die erst später durch Gitarre und gezupften Kontrabaß ersetzt werden sollten, da sie musikalisch anpassungsfähigere Instrumente sind, zum Teil auch wegen Hendersons Mittelmäßigkeit als Pianist. Ganz andere Resultate hätte man wohl erzielt, wenn für dauernd in diese Formation Fats Waller eingegliedert worden wäre, der nur zwei Stücke mit ihr aufnahm. Einer dieser Titel, »Henderson stomp«, ließ einen Solisten wie Coleman Hawkins ein paar Jahre später seufzen: »Wenn es nach mir gegangen wäre, hätte ich Fats eingestellt. Fletcher hätte das tun können.«

Im Juli 1927 verließ Redman das Orchester, um die musikalische Leitung der Mc Kinney's Cotton Pickers zu übernehmen. Das war eine Bigband aus Detroit, die von einem ehemaligen Zirkus-Schlagzeuger namens William Mc Kinney gegründet und von Jean Goldkette verwaltet wurde. Dieses neue Orchester, das sich auch die wesentliche Mitarbeit eines weiteren Arrangeurs – und Trompeters – namens John Nesbitt zunutze machte, setzte sich gleich als eines der besten in Amerika durch, während die Henderson-Band in eine Krise geriet. Da deren Leader nun nicht wußte, an wen er sich wegen der Arrangements wenden sollte, begann er im Handel befindliche Partituren zu benutzen, die nur leicht umgearbeitet wurden, um den Solisten Spielraum zu lassen, sowie Arrangements von Redman gegen solche anderer Orchester zu tauschen. Das war ein gefährliches Vorgehen; denn es beeinträchtigte die stilistische Einheitlichkeit und den Eigencharakter der Bigband, die so schließlich von Fall zu Fall dem Casa Loma Orchester oder den Bands von Jean Goldkette beziehungsweise Duke Ellington ähnelte. Ein besseres Ergebnis brachten offenbar die alten Texte von Redman oder irgendein »Head Arrangement«. Zu dieser letztgenannten Kategorie gehörte der »King Porter stomp«, die schwungvolle alte Komposition von Jelly Roll Morton.

Die Situation wurde durch einen Autounfall verschlimmert, den Henderson auf einer Dienstreise nach Kentucky erlitt und bei dem er ziemlich schwere Knochenbrüche und Verletzungen sowie eine schlimme Schädelverletzung davontrug. Leora Meoux, die ihn im Jahre 1925 geheiratet hatte und seinem Orchester sehr nahestand (auch weil sie eine Berufstrompeterin war), gab zu, daß ihr Mann von diesem Zeitpunkt an nicht mehr derselbe war.

»Alles kam ihm jetzt nur noch komisch vor«, hat sie gesagt, »und er hat es von da ab nicht mehr weitergebracht. Er war sowieso nie ein guter Geschäftsmann gewesen, aber nach dem Unfall wurde er womöglich ein noch schlechterer. Und was das Schlimmste war: ihm wurde alles egal.«[4]

Die Disziplin des Orchesters, die schon immer gering gewesen war, verfiel noch mehr. Die Verspätungen, mit denen die Orchestermitglieder eintrafen – wenn sie überhaupt kamen – sind sprichwörtlich geworden; oft stand irgendein Musiker betrunken auf dem Podium. Aber Henderson kümmerte sich nicht darum. Die Direktion des Roseland, die das Orchester für jede Saison verpflichtet hatte, fing an, das Vertrauen zum Leader zu verlieren. Auch die Achtung seiner eigenen Leute verlor er, als deren Arbeitsmoral aus vielen und triftigen Gründen sank. Die Vorrangstellung ihres Ensembles gehörte der Vergangenheit an, weil in der Zwischenzeit außer den Mc Kinney's Cotton Pickers auch die Orchester von Duke Ellington und Cab Calloway ganz groß herausgekommen waren; die Schallplatteneinspielungen waren ebenfalls seltener geworden.

Ein kleiner Skandal, der auch in den Zeitungen von Harlem ein Echo fand und endgültig das Vertrauen der Orchestermitglieder in die Fähigkeit ihres Leaders erschütterte, sie zu verteidigen und seine Rechte geltend zu machen, ereignete sich im Frühjahr 1929. Henderson sollte die Orchesterbegleitung zu einer Musikrevue von Vincent Youmans, »Horseshoes«, liefern, deren Inszenierung in Philadelphia vorgesehen war. Es war beabsichtigt, daß er einen Streichersatz zu seiner Formation fügen sollte. Seine apathische Nachgiebigkeit führte dazu, daß innerhalb von wenigen Tagen gruppenweise alle seine Musiker und am Ende sogar er selbst von der Leitung der Show entlassen und durch ebenso viele weiße Musiker ersetzt wurden. Irgendwie überlebte das Orchester zwar diese vernichtende Niederlage, doch hatte es ein immer schwereres Leben. Ende 1929 kam noch die Wirtschaftskrise dazu, und 1930 endete der Vertrag im Roseland. Für die Henderson-Leute gab es 1931 und 1932 nochmals ein paar gute Engagements – wie das im Connie's Inn, das fast ein Jahr lang anhielt, und das im Empire Ballroom am Broadway – es gab auch zahlreiche Kurzengagements hier und dort, aber Zeiten der Nichtbeschäftigung waren ebenfalls zu verzeichnen.

Zum Glück fing Henderson genau damals an, sich persönlich an die Kunst des Arrangierens zu wagen. Er griff auf Redmans Stil zurück und übernahm auch Ideen seiner Solisten, zu denen jetzt bedeutende Persönlichkeiten gehörten, wie der Altsaxophonist Benny Carter, der im Verlauf einiger Jahre mehrfach zu dem Orchester zurückkehren und wertvolle Arrangements für dieses schreiben sollte, ferner der Posaunist J. C. Higginbotham und der Bassist John Kirby.

Auch Fletchers Bruder Horace stieß zu den Mitarbeitern des Orchesters. Inzwischen hatte die Bigband einen leidenschaftlichen Förderer in John Hammond gefunden, der mehr denn je entschlossen war, sich für den Jazz und seine Künstler einzusetzen. Hammond verschaffte der Formation nicht nur im Februar 1932 einen günstigen Vertrag im Old Public Theatre in New York, sondern leitete am Ende des gleichen Jahres auch eine ihrer erfolgreichsten Aufnahmesitzungen, auf die in den anschließenden Monaten weitere folgten. Die damals entstandenen Schallplatten – zum Teil unter dem Namen von Horace Henderson – zeigen, daß das Schlimmste überstanden war, zumindest hinsichtlich der Qualität der gebotenen Musik. Zusätzliche große Solisten waren in das Orchester eingetreten, Leute wie der Trompeter Henry »Red« Allen und der Posaunist Dicky Wells. »New King Porter stomp«, »Honeysuckle rose«, »Down South camp meeting«, »Wrappin' it up« und »Shanghai shuffle« waren einige der gelungensten Stücke, die in diesen Monaten aufgenommen wurden. Das Orchester verlor 1934 seinen besten Solisten, Coleman Hawkins, der zuerst durch Lester Young und dann durch Ben Webster ersetzt wurde. Wenige Monate später im gleichen Jahre mußten Henderson und seine Musiker angesichts der übergroßen Schwierigkeiten aufgeben und auseinandergehen.

Hammond wurde nochmals der Mann der Vorsehung für Fletcher, als er Benny Goodman, der seit kurzem seine erste Bigband gegründet hatte und immer noch auf der Suche nach einem eigenem Stil war, den Vorschlag machte, Henderson Arrangements in Auftrag zu geben. Die Zusammenarbeit der beiden Musiker erstreckte sich über mehrere Wochen und verlief zur größten Zufriedenheit Goodmans, der vor allem dank der Arrangements von Henderson binnen kurzer Zeit der meistgefeierte Orchesterleiter Amerikas wurde und so in entscheidendem Maße zur Wiederauferstehung des Jazz beitrug.

Goodman hat die große Bedeutung, die Hendersons Beitrag für seinen Erfolg hatte, immer sehr ehrlich zugestanden. In seiner Autobiographie »The kingdom of swing« liest man unter anderem:

»Damals machte ich eine der wichtigsten Entdeckungen, daß nämlich Fletcher Henderson nicht nur großartige Arrangements wie die von mir erwähnten (»King Porter stomp« usw.) schreiben konnte, sondern auch etwas Prächtiges aus Melodien wie ›Can't we be friends?‹, ›Sleepy time down South‹, ›Blue skies‹, ›I can't give you anything but love‹ und besonders ›Sometimes I'm happy‹ zu machen verstand. Er mußte sich selbst davon überzeugen, daß er dazu in der Lage war, aber als er erst mal angefangen hatte, machte er eine großartige Arbeit. Das waren die Dinge, mit ihrem wundervollen leichten Stil und mit diesen wunderschönen Figuren im Hintergrund, die den Stil des Orchesters wirklich ausmachten.«[5]

Der mit Goodman erreichte Erfolg, die plötzliche Jazzbegeisterung der jungen Amerikaner und auch die wirtschaftliche Wiederbelebung der Vereinigten Staaten nach den Jahren der Depression gaben Henderson neuen Mut. Im Frühjahr 1935 gründete er eine neue feste Bigband, die nach ein paar Monaten im Roseland dann Januar 1936 ins Grand Terrace nach Chicago zog, wo sie abwechselnd mit anderen berühmten Ensembles auftrat, wie der dort seit Jahren ansässigen Band von Earl Hines oder dem Orchester des soeben aus Kansas City eingetroffenen Count Basie oder den Formationen unter Louis Armstrong und Andy Kirk.

Die Erfolge der zwanziger Jahre indessen wiederholten sich trotz der Tüchtigkeit einiger neuer Solisten (unter anderem des Trompeters Roy Eldridge, des Tenorsaxophonisten Chu Berry und des Schlagzeugers Sidney Catlett) und trotz der Qualität der Arrangements nicht. Das Publikum hatte sich an die Perfektion der Darbietungen des Benny Goodman-Orchesters und seiner Nachahmer gewöhnt, und Fletcher hatte keine genügend feste Hand, um Perfektion zu erreichen (vorausgesetzt, daß er eine solche überhaupt erzielen wollte und konnte, was jedem recht unwahrscheinlich erscheint, der weiß, wie wenig Gewicht die farbigen Jazzmusiker einer absoluten Genauigkeit und einem Perfektionismus ihrer Ausführungen beimessen). Zudem war er alles andere als ein geschickter Geschäftsmann, was man dagegen sein mußte, um sich in den führenden Positionen der konkurrenzstarken Swing-Ära zu halten. Es gelang ihm nicht einmal, viel Geld mit »Christopher Columbus« zu verdienen, einem Thema mit Riffs, das er herausgebracht hatte und das einer seiner Haupterfolge jener Jahre war.

1939 entschloß sich Henderson erneut, sein Orchester aufzulösen, und ließ sich von Goodman als Arrangeur sowie für eine kurze Zeit als Pianist anstellen.

Nach 1940, als er sich wiederum von Goodman getrennt hatte, um sich selbständig zu machen, begann sein Stern zu sinken. Er gründete immer wieder kurzlebige Orchester, mit denen er verschiedentlich tournierte und nochmals im Roseland, dann in Kalifornien (1945) und wieder mehrfach in Chicago spielte. In der letztgenannten Stadt leitete er 1946–1947 weniger bedeutende Formationen im Club DeLisa. Er arbeitete ein weiteres Mal mit Benny Goodman in Kalifornien und machte sich schließlich 1948–1949 wieder daran, als Begleiter von Ethel Waters durch die Vereinigten Staaten zu fahren, womit er zum Ausgangspunkt seiner Laufbahn zurückkehrte.

Sein letztes Engagement war mit einem eigenen Sextett im Café Society Downtown in New York. Im Dezember 1950 wurde er von einer teilweisen Lähmung betroffen, die ihm jede weitere Berufstätigkeit untersagte. Goodman half ihm durch Zuwendung des Erlöses einer Platte mit seinem eigenen Trio, das er für eine Sendung zu seinen Ehren wieder zusammengeführt hatte.

Er starb am 29. Dezember 1952; an seinem Begräbnis nahm eine große Menschenmenge teil, wie man sie selten in Harlem gesehen hatte.

Jahre später, als Columbia auf vier Langspielplatten einen Großteil der bekanntesten Titel seines Orchesters wiederveröffentlichte, wurde die Sammlung »A study in frustration« betitelt. Aber Henderson war kein frustrierter Mann; er brachte sich um einen Teil der ihm zustehenden Früchte seiner Arbeit aus Mangel an Energie, Begeisterung und Selbstvertrauen. Dieses Vertrauen bekam er nicht einmal, als er sah, daß zu den Klängen seiner vitalen und begeisternden Musik eine' ganze Generation junger Menschen tanzte, auf beiden Seiten des Atlantiks.

Louis Armstrong

»Wenn es jemals einen gegeben hat, der würdig war, ›Mister Jazz‹ genannt zu werden, so war das Louis Armstrong«, hat Duke Ellington ein paar Tage nach dem Tode seines berühmten Kollegen gesagt. »Er war die Verkörperung des Jazz und wird es bleiben. Jeder Trompeter, der sich entschlossen hat, im amerikanischen Idiom zu spielen, ist von ihm beeinflußt worden.«[1] Von seinem Gesichtspunkt aus faßte ein Artikelschreiber der »New York Times« sein Urteil über den verstorbenen schwarzen Trompeter so zusammen: »Wenn, wie viele meinen, der amerikanische Jazz als ein Produkt der historischen, kulturellen und rassischen Umwelt von New Orleans der echte Beitrag der Vereinigten Staaten zur Kunst der Welt ist, hat man dies ganz gewiß Louis Armstrong mehr als irgend jemand anderem zu verdanken.«
In den hier wiedergegebenen Äußerungen ist keinerlei Übertreibung enthalten; wenn Louis Armstrong nicht im richtigen Augenblick auf der Jazzszene erschienen wäre, hätte sich die Musik der Afro-Amerikaner nicht so schnell in der ganzen Welt durchgesetzt, und sie wäre anders gewesen. Es besteht jedenfalls kein Zweifel daran, daß er, als er in der zweiten Hälfte der zwanziger Jahre die ersten Schallplatten unter seinem Namen aufnahm, derjenige war, der zum ersten Mal das Kunst werden ließ, was für viele nur eine farbenfrohe, amüsante, in der Volksmusik des »Tiefen Südens« der Vereinigten Staaten verwurzelte Unterhaltungsmusik gewesen war und für viele auch noch bleiben sollte.
Wie fast alle großen Schöpfer des Jazz war er aus dem Nichts gekommen. Am 4. Juli 1900 war er im ärmsten Negerviertel von New Orleans, unweit von Storyville, in einer Holzbaracke geboren worden, die nur ein einziges großes Zimmer enthielt. Sein Vater, ein Arbeiter, verließ die Familie, als Louis noch ein kleines Kind war, und seine Mutter, die sich ihr Brot als Dienstmagd verdiente, rackerte sich ab, um ihn zusammen mit seiner Schwester Beatrice schlecht und recht großzuziehen. Im Haus wechselten sich die »Stiefväter« ab; dann und wann verbrachte der Junge längere Zeiträume bei der Großmutter. Er erhielt eine dürftige Erziehung, und vieles von dem, was er – zu früh und auf verkehrte Weise – lernte, schnappte er auf der Straße auf, und das übrige in einer Besserungsanstalt. Auch seine erste Musik, die er machte, erklang auf den ärmsten Straßen seiner Heimatstadt. Er sang in einem Quartett von Jungen, die er selbst zusammengebracht hatte, und wenn das kleine Konzert vorbei war, ging er oder einer seiner Kameraden mit einem Hut in der Hand rund, um

ein paar kleine Münzen von den Neugierigen einzusammeln, die stehengeblieben waren um zuzuhören.

Das Kornett erlernte er im Waifs' Home, einer Besserungsanstalt für Negerjungen. Dorthin war er Anfang 1913 gekommen (aber das Datum ist nicht sicher), nachdem er in der Neujahrsnacht festgenommen worden war. Es scheint, daß einer der vielen verwahrlosten Jungen, die ihre Tage auf der Straße verbrachten, auf ihn geschossen hatte, ohne ihn allerdings zu treffen, und daß er, von seinen Freunden aufgestachelt, seinerseits aus einer alten Pistole feuerte, die er zu Hause gefunden hatte. Es wird wohl nicht nur ein fast unschuldiger Bubenstreich gewesen sein – wie er es darzustellen liebte – da er ja zu einem unbegrenzten Aufenthalt in der Besserungsanstalt verurteilt wurde und dort mindestens anderthalb Jahre und vielleicht noch länger blieb. Das war aber ein Übel, das sich nicht zu seinem Schaden auswirkte, denn im Waifs' Home fand der heranwachsende Louis Armstrong (doch damals nannten ihn alle »Dippermouth« oder noch einfacher »Dipper«, weil sein Mund wie ein Schöpflöffel geformt war) in Peter Davis, einem Wärter, den Mann, der ihm die einfachsten Grundkenntnisse der Musik beibrachte und ihm vielleicht zum allerersten Mal ein Kornett in die Hand gab.[2]

Bald wurde er Leiter der Band der Besserungsanstalt. Diese kleine Kapelle zog oft mit Musik durch die Straßen von New Orleans, und manchmal wurde sie zur Untermalung der Volksfeste eingeladen, die sich in den Vororten der Stadt, im West End, Spanish Fort oder in Milneburg, im Freien abspielten. »Als wir in der Parade zum ersten Mal durch mein altes Viertel marschierten«, hat Armstrong erzählt, »standen alle auf dem Bürgersteig, um uns vorbeiziehen zu sehen. All die Huren, Zuhälter, Spieler, Diebe und Bettler waren da, um auf die Band zu warten, weil sie wußten, daß in dieser Band Dipper, der Sohn von Mayann, sein würde. Aber keiner hätte sich vorstellen können, daß ich Kornett spielte und daß ich es sogar sehr gut spielte.«[3]

Nach seiner Entlassung aus dem Waifs' Home ging der kleine Dipper sofort emsig daran, für seinen Lebensunterhalt zu sorgen. Ein paar Jahre lang ging er vielen unterschiedlichen Beschäftigungen nach: er brachte die Milch von Haus zu Haus, war Zeitungsjunge oder Hafenarbeiter am Kai des Mississippi und ging vor allem mit einem Wagen, der von einem Maultier gezogen wurde, von Tür zu Tür und verkaufte Kohlen. Zwei Jahre rührte er das Instrument, das er bei Peter Davis spielen gelernt hatte, nicht an. Auf jeden Fall vergaß er aber die Musik nicht; er beschränkte sich bloß darauf, die Musik zu hören, die von den anderen gespielt wurde, und zwar an Orten, deren Besuch sich auch arme Leute wie er leisten konnten, also in der Masonic Hall, bekannter als Funky Butt Hall, in der Economy Hall und vor allem im Lincoln Park.

Seine ersten wichtigen Erfahrungen als Berufsmusiker (mit einem anderen Beruf als Stütze, wie es alle in der Stadt taten) machte er in ein paar schlechten

Lokalen in Storyville. Eines von diesen lag in der Perdido Street und wurde von Henry Matranga geführt, für den Mayann, die Mutter von Louis, als Dienstmädchen arbeitete. Obwohl das Marine-Ministerium die Räumung Storyvilles gerade in dem Jahr angeordnet hatte, als Armstrong von Matranga engagiert wurde, blieb dessen Lokal noch einige Zeit geöffnet, wie übrigens noch andere Lokale der niedrigsten Sorte. Aber die Polizei hielt ein Auge darauf, machte häufig Razzien und verhaftete einige »Schnepfen«, ihre Zuhälter, die Glücksspieler und die nie fehlenden Betrüger. Die Musiker, darunter der junge Louis, wurden in dem Haufen mitgenommen. Nach ein paar Tagen erschien Matranga bei der Polizei und zahlte die Strafen oder Kautionen, so daß sie freikamen.

In den Jahren, als Louis seine ersten Blues in den kleinen Bands von New Orleans spielte und tagsüber weiter mit dem Kohlewagen durch die Straßen zog, hatte er Gelegenheit, viele der besten Musiker in der Stadt mehr oder weniger gut kennenzulernen. Da waren unter anderem Kid Ory, Sidney Bechet, »Papa Mutt« Carey und vor allen Dingen King Oliver, für den er eine grenzenlose Bewunderung empfand und der ihm auch ein paar Unterrichtsstunden im Kornettspielen erteilte. Oliver war es auch, der ihn als seinen Ersatzmann in der Ory-Band aussuchte, als er die Stadt verließ und nach Chicago ging.

In dieser Band legte Louis gleich Ehre ein, weil er deren Repertoire schon fast ganz auswendig beherrschte, oder auch weil Orys Gruppe das Modell für das Sextett gebildet hatte, das einige Monate vorher von ihm und dem Schlagzeuger Joe Lindsey geleitet worden war.

Während der Zeit, in der Louis für Ory tätig war, lernte er im Alter von achtzehn Jahren Daisy Parker kennen, eine Prostituierte, die drei Jahre älter als er und völlige Analphabetin war. Es verwundert nicht, daß ihre wenige Monate nach der ersten Begegnung geschlossene Ehe stürmisch verlief und von kurzer Dauer war. Tüchtige Prügeleien daheim und in der Öffentlichkeit, heftige Eifersuchtsszenen zu Hause und mitten auf der Straße sowie mehrmalige Gefängnisaufenthalte sind das, woran sich Louis vor allem erinnerte, als er beim Schreiben seiner zweiten Autobiographie diesen Lebensabschnitt im Geiste nochmals durchging.

Mit der Musik hatte er mehr Glück. Inzwischen gab es viele Bewunderer, und die Engagements blieben nicht aus. Da ihn die Arbeit mit Kid Ory nicht alle Tage in Anspruch nahm, war es ihm möglich, auch andere Arbeitsangebote anzunehmen. Oft wurde er geholt, um bei Begräbnissen mit der Tuxedo Brass Band von Oscar »Papa« Celestin zu spielen oder an manchem fröhlichen Abend in dieser oder jener Kneipe mitzuwirken. Auf einmal konnte er es sich sogar erlauben, den Kohlewagen für immer aufzugeben.

Zwischen 1919 und 1921 arbeitete er überwiegend in der Band des Pianisten

Fate Marable auf den Ausflugsdampfern, die flußaufwärts und flußabwärts auf dem Mississippi fuhren. Mit ihm waren fähige Jazzmusiker, wie der Schlagzeuger Baby Dodds, der Bassist George »Pops« Foster, der Banjospieler Johnny St. Cyr, der Violinist Boyd Atkins und ein paar andere, an die man sich nicht mehr erinnern kann. Zusammen mit ihnen spielte er in einem Saal des Dampfers zum Tanz für die Ausflügler, aber manchmal auch an Land in den Städtchen längs des Flußufers, wo die Schiffe während längerer Ausflüge haltmachten. In mancher dieser Ortschaften hatte man noch nie ein Negerorchester gesehen, bevor die Band von Marable kam.

Nach seiner Rückkehr in die Heimat von einem letzten Engagement auf einem Schiff der Streckfus-Linie wurde Armstrong von Tom Anderson verpflichtet, dem inzwischen entmachteten »Bürgermeister« von Storyville, der aber immer noch ein gut gehendes Cabaret führte. Dann spielte er in einem anderen Lokal in einem Trio, zu dem der Schlagzeuger Zutty Singleton gehörte. Die nächste Etappe in seiner Karriere bildete ein Engagement, diesmal von Dauercharakter, in der Marschkapelle von Papa Celestin. So zog er wieder in Paraden durch die Straßen von New Orleans und spielte bei Begräbnissen.

Zusammen mit ihm war in dieser Zeit der Klarinettist Alphonse Picou; dessen Spezialität war ein stark ausgearbeitetes Solo in »High society«, das jahrzehntelang Note für Note von allen Klarinettisten des traditionellen Jazz diesseits und jenseits des Atlantiks wiederholt werden sollte.

Dann kam der Tag, den er immer erwartet oder vielleicht nur erträumt hatte. Papa Joe, das heißt King Oliver, schickte ihm aus Chicago ein Telegramm, mit dem er ihn einlud, sich seiner Creole Jazz Band anzuschließen, die seit kurzem im Lincoln Gardens engagiert war. Das war, um Armstrongs Erinnerungen zu folgen, am 8. August 1922. Er fuhr unverzüglich ab, auch aus Freude darüber, daß er Daisy auf diese Art endgültig loswerden konnte, die für ihn zu einer Plage geworden war. In Olivers Band kam er sofort gut zurecht. »Als Papa Joe anfing, in sein Instrument hineinzublasen, war es, als ob die alten Zeiten zurückgekommen wären«, erzählte Louis. »Das erste Stück klappte so gut, daß wir eine Zugabe machen mußten. Damals heckten wir gleich ein kleines System aus, um die Breaks zweistimmig zu spielen. Wir brauchten sie nicht aufzuschreiben. Ich ging so in Joes Musik auf, daß ich der Leadstimme seines Horns im Bruchteil einer Sekunde folgen konnte. Niemand konnte begreifen, wie wir das schafften, aber für uns war es einfach, und wir machten den ganzen Abend so weiter.«[4]

So entstanden die berühmten Kornett-Duette zwischen dem alten und dem jungen Stern des Jazz, und viele weitere Dinge wurden in diesem Orchester erstmalig zustandegebracht. Neben den vielen musikalischen Dingen entstand auch etwas, was zwar nichts mit der Musik zu tun hatte, aber einen entscheidenden Einfluß auf die weitere Entwicklung der Karriere von Louis Armstrong haben sollte: seine Liebe für die Pianistin des Ensembles, Lil Hardin, die 1924 seine zweite Frau wurde.

Lil war ganz anders als Daisy. Sie hatte drei Jahre lang an der Fisk University Musik studiert und wußte, was sie wollte. Schnell wurde im Familienleben ihr Wille maßgebend. Für sie war die Situation ihres Mannes in Olivers Band in einer Sackgasse. Sie hatte sich in den Kopf gesetzt, daß der alte König von Storyville den »kleinen Louis« nach Chicago gerufen hätte, um ihn zu kontrollieren, weil er dessen mögliche Konkurrenz befürchtete, und daß er ihm infolgedessen niemals gestatten würde hochzukommen. Obwohl Louis nicht von der Richtigkeit der pessimistischen Auffassung seiner Frau überzeugt war und ja auch weiterhin jahrelang eine kindliche Verehrung für Oliver bekundete, ließ er sich doch von der Idee verlocken, in irgendeinem Orchester als einziger Solist seines Instrumentes herausgestellt zu werden. So kam es, daß er Oliver nach gemeinsamen Auftritten im Lincoln Gardens wie auch in verschiedenen Orten des Mittleren Westens und in Pennsylvania verließ, um dem Orchester von Ollie Powers beizutreten, dessen Musik die Gäste eines der größten Cabarets an der South Side, des Dreamland, unterhielt. Dort blieb er nur ein paar Monate; dann im Herbst des Jahres 1924 erhielt er ein Angebot von Fletcher Henderson, das ihn als Ersatz für Joe Smith in das Orchester nach New York holte.

Hendersons Solisten nahmen ihn zunächst mit einem gewissen Mißtrauen auf, schätzten ihn dann aber, wie er es verdiente. Jahre später gab Don Redman zu, daß der Stil von Louis, seine besondere künstlerische Sensibilität die Konzeption des Orchesters radikal veränderten.

In kurzer Zeit wurden die Jazzmusiker von New York von dem Neuankömmling gewonnen. Für viele von ihnen wurde er das nachahmenswerte Vorbild und für einige ein Idol. Rex Stewart hat den Eindruck, den Louis nach seiner Ankunft auf ihn machte, so beschrieben: »Ich wurde verrückt, wie alle anderen auch. Ich versuchte, wie Louis zu gehen, wie Louis zu sprechen, wie Louis zu essen und wie Louis zu schlafen. Ich kaufte mir sogar ein Paar große Polizeischuhe, wie er sie immer trug, und stand vor seiner Wohnungstür und wartete darauf, daß er rauskam, damit ich ihn angucken konnte.«[5]

Die mit Henderson aufgenommenen Schallplatten zeigen deutlich, daß zwischen Louis und den anderen Orchestermitgliedern ein bedeutender Abstand herrschte. »Mandy, make up your mind«, »Go 'long mule«, »How come you do me like you do« sind Beispiele, die man hierzu nennen kann. Andere beredte Zeugnisse der Reife, die Louis in seinen Monaten in New York erreichte, bilden die vielen Aufnahmen, die er damals als Begleiter verschiedener beliebter Bluessängerinnen, wie Bessie Smith, Ma Rainey, Trixie Smith, Clara Smith und Alberta Hunter, machte. Weitere Einspielungen besorgte er mit Studiogruppen unter Leitung von Clarence Williams. »Texas moaner blues« und »Cake walking babies from home«, in denen er zusammen mit Sidney Bechet spielt, zählen zu den gelungensten Titeln, die unter dem Namen der Blue Five von Williams veröffentlicht wurden.

Der in New York erzielte Erfolg schien dem jungen Kornettisten indessen keine ausreichende Entschädigung für das, was er in Chicago aufgegeben hatte, ganz abgesehen davon, daß ihm die Art nicht gefiel, wie sich seine Kollegen im Henderson-Orchester benahmen; sie tranken zuviel und nahmen ihre Arbeit nicht ernst. Er entschied sich jedoch erst dann, nach Chicago zurückzukehren, als er von seiner Frau ein bündiges Ultimatum erhielt: »Komm entweder jetzt oder komm nie wieder!«

Lil hatte zwei gute Gründe, ihn bei sich haben zu wollen: sie war eifersüchtig – mit Recht, wie es scheint – und sie hatte ein Engagement für ihn bereit. Das Orchester, bestehend aus acht Mitgliedern, sollte von ihr geleitet werden, aber er sollte sein Star werden. Also debütierte Louis Armstrong im November 1925 als Solist der Gruppe, die von seiner Frau im Dreamland geleitet wurde. Das hinderte ihn freilich nicht daran, im darauffolgenden Monat ein zweites Engagement im »Kleinen Symphonie-Orchester« von Erskine Tate zu finden, das im vertieften Orchesterraum des Vendome Theater bei der Vorführung von Stummfilmen spielte. Da wurde alles geboten, von der »Cavalleria Rusticana« bis zum Jazz, und Louis wurde oft herausgestellt.

Die Arbeit in Lils Orchester im Dreamland dauerte nur ein paar Monate. Unter Beibehaltung seiner Anstellung im Vendome, die bis 1927 währen sollte, fand Armstrong bald eine weitere, viel befriedigendere Stelle in der Band des Violinisten Carroll Dickerson, die im Sunset Café, einem der meistbesuchten Tanzlokale an der South Side, auftrat. Hier hatte er zwei wichtige Begegnungen, die mit Joe Glaser, der damals der Leiter des Lokals war und Jahre später sein Manager werden sollte, und die mit Earl Hines, dem brillantesten Pianisten dieser Zeit.

Während der Anwesenheit des Dickerson-Orchesters im Sunset stieg das Ansehen von Armstrong und Hines derart, daß Glaser den bisherigen Leader abschob. Anfang 1927 wurde das Ensemble in »Louis Armstrong and his Stompers« umgetauft, und Hines wurde sein musikalischer Leiter.

Die beiden jungen Musiker hatten sich im Nu verstanden. Sie waren in Chicago allen anderen voraus und erfreuten sich der uneingeschränkten Bewunderung ihrer Kollegen, die zum Sunset eilten, um sie zu hören. Keiner kam in diesen Monaten jedoch auf die Idee, eine Platte mit den beiden zu machen, erst recht nicht, als sie Ende des Jahres den Entschluß faßten, sich mit vereinten Kräften selbständig zu machen. Sie taten sich mit Zutty Singleton zusammen, der zwei Jahre vorher aus New Orleans gekommen war, nachdem er lange in den Bands von Fate Marable und Charlie Creath auf den Mississippidampfern gearbeitet hatte. Die drei Musiker mieteten zusammen ein Tanzlokal, die Warwick Hall, und traten hier in einem Sextett auf, aber das Publikum blieb fern, und die frischgebackenen Unternehmer mußten sich trennen. Bald sollten sie sich alle drei gemeinsam in den Aufnahmestudios wiedertreffen. Louis schloß sich derweil dem Orchester von Clarence Jones an, mit dem er schon früher kurzfristig zusammengearbeitet hatte. Später, im März 1928, trat er wieder in die Formation von Dickerson ein, als sie im Savoy in Chicago ansässig war.

In der Zeit seit seiner Rückkehr in die »Windy City« war er in den Plattenstudios sehr beschäftigt gewesen. Am 12. November 1925 hatte er ein glänzendes Debüt geliefert, als er für die Firma Okeh die ersten Aufnahmen mit einem Quintett unter seiner Leitung, der Hot Five, einspielte. Unter dieser Bezeichnung und unter dem Namen der Hot Seven sowie später der Savoy Ballroom Five und noch anderen Namensgebungen, verewigte Armstrong in diesen Jahren einen großen Teil seiner schönsten Titel und bewies damit, daß er der größte Instrumentalist war, den der Jazz bis dahin hervorgebracht hatte.

Was man beim Anhören der ersten Platten der Hot Five, eingespielt mit den besten Solisten aus Lils Orchester im Dreamland (außer ihr und ihrem Mann waren da Johnny Dodds, Kid Ory und Johnny St. Cyr), gleich merkt, ist der teilweise Bruch mit den Traditionen des New Orleans-Jazz, so wie sie uns durch Aufnahmen von Olivers Creole Jazz Band und ähnliche Platten bekannt sind. In den Stücken der Hot Five findet sich die Kollektivimprovisation, die in den marschierenden Straßenkapellen der Stadt am Mississippi-Delta entstanden und von Oliver auf ein hervorragendes Niveau gebracht worden war, nicht mehr wieder. Hier zählen die Soli und die Persönlichkeit dessen, der sie ausführt, und besonders zählen die Soli Armstrongs. Auch in den Ensemblepassagen erkennt man eher begleitete Soli als Kollektivimprovisation.

Man kann jedoch nicht sagen, daß Louis sofort die volle Meisterschaft seiner Mittel erreicht hat. Zwischen den Aufnahmen der Zeitspanne 1925-1926 und denen der beiden folgenden Jahre, unter denen seine gelungensten und berühmtesten Einspielungen zu finden sind, gibt es einen bemerkenswerten Qualitätsunterschied. Jedoch ließ die erste Erfolgsplatte nicht auf sich warten; es war »Heebie Jeebies«, das nach einer Legende – aber nicht entsprechend der historischen Wirklichkeit[6] – dem Publikum das erste Beispiel des Scat-Gesanges geliefert hat, jener charakteristischen Art des Singens, bei der die Stimme wie ein Instrument eingesetzt wird und zusammenhanglose Silben ohne Textsinn zur Melodie des Themas hervorgestoßen werden.

Wenn man Armstrongs Aufnahmen zwischen 1926, dem Jahr seines ersten Durchbruches bei einem breiten Publikum, und 1928, als er die Vollendung erreichte und seine Meisterwerke schuf, anhört und studiert, läßt sich die fortschreitende Reifung seines Stiles leicht feststellen. Anfänglich erinnert dieser noch an den Stil seines Lehrers King Oliver und macht sich dann immer mehr von fremden Einflüssen frei, um in kurzer Zeit ganz persönlich und eigenständig zu werden.[7]

Seine besten aufgenommenen Soli dieser wenigen Jahre überraschen durch die Intensität des Ausdruckvermögens, durch ihre Kraft und durch ihre außergewöhnliche formale Ausgewogenheit. Indem Louis sich darauf beschränkt, das Grundthema zu paraphrasieren, welches immer erkennbar bleibt, gelingt es ihm, eine erlesen persönliche, einfache und feierliche, manchmal dramatische Musik hervorzubringen, die sofort an ihrer Vielfältigkeit und der Art des Vibratos, an der Kraft der Einsätze und an der Schönheit und Fülle der Instrumentalstimme zu erkennen ist. Die Frische und Lebhaftigkeit seiner Erfindungsgabe, die ihm ermöglicht, originelle Melodielinien zu schaffen, welche unvergleichlich schöner und reizender als diejenigen sind, auf die sie aufgebaut werden, die leidenschaftliche Dynamik seines Vortrages, das sichere Gefühl für Swing und die Genialität bestimmter Einfälle haben in der Musik der Jazzleute dieser Zeit nicht ihresgleichen, und nur Coleman Hawkins und Earl Hines nähern sich seiner Größe.

Die erwähnenswerten Aufnahmen aus dieser glückgesegneten Zeit sind zahlreich. Sie reichen von »Cornet chop suey« bis zum wunderschönen »Big butter and egg man«, dessen Thema in Armstrongs Solo buchstäblich umgestaltet wird; vom »Wild man blues« und »Potato head blues«, der eines seiner bekanntesten und phantasiereichsten Soli enthält, über »Keyhole blues«, »S. O. L. blues«, »The last time«, »Struttin' with some barbecue«, »I'm not rough«, »Hotter than that« bis hin zum »West End blues«, dessen eindrucksvolle, majestätische Einleitung den Auftakt zu einem Stück von größter Einfachheit und doch voll außergewöhnlicher Intensität des Ausdrucks gibt; das ist sicher das Meisterwerk von Armstrong und vielleicht des gesamten Jazz überhaupt. »Weather bird« – ein glänzendes Duett von Trompete und Klavier, mit Hines – und »Muggles« sind fast ebenso schön, während »Basin Street blues«, »Beau Koo Jack«, »Tight like this« und »St. James Infirmary«, die die Reihe der geglücktesten Aufnahmen des Jahres 1928 abschließen, zwar ein wenig nachstehen, aber doch immer ein aufmerksames Zuhören wert sind.

Auf vielen der hier genannten Aufnahmen, an die sich weitere reihen ließen, erweist sich Armstrong nicht nur als der beste Instrumentalist seiner Zeit, sondern auch als der bemerkenswerteste Sänger, den der Jazz gehabt hat. Seine heisere, rauhe, nicht selten absichtlich verzerrte Stimme gehört sicher nicht zu denen, die nach den für die europäische Musik herrschenden Maßstäben akzeptiert werden können; nichtsdestoweniger wird seine Art zu singen, die immer instrumentalen Prinzipien folgt und folglich in vorzüglicher Weise dem Jazz entspricht, wegen der gleichen Vorzüge musikalischer Erfindungsgabe und Ausdrucksstärke geschätzt, die seine Tätigkeit als Solist, zuerst auf dem Kornett und später auf der Trompete, auszeichnen.

Im Vergleich zu einer übermächtigen Persönlichkeit, wie er es war, wirken die Solisten, die ihn bei den Aufnahmen in den bedeutungsvollsten Jahren seiner Laufbahn umgaben, mehr oder weniger blaß, mit Ausnahme von Earl Hines und, in etwas geringerem Maße, Johnny Dodds, einem einfachen und kraftvollen Klarinettisten, der einer der ersten Meister dieses Instrumentes war und dessen ergreifende Blues im langsamen Tempo als mustergültig betrachtet werden dürfen.

Das ganze Jahr 1928 hindurch und einen großen Teil des folgenden Jahres spielte Armstrong mit kurzen Unterbrechungen im Orchester von Dickerson, mit dem er viele Monate lang im Savoy in Chicago und dann und wann auch in anderen Städten auftrat. Im Mai 1929 beschloß er, mit dieser Band nach New York zurückzukehren. Es war eine lange und abenteuerliche Reise, die mit kaputten Autos durchgeführt wurde. Am Ende dieser Reise wartete kein Engagement auf die Musiker, aber sie war ihnen in Anbetracht der schweren Krise, die sich in Chicago abzeichnete, weil die Tage des dortigen Nachtlebens gezählt waren, unvermeidlich erschienen. In New York fanden die Leute von Carroll Dickerson nach ein paar Gelegenheitsarbeiten hier und dort und nach einem flüchtigen Auftritt im Savoy von Harlem endlich ein dauerhaftes Engagement im Connie's Inn. Louis erhielt seinerseits eine zusätzliche Beschäftigung im Hudson Theater, wo die Revue »Hot Chocolates« aufgeführt wurde, inszeniert von Connie Immerman, dem Inhaber des Inn. Gerade Armstrong trug in entscheidender Weise zum Riesenerfolg von »Ain't misbehavin'« bei, dem Lied, das Fats Waller für diese Show geschrieben hatte.

Nach vier Monaten ging die Tätigkeit im Connie's Inn zu Ende, und Dickerson mußte das Orchester auflösen. Auf der Wall Street hatte es eben in diesen Tagen den Börsenkrach gegeben, und die Aussichten für die Leute, die in der Welt des Show Business lebten, waren alles andere als rosig. Armstrong jedenfalls konnte sich retten, als er kurze Engagements mit verschiedenen Bands fand. Anfang 1930 war er Gastsolist im Orchester von Luis Russell und dann in der Mills Blue Rhythm Band, und mit beiden Orchestern trat er in einigen großen Städten des Nordens auf.

Auch im Verlauf seiner jüngsten Aufenthalte in New York hatte er zahlreiche bedeutende Platten eingespielt. Davon kann man zumindest »Knockin' a jug« erwähnen, zu dem er sich erstmalig gemeinsam mit einigen der besten weißen Musiker, wie Jack Teagarden, Joe Sullivan und Eddie Lang, in einem Aufnahmestudio einfand, ferner »I can't give you anything but love«, »Mahogany Hall stomp« und »St. Louis blues«, aufgenommen mit der Russell-Band, sowie »Some of these days« und »After you've gone« mit dem Dickerson-Orchester. Im Juli 1930 erhielt er ein Vertragsangebot als solistische Attraktion im Tanztheater von Frank Sebastian im Cotton Club von Culver City, in der Gegend von Los Angeles. In dieser Formation, die bald unter die Leitung von Vernon

Elkins kam, welcher seinerseits den Posten an Les Hite weitergab, war ein ganz junger Schlagzeuger namens Lionel Hampton. Hampton sollte ausgerechnet Armstrong den Beginn seiner großartigen Karriere als Vibraphonist verdanken. Louis ermunterte ihn nämlich während einer Aufnahmesitzung mit dem Orchester, es mit dem Vibraphon zu versuchen, einem erst seit kurzem (genauer gesagt: im Jahre 1927) erfundenen Instrument, das zu dieser Zeit nur von einigen Schlagzeugern für besondere Effekte verwandt wurde.

Auch mit den Musikern des Cotton Clubs nahm Armstrong viele Platten auf, die eine Weiterentwicklung seines Stiles in showmäßiger Hinsicht zeigen. Richard Hadlock hat scharfsinnig beobachtet, daß zwei seiner Aufnahmen mit diesen Musikern, »I'm a ding dong daddy« und »Sweethearts on parade«, zu denen das ein Jahr später in drei Versionen eingespielte »Stardust« ideal paßt, den Stil von Roy Eldridge vorahnen lassen und daher einen Schimmer auf die Zukunft der Jazztrompete werfen.

Im April des Jahres 1931 war Louis erneut in Chicago und gründete dort ein Orchester mit Hilfe von Zilner Randolph, welcher dessen musikalischer Leiter wurde. Er bekam ein Engagement im Showboat, blieb aber dort nur wenige Wochen. Er beschloß eine Luftveränderung und begann eine lange Tournee, die ihn bis nach New Orleans führen sollte, nachdem er die Pistole eines Gangsters auf sich gerichtet gesehen und eine Unheildrohung gehört hatte für den Fall, daß er nicht schnellstens zum Connie's Inn übersiedelte. »Alles, was ich in Chicago wünschte«, erzählte Louis Jahre später, »war ein bißchen Ellbogenfreiheit. Immer wenn man um sich schaute, hatte man den Eindruck, als ob ein Revolver auf einen gerichtet sei.«[8]

In seiner Heimatstadt wurde der Trompeter triumphal empfangen, aber er mußte mit Bitterkeit feststellen, daß seine Rassenbrüder zu seinen Auftritten im Suburban Gardens nicht zugelassen wurden. Das war der große Tanzsaal, wo sein Orchester drei Monate lang spielen sollte, und ein Lokal für Weiße. Die Neger konnten, wenn sie wollten, die Musik durch die geöffneten Fenster hören. Und das taten sie auch; denn am Eröffnungsabend drängten sich – nach Armstrongs eigener Erzählung – ungefähr zehntausend Schwarze auf einem hochgelegenen Erdwall in der Nachbarschaft, um ihre Musik zu hören, gespielt von ihrem Mitbürger, der im Norden zu Ehren gekommen war.

Es war Schicksal, daß in New Orleans auch seine zweite Ehe abrupt zu Ende ging, nachdem sie sich seit längerer Zeit zwischen Streitigkeiten und zeitweiligen Trennungen mühsam dahingeschleppt hatte. Lil ging mir nichts, dir nichts (»Jetzt, wo du tausend Dollar in der Woche verdienst, brauchst du mich nicht mehr«, hatte sie ihm gesagt), aber sie sollte ihm ihre Freundschaft bis zum Ende ihrer Tage bewahren. Sie starb viele Jahre später, und zwar 1971, als sie während eines der vielen Gedächtniskonzerte zu Ehren ihres gerade eben erst verstorbenen früheren Mannes am Klavier zusammenbrach.

Nach Beendigung seines Aufenthaltes in New Orleans spielte Armstrong einige Monate lang in zahlreichen Städten. Doch mußte auch er Anfang 1932 in Chicago angesichts der durch die Wirtschaftskrise entstandenen Schwierigkeiten aufgeben und die wenigen Leute, die ihm bis dahin gefolgt waren, entlassen. Dann nahm er ein neues Engagement in Sebastian's Cotton Club in Culver City an und entschloß sich kurz darauf, im Juli, ein großes Abenteuer zu wagen: In New York schiffte er sich auf der »Majestic« in Richtung Großbritannien ein.

Die britische Insel war damals fast noch ein unentdecktes Land für die Jazzmusiker, obwohl es Jahre vorher schon erfolgreiche Auftritte von Sidney Bechet mit dem Southern Syncopated Orchestra, von der Original Dixieland Jazz Band, den Mound City Blue Blowers unter Red Mc Kenzie und – später – von Adrian und Arthur Rollini, Jimmy Dorsey, Bunny Berigan sowie einigen weniger bekannten Leuten gegeben hatte. Wie würde das Publikum auf Armstrongs Musik reagieren?

Das fragten sich die englischen Jazzfans mit ein wenig Sorge, weil sie sehr wohl wußten, daß sie nur eine spärliche Gruppe bildeten, obschon Parlophone seit einiger Zeit mit einem gewissen Erfolg angefangen hatte, in ihrem Land Neuveröffentlichungen der »Race Records« herauszugeben, unter denen Armstrongs Aufnahmen an beträchtlicher Zahl waren.

Es gab noch einen weiteren Grund zur Besorgnis, weil der Trompeter allein kam und es noch nicht klar war, wer ihn während seines Engagements im Palladium begleiten sollte. Dort sollte er vom 18. Juli an zwei Wochen lang auftreten. Trotz alledem gab sich der »Melody Maker«, in dessen Redaktion die Jazzfreunde nicht fehlten, optimistisch hinsichtlich der Aufnahme, die die Zuschauer dem »coloured phenomenon« bereiten würden: »Wir haben den Eindruck, daß sie, einmal aus ihrer Lethargie erweckt, Louis ins Herz schließen werden. Nur im Palladium ist das möglich; denn dieses Haus hat einen mehr oder weniger festen Besucherkreis, der auf das Ungewöhnliche im Unterhaltungsbereich hin erzogen wurde. Wir fürchten, daß Louis in der Provinz und selbst in den Vorstädten für das gewöhnliche Publikum zu viel sein würde.«[9]

Hinterher erwies sich, daß die Voraussage der Londoner Zeitschrift reichlich optimistisch war, was das Publikum des Palladium anbetraf. Wer so wie der Trompeter Nat Gonella, Armstrongs glühendster Bewunderer, keinen einzigen Abend fehlte, hat bezeugt, daß die Hälfte der Zuschauer, die anfangs jede Vorstellung füllten, nicht bis zum Ende des Abends aushielt. Die Leute, die ihren Platz verließen, hatten einen unzufriedenen Ausdruck. Abgesehen von der Neuwertigkeit der Musik muß es sich in der Tat nicht um einwandfreie Darbietungen gehandelt haben. Das Orchester, das den Trompeter begleitete, war irgendwie zusammengestellt worden, und zwar hatte man drittrangige farbige Musiker, die in verschiedenen Pariser Lokalen spielten, zusammengelesen. Auch Armstrong selbst schien nicht in seiner besten Form zu sein. Glaubwürdige Zeugen haben von endlos hohen Tönen berichtet, die er bei jedem Solo blies (»Er zeigte nur einen geringen und bloß teilweisen Zusammenhang mit dem Schöpfer der stark ergreifenden Musik von »West End blues« und »Muggles«, war der Kommentar von Iain Lang), ferner von der Kraft, die er auf der Bühne investierte, vom Schweiß, der ihm reichlich vom Gesicht tropfte, und von den vielen Taschentüchern, die er brauchte, um ihn abzuwischen.

Es gab dann noch weitere Engagements, sowohl in London als auch in anderen englischen Städten, wo er in Begleitung verschiedener Orchester auftrat. Als er England in Richtung Paris zu einem kurzen Erholungsurlaub verließ, bevor er Ende Oktober die Seereise zurück nach New York antrat, war er sicher nicht viel reicher als bei seiner Ankunft, aber er hatte die Gewißheit, daß er viele neue Freunde und eine große Zahl von begeisterten Bewunderern gewonnen hatte.

Nach seiner Rückkehr in die Heimat nahm er wieder seine Arbeit als solistische Attraktion in verschiedenen Shows auf und wurde dabei vom Chick Webb-Orchester begleitet. Wenig später hatte er Anfang 1933 wiederum eine eigene Formation, die nochmals von Zilner Randolph zusammengesetzt und geleitet wurde, aber von kurzer Dauer war. Als auch dieses Orchester wegen mangelnder Verträge aufgelöst werden mußte, hielt Louis den Zeitpunkt für gekommen, ein weiteres Mal den Atlantik zu überqueren.

So war er Ende Juli wieder in London und trat nach ein paar Tagen erstmals im Holborn Empire auf. Aber die Kenner, die ihn in diesem Theater hörten, waren enttäuscht. Nicht nur sein Begleitorchester, das wie das vorhergehende aus Paris geholt worden war, spielte höchst mittelmäßig, sondern auch Armstrong selbst wirkte erheblich verschlechtert. Jetzt war er auf Applaus aus und scheute kein Mittel, um ihn zu bekommen. Der »Melody Maker« übte strenge Kritik an ihm; das Blatt bezeichnete im Leitartikel sein Spiel als »ausdruckslos« und beschrieb die von Louis verwendete Formel folgendermaßen: »Fünfzig Prozent Show, fünfzig Prozent instrumentale Geschicklichkeit, aber zu keinem Prozent Musik.«

Die Wahrheit war die, daß Armstrongs größte Zeit schon vorbei war, auch wenn praktisch erst damals sein Erfolg beim breiten Publikum begann. Ein Abhören seiner Aufnahmen aus den frühen dreißiger Jahren macht es wirklich möglich, den raschen und fühlbaren Qualitätsverfall seiner Musik festzustellen, die immer showmäßiger, unverbindlicher und amüsanter wurde.[10]

Sehr gute Plattenaufnahmen fehlen auch nicht in seiner Produktion der Jahre 1932 und 1933 (man höre den meisterhaften »Basin Street blues« von 1932 oder »When it's sleepy time down South« aus dem gleichen Jahre), und sie werden ebenso in den nächsten beiden Jahrzehnten nicht fehlen, aber es ist leicht verständlich, daß mit der Verarmung der Negerbevölkerung – die nach 1929 keine Möglichkeit mehr hatte, seine Schallplatten zu kaufen oder ihn persönlich zu erleben, ebensowenig wie irgendeinen anderen Jazzmusiker – nicht nur die goldene Zeit des Blues und traditionellen Jazz abgeschlossen wurde, sondern auch Armstrongs Laufbahn als kreativer Künstler ein Ende fand. Für ihn, der nun einem ausschließlich weißen Publikum gegenüberstand, begann die Karriere als »Entertainer«, als ein Virtuose seines Instrumentes, der vor allem Varieté-Shows für Zuschauer gibt, die nichts anderes als ein bißchen Unterhaltung suchen und sich nicht einmal vorstellen können, daß ein Neger imstande sein könnte, ihnen mehr zu geben. Gegenüber diesem gewöhnlichen und, genau genommen, beleidigenden Publikum fühlte sich Armstrong stets verpflichtet. Diesem Publikum begann er seine geradezu seiltänzerischen Versionen des »Tiger rag«, sein breitestes Lächeln und das komische Augenrollen à la Sambo zu widmen; und für dieses Publikum sollte er noch bis an den Rand seiner Kräfte im Rampenlicht stehen bleiben.

Als Louis zum zweiten Mal nach Europa kam, hielt er sich mehr für einen Showman als für einen Musiker und verlangte nichts Besseres, als Eindruck auf die Phantasie des einfachen Mannes von der Straße zu machen, indem er seine außergewöhnlichen Fähigkeiten als Instrumentalist herausstrich und effektvolle Tricks anwandte, deren unfehlbare Wirkung er schon ausprobiert hatte. Und man kann jede Wette darauf eingehen, daß die Beifallsstürme, die er mit bestimmten akrobatischen Noten erntete, ihn nicht allzusehr in Erstaunen versetzten, auch wenn die Puristen vom »Melody Maker« den begeisterten Beifall des Publikums im Holborn Empire noch so »ungerechtfertigt« nannten. In Europa jedenfalls – stellte Armstrong nochmals fest – gab es eine höhere Aufnahmebereitschaft für seine Musik, nicht nur seitens der Musiker und ihrer Anhängerschaft, sondern auch seitens des allgemeinen Publikums. Als ihn sein Manager im Stich ließ, beschloß er also zu bleiben. Mit Unterstützung von Jack Hylton, der damals in Europa die guten und die bösen Zeiten der leichten Musik mitmachte, gelang es ihm, zu Auftritten nach Skandinavien, Holland und dann nochmals nach England zu kommen. Hier aber gab er dann eine schlechte Figur ab und blamierte auch Hylton, als er mit ein bißchen Feigheit und einem großen Skandal im letzten Augenblick einem gemeinsamen Auftritt mit Coleman Hawkins auswich, der auf der Bühne des Hippodrome in London stattfinden sollte.

Im Herbst zog er noch einmal zum Kontinent und machte einige Monate in Paris halt. Das war eine ideale Stadt für Alpha Smith, seine neue Gefährtin, die Eleganz und Juwelen liebte. Dort gab er im November nach Einspielung einiger zum Teil mittelmäßiger Plattenseiten seine ersten beiden Konzerte in Frankreich, und zwar mit einem riesigen Erfolg in der Salle Pleyel. Weitere

Triumphe, große und kleinere, erntete er in den folgenden Monaten in Belgien, in der Schweiz und in Italien, wo er Anfang 1935 in Turin auftrat und die Menge begeisterte, die durch ihn ihr erstes direktes Jazz-Erlebnis hatte.

In dieser Menge saß auch der Kritiker Massimo Mila. Viele Jahre später erinnerte er sich bei einer Würdigung des gerade verstorbenen Musikers: »Seine Trompete und seine Stimme. Die erstere stand damals viel höher in unserer Gunst. Es gab ein begeisterndes Element sportlichen Wettkampfcharakters in der unglaublichen Länge seiner Noten und in der schwindelerregenden Höhe, zu der er mit spitzen und klaren Tönen emporkletterte, die rein wie aus dem Cembalo von Scarlatti kamen . . . Diese kleine, unwahrscheinliche Trompete begeisterte uns . . . Die Stimmte überzeugte uns damals vielleicht weniger. Akademische Überreste der Belcanto-Kultur machten uns mißtrauisch gegenüber dieser ›Un-Stimme‹, gegenüber dieser absichtlichen Zerstörung all jener Ideale und Wertmaßstäbe der Gesangskunst. Heute ist vielleicht das Gegenteil der Fall . . .«[11]

Anderthalb Jahre nach seiner Ankunft in London kehrte Armstrong mit dem berauschenden Gefühl in seine Heimat zurück, daß er nun eine internationale Berühmtheit war. Aber die Euphorie dauerte nur ganz kurze Zeit. Seine Frau Lil verklagte ihn vor Gericht auf Zahlung rückständiger Unterhaltskosten, und die wunde Lippe zwang ihn zu einer Ruhepause von einigen Monaten. Danach nahm er seine übliche Tätigkeit wieder auf und reiste mit einem Orchester, das der treue Zilner Randolph für ihn zusammenstellte, kreuz und quer durch die Vereinigten Staaten, bis er im September wieder allein dastand. Er hatte jetzt immerhin einen neuen und sehr fähigen Manager, der kein anderer als Joe Glaser war, welcher bis zu seinem Lebensende an seiner Seite bleiben sollte. Dieser besorgte ihm sogleich ein Engagement im Connie's Inn mit dem Luis Russell-Orchester und einen Vertrag mit der Decca.

Die Verbindung mit der Russell-Band, die zwar unter Leitung des Pianisten aus Panama blieb, bald aber den Namen Armstrong annahm, sowie Glasers geschickte Führung führten eine Wende in der Laufbahn des Trompeters herbei. Sein weiterer Aufstieg wurde auch durch die neue Popularität des Jazz begünstigt, der unter der Bezeichnung Swing dank des Erfolges von Benny Goodman wieder ganz groß herausgekommen war.

In diesen Jahren des Aufschwungs änderte sich vieles sowohl für den Jazz als auch für Armstrong. Louis hatte eine größere und aufgeschlossenere Zuhörerschaft als in den trüben Jahren der Depression vor sich und ein besseres Orchester hinter sich, als die früheren Besetzungen, die Zilner Randolph für ihn aufgestellt hatte. So konnte er wieder mehr Musiker als Varieté-Künstler sein, obwohl er natürlich weiter die Rolle des Solo-Virtuosen im Rahmen eines Tanzorchesters spielen mußte. Es war ein Orchester, das zwar nicht immer einwandfrei, aber doch sehr vom Jazz geprägt war und tüchtige Solisten wie

Jimmy Archey, Posaune, Charlie Holmes, Altsaxophon, Pops Foster, Kontra-baß, und Paul Barbarin, Schlagzeug, in seinen Reihen hatte. Zu diesen traten 1937 zwei weitere Altmeister aus New Orleans, Henry Allen und Albert Nicholas, sowie J. C. Higginbotham, ein Posaunist mit einem sehr rauhen und eigenwilligen Stil.

Ein Anhören von Armstrongs Aufnahmen aus der zweiten Hälfte der dreißi-ger Jahre bestätigt, daß auch sein Instrumentalstil Nutzen aus der veränderten Situation gezogen hatte. Der Ton seiner Trompete war glänzender und voller geworden, die akrobatischen Soli mit ihren eingeflochtenen übertrieben hohen Noten zur Verblüffung der Bourgeoisie, die man so häufig in Europa gehört hatte, wurden seltener, und stattdessen mehrten sich die improvisierten Pa-raphrasen über Melodiethemen in mittlerem oder langsamen Tempo. Diese Themen wurden, wie es die Mode verlangte, hauptsächlich aus dem Repertoire der Erfolgsschlager entnommen, doch fehlten auch in diesen Jahren nicht neue Versionen der klassischen Stücke aus dem Jazz von New Orleans und Chica-go, wie »When the Saints go marchin' in«, »Sugar foot stomp« (jetzt wieder »Dippermouth blues« genannt), »West End blues« und »Wolverine blues«. Von Zeit zu Zeit holten ihn die Leute von der Decca mit Gruppen unterschied-licher Art ins Aufnahmestudio und ließen ihn Platten mit dem Jimmy Dorsey-Orchester, mit Bing Crosby und Frances Langford, einer damals populären Sängerin und Filmschauspielerin, mit dem Gesangsquartett der Mills Brothers und sogar mit Musikern aus Polynesien einspielen. Im Jahre 1940 brachte man ihn glücklicherweise auch mit Sidney Bechet, Zutty Singleton und anderen Jazzmusikern erster Klasse zusammen, und so entstanden die Aufnahmen des »Perdido Street blues«, »2 : 19 blues« sowie zwei weiterer Stücke des echten Jazz, den man in dieser Zeit nicht sehr häufig in den Plattenkatalogen fand. Inzwischen hatte Armstrong begonnen, in bedeutenden Filmen mitzuwirken. Der erste dieser Filme ging auf das Jahr 1936 zurück, als er an den Dreharbei-ten von »Pennies from Heaven« teilnahm, dessen Hauptdarsteller Bing Crosby war und der auch enorm zur Popularität von Louis beitrug. Dann kamen »Everday's a holiday«, »Artists and models«, »Goin' places« und noch weitere Filme. In dieser Zeit, und zwar genau 1938, heiratete er kurz nach seiner Scheidung von Lil Hardin auch seine Freundin Alpha Smith, aber diese Ehe sollte nicht lange dauern. Erst Lucille Wilson, eine Tänzerin, die er im Cotton Club kennenlernte, brachte es fertig, mit ihm zurecht zu kommen. Louis und Lucille heirateten 1942 und blieben für immer zusammen.

Die Kriegsjahre zeigten ein Wiederaufleben des Publikumsinteresses für den authentischsten Jazz und brachten eine Blütezeit von Theaterkonzerten unter Teilnahme von Solisten ersten Ranges. Armstrong nahm an zwei der wichtig-sten Konzerte teil, die im Januar 1944 und im Januar 1945 unter der Schirm-herrschaft der Zeitschrift »Esquire« veranstaltet wurden. Vor allen Dingen beim zweiten Konzert, als der Trompeter im Municipal Auditorium von New Orleans mit einer Starbesetzung auftrat, zu der Bechet, Higginbotham und James P. Johnson gehörten (zwei weitere Konzerte fanden unter Mitwirkung des Goodman-Quintetts und des Ellington-Orchesters zur gleichen Stunde in New York und Los Angeles statt und wurden in zeitlicher Abstimmung aufeinander im Rundfunk übertragen), wurde klar ersichtlich, daß Louis dabei war, einen Teil seines früheren Glanzes wiederzuerlangen.

Es sollte aber doch noch einige Zeit vergehen, bevor er sich entschloß, die Bigband aufzugeben, die ihn normalerweise begleitete. Zuvor mußte er den Geschmack am frühen Jazz wiederfinden, sich mit einigen alten Freunden treffen und mit ihnen spielen und aufnehmen. Gelegenheit zu all dem bot ihm sein Aufenthalt in Hollywood im Jahre 1946, als er an den Aufnahmen des Films »New Orleans« beteiligt war, mit Barney Bigard, Kid Ory, Zutty Singleton und anderen, weniger bekannten Solisten spielte und mit diesen auch einige gute Schallplattenaufnahmen machte. Kurz darauf spielte er im Februar des folgenden Jahres in einem Konzert in der Carnegie Hall, das Leonard Feather für ihn organisiert hatte, weil er seit einiger Zeit bei Glaser darauf drängte, daß sein Schützling in einem ihm besser entsprechenden Rahmen präsentiert werden sollte. Dieses Mal trat Armstrong sowohl mit seiner eigenen Bigband als auch mit dem Sextett des Klarinettisten Edmond Hall auf und sang sogar im Duett mit Billie Holiday. Die Reaktionen des Publikums waren so geartet, daß er sich von der Notwendigkeit überzeugen ließ, die Bigband abzustoßen, mit der er seit der Auflösung des Russell-Orchesters im Jahre 1943 regelmäßig gespielt hatte. »Ich hatte achtzehn Mann, und das war ein netter Verein von Jazzern. Ich wollte nicht, daß sie alle arbeitslos würden«, gestand er Feather später, um sein Zögern zu erklären. »Tja, wir haben eine lange Zeit durchgehalten, aber es mußte gemacht werden, weil der Trend sich änderte.«[12]

Daß die Einstellung des Publikums gegenüber dem Jazz und gegenüber den Bigbands, deren goldene Zeit endgültig der Vergangenheit angehörte, in einer Änderung begriffen war, erhielt er durch den außergewöhnlichen Erfolg eines Konzertes in New Yorks Town Hall bestätigt. Es wurde im Mai von Ernest Anderson veranstaltet, einem derjenigen, die fest an die Zweckmäßigkeit einer Kursänderung Armstrongs glaubten. Anderson wählte auch die Musiker Armstrongs für diese Gelegenheit aus, und zwar Jack Teagarden, den Klarinettisten Peanuts Hucko, den Pianisten Dick Cary, den Bassisten Bob Haggart sowie George Wettling und Sidney Catlett, die abwechselnd am Schlagzeug saßen. An diesem Abend konnte man ein zusätzliches Mal, aber mit größerer Klarheit als früher, feststellen, daß Louis Armstrong immer noch ein großer Jazzsolist war; er brauchte nur Mitspieler, die seiner würdig waren.

Glaser blieb nichts anderes übrig, als Kenntnis von den guten Ratschlägen der

Leute zu nehmen, die seit geraumer Zeit darauf bestanden, daß Armstrong in eine »All Stars«-Gruppe eingegliedert werden sollte, und gründete also gleich eine solche Gruppe, mit Teagarden, Barney Bigard, Dick Cary, dem Bassisten Morty Cobb (der bald durch Arvell Shaw ersetzt wurde), Catlett und der Sängerin Velma Middleton. So begann im August im Billy Berg's in Hollywood die Geschichte der erfolgreichsten aller Jazz-Combos, die ihre Glanzzeit erlebte, als Earl Hines zum Ersatz für Dick Carey geholt wurde, später aber immer mehr abfiel, auch wegen der Mittelmäßigkeit vieler Musiker unter denjenigen, die sich nacheinander in der Combo ablösten.

Nach einer Serie von Konzerten in verschiedenen amerikanischen Städten (das Konzert in der Symphony Hall von Boston wurde für Decca mitgeschnitten und von dieser Plattenmarke für zwei hervorragende Langspielplatten verwertet) traten die All Stars im Februar 1948 kurz in Frankreich auf und nahmen in Nizza am ersten großen Jazz-Festival teil, das in Europa abgehalten wurde. Danach hielt sich Armstrong in Hollywood auf, um ein paar Dreharbeiten des Films »A song is born« mitzumachen, in dem Danny Kaye von Jazzleuten umgeben war, und reiste anschließend wieder ununterbrochen durch die Vereinigten Staaten, wobei ein Erfolg dem anderen folgte. Eine große Bedeutung hatte für ihn Anfang 1949 eine Einladung seitens seiner Mitbürger, anläßlich der Feiern des Mardi Gras nach New Orleans zurückzukommen und sich als »König der Zulus« krönen zu lassen. Für Louis, der auch erlebte, daß ihm der Bürgermeister symbolisch die Schlüssel der Stadt überreichte, war dies eine feierliche Weihehandlung.

Einige Monate später erfolgte die erste lange Europa-Tournee von Armstrong und seinen All Stars, die in Dutzenden von Theatern vor begeisterten Menschenmassen auftraten. Überall traf Louis Amateurbands, die im New Orleans-Stil spielten, und dies tröstete seinen Kummer, den ihm die jungen Bebop-Leute in der Heimat bereiteten. In seinen Augen waren diese nur anmaßende und unfähige Kerle. (Vor dem Verfasser dieser Zeilen, der ihm damals im Ankleideraum eines Mailänder Theaters einen Besuch abstattete, entwickelte er eine ungewöhnliche Theorie: »Der Bebop ›came from mistakes‹, ist durch Fehler entstanden. Der Musiker fängt eine Phrase an und kann sie nicht durchführen, weil sie technisch zu schwer ist und er sie nicht logisch zu umwickeln weiß. Deshalb weicht er unvermittelt auf eine unlogische, unerwartete Lösung aus.« Vielleicht wollte er sich auf die verminderten Quinten beziehen . . .)

Noch ein paar Monate ging's weiter mit hervorragender Musik, und dann fing etwas an, in die falsche Richtung zu gehen, jedenfalls für die Jazzliebhaber. Die Ersetzung von Sidney Catlett durch den ausgezeichneten Cozy Cole am Vorabend der Europa-Tournee hatte keinen Schaden für die Gruppe bedeutet, aber dasselbe kann man nicht vom Wegfall eines Hines und – später – auch von

Teagarden und Bigard behaupten. Auf alle Fälle steht fest, daß die All Stars, die im Jahre 1952 in vielen europäischen Städten zu hören waren, nicht mit denen von drei Jahren zuvor vergleichbar waren, und das nicht nur wegen der geringeren Qualität der Solisten. Es war jetzt deutlich, daß Armstrong nur daran lag, das breite Publikum zufriedenzustellen, dem außer seiner unwiderstehlichen Mimik die plumpe Hüpferei der beleibten Velma Middleton (sie verärgerte bei jedem Konzert die Jazzfreunde sogar durch die Vorführung eines unmöglichen »Spagats«), einige fragwürdige Gags von Trummy Young (er ließ niemals eine Spezialnummer aus, bei der er seine Zugposaune mit einem Fuß bediente) und all die anderen kleinen Tricks mit ihrer sicheren Wirkung geboten wurden, die Louis in soviel Berufsjahren gelernt hatte.

So sollte er bis fast zum Ende seiner Tage weitermachen. Seinen Freunden, die ihm taktvoll begreiflich machen wollten, daß gewisse Dinge eines Künstlers seiner Größe unwürdig waren, entgegnete er ärgerlich: »Ich spiele das, was die Leute von mir hören wollen«. Und wenn einer ihn nach dem Grund für die Wahl bestimmter Musiker fragte (fast alle Bassisten und Schlagzeuger, die bei ihm arbeiteten, waren von trostloser Mittelmäßigkeit), so beschränkte er sich darauf zu antworten: »Joe Glaser stellt sie ein. Für mich ist er wie ein Vater, und ich tue das, was er mir sagt, daß ich tun soll.« Zum Glück stellte Glaser auch einige gute Solisten ein, zum Beispiel Edmond Hall, die Pianisten Joe Bushkin und Billy Kyle oder den Posaunisten Tyree Glenn, ohne Barney Bigard zu vergessen, der 1960-1961 für etwas über ein Jahr wiedergeholt wurde.

Dadurch, daß Armstrong seinem Publikum entgegenkam und ohne Widerrede den Anordnungen seines Managers Folge leistete, erreichte er binnen kurzer Zeit eine ungeheure Popularität, wie sie kein Jazzmusiker vor ihm oder nach ihm jemals erlangt hat. Sogar sein seltsamer Spitzname »Satchmo« (von »Satchelmouth«, wörtlich: »Taschenmund«) wurde der großen Masse in vier Kontinenten vertraut. Louis war nämlich ein unermüdlicher Weltreisender geworden. Im Jahre 1954 bereiste er Australien (in zehn Tagen zwanzig Konzerte vor riesigen Menschenmengen; niemals weniger als 12 000 Zuhörer und bis zu 26 000 Menschen pro Mal) und dann Japan. 1955 kehrte er nach Europa zurück, und im darauffolgenden Jahr stieß er bis Ghana vor, wo ihm fürstliche Empfänge bereitet wurden, die in einem längeren Dokumentarfilm von Ed Murrow unter dem Titel »Satchmo the Great« festgehalten wurden.

Am Ende des gleichen Jahres 1956 nahm er in der Royal Festival Hall in London an einem Wohltätigkeitskonzert zugunsten der ungarischen Flüchtlinge teil und wurde deshalb von seinen Rassenbrüdern scharf kritisiert, die ohnehin schon seine Grimassen, sein Augenrollen und das breite Lächeln nicht ausstehen konnten, weil diese Dinge vielen den berüchtigten Sambo der Minstrel-Shows ins Gedächtnis zurückriefen. Louis – so dachten sie – hätte sein

Talent und seine außergewöhnliche Volkstümlichkeit in den Dienst der Sache der Neger stellen können, während er keine Gelegenheit ausließ zu erklären, daß er allen Kämpfen (und auch Stellungnahmen) politischer Art fernstehe. Und jetzt eilte er nach Europa, um eine Sache zu unterstützen, die sein Volk nicht im entferntesten betraf. Ein Vertreter der NAACP drückte nicht nur eine persönliche Meinung aus, als er im Verlauf eines Interviews für die »New York Post« in diesen Tagen erklärte: »Louis Armstrong ist der Onkel Tom Nummer eins, der schlimmste der Vereinigten Staaten.«

Es sollten jedoch nicht viele Monate vergehen, bis Louis sich öffentlich und in aufsehenerregender Weise durch eine Geste rehabilitierte, die alle überraschte, die ihn kannten. Er hatte im Fernsehen eine Reportage über die Vorkommnisse in Little Rock (es war September 1957) gesehen und war tief erschüttert beim Anblick eines Mädchens, das bei dem Versuch, zu einem Schulgebäude zu gelangen, das auf Anordnung des Gouverneurs von Arkansas, Faubus, für sie und die anderen farbigen Schüler geschlossen worden war, von einem Weißen ins Gesicht gespuckt wurde. Als ein Journalist in seine Reichweite kam, gab Louis ein explosives Interview, in dem er auf Eisenhower und Faubus losging und folgende Konsequenzen zog: »Da ihr meine Leute im Süden so behandelt, kann die Regierung zur Hölle fahren.« So kam die Tournee in die Sowjetunion, die das State Department für ihn geplant hatte, nicht zustande; Louis wollte nicht einmal davon reden hören.

Sogleich nach diesem Vorfall, der großes Aufsehen erregte, (es heißt, Eisenhower habe ihm die Sache nie verziehen), nahm Armstrong seine Tätigkeit als Botschafter des Jazz wieder auf. Im Oktober unternahm er eine Tournee nach Südamerika und fuhr dann im Juni 1959 nach Italien, um in der Stadt Spoleto an einem Festival teilzunehmen. Dort erkrankte er schwer und mußte in ein Krankenhaus eingeliefert werden. Im Jahr darauf war er wieder in Afrika und gab fünfundvierzig Konzerte in zehn verschiedenen Staaten. In vielen Städten trat er in großen Sportstadien auf, und mehr als einmal sang und spielte er in Anwesenheit von 50 000 Zuhörern.

Nach Beendigung dieser Konzertreihe hielt er sich einige Wochen in Paris auf. Dort wurde »Paris blues« gedreht, ein Film, an dem außer ihm auch Duke Ellington mitwirkte. Es war einer von den vielen Streifen jener Jahre, die sich das Trompetenspiel Armstrongs und sein sympathisches Gesicht als zusätzliches Lockmittel zunutze machten; vorher war er auch von den Produzenten der Filmbiographien von Glenn Miller und Red Nichols verpflichtet worden und hatte in »High Society« mitgespielt, einem Film mit Bing Crosby und Grace Kelly, zu dem das Festival in Newport die Anregung gegeben hatte.

Diese Filme trugen zu Armstrongs Popularität als Showman bei, aber sie vermehrten seinen Ruf als Musiker nicht. Das gleiche läßt sich von einer großen Anzahl seiner Schallplatten sagen, die nach zwei bestimmten Langspielplatten entstanden sind. Diese beiden LPs allerdings, die er 1954 aufnahm und der Musik von W. C. Handy beziehungsweise Fats Waller widmete, überraschten allgemein durch die Frische der Inspiration und Meisterschaft der Ausdrucksmittel, die der Trompeter zeigte, nachdem seine Kunst seit geraumer Zeit etwas geschlummert hatte. Diese Aufnahmen sollten zu seinem Schwanengesang werden. Die vielen Einspielungen der anschließenden Jahre für Decca (1956-57 ließ man ihn dort eine »musikalische Autobiographie« einspielen, die dann in Form von vier Platten veröffentlicht wurde) und andere Marken mit Ella Fitzgerald, Bing Crosby, Dave Brubeck, den Dukes of Dixieland oder anderen werden ihm nur als Sänger gerecht. Nur gelegentlich gelang es Louis in den letzten fünfzehn Jahren seiner Laufbahn, als Instrumentalist zu glänzen, und noch seltener wagte er sich ans Improvisieren. Immerhin hatte er noch Hits zu verzeichnen, zum Beispiel mit seiner Version von »Mack the Knife« und vor allem mit »Hello Dolly!«, das 1963 seine unnachahmliche Stimme zu Millionen von Zuhörern brachte.

Zwischen 1963 und 1965 spielte er in allen Teilen der Welt: in Australien, in vielen Ländern Asiens und zuletzt in den Ländern Osteuropas (mit Ausnahme der Sowjetunion), durch die er eine mörderische Tournee machte und von begeisterten Menschenmassen aufgenommen wurde. Im Stadion von Budapest wurden 93 000 Zuhörer gezählt, wahrscheinlich ein nicht zu überbietender Rekord.

Man sah ihn dann noch öfters in Westeuropa: in England, dann beim Jazzfestival in Juan les Pins 1967 und – zur Verwirrung seiner Anhänger – sogar beim Schlagerfestival in San Remo. Ganz zu schweigen von seinen unzähligen Auftritten in Amerika.

Doch dann ließ auch die Konstitution des scheinbar unzerstörbaren Louis Armstrong nach. Mitte 1968 mußte er ins Krankenhaus und seine Aktivität unterbrechen, die er später nur noch bei seltenen Gelegenheiten wiederaufnehmen sollte, wobei er sich meistens aufs Singen beschränkte. Er wurde mehrmals in das Beth Israel Hospital in New York eingeliefert – wo 1969 auch Glaser untergebracht wurde und starb – und fand doch in den wenigen Momenten leidlicher Gesundheit die Möglichkeit, sein Publikum und seine Freunde wiederzusehen. Er kam nach Los Angeles zur großangelegten Feier seines siebzigsten Geburtstages im Shrine Auditorium, danach nach Las Vegas, wo seine Band wieder provisorisch zusammengestellt wurde, und schließlich ins Waldorf Astoria in New York, wo er mit Mühe sein letztes Engagement zu Ende führen konnte. Er starb, schlafend in seinem Bett, am 6. Juli 1971.

Die unzähligen Artikel, die in den Zeitungen und Zeitschriften der ganzen Welt zur Würdigung des verstorbenen Künstlers veröffentlicht wurden, drükken mehr noch als Bewunderung die Zuneigung aus, mit der er umgeben war. In New York erwiesen ihm mindestens fünfundzwanzigtausend Menschen die letzte Ehre, als er im großen Waffensaal der Nationalgarde aufgebahrt lag. Das Begräbnis wäre eindrucksvoll geworden, wenn sich seine Witwe nicht den großartigen Plänen, die sich abzeichneten, widersetzt und ein privates Begräbnis für ihn gewollt hätte, bescheiden wie das Haus, von dem es ausging, in Corona, dem Viertel New Yorks, wo Satchmo in den letzten siebenundzwanzig Jahren gelebt hatte. Immerhin fehlten bei den Begräbnisfeierlichkeiten nicht ein Vertreter der Regierung, der Bürgermeister der Stadt und äußerst zahlreiche Persönlichkeiten der Aristokratie der leichten Musik und des Jazz. Dann gab es viele weitere Ehrungen. Die ersten, die sich rührten, waren die Bürger seiner Heimatstadt. Sie dachten sich, daß dieses »private funeral for a fine gentleman«, das in Corona stattgefunden hatte, für ihren Satchmo nicht geeignet war, und organisierten noch eins für ihn in New Orleans, nach dem malerischen Zeremoniell, das in dieser Stadt üblich ist: mit zwei »Brass Bands«, den großen Sonnenschirmen in lebhaften Farben und den Jungen der »Second Line«, die hinter dem Zug herlaufen. Wer dabei war, schätzte, daß mehr als zehntausend Menschen daran teilgenommen haben. Gleich danach begann der Ehrenkranz von Gedenkkonzerten und feierlichen Würdigungen. Unter anderem wurden ein Park in seiner Heimatstadt und ein Sportstadion in New York nach ihm benannt.

Niemand wunderte sich, weil auch die Leute, die keine Gelegenheit gehabt hatten, seine Musik in ihren größten Momenten, nämlich auf den zwischen ungefähr 1926 und 1931 entstandenen Schallplatten, schätzen zu lernen, begriffen, daß mit Louis Armstrong eine der bedeutenden Persönlichkeiten dieses Jahrhunderts dahingegangen war und mit ihm eine Ära begonnen und ihren Abschluß gefunden hatte. Auch diejenigen wunderten sich nicht, die bei ihm bestimmte diskutable Verhaltensweisen und die geringe Selbstachtung als Künstler, die er immer bewies, mißbilligt hatten. Wie es stets geschieht, wenn der Tod dazu zwingt, einer verstorbenen Person einen genauen Platz zuzuweisen, merkte auch derjenige, der schmerzvoll mitangesehen hatte, daß sich ein großes künstlerisches Naturtalent wie er in einen geschickten Komödianten von Varieté-Vorstellungen verwandelte, mehr oder weniger verschwommen, daß die Verantwortung für die Verschwendung seines Talentes der Gesellschaft angelastet werden mußte, die seine Laufbahn als Künstler gehemmt hatte, nicht aber ihm selber. Armstrong wuchs in einer Epoche auf, in der sich der amerikanische Neger nicht den Luxus erlauben konnte, Kunst zu machen, sondern höchstens seinen Mitmenschen unterhalten durfte. Er nahm sich nicht ernst, weil er nicht ernst genommen wurde, es sei denn von einer kleinen Schar von Kennern. Er spielte den Spaßmacher, weil er sofort begriff, daß das die Rolle war, die ihm die Gesellschaft zugewiesen hatte, und er bemühte sich stets, die Zuhörer im Parkett – und auch die auf den hintersten Plätzen – zufriedenzustellen, weil man ihm beigebracht hatte, daß jede Person im

Publikum (im weißen Publikum, das er fast immer vor sich hatte) wichtiger wäre als er selbst und Achtung verdiente.

Trotz alledem veränderte der Lausejunge aus dem Waif's Home praktisch ganz allein den Verlauf der amerikanischen Musik und beeinflußte wie wenige andere das Schicksal der leichten Musik in der westlichen Welt, die ohne ihn jetzt anders wäre.

Was den Jazz anbetrifft, so kann man sich schwerlich vorstellen, welches das Schicksal dieser Musik gewesen wäre, wenn Armstrong nicht allen den Weg gezeigt und so eine Kettenreaktion ausgelöst hätte, die nicht zum Stillstand kommen sollte.

Praktisch alle Trompeter (aber nicht nur die Trompeter), die bis zur Revolution der »Boppers« tätig waren, knüpften unmittelbar an ihn an. Die anderen waren Glieder einer Kette, die von ihm begonnen wurde: Roy Eldridge, der als erster andere Horizonte ahnte, und dann Dizzy Gillespie, Miles Davis, Clifford Brown, Freddie Hubbard, Don Cherry, die andere Kapitel eines Buches illustrierten, von dem Louis Armstrong die ersten Seiten schrieb, die zählen.

Earl Hines

Earl Hines, der erste der großen Jazz-Pianisten, hätte ein Trompeter werden können oder ein klassischer Pianist. Er wählte den Jazz – vielmehr die »Rhythmusmusik«, wie man damals in seiner Heimatgegend sagte – weil er es ihm ermöglichen sollte, schneller zu Geld zu kommen, und er wählte das Klavier, weil das Kornett, das er nach dem Beispiel seines Vaters, eines Vorarbeiters und gleichzeitigen Kornettisten in städtischen Musikkapellen, als Kind zu spielen begonnen hatte, gleich zu anstrengend vorgekommen war. In Duquesne, einem Vorort von Pittsburgh in Pennsylvania, wo er am 28. Dezember 1903 auf die Welt kam, hatte er seiner Mutter oft beim Orgelspielen zugehört, und es schien ihm also eine natürliche Sache zu sein, schon in ganz jungen Jahren vor eine Tastatur gesetzt zu werden. Er lernte sechs Jahre lang Klavier, widmete sich der klassischen Musik und fing an, regelmäßig mit ein paar Freunden zu spielen, als er noch zur Mittelschule ging.

Bald begriff er, daß die Musik und das Studium an der Schenley High School in Pittsburgh nicht miteinander in Einklang zu bringen waren, und verließ nach zwei Jahren die Schulbank, um Berufsmusiker zu werden. Er trat in das Orchester ein, das Lois Deppe im »Liederhouse« in der Stadt leitete. Da verdiente er 15 Dollar pro Woche, und ein Teil dieses Geldes wurde geopfert, um zwei Pianisten aus dieser Gegend das Rauchen und Trinken zu bezahlen. Das waren Jim Fellman, »der eine phantastische linke Hand hatte« und Johnny Watters, »der eine phantastische rechte Hand hatte«. Von ihnen lernte er unter anderem, sowohl mit der rechten als auch mit der linken Hand Dezimen zu spielen, die seinen Stil charakterisieren sollten. Bei den Serenaders von Lois Deppe, mit denen er 1923 in verschiedenen Ortschaften von Pennsylvania und Ohio auftrat, erlernte er ein weiteres Berufsgeheimnis; denn um die Blechbläser zu übertönen, gab es zu einer Zeit, als noch keine Mikrophone bekannt waren, kein besseres Mittel, als Paralleloktaven zu den Blasinstrumenten zu spielen. Dadurch war es nicht nötig, mit aller Kraft auf die Tasten zu schlagen, wie viele es taten; stattdessen war es möglich, auf feine Art Klavier zu spielen, wie Hines es gelernt hatte.

Der junge Pianist hielt in diesen Jahren die Ohren offen und eignete sich alles an, was er zu hören bekam und was ihn interessierte. Da gab es das »Stride Piano« von James P. Johnson und Luckey Roberts, die Musik aus »Shuffle along« und den Jazz, wie ihn Joe Smith und Gus Aiken spielten, zwei Kornettisten, die ihn besonders beeindruckten. Das Studium der Phrasierungsweise dieser beiden Bläser machte es ihm – zusammen mit seinen unvergessenen eigenen Erfahrungen mit dem Kornett – möglich, seinen originellen Klavierstil auszufeilen, der dann »trumpet style«, Trompetenstil, genannt wurde, weil er eben durch eine Phrasierung gekennzeichnet war, die einer Trompete ähnelte. »Viele Leute denken, daß ich den »trumpet style« Armstrong verdanke. Das stimmt nicht«, hat Hines auch in jüngster Zeit wiederholt, und zwar in einem Interview für die Zeitschrift »Jazz Hot«. »Ich habe schon so gespielt, bevor ich ihn traf und Platten mit ihm aufnahm. Nicht, daß ich irgendwie eifersüchtig auf ihn wäre, aber ich wünsche, daß man weiß, daß diejenigen, denen ich meinen Stil verdanke, Joe Smith und Gus Aiken hießen. Sie spielten übrigens in einem ähnlichen Stil wie Armstrong, sind aber leider völlig unbekannt geblieben.«[1]

In Chicago, wohin Hines 1924 wegen eines Engagements im Elite no. 2, einem Lokal im Herzen der South Side, kam, hatte er Gelegenheit, andere Pianisten zu hören, unter ihnen Jelly Roll Morton, der ihn nicht mitriß, und Teddy Weatherford, dessen Stil er aufmerksam studierte und den er dann entthronte. Vielleicht war es gerade wegen der störenden Anwesenheit von Hines, der sich in kurzer Zeit als der beste Pianist Chicagos durchsetzte, daß Weatherford 1926 in den Fernen Osten auswanderte, wo er 1945 vergessen starb.

Im Jahre 1925 war Hines im Orchester von Carroll Dickerson und machte mit diesem eine lange Tournee durch die Varietétheater des Pantanges-Kreises, die ihn für 42 Wochen von Chicago fernhielt. In diese Formation trat nach ihrer Rückkehr nach Chicago auch Louis Armstrong ein. Im April 1926 gesellte sich dieser so zu anderen angesehenen Solisten wie Natty Dominique, Kornett, und Honoré Dutrey, Posaune.

Es wurde bereits von dem perfekten Einvernehmen gesprochen, das sich zwischen Hines und dem Neuankömmling bildete, der nach ein paar Monaten dem Namen nach die Leitung des Orchesters übernahm und die musikalische Leitung dem Pianisten überließ. Und es war schon die Rede von dem mißlichen Ausgang des Abenteuers, auf das sich die beiden zusammen mit Zutty Singleton Ende 1927 einließen, als sie ein Tanzlokal mieteten, um selbständige Unternehmer zu werden.

Hines blieb nicht lange arbeitslos. Nach einer Erkundigungsfahrt nach New York fand er in Chicago ein Engagement in dem Quintett, das Jimmie Noone im Apex Club – einem von Musikern besuchten Lokal in der 35. Straße – leitete, und konnte mit diesem einige hochinteressante Plattenseiten einspielen.

Die Entdeckung des großen Talentes von Earl Hines ergab sich für die, die noch keine Gelegenheit gehabt hatten, ihn persönlich zu hören, allerdings erst etwas später, als nämlich Okeh die ersten Aufnahmen herausgab, die im Juni dieses Jahres mit Armstrong, Hines, Singleton und drei anderen, weniger bedeutenden Solisten unter dem inzwischen sehr angesehenen Namen der Hot Five eingespielt worden waren. Es sind berühmte Platten, und sie gehören zu den gelungensten, die bis dahin von Jazzmusikern gemacht worden waren. »West End blues«, »Fireworks«, »Knee drops« und »Skip the gutter« sind die ersten bemerkenswerten Titel. Zu diesen kamen im Dezember weitere wichtige Stücke, von denen die besten »Basin Street blues«, »Tight like this«, »St. James Infirmary«, »No«, »Muggles«, »Heah me talkin' to ya« und »Weather bird«, das meisterhafte Duett mit Armstrong, sind.

Zwischenzeitlich konnte Hines im gleichen Monat Dezember in New York seine ersten Klaviersoli für die Plattenmarke QRS aufnehmen und gleich anschließend in Chicago für Okeh. Bei beiden Aufnahmesitzungen brachte er zwei Spezialnummern, »A Monday date« und »Caution blues«, mit denen er glänzende Resultate vor allem in den bekannteren Zweitversionen erzielte. Für Okeh nahm er auch »57 varieties«, einen völlig improvisierten Titel, und »I ain't got nobody« auf, welche eine Gruppe von Einspielungen abrunden, die zum Pflichtbestand einer jeden Jazzplattensammlung gehören sollten.

Auf diesen Aufnahmen wirkt die Künstlerpersönlichkeit von Hines gereift, sein Klavierstil ist endgültig und höchst originell. Es ist ein virtuoser und zugleich kraftvoller Stil, voller improvisatorischer Höhepunkte und Überraschungen. Unter seinen hämmernden Fingern bricht der Rhythmus sprunghaft ab, verschnörkelt sich, wird zu zierlichen, verwickelten Formgebilden, um dann urplötzlich mit wunderbarer Präzision wiederaufgenommen zu werden; die Phrasen sind lyrisch, singend oder auch ungestüm; der Anschlag klingt voll. Das Spiel der beiden Hände ist recht komplex; oft wird eine Phrase, die von der rechten Hand begonnen wurde, von der linken zu Ende geführt. Das Spiel der linken Hand mit ihren Dezimen ist harmonisch reich. Die Phrasierung der Trompete, von der schon die Rede war, wird deutlich von der rechten Hand nachgeahmt; es fehlen weder die Pausen an den Stellen, an denen der Trompeter Luft holt, noch das Vibrato am Ende der Phrasen, das durch ein Tremolo erzielt wird.

Obwohl seine Begabung als Pianist damals allen anderen überlegen war, fühlte sich Hines bald zum Orchesterleiter berufen, so daß er, bevor er noch irgendeine Aussicht auf Anstellung hatte, eine Bigband zusammenstellte und mit dieser in einer Hotelhalle eine Reihe von Stücken einübte. Es war so, als habe er eine Vorahnung gehabt; denn es verging nicht viel Zeit, als ihm von Lucky Millinder ein Vertragsangebot für das Grand Terrace zuging, ein elegantes Cabaret, das zu den geschäftlichen Planungen der Bande von Al Capone gehörte, in allernächster Zeit an der South Side eröffnet werden sollte und streng der weißen Kundschaft vorbehalten war. Gesucht wurde ein Orchester von zehn Mann, und Hines war in der Lage, eines bereitzustellen, das schon einsatzfähig war. So zog er mit der Band am 28. Dezember 1928 in dieses

Lokal ein und sollte, von Unterbrechungen abgesehen, zwölf Jahre lang dort bleiben.

Zu den Orchestermitgliedern gehörten einige Monate nach der Gründung die Klarinettisten Omer Simeon und Darnell Howard, der Schlagzeuger Wallace Bishop und der Saxophonist Cecil Irwing als Hauptarrangeur der Formation. »Es ist niemals eine Band mit besonderen Charakteristiken gewesen«, hat Hines Jahre später gesagt, »weil ich nicht wollte, daß es eine solche würde. Aus diesem Grunde habe ich verschiedene Arrangeure aus allen Teilen des Landes eingesetzt, so konnte es keinen bestimmten Stil geben. Darüber hinaus tauschte ich Arrangements mit Fred Waring, Tommy Dorsey und Jimmy Dorsey aus. Der einzige Augenblick, in dem die Zuhörer mein Orchester wiedererkannten, war, wenn sie mein Klavier hörten. Wir hatten viele unterschiedliche Sounds, aber die brauchten wir auch für die Shows, zu denen wir spielten. Denkt mal an, allein der erste Teil der Shows dauerte anderthalb Stunden; also könnt ihr euch vorstellen, wieviel Musik wir spielen mußten.«[2]

Die Orchester, die Hines während seiner Jahre im Grand Terrace leitete, waren vielseitig und showmäßig und nahmen viele Platten auf, aber sie fanden weder einen dauernden Erfolg im Sinne der Popularität noch erregten sie die Aufmerksamkeit der Kritiker, eben wegen des mangelnden genauen Stilcharakters. Daran konnte auch der Arrangeur Jimmy Mundy, einer der besten seiner Zeit, nichts ändern, als er von 1929 bis 1936 bei Hines arbeitete, das heißt, bis er zu Benny Goodmans Leuten ging.

Das Orchester konnte während einer langen Serie von Rundfunkübertragungen, die allabendlich vom Grand Terrace ausgestrahlt wurden, von Millionen gehört werden. Im Verlauf einer solchen Übertragung entstand der Spitzname »Fatha« (»Vater«), welcher Hines für immer anhaften sollte. Er wurde vom Ansager einer Sendung spontan am Mikrophon erfunden, als Hines ihm gerade eine väterliche Standpauke gehalten hatte, weil er ihn zuviel trinken gesehen hatte.

In den Jahren seines Aufenthaltes in dem großen Cabaret an der South Side (er gestaltete sich nach 1936 unregelmäßig) wurde das Orchester durch die Beiträge namhafter Musiker bereichert. Es kamen unter anderem der Posaunist Trummy Young, der Trompeter und Violinist Ray Nance und der Tenorsaxophonist Budd Johnson, ab 1938 auch musikalischer Leiter des Ensembles. Aus der Feder dieses letzteren entstammen erfolgreiche und gelungene Stücke wie »Piano man«, »Grand Terrace shuffle« und »XYZ«. Auf die dreißiger Jahre gehen fernerhin »Rosetta«, die bei jedem Auftritt gespielte und vielfach aufgenommene bekannteste Komposition von Hines, »Deep forest«, die Erkennungsmelodie der Bigband, »Cavernism« und »Madhouse« zurück.

Die Beliebtheit der Formation von Hines nahm im Jahre 1940 und unmittelbar darauf plötzlich wieder zu, als Billy Eckstine, ein ausgezeichneter Sänger, den der Leader im Club DeLisa entdeckt hatte, mit »Jelly Jelly« und »Stormy Monday blues« zwei Bestseller-Erfolge hatte. Hines seinerseits profitierte von der Boogie Woogie-Mode und tüftelte einen glänzenden, aber auch verschmitzten »Boogie woogie on St. Louis blues« aus, der seither eine nie fehlende Nummer bei seinen Auftritten geworden ist.

Es war Eckstine und Budd Johnson zuzuschreiben, daß Hines 1943 eine völlig neue Bigband mit jungen und noch unbekannten Talenten leitete, unter anderem Charlie Parker, Dizzy Gillespie, dem Posaunisten Bennie Green und Sarah Vaughan, der Sängerin mit der schönsten Jazz-Stimme in den Jahren, die auf den zweiten Weltkrieg folgten.

Von diesem Orchester ist nichts auf Schallplatte erhalten geblieben; man weiß jedenfalls, daß es ausgezeichnet war, auch wenn das Talent der neuen Jazz-Revolutionäre keine Möglichkeit zur vollen Entfaltung hatte. Hines dachte bestimmt nicht daran, die Rolle des Jazz-Progressisten zu übernehmen; im Gegenteil, als er ein paar Monate später ohne seine besten Solisten und Sarah Vaughan dastand, die alle Eckstine folgten, welcher seinerseits Orchesterleiter geworden war, fand er nichts Besseres, als zu seiner neugebildeten Besetzung einen Streichersatz mit zwölf Violinen zu stellen. »Ich habe immer eine eigenartige Ambition gehabt«, erklärte er später einmal, »so etwas wie Waring und Whiteman nach Jazz-Kriterien zu machen.«[3]

Zum Glück sollte aus dieser Ambition nichts werden. Im Jahre 1948 gehörte der Pianist wieder zu einer kleinen Band, die authentischen Jazz spielte, den All Stars von Louis Armstrong. Mit diesen überquerte er zum ersten Mal den Atlantik, um beim ersten europäischen Jazzfestival aufzutreten, welches in Nizza veranstaltet wurde, und im Jahr darauf kam er zu einer langen Tournee wieder.

Zwischen den beiden alten Freunden aus der Zeit des Sunset-Cabarets und der Hot Five bestand nicht mehr die Harmonie von einst; die Rechthaberei von Armstrong, der ihn oft wie einen Schuljungen abkanzelte, wurde Hines unerträglich, und 1951 ging er. Die Reaktion des Trompeters wurde von »Down Beat« wiedergegeben: »Hines und sein Ich, Ich, Ich!« machte Armstrong bei dem Interview seinem Ärger Luft. »Wenn er nun weggehen wollte, soll ihn der Teufel holen! Er ist tüchtig, sicher, aber wir werden auch ohne ihn fertig.«

Die anschließenden Jahre bestätigen, daß Hines sich über seine Rolle und über seine besten Fähigkeiten nicht im klaren war. Er leitete verschiedene Gruppen an der kalifornischen Küste und ließ sich in San Francisco nieder. Dort spielte er in der ganzen zweiten Hälfte der fünfziger Jahre mit einem Dixieland-Sextett, vorzugsweise im Club Hangover. Ein paar Jahre lang war auch Muggsy Spanier dabei. 1957 unternahm Hines eine neue Europatournee mit Jack Teagarden und weiteren Musikern des traditionellen Jazz. 1963 verwirklichte er noch einen alten Traum und eröffnete in Oakland ein Nachtlokal, in dem er mit einer halbkommerziellen kleinen Combo auftrat, ohne sich zu scheuen, die Musik für die »floor show« einer japanischen Sängerin zu liefern. Wahrscheinlich nahm er an, daß er seine Laufbahn als Jazzmusiker abgeschlossen hatte, und sicherlich hatten ihn viele inzwischen schon vergessen. Seine in den letzten Jahren veröffentlichten Schallplatten waren nahezu unbeachtet geblieben, obwohl manche Aufmerksamkeit verdient hätte, etwa das Album, das der Musik von Fats Waller gewidmet und Ende 1955 – Anfang 1956 aufgenommen worden war, und die Platte mit Klaviersoli von Ende 1956; beide wurden für Fantasy in San Francisco eingespielt.

Wer diese Platten hörte – oder erst recht andere und früher aufgenommene, wie die von 1949 in Paris oder die auf MGM, beziehungsweise spätere Einspielungen – konnte jedenfalls einige Überraschung nicht verbergen. Der musikalische Vortrag von Hines, dem Pianisten, war flacher, schlaffer geworden; die blendenden Einfälle von einst waren landläufigen Phrasen gewichen; der Anschlag war farbloser. Noch enttäuschender waren seine Darbietungen mit kleinen Gruppen, die nach Routine aussahen. Nur ab und zu fand man bei ihm den alten Schwung wieder, zum Beispiel in »Brussels' Hussle«, einem Blues, der für die Marke Felsted eingespielt wurde und in der Langspielplatte »Earl back room« enthalten war.

Die Wiederauferstehung von Earl Hines im Jahre 1964 bildete daher eine Überraschung für alle, angefangen mit dem Betroffenen selbst. Im März dieses Jahres wurde der Pianist nach New York eingeladen, um drei Konzerte im Little Theatre zu geben; man bat ihn, allein zu spielen, nur begleitet von Kontrabaß und Schlagzeug. Die Konzertveranstalter, unter denen sich der Kritiker Dan Morgenstern befand, waren überrascht zu vernehmen, daß der Mann, den sie engagiert hatten, noch niemals an einem Konzert teilgenommen hatte, das ihn als Klaviersolisten herausstellte, und mußten sich Mühe geben, ihn dazu zu bewegen, daß er allein auftrat. »Seid ihr sicher, daß ihr mich als Pianisten wollt?«, mußten sie sich als Frage anhören. »Ich habe mit meinen Orchestern Konzerte gegeben, aber glaubt ihr, daß die Leute mich allein hören wollen?«[4]

Die Konzerte hatten einen durchschlagenden Erfolg, der sich im Jahre darauf in den vielen Städten wiederholte, die von einer langen Europatournee berührt wurden, welche der französische Jazzkritiker Hugues Panassié für ihn organisierte. Man hörte damals mit Verwunderung wieder den einfallsreichen und hinreißenden Pianisten, den man von den Platten des Jahres 1928 her kannte und der seit Jahren verschwunden zu sein schien. Und man fand ihn dann gleich auf den Platten wieder, die 1964 und 1965 für verschiedene Marken eingespielt wurden. Zwei dieser LPs gehen auf die Tage der Konzerte im Little Theatre zurück; eine wurde unter dem Titel »The real Earl Hines« auf Focus herausgegeben und enthält sogar Mitschnitte dieser Konzerte, während die andere unter der Bezeichnung »Spontaneous explorations« für die Firma Contact aufgenommen wurde.

Der Weg nach Europa stand nun offen. In den folgenden Jahren kehrte der Pianist mehrere Male zurück und drang 1966 sogar bis in die Sowjetunion vor. Er zog kreuz und quer durch Rußland und mußte nur Moskau und Leningrad meiden, da der Zutritt zu diesen Städten von den örtlichen Behörden verboten wurde. Dagegen setzten die amerikanischen Jazz-Experten seinen Namen bei den Rundfragen von »Down Beat« schnell wieder an die erste Stelle der Pianisten und nahmen seine hiernach eingespielten, oft hervorragenden Schallplatten bestens auf.

Mit über siebzig Jahren sieht Hines noch sportlich aus, sein Schritt ist elastisch, und er hat die Begeisterung eines Musikers, der noch in seinen ersten Erfahrungen steckt. Die Kollegen nennen ihn jedoch alle sehr respektvoll »Fatha«, weil sie in ihm den Stammvater sehen, dessen Stil überraschenderweise nicht alt wird. »Earl kann so weitermachen, bis er neunzig Jahre alt wird, ohne je aus der Mode zu kommen«, meinte einer seiner aufrichtigsten Bewunderer, Count Basie.[5]

Fats Waller

»Amerika macht seltsame Dinge mit seinen großen Künstlern«, hat John Hammond geschrieben. »In jedem anderen Teil der Welt wäre Fats Waller ein berühmter Konzertkünstler geworden; denn als er kaum elf Jahre alt war, war er schon ein begabter Organist, Pianist und Komponist. Aber Waller war kein Weißer, und das Gebiet der klassischen Musik macht keine Ausnahme in rassischer Hinsicht, es sei denn für einige wenige Sänger . . . Das große Talent Wallers für das Klavier hat in diesem Lande niemals die Anerkennung gefunden, die Pianisten normalerweise gezollt wird. Es war viel einfacher, ihn als Hanswurst oder Clown zu präsentieren statt als Künstler, der er ist[1].«

Das traf in der Tat auf Thomas Waller zu, genannt »Fats«, der Dicke. Er wurde immer als Hanswurst vorgestellt und praktisch daran gehindert, dem Publikum das Beste von sich zu geben. Und Waller, der doch gründliche musikalische Studien hinter sich hatte und in seinem Inneren seine Kunst sehr ernst nahm, mußte das Spiel mitmachen und die Rolle des Possenreißers bis zur letzten Konsequenz spielen, so daß er sich schließlich mit ihr identifizierte. Er besaß ein geeignetes Temperament für derartige Dinge; denn er war ein unwiderstehlicher Humorist, ein Spaßmacher und ein Lebemann mit einem enormen Appetit, den er immer befriedigte, ohne sich im mindesten um die Zukunft zu bekümmern. Die bloße Erwähnung des Namen Fats – hat einmal Armstrong von ihm gesagt, der ihm in Freundschaft zugetan war – genügt, um ein Lächeln auf das Gesicht derer zu zaubern, die ihn gekannt haben.

Am 21. Mai 1904 wurde er in New York als Kind einer armen und zahlreichen kleinbürgerlichen Negerfamilie geboren. Seine Mutter war Musikerin und sein Vater Seelsorger der Abessinischen Baptisten-Kirche. Fats wurde also mit Hymnengesang, Bibellesungen und Klavierstunden großgezogen; von Seiten seines Vaters wurde alles unternommen, um ihn vom Jazz fernzuhalten, weil diese Musik nach dessen Meinung »aus der Werkstatt des Teufels« kam. Er wurde wirklich zum Studium der klassischen Musik angehalten, die er auch mit Eifer pflegte. Unter Anleitung sehr guter Lehrer lernte er außer Klavier auch das Spielen der akustischen Orgel und sollte im Jazz der einzige Meister dieses Instrumentes werden.

Seine erste Anstellung als Musiker erhielt Fats im Alter von fünfzehn Jahren in einem Kino von Harlem, dem Lincoln Theatre, wo er Klavier und Orgel spielte. Wegen seiner Tüchtigkeit fiel er gleich auf und fing an, Freundschaften mit Musikern zu schließen. Bei einem Pianistenwettbewerb, den er gewann, traf ihn Andy Razaf (ein Nachkomme der Königin von Madagaskar mit dem wirklichen Namen Andreamenentania Razafinkeriefo), der Jahre später als Texter seiner Lieder eine ertragreiche Zusammenarbeit mit ihm aufnehmen sollte. Kurz darauf hörte ihn James P. Johnson, der angesehenste Pianist New Yorks, bot ihm seine Protektion an und übernahm die Aufgabe, seine Ausbildung als Klavierspieler zu vervollständigen. Weniger glücklich war die Begegnung des jungen Waller mit Edith Hatchett, die er als kaum Siebzehnjähriger heiratete, wahrscheinlich um sich über den Verlust seiner Mutter hinwegzutrösten, an der er sehr gehangen hatte. Edith schenkte ihm das erste Kind, trennte sich aber sehr bald von ihm; dann verfolgte sie ihn das ganze Leben wegen Alimentenzahlungen.

Waller vollendete seine Lehrzeit als Musiker sehr schnell. Vor Vollendung seines achtzehnten Lebensjahres hatte er schon ein Engagement im Leroy's, damals einem der besten Cabarets Harlems, bekommen, hatte Tourneen mit Truppen von Vaudeville-Shows durchgeführt, seinen ersten Erfolgsschlager, »Squeeze me«, komponiert und eine Reihe von Piano Rolls für QRS sowie 1922 seine ersten Schallplatten als Klaviersolist aufgenommen.

Fats war als sehr aktiver und ebenso fruchtbarer wie schneller Komponist (Razaf sagte, er hätte auch das Telefonbuch vertonen können, wenn man ihn darum gebeten hätte) überall dabei und in der ersten Hälfte der zwanziger Jahre bereits eine der bekanntesten Figuren im Musikleben Harlems. Er gehörte zum Dreigestirn der großen Pianisten New Yorks – die beiden anderen hießen James P. Johnson und Willie »The Lion« Smith – und seine Anwesenheit war bei den »Rent Parties« und Aufnahmesitzungen der damals sehr beliebten Bluessängerinnen recht begehrt. Clarence Williams, der rührigste Verleger der Stadt, auf den die Jazzmusiker zählen konnten, begann seine Kompositionen zu drucken. Duke Ellington, gerade aus Washington gekommen, und Fletcher Henderson, berühmtester Orchesterleiter des Augenblicks, waren seine Freunde und Bewunderer.

Nach der Scheidung von seiner ersten Frau heiratete er 1924 in zweiter Ehe Anna Rutherford, aber man kann wirklich nicht sagen, daß er eine Verantwortung für die neue Familie empfunden hätte, die sich bald um zwei weitere Kinder vergrößerte. Sie veranlaßte ihn gewiß nicht dazu, umsichtig mit seinem enormen Talent hauszuhalten und auf seine Gesundheit bedacht zu sein. Fats war verschwenderisch und von heiterer Verantwortungslosigkeit. Er verkaufte seine Lieder für ein paar Dollars, nicht selten verschenkte er sie, und er machte sich gern einen guten Tag, was für ihn vor allem bedeutete, mit seinen Freunden bis in die tiefe Nacht hinein zu zechen und zu schwatzen. Die Anekdoten, die ihn betreffen und alle wahr sind, beziehen sich fast immer hierauf: auf seine außerordentliche Fähigkeit, in wenigen Minuten Musik zu komponieren, auf die Unbekümmertheit, mit der er sich seiner Werke entledigte, und auf die

Flaschen, die er mit kräftigem Schluck schon vom frühen Morgen an leerte und »flüssige Eier mit Schinken« nannte.

Als Fletcher Henderson ihm einmal neun Hamburgers bezahlte, die er an einem Stand im Nu verschlungen hatte, erhielt er dafür neun in Windeseile komponierte Lieder ausgehändigt. Fletcher wollte soviel Freigebigkeit nicht ausnützen und zahlte zehn Dollar je Stück. Und so kam es, daß ausgezeichnete Titel wie »Henderson stomp«, »Hot mustard« und »Whiteman stomp« in das Repertoire seines Orchesters aufgenommen und eingespielt wurden. Eddie Condon dagegen hat in seiner Autobiographie[2] eingehend die lustigen Umstände seiner ersten Begegnung mit Fats geschildert. Auf Anraten von Earl Hines hatte er sich an ihn gewendet, um gemeinsam mit ihm eine Plattensitzung zu organisieren. Es gab wiederholte Trinksprüche auf den »alten Earl«, viel Musik und fröhliches Geplauder, bis die beiden halb betrunken und angezogen auf ein paar Kissen in dem Lokal einschliefen. Am anderen Morgen wurden sie um halb· elf wach, doch Fats schaffte es, zu der um zwölf Uhr mittags ausgemachten Sitzung hellwach und mit den notwendigen, in letzter Minute durch ein paar Telefonate zusammengetrommelten Musikern einzutreffen. Er brachte zwei neue Themen mit, die er im Taxi ausgedacht und vor sich hingeträllert hatte. So entstanden »Harlem fuss« und »Minor drag«, zwei ausgezeichnete Stücke, was sich von selbst versteht.

Fats verwunderte jeden mit seinen Fähigkeiten als Musiker und seinen nicht weniger ungewöhnlichen Leistungen als Trinker. Diese beiden Dinge waren bei ihm nicht zu trennen. Links auf dem Klavier hatte er fast immer eine Flasche Whisky, so daß er sie in die linke Hand nehmen konnte, wenn er mit der rechten hohe Töne spielte. Eine zweite Flasche stand unten am Klavier in Reichweite seiner rechten Hand für die Momente, in denen die linke Hand mit Baßnoten in Anspruch genommen wurde.

In der zweiten Hälfte der zwanziger Jahre wurde die Aktivität von Fats noch verstärkt. Einige Zeit lang war er in Chicago, wo er mit Louis Armstrong in der Band von Erskine Tate im Vendome Theatre spielte und Unterrichtsstunden bei Leopold Godowsky nahm, der ihn für Bach begeisterte. Bei seiner Rückkehr nach New York nahm er dann seine Zusammenarbeit mit Razaf auf und schrieb 1927 mit ihm die Lieder für eine jener Negerrevuen, die damals modern waren, »Keep shufflin«. Sie enthielt auch ein Klavierduett von Fats mit James P. Johnson, das mit viel Beifall bedacht wurde. Der Erfolg war so groß, daß die Inhaber des Connie's Inn Waller und Razaf sowie Harry Brooks den Auftrag erteilten, die Songs für eine Revue mit dem Titel »Hot Chocolates« zu schreiben, welche 1929 inszeniert wurde und unter ihren Stars auch Louis Armstrong hatte.

Die Songs wurden wie immer blitzschnell komponiert. Einer, »Ain't misbehavin'«, hatte sofort einen Riesenerfolg; ein anderer und nicht weniger schöner,

»Black and blue«, sollte sich mit der Zeit durchsetzen. Es ist jammerschade, daß die Autorenrechte für diese beiden Titel zusammen mit weiteren siebzehn Kompositionen von dem unbesonnenen und stets abgebrannten Fats einem Verleger für die Gesamtsumme von 500 Dollar verkauft wurden!

Eines Tages kam Mary Lou Williams, die damals noch am Anfang ihrer Laufbahn war, während einiger Proben ins Connie's Inn. »Natürlich war es ein großer Tag für mich«, hat sie sich erinnert, »als ein paar Musiker mich ins Connie's Inn mitnahmen, wo ich Fats Waller kennenlernen sollte, der gerade an einer neuen Show arbeitete. Wir gingen also rüber in die Siebte Avenue und stellten fest, daß Wallers Arbeitsmethode alles andere als Frondienst oder Sklaverei war. Da saß er also, der Größte der Großen, trat nach allen Seiten über die Ufer des Klavierstuhls und hatte einen Krug Whisky in bequemer Reichweite. Leonard Harper, der Produzent sagte: »Fats, hast du für diese Nummer schon was geschrieben?« Dann antwortete Fats: »Klar, mein Sohn, paß du lieber auf, daß du mit deiner Tanzerei vorankommst.« Dann komponierte er seine Nummer, während die Mädchen tanzten. Er muß die ganze Show, Texte inbegriffen, komponiert haben, während ich da saß und Bauklötze staunte . . .«[3]

»Load of coal« war der Titel der zweiten Revue im Connie's Inn, bei der Waller und Razaf zusammenarbeiteten, und »Honeysuckle rose« hieß das von den beiden komponierte Stück, das ihnen den Erfolg sicherte.

Obwohl Fats immer beschäftigt war, hatte er in jenen Jahren ziemlich bescheidene Einkünfte, die regelmäßig sorglos ausgegeben wurden. Es blieb nie genug Geld übrig, um seiner ersten Frau die Unterhaltskosten zu bezahlen, aber mit gerichtlichen Vorladungen und Anzeigen erreichte sie ihn unerbittlich überall. Im September 1928 hatte Fats noch mehr Pech als bei den früheren Malen; bei einem erneuten Erscheinen vor Gericht zeigte er sich zwar zerknirscht und erklärte feierlich, daß er zur Einsicht gekommen sei, alles wiedergutmachen wolle und seinen Unterhaltspflichten als geschiedener Ehemann nachkommen werde, doch der Richter gab ihm eine noch schwerere Strafe, da die vorangegangenen fünf Lektionen offenbar nichts genützt hatten. Und Fats büßte die sechs Monate Gefängnis mit Philosophie ab.

Die Depression verschlimmerte noch die stets unsicheren Verhältnisse des Pianisten. Nach seiner Teilnahme an einer Reihe von Rundfunkübertragungen aus Cincinnati fand er 1932 keine bessere Lösung, als sich nach Europa einzuschiffen. Er wollte ein Engagement in England suchen, aber sich vor allem die Zeit vertreiben.

Als Reisebegleiter suchte er sich Spencer Williams aus, den Neffen von Lulu White, der ehemaligen Königin von Storyville, und Komponisten einiger berühmter Themen wie »Basin Street blues«. Es heißt, die beiden hätten, um das Geld für die Reise zusammenzubekommen, in Eile ein paar Dutzend Songs geschrieben, und wahrscheinlich stimmt das. Weniger eindeutig sind die Nachrichten über den Aufenthalt der beiden Freunde in der Alten Welt, besonders in Paris. Dort kreuzten sie in der festen Absicht auf, sich eine vergnügte Zeit zu machen, und mieteten sich deshalb zweckmäßigerweise in der Nähe der Place Pigalle ein. Unter denen, die Fats damals begegneten und ihn in Jam Sessions hören konnten, war der junge französische Jazzbegeisterte Hugues Panassié, und er geriet in Verzückung. Fats sagte ihm, er wolle wegen eines Engagements nach London und würde dann wiederkommen, aber später überlegte er sich die Sache anders und schiffte sich auf einmal in Richtung USA ein. Williams ließ er im Stich, und dieser ließ sich in Großbritannien nieder.

In New York hörte Waller einen interessanten Vorschlag: Er sollte unter der Bezeichnung »Fats Waller's Rhythm Club«, die schon erfolgreich in Cincinnati eingeführt worden war, eine neue Serie von Rundfunksendungen über das Netz der CBS aus New York übernehmen. Damit begann für den Pianisten das große Glück. Zusammen mit der kleinen Gruppe, mit der er im Radio auftrat, wurde er von der Victor verpflichtet. Für diese Firma nahmen Fats Waller »und sein Rhythmus« (ein Quintett, im allgemeinen) 1934-1942 über vierhundert Titel auf, bis ein Nationalstreik die Aktivität in den Schallplattenstudios lahmlegte. Nur elf dieser Stücke sind Klaviersoli; die anderen sind zum größten Teil Erfolgsschlager, deren Refrain von Fats fast immer in humoristischer Art und manchmal umwerfender Komik gesungen wird.

Gerade diese Komik seines Singens, zusammen mit seinem Zwinkern, dem Augenrollen und den hoch- und runtergezogenen Augenbrauen, haben Fats eine ungeheure internationale Popularität eingetragen. Daß er ein außergewöhnlicher Pianist war, wußten vor allem die Kollegen, die Musiker und die Jazzfreunde; für die anderen war Fats in erster Linie ein lustiger Clown. Leider sollte ihm diese Rolle anhaften bleiben und ihn praktisch daran hindern, die Musik zu spielen, die er am liebsten mochte. Auch im Yacht Club auf der 52. Straße, wo er 1938 lange auftrat, mußte er vor allen Dingen das Publikum zum Lachen bringen. Und wenn er sich ein bißchen ablenken ließ und anfing, ernsthaft zu spielen, ganz für sich allein, wurde er bald von irgendeinem Gast zur Ordnung gerufen: »Come on, Fats«, »Los, Stimmung, Fats!« Dann brummte Fats ergebungsvoll: »Ja, ja, da bin ich ja schon.«

Während seiner erfolgreichsten Jahre trat Fats oft in Konzerten, kleinen Nachtlokalen und Varietéshows auf. Häufig war er vom Orchester des Kontrabassisten Charlie Turner und später, ab 1938, von der Don Donaldson-Band umgeben. In diesen Formationen und bei den Plattensitzungen mit der kleinen Combo hatte er verschiedene Jahre hindurch seine Lieblingssolisten bei sich. Unter diesen ragten Gene Sedric, Tenorsaxophon und Klarinette, Herman Autrey, Trompete, und Al Casey, Gitarre, heraus, die man auf unzähligen Platten mit ihm hören kann.

Der Erfolg, der sich gleich abzeichnete, brachte ihn auch nach Hollywood. 1935 spielte er in zwei recht bedeutenden Filmen mit, »Hooray for love« und »King of burlesque«. 1938 war er wieder in England und Skandinavien und trat dort in mehreren Theatern auf. Bei dieser Gelegenheit nahm er in London für His Master's Voice eine Reihe von Orgel-Soli über Themen berühmter Spirituals auf.

Im März des Jahres darauf war Fats erneut in England, diesmal zusammen mit den Mills Brothers. Aber die Londoner Jazz-Anhänger, welche seine Fähigkeiten als Pianist von den Platten her kannten, waren wegen der Art und Weise, wie ihr Liebling vorgestellt wurde, enttäuscht. »Die Fans haben mehr für ihre Augen als für ihre Ohren gehabt«, schrieb der Kritiker einer Vorstellung im Holborn Empire für den »Melody Maker.«[4] »Die Notwendigkeit, für ein Publikum zu spielen, das bloß zu wünschen scheint, daß Fats mit seinen Ohren wackelt und die Augen im Rhythmus der rechten Hand rollen läßt, hat das Fünfzehn-Minuten-Programm eher zu einer Varieté-Nummer als zu einem Jazz-Auftritt gemacht.«

Paradoxerweise kam das wichtigste Ergebnis dieses zweiten Englandbesuches erst am Ende zustande, als Fats ein paar Tage vor seiner Heimreise innerhalb einer einzigen Stunde die »London suite« komponierte. Am Klavier improvisierte er sechs Solo-Stücke, die ebenso vielen Stadtteilen Londons gewidmet waren, welche ihm von seinem Manager Ed Kirkeby[5] hintereinander kurz beschrieben wurden.

In Amerika nahm er wieder sein übliches Leben auf, spielte in verschiedenen Städten und machte viele erfolgreiche Platten. Jemand, der sein Geld nachgezählt hat, versicherte, daß er in seinem ertragreichsten Jahr über 70 000 Dollar einnehmen konnte.

Zu einem bestimmten Zeitpunkt dachte Eddie Condon, daß nun der Augenblick gekommen sei, das Genie Fats Waller feierlich zu würdigen, und organisierte für ihn ein wichtiges Konzert in der Carnegie Hall. An jenem Abend des 14. Januar 1942 zeigte sich indes in diesem großen New Yorker Konzertsaal, daß Fats inzwischen einer der Künstler geworden war, auf die man sich nicht ohne Risiko verlassen kann. Vor 2800 Zuschauern präsentierte er sich zwar im Frack und wurde auch mit allen Ehren aufgenommen, aber er hatte zuviel getrunken und spielte ziemlich schlecht. In der Pause stieß er mit jedem der vielen Freunde an, die ihn im Umkleideraum besuchen kamen, und in der zweiten Konzerthälfte spielte er noch schlechter. Die Impresarios bekamen einen Grund mehr, ihm zu mißtrauen, und sein Arzt und sein Manager machten sich Sorgen um seine Zukunft.

Im Winter 1942-1943 fuhr Waller nach Hollywood, um an den Dreharbeiten von »Stormy weather« teilzunehmen. Dieser Musikfilm wurde ausschließlich von Negerkünstlern interpretiert; unter anderem wirkten die Sängerin Lena

Horne, Cab Calloway in seinem auffallenden »zoot suit« und Bill »Bojangles« Robinson mit. Fats brachte ein paar Titel mit einer kleinen Band, die für diese Gelegenheit zusammengestellt wurde und an herausragenden Musikern Zutty Singleton und den Kontrabassisten Slam Stewart enthielt, und seine unbezahlbare Mimik machte einen gewaltigen Eindruck auf die Zuschauer. »Fats hat seine Augenbrauen hochgezogen und den ganzen Film für sich allein gewonnen«, schrieb ein Kritiker.

Aber es war das letzte Lachen, für ihn und für seine Bewunderer. In den letzten Jahren hatte er getrunken wie ein Loch und sich durch das dauernde Reisen überanstrengt. Von Seiten seines Arztes wurde ihm angeraten, nicht so hektisch zu leben und das Trinken einzustellen, und es hatte den Anschein, als wollte er ihm Gehör schenken. Ein paar Monate später, im Mai, löste er sein Orchester auf und trat dann seltener auf. Er schrieb auch noch die Musik für »Early to bed«, eine Broadway-Revue, aber das waren ja Arbeiten, die er schnell erledigte.

Er reiste gerade in einem Zug nach New York zurück, um in seinem dortigen Haus die Weihnachtsferien ruhig zu verleben, als er seinem mitfahrenden Manager sagte, daß ihm schlecht war. Er fieberte und schlief lange. Als Kirkeby auf dem Bahnhof von Kansas City einen Arzt finden konnte, war es schon zu spät: Fats war bereits tot. Es war der 15. Dezember 1943.

Das hinterlassene Erbe von Fats ist riesig groß. Er hat anscheinend ungefähr 360 Songs komponiert, von denen viele unter anderen Komponistennamen laufen. Seine Schallplatteneinspielungen, teilweise auch in England, belaufen sich auf fast fünfhundert. In ihrer überwiegenden Mehrheit handelt es sich um Aufnahmen mit einer kleinen Gruppe – gewöhnlich einem Quintett – auf denen der Gesangspart von Fats eine dominierende Rolle spielt. Der Wert dieser Titel liegt jedoch hauptsächlich in ihrem Klavierteil, der meistens erstklassig ist. Viele dieser Stücke hatten einen großen Erfolg, fast immer wegen des gesungenen Teils (man vergleiche das urkomische »Your feet's too big«, in dem von einer Frau die Rede ist, deren »Fuß-Extremitäten kolossal, wirklich beleidigend« sind) oder wegen der Schönheit des Motivs. Das letztere ist der Fall beim romantischen »I'm gonna sit right down and write myself a letter«, das ein Bestseller war und von vielen trotz des gegenteiligen Anscheins für eine glückliche Eigenkomposition Wallers gehalten wird.

Jeder Jazzliebhaber wird allerdings den Klaviersoli und den selteneren Orgel-Soli gegenüber den Bandtiteln den Vorzug geben. Unter den ersteren kann man folgende erwähnen: »Clothes line ballet«, eine kleine, kunstvolle Suite von drei Minuten Länge, die mit delikaten Dissonanzen gewürzt ist, ferner »Handful of keys«, in dem die Schule von James P. Johnson sehr klar zu erkennen ist, außerdem »African ripples«, eine seltsame Mischung aus Ragtime und Lied, sowie »Viper's drag«, »Numb fumblin'«, »I ain't got nobody«,

»Basin Street blues« und »Rockin' chair«. Was die Orgel-Soli anbetrifft, die ein bißchen unter dem Dahingehen der Jahre gelitten haben, sollte man die aufführen, die 1926-27 aufgenommen wurden: »The rusty pail«, »Lenox Avenue blues« und vor allem »Stompin' the bug«.

Von einigen erfolgreichen Kompositionen Wallers wurde bereits gesprochen. Über die bereits genannten hinaus muß man wenigstens noch an folgende erinnern: »Willow tree«, »I'm crazy 'bout my baby«, »Keeping out of mischief now«, »Blue turning gray over you«, »I've got a feeling I'm falling« und an den hübschen »Jitterbug waltz«, der nach dem Tode von Fats Erfolg finden sollte. In all diesen kleinen Werken bildet die Anmut der Melodie einen einzigartigen Kontrast zu der Robustheit des Phrasenaufbaus; die Phrasen werden nach einer eisernen Logik ausgeführt und entfalten sich doch auf eine phantasievolle Art und Weise.

Auch als Pianist versteht es Waller wunderbar, die Gegensätze in Einklang miteinander zu bringen. In seinem wuchtigen Spiel und in seinen entschiedenen, abgeschlossenen Phrasen fehlt fast nie ein Hauch zarter Empfindsamkeit, Feinfühligkeit und Zierlichkeit. Und seine schweren Hände konnten die Tasten mit großer Zärtlichkeit liebkosen.

Sein Klavierstil ging, wie bereits angedeutet, vom »Stride Piano« eines James P. Johnson aus, von dem er sich im Verlauf der Jahre immer deutlicher unterschied. Vom Stil Johnsons und der anderen Pianisten, die in den zwanziger Jahren in Harlem wirkten, behielt er jedoch die charakteristische Regelmäßigkeit des Tempos, die in ihm sogar ihre Perfektion erreichte, sowie den kraftvollen Rhythmusanschlag bei. Im Unterschied zu ihnen spielte er jedoch mit der linken Hand keine isolierten Noten, sondern Oktaven oder Dezimen. Das Spiel seiner rechten Hand war überdies vielfältiger und durchdachter, und seine Technik war ausgeklügelter; manche wahre Flut von säuberlich abgesetzten Staccato-Noten Wallers hat das Entzücken einer ganzen Generation von Jazzpianisten hervorgerufen. Außerdem war er ein idealer Orchester-Pianist; er verstand es, eine Band in ihrem Spiel zu spannen und zu lockern, und unterstrich ihr Spielen durch Leichtigkeit und geistreiche Einfälle.

Als Musiker hatte Fats nur einen einzigen Fehler oder, besser gesagt, ein einziges Unglück, nämlich den Konflikt nicht überwinden zu können, in dem er sich während seiner gesamten Laufbahn befand. In dieser Laufbahn überwältigte der Clown schließlich den talentierten Pianisten, der gleichzeitig in den Jazz und in die klassische Musik verliebt war.

Sein Einfluß war mehr als bemerkenswert, und das nicht so sehr, weil viele Pianisten ihn nachahmten (Johnny Guarnieri, Ralph Sutton und Don Ewell, um einige Beispiele zu nennen), sondern weil Klavierkünstler von hohem Rang, die ihrerseits einflußreich waren, von ihm ausgingen, um persönliche Stile auszuarbeiten. Art Tatum, Joe Sullivan, Count Basie und selbst Erroll

Garner gehörten zu denjenigen, die ihre Dankesschuld gegenüber Fats Waller anerkannt haben.

Andere sollten dies auch tun, weil Waller – ebensosehr wie Earl Hines und parallel zu ihm – zwischen den Pionieren des Jazzklaviers einerseits und den modernen Pianisten andererseits stand.

Duke Ellington

Duke Ellington wiederholte oft, daß er sich nicht um die Nachwelt kümmerte. »Wir«, sagte er und meinte damit auch seine Mitarbeiter, »sind Egoisten. Uns reicht es, wenn unsere Musik heute gut erscheint. Wir arbeiten nicht für die Nachwelt.« Das sagte er nicht aus Bescheidenheit (eine Tugend, die er übrigens nicht besaß), sondern weil er sich des ganz besonderen Charakters seiner Musik bewußt war, welche immer in Anpassung an die persönlichen Stilarten der Solisten geschaffen wurde, über die er verfügte und die er mit größter Sorgfalt auswählte. Die Nachfahren werden, sofern sie Ellingtons wirkliche Musik kennenlernen wollen, sich seine Schallplatten besorgen, wenn es noch welche gibt, und sich so zu seinen Zeitgenossen machen müssen. Wären nicht jene eigentümlichen Klänge der Instrumente, die unnachahmlichen, sinnlichen Glissandos und die wunderbare Ausgewogenheit der Phrasierung des Altsaxophons von Johnny Hodges, nicht der kraftvolle und reiche Klang des Baritonsaxophons von Harry Carney, die »schmutzige« und etwas herbe Klangfülle der Trompete von Bubber Miley oder die heißen und schweren Töne des Horns von Cootie Williams oder auch die klaren, schneidenden, oft ganz spitzen Noten von Cat Anderson – ohne all diese einzigartigen Klänge, die häufig miteinander auf die ungewöhnlichste Art kombiniert wurden, würde diese Musik ihre unverwechselbaren Eigenarten verlieren, ihre leuchtenden Farben, die Akzente, ihre gewaltige Kraft, die unzähligen Feinheiten und ihre bezaubernde Atmosphäre, also fast all das, was zählt. Denn Ellington war nicht, wie viele andere Komponisten in der Welt des Jazz, ein Schöpfer von Themen, die andere durch eine Umarbeitung zu ihren eigenen machen konnten (auch wenn einige seiner großen Erfolge von sehr vielen Tanzorchestern – verunstaltet – nachgespielt wurden), und noch weniger ein Urheber von Arrangements, die von anderen Orchesterleitern benutzt werden konnten. Seine Aktivitäten als Komponist, Arrangeur und Orchesterleiter sind praktisch untrennbar. Seine Musik entstand jeweils für die Formationen, über die er hintereinander verfügte, und diese existierten ihrerseits, um diese Musik hervorzubringen. Aus diesem Grund gewährte Ellington seinen Leuten niemals Ferien und versuchte, die fähigsten Solisten so lange als möglich bei sich zusammenzuhalten. Das Orchester war – mit ganz bestimmten Instrumentalklängen – sein Instrument, das er nicht entbehren konnte, das Mittel, mit dem er sich ausdrückte, seine natürliche musikalische Heimat. In dieser Hinsicht war er wirklich ein Komponist des Jazz, vielleicht der einzige im wahrsten Sinne des Wortes. Gewiß bei weitem der größte.

Im Unterschied zu der überwiegenden Anzahl der Jazzmusiker verbrachte er seine Kindheit nicht auf den armseligen Straßen des Neger-Gettos irgendeiner amerikanischen Großstadt. Am 29. April 1899 wurde er in einer ordentlichen kleinbürgerlichen Negerfamilie in Washington geboren. Sein Vater arbeitete als Butler bei einem Arzt und verließ diesen dann, um Angestellter eines Büros der Marine zu werden; so konnte er den Seinen ein ziemlich bequemes Leben sichern. Seinem Sohn Edward (dem ein Hausnachbar den Spitznamen »Duke« gab, weil er fand, daß dieser Name gut zu ihm paßte) wollte er eine gute Erziehung zuteil werden lassen. Er ließ ihn von frühester Kindheit an Klavierstunden nehmen und die Mittelschule besuchen, und zwar so lange, bis der Junge im Alter von ungefähr achtzehn Jahren beschloß, nicht mehr zur Schule zu gehen und damit auch auf ein ihm angebotenes Stipendium zum Besuch von Zeichenkursen an einer Kunstgewerbeschule in Brooklyn verzichtete. Er wollte sofort anfangen zu arbeiten und unabhängig werden, denn er fühlte sich schon als erwachsener Mann und hatte sowohl als Musiker als auch als Maler Talent.

Innerhalb weniger Jahre übte Duke viele verschiedene Berufe aus. Während des ersten Weltkrieges arbeitete er als Laufbursche für zwei Ministerien, malte auf Bestellung Plakate und Schilder und war vor allem als Pianist tätig. Er besorgte auch »Musik für alle Gelegenheiten«, wie eine Anzeige verkündete, die er selbst ins Telefonbuch setzen ließ. Manchmal gelang es ihm, seinen verschiedenen Kunden bis zu vier oder fünf Orchestern an einem Abend zu schicken.

Bald waren seine Einkünfte so beständig, daß er im Alter von kaum neunzehn Jahren heiraten konnte. Seine Frau, die ihm 1919 einen Sohn namens Mercer schenkte und von der er sich später scheiden lassen sollte, hieß Edna Thompson.

Inzwischen hatte sich in Washington sein Ruf als Musiker so gefestigt, daß Duke die Notwendigkeit empfand, seine berufliche Ausbildung zu verbessern. Doc Perry, ein Orchesterleiter, für den er oft arbeitete, gab ihm nützliche Hinweise praktischer Natur; später führte ihn Henry Grant in die Harmonielehre ein.

Seine wirklichen Lehrer waren auf jeden Fall die vielen Musiker, die er in den Cafés und Tanzlokalen seiner Heimatstadt treffen konnte, besonders die Pianisten, die damals fast alle Ragtime spielten. Nicht wenige von ihnen waren gut, aber der Beste, den er hören konnte, wirkte in New York, und er hatte ihn durch eine mechanische Klavierwalze kennengelernt, die ihm Doc Perry vorspielte. Es handelte sich um eine Version des »Carolina shout«, und der Pianist war der Komponist selbst, James P. Johnson. Duke lernte dieses beliebte Stück so gut spielen, daß Johnson, als er durch Washington kam und seinen »Carolina shout« von seinem jungen Kollegen gespielt hörte, herzlichen Beifall spendete. »An diesem Abend spielte ich dann nichts mehr«, erinnerte sich Duke, »sondern lehnte nur noch am Klavier und hörte dem Einen und Einzigen zu. Was ich an dem Abend begriff, war mehr als ich in einem Semester am Konservatorium hätte lernen können.«[1]

Indessen hatte sich um den jungen Ellington eine kleine Gruppe von Getreuen gesammelt. Es waren Musiker am Anfang ihrer Laufbahn wie er, und auch sie brannten darauf, Erfahrungen zu machen und sich durchzusetzen. Einer der ersten, die zu ihm gestoßen waren, hieß Otto Hardwick und spielte ein sogenanntes »C Melody«-Saxophon (ein damals gebräuchliches Tenorsaxophon in C-Stimmung statt der heutzutage üblichen B-Stimmung); später kamen der Banjospieler Elmer Snowden, der Trompeter Arthur Whetsol und Sonny Greer, ein Schlagzeuger, der 1919 aus New York eintraf und im Trio mit einem vielversprechenden jungen Mann namens Fats Waller gespielt hatte. Die Geschichten, die Greer über das Musikleben Harlems erzählte, regten die Phantasie der Freunde an, sodaß Hardwick und gleich darauf Ellington den Entschluß faßten, dem Schlagzeuger nach New York zu folgen und mit ihm im Orchester von Wilbur Sweatman zu arbeiten. Das war ein Musiker, der in den Vaudeville-Shows auftrat und dessen Spezialität es war, drei Klarinetten auf einmal zu spielen. Aber die Arbeit hatte Unterbrechungen, und es gab wenig Geld. Die drei aus Washington trösteten sich, indem sie von einem Lokal zum anderen gingen, um ihre Lieblingsmusiker zu hören. Johnson, Waller und Willie »The Lion« Smith, die Meister des »Stride«-Pianos, nahmen sie immer herzlich auf.

Das New Yorker Abenteuer endete, als Duke zufällig fünfzehn Dollar auf der Erde fand und so für sich und seine beiden Gefährten die Heimreise finanzieren konnte.

Im Jahr darauf, und zwar im Frühjahr 1923, kam Fats Waller mit einer Show nach Washington und versicherte den Freunden, daß er ihnen in New York Arbeit verschaffen konnte. Hardwick, Whetsol, Greer und Snowden ließen sich das nicht zweimal sagen und machten sich auf die Reise; Duke sollte später nachkommen.

Als Ellington jedoch in Manhattan ankam, fand er seine Leute genauso arbeitslos und mittellos, wie er selbst war, nachdem er sein bißchen Geld auf der Reise ausgegeben hatte. Fats hatte sie nicht unterbringen können, und jetzt mußte irgendeine andere Lösung gefunden werden. Zum Glück kam ihnen Bricktop, die mit wirklichem Namen Ada Smith hieß, zu Hilfe und sorgte für ihre Anstellung im Barron's, einem eleganten Lokal Harlems. Anfangs wurde das Quintett von Snowden geleitet, dann ging die Führung an Duke, der den Banjospieler durch Freddy Guy ersetzte. Dieser letztere kam gerade rechtzeitig zu dem Ensemble für das Debüt in einem noch bedeutenderen Nachtlokal, dem Hollywood Café. Dieses unterirdische Cabaret lag an der Kreuzung der

49. Straße mit dem Broadway und nahm nach einem Brand und einer anschließenden Renovierung den Namen Kentucky Club an. Es bot kaum Platz für 130 Personen, eine seltsam gemischte Kundschaft aus Touristen, Mitgliedern der oberen Gesellschaft, Persönlichkeiten aus der Welt des Showgeschäftes und Gangstern großen Kalibers.

Die Band legte Ehre ein und blieb also länger als vier Jahre, wenn auch mit häufigen Unterbrechungen wegen anderweitiger Gelegenheits-Engagements. »Hier im Kentucky Club«, hat Ellington geschrieben, »änderte sich der Stil unserer Musik. Erst zogen wir Charlie Irvis hinzu, einen Posaunisten mit dem Spitznamen ›Plug‹, den er seinem ungewöhnlichen Dämpfer verdankte. Als dann Arthur Whetsol nach Washington zurückging, um sein Studium an der Howard-Universität fortzusetzen, kam Bubber Miley zu uns, eine Seele von einem Menschen, die Inbrunst in Person und ein Meister des Wah-Wah-Dämpfers. Nachdem Irvis zu Charlie Johnsons Band übergewechselt war, holten wir uns Joe »Tricky Sam« Nanton. Er und Bubber waren ein großartiges Team, sie ergänzten einander wie ein rechter und ein linker Schuh. Ihre Musik wurde als Dschungel-Stil bekannt, dessen Tradition noch heute lebt.«[2]

Welchen großen Wert diese Musik besaß, wurde bestimmten Musikern, die in den führenden Lokalen der Stadt spielten, bald klar, vor allem Paul Whiteman und den besten Solisten seines Orchesters, das damals in dem nahegelegenen und luxuriösen Palais Royale ansässig war. Sie ließen sich oft im Kentucky blicken, ebenso wie die Leute von der Gruppe der California Ramblers, ferner Jimmy und Tommy Dorsey sowie Bix Beiderbecke, der mit seinen Wolverines im Cinderella spielte. Eines Abends tauchte auch Irving Mills im Lokal auf, ein einflußreicher Impresario und Musikverleger, welcher eine wichtige Rolle in Ellingtons Karriere einnehmen sollte. Mills wurde von dem ersten Stück, das er vom Orchester hörte und das nach seiner Erinnerung die »Black and tan fantasy« war, tief beeindruckt. »Dieser junge Mann machte sofort einen großen Eindruck auf mich. Wie sich bald herausstellte, war er kein Pianist oder Bandleader wie die anderen, sondern ein wirklich schöpferischer Künstler, in dem sich ein Potential für eine Karriere ohne Grenzen verbarg,«[3] schrieb er später, als er sich an die Anfänge einer Zusammenarbeit zurückerinnerte, die für beide sehr vorteilhaft war.

Zu Beginn bemühte sich Mills darum, Ellington die Möglichkeit zu bieten, viele Schallplatten aufzunehmen, vor allem als Begleiter von Sängerinnen. Nachher war er darauf bedacht, das stilistische Bild des Orchesters immer mehr zu profilieren, und bewegte seinen Schützling und Teilhaber dazu, nicht von diesem »Dschungel-Stil« abzurücken, der gegen Ende der zwanziger Jahre in den Cabarets von Harlem sehr modern war.

Im Rahmen dieser Formation nahm der Stil besondere Eigentümlichkeiten an. Wir haben schon gesehen, welch große Bedeutung Ellington dem Beitrag beimaß, den Bubber Miley und Tricky Sam zur Definition und Ausfeilung dieses Stiles leisteten. Beide waren Meister in der Verwendung von Dämpfern zur Hervorbringung jener rauhen, ein wenig wilden Klänge, die das Publikum hören wollte, um die Illusion zu haben, mitten im Dschungel zu sitzen. Mileys Spezialität, der einen heißen, durchdringenden und überaus ausdrucksstarken Ton hatte, war der Growl.[4] Seine unfreiwilligen Lehrer waren King Oliver, den er in Chicago gehört hatte, und Johnny Dunn, ein früher Star der New Yorker Jazz-Szene, dessen einziges großes Verdienst es vielleicht war, daß er die anderen auf die Verwendungsmöglichkeiten der Dämpfer brachte. Tricky Sam seinerseits war ein Spezialist des Wah-Wah-Dämpfers, mit dem er eindrucksvolle Effekte und eine Imitation der menschlichen Stimme zu erzielen verstand. Zu diesen beiden Solisten kamen bald weitere Musiker von außergewöhnlichem Wert, die viele Jahrzehnte lang im Orchester bleiben sollten und in ihrem stilistischen Rahmen von niemandem übertroffen wurden. Harry Carney und Johnny Hodges, beide aus Boston, wurden als ganz junge Männer 1927 beziehungsweise 1928 eingestellt. Eine zusätzliche und sehr wertvolle Bereicherung bildete Barney Bigard, einer der besten New Orleans-Klarinettisten, dessen sensible musikalische Sprache, häufig im tiefen Register und voller »Blue Notes«, sich ideal mit dem gewundenen, zarten und flammenden Ton verband, den Hodges nach einem vorübergehenden Studium bei Sidney Bechet entwickelt hatte. Als Miley dann 1929 die Band verließ, wurde er durch einen anderen großen Trompeter namens Cootie Williams ersetzt.

Durch die aktive Unterstützung dieser Solisten und zusätzlicher Musiker von nicht so elementarer Bedeutung gelang es Ellington, eine musikalische Palette aus mal weichen, mal herben, scheinbar barbarischen und doch so raffinierten Klangfarben zu bilden, welche einen tiefen Eindruck auf die Phantasie der Kunden im Cotton Club machten. In diesem luxuriösen Cabaret in Harlem trat das Orchester ab Dezember 1927[5] über drei Jahre lang auf, nachdem Duke den Kentucky Club verlassen hatte, und kehrte auch in der Folgezeit wiederholt in den Cotton Club zurück.

Mit dem Cotton Club mußten sich die Berichterstatter des New Yorker Nachtlebens um 1930 unzählige Male beschäftigen. Alles das, was dieses Cabaret betraf, gab Stoff für Nachrichten und farbige Schilderungen. Da waren die schlimmen Kerle, die den Club führten und stets dicke Bündel großer Geldscheine in der Tasche trugen, angefangen mit jenem Owney Madden, der 1932 alles aufgab und sich freiwillig in Sing Sing einsperren ließ, wo er bereits mehrere Jahre verbracht hatte; dann gab es die schönen Tänzerinnen so heller Hautfarbe, daß sie »wie aus dem Kaukasus« wirkten – wie die Berichterstatter wohlgefällig vermerkten – im Licht zweier Lampen, die an den Seiten des Orchesterpodiums angebracht waren; und natürlich saßen dort die reichen und oft berühmten Gäste, von denen ungefähr fünfhundert in dem Lokal Platz fanden und die meisten elegante Abendkleider trugen. Unter den Gästen fehlten auch nicht solche, die hauptsächlich wegen des Ellington-Orchesters kamen; wie Strawinsky, der unmittelbar nach seiner Ankunft auf amerikanischem Boden in den Cotton Club eilte, um »jene herrlichen Jazz-Symphonien Ellingtons« zu hören; wie Leopold Stokowsky, der Ellington nach einem gemeinsamen Musikgespräch zu seinem Konzert am darauffolgenden Abend in der Carnegie Hall einlud; wie George Gershwin, der seine Bewunderung für den Komponisten aus Washington niemals verheimlicht hat (Jahre später gestand er, daß er gern selbst der Urheber der Aufnahme von »Sophisticated lady« gewesen wäre); wie Paul Whiteman, der versuchte, Ellingtons Ideen zu stehlen; wie schließlich der Modepianist Eddie Duchin, der eines Abends gesehen wurde, wie er sich auf dem Boden wälzte, weil ihn eine ebenso komplizierte wie perfekt ausgeführte Bläser-Passage in Ekstase versetzt hatte. Bedingt durch die Erwartungen des Publikums und auch die Erfordernisse der Shows, zu denen der Duke die Musik liefern mußte (er spielte aber auch zum Tanz und trat in Orchesternummern auf, wobei er meistens Eigenkompositionen vorstellte), fand Ellington in diesem Lokal eine Dimension eigener Art, eine Rolle in der amerikanischen Musikwelt, die sich von der Funktion der Mehrzahl der Jazzleute seiner Zeit unterschied. Denn er machte Musik für Shows, in der die Anregungen aufgenommen wurden, die aus den »black revues« am Broadway, aus den anderen Orchestern Harlems und von den ihm so nahestehenden »Stride«-Pianisten her kamen. Dabei fand ziemlich wenig von dem Jazz Eingang, der etwa zehn Jahre zuvor aus New Orleans eingetroffen war. Doch war die Gegenwart des New Orleans-Jazz vor allem in der Klarinette von Barney Bigard zu spüren.

So war »das berühmte Orchester vom Cotton Club« – wie die Ellington-Band auch auf den Plattenetiketten hieß – durchaus weniger als andere farbige Ensembles dieser Zeit an das Repertoire der Tin Pan Alley gebunden. Es wurde für seinen Leiter leichter, eine Einmündungsmöglichkeit in die Konzertmusik statt in die Konsummusik zu finden. »Manchmal frage ich mich«, hat der Duke am Ende seiner Laufbahn geschrieben, »wie meine Musik heute wohl klingen würde, wäre ich damals nicht den vielen verschiedenen Einflüssen der Sänger, Musiker, Tänzer, Schauspieler und Unterhaltungskünstler von Harlem ausgesetzt gewesen, alles wundervolle, sensible, phantasiebegabte Leute.«[6]

Auf 1927 und die anschließenden Jahre seiner Tätigkeit im Cotton Club gehen die ersten wirklich bedeutsamen Werke Ellingtons zurück. »East St. Louis toodle - oo«, die »Black and tan fantasy«, in die ein Thema des Trauermarsches von Chopin eingearbeitet ist, und der »Creole love call« (dem alten »Camp meeting blues« von King Oliver entnommen), in dem die Stimme von Adelaide Hall instrumental eingesetzt wird, ohne daß sie Worte oder abgerissene Silben im Scat-Stil singt, waren die wesentlichsten Aufnahmen des Jahres 1927. Im Jahr darauf folgten »Black beauty«, eine musikalische Huldigung an Florence Mills, die gerade verstorbene Königin von Harlem, »Jubilee stomp«, »The mooche« sowie »Misty morning« und »Awful sad«, welche die beiden ersten Titel der vielen impressionistischen »Mood«-Stücke[7] mit typischer Ellington-Atmosphäre waren, die in das Repertoire des Orchesters aufgenommen wurden und einen Kontrast zu den lebhaft expressionistischen Aufnahmen des typischeren Dschungel-Stiles sowie zu den vielen weiteren Stücken voll Farbe und Rhythmus bilden, die von Ellington genauso geliebt wurden. Das träumerische, ruhende und stimmungsvolle »Mood indigo« aus dem Jahre 1930 stammte von den beiden genannten Muster-Titeln ab und bleibt bis auf den heutigen Tag eine der glänzendsten Perlen in der langen Kette, die der Duke in mehr als einem halben Jahrhundert intensiver Tätigkeit zusammengesetzt hat.

In jenen Jahren trat das Orchester auch erstmalig vor die Filmkameras. 1929 wurde ein Kurzfilm mit dem Titel »Black and tan fantasy« gedreht, und im nächsten Jahr spielte Ellington in Hollywood bei »Check and double check« mit, einem Film der Komiker Amos und Andy, in dem er unter anderem eine neue und erfolgreiche Komposition mit dem Namen »Ring dem bells« vorstellen konnte.

Das Jahr 1931 brachte das Ende des ersten Engagements im Cotton Club und ließ weitere Kunstwerke entstehen: das dynamische und festliche »Rockin' in rhythm«, zu dem Harry Carney in wesentlicher Weise beitrug, den raffinierten »The mystery song« und vor allen Dingen die »Creole rhapsody«, welche die erste Kostprobe einer etwas ausgedehnteren Komposition (über die bis dahin übliche Maximaldauer von ungefähr drei Minuten einer Plattenseite der normalen 25 cm-Schellack-Schallplatte hinaus[8]) darstellte und den Anfang der Laufbahn Ellingtons als fruchtbarer Komponist von Jazz-Suiten anzeigte.

Zwei wichtige Neueintritte bildeten die hervorstechenden Ereignisse des Jahres 1932. In das Orchester kamen Lawrence Brown, ein tadelloser Posaunist mit einem angenehmen, wirklich unnachahmlichen Ton, sowie die Sängerin Ivie Anderson, die ihr Debüt im Aufnahmestudio mit einem lebhaften Stück bestritt, dessen Titel zu einem Motto geworden ist: »It don't mean a thing if it ain't go that swing«, »Es ist nichts wert, wenn es nicht swingt.«

Dann kam auch für Ellington, dessen Ruf und Plattenaufnahmen schon seit längerer Zeit bis nach Europa gelangt waren, die Stunde, den Atlantik zu überqueren. Im Juni 1933 landete er mit seinem Orchester an Bord der »Olympic« in Southampton, und sein Eröffnungskonzert im Londoner Palladium war ein Riesenerfolg. Trotzdem protestierten die britischen Jazz-Puristen, die ihm bereits vorgeworfen hatten, daß er ein »süßliches Stück« wie »Sophisticated lady« geschrieben hatte (welches hingegen eine seiner denkwürdigsten Kompositionen bleiben sollte . . .), weil das Programm zu viele kommerzielle Nummern enthielt. Also veranstaltete der »Melody Maker« ein Konzert, das ausschließlich für die musikalischen Feinschmecker bestimmt war und im Trocadero-Kino stattfand. Das Ergebnis war, daß Ellington überhaupt nichts mehr verstand, als er bemerkte, daß da Leute waren, die beim Growl-Spiel von Cootie Williams und Tricky Sam lachten. Alles in allem war die Aufnahme jedoch sehr gut. Constant Lambert schrieb begeisterte Kritiken, und Lord Beaverbrook gab zu Ehren des Gastes aus Übersee und seiner Mitarbeiter einen großen Empfang, an dem der Prinz von Wales – der Ellington am Schlagzeug begleiten wollte – der Herzog von Kent, Mitglieder des Adels und des Parlamentes sowie weitere prominente Persönlichkeiten teilnahmen.

In Paris, wo das Orchester anschließend in der Salle Pleyel auftrat, wiederholten sich die Begeisterungsstürme. »Die Atmosphäre in Europa«, bemerkte der Duke später, »die Freundschaft, die man uns entgegenbrachte, und das ernsthafte Interesse an unserer Musik belebten uns, und die Beschwingtheit und Freude, die uns auf unserer Rückkehr auf der »Majestic« wie ein warmer Mantel umgaben, waren nur teilweise auf Cognac und Champagner zurückzuführen.«[9]

In der Heimat wartete eine Tournee in den Süden, die in den anschließenden Jahren wiederholt wurde. Um den durch die Rassendiskriminierung verursachten Unannehmlichkeiten aus dem Weg zu gehen, mietete die Ellington-Bigband für diese Gelegenheit zwei Schlafwagen und einen Gepäckwagen, die zur Unterbringung der Orchestermitglieder dienten.

Weitere Filme und weitere Schallplattenaufnahmen von Bedeutung vergrößerten in den folgenden Monaten den Ruhm des Orchesters. Die Filme, in denen es 1934 mitwirkte, waren »Murder at the Vanities« und »Bells of the Nineties« mit Mae West; die besten Platten hießen »Solitude«, vielleicht das volkstümlichste Lied aus der Feder Ellingtons, »Drop me off at Harlem«, »Merry-goround«, »In a sentimental mood« und »Daybreak Express«, ein Stück, das vom Rasseln eines Zuges inspiriert wurde, mit dem ähnlich entstandenen »Lightnin'« als musikalischem Vorläufer und selbst ein Vorläufer des lustigen »Happy go lucky local«, das dann von einem ungenierten »Rhythm and Blues«-Solisten später Note für Note kopiert und für seinen Profit in »Night train« umgetauft wurde.

»Reminiscin' in tempo«, eine vierteilige Komposition von einer im Jazz bis dahin noch nie dagewesenen Länge von zwölf Minuten, ist Ellingtons anspruchsvollster Titel des Jahres 1935 und zeigt einen immer wiederkehrenden Aspekt in seinem Schaffen. Er war häufig bemüht, mit seiner Musik ein Programm zu verwirklichen und ihr eine eindrucksvolle literarische Handlung zugrundezulegen, die diese Musik rechtfertigen und ihr eine poetische Dimension verleihen sollte. In »Reminiscin' in tempo«, das in den Tagen von Ellingtons Schmerz über den Tod seiner Mutter geschrieben wurde, wollte dieser in Gedanken alle seine Erfahrungen und gleichzeitig die Etappen der Jazzgeschichte, mit denen sie verbunden waren, zurückverfolgen. Die Komposition wurde von vielen gelobt und von anderen, die sie für zu anspruchsvoll hielten, heftig kritisiert. Sehr verbreitet war die Überzeugung, daß die zeitliche Begrenzung auf drei Minuten zum Jazz paßte und nicht ohne Schaden überschritten werden konnte.

Noch wichtiger im Hinblick auf ihre Folgen waren jedoch die Stücke des nächsten Jahres, in denen der Duke als erster aller Jazzmusiker kleine Konzerte für diesen oder jenen Solisten seines Orchesters vorlegte. »Clarinet lament« für Barney Bigard, »Echoes of Harlem« für Cootie Williams sowie die weniger erfolgreichen »Yearning for love« für Lawrence Brown und »Trumpet in spades« für Rex Stewart (der seit wenigen Monaten in der Bigband war und durch Kornettspielen mit halbgeschlossenen Ventilen eine höchst persönliche Instrumentaltechnik ausgefeilt hatte) waren die ersten Aufnahmen einer nicht endenwollenden Jazz-Serie, die in Ellington einen einzigen überragenden Vertreter gehabt hat, hat und haben wird. »Concerto für Cootie« von 1940 sollte das glänzendste Ergebnis werden, das Duke auf diesem besonderen Gebiet – natürlich unter Mitwirkung von Cootie Williams – erzielte. Diese Komposition-Ausführung ist so perfekt, daß André Hodeir ihr eine Studie von mehr als zwanzig Seiten in Form eines musikwissenschaftlichen Jazz-Aufsatzes widmen wollte.[10]

Ellington wurde immer reifer als Komponist und erfahrener als Arrangeur und Bandleader seines Orchesters, dessen Besetzung seit Jahren nahezu gleichbleibend war, so daß er gegen Ende der dreißiger Jahre große Fortschritte machte. Er schrieb viele Stücke und machte zahlreiche Aufnahmen hervorragender Qualität, von denen manche mit kleinen Auswahlgruppen der besten Leute aus seiner Bigband zustandekamen. Es waren die Jahre, in denen der Jazz unter dem Namen Swing wieder gefragt war und dynamischer, gelockerter und erregender wurde. Und Ellington blieb gewiß nicht unberührt von dem, was geschah. Seine Musik wurde jetzt nicht nur mit größerem harmonischen Wissen und stärkerem Formgefühl aufgebaut, sondern war auch swingender und relaxter. Hierzu vergleiche man beispielsweise das so gelöste »In a jam«, das sich vollkommen in das fröhliche Klima der Swing-Ära einfügt.

In dieser Zeit, und zwar 1937 und dann nochmals 1938, kehrte das Orchester in den Cotton Club zurück, der inzwischen in die Gegend am Broadway umgezogen war, und hatte zwei ganz große Erfolgstitel. »Caravan« ging hauptsächlich auf den Posaunisten Juan Tizol aus Puerto Rico zurück, und »I let a song go out of my heart« wurde von Duke für die Show des Lokals komponiert; nach einer Umarbeitung seiner Melodielinie wurde es zu »Never no lament«, welches seinerseits wenige Jahre später den neuen Namen »Don't get around much anymore« erhielt, als dem Stück Worte unterlegt wurden. Einen soundsovielten Beweis seines Talentes als Schöpfer ausgesucht eleganter Melodien lieferte der Duke mit »Prelude to a kiss«, während »Diminuendo and crescendo in blue« seine Unbekümmertheit bei der Verwendung von Blues-Harmonien in einer Komposition von einer gewissen Länge zeigte.

1939 war ein entscheidendes Jahr für Duke Ellingtons Laufbahn, nicht so sehr wegen der mit großem Beifall aufgenommenen zweiten Europatournee des Orchesters, die nach ihrem Start im März wegen der Anzeichen des unmittelbar bevorstehenden Krieges verkürzt wurde, als wegen seiner Trennung von Irving Mills, der ihm bis dahin in einem gewissen Grade seine Ansichten aufgezwungen hatte, und vor allem wegen seiner Verbindung zu Billy Strayhorn, welche im Februar dieses Jahres begann und bis 1967 andauern sollte.

Als Strayhorn seine Zusammenarbeit mit dem Duke begann, war er noch keine vierundzwanzig Jahre alt (er wurde 1915 in Dayton im Bundesstaat Ohio geboren), aber er war bereits ein Musiker mit einer soliden, auch klassischen Vorbildung und ein einfallsreicher und feinsinniger Komponist. Unter den ersten Stücken, die er Duke vorlegte, als er ihn während seiner Beschäftigungszeit als Verkäufer in einem Drugstore in Pittsburgh kennenlernte, befanden sich bewunderungswürdige Kompositionen wie »Lush life« und »Something to live for«. Kurze Zeit darauf schrieb er »Chelsea bridge«, das an Ravel erinnert, und das glorreiche »Take the A train«, das nach seiner ersten Aufnahme im Jahre 1941 für immer die Erkennungsmelodie des Ellington-Orchesters werden sollte; denn es ist ein sehr gekonnt geschriebener, fröhlich stimmender Titel und ein Meisterwerk des Jazz.

»Swee' Pea«, wie er wegen seines lächelnden Gesichtes und seiner sehr kleinen Statur, die an die gleichnamige Gestalt einer Comic strips-Serie, eine Maus, erinnern konnten, von Sonny Greer getauft wurde, war von Ellington ursprünglich als »Texter« seiner Songs eingestellt worden, doch bewies er sogleich seine Begabung als Arrangeur und wurde als solcher eingesetzt. Binnen kurzer Zeit wurde er Dukes rechter Arm, sein anderes Ich, der brüderliche Freund, Ratgeber und Koautor, also ein allgegenwärtiger und unersetzlicher Mitarbeiter. »Seit 1939 verdanke ich ihm sehr viel von meinem Mut und Unternehmungsgeist«, erklärte der Duke. »Er war mein Zuhörer, verläßlichster Richter und manchmal schonungslosester Kritiker ... Wenn man ein Thema oder einen musikalischen Einfall entwickelt, ergeben sich immer wieder Punkte, an denen man sich für eine bestimmte Richtung entscheiden muß. Jedesmal wenn ich mir über eine Harmonie oder Melodie nicht klarwerden konnte, wandte ich mich an Billy Strayhorn. Wir sprachen über das Problem und langsam wurde es deutlich und durchsichtig ...«[11]

Strayhorn seinerseits hat gemeint: »Meine Arbeit mit Edward (wie die Fami-

lienangehörigen nannte er ihn oft so) ist mehr als ein Zusammenwirken . . .
Duke deutet mir manchmal ein Motiv an, am Klavier, oder summt es, und
dann fragt er mich, was ich davon halte. Ich antworte ihm immer sehr offen-
herzig; so kann ich ihm sagen, ob es mir entwicklungsfähig vorkommt oder
nicht viel wert ist, ob man es besser außer acht läßt. Wenn wir beschließen, die
Anregung in Erwägung zu ziehen, kann es sein, daß Edward mir sagt: ›Küm-
mere du dich darum! Ich würde sagen, daß wir es so und so arrangieren und
daß wir den solistischen Teil dem und dem geben‹. Unweigerlich stimmt das,
was der Duke mir vorschlägt, mit meiner Meinung überein. Wenn wir einmal
festgelegt haben, welchen Ausdruckscharakter wir der neuen Komposition
geben wollen, setze ich mich ans Klavier und arbeite daran, bis ich zufrieden
bin. Dann lege ich Duke bei der ersten Gelegenheit alles vor, und es wird
darüber entschieden, was daraus wird. Andere Male dagegen sagt der Duke
mir nur: ›Ich brauche ein Thema, das so und so ist‹. Es kommt auch vor, daß
ich Edward etwas vorschlage und er den Entschluß faßt, meinen Vorschlag
persönlich und ohne meine Hilfe zu entwickeln . . . Gelegentlich komponieren
wir zusammen auf irgendeinem Flug von New York nach Los Angeles, und
wenige Stunden nach der Landung ist die Partitur fertig, und das Orchester
führt sie schon zum ersten Mal vor einem Publikum von Tausenden von
Personen auf . . . Und während das Orchester das Stück spielt, hören Edward
und ich uns an, wie es sich anhört. Wenn da etwas ist, was nicht paßt, bringen
wir die notwendigen Verbesserungen an, und am Abend danach ist das Stück
perfekt, wenigstens für uns.«[12]
Bei einer anderen Gelegenheit hat Strayhorn erläutert: »Manchmal arbeiten
wir mit Hilfe des Telefons. Wenn er irgendwo auf Tournee ist, ist er imstande,
mich anzurufen und mir zu sagen: ›Ich habe hier was‹, und dann spielt er es
mir auf dem Klavier vor und trägt mir auf: ›Mach' etwas daraus und schicke es
mir!‹ Ich arbeite daran, und später stellen wir es fertig, wenn wir uns treffen.
Das ist überraschend, müßt ihr wissen, weil wir in Wirklichkeit auf ganz
verschiedene Art und Weise schreiben. Das ist schwer zu erklären . . . Der
Unterschied liegt in vielen technischen Einzelheiten. Es hat ganz andere Auffassungen als ich, zum Beispiel in der Art, wie er für den Bläsersatz oder den
Saxophonsatz schreibt . . . Trotzdem bin ich sicher, daß die Tatsache, daß wir
beide versuchen, dem Stück einen ganz bestimmten Charakter zu geben, und
daß wir darauf bedacht sind, eine Komposition in einer bestimmten Weise
vorzustellen, uns im ganzen etwas Einheitliches mit dem gleichen Feeling
erreichen läßt.«[13]
Die brüderliche und sehr enge, wegen ihrer fast telepathischen gegenseitigen
Beziehung geradezu verblüffende Zusammenarbeit zwischen Ellington und
Strayhorn hat wertvolle und reichliche Ergebnisse gezeigt.[14] Man geht nicht
fehl in der Annahme, daß die Jahre ihres gemeinsamen Wirkens zu den

fruchtbarsten Ellingtons und seines Orchesters gehörten. In der überaus reichen Produktion dieser Zeitspanne ist es fast unmöglich festzustellen, was dem einen und was dem anderen zuzuschreiben ist, und auch die beiden Musiker selbst haben sich niemals bemüßigt gefühlt, ihre jeweiligen Beiträge herauszustellen. Ihnen war es nur um die Resultate zu tun, sie waren in die Musik verliebt, die sie gemeinsam hervorbrachten und die in ihren Augen wichtiger als sie selbst war. Strayhorn kümmerte sich noch weniger als Ellington um die Nachwelt. Er sagte niemals: »Ich . . .«, sondern: »Wir . . .«, weil er immer auf den Duke anspielte. Und dieser verhielt sich ebenso.

Der Eintritt von Strayhorn in Ellingtons Mannschaft, die kurz darauf um zwei großartige Solisten wie Jimmy Blanton und Ben Webster bereichert wurde, kennzeichnete den Beginn einer Glanzzeit für das Orchester, die nach Ansicht der meisten Kritiker ihren Höhepunkt gerade 1940 erreichte. Das was das Publikum von diesem Jahr an vor sich hatte, war grundsätzlich verschieden von der Band, die sich im Cotton Club durchgesetzt hatte, auch wenn die Umwandlung stufenweise erfolgte und die Verbindungen zur Vergangenheit nicht vollständig abrissen. Nach dem Weggehen von Cootie Williams, der eben 1940 den Duke verließ und zu Benny Goodman ging, um bei Ellington durch den vielseitigen Ray Nance (nicht nur Trompeter, sondern auch Violinist mit einem Stil eigener Prägung) ersetzt zu werden, wurde das ursprünglich großenteils von den Blechbläsern getragene musikalische Gewicht der Darbietungen nun noch entschiedener auf den Saxophonsatz verlagert. Dieser bestand jetzt aus fünf Elementen und trug dazu bei, den Sound des Orchesters zusätzlich abzutönen; es konnte auf eine elastische rhythmische Stütze und reichhaltigere Partituren zählen, in denen viel häufiger als in der Vergangenheit auf die Riffs zurückgegriffen wurde. Man mußte der Konkurrenz der Swing-Maschinen von Count Basie und Jimmie Lunceford standhalten, und die Riffs, diese erregenden wiederholten kleinen Phrasen, waren genau das, was nötig war.

In drei Jahren häuften sich die Kompositionen und Schallplattenaufnahmen von großem Wert derart, daß ein Verzeichnis der guten Titel, die in den frühen vierziger Jahren vom Orchester produziert wurden, sehr lang werden würde. Über einige bestimmte Stücke hinaus, die bereits erwähnt wurden (vor allem »Take the A train« und »Concerto for Cootie«, das dann zu einem Song unter dem Titel »Do nothing till you hear from me« wurde), müssen aus der Periode 1940-42 wenigstens folgende erwähnt werden: »Cotton tail«, ein Bravourstück für Ben Webster, »Harlem airshaft« und »Sepia panorama«, zwei erste »Impressionen« aus Harlem, der glänzende und ungewöhnliche Blues »Ko-Ko«, »Warm valley«, der zündende »C jam blues«, ferner zwei musikalische »Porträts«, die dem »Portrait of the Lion« von 1939 folgten, und zwar »Portrait of Bert Williams« und »Bojangles« (weitere Bildnisse dieser Art sollten in späteren Jahren entworfen werden), »Day dream« und »Passion flower«, zwei von Strayhorn für Johnny Hodges geschriebene Stücke voll sinnlicher Anmut, außerdem die swingenden und motorischen Titel »In a mellotone« und »Main stem«, das impressionistische »Dusk«, sowie einige Nummern, die der Mitarbeit von Juan Tizol als einem Überbringer exotischer Einflüsse zu verdanken waren, beispielsweise der Erfolgstreffer »Perdido« und »Congo brava«. »I got it bad and that ain't good« wurde für die 1941 in Los Angeles inszenierte Musikshow »Jump for joy« geschrieben und dort präsentiert. Es war die Glanznummer von Ivie Anderson und wurde ein weiteres Schmuckstück in dieser Schaffensperiode Ellingtons. Schließlich sind noch wenigstens »Mr. J. B. blues« und »Pitter panther patter« zu nennen, zwei Duette von Duke am Klavier mit Jimmy Blanton, welche die Bedeutung der Rolle voll erkennen lassen, die Blanton bei der Befreiung des Kontrabasses von seiner bis dahin streng untergeordneten Funktion hatte.

Ellington fühlte sich gerüstet für anspruchsvollere Unternehmungen und nahm daher mit Begeisterung den Vorschlag seines neuen Agenten William Morris auf, wonach er eine lange Suite für eine Aufführung in der Carnegie Hall schreiben sollte. So entstand das Werk, das bis auf den heutigen Tag als sein bedeutendstes angesehen wird, »Black, Brown and Beige«. Diese Komposition von fast einer Stunde Dauer bietet eine außergewöhnliche Fülle und Vielfalt von Themen und Stimmungen. Sie wurde nur auszugsweise auf Schallplatte aufgenommen (zumindest offiziell, da es einen behelfsmäßigen Mitschnitt von einer Rundfunkübertragung der Erstaufführung gibt[15]). Die Suite wurde erstmals am 23. Januar 1943 vorgestellt und illustriert die dramatische Geschichte des Negers in Amerika, der in den Jahren der Sklaverei »black« ist, dann »brown« und in den anschließenden Jahrzehnten schließlich »beige« wird, während der immer noch nicht abgeschlossene Integrierungsprozeß mühsam fortschreitet.

Auch diese Suite rief, wenigstens anfangs, viele Diskussionen hervor, weil sie wie die meisten großangelegten Werke Ellingtons eine gewisse Bruchstückhaftigkeit an sich hat. Doch ist die Schönheit mancher Teile nicht zu bestreiten, angefangen mit dem herrlichen »Come Sunday«, das auf ein Spiritual-Thema gegründet ist und »etwas von dem lebhaften Treiben in und vor der Kirche vermitteln soll, wie es sich den Arbeitern darbot, die draußen standen und zuhörten, die Kirche aber nicht betreten durften.«[16] »West Indian dance«, der erste von drei »Tänzen«, die den Beitrag behandeln wollen, den der Neger dem Adoptionsland Amerika mit seinem eigenen Blut geleistet hat, der feierliche »Work song« und endlich »The blues« mit seiner pyramidenförmigen Struktur sind weitere sehr bekannte und allgemein bewunderte Teile dieses Großwerkes von Ellington.[17]

Von nun an häuften sich die ausgedehnten Werke Duke Ellingtons und beliefen sich am Ende seiner Laufbahn auf ungefähr fünfzig. Die ersten davon ließen nicht lange auf sich warten. Im Dezember des gleichen Jahres 1943 brachte die Carnegie Hall »New world a - comin'«, ein Stück der Hoffnung auf eine ferne Zukunft ohne Krieg, ohne Gier und ohne Diskriminierung. Ein Jahr später wurde in dem gleichen Theater zum ersten Mal die »Perfume suite« aufgeführt, bestehend aus vier Teilen, die bei genauem Hinsehen voneinander unabhängig, doch mit glücklicher Hand geschrieben waren, wozu Strayhorn erheblich beigesteuert hatte.

Wegen des Ansehens, das der Autor durch den Erfolg dieser Suiten erwarb, und noch mehr wegen des Anklanges, den die regelmäßigen Rundfunkübertragungen aus dem Hurricane Club am Broadway fanden, wo das Orchester sechs Monate lang engagiert war, stiegen die Aktien der Ellington-Band so sprunghaft, daß die von ihr üblicherweise geforderten Gagen vervierfacht wurden.

Seit einiger Zeit hatte die Formation zwei ihrer Hauptstützen, Blanton und Bigard, sowie auch die Sängerin Ivie Anderson verloren, aber andere nennenswerte Solisten kamen in das Orchester; der makellos spielende Klarinettist Jimmy Hamilton, die Trompeter Harold Baker und Cat Anderson und später ein Bassist wie Oscar Pettiford. Was Sängerinnen anbetrifft, so hatte das Orchester zu einem bestimmten Zeitpunkt drei, von denen zwei, Joya Sherrill und Kay Davis, erwähnenswert sind. Mit dieser letzteren, einer klassisch ausgerichteten Sopranstimme, nahm Ellington die mit Adelaide Hall begonnenen Experimente wieder auf und führte sie weiter, nämlich die menschliche Stimme so einzusetzen, als ob sie ein Instrument sei. »Transblucency« von 1946 und die anschließenden eindrucksvoll-ekstatischen Mood-Stücke »The beautiful Indians (Minnehaha)« und »On a turquoise cloud« werden hierzu häufig als Beispiele zitiert.

Die beachtenswerten Kompositionen-Ausführungen, die das Orchester um die Mitte der vierziger Jahre und in der unmittelbaren Nachkriegszeit vorstellte, sind besonders zahlreich. Ein paar Titel sollen reichen: »I'm beginning to see the light«, dem ein großer Publikumserfolg beschieden war, »Overture to a jam session«, »Magenta haze«, »Jam - a - ditty« (ein jazzartiges Concerto grosso für vier Soloinstrumente und Orchester, das ursprünglich in die Suite »The tonal group« eingefügt war), »Esquire swank«, »Trumpet no end« (eine aufsehenerregende Neubearbeitung von »Blue skies«, verfaßt von Mary Lou Williams, um die Virtuosität der einzelnen Mitglieder des Trompetensatzes herauszustellen) und »Air conditioned jungle« (nochmals Harlem . . .). Die beachtlichsten Werke aus dieser Zeit sind jedenfalls »The Deep South suite« (mit dem schon erwähnten Stück »Happy go lucky local«), aufgeführt 1946 in der Carnegie Hall, und »The Liberian suite«, die Ellington von der liberianischen Regierung zum hundertsten Gründungstag dieser kleinen afrikanischen

Republik in Auftrag gegeben wurde und 1947 entstand. Es ist ein nicht wertloses und ein farbenfrohes Werk, aber recht ungleichartig, und darin wird mit den Perkussionsinstrumenten Mißbrauch getrieben, um eine übliche pseudo-afrikanische Atmosphäre zu erzeugen. Auf 1946 geht auch die Inszenierung eines anspruchsvollen Musikschauspiels zurück, das sich auf die Idee der »Bettleroper« von Jahn Gay stützte und »Beggar's holiday« hieß. Aber trotz der großen Anstrengungen aller Beteiligten und besonders Ellingtons, der achtundsiebzig Musikstücke dafür schrieb, von denen dann achtunddreißig Verwertung fanden, kam das Werk nicht an. »Ich hatte einen phantastischen Achtungserfolg«, kommentierte der Duke später ironisch. Immerhin wurde er damals zusammen mit den anderen Verantwortlichen des Schauspiels von vielen gelobt, weil dies das erste Mal war, daß auf einer amerikanischen Bühne Schwarze und Weiße unterschiedslos gemischt und nur entsprechend ihrer Fähigkeiten eingesetzt wurden.

Im Frühjahr 1948 kehrte Duke nach Europa zurück, diesmal ohne sein Orchester; bei ihm waren bloß Kay Davis und Ray Nance, die von einem englischen Trio begleitet wurden. Diese Darbietungen, die eher den Charakter von Varieténummern als von Konzerten hatten, bewirkten allerdings, daß das Interesse der europäischen Impresarios für Ellington wieder erwachte. So wurde er eingeladen, mit seiner ganzen Formation im Frühling 1950 wiederzukommen. In der Alten Welt wurde das Orchester überall mit großer Begeisterung aufgenommen. Das Jazz-Publikum hatte sich inzwischen im Vergleich zu den dreißiger Jahren erheblich vergrößert, und die Anhänger der afro-amerikanischen Musik waren selbst unter den »klassischen« Kritikern keine Seltenheit mehr. Der Erfolg der europäischen Konzerte war auch wohlverdient. Außer einigen mehr oder weniger bekannten Kompositionen und dem nie fehlenden Potpourri großer Erfolge aus der Vergangenheit hörte man ein paar neue Arbeiten, wie »The tattooed bride«, eine seiner bewundernswertesten Suiten, die bereits gegen Ende 1948 in der Carnegie Hall aufgeführt worden war, aber erst einige Monate nach der Europatournee aufgenommen wurde. Wieder einmal hatte der Komponist seine Musik durch eine Handlung untermauern wollen. Es ist eine ungewöhnliche kleine Geschichte von der Hochzeitsreise eines sportbesessenen jungen Ehemannes, der sich nach Tagen gymnastischer Übungen endlich entschließt, seinen ehelichen Pflichten nachzukommen, und entdeckt, daß seine Frau tätowiert ist. Ellington hatte die Suite einen »musikalischen Striptease« genannt.

Mit der anschließenden »Harlem suite« (auch »A tone parallel to Harlem« betitelt), die im Auftrag des damals von Arturo Toscanini geleiteten Symphonieorchesters der NBC während der Rückkreise in die Vereinigten Staaten auf dem Schiff komponiert wurde, ursprünglich als eine Art Concerto grosso für das Ellington-Orchester und dieses Symphonieorchester gedacht war und im

Januar 1951 im Metropolitan Opera House erstmalig vorgestellt wurde, fand die Serie der alljährlichen großen Konzerte Ellingtons in den vornehmsten Theatern New Yorks ein gutes Ende. So endete auch eine der glückgesegneten Epochen des Orchesters und seines Leaders, für die eine mehrjährige Krisenzeit kommen sollte. Hauptgrund dieser Kriese war das unvermutete Ausscheiden – unmittelbar nach dem Konzert im Metropolitan – von drei der wichtigsten Solisten der Orchesterbesetzung. Sonny Greer wurde eigentlich erfolgreich durch einen der beschlageneren weißen Schlagzeuger namens Louie Bellson ersetzt, doch nicht gleichermaßen befriedigend war der Ersatz für Lawrence Brown und Johnny Hodges (welcher eine eigene Gruppe bilden wollte, die er mit wenig Glück vier Jahre lang leitete). Ihr Platz wurde von Juan Tizol und Willie Smith eingenommen, die ebenso wie Bellson aus der Bigband von Harry James kamen. Zur Verschlechterung der Lage trug ein Vertrag mit der Plattenfirma Capitol bei, deren Chefs mit ihren Ratschlägen und Anforderungen wahrscheinlich für ein gewisses Abrutschen des Orchesters verantwortlich waren. Diesem gelangen im Verlauf mehrerer Jahre neben verschiedenen Dingen, die entweder mäßig oder aber entschieden schlecht waren, nur zwei Treffer. Sie stellten die solistische Virtuosität von Louie Bellson heraus (vor allem »Skin deep«). Außerdem war da noch »Satin doll«, ein gefälliges Stück, das gut ankam, dessen Urheberschaft jedoch Earl Hines Jahre später für sich beanspruchen sollte.[18]

Was in dieser Zeitspanne – in der das Ellington-Orchester von der Count Basie-Band entthront wurde – noch am meisten Wert hatte, war paradoxerweise eine von Ellington 1953 aufgenommene Sammlung von Piano-Soli. Bei dieser Gelegenheit zeigte er endgültig, wie oberflächlich und unrichtig das bis dahin über seine solistischen Fähigkeiten abgegebene Urteil war, wonach diese von vielen als bescheiden angesehen wurden.

Ellingtons Klavierstil war klar vom »Stride Piano« der Pioniere aus Harlem abgeleitet, die seine Jugendfreunde waren. Trotz der Begrenzungen seiner eigenen Instrumentaltechnik, um deren Vervollkommnung sich der Duke niemals bemühte, war er tatsächlich wegen seiner blühenden Schöpferkraft und seiner außerordentlichen Anpassungsfähigkeit[19] ein mehr als interessanter Pianist. Nicht umsonst sollte er 1962 aufregende Piano-Aufnahmen mit Leuten machen, die ganz anderen und weit entfernten Jazzepochen angehörten, nämlich Charlie Mingus und Max Roach (»Money jungle«) sowie John Coltrane (besonders »In a sentimental mood«).

Nachdem das Orchester zwischen 1953 und 1954 seinen Tiefpunkt erreicht hatte, als auch Bellson und Willie Smith fortgegangen waren, begann in den beiden folgenden Jahren für die Band und ihren Leader ein Wiederaufstieg. Hodges kam wieder, und mit Sam Woodyard wurde ein guter Schlagzeuger gewonnen. So stellte Ellington eine weitere glückliche und anspruchsvolle

Komposition unter dem Titel »Night creature« vor, die mit verschiedenen Symphonieorchestern aufgeführt und Jahre später in Europa aufgenommen wurde.

Das bedeutsamste Ereignis des Jahres 1956 stellte das Erscheinen des Orchesters beim Jazz-Festival in Newport dar. Dort verbuchte es einen riesigen Erfolg, und der Tenorsaxophonist Paul Gonsalves, der die Rolle und teilweise auch den Stil von Ben Webster geerbt hatte, brachte das Publikum mit ganzen siebenundzwanzig Chorussen hintereinander bei der Improvisation über »Diminuendo and crescendo in blue« zur Raserei. Danach und fast bis zuletzt gab es für niemanden einen Zweifel, daß Ellington die größte Jazz-Bigband der Welt hatte. Das erkannte gleich auch die Zeitschrift »Time« an, als sie den Bandleader auf die Titelseite setzte, und im übrigen wurde es auch von Zahlen bestätigt; denn, wie Ellington selbst zugab, hatte er mit seiner Tätigkeit (aber vor allen Dingen durch Urheberrechte) um die fünfundzwanzig Millionen Dollar verdient.

Das Orchester war jetzt wohlgerüstet. Außergewöhnlich gut war der Holzbläsersatz, der aus Johnny Hodges, Harry Carney, Jimmy Hamilton, Paul Gonsalves und Russell Procope bestand (einem Quintett, das viele Jahre zusammenbleiben sollte), aber auch der Trompetensatz stand mit Cat Anderson, Willie Cook, Clark Terry und Ray Nance auf hohem Niveau. Es überrascht nicht, daß der Duke mit solchen zur Verfügung stehenden Solisten gerade damals einige Hauptstücke aus seinem Repertoire erneut einspielen wollte (vergleiche besonders die LP »Historically speaking« auf der Marke Bethlehem) und daß er etwas später, und zwar 1956 beziehungsweise 1957, imstande war, zwei der bedeutungsvollsten Werke seiner Laufbahn, die Suiten »A drum is a woman« und »Such sweet thunder«, zu verwirklichen.

Die erste der beiden Suiten hat einen entscheidenden Show-Charakter, weil sie für eine Fernsehsendung entworfen wurde, in der die Musik als Untermalung für eine Szenenhandlung dienen sollte. Es handelt sich um eine malerische, allegorisch verschlüsselte Erzählung der Jazzgeschichte anhand der Erlebnisse von Madame Zajj, einer Trommlerin, die symbolisch diese Musik personifiziert. Durch dieses umfassende Werk bestätigte Ellington nicht nur seine Vorliebe für eindrucksvolle Handlungen, die den Anspruch erheben, eine eigene dichterische Gültigkeit zu besitzen (und sich doch manchmal auf ausgefallene Ideen gründen, die einen Anflug von Kitsch haben), sondern gab auch eine Probe seiner Fähigkeit als Erzähler und seines hintergründigen und bezaubernden Komödiantentums. Einen ganz anderen Charakter und höheren Wert hat »Such sweet thunder«, das zuerst in der Town Hall New Yorks und dann, endlich in vollständiger Form, beim Shakespeare-Festival von Stratford in Kanada aufgeführt wurde, für das es geschrieben worden war. Die Suite, zu der Strayhorn, der als ihr Mitautor angeführt wird, einen wesentlichen Beitrag leistete, besteht aus zwölf Skizzen, die verschiedenen Gestalten Shakespeares gewidmet sind. Es sind Stücke, die verhältnismäßig unabhängig voneinander sind, sich jedoch durch eine größere Einheitlichkeit der Inspiration als üblich auszeichnen. Unter diesen Skizzen beeindrucken »Starcrossed lovers«, Romeo und Julia gewidmet, »Madness in great ones« und das Stück, das als Titel der Suite fungiert. »Irgendwie habe ich den Verdacht«, liest man in der von Ellington selbst verfaßten Einführung in das Werk für das Konzert in Stratford, »daß Shakespeare, würde er heute noch leben, ein begeisterter Jazzfreund sein könnte. Denn er würde die Mischung aus Mannschaftsgeist und Zwanglosigkeit, aus akademischer Vorbildung und Humor und aus allen anderen Zutaten zu schätzen wissen, die zu einer Jazz-Darbietung gehören.«

In den beiden folgenden Jahren weilte das Orchester wiederum in Europa. Die Begegnung mit Königin Elizabeth von England, bei der Ellington seinen ganzen Charme entfaltete, veranlaßte ihn, »The Queen's suite« zu schreiben, eine großartige und galante Geste, wie sie typisch für seinen Lebensstil war. Das einzige Exemplar seiner Plattenaufnahme hiervon wurde dann der Königin übergeben, die seine Inspiration gewesen war.[20]

Aus den folgenden drei Jahren gibt es nicht viele bemerkenswerte Dinge von der weiterhin emsigen Aktivität Ellingtons zu berichten. Vielleicht war seine interessanteste Arbeit die Filmmusik für »Anatomy of a murder« aus der Produktion von Otto Preminger. Sie wurde 1959 auch auf Schallplatte veröffentlicht, doch fehlten trotz der vielen offiziellen Anerkennungen auch die Kritiken nicht. Solche Kritiken verschonten auch nicht die im anschließenden Jahre erfolgten Neubearbeitungen der Peer Gynt-Suite von Grieg und der Nußknacker-Suite von Tschaikowsky. Dann folgten die »Suite Thursday«, geschrieben für das Jazz-Festival in Monterey und inspiriert von John Steinbecks gleichnamigem Roman, sowie ein langer Aufenthalt in Paris wegen der Filmaufnahmen von »Paris blues«, zu dem er die Musik schrieb (wobei auch einige alte Titel seines Repertoires wieder hervorgeholt wurden) und in dem er wieder Louis Armstrong begegnete, später auch im Plattenstudio.

Nach dem Wiedereintritt ins Orchester von Lawrence Brown und zwei Jahre später – 1962 – von Cootie Williams konnte Ellington noch einmal über eine große Mannschaft tüchtiger Solisten verfügen, die eine erste Kostprobe ihrer Möglichkeiten bot, als sie Ende 1962 – Anfang 1963 ihre erste Langspielplatte für die Firma Reprise einspielte, besonders »Afro-bossa«, ein malerisches Stück, das den Orchestermitgliedern schon als »the gutbucket bolero« vertraut war.

Zu den Reisezielen des Duke gehörte dann wieder Europa, wohin seine Bigband ab 1963 praktisch jedes Jahr Tourneen unternahm. Anfangs ebnete Norman Granz ihm den Weg, der es fast nie unterließ, hinter den Kulissen selbst mit Bewunderung zuzuhören.

374

Die Tournee des Jahres 1963, von der es einen schönen Schallplatten-Mitschnitt aus Paris auf einer Atlantic-LP gibt, war besonders anstrengend für Ellington. Er wollte die Durchreise durch verschiedene Großstädte dazu benutzen, eine Platte seiner Formation unter Mitwirkung lokaler Symphonieorchester aufzunehmen. So entstand zwischen Paris, Hamburg, Stockholm und Mailand stückweise die Platte »The symphonic Ellington«, in die eine neue Version der »Harlem suite«, die so sehnlich erwartete Einspielung der bereits bekannten »Night creature« und ein Stück aus dem Jahr 1949 mit dem neuen Titel »Non-violent integration« aufgenommen wurden (Integration, versteht sich, zwischen symphonischer Musik und Jazz). Es sollte bewiesen werden, daß auch ein Symphonieorchester mit Swing spielen kann, und das gelang. Es wurde auch gezeigt, daß gewisse »Mischformen« vollkommen legal und geschmackvoll sind, wenn sie ein Musiker vom Format eines Ellington zustandebringt.

In der Heimat erwartete ihn ein wichtiger Auftrag: Für die »Century of Negro Progress Exhibition« in Chicago sollte er zur Jahrhundertfeier der Sklavenbefreiung eine Musikshow vorbereiten, die dann im August im Arie Crown Theater am Mc Cormick Place aufgeführt und mehrfach wiederholt wurde. Diese Show hieß »My People« und bestand aus Musik, Tänzen und Songs. Das Orchester wurde aus bekannten Ellington-Solisten und anderen Musikern gebildet und unter der Oberleitung von Strayhorn bei dieser Gelegenheit von Jimmy Jones dirigiert. Es brachte ausschließlich Musik des Duke, wobei »Come Sunday« und »The blues«, zwei berühmte Teile aus »Black, Brown and Beige«, nicht fehlten. Die Schlußstücke spiegelten die damaligen dramatischen Ereignisse an der Front des Kampfes um die Bürgerrechte wider: »King fit the battle of Alabam'« (eine Anspielung auf das berühmte Spiritual »Joshua fit the battle of Jericho«) und »What color is virtue?« (»Welche Hautfarbe hat den Vorzug?«).

In besonderer Erinnerung an diese Show sagte Mercer Ellington Jahre später: »Der Alte war immer ein Showman. Wenn er an irgendeiner neuen Nummer arbeitete, gab er diesem eine Aufgabe, jenem eine Aufgabe, und jeder der Leute, die sich mit ihrem Auftrag beschäftigten, fragte sich, wie der Duke das ganze Unternehmen zustandebringen würde. Wenn dann alles fertig war, ließ er die einzelnen nicht wissen, wie die verschiedenen Teile miteinander in Einklang gebracht wurden. Ich glaube, daß die Leute, die an der Atombombe gearbeitet haben, Duke Ellingtons Arbeitsweise kopierten. Dann nahm mit einem Schlag die ganze Komposition Gestalt an und explodierte vor deinen Augen. Eine halbe Stunde vor der Aufführung von »My People« war ein Teil davon in New York in Arbeit und ein anderer in Chicago!«[21]

Größere Auswirkungen auf die Popularität Ellingtons hatte die lange Konzert-Serie, die im Herbst dieses gleichen Jahres vom amerikanischen State Department organisiert wurde und verschiedene Länder in Nahost sowie Indien, Pakistan und Ceylon berührte. Sie sollte ursprünglich drei Monate dauern, wurde aber in Ankara zum Zeichen der Trauer wegen der Ermordung von Präsident Kennedy abgebrochen. Nichtsdestoweniger war sie eine Kette von aufsehenerregenden Erfolgen, die sich ein paar Monate später während zwei weiterer Übersee-Tourneen nach Europa und Japan wiederholten.

Die Eindrücke der beiden Reisen in den Orient wurden bald in Musik übersetzt. Wenige Monate später entstand nämlich, Stück für Stück und unter Mitarbeit von Strayhorn, die »Far East suite«, von der im Verlaufe verschiedener Konzerte schon Teile zu Gehör gebracht wurden, noch bevor sie endgültig fertiggestellt und im Dezember 1966 in Plattenform festgehalten wurde. Dieses Werk, eines der besten, die der Feder Ellingtons und Strayhorns entstammen, ist prunkvoll, ausgefeilt und reich an Stimmungen und Farbgebungen. Es bewies eindeutig, wie sehr diejenigen fehlgingen, die von einer Verarmung der Kreativität des Komponisten aus Washington zu reden begonnen hatten. Von ihm läßt sich nur sagen, daß er auf dem Höhepunkt seiner künstlerischen Reife an kurzen Kompositionen nicht mehr sehr interessiert schien. Er bemühte sich nicht darum, weitere Erfolgsstücke vom Typ einer »Sophisticated lady« oder »Solitude« zu schaffen, sondern wollte sich vor allem an breit angelegte Kompositionen heranwagen, die zahlenmäßig immer mehr zunahmen. Kurz vor seiner Reise in den Orient hatte er im kanadischen Stratford eine zweite Suite mit Shakespeare-Thematik vorgelegt, und zwar »Timon of Athens«; 1965 schrieb er nach seiner Rückkehr von einer Tournee zu den karibischen Inseln die nicht ganz gelungene »Virgin Island suite« und nahm sie dann auf; wenig später konnte er im Juli voller Stolz in New Yorks Philharmonic Hall »The golden broom and the green apple«, eine weitere anspruchsvolle Suite in drei Teilen präsentieren, die zum ersten Mal vom Philharmonischen Orchester in New York unter Hinzufügung eines jazzmäßig gespielten Kontrabasses und Schlagzeuges aufgeführt wurde. »Das ist die Sorte Musik, die man gleich noch einmal zu hören wünscht«, kommentierte Dan Morgenstern, der dieses Konzert für »Down Beat« rezensierte, »und es ist vielleicht die gültigste und vollendeteste symphonische Arbeit Ellingtons. Sie sollte bald einen bleibenden Platz im Konzertrepertoire einnehmen, obwohl andere Orchesterleiter weniger Erfolg als der Komponist dabei haben könnten, das Werk voll zur Wirkung zu bringen.«[22]

Wir können nicht wissen, ob diese Aufführung wirklich nicht übertroffen worden ist. Jedenfalls steht fest, daß die Suite dann mit hervorragendem Ergebnis vom Symphonieorchester aus Cincinnati unter Leitung von Erich Kunzel für eine Schallplatte eingespielt wurde (zusammen mit zwei weiteren bereits bekannten und bedeutenden Werken, »New world a – comin'« und »Harlem«).

Gerade in jenen Monaten intensiver Tätigkeit verwirklichte der Duke ein Projekt, an das er seit einiger Zeit dachte, als er am 16. September 1965 in der Kathedrale von San Francisco sein erstes Konzert mit religiöser Musik veranstaltete. Obwohl das Konzert durch die schlechte Akustik dieser riesigen Kirche und durch einige Störungen während der Aufführung beeinträchtigt wurde, enthielt es Momente von großer Schönheit, die erst voll genossen werden konnten, nachdem eine Schallplattenaufnahme vorlag.

Nicht alle Musik, die bei dieser Gelegenheit dargeboten wurde, war neu. Es gab Auszüge aus »Black, Brown and Beige«, aus »My People« und aus »New world a – comin'«, aber auch herrliche unveröffentlichte Stücke, unter denen »In the beginning God« herausragte. Außer dem durch Louie Bellson verstärkten Orchester (er war nach langer Abwesenheit gerade zurückgekommen) und den Chören trugen mehrere Gesangssolisten, wie Esther Marrow und Jon Hendricks, und Bunny Briggs, ein Steptänzer, zu dieser einzigartigen liturgischen Feier bei.

Die Polemiken ließen nicht auf sich warten. In einer feierlichen Stellungnahme seitens der Washingtoner Konferenz der baptistischen Geistlichen fühlte sich Reverend John D. Bussey verpflichtet, obwohl er zugeben mußte, daß er die Musik dieses Konzertes nicht einmal gehört hatte, das Konzert von vornherein zu verurteilen und sich seiner Wiederholung in der Constitution Hall zu widersetzen, und zwar mit der Begründung, daß das Leben des Komponisten »an die Tätigkeit in Nachtlokalen gebunden und im Gegensatz zu allem, was die Kirche darstellt, befindlich« sei. »Ich bin nur ein Laufbursche, der versucht, eine Botschaft an ihren Bestimmungsort zu bringen«, protestierte Ellington bitter. »Wenn ich ein Tellerwäscher in einem Nachtlokal wäre, dürfte ich dann vielleicht keine Kirche betreten? . . . Nimmt Gott die Sünder vielleicht nicht mehr auf?«[23]

Trotz der Proteste der Bigotten, die von einem Chor maßgeblicher Stimmen übertönt wurden, fand eine Wiederholung dieses ersten geistlichen Konzertes in fünfzig amerikanischen Kirchen statt, 1966 beziehungsweise 1967 sogar in der Kathedrale von Coventry und in der großen Kapelle der englischen Universität Cambridge. Diese letztgenannten Konzerte wurden in zwei Europatourneen des Orchesters zusammen mit Ella Fitzgerald eingebaut, mit der Ellington auch in den Vereinigten Staaten aufgetreten war und Platten aufgenommen hatte, ohne mit ihr übrigens ein wirkliches musikalisches Einvernehmen zu finden.

In Ellingtons vollem Terminkalender dieser Zeit sind weitere Ereignisse von Belang zu finden. Zum Beispiel im April 1966 seine Teilnahme am Weltfestival der Neger-Künste in Dakar im Senegal, für das er eine seiner bemerkenswerten Suiten, »La plus belle Africaine«, komponierte, und dann ein erneutes Auftreten mit Ella Fitzgerald an der Côte d'Azur.

Die Rolle des Wachhundes in der durcheinandergewürfelten Ellington-Herde während aller Reisen und Tourneen, die anschließend folgen sollten, übernahm nun Mercer, der Sohn des Duke. Er hatte bereits in lange zurückliegenden Jahren für das Orchester gespielt und gute Kompositionen geschrieben (unter anderem »Things ain't what they used to be«, das ewige Paradestück von Johnny Hodges, ferner »Blue serge« und »Jumpin' pumpkins«) und war als Verwalter, Road Manager und dritter Trompeter eingestellt worden. Mercer, der nie ein Solo blies, brachte Ordnung in die Finanzverhältnisse des Orchesters und besorgte ihm einige gute Solisten (beispielsweise den Saxophonisten Harold Ashby und den Flötisten Norris Turney), aber er brachte es nicht fertig, die Disziplin der Orchestermitglieder zu verbessern, die in der ganzen Welt dafür berüchtigt waren, daß sie Zeitpläne wenig achteten, Nickerchen zwischen einem Solo und dem nächsten hielten und sich auch zu den feierlichsten Anlässen ganz offensichtlich nur verdrießlich an ihre Arbeit machten.

Mitten in viele freudige Ereignisse platzte ein tragisches, der Tod von Billy Strayhorn, welcher am 31. Mai 1967 einer unheilbaren Krankheit erlag. Das war ein harter Schlag für Ellington und das Orchester. Sie alle wollten dem kleinen »Swee' Pea« eine sehr schöne Platte widmen, für die ein Dutzend seiner Kompositionen neu bearbeitet wurden. Das Plattenalbum bekam den liebevollen Titel » . . . and his mother called him Bill«.

Der Tod seines engsten Mitarbeiters verlangsamte den geradezu höllischen Arbeitsrhythmus Ellingtons nicht. Am 19. Januar des nächsten Jahres konnte er in der größten Kirche der Vereinigten Staaten, »St. John the Divine« in New York, vor sieben- oder achttausend Personen sein zweites geistliches Konzert geben. Diesmal gab es keine Vorbehalte seitens der kirchlichen Behörden. Vor dem Konzert, das Ellington als sein wichtigstes Werk ansah und das später in zahlreichen anderen Kirchen wiederholt wurde, wollte auch der Bischof der Stadt einige Worte der Einführung sprechen. Die ganze Musik war eigens zu diesem Anlaß geschrieben worden und von bester Qualität. In ihr vereinigt sich das Religiöse mit dem Showmäßigen; das Gebet ist fröhlich und mitreißend, wie es die Tradition der Negerkirche verlangt. Zur Durchführung seines Konzertes – das ein paar Tage später zur Veröffentlichung in Schallplattenform im Studio eingespielt wurde – nahm der Duke die Dienste diverser Chöre, vieler Tänzer und einiger Sänger in Anspruch, unter denen sich die Schwedin Alice Babs auszeichnete.

Wer gedacht hatte, daß der Verlust von Strayhorn sich in der Qualität der Musik Ellingtons bemerkbar machen würde, wurde bald eines Besseren belehrt. Eine Langspielplatte mit dem Mitschnitt eines Konzertes in der Yale-Universität wenige Wochen danach bestätigt die hervorragende Verfassung des Orchesters, und das prächtige Gelingen einer neuen bedeutenden Arbeit, der

»Latin American suite« (komponiert während einer Tournee Ende 1968 durch verschiedene südamerikanische Staaten), beweist, daß Ellingtons kompositorische Ader alles andere als ausgeschöpft war.

Im Jahre darauf konnte man anläßlich seines siebzigsten Geburtstages, der überall und wiederholt gefeiert wurde, wie vielleicht bei keinem anderen Geburtstag je der Fall war, sehr deutlich ermessen, wie groß die Wertschätzung und Liebe der Welt für Duke Ellington war. Mit vergnügter Freundlichkeit und ein klein wenig Selbstironie nahm er alle Anerkennungen und Ehrungen entgegen. Schließlich war er daran gewöhnt. Die Universitäten verliehen ihm einen Ehrendoktortitel nach dem anderen (am Ende hatte er diesen Titel fünfzehnmal), die Fachzeitschriften gaben ihm unweigerlich wenigstens einen ersten Platz in ihren jährlichen Umfragen, und mit Orden wurde er buchstäblich überschüttet. Es bewegte ihn nicht einmal besonders, als ihm Präsident Nixon eben anläßlich seines siebzigsten Geburtstages die Presidential Medal of Freedom (die höchste amerikanische Medaille für Zivilisten) verlieh. Hierfür wurde zu seinen Ehren im Weißen Haus ein großer Empfang gegeben, an dem viele eingeladene Jazzmusiker teilnahmen (und natürlich, ebenso wie der Duke selbst, auch musikalisch beteiligt waren).

Die Vollendung seines siebzigsten Lebensjahres bedeutete für Duke Ellington ganz gewiß keinen Eintritt in den Ruhestand. Er zog weiterhin kreuz und quer durch die Welt und gab Konzerte, einen Abend nach dem anderen, ohne sich ein einziges Mal Ferien zu gönnen. Ende 1969 war er erneut in Europa (wo er auch mehrmals sein geistliches Konzert gab, unter anderem in Paris, Stockholm und Barcelona) und ein paar Monate später in Südostasien. 1970 und nochmals 1971 bereiste er wieder die Alte Welt. Das Jahr 1971 brachte ihn auf einer Triumphreise zum ersten Mal in die Sowjetunion und dann nach Lateinamerika. Im folgenden Jahr war er zum vierten Mal in Asien.

Am Vorabend seiner Abreise in die Sowjetunion hatte er auf russisch die Worte lernen wollen, die er bei jeder Gelegenheit an sein Publikum richtete: »I love you madly« (»Ich liebe Euch wahnsinnig«).

Aber Duke liebte niemanden oder fast niemanden wahnsinnig, vielleicht liebte er nur seine engsten Verwandten und den kleinen Strayhorn sehr. Er war immer äußerst liebenswürdig, oft ironisch-förmlich, kokett und galant bis zur Meisterhaftigkeit, doch in Wirklichkeit ein Egozentriker, der sich in eine den anderen nicht zugängliche Welt einschloß. Aber mehr als sich selbst liebte er seine Musik, von der er niemals abließ, nicht einen einzigen Tag.

Wie ein Herrscher aus längst vergangenen Zeiten führte er überall, wohin er ging, einen umfangreichen Hofstaat mit sich, zu dem er gnädigerweise auch einige Hilfskräfte zuließ, denen er einen genauen Status unter all seinen Würdenträgern, Gefolgsleuten und Pagen zuwies. Mit diesen unterhielt er sich gern und wiederholte häufig seine Lieblingsthesen. Es war schwer möglich, daß ihn

irgend jemand zur Änderung seiner Ansichten bringen oder irgendwie beeinflussen konnte. Wenn er von seiner Musik und besonders vom Jazz oder von
seinen Lieblingsmusikern sprach, ließ er für die Ansichten anderer keinen
Platz; seine Beurteilungen waren unwiderrufliche Urteilssprüche und hatten
Sprichwortcharakter.

Manchmal war er großzügig, andere Male seltsam geizig bis zur Grausamkeit.
Er bildete eine solche Anhäufung von Widersprüchen, daß einige seiner Solisten, die jahrzehntelang an seiner Seite arbeiteten, nicht wußten, wie sie ihn
beurteilen sollten. Rex Stewart schrieb soundsoviele Seiten, nur um ihn am
Ende ein Rätsel zu nennen.[24] Im übrigen trafen ihn seine Leute in den letzten
Jahren praktisch nur auf einer Bühne oder in einem Plattenstudio, und unter
sich wechselten sie kaum mehr als ein paar kurze Worte in strengem Zusammenhang mit der jeweiligen Arbeit.

Eine Ausnahme bildete Harry Carney, die Nummer zwei des Orchesters nach
Dienstalter. Jahrelang hatte er das Privileg, ihn in seinem Auto auf den Fahrten
von einer Stadt zur anderen zu begleiten.

In einem Punkt stimmten die Urteile der Ellington-Leute überein: mehr als
alles andere wünschte der Duke, in Ruhe gelassen zu werden. Er hielt sich von
allem fern, was ihm lästig war, ging Sorgen aus dem Wege und haßte unangenehme Situationen. Um solche zu vermeiden und um nicht gegen irgend
jemand Stellung beziehen zu müssen, duldete er alles, auch auf der Bühne.
Jahrelang tat er so, als ob er nicht merken würde, daß Paul Gonsalves sich vom
vielen Trinken jeden Abend nur mit Mühe auf den Beinen halten konnte und
daß einige andere Orchestermitglieder erst viel später – sogar erst eine gute
halbe Stunde später . . . – ihren Platz auf dem Podium einnahmen, als das
Konzert begonnen hatte. Er sagte nichts, er änderte nicht im mindesten seinen
offiziell strahlenden Gesichtsausdruck, selbst dann nicht, wenn irgendein
Konzert wegen der Disziplinlosigkeit und mangelnden Einsatzbereitschaft
bestimmter Orchestermusiker katastrophal verlief.

In den letzten Jahren waren mittelmäßige Auftritte seines Orchesters häufiger
als tolerierbare. Vor allem nach dem plötzlichen Hinscheiden von Johnny
Hodges, der 1970 durch einen Infarkt dahingerafft wurde, zeigte das, was
einmal »das Schlachtschiff Ellington« genannt worden war, daß es dem Meer
nur mit Schwierigkeiten standhalten konnte. Aber Ellington hatte noch viele
Dinge auszusagen, und er sagte sie mit seiner gewohnten Autorität, zum
Beispiel, als er beim Jazz-Festival von New Orleans des Jahres 1970 die »New
Orleans suite« herausbrachte, eines seiner schönsten Werke (zu den gelungensten Teilen gehören ein Walzer mit dem Titel »Aristocracy à la Jean Lafitte«,
die »Porträts« von Mahalia Jackson, Louis Armstrong und Sidney Bechet
sowie das lebhafte »Second line«). Weitere anspruchsvolle Werke, die zur Zeit
der Entstehung dieses Buches teilweise noch nicht auf Platten vorliegen, wa-

ren: die Ballettmusik – die von der Kritik sehr gelobt wurde – zu »The River«, im Juni 1970 im New York State Theater mit Choreographie von Alvin Ailey aufgeführt, ferner »The Afro-Eurasian eclipse«, die für das Festival von Monterey des gleichen Jahres geschrieben wurde, und die nicht ganz befriedigende »Togo Brava suite«. Ellingtons letzte bemerkenswerte Arbeit war die Musik für das dritte geistliche Konzert, das unter der Schirmherrschaft der UNO im Oktober 1973 in der Westminster-Abtei in London durchgeführt wurde. Das war am Anfang einer soundsovielten Tournee, die dann verschiedene europäische und afrikanische Städte berühren sollte.

Die Platte mit der Musik des dritten geistlichen Konzertes, das zum großen Teil hervorragend ist, wurde erst nach Ellingtons Tod veröffentlicht, wie das sicher auch mit vielen anderen Platten von ihm der Fall sein wird. Die Tonbänder mit Musik des Duke, die noch nicht auf Platten übertragen worden ist, sind nämlich unzählig. Erst nach seinem Hinscheiden konnte man auch einige Mitschnitte von der letzten Europatournee hören, die mit großer Anstrengung von einem Ellington zu Ende geführt wurde, der an der Spitze eines stark verstümmelten und entmutigten Orchesters stand und einen Lungentumor hatte. Zum ersten Male wurde der stets so erfolgreiche Bandleader in dieser Leidenszeit richtig ausgepfiffen. Das geschah in Berlin, und zwar nicht so sehr wegen der schlechten Leistung des Orchesters, als vielmehr wegen des Auftrittes von Tony Watkins, dem gewiß schlechtesten der allzu vielen mittelmäßigen Sänger, mit denen sich Duke Ellington unerklärlicherweise umgeben hatte.

Mit einer tollen Hartnäckigkeit arbeitete er solange er noch atmen konnte. Obwohl die Ärzte ihm wenig Hoffnung gelassen hatten, weigerte er sich zu glauben, daß seine Monate gezählt waren. »Wenn er morgens aufstand und kaum noch Atem hatte, hätte man geschworen, daß er es nicht mehr schaffen würde, aber dann stellte er sich auf die Beine und war abends beim Konzert zur Stelle«, erinnerte sich dann später sein Sohn Mercer.[25]

Seinen fünfundsiebzigsten Geburtstag verlebte er in einem Krankenhausbett des Columbia Presbyterian Medical Center in New York und konnte dort die herzlichen Glückwünsche lesen, die ihm Dutzende von mehr oder weniger prominenten Jazzmusikern durch »Down Beat«[26] zukommen ließen, um die große Dankesschuld zu bezeugen, die sie ihm gegenüber empfanden. »Alle Musiker«, liest man etwa in der Botschaft von Miles Davis, »müßten sich eines Tages versammeln, um niederzuknien und Dir ›Danke‹ zu sagen«.

Bei dieser Gelegenheit beugte selbst Archie Shepp, der unversöhnliche Verfechter des Negertums im Jazz, sein Haupt vor dem sterbenden Meister. »Deine Musik«, schrieb er ihm, »schildert in der vollkommensten Form die moralische Vision, den Mut und den unerschöpflichen Quellenreichtum, die den Kampf des schwarzen Volkes um Gerechtigkeit in dieser Gesellschaft gekennzeichnet haben.«

Am 24. Mai 1974 starb Duke Ellington. Die Trauerfeierlichkeiten fanden in der Kirche von St. John the Divine statt, die voll war wie nie zuvor. Mehr als zehntausend Menschen waren zugegen, schrieben die Zeitungen.

Dann versuchte Mercer, das Orchester wieder zusammenzubekommen. Er wollte, daß die Musik seines Vaters mit Hilfe der Solisten, die für ihn gearbeitet hatten, weiter um die Welt ging. Aber von den wirklich wichtigen waren nur noch wenige übriggeblieben. Paul Gonsalves war zehn Tage vor Duke Ellington gestorben, und einige Monate später traf es Harry Carney. Im Herbst des Todesjahres von Ellington saß in dem Orchester, das über vierzig Jahre lang die berühmteste Bigband des Jazz gewesen war, nur ein einziger berühmter Solist, Cootie Williams, der Altmeister des Dschungel-Stils, und auch er blieb bloß ein paar Monate dabei.

Die anderen Überlebenden, die einen guten Ruf als Ellington-Musiker hatten, lebten inzwischen verstreut überall in den Vereinigten Staaten und fühlten sich nicht danach, der Einladung von Mercer zu folgen. Sie alle waren früher oder später im Orchester durch irgendeinen anderen ersetzt worden, aber jeder von ihnen wußte gut, daß niemand die Stelle von Duke Ellington einnehmen kann, der mit ihren Instrumenten eine unnachahmliche Musik geschaffen hatte, die allein ihm eigen war.[27]

Bix Beiderbecke

Introvertiert, sensibel, großzügig, schüchtern, fatalistisch, humorvoll und vor allem zerstreut – die Charakterbeschreibungen von Bix Beiderbecke durch die Leute, die ihn in den wenigen Jahren, als er das Idol der weißen Jazzmusiker war, gekannt haben, stimmen ziemlich überein. Viele – auch unter seinen engsten Freunden – haben jedoch zugegeben, daß sie nie ganz aus ihm klug geworden sind, es sei denn als Musiker. Er war ein fanatischer Musiker, ein nie zufriedenzustellender Perfektionist.

Die Legendenbildung um Bix ist teilweise gerade auf gewisse täuschende, romantische Züge seiner Persönlichkeit zurückzuführen, aber auch auf sein Schicksal als braver junger Mann aus gutem Hause, der früh dem Alkohol verfiel und in den »Speakeasies« und Tanzlokalen der »Jazz-Ära«, für die er selbst zu einer symbolischen Persönlichkeit wurde, innerhalb von wenigen Jahren sein eigenes Leben wegwarf. Und diese Legende stützt sich auf seine Musik, die ihrer Zeit vorauseilte und so faszinierend, lyrisch, melancholisch und doch »hot« war.

Bix wurde am 10. März 1903 als Kind einer gutbürgerlichen Familie deutscher Herkunft in der Stadt Davenport im Bundesstaat Iowa geboren. Sein Vater handelte mit Holz und Kohle, aber zu Hause machten alle Musik. Der erste Vorname von Bix Beiderbecke war Leon, und »Bix« war kein Spitzname, wie so oft geschrieben worden ist, sondern sein zweiter Vorname, eine Abkürzung von Bismarck, dem Vornamen seines Vaters.

Die Musik interessierte ihn schon in frühester Kindheit, aber es war immer schwierig, ihm regelmäßige Musikstunden zu erteilen. Das außergewöhnliche musikalische Gehör, das er besaß, ließ ihn von Anfang an zu einem gelangweilten und ungeduldigen Schüler werden, so daß man ihn bald sich selbst und seinem musikalischen Instinkt überließ.

Nachdem er jahrelang Klavier gespielt hatte, begegnete er dem Jazz und kaufte sich ein Kornett, ungefähr im gleichen Moment, als er 1919 die Gelegenheit erhielt, Platten der Original Dixieland Jazz Band zu hören, die sein soeben aus dem Militär entlassener Bruder Charles mit nach Hause brachte.

Der Jazz eines Nick La Rocca und seiner Leute machte einen gewaltigen Eindruck auf den Jungen. Er fing an, die Musik nachzuspielen, die aus dem Trichtergrammophon ertönte. Als Autodidakt, der er ja war, kam er jedoch auf eine unorthodoxe Instrumentaltechnik, bei der das dritte Ventil im Gegensatz zu den üblichen Regeln eine wichtige Rolle spielte.

Er kam nicht nur durch Platten mit dem Jazz in Berührung. Davenport war ein Hafen am Mississippi, und gelegentlich trafen ein paar Musiker aus New Orleans ein. Zu denen, die in der Stadt spielten und von Bix gehört wurden, zählten mit Sicherheit Louis Armstrong[1], der 1919 in der Band von Fate Marable auf den Flußdampfern spielte, sowie ein weißer Kornettist namens Emmett Hardy, der als ganz junger Musiker in den Straßenkapellen von »Jack Papa« Laine mitgespielt hatte und nach glaubwürdigen Zeugenaussagen einen entscheidenden Einfluß auf Bix ausüben sollte.

Die Musik nahm während der Mittelschuljahre Beiderbeckes einen Großteil seiner Zeit ein. Das war auch später der Fall, als er 1921 zur Weiterführung seiner Studien zur Militärakademie von Lake Forest in der Nähe von Chicago geschickt wurde. Dort studierte er wahrhaftig nicht viel. Sport und Musik interessierten ihn mehr, und mit Musik beschäftigte er sich bei jeder möglichen Gelegenheit. Sobald er nur konnte, an den Wochenenden oder auch nachts, machte er Abstecher nach Chicago, um die New Orleans Rhythm Kings zu hören. Wenige Monate später, das heißt 1922, wurde er wegen schlechter Führung aus der Akademie ausgestoßen (sein nächtliches Ausrücken war doch aufgefallen, und außerdem war bemerkt worden, daß er trank) und begann in der Gegend um Chicago seine Laufbahn als Berufsmusiker. Eines der ersten Engagements wurde Bix von Bill Grimm angeboten, dessen Band auf dem Dampfer »Michigan City« die Ausflügler unterhielt, die Rundfahrten auf dem Michigan-See machten. An Bord dieses Schiffes spielte Bix auch mit einem der fähigsten seiner späteren Mitarbeiter, dem Posaunisten Bill Rank, und ein paar Monate mit dem jungen Benny Goodman. Dann trat er in eine halbprofessionelle Band ein, die sich Ende 1923 »The Wolverines« nannte und unter Leitung des Pianisten Dick Voynow stand. Kein Mitglied dieser Gruppe mit Ausnahme von Bix konnte als bedeutender Solist angesehen werden, aber sie hatte einen echt jazzmäßigen Stil, der den New Orleans Rhythm Kings abgeschaut wurde, und war sehr gefragt, vor allem bei den Studentenbällen der Colleges und Universitäten von Indiana und Ohio. Die Band machte Februar 1924 in Richmond, Indiana, ihre ersten Schallplattenaufnahmen für die Marke Gennett. Sie nahm vier Stücke auf, »Fidgety feet«, »Jazz me blues«, »Lazy daddy« und »Sensation rag«, alle aus dem Repertoire der Original Dixieland Jazz Band, die Beiderbecke so ans Herz gewachsen war. Nur die beiden ersten Titel wurden veröffentlicht. Einige Monate später entstanden weitere Einspielungen, darunter »Tiger rag« (das beste Stück der Serie), »Royal Garden blues« und »Riverboat shuffle«. Dieser letztgenannte Titel war eine Komposition des damals ganz jungen Hoagy Carmichael, des späteren Autors vieler guter Songs, der ein begeisterter Anhänger der Band und persönlicher Freund und Bewunderer von Bix geworden war; gerade Beiderbeckes Musik sollte ihn zu »Stardust« inspirieren, seiner größten Erfolgsmelodie.

Beiderbecke war dem breiten Publikum noch völlig unbekannt, aber die Fachleute begannen, den blutjungen Kornettisten vorbehaltlos zu bewundern. Er hatte einen wunderschönen Ton (»Es hörte sich so an, als würde er Geschosse auf eine Glocke abfeuern«, hat Ralph Berton gesagt, der ihn zu dieser Zeit mit Aufmerksamkeit verfolgte, und noch heute heißt das Eigenschaftswort, das am häufigsten zur Beschreibung dieses Tons verwendet wird, »golden«); er hatte einen perfekten, unnachahmlichen Ansatz, ein leichtes, lockeres Vibrato, das Feuer in seine Phrasen brachte, also alles in allem einen Stil, der sich von dem der farbigen Kornettisten seiner Zeit stark unterschied, aber deshalb nicht weniger zum Jazz paßte. Seine Phrasierung war ein wenig träge und gewunden und schwang sich dann und wann zu einem »rip«[2] auf; sie schloß zum Teil an die der besten weißen Klarinettisten, Leon Rappolo und Larry Shields, an. Obgleich seine musikalische Ausdrucksweise noch nicht gereift war – schließlich war Bix erst einundzwanzig Jahre alt – wurde sie schon imitiert. Red Nichols, der doch bereits einen guten Ruf hatte, kopierte notengetreu sein Solo in »Jazz me blues« für eine Plattenaufnahme, und Jimmy Mc Partland, einer aus der Clique der Austin High School, strengte sich an, um seinen Stil nachzuempfinden (allerdings spielte er seine Soli nicht Note für Note nach), was ihm besser als allen anderen gelang.

Im September des Jahres 1924 wurden die Wolverines als Zweitorchester nach New York ins Cinderella, einen großen Ballsaal am Broadway, engagiert, der damals das Mekka der Charleston-Tänzer war. Dort machte Bix einen genauso großen Eindruck auf die weißen Musiker, wie Louis Armstrong – der in der gleichen Woche beim Fletcher Henderson-Orchester im wenige Häuserblocks entfernten Roseland anfing – bei den farbigen Jazzleuten einschlug. Auch die Band der Wolverines kam an; die Zeitschrift »Variety« bezeichnete sie in ihrer Ausgabe vom 24. September als »eine heiße Formation, die vor niemandem den sprichwörtlichen Hut abzunehmen braucht«.

Trotzdem hatte der Kornettist genug von dieser Band, vielleicht weil er bei seinen Mitmusikern, die ihm weit unterlegen waren, nicht den Ansporn fand, den er brauchte. Nach einigen Wochen und erneuten Platteneinspielungen mit ihnen gab er bekannt, daß er gehen wollte. Als sein Ersatz wurde Jimmy Mc Partland geholt, der ein paar Monate später die Bandleitung übernahm. Bix seinerseits begab sich nach Detroit zu Jean Goldkette, welcher damals verschiedene Tanzorchester unter sich hatte und ihm einen verlockenden Vertrag angeboten hatte. Im Goldkette-Orchester geriet er aber gleich in Schwierigkeiten; denn die allabendliche Arbeit verlangte Musiker, die auf den ersten Blick vom Blatt ablesen konnten, und das war gewiß nicht seine starke Seite. Als dann das Orchester von der Firma ins Plattenstudio bemüht wurde, erlebte Bix das Mißgeschick, dem Verantwortlichen für die Aufnahmesitzung überhaupt nicht zuzusagen, so daß die einzige Matrize, die ein Beiderbecke-Solo enthielt (und nach ihrer Wiederauffindung erst im Jahre 1960 als ein ganz seltenes Dokument veröffentlicht wurde), verworfen wurde. Dieser Aufnahmeleiter versetzte dem Prestige des ehemaligen Leaders der Wolverines einen harten Schlag. Ein paar Wochen später wurde Bix dann, wenn auch in sehr zarter Form, von Goldkette entlassen.

Eine Zeitlang machte er sich auf die Suche nach einem Dauerengagement, hatte aber kein Glück. Er mußte sich darauf beschränken, gelegentlich in minderwertigen Ensembles zu spielen und im Jahre 1925 für Gennett ein paar Titel aufzunehmen, unter denen seine früheste bekannte Komposition, der rührende »Davenport blues«, zu finden ist. Im Februar war er wieder in seiner Heimatstadt und entschlossen, seine Ausbildung – vor allem die musikalische – als externer Student der Universität von Iowa zu vervollkommnen. Seine Absicht war jedoch mit dem Programm der Universität nicht in Einklang zu bringen, und es wurde nichts daraus.

Da nahm er wieder den Zug nach New York und spielte dort mehrfach bei den California Ramblers, bei denen seine beiden guten Freunde Jimmy und Tommy Dorsey mitmachten, und zog dann nach Chicago, wo er für einige Zeit der Band von Charlie Straight beitrat.

Erst im September bekam er wieder ein vernünftiges Engagement in einer der Goldkette-Gruppen. Diese stand unter Leitung von Frankie Trumbauer, einem hervorragenden Musiker, der »C Melody«-Saxophon spielte und dem er schon in Davenport und dann wieder hinter der Bühne des New Yorker Hippodrome ein paar Tage vor dem Debüt im Cinderella begegnet war. Ins Hippodrome war er damals gegangen, um sich das Orchester von Ray Miller anzuhören, und hatte dann zusammen mit seinen Kollegen, die bei ihm waren, allzu lebhaft seine Begeisterung für ein Solo von Miff Mole bekundet, worauf er samt seinen Kollegen vor die Tür gesetzt worden war.

Trumbauer war ein paar Jahre älter als Bix (er wurde 1900 in Carbondale im Staate Illinois geboren), und deswegen benahm er sich ihm gegenüber immer wie ein älterer Bruder, wohl auch wegen der Verantwortungslosigkeit seines verträumten und unmäßigen Partners. Bis zuletzt blieb er sein engster Freund und teilte mit ihm den bedeutungsvollsten Abschnitt seiner Musikerlaufbahn.[3]

Trumbauers Orchester war im Arcadia, einem Tanzlokal in St. Louis, verpflichtet. Zu seinen Mitgliedern zählte Charles »Pee Wee« Russell, ein Klarinettist aus Missouri, der mit seinen zwanzig Jahren schon eine recht beachtliche Karriere hinter sich hatte und noch bekannt werden sollte. Die Musik, die das Orchester machte, war für diese Zeit ziemlich progressiv und wurde nicht immer vom Publikum verstanden.

»Hin und wieder«, erzählte Russell, »bauten wir raffinierte kleine Sachen in unsere Arrangements ein, die waren so gewagt, oder besser: musikalisch ihrer Zeit so weit voraus, daß mehr als einmal der Manager während so einer

Mordssache zu uns kam und sagte: ›Um Gottes willen! Was macht ihr denn da?‹ . . . Natürlich konnten wir es ihm nicht erklären . . . Später ist es dann so etwas wie eine amüsante Mode für das Publikum geworden. Ab und zu sagte uns irgend jemand: »Spielt mal eine von diesen schrecklichen Sachen!« Bix war der Hauptverantwortliche für diese Dinge.«[4]

Trotz seiner Vorliebe für Experimente und trotz seines Perfektionismus hütete Bix sich sehr davor, sich selbst allzu ernst zu nehmen. Das hat derselbe Pee Wee Russell bei seiner Schilderung der Sonntagsnachmittags-Jobs im Arcadia Ballroom bestätigt: »Im allgemeinen jammerte die Band sonst immer über die Extra-Arbeit, aber Bix freute sich richtig darauf. Er sagte, ihm machte es solchen Spaß, die jungen Leute am Sonntagnachmittag tanzen zu sehen. Er beobachtete sie, wie sie Charleston und lauter so Sachen tanzten, und er hatte seine Freude daran. Er sagte, es machte ihm Spaß, weil die jungen Leute ein so feines Gefühl für den Rhythmus hätten. Und die jungen Leute kapierten auf ihre Art, was Bix wollte. Sie merkten, daß er etwas anderes und etwas Besonderes spielte. Denn es machte ihnen Lust zum Tanzen . . .«[5]

Nachdem Beiderbecke und Trumbauer im Frühjahr 1926 in etwas veränderter Besetzung in Detroit und dann am Hudson-See in Indiana gespielt hatten, fanden sie sich gemeinsam im wichtigsten Orchester von Goldkette wieder und blieben dort etwas über ein Jahr. Durch diese Formation, die damals das beste weiße Orchester war, das sich mit Jazz beschäftigte, gingen hervorragende Solisten, wie der Posaunist Bill Rank, der Klarinettist Don Murray und, etwas später, Joe Venuti und Eddie Lang. Und da gab es einen tüchtigen Arrangeur namens Bill Challis, der Bix bewunderte und dessen Stil in seinen Partituren berücksichtigte.

Die Aufnahmen mit dem Goldkette-Orchester mögen wegen Beiderbeckes Teilnahme interessant sein – auf dem Titel »Clementine« ist er in bester Verfassung zu hören – doch reichen sie nicht entfernt an die Einspielungen heran, die Beiderbecke und Trumbauer in den gleichen Monaten mit Studiobesetzungen von u. a. einigen der besten Goldkette-Musikern für Okeh machten. Hierbei wurden zum Teil Ideen verwertet, die Monate vorher im Arcadia in St. Louis entwickelt worden waren, und manchmal wurden Arrangements von Challis benutzt.

Diese Einspielungen, die mit dem gerade aufgekommenen elektrischen Aufnahmeverfahren durchgeführt wurden, sind allen Jazzfreunden bestens bekannt und zeigen den vierundzwanzigjährigen Bix im Vollbesitz seiner künstlerischen Ausdruckskraft. »Singin' the blues«, ein langsam gespielter Titel, ist wahrscheinlich das Meisterstück der kurzen Serie; es ist mit strenger Logik aufgebaut und bringt Beiderbecke und Trumbauer in abwechselnden langen Soli voller Lyrik, welche die Kongenialität der beiden Musiker bestätigen, die ihrer Zeit weit voraus waren. Es ist wirklich nicht zu kühn, sowohl in dem einen als auch in dem anderen, trotz Beiderbeckes Überlegenheit, die Vorläufer von Jazzstilen zu sehen, die viele Jahre später aufkommen sollten. Im Stil von Bix gibt es eine Vorahnung der Spielweise gewisser Trompeter aus der Zeit unmittelbar nach 1950 (Chet Baker, Miles Davis), während sich an Trumbauer bewußt Lester Young anlehnen sollte, der seinerseits der Wegbereiter für Charlie Parker und sogar Lee Konitz wurde.

Fast ebenso schön sind, um nur ein paar Titel zu nennen, »Clarinet marmalade«, »Ostrich walk«, »I'm comin' Virginia« – noch ein kleines Meisterwerk – »Way down yonder in New Orleans« und das einzigartige »For no reason at all in C«, ein »kammermusikalisches« Jazz-Stück, das im Trio von Bix am Klavier sowie Eddie Lang und Trumbauer ausgeführt wird.[6] Ihm folgte »Wringin' and twistin'«, das nach der gleichen Formel angelegt und vom gleichen Trio gespielt wurde und dennoch weniger gelungen ist.

Ungefähr auf den gleichen Zeitraum geht die Aufnahme von »In a mist« (auch unter dem Titel »Bixology« bekannt) zurück. Es ist die schönste und berühmteste Klaviersolo-Komposition Beiderbeckes, der jahrelang daran gearbeitet hatte und seine Bewunderung für Debussy darin erkennen ließ. »In a mist« ist jedoch trotz seines Titels (»In einem Nebel«) kein impressionistisches Stück, wie es vielleicht in den Absichten seines Komponisten gelegen hatte, der selbst zu bewußt und zu rational war, um sich ungehemmt den Wogen der Empfindungen hinzugeben. Das Stück ist noch mit einem dünnen Faden der Ragtime-Tradition verbunden – die in der Vorliebe für eine gewisse Linienstrenge durchblickt – und offenbar mit strengem Formgefühl und größter Sparsamkeit der Mittel aufgebaut. Es besitzt einen feinen Charme und zweifellos Originalität, ist aber ein wenig eintönig. Mehr oder weniger ähnlich sind Beiderbeckes weitere Kompositionen für Soloklavier angelegt, die dann von Challis überschrieben und Jahre später von Jess Stacy auf Platte aufgenommen wurden. Sie heißen »Flashes«, »In the dark« und »Candlelights«; keiner dieser Titel ist mit »In a mist« vergleichbar, obwohl der letztgenannte in etwa eine Fortführung der gleichen Elemente darstellt.

Im September mußte das Goldkette-Orchester als zu kostspielig aufgelöst werden. Es starb in Ehren nach dem letzten Auftritt im Roseland neben der gefeierten Fletcher Henderson-Band, gegen die es im letzten Jahr mehrere Male angetreten war. Bix, Trumbauer und noch ein paar Goldkette-Solisten, darunter Venuti, Lang, Rank und Murray, blieben keinen einzigen Tag arbeitslos. Schon seit einer Woche hatten sie Proben mit einem Ensemble begonnen, für das Adrian Rollini bereits ein Engagement am Broadway gefunden hatte. Das Debüt im Club New Yorker erfolgte genau am Abend des historischen Boxkampfes zwischen Gene Tunney und Jack Dempsey. Die Gruppe war eine wahre »All Star Band«, hatte aber kein Glück. Sie spielte auch im »Strand«, mußte aber drei Wochen später auseinandergehen. Auch wenn ihr offizieller

Name auf keinem Schallplattenetikett verewigt wurde und sie deshalb vergessen worden ist, hinterließ sie eine bleibende Spur ihrer Vorzüge in Form mehrerer Platten, die kurz vor und unmittelbar nach der Auflösung von ihren Solisten unter verschiedenen Namen und in leicht umgebildeten Besetzungen aufgenommen wurden. Die weitaus besten Aufnahmen sind diejenigen, die unter der Bezeichnung »Bix Beiderbecke and his Gang« unzählige Male wiederveröffentlicht worden sind, vor allem »At the jazz band ball«, »Royal Garden blues«, »Jazz me blues« (immer noch die Erinnerung an die O. D. J. B.!), »Goose gimples«, »Sorry« und »Since my best girl turned me down«. Es sind Beispiele von Dixieland, der gegenüber früheren Formen, die wir von Plattenaufnahmen her kennen, stark entwickelt ist, und es sollten die musikalischen Vorlagen für eine sehr beträchtliche Anzahl von Fassungen zukünftiger Jahrzehnte werden.

Dann fanden Bix und Trumbauer eine dauerhafte und wirtschaftlich befriedigende Anstellung im Orchester von Paul Whiteman, der sie schon seit einiger Zeit umwarb. Der Mann, der die »Rhapsody in blue« aus der Taufe gehoben hatte und unverdienterweise den Titel »König des Jazz« trug, wußte nämlich sehr wohl, wer die besten weißen Jazzmusiker in Amerika waren und kaufte sie sich ein. Er wußte ja, was er sich und seinem anmaßenden Titel schuldig war, und er konnte sie bekommen, weil er besser als jeder andere zahlte. Im Jahre 1924, zu der Zeit, als die »Rhapsody in blue« herausgebracht wurde, zahlte er seinen Musikern »in Schlüsselstellungen« 150 Dollar die Woche, fast das Dreifache von dem, was Armstrong bei Henderson verdiente. Nun erlebte Bix, daß ihm 120 Dollar pro Woche angeboten wurden. Auch wenn viele im Orchester mehr verdienten, so war das doch immerhin eine ansehnliche Bezahlung für jemanden, der eine Partie noch nicht auf Anhieb lesen konnte und immer imstande war, nicht zur Arbeit zu kommen, weil er betrunken war. Whiteman zeigte sich wirklich stets tolerant und wohlwollend gegenüber Bix, den er sehr schätzte. Von Zeit zu Zeit lud er ihn ins Theater ein, damit er klassische Musik hörte und begriff, daß es außer den modernen Komponisten (Beiderbeckes Lieblingskomponisten waren Strawinsky, Schönberg, Debussy, Ravel und einige »leichte Klassiker« wie Eastwood Lane und Cyril Scott, die damals in Amerika modern waren) auch noch etwas anderes Hörenswertes gab. In einem wichtigen Konzert seines Orchesters am 7. Oktober 1928 in New Yorks Carnegie Hall, bei dem unter anderem das »Konzert in F« von Gershwin gegeben wurde, erlaubte Whiteman Bix sogar, sein »In a mist« in einem Arrangement für drei Klaviere zu spielen. Der Hauptpianist war Bix selber – gewiß kein Klaviervirtuose – und die anderen beiden Pianisten hießen Roy Bargy und Lennie Hayton. Beim Publikum, unter dem auch der berühmte Komponist Rachmaninow saß, kam die Sache an, nicht aber bei der Kritik. Die Besetzung des Orchesters von Paul Whiteman, in dem Beiderbecke be-

trächtliche Anpassungsschwierigkeiten hatte, war vom Jazzgesichtspunkt aus gewiß nicht produktiv. Auf wenigen der Schallplatten, die er mit dieser oder ähnlichen Formationen in jenen Jahren aufnahm, kann man ein wirklich interessantes Solo von ihm entdecken. Und es ist wahrscheinlich, wie George Avakian und andere vermutet haben, daß sich in Bix hinsichtlich der ausgearbeiteten und oft geschickten Partituren von Ferde Grofé, Lennie Hayton und Bill Challis für dieses Orchester eine zwiespältige Einstellung entwickelt hat. Diese Arrangements waren fast immer weit vom Geiste des Jazz entfernt und ließen ihm also wenig Spielraum sich auszudrücken, auf der anderen Seite stellten sie seine Fähigkeit, vom Blatt zu lesen, die in der letzten Zeit allerdings erheblich zugenommen hatte, auf eine harte Probe. Immerhin scheint die in ·der Fachpresse häufig geäußerte Meinung, der Kornettist sei im Schlepptau des »Jazz-Königs« todunglücklich gewesen, doch nicht fundiert zu sein. Roy Bargy, der Pianist des Orchesters, hat sich zu diesem Punkt gegenüber den Autoren von »Bix«, der sehr eingehenden Biographie Beiderbeckes, deutlich geäußert: »Ich erinnere mich, daß er mir sagte, daß ihm das Whiteman-Orchester sehr gut gefiel und daß er es als eine großartige Musikschule ansah. Er lernte von den anderen Musikern und hatte viel Freude daran, die Arrangements aus Pauls Repertoire zu spielen. Er hatte wirklich Spaß daran und dachte, dies sei das beste Mittel, um sich beruflich weiterzubilden«.[7]
Anscheinend spürte er jedoch mit der Zeit die Last seiner technischen Begrenzungen immer mehr. Einmal gestand er einem Kollegen, daß er sich für »lediglich musikalisch degeneriert« hielt. Später, als seine Gesundheit schon endgültig beeinträchtigt war, erklärte er einem Freund aus Davenport, die Ergebnisse, die er als Jazzmusiker erzielt habe, seien »unbedeutend«.
Doch sein wahres Unglück war der Alkohol. Er trank ungeheure Mengen und war ständig angetrunken. Die Leute, die in den letzten Jahren seines Lebens Verbindung zu ihm hielten, haben sich erinnert, daß er immer einen reichlichen Vorrat in der Badewanne aufbewahrte und daraus mit einer Kelle schöpfte. Vor lauter Trinken ruinierte er sich derart, daß er Ende 1928 in einer schlimmen Verfassung in ein Krankenhaus von Long Island eingeliefert werden mußte. Nach seiner Entlassung erlitt er einen heftigen Anfall von Delirium tremens und mußte aus der Nähe von einer Krankenschwester überwacht werden. Dann kehrte er für ein paar Erholungswochen in seine Heimatstadt zu seinen Familienangehörigen zurück.
Aus diesen Tagen stammt ein vierspaltiger Artikel, in dem ein unbekannter Berichterstatter des »Davenport Sunday Democrat« die Leistungen des fast berühmt gewordenen Mitbürgers feierte. Der Artikel begann so: »Plinky – planky – plinky moans! Crooning tones! Ear – tickling, piercing, soul wrenching melodies – that's jazz!«[8] Dem wißbegierigen Journalisten hatte Bix auseinandergelegt, daß der Jazz sich in »sweet« und »hot« unterteilt und daß

ihm »hot« gefiel. »Die Stimmungen des Jazz sind reichhaltig und voller Schattierungen«, hatte er erläutert. »Gewisser Jazz ist so banal, daß die Hühner darüber lachen. Anderer Jazz dagegen ist feinsinnig, bitter und ironisch. Manchmal kann er voll von Ängsten oder auch grotesk sein. Auch in den Händen der weißen Komponisten spiegelt er die halbvergessenen Leiden des Negers wider. Der Jazz besitzt sowohl weiße als auch schwarze Elemente, und jedes dieser Elemente hat die anderen irgendwie beeinflußt. In seinen jüngsten Formen scheint die Verfeinerung durch die weiße Rasse ein wenig Licht auf die Ängste des Negers geworfen zu haben.«

Im März kehrte Bix zu Whiteman zurück, in dessen Orchester zwei Monate später die beiden unzertrennlichen Musiker Venuti und Lang eintraten. Obwohl der Violinist aus der italienischen Stadt Lecco erst ungefähr dreißig Jahre zählte, war er schon ein alter Fuchs, der in Symphonieorchestern gespielt und für den »König des Jazz« bereits seit den frühen zwanziger Jahren gearbeitet hatte. Doch Lang war viel weiter zurück als Bix; er spielte nach Gehör und tat so, als ob er die Musik lesen könnte. Venuti, der ihn Whiteman empfohlen hatte, ohne diesem etwas über Langs Lücken zu sagen, stand neben seinem Freund, um ihn darauf aufmerksam zu machen, wenn er mit einem Solo an der Reihe war. Dann stieß er ihn kurz mit dem Fuß an und flüsterte ihm zu: »Passage!«

Im September 1929 war Bix wieder einmal am Ende, und noch einmal wollte ihm sein Orchesterchef durch Gewährung eines langen, bezahlten Urlaubs helfen. Aber diesmal sollte er ihn nicht mehr auf dem Orchesterpodium wiedersehen, mußte sich nach einigen Monaten ins Unvermeidliche schicken und strich seinen Namen von der Lohnliste.

Bix konnte sich aber nicht erlauben, lange ohne Arbeit zu leben. Das Geld, das er in den guten Jahren seiner Schwester nach Hause geschickt hatte, war in Aktionen angelegt worden und hatte sich nach dem Bankkrach auf der Wall Street verflüchtigt. Jetzt galt es, unter allen Umständen für den Lebensunterhalt zu sorgen. Glücklicherweise wurde er in Davenport als Star angesehen und hatte es nicht schwer, in einer lokalen Band, die im Danceland auftrat, ein Engagement zu finden. Darauf folgte eine weitere Verpflichtung in einem Orchester, das in Moline im Staat Illinois tätig war und ebenfalls überhaupt keine Bedeutung besaß.

Er ging nach Chicago und dann nach New York zurück. Er sprach mit Whiteman über die Möglichkeit, wieder seinen Platz im Orchester einzunehmen, aber als er eine zustimmende Antwort zu hören bekam, wußte er sich nicht zu entscheiden. Er fühle sich noch nicht bereit, sagte er. Da kamen ihm die alten Freunde zu Hilfe, unter anderem die Gebrüder Dorsey und Hoagy Carmichael. Mit ihnen nahm er auch ein paar Platten auf, die bewiesen, wie sehr der großartige Kornettist von früher nachgelassen hatte.

Nützlicher war ein Vertrag, der Bix für ein Orchester im Stile Whitemans angeboten wurde (der Arrangeur war Bill Challis), das im Mai 1930 für Radiosendungen formiert wurde, die sich über einige Monate erstreckten. In diesem Zeitraum trug sich Beiderbecke auch vorübergehend mit dem Gedanken, zusammen mit Tommy Dorsey eine »All Star«-Formation zu gründen, die in der Gegend von New York und möglicherweise ebenfalls in Europa Konzerte geben sollte, jedoch ließ der Plan sich nicht verwirklichen.

In den ersten Monaten des Jahres 1931 wurde die Arbeit seltener und war für einen Jazzmusiker bestimmt nicht befriedigend, aber Bix hielt durch. Er spielte mit wem er konnte, aber fast immer an der Seite erstklassiger Jazzleute wie Benny Goodman oder Tommy und Jimmy Dorsey. Es waren jedoch jeweils nur Engagements für einen einzigen Abend. In dieser Zeit war es eher möglich, ihn mit einem Glas in der Hand im Plunkett's, dem von Musikern besuchten »Speakeasy«, als mit dem Kornett an den Lippen in einer Band zu finden. Manchmal verschwand er tagelang. Dann hockte er inmitten einer unbeschreiblichen Unordnung in dem Zimmer des kleinen Hotels auf der 44. Straße, wo er wohnte. Von dort aus zog er später in eine kleine Wohnung im New Yorker Vorort Queens.

Er war nun endgültig am Ende. Eine dumme kleine Erkältung artete in eine Lungenentzündung aus, die ihn am 6. August 1931 dahinraffte. Er war achtundzwanzig Jahre alt, aber als Musiker zählte er schon seit einiger Zeit nicht mehr. Alles in allem hatte seine schöpferische Periode fünf Jahre gedauert, vielleicht ein Jahr mehr oder weniger.

Nun begann die Legendenbildung um Bix Beiderbecke, den scheuen jungen Mann, der an nichts anderes als die Musik dachte, aber sich über alles unterhalten konnte (eines Tages ließ er Eddie Condon mit offenem Mund dastehen, als er bewies, daß er Proust kannte . . .), der King Oliver zu Tränen der Rührung gebracht hatte, als er eines Abends in dessen Band im Plantation's in Chicago spielte, und der Louis Armstrongs aufrichtige Bewunderung erregt hatte. Jeder der Jazzleute, die ihn gekannt haben, konnte eine Anekdote über ihn erzählen. Der eine hatte ihn in den frühen zwanziger Jahren begleitet, als er die New Orleans Rhythm Kings hören ging, und sich gewundert zu sehen, mit welch großem Respekt die Meister des Jazz aus dem Süden den Jungen behandelten; ein anderer hatte ihn ein paar Jahre später gesehen, wie er einen Wochenlohn als Trinkgeld auf den Tisch legte, damit Bessie Smith weitersang; noch ein anderer hatte ihn während eines Konzertes mit dem Paul Whiteman-Orchester, als Bix dazugehörte, hinter den Kulissen des Theaters schlafen gesehen. Bix war dermaßen zerstreut, daß er einmal sein Gepäck mit all seinen Kleidern verschickte, während er nur mit einem Pyjama zurückblieb.

Wie herzlich das Andenken an Bix in denen war, die ihm nahegestanden hatten, sah man deutlich, als die Monatszeitschrift »Metronome« im November 1938 dem Kornettisten eine Sondernummer mit gesammelten Urteilen, Erinnerungen und Anekdoten widmete, die durch Interviews mit Musikern zusammengetragen wurden, welche während seiner Laufbahn mit ihm gespielt hatten. Einer der vielen, die mit Bewunderung und Liebe von ihm sprachen, war Paul Whiteman, dem Bix doch so viele Sorgen verursacht hatte.

»Bix war nicht nur der größte Musiker, den ich je kennengelernt habe, sondern auch der größte Gentleman, dem ich begegnet bin«, hat Whiteman gesagt und dann seine Gedanken näher erläutert: »Wenn man ihn als Menschen betrachtet, war er wirklich ein wunderbarer Junge: ruhig, bescheiden, einer, der sich nie viel über etwas aufregte, und alles so hinnahm, wie es kam. Er war reserviert und äußert liebenswürdig. Ich erinnere mich an seinen üblichen Gegengruß an die jungen Leute, die ihn begrüßten, wenn er von der Bühne runterkam. Mit seinem warmen, fast schüchternen Lächeln rief er jedem zu: ›Also, wie geht's bei dir da unten?‹ Und dann war er eine Minute später weg mit einem: ›Gut, ich sehe dich dann da unten.‹ Es ist gut möglich, daß er nie gewußt hat, wo ›da unten‹ war, aber er wollte eben zu jedem nett sein und war es auch – trotz seiner Größe war er alles andere als ein eingebildeter Wichtigtuer!

Aber da war mehr als bloße Freundlichkeit und allgemeiner Anstand in Bix. Sein Musikertum allein zeigte das. Ja, ich würde sagen, es gab etwas Ätherisches um ihn. Man hatte das Gefühl, daß er immer in den Wolken schwebte (besonders, wenn er in seine Musik vertieft war). In der einen oder anderen Weise wurde man den Eindruck nicht los, daß er immer auf der Suche nach etwas war, das außerhalb seiner Reichweite lag. Sein dauerndes Streben nach etwas absolut Vollkommenem umgab ihn beinahe mit einem mystischen Lichtschein – man bekam das Gefühl, vor einem Genie zu stehen, das um etwas Schönes wußte, das es zu erringen galt, und auch wenn er es nie erreichen mochte, war er dir haushoch überlegen, einfach, weil er dieses Schöne ahnte, nach dem er strebte«[9]

Wie es immer bei Persönlichkeiten geschieht, die gleich zur Legende geworden sind, wurden über Bix viele richtige und auch manche unzutreffende Dinge gesagt und geschrieben.

Von dem, was über ihn geschrieben wurde, ist allerdings eines unbestreitbar: daß Bix Beiderbecke ein genialer Musiker war und vielleicht der größte weiße Jazzmusiker, den es jemals gegeben hat. Und unbestreitbar bleibt auch, daß er gleichzeitig mit Armstrong und Duke Ellington dazu beigetragen hat, den Jazz zu einer Kunstform werden zu lassen.

Von Gunther Schuller wurde darauf hingewiesen, daß der Stil von Bix wegen seiner Zurückhaltung dem von Armstrong entgegensteht, der so kühn, spannungsreich und voll mitreißender Kraft ist. Während nämlich im Jazz Armstrongs die Technik im Dienste einer musikalischen Konzeption in dauernder

Expansion steht und der Entdeckung neuer Ideen untergeordnet ist, werden im Stil des introvertierten und raffinierten Musikers Beiderbecke »Ideen und Techniken zu einem vollkommenen Gleichgewicht vereint, bei dem die Erfordernisse der ersteren niemals über die technischen Möglichkeiten hinausgehen«.[10] Bix arbeitete also gründlich an der Vervollkommnung einer ziemlich einfachen musikalischen Ausdrucksweise, auch wenn er häufig Intervalle benutzte, die damals völlig ungewohnt waren (verminderte Quinten, Sexten, Nonen, Undezimen und Dreizehner-Intervalle), und ganz allgemein harmonische Lösungen verwertete, die bereits in der »anderen« Musik experimentiert worden waren.

Jedenfalls ist es nicht das, was beim besten Jazz Beiderbeckes zählt: es ist vielmehr das unbeschreibliche, unverwechselbare Flair, der Hauch von Lyrik, die Frische der Inspiration, die Poesie.

Bix Beiderbecke übte einen enormen Einfluß auf eine ganze Generation vorwiegend weißer Jazzmusiker aus, und zwar nicht nur auf Kornettisten und Trompeter, wie Mc Partland, Nichols, Andy Secrest – der ihn im Whiteman-Orchester ersetzte – ferner Rex Stewart (einen Farbigen, der sein Solo in »Singin' the blues« auf einer Henderson-Platte genau übernahm) sowie später Bobby Hackett, Yank Lawson und andere mehr. Teilweise knüpften auch Spezialisten anderer Instrumente an ihn an, so der Tenorsaxophonist Bud Freeman, der Klarinettist Pee Wee Russell und der Posaunist Brad Gowans. Hunderte von amerikanischen und europäischen Solisten haben ihm nach seinem Tode jahrzehntelang ihre Verehrung gezeigt. Sie sind entschlossen, den strahlenden Glanz des frühen Jazz zu verewigen und haben sich viele Tage mit seinen Schallplatten beschäftigt, um das Geheimnis des jungen Mannes aus Davenport zu ergründen, der dem hektischen Klima der »Jazz-Ära« zum Opfer fiel.

Coleman Hawkins

Coleman Hawkins ist so oft als der »Erfinder« des Tenorsaxophons bezeichnet worden, daß er manchmal das Bedürfnis empfand, sich dagegen zu wehren. »Aber nein!«, hat er auch Leonard Feather gegenüber wiederholt. »Ich habe Saxophone auf Platten gehört, als ich noch ein kleiner Junge war. Da gab es ein Trio mit dem Tenorsaxophon, und das war ungefähr die früheste Musik, an die ich mich erinnern kann. Eine ganze Menge von Weißen spielte sogar schon Tenor, als ich gerade erst anfing; und bevor ich wirklich begonnen habe, Platten undsoweiter zu machen, gab es Happy Cauldwell in Chicago und Stomp Evans aus Kansas City und Prince Robinson . . . Nein, ich war bestimmt nicht der erste.«[1]

Wenn er nicht der erste war, der Saxophon gespielt hat, so war er doch der erste, der seine vielen Möglichkeiten entdeckt, seinen Klangcharakter festgelegt und seine Technik perfektioniert hat, derjenige, der dem Instrument (und nicht nur dem Tenor, sondern der ganzen Familie der Saxophone) in der zweiten Hälfte der zwanziger Jahre in der Jazzwelt Geltung verschafft hat. Auch er selbst fand nicht sogleich den richtigen Weg. Als er in jungen Jahren seine Berufstätigkeit aufnahm, blies er in dem Stil, der »Slaptongue« (wörtlich: »Schlagzunge«) genannt wurde. Das war eine heutzutage schon lange veraltete Intonationstechnik mit knallig kurzem Anspielen, die von den Pionieren des Saxophons in jenen Jahren unmittelbar nach dem ersten Weltkrieg verwendet wurde.

In seiner Kindheit hörte Hawkins irgend jemanden von diesen Leuten in seinem heimatlichen St. Joseph im Staat Missouri, wo er am 21. November 1901 geboren wurde und mit fünf Jahren unter Anleitung seiner Mutter das Klavierspielen zu erlernen begann. Anschließend lernte er weiter in Topeka, Kansas, und vollendete dort eingehende musikalische Studien am Washburn College. Er hörte aber auch viel andere Musik, angefangen mit der klassischen Musik, und bekam auch viel guten Jazz an der South Side mit, als er sich, ebenfalls zu Studienzwecken, in Chicago niederließ. Er studierte noch immer, während er bereits begann, beruflich hier und dort zu spielen, und kam dabei bis nach Kansas City. In dieser Stadt begegnete Hawkins Ende 1921 den Musikern der Truppe von Mamie Smith. Einer von ihnen, Garvin Bushell, erinnerte sich: »Wir traten damals im Theater an der 12. Straße auf, und da traf ich Coleman Hawkins zum ersten Mal. Man hatte ein Saxophon hinzugenommen, weil es mit uns im Orchesterraum zu der Show spielen sollte. Er war auf diesem Instrument in allem weiter, als ich je gesehen hatte ... Er konnte alles lesen und irrte sich bei keiner einzigen Note ... Und er spielte sein Saxophon nicht, als sei es eine Trompete oder Klarinette, wie es damals üblich war. Er spielte auf den Akkorden, weil er als Kind Klavier gespielt hatte.«[2]

Mit den Jazz Hounds der Bluessängerin Mamie Smith kam der junge Saxophonist 1922 nach New York und machte mit ihnen seine ersten Aufnahmen. Innerhalb kurzer Zeit konnte er neben fähigen Solisten, wie den Trompetern Johnny Dunn, Joe Smith und Bubber Miley sowie den Klarinettisten Sidney Bechet und Buster Bailey, die damals alle irgendwann zu der Band von Mamie Smith gehörten, wertvolle Erfahrungen sammeln. Kein Wunder, daß Fletcher Henderson, der für seine vielen Aufnahmesitzungen gute Musiker brauchte, bald auf ihn aufmerksam wurde und ihn in seine kleine Gruppe ständiger Mitarbeiter holte, die dann den Kern seiner ersten Bigband bilden sollte, welche 1924 im Club Alabam und danach im Roseland engagiert wurde.

Bei Henderson reifte der Saxophonist in zwei Jahren. Der Orchesterbeitritt von Louis Armstrong, der fast das ganze Jahr 1925 dabeiblieb und für Hawkins eine Herausforderung und ein Leitbild darstellte, war für Colemans Entwicklung von ebenso großem Nutzen wie die dauernde Beschäftigung mit den Arrangements von Don Redman, die ihn vor vielfache Aufgaben stellten. Darüber hinaus mußte Hawkins in diesem Orchester notwendigerweise einen sehr vollen Ton entwickeln. » ...Ich spielte sehr laut«, erinnerte er sich später, »und benutzte ein sehr hartes Rohrblatt, weil ich versuchen mußte, meine Soli über sieben oder acht gleichzeitig spielenden Blasinstrumenten durchzuführen. Meine Klangfülle hat sich so entwickelt, während ich diese Rohrblätter ausprobierte und im Lauf des Abends ständig die Mundstücke wechselte. Ich mußte es mit Leuten wie Armstrong, Charlie Green, Buster Bailey und Jimmy Harrison aufnehmen.«[3]

Die erste Henderson-Platte, auf der Hawkins zeigte, daß er inzwischen die volle Meisterschaft auf seinem Instrument und einen persönlichen Stil erreicht hatte, ist »The stampede« von 1926. Diese Aufnahme bildete für alle Saxophonisten ihrer Zeit ein Vergleichskriterium. Ebenfalls sehr bezeichnend für seine erste Schaffensperiode sind »One hour«, eine 1929 mit den Mound City Blue Blowers aufgenommene Ballade, ferner »Hot and anxious« (1931), in dem sich Hawkins ausnahmsweise an die Klarinette wagte, der »King Porter stomp« in seinen beiden Versionen von 1932 und 1933, »It's the talk of the town« (1932) und »Hocus Pocus« (1934) – alle mit dem Henderson-Orchester. Nicht zu vergessen »Queer notions« (1933), eine ganz eigenartige, für diese Jahre vom harmonischen Standpunkt aus sehr fortgeschrittene Eigenkomposition, die mit dem Henderson-Orchester eingespielt wurde und später als eine Vorwegnahme des Bebop bezeichnet werden sollte. Auf das Jahr 1933 gehen auch der ausgezeichnete, unter dem Namen von Hawkins selbst aufgenommene

»Heartbreak blues« und einige Stücke wie die beachtlichen »Nocturne« und »Donegal cradle song« zurück, die in New York mit einer Formation unter Leitung des englischen Bassisten Spike Hughes aufgenommen wurden.

1934 hörte Hawkins einen soeben zurückgekehrten Kollegen über Europa reden, ein Traumland für die Jazzmusiker und besonders die schwarzen. Er folgte sogleich seinem Rat und schickte umgehend ein Telegramm an Jack Hylton, den »englischen Paul Whiteman«, in dem es einfach hieß: »Ich möchte nach London kommen«. Am folgenden Tag hatte er schon die Antwort: Auch Hylton war interessiert und bot ihm eine bessere Gage als die, die er bei Henderson bekam und die doch mit ihren 150 Dollar pro Woche für diese Krisenzeit hoch war. Es verging keine Woche, und Hawkins war an Bord der »Ile de France« in Richtung England. Er hatte seinen Bandleader um eine zeitweilige Beurlaubung gebeten, weil er glaubte, er würde alles in allem ein oder zwei Monate wegbleiben, doch kam er erst fünf Jahre später am Vorabend des Kriegsausbruches zurück.

In London hätte der Saxophonist vor allem im Hippodrome gemeinsam mit Louis Armstrong auftreten sollen, der sich seit dem vorangegangenen Sommer in Europa aufhielt. Aber daraus wurde nichts. Als die Abmachungen bereits getroffen und die Eintrittskarten schon verkauft worden waren, zog sich der berühmte Trompeter zurück. Er hatte Angst vor der Gegenüberstellung, aus der er nichts gewinnen konnte; schließlich war Coleman Hawkins nach ihm der beste Solist des Jazz. Einige englische Zeitungen widmeten Armstrongs Verhalten ein paar nicht gerade wohlwollende Artikel.

Hawkins trat darauf in ein von Jack Hyltons Frau geleitetes mittelmäßiges Ensemble und anschließend in Hyltons eigenes Orchester ein, mit dem er auch in Paris zu hören war. Nach einigen Monaten in England kam er wieder zum Kontinent zurück und wirkte mit verschiedenen Gruppen in Frankreich, Holland, der Schweiz und Belgien, wobei er überall eine sehr herzliche Aufnahme fand. Besonders in Paris stellte seine Ankunft ein großes Ereignis dar, das die kleine Anhängerschaft des Hot Jazz – wie der echte Jazz damals hieß – in freudige Erregung versetzte. Sie hatten seit kurzem eine Vereinigung, den Hot Club de France, gegründet und schickten sich an, eine Monatszeitschrift, »Le Jazz Hot«, herauszugeben. Unter Führung von Charles Delaunay und Pierre Nourry verpflichteten sie den Saxophonisten für ein Konzert in der Salle Pleyel. Es wurde im Februar 1935 zur Feier des erstmaligen Erscheinens von »Jazz Hot« (das allerdings erst einige Wochen später auf den Markt kam) und zur offiziellen Einführung des Quintetts des Hot Clubs de France mit seinem Star, dem Gitarristen Django Reinhardt, veranstaltet. Das Konzert war ein großer Erfolg für alle, bloß nicht für seine unerfahrenen Organisatoren, die viel hineingesteckt hatten und nachher erheblich zulegen mußten. Was Hawkins angeht, so erhielt er einen erneuten Beweis dafür, wie anders das Verhalten des Publikums in Europa gegenüber den Jazzmusikern war. In Paris war er wie in London ein gefeierter Künstler, ein Star, dem die Zeitungen lobende Artikel widmeten, während in Amerika nur seine Kollegen wußten, wer er war, und er für allzuviele andere nur ein »Nigger« war.

Aus diesem Grund und gewiß nicht um des Wertes der Ensembles willen, mit denen er in Europa in Ermangelung eines Besseren spielen mußte, bildeten seine Jahre in der Alten Welt eine glückliche Erfahrung für ihn. Überdies ermöglichten sie ihm, zahlreiche beachtenswerte Aufnahmen zu machen. Zu den ersten davon gehörten »Lost in a fog« (London, 1934), »Some of these days«, 1935 mit dem holländischen Tanzorchester der »Ramblers« aufgenommen, mit dem er lange und wiederholt spielte, und vor allem »Crazy rhythm« und »Honeysuckle rose«, die 1937 in Paris mit unter anderem Benny Carter und Django Reinhardt entstanden.

Nach mehrmonatiger erneuter Tätigkeit in England entschloß er sich im Juli 1939, in die Heimat zurückzukehren. Wenn der Krieg nicht vor der Türe gestanden hätte, wäre er vielleicht noch länger in Europa geblieben.

In Amerika waren während der vergangenen fünf Jahre in der kleinen Welt der Jazz-Saxophonisten viele Dinge geschehen. Als die besten galten jetzt bei fast allen Ben Webster und Chu Berry, die hintereinander seinen Platz im Henderson-Orchester eingenommen hatten; ferner gab es den tüchtigen Dick Wilson, der wie Webster mit der Band von Andy Kirk aus Kansas City gekommen war, und natürlich war da Lester Young, der nun die Konkurrenz seines hartnäckigen Rivalen Herschel Evans nicht mehr zu befürchten hatte, nachdem dieser einige Monate zuvor gestorben war. Aber Lester wurde noch nicht verstanden; nur Billie Holiday und ein paar weitere Leute hatten Vertrauen in ihn. Außerdem kamen einige jüngere Musiker ans Licht, und Don Byas, Illinois Jacquet sowie Buddy Tate gehörten zu den begabtesten. Fast alle hatten sie die Gewohnheit angenommen, sich in einem Lokal zu treffen, das von einem ehemaligen Schlagzeuger namens Nightsy Johnson zwischen der 134. Straße und der St. Nicholas Avenue in Harlem eröffnet worden war. Dort spielte man sich bei langen »cutting contests« so richtig aus.

Rex Stewart hat uns eine farbige Schilderung dessen hinterlassen, was beim Wiederauftauchen von Hawkins, dem sagenhaften »Bean«, wie er bei den Kollegen hieß, in New York gerade in diesem Lokal geschah.

» ... Die Kunde verbreitete sich wie ein Lauffeuer: Bean war wieder da! Hawk kam jeden Abend in das Lokal, tadellos angezogen, hochelegant und ohne Saxophon. Die Spannung nahm immer mehr zu – wird er heute abend spielen? Coleman saß einfach nur da, nippte an seinem Glas und grinste, wie sie da alle ihr Talent vor ihm demonstrierten. Früher oder später kam jeder an die Reihe: Illinois Jacquet, Chu Berry, Don Byas, Dick Wilson undsoweiter – alle führenden Tenorsaxophonisten. Dann kamen die von der zweiten Garnitur . . . und Hawk saß immer noch da, nippte und hatte offenbar seinen Spaß an dem Drama, das er durch seine Anwesenheit hervorrief . . .

Endlich fand das große Ereignis statt. Hawk traf später als gewöhnlich ein – es war gegen drei Uhr nachts – und, wie es das Glück wollte, sang gerade Lady Day (Billie Holiday), was damals in Harlem selten vorkam. Natürlich begleitete Lester sie. Bean marschierte herein, holte sein Instrument heraus und spielte zu jedermanns Überraschung zusammen mit ihnen. Dann, als Billie fertig war, sagte sie dem Publikum an, daß es ihr ein Vergnügen gewesen sei, vom größten Tenorsaxophonisten der Welt begleitet zu werden – von Lester Young!

Nach diesen Worten hätte man eine Stecknadel fallen hören können, aber Hawk ignorierte sie, drehte sich zu dem Pianisten um und sagte: »Spiel' mir ein paar Chorusse von . . .« Ich habe den Namen des Stückes vergessen, aber ich kann mich erinnern, daß Hawk ein unglaubliches Tempo vorlegte, so schnell war es. Und er war ganz große Klasse in dem Stück!

Dann schlenderte er lässig zur Bar, trank ein großes Glas und wartete darauf, wie die Jungs auf dieses Feuerwerk an Virtuosität reagieren würden. Aus irgendeinem Grund fühlte sich in diesem Moment niemand danach zu spielen. So fing Coleman wieder an zu blasen, diesmal eine Ballade, und zeigte mit verschiedenartigen Improvisationen, wie das Thema ausgebaut und verschönert werden konnte. Mit einer unglaublichen Kadenz hörte er unter donnerndem Applaus auf.«

Dick Wilsons Kommentar gegenüber einem Kollegen, der uns von Stewart auch noch berichtet wird, faßte die Gedanken aller zusammen: »Tja, so ist das. Coleman ist immer noch der Boß, und wenn du es mit ihm aufnehmen willst, überlegst du dir besser, was du tust, oder du fragst lieber erst jemand anders.«[4]

Kurz nach seiner Rückkehr nach New York wurde Hawkins im Kelly's Stable engagiert und bildete schließlich eine Bigband, mit der er vor allen Dingen im Arcadia auftrat, einem Tanzlokal am Broadway, in dem die Swingorchester zu Hause waren. Es waren aber nicht die Auftritte mit diesem noch so guten Orchester, die dem Saxophonisten in Amerika wieder zu großem Ansehen verhalfen, als vielmehr sein Riesenerfolg mit einer Aufnahme, die er im Oktober des gleichen Jahres 1939 für Bluebird machte. Diese Platte enthielt eine Version des ziemlich abgedroschenen Themas »Body and Soul«.

»Ich hatte nicht die leiseste Absicht, »Body and Soul« einzuspielen, als ich zu dieser Aufnahmesitzung ging«, hat Hawkins später erklärt. »Dieses Stück rangierte bei mir ganz hinten. Da gab es andere, die für mich viel wichtiger waren. Gewöhnlich spielte ich »Body and Soul« als Solo-Nummer oder als Zugabe auf der Bühne, während ich in Europa war. Und als ich nach meiner Rückkehr nach Amerika das Ensemble von neun Mann im Kelly's Stable leitete, spielte ich »Body and Soul« ab und zu im Verlauf des Abends. Jedesmal spielte ich es anders.«[5]

Das Stück wurde im Studio auf Ersuchen des Aufnahmeleiters eingespielt, und es wurde ohne zusätzliche »Takes« (= hintereinander erfolgende Einspiel-Versionen) und ohne viel Federlesens einfach so dahingespielt. Zur größten Überraschung von Hawkins wurde es dann seine berühmteste und meistverkaufte Aufnahme und gleichzeitig ein immer wieder zitiertes Beispiel vollkommener Jazz-Improvisation. Auf jeden Fall muß gesagt werden, daß »Body and Soul« nicht die einzige Leistung dieses Niveaus in der Produktion des Saxophonisten war. Solche großartigen Ergebnisse waren damals ganz normal bei ihm. Aber das amerikanische Publikum, das ihn fünf, für seine künstlerische Reifung so wichtige Jahre aus den Augen verloren hatte, konnte so viel nicht erwarten. Außerdem wußten zum Zeitpunkt seiner Abreise überhaupt wenige Leute in Amerika und anderswo, was Jazz war.

»Body and Soul« kann den Stil und die solistische Sprache des Saxophonisten vollkommen verdeutlichen. Diese musikalische Sprache ist »erotisch«, »ornamental« oder »rhapsodisch« genannt worden, aber sie ist auch absolut logisch und transparent aufgebaut. Der Ton des Instrumentes ist schön, sehr voll, vibrierend und dabei stets ausgesucht musikalisch. Die auf periodisch wiederkehrenden Harmonieschemen entworfenen Phrasen werden durch eine relaxte und kraftvolle Rhythmusführung belebt. Bei der Improvisation macht Hawkins reichen Gebrauch von Arpeggios und Verzierungen, so daß man wie bei Art Tatum von belanglosem Dekorativismus, von Virtuosentum und barockem Übermaß gesprochen hat. Alle haben jedoch seinen außergewöhnlich starken Einfallsreichtum, die perfekte Folgerichtigkeit seines melodischen Ausdrucks und seinen mitreißenden Schwung anerkannt und die Kühnheit bestimmter harmonischer Lösungen bewundert.

Einige der Aufnahmen zwischen 1939 und den frühen vierziger Jahren halten, wie bereits angedeutet, dem Vergleich mit »Body and Soul« vollkommen stand. Hervorragend sind »When lights are low« von 1939 mit einer Studiogruppe unter Lionel Hampton, »The man I love« und »Sweet Lorraine« von 1943 mit dem Pianisten Eddie Heywood, dem Bassisten Oscar Pettiford und dem Schlagzeuger Shelly Manne, sowie »I only have eyes for you« und »I'm in the mood for love« mit Roy Eldridge, Teddy Wilson und anderen. Von den Platten des Jahres 1944 sind die Titel der ersten Aufnahmesitzungen für die Marke Apollo besonders bezeichnend. Diese unabhängige Firma wollte im Monat Februar den ganz neuen Bebop auf den Markt bringen. In diesen Tagen arbeitete der Saxophonist – der sich nach der Auflösung seiner Bigband in den drei letzten Jahren ausschließlich den kleinen Combos zugewendet hatte – im Yacht Club auf der 52. Straße in New York. Das war unweit vom Onyx, wo die erste »Bop«-Gruppe unter Gillespie und Pettiford spielte. Hawkins beobachtete dieses Unternehmen mit viel Sympathie, ja, er war sogar einer der allerersten unter den Musikern seiner Generation, die den Jazz-Reformern

Vertrauen entgegenbrachten. Er war sehr froh, als ihm die Gelegenheit gewährt wurde zu beweisen, daß er geistig jung geblieben war, und setzte sich für Aufnahmen ein, die ein neues Kapitel in der Geschichte des Jazz eröffnen sollten. Dabei war es gar nicht einfach, diese Tat zu Ende zu führen, weil ein Großteil der Musiker, die von Hawkins ins Studio beordert wurden, und er selber die neue musikalische Ausdrucksweise überhaupt nicht kannten und sich nur Dizzy Gillespie, Oscar Pettiford, Max Roach und noch ein paar andere wohl dabei fühlten. Zwei lange Sitzungen wurden benötigt, um sechs Stücke aufzunehmen, drei Tenorsaxophon-Soli des Bandleaders (sehr gut gelangen eine Improvisation über den Harmonien von »Body and Soul« mit dem Titel »Rainbow mist« und vor allem »Yesterdays«) und drei Bebop-Aufnahmen, »Woodyn' you«, »Disorder at the border« und »Bu Dee Dah«.

Von da an war der Bebop-Einfluß, wenn auch nur in geringem Maße, im Solostil von Hawkins zu hören. Seine Sympathien für die neue Musik zeigten sich noch deutlicher bei der Wahl seiner Mitarbeiter. Seit Anfang 1944 waren bei ihm im Yacht Club der indianische Trompeter Little Benny Harris, der bemerkenswerterweise »Ornithology« seinen Namen geben sollte, und Thelonious Monk, der fast noch Anfänger war. (»Aber warum nimmst du dir keinen Pianisten?«, sagten seine Freunde zu ihm, aber er tat so, als würde er es nicht hören.) Etwas später trat Howard Mc Ghee, einer der ersten Bop-Trompeter, in seine Dienste. Dieser wurde in ein Sextett eingegliedert, das in Los Angeles einen guten Erfolg hatte und ein paar reizvolle Stücke aufnahm, so das ausschließlich vom Bebop geprägte Riffthema »Stuffy« (1945). In den anschließenden Jahren sollten unter den Musikern von Hawkins auch nicht Fats Navarro, Miles Davis, J. J. Johnson und sonstige Modernisten fehlen.

1945 begann Hawkins in Los Angeles für Norman Granz zu arbeiten, welcher seit kurzer Zeit seine Tätigkeit als Veranstalter von Konzerten aufgenommen hatte und ihn in seiner All Star-Besetzung unter dem Motto »Jazz at the Philharmonic« haben wollte. Hawkins unternahm für ihn nicht nur im Jahre 1946 seine erste Konzerttournee, sondern spielte im Jahr darauf auch ein weiteres Meisterwerk mit dem Titel »Picasso« ein. Das war ein Saxophonsolo ohne jegliche Begleitung, das mehr als zehn Stunden Proben erfordert hatte und zum Muster für eine Serie ähnlicher Aktionen wurde, die im Avantgarde-Jazz nach 1970 in Mode kamen.

1948 kehrte Hawkins nach Europa zurück, um an einer »Jazz-Woche« im Pariser Marigny-Theater sowie an anderen Konzerten teilzunehmen. 1949 war er schon wieder da. In den folgenden Jahren ließ er sich in New York nieder und entwickelte eine mehr oder weniger intensive Aktivität als »free lance«-Solist, machte mit Jazz at the Philharmonic verschiedene Tourneen, überquerte mehrmals den Atlantik und nahm reichlich Schallplatten für verschiedene Firmen auf. Die kritischste Zeit in all diesen Jahren war die erste, weil sie das klare Überwiegen von Lester Youngs Einfluß auf den Stil der jungen Jazz-Saxophonisten der Bop-Schule und der Cool-Schule erkennen ließ. Trotz Colemans offenkundiger Sympathien für die allerneuesten Jazzleute, mit denen er sich gern umgab, sah es für viele damals so aus, als habe er seine Zeit hinter sich, und es ist möglich, daß das auffallende Nachlassen seiner Tätigkeit in den frühen fünfziger Jahren auf eine durch Desorientierung bedingte Krise zurückzuführen war. Die lauwarme Aufnahme, die ihm 1954 im Verlauf einer neuen Europa-Tournee zuteil wurde, als er gemeinsam mit Illinois Jacquet in einigen amerikanischen Militärstützpunkten auftrat, trug gewiß nicht zur Hebung seines Selbstbewußtseins bei.

Dann kam das Comeback. Sehr erfolgreich war für ihn der Beginn einer langen Zusammenarbeit mit Roy Eldridge. In der zweiten Hälfte der fünfziger Jahre spielte er ausgedehnt mit ihm im Metropole, einem beliebten Jazzlokal am Times Square, und auch in der Folgezeit sollte er noch mehrere Male mit Roy zusammenkommen. Einen guten Erfolg errang im Jahre 1956 seine Victor-Langspielplatte mit einem Streichorchester unter dem Titel »Hawk in Hi-Fi«. Obwohl die Puristen, besonders in Europa, den musikalischen Hintergrund mit den etwas zuckersüßen Geigen stark diskutierten, gefiel ihm der so gut, daß er Nat Hentoff in einem kurz darauf gegebenen Interview gestand, daß er gern so ein Orchester mit auf Tournee genommen hätte, wenn keine Schwierigkeiten wirtschaftlicher Natur aufgekommen wären. Er meinte: »Mit einem solchen Background gäbe es keine Begrenzungen für die Ideen, die man ausdrücken könnte, und auch nicht für die Klangfarben, die sich erreichen ließen. Man könnte einfach alles spielen. Mit einer kleinen Combo oder einer Bigband der herkömmlichen Art fühlt man sich eingeengt in dem, was man spielen kann, und in den Wirkungen, die zu erreichen sind.«[6]

1956 wurden auch zwei LPs aufgenommen, die ein Jahr später als »Coleman Hawkins: A documentary« auf Riverside erschienen.[7] Es handelt sich um ein Interview von fast zwei Stunden Dauer, ohne eine einzige Note Musik, und eine weitere Demonstration seiner Gesprächigkeit, seiner Fähigkeit zu analysieren, der Klarheit und Unbefangenheit seiner Ansichten über den Jazz und über seine alten und jungen Kollegen.

Die anschließenden Jahre waren reich an Ereignissen. Es gab einige glänzende Auftritte beim Jazz-Festival in Newport, Tourneen mit Jazz at the Philharmonic, viele ausgezeichnete Aufnahmen für Norman Granz, von denen einige zusammen mit Roy Eldridge und Ben Webster erfolgten, und 1958 sowie 1959 weitere Konzerte in Europa. Hawkins schien eine zweite Jugend zu erleben, und Martin Williams nannte ihn – bei der Rezension seiner LP »The high and the mighty Hawk« (von 1958 auf Felsted), einer seiner besten Plattenalben aus jenen Jahren – nicht umsonst einen Phönix, der immer wieder aus seiner Asche neu geboren wird.

Hawkins schien seiner selbst so sicher zu sein, daß ihn der Einbruch einer neuen Generation von Tenorsaxophonisten neuesten Stils mit Sonny Rollins und John Coltrane als ihren anerkannten Anführern nicht beunruhigte. Im Gegenteil, mit Rollins zusammen nahm er für Victor eine interessante LP, »Sonny Rollins meets Coleman Hawkins«, auf. Das war eine der verschiedenen »Begegnungen« auf Platte in diesen Jahren. Eine andere wurde 1962 von Bob Thiele für Impulse mit Ellington arrangiert und zeitigte sehr gute Ergebnisse. Das entstandene Album hieß »Duke Ellington meets Coleman Hawkins« und enthielt unter anderem die bemerkenswerten Titel »Self portrait (of the Bean)« und »Mood indigo«. Aus dem gleichen Jahr stammen »Today and now«, eines seiner Lieblingsstücke, und »Desafinado«, das sich mit dem damals beliebten Bossa Nova beschäftigte. Beide Stücke bestätigen, daß das Saxophonspiel des »Hawk« keineswegs überholt oder schwächer geworden war.

Nochmalige Europatourneen in den beiden folgenden Jahren zeigten den Altmeister der Tenorsaxophonisten in guter Form, obwohl manch einer mit Sorge bemerkte, daß er wirklich zuviel trank. Dennoch konnte sich damals niemand ausmalen, daß Hawkins bald den Weg des Unterganges beschreiten würde. Es wurde ein schlimmes und sehr rasches Ende, über dessen Ursachen ein Schleier des Mitgefühls ausgebreitet worden ist.

Die Leute, die ihm in dieser letzten und dramatischen Phase seines Lebens nahestanden, munkelten von einer traurigen Liebesgeschichte, die vor allem wegen des Altersunterschiedes ihrer beiden Partner und wegen der daraus entstehenden Folgen betrüblich war. Er war seit vielen Jahren verheiratet, hatte drei bereits erwachsene Kinder und war weit über die sechzig; sie war vierzig Jahre jünger. Es hieß, daß Hawkins einen Selbstmordversuch unternommen habe, als er von seiner jungen Freundin verlassen wurde. Fest steht, daß er innerhalb weniger Monate um Jahre alterte. Er war schon immer ein starker Trinker gewesen, aber jetzt wurde er ganz unmäßig und aß dabei praktisch nichts mehr. Ein paar Freunde versuchten ihm damals zu helfen, angefangen mit Norman Granz, der ihn schon früher bewundert hatte. Granz tat sein Bestes, um ihm neues Selbstvertrauen einzuflößen, und wollte ihn mit dabei haben, als er Ende 1966 eine Gruppe von Stars nochmals unter dem Zeichen des JATP nach Europa brachte.

Wer Hawkins seit einiger Zeit nicht mehr erlebt hatte und ihn bei dieser Gelegenheit auf irgendeiner europäischen Bühne sah, war bestürzt: sollte dieser bärtige und ungepflegte Mann, der älter als siebzig Jahre zu sein schien, tatsächlich er, Coleman Hawkins, sein? Man wollte seinen eigenen Augen nicht trauen. Seinen Ohren durfte man trauen, und das war das Erstaunliche: trotz allem war der »Hawk« immer noch ein großer Meister.

Wenige Monate danach war er erneut bei Granz, der nach elf Jahren Abwesenheit seinen Jazz at the Philharmonic wieder durch die Vereinigten Staaten schicken und sein Unternehmen mit dem Duke Ellington-Orchester, Ella Fitzgerald und einigen berühmten Solisten – alle in derselben Show – noch größer als üblich aufziehen wollte. Mit dieser Truppe kam auch Hawkins Ende Juni nach Oakland. Dort war er nicht in der Lage, seinen Auftritt zuendezuführen. Auf offener Bühne erlitt er einen Zusammenbruch und mußte von seinen Kollegen hinausgetragen werden. Dann hieß es, daß er in ein Krankenhaus eingeliefert worden und sein Zustand kritisch sei. Ralph Gleason sammelte diese Gerüchte und veröffentlichte in der »New York Post« einen Artikel, in dem er mit dramatischer Färbung berichtete, der Saxophonist »wolle sterben«. Er wurde in scharfer Form dementiert,[8] aber abgesehen von der Krankenhaus-Geschichte hatte er im Grunde die Wahrheit gesagt. Genauso wie Lester Young, an dessen trauriges Ende Gleason erinnert hatte, überantwortete sich Coleman Hawkins wirklich selbst dem Tode.

Der Mann, den sein Freund Roy Eldridge einst wegen seiner Vorliebe für die teuersten Sachen erster Qualität und für elegante Anzüge »a first class cat« (»einen piekfeinen Jazzer«) genannt hatte, sah geradezu wie ein struppiger Vagabund aus, als er im Herbst des gleichen Jahres 1967 zu einer Konzertreise mit dem Oscar Peterson-Trio wieder nach Europa kam. Diese Tournee war schrecklich, obwohl sie von einer etwas besseren Zeitspanne gefolgt wurde, in der Hawkins ein paar Wochen lang im Club von Ronnie Scott in London von englischen Musikern begleitet wurde, und sie zeigte allen, daß Hawkins als Musiker und als Mensch erledigt war.

Er starb ein paar Monate später am 19. Mai 1969 im Wickersham-Krankenhaus in New York, in das er drei Tage vorher wegen einer Lungenentzündung gebracht worden war. Wer ihn mochte, fühlte sich fast ein wenig erleichtert; denn seine Existenz war für ihn selbst und die anderen zu qualvoll geworden. Einige Wochen danach widmete die Zeitschrift »Jazz Magazine« dem Verstorbenen zahlreiche Seiten und veröffentlichte verschiedene Kommentare, die andere Saxophonisten zu ihm abgegeben hatten. Eine Notiz von Sonny Rollins besagte: »Das betrifft meinen Meister, mein Idol. Ich möchte traurig über sein Hinscheiden sein, aber ach, das ist unmöglich, weil ich mich stattdessen glücklich fühle: für immer glücklich und dankbar wegen der Tatsache, daß es ihn gegeben hat.«[9] Es hätte weiß Gott auch keinen Jazzmusiker namens Sonny Rollins gegeben, wenn Coleman Hawkins nicht gewesen wäre, und außer für Rollins gilt das auch für viele andere, die sich direkt oder indirekt an ihm ausgerichtet haben.

Man kann sagen, daß alle, die ein Tenorsaxophon zum Spielen in die Hand genommen haben, bevor Lester Young seinen Einfluß geltend machte, ihren Stil an seinem oder dem eines Schülers von ihm geformt haben, Chu Berry, Herschel Evans, Ben Webster, Dick Wilson und Don Byas vor allen anderen.

Weniger direkt ist Hawkins Lehrmeister bestimmter texanischer Saxophonisten gewesen, der »honkers«, deren erste Vertreter Illinois Jacquet und Arnett Cobb waren, die in der Lionel Hampton-Bigband herauskamen. Dieser Stil der »honkers« entartete dann in der erregten und oberflächlichen Musik der »Rhythm and Blues«-Spezialisten.

Der Einfluß von Coleman Hawkins ist auch nach Youngs Aufstieg in der zweiten Hälfte der vierziger Jahre nicht endgültig abgetan worden. Auch damals haben sich nämlich Hawkins-Schüler durchgesetzt (Lucky Thompson, Flip Phillips, Charlie Ventura und Eddie »Lockjaw« Davis, um einige Namen zu erwähnen), und es ist durchaus möglich, daß weitere noch kommen. Denn der Stil von Coleman Hawkins lebt in denen, die nun zum sogenannten »Mainstream« gehören, der Hauptstraße, auf der sich der überwiegende Teil der Jazzmusiker bewegt.

Benny Goodman

Man kann sich fragen, was aus dem Jazz geworden wäre, wenn nicht im richtigen Augenblick ein Mann wie er, Benny Goodman, aufgetaucht wäre: ein tadelloser Solist, ein recht fähiger Bandleader, Perfektionist bis zum Fanatismus und mit einem bemerkenswerten Geschäftssinn ausgestattet, dabei ausreichend in den Jazz verliebt, um ihn nicht zu verraten, und soweit mit den Geschmacksrichtungen des breiten Publikums vertraut, wie erforderlich war, um dessen begeisterte Zustimmung zu finden. Vielleicht hätte sich ohne ihn nichts getan, und die Kettenreaktion, die zum »Swing craze«, der Massenleidenschaft für den »Swing«, führte, wäre nicht ausgelöst worden. Dann hätte auch der Jazz nicht den Status erhalten, den ihm Amerika und die Welt eine kurze Zeit lang einräumten.

So ein Mann wie er war nötig. Einer, der unter den Klängen des frühen Jazz in Chicago aufgewachsen war, der den notwendigen Abstand besaß, um die riesigen Möglichkeiten, die im Jazz lagen, und dessen potentielle Bedeutung für das junge weiße Amerika der Roosevelt-Ära abzuschätzen, und auf alle Fälle einer, der nicht nur jung, sondern vor allem auch ein Weißer war, aber – so wie er als Jude russischer Abstammung – zum musikalisch kreativeren Amerika der Gettos gehörte.

An der West Side Chicagos, wo er am 30. Mai 1909 zur Welt kam, lebten nur Juden und ein paar Italiener. Ein paar Häuserblocks von seiner Wohnung entfernt fing das Viertel an, das ein paar Jahre später der sichere Unterschlupf der italo-amerikanischen Unterwelt werden sollte. Sein Vater arbeitete in einer Schneiderwerkstatt und hatte große Mühe, mit seinem bescheidenen Verdienst die zwölf Kinder großzuziehen. Für einige dieser Kinder wählte er sogleich die Musik als Beruf, weil er wohl wußte, daß sie für Juden – wie für Neger und andere Minderheiten – eine der wenigen möglichen Wege darstellte. Man lernte einfach ein Instrument und bemühte sich, eine Arbeit in Gesellschaft anderer armer Leute zu finden. Dabei war es nicht nötig, an die Türen des Establishments zu klopfen; denn wer Musikern Arbeit gab, hatte sehr oft einen jüdischen oder italienischen Namen und war früher selber ein armer Schlucker gewesen.

Benny Goodman lernte zuerst an der Synagoge Klarinette spielen und hörte überall, wo er hinkam, Musik, etwa bei den Konzerten, die sonntags nachmittags im Douglas Park veranstaltet wurden, oder auf den Schallplatten von Ted Lewis, die irgend jemand nach Hause gebracht hatte. Später konnte er auch einige Jazzgrößen persönlich erleben, so die New Orleans Rhythm Kings, unter denen Leon Roppolo herausragte, oder auch Bix Beiderbecke, an dessen Seite er in kurzen Hosen auf einem Ausflugsdampfer auf dem Michigan-See spielte. Als er unter Leitung von Franz Schoeppe, einem hervorragenden deutschen Klarinettenlehrer, zu lernen begann, traf er unter dessen Schülern Buster Bailey und Jimmie Noone, und Noone gefiel ihm ganz besonders. An der Austin High School, wo er zu Studentenfesten spielte, kam er mit Dave Tough und Bud Freeman zusammen und lernte durch deren Vermittlung Frank Teschemacher, der damals Geige spielte, kennen. In der Folgezeit hörte er all die anderen, natürlich auch King Oliver und Louis Armstrong.

Benny war erst sechzehn Jahre alt, als ihm die erste große Chance geboten wurde. Kein Geringerer als Ben Pollack, damals einer der bekanntesten Bandleader des Augenblicks, wollte ihn in seiner Formation, die zu der Zeit in Venice in Kalifornien engagiert war. Der Saxophonist Gil Rodin hatte den Auftrag erhalten, seine Band neu aufzubauen, kam Benny holen und nahm ihn von diesem Moment an unter seinen Schutz. Bald kam ein weiterer junger Mann namens Glenn Miller dazu, der noch viel von sich reden machen sollte, und dann stießen Jack Teagarden und Jimmy Mc Partland, zwei Vollblut-Jazzer, zu der Band.

Goodman war allerdings kein ständiges Mitglied in der Pollack-Band. Nachdem er mit ihr nach Chicago zurückgekehrt war, trat er eine gewisse Zeit lang dem Ensemble von Bennie Kruger bei und folgte anschließend einem verlokkenden Angebot von Isham Jones. 1928 war er jedenfalls wieder bei Pollack in New York und trat mit ihm bis Oktober 1929 im Park Central Hotel auf. Danach gehörte er zu dem Bühnenorchester, das George Gershwins Revue »Strike up the band« begleitete. Da war er in guter Gesellschaft, weil Red Nichols, Glenn Miller und Gene Krupa, um nur einige Namen zu nennen, mitspielten.

Dann kam der »schwarze Donnerstag« auf der Wall Street, aber der Klarinettist, der sich inzwischen fest in New York niedergelassen hatte, wurde nicht sofort davon betroffen, weil er in den ersten Jahren der Depression durch Platteneinspielungen, Mitarbeit in Rundfunk-Besetzungen, Tanzveranstaltungen usw. fast 400 Dollar die Woche verdienen konnte. An den Jazz dachte er nicht mehr; diese Musik war jetzt von allen vergessen worden, und dem breiten Publikum gefiel sie überhaupt nicht. Goodman wunderte sich deshalb sehr, als er eines Abends im September 1933 im Onyx Club einen jungen Studenten von der Yale University mit dem Namen John Hammond vor sich sah, der ihm den Vorschlag machte, richtige Jazzplatten mit den besten zur Verfügung stehenden schwarzen und weißen Solisten aufzunehmen, und zwar für die englische Columbia, die sich bereit erklärt hatte, für alle Kosten aufzukommen.

Goodman glaubte zunächst, der junge Mann sei verrückt geworden und sträubte sich lange. Er versuchte ihn zu überzeugen, daß er leichter verkäufliche Musik aufnehmen solle, aber Hammond ließ nicht locker. Der junge Student verlor nicht einmal den Mut, als die erste Plattensitzung enttäuschende Ergebnisse zeitigte. »Es war ganz klar«, schrieb Hammond viele Jahre später, »daß Benny außerordentlich große Fähigkeiten als Leiter eines Orchesters kommerzieller Musik besaß, abgesehen davon, daß er als Solist auf seinem Instrument ein Genie war. Aber jemand mußte sein Vertrauen in den Jazz stärken.«[1]

Nach ausdauerndem, monatelangem Bemühen gelang ihm dies wirklich. »Während dieser Monate zwischen Ende 1933 und Anfang 1934 fing ich an, die ersten Aufnahmen mit farbigen Musikern zu machen«, hat Goodman in seiner Biographie erzählt. »Das Verdienst dafür gebührt fast ausschließlich John Hammond, weil er mich wieder in Verbindung mit der Sorte Musik brachte, wie nur die Neger sie spielen konnten. Wir gingen oft durch Harlem spazieren, und in einem Lokal der 135. Straße hörten wir auch zum ersten Mal Billie Holiday singen. Mich brauchte keiner von der Begabung der Schwarzen zu überzeugen, weil ich sie seit meiner Chicagoer Zeit kannte. Es war nur so gekommen, daß ich durch meine Arbeit in den letzten sieben oder acht Jahren den Kontakt zu ihnen verloren hatte, wenn man von ein paar Orchestern absieht, die ich in Nachtlokalen oder auf Platten gehört hatte. Aber ich war nie auf den Einfall gekommen, mit ihnen zu arbeiten, und im übrigen hätte ich auch niemals eine Gelegenheit dazu gehabt. Es war wirklich eine ganz ungewöhnliche Sache . . .«[2]

Auch wenn Goodman es niemals zugegeben hat, müssen ihm die für Hammond aufgenommenen Platten und die nächtlichen Ausflüge nach Harlem die Begeisterung für den Jazz wiedergegeben haben; denn bevor er sich dessen bewußt wurde, was er eigentlich tat, war er im März 1934 dabei, ein eigenes Orchester – und zwar ein Jazzorchester, wenigstens innerhalb gewisser Grenzen – in der Music Hall, einem von Billy Rose geführten Lokal am Broadway, zu leiten. Wenn man danach gehen darf, was er später bekannte, hatte er ziemlich ungenaue Vorstellungen von dem, was er machen wollte. Er wußte nur, daß er eine Formation haben wollte, die »Tanzmusik in einem freien und musikalischen Stil spielte, mit anderen Worten, in der Art, in der die Mehrheit der guten Musiker spielen wollte, ohne dazu bei der täglichen Arbeit die Möglichkeit zu haben.«[3]

Der gleiche Hammond gab später zu, daß diese erste Bigband, die irgendwie und ohne einen besonderen Stil zusammengestellt wurde, recht mittelmäßig war. Mochte sie sein, wie sie wollte – das Publikum blieb gleichgültig. Zum Glück gefiel sie einem Rundfunkproduzenten, der mit seiner Agentur die National Biscuit Company vertrat und zur Einführung eines neuen Biskuit-

Typs bereit war, ein Wochenprogramm mit Tanzmusik von jeweils drei Stunden Länge und drei beteiligten Orchestern unter dem Titel »Let's dance« herauszubringen. Goodmans Bigband wurde zusammen mit den Orchestern von Xavier Cugat und Kel Murray ausgewählt, und ihr wurde die letzte Stunde reserviert, in der die rhythmischeren und jazzmäßigeren Titel an die Reihe kamen. Die Übertragungen begannen im Dezember 1934 und liefen einige Wochen, in denen Goodman die ursprüngliche Besetzung erheblich veränderte und sein Repertoire durch hervorragende Arrangements bereicherte. Die besten Arrangements waren diejenigen, die er auf Empfehlung von Hammond, welcher inzwischen sein ständiger Ratgeber, Werbefachmann und Anhänger geworden war, von Fletcher Henderson erwarb.

»Die ersten Arrangements, die wir von Fletcher bekamen«, hat Goodman berichtet, »waren solche, die er schon für seine Bigband verwendet hatte: »King Porter stomp« und »Big John special« von seinem Bruder Horace. Soweit ich weiß, war dies das erste Mal, daß die Arrangements von einem weißen Orchester ausgeführt wurden, und es war eine der größten Freuden meiner Karriere, diesen Partituren zu folgen und die Musik aus ihnen herauszuholen, auch während der Proben. Wir hatten zwar noch nicht die richtige Band, um diese Sorte Musik zu spielen, aber ich gelangte mehr denn je zu der Überzeugung, daß das der richtige Weg war. Das einzige, was noch zu tun blieb, bestand darin, die Musiker zu finden, die gut mit diesen Arrangements fertig werden würden.«[4]

Unter diesen »richtigen« Leuten, die Hammond ihm damals vorschlug, war der beste der Schlagzeuger Gene Krupa, den Goodman seit seiner Chicagoer Zeit kannte. Zu den anderen, die in dieser Zeit zum Orchester stießen, zählten der Pianist Jess Stacy, der Altsaxophonist Toots Mondello und der Trompeter Bunny Berigan. Teddy Wilson, eine weitere Empfehlung von Hammond, stellte hingegen ein Problem dar, weil er ein Neger war, und noch nie hatte man einen Farbigen in einer weißen Bigband gesehen. Goodman allerdings, der schon einmal mit ihm bei einem Empfang im Hause von Red Norvo und Mildred Bailey zusammengespielt und sich dabei köstlich amüsiert hatte, wollte mit ihm und Gene Krupa im Juni 1935 ein paar gemeinsame Platten aufnehmen. So wurde die Besetzung des Trios experimentiert, das ein paar Monate danach offiziell gegründet wurde und sensationell einschlagen sollte. Als die Rundfunkübertragungen von »Let's dance« zu Ende gingen, war dieser Tag jedoch noch fern.

Nicht mal ein Erfolg der Bigband war in Sicht, doch kam das Glück Goodman nach einer Reihe enttäuschender Engagements plötzlich im August 1935 im Palomar Ballroom von Los Angeles entgegen.

Von Kalifornien zog das Orchester nach Chicago zum Congress Hotel. Dort hätte es drei Wochen lang bleiben sollen, aus denen aber unter den Beifallsstürmen der Tanzwütigen acht Monate wurden. Und da wurde während eines Nachmittagskonzertes auch das Trio mit Wilson zum ersten Mal dem Publikum vorgestellt. Es war eine vollkommen ausgewogene kleine Besetzung, deren zündende und sehr elegante Musik dann der ganzen Welt gefiel.

In der Zwischenzeit wurden viele Schallplatten eingespielt und kamen noch zu denen, die bereits früher aufgenommen worden waren. Einige wurden sofort populär, so »Stompin' at the Savoy«, »When Buddha smiles«, »Sometimes I'm happy«, »Blue skies« sowie die Triotitel »Who«, »Body and soul« und »After you've gone«.

Die Bigband wurde 1936 nach Hollywood berufen, um an den Dreharbeiten des Films »The Big Broadcast of 1937« teilzunehmen. Das war für ihren Leader eine gute Gelegenheit, sich nach neuen Talenten umzusehen. So fand er den Tenorsaxophonisten Vido Musso und Lionel Hampton, der damals Schlagzeuger und gelegentlich Vibraphonist im Orchester von Les Hite war und vom stets aufmerksamen Hammond ausfindig gemacht wurde. Hampton wurde dem Trio hinzugefügt, und das so entstandene Quartett nahm als seine ersten Platten gleich »Dinah«, »Moonglow« und »Vibraphone blues« auf. Auf diese Weise wurde ausgezeichneter kammermusikalischer Jazz produziert und zugleich ein weiterer Schritt in Richtung auf die Rassenintegrierung getan.

Goodman war nun zum »König des Swing« gekrönt. Als er nach New York ging und zuerst im Pennsylvania Hotel und dann ab März 1937 im Paramount Theatre spielte, brach der »Swing craze« endgültig aus. Für die jungen Amerikaner und für einen großen Teil der Jugendlichen in Europa gab es keine andere Musik mehr als den Jazz, und einige Jahre lang existierte kein beliebterer Musiker als der bebrillte Klarinettist aus Chicago. Sowohl er als auch seine Formationen – die Bigband und das Quartett – verdienten den Erfolg. Aber Goodman arbeitete niemals länger als eine gewisse Zeit auf die gleiche Erfolgsmasche hin, weil er sehr gut auf die Geschmacksrichtungen des breiten Publikums aufpaßte und diesem immer geschmackvolle und perfekt ausgeführte Musik bot. Dafür hatte er als Mitarbeiter erstklassige Solisten und einige der glänzendsten farbigen Arrangeure, wie den bereits erwähnten Fletcher Henderson, Jimmy Mundy, Edgar Sampson und sogar Mary Lou Williams, die ihm eine aufsehenerregende Bearbeitung von »Roll 'em« vorlegte. Zur richtigen Orientierung – soweit er Ratschläge brauchte – hatte er außerdem einen so geschickten Manager wie Willard Alexander und einen begeisterten Anhänger wie Hammond, der eifersüchtig auf den wirklichen Jazzcharakter achtete. Die dauernde Unterstützung und gleichzeitige Beeinflussung von diesen beiden Seiten war das Beste, was sich Goodman wünschen konnte. Auch deshalb hatte sein Orchester in der Glanzzeit (1936 bis 1939) eine große Anzahl publikumswirksamer Stücke im Repertoire und zwar sowohl stimmungsvolle Titel für Tänzer wie »Don't be that way« als auch erregende Riff-Themen, so etwa – neben den bereits erwähnten – »Sing sing sing« und »One o' clock jump«, zwei echte Knüller.

Mit einem solchen Repertoire und fähigen Solisten wie den Trompetern Ziggy Elman und Harry James, die erst seit kurzem dabei waren, ferner Jess Stacy, Teddy Wilson, Lionel Hampton und Gene Krupa, der nun der bekannteste Schlagzeuger der Welt war, konnte die Goodman-Band ihr Ziel nicht verfehlen. Und der Erfolg blieb auch nicht im Januar 1938 in der Carnegie Hall aus, als ein berühmt gewordenes Konzert den Status »offiziell« bestätigte, den der Jazz nunmehr erreicht hatte, und den Höhepunkt in der Karriere des Klarinettisten setzte.

Goodman wird immer mit Wehmut und Stolz an das Orchester des Carnegie Hall-Konzertes zurückdenken. »Das war eine Band!«, sagte er fast zwanzig Jahre später Richard Gehman. »Die Blechbläser hatten einen harten, messerscharfen Einsatz, die Saxophone waren warm, volltönend und trächtig, die Rhythmusgruppe hämmerte mit eindringlicher Beständigkeit. Es war eine lockere, sehr relaxte und doch äußerst präzise Band ... Ich habe seitdem viele andere Gruppen gehabt, aber an die von damals habe ich stets mit einer besonderen Zuneigung gedacht. Sie hat mir einige der besten Augenblicke meines Lebens gegeben und einige der schlechtesten; es gab Momente, in denen ich dem Zusammenbruch so nahe war, daß ich kaum noch meinen eigenen Namen wußte, doch auch Augenblicke größter Heiterkeit.«[5]

Man kann mit dieser Beurteilung einig gehen und den Stolz Goodmans auf dieses Orchester verstehen. Man darf sogar seine Erklärung wörtlich nehmen, daß er in manchen Augenblicken seinen Namen vergessen hat. Fest steht, daß er sich an die Namen vieler Orchestermitglieder nicht erinnerte und zahlreiche andere Dinge vergaß, so zerstreut war er. Aber nicht nur das: er war auch ein sehr anspruchsvoller und nie zufriedenzustellender Leader und alles andere als diplomatisch zu seinen Leuten. Viele fürchteten ihn, vor allem, wenn er sie mit dem »Goodman-Strahl« anblitzte, wie sie sagten; denn so hieß sein gleichzeitig mißbilligender und abwesender Blick, der einem aber durch und durch ging.

Anfang 1938 begann einiges schief zu gehen. Gene Krupa, der große Star des Orchesters, beschloß, seine eigene Band aufzumachen. Er wurde durch den ganz hervorragenden Dave Tough ersetzt, der aber einen zu schwachen Charakter besaß, als daß man sich auf ihn verlassen konnte, und so verließ er auch das Orchester bald wieder. Dann kam Harry James an die Reihe. Auch er war mittlerweile sehr bekannt geworden und konnte das Risiko eingehen, sich selbständig zu machen. Er ging 1939 und sollte seine Entscheidung nicht bereuen, weil seine Formation erfolgreich und langlebig wurde. Viel weniger Glück hatte Teddy Wilson, als er in den gleichen Monaten ebenfalls den großen Schritt unternahm. Der andere Pianist, Jess Stacy, gründete zwar keine eigene Band, aber er ging trotzdem. »Es war eine zu große Anstrengung für mich«, gestand er dann. »Ich fühle mich ungeheuer erleichtert, daß es jetzt vorbei damit ist.«

In dem unermeßlichen Reservoir des amerikanischen Jazz gab es jedoch Talente im Überfluß, und es bestand kein Grund, allzu große Angst zu haben. Man mußte sich nur umsehen und die Gelegenheiten wahrnehmen, so wie sie sich boten. Es hätte allerdings wenig gefehlt, und Goodman hätte sich die allerbeste entgehen lassen, als der unergründliche Hammond auf einmal mit einem schwarzen Bauernburschen ankam, den er in Oklahoma City aufgegabelt hatte. Er hieß Charlie Christian und spielte elektrische Gitarre wie niemand vor ihm und auch niemand in den anschließenden Jahren. Mit ihm wurde es möglich, ein Sextett und dann ein Septett zu bilden, die anstelle des zwischenzeitlich eingegangenen Quartetts als Zusatzgruppen zu der Bigband traten. Auch wenn Goodman nichts anderes als das Sextett und Septett mit Christian geleitet hätte, während dieser insgesamt zwei Jahre bei ihm war, bis er ganz jung starb, so hätte er bereits genügend in den nun einsetzenden schwierigen Jahren geleistet. Jetzt ging nämlich auch Lionel Hampton, weil er reif genug war, um eine eigene Riesenband zu übernehmen. Zum Glück war aber auch das Eintreffen von Cootie Williams, dem großartigen Duke Ellington-Trompeter, und Eddie Sauter, einem jungen weißen Arrangeur, zu verzeichnen. Sauter zeigte sofort frische und originelle Ideen, als er Benny seine Titel »Benny rides again« und »Clarinet à la King«, zwei Prachtstücke der Goodman-Produktion, unterbreitete.

Das zweite dieser Stücke wurde 1941, im letzten Glanzjahr der Goodman-Formation, aufgenommen. Benny konnte damals außer auf Williams, Sauter und den zurückgekehrten Dave Tough auch auf neue Männer wie den Pianisten Mel Powell, den früheren Bob Crosby-Trompeter Billy Butterfield, den Posaunisten Lou Mc Garity und den mächtigen schwarzen Schlagzeuger Sidney Catlett zählen. Auch eine neue Sängerin, wie sie in diesen Jahren zu jeder Bigband gehörte, verdiente Aufmerksamkeit. Es war die junge Peggy Lee.

Dann begann das ständige Kommen und Gehen von Musikern wegen der Einberufungen zum Kriege. Krupa kehrte zurück, ein Pionier wie Miff Mile wurde eingestellt, und dann rückte eine neue Jazzmusiker-Generation auf das Orchesterpodium.

Als Goodmann 1947 mit seiner Familie und seinem Orchester nach Kalifornien übersiedelte, existierte die Welt des Swing, die ihn (wenigstens bis zum Aufstieg Glenn Millers) zum Herrscher gehabt hatte, nicht mehr. Die Stunde des Bebop war gekommen, und der Klarinettist mußte mit der neuen Musik rechnen. Seine spontane Reaktion war völlig negativ. »Ich habe mir einige Bebop-Musiker angehört«, sagte er bei einem Interview, »und wißt ihr was, einige von ihnen sind nicht einmal fähig, eine Note zu halten! Sie improvisieren mehr schlecht als recht und sind überhaupt keine richtigen Musiker . . .

Viele der Dinge, die sie bieten, wollen hoch hinaus. Sie schreiben und spielen um der Wirkung willen, und ein großer Teil dessen, was sie machen, hat keinen Swing.«[6]

Wenige Monate später hatte er sich anders besonnen und wollte sich auch mit dem neuen Jazz einlassen. Er begann junge Musiker zu beschäftigen und moderne Partituren zu kaufen. 1948 war er wieder in New York, diesmal an der Spitze eines Septetts, in dem der farbige Tenorsaxophonist Wardell Gray, ein »Bopper« reinsten Wassers, außerdem der schwedische Klarinettist Stan Hasselgard, den er selbst in Los Angeles entdeckt hatte, der Gitarrist Billy Bauer und andere auftraten. Kurz darauf kam der Trompeter Red Rodney zu der Gruppe, welcher sich in der Folgezeit mit Charlie Parker zusammentat. Jetzt wunderte sich niemand mehr, als BG (inzwischen wurde sein Name nur noch mit den Initialen angegeben, wie es bei den Jazzgrößen öfters gemacht wird) ein Stück mit dem Titel »Benny's bop« und dann noch eines, »Stealin' apples«, unter Beteiligung von Fats Navarro aufnahm. Im Dezember des gleichen Jahres stellte er eine neue Bigband mit vielen Jazzleuten der neuesten Prägung (Doug Mettome, Milt Bernhart, Eddie Bert, Sonny Inge usw.) zusammen, der er hochmoderne Arrangements vorlegte, die er bei dem Kubaner Chico O' Farrill bestellt hatte. Von diesen war der rein bopartige »Undercurrent blues« vielleicht das gelungenste Stück.

Das Abenteuer auf den Gefilden des Bebop war schnell zu Ende, ohne Goodman zufriedenzustellen, aber seine alten Anhänger hatte es bestürzt. Und die Kritiker sowie die Musiker und Verfechter des neuen Jazz machten auf der anderen Seite geltend, daß BG trotz des modernen Zuschnitts seiner Arrangements und der Bemühungen seiner Leute weiterhin unerschütterlich auf seinem bisherigen Weg gegangen war und in seinem wohlvertrauten Stil weiterspielte, der mit dem der »Boppers« nichts gemein hatte.

Als Goodman diese Bigband auflöste und endgültig darauf verzichtete, sich den neuen Strömungen anzupassen, schloß er praktisch seine Laufbahn als investierter und kreativer Jazzmusiker ab. Die kleine Gruppe, die er Anfang 1950 nach Europa brachte, enthielt in unbekümmerter Mischung Solisten verschiedenster stilistischer Herkunft (der feurige Roy Eldridge wechselte mit dem damals kühl spielenden Tenorsaxophonisten Zoot Sims aus der »Cool«-Schule ab) und bewies nur die Verwirrung des ehemaligen Swing-Königs angesichts der neuen Entwicklungen des Jazz.

Diese Desorientierung, mehr als der erworbene Reichtum und der Wunsch, in der Nähe der Familie zu bleiben (1942 hatte er Hammonds Schwester geheiratet, die ihm zwei Mädchen schenkte und drei Kinder aus einer früheren Ehe mitbrachte), war es, die Goodman bewog, seine Tätigkeit erheblich einzuschränken und von nun an nur zeitweise auszuüben. Er gründete große und kleine Ensembles, die kurzlebig waren und keine Geschichte machten. Immer mehr widmete er sich jetzt der klassischen Musik, gab bedeutende Konzerte, nahm sehr geschätzte Schallplatten auf (mit Musik von Mozart, Bartók und Copland) und überquerte mehrmals den Ozean. 1956-57 unternahm er eine ausgedehnte Tournee nach Fernost und brachte dann 1958 ein ebenfalls recht gemischtes Orchester zur Brüsseler Weltausstellung. 1962 folgte eine lange Konzertreihe für das amerikanische State Department durch die Sowjetunion. Die Bigband, die nach Rußland fuhr und auch vor einem verdutzten Chruschtschow auftrat, war eine hervorragende Formation und mußte doch Arrangements ziemlich alten Stils spielen, zum großen Verdruß beteiligter Solisten sowie derjenigen russischen Musiker, die ihre Ankunft freudig erwartet hatten. Diese Musiker hatten gehofft, von den Solisten (darunter waren Leute wie Phil Woods, Zoot Sims, Willie Dennis, Jimmy Knepper und Mel Lewis) den modernen Jazz zu erleben, den sie auf Platten gehört hatten, und waren unangenehm berührt, als sie statt dessen das fünfundzwanzig Jahre alte »Don't be that way« vorgesetzt bekamen. Noch böser waren sie, als sie erfuhren, daß Goodman erklärt hatte, er sei nicht so sehr daran interessiert, die sowjetischen Jazzmusiker als vielmehr ihre klassischen Kollegen zu hören.

Bei der Rückkehr in die Heimat gab es viele Auseinandersetzungen. Einige Leute verheimlichten ihre Unzufriedenheit nicht, und die Kritiker äußerten ihre Mißbilligung hinsichtlich der vom State Department getroffenen Wahl. Sie meinten, man hätte die Ellington-Band schicken müssen, wenn man ein wirklich repräsentatives Orchester ausgewählt hätte. Goodman verlor auch diesmal nicht seine Fassung. Auf Befragung von George Simon gab er ganz ruhig folgenden Kommentar zu der amerikanischen Verständnislosigkeit ab: »Natürlich hat sie mich nicht gestört. Ich suche keine Hilfe. Ich bin in Amerika nicht daran gewöhnt, daß man mir hilft. Wir kennen unser Business und wissen, was wir zu tun haben. Und wir tun es, das ist alles.«[7]

Goodman meinte also seine Arbeit. Diese Arbeit setzt berufliche Vorbildung und ernsthafte Einsatzbereitschaft voraus, die keiner Goodman jemals absprechen konnte, aber sie erfordert nicht unbedingt Enthusiasmus, der hingegen notwendig ist, um schöpferisch tätig zu sein. Unter dem Zeichen der ordentlichen Berufsausübung wurden auch die anschließenden Überseetourneen durchgeführt, die nach Japan im Jahre 1964 und die verschiedenen europäischen Gastspiele ab 1970. In der Alten Welt trat der Klarinettist vor allen Dingen begleitet von englischen Bigbands auf, die für diese Gelegenheit in London zusammengestellt wurden, und spielte seine alten Spezialitäten. Natürlich tadellos.

Benny Goodman muß also an dem gemessen werden, was er in seinen Glanzjahren, das heißt in der Swing-Ära, geleistet hat. Und das, was er damals hervorgebracht hat, rechtfertigt seinen Ruhm vollauf. Einige andere Musiker haben einen wichtigeren Beitrag zur Jazzmusik als er geleistet; jedoch hat niemand mehr als er dazu mitgeholfen, das Niveau der leichten Musik zu heben und den Jazz in der ganzen Welt beliebt zu machen. Niemand hat ferner das getan, was er zustandegebracht hat, um die Rassenschranken gegenüber den schwarzen Musikern abzubauen, wobei er deswegen seine Karriere aufs Spiel setzte.

Und schließlich hat niemand mit gleicher Meisterschaft die Klarinette gespielt. Dieses Instrument hat keinen weiteren großen Meister gefunden, geriet am Ende in Verfall und verschwand fast völlig von der Jazzszene.

Count Basie

Count Basie ist für alle Jazzfreunde der Mann, der aus Kansas City in den Norden kam, um in der zweiten Hälfte der dreißiger Jahre ein wenig Feuer in die Welt der Swing-Orchester zu bringen. In Wirklichkeit war diese Reise nach Norden, auf die alle Darstellungen der Geschichte des Jazz zurückkommen, eine Rückkehr, weil William Basie – später von einem phantasievollen Radioansager »Count«, der »Graf«, genannt – im Norden auf die Welt gekommen war und dort auch seine ersten Schritte als Musiker getan hatte. Er wurde nämlich am 21. August 1904 in Red Bank, New Jersey, geboren und zog bald in das nahegelegene New York, wo er die Musikerlaufbahn einschlug. Er konnte Klavier spielen, was er unter Anleitung seiner Mutter und einer örtlichen Lehrerin gelernt hatte. Sein wirklicher Lehrer wurde jedoch der gleichaltrige Fats Waller, der um 1921 zur Begleitung von Stummfilmen im Lincoln Theatre von Harlem Orgel spielte. Basie besuchte ihn jeden Tag, setzte sich neben ihn und schaute und hörte ihm stundenlang entzückt zu. Zur Bestreitung seines Lebensunterhaltes nahm er jede kleine Arbeit an, die ihm angeboten wurde. Einige Leute erinnern sich unter anderem an eine Tournee mit einer kleinen Show, in der er Waller vertrat, ferner an sein kurzes Einsteigen in die Bands von June Clark und Elmer Snowden, außerdem an seine Arbeit als Begleiter bekannter Bluessängerinnen wie Clara Smith und Maggie Jones sowie vor allem an seine Mitarbeit in der Minstrel-Truppe von Gonzell White, die ihn durch die Theater des Keith Circuit zwei Jahre lang in den Mittleren Westen, Süden und Südwesten führte.

Am Schluß landete er ohne Arbeit und Geld in Kansas City. Weit weg von daheim und sogar ohne Geld für die Rückfahrt zu sein, war ein Risiko bei den Tourneen der Vaudeville-Truppen; auf einmal strandete die ganze Gesellschaft an irgendeinem Ort, und dann hieß es: »Abhauen!« oder vielleicht besser: »Rette sich, wer kann!« Diesmal blieb Basie nichts anderes übrig, als sich in Erwartung besserer Zeiten in einem Kino als Pianist anstellen zu lassen. Diese kamen, als er 1928 in die Blue Devils, ein Orchester aus Oklahoma, eintreten konnte, das er bereits kennengelernt hatte und in dem sich Freunde von ihm befanden.

Die Band der Blue Devils war die beste in der Gegend und eine Brutstätte kommender Größen, wie sich zeigen sollte. Damals spielten dort Lester Young, »Hot Lips« Page, Buster Smith (der Altsaxophonist, den Charlie Parker später als seinen Lehrer angab), der Posaunist Eddie Durham, ein außerordentlicher Bluessänger namens Jimmy Rushing und der Bandleader selbst, der Kontrabassist Walter Page. Alle sollten sich früher oder später im Orchester von Bennie Moten, dem berühmtesten von Kansas City, wiederfinden.

Basie gehörte mit Rushing und Durham zu den ersten, die die Blue Devils verließen, und schloß sich der Moten-Band an, in der er als zweiter Pianist fungierte; der andere Pianist war Moten selber.

Dieses Orchester sollte Geschichte machen, weil sich gerade in seinen Reihen der einfache und kraftvolle Jazzstil abzuzeichnen begann, der dann mit dem Namen der Stadt Kansas City verbunden blieb. Aber zu der Zeit dachte noch niemand an so etwas. Für die Leute von Moten schien es schon ein großes Privileg zu sein, daß sie ihre Heimat ab und zu verlassen konnten, um in Chicago, New York, Philadelphia oder sonstwo aufzutreten. Es war sogar das erste Ensemble aus Kansas City, das die Möglichkeit erhielt, von vielen Menschen außerhalb des Staates Missouri und des Südwestens gehört zu werden und zahlreiche Platten einzuspielen, jedenfalls solange die Zeiten nicht zu schwierig wurden. Die Aufnahmesitzung des Jahres 1932, an der Basie teilnahm, war die letzte dieser Band und auch die, die die besten Platten hervorbrachte.

Moten starb im jungen Alter von vierzig Jahren an den Folgen einer mißlungenen Operation, und sein Orchester wurde von seinem jüngeren Bruder Buster übernommen, welcher sogleich bewies, daß er der Lage nicht gewachsen war. Einer nach dem anderen gingen seine Leute weg, und Basie gehörte zu den ersten; denn schon nach ungefähr einer Woche schwieriger Zusammenarbeit mit dem neuen Chef war er bereits auf der Suche nach einer anderen Arbeit. Die Leitung des Reno Club machte ihm ein Angebot und erklärte sich bereit, ihn mit einer Band von neun Mann, die gleich gebildet wurde, einzustellen. Nach sechs Monaten hatte sich unter Basies Leitung ein Großteil der besten Solisten aus der inzwischen aufgelösten Moten-Band dort wiedergefunden. Es war jedoch kein einträgliches Engagement. Man arbeitete acht Stunden pro Tag und sonntags (wenn schon am frühen Morgen zum »Breakfast dance« gespielt wurde) sogar zwölf, und man verdiente wenig.

»Ich bekam 21 Dollar die Woche«, hat Basie erzählt, »und meine Leute kriegten 18 Dollar. Hinzu kam das, was wir vom »kitty«[1] nehmen konnten. Die Trinkgelder brachten uns gerade soviel ein, daß wir ungefähr davon leben konnten. Aber ich wäre damals auch ohne eine eigene Band glücklich gewesen, zur Kansas City-Szene zu gehören. Daß ich ein Leader war, machte mir die ganze Sache noch vergnüglicher.«[2] Dieses Glücklichsein erklärt sich: in Kansas City erlebte der Jazz gerade seine schönste Blüte.

Der große Glückstreffer, der Basies Lebensweg verändern und sein Orchester zur Berühmtheit führen sollte, trat im Dezember des Jahres 1935 ein, als John

Hammond, der immer auf der Suche nach neuen Talenten war, in seinem Autoradio zufällig eine Übertragung aus dem Reno Club hörte, die von einem kleinen Versuchssender auf Kurzwelle ausgestrahlt wurde. Das, was Hammond dabei mitbekam, genügte, um ihn zu begeistern und nach Kansas City fahren zu lassen, wo er sich vergewissern wollte, daß er richtig gehört hatte. »Ich hatte Angst, mich nach Kansas City zu wagen«, erinnerte sich Hammond später, »weil ich eine Enttäuschung befürchtete. Und doch bleibt mein erster Abend im Reno im Mai 1936 das aufregendste musikalische Erlebnis, dessen ich mich entsinnen kann. Basies Orchester schien alle Vorzüge einer kleinen Combo mit geistreichen Solisten und völliger Relaxtheit und darüber hinaus noch das Mitreißende und die Dynamik einer Bigband zu besitzen . . . Basie wurde eine Art Religion für mich, und ich fing an, über das Orchester in »Down Beat« und im »Melody Maker« zu schreiben.«[3]

Schließlich überredete Hammond zuerst Benny Goodman und dann dessen Manager Willard Alexander, sich ebenfalls nach Kansas City zu begeben. Außer Goodman gefiel die Musik auch Alexander, aber einige Dinge verwirrten ihn. Dieses Orchester, das ja bereits den Nachteil hatte, eine farbige Band zu sein, kam ihm zu ungeschliffen vor. Es fehlte das »showmanship«, also die Kunst, sich in Szene zu setzen; das Orchester besaß keine einheitliche Kleidung, keine Arrangements und nicht einmal anständige Instrumente. Wie würde das verwöhnte Publikum aus Chicago und New York reagieren?

Immerhin beschlossen Alexander und seine Kollegen von der MCA, einen Versuch zu wagen, jedoch nur unter der Bedingung, daß die Formation vergrößert wurde, um auf die damalige Standardbesetzung von fünf Blechbläsern, vier Saxophonen und vier Rhythmusinstrumenten zu kommen. Sie konnten aber nicht alle Bandmitglieder von Basie engagieren, weil ein weiterer bekannter Agent, Joe Glaser, sich in der Zwischenzeit hinter Basie gesetzt hatte und dessen Trompeter »Hot Lips« Page, den einzigen, den er überzeugen konnte, zum Unterschreiben eines Exklusivvertrages gebracht hatte. So mußte ihn Basie durch Buck Clayton ersetzen.

Auch die Leute von der Decca, einer der größten Schallplattenfirmen dieser Jahre, hatten ein Geschäft gewittert und schickten den Bruder ihres Präsidenten nach Kansas City, damit er einen Schallplatten-Vertrag mit dem Orchester abschloß. Ein solcher wurde unterzeichnet; es ging um vierundzwanzig Plattenseiten für insgesamt 750 Dollar. Basie glaubte, ein gutes Geschäft gemacht zu haben, aber das war es nur für Decca, die dann anschließend auf Hammonds lebhaftesten Protest hin die Gage bis zur Erreichung der gewerkschaftlichen Mindestsätze erhöhen mußte.

Das Debüt des Orchesters im Grand Terrace in Chicago war keineswegs ermutigend, weder für Basie noch für diejenigen, die auf ihn gesetzt hatten. Die Band verfügte nur über ein paar Arrangements und mußte sich überdies mit der Musik von »Dichter und Bauer« von Suppé abgeben, die ihr als Zugnummer des Programms aufgezwungen worden war. Es ging ein wenig besser, als die Formation sich auf eine Reihe von Arrangements stützen konnte, die großzügigerweise von Fletcher Henderson zur Verfügung gestellt wurden.

Aus dieser schwierigen Zeit in Chicago sind einige Plattendokumente erhalten, die von Hammond heimlich mit einem Quintett aus der Bigband (unter Hinzuziehung von Jimmy Rushing) unter der Bezeichnung »Smith-Jones Inc.« aufgenommen wurden. Im ganzen sind es vier Plattenseiten, die ein paar Monate danach auf der Marke Vocalion herauskamen. Es war ein kleiner Streich gegen Decca, der man den Halsabschneider-Vertrag mit Basie nicht verziehen hatte.

New York, wo das Orchester im Januar 1937 im Roseland debütierte, nahm Count Basie und seine Leute kalt auf. »Nach einigen Tagen«, sagte der Schlagzeuger Jo Jones zu Ira Gitler in einem Rundfunk-Interview, »waren wir alle davon überzeugt, daß wir dort höchstens einen Monat bleiben würden.« Die Enttäuschung des Publikums und der Kritiker war vor allem auf zwei Gründe zurückzuführen: Man hatte bei der Verkündung der Verdienste des Orchesters übertrieben und es vorschnell als das beste in Amerika bezeichnet, und außerdem war es verpflichtet worden, auch ein kommerzielles Repertoire zu bieten, um den Bedürfnissen der Tänzer im Roseland entgegenzukommen. Und im übrigen war die Formation nicht immer aufeinander abgestimmt. Dem angesehenen Kritiker George Simon von »Metronome«, der einen der ersten Auftritte Basies in New York rezensierte und dabei viele Punkte beanstandete, gefiel die ebenfalls debütierende Woody-Herman-Band besser, als sie abwechselnd mit der Band aus Kansas City auf der gleichen Tanzfläche spielte.

Noch ein großer Reinfall im William Penn-Hotel in Pittsburgh, und es begann besser zu gehen. Als ein guter Einfall erwies sich die Hinzuziehung der Sängerin Billie Holiday, die im März 1937 zum Orchester kam und monatelang dabeiblieb. Mit ihr erzielte die Basie-Mannschaft im Apollo Theatre in Harlem einen schmeichelhaften Erfolg, und mit ihr sowie mit Jimmy Rushing setzte sie sich in einen großen Autobus und fuhr drei Monate lang durch die Vereinigten Staaten, um mit unterschiedlichen Erfolgen in vielen Städten aufzutreten.

Als das Orchester Anfang 1938 vollkommen ausgewogen war und im Savoy spielte, konnte die Pechsträhne als beendet angesehen werden. Das wurde am Ende einer denkwürdigen »Orchesterschlacht« festgestellt, in der die Basie-Band dem Chick Webb-Orchester gegenübergestellt wurde, das in dem großen Tanzlokal Harlems praktisch für unschlagbar gehalten worden war. Der Wettstreit fand in der Nacht zwischen dem 16. und 17. Januar dieses Jahres unmittelbar nach dem Riesenkonzert in der Carnegie Hall statt, bei dem

Benny Goodman, umrahmt von einigen berühmten Solisten einschließlich Basie und ein paar seiner Leute, offiziell den Triumph des nun herrschenden Swing gefeiert hatte. In dem großen Tanzsaal von Harlem schlug Basies Orchester ganz knapp das von Webb (bei der Wahl erhoben die Zuhörer die Hand); aber ein noch so haarscharfer Sieg über den kleinen König des Savoy war gleichbedeutend mit einer Krönung. Die Stimmung in dieser Nacht war superheiß: »... Taschentücher wurden geschwenkt, die Leute schrien und stampften mit den Füßen, die Erregung erreichte ihren Höhepunkt...«, schrieb danach der Berichterstatter der »Amsterdam News«.

Das Count Basie-Orchester wurde als eines der besten auf der so reichhaltigen Musikszene der Swing-Ära betrachtet, als es ein langes Engagement im Famous Door auf der 52. Straße New Yorks begann, wo es bis Anfang 1939 blieb.

Der Erfolg und die Konkurrenz der weißen Bigbands, die ausgearbeitete Partituren bis zur Perfektion ausführten, bewogen Basie nicht zur Änderung bestimmter Gewohnheiten. Die aufgeschriebenen Arrangements (damals nannte man sie »frame ups«, »abgekartetes Spiel, Schwindel«) ließen sich immer noch fast an den Fingern einer Hand abzählen. Praktisch war alles im Kopf der Musiker (»Head Arrangements«), und vieles wurde der Eingebung des Augenblicks überlassen. Das Bündel der schriftlichen Partien war so dünn, daß es in einem Aktendeckel getragen wurde. Der Trompeter Harry Edison, der Mitte 1938 in das Orchester eintrat, wunderte sich darüber sehr.

»Als ich zum ersten Mal in die Band kam«, erinnerte er sich, »hatten wir vielleicht alles in allem sechs geschriebene Arrangements. Aber da ich ja nun eine musikalische Laufbahn eingeschlagen hatte, wollte ich immer besser Noten lesen lernen. Aber sie spielten und spielten, bis ich nicht mehr wußte, wo ich war. Am Ende sagte ich: »He, Basie wo ist die Musik?« Und er antwortete: »Was ist los? Du spielst doch gerade, oder?« Darauf meinte ich: »Ja, aber ich möchte gern wissen, was ich denn spiele.« Und außerdem: »Wenn die Band mit einem Stück aufhört, weiß ich nicht, was für eine Note ich blasen soll.« Darauf entgegnete mir Basie: »Wenn du heute abend eine Note bläst und sie klingt richtig, spiel' die gleiche Note einfach auch morgen!«[4]

Es stimmt, daß das Orchester häufig im Kellergeschoß des Woodside-Hotels in Harlem probte, wo seine Musiker wohnten, aber wer dabei gewesen ist, erinnert sich an diese Proben mit Schrecken. »... Sie waren mehr oder weniger genauso organisiert wie eine Versammlung der Taxifahrer von Paris«, schrieb Leonard Feather, der mitten in diese Proben hineingeriet.

Und doch war das Orchester, das Basie in jenen Jahren leitete, wahrscheinlich das beste von all denen, die er im Laufe seiner langen Karriere unter sich gehabt hat. Unter den Trompetern ragten Edison und Buck Clayton hervor; bei den Saxophonisten glänzte der große Lester Young, dem Herschel Evans ohne Erfolg den Rang streitig machen wollte; da waren zwei Posaunisten von der Größe eines Benny Morton und Dicky Wells und ein fähiger Altsaxophonist wie Earl Warren, der jahrelang der Stellvertreter des Bandleaders war. Was die Rhythmusgruppe anbetrifft, die in einem beispielhaft leichten und swingenden Vierviertakt-Rhythmus spielte – der typisch für den Kansas City-Jazz ist – so hatte sie einen unnachahmlichen Klang. Am Schlagzeug saß Jo Jones, ein Erneuerer, an den sich die ersten Bop-Schlagzeuger anlehnen sollten, an der Gitarre Freddie Green mit seinem diskreten und elastischen Spiel; der Bassist war Walter Page, der ehemalige Leiter der Blue Devils, und der Pianist hieß natürlich Count Basie. Der »Count« spielte und spielt bis auf den heutigen Tag in seinem äußerst sparsamen und funktionsbezogenen Stil, welcher durch die Verwendung weniger und hämmernder Staccato-Noten, durch kurze Phrasen voller Dynamik und ein sehr beschränktes Spiel der linken Hand gekennzeichnet wird. (»Ich höre gern den Kontrabaß heraus«, hat er erklärt.) Obwohl Basie auch ausgezeichnete Solo-Aufnahmen eingespielt hat (»How long blues«, »Way back blues«, »Boogie Woogie« und andere), wollte er immer vor allem ein Begleiter und eine musikalische Antriebskraft sein, ein Pianist, der die Solisten vorantreibt und Akzente, Ausrufungszeichen und andere musikalische Zeichen unterstreicht, kommentiert und an ihre richtige Stelle setzt.

Mehrere Schallplatten aus jenen Jahren gehören oder gehören eigentlich zu den Sammlungen aller Jazzfreunde, angefangen mit dem »One o' clock jump«, einem schon damals sehr populären, erregenden Blues mit seinen mitreißenden Riffs. Ferner muß man hinweisen auf: »Topsy«, »Every tub«, »Sent for you yesterday«, einen herrlichen Blues, den Rushing sang, »Blue and sentimental«, »Jumpin' at the Woodside« (nach dem gleichnamigen Hotel der Band in Harlem benannt), »Panassié stomp« (der zu Ehren des berühmten französischen Jazzkritikers komponiert wurde), »Jive at five«, »Tickle toe« und viele andere mehr.

In diesen Stücken erscheint der Stil des Orchesters, der eine Fortentwicklung der Spielweise der Blue Devils und der Bennie Moten-Band darstellt, bereits vollkommen ausgereift und, was noch mehr zählt, erheblich verschieden von dem Stil jeder anderen Formation dieser Zeit; bloß Ellington hätte so etwas noch von seiner Musik behaupten können. Die Stücke besitzen nicht die Glätte und formale Perfektion der Titel von Goodman, Tommy Dorsey oder Artie Shaw, aber sie haben auch nicht etwas Mechanisches wie diese an sich. Basies Aufnahmen sind rauh, kraftvoll, hinreißend und relaxt, seine Klangfarben gedämpft und verschleiert. Die Hauptsolisten haben außerdem jeder einen unverwechselbaren Ton, so wie das gedehnte und verhaltene Saxophonspiel von Lester Young.

Das Basie-Orchester war neben dem von Ellington das einzige, das in dieser

Zeit der Rassenintegrierung – natürlich nur auf dem Gebiet des »Absatzmarktes« von Musik und Platten – seinen negroiden Charakter unversehrt beibehielt, auch wenn es Songs aus dem Repertoire der Tin Pan Alley bieten mußte, was damals für alle unumgänglich war.

Es ist nicht der Mühe wert, die Ereignisse um das Orchester in den anschließenden zehn Jahren Schritt für Schritt zu verfolgen. Die Besetzung wurde – auch wegen der Kriegseinberufung verschiedener Solisten – häufig verändert, die Band reiste kreuz und quer durch die Vereinigten Staaten, nahm an zahllosen Aufnahmesitzungen teil, machte Radiosendungen, gab Konzerte und wirkte auch in einigen Filmen mit. Bevor die Bigband-Krise auch Basie im Januar 1950 dazu brachte, sein Orchester aufzulösen, geschahen viele und nicht nur erfreuliche Dinge. Im Jahre 1939 starb Herschel Evans sehr jung, und noch schwerer wog der Verlust von Lester Young, der die Formation Ende 1940 verließ und drei Jahre später bloß für ein paar Monate wiederkam. Bei dem Kommen und Gehen von Solisten lenkten einige neue Leute besonders die Aufmerksamkeit auf sich, etwa Clark Terry und Emmett Berry, Trompete, sowie Buddy Tate, Paul Gonsalves und Don Byas, Saxophon.

Von den Plattenaufnahmen könnte man viele erwähnen, und unbedingt verdienen das »Going to Chicago« und »Harvard blues«, zwei weitere Spezialnummern von Rushing, »Avenue C«, »Taps Miller« und »Beaver Junction«, zu denen von den Einspielungen der Auswahlgruppen aus der Bigband nochmals »Lester leaps in« gehört, das unter der Bezeichnung der Kansas City Seven entstand.

Die erzwungene Bigband-Pause, in der Basie 1951 ein verkleinertes Ensemble leitete, war nicht von Bedeutung, auch weil die Solisten, mit denen er sich umgab, nicht alle auf seiner Höhe standen, so auch nicht der Klarinettist Buddy de Franco und der Saxophonist Wardell Gray. Es war klar, daß Basie die Faust in der Tasche ballte, und man kann jede Wette darauf eingehen, daß er glücklich war, als er 1952 wieder eine neue Bigband aufbauen konnte, die sofort von dem damals allmächtigen Norman Granz unter Vertrag genommen wurde. Für dessen Plattenmarken Clef und Verve machte Basie Hals über Kopf Einspielungen und wurde erneut sehr populär. Mitte der fünfziger Jahre übertraf seine Bigband, vor allem wegen des außergewöhnlichen Erfolges ihres neuen Sängers Joe Williams, bei den Rundfragen der Fachzeitschriften jedes andere Orchester, einschließlich der Ellington-Band.

Das neue Orchester war sehr selbstsicher und beherrschte seine Ausdrucksmöglichkeiten. »Das ist eine Gruppe wahrer Berufsmusiker«, sagte vor Jahren Joe Williams, weil er wie die anderen sehr glücklich war, dazuzugehören. »Sie sind viel versierter als die Leute vom alten Orchester, sie haben einen breiteren Gesichtskreis, und die Stücke werden besser durchgeführt. Die Möglichkeiten dieser Bigband sind praktisch unbegrenzt. Das wird durch die Tatsache bewiesen, daß wir ständig von neuen Kreisen des Publikums entdeckt werden, zum Beispiel von der Kundschaft des Waldorf Astoria-Hotels, die sich von den Leuten, die uns im Birdland oder anderswo hören, stark abhebt. Das gleiche läßt sich von den College-Studenten sagen, die eine neue Generation bilden, welche die alte Formation nicht kennengelernt hat und mit dem Sound einer Bigband nicht einmal sehr vertraut ist.«[5]

Um der Wahrheit die Ehre zu geben, muß man allerdings wirklich sagen, daß die nach 1952 gebildeten Basie-Bigbands sich stark von dem Orchester unterscheiden, das um 1940 seine Glanzzeit erlebte. Die Zeit der »Head Arrangements« ist jetzt für immer zu Ende, und auch die Erinnerung an den rauhen Kansas City-Jazz ist verschwunden. Jetzt ist Basie um Perfektion bei seinen Darbietungen bemüht und verschmäht auch keineswegs die Beiträge weißer Arrangeure. Einer von diesen, Neal Hefti (der Mann, der in der unmittelbaren Nachkriegszeit zum entscheidenden Erfolg der »ersten Herde« von Woody Herman beigesteuert hatte), wirkte zusammen mit Ernie Wilkens, Frank Wess, Frank Foster und anderen bestimmend bei der Profilierung des Orchesters in den fünfziger Jahren mit.

Trotz des Erfolges und der vielen Lobeshymnen seitens der Kritik in diesen Jahren fällt es einem beim Hören der Einspielungen dieses Orchesters (und noch mehr bei den Aufnahmen neuerer Basie-Bigbands) schwer, der alten Band nicht nachzutrauern. Eher versteht man den Grund, warum irgend jemand in Europa die neue Orchesterbesetzung eine »Swing-Maschine« und ihre Mitglieder »Swing-Funktionäre« genannt hat.

Das Verzeichnis der Solisten, die in den Reihen der Basie-Orchester der letzten Jahre mitgewirkt haben, wäre sehr lang. Die bemerkenswerteste und dauerhafteste Gruppe war diejenige, die die Formation in den fünfziger Jahren mit Leben erfüllte. In dieser Zeit saßen dort gemeinsam Musiker von Rang wie Joe Newman und Thad Jones, Trompete, die bereits erwähnten Frank Foster und Frank Wess, später auch Eddie »Lockjaw« Davis und Billy Mitchell, Tenorsaxophon, der Schlagzeuger Sonny Payne und der Altsaxophonist Marshall Royal, der aber vor allem zweiter Orchesterleiter war.

Royal gehörte zu den vielen, die sich verpflichtet fühlten, das Loblied ihres Orchesterchefs zu singen, der damals als ein sehr kameradschaftlicher und verständnisvoller Bandleader mit einer weichen Hand eingeschätzt wurde. »Er haßt es, Leute zu entlassen«, sagte er vor vielen Jahren. »Er wartet solange, bis einer am Ende fast selber kündigt.« Vielleicht haben die Jahre den Charakter des Leiters zum Schlechten verändert, wenigstens in gewisser Hinsicht. Das sollte der gleiche Marshall Royal merken, als er 1970 nach fast zwanzig Jahren ehrenvoller Tätigkeit seine Beziehungen zum Orchester plötzlich abbrechen mußte.

Im Repertoire der Bigbands aus den fünfziger Jahren waren einige Stücke besonders glückgesegnet. Vor allem die beiden Glanznummern von Joe Williams »Every day (I have the blues)« und »Alright, okay, you win«, dann »Two Franks«, »Shiny stockings«, »I want a little girl«, »Li'l darling« und das stark strapazierte »April in Paris« im Arrangement von Wild Bill Davis, dessen Finale zum Entzücken des Publikums, das es anscheinend nicht leid wird, mehrmals wiederholt wird (»one more time«, »Noch einmal!«, befiehlt Basie).

Von 1954 an hat das Orchester zahlreiche Europatourneen unternommen und ist auch in Japan aufgetreten, das zum neuen Mekka der amerikanischen Jazzleute geworden ist. In seinem Tagebuch fehlt auch nicht eine »Royal performance« vor Königin Elizabeth von England im November 1957 (»Basie Band is Royal sensation« hieß die Überschrift des »Melody-Maker«-Artikels zu diesem Ereignis).

Die sechziger Jahre haben die eigentliche Begeisterung des Publikums und der Kritik ein wenig gedämpft. Die Kritiker stellten das Duke Ellington-Orchester wieder auf den ihm gebührenden Platz und Basie eine Stufe tiefer. In dieser Zeit hat auch die Begeistung von Count Basie etwas nachgelassen. Mehr als einmal bot er seinen Anhängern enttäuschende Leistungen. In der allerneuesten Zeit ist der Kreislauf der Solisten hektischer geworden, und die Zahl der schwarzen und weißen Arrangeure, an die sich das Orchester wendet und die ihm nicht immer angemessen gedient haben, hat zugenommen. Quincy Jones, der Kubaner Chico O' Farrill und Sam Nestico gehörten zu den besten Arrangeuren, jedenfalls zu denen, die sich dem Geist der Formation am ehesten angepaßt haben.

Auch wenn böse Zungen behaupten, daß Basie heutzutage vor allen Dingen an Pferderennen denkt, bei denen er Unsummen wettet und verwettet, ist der alte Bandleader, der einmal aus Kansas City kam, nach einer Laufbahn von über einem halben Jahrhundert immer noch in der Lage, seine Fans und auch das breite Publikum zu packen, das sich die Hände wund geklatscht hat, als es ihn zusammen mit Frank Sinatra oder Ella Fitzgerald erlebte.

Im ganzen genommen bleibt das Orchester von Count Basie (aber keiner von seinen Freunden nennt ihn »Count«; seine Leute reden ihn mit »Bill« oder »Base« oder sogar »Chief«, »Chef« an) gleich nach dem Ellington-Orchester die beste der vielen Bigbands in der Geschichte des Jazz.

Lester Young

Obwohl ihm Billie Holiday bereits um ungefähr 1937 den Beinamen »Pres« – Präsident der Tenorsaxophonisten – gegeben hatte, mußte sich Lester Young große Mühe geben, bis sein Stil akzeptiert wurde und sich durchsetzte. Jahrelang mußte er sich gegen den Vorwurf verteidigen, den viele gegen ihn vorbrachten, daß er allzu anders als Coleman Hawkins spiele, welcher damals maßgebend für die Spezialisten seines Instrumentes war. Es sah so aus, als wolle er es darauf anlegen, sich von Hawkins zu unterscheiden. Sein Saxophon klang hell und leicht, und seine Phrasen mit ihren Achtelnoten, in denen häufig Rubato-Technik verwendet wurde, waren lang und einfach, dennoch reich an Feinheiten sowie auf ihre Art lyrisch-melodisch, während das Saxophonspiel von Hawkins und seinen vielen Schülern kraftvoll, aggressiv und vibrierend war und sich in einer rhapsodischen und ornamentalen Phrasierung ausdrückte.

Lester Young verteidigte zäh sein Recht, er selbst zu sein, aber er war nie ganz sicher, ob er recht hatte. Als dann Mitte der vierziger Jahre alle Tenorsaxophonisten des Jazz aufhörten, den Spuren von Hawkins zu folgen und sich ausgerechnet Young zum Vorbild nahmen, war er verwirrt. »Jetzt bleibt mir nichts mehr zu spielen«, pflegte er dann mit betrübter Miene zu sagen.

Young war immer ein unsicherer und gequälter Mensch und vor allen Dingen in der zweiten Hälfte seines Lebens auch ein seltsamer, verschlossener und für fast alle rätselhafter Mann. Nur seine Musik war vollkommen verständlich; durch sie konnte er sich viel besser mitteilen als durch seine kaum verständliche Sprache, die mit selbst erfundenen Slang-Ausdrücken durchsetzt war. So gerieten die Leute, wenn sie ihm zum ersten Mal begegneten, immer in Verlegenheit, da er sie unterschiedslos mit »Lady« anredete, als ob sie alle Frauen gewesen wären.

Auch er stammte aus dem Süden. Am 27. August 1909 wurde er in Woodville im Bundesstaat Mississippi geboren und verbrachte seine frühe Kindheit im nahegelegenen New Orleans. Sein Vater war früher Schmied gewesen, danach hatte er am Tuskegee Institute studiert und war ein guter Musiker geworden; er durchzog die Vereinigten Staaten mit einer »Carnival show«, einer jener Wandertruppen, die Shows boten, welche irgendwo zwischen einer Zirkusvorführung und der alten Minstrel-Show lagen. Im Alter von zehn Jahren trat Lester mit seinem Bruder Lee, der auch ein leidlich guter Jazzmusiker werden sollte, und seiner Schwester Irma in die kleine Band seines Vaters ein. Die

Familie hatte Minneapolis zu ihrem Wohnsitz gemacht, und von dort aus ging es auf Reisen. Wenn Lester auf solchen Reisen war, schlief er in einem Wohnwagen oder unter einem Zeltdach.

In den ersten Jahren spielte er Schlagzeug, dann ging er zum Altsaxophon über, das er anschließend zugunsten des Tenorsaxophons aufgab. Er war es leid geworden, erklärte er später, sein Schlagzeug aufzubauen und wieder abzubauen, während die anderen Jungen hinter den Mädchen herliefen. Zuerst spielte er nach Gehör, aber dann zwang ihn sein Vater, sich die ersten Grundkenntnisse der Musik anzueignen. Einige Monate durfte er nicht in der Band mitspielen und wurde erst wieder zugelassen, als er beweisen konnte, daß er seinen Part fließend las.

Wie alle Anfänger war er auf der Suche nach einem musikalischen Vorbild. »Frankie Trumbauer und Jimmy Dorsey waren damals die beiden großen Rivalen, und schließlich wurde mir klar, daß mir Frankie Trumbauer besser gefiel«, erzählte er Jahre später Nat Hentoff. »Trumbauer war mein Idol. Nachdem ich angefangen hatte zu spielen, kaufte ich alle seine Platten. Ich glaube, daß ich noch heute in der Lage bin, seine Soli nachzuspielen, die ich von diesen Platten gelernt habe. Er spielte C Melody Sax. Ich versuchte, auf dem Tenorsaxophon den Klang eines C Melody Sax zu erreichen. Das ist der Grund, warum mein Ton so verschieden von den anderen ist. Trumbauer verstand es immer, eine kleine Geschichte zu erzählen. Und mir gefiel die Art und Weise, wie er die Töne verschleifte. Zuerst stellte er die Melodie vor, und dann spielte er um die Melodie herum.«[1]

Trumbauers Einfluß sollte in Lesters Stil immer zu erkennen sein, nicht nur in seiner Klangwirkung, sondern auch in der Phrasenbildung und ihrer lyrisch-zarten Gestaltung. Und es ist bezeichnend, daß Young zugegeben hat, daß er eine besondere Vorliebe für »Singin' the blues«, Beiderbeckes und Trumbauers Meisterwerk, hatte, in dem die beiden Musiker eben ihre Soli mit soviel Anmut und so großer Folgerichtigkeit vortragen, daß es einem wirklich so vorkommt, als ob sie eine kleine Geschichte erzählen würden.

Lesters Verbundenheit mit der Familie brach jäh ab, als er achtzehn Jahre alt war und sich in Salina, Kansas, aufhielt. Sein Vater hatte beschlossen, in den Süden zurückzukehren, wo das Klima besser war, aber der junge Young haßte diese Gegend, weil dort der Rassenwahn zu Hause war, unter dem er während seiner Kindheit zu sehr gelitten hatte. Um Kansas nicht zu verlassen, suchte er sich eine Arbeit in einer drittklassigen Band, den Bostonians (die überhaupt nicht aus Boston waren) von Art Bronson. In diesem Ensemble stellte er sich endgültig auf Tenorsaxophon um.

Darauf spielte Lester Young in der Band von King Oliver[2] und danach in anderen Orchestern. Einige Zeit lang war er auch in Oklahoma City tätig, bis er nach Minneapolis zurückkam. Hier wurde er um das Jahr 1930 von Walter

Page gehört, der ihn zu sich in seine »Blue Devils« holte. Die Zeiten waren hart, und auch den Blue Devils, die doch eine der besten Formationen von Oklahoma waren, ging es schlecht. Manchmal passierte es ihnen, daß sie vor nur drei oder vier Zuhörern spielten, und in einer kleinen Stadt in West Virginia mußten sie sogar erleben, daß ihnen die Instrumente beschlagnahmt wurden. »Sie brachten uns direkt zu den Eisenbahnschienen und sagten uns, daß wir verschwinden sollten«, berichtete Young über dieses böse Abenteuer. »Da waren wir nun und saßen bei den Hobos, den Landstreichern, und sie zeigten uns, wie man auf einen fahrenden Zug springt. Wir schafften es – mit Quetschungen. So kamen wir nach Cincinnati, ohne Geld, ohne Instrumente und versuchten, uns nach Kansas City durchzuschlagen.«[3]

So kam es, daß Lester Young mitten in die Welt des Jazz von Kansas City während der Pendergast-Ära hineinplatzte. Er lernte viele von den bekanntesten Musikern in der Stadt kennen, spielte im Orchester von Bennie Moten und bei andern Bands, und dann verschlug es ihn wieder nach Minneapolis. Aber es war vom Schicksal bestimmt, daß er wieder nach Kansas City kommen sollte. Er selbst trug dazu bei, indem er ein Telegramm an Count Basie schickte. Er hatte sein Orchester im Radio gehört, aber der Tenorsaxophonist hatte ihm nicht gefallen, und so bot er sich selbst als dessen Ersatz an. Basie fand das Telegramm »sonderbar, aber überzeugend« und nahm sein Angebot an, weil er Lester schon früher gehört hatte. »Als Pres zum ersten Mal zu mir in den Reno Club in Kansas City kam«, hat sich Basie erinnert, »war er ganz anders als alles, was wir jemals gehört hatten. Und er war beständig. In all den Jahren, in denen er bei uns in der Band war, hat er niemals einen schlechten Abend gehabt. Egal was persönlich mit ihm los war – in seinem Spielen zeigte er es nie.«[4]

Als Lester 1934 gerade mit der Basie-Band in Little Rock auftrat, erhielt er ein Angebot von Fletcher Henderson, der ihn einlud, anstelle von Coleman Hawkins einzusteigen, weil dieser nach Europa abgefahren war. Das war aus mancherlei Gründen ein verlockender Vorschlag; denn es ging darum, für eine entsprechende Gage den Platz des berühmtesten Tenorsaxophonisten der Welt in einem Orchester mit einer ruhmreichen Vergangenheit einzunehmen. So etwas konnte man nicht ablehnen. So fuhr Lester mit Basies Zustimmung in Richtung New York, um im Cotton Club probehalber vorzuspielen. Dort war Hammond zugegen, der sofort in Begeisterung geriet, was öfters bei ihm vorkam. »Ich hielt ihn für den größten Tenorsaxophonisten, den ich in meinem Leben gehört hatte«, erinnert sich Hammond. »Er war so anders. Es gab eine schreckliche Szene. Die Jungs in der Band wollten alle, daß Chu Berry Hawkins ersetzen sollte, weil Chu sich wie Hawkins anhörte. Sie bemängelten, daß Lesters Tenorsaxophon wie ein Altsaxophon klang. Buster Bailey, Russell Procope und John Kirby brüllten mich an diesem Tag nieder.«[5]

Henderson wollte es trotzdem versuchen. Seine Frau Leora machte es sich zur Pflicht, den Neuankömmling, der nun bei ihnen wohnte, jeden Morgen frühzeitig zu wecken, um ihm Hawkins-Platten vorzuspielen, weil sie hoffte, daß er so lernen würde, den Stil von Hawkins nachzuspielen. Aber Lester ließ sich nicht kleinkriegen: »Ich wollte auf meine Art spielen«, sagte er später, »aber ich hörte trotzdem zu. Ich wollte sie nicht beleidigen.« Nach einigen Monaten gelangte er allerdings zu der Überzeugung, daß dies doch nicht das Richtige für ihn war. Er ließ sich von Henderson die Papiere geben und kehrte nach Kansas City zurück, um dort wieder sein Glück zu versuchen. Zuerst kam er bei Andy Kirk unter und blieb ungefähr ein halbes Jahr bei ihm. Nach einigen anderweitigen Versuchen landete er erneut bei Count Basie.

Als Basies große Stunde kam und dieser Kansas City verlies, um zuerst nach Chicago und dann nach New York zu gehen, wurde Lester Youngs Name bei einem breiten Publikum bekannt. Der nasale Ton seines Saxophons war ab 1936 auf Schallplatten zu hören. Seine ersten Aufnahmen waren die Titel, die unter dem Decknamen Jones-Smith Inc. von einer Basie-Gruppe beinahe heimlich in Chicago eingespielt wurden. Wenn man sie heute hört, erkennt man, daß Lester schon ein völlig reifer und sehr origineller Musiker war. Damals stießen diese Stücke auf viel Kritik, weil Youngs Ton zu leicht und nervös, ja ketzerisch wirkte. Coleman Hawkins war seit einiger Zeit in Europa, aber in Amerika fehlten nicht seine Thronprätendenten, die seinen Stil verewigten. Der beste war Chu Berry, aber ein fast ebenso guter Tenorsaxophonist spielte im Basie-Orchester ausgerechnet Seite an Seite mit Lester Young und hieß Herschel Evans. Young und Evans wurden sofort hartnäckige Rivalen, obwohl sie durch eine besondere Freundschaft miteinander verbunden waren. Als Evans im Jahre 1939 allzufrüh starb, erlitt Lester einen richtigen Schock. Wenn man Jo Jones, dem Schlagzeuger der Band und engem Freund beider Musiker, glauben darf, so war es tatsächlich das Fehlen seines gleichzeitigen Freundes und Rivalen, das Young 1940 dazu brachte, bei Basie aufzuhören.[6]

In seinen Jahren bei dieser Bigband nahm Lester Young an zahlreichen Platteneinspielungen teil und machte die glücklichste Zeit seiner Laufbahn durch. Die Disziplin eines großen Orchesters nützte ihm bestimmt, und die herzliche Freundschaft mit Billie Holiday ermutigte ihn. Eine gewisse Zeit lang tröstete sie ihn über seine gescheiterte Ehe hinweg und war seine begeisterte Anhängerin. Sie unterstützte ihn auch während des Duells – einem jener »cutting contests«, wie sie damals bei Jazzmusikern üblich waren – das ihn Chu Berry gegenüberstellte. Sie selbst entwarf eine lebendige Schilderung davon in ihrer Autobiographie:

»An diesem Abend war wieder mal Jam Session. Benny Carter spielte mit Bobby Henderson, meinem Begleiter. Und dann war Lester dabei, mit seinem kleinen alten Saxophon, das durch Klebestreifen und Gummibänder zusammengehalten wurde. Chu saß da, und alle fingen an, sich zu streiten, wer wen an die Wand blasen könne, und versuchten, einen Wettkampf zwischen Chu und Lester in Gang zu bringen.

Benny Carter wußte, daß Lester bei so einem Duell glänzen konnte, aber für all die übrigen war das Ende eine ausgemachte Sache: Chu würde Lester in Grund und Boden blasen. Chu hatte ja ein großes, prachtvolles goldenes Saxophon, aber er hatte es nicht bei sich. Doch Benny Carter ließ sich dadurch nicht abhalten. Er war wie ich: Er hatte Vertrauen zu Lester. So machte er den Vorschlag, er wollte losgehen und Chus Horn holen. Das tat er und kam damit wieder.

Chu Berry ... schlug »I got rhythm« vor ... Chu strengte sich sehr an, dann war Lester dran. Er spielte mindestens fünfzehn herrliche Chorusse, jeder anders als der vorangegangene und einer immer schöner als der vorige. Als der fünfzehnte vorbei war, war es auch mit Chu Berry vorbei.«[7]

Lesters Durchbruch, der jedoch endgültig erst einige Jahre später erfolgen sollte, schien die Marotten des Saxophonisten zu verstärken. Unter anderem war er inzwischen davon überzeugt, hellseherische Fähigkeiten zu besitzen, und sehr abergläubisch geworden. Exzentrisch war auch seine Kleidung, die praktisch bis zu seinen letzten Lebenstagen unverändert blieb: Auf dem Kopf trug einen »pork pie hat«, einen schwarzen, runden und ganz flachen Schlapphut mit breiter Krempe, und lief immer in einem schwarzen Mantel herum, der ihm fast bis an die Knöchel reichte. Nicht weniger exzentrisch war die Art, wie er sein Saxophon beim Spielen hielt: schräg, weit weg vom Körper und recht hoch. Einige Leute behaupten, daß er sich diese unbequeme Stellung angewöhnt hatte, um die Aufmerksamkeit des Publikums auf sich zu lenken, das sonst zuviel auf Herschel Evans geachtet hätte.

Als Lester Young 1940 Basie verließ, bildete er ein eigenes Ensemble, mit dem er in den Lokalen der 52. Straße und auch in Los Angeles auftrat. Als Bandleader hatte er allerdings nicht viel Erfolg, so daß er sich einige Zeit damit abfinden mußte, in einer Gruppe unter Leitung eines anderen Saxophonisten zu spielen. Mit Al Sears zog er durch die Vereinigten Staaten und gab Konzerte in Militärcamps.

1943 kehrte er ebenso plötzlich zu Count Basie zurück, wie er ihn verlassen hatte. Aber er blieb nicht lange bei ihm; etwas weniger als ein Jahr später, im Oktober 1944, wurde er zum Kriegsdienst einberufen. Den Einberufungsbefehl hatte er schon seit einiger Zeit erhalten, sich jedoch taub gestellt. So wurde Lester buchstäblich von der Bühne heruntergeholt und eingezogen.

Der Wehrdienst war für einen Typ wie ihn wirklich nicht geschaffen. In den anderthalb Jahren, in denen er Uniform trug, stand er Höllenqualen aus und brachte seine Umgebung wahrscheinlich zur Verzweiflung. Vor allem hatte er das Pech, daß er nicht zum Musikkorps zugelassen wurde, wo er ursprünglich eingesetzt werden sollte, angeblich weil man nicht mit ihm auskommen konnte. Einer seiner Vorgesetzten sah ein, daß man aus einem solchen Menschen keinen Soldaten machen konnte, und stellte einen Antrag, wonach er wegen mangelnden Anpassungsvermögens an das Militärleben entlassen werden sollte, aber das führte zu nichts. Stattdessen fing das Unglück dieses eigenartigen Soldaten jetzt erst richtig an. Als er wegen eines chirurgischen Eingriffes ins Lazarett gehen mußte, hatte er einen Fragebogen auszufüllen, auf dem unter anderem gefragt wurde, ob der Ausfüller Marihuana rauche. Lester, der aus einem Milieu kam, in dem Marihuana etwas Alltägliches war, kam es ganz natürlich vor, mit »ja« zu antworten, aber wegen dieses »ja« ging die Hölle los. Eine Durchsuchung seines Spinds wurde angeordnet, und dabei fand man schmerzstillende Pillen, die ihm der Arzt nach der Operation verschrieben hatte, vielleicht auch Marihuana und schließlich ein Photo seiner zweiten Frau, einer Weißen, von der er sich übrigens kurz darauf scheiden lassen sollte. Der Major, der die Durchsuchung leitete – er kam aus Louisiana und war alles andere als ein Freund von Negern – hatte genug, um Lester vor das Kriegsgericht zu bringen; obendrein erfuhr er noch von dem Versuch, ihn vorzeitig zu entlassen, und setzte sich noch mehr gegen ihn ein. Das Urteil war äußerst hart: fünf Jahre Freiheitsstrafe. Dann kam man darauf, daß in diesem Prozeß das Rassenvorurteil eine bedeutende Rolle gespielt hatte, und das Strafmaß wurde auf ein Jahr herabgesetzt. Lester wurde in ein Barackenlager in Georgia gesteckt, und es wurde eine unerträgliche Zeit, die ihn für den Rest seines Lebens zeichnete. Zu einem gewissen Zeitpunkt machte er einen erfolglosen Ausbruchsversuch; danach gelang es ihm, sich Kokain zu besorgen, und so hoffte er, dem Alptraum auf einem anderen Wege zu entfliehen. Dafür erhielt er eine Zusatzstrafe von einigen Monaten. Schließlich wurde er unehrenhaft aus der Armee entlassen.

Die Leute, die ihm nach seiner Rückkehr nach New York begegneten, sahen einen völlig anderen Menschen vor sich. »Ich bin raus«, wiederholte er allen gegenüber, »und das ist das einzige, was zählt.« Aber es gab andere Dinge, die jetzt zählten.

Die Welt des Jazz hatte sich zwischenzeitlich verändert, und obwohl die Musik der jüngeren Jazzleute indirekt von Lesters Musik abgeleitet worden war, hatte er große Schwierigkeiten, seinen Platz in dieser Welt wieder einzunehmen. Gin und Marihuana wurden seine Zuflucht, und sein Benehmen wurde noch seltsamer, als es je gewesen war. Er wurde immer einsamer, schweigsamer und mißtrauischer. Vor allem mißtraute er den Weißen, denen gegenüber er sich oft in ein völliges Schweigen hüllte. Dann auf einmal benahm er sich wie ein verweichlichter Mann und erweckte vorsätzlich den Eindruck eines Homosexuellen, was überhaupt nicht zutraf. Seine Art zu reden wurde noch wunderlicher. Oft sprach er in der dritten Person von sich und sagte manchmal »Pres goes« (»Pres geht«), wenn er eine Unterhaltung beenden wollte, und trippelte von dannen wie auf Eiern. Wenn er seinen Platz im Orchester einnehmen sollte, bewegte er sich seitwärts wie ein Krebs. Ständig wirkte er schläfrig und war sicher auch kaum an dem interessiert, was um ihn herum vor sich ging. Jedoch konnte er zu Freunden nett sein und war auf seine Art humorvoll. Seine Form von Humor war subtil und ulkig, ein wenig surrealistisch und nicht immer verständlich.

Ende 1945 war Young wieder in Los Angeles, wo er erneut Norman Granz begegnete, der ihm bereits seine Bewunderung früher bewiesen hatte. Zwei Jahre vorher hatte er zusammen mit dem Fotografen Gjon Mili unter dem Titel »Jammin' the blues« einen wunderschönen Jazzfilm produziert, in dem Lester eine sehr wichtige Rolle spielte. Granz sicherte sich nun die Mitarbeit der wichtigsten Jazzsolisten und protegierte auch Lester Young sofort. Für die Plattenfirma Aladdin ließ er ihn Aufnahmen machen und engagierte ihn regelmäßig bei seinen Jazz at the Philharmonic-Tourneen. So kam Lester auf zwei dieser Tourneen in den Jahren 1952 und 1953 auch nach Europa. Man kann nicht sagen, daß er im künstlich angeheizten Klima der öffentlichen Jam Sessions des JATP seine ideale Umgebung gefunden hat. Besser paßte die Atmosphäre der kleinen Combos zu ihm, die er in den gleichen Jahren leitete und in denen sein verhaltenes Saxophonspiel den richtigen Rahmen fand.

Den großen Lester Young aus den Zeiten Count Basies konnte man jedenfalls bei den Live-Auftritten und auf den vielen Platten, die ihn Granz für seine Marken einspielen ließ, nur noch selten wiederhören. Dieser Mann war inzwischen psychisch und physisch sehr krank und befand sich wegen des Marihuanas und Gins fast dauernd im Rausch. 1955 erlitt er einen Zusammenbruch. Im Bellevue Hospital in New York wurde er einer intensiven Behandlung unterzogen, die ihn wieder auf die Beine brachte. Die europäischen Fans spendeten einem Musiker in guter, wenn nicht sogar blendender Form viel Beifall, als sie ihn im Jahr darauf bei einer Tournee erleben konnten, die unter der Bezeichnung »Birdland 1956« außer dem wiedererstandenen Pres Musiker unterschiedlicher Stilrichtungen wie Miles Davis, Bud Powell, die vier Leute vom Modern Jazz Quartett und europäische Solisten vereinigte. Und alle, die ihm sagten, daß ihnen sein Spielen gefallen hatte – wie es auch der Verfasser dieser Zeilen tat – sahen einen Mann vor sich, der ganz anders war als der, dem sie in den vorangegangenen Jahren begegnet waren: glücklich wie ein Kind, das gelobt wird, und sehr höflich.

Es dauerte nicht lange. Bald kamen die Schatten wieder, die ihn so viele Jahre lang gequält hatten. Auch seine dritte Ehe ging in die Brüche, und Lester zog schließlich mit einer Freundin in das Alvin Hotel, ein kleines Haus am Broadway, dessen Fenster genau auf den Eingang des Birdland zeigten. Wenn es

Abend wurde, stellte er einen Stuhl an sein Fenster und setzte sich erwartungs-
voll hin. Dabei hatte er seinen berühmten runden Hut und ein paar kurze
Hosen an und hielt sein Saxophon in der Hand. Auf der Erde neben seinem
Stuhl lag immer eine Flasche Gin. Er schaute auf die Leute, die in das Birdland
gingen, und wenn er Musiker sah oder zu sehen glaubte, winkte er ihnen mit
großen Gesten zu. Dann bewegte er stundenlang bis in die tiefe Nacht im
Zustand völliger Betrunkenheit die Finger an den Klappen des Saxophons und
hielt das Instrument an seine Lippen. Aber er blies keinen einzigen Ton und
stellte sich nur vor zu spielen. Tagsüber trank er und hörte ununterbrochen
Platten, vor allem von Frank Sinatra.

Marshall Stearns, der ihn in diesem Zustand antraf, wendete sich an einen
befreundeten Arzt namens Dr. Luther Cloud und bat ihn, etwas zu unternehmen. »Ich sah«, berichtete der Arzt später dem Jazzkritiker Rudi Blesh, »daß
er wirklich schizophren war. Und doch in einer teilweise angehaltenen, halb-
kontrollierten Art. Alkohol zum Beispiel trug zwar zu seiner Bewußtseins-
spaltung bei, gab ihm aber doch das Minimum an Trost, das er brauchte, um
überhaupt zu überleben.«[8] Doktor Cloud forschte gründlich in Lesters Vergangenheit nach, entdeckte schwere Traumata, die auf die Rassendiskriminierung zurückzuführen waren, und schloß, daß dort die Erklärung für die
Störung seines seelischen Gleichgewichtes lag. Um Lester zu helfen, wurde
auch Reverend John Gensel, der Pfarrer der Jazzgemeinde New Yorks, bemüht. Gemeinsam mit Dr. Cloud versuchte er, den Saxophonisten zu retten
und zu heilen. Einige Ergebnisse konnten erzielt werden: Nach wenigen
Monaten begann Young wieder zu essen (der Alkohol war in den letzten
Jahren seine Hauptnahrung gewesen), das Hotel zu verlassen und vernünftig
zu reden. Im August 1958 veranstalteten Marshall Stearns und Nat Hentoff im
Birdland ein Fest zu seinen Ehren. Lester nahm daran teil und konnte auch ein
bißchen und gut spielen. Die Anwesenden stellten fest, daß Young überdies
den Alkoholkonsum erheblich eingeschränkt hatte und entschieden auf dem
Wege der Besserung war.

Einige Monate später erhielt er ein Arbeitsangebot aus Frankreich. Lester,
dessen Prestige in Europa noch sehr hoch war, wurde eingeladen, für eine sehr
gute Gage acht Wochen im Pariser Blue Note zu spielen. Nach langem Zögern
fuhr er nach Paris. Das Publikum merkte, wie äußerst matt er war. Immerhin
wurde seine letzte Langspielplatte, die er eben in diesen Tagen aufnahm, als
ausreichend gut für eine Veröffentlichung beurteilt, obwohl sie bestätigte, daß
seine Erfindungsgabe nachgelassen hatte und seine Phrasierung unsicher geworden war. Seine geistige Klarheit bewies er in dem langen Interview aus
diesem Wochen mit François Postif.[9] Lester wußte indessen, daß er am Ende
war: »Ich weiß, daß ich in weniger als einem Jahr sterben werde«, sagte er zu
jemand in diesen Tagen.

Am 13. März 1959 flog er nach New York zurück. Mit Mühe kam er zu seinem Hotelzimmer, fing dort wieder an zu trinken, verbrachte Stunde um Stunde am Fenster, hörte Sinatra-Platten und aß nichts. Zwei Tage später merkte Lesters Freundin, daß er im Halbschlaf auf seinem Bett lag und die Lippen bewegte, als ob er Saxophon blasen würde. Voller Schrecken rief sie Hilfe herbei, aber als der Arzt ankam, fand er nur noch einen leblosen Körper. Auch drei leere Ginflaschen sah er in dem Zimmer. Es war der 15. März 1959. Lester Young war nicht einmal fünfzig Jahre alt geworden.

Zur Bezahlung der Hotelrechnung, die seit geraumer Zeit im Rückstand war, wurde alles gepfändet, was sich finden ließ: ein Heft mit Travellerschecks im Wert von 500 Dollar, ein Ring und eine Brieftasche.

Die Gedenkartikel, die in den folgenden Wochen in den Fachzeitschriften der halben Welt erschienen, unterschieden sich nicht in der Bewertung des Beitrages, den der unglückliche Pres zum Jazz geleistet hatte.[10] Für niemanden bestand ein Zweifel daran, daß Lester Young neben Coleman Hawkins der größte Tenorsaxophonist seiner Zeit gewesen war und daß er, gemeinsam mit Roy Eldridge und Charlie Christian, als einer der ersten Urheber derjenigen Erneuerung der Jazz-Sprache galt, die von den »Boppers« durchgeführt wurde. Allerdings mit einem Unterschied zu Eldridge und Christian: Young beeinflußte nicht nur die Bop-Musiker und zwar zuerst Charlie Parker, sondern war auch das Vorbild der »Cool«-Musiker, deren ruhige Ausdrucksweise und transparente Klangwirkungen – fast völlig ohne Vibrato – im verhaltenen Klang und im relaxten und musikalisch subtilen Solovortrag Youngs eine deutliche Voraussetzung fanden.

Aus diesem Grund sind Youngs Schüler zahllos, sowohl bei den Farbigen der Bop-Zeit als auch bei den Weißen des Cool-Jazz. Nicht umsonst fragte Lester bei einem Gespräch über seine Nachahmer Dr. Cloud eines Tages: »Was kann ich spielen? Soll ich die da vielleicht kopieren?« Er mochte sich auf manche der vielen Young-Imitatoren beziehen, die in der zweiten Hälfte der vierziger Jahre die Jazzszene überfüllten: Dexter Gordon, Wardell Gray, Allen Eager, Al Cohn, Zoot Sims, Herbie Steward, Stan Getz, Jimmy Giuffre, Warne Marsh, Gene Ammons, Brew Moore sowie Paul Quinichette, der Young so haargenau imitierte, daß er den Spitznamen »Vice Pres« verdient.

Alle diese Saxophonisten hatten viele Platten zur Verfügung, um den Stil ihres unfreiwilligen Lehrers aufmerksam zu studieren. Hauptsächlich Dutzende Aufnahmen, die mit Count Basie gemacht wurden. Hiervon kann man folgende nennen, die einen besonders gelungenen Beitrag von Young enthalten: »Shoe shine boy«, »Taxi war dance«, »Every tub«, »Clap hands, here comes Charlie«, »One o' clock jump«, »Tickle toe« und »Roseland shuffle«, außerdem »Blue Lester« und »Lester leaps in«, welche mit kleinen Auswahlbesetzungen aus der Bigband eingespielt wurden. Manchmal spielte Lester auch

Klarinette, und zwar in einem so persönlichen Stil, daß seine Anhänger es bedauerten, daß er sich nicht auch auf dieses Instrument verlegt hatte, das ihm übrigens von seinem Bewunderer Benny Goodman geschenkt worden war. Eine Vorstellung von seinen Fähigkeiten als Klarinettist vermitteln die beiden Basie-Aufnahmen »Texas shuffle« und »Blue and sentimental«.

Die Schallplatten aus der zweiten Hälfte seiner Karriere, das heißt von 1945 an, sind auch sehr zahlreich, jedoch wurden seine Soli im Lauf der Jahre immer schlechter. Es ist allerdings interessant festzustellen, daß es unter seinen ersten Einspielungen an der Spitze kleiner Combos für die Marke Aladdin unmittelbar nach seiner katastrophalen Militärzeit ganz ausgezeichnete Stücke gibt. Sie reichen von einer Version von »These foolish things«, die zu seinen besten Titeln gerechnet werden muß, bis hin zu »It's only a paper moon«, »Lover come back to me«, »She is funny that way«, »You're driving me crazy« und »New Lester leaps in«.

Sehr ungleichmäßig ist seine spätere Produktion, von der ein Teil in den Mitschnitten einiger Jazz at the Philharmonic-Konzerte besteht. Immerhin sind Augenblicke, in denen Lester seinen alten Glanz wiederfindet, nicht selten, zum Beispiel bei seinen Soli in »I can't get started« oder »JATP blues«.

Auf all seinen besten Aufnahmen spiegelt sich der Mensch wider, der Lester Young war: eine wirklich einzigartige Persönlichkeit, ein introvertierter und übersensibler Mann, der auf Zehenspitzen ging, immer im Flüsterton sprach und dabei, solange er konnte, die tiefen Wunden verbarg, die ihm der grausame Jim Crow zugefügt hatte.

Art Tatum

»Out of this world«, »außerhalb dieser Welt«: so wurde Art Tatum oft von den anderen Jazzmusikern bezeichnet. Er war der Fürst unter den Pianisten, der unübertreffliche Virtuose und das unvergleichliche Vorbild. Es genügte, daß er in ein Lokal eintrat, wo Jazz gespielt wurde, und der jeweilige Pianist geriet in Panik. Manch einer hörte sogar auf zu spielen und lud ihn achtungsvoll ein, seinen Platz am Klavier einzunehmen.

1932 war er in New York als Klavierbegleiter der Sängerin Adelaide Hall aufgetaucht und hatte alle verblüfft. Einige hatten ihn allerdings schon als ganz jungen Musiker in Toledo, Ohio, oder in Cleveland erlebt, wo er einige Zeit lang aufgetreten war. Anscheinend hatte ihn Paul Whiteman in dieser zweitgenannten Stadt gehört und nach New York in sein Orchester eingeladen. Falls Tatum dieser Einladung wirklich nachgekommen ist, wie versichert worden ist, war es jedenfalls nur für kurze Zeit. Die Jazzwelt lernte Art nämlich erst kennen, nachdem seine ersten Aufnahmen für Brunswick 1933 veröffentlicht wurden, und danach konnte man ihn lange Zeit im Onyx Club auf der 52. Straße hören.

Wer mehr über den jungen Negermusiker aus Ohio wissen wollte, erfuhr nicht viel. Bekannt wurde nur, daß sein Vater Schlosser war und vor nicht allzu langer Zeit aus Nord-Carolina zugereist war und daß Art nach Besuch einer Blindenschule in Columbus frühzeitig Geige und Klavier zu lernen begonnen hatte. Er debütierte in seiner Heimatstadt und spielte in verschiedenen kleinen Gruppen und für die örtliche Rundfunkstation. Der Pianist Joe Turner, welcher später in einem Klavier-Duo mit ihm arbeitete, machte Adelaide Hall auf ihn aufmerksam. Weiter gab es nichts. Später kam raus, daß er seine Eltern wiederholt durch sein frühreifes Musiktalent in Erstaunen versetzt und in seiner Kindheit nach Gehör spielen gelernt hatte, noch bevor er seine Sehkraft fast völlig verlor. Als jemand ihn fragte, welcher Pianist ihn beeinflußt hätte, nannte er den Namen Fats Waller. Er hätte in diesem Zusammenhang mindestens noch Earl Hines erwähnen müssen.

Art wurde wie ein frommer Einsiedler verehrt und war lange Zeit ein Einzelgänger, ein Solist im wahrsten Sinne des Wortes. Ab 1935 hielt er sich zwei Jahre in Chicago auf und war regelmäßig im Three Deuces tätig. Danach kehrte er nach New York zurück und blieb dort lange. Sein großer Augenblick kam gewöhnlich »after hours«, »nach den Stunden«, wie man damals sagte, also tief in der Nacht oder sogar im Morgengrauen, wenn die Lokale geschlossen hatten und die Musiker für sich selbst und einige enge Freunde spielten, um sich gegenseitig auszustechen. Dann legte Tatum so richtig los; die Leute, die ihn bei solchen Gelegenheiten hören konnten, stimmten darin überein, daß die Plattenaufnahmen seinem Talent nicht gerecht werden. Man konnte die Leistungen dieses Pianisten erst in vollem Maße erleben, wenn er vom heißen Klima der »cutting contests« angeregt wurde und wahre Marathonsitzungen zustandebrachte. Er konnte vierundzwanzig Stunden hintereinander aushalten und ununterbrochen weiterspielen, wenn er von einem besonders interessanten Kollegen angespornt wurde, und sogar zwei volle Tage ohne Schlaf auskommen – wenn man von ein paar kurzen Nickerchen zwischendurch absieht – und in dieser ganzen Zeit spielen, literweise Bier trinken und mit seinen Freunden plaudern.

Als Freunde sah er nur wenige Auserwählte an. Tatum verschenkte sein Vertrauen nur mit Vorsicht, weil er wie viele Blinde ziemlich mißtrauisch war. Aber mit Kollegen war er nachsichtig und hatte die Gewohnheit zu sagen, daß es immer, auch von den schlechtesten, etwas zu lernen gibt. So hörte er allen mit Aufmerksamkeit zu, und wenn er Fehler anderer berichtigte – was er häufig tun mußte, weil ihn viele um Rat fragten – so tat er dies in sanftem Ton und wählte seine Worte mit Bedacht, um sein Gegenüber nicht zu verletzen. Er gefiel sich darin, selbständig und unabhängig von fremder Hilfe zu wirken. Obwohl er auf einem Auge vollkommen blind war und mit dem anderen nur aus nächster Nähe sehen konnte, tat er alles, um allein zurecht zu kommen. Dabei half ihm sein Erinnerungsvermögen an Stimmen, Formen, Gegenstände an ihren Plätzen und die Anordnung von Räumen. Ein beinahe wunderbares Gedächtnis, das ihm unter anderem ermöglichte, ein gefürchteter Gegner bei vielen Kartenspielen zu werden und jedermann mit seinem umfassenden Wissen in Sachen Sport zu überraschen. Aber das, was für die Musiker in erster Linie zählte, war natürlich sein Klavierspielen. Selbst der Spaßvogel Fats Waller wurde ganz ernst, wenn er ihm gegenüberstand. Vielleicht sogar zu ernst, wie damals, als er ihn in den Panther Room des Sherman-Hotels in Chicago eintreten sah, zu spielen aufhörte und feierlich verkündete: »Meine Damen und Herren, ich spiele Klavier, aber heute abend ist Gott im Hause: Erlauben Sie mir, Ihnen den einzigartigen Art Tatum vorzustellen.«

Tatums Ruhm ging bald um die ganze Welt, vor allem wegen der vielen Platten, die der Pianist aufnehmen konnte. Das brachte ihm Engagements in den elegantesten Lokalen von Hollywood und New York, anschließend – 1938 – in England und dann wieder in Amerika ein. In den frühen vierziger Jahren war er in New York eine Art Institution. Im Café Society von Greenwich Village ging Vladimir Horowitz ihn häufig hören, der eines Abends von Artie Shaw und Hazel Scott in dieses Lokal geführt worden war. (»Ich kann meinen Ohren und Augen nicht glauben«, hatte er bei diesem ersten Mal zu seinen

Begleitern gesagt.) In den kleinen Bars der 52. Straße war Art eine der Haupt-attraktionen, ungefähr so wie Billie Holiday.

Sein Publikumserfolg nahm zu, nachdem er 1943 mit dem Kontrabassisten Slam Stewart und dem Gitarristen Tiny Grimes, der später durch Everett Barksdale ersetzt wurde, sein erstes Trio bildete. Wahrscheinlich war seine Entscheidung, eine solche Besetzung aufzustellen, von Erwägungen wirt-schaftlicher Art bestimmt. Trios wurden nämlich damals gerade sehr populär, weil das Nat King Cole Trio in Kalifornien so gut angekommen war. Auf jeden Fall tat dies Tatums Musik nicht im geringsten Abbruch; denn die ständige Kollektivimprovisation regte die Musiker, die mit ihm spielten, eben-sosehr wie das Publikum an. Höchstens darf man sagen, daß seine Mitspieler manchmal wegen seines unberechenbaren Spiels in Schwierigkeiten gerieten. Art war gewiß kein Typ, der Hinweise auf das gab, was er jeweils zu tun gedachte. »Er sagte immer«, hat sich Barksdale diesbezüglich erinnert, »daß er vorher nicht ›hören‹ könne, was er gleich spielen werde, aber daß er es fühlen würde; und weil so viel von dem, was wir machten, aus dem Stegreif und nicht aus Routine kam, ging er manchmal plötzlich zu etwas anderem über und ließ mich verwirrt zurück.«[1]

Tatums Mitarbeiter hatten wirklich keinen leichten Stand. Er beschränkte sich nicht nur darauf, über vorgegebene Akorde zu improvisieren, sondern verän-derte bei der Improvisation auch die Harmonien der gewählten Themen, ging unerwartet von einer Tonart zur anderen über, zerstückelte den Rhythmus und änderte die Zeitmaße.

Rex Stewart, ehemaliger Ellington-Kornettist, der in seinen letzten Lebensjah-ren auch intelligente Aufsätze über Persönlichkeiten der Jazz-Szene verfaßt und dabei Tatum ebenfalls einige Seiten gewidmet hat, schrieb: »Am Klavier hatte Art offenbar seine Freude daran, Probleme zu schaffen, die vom Stand-punkt der Harmonien und der Akkordfolge aus unmöglich waren. Dann improvisierte er fröhlich einen Teil nach dem anderen, bis die Phrase als eine komplette Einheit innerhalb der jeweiligen Komposition, die er gerade spielte, zu erkennen war. Wie oft habe ich erlebt, daß er sich munter in etwas stürzte, von dem ich fürchtete, es könnte eine musikalische Sackgasse sein, um an-schließend zu hören, wie eine fesselnde Lösung ans Tageslicht kam! Das setzte Kenntnis, Geschicklichkeit und Kühnheit voraus.«[2]

Um zu einer solch vollkommenen Beherrschung seines Instrumentes zu gelan-gen und seine technische Fertigkeit zu erhalten, übte Tatum jeden Tag stun-denlang und drehte darüber hinaus ständig eine kleine Nuß zwischen seinen Fingern. Er war dabei so schnell, daß man seinen Bewegungen nicht mit den Augen folgen konnte.

Barry Ulanov hat berichtet, daß Tatum auf einmal anfing, sich selbst zu ernst zu nehmen. Es kam oft vor, daß er plötzlich aufhörte zu spielen, weil er sich durch die Unterhaltungen im Publikum gestört fühlte, und deshalb einige ironische Bemerkungen an seine Zuhörerschaft richtete. Seine übertriebene Zurschaustellung konnte dann lästig werden. Sein sehnlichster Wunsch war es – beziehungsweise wäre es gewesen – ein klassischer Konzertpianist zu werden; er sagte immer, es hätte ihm gefallen, mit dem Symphonieorchester von Boston oder New York aufzutreten. Auf alle Fälle meinte er, daß er nicht den Ruf genoß, der ihm eigentlich zustand, und er hatte nicht einmal Unrecht, weil sein Ruhm, so groß er war, nicht über die Grenzen der kleinen Welt des Jazz hinausging. Art wußte sehr wohl, daß es seiner Hautfarbe zuzuschreiben war, wenn sein Ehrgeiz niemals eine Erfüllung finden konnte, und nicht selten geriet er beim Gedanken an die Ungerechtigkeiten, die seine Rassenbrüder erleiden mußten, in Zorn. »Seht euch den einmal an«, sagte er zu seinen Kollegen über irgendeinen weißen Jazzmusiker. »Es gibt mindestens zweitausend Leute, die besser als er spielen können. Trotzdem wird er eine halbe Million Exemplare von dieser Platte verkaufen, während Willie »The Lion« Smith keine Arbeit hat und sich die Zeit mit seinem Zigarrenrauchen vertreiben muß. Wann wird diese Geschichte endlich aufhören?«

Tatum konnte aber kein Ende der Verhältnisse erkennen, die ihn in Nachtlokalen festhielten, während er das Zeug dazu gehabt hätte, sich mit den berühmtesten Pianisten der Welt zu messen. So starb er ziemlich jung am 4. November 1956 in Los Angeles, wo er sich inzwischen niedergelassen hatte, und zwar an Harnvergiftung. Es gelang ihm nicht einmal, die zweite Europatournee durchzuführen, die Norman Granz für ihn organisieren wollte und die auf eine würdige Weise seine Laufbahn abgeschlossen hätte. Er konnte nur in den Jahren unmittelbar vor seinem Tod sich selbst ein kleines Denkmal dadurch errichten, daß er eine große Anzahl von Plattenaufnahmen machte, für die Granz ihm jede Freiheit zugesichert und Blankovollmacht gewährt hatte. Die ersten elf Langspielplatten dieser langen Serie erschienen unter dem Titel »The genius of Art Tatum« und erweckten großes Interesse bei den Kritikern, die so endlich die Möglichkeit bekamen, die Musik des größten Jazzpianisten in aller Ruhe zu genießen und zu studieren. Das Lob war nahezu einstimmig, und die einzige abweichende Meinung kam von dem französischen Kritiker und Musiker André Hodeir. In einem Artikel in »Jazz Hot«[3] ging er daran, Abstriche von der Kunst Tatums zu machen, was bei Kritikern und Musikern in Europa und Amerika heftige Reaktionen auslöste.

Der Hauptvorwurf Hodeirs, welcher allerdings die technische Überlegenheit dieses Pianisten über jeden anderen Kollegen zugab, betraf seine angeblich konventionellen Züge und fehlenden Mut beim Angehen der von ihm gewählten Themen. »Jeder Jazz-Pianist, sogar ein viertrangiger Salon-Pianist«, hieß es in diesem Artikel, »schmückt ein Thema aus, wenn er es spielt; mit anderen Worten, er tut sein Bestes, um es zu überarbeiten, um es wieder mit Leben zu erfüllen, sei es durch Einführung von ›persönlichen Harmonien‹ oder auch durch Einschaltung von Verzierungen, Läufen und Arpeggios zwischen die Hauptmotive, deren Zweck darin besteht, auf dem Wege der Kontrastwirkung die einfacheren Passagen hervorzuheben. Dieses Vorgehen gibt dem Spielenden auch eine Möglichkeit, seine Virtuosität zu zeigen. Das ist die Methode, die Tatum anwendet. Er zeigt keinen deutlichen Willen, sich vom Hauptthema zu entfernen.« Hodeir kritisierte auch die wirklich nicht besonders anspruchsvolle oder raffinierte Auswahl der Themen und die Angewohnheit des Pianisten, sich in langen, allzu weitläufigen und wenig interessanten Vorführungen endlos zu verlieren.

Man kann nicht sagen, daß die Leute, die dem französischen Kritiker widersprachen, ihn Punkt für Punkt widerlegt hätten. Der musikalische Exhibitionismus Tatums ist im übrigen unwiderlegbar, ebenso wie sein Hang zum Ornamentalen und bestimmten Manieriertheiten, die typisch für seinen Stil sind. Es muß jedoch betont werden, daß die Erfindungsgabe des Pianisten zwar ungleichmäßig, aber verschwenderisch und glänzend ist. Tatum verströmt förmlich eine Flut von Ideen, die teilweise kühn und zum großen Teil sehr wertvoll sind; wenn er sie nicht entwickelt, sie nicht festhält, sie also nicht sammelt, wie dies andere tun, liegt das an seiner Mentalität eines intuitiven und etwas unbeständigen Künstlers, der ganz gewiß nicht arm, sondern überreich an Ideen ist. Was dann sein relatives Festhalten an Originalthemen anbelangt, so zwang ihn dieses zu einem weit größeren schöpferischen Bemühen als es bei denen der Fall ist, die frei über den Harmonien des Themas improvisieren und daher bei ihrer Erfindung weniger gebunden sind. Was wirklich zählt, ist die Originalität und die Schönheit gewisser Umschreibungen, deren musikalischer Wert gegenüber dem Originalthema vollkommen eigenständig sein kann – und es bei Tatum auch sehr häufig ist.

Wahrhaft überraschend in Tatums Musik sind seine außergewöhnliche harmonische und rhythmische Phantasie, seine Unbekümmertheit, die ihm die unglaublichsten Wagnisse im Zusammenhang mit der gewählten Tonart erlaubt, und sein Einfallsreichtum hinsichtlich pianistischer Möglichkeiten, das heißt sein Vorrat an Techniken, Lösungen, Stileigenheiten und – sei's drum – Manieriertheiten oder Tricks. Es überraschen auch die strenge Logik, die er bei seinen verwickeltesten Phrasen zur Anwendung bringt, sowie die absolute rhythmische Präzision seines Spiels, trotz der Ornamente, in die er sich manchmal zu verlieren scheint, und trotz seiner allzu häufigen Notenflut und den feuerwerksartigen Explosionen, die dann und wann seine Entwürfe scheinbar zertrümmern. Feststeht, daß Tatums Musik immer von einem »impliziten Swing« beherrscht wird, um einen vielerorts verwendeten, gelungenen Ausdruck zu benutzen, also von einer unsichtbaren Spannung, die sich am Ende gegenüber jeder Abschweifung behauptet.

Über die Qualität seines sauberen und leichten Anschlags und die unglaubliche Geschicklichkeit seiner Finger sind sich alle einig, desgleichen über seine Fähigkeit, gleichzeitig »legato« und »staccato« zu spielen, was nur wenigen Pianisten vorbehalten ist.

Aber das sind bloß einige der Gründe, deretwegen die Pianisten des Jazz immer zu Tatum als ihrem größten Meister aufgeschaut haben. Der Hauptgrund dafür, daß der Pianist aus Toledo zu den größten Jazzmusikern gerechnet wird, ist in seiner verhältnismäßig großen Unabhängigkeit von den zu seiner Zeit vorherrschenden Stilarten zu suchen, in seinem Vermögen, dieser seiner Zeit vorauszueilen, und schließlich in der anhaltenden Aktualität seiner Musik, die den ständigen Wechsel der Modeerscheinungen und Ideologien, wie sie die letzte Phase der Jazzentwicklung erschüttert haben, frisch und lebendig überstehen konnte.

Tatums hinterlassene Aufnahmen sind an großer Zahl und in ihrer Gesamtheit immer von mindestens gutem Niveau. In ihrer überwiegenden Mehrheit zeigen ihn seine Schallplatten als Solo-Interpreten von Standard-Songs, aber es gibt auch Einspielungen mit kleinen Besetzungen, also seinem regulären Trio oder Pick up-Gruppen in Aufnahmestudios oder Konzertsälen.

Die ersten Klaviersolo gehen, wie wir gesehen haben, auf das Jahr 1933 zurück. Darunter sind »Tiger rag« und »Tea für two« besonders interessant und haben bei ihrem Erscheinen sensationell gewirkt. In Tatums anschließender Produktion finden sich viele wertvolle Stücke, und es fällt schwer, aus dieser Menge die glänzendsten herauszugreifen. Wir dürfen uns darauf beschränken, bestimmte Spezialtitel dieses Pianisten zu nennen, die er mehrfach aufgenommen und sehr oft gespielt hat: »Yesterdays«, »Begin the beguine«, »Willow weep for me«, »Dardanella«, »Gone with the wind«, »All the things you are«, »This can't be love« und »I know that you know«, um nur einige der bekanntesten zu erwähnen. Blues sind in seinem Repertoire selten (man sollte nicht vergessen, daß Tatum nicht aus dem Süden stammte), und wenn er solche spielte, brachte er sie gern im Boogie Woogie-Rhythmus, der unter seinen Fingern leicht beschwingt und funkelnd wurde.

Ein besonderes Interesse als Kuriositäten verdienen die Einspielungen für Verve mit berühmten Solisten, die von Norman Granz mit ihm zusammengebracht wurden. So entstanden gemeinsame Aufnahmen mit wichtigen Musikerpersönlichkeiten wie Lionel Hampton, Ben Webster, Benny Carter, Buddy de Franco, Roy Eldridge (der jedoch seinen Trompetenpart erst nachträglich zu einer bereits erfolgten Tatum-Aufnahme einspielte) und Schlagzeugern wie Louie Bellson und Buddy Rich. Die besten Ergebnisse kamen gewiß bei der Sitzung mit Webster zustande, der ebenso wie Tatum ein Meister in der Technik der Variationen über ein Thema war.

Art Tatum spielte auch oft – und mehr als einmal auf Schallplatte – Jazz-Variationen von Themen, die zum Repertoire der klassischen Musik gehören: »Humoresque« von Dvořák und »Elegy« von Massenet. Sie bilden einen weiteren Beweis für sein Trachten, aus der Welt des Jazz herauszukommen, einer Welt, die ihm seine Hautfarbe zugewiesen hatte.

Roy Eldridge

Wie alle ernstzunehmenden Jazzmusiker hat auch Roy Eldridge einen Beinamen. Er lautet »Little Jazz«, »Kleiner Jazz«, und Otto Hardwick erfand ihn zu der Zeit, als die beiden gemeinsam im Small's Paradise spielten. So seltsam das auch klingen mag, dieser Spitzname ist ihm seit damals geblieben und wird oft von den Kollegen benutzt. Roy, der kleine Trompeter mit den lebhaften, lachenden Augen, ist im Herzen jung geblieben, auch nachdem seine Haare, die einmal pechschwarz und geschniegelt waren, grau geworden sind. Er ist ein Jazzmusiker durch und durch, und es fällt schwer, jemanden zu finden, der sein Instrument und seinen Beruf mehr liebt als er oder gleichermaßen bereit ist, Herausforderungen seiner Kollegen anzunehmen und sich mit ihnen zu messen. »Roy hat Spaß an Wettkämpfen«, hat Norman Granz, der immer eine Schwäche für »Little Jazz« gehabt hat, von ihm gesagt. »Er ist genau mein Typ eines Musikers. Ich will immer solche Musiker, die sich für Kanonen halten. Coleman Hawkins ist einer von ihnen, aber er zeigt eine Art ›kalter Verachtung‹ gegenüber den anderen. Er strengt sich nicht immer an, um sein Bestes herauszugeben. Roy dagegen hat eine Idee Wettbewerbsdenken mehr und erreicht unerwartete Höhen, weil er ein Gefühlsmensch ist. Wenn er also Dixieland spielt, wird er ›Ja–Da‹ mit dem gleichen Eifer in Angriff nehmen, als ob es sich um ein Stück aus seinem Repertoire handeln würde.«[1]

»Wenn es möglich wäre, würde er versuchen, es mit Buddy Bolden aufzunehmen«, hat Nat Hentoff gemeint. Gewiß, er hätte Freude daran gehabt, gegen Louis Armstrong anzutreten, was ihm nicht gestattet wurde, und er hat sich auch vor Dizzy Gillespie all die vielen Male auf der Bühne und im Aufnahmestudio nicht zurückgezogen, wo man das von ihm verlangt hat. Dabei war Gillespie als Vertreter jenes neuen Jazz, der scheinbar dazu bestimmt war, seine eigene Musik als alten Kram abzutun, für ihn doch wirklich nicht nur kurze Zeit lang der Grund für geheime Sorgen gewesen.

Tatsache ist, daß Roy Eldridge ein hochherziger Mann voller Berufsstolz ist, einer, der sich bei jeder Gelegenheit voll einsetzt. »Er ist ein sehr verantwortungsbewußter Mensch«, hat Jo Jones bemerkt. »Für 25 Dollar arbeitet er mit der gleichen Einsatzbereitschaft wie für 250. In jeder Umgebung und bei jeder Gelegenheit ist er bereit zu spielen.«[2]

So ist er immer gewesen. Seine Jazz-Leidenschaft, seine anständige Gesinnung und seine Freude an musikalischen Wettkämpfen haben es ihm ermöglicht, sich innerhalb weniger Jahre durchzusetzen, obwohl er am Anfang vom Glück nicht besonders begünstigt wurde. In Pittsburgh, wo er am 30. Januar 1911 auf die Welt kam, waren keine bedeutenden Orchester tätig, und man traf schwerlich auf jemanden, der in der Jazzwelt zählte. So gab es für Roy, nachdem er irgendwie Schlagzeug und Trompete spielen gelernt hatte, anfänglich nur drittrangige Bands. 1927 bekam er sein erstes Engagement bei den Nighthawk Syncopators, einer Gruppe armer Kerle, die mehr schlecht als recht ein halbes Dutzend Titel nach Gehör spielen konnten und schließlich erleben mußten, wie ihr ganzes Gepäck beschlagnahmt wurde, weil sie nicht imstande waren, ihre Zimmermieten zu bezahlen. Roy Eldridge kam dann in einer »Carnival show« unter, wo er sich gezwungen sah, Schlagzeug zu spielen. Mit dieser zog er durch den Mittleren Westen, bis sie in Little Rock in Arkansas strandete. In einer lokalen Band konnte er sich über Wasser halten und am Ende das Geld für eine Rückfahrkarte nach Pittsburgh auftreiben. Dort nahm er seinen ganzen Mut zusammen und gründete ein eigenes Tanzorchester, das er nach einem hierfür selbst geprägten Pseudonym »Roy Elliott and his Palais Royal Orchestra« benannte. Doch rettete der klingende Name das Ensemble nicht vor dem Bankrott, so daß Roy wieder Eldridge wurde und keine andere Wahl hatte, als von einem Orchester ins andere überzuwechseln und mit diesen Bands in verschiedenen Orten des Mittelwestens aufzutreten. Damals hießen seine Orchesterleiter Horace Henderson, Zach White, Speed Webb und Johnny Neal. In diesen Jahren bemühte sich der Trompeter, einen persönlichen Stil zu entwickeln, wobei er sich natürlich an vorhandenen Vorbildern ausrichtete. Bei Rex Stewart gefielen ihm die Schnelligkeit des Spielens, die erhebliche Ausdehnung der Komposition und die Klangfülle; bei Red Nichols bewunderte er »den gefälligen und sauberen Klang«. Mehr noch als auf seine Trompeterkollegen richtete er seine Aufmerksamkeit auf das Spiel der Saxophonisten, besonders auf Coleman Hawkins und Benny Carter, deren bewegliche und ausgeprägte Phrasierung er auf die Trompete zu übertragen versuchte. Nicht umsonst war seine erste Spezialität, mit der er am Anfang seiner Laufbahn öfters beeindruckt hatte, eine Wiedergabe des Hawkins-Solos in »The stampede« auf der Trompete gewesen. Noch unmittelbarer war der belehrende Einfluß durch einen weiteren Saxophonisten, seinen Bruder Joe, der ihm viele Berufsgeheimnisse verriet und jahrelang an seiner Seite bleiben sollte.

1930 siedelte Roy nach New York über, in der Absicht, sich dort niederzulassen. In Harlem gab es damals soviel Musik zu spielen und zu hören, daß er zwei Jahre lang weder den Wunsch empfand noch die Zeit finden konnte, einen Abstecher zum Broadway zu machen. Am Anfang spielte er im Orchester von Cecil Scott und begegnete gleich einem weiteren anerkannten Saxophonisten, Chu Berry, der ihm zum Freund und herzlich verbundenen Lehrer wurde. »Als ich ankam«, hat Roy erzählt, »hielten mich Chu, mein Bruder und ein Pianist namens Panama zwei Wochen lang in einem Haus fest und brachten mir alle Motive bei, bevor sie mich zum Rhythm Club holten und mit den anderen und gegen die anderen spielen ließen.«[3]

Als er sich nun für gerüstet hielt und seine Fähigkeiten demonstrieren durfte, merkte er, daß die anderen Musiker nicht sonderlich davon beeindruckt waren. Sie bewunderten zwar die Schnelligkeit seiner Phrasen, fanden sie aber inhaltslos. Einer sagte ihm sogar, er würde wie ein weißer Trompeter spielen. Dann lernte auch er es, auf seinem Instrument »eine Geschichte zu erzählen«; Louis Armstrong lehrte ihn das.

»Im Jahre 1932«, erinnerte sich Roy, »hörte ich Louis zum ersten Mal im Lafayette-Theater in New York und war am Ende ganz überwältigt davon. Damals war ich jung und spielte sehr schnell, aber ich erzählte keine Geschichte. Nun, da saß ich also während der ganzen ersten Hälfte der Show und dachte, daß Louis doch wohl nicht so außergewöhnlich sei. Aber in der zweiten Hälfte spielte er ›Chinatown‹. Er fing an zu spielen, als ob er ein neues Kapitel eröffnen wolle, baute einen Chorus nach dem anderen auf und erreichte schließlich eine große Spannung. Mit einem hohen F hörte er auf. Das war ein wahrer Höhepunkt, genau richtig, sauber und klar . . . Alle standen auf, ich auch. Er beschränkte sich nicht darauf, eine einfache Melodie zu blasen, sondern war bestrebt, nach und nach etwas aufzubauen.

Danach habe ich ihm immer mit Aufmerksamkeit zugehört. Ich fing an, mir zu überlegen: Wenn es mir gelingen würde, die Schnelligkeit des Spielens mit einer melodischen Entwicklung in Einklang zu bringen, weiter aufzubauen und eine Geschichte zu erzählen, dann könnte ich meine eigene Musik schaffen, die dem Publikum zusagen würde.«[4]

Es gab weitere Trompeter, denen man damals folgte: King Oliver, Jabbo Smith, den viele für Armstrong fast ebenbürtig hielten (und dabei nicht im Unrecht waren), sowie Cuban Bennett, einen Vetter von Benny Carter, der das Unglück hatte, zu den verkannten Genies des Jazz zu gehören. Roy hielt seine Ohren für alle offen, aber vor allem für den letztgenannten. Zusätzlichen Musikern von Bedeutung begegnete er in den Orchestern, zu denen er nach seinem Weggang von Cecil Scott stieß, und zwar in der Band von Elmer Snowden im Small's Paradise, wo er neben Dicky Wells, Sidney Catlett und Otto Hardwick arbeitete, sowie in den Formationen von Charlie Johnson und Teddy Hill.

1933 kehrte er nach Pittsburgh zurück und leitete mit seinem Bruder ein Orchester, in dessen Reihen unter anderem Kenny Clarke saß, welcher ungefähr zehn Jahre später einer der einflußreichsten Jazz-Schlagzeuger werden sollte. Anschließend spielte er 1934-35 bei den Mc Kinney's Cotton Pickers und kam dann wieder nach New York, um sich erneut mit seinen alten Freunden Chu Berry und Teddy Hill zusammenzutun. Mit Hills Bigband trat er im Savoy auf.

Jetzt schauten viele junge Musiker mit Bewunderung zu ihm auf. Darunter war auch der jugendliche Dizzy Gillespie, der in Philadelphia mit großer Aufmerksamkeit die Radioübertragungen des Hill-Orchesters hörte, um die Soli des Trompeters aufzuschnappen, den er sich zu seinem Vorbild ausgesucht hatte.

Von Hill ging Eldridge zur Fletcher Henderson-Band, die seit kurzem neugebildet worden war, und nahm einige interessante Platten mit ihr auf, zum Beispiel »Stealin' apples«, »You can depend on me« und »Christopher Columbus«. Dann gründete er Ende 1936 nochmals ein eigenes Ensemble, das im Three Deuces ansässig wurde und lange zusammenblieb. Im Sommer des Jahres 1938 war dieses Orchester im Savoy in New York. Trotz des erzielten guten Erfolges löste Eldridge es kurz danach auf; eine gewisse Zeit lang zog er es vor, sich in erster Linie dem Studium der Radiotechnik zu widmen, für die er stets eine besondere Neigung empfand und die sein größtes Hobby bleiben sollte. Später wurde ein neues und umfangreicheres Orchester unter seiner Leitung zusammengestellt und spielte im Famous Door, im Arcadia Ballroom und anderswo.

Die Jahre zwischen 1935 und 1938 waren für ihn die Zeit des entscheidenden Durchbruches und der ersten sensationellen Schallplatten. Der schnelle »Heckler's hop«, der leidenschaftliche »Wabash stomp« und das sprühende »After you've gone«, alle aus dem Jahre 1937, bilden glänzende – und zur Zeit ihres Erscheinens auch stark diskutierte – Beispiele seines Stiles. Vielleicht dachte auch der Trompeter Don Ferrara an irgendeines dieser typischen Eldridge-Soli, als er bei einem Überblick über die wichtigsten Jazz-Trompeter für die Zeitschrift »Metronome« über Roy schrieb: »Seine Beherrschung des Klangvolumens war so vollständig, daß er fähig war, mit wunderbar warmer Innigkeit zu flüstern und mit herrlicher Kraft zu brüllen. Und er bestimmte und belebte jede Zwischenstufe zwischen diesem Flüstern und Brüllen. Seine Klangfülle war so umfangreich, daß sie das Publikum zum Zuhören zwang. Alle hörten mit ihrer Unterhaltung auf, wenn Roy spielte. Auch wenn er leise spielte, war sein Ton voll ... Roys Empfindungen bedienten die Ventile seiner Trompete, nicht seine Finger ... Seine Musik war so konkret und ungezwungen, daß sich einem der Gedanke aufdrängte, er habe eine direkte Verbindung zu seinen Gefühlen ... Seine Musik war voller Feuer und Virilität.«[5]

Nachdem Roy Eldridge eine eigene, neue Bigband und darauf eine kleine Combo geleitet hatte, wurde er in der Jazzwelt als Star ersten Ranges angesehen und im April 1941 von Gene Krupa eingeladen, in dessen beliebte Bigband einzutreten. Für das Publikum war alles in Ordnung; denn seine heißen und mitreißenden Soli erweckten Begeisterung, und seine Gesangsduette mit Anita O' Day, einer jungen Dame aus Chicago, die sich ihr Brot bei Wettkämpfen im Dauertanzen und dann als singende Kellnerin in einem Café des Loop-Viertels verdient hatte, waren recht amüsant. Ein paar Platten, wie »Rockin' chair« mit einem weiteren strahlenden Solo und einem Duett mit Anita, hatten großartigen Erfolg. Der Trompeter war allerdings alles andere als glücklich über seine mehrmonatige Zeit bei dem Orchester. Jahre später machte er in einem Interview mit »Down Beat« seinem Herzen Luft:

»Das eine kann ich Ihnen versichern: Solange ich in Amerika bin, werde ich nie wieder in meinem Leben in einer weißen Band arbeiten. Es fing schon vor vielen Jahren an, damals, als ich in die Band von Gene Krupa eintrat. Bis dahin hatte noch nie ein farbiger Musiker in einer weißen Band gearbeitet. Eine Ausnahme bildeten Sonder-Attraktionen, wie Teddy Wilson und Lionel Hampton bei Benny Goodman.

Einen solchen Sonderauftritt habe auch ich zuerst bei Gene gehabt. Ich galt nicht als richtiges Mitglied der Band. Doch sehr bald entlastete ich Shorty Sherock in einigen Stücken, und wir lösten uns im Satz ab, und als er die Band verließ, übernahm ich seine Stelle. Ich kam fast um vor Freude, weil ich nun als reguläres Mitglied der Band anerkannt war. Aber ich wußte, daß ich sehr vorsichtig sein mußte. Ich wußte, daß alle Augen auf mich gerichtet waren. Ich durfte mich nicht falsch benehmen und auch nichts falsch machen.

Die Jungens in der Band waren alle sehr nett zu mir, und Gene war besonders reizend. Das war im Pennsylvania-Hotel. Dann gingen wir Richtung Westen auf Tournee und landeten in Kalifornien. Und da begann der Ärger.

Wir kamen in einer Stadt an, und die übrige Band geht in ihr Hotel. Ich darf nicht in dasselbe Hotel wie sie, also nehme ich meine Koffer in die Hand und fange an, in der Stadt herumzufahren und das andere Hotel zu suchen, wo jemand für mich ein Zimmer bestellt haben soll. Ich finde das Hotel und stelle mein ganzes Gepäck in der Halle ab. Da wir an die Westküste fahren und mehrere Monate von zu Hause weg sein werden, habe ich natürlich einen ganzen Haufen bei mir, mindestens ein Dutzend schwerer Gepäckstücke. Wenn der Mann vom Hotel sieht, daß ich der Mr. Eldridge bin, für den das Zimmer bestellt worden ist, entdeckt er plötzlich, daß eben ein alter Stammgast angekommen ist und das letzte freie Zimmer mit Beschlag belegt hat. Ich schleppe das ganze Gepäck wieder auf die Straße und mache mich weiter auf die Suche.

Das passiert nun Abend für Abend. Allmählich fängt es an, sich auf meinen Verstand und auf mein Gemüt zu legen. Ich kann nicht mehr richtig denken. Ich kann nicht mehr richtig spielen. Als wir dann schließlich im Palladium in Hollywood waren, mußte ich darauf achten, mit wem ich mich an einen Tisch setzen durfte. Wenn es Filmstars waren, die wollten, daß ich zu ihnen rüber kam, war die Sache in Ordnung. Wenn es bloß so die üblichen Jitterbugtänzer waren, aus der Traum! Und die ganze Zeit über hatte der Rauschmeißer ein Auge auf mich und wartete nur auf eine günstige Gelegenheit.

446

Zu alledem kam hinzu, daß ich weit draußen in Los Angeles wohnen mußte, während der Rest der Band in Hollywood blieb. Es war ein einsames Leben. Ich war niemals vorher weit von zu Hause weg gewesen, und ich kannte niemanden. Ich fing an, vor mich hin zu brüten.

Dann passierte es. Eines Abends wurde die Spannung so unerträglich, daß ich versagte. Ich konnte es am ganzen Körper fühlen, während ich »Rockin' chair« spielte. Ich fing an zu zittern, rannte vom Podium runter und gab es auf. Sie trugen mich zum Arzt. Ich hatte vierzig Fieber. Meine Nerven waren völlig kaputt.«[6]

Als sich das Krupa-Orchester im Frühjahr 1943 auflöste, leitete Eldridge wiederum eine eigene Formation und spielte in Chicago, New York, Toronto, Kalifornien und längere Zeit beim Rundfunk, bevor er sich von Artie Shaw, einem anderen berühmten weißen Bandleader, anwerben ließ und die bei Krupa gemachte Erfahrung wiederholen mußte. Shaw hatte mehrmals bewiesen, daß er wirklich keine Rassenvorurteile hegte, und sein Bestes getan, um gegen die Vorurteile anderer anzugehen. So hatte er nach bestem Können Billie Holiday verteidigt, als sie in seinem Orchester sang, und auch den Trompeter »Hot Lips« Page in Schutz genommen, als dieser Roys Vorgänger und Star-Solist im Orchester war.

Aber Shaw konnte angesichts der damaligen Lage nicht viel ausrichten, und es gelang ihm nicht, Roy erneute Demütigungen zu ersparen. »Als ich später bei Artie Shaw in der Band war«, hat Eldridge bei seinem Zornausbruch weiter erzählt, »ging ich zu dem Lokal, wo wir spielen sollten, und sie wollen mich nicht mal reinlassen. »Hier dürfen nur Weiße hinein«, sagten sie zu mir, und neben der Tür hing ein Schild mit meinem Namen drauf, Roy »Little Jazz« Eldridge, und ich sagte ihnen, wer ich war.

Als ich schließlich reingekommen war, spielte ich die erste Serie und gab mir alle Mühe, nicht loszuweinen. Als ich dann mit der Serie fertig war, liefen mir die Tränen die Backen runter. Ich weiß nicht mehr, wie ich es schaffte. Ich ging nach oben in meine Garderobe und stellte mich in eine Ecke und weinte. Ich sagte zu mir: »Verdammt nochmal! Warum hast du dich bloß wieder darauf eingelassen? Du hast doch gewußt, daß es passiert.« Artie kam rein und tröstete mich. Er war einfach fabelhaft. Er sorgte dafür, daß der Mann, der mich nicht reinlassen wollte, sich entschuldigte und daß er rausgeschmissen wurde.

So ist das. Wenn du auf der Bühne bist, dann bist du der Größte, aber sobald du unten bist, bist du nichts. Es ist den Ruhm nicht wert, und es ist das Geld nicht wert. Es lohnt sich nicht, und es wird sich auch in Zukunft nicht lohnen. Nie wieder!«[7]

Zwischen 1945, dem Jahr, als Eldridge Artie Shaw verließ, und 1950, als er eine erste Reise außerhalb der USA unternahm, entfaltete der Trompeter eine sehr vielseitige Tätigkeit. Die wichtigsten Ereignisse waren seine Zusammenarbeit mit Norman Granz, der ihn auf seiner ersten Jazz at the Philharmonic-Konzerttournee mit dabeihaben wollte und ihn in den folgenden Jahren noch oft einsetzen sollte, sowie eine vorübergehende Rückkehr zum Krupa-Orchester im Jahre 1949.

Die verschiedenen Platten mit dem Orchester von Shaw – zum Beispiel »Summertime«, »Little Jazz« und »A foggy day« – und mit der kleinen Auswahlgruppe aus dieser Bigband, der »Gramercy Five« – wie »The gentle grifter« und »Scuttlebut« – beweisen Roys stetige Fortschritte ebenso wie andere Einspielungen dieser gleichen Jahre mit diversen Studioformationen, etwa »The gasser«, »Stardust« und »Bean at the Met« (diese letztere zusammen mit Coleman Hawkins).

Als die »Boppers« ihren sensationellen Einbruch in die Jazz-Szene vollzogen, war Roy genauso bestürzt wie viele andere Jazzleute seiner Generation. Er gab sich alle Mühe, die »neuen Klänge« zu verstehen und fragte sich, ob es jetzt noch Platz für Leute geben würde, die so wie er spielten, da ja ein Vakuum zwischen dem Bebop und dem traditionellen Jazz zu bestehen schien. Eine bestimmte und gar nicht kurze Zeit lang war er sehr niedergeschlagen und wurde dann sogar von Panik erfaßt. Wettkampffreudig wie er war, mied er den Vergleich mit den jungen Musikern nicht, aber er hatte Angst vor ihnen. »Ich erinnere mich«, bekannte er Jahre später, »daß ich um 1948 - 49 eines Abends in einem Chicagoer Lokal spielen sollte. Es war ein Lokal, das streng dem modernen Jazz vorbehalten war, und ich ging daran, eine ganze Woche lang jeden Tag sechs oder sieben Stunden zu üben, nur um diesen einen Abend zu spielen. Das war in dem großen Moment der modernen Musiker, und ich war für dieses Lokal ein Fremder.«[8]

Ebenfalls mit Bezug auf diese schlimmen Zeiten gestand er weiter: »Ich mußte weggehen und nachdenken. Die Lage der Musik war so verwirrt geworden. Ich hörte mir alle Schallplatten an, aber schließlich kam ich immer wieder auf Hawkins, Carter, Tatum, Teddy Wilson usw. zurück, weil ich den Eindruck gewann, daß sie mit größerer Originalität spielten und mehr Musik als die anderen machten.«[9]

In einer solchen Gemütsverfassung kam ihm die von Benny Goodman gebotene Gelegenheit zu einer gemeinsamen Konzertreise durch Europa mit einer kleinen Gruppe fast zu schön vor, um wahr zu sein. Er reiste im April 1950 ab und war über die warmherzige Aufnahme, die ihm die Jazz-Fans in der Alten Welt zuteil werden ließen, sogleich angenehm überrascht. Er glaubte zu träumen, so weit weg schienen ihm die Erniedrigungen, die er während seiner Zeit bei den Orchestern von Krupa und Shaw erlitten hatte. Als er am Ende der Tournee in Paris ankam, war sein Entschluß gereift: er wollte bleiben. Und so hielt er sich ein Jahr in Europa auf und wurde von den Pariser Fans mit allen

Ehren umgeben. Sie rissen sich darum, ihn im Club St. Germain im Quartier Latin zu hören. Anschließend wurde er in Schweden gefeiert, wo er Anfang 1951 drei Monate verblieb. In Paris fand er auch die Zeit und die nötige Muße, um mit dem Schreiben seiner Memoiren zu beginnen und regelmäßig an einer Zeitung mit Jazzartikeln mitzuwirken. Sowohl in Frankreich als auch in Schweden machte er gute Plattenaufnahmen (man denke an »Black and blue», »Saturday night fish fry«, »Echoes of Harlem«, »The heat's on« und das komische, französisch gesungene »Une petite laitue«), fand viele Freunde und, was am meisten zählt, gewann nach und nach sein Selbstvertrauen zurück. Norman Granz, der ihn in Paris wiedertraf, hatte seine liebe Not, ihn zu einer Rückkehr in die Heimat zu überreden. »Er bot mir einen guten Vertrag an und zeigte mir, um diesen noch verlockender erscheinen zu lassen, sogar Banknoten«, erzählte Eldridge später. »Es war schön, mal wieder richtiges Geld zu sehen, und ich geriet in Versuchung. Aber dann dachte ich nochmal darüber nach und fühlte wieder, daß ich ablehnen mußte. Dann spielte mir Norman eine Platte vor. Es war der Mitschnitt eines Carnegie Hall-Konzertes aus dem Jahre 1949.[10] Ich hörte zu und traute meinen Ohren nicht: es gefiel mir. Da drückte ich ohne viel Drum und Dran aus, was ich zu sagen hatte, die anderen Musiker sagten das Ihrige, und das Ganze hatte eine eigene Logik. Das Anhören dieser Platte überzeugte mich zurückzukommen. Der unangenehme Seelenzustand war verschwunden.«[11]

Damals begann für Eldridge eine neue Karriere. Während der ganzen fünfziger Jahre unternahm er mit Jazz at the Philharmonic verschiedene Tourneen durch die USA und nach Europa (von 1952 an), nahm viele Platten für die Marken von Norman Granz auf und leitete unterschiedliche kleine Gruppen, wobei er sich besonders wohl an der Seite von Coleman Hawkins fühlte, der am Ende sein idealer Partner und bester Freund wurde. Weniger glücklich verlief in der Folgezeit seine Arbeit mit Ella Fitzgerald, als er zwischen 1963 und 1965 ständig mit ihr auftrat. Die Sängerin wurde ein wenig eifersüchtig auf den Applaus, den der feurige »Little Jazz« beim Publikum stets erntete, und reduzierte daraufhin in zunehmendem Maße den Spielraum, der ihrem Partner vorbehalten war, bis dieser am Ende wegging. Ein ähnliches Motiv ließ 1966 seine Zusammenarbeit mit dem Orchester von Count Basie nach zwei Monaten in die Brüche gehen; aus irgendeinem geheimnisvollen Grund hatte ihn der Count meistens nicht aus dem Bläsersatz hervortreten lassen.

Es läßt sich kaum sagen, wieviele Combos Eldridge in den letzten Jahren alleine oder in brüderlicher Gemeinschaft mit Hawkins bis kurz vor dessen Tod geleitet hat, ebensowenig, wie man eine genaue Liste der wesentlichen Veranstaltungen oder Tourneen aufstellen kann, an denen er teilgenommen hat. Einige seiner Auftritte sind jedoch denkwürdig geblieben, wie der mit Hawkins beim Festival des Jahres 1957 in Newport und im Civic Opera

House in Chicago anläßlich einer JATP-Tournee im gleichen Jahre (diese beiden Konzertveranstaltungen wurden für Verve auf Schallplatten festgehalten). Man erinnert sich an Eldridge bei den Festivals von Monterey und New Orleans und den europäischen Festivals in u. a. Cannes, Juan les Pins, Paris, Berlin und Nizza. 1966 kam er in einer Gruppe mit Illinois Jacquet, Milt Buckner und anderen zu einer Europatournee und im Jahre darauf unter dem Motto »Jazz from a swinging era« neben Earl Hines, Bud Freeman, Vic Dickenson usw. erneut in die Alte Welt.

Die Freude am musikalischen Wettstreit und anregenden Gegenüberstellungen veranlaßte Norman Granz dazu, Eldridge im Rahmen von Jazz at the Philharmonic wiederholt gegen Dizzy Gillespie antreten zu lassen und ihn zu gemeinsamen Einspielungen mit diesem zu bewegen. Bei einer Gelegenheit wurde Roys glühender Trompetenton mit dem aristokratischen und leichten Klang des Klaviers von Art Tatum zusammengebracht. Man kann nicht behaupten, daß Eldridge immer vollkommen ausgewogen wirkt; wie alle Jazzmusiker mit einem leicht erregbaren Temperament ist er vorübergehenden Krisen unterworfen, kennt Höhen und Tiefen und enttäuscht manchmal. So sind seine vielen Platten, die immer im Zeichen der Improvisation entstanden, von unterschiedlicher Qualität. Seine gelungenen Aufnahmen sind jedenfalls beträchtlich und über eine große Anzahl von Langspielplatten verstreut. Wenn man etwas zufällig vorgeht und viele Titel übergeht, kann man auf folgende hinweisen: »Dale's wail« – wegen des bewundernswerten Drive, der Gedrängtheit und beeindruckenden Wirkung ist es eines seiner geglücktesten Stücke – sowie auf bestimmte Glanznummern wie »I can't get started«, »Rockin' chair«, »Little Jazz«, »When your lover has gone« und »I surrender dear«, die sich als Standardtitel seines Repertoires unter seinen Aufnahmen öfters wiederfinden.

Der Stil von Eldridge ist sehr persönlich und sofort zu erkennen. Kein Trompeter kann so viel Glut wie er in seine Soli bringen und so mitreißen. Sein Ton ist ausgefeilt, strahlend und wird von einem heißen Vibrato erfüllt; seine Phrasen werden mit großer Klarheit gebildet und mit unwiderstehlicher Kraft hervorgebracht. Seine Einsätze sind makellos und entschlossen. Bestimmte sicher festgehaltene Noten bilden die Pfeiler seines solistischen Vortrages, der häufig im hohen Register seines Instrumentes erfolgt, um sich »schußartig« und sehr wirkungsvoll zu entladen. »Ich höre die Töne gern zerspringen«, hat Roy erklärt. »Wenn das passiert, knallen sie wie Peitschenhiebe.« Diese »hart treffenden, scharfen, vollen , schmetternden« Töne – es sind immer noch seine eigenen Worte – bilden seine Erkennungsmarke und enthüllen sein feuriges, extrovertiertes und herzliches Temperament, so wie die Refrains, die er mit seiner rauhen und fröhlichen Stimme singt, Ausdruck seiner Gutherzigkeit und seines Sinnes für Humor sind.

Eldridge ist jedoch nicht nur einer der großen Meister der Trompete, sondern auch eine der Schlüsselfiguren in der Geschichte des Jazz, weil seine Musik, ebenso wie die von Lester Young und Charlie Christian, als Brücke und Bindeglied zwischen den traditionellen Formen des Jazz und den modernen Konzeptionen benutzt wurde, wie man so oft wiederholt hat. Eldridge war der unfreiwillige Lehrer von Dizzy Gillespie, der ihn anfänglich imitierte und dann von seinem Stil ausging, um einen gänzlich neuen zu erfinden, und stellte also das erste Element des Bruches mit einer Tradition dar, die auf die New Orleans-Trompeter zurückging und in Louis Armstrong ihren größten Vertreter fand.

Aus diesem Grund kann man sagen, daß alle Trompeter, die nach dem zweiten Weltkriege zur Geltung gekommen sind, ihm etwas schuldig sind. Unter diesen sind außer Gillespie insbesondere diejenigen seine Schuldner, die Fats Navarro (einen weiteren geistigen Sohn von Eldridge) als ihren Lehrmeister betrachten. Von den Trompetern weniger vorgerückten Stils steht ihm mancher noch näher: vor allen Dingen Charlie Shavers, ferner Harry Edison, Joe Newman und Emmett Berry sowie weitere Solisten, die zum »Mainstream« gehören. Das sind viele Musiker; denn Roy Eldridge veranschaulicht vollkommen jene wesentliche Eigenschaft des Jazz, die gewöhnlich mit malerischen Adjektiven wie »funky« oder »earthy« beschrieben wird – verschiedenen Wörtern, die sich alle auf die trächtige Sinnlichkeit und die freimütige oder sogar hemmungslose Ausdruckskraft der echtesten afro-amerikanischen Musik beziehen.

Django Reinhardt

Auf die Frage nach einem zusammenfassenden Urteil über das, was Django Reinhardt in der Geschichte der Jazzmusik bedeutet hatte, bestätigte André Hodeir zwar seine Bewunderung für das Talent des berühmten Zigeunergitarristen, nannte ihn aber »mehr einen malerischen Zwischenfall als ein historisches Ereignis.«[1] Das ist eine ausgetüftelte Definition, der man sich anschließen mag. Reinhardt war ein genialer Musiker, der sich nicht im entferntesten in die Hauptströmung des Jazz einfügte und an ihrem Rand verblieb. Stattdessen war er eine ebenso malerische wie symbolhafte Persönlichkeit des europäischen Jazzlebens, dessen innere Widersprüchlichkeiten er besser als jeder andere verdeutlichte. Er war auch der begabteste Musiker, den Europa auf dem Gebiet des Jazz – in weitem Sinne – je hervorgebracht hat, und der ursprünglichste von allen, aber gerade darum war er bis zuletzt ein Außenseiter. Der Jazz als musikalischer Ausdruck einer ganz anderen Kultur übersah seine Lehre und zog sein Beispiel nicht in Betracht. Und wer sich jetzt fragt, ob Reinhardt letzten Endes authentischen Jazz geschaffen hat, sieht triftige Argumente, die auf eine verneinende Antwort hindeuten. Django verliebte sich in den Jazz, er ersehnte ihn von fern, ohne ihn bis auf den Grund zu kennen, und spielte im Rahmen eigener Ausdrucksregeln und durch Improvisieren nach der Logik des Jazz eine ganz eigene Musik, die sogar die Bewunderung der größten amerikanischen Jazzmusiker erregte, aber keine Schule machte. Er fand bloß einige Nachahmer in Europa, und einige seiner Eigenheiten fanden Zugang zur Ausdrucksweise bestimmter amerikanischer Instrumentalisten untergeordneter Bedeutung (von Les Paul zum Beispiel), aber das war alles. Viel zuwenig für jemanden, der alle Jazzgitarristen, die ihm vorausgegangen waren, bei weitem übertraf.

Django Reinhardt war also ein Sonderfall und ein nicht zu wiederholendes Einzelphänomen. Möglicherweise hat er das in seinen letzten Lebensjahren dunkel geahnt. Wenn er länger gelebt hätte, wäre er Gefahr gelaufen, von der Musikergeneration, die nach dem zweiten Weltkrieg die Musik der Afro-Amerikaner besser kennenlernen konnte, in eine Ecke gestellt zu werden. Vorausgesetzt, daß Django, ein maßlos stolzer Mann, eine solche Demütigung zugelassen hätte; eher hätte er sich wieder unter die Zigeuner irgendeines Wohnwagens gemischt und die Reise auf einer Nebenstraße angetreten, wie er es schon so oft in den Jahren seines größten Ruhms getan hatte. Er war als Zigeuner geboren und sollte immer ein Zigeuner bleiben. Die anderen, die Nichtzigeuner, bekümmerten sich um Dinge, die er nie ganz verstand. Zum Beispiel um die genaue Einhaltung von Verträgen oder die umsichtige Verwaltung von Geld. So etwas war für ihn sinnlos oder höchstens ein Anzeichen für eine erbärmliche Einstellung. Und außerdem war er nicht aus freien Stücken in die Welt der Nichtzigeuner gekommen. Da hatte man ihn hineingezogen. Die Musiker wollten ihn zwingen, nach ihren Regeln zu leben. Sie und unter ihnen ein Maler namens Émile Savitry waren von seinem Talent beeindruckt und halfen ihm, die ersten Schritte in dem damals winzigen Kreis des französischen Jazz zu tun.

Das geschah um 1928 und zwar, als Jean Reinhardt, genannt »Django«, ein junger Mann war und bereits seit einigen Jahren beruflich (besser gesagt: fast beruflich – denn er war ja ein freiheitsliebender Zigeuner) Musik spielte. Im Alter von zwölf Jahren hatte er eine Gitarre bekommen – genauer eines jener Instrumente, die man damals »Banjo-Gitarre« nannte – und alle Zeit gehabt, auf ihr nach Gehör spielen zu lernen; denn ebenso wie seine vielen »Cousins« hatte er sich wohl davor gehütet, irgendeine Schule zu besuchen. Da war er nur einen Tag gewesen, und das hatte ihm gereicht. So kümmerte sich niemand darum, ihn lesen und schreiben zu lehren, und erst viele Jahre später, als Django bereits ein anerkannter Musiker war, schämte sich der Geiger Stéphane Grappelli ein bißchen, daß sein Partner so ungebildet war, und brachte ihm bei, wenigstens seinen Namen zu schreiben, damit er gemeinsam mit ihm Verträge unterzeichnen und die oft verlangten Autogramme geben konnte.

Django wohnte in den ersten Jahren seines Lebens in einem Wohnwagen am Stadtrand von Paris, doch war er nicht dort auf die Welt gekommen. Am 23. Januar 1910 wurde er geboren, während der Wagen seiner Eltern in Liverchies in Belgien stand. So kam Django erst nach Paris, nachdem er durch Italien und Algerien gezogen war. Bald wurde er ein guter Instrumentalist, der sich sein Brot durch Banjospielen beim »bal musette« verdiente. Zu dieser Zeit erlitt er einen Unfall, der ihn fast das Leben kostete. Der Wohnwagen, in dem er sich aufhielt, fing wegen einer Unachtsamkeit Djangos plötzlich Feuer, und er trug schwerste Verbrennungen davon. Der kleine Finger und Ringfinger seiner linken Hand blieben fast völlig gelähmt. Das war eine furchtbare Behinderung für einen Gitarristen, aber nicht das Ende für einen stolzen jungen Mann wie ihn. Nach unendlichen Schwierigkeiten gelang es ihm, eine Instrumentaltechnik zu entwickeln, die fast ohne den Gebrauch der verletzten Finger auskam.

Abgesehen von der Protektion Savitrys, welcher wirklich als Djangos Entdecker angesehen werden kann, tat Django seine ersten Schritte als Jazzmusiker mit dem Pianisten Stéphen Mougin, einem der Pioniere der neuen amerikanischen Musik in Frankreich, sowie dem Kontrabassisten Louis Vola, der sein Orchesterchef in Toulon, Cannes und schließlich in Paris war, wo seine Formation im Dezember 1932 debütierte.

Django wurde schon von einigen wichtigen Persönlichkeiten der Pariser Musikszene aufrichtig bewundert (er hatte oft mit dem Sänger Jean Sablon gearbeitet und mit André Ekyan, Alix Combelle, Stéphane Grappelli – dieser schrieb sich damals »Grappelly« – und weiteren bekannten Jazzmusikern gespielt), als Savitry Pierre Nourry, dem Sekretär des soeben gegründeten Hot Club de France, den Vorschlag unterbreitete, seinen Schützling in einem der Konzerte vorzustellen, die der Club regelmäßig veranstalten wollte. Nourry setzte sich sofort ein, stöberte den Gitarristen in seinem Wohnwagen am Stadtrand auf und ließ ihn einige Plattenseiten aufnehmen, die einigen Experten zur Beurteilung vorgelegt wurden. Dann organisierte er ein erstes Konzert. »Man kann sagen, daß er die große Entdeckung des Konzertes war«, schrieb damals Jacques Bureau in seinem Bericht über die Veranstaltung und den besonderen Beitrag des Gitarristen. »Er ist ein sehr merkwürdiger Musiker, dessen Stil dem keines anderen bekannten Musiker ähnelt . . . Wir haben jetzt in Paris einen großen Improvisator . . . Darüber hinaus ist Reinhardt ein faszinierender Junge, der die gleiche Phantasie in sein Leben zu legen scheint, die seine Soli belebt . . .«[2]

Die Idee, ein Streicherquintett um den Zigeunergitarristen zu formen, entstand kurz darauf, als Reinhardt und Grappelli gemeinsam mit anderen wieder zusammentrafen. In diesem Orchester, das Louis Vola für die Teemusik im Hotel Claridge zusammenstellte, befand sich unter anderem auch der Gitarrist Roger Chaput. Es war nur irgendein Orchester, bei dem Django einstieg, wenn er Lust dazu hatte, aber auch ein Bezugspunkt für ihn. In den Pausen trat er oft in Jam Sessions mit dem Geiger, Gitarristen und Bassisten auf und amüsierte sich dabei königlich.

Unter Hinzufügung eines dritten Gitarristen, nämlich Djangos Bruder Joseph, und der Bezeichnung des Hot Club de France, welcher die Band protegierte, nahm die Gruppe, die zur berühmtesten europäischen Jazzband zwischen den beiden Weltkriegen werden sollte, im Dezember 1934 ihre Tätigkeit mit einem Konzert in der École Normale de Musique in Paris auf. Es war eine unbeständige und gewiß nicht friedliche Zeit, sowohl wegen des sprunghaften Charakters von Django, welcher öfters unversehens verschwand und seine Kollegen dadurch in Schwierigkeiten brachte, als auch wegen der herzlichen Uneinigkeit, die zwischen ihm und Stéphane Grappelli, dem anderen Star der Formation, herrschte. Grappelli war Reinhardt musikalisch zwar geistesverwandt, doch vertrug er sich mit ihm auf menschlicher Ebene kaum. Der Geiger war bloß zwei Jahre älter als der Gitarrist, aber von seiner Mentalität, Erziehung und seinen Gewohnheiten her meilenweit von ihm entfernt. Er war ein gebildeter, genauer und maßvoller Mensch, während Django einen wilden, unberechenbaren und verschwenderischen Charakter besaß. Andererseits war es auch für die anderen nicht einfach, mit einem Manne zurecht zu kommen, der den

Wert des Geldes nicht kannte, Verträge nicht einhielt, sehr von sich überzeugt war und jedermann, besonders den Kollegen und Vertragspartnern, die unangenehmsten Überraschungen bereiten konnte.

Zunächst einmal machte die Frage der Gagen seinen Arbeitskollegen das Leben schwer. In seiner festen Überzeugung, ein großer Star zu sein, verlangte und erhielt Django manchmal übertriebene Gagen, aber seinen Mitarbeitern gab er gerade soviel, wie erforderlich war; denn er hielt sie für kaum mehr als Arbeiter. Die unersättliche Sucht nach Glücksspielen aller Art stellte ein weiteres Problem dar, nicht so sehr für ihn, der enorme Summen verschwendete, ohne mit der Wimper zu zucken, als für seine Musiker, die dann die Folgen auf manche Art zu spüren bekamen. Schließlich bestand immer die Möglichkeit, daß er sich nicht auf seinem Arbeitsplatz blicken ließ oder plötzlich verschwand, vielleicht weil er irgend jemand im Publikum gesehen hatte, der ihm nicht so aufmerksam zuhörte, wie er sollte.

Charles Delaunay, der ihm viele Jahre lang nahestand und in mühsamer und liebevoller Kleinarbeit sein Leben rekonstruiert hat, berichtet Dutzende solcher Erlebnisse in seiner Biographie »Django mon frère.«[3] Auf den Seiten dieses Buches verfolgt er Schritt für Schritt seine Karriere, beschreibt seine Manien (er hatte auch die Angewohnheit, seine Gitarre immer von anderen tragen zu lassen und in seiner Tasche zusammengerollte Banknoten in riesigen Summen mit sich zu führen), seine Ängste, Allüren eines feinen Herrn und seine kindliche Naivität. Delaunay hat von Djangos häufiger Rückkehr zu den Wohnwagen seiner Leute und den unglaublichen Festen erzählt, die von den »Cousins« zu seinen Ehren gegeben wurden, weil sie ihn fast für einen Halbgott hielten. Die älteren französischen Jazzmusiker erinnern sich noch sehr gut an diese »Cousins«, von denen in Djangos Wohnung immer etliche anzutreffen waren. Da lagen sie dann vielleicht irgendwo herum, und viele konnte man auch bei seinen Konzerten auf den Stehplätzen sehen.

Die ersten Jahre seiner Laufbahn nach der Gründung des Streicherquintetts waren besonders erregend. Django wurde von einem immer breiteren und begeisterteren Publikum entdeckt und konnte selbst in Kontakt mit einigen Jazzgrößen aus Übersee treten, von denen er bis dahin nur wie von legendären Gestalten gehört hatte, wenn er sie auf Schallplatten kennenlernte. Jetzt machte er die Bekanntschaft von Louis Armstrong, dessen erste Aufnahmen ihn zu Tränen gerührt hatten, und spielte eines Nachts beim Morgengrauen auch mit ihm im Bricktop-Club in Paris. Dann traf er Eddie South, den Negerviolinisten, sowie Coleman Hawkins und Benny Carter als Gastsolisten in Europa. Mit ihnen spielte er oft in Jam Sessions und nahm 1937 gemeinsame Platten von großer Bedeutung für die Firma Swing auf. Schließlich kam er 1939 bei einer kurzen, aber bewegenden Gelegenheit mit Duke Ellington zusammen, der sich Jahre später seiner entsinnen sollte.

Zwischenzeitlich hatten ab 1936 die Auslandstourneen des Quintetts des Hot Club de France begonnen. Die erste führte es nach Barcelona (wo der Veranstalter mit den Konzerteinnahmen durchbrannte ...), dann folgten Engagements in Holland, Belgien, Skandinavien und vor allem England, wo die Gruppe erstmals im Januar 1938 eintraf und in der Folgezeit wiederholt lange auftrat. Indessen gab es immer mehr Platten vom Quintett. Auf die ersten aus Paris vom Dezember 1934 für Ultraphone folgten Dutzende weiterer Veröffentlichungen für Decca, die teilweise in London eingespielt wurden, und fast alle verkauften sich bestens, und das nicht nur in Europa.

Der Kriegsausbruch überraschte das Quintett in London und ließ es auseinanderbrechen. Django kehrte auf die Nachricht vom Beginn der Feindseligkeiten hin schnurstracks nach Paris zurück, ohne seine Koffer zu packen und seine Gitarre mitzunehmen. Grappelli dagegen hatte es nicht so eilig und verblieb am Ende bis 1947 in England.

Während des ganzen Krieges lebte Reinhardt unter tausend Ängsten. Wenn er sich seine neuen Wohnungen suchte (er wechselte sie dauernd und verwandelte sie im Handumdrehen dann auch in richtige Zigeunerlager), sorgte er dafür, daß er in der Nähe der sichersten Luftschutzbunker der Stadt unterkommen konnte. Dennoch hatte er mehr Grund, zufrieden als besorgt zu sein; die ersten Kriegsjahre waren nämlich die besten seiner Laufbahn. Jetzt verfügte er über eigene Bands und hatte zudem das Glück, als Ersatz für Grappelli einen so ausgezeichneten Klarinettisten wie Hubert Rostaing zu finden. Mit diesen Besetzungen gab er 1940 und 1941 in Paris und in der Provinz zahlreiche und stets äußerst erfolgreiche Konzerte. Das breite französische Publikum hatte mit einem Mal den Jazz (oder besser den Swing, wie man damals sagte) endlich entdeckt, weil er an eine freie und weit entfernte Welt denken ließ und das perfekte Gegenstück zu den Ängsten jener Tage bildete, und Django war unter den zur Verfügung stehenden Musikern die Nummer eins. Er war so angesehen, daß er sich eine gewisse Zeit lang sogar den Luxus erlauben konnte, eine der prunkvollsten Wohnungen auf den Champs Élysées zu mieten. Dann spielte seine Band sechs Monate im Chez Jane Stick, einem der elegantesten Nachtclubs der französischen Hauptstadt, der von der ganzen oberen Gesellschaft in Paris besucht wurde.

Auf die Kriegsjahre gehen einige wichtige Ereignisse in der Laufbahn und im Privatleben Djangos zurück. Eines war die Komposition einer anspruchsvollen Sinfonie mit dem Titel »Manoir de mes rêves«, zu der Jean Cocteau, ein glühender Bewunderer Djangos, einen poetischen Text geschrieben hatte. Doch wurde dieses Werk, das Django und seine Mitarbeiter einige schlaflose Nächte gekostet hatte, nie aufgeführt, weil es als schwer zu spielen und harmonisch zu kühn angesehen wurde, und ging schließlich verloren. Ein weiteres Ereignis von Bedeutung bildete die Eheschließung mit seiner treuen

Gefährtin Naguine, die seit fünfzehn Jahren mit ihm zusammenlebte und sich rühmen konnte, der einzige Mensch zu sein, der seine wechselnden Stimmungen im Nu begriff. Wenig später schenkte sie ihm einen Sohn namens Babik. Noch ein angenehmes Erlebnis für Django war die Eröffnung eines Nachtlokals in der Rue Pigalle, das ihm ganz allein gehörte. Es hieß »Roulette« beziehungsweise »Chez Django Reinhardt«. Delaunay erinnert sich, daß das Klima in diesem Lokal zumindest recht seltsam war. Es kam vor, daß an benachbarten Tischen englische Geheimagenten und deutsche Offiziere saßen und sich gegenseitig geflissentlich übersahen, während Django vom Publikum Musikwünsche wie »Lili Marlen« und »God save the King« entgegennahm.

Dann kamen die Tage der Befreiung von Paris. Für Django waren sie besonders aufregend, weil es ein schönes Gefühl war zu erfahren, daß zahlreiche amerikanische Soldaten die Passanten fragten, wo man den großartigen Zigeunergitarristen hören konnte. Es schmeichelte ihn zu sehen, daß sein Name neben dem von Fred Astaire auf dem Plakat einer Show für die amerikanischen Truppen in Olympia ausgedruckt war, und noch erhebender mußte es für ihn sein, das Luftwaffen-Orchester des verstorbenen Majors Glenn Miller zu hören und mit einigen von dessen besten Solisten in Jam Sessions zu spielen und Platten aufzunehmen.

In diese Monate fiel auch die Aufführung einer Messe von Django in der Kapelle der Institution des Jeunes Aveugles. Er hatte begonnen, sie für seine Zigeuner zu komponieren, damit sie damit ihre traditionellen Wallfahrten nach Les Saintes-Maries-de-la-Mer feiern konnten, doch wurde diese Messe nie zu Ende komponiert.

Django war in Südfrankreich, als man anfing, ihm etwas von einem möglichen Engagement in Amerika zu erzählen. Wieviel würde er dafür verlangen? Genausoviel wie Benny Goodman, meinte er. Aber es wurde nichts daraus. Bevor der Gitarrist seine so heiß ersehnte Fahrt über den Atlantik unternehmen konnte, sollten noch mehrere Monate vergehen. Während dieser Zeit erfolgte erstmals ein erneutes Zusammentreffen mit Grappelli in England, wo für eine Reihe von Auftritten das alte Streicherquintett wieder aufgestellt werden sollte, was aber wegen einer plötzlichen Erkrankung Djangos vereitelt wurde. Dann kam eine Tournee in die Schweiz, und Django entdeckte außerdem die Malerei, die ihn eine gewisse Zeit lang die Musik scheinbar vergessen ließ.

Als Django im November 1946 endlich in die USA fuhr, um vor allen Dingen mit Duke Ellington aufzutreten, machte er sich ganz plötzlich auf die Reise, wie es seine Gewohnheit war, und nahm nicht einmal einen kleinen Koffer und sogar seine Gitarre nicht mit. Die amerikanischen Gitarrenhersteller, dachte er, würden es sich zur Ehre machen, ihm eine zu schenken. Er täuschte sich. Als er in einem Theater in Cleveland debütierte, erlebte er zudem die herbe

Enttäuschung, daß sein Name nicht einmal im Programm stand, nur der von Ellington. Irgend jemand sollte später erklären, daß der Veranstalter über bestimmte Angewohnheiten des Gitarristen informiert worden war und nicht riskieren wollte, einen Star anzukündigen, der dann vielleicht nicht gekommen wäre. Dennoch erschien Django pünktlich und folgte dem Ellington-Orchester nach Chicago und in andere Großstädte. Schließlich trat er am 23. und 24. November in New Yorks Carnegie Hall auf. Am zweiten Tag kam er allerdings nicht vor elf Uhr abends im Theater an, als Ellington schon mit Bedauern angesagt hatte, daß der Gitarrist noch nicht aufgetaucht war und die Vorstellung also ohne ihn laufen müßte. Django wurde dann zwar mit Beifall begrüßt, überzeugte aber die Kritiker überhaupt nicht, und sie machten kein Hehl aus ihrer Enttäuschung. Einige äußerten die These, Django habe sich noch nicht an die seit kurzem von ihm verwendete elektrische Gitarre gewöhnt.

Es ging nicht viel besser, als Reinhardt zwei Wochen lang im Café Society Uptown auftreten konnte. Das Engagement ging zu Ende, doch niemand meldete sich, um eine weitere Verpflichtung vorzuschlagen, wie man gehofft hatte. Also mußte sich der Gitarrist voller Verbitterung darin schicken, nach Frankreich zurückzukehren. Beim Wiedersehen mit seinen Freunden erklärte er, das Beste, was er in Amerika zu hören bekommen habe, sei Frank Sinatras Stimme gewesen.

Das entsprach nicht ganz der Wahrheit. Er hatte auch den neuen »Bop« gehört und war von ihm gleichermaßen überwältigt und bestürzt. (»Es ist der Jazz des Jahres 1950«, hatte er gemeint.) Obwohl er es nie zugab, mußte er spüren, daß ihn der neue Jazz in eine Krise gebracht hatte. Fest steht, daß von nun an seine Tätigkeit unregelmäßiger wurde, und nur selten konnte man in seiner Musik die Begeisterung und das Feuer von einst wiederfinden. Es gab verschiedentlich ein Zusammentreffen mit Grappelli, mit dem zu einigen Anlässen das Streichquintett wieder aufgestellt wurde, ferner weitere bedeutende Engagements in Pariser Lokalen, dann auch unter anderem in Deutschland und Italien und schließlich nochmals in England. In seinen Gruppen begannen sich junge »Bop«-Solisten blicken zu lassen, etwa der Altsaxophonist Hubert Fol, einer der Verfechter dieses neuen Wortes in Frankreich, und dann und wann kamen Leute, die Django neue Verträge in Amerika anboten. (Als letzter sprach Anfang 1953 Norman Granz vor.) Aber irgend etwas in Django war kaputt gegangen. André Hodeir gestand er eines Tages: »Die Gitarre langweilt mich. Ich bin es leid, weiter Gitarre zu spielen.«[4]

Am Ende ließ sich Reinhardt in Samois am Ufer der Seine nieder und widmete sich dort hauptsächlich der Fischerei. Aber er war entmutigt und krank, klagte ständig über Kopfschmerzen, und seine Finger gehorchten ihm nicht mehr. Außerdem war er zu der Überzeugung gelangt, daß sein Glück ihn verlassen hatte. Damit hatte er nicht Unrecht; denn als er von einer Tournee in die

Schweiz nach Hause kam, erfuhr er, daß Bing Crosby vergeblich dagewesen war, um ihn mit sich nach Amerika zu nehmen.

Aber es war schon zu spät für ein Comeback jeder Art. Seine Krankheit, deretwegen er nicht einmal einen Arzt aufsuchen wollte, weil er Angst vor Spritzen hatte, zeigte sich plötzlich in ihrer ganzen Schwere. Von Samois brachte man ihn in das Krankenhaus im nahegelegenen Fontainebleau, wo er nach wenigen Stunden am 16. Mai 1953 verstarb.

Die Zigeuner, die ihn wie einen Halbgott verehrt hatten, konnten seinen Tod nie verwinden. Niemand sah sie mehr in ihre Mäntel gehüllt in der Nähe der Lokale, wo Django gespielt hatte. (Am Club St. Germain, für dessen Besuch sie nicht genug Geld besaßen, standen sie auf dem Bürgersteig bei den Luftlöchern des Kellerlokals, um durch diese ein bißchen von seiner Musik hören zu können.) Jedoch wurden sie in den anschließenden Jahren noch oft bei Grappellis Konzerten gesehen, weil er ihm so nahegestanden hatte, daß sie darüber hinwegsehen konnten, daß er ja kein Zigeuner war.

Die jungen Jazzfreunde aber vergaßen Django. Als er starb, hatten sie außer Parker, Gillespie und Powell für niemanden Ohren und meinten, gitarrenmäßig sei Charlie Christian der Mann, dem man folgen müsse. Die Musik von Django Reinhardt, auch wenn sie in den letzten Jahren bis zu einem gewissen Grad modernisiert worden war (sei es nun wegen der Übernahme der elektrischen Gitarre oder aber unter dem Einfluß des triumphierenden Bop), schien all diesen Leuten »zickig«, also überholt, zu sein.

Statt für »überholt« hätte man diese Musik für zeitlos halten müssen, weil sie keiner bestimmten Epoche der Jazzgeschichte angehört. Django bewegte sich, ein wenig wie Art Tatum oder wie Duke Ellington, in einer ganz eigenen Welt, und fand die Quelle für seine Eingebung in sich selbst. Jedenfalls fühlte er sich bei den Harmonien eines populären Songs stets wohler als beim üblichen harmonischen Ablauf des Blues, dessen eigentliches Wesen ihm fremd war.

Seine Musik war immer reich an feinen Nuancen, an Gestaltungsmitteln aller Art und an kunstvollen Verzierungen. Sie konnte delikat und ganz weich oder auch heftig und voll klingend sein, aber mitteilsam, farbenfroh und harmonisch reich war sie immer. Obwohl Django ein ungewöhnlich guter Virtuose seines Instrumentes war, war er in erster Linie ein Komponist aus Instinkt mit einer lebendigen und unerschöpflichen Phantasie, imstande, eine Platte ohne ein vorher festgelegtes Schema einzuspielen, sich auf Kommando ans Improvisieren zu geben und »einfach nur so« Harmonien, Themen und Variationen zu erfinden.

Es war vor allem seine üppige Vorstellungswelt, die seine Zuhörer in den Bann zog, mehr als bestimmte stilistische Eigentümlichkeiten der Ausführung (seine so ganz persönliche Art, in Oktaven zu spielen, seine stürmischen Ansätze, das Vibrato und das höchst präzise Zeitmaß, das er einzuhalten wußte), welche

– wie bereits bemerkt – keine Schule machten. Deshalb wirkt Reinhardts Musik bis auf den heutigen Tag frisch und vermittelt echten Genuß, was man gewiß nicht im gleichen Maße von vielen der Musiker behaupten kann, die sich um ihn scharten (Grappelli und verschiedene andere ausgenommen), besonders nicht vom gespannten, schwerfälligen, monotonen und eigentlich alles andere als jazzmäßigen Spiel der Rhythmusgruppe des Streicherquintetts.

Djangos Aufnahmen sind zahlreich, sie belaufen sich auf über fünfhundert. Die besten stammen aus der frühen Zeit, als der Gitarrist von Grappelli, einem geschmackvollen, wirklich musikalischen und technisch makellosen Geiger, unterstützt wurde. Man könnte viele Titel nennen; darunter verdienen zumindest diejenigen Erwähnung, die er als besondere Spezialitäten oft brachte und wiederholt einspielte, also »Tiger rag«, »Night and day«, »Sweet Georgia Brown«, »St. Louis blues«, »Finesse«, »Montmartre«, »Minor swing«, »Belleville«, »Daphne«, »Nuages« – eine seiner schönsten Kompositionen – ferner »Rhythme futur«, »Souvenirs«, die »Improvisation« der Aufnahme des Jahres 1937 sowie »Anouman« von 1953. Bemerkenswert sind außerdem die ebenfalls 1937 entstandenen Stücke mit Coleman Hawkins, Benny Carter und den beiden damals führenden französischen Saxophonisten André Ekyan und Alix Combelle – »Honeysuckle rose« und »Crazy rhythm« neben anderen – und die mit Eddie South, vor allen Dingen »Eddie's blues« und die »Improvisation sur le premier mouvement du Concerto en ré mineur de J. S. Bach« (»Improvisation über den ersten Satz des Violinkonzertes in D-Moll von Johann Sebastian Bach«).

Das sind die ersten strahlenden Edelsteine des europäischen Jazz, der um so europäischer – im ursprünglichen Sinne, befreit von den Vorbildern aus Amerika – wird, je weniger jazzmäßig er ist, wie Reinhardt besser als jeder andere unter Beweis stellte.

Charlie Christian

Er ist nicht der Mann gewesen, der die elektrische Gitarre in den Jazz eingeführt hat. Dieses Verdienst muß Eddie Durham zugesprochen werden, welcher damals zum Jimmie Lunceford-Orchester gehörte und einen ersten
Nachahmer in Floyd Smith, einem Andy Kirk-Musiker, fand. Charlie kam als
dritter nach ihnen, übertraf sie aber meilenweit. Auf jeden Fall war er derjenige, der eine neue Art des Gitarrenspielens erfand, dieses Instrument zum Rang
eines Soloinstrumentes erhob und die Voraussetzungen für die Revolution der
»Boppers« schuf.

Er wurde 1919 in der Stadt Dallas in Texas geboren und wuchs in Oklahoma
City auf, wohin er als kleiner Junge mit seiner Familie übersiedelte. Dort gab
es Blues wie in Texas, den Country Blues, der seit vielen Jahren auf dem Lande
und in den »Negro sections« am Rande der Stadt erklang. Die blinden Bettler
sangen ihn, wenn sie durch den Süden zogen, ebenso wie die Bauern und
Arbeiter nach ihrer Arbeit, wenn sie auf den Stufen ihrer Holzbaracken saßen.
Einige sangen ihn in den Kneipen, wo Glücksspiele gespielt wurden und
schlechter, geschmuggelter Alkohol ausgeschenkt wurde. Fast immer wurde
der Gesang von einer Gitarre begleitet.

Der Blues wurde auch in Oklahoma City nicht als Musik für gesittete Leute
angesehen. Viele Neger, die hochkommen wollten, mochten ihn nicht einmal
hören. Aber die Familie von Charlie Christian war nicht so wählerisch; sie
lebte im ärmsten Teil des Neger-Gettos in der Nähe des North Canadian
River, dicht neben einer Gruppe von Bordells und erbärmlichen Lokalen. Sein
Vater und seine Mutter waren eine bestimmte Zeit lang Berufsmusiker gewesen und hatten in Dallas in einem kleinen Kino zur musikalischen Untermal-
lung von Stummfilmen gearbeitet, er als Trompeter und sie als Pianistin. Nun
spielten alle in der Familie mehr oder weniger gut ein Instrument. Der Vater
machte oft zusammen mit seinen drei Kindern im Quartett Musik. Charlie
hatte auf einer primitiven, selbstgemachten Gitarre angefangen und dann in der
kleinen Schulband weiter gelernt. Dort begegnete er Ralph Ellison, der auch
Jazzmusiker und danach einer der berühmtesten afro-amerikanischen Romanschriftsteller werden sollte. »Als Charlie uns in der Schule mit seiner ersten
Gitarre aus einer Zigarrenkiste amüsierte und in Erstaunen versetzte«, erzählte
der Schriftsteller später Rudi Blesh, »spielte er seine eigenen Riffs. Aber diese
stützten sich auf raffinierte Akkorde und Tonfolgen, die Blind Lemon Jefferson niemals gekannt hat.«[1]

Während seiner Kindheit konnte Christian die besten Musiker aus den bekanntesten Orchestern hören, die im Südwesten tätig waren. Da waren die Leute von den Blue Devils, von Andy Kirk und aus den »Terrtory Bands« (= Bands aus dem riesigen Hinterland der USA, die zwar in den Metropolen kaum bekannt wurden, teilweise aber hervorragende Solisten enthielten, wie die vielen hinterlassenen Schallplatten beweisen). Nach den Angaben einiger Jazzautoren übte der inzwischen völlig vergessene Gitarrist Jim »Daddy« Walker einen bedeutenden Einfluß auf Christian aus. Jedenfalls steht fest, daß Charlie mit großer Aufmerksamkeit Lester Young und mit geringerer Bewunderung, aber starkem Interesse Eddie Durham hörte, der damals – man zählte das Jahr 1937 – an seiner elektrischen Gitarre experimentierte. »Ich glaube nicht, daß Christian jemals eine Gitarre mit Verstärker gesehen hat, bevor er mich traf«, hat Durham gesagt, wollte aber auch Christians außergewöhnliche Fähigkeiten anerkennen: »Niemals in meinem Leben habe ich einen Jungen gehört, der es lernte, seine Gitarre in einem solch schnellen Tempo zu spielen.«[2]

Ab 1934 spielte der junge Christian beruflich in mehreren Orchestern, darunter der Band von Alphonso Trent, der in dieser Gegend sehr bekannt war. Er war auch bei der Jeter-Pillars Band in St. Louis und bei anderen Formationen. Mit Trent kam er bis nach North Dakota. In Bismarck, einer Stadt dieses Staates, hörte ihn Mary Osborne, eine junge weiße Gitarristin, die später erklärte, daß sie von seinem praktisch bereits geformten Stil stark beeindruckt war. Sie berichtete auch: »Ich entsinne mich einiger Phrasen, die Charlie in seinen Soli brachte. Es waren genau die gleichen Dinge, die später auf den Benny Goodman-Aufnahmen zu hören waren: »Flying home«, »Gone with ›what‹ wind«, »Seven come eleven« usw.«[3]

Zu denen, die Christian in Oklahoma City erlebten und tief von ihm beeindruckt waren, gehörte auch Mary Lou Williams, die Pianistin des Andy Kirk-Orchesters. Voller Begeisterung sprach sie darüber mit John Hammond. Dieser wollte sich persönlich überzeugen, kündigte dem Gitarristen schriftlich seine Ankunft an und machte sich dann auf die erste Flugreise seines Lebens. Es war eine katastrophale Reise in ungefähr zehn Einzeletappen, aber der junge Jazz-Mäzen wurde durch das, was er vorfand, reichlich für seine Mühsal entschädigt.

»Beim Verlassen des Flugzeuges«, erzählte John Hammond viele Jahre danach, »stellte ich überrascht fest, daß Charlie Christian mich mit seiner ganzen Band erwartete. Wir zwängten uns zu sieben Mann, dazu mein gesamtes Gepäck, in ein altes Auto, Marke Buick. Ich wurde vor meinem Hotel in der Stadt abgesetzt, wo Charlies Mutter als Kellnerin arbeitete und sich um mich kümmern sollte. Nach einem erfrischenden Bad traf ich die Musiker in der Hotelhalle wieder, und wir begaben uns alle zusammen zum Ritz-Club, wo

die Band dreimal in der Woche für zweieinhalb Dollar pro Abend und Kopf spielte. Das hieß, sie verdienten gerade so viel, um nicht Hungers zu sterben. Charlie spielte herrlich, aber die Band war entschieden mittelmäßig. In meiner ganzen Laufbahn bin ich nur wenigen Genies begegnet, Leuten wie Lester Young, Teddy Wilson, Louis Armstrong und Coleman Hawkins. Das sind wirklich nicht viele. Aber Charlie gehörte ganz offensichtlich dazu. Er holte aus seinem Instrument etwas absolut Neues heraus. Wie Lester in seinen besten Tagen spielte er einen Chorus nach dem anderen und erdachte und entwickelte bei jedem Chorus Ideen, die origineller als seine vorherigen waren. Charlie war wahrhaftig ein ›Genie‹. Und während ich ihm zuhörte, fragte ich mich, wie diese Musik zu Benny Goodman passen könnte. Ich hatte Goodman früher überzeugt, Teddy Wilson und Lionel Hampton zu engagieren, und fühlte, daß Charlie genau das Richtige zu seiner kleinen Besetzung und den Platten beitragen konnte, die für Columbia aufgenommen werden sollten.«[4]
Goodman befand sich damals, im August 1939, in Los Angeles. Er sollte zur Eröffnung eines neuen eleganten Restaurants in Beverly Hills, des Victor Hugo, spielen, trat regelmäßig in einer wöchentlichen Rundfunksendung mit dem Titel »Camel Caravan« auf und sollte auch seine ersten Einspielungen für Columbia machen. Für die Radiosendung verfügte er über einen mäßigen Fonds, um die Gastsolisten zu bezahlen, und Hammond überredete ihn, hundert Dollar aus diesem Fonds dafür zu verwenden, Christian die Reisekosten von Oklahoma nach Kalifornien zu bezahlen.
Der Gitarrist stellte sich Goodman im Studio der Columbia mitten in einer Aufnahmesitzung vor. Sein Aufzug verhieß nichts Gutes: ein grüner Anzug, darunter ein purpurfarbenes Hemd, ein Paar spitze gelbe Schuhe, ein Cowboyhut und ein schmetterlingsförmig geknotetes Stoffband als Krawatte verliehen ihm wirklich das Aussehen eines »impossible rube«, eines »unmöglichen Bauernlümmels«, um einen Ausdruck Goodmans zu verwenden. Der große Boß, der sich nicht leicht von Begeisterungsstürmen hinreißen ließ, nahm ihn nicht ernst. Nur aus Höflichkeit gegenüber Hammond, der ja inzwischen sein Schwager geworden war, ließ er Christian zwei Minuten über »Tea for two« improvisieren, dann sagte er, ohne irgendwie beeindruckt zu sein, sondern sichtlich gelangweilt »okay« und ging weg. Er dachte, es handele sich mal wieder um einen der »Begeisterungsstürme ohne Nutzeffekt« von Hammond.
Der gab sich aber nicht geschlagen. Er rief ungefähr zwanzig befreundete Musiker an, bat sie, ins Victor Hugo zu kommen, um ein außergewöhnliches musikalisches Ereignis zu erleben und Beifall zu klatschen, und schleuste am gleichen Abend seinen Schützling durch die Küchenräume in das Restaurant. Dabei half ihm Artie Bernstein, Goodmans Bassist, der ein guter Freund von ihm war und genug von dem Gitarristen gehört hatte, um Hammonds Begeisterung zu teilen.

»Als das Orchester den ersten Set beendet hatte«, erinnerte sich Hammond, »und sich nun das Quartett zu spielen anschickte, nahm Charlie auf dem Podium Platz. Benny sah sich vor vollendete Tatsachen gestellt. Aus Wut darüber, daß er nichts mehr daran ändern konnte, sagte er dem Pianisten, er solle ›Rose room‹ spielen, weil er die heimliche Hoffnung hegte, daß Charlie dieses alte und wenig bekannte Stück nicht kannte. Dann begann Benny die Melodie vorzustellen und ließ Charlie zum Improvisieren an die Reihe kommen. Und Charlie legte los. Chorus folgte auf Chorus. Fletcher Henderson und Lionel Hampton waren verblüfft. Niemand hatte jemals einen Solisten – und erst recht keinen Gitarristen – so etwas machen sehen. Das Stück dauerte achtundvierzig Minuten!«[5]

Jetzt war auch Goodman überzeugt (Hammond hat unterstrichen, daß er so k. o. wie noch nie in seinem Leben war) und engagierte den Gitarristen auf der Stelle, obwohl ihn jemand darauf hingewiesen hatte, daß er bereits zwei Negermusiker, Henderson und Hampton, beschäftigte und nun Gefahr laufen würde, sich die Sympathien des Publikums zu verscherzen. Sein Quartett, das mittlerweile durch Hinzufügung von Artie Bernstein zum Quintett geworden war, verwandelte sich also in ein Sextett, das ein paar Tage später erstmals im Rundfunk debütierte und im Oktober wegen eines Engagements im New Cockers Hotel zusammen mit der Bigband nach New York reiste. Charlie hatte sich gleich als Schlüsselfigur der neuen Goodman-Combo durchgesetzt, gehörte dagegen nicht zur Bigband, mit der er nur im Plattenstudio spielte.

Christian stützte seine Themen von Anfang an auf eine Reihe typischer Riffs aus dem Südwesten. »Flying home«, »A smo-o-o-oth one« und »Air mail special« waren frische, zündende und erregende Stücke, die der Jazzmusik neues Leben verliehen. Goodman und Hampton verdienten mit diesen Titeln, die sie sich zuschrieben – aber sie waren nicht die einzigen, welche die von Christian erfundenen Themen für sich beanspruchten – einen schönen Haufen Geld.

In New York schlugen diese Stücke und der Gitarrist aus dem Südwesten wie eine Bombe ein. Mit einem Schlag wurde Charlie in der Jazzwelt der Mann des Tages. Er war ein außergewöhnlicher Musiker, eine einfache Seele und ein echter Kumpan. Er wurde mit Beifall überschüttet und verhätschelt und mußte überall spielen, bis er nicht mehr konnte. Die Musik gehörte zu den wenigen Dingen, die ihn wirklich interessierten; seine sonstigen Interessen betrafen die »Küken« (»chicks« – so hießen sie bei ihm wie bei allen anderen Jazzmusikern), das heißt die Mädchen, die um die Musiker herumschwirrten und für Charlie eine besondere Zuneigung mütterlicher Art empfanden, und außerdem war da noch das Marihuana. Als Charlie sich in Harlem, weit weg von den anderen Mitgliedern der Goodman-Truppe niedergelassen hatte, fühlte er sich wie im Paradies. Er fing an, ein hektisches Leben zu führen, machte die Nacht zum Tage und spielte überall gratis, wo ihn jemand begleiten wollte, während irgendwo ein »Küken« wartete. Und was das Marihuana betraf, so hatte er noch niemals in seinem Leben soviel bekommen können.

Goodman, der Christians einstige Gage von siebeneinhalb Dollar pro Woche auf einhundertfünfzig Dollar gebracht hatte und seinen Gitarristen überall umsonst spielen sah, war mit bestimmten Extratätigkeiten überhaupt nicht einverstanden. Er war wohl bereit, ihn als Genie anzusehen (bei seinem zweiten großen Konzert in der Carnegie Hall hatte er ihn als »den großartigsten Musiker, der in den letzten Jahren entdeckt worden ist« vorgestellt), nicht aber, ihm ein Anrecht auf Liederlichkeit zuzugestehen. Auch auf Hammond war er längere Zeit böse, als dieser nach getroffenen Abmachungen mit dem Goodman-Sextett für das zweite »From Spirituals to Swing«-Konzert in der Carnegie Hall dessen Gitarristen mit Lester Young und Buck Clayton auftreten ließ, ohne Goodman vorher zu verständigen.

Ab Ende 1940, als das Minton's in Harlem eröffnet wurde, fand Christian dort einen sicheren Stützpunkt. Sobald er abends seine Arbeit bei Goodman im Pennsylvania Hotel beendet hatte, eilte er zum Minton's, um wie besessen zu jammen, bis alle heimgingen. Er gehörte fast zum Inventar des Hauses, so daß Teddy Hill, der Leiter des Lokals, eigens für ihn auf dem Podium einen brandneuen Verstärker anbringen ließ, damit Charlie seinen eigenen nicht jeden Tag dorthin zu schaffen brauchte.

Im Minton's fühlte sich der Gitarrist endlich frei und legte los. Christian hatte eine praktisch unbegrenzte Fähigkeit zum Improvisieren. Er reihte viertelstundenlang Riffs an Riffs, erreichte dadurch eine ungewöhnliche Spannung, die er dann in Entspannungspausen dämpfte, erzeugte sie danach von neuem und machte immer so weiter. Dieses Wechselspiel war dem nicht unähnlich, das die Kansas City-Musiker im Gefolge von Count Basie den musikalischen Feinschmeckern New Yorks gezeigt hatten. Beim Improvisieren komponierte Christian ungefähr so, wie es Art Tatum verstand.

Sein Gitarrenstil war völlig originell. Seine langen und widerhallenden Phrasen mit einstimmiger Melodieführung (gewöhnlich in Achtelnoten), deren Klang elektronisch verstärkt und verlängert wurde, gründeten sich auf Prinzipien, die den Blasinstrumenten, genauer gesagt den Saxophonen, eigen waren. Sie unterschieden sich deshalb sehr von den leichten Einzelphrasen der Pioniere der Jazz-Gitarre wie Lonnie Johnson und Eddie Lang. Wenn ein geistiger Vater für Charlie Christian gefunden werden soll, muß er mithin unter den Saxophonisten gesucht werden, und wahrscheinlich ist er in Lester Young zu sehen.

Seine rhythmische Auffassung ging der Konzeption des Bop voraus. In seinen Phrasen wurden die Akzente oft gegenüber den Taktschlägen verschoben, was dazu beitrug, einen intensiven und elastischen Swing aufkommen zu lassen, welcher einen deutlichen Fortschritt im Verhältnis zum schweren und gleichmäßigen Beat der zeitgenössischen Bigbands darstellte. Auch aus harmonischer Sicht war Christian seinen Zeitgenossen voraus. Er hatte eine Vorliebe für verminderte Septimenakkorde, und in seiner Phrasierung finden sich häufig Intervalle, die damals im Jazz gänzlich ungebräuchlich waren.

Vor allem jedoch überraschte die Musiker seine Erfindungsgabe für immer neue Phrasen, seine Fähigkeit, diese in unendlichen Kombinationen zu variieren und dauernd neue Riffs hervorzubringen. Viele Solisten waren in der Lage, ein Motiv frei zu umspielen, es abzuändern und auszuschmücken oder kurze Jazz-Phrasen über eine vorgegebene Akkordfolge zu improvisieren, aber nur ganz wenige Leute vor ihm und nach ihm sind dagegen imstande gewesen, auf den Harmonien eines bestimmten Stückes hintereinander neue Themen von klarer und interessanter melodischer Linienführung zu schaffen, wie er es konnte.

Eine Vorstellung von dem, was die Jam Sessions im Minton's waren, wenn Charlie daran teilnahm, erhält man beim Hören der Live-Aufnahmen, die damals von Jerry Newman, einem jungen Jazzfreund und eifrigen Besucher des Lokals, mit Hilfe eines semiprofessionellen Gerätes mitgeschnitten wurden und Jahre später auf verschiedenen unabhängigen Plattenmarken erschienen. Darunter sind zwei Improvisationen über die Harmonien von »Stompin' at the Savoy« und »Topsy«, die unter den künstlichen Titeln »Charlie's choice« oder »Swing to bop« auf Platte veröffentlicht wurden.

Charlie war ein schüchterner Bursche vom Lande geblieben und wurde von seinen Freunden oft liebevoll geneckt. Aber er wurde nie böse. Wenn Teddy Hill ihm sagte: »Jetzt lassen wir Django Reinhardt herkommen, und der wird dich vom Podium fegen!«, verzog Charlie sein Gesicht zu einem breiten Lächeln und fing an, in der Art des berühmten französischen Zigeunergitarristen zu spielen, von dem er ein paar Soli auswendig kannte, die er nach seiner Ankunft in New York von Platten abgehört hatte.

Christian machte alle Einspielungen seiner Laufbahn zwischen Ende 1939 und Anfang 1941. Die bedeutendsten entstanden mit Goodmans Sextett und Septett und einige auch mit dessen Bigband. Hierzu kommen noch bestimmte Aufnahmen mit einer Studioformation unter Lionel Hampton, einige Titel für Blue Note – mit nicht elektrisch verstärkter Gitarre! – zusammen mit einer Gruppe von Traditionalisten unter Leitung des Klarinettisten Edmond Hall, die »From Spirituals to Swing«-Konzertmitschnitte sowie noch einige wenige Dinge, die erst in jüngeren Jahren aus alten Radiosendungen verwertet wurden. Leute, die alles zusammengezählt haben, versichern, daß es sich insgesamt um wenig mehr als hundert Stücke handelt.

Es war vom Schicksal bestimmt, daß Christians Stern bald erlöschen sollte, nachdem er so hell erstrahlt war. Charlie litt seit längerer Zeit an Tuberkulose, und das ungeregelte Leben, das er in seinen beiden Ruhmesjahren führte, verschlimmerte seine Krankheit so erheblich, daß er im Frühjahr 1941 in ein Krankenhaus in Staten Island eingeliefert werden mußte, das er nicht mehr verlassen sollte.

Während dieser Monate besuchten ihn viele Freunde. Vor allen Dingen die Freunde aus Harlem, aber nicht die aus dem Goodman-Orchester, welche sich mit der einzigen Ausnahme des Gitarristen Mike Bryan – von John Hammond abgesehen – niemals blicken ließen. Die Besucher erzählten ihm von der Musik, von gemeinsamen Bekannten und von dem, was draußen geschah. Um ihn hochzuhalten, steckten ihm einige Unvernünftige Marihuana-Zigaretten zu. Wenn alles nicht so tragisch ausgegangen wäre, könnte man sogar über das, was um dieses Krankenhausbett herum geschah, lächeln. Charlie war vom Rauschgift oft wie betäubt, aber seine Freunde versorgten ihn nicht nur mit Marihuana. Irgend jemand ließ auch eines jener »Küken«, die zu seinen Leidenschaften gehörten, in das Zimmer schlüpfen. An seine andere Leidenschaft dachte Hammond, indem er ihm eine Gitarre schickte.

Vielleicht wäre er ohne gewisse Zerstreuungen durchgekommen. Aber als die Ärzte merkten, was im Zimmer ihres lebhaften Patienten vor sich ging, war es schon zu spät. Sie konnten nichts anderes mehr tun, als seine Freunde über die Verschlimmerung seines Gesundheitszustandes zu unterrichten. Unter anderem eilten Hammond und Teddy Hill herbei, der ihn als letzter am 2. März 1942 lebend sah. Am gleichen Tag verstarb Christian.

Charlie Christian wurde in der Jazzwelt sogleich zu einer Legende. Der junge Bursche aus Oklahoma wurde von vielen imitiert und wird noch heute von den Jazz-Gitarristen als unübertroffener Meister anerkannt, als derjenige, der eine neue Ära für ihr Instrument einleitete. Dieses endete nach seiner endgültigen elektrischen Verstärkung damit, daß es zum vorherrschenden Instrument in den Gruppen der leichten Musik geworden ist, die sich vom Jazz herleiten.

Seine besten Aufnahmen sind mehrfach wiederveröffentlicht worden, vor allem seine Stücke für Gitarre und Bigband, »Honeysuckle rose« oder das meisterhafte und eindrucksvolle »Solo flight«, sowie ferner die Titel mit den kleinen Goodman-Besetzungen. Einige der interessantesten Einspielungen wurden bereits genannt; zusätzliche Erwähnung verdienen »Rose room«, »Shivers«, »Boy meets Goy«, »Royal Garden blues«, »I've found a new baby«, »Till Tom special«, »Wholly cats«, »Six appeal« und »Breakfast feud«. Ein Großteil dieser Aufnahmen stützt sich auf Riffs, die Christian während der Improvisation erfand. Ganz ausgezeichnet ist außerdem noch »Profoundly blue« mit der Traditionalisten-Gruppe unter Edmond Hall.

Von dem starken und nachhaltigen Einfluß, den Christian auf die weiteren Entwicklungen des Jazz und auf den Stil der Gitarristen nach ihm ausübte, war schon die Rede. Es wäre leichter, diejenigen Gitarristen aufzuzählen, die sich seinem Einfluß entzogen haben, als all seine vielen direkten und indirekten

Schüler anzugeben. Zu den zahlreichen Vertretern seines Instrumentes, die seine Lektion lernten, gehörten Mary Osborne, Barney Kessel und später Herb Ellis, Jim Hall, Tal Farlow, Wes Montgomery sowie George Benson. Einige davon haben seinen solistischen Stil weiterentwickelt, aber keiner hat sich seiner Größe als Künstler genähert. Über dreißig Jahre nach seinem Tode ist der Orientierungsmaßstab der Jazz-Gitarristen, ihr Bezugspunkt immer noch dieser »unmögliche Bauernlümmel« aus Oklahoma, der im Lauf von zwei Jahren vom süßen Leben Harlems umgebracht wurde.

Billie Holiday

»Lady« wurde sie zum ersten Mal von den Mädchen genannt, die damals am
Anfang ihrer Laufbahn, als sie noch eine ganz junge Sängerin war, in einem
Harlemer Lokal mit ihr arbeiteten; »Lady«, weil sie sich so aufspielte und sich
weigerte, die Trinkgelder so aufzusammeln, wie es dort üblich war, und zwar,
indem die Mädchen den Rock ganz hochhoben und das Geld, das der Kunde
über die Tischkante gelegt hatte, zwischen ihre Beine nahmen. Jahre später
fügte Lester Young, der ihr herzlich zugetan war und eine besondere Gabe
hatte, Spitznamen für Freunde auszudenken und sie ihnen anzuhängen, »Day«
hinzu, um daraus »Lady Day« zu bilden, was sich so ähnlich wie »Holiday«
anhörte, und diesen Beinamen behielt sie dann. Aber sie war keineswegs eine
»Lady« und hatte auch niemals den Anspruch erhoben, eine solche zu sein.
Völlig verwahrlost war sie auf den Straßen des Negerviertels von Baltimore,
wo sie am 17. April 1915 geboren wurde, aufgewachsen und hatte allzufrüh die
schlimmsten Seiten des Lebens kennengelernt. Ihre Mutter, die sie im Alter
von dreizehn Jahren zur Welt brachte und ihr den Namen Eleonora (mit
Zunamen: Fagan) gab, war gewiß nicht in der Lage, ihr irgendeine Erziehung
zuteil werden zu lassen. Sie war ein einfaches Dienstmädchen und lebte fast
immer allein, weil der Jazzmusiker Clarence Holiday, der sie erst drei Jahre
nach der Geburt ihres gemeinsamen Kindes heiratete, bald wieder von ihr
wegging und ihr zweiter Mann sie nach ein paar Jahren als Witwe zurückließ.
Die kleine Nora (aber ihr Vater nannte sie Bill, weil sie Fahrrad fuhr und boxte
wie ein Junge), mußte sich sofort bemühen, ein paar Cents zu verdienen. Sie
scheuerte die Treppenstufen vor den Wohnungen der Weißen und machte
kleine Besorgungen. Dafür verlangte sie immer eine Bezahlung; eine Ausnahme bildete nur Alice Dean, die wenige Schritte von Billies Wohnung entfernt
ein Bordell führte. Von ihr verlangte das kleine Mädchen als Entgelt für seine
Besorgungen, daß es im Empfangsraum des Freudenhauses ein paar Minuten
lang Platten von Bessie Smith und Louis Armstrong hören durfte. Das war der
einzige Ort, den Billie kannte, wo solche Musik zu hören war.
Sie war erst zehn Jahre alt, als sie von einem üblen Kerl, der bei ihrer Mutter
zur Miete wohnte, vergewaltigt wurde. Er wurde deshalb zu einigen Jahren
Gefängnis verurteilt und sie in eine Besserungsanstalt gesteckt. Ursprünglich
sollte sie dort bis zur Erlangung der Großjährigkeit festgehalten werden, blieb
aber nur einige Monate, lange genug, um einen Schock für ihr ganzes Leben
davonzutragen und zu lernen, mit welcher Art von Beschäftigung sie schnell

zu viel Geld kommen konnte. So kam es, daß Eleonora Fagan eine jugendliche Prostituierte mit einem eigenen Zimmer in einer kleinen Pension in Harlem wurde, wo ihre Mutter sie einfältigerweise untergebracht hatte. Im Alter von erst fünfzehn Jahren wurde sie wegen Prostitution verhaftet, erneut vor Gericht gestellt und dann für vier Monate in ein Frauengefängnis nach Welfare Island am East River geschickt.

Als Billie entlassen wurde, wollte sie die Tätigkeit, der sie erst kurze Zeit nachgegangen war, nicht wieder aufnehmen. Sie überlegte sich, wie sie sich irgendwie durchschlagen konnte, so wie sie es schon als Mädchen getan hatte. Schließlich kam es per Zufall dazu, daß sie Sängerin wurde. Eines Tages, als sie für sich und ihre Mutter verzweifelt Geld benötigte, fand sie nichts Besseres, als sich bei dem Besitzer eines Harlemer Lokals, dem Pod's & Jerry's, als Tanzgirl zu bewerben. Als solches wurde sie abgewiesen, aber gefragt, ob sie singen konnte, und sogleich eingestellt.

Zum Pod's & Jerry's, einem »Speakeasy« auf der 133. Straße, das berühmt wegen seiner Brathähnchen und seiner Pianisten war (einer, den man damals oft hören konnte, hieß Willie »The Lion« Smith, hatte immer eine Melone auf dem Kopf und eine dicke Zigarre zwischen den Zähnen und spielte »Stride Piano«), kamen zahlreiche Persönlichkeiten aus der Welt des Show Business. Da erschienen Leute wie Fredric March, Franchot Tone, Tallulah Bankhead und auch viele Musiker. Es galt als schick, dort nach einem Abend im Cotton Club eine Stippvisite zu machen, und noch mehr »in« war es, bis zum frühen oder gar späten Morgen dazubleiben, um dann im Abendkleid unter der Mittagssonne durch Harlems Straßen spazieren zu gehen. Billie Holiday (diesen Künstlernamen hatte sie sich selber zugelegt, indem sie den Zunamen ihres Vaters mit dem Vornamen ihrer Lieblingsschauspielerin Billie Dove kombinierte) wurde in diesem Lokal bei den reichen Leuten von der Park Avenue ziemlich populär und hatte auch Gelegenheit, von den wichtigsten Namen in der kleinen Welt des Jazz, das heißt insbesondere John Hammond, Benny Goodman und Joe Glaser, gehört zu werden. Dieser letztere bot ihr seine Dienste als Manager an; Hammond und Goodman ließen sie Ende 1933 ihre erste Schallplatte aufnehmen, die eigentlich nicht besonders herausragte.

Billie spielte ihre ersten gut gelungenen Platten 1935 ein und wurde dabei von einer kleinen Gruppe unter Leitung von Teddy Wilson begleitet, welcher mehrere Jahre lang ihr unvergleichlicher Partner sein sollte. Wilson war eine der vielen Entdeckungen von Hammond, der ihn im Grand Terrace in Chicago gehört hatte, als Teddy den auf Tournee gegangenen Earl Hines ersetzte. Hammond holte Wilson ins Pod's & Jerry's, um ihm die junge Sängerin vorzustellen und dann ihre ersten gemeinsamen Aufnahmen für Brunswick zu arrangieren. Diese Platten entstanden unter dem Zeichen der Improvisation und der Sparsamkeit. Die Lieder wurden meistens erst im letzten Augenblick ausgewählt und eingeübt, kleine Arrangements im Handumdrehen erstellt und die Soli improvisiert. Nur wenig Geld stand zur Verfügung, aber Wilson, der auch die Aufgabe hatte, die Musiker auszusuchen, vollbrachte wahre Wunder damit. Für zwanzig Dollar pro Kopf gelang es ihm, Solisten wie Roy Eldridge, Lester Young, Bunny Berigan, Johnny Hodges, Don Redman, Cozy Cole, Benny Carter, Benny Goodman usw. ins Studio zu holen. Billie wurden fünfzig Dollar für jede Aufnahmesitzung gezahlt.

Viele dieser Platten hatten Erfolg und trugen mit dazu bei, die Lokale Harlems und der 52. Straße zu füllen, in denen die Sängerin zu dieser Zeit normalerweise auftrat. Allerdings konnten diese Platten Billie einen großen Mißerfolg in Chicagos Grand Terrace nicht ersparen; dort trat sie nur einmal flüchtig auf und entfernte sich, nachdem sie mit einem Tintenfaß nach dem Leiter des Cabarets geworfen hatte. Die Platten vermochten auch den Verlauf ihrer Tournee mit dem Count Basie-Orchester nicht zu beeinflussen. Basie war damals noch auf der Suche nach einer ersten Anerkennung durch das Publikum und die Kritiker, und er hatte Billie auf Hammonds Empfehlung engagiert.

1938 sammelte Billie längere Zeit weitere Erfahrungen mit einer Bigband und zwar mit der von Artie Shaw, die sich damals größter Beliebtheit erfreute. Aber das war ein weißes Orchester, sie war eine Negerin, und das Publikum hatte sich an ein derartiges Zusammenwirken noch nicht gewöhnt. Für Billie Holiday wurde diese Tournee trotz der mutigen Unterstützung, die ihr Shaw und seine Musiker gewährten, zu einer ununterbrochenen Folge von Demütigungen, die als neue Wunden noch zu den seelischen Schocks aus ihrer frühen Kindheit kamen. Billie war voller Erbitterung über die diskriminierenden Maßnahmen, denen sie unterworfen wurde und die sie am Ende zwangen, das Orchester zu verlassen.

Ein langes Engagement im Café Society in Greenwich Village und verschiedene erfolgreiche Verpflichtungen in den Lokalen der 52. Straße sowie später in Chicago und Los Angeles festigten ihren Ruf. Eine mißglückte Ehe mit Jimmy Monroe, der Tod ihres Vaters und dann ihrer Mutter machten aus ihr eine zusätzlich verbitterte, reizbare und aggressive Frau. Ihr Dasein wurde jetzt noch komplizierter durch das immer mehr fordernde und tyrannische Heroin, dem sie seit einigen Jahren verfallen war. »Es dauerte nicht lange, bis ich eine der bestbezahlten Sklavinnen wurde«, hat Billie geschrieben. »Ich verdiente sogar tausend Dollar in der Woche, aber an Freiheit hatte ich nicht mehr, als der lausigste Feldarbeiter von Virginia vor hundert Jahren gehabt haben mag.«[1]

Nachdem Billie 1946 mit Louis Armstrong an den Dreharbeiten des Films »New Orleans« teilgenommen hatte (nicht ohne lebhaften Protest, daß man ihr die Rolle einer Kellnerin übertragen hatte), unterzog sie sich einer Entziehungskur, die ihr als einziges Ergebnis die Polizei auf die Fersen hetzte. Im Mai 1947 wurde sie in Philadelphia wegen Besitz und Gebrauch von Rauschgift verhaftet. Während des darauffolgenden Prozesses, der großes Aufsehen erregte, mußte sie sehr harte Worte des Distrikt-Staatsanwaltes über sich ergehen lassen: »Zu ihrem Unglück, muß ich hinzufügen«, sagte dieser unter anderem, »ist sie an die übelste Sorte von Schmarotzern und Blutsaugern geraten, die man sich vorstellen kann. Wir haben ermittelt, daß sie in den letzten drei Jahren fast eine Viertelmillion Dollar verdient hat, aber letztes Jahr waren es nur noch 56000 oder 57000 Dollar, und jetzt besitzt sie nichts mehr von diesem Geld.«[2]

Billie wurde zu einem Jahr und einem Tag Gefängnis verurteilt und kam in eine Haftanstalt nach Alderson in West Virginia. Im Februar 1948 wurde sie freigelassen.

Sogleich nach ihrer Rückkehr nach New York veranstalteten ihre Freunde für sie ein Konzert in der Carnegie Hall, das ein großer Erfolg wurde. Niemand konnte ihr jedoch Engagements in den Nachtlokalen dieser Stadt verschaffen, weil ihr die Polizei die »cabaret card« entzogen hatte, einen Ausweis, der notwendig war, um in denjenigen Lokalen New Yorks auftreten zu können, in denen Alkohol ausgeschenkt wurde. Von nun an mußte sie sich also einige Jahre lang darauf beschränken, in Theatern, im Fernsehen oder Rundfunk und in Nachtlokalen anderer Städte aufzutreten oder Schallplatten aufzunehmen. Um ihr Problem zu lösen, wurde eine Musikrevue unter dem Titel »Holiday on Broadway« für sie vorbereitet, die sich nach ihrer Inszenierung im Mansfield-Theater allerdings nicht länger als drei Wochen halten konnte.

Indessen verloren die Beamten vom »Bureau of Narcotics« Billie nicht aus den Augen. Seit ihrer Entlassung aus dem Gefängnis waren erst wenige Monate vergangen, als in San Francisco, wo sie sich aus Arbeitsgründen aufhielt, Polizisten in ihr Hotelzimmer eindrangen. Man traf sie im Besitz von Rauschgift an, und sie wurde zusammen mit ihrem Manager John Levy verhaftet. Dieser verschwand jedoch mit ihrem ganzen Geld und überließ es ihr, allein mit dem Gericht fertigzuwerden, von dem sie freigesprochen wurde.

In einem Bericht aus San Francisco vom Juli 1949 schrieb »Down Beat«: »Billie Holiday ist ohne Geld und ganz allein, nachdem sie von ihrem Manager John Levy im Stich gelassen und dem Prozeß, der ihren Freispruch ergab, ausgesetzt worden ist; nun will sie wieder anfangen zu arbeiten ... Obschon das Gericht zu der Überzeugung gelangt ist, daß sie von Levy reingelegt wurde, hat sie erklärt: »Wenn er in diesem Moment in dieses Zimmer käme, würde ich dahinschmelzen. Er ist mein Mann und ich liebe ihn!«

Der Prozeß hat bestätigt, daß Billie unmittelbar vor dem Eindringen der Polizei ein Päckchen Opium (von ihrem Manager) zugesteckt worden ist. Billie ist mit einem blauen Auge zum Prozeß erschienen und hat ausgesagt, daß

Levy sie so geschlagen hat, bevor er verschwand. »Sie müßten meinen Rücken sehen«, hat sie hinzugefügt, »und er hat sogar meinen Nerzmantel im Wert von 18000 Dollar mitgenommen. Er hat mir gesagt, er wolle ihn seiner Schwester zur Aufbewahrung für mich geben. Jetzt habe ich nichts mehr und habe Angst.«

Mehr als alle anderen half ihr Norman Granz wieder auf die Beine und ließ sie zahlreiche Platten für seine Marken aufnehmen. Anfang 1954 war ihr auch Leonard Feather behilflich und organisierte eine Europatournee, bei der sie einen Erfolg nach dem anderen erntete.

Einige Monate nach ihrer Rückkehr in die Heimat wurde Billie wiederum verhaftet, diesmal mit ihrem zweiten Ehemann Louis Mc Kay, der sie kurz darauf verlassen sollte. Eine erneute Konzertreise durch Europa Ende 1958 war nicht so erfolgreich wie die erste. Ihre Stimme hatte das Timbre von einst verloren, und bei ihrem bedenklichen Gesundheitszustand konnte es jederzeit zu einer nur mittelmäßigen Leistung kommen.

Billies Tage waren gezählt. Und niemand wunderte sich, als die Zeitungen in aller Welt die Nachricht von ihrem Tod brachten, der sie am 25. Mai 1959 im Metropolitan Hospital in New York ereilte. Im Verlauf ihres Krankenhausaufenthaltes war wieder ihre Verhaftung ausgesprochen worden. An der Türe ihres Krankenzimmers stand ein Polizist zu ihrer Überwachung, während sie starb.

Alle Fachzeitschriften veröffentlichten dann lange Artikel über sie. Ihr tragisches Leben wurde nochmals aufgerollt, und wer sie näher gekannt hatte, redete von ihrem schwierigen und unberechenbaren Charakter, von ihrem tiefen Unglück oder von ihrer dauernden Suche nach einer Liebe, die sie nie fand. Man sprach von ihrem quälenden Minderwertigkeitskomplex, von ihrem manchmal schroffen und heftigen Gebaren und suchte nach den Ursachen, die in Wirklichkeit nicht schwer zu finden waren. Aber vor allem war von ihrer Kunst die Rede, von ihren Aufnahmen und ihrer unnachahmlichen Art zu singen. »Lady Day« war eine der Großen des Jazz-Gesanges, wohl die größte Jazzstimme nach Bessie Smith.

Ihr Geheimnis hatte sie selbst offenbart, als sie sagte: »Ich stelle mir nicht vor zu singen. Ich fühle mich, als ob ich ein Blasinstrument spielen würde. Ich versuche zu improvisieren wie Les Young, wie Louis Armstrong oder irgend jemand sonst, den ich bewundere. Was dabei herauskommt, ist das, was ich empfinde. Es paßt mir nicht, ein Lied so zu singen, wie es ist. Ich muß es auf meine Art abändern. Das ist alles, was ich weiß.«[3]

Man hat darauf hingewiesen, daß Billie Holiday im Geist ihrer Kunst das Erbe von Bessie Smith angetreten hat, auch wenn sie selten Blues sang und sich stattdessen meistens auf die Schlager weißer Autoren der Tin Pan Alley einließ. »Der Klassische Blues«, hat der Engländer Charles Fox hierzu richtig bemerkt,

»erreichte seine volle Entwicklung in der Kunst von Bessie Smith, die ihm in ihrem Gesang seine vollkommenste und dramatischste Form verliehen hat. Billie Holiday, die während der dreißiger Jahre reifte, verwertete die populären Songs dieser Zeit, gestaltete sie um und gab ihnen eine echte Bedeutung. Für die frühere wie die spätere Sängerin bildeten die Worte einen grundlegenden Teil des Liedes. Für Bessie Smith enthielten sie bereits die ganze Poesie; Billie Holiday mußte diese Poesie erst selber schaffen.«[4]

Tatsächlich war Billie Holiday unter allen Jazzsängerinnen diejenige, die das ihr vorgelegte musikalische Material am gründlichsten und häufig kühn verarbeitet hat, wobei sie bewies, daß sie die schöpferische Kraft und das berufliche Können eines großen Solisten und Improvisators besaß.

In einem eingehenden Aufsatz über die Sängerin schrieb Demètre Ioakimidis: »In ihren Aufnahmen der Zeitspanne 1935-40 können wir alle Methoden finden, mit deren Hilfe sie eine Melodie umgestaltete: die Akzentuierung bestimmter Noten, denen sie kurze Pausen vorangehen ließ, welche die Aufmerksamkeit auf diese Noten lenkten (»Why was I born«, »I wished on the moon«); die Befreiung der Phrase in bezug auf das Zeitmaß (»I can't get started«), die gewöhnlich mit einer leichten Verzögerung zu diesem eingeleitet wird; ein Effekt, aus dem Billie Holiday einen beträchtlichen Swing herausholte (»Miss Brown to you«); die plötzlichen Gegenüberstellungen der Register (»Body and soul«) oder die Kombination dieser beiden letztgenannten Effekte (»Can't help lovin' that man«). Während der ganzen Dauer dieser Aufnahmen überrascht einen die Art, in der Billie Holiday ihre Vocals »denkt« – oder »empfindet« – und sie tut es viel mehr nach Art eines Instrumentalisten als nach der einer Sängerin, so sehr, daß sie, wenn sie in »He's funny that way« Lester Young folgt, den musikalischen Gedanken dieses letzteren fortzusetzen scheint.«[5]

Ihre Art und Weise, die Phrasen zu erarbeiten, die immer die naheliegenden Lösungen vermieden hat, um das Höchstmaß an Ausdruckskraft zu suchen, hat im Laufe der Jahre eine bemerkenswerte Entwicklung durchgemacht und ist nach und nach komplexer und manchmal sogar etwas extravagant geworden. Gleichzeitig hat sich die Beschaffenheit ihrer Stimme – in Abhängigkeit von ihrer unregelmäßigen Lebensweise – fortschreitend verändert; anfänglich war sie metallisch, kühl, beißend, aber auf ihre Weise klar und später herb, aufreizend und gelegentlich jammernd. In den späteren Aufnahmen versucht Billie, die reduzierten Grenzen von Umfang und Stärke ihrer Stimme vor allem im tiefen Register zu überwinden, in welchem sie heiser bis zur Erreichung von Growl-Effekten singt. Ihre Phrasierung wird infolgedessen gequälter, fast expressionistisch und nicht selten gekünstelt. Jetzt sind die Akzente schmerzlicher und dramatischer.

Billie Holiday hat im Lauf ihrer Karriere[6] viele Schallplatten besungen und bestimmte Glanznummern auch bei ihren Aufnahmen mehrmals wiederholt. An einige wurde bereits erinnert; weiterhin sind zu nennen: »What a little moonlight can do«, »Trav'lin' light«, »If the moon turns green«, »Solitude«, »A sailboat in the moonlight«, »God bless the child«, »Gloomy Sunday«, »Am I blue«, »All of me« und »You go to my head«. Doch ist »Strange fruit«, das zum ersten Mal für Commodore aufgenommen und dann tausendfach öffentlich gesungen wurde, gewiß ihr Meisterwerk und trägt auch ihren Namen als Koautorin. Dieses Lied beschwört ein grausiges Bild: »Southern trees bear a strange fruit/blood on the leaves and blood at the root.«[7] Mit diesen Worten beginnt die erschütternde Schilderung der »seltsamen Frucht«, die von den Ästen eines Baumes im Süden herabhängt: es ist der Körper eines gelynchten Negers.

Noch ein Meisterwerk ist »My man«. Wenn man Billie dieses leidenschaftliche Liebeslied singen hört, fragt man sich unwillkürlich, an welchen der vielen Männer, die sie liebte und von denen sie verlassen wurde, sie wohl dachte.

Blues im eigentlichen Sinne sind, wie gesagt, selten in ihrem Repertoire. Dazu gehören »Fine and mellow«, »Rocky mountain blues« und »Billie's blues«, der bekannteste von allen. Sie haben nichts vom ländlichen Blues an sich und lassen nicht an den Süden denken. Es sind Blues aus der Großstadt, und sie zeigen Billies tiefes Verständnis für die echteste Musik des Neger-Gettos. Jenes Gettos, von dem sie sich nie befreien konnte und das sie bis zuletzt verfolgte, wie ein Fluch.

Ella Fitzgerald

Was Ella Fitzgerald mit ihrer kindlichen und klingenden Stimme singt, gefällt allen denen, die melodische Lieder, gute alte Standards oder Tagesschlager lieben, und denen, die den Jazz in seiner kecksten und beschwingtesten Form vorziehen. Aus diesem Grund hat der eine oder andere Kritiker wegen der Breite und Vielschichtigkeit ihres Publikums und ihrer Vielseitigkeit im Repertoire aus einem Hang zu Spitzfindigkeiten heraus die Behauptung aufgestellt, sie sei keine Jazz-Sängerin, sondern eine wenn auch glänzende Song-Interpretin. Eine, die sich in Gershwin-Balladen und Stücken von Burt Bacharach zu Hause fühlt, aber auf dem Trockenen sitzt, wenn sie einen Blues singen soll. Nicht umsonst gibt das Negerpublikum der »Soul sister« Aretha Franklin den Vorzug, deren Gesang den charakteristischen »shout«, das Schreien, die erregte Vehemenz und die Inbrunst von Predigten und Gospel Songs enthält, wie sie in den schwarzen Kirchen erklingen.

Tatsächlich ist Ella anders als die anderen farbigen Sängerinnen, und das ist sie von Anfang an gewesen, auch als sie erst ein kleines Mädchen war, das im New Yorker Vorort Yonkers lebte und sich bemühte, Stimme und Stil von Connee Boswell, der besten der drei weißen Boswell Sisters, nachzuahmen. Darüber braucht man sich nicht zu wundern, denn damals in den frühen dreißiger Jahren war es für jedermann schwierig, den Weg des wahren Jazz und der Bluessängerinnen einzuschlagen. Es war die Zeit der Wirtschaftskrise, und im Radio hörte man fast ausschließlich süßliche Musik. Was den guten Jazz anbetraf, der in den Cabarets von Harlem gespielt wurde, so war er für die Neger nicht zugänglich, und die »Race Records« gehörten in vergangene Zeiten. Jedenfalls überstiegen die Platten, die man noch in den Läden fand, Ellas finanzielle Möglichkeiten, weil sie arm war.

Ihre Mutter stammte aus Newport News in Virginia und brachte sie am 25. April 1918 in Yonkers zur Welt. Sie arbeitete in einer Wäscherei und hatte es schwer, durchzukommen, da sie seit geraumer Zeit von Ellas Vater verlassen worden war, und der Mann, mit dem sie jetzt zusammenlebte, hatte nur gelegentlich eine Arbeit. Als es immer schlechter ging, zog Ella in die Wohnung einer Tante. Das Mädchen ertrug die Armut heiter; denn wie viele ihrer Altersgenossinnen fand sie die Möglichkeit, mit ihrer Phantasie in die vergoldete Welt des Show Business zu entrinnen. Sie war das, was man einen »Fan« nennt, und hoffte, selber als Tänzerin in diese Welt einzusteigen. Statt dessen hatte sie fast zufällig ein Debüt als Sängerin, als sie an einem Nachwuchswettbewerb im Apollo Theatre teilnahm. Dabei gewann sie nicht nur einen Preis, sondern wurde auch von Benny Carter beachtet, der die Vorstellung miterlebte.

Er sprach über sie mit John Hammond und Fletcher Henderson. Henderson ließ sich von dem Mädchen überhaupt nicht beeindrucken, als er sie hörte, versprach ihr zwar, daß er sich später melden würde, vergaß sie aber dann. Ella war nicht entmutigt und machte weiter bei den »Stunden für Amateure« mit, die regelmäßig in der Stadt veranstaltet wurden. Bald wurde sie so bekannt, daß zu einem bestimmten Zeitpunkt CBS bereits drauf und dran war, sie zu engagieren, um sie in großem Stil herauszubringen. Dann wurde aber nichts daraus, weil gerade zu dieser Zeit ihre Mutter starb und sich niemand fand, der bereit gewesen wäre, die Verantwortung für die junge Waise zu übernehmen. So blieb ihr nichts anderes übrig, als weiterhin zu den Amateurwettbewerben zu gehen. Eines Abends erlebte sie sogar auf der Bühne des Lafayette Theatre einen Mißerfolg, als ihr Begleitpianist das Lied, das sie sang, nicht kannte und sie verwirrte, so daß das Publikum sie mit Pfiffen und Buhrufen bedachte.

Das war das einzige Fiasko ihrer Karriere. Damals sollte nicht viel Zeit verstreichen, bis es ihr gelang, einen Vertrag für Auftritte von einer Woche Dauer im Harlem Opera House zu gewinnen. Als Tiny Bradshaw, der Orchesterleiter dieser Show, das Mädchen hörte, horchte er auf und bot ihr sogleich ein Engagement an, aber Ella war zu jung, um mit einer Musikertruppe auf Reisen zu gehen, und mußte das Angebot ablehnen. Weit weniger geneigt, sie zu engagieren, zeigte sich Chick Webb, der Bandleader, der in der Show auf Bradshaw folgte. Bardu Ali, der Zeremonienmeister von Webbs Bigband, der das Mädchen im Theater gehört und sich mit Carter und Bradshaw dem Grüppchen ihrer Anhänger angeschlossen hatte, mußte sich ganz gehörig ins Zeug legen, um seinen Chef dazu zu überreden, Ella anzuhören. »Er wollte überhaupt nichts von einer Sängerin wissen«, erinnerte sich Ella, »so haben sie mich in seiner Garderobe versteckt und ihn gezwungen, mir zuzuhören. Ich kannte nur drei Lieder, alle die ich von Connee Boswell gehört hatte: ›Judy‹, ›The object of my affection‹ und ›Believe it, beloved‹. Chick schien nicht sonderlich überzeugt, aber erklärte sich einverstanden, mich am Tage darauf für einen Abend in Yale zu nehmen. Tiny Bradshaw und die Tänzerinnen veranstalteten eine Sammlung, um mir ein Kleid zu kaufen. In der Woche danach fingen wir an, im Savoy zu arbeiten.«[1]

So begann Ella Fitzgeralds Laufbahn, die längste und erfolgreichste, die eine Sängerin des Jazz oder der leichten Musik je verzeichnen konnte. Einige Zeit lang gestattete ihr Chick Webb, der sie nicht für geeignet für »erwachsene« Liebeslieder hielt (man schrieb das Jahr 1934, und Ella war gerade erst sechzehn Jahre alt), bloß, die rhythmischen Stücke zu singen, die die Lindy hop-Tänzer in Raserei versetzten. Dann überzeugte er sich am Ende von ihrem

Talent und ihrer Vielseitigkeit und ließ zu, daß Edgar Sampson für sie Arrangements über Themen sentimentaler Lieder schrieb.

Im Jahre 1937 nahm Ella ihre erste Platte mit dem Orchester von Webb auf, und zwar »Love and kisses«. Um diese Aufnahme hören zu können, mußte sie eine befreundete Person bitten, die Jukebox in einer Bar in Gang zu setzen, die sie wegen ihres jugendlichen Alters nicht betreten durfte. Also hörte sie ihre eigene Musik durch die angelehnte Tür des Lokals und war überglücklich. Obwohl sie es noch nicht wußte, war sie schon ein Star. Der »Swing craze« war ausgebrochen, und Jitterburgs und Kenner hörten sehr aufmerksam zu. Besonders achteten sie auf das, was im Savoy geschah, einem der wahren Tempel des wiedererstandenen Jazz. So waren wenige von ihnen überrascht, als sie im Dezember 1937 die Ergebnisse der jährlichen »Down Beat«-Umfrage lasen und den Namen von Ella Fitzgerald an erster Stelle unter den Swing-Sängerinnen sahen. Noch ein paar Monate vergingen, und die halbe Welt lernte sie auf einer sehr gut verkauften Schallplatte kennen, die eine Einspielung des von ihr selbst ausgearbeiteten kindlich-verspielten Songs »A-Tisket A-Tasket« enthielt.

In Chick Webb hatte Ella nicht nur einen verständnisvollen Orchesterleiter gefunden, sondern endlich auch einen liebevollen Vater, welcher sich gemeinsam mit seiner Frau um sie kümmerte und ihr sogar viel schönere Kleider kaufte, als sie sich selber ausgesucht hätte. Doch dauerte Webbs Fürsorge nicht lange. Der Schlagzeuger war seit langer Zeit schwer krank, und viele fragten sich, wie dieser verkrüppelte kleine Mann es schaffte, immer wieder jeden Abend stundenlang so mächtig sein Schlagzeug zu spielen und die Trommeln mit einer solch fast mathematischen Präzision zu schlagen. Später erfuhr man, daß er oft nach der Arbeit vor Schmerzen und Anstrengung ohnmächtig wurde. Wenn er den Ärzten gefolgt wäre, hätte er schon lange mit dem Spielen aufhören müssen. Als er dann in ein Krankenhaus in Baltimore eingeliefert wurde, um dort operiert zu werden, wurde bald deutlich, daß man ihn nicht mehr retten konnte. So verstarb Chick Webb 1939, als er erst siebenunddreißig Jahre alt war.

Ella übernahm dem Namen nach die Leitung des Orchesters und tat ihr Bestes, um es zusammenzuhalten. Aber die Leute vermißten Webb, für den sie immer eine besondere Zuneigung empfunden hatten, und außerdem hielt der neue Schlagzeuger Bill Beason den Vergleich mit seinem Vorgänger nicht im entferntesten aus. Als ob das noch nicht gereicht hätte, wurden verschiedene Mitglieder der Bigband auch noch bald in den Krieg einberufen. Die Formation mußte 1941 endgültig aufgelöst werden.

Nun leitete Ella eine unabhängigere Aktivität ein. Einige Zeit lang wirkte sie mit den Four Keys, einer Gesangs- und Instrumentalgruppe, und trat dann als Einzelsängerin auf. Als die Stunde des »Bop« schlug, tat sie sich mit den jungen Jazz-Revolutionären zusammen und erschien neben dem neugegründeten großen Orchester von Dizzy Gillespie im Programm der Show »Hep-sations 1945«, die bis in den Süden der USA vordrang. Während dieser Tournee fing sie an, Gefallen an der typischen Scat-Phrasierung der Bop-Sänger zu finden. Es verging nicht viel Zeit, und sie durfte allen demonstrieren, was für einen Nutzen sie aus ihrem Umgang mit den »Boppers« gezogen hatte. Für Decca besang sie »Flying home« und »Lady be good« in Scat-Versionen.

Die Platte mit diesen beiden Aufnahmen wirkte sensationell und zeigte dem, der es noch nicht wußte, daß Ella Fitzgerald nicht nur eine einfühlsame und intelligente Interpretin von Songs, sondern darüber hinaus auch eine außergewöhnliche Jazz-Sängerin war, die in einem instrumentalen Stil wie ein fähiger Solist improvisieren konnte. Das merkte auch Norman Granz und bot ihr deshalb 1948 (in dem Jahr, als sie in zweiter Ehe den Kontrabassisten Ray Brown heiratete, von dem sie sich nach vier Jahren trennen sollte) an, an seinem Jazz at the Philharmonic teilzunehmen. Mit dieser All Star-Besetzung unternahm sie ab 1949 zahlreiche Tourneen durch Amerika und ab 1952 auch nach Europa und anderswohin, wobei sie stets riesige Erfolge erntete.

Die erfahrene Führung von Granz, welcher ab 1954 ihr Manager wurde, läßt sich in jedem Schritt erkennen, den die Sängerin im zweiten Teil ihrer Laufbahn tat. Er war der Mann, der sie in die elegantesten Lokale der Vereinigten Staaten einführte, ihre Konzertauftritte in Europa – einschließlich Südamerika, Japan und sogar Australien – immer zahlreicher werden ließ und sie einem viel breiteren Publikum als dem der Jazz-Anhänger näherbrachte. Er war auch derjenige, der sie nach Ablauf ihres Vertrages, der sie zwanzig Jahre lang mit der Firma Decca verbunden hatte, eine umfangreiche Reihe ausgezeichneter Plattenalben auf der Marke Verve – in seinem eigenen Besitz – aufnehmen ließ.

Seit einigen Jahren muß Granz jedoch seiner Lieblingssängerin eine erhebliche Verlangsamung ihrer Tätigkeit auferlegen. Zweimal, und zwar 1971 und 1972, war Ella mitten in ihren Sommertourneen nach Europa gezwungen, wegen einer schlimmen Augenkrankheit ihre Aktivität zu unterbrechen. Wer sie kennt, weiß, wie schwer ihr solche erzwungenen Ruhepausen fallen; denn es gibt nichts, auch nicht in ihrer schönen Villa mit Swimming-pool in Los Angeles, was sie für den Verlust des herzlichen Publikumsbeifalls entschädigen könnte. Außer Singen existiert nichts, was sie wirklich interessiert.

In einer mit großen Erfolgen gespickten Karriere wie der von Ella Fitzgerald in den letzten zwanzig Jahren ist es schwer, die wesentlichsten Stationen anzugeben. Eine davon bildete zweifelsohne ihr großes Konzert vom Juli 1957, das sie zur Begleitung eines Symphonieorchesters vor 20000 Zuschauern im Hollywood Bowl gab. Ebenfalls denkwürdig waren ihre zeitweiligen Assoziationen mit dem Duke Ellington-Orchester, mit dem sie im gleichen Jahre ein erstes Plattenalbum produzierte und dann in Amerika und Europa zahlreiche Konzerte bestritt. Auch mit Count Basie trat sie in bedeutenden Veranstaltungen auf und besang beachtliche LPs, desgleichen mit Oscar Peterson, der ungezählte Male an ihrer Seite spielte.

Für sie, die es nie vermocht hat, sich an den Erfolg zu gewöhnen, waren es alles berauschende Erlebnisse. Jedesmal kommt sie voller Furcht auf die Bühne, daß sie dem Publikum nicht gefallen könnte und wieder die Buhrufe zu hören bekäme, die ihr seit jenem unglückseligen Tag im Lafayette in den Ohren geblieben sind.

Hinsichtlich einer solchen Befürchtung schlafen die Veranstalter ruhig, wenn sie im Programm angekündigt ist. Wie ein Debütant, der eben an diesem Abend seine ganze zukünftige Karriere riskiert, kommt Ella viel zu früh vor der Vorstellung in dem Konzertsaal an, wartet ein wenig nervös – aber ohne irgend jemanden zu stören – auf ihren Auftritt, und wenn dieser da ist, setzt sie alles, aber auch wirklich alles, daran, ihr Publikum nicht zu enttäuschen. Und das geht dann zufrieden nach Hause, nachdem es einige Zugaben und ein halbes Dutzend berühmter Spezialnummern von Ella zu hören bekommen hat. Darunter sind die jazzmäßigeren Stücke, in denen sie sich in dem akrobatischen Scat-Gesang präsentiert, von dem sie mit »Flying home« eine erste Probe lieferte. Solche Spezialitäten gibt es viele: »How high the moon«, »Mack the knife«, »Mr. Paganini«, »Air mail special«, »Stompin' at the Savoy«, »It don't mean a thing if it ain't got that thing«, »Manteca« usw.

Alle diese Stücke liegen in Plattenaufnahmen vor, und zwar oft in mehreren Versionen, von denen man mit Leichtigkeit mindestens eine in den Alben finden kann, die Ella bei bestimmten Konzertauftritten vorstellen. Ihre Live-Mitschnitte vermitteln nämlich besser als andere Einspielungen eine Vorstellung von der Kommunikationsfähigkeit dieser Sängerin und ihrem Vermögen, eine elektrisierende Atmosphäre und fröhliche Stimmung zu erzeugen. Ella kann eine ganze Zuhörerschaft in ihren Bann ziehen, wie nur wenige Jazzmusiker es verstanden oder verstehen. Sie ist ein richtiges »Zugpferd«, wie man zu sagen pflegt.

Jedoch ist sie auch eine erstklassige Jazz-Sängerin und noch mehr als das eine hervorragende Musikerin. Sie kann schwindelerregende Scat-Vocals improvisieren und mit Hilfe von wenigen, geschickt eingesetzten Umformungen das Thema einer Ballade zu neuem Leben erwecken, wobei sie ihre Stimme immer wie ein Instrument verwendet, entsprechend den Gepflogenheiten des Jazz, ohne allerdings den Gehalt der gesungenen Texte zu vernachlässigen, den sie im Gegenteil wie nur wenige hervorzukehren weiß.

Die musikalischen Beweise für Ellas Begabung sind auf einer Unzahl von Platten verstreut. Außer den bereits genannten LPs kann man die Anthologien auf Verve erwähnen, die den berühmtesten amerikanischen Song-Komponisten gewidmet sind: George Gershwin (seine Titel füllen eine große Kassette mit fünf Langspielplatten), Cole Porter, Irving Berlin, Richard Rodgers und Lorenz Hart, Jerome Kern, Harold Arlen sowie Johnny Mercer. Hervorragende Beispiele von Jazz-Unterhaltung mit hohem Niveau bieten ferner Ellas umfangreiche Gesangsduette mit Louis Armstrong, die bei unterschiedlichen Gelegenheiten entstanden; eine solche gemeinsam besungene LP enthält die berühmtesten Themen aus »Porgy and Bess« von Gershwin.

Unter Ella Fitzgeralds zahlreichen Plattenveröffentlichungen finden sich auch Beispiele dafür, daß sie mit dem Blues, an den sie sich allerdings selten wagt, schließlich doch vertraut ist. Das verdeutlichen ihre beliebten Versionen des »Basin Street blues« und »St. Louis blues« oder »Ella hums the blues« und »The E & D blues« (»E« steht für Ella und »D« für Duke), der so etwas wie einen amüsanten Nachtrag zum ersten der Plattenalben mit Ellington bildet. Es sind natürlich Blues eigener Art und eher fröhlich als »lowdown«. Im übrigen ist auch Ella, so wie alle Größen des Jazz, eine Persönlichkeit ganz eigener Art und einmalig.

Charlie Parker

Robert George Reisner hat über ihn geschrieben: »Er war einer der schwierigsten Personen, denen ich je begegnet bin. Er war sanftmütig, listig, höflich, bezaubernd und im allgemeinen teuflisch. Allzu teuflisch. Er redete mir nach dem Munde, wiegte mich in Sicherheit, und dann auf einmal kam der große Verrat.« Und weiter: »›Bird‹ war der ›Hipster‹ schlechthin. Er hatte sich seine eigenen Gesetze gemacht. Seine Arroganz war enorm, seine Unterwürfigkeit tief.«[1]

Auf seinem Krankenblatt, das im Camarillo-Krankenhaus, der psychiatrischen Klinik, aufbewahrt wird, in die er 1946 eingeliefert wurde, wird Charlie Parker als ein Mann »höherer Intelligenz« beschrieben, dessen »paranoide Tendenzen, sexuelle Phantasien und zum äußersten Ausbrechen tendierende Persönlichkeit« hervorgehoben werden. Sehr ähnlich hören sich die Begriffe an, mit denen die Ärzte vom Bellevue Hospital in New York ihn 1954 beschrieben: »bemerkenswerte Intelligenz; feindselig; ausweichende Persönlichkeit; primitive und sexuelle Phantasievorstellungen, verbunden mit Feindseligkeit; sehr deutlich zu erkennende Denkweise paranoiden Typs«. Die gleichen Ärzte kamen zu dem Ergebnis, daß ihr Patient als schizophren anzusehen war.

Alle, Freunde und Feinde, mußten zugeben, daß sie seinem sonderbaren Charme erlegen waren, alle hatten früher oder später Gründe, ihm böse zu sein, und alle wurden von ihm verraten. Aber auch derjenige, der seine ihm erwiesene Aufmerksamkeit, Zuneigung oder Großzügigkeit mit Verrat heimgezahlt sah, vergab ihm schließlich. Charlie war ein Genie, und einem Genie verzeiht man ja so vieles.

Ein Genie. Mit diesem Wort ist in der Welt des Jazz Mißbrauch getrieben worden. Parker war jedoch wirklich ein Genie, wenigstens wie Armstrong und Ellington und vielleicht mehr als sie. Er war der Picasso der afro-amerikanischen Kunst, der Mann, der das Gefüge und die Form der Jazzmusik neu erfand und ihren Lauf in eine andere Richtung brachte. Man kann sich die Frage stellen, welche Resultate er möglicherweise erzielt hätte, wenn seine Hautfarbe ihn nicht ins Getto unter Dirnen, Schieber und Rauschgiftsüchtige verbannt hätte und wenn Edgar Varèse, der sich mehr als einmal bereit erklärt hatte, etwas für seine musikalische Ausbildung zu tun, wirklich die Möglichkeit gehabt hätte, diesem ungesitteten und genialen Saxophonisten zu helfen, der so oft angezogen schlafen ging und durch Rauschgift und Alkohol dem Wahnsinn verfiel.

Sein Schicksal war bereits vorgezeichnet, als seine Familie, wie so viele Neger-familien in Amerika, auseinanderfiel, während er noch ein Kind war. Sein Vater, ein arbeitsscheuer Schmierenschauspieler, der jahrelang mit Vaudeville-Truppen umhergezogen war, bis er in Kansas City steckenblieb, hatte Frau und Kind im Stich gelassen, als sein Junge noch im zartesten Alter stand. Charlie sollte ihn erst viele Jahre später als Leiche wiedersehen, als er nach Hause zurückkkam, um an seiner Beerdigung teilzunehmen. Eine Prostituierte hatte ihn erstochen.

Der Junge erhielt seine Erziehung auf den Straßen des Neger-Gettos in Kansas City, aber nicht in der Vorortstadt dieses Namens im Staate Kansas, in der er am 29. August 1920 geboren wurde, sondern in der gleichnamigen Großstadt des Staates Missouri auf der anderen Seite des Flusses Missouri, in die seine kleine Familie bald übergesiedelt war. Die Mutter, eine einfache Putzfrau, fand schnell eine Beschäftigung für die Nachtstunden, und Charlie, der ein paar Jahre lang ohne viel Lust auf die Lincoln High School ging, nutzte diese Gelegenheit aus, um seinen Neigungen nachzugehen. In der Unterwelt von Kansas City schloß er sich Leuten übelsten Schlages an und schlich sich in die Cabarets des Negerviertels, um die Jazzbands zu hören. Im Alter von fünf-zehn Jahren war er bereits mit einem neunzehnjährigen Mädchen namens Rebecca Ruffin verheiratet, hatte seine ersten Erfahrungen mit Rauschgiften hinter sich und konnte als Berufsmusiker angesehen werden, da er inzwischen von der Schule gegangen war; ein mittelmäßiger Saxophonist, der auf einem aus den Fugen geratenen Instrument spielen gelernt hatte, das von seiner Mutter stammte. Seine – meistens unfreiwilligen – Lehrer waren die großen Saxophonisten aus Kansas City und zwar besonders Lester Young sowie Buster Smith mit dem Beinamen »professor«, der mit den Blue Devils und danach bei den Orchestern von Bennie Moten und Count Basie gespielt hatte.

Kansas City machte damals seine größte Glanzzeit durch, was Nachtleben und Laster anbetraf. Tom Pendergast deckte und betrieb in eigener Person oder durch Mittelsmänner jede Art von Geschäften, Schachereien und Intrigen. Die Musik, insbesondere der Jazz, war eine wesentliche Zutat zu bestimmten Geschäften und überall zu hören. Es gab auch Arbeit für gewisse kleine Amateurbands mittelmäßigen Niveau wie die unter Leitung des Pianisten Lawrence Keyes, die ab 1934 öfters den Anfänger Charlie Parker in ihren Reihen hatte.

Noch ein Bandleader in dieser Lehrzeit Parkers hieß Tommy Douglas und leitete eine ziemlich angesehene »Territory Band«, aber seine wahre Schule bildeten die in Kansas City damals sehr zahlreichen Jam Sessions.

1937 war Parker bereits ein beachtenswerter Musiker, so daß er Engagements wie in den Orchestern von Buster Smith und Jay Mc Shann, zwei der besten dieser Gegend, und in der Band von George E. Lee verdiente. Der Kontrabassist Gene Ramey, der in diesen Jahren oft mit ihm zusammen war, erinnerte sich: »Aus dem lächerlichen Kerl, der er war, hatte sich Charlie in einen hörenswerten Saxophonisten verwandelt. Jetzt hatte er nicht mehr seinen süßlichen Klang. Er hatte einen eigenen Sound, klar und ohne Vibrato. Seine Ideen waren zwar noch grillenhaft – solche Sachen wie Tempoverdoppelungen und gewisse verschrobene Modulationen außerhalb der Tonart – hatten jetzt aber einen Sinn. Er kannte alle Soli von Lester Young auswendig. Er blies fast wie Lester Young, wie ein Lester, der Altsaxophon spielte, aber man merkte etwas Eigenes. Und dieses Etwas machte einen großen Unterschied aus.«

Im Zusammenhang mit Parkers Teilnahme an bestimmten Jam Sessions hat Jay Mc Shann erzählt: »Was bei den Jam Session vor allem zählte, waren die musikalischen Ideen. Charlie war in der Lage, den Vergleich mit den älteren Kollegen auszuhalten, von denen einige bereits jahrelange Erfahrungen in den Bigbands gesammelt hatten. Er war ein sonderbarer Bursche, sehr aggressiv und informiert über alles, was geschah.«[2]

Wenn Charlie diese Urteile damals bekannt gewesen wären, hätte er sich für unterbewertet gehalten. Nach Aussagen derjenigen, die zu dieser Zeit mit ihm verkehrten, war er fest davon überzeugt, der größte Saxophonist der Welt zu sein. Er war seiner selbst so sicher, daß er schon auf dem Wege war, der – wie Ross Russell ihn nennen sollte – »begnadete Größenwahnsinnige« der Blüte- jahre zu werden.

Er war sich seines Wertes derart bewußt, daß Kansas City ihm bald zu klein vorkam. Mit achtzehn Jahren hatte er Frau und Kind, doch das war kein stichhaltiger Grund für ihn, zu Hause zu bleiben. Ganz im Gegenteil. In einen Güterwagen versteckt fuhr er wie ein Landstreicher nach Chicago, spielte dort einige Zeit und wurde auch von Billy Eckstine gehört. Danach machte er sich auf die Reise nach New York, wohin ihm Buster Smith, sein alter Bandleader und Lehrer, vorangegangen war. Sofort meldete er sich bei Smith, um Unter- stützung zu bekommen. »Er sah wirklich erschreckend aus, als er zu mir kam«, hat sich Smith erinnert. »Er hatte seine Schuhe so lange anbehalten, daß die Beine geschwollen waren. Dann hat er recht lange bei mir zu Hause gewohnt ... Tagsüber arbeitete meine Frau, ich war unterwegs und beschäf- tigt und ließ ihn zu Hause in meinem Bett schlafen. Danach ging er aus, spielte irgendwo die ganze Nacht und kam anschließend wieder, um in meinem Bett zu schlafen. Ich sorgte dafür, daß er nachmittags wegging, bevor meine Frau zurückkam. Es gefiel ihr nicht, daß er in unserem Bett schlief, weil er sich nicht auszog, bevor er sich hinlegte. Er ging ins Monroe's und spielte die ganze Nacht. Die Jungens fingen an, ihm aufmerksam zuzuhören.«[3]

Charlie wurde in dieser Zeit nicht nur im Clarke Monroe's gesehen. Ein paar Monate lang arbeitete er in Jimmy's Chicken Shack, einem eleganten Harlemer Lokal, das von Berühmtheiten der Negerwelt, Ethel Waters, dem Boxer Joe

Louis, dem Journalisten Dan Burley und solchen Leuten, besucht wurde. Die Gäste wurden von Art Tatum unterhalten, nicht von ihm. Er war dort für neun Dollar die Woche als Küchenjunge beschäftigt und blieb hauptsächlich, weil er Art Tatum gern hörte. Als der Pianist wegen eines Engagements in einem Lokal Hollywoods aufhörte, ging er auch weg.

Die Arbeit, die er daraufhin gleich fand, war ein klein wenig besser. Er wurde in die Band des Parisian Ballroom aufgenommen. Das war ein beliebtes Tanzlokal am Times Square. Jedes Stück, was gespielt wurde, dauerte genau eine Minute und kostete die Gäste, die mit einem der vom Lokal angestellten »taxi girls« tanzten, jeweils 25 Cents.

Nach einiger Praxis in drittklassigen Lokalen mußte Parker zum Begräbnis seines Vaters zurück nach Kansas City. Er schaute sich nach Arbeit um, aber die Stadt hatte nach der Verhaftung von Pendergast einem Jazzmusiker nichts mehr zu bieten. Charlie blieb nichts anderes übrig, als sich dem Orchester von Harlan Leonard anzuschließen, bei dem er jedoch bloß wenige Wochen blieb, gerade lange genug, um mit diesem nach New York zurückzukehren.

Ein paar Monate später war er wieder beim Jay Mc Shann-Orchester und spielte dort lange Zeit. Viele wurden auf ihn aufmerksam. Mit dieser Formation ging er auf Tourneen, vollendete seinen Stil (»Er hatte ihn schon viel früher im Kopf, als er ihn effektiv festlegen konnte«[4], hat Mc Shann gesagt) und nahm 1940-1941 seine ersten Platten auf. Das war eine Zeit voller Begeisterung für Charlie. »Er lebte vierundzwanzig Stunden pro Tag für seine Musik«, erinnerte sich Mc Shann weiter. »Er hatte den Kopf voller Ideen und Melodien. Er holte sein Instrument hervor und fing im Hotel und im Ankleideraum an zu spielen. Um Soli zu blasen und seine Ideen auszudrücken, wartete er nicht erst den Beginn der Arbeit ab[5].«

Parker war bereits ein Saxophonist von Format. Als das Mc Shann-Orchester im Februar 1942 im Savoy in Harlem auftrat, zögerte der Kritiker Barry Ulanov nicht, das Wort »herrlich«[6] zu verwenden, um den Jazz dieser Band zu beschreiben. Im übrigen bestätigen bestimmte Aufnahmen mit diesem Ensemble, wie »Lady be good«, das erst viele Jahre später entdeckt und 1974 auf den Marken Onyx und Spotlite veröffentlicht wurde, daß der Jazzmusiker aus Kansas City im Alter von zwanzig Jahren schon einen originellen Stil besaß, der dem der Reifejahre sehr ähnelte.

Parker verließ Mc Shann, als dieser im Sommer 1942 nach Kansas City zurückging und wurde wieder ein regelmäßiger Besucher in Clarke Monroe's Uptown House und im Minton's, wo er alte Bekanntschaften auffrischen und neue schließen konnte. Er lebte in den Tag hinein und gab alles, was er verdiente, aus, um seine Rauschgiftsucht zu befriedigen. Diese hinderte ihn an der Ableistung seines Militärdienstes; denn im Heer der Vereinigten Staaten gab es keinen Platz für Typen, wie er einer war.

Die Jazzwelt war weniger wählerisch. Obwohl Heroin unter Jazzleuten praktisch noch unbekannt war, machten Leute wie die Negermusiker, die an das Leben im Getto gewöhnt waren, nicht viel Aufhebens darum. Damit erregte Parker – aber jetzt nannten ihn alle »Bird« (»Vogel«) oder »Yardbird« (wörtlich: »Hof-Vogel«), und man hat nie mit Sicherheit herausgefunden, aus welchem Grund – höchstens einige Neugier, gerade weil er andere Dinge als alle andere Leute tat, weil er »hip« war. Was seine Musiker-Kollegen am meisten in Erstaunen versetzte, war jedenfalls sein musikalisches Talent, das von einigen bereits für außergewöhnlich gehalten wurde. Zu seinen Bewunderern und Förderern gehörte Little Benny Harris, ein dicker Freund von Dizzy Gillespie, der den jungen Saxophonisten mit Earl Hines bekannt machte und diesen sogar dazu brachte, ihn einzustellen.

Das Orchester von Hines war, wie schon erzählt wurde, der erste Tummelplatz der zukünftigen »Boppers«, aber man sollte nicht denken, daß Parker, der hier Tenorsaxophon spielte, einen bemerkenswerten Beitrag zur gemeinsamen Arbeit geleistet hätte. Er zeichnete sich vielmehr durch seine Disziplinlosigkeit aus. Gut die Hälfte aller Male kam er überhaupt nicht zur Arbeit, und wenn er kam, verspätete er sich fast immer. Oft nickte er auf dem Podium ein, und seine Kollegen versichern, daß man das schwerlich merkte, weil er seine Finger am Saxophon mechanisch weiter bewegte, als ob er spielen würde. Hines verwarnte ihn regelmäßig, warf ihn aber nicht hinaus. Er schätzte ihn wegen seiner Fähigkeiten und hat später immer mit Zuneigung an ihn gedacht. Er behielt ihn zehn Monate bei sich, bis »Bird« von sich aus ging, weil er die Disziplin nicht ertragen konnte, die bei der Arbeit in einer Bigband erforderlich war. Er wollte sich in New York niederlassen, aber da er den Ausweis von der lokalen Musikergewerkschaft noch nicht hatte, mußte er sich in dessen Erwartung mit Gelegenheitsjobs hier und dort abfinden. Erst war er in Washington, dann in Chicago und wurde schließlich von Billy Eckstine nach New York geholt, als dieser im Frühjahr 1944 sein Bebop-Orchester startete.

Auch bei Eckstine, der ein großer Bewunderer von Parker war, stellte dieser manches Unheil an. Das größte richtete er im Plantation Club in St. Louis an und verursachte dadurch den jähen Abbruch des Engagements. Charlie hatte gehört, daß er ebensowenig wie seine Kollegen durch den Haupteingang des Lokals gehen durfte, weil dort nur den Weißen der Eintritt gestattet war. Er rächte sich, indem er da, wo die Musiker saßen, von Tisch zu Tisch ging und die Gläser, aus denen sie getrunken hatten, eines nach dem anderen kurz und klein schlug. Die Geschäftsleitung, erklärte er, hätte sie ja nicht mehr benutzt, weil sie von den Lippen schwarzer Menschen verunreinigt worden seien.

Bigbands waren jedenfalls nichts für einen Individualisten wie Charlie Parker, welcher seinerseits bald begriff, daß sich sein Schicksal in den Combos entscheiden würde, die in den kleinen Lokalen auf der 52. Straße in New York zusammengestellt und wieder aufgelöst wurden. Das Lokal, das für ihn zum Sprungbrett werden sollte, hieß Three Deuces und zeigte auf seinem Aushängeschild drei Spielkarten in einer Hand und ein hochgehobenes Saxophon. Seine Geschäfte gingen gut; er hatte einen unbekannten Pianisten aus Pittsburgh namens Erroll Garner engagiert, der dem Publikum ebenso wie den Musikern zusagte, weil er einen originellen und einnehmenden Stil besaß, sowie außerdem ein Trio im Programm, das aus dem talentierten Pianisten Joe Albany, dem Bassisten Curly Russell und dem Schlagzeuger Stan Levey bestand. Parker stieß zu diesem Trio, welches einige Zeit später durch Dizzy Gillespie ergänzt wurde. In dem so gebildeten Quintett, dem außergewöhnlichsten, das damals in der »Straße« existierte, hatte Al Haig den Platz von Albany eingenommen.

In dieser Zeit, das heißt ab September 1944 bis in die ersten Monate des Jahres 1945, begannen die Einspielungen von »Bird« mit kleinen Pick up-bands. Die erste dieser Gelegenheitsgruppen stand unter Leitung des Art Tatum-Gitarristen Tiny Grimes, der Parker einige Tage nach dessen Eintreffen im Three Deuces gemeinsam mit dem Pianisten Clyde Hart und anderen zur Einspielung einiger Platten für Savoy bei sich haben wollte. Darunter befand sich »Red Cross«, das auf die Harmonien von »I got rhythm« gegründet war. Danach nahm Charlie zusammen mit Gillespie für Guild ein paar Stücke auf, die viel Aufsehen erregen sollten. »Groovin' high«, »Dizzy atmosphere« und »All the things you are« wurden im Abstand einiger Monate von »Salt peanuts«, »Shaw 'nuff«, »Lover man« (mit Sarah Vaughan) und »Hot house« gefolgt und waren ebenfalls Beispiele des ganz neuen Jazz.

Auf Juni 1945 geht eine Aufnahmesitzung zurück, die Red Norvo für eine weitere unabhängige Plattenmarke, Comet, organisierte. »Hallelujah«, »Congo blues« und »Get happy« sind die beachtlichsten Seiten, die bei dieser Gelegenheit entstanden, vor allem wegen der Beiträge von Parker und Gillespie. Viel besser sind jedoch die Titel, die im Herbst für Savoy aufgenommen wurden; »Koko«, »Billie's bounce« und »Now's the time« bilden drei Glanzstücke der Plattentätigkeit Parkers, und »Koko« gilt für viele als sein Meisterwerk.

Die recht rege Aufnahmetätigkeit bedeutete jedoch keineswegs, daß die Musik Parkers und Gillespies vom breiten Publikum akzeptiert wurde. Die einzigen, die damals Beifall spendeten, waren die »Hipsters« und wenige Musiker mit einer weiterzigen Einstellung. Die Vertreter des Establishments in der Jazzwelt verheimlichten nicht ihren Abscheu vor dem, was sie bloß für willkürliche Klänge hielten, und ebenso handelten die Impresarios. Aber es gab ein paar Ausnahmen, zum Beispiel Symphony Sid, einen beliebten Diskjockey, den Konzertagenten Monte Kay und den Journalisten Mal Braveman, die gemeinsam eine ziemlich imaginäre »New Jazz Foundation« gründeten und im Mai und Juni dieses Jahres mit »Bird« und Dizzy als Hauptattraktionen in der Town Hall New Yorks die beiden ersten Bebop-Konzerte veranstalteten.

Parker hatte allerdings noch weitere Methoden, um sich über das Unverständnis des Publikums und der Kritiker hinwegzutrösten. Außer dem Rauschgift, das ihm Tag und Nacht Gesellschaft leistete, waren da die Frauen, und sie stellten seinen Hauptgedanken dar. Während seiner Zeit bei Hines heiratete er ein zweites Mal, und zwar eine gewisse Geraldine Scott, von der er sich schnell wieder trennte. Als er in der 52. Straße landete, verliebte er sich fast gleichzeitig in zwei Frauen, die er dann abwechselnd liebte: Doris Snydor sollte er später in Mexiko heiraten, wobei er vergaß, daß er noch nicht von Geraldine geschieden war, und mit Chan Richardson lebte er in seinen letzten Lebensjahren in einem eheähnlichen Verhältnis. Chan war Tänzerin und Tochter einer Garderobefrau im Cotton Club; obwohl sie eine Weiße war, wußte sie alles über den Bop und über seine Propheten. Diese wußten wiederum, daß sie zu jeder Tages- und Nachtzeit ein Obdach in dem kleinen Hotel finden konnten, das sie auf der 52. Straße West unter der Hausnummer 7 führte. Es war eine Art Treffpunkt und Hauptquartier für diejenigen Jazzmusiker, die in diesen Kreisen willkommen waren.

»Bird« war jedenfalls kein Mann, der sich mit zwei Frauen begnügte. Seine sexuellen Heldentaten erregten allgemeine Verwunderung, ebenso wie seine Gefräßigkeit und seine Gier nach Alkohol. Oft nahm er gleich hintereinander zwei vollständige Mahlzeiten zu sich und soff wie ein Loch. Und da er zur Befriedigung seines Appetits und seiner Laster – vor allem der Rauschgiftsucht – alles ausgab, was er verdiente, war er ewig auf der Jagd nach Geld. Bei jedem, der in seine Reichweite kam, erschwindelte er immer wieder ein paar Dollar, vergaß, seinen Verpflichtungen nachzukommen, auch nachdem er sich Vorschüsse geben ließ, und kümmerte sich niemals um die Zukunft.

Da er auch ein herrlicher Jazzmusiker war, machte sein Beispiel unglücklicherweise Schule, worüber er sich bei wiederholten Gelegenheiten beklagen sollte. Auf sein Vorbild hin begannen die »harten« Rauschgifte unter den Jazzleuten Verbreitung zu finden und machten Dutzende von Musikern zu ihren Opfern, die sich der Täuschung hingaben, mit solcher Hilfe so spielen zu können wie er. Es sollte etliche Jahre dauern, bis das Heroin wieder aus der Mode kam. Während der Zeit, in der Parker unangefochten unter den Jazzmusikern dominierte, gab es keine Band – weder eine weiße noch eine schwarze oder gemischte – die in ihren Reihen nicht manchen »junkie« hatte, wie die Rauschgiftsüchtigen im Slang genannt werden.

Ein »junkie« konnte seinem Orchesterleiter und Manager großen Ärger oder zumindest sehr peinliche Situationen verursachen, und in dieser Hinsicht stand Parker niemandem nach. Das mußte auch Dizzy Gillespie auf eigene Kosten erfahren, als er Ende 1945 an der Spitze eines Quintetts, in dem »Bird« der prominenteste Mann war, zur Eroberung Hollywoods losgeschickt wurde. Es ist schon darauf hingewiesen worden, daß Hollywood weit davon entfernt war, sich von der neuen Musik einnehmen zu lassen und die »Boppers« aus New York feindselig empfing. Das Lokal Billy Berg's, in dem diese auftraten, war nur an den ersten Abenden voll, als die jungen Jazzmusiker aus Los Angeles es als ihre Pflicht erachteten, die Kollegen hören zu gehen, von denen sie in den letzten Monaten so viel vernommen hatten. Wer wegen »Bird« kam, riskierte im übrigen, ihn überhaupt nicht zu sehen. Viele Male erschien der Saxophonist nicht einmal im Lokal, so daß Dizzy einen zweiten Saxophonisten einstellen mußte und dafür Lucky Thompson nahm, damit die Besetzung seiner Gruppe wenigstens zahlenmäßig stimmte.

Wer Parker in diesen Wochen hörte, wurde von den ständigen Schwankungen in der Form und Stimmung des Saxophonisten beeindruckt. Er konnte ausgezeichnete Musik machen, heiter und liebenswürdig wirken und sich gleich darauf aggressiv, zornentbrannt und als ganz schlechter Musiker zeigen. Es fiel ihm schwer, Rauschgift zu finden, viel schwerer als in New York; das war sein Problem. Die Lösung brachte ihm ein für allemal Dean Benedetti, ein ehemaliger Saxophonist, der Parker wahrhaft verehrte und ihm überallhin folgte, um ihn zu hören und seine Soli mitzuschneiden.[7] Er hatte endgültig aufgehört zu spielen, nachdem er einmal Charlie gehört hatte, und jetzt war er so tief gesunken, daß er zur Bestreitung seines Lebensunterhaltes mit Rauschgiften handelte, die aber zum Teil in die eigenen Venen gespritzt wurden. Benedetti fand den »Kontakt«, das heißt den Mann, der »Bird« das Heroin mit der nötigen Regelmäßigkeit besorgte. Das war ein sehr übler Bursche mit dem Spitznamen Moose the Mooche, dem Charlie seine Dankbarkeit bewies, indem er ihm eines seiner Stücke widmete und 50 Prozent der »royalties« abtrat, die ihm selbst laut Vertrag mit der Plattenfirma Dial von Ross Russell zustehen sollten.

Im Februar beendete Gillespies Gruppe das Engagement im Billy Berg's und schickte sich fröhlich an, nach New York zurückzukehren, aber Charlie kam nicht zum vereinbarten Treffpunkt. Man suchte ihn überall und fand ihn nicht. Später kam raus, daß er das Flugticket für die Rückreise wieder verkauft und ein Engagement im Finale bekommen hatte. Das war ein Lokal im Little Tokyo, einem Viertel von Los Angeles, wo früher japanische Einwanderer gewohnt hatten.

Binnen kurzer Zeit wurde das Finale dank Parker das progressivste und lebendigste Jazz-Zentrum des Westens. Jeden Abend strömten die ansässigen oder gerade durch Kalifornien reisenden Jazzmusiker dort zusammen, um den inzwischen berühmten Saxophonisten zu hören und bei Jam Sessions mitzumachen. Nach der Meinung von Ross Russell, der in diesen Monaten ein Stammgast des Lokals war, stellte der Jazz, der dort geboten wurde, das Beste dar, was im Jahre 1946 zwischen den beiden Küsten der USA zu hören war. Dort gelangte Russell, nachdem er bereits eine Aufnahmesitzung mit George Handy, Parker, Gillespie und anderen organisiert hatte, ohne etwas Veröffentlichungswertes in der Hand zu haben, auch zu der Überzeugung, daß »Bird« der Mann war, den er für seine neue Plattenmarke brauchte. Vom Werte Parkers hatte sich auch Norman Granz schon vollkommen überzeugt, als er »Bird« und Dizzy ebenfalls in seinen Konzerten einsetzte, doch hatte Granz noch keine genauen Pläne zur Produktion von Schallplatten, und so kam ihm Russell zuvor.

Die erste Aufnahmesitzung für Dial erbrachte ausgezeichnete Ergebnisse. »Moose the Mooche«, die »Yardbird suite« (ein Stück, das bereits im Repertoire des Mc Shann-Orchesters vorgekommen war) und noch mehr »A night in Tunisia« sowie eine geschickte Ausschmückung des Themas »How high the moon« unter dem Titel »Ornithology« beweisen, daß Parker damals eine Glanzzeit durchmachte. Diese hielt freilich nicht lange an. Nach einer Polizeirazzia wurde das Finale – wo man mengenweise Rauschgift vertrieb und konsumierte – geschlossen, und Parker blieb wie andere Musiker ohne Arbeit. Aber nicht nur der Job war zu Ende, auch mit dem Nachschub von »Stoff« war es vorbei. Um es mit dem Slang-Ausdruck zu sagen, die »junkies« aus Little Tokyo saßen jetzt auf dem Trockenen, und Moose the Mooche landete im Gefängnis; er wandte sich an Russell und schickte ihm aus dem Zuchthaus San Quentin einen eigenartigen Brief, um seine Rechte an den Tantiemen von Parkers Platten geltend zu machen.

Einige Zeit lang war »Bird« verschwunden. Howard Mc Ghee fand ihn wieder, der fähige Trompeter, der zwei Jahre zuvor mit dem Ensemble von Hawkins nach Hollywood gekommen war. Charlie war so heruntergekommen, daß er in einer Autowerkstatt hauste. Da er kein Rauschgift mehr bekam, hatte er versucht, es durch Alkohol zu ersetzen, was katastrophale Folgen zeitigte. Mc Ghee half ihm, so gut er konnte, und holte ihn in die kleine Wohnung, die er mit seiner Frau bewohnte. Dann ermöglichte er ihm, wieder im Finale zu arbeiten, das er selbst wieder eröffnete und auf sein eigenes Risiko führte. Mit Parker und Mc Ghee spielten damals der Bassist Red Callender, der Schlagzeuger Roy Porter und Dodo Marmarosa, ein weiterer ausgezeichneter Pianist aus der Bop-Zeit. Auch Norman Granz unterstützte den Saxophonisten und ließ ihn mehrmals mit seinem Jazz at the Philharmonic auftreten.

Ende Juli ließ sich Russell auf Parkers längeres Drängen hin dazu überreden, zu einer erneuten Plattensitzung eine kleine Gruppe um ihn zu scharen. An seine Seite stellte er als mäßigendes Element den ruhigen Mc Ghee, und in der Kontrollkabine des Studios wollte er auch einen Psychiater haben. An diesem Tag hätte ja alles passieren können. Das befürchteten alle, auch Elliott Grennard, ein Journalist von »Billboard«, der ebenfalls zu den Einspielungen kam.

So begann die oftmals wiedergegebene dramatischste Aufnahmesitzung in der Geschichte des Jazz. Auch Grennard erzählte sie in seiner ergreifenden Novelle »Sparrow's last jump«[8], die verschiedene Monate später veröffentlicht wurde und einen Literaturpreis gewann. Mit »Sparrow«, dem Spatz, war natürlich »Bird« gemeint.

Parker ging es schlecht. Er schwitzte reichlich und konnte seine Bewegungen nicht kontrollieren. Ab und zu zuckte sein Saxophon ganz hoch und zeigte gegen die Decke. Mit Mühe konnte er »Max is making wax« aufnehmen. Der Arzt gab ihm Tabletten, aber das nützte nichts. Dann wurde auf Charlies Wunsch »Lover man« eingespielt.

»Jimmy Bunn spielte eine lange Einleitung am Klavier, die nicht aufhören wollte, weil er auf den Saxophonisten wartete«, erzählte Ross Russell Jahre später. »Charlie hatte seinen Einsatz verpaßt. Nach einigen Takten Verspätung kam er endlich herein. Charlies Klang war lauter geworden. Er war kreischend und voller Angst. Es gab etwas Herzzerreißendes darin. Die Phrasen waren wie erstickt von der Bitterkeit und Frustration der Monate in Kalifornien. Die aneinandergereihten Noten hatten eine traurige und feierliche Größe. Es schien, als ob Charlie automatisch spielen würde, er war kein denkender Musiker mehr. Das waren die schmerzvollen Töne eines Alptraums, die aus einem tiefen unterirdischen Grunde kamen. Dann folgte eine seltsame letzte Phrase, angstvoll und nicht zu Ende geführt; danach war Stille. Die Leute in der Kontrollkabine waren etwas verlegen, verstört und tief erschüttert.«[9]

Diese Einspielung von »Lover man« sollte in den Annalen des Jazz verbleiben. Russell zögerte lange mit ihrer Veröffentlichung. Er entschloß sich erst dazu, als Grennards Novelle die Aufmerksamkeit des Publikums auf diese Sitzung lenkte. Parker auf der anderen Seite verzieh ihm niemals, daß er eine mit soviel Mängeln gespickte Aufnahme veröffentlichte, und gab keine Ruhe, bis er Jahre später eine neue Version von »Lover man« aufnehmen konnte. Aber seine zweite Einspielung ist trotz ihrer technischen Fehlerlosigkeit nicht mit der ersten vergleichbar; denn die war zwar fehlerhaft, aber voller Pathos und geradezu herzzerreißend. Ein mißgestaltetes Meisterwerk des Jazz.

Zwei weitere schlecht gelungene Stücke, »The gypsy« und »Bebop«, schlossen die unheilvolle Sitzung ab. Für Parker, der von der Anstrengung erschöpft war, wurde ein Taxi gerufen, das ihn in sein kleines Hotel brachte. Ein Freund legte ihn ins Bett und verließ ihn dann. Mit ein wenig Ruhe würde Parker sich wieder erholen, dachte er.

Aber »Bird« war von Sinnen. Er wurde gesehen, wie er völlig nackt in die Hotelhalle hinunterstieg. Es gab einen heftigen Wortwechsel, und dann wiederholte sich die gleiche Szene ein wenig später. Charlie wurde in sein Zimmer eingeschlossen. Eine halbe Stunde danach mußte die Feuerwehr und dann die Polizei geholt werden, weil er in seiner Raserei das Bett in Brand gesteckt hatte. Im anschließenden Durcheinander wurde Parker, der immer noch nackt und sehr aufgeregt war, durch einen Schlag mit dem Gummiknüppel zur Ruhe gebracht, in eine Decke gewickelt und fortgeschafft. Russell konnte ihn erst nach zehntägigen Nachforschungen wiederfinden, als sich bereits das Gerücht von seinem Tode in der Jazzgemeinde verbreitet hatte. Man hatte ihn in die psychiatrische Abteilung des Bezirks-Gefängnisses gesteckt. Von dort aus wurde er zum Camarillo, einem etwa hundert Kilometer von Los Angeles entfernten Irrenhaus, überführt.

Aus New York kam die ergebene Doris, um in seiner Nähe zu weilen. Für ihren Lebensunterhalt in Kalifornien suchte sie sich eine Stelle als Kellnerin. Mit Chan traf sie nicht zusammen, weil diese nach einer der vielen Streitereien mit Charlie schon im Mai fortgegangen war.

Nach einem sechsmonatigen Krankenhausaufenthalt Parkers beschloß die zuständige Kommission, daß er aus der Klinik entlassen werden konnte. Die Zeit war gekommen, weil er sich schon länger wieder in einem guten Gesundheitszustand befand, vor Ungeduld bebte und abwechselnd flehende und drohende Briefe an Russell schickte, damit er ihn dort rausholen käme.

Er spielte wieder mit Mc Ghee und fing wieder an zu trinken. Er tat jedoch sein Bestes, um dem Rauschgift fernzubleiben und einige Zeit lang schaffte er es. Dann entschloß er sich, nach New York zurückzukehren. Nur dort, in der 52. Straße, konnte man ordentlich verdienen, und dorthin waren die Scheinwerfer gerichtet. In den letzten Monaten hatten sie vor allem auf Dizzy Gillespie gezeigt, und das paßte ihm nicht. »Er kennt seinen Wert«, schrieb Chan in jenen Tagen an Russell, »und er ist gereizt, weil Diz dieses ganze Geld verdient.«[10]

Bevor Parker Kalifornien verließ, nahm er noch an zwei Aufnahmesitzungen für Dial teil. Bei der ersten spielte er zusammen mit dem Trio von Erroll Garner und nahm unter anderem zwei sehr schöne Titel, »Cool blues« und »Bird's nest«, auf, von denen der zweite auf den unvermeidlichen Harmonien von »I got rhythm« basierte. In der zweiten Sitzung entstanden in Zusammenarbeit mit Mc Ghee, Marmarosa, Wardell Gray, Barney Kessel und zwei weiteren Musikern vier ebenfalls gelungene Stücke: »Cheers«, »Carvin' the Bird«, »Stupendous« – aufgebaut auf den Harmonien von »'S wonderful« – und »Relaxin' at Camarillo«, das, um es mit den Worten von Kenny Clarke zu sagen, »klar die besondere Art zeigt, in der »Bird« den Blues empfindet . . . und daß er mehr als jeder andere Musiker vom Blues weiß . . .«[11]

Es war ein glücklicher Abschluß, und dabei hatte diese Sitzung doch unter den schlimmsten Vorzeichen begonnen. »Bird« kam mit zweistündiger Verspätung halb betäubt ins Studio. Howard Mc Ghee schleifte ihn heran, als er ihn nach vielem Suchen in tiefem Schlaf und vollständig angekleidet in der Badewanne gefunden hatte.

Nach seiner Rückkehr nach New York gründete »Bird« sogleich ein Quintett mit dem ganz jungen Miles Davis, Trompete, Duke Jordan, Klavier, Tommy Potter, Baß, und Max Roach, der sich inzwischen als bester Nachwuchs-Schlagzeuger durchgesetzt hatte. Die Gruppe debütierte im Three Deuces und trat dort abwechselnd mit dem Trio von Lennie Tristano auf. Ein paar Monate später entstanden die ersten Plattenseiten für Savoy: »Donna Lee« (auf den Harmonien des alten »Indiana«), »Chasin' the Bird«, »Cheryl« und »Buzzy«, wozu bald noch weitere kamen. Im September erlebte die Carnegie Hall die große Wiederbegegnung zwischen »Bird« und Dizzy, die seit ihren Tagen im Billy Berg's nicht mehr zusammengespielt hatten. Mehr als ein Zusammentreffen war es ein Zusammenstoß, ein Duell, das die »Hipsters« vor Entzücken außer sich geraten ließ und heimlich mitgeschnitten wurde, um daraufhin auf der Marke Roost und vorher noch in einer Raubpressung zu erscheinen.

In den letzten Monaten des Jahres 1947 entfaltete »Bird« eine sehr rege Aufnahmetätigkeit für Dial. Der Inhaber dieser Firma war mehr denn je entschlossen, den Vertrag mit seinem »Exklusiv-Künstler« eingehalten zu sehen, und hielt es darum für angebracht, nach New York umzuziehen. Insbesondere die beiden ersten Plattensitzungen, die im Oktober und November abgehalten wurden, ergaben ganz ausgezeichnete Resultate. Es mag ausreichen, auf folgende Einspielungen hinzuweisen (fast alle sind in verschiedenen Ausgaben erhältlich): »Bongo bop«, »Dexterity«, »Bird of Paradise« (ein verkapptes »All the things you are«), »Scrapple from the Apple«, »Out of nowhere«, »Klactoveesedstene« und vor allem »Don't blame me« und »Embraceable you«, zwei vorbildliche Beispiele für die feinfühlige und originelle Behandlung eines Balladen-Themas. Weniger glänzend, aber befriedigend waren die Ergebnisse der letzten Sitzung, die im Dezember stattfand und unter anderem »Quasimodo«, »Bird feathers« und »Crazeology« hervorbrachte.

Als auch diese Titel verewigt waren, konnte Russell eine Bilanz der Produktion Parkers für seine Marke ziehen. Sie zählte vierunddreißig Seiten von 78er-Schellackplatten, die im Verlauf von sieben Sitzungen produziert wurden. Russell sah auch die Vertragsbrüche seines Schützlings innerhalb weniger Monate: der Exklusivvertrag war viermal verletzt worden.

Jetzt war Parker auf Dial und den geduldigen Beistand von Ross Russell nicht mehr angewiesen. Er wurde von den Herstellern der Savoy-Platten und von Norman Granz umworben, welcher ihn wieder zu den Stars seines Jazz at the Philharmonic und in die Aufnahmestudios der Mercury verpflichten wollte. Die Jazzlokale, angefangen mit denen in New York – das Three Deuces, Onyx und Royal Roost – rissen sich um Parker.

Auch der Großteil der Jazzfans hatte nun begriffen, was er wert war. Sein Sieg bei der Leserumfrage des »Metronome« Anfang 1948, als er auf den ersten Platz unter den Altsaxophonisten gewählt wurde, war der Beweis dafür.

Im April des gleichen Jahres machte »Bird« mit seinem Quintett die letzte Aufnahmesitzung für Savoy und spielte einen meisterhaften Blues mit dem Titel »Parker's mood« sowie ein elegantes »Barbados«, ferner »Ah-Leu-Cha« und andere mehr oder weniger gelungene Stücke ein. Norman Granz, der schon damals einen sehr auffälligen Geschmack an ungewöhnlichen Zusammenstellungen fand, sorgte dann dafür, daß Parker außer in den JATP-Konzerten verschiedene Male in einem ausgefeilterem Rahmen vorgestellt wurde. Zunächst stellte er sein Saxophon über ein komplexes Arrangement, das Neal Hefti schrieb und mit einer großen Formation ausführte. Das so entstandene Stück »Repetition« wurde dann zusammen mit einem weiteren Parker-Titel, »The Bird«, in einem Luxusalbum »The Jazz Scene« herausgegeben. Anschließend wollte Granz Charlie in ein paar »Afro-Cuban bop«-Experimente mit dem Machito-Orchester hineinziehen, dem weitere folgen sollten.

Ende 1948 begannen die Leute aus dem Quintett Parkers, die mehrere Monate zusammengeblieben waren (wenn man vom Austritt Duke Jordans absieht, der dann durch Al Haig ersetzt wurde), im Lauf eines Engagements im Royal Roost das schwierige Zusammenleben mit ihrem arroganten Bandleader leid zu werden. Miles Davis ging ganz plötzlich (»Bird behandelt dich so, als ob du dreißig Zentimeter klein wärst«, machte er Russell gegenüber seinem Ärger Luft) und wurde von Max Roach gefolgt. Von den Ersatzleuten war nur der Posaunist Mc Kinley Dorham, damals erst ein Anfänger und noch nicht unter seinem Beinamen Kenny bekannt, nennenswert.

Ein paar Monate später erschien »Bird« zum ersten Mal in Europa. Er folgte einer Einladung von Charles Delaunay zum großen Jazz-Festival, das dieser in der Pariser Salle Pleyel veranstaltete. In Amerika sprach man von einem großen Erfolg, der dagegen völlig ausblieb. Parker spielte schlecht und benahm sich noch schlimmer. Der Verfasser dieser Zeilen schrieb damals in einem Bericht aus Paris: » . . . Parker war für alle eine große Enttäuschung. Wir erwarteten einen Musiker von lebhafter Intelligenz, dynamisch und brillant wie seine Musik (. . .), und unseren Augen bot sich das peinliche Schauspiel eines tölpelhaften großen Kindes, das ewig vom Alkohol oder von etwas noch Schlimmerem verblödet ist.«[12]

Bei seiner Rückkehr in die Heimat sah sich Charlie ohne seine bisherige Stelle, weil das Royal Roost seine Pforten geschlossen hatte. An dessen Stelle gab es für die »Boppers« das Lokal Bob City, und Ende des Jahres öffnete sich ihnen ein neuer Tempel. Er war auch am Broadway und in der Nähe der 53. Straße gelegen und nannte sich zu Ehren von Charlie Parker Birdland. Parker selbst wurde symbolisch durch viele Finken dargestellt, die in zahlreichen von der Decke herabhängenden Käfigen zwitscherten. Natürlich war »Bird« am Eröffnungsabend Ehrengast und kam oft wieder. Er hatte aber auch eine gewisse Zeit lang Lokalverbot, weil er dort zuviel Übles angerichtet hatte.

Als das Birdland eröffnet wurde, konnte die goldene Zeit des Bop als abgeschlossen angesehen werden. Jetzt zog man vor, von »Cool Jazz« zu reden, der im wesentlichen ein versüßter und angereicherter Bop war, vor allem aus der Sicht der Weißen. Nicht umsonst schrieb »Metronome« zur Einführung des neuen Lokals: »... Die Politik (des Birdland in musikalischer Hinsicht) wird auf den Cool Jazz beschränkt werden. Kein Blues, kein Swing, nichts außer der relaxten Musik, wie sie typisch für Charlie Parker ist, zu dessen Ehren das Birdland seinen Namen erhalten hat.«[13]

Dieser Satz aus »Metronome«, einer großenteils von Jazzmusikern gelesenen Fachzeitschrift, war aus mehr als einem Grunde sehr fragwürdig, ist aber bezeichnend. Als er geschrieben wurde, schien der eckige und entheiligende Bop der Ursprungszeit weit weg zu sein, und auch Parker wurde wie jemand gesehen, der »cool music«, als kühle, ruhige, frische und einschmeichelnde Musik machte. So erklärt sich die von Norman Granz und Billy Shaw, dem Agenten Parkers, kurz vorher getroffene Entscheidung – der Charlie begeistert zustimmte – ihn auf Platten und auch in Konzerten mit einem Orchester zu begleiten, in dem Streicher vorherrschten. Dieses Orchester wurde im November erstmalig in einem Aufnahmestudio (für Mercury) zusammengestellt. Es enthielt drei Geigen, eine Bratsche, ein Cello, eine Harfe, eine Oboe, ein Englisch Horn und eine jazzmäßige Rhythmusgruppe. Berühmte Balladen wurden aufgenommen, darunter »April in Paris«, »Summertime«, »Everything happens to me« und »Just friends«. Die letztgenannte Aufnahme ragt in der »Parker with strings«-Serie, die im folgenden Sommer und 1952 nochmals wiederaufgenommen wurde, wegen seines glanzvollen Solos klar heraus.

Obwohl »Bird« von nun an oft mit Streichorchester auftrat, löste er seine reguläre Gruppe nicht sofort auf. In dieses Quintett war seit kurzer Zeit ein neuer Trompeter namens Red Rodney eingetreten. Er war ein junger Weißer, mußte sich aber bei einer Tournee, die das Ensemble im gleichen Jahre in den Süden unternahm, als Farbiger ausgeben, um die Rassisten im Süden nicht zu provozieren. Als Neger-Albino, um es genau zu sagen, weswegen er in »Albino Red« umgetauft wurde.

Das Streichorchester gefiel dem großen Publikum besser als das Quintett. Parker gab eine Reihe von Konzerten mit den Streichern in der ersten Hälfte des Jahres 1950. Bis er dessen müde wurde, dachte er selber, daß ein solches Orchester es ihm ermöglichen würde, das Beste auf seinem Instrument herzugeben. Bei einem Interview gab er »Just friends« als seine allerbeste Plattenaufnahme an. Tatsache ist, daß Parker im Gegensatz zu fast allen schwarzen Jazzmusikern häufig europäische Kammermusik und Symphonien hörte und aufrichtig bewunderte. Er hatte eine besondere Vorliebe für Debussy und Strawinsky, er liebte Schönberg, Hindemith, Bartók und Schostakowitsch und hörte oft Platten von Jascha Heifetz. Sein heimlicher Ehrgeiz bestand darin, aus den Grenzen der Musik des Neger-Ghettos auszubrechen, vor allem aus den für ihn zu engen Begrenzungen seines Instrumentes.

Auch aus diesem Grunde schmeichelten ihm die Aufnahme, welche die Europäer seiner Musik bereiteten, und die Achtung, die sie ihm entgegenbrachten. Dies erlebte er zum zweiten und letzten[14] Mal im November 1950, als er erneut den Atlantik überquerte, um einige Konzerte in Schweden zu geben.

Das Vergnügen, sich als großer Künstler betrachtet zu fühlen, war allerdings kein ausreichender Grund für ihn, eine Charles Delaunay gegenüber im letzten Augenblick eingegangene Verpflichtung einzuhalten, wonach er in einem Konzert in Paris auftreten sollte. Kurz vor Beginn dieses Konzertes erfuhr das eigens wegen ihm gekommene Publikum zu seinem Verdruß, daß »Bird« nach Amerika zurückgefahren war, ohne irgend jemanden zu benachrichtigen. Vielleicht läßt sich das ausgebliebene Wiedererscheinen des Saxophonisten in Paris in erster Linie durch seine sprichwörtliche Unzurechnungsfähigkeit erklären. Sicher ist, daß Charlie bei seiner Rückkehr nach Hause so sehr an einem Magengeschwür litt, daß er in ein Krankenhaus eingeliefert und dort einige Tage lang Tag und Nacht überwacht werden mußte.

Nicht genug damit. Eines Abends tauchte er in Schlafanzug und Pantoffeln an der Bar des Birdland auf. Es war ihm gelungen, unbemerkt aus dem Krankenhaus zu schleichen.

Die wirklichen Unannehmlichkeiten für Charlie Parker fingen kurz darauf an, als ihm die »cabaret card« von der Polizei entzogen wurde. Sein Quintett begann, ein zeitweilig aussetzendes und deshalb sehr schwieriges Leben zu führen. Es sollte endgültig aufgelöst werden, als Red Rodney, der schon einmal verhaftet worden war, zum rückfälligen Rauschgiftsüchtigen erklärt und zu fünf Jahren Gefängnis verurteilt wurde. Mehr oder weniger zufriedenstellende Konzerte gab es auch mit dem Streichorchester, mit dem Parker mehrfach ausnahmsweise im Birdland auftreten durfte, und es erfolgten verschiedene Aufnahmen für Granz.

Auch wenn man von den Platten mit Streichorchestern oder sonstigen großen Studioformationen absieht, bei denen der Saxophonist in starkem Maße von einem musikalischen Background abhängig war, der nicht zu ihm paßte, lassen sich nur wenige seiner Einspielungen für Granz – hauptsächlich zwischen 1950 und 1953 – mit denen für Dial und Savoy von 1947 und 1948 vergleichen. Man kann an »Blues for Alice«, »K. C. blues«, »Au private«, »Swedish schnapps« und einige weitere erinnern, dagegen ohne Bedenken die zahlreichen Stücke auf der Grundlage kubanischer Rhythmen vergessen, allerdings mit einer Ausnahme: Das ist die farbenfrohe »Afro Cuban jazz suite« aus der Feder von Chico O' Farrill, die von Parker mit Machito und anderen eigens zusammengestellten Solisten aufgenommen wurde. In ihrer Gesamtheit sind auch die Titel mit Dizzy Gillespie und Thelonious Monk vom Juni 1950 etwas enttäu-

Charlie Parker

Bud Powell

Dizzy Gillespie

Ornette Coleman

John Coltrane

Sonny Rollins

Django Reinhardt

schend. Sie werden durch die Begleitung von Buddy Rich beeinträchtigt, doch sind die Soli von »Bird« – besonders in »Bloomdido« und »An Oscar for Treadwell« – sehr gut.

In Wirklichkeit war Parker nicht mehr der geniale Solist, der das Publikum und die Musiker im Finale und im Royal Roost begeistert hatte. Er war nicht einmal mehr der unangefochtene Führer der Musiker des modernen Jazz, von denen viele seit einiger Zeit neue Wege suchten. Parker war ausgelaugt und frustriert; Lennie Tristano vertraute er an, daß er alles, was möglich war, aus den Bluesharmonien herausgeholt hatte; anderen gestand er, daß er das Streichorchester leid geworden war. Das ist erklärlich, weil er bei den Darbietungen mit diesem Orchester, die am besten bezahlt wurden, immer wieder die gleichen Stücke spielte, alles in allem kaum mehr als ein Dutzend Titel.

Seine sklavische Abhängigkeit vom Rauschgift gewährte ihm nur kurze Zeiten innerer Ruhe. Diese Augenblicke verdankte er Chan, mit der er sich endgültig zusammengetan hatte und die ihr Möglichstes tat, um ihn zu einem fast normalen Leben zu bringen. Sie schenkte ihm auch zwei Kinder, Pree und Baird, welche väterliche Gefühle in ihm wachriefen. Es gab einen Moment, da Chan und seine Freunde sich sogar der trügerischen Hoffnung hingaben, »Bird« sei drauf und dran, ein Familienvater und ein vernünftiger Mensch oder doch wenigstens normal zu werden. Aber die Tatsachen sorgten bald dafür, daß diese Illusionen bei denen verschwanden, die sie gehegt hatten.

Anfang 1954 wurde Charlie nach Kalifornien zurückgerufen, um Stan Getz bei einer wichtigen Tournee zu ersetzen, an der das Stan Kenton-Orchester sowie als Gastsolisten Dizzy Gillespie und Erroll Garner teilnahmen. Getz war in Seattle verhaftet worden, weil er einen Apotheker mit einer Spielzeugpistole bedroht hatte, um Rauschgift zu bekommen; auch er war einer der vielen Opfer des unheilvollen Beispiels von Parker.

Als die Tournee im Shrine Auditorium von Los Angeles vor ausverkauftem Hause zu Ende ging, blieb »Bird« in Kalifornien. Einige Zeit lang spielte er im Tiffany's und dann im Oasis, einem neuen Nachtlokal von Hollywood, wo auch Earl Hines und Lester Young auftraten. In den gleichen Tagen machte er ein paar neue Bekanntschaften von Bedeutung. Er begegnete dem Dichter Kenneth Rexroth und wurde ein Freund der Bildhauerin Julie Mc Donald, die ihn in ihrem Hause aufnahm und zwei Porträts von ihm anfertigen wollte. Er war bei ihr, als die Nachricht vom Tode seiner kleinen Tochter Pree eintraf, die an einer Lungenentzündung gestorben war.

Für Charlie bedeutete dies das Delirium. Er fing an, Chan in einem steigenden Grad von Verzweiflung mit Telegrammen zu bombardieren. Das dritte Telegramm lautete bloß: »Chan, Hilfe. Charlie Parker«. Das vierte offenbarte bereits die Zeichen des Wahnsinns: »Meine Tochter ist tot. Ich werde dort sein, sobald ich kann. Mein Name ist Bird. Es ist sehr schön, hier zu sein. Die

Leute hier sind sehr nett zu mir gewesen. Ich komme sofort. Bleibe ruhig. Richte es so ein, daß ich der erste bin, der sich dir nähert. Ich bin dein Mann. Aufrichtig. Charlie Parker[15].«

Nach seiner Rückkehr nach New York nahm er einige Zeit lang sein übliches Leben wieder auf, spielte, wo er gerade Gelegenheit dazu hatte, und verursachte denen, die ihn beschäftigten, oft viel Unannehmlichkeiten. Am Ende eines Auftritts im Birdland mit dem Streichorchester ließ eine seiner zahlreichen üblen Szenen Oscar Goodstein, den Geschäftsführer des Lokals, endgültig die Geduld verlieren. Er teilte Parker mit, daß er ihn nie mehr engagieren werde. Kurz darauf fand man Charlie ohnmächtig zu Hause. Er hatte ein Fläschchen Jodtinktur getrunken, zahlreiche Aspirintabletten geschluckt und damit versucht, sich umzubringen.

Er wurde ins Bellevue Hospital eingeliefert und blieb dort einige Tage. Scheinbar wiederhergestellt trat er im September mit Jazz at the Philharmonic in der Carnegie Hall auf. Außer ihm waren Sarah Vaughan, Billie Holiday und das Modern Jazz Quartet im Programm. Drei Tage später war er wieder im Bellevue. Er kam freiwillig und erklärte, er sei sehr deprimiert und fühle sich bedroht. Ein Arzt sagte dann zu Chan, daß Parker ohne Zweifel geisteskrank war und daß man nur durch Elektroschock-Behandlungen auf irgendeine Besserung hoffen könne.

Ein Kompromiß wurde vereinbart. Charlie wurde entlassen, aber er verpflichtete sich, zur Durchführung der notwendigen psychiatrischen Behandlung regelmäßig im Krankenhaus zu erscheinen. Eine kurze Zeit lang hielt er Wort. Er zog auf den kleinen Bauernhof von Chans Mutter nach New Hope in Pennsylvania und fuhr jeden Tag nach New York zum Bellevue. Aber es war schon zu spät, um einen fast vollkommen zerrütteten Menschen wie ihn wieder auf die Beine zu bringen. Als Ross Russell ihn um Weihnachten traf, war er tief betroffen: »Charlie sah sehr vernachlässigt aus. Er hatte einen Anzug an, in dem ich ihn schon verschiedene Jahre vorher gesehen hatte, wie ich mich erinnerte, und der seit langem nicht mehr gereinigt und gebügelt worden war«, erzählte Russell später. »Die Manschetten und der Kragen seines weißen Hemdes starrten vor Schmutz und waren ausgefranst. An den Füßen trug er Stoffpantoffeln. Das Gesicht war aufgedunsen, und seine Augenlider hingen so schwer runter, daß die Pupillen nur halb zu sehen waren.« Jetzt sprach man nicht mehr von New Hope und nicht einmal mehr von Chan, von der er sich getrennt hatte. Die Engagements waren selten und kurz geworden, und sein Leben verlief unregelmäßiger als je zuvor. Er schlief in Gelegenheitsunterkünften und teilte eine gewisse Zeit lang eine erbärmliche Wohnung mit dem schwarzen Dichter Ted Joans und einem anderen Freund. Mehr als einer entsinnt sich, daß er ihn damals sagen hörte, er werde bald sterben. Ein Maler, der ihn durch Bowery begleitete, hat sich erinnert, daß Parker plötzlich einen

Bettler angriff und ihm heftig gegen den Magen schlug, um ihm daraufhin die Taschen mit Dollars vollzustopfen. Ein anderer Freund traute seinen eigenen Augen nicht, als er ihn am Times Square traf: er war zusammen mit Bud Powell und streckte wie dieser den Vorübergehenden die Hand hin.

Am 4. und 5. März gab es ein letztes Engagement im Birdland. Mit Parker spielten Powell – auch er ein Opfer des Wahnsinns und betrunken – ferner Charlie Mingus, Art Blakey und Kenny Dorham. Es war eine Art »All Star Band«, die den Zuschauern großartigen Jazz versprach, doch mußten diese peinliche Szenen miterleben. Auf einmal fühlte sich Mingus verpflichtet, sich ans Publikum zu wenden und sagte: »Meine Damen und Herren, halten Sie mich bitte nicht für mitverantwortlich für das, was Sie sehen! Das ist kein Jazz. Das sind kranke Menschen.«

Einige Tage später entschloß sich Charlie, eine reiche Freundin, Jazzliebhaberin und Gönnerin vieler berühmter Jazzmusiker, die Baronin Nica Rothschild de Koenigswarter, aufzusuchen, welche in einem Appartement des Stanhope-Hotels auf der Fünften Avenue wohnte. Diese sah sofort, daß es dem Saxophonisten schlecht ging, und hinderte ihn daran zu gehen. Ein Arzt wurde geholt, der ihn zu überreden versuchte, sich schnellstens in ein Krankenhaus bringen zu lassen. Aber es war nicht leicht, einen Patienten wie ihn zu überzeugen, und der Arzt mußte schweren Herzens dem Wunsche entsprechen, ihn täglich zu besuchen und in der Wohnung zu behandeln. Drei Tage später, am 12. März 1955, starb Parker plötzlich beim Fernsehen im Appartement der Baronin.

Einige Tage lang sickerte die Nachricht vom Tode des größten Jazzmusikers der jüngeren Generation überhaupt nicht durch. Die Baronin suchte mit aller Anstrengung Chan, um zu vermeiden, daß sie es erst durch die Zeitungen erfuhr. Inzwischen waren die sterblichen Überreste ins Leichenschauhaus gebracht worden. Als schließlich die Nachricht wie eine Bombe explodierte (»Der König des Bop stirbt im Appartement einer reichen Erbin«, lautete die Überschrift im »New York Mirror«), fühlte sich die Jazzgemeinde tief getroffen. »Bird hat sich aufgelöst und ist reiner Klang geworden«, war der Kommentar eines Musikers.

An den eindrucksvollen Trauerfeierlichkeiten nahmen Hunderte der bedeutendsten Jazzleute Amerikas teil; viele von ihnen trafen sich ein paar Tage später in der Carnegie Hall, um eines der meistbesuchtesten Konzerte in der Geschichte des Jazz zu erleben. Es sollten Fonds zur Unterstützung der Kinder und Witwe Parkers gesammelt werden. Aber welcher Witwe? Lange Zeit wußten nicht einmal die in Frage kommenden Frauen, das heißt Geraldine, Doris und Chan, wer von ihnen im rechtlichen Sinne als die Witwe angesehen werden mußte, und stritten sich um eine bereits vergeudete Erbschaft.

Indessen waren auf den Mauern der Untergrundbahn und der Häuser im

Greenwich Village oder auf den Wänden von Jazzlokalen Aufschriften zu lesen, die Laien bestimmt geheimnisvoll vorkamen: »Bird lives!« (»Bird lebt!«). Sie sollten noch zahlreicher werden und mehrere Jahre zu sehen sein. Die Schallplattenfirmen, die im Besitz von Einspielungen Parkers waren, beeilten sich, seine Platten neu aufzulegen. Die Liste seiner Aufnahmen wurde bald übermäßig verlängert; es gab Raubpressungen, die von behelfsmäßig mitgeschnittenen Radiosendungen oder »Live«-Auftritten in Theatern und Nachtlokalen angefertigt wurden, und auch nachträgliche Veröffentlichungen von ursprünglich verworfenen »alternate Takes« (= unterschiedlichen Studio-Matrizen der eingespielten Stücke). Alles, was Parker je gespielt hatte, wenn es nur irgendwie festgehalten worden war, schien bedeutend zu sein, so wie der Versuch wichtig erschienen ist, sein dramatisches Lebensschicksal zu rekonstruieren.

Tatsächlich wäre es unmöglich, Parker als Künstler zu verstehen, ohne das Drama zu kennen, das ihn quälte und am Ende vernichtete, und ohne den Konflikt zwischen den Trieben des schwachen und lasterhaften Menschen und sein Sehnen nach Reinheit zu sehen, die der Künstler immer von ferne erstrebte und von Anfang an für sich selbst unerreichbar hielt. Dieses Sehnen war es, das sich in »Bird« in eine ästhetische Forderung umwandelte, ohne moralische Verpflichtungen irgendwelcher Art.

Man würde gern versuchen, Parkers solistischen Stil in Zeit und Raum einzuordnen und, wie es in der Jazzkritik üblich ist, mehr oder weniger unbestimmte musikalische Verwandtschaftsbeziehungen zu finden. Aber das Unterfangen erscheint im vorliegenden Falle verzweifelt, weil nach dem Hinweis auf die frühere Erscheinung eines Lester Young anerkannt werden muß, daß Parker im Jazz ein absolut persönliches Wort mit einem ausschließlich ihm eigenen Akzent gesagt hat, mit der gleichen Natürlichkeit, mit der Armstrong mehr als zwanzig Jahre vorher das Seinige gesagt hatte. Wie Armstrong war nämlich auch Parker ein instinktiver Künstler, der sein ganzes Ich in einer Sprache ausdrückte, die der logische (wir möchten sagen: einzig mögliche) Ausdruck seines menschlichen Zustandes war.

Die Musik war für Parker der Ausdruck seiner ungewöhnlichen Vitalität, ein natürliches Phänomen ebensosehr wie ein biologischer Prozeß. Das mag anfechtbar erscheinen, wenn man die harmonische Vielfältigkeit seiner Musik, die rhythmische Verwicklung seiner Phrasen und die Kühnheit seiner melodischen Linienführung in Betracht zieht, aber es wird weit weniger bestreitbar scheinen, wenn man berücksichtigt, wieviel Abnormes und Krankhaftes es in seiner Natur gab. Wie sollte man es denn anders als krankhaft bezeichnen, dieses hysterische Phrasieren, dieses mal draufgängerisch leichte, mal von der Unschlüssigkeit eines Halluzinierten geprägte Vorgehen und dieses Wimmeln von Vorstellungen?

Man möchte sagen, daß Parkers Musik aus den trüben Gefilden seines Unterbewußtseins kam. Es ist eine widerstreitende Musik zwischen Delirium und Bewußtsein, manchmal kantig, eiskalt und aufreizend, dann wieder zart melodiös, einschmeichelnd, entnervt. Eine abwechselnd stumpfe, verkümmerte und unsichere oder üppige und verwegen kapriziöse Musik. Parkers Soli sind Abenteuer zwischen den unbequemsten Harmonien und den widersprüchlichsten Rhythmen, Wagnisse, die nur durch außergewöhnliche harmonische Intuition und noch allgemeiner musikalische Sensibilität ermöglicht werden.

Seinen Stil als Improvisator zu analysieren, wie es André Hodeir[16] in glänzender Weise getan hat, hieße, die Sprache des Bebop zu analysieren und seine Regeln und ästhetischen Kriterien zu beschreiben. Trotzdem gibt es in Parkers Musik etwas Eigentümliches und Unnachahmliches, angefangen mit seinem kargen, gespannten und brüchigen Ton fast ohne Vibrato und mit seiner aufblitzenden und andeutenden Phrasierung, die auf die Nerven geht und stört, bevor sie gefällt.

In formaler Hinsicht unterscheidet sich »Bird« von jedem anderen Solisten, der ihm vorausging, durch die außerordentliche Reichhaltigkeit seines Ausdrucks, die Anpassungsfähigkeit seiner Sprache, die Unvorhersehbarkeit seiner Lösungen und vor allem durch seine Fähigkeit, höchst sprunghafte und waghalsige Einfälle miteinander in Einklang zu bringen, sowie durch seine strenge kompositorische Logik. In einem Augenblick geht Parker vom Schrei zum Flüstern, vom blendenden Lichtstrahl zum diskreten Schatten über. Er bäumt sich zornig auf und beruhigt sich sofort wieder, und wenn die Phrase drauf und dran ist, sich zu verheddern, löst sie sich mit einem Schlag in eine schillernde kleine Flut von Tönen auf, die bald wieder ein neues, wunderbares Gleichgewicht in einem sehr eleganten Entwurf finden.

Was bei Parkers Musik besonders auffällt, ist nämlich der ständige Bruch der Phrasen, deren Fragmente sich schließlich jedoch in vollkommener Einheitlichkeit fest zusammenfügen. In seinen Phrasen, die häufig zur Polytonalität neigen, vereinigt sich die äußerst wandelbare Betonung – die also nicht immer auf die schwachen Taktzeiten fällt, wie es dagegen die Tradition des Jazz verlangen würde – in bewundernswerter Weise mit dem melodischen Entwurf, in dem man oft unausgesprochene und nur nahegelegte Töne errät.

Die melodische und rhythmische Diskontinuität, welche durch eine große Vielfalt von Formeln erzielt wird; der Wechsel von aufgeregten Zeiträumen zu Augenblicken der Ruhe; der dauernde, immer funktionelle und expressive Wandel der Klangintensität; die Widersprüchlichkeit der Rhythmen im Innern der Phrase, welche eine grundlegend polyrhythmische musikalische Konzeption verrät; die Vorliebe für sehr schnelle Tempi, die ihm von einer meisterhaften Instrumentaltechnik ermöglicht wurde; sein genialer Einsatz von Pausen während der Musik, die den Phrasen eine Ruhepause und Ausdruckskraft verleihen – all dies sind zusätzliche Eigentümlichkeiten der sehr originellen Ästhetik Parkers. Eine »Ästhetik des Tumultes«, um es mit Hodeir zu sagen, der es nicht unterlassen hat, die »enge Verbindung zwischen dem Gedanken (Parkers in musikalischer Hinsicht) und seinem Ausdrucksmittel«, also der besonderen Instrumentaltechnik hervorzuheben; eine Verbindung, bemerkt der französische Kritiker, die sich bei keinem anderen Jazz-Improvisator in gleicher Reinheit vorfindet.

Obwohl viele zu »Bird« wie zu einem Helden und geistigen Führer aufschauten, war er genau genommen ein Einzelgänger und Einsamer, ein Musiker, der niemals im wahrsten Sinne des Wortes mit anderen Musikern zusammenarbeitete. Für ihn waren die anderen Jazzmusiker bloß Weggenossen (die er jedoch mit großer Vorsicht auswählte, wenn er die Möglichkeit dazu hatte), deren Instrumente sich seinem Ton anpaßten und von diesem abhängig gemacht und stark beeinflußt wurden. Nur in diesem Sinne kann Parker als ein Bandleader angesehen werden. Die Gruppen, die er um sich scharte, wurden in Wirklichkeit von der musikalischen Konzeption geleitet, die sich in seinen Soli offenbarte, und er setzte sich mit Gewalt durch.

Und doch reichten diese Soli aus, um eine wahre Katastrophe in der Welt des Jazz auszulösen, der nach Parkers Erscheinen nicht mehr derselbe war und viele Jahre lang dem tiefgreifenden Einfluß seiner Musik erlag. Nach seinen unmittelbaren Schülern und Nachahmern (vor allem Sonny Stitt und Sonny Criss) folgten in der Tat viele weitere, die zu Tausenden zählten. Es waren nicht nur Saxophonisten. Jeder, der in der zweiten Hälfte der fünfziger Jahre und in den anschließenden Jahren auf die Jazz-Szene trat, konnte nicht umhin, seinem Einfluß Rechnung zu tragen. Man mußte auf Ornette Coleman und John Coltrane warten, damit die Jazzmusiker andere Vorbilder fanden, an die sie sich lehnen konnten, und so Charlie Mingus eine Antwort gaben, welcher gleich nach dem Tode von »Bird« kommentierte: »Die meisten der Solisten im Birdland mußten auf Parkers nächste Platte warten, um zu wissen, was sie spielen sollten. Und was werden sie jetzt machen?«[17]

Dizzy Gillespie

Um 1947–48, als Dizzy Gillespie ungefähr dreißig Jahre alt war, galt er als einer der Idole der jungen Jazzmusiker aus New York und deren Anhänger, der »Hipsters«. Vor allem verehrten ihn diejenigen, die sein Instrument, nämlich Trompete, spielten, aber auch die anderen versuchten, ihn auf jede mögliche Weise nachzuahmen. Wenigstens setzten sie sich eine blaue Baskenmütze wie er auf oder trugen eine Brille mit einer schweren Fassung und einen kleinen Haarbüschel an der Unterlippe, wie er es als erster tat. Für viele von ihnen war Dizzy der unangefochtene Führer, der Mann, der den Ton angab, und dies nicht nur in musikalischer Hinsicht. Auch die Leute, die schon damals begriffen hatten, daß der begabteste Vertreter dieses neuen Jazz, der da Bebop hieß, Charlie Parker und nicht Dizzy war, betrachteten Gillespie als ihren Wortführer in der Öffentlichkeit, als die Person, die sie außerhalb ihrer Gruppe besser vertrat und den »bop cult« versinnbildlichte, um einen damals geläufigen Ausdruck zu verwenden. Außerdem kannten die Journalisten, für die der Bebop in erster Linie oder ausschließlich eine amüsante und grillenhafte Zeiterscheinung war, keinen anderen als ihn. Parker war mit seiner Launenhaftigkeit und Aggressivität nicht so sympathisch und machte keine Schlagzeilen. So sah es jedenfalls aus.

Gerade Dizzys im Grunde fröhlicher Charakter, seine überschäumende Vitalität, sein Sinn für Humor und seine lebhafte und realistisch orientierte Intelligenz ermöglichten ihm mehr als jedem anderen Musiker seiner Umgebung, die Schwierigkeiten zu überwinden, denen der Bebop, welcher von ihm mitgeschaffen worden war, auf seinem Wege begegnen sollte. Darüber hinaus konnte Gillespie so dem wirklich nicht heiteren und in manchen Fällen sogar tragischen Schicksal vieler Bebop-Leute entgehen.

Dizzy kam immer durch. Er war der erste unter den »Boppers«, der sich durchsetzte, der einzige von ihnen, der jahrelang eine Bigband zusammenhalten konnte, er blieb immer am Ball und erfreute sich eines beneidenswerten Ruhmes, auch nachdem der »bop cult« untergegangen war.

Und doch waren seine Anfänge wirklich nicht verheißungsvoll gewesen. Zunächst einmal (aber das war auch bei so vielen anderen Jazzmusikern der Fall gewesen, die später berühmt wurden) stammte er aus armen Verhältnissen und war Farbiger. Am 21. Oktober 1917 kam er als letztes von neun Kindern und Sohn eines Maurers in Cheraw, einem kleinen Ort in South Carolina, auf die Welt. Er lernte mehrere Instrumente nach Gehör spielen, die er im Hause fand, wo sie sein Vater, der nebenher eine Band leitete, aufbewahrte. Dann vertiefte er seine theoretischen und harmonischen Kenntnisse am Laurinsburg Institute, einer Berufsschule für Neger, die nicht weit von seinem Heimatort lag. 1935 zog er mit seiner übrigen Familie nach Philadelphia und wurde dort erstmals Berufsmusiker. Er war jetzt als »Dizzy« (der »Verwirrte«) und nicht mehr unter seinem eigentlichen Namen John Birks bekannt. In Philadelphia trat er in das Orchester von Frank Fairfax ein und hörte im Radio voller Aufmerksamkeit Roy Eldridge, der sein erstes Vorbild wurde. Dann ließ er sich in New York nieder und konnte bald Mitglied des Teddy Hill-Orchesters werden und den Platz einnehmen, auf dem früher »Little Jazz« gesessen hatte.

Gillespies wunderliche Launen, seine Aufdringlichkeit und dauernden Scherze paßten jedoch den anderen Orchestermitgliedern nicht, und sie sahen ihn als einen richtigen Plagegeist an. Einige drohten sogar damit, Hill zu verlassen, falls dieser ihn mit nach Europa nehmen würde, wohin diese Formation 1937 eine Tournee unternehmen sollte. Aber Hill blieb hart und brachte den Trompeter genauso wie die anderen nach England und Frankreich. Er schätzte ihn und hatte ihn gern, auch wenn seine Leute die Gründe dafür nicht begreifen konnten. Sie hatten auch nicht verstanden, warum Hill ihn damals eingestellt hatte, als er zum Vorspielen kam und ihm in Handschuhen und Mantel vorblies. Sie waren sich nicht einmal sicher, ob sie Gillespies Spiel mochten, das sich von Eldridges Musik zu unterscheiden begann und ihnen dann ziemlich seltsam vorkam.

In den folgenden Jahren wirkte der junge Trompeter in verschiedenen Bands, vor allem im Cab Calloway-Orchester, in dem er von 1939 bis 1941 tätig war. Eine gewisse Zeit lang war er während des anschließenden Jahres auch in der Formation von Les Hite, bei der er zum ersten Mal auf den Arrangeur Walter »Gil« Fuller traf, der später mit ihm zusammenarbeiten sollte.

Damals war Dizzys musikalische Konzeption bereits ziemlich vorgerückt, so daß »Jersey bounce«, eine Aufnahme, die er mit dem Hite-Orchester für Hit, eine schnell eingegangene kleinere Plattenfirma, einspielte, von Leonard Feather als das »wahrscheinlich erste Beispiel von reinem Bebop auf Schallplatte[1]« bezeichnet worden ist. Obwohl diese Behauptung etwas gewagt erscheint, besteht kein Zweifel daran, daß Dizzy schon seit längerem auf der Suche nach originellen harmonischen Lösungen war.

Kenny Clarke, der mit ihm im Orchester von Teddy Hill gewesen war und danach bei den Jam Sessions im Minton's oft mit ihm gespielt hatte, erinnerte sich: »Diz trieb sich überall herum. Er konnte nicht ruhig bleiben und versuchte immer, sich selbst zu übertreffen. Bevor er in das Cab Calloway-Orchester eintrat, kam er jeden Abend als Ersatzmann runter zum Cotton Club und übernahm jedesmal eine andere Rolle. Einen Abend spielte er erste Trompete, am darauffolgenden zweite und so fort. Ebenso ging es im Orchester von

Teddy Hill. Ich schrieb kleine Sachen und gab sie dann meinem Diz, der genau hinter dem Schlagzeug saß. Er spielte sie, und danach spielten wir sie beide zusammen. Wir waren von Feuereifer beseelt. Erregung war in uns; denn wir begriffen, daß wir dabei waren, etwas zu entdecken[2].«

Der Bassist Milt Hinton, der mit Gillespie im Calloway-Orchester und sein Partner bei vielen kleinen musikalischen Abenteuern war, hat sich ähnlich geäußert: »Dizzy war damals – sagen wir 1939 bis 1942 oder 1943 – überall. Er war schon zu der Zeit ein verrücktes Huhn, doch gleichzeitig arbeitete er ernsthaft an sich, um das zu erreichen, was er dann schließlich auch erreicht hat. Diz wurde zu der Zeit von den Musikern der älteren Generation praktisch ignoriert. Der Akzent lag damals auf reiner Intonation und gutem Ton – und beides erreichte er erst später. Er bemühte sich darum, eine moderne Harmonik zu entwickeln, und sein Ton war dünn und schwach. Später verbesserte er ihn. Aber seine Ideen hatten Hand und Fuß, und sie kriegten immer mehr Hand und Fuß[3].«

Nach weiteren Erfahrungen von geringerer Bedeutung trat der Trompeter in die Bigband von Earl Hines ein, in der er mit Charlie Parker und anderen Musikern zusammentraf, die eine mehr oder weniger wichtige Rolle bei der Festlegung der neuen Ausdrucksweise des Jazz einnehmen sollten. Der Wert Parkers war ihm bereits bewußt. Er hatte ihn in Kansas City kennengelernt, als er mit dem Calloway-Orchester dorthin kam. Bei dieser Gelegenheit hatte er feststellen können, wie ähnlich die Ideen des Saxophonisten seinen eigenen waren[4].

Anfang 1944 gründete Gillespie, nachdem er Hines verlassen und anschließend bei anderen und sogar Duke Ellington gearbeitet hatte, gemeinsam mit dem Bassisten Oscar Pettiford ein Quintett, das im Onyx Club in New York debütierte und eine Musik bot, die selbst für die aufmerksamsten Beobachter der Jazz-Szene eine verwirrende Neuheit darstellte. Es war der Bebop, wie er bald genannt werden sollte, in einer inzwischen vollkommen festgelegten Form.

Dann folgten – wie schon an anderer Stelle dieses Buches geschildert – die ersten Aufnahmen von vier der fünf Mitglieder aus der Onyx-Gruppe zusammen mit Coleman Hawkins und anderen, danach die Spaltung dieses Quintetts, die zur Entstehung von zwei Bop-Ensembles auf der »Straße« führte, darauf ein erneutes Zusammentreffen von »Boppers«, insbesondere von Dizzy mit Parker, im neugebildeten Orchester von Billy Eckstine und schließlich die erste Combo mit sowohl Gillespie als auch Parker im Three Deuces und im Spotlite, ebenfalls auf der 52. Straße.

Damals, das heißt Anfang 1945, begann die emsige Aktivität des Trompeters in den Aufnahmestudios. Die Leute, die Dizzy und den »Boppers« Vertrauen schenkten, waren die Inhaber gewisser neuer und unabhängiger »Labels« (=

Plattenmarken), denen nur ein kurzes Leben beschieden sein sollte. An erster Stelle war da die Firma Guild, deren Einspielungen von »Blue 'n' boogie« mit Dizzy und Dexter Gordon sowie »Groovin' high« (besser gesagt: einem entstellten »Whispering«) mit Dizzy und »Bird« die Begeisterung der »Hipsters« hervorriefen. Weitere Aufnahmen aus der ersten Hälfte des Jahres 1945, die noch heute als »Klassiker« des Bebop angesehen werden, sind: »I can't get started« (mit einem sehr schönen Trompetensolo von Gillespie), »Good bait« und »Salt peanuts«, die von der Firma Manor herausgegeben wurden, ferner »Dizzy atmosphere«, »All the things you are«, »Hot house« (eine »Verbeboppung« von »What is this thing called love«, für die Tadd Dameron verantwortlich war), »Shaw 'nuff«, ein zweites »Salt peanuts« und »Lover man«, das dem internationalen Publikum das Talent von Sarah Vaughan vorstellte. Auch diese Einspielungen erfolgten ursprünglich für Guild und wurden dann mehrfach auf verschiedenen Plattenmarken wiederveröffentlicht. Weiterhin interessant, allerdings stilistisch gesehen gemischt, sind die Aufnahmen für Comet unter Leitung von Red Norvo: »Congo blues«, »Hallelujah«, »Get happy« und »Slam Slam blues«. In dieser so arbeitsreichen Zeit fehlten auch nicht Einspielungen Dizzys mit Bigbands, selbst weißen, wie den Orchestern unter Roy Raeburn und dem Saxophonisten Georgie Auld, zwei Liebhabern des Bebop der ersten Stunde.

Alles schien bestens zu verlaufen, als Gillespies Manager Billy Shaw Mitte 1945 den Augenblick gekommen sah, eine Bigband um ihn zu bilden. Das war ein Fehler, und ein noch größerer Fehler bestand darin, das Orchester in den Süden zu schicken, wo niemand darauf gefaßt war, den neuen Jazz zu hören. Als ob das noch nicht gereicht hätte, sah sich das frischgebackene Gillespie-Orchester, das doch auf einen sehr tüchtigen Arrangeur wie Walter Fuller und vielversprechende Solisten wie Max Roach, Kenny Dorham und Charlie Rouse zählen konnte, auch noch zum Spielen bei Tanzveranstaltungen engagiert, während man inzwischen doch eingesehen haben mußte, daß der Bebop nichts zum Tanzen war[5]. Um zu retten, was zu retten war, wurde als Beistand für die Gruppe eine im Show Business so erfahrene Frau wie Ella Fitzgerald nachgeschickt, aber auch das nützte wenig. Die Tournee und mit ihr die Existenz der Bigband fanden ein paar Monate nach einer finanziellen Pleite ihr Ende.

Diese bittere Erfahrung hätte Dizzy und seinem Manager, der jetzt Milt Shaw, der Sohn von Billy Shaw, war, eine Lehre sein sollen, weitere Expeditionen in solche Gegenden zu vermeiden, wo man ihre Musik nicht schätzte. Aber dem war nicht so. Im Dezember wurde Dizzy zusammen mit Parker und noch ein paar Musikern in ein Lokal nach Hollywood, das Billy Berg's, verpflichtet, und es wurde nochmals ein riesiger Reinfall. Die Leute verstanden den neuen Jazz wirklich nicht, und mit den Geschäften ging es noch mehr bergab. Als der Trompeter schließlich nach New York zurückkehrte, konnte er nur eine unerfreuliche Bilanz seiner Tätigkeit in den letzten Monaten ziehen. An positiven Ereignissen gab es nur ein paar gute Platten, die er in Los Angeles für Dial eingespielt hatte (»Diggin' for Diz«, »'Round midnight«, »Confirmation«) sowie die Begegnung mit Norman Granz, mit dessen Jazz at the Philharmonic Gillespie das erste Mal im Januar 1945 auftrat, wobei einige Live-Mitschnitte entstanden, die sich sehr gut verkaufen sollten.

Zum Glück war die Lage, die Dizzy in New York vorfand, günstig. Dort hatte der neue Jazz bereits zahlreiche Freunde unter den Musikern, die am meisten zählten – und zwar vor allem unter den weißen Musikern – sowie bei Impresarios und Kritikern. Von den letzteren war Leonard Feather am meisten begeistert. Es gelang ihm, die Leiter der Victor zu überreden, ein Plattenalbum mit dem Titel »New 52nd Street Jazz« herauszubringen, zu dessen Verwirklichung er Gillespie, Al Haig, Ray Brown, Milt Jackson, Coleman Hawkins, Allen Eager und andere bemühte. Besonders bezeichnend waren die aufgenommenen Titel mit der Gruppe des Trompeters: »Ol' man rebop«, »Anthropology«, »A night in Tunisia« und »52nd Street theme«. Dafür, daß es die ersten reinen Bop-Stücke waren, die für eine wichtige Plattenfirma aufgenommen wurden, fanden sie eine gute Verbreitung.

Für Dizzy war der Augenblick gekommen, ein neues Abenteuer mit einer Bigband zu wagen. Sie wurde im Frühjahr 1946 gegründet und hatte von Anfang an Erfolg. Außer Fuller stellten sich neue Arrangeure von Bedeutung, unter anderem Tadd Dameron und John Lewis, in den Dienst des Orchesters. Unter den Solisten befanden sich Kenny Clarke, Milt Jackson, Ray Brown, der Tenorsaxophonist James Moody und der Kontrabassist Al Mc Kibbon.

Die Platten, die das Orchester im Juni 1946 für Musicraft einzuspielen begann, schlugen ein. Ein Großteil der Arrangements, die von der neuen Bigband für die Aufnahmen verwendet wurden, waren von Fuller für die frühere Großformation geschrieben worden: »Ray's idea«, »One bass hit«, »Oop – bop –sh'bam« und »Things to come«. Dieses letztgenannte Stück, eine futuristische Skizze, fand besonderen Anklang. Trotz der Holprigkeit seiner Ausführung in ganz schnellem Tempo ließ es neben den anderen Titeln die großen Ausdrucksmöglichkeiten des neuen Jazz ahnen und zeigte einem breiten Publikum die Fähigkeiten Fullers. Er war der erste, der den Bebop auf die Ausdrucksmittel einer Bigband übertrug und übernahm so eine ähnliche Rolle im modernen Jazz, wie sie Don Redman im traditionellen Jazz entfaltet hatte.

Diesmal hütete Milt Shaw sich wohl, das Orchester in den Süden zu schicken. Es gelang ihm jedoch nicht, es häufig aus dem Kreise der schwarzen Theater und Lokale im Norden – des Apollo und Savoy in Harlem, des Paradise in Detroit, des Howard in Washington usw. – herauskommen zu lassen.

1947 und 1948 waren für Gillespie und die »Boppers«, wie schon gesagt, die Jahre des endgültigen Erfolges. Dieser Erfolg wurde zwar sehr stark bekämpft, war aber deshalb für den Trompeter, der erlebte, wie ihm fast alle Verdienste und Früchte dieses Erfolges zugesprochen wurden, nicht weniger berauschend. Der Sieg bei der »Metronome«-Umfrage im Januar und dann ein Schallplattenvertrag bei Victor mit dem Orchester waren für Gillespie, neben einem Großkonzert der Carnegie Hall im September und einem weiteren Konzert der Town Hall im Dezember, die herausragenden Ereignisse des Jahres 1947. Im gleichen Jahre begann er in Zusammenarbeit mit Fuller und Chano Pozo Gonzales, einem außergewöhnlichen kubanischen Bongo- und Conga-Trommler, die Vermischung des Bop mit Rhythmen von den Antillen zu experimentieren, wobei er glänzende Resultate erzielte.

Der »Afro-Cuban jazz« (oder genauer: »Afro-Cuban bop«) war entfernten Ursprungs. Um seine Anfänge aufzuspüren, ist man bis auf die frühen dreißiger Jahre zurückgegangen und hat im Repertoire des Cab Calloway-Orchesters herumgestöbert, zu dem der kubanische Trompeter und Arrangeur Mario Bauza einen besonderen Beitrag geleistet hatte. Auch bestimmte Stücke aus dem Repertoire von Ellington, vor allem »Caravan« und »Conga brava«, sind im Zusammenhang der Titel angegeben worden, die als erste Rhythmen von den Antillen verwendet haben. Gillespie seinerseits hat sich erinnert, Mario Bauza besonders nahegestanden zu haben, als beide gemeinsam bei Calloway spielten, und mit ihm fruchtbare Ideen ausgetauscht zu haben.

Die Explosion der Mode lateinamerikanischer Tanzmusik in der unmittelbaren Nachkriegszeit rückte die Orchester von Noro Morales, Tito Puente und besonders Machito bei vielen Musikern in den Mittelpunkt der Aufmerksamkeit. Das Machito-Orchester war gerade von Bauza, dem Schwager des Leaders, organisiert worden und im übrigen selbst erheblich vom Jazz beeinflußt. Fuller und Gillespie bekundeten ein starkes Interesse für diese Formationen. Fuller schrieb Arrangements sowohl für Machito als auch für Puente, während Gillespie öfters gesehen wurde, wie er bei den Orchestern von Machito und Morales einstieg, um darin zu seinem eigenen Vergnügen zu spielen. Als Dizzy sich so die Mitarbeit von Gonzales sichern konnte, der ihm von Bauza vorgestellt worden war, dachte er, daß er einen alten Traum verwirklichen und den Jazz mit jenen verwickelten Rhythmen vermischen könne, die er in den Orchestern von Machito und Morales so sehr geschätzt hatte. Der Erfolg, den die »Afro-Cuban drum suite« – auch bekannt als »Cubana be – Cubana bop« – die George Russell für Dizzys Orchester und speziell für Chano Pozo schrieb, in der Carnegie Hall davontrug, zeigte Gillespie, daß der eingeschlagene Weg richtig war. »Manteca«, arrangiert von Fuller nach einem Thema von Gonzales, und »Algo bueno«, eine Neubearbeitung von »Woodyn' you«, bildeten weitere sehr bekannte Beispiele des »Afro-Cubana bop« dieses Orchesters, zu denen noch »Tin Tin Deo«, »Con alma« und andere Stücke kommen sollten, die viele Jahre lang im Repertoire Gillespies blieben.

Die Rhythmen der Antillen, denen er auch nach dem Tode von Chano Pozo, der 1948 in einer Bar in Harlem ermordet wurde, stets treu blieb, gaben seiner Musik eine malerische Färbung. Sein Scat-Gesang, den er gern im Duett mit Pancho Hagood vorführte, ließ noch eine komische Dimension hinzukommen.

Scat-Singen gab es im Jazz schon seit den zwanziger Jahren; im Bop nahm er jedoch von Anfang an einen ganz eigenartigen und grotesken Charakter an. Das sowohl, weil derjenige, der diese Art zu singen als erster im neuen Jazz einführte, nämlich Babs Gonzales – 1946 war er in einer gemeinsam mit Tadd Dameron unter dem Namen »Three Bips and a Bop« gegründeten kleinen Gruppe hervorgetreten – mehr ein Unterhalter in Nachtlokalen als ein Musiker war, als auch, weil sich die Melodielinien des Bop in ihren gewundenen, immer etwas gekünstelten Ablauf für ein karikaturistisches Singen eigneten.

Dizzy hatte es in dieser Hinsicht nicht nötig, ermutigt zu werden. Mit seinem unwiderstehlich komischen Gesicht und seiner natürlichen Veranlagung zum Possenreißen und Witzemachen hat er niemals darauf verzichtet, das Publikum gelegentlich zum Lachen zu reizen, da er ihm seine Musik immer in einem lustigen Rahmen präsentieren wollte. Dabei hat er oft übertrieben und ist so manches Mal in Geschmacklosigkeit abgerutscht. Vor allen Dingen übertrieb er in den beiden letzten Lebensjahren seines Orchesters, als er sich einbildete, dessen Auflösung dadurch verhindern zu können, daß er die komische und showartige Aufmachung seiner Darbietungen herausstrich und seine Musik versüßlichte.

Bevor Dizzy seine Leute entließ, sah er jedoch noch glanzvolle Augenblicke mit diesem Orchester. Trotz des katastrophalen Ausganges in finanzieller und organisatorischer Hinsicht erlebte Dizzy damals die größte Genugtuung bei der Europatournee, die seine Formation abenteuerlicherweise im Januar 1948 unternahm. Zuerst landete sie in Schweden, wo der amerikanische Bop eben in diesen Wochen durch eine kleine Gruppe unter Chubby Jackson erstmalig zum Vorschein gekommen war. Es sollte eine lange Tournee sein, aber die Dinge verliefen ganz anders als im Programm vorgesehen. Diese Tournee wäre sogar schon in Schweden abgebrochen worden, wenn aus Frankreich nicht eine günstige Einladung für das Orchester gekommen wäre. So konnte es drei Konzerte in der Salle Pleyel in Paris und auch in Südfrankreich geben.

Von der Bühne des großen Pariser Konzertsaales schockierte Dizzys Orchester buchstäblich sein Publikum. Mancher verbarg seinen Unmut nicht, doch die Kenner und Musiker, die in großer Zahl herbeigeeilt waren, jubelten.

Auch daheim hatte Dizzy inzwischen viele ergebene Anhänger. Das konnte er ein weiteres Mal feststellen, als ihn bei der Rückkehr aus Europa mehr als hundert Fans am New Yorker Hafen erwarteten, alle mit Baskenmützen, Brillen und einem Haarbüschel an der Unterlippe. Sogar in Kalifornien verfügte er jetzt über eine große Anhängerschaft. Das sah man wenige Wochen später, als sein Orchester in San Francisco und selbst im Billy Berg's in Hollywood herzlichen Beifall erhielt.

Im Verlauf seiner Pariser Konzerte hatte Gillespie viele seiner Spezialitäten vorgestellt, von denen einige auf Platte erschienen. Ein Teil dieser Aufnahmen wurde eben während dieser Konzerte mitgeschnitten und in Frankreich auf Vogue und später (dreiundzwanzig Jahre nach dem Mitschnitt) in Amerika auf Prestige veröffentlicht. Neben den genannten Stücken, die zum Repertoire des Orchesters gehörten, sei noch hingewiesen auf die anspruchsvolle »Toccata for solo trumpet and orchestra« (die jedoch nie in Plattenform herausgegeben wurde) und »Two bass hit«, beide von John Lewis komponiert, »Stay on it« und »Good bait« von Tadd Dameron, »Round about midnight«, »All the things you are«, »Groovin' high«, »Emanon« sowie auf zwei amüsante Titel, die sich für den Scat-Gesang eigneten: »Oop-pop-a-da« und »Ool-ya-koo«.

Als Dizzy 1950 seine Leute verabschieden mußte, vertraute er seinen Freunden an: »Es bricht mir wirklich das Herz, daß wir nicht zusammenbleiben können, aber das ganze Bigband-Geschäft geht kaputt. Und dann will auch noch jeder, daß ihr diese »Ricky-ticky«-Musik zum Tanzen spielt. Was mir gefallen würde, wäre eine Tournee mit Charlie Parker und seinem Streichorchester. Auch ein Saxophon-Orchester mit Arrangements von Johnny Richards würde ich gern dirigieren. Wir könnten die Musiker in den verschiedenen Städten einstellen, Leute, die nur die Musik ablesen müßten, während ›Bird‹ und ich Jazz spielen würden.«[6]

Er konnte diese Pläne nur zu einem kleinen Teil verwirklichen und mit einem großen Orchester unter Leitung von Richards verschiedene Titel für die Marke Discovery einspielen. Was das Zusammenspielen mit Parker angeht, so erhielt er hierzu mehr als einmal im Aufnahmestudio oder anderswo die Möglichkeit, aber immer nur bei vereinzelten Gelegenheiten. Ein Konzert, das die beiden Musiker im Mai 1953 in der Massey Hall von Toronto vereinte, zeitigte die besten Ergebnisse einer solchen Gelegenheit und wurde teilweise für Platten mitgeschnitten.

Es ist nicht leicht, die Schritte Gillespies in der ersten Hälfte der fünfziger Jahre zu verfolgen, so unterschiedlich und intensiv waren seine Aktivitäten. Eine gewisse Zeit lang, und zwar während des Jahres 1951, versuchte er sogar, gemeinsam mit einem Freund eine kleine Plattenfirma namens Dee Gee zu führen. 1952 und 1953 kehrte er zweimal nach Europa zurück und trat an der Spitze kleiner Ensembles auf, von denen das erste allerdings von Solisten gebildet wurde, die in Paris zusammenkamen. Die auffälligste Tätigkeit war jedenfalls einige Jahre lang sein Wirken für Norman Granz. Er nahm zahlreiche Schallplatten in verschiedenen Besetzungen für ihn auf und war an Tourneen mit Jazz at the Philharmonic beteiligt.

Allerdings war nicht seine ganze Plattenproduktion aus dieser Zeit von einer solchen Qualität, daß sie seine Bewunderer zufriedenstellte. Nachdem die Bigband aufgelöst und der Bebop verschwunden war – wenigstens in seinen typischen Ursprungsformen – fing Dizzy an, fast ausschließlich den Part des Trompeten-Solisten zu übernehmen, eines Trompeters, der wegen der Originalität seines Stils und des künstlerischen Gehaltes nicht zu übertreffen war, aber sich doch allzuoft gezwungen sah, die Rolle des Virtuosen, wenn nicht sogar die eines Vordränglers zu spielen. Dann und wann kam ein gut gelungenes Thema wie »The champ« und »Birks works« gerade zur rechten Zeit, um Gillespies Anhänger daran zu erinnern, daß er nicht nur ein Instrumentalist, sondern auch ein fähiger Komponist war.

1955 bekam Gillespie die Gelegenheit, die er immer erträumt hatte, nämlich wieder eine Bigband zu gründen. Sie wurde ihm vom State Department der USA geboten, das sich auf Empfehlung des bekannten schwarzen Politikers Adam Clayton Powell an ihn wandte, um ihn auf eine »good will«-Mission durch einige Länder des Ostens zu entsenden. Es war die erste Aktion dieser Art, die jemals durchgeführt wurde.

Mit Hilfe von Quincy Jones, welcher die Musiker auswählte und verschiedene Arrangements schrieb, wurde die Formation im Frühjahr zusammengestellt. Sie vereinigte gute Solisten wie Joe Gordon, Trompete, Phil Woods, Altsaxophon, Billy Mitchell und Ernie Wilkins, Tenorsaxophone und Melba Liston, Posaune; die beiden letztgenannten halfen Jones auch bei den Arrangements. Die Tournee berührte zahlreiche Länder, in denen der Jazz teilweise immer noch eine unbekannte Musik war: Pakistan, Iran, Libanon, Syrien, die Türkei, Jugoslawien und Griechenland. Dizzy erfüllte überall mit Eifer und großem Erfolg die ihm übertragene Aufgabe als Botschafter des guten Willens und gewann neue Freunde für den Jazz und sein Land. Er war so eifrig, daß er sich im Herbst erneut zu einer zweiten Propagandareise, diesmal durch Südamerika, aufmachen mußte.

Das neue Orchester nahm für Verve eine große Anzahl von Titeln auf, die zwar viel genauer und glänzender ausgeführt wurden als die Einspielungen aus den Jahren der Zusammenarbeit mit Fuller, aber weniger reich an Einfällen, häufig konventionell und etwas mechanisch sind. Bei ihrem Hören kommt einem nicht selten der Gedanke an gewisse Arrangements des Repertoires von Basie aus den gleichen Jahren, die im übrigen großenteils auf die gleichen Arrangeure zurückgehen. Unter den Plattenaufnahmen fehlen auch einige Glanzstücke des alten Repertoires nicht, die in passender Weise »aufpoliert« wurden.

Als Anfang 1958 auch diese Formation aufgelöst wurde, nahm Dizzy wieder seine Laufbahn als Starsolist und Leiter kleiner Combos auf. Er reiste wiederholt nach Europa, sowohl mit Jazz at the Philharmonic als auch mit eigenen

Gruppen, und erlebte noch lange Erfolgsperioden. Eine besonders anregende Begegnung für ihn war die mit Boris »Lalo« Schifrin, einem Pianisten, aber vor allem auch Komponisten und Arrangeur. Dieser kam aus seinem heimatlichen Buenos Aires nach New York und wirkte ab 1960 drei Jahre lang in Gillespies Quintett. Die Ergebnisse der Mitarbeit Schifrins waren beträchtlich. Der argentinische Komponist schrieb für Dizzy zunächst eine schöne »Gillespiana suite« in fünf Sätzen, die vom Quintett unter Hinzuziehung einer großen Studioformation für Verve aufgenommen und später mit lebhaftem Erfolg in der Carnegie Hall vorgestellt wurde. Hierauf folgte ein weiteres recht engagiertes Werk, und zwar eine Suite in sechs Sätzen mit dem Titel »The New Continent«, welche 1962 beim Jazz-Festival in Monterey aufgeführt und im gleichen Zeitraum mit einem großen Orchester für Limelight eingespielt wurde.

Beide Werke wurden von der Kritik sehr gelobt. Das Lob war jedoch nicht einhellig bei der Beurteilung der zweiten Suite, die weniger jazzmäßig, viel komplexer und anspruchsvoller als die erste ist. Auf jeden Fall handelt es sich bis auf den heutigen Tag um die bedeutendsten Schöpfungen, zu denen Gillespie als Trompetensolist beigetragen hat, und zwar in besonders glänzender Weise zu »Gillespiana«.

»The New Continent« kann als eines der brillantesten Beispiele von »third stream music« angesehen werden. Diese Bezeichnung läßt sich auch zur Charakterisierung der »Perceptions« verwenden, einer weiteren Suite, die in diesen fruchtbaren Jahren (1961, um genau zu sein) von Gillespie eingespielt wurde. Er hatte sie bei J. J. Johnson in Auftrag gegeben und nahm sie dann im Studio mit einem großen Orchester unter Leitung von Gunther Schuller auf.

Einige Zeit später, im Jahre 1968, sollte sich der Trompeter nochmals an Schifrin und die »third stream music« erinnern, als er sich bereit erklärte, während des Jazz-Festivals in Monterey als Solist bei der Aufführung der »Jazz Mass« mitzuwirken, jener feierlichen und vielgepriesenen Jazz-Messe, die der argentinische Komponist vier Jahre vorher geschrieben hatte.

Gillespies Dankesschuld gegenüber Schifrin betrifft nicht nur die Suiten der frühen sechziger Jahre. Der Trompeter verdankte ihm auch seine Begegnung mit den faszinierenden Bossa Nova-Rhythmen, die ab 1962 ein fester Bestandteil seines musikalischen Schaffens wurden. Damals spielte seine Gruppe einige der ersten Beispiele der neuen südamerikanischen Tanzmusik im Studio ein und nahm dann weitere live auf, als sie im Sommer beim Jazz-Festival von Juan les Pins auftrat.

Es wäre schwierig, auf all die verschiedenen Combos einzugehen, die Gillespie in den letzten Jahren und häufig mit Unterstützung des Pianisten Mike Longo, eines fähigen Komponisten und Arrangeurs geleitet hat. Dagegen ist es einfacher, auf einige Ereignisse hinzuweisen: die Wiederbegegnung mit Fuller beim

Festival des Jahres 1965 in Monterey, welche zu einigen interessanten Aufnahmen für World Pacific führte; die Wiederausgrabung einiger berühmter Arrangements, die für seine Bigbands der vierziger Jahre geschrieben worden waren und 1968 in mehreren europäischen Städten mit einer hierfür zusammengestellten Formation wieder gespielt wurden (davon existiert eine Langspielplatte auf der Marke MPS); schließlich noch ein erfolgreicher Zusammenschluß mit einigen altgedienten Bop-Musikern (Thelonious Monk, Sonny Stitt, Art Blakey usw.), die unter dem Namen der »Jazz Giants« auch in Europa und Australien zahlreiche Konzerte gaben.

Dann kam auch für Gillespie der Augenblick der Begegnung mit dem Schwarzen Erdteil, wohin er Ende 1973 im Auftrag des amerikanischen State Department fuhr. Es gab Konzerte in Tansania und Nairobi und hielt sich in dieser Stadt drei Tage lang zur Unabhängigkeitsfeier des Staates Kenia auf. Dort führte er eine selbst komponierte und Kenyatta gewidmete Suite »Burning Spear« auf, die er dann als eine Mischung indischer, südamerikanischer und afrikanischer Einflüsse mit einem guten Schuß Blues beschrieb.

Auch in den letzten Jahren sind seine veröffentlichten Schallplatten zahlreich gewesen. Aus dieser Menge könnte man manche herausgreifen, unter denen auf keinen Fall das Plattenalbum »Swing low sweet Cadillac« auf Impulse fehlen dürfte, das im Verlauf einiger Gastspiele seiner Combo in der Memory Lane von Los Angeles aufgenommen wurde. Es ist ein für Gillespie typischer Auftritt, reich an kleinen komischen Einfällen, aber besonders an musikalischen Ideen, und man hat Gelegenheit, eine der besten Gruppen zu hören, die der Trompeter in letzter Zeit geleitet hat, nämlich das Quintett, in dem der Tenorsaxophonist und Flötist James Moody eine wichtige Stütze war. Auf der Platte fehlt auch nicht die Aufnahme einer seiner bekanntesten Kompositionen, »Kush«, die er »Mutter Afrika« widmete.

Soll die Widmung an Afrika ernst gemeint sein oder ist sie als Spaß gedacht, wie es den Anschein hat, wenn man sich Dizzys kleine Rede dazu anhört? Es ist immer schwierig festzustellen, wo der Scherz anfängt oder aufhört, wenn es sich um ihn handelt. Man hat auch nie genau herausgefunden, ob er sich nur auf Kosten der Journalisten lustig machen wollte, als er es tatsächlich zweimal zuließ, daß man für ihn eine Art Wahlkampf als Präsidentschaftskandidat der Vereinigten Staaten einleitete.

Über einige Dinge, die scheinbar auch wunderlich sind, macht Gillespie immerhin keine Witze. So ist er zum Beispiel ernst, wenn er von den Grundsätzen des Bahaismus, einer Religion persischen Ursprungs, spricht, die er in der letzten Zeit angenommen hat. Über die Musik scherzt er auch nicht. Er spielt den Spaßvogel, wenn er ein paar Einführungsworte zu den verschiedenen Titeln und seinen Musikern sagt, baut sich mit einem Stück im Scat-Gesang häufig eine Erholungspause ein und benimmt sich manchmal auf der Bühne als

Possenreißer, während die anderen spielen, aber wenn er an der Reihe ist und in seine speziell konstruierte Trompete mit ihrem schräg nach oben zeigenden Schalltrichter bläst, die er seit mehreren Jahren in Gebrauch hat, dann gibt er sich plötzlich ernst. Er konzentriert sich ganz, bläht seine Backen und den Hals unmäßig auf und bringt seine unnachahmliche Musik hervor, auf die alle Jazztrompeter, die seit der Nachkriegszeit zur Geltung gekommen sind, ihren Stil aufgebaut haben.

Als sein Stil aufkam, war er revolutionär, und seiner hervorstechenden Kennzeichen waren die gleichen, die den modernen Jazz so verschieden vom traditionellen Jazz machten. Heute, da die Erfindungen Gillespies (und Parkers) Allgemeinbesitz geworden sind, haben seine Stileigenheiten die explosive Kraft von einst verloren und mögen demjenigen, der von Anfang an den Jazz in seinen modernen Formen gehört hat, als ziemlich veraltet und beinahe wie Gemeinplätze vorkommen. Und doch bewahren sie in seiner Musik eine persönliche Note. So genießt man noch immer mit unverminderter Freude die Vielfältigkeit seiner Melodielinien, in denen die einmal als seltsam angesehenen Intervalle (Sexten, Septimen, Oktaven usw.) im Überfluß vorhanden sind, und man schätzt auch jetzt noch den Reichtum an Schattierungen in seiner Klangfülle, die durch häufige Dämpfer-Verwendung noch differenzierter wird, sowie die phantasievolle Eleganz seiner Phrasierung.

Jedenfalls fehlen in seinem Stil nicht sehr persönliche Züge, wie manches sanfte Sichaufbäumen seiner Phrasen, die dann oft in überraschender Weise gedrosselt werden, oder gewisse sehr starke Explosionen, die nur ihm eigen und wahrscheinlich unnachahmlich sind.

Dizzy – einst oberflächlich als eine Art Trompetenakrobat angesehen – bevorzugt heute einen halbblauen Vortrag, gedämpfte Klangfarben, süßsaure Töne und doppelsinnige Andeutungen. Im Grunde seiner Musik ahnt man ein mildes Lächeln, das streckenweise jedoch zu einer Grimasse werden kann, frech wie eine jener verrückten kleinen Mützen, die er sich mit sichtlichem Vergnügen auf den Kopf setzt.

Jean-Louis Comolli hat zutreffend geschrieben[7], daß Dizzy »modern« ist, weil er »betont, daß er dasjenige nicht ernst nimmt, von dem er weiß, daß es ernst ist"; denn er bietet uns mit einem Lächeln, als ob es sich um ein Kinderspiel handeln würde, das, was hingegen äußerst schwierig ist. Er ist nicht der erste gewesen und wird auch nicht der letzte in der Welt des Jazz sein, der sich so gibt. Vielmehr darf Dizzy Gillespie gerade deshalb als ein typischer Jazzmusiker betrachtet werden, und auch darum ist er einer der bemerkenswertesten Künstler, die die afro-amerikanische Musik hervorgebracht hat.

Bud Powell

Wie viele andere schwarze Jazzmusiker seiner Generation erhielt Earl »Bud« Powell seine Feuertaufe im Minton's, wo er zum ersten Mal eines Abends im Jahre 1941 in Begleitung von Thelonious Monk auftauchte. Er war ungefähr siebzehn Jahre alt, und wenige achteten auf ihn. Wenn man nach dem gehen will, was Monk behauptet, verstand ihn außer ihm niemand. Auch als Mensch wurde Powell nicht verstanden, wenn es wahr ist, daß er »the quiet one« oder »the strange one«, der »Stille«, der »Seltsame«, genannt wurde.

Vor diesem Zeitpunkt hatte der Junge noch nicht mit farbigen Jazzleuten irgendwelcher Bedeutung gespielt, auch wenn er immer unter Musikern gelebt hatte. Er war sogar mitten unter ihnen geboren worden. Sein Großvater, der sich während des spanisch-amerikanischen Krieges in Kuba aufgehalten hatte, war ein vorzüglicher Flamenco-Gitarrist und sein Vater William ein fähiger »Stride«-Pianist. Und auch seine Geschwister spielten.

In diese Familie wurde Bud am 27. September 1924 hineingeboren, und zwar in New York. Bald fiel er wegen seiner musikalischen Begabung auf. Auf Anregung und unter Führung seines Vaters lernte er ungefähr zehn Jahre lang Klavier und widmete sich den Klassikern. Als er dann anfangen mußte, sich sein Brot zu verdienen, blieb ihm nichts anderes übrig, als sich für den Jazz zu entscheiden.

Im Alter von fünfzehn Jahren verließ Bud die Mittelschule und wurde Berufsmusiker. Seine Lehrzeit verbrachte er in einigen kleinen Lokalen des Greenwich Village und in Harlem, spielte auch für Valaida Snow, eine schwarze Trompeterin und Sängerin, die einigen Erfolg in Europa gehabt hatte, und fand dann sein erstes Engagement von einer gewissen Bedeutung in der Band von Cootie Williams. Dieser stellte ihn 1943 ein und gab Bud im darauffolgenden Jahr die Gelegenheit, mit ihm für eine kleinere Plattenmarke namens Hit seine ersten Aufnahmen zu machen. Es sind keine interessanten Platten und zeigen, daß der heranwachsende Bud Powell sich noch nicht vom Einfluß bestimmter Vorbilder befreit hatte und immer noch auf der Suche nach einem eigenen Stil war.

Wie so viele Pianisten seiner Generation hatte er seine Aufmerksamkeit vor allem auf die Musik von Art Tatum und Earl Hines gerichtet, war aber auch von Billy Kyle, dem Pianisten des John Kirby-Sextetts, und von Thelonious Monk beeinflußt worden. Um ein erstes Anzeichen dessen zu finden, was Powells ausgereifter Stil werden sollte, muß man ein Stück hören, das ein wenig später, im August 1944, wiederum mit der Band von Cootie Williams eingespielt wurde. Im »Blue Garden blues«, einer soundsovielten Version des »Royal Garden blues«, spielt Bud schon Bebop.

Ob Powell nun reif war oder nicht, gewisse Kollegen mit vorgerückten Ideen hatten bereits ein Auge auf ihn, so daß sein Name der erste war, der Dizzy Gillespie und Oscar Pettiford einfiel, als es darum ging, einen Pianisten für die Combo auszusuchen, die den neuen Jazz in die 52. Straße tragen sollte. Cootie Williams, der eine Art Vormundschaft über den Jungen ausübte, verbot diesem jedoch, deren Angebot anzunehmen. Es ist schwierig zu sagen, was der Grund für dieses Verbot war; vielleicht wollte der ehemalige Ellington-Trompeter nur einen guten Solisten für sich alleine behalten.

Buds Eintreffen in der 52. Straße verzögerte sich auch aus einem anderen Grunde. 1945 wurde der Pianist in Philadelphia zum ersten Mal verhaftet, weil er zuviel getrunken und einen fürchterlichen Krawall verursacht hatte. Einige Wochen später wurde er in eine Heil- und Pflegeanstalt in Long Island gesteckt und blieb zehn Monate dort. Die ihm nahestehenden Personen erfuhren so, daß sein »seltsames Wesen«, von dem man schon seit den Zeiten im Minton's gesprochen hatte, die Folge einer schweren Geisteskrankheit war, die sein Leben sehr unglücklich machen sollte.

Die Jazzmusiker, die mit Powell arbeiteten, taten ihr Möglichstes, um seine Absonderlichkeiten zu übersehen und seine vielen Bosheiten zu ertragen. Wenn er zuviel trank – und er trank fast immer maßlos – wurde er herausfordernd, beleidigend und aggressiv. Noch häufiger blieb er stundenlang schweigend in einer Ecke, den starren Blick ins Leere gerichtet. Nur einige Leute wollten an seinen Wahnsinn nicht glauben und behaupteten, Bud benehme sich bloß deshalb so, um die Aufmerksamkeit der anderen auf sich zu lenken und sich interessant zu machen. Und wer weiß, ob das nicht auch wenigstens teilweise zutraf.

Die Leute, die mit ihm spielten oder ihm zuhörten, interessierte jedenfalls mehr als alles andere sein Talent. Das sehr intensive Spiel Powells zeigte sich ab 1946, als er mit der Band von John Kirby in einem Lokal der 52. Straße fest engagiert war und die Möglichkeit erhielt, an vielen Plattensitzungen mit einigen der Hauptvertreter des neuen Jazz teilzunehmen.

Die Studiobesetzungen, in die Bud in diesem Jahr eingegliedert wurde, standen unter der nominellen Leitung von Dexter Gordon, J. J. Johnson, Sonny Stitt und Kenny Clarke, alles Musikern, denen er in der »Straße« begegnet war. Sein Stil war vollkommen in den ihrigen integriert und schon reich an interessanten Motiven. In »Fat boy«, »Webb City«, »Epistrophy« und »Royal Roost« (alle mit »Boppers« unter Kenny Clarke für die Plattenfirma Swing aufgenommen, und zwar auf Einladung von Charles Delaunay, der die Franzosen mit dem neuen Jazz bekannt machen wollte) ist Powells außerordentlich kraftvolles Klavierspiel gut zu hören.

Um einen Maßstab für den Wert der Musik von Bud Powell zu erlangen, muß man jedoch seine Aufnahmen vom Januar 1947 und aus den unmittelbar folgenden Jahren beachten, die nur von Baß und Schlagzeug begleitet sind. Die Begleitmusiker waren in den meisten Fällen Curly Russell und Max Roach, in späterer Zeit George Duvivier beziehungsweise Art Taylor. Es sind nicht alles gleichwertige Einspielungen, ganz im Gegenteil. Schon von Anfang an wechselten bei dem Pianisten glänzende Momente mit solchen, in denen seine verminderte Zurechnungsfähigkeit ganz deutlich durchkam. Wenn er jedoch sein Bestes geben konnte – wie es in der ersten Hälfte seiner Laufbahn häufig geschah – bewies er vollauf, daß er einer der wirklichen Hauptvertreter der Jazz-Szene in der Nachkriegszeit und der beste Pianist im modernen Stil war. Man hat bemerkt, daß seine Musik eine Übertragung des Stils von Charlie Parker auf das Klavier darstellt (es ist in seinem Fall von einem »Saxophon-Stil« gesprochen worden, so wie bei Earl Hines vom »Trompeten-Stil« die Rede war), und tatsächlich sind die Ähnlichkeiten, die zwischen den musikalischen Konzeptionen dieser beiden Jazzmusiker bestehen, zahlreich und augenfällig. Doch läßt sich Powell auf diese simplifizierende Art und Weise, die der großen Originalität seiner Musik keinesfalls gerecht wird, nicht erklären. Den ersten Eindruck, den man beim Anhören seiner besten Aufnahmen gewinnt, ist der eines großen Ungestüms, einer erregten Erfindungsgabe und einer fieberhaften Eile im Ausdruck. Bei schnellen Tempi, welche die passenden für ihn sind und ihm unter anderem gestatten, seine große technische Meisterschaft zu demonstrieren, ist sein Einsatz heftig und sein Spiel hämmernd, aufgeregt und mitreißend. Die rechte Hand zeichnet unaufhörlich einstimmige Linien, die gequält und zerstückelt sind und sich immer wieder erneuern, während sich die linke Hand auf eine knappe Begleitung beschränkt, die aus vereinzelten Akkorden, Akzenten und Unterstreichungen besteht (Dinge, die Ray Brown treffend als »spasmodisch« bezeichnet hat) und die Unterstützung durch Baß und Schlagzeug verlangt. Bei der Ausführung von Balladen, die fast immer aus dem Repertoire der Standards ausgewählt werden, läßt Powells Einfallsreichtum etwas nach, und sein Anschlag wird weicher; hier ist er eher ein bewundernswerter Interpret (ein Interpret, der jede Sentimentalität meidet, versteht sich) als ein bewegter Erfinder von Musik.

Was in seinen Darbietungen am meisten beeindruckt, ist die intensive Ausdruckskraft. »Das Werk Bud Powells«, hat Demètre Ioakimidis geschrieben, »stellt sich als Konkretisierung einer Anstrengung dar, und zwar derjenigen, die in seinem Gehirn entstehenden musikalischen Ideen so vollständig, so getreu und auch so schnell wie möglich auszudrücken. Die Hände müssen der oft tumultuarischen Aufeinanderfolge von Klangvorstellungen folgen und diese auf die Tastatur übertragen. Der Vorgang ist umgekehrt zu dem, den man gewöhnlich im Jazz antrifft, wo die Phantasie im allgemeinen auf der Grundlage von Lösungen schafft, die vertraut sind oder mit bekannten Ausdrucksformen leicht in Verbindung zu bringen sind.« Und weiter: »Dieses Suchen des Schöpferischen im reinsten Zustande hat eine Schwächung des kritischen Urteilsvermögens zur unvermeidlichen Folge. Genauer gesagt: Bud Powell zeigt sich manchmal unfähig, die Gesamtform eines Solos zu ordnen; da er davon in Anspruch genommen wird, den Fluß seiner melodischen Ideen zum Ausdruck zu bringen, versäumt er es gelegentlich, diesen ein architektonisches Gleichgewicht zu sichern, wie es dagegen ein Johnny Hodges oder Sonny Rollins tun würde – um mit Absicht auf Künstler verschiedener Generationen Bezug zu nehmen.«[1]

Powells ungestüme Erfindungskraft und seine mangelhafte Pflege der Form haben ihn bald von einem seiner ersten Vorbilder, Thelonious Monk, entfernt. Immerhin sollte Bud ihm im Laufe der Jahre unzählige Male seine Verehrung dadurch erweisen, daß er seine schönsten Themen spielte.

Powells erste Trioaufnahme für Roost mit Curly Russell und Max Roach bieten ein deutliches Beispiel seiner Pianistik in ihren verschiedenen Schattierungen. Außer dem schnellen »Bud's bubble«, welches das typischste und gelungenste Stück ist, entstanden bei dieser Aufnahmesitzung unter anderem meisterhafte Interpretationen von Standards wie »Indiana«, »I should care« und »Everything happens to me«. Auf das Jahr 1947 gehen auch die ersten Einspielungen des Pianisten mit Parker zurück, von denen auch die ursprünglichen verworfenen Versionen veröffentlicht worden sind. Hier findet Powell häufig seine glücklichsten Momente, wie sie sich vor allem in »Chasin' the Bird« und »Buzzy« erkennen lassen.

Im November des gleichen Jahres wurde Bud wieder in die Klinik in Long Island eingeliefert und dort abgesehen von einer kurzen Unterbrechung bis zum April 1949 festgehalten. Man unterzog ihn einer Elektroschock-Behandlung, die in Wahrheit nicht viel nützte. Nach Aussage des Saxophonisten Jackie Mc Lean, der damals ein enger Freund von ihm war, schadete ihm die Behandlung, zumindest insoweit, als sie sein Erinnerungsvermögen beeinträchtigte.

Nach seiner Entlassung aus der Anstalt nahm Bud seine Tätigkeit wieder auf. Er war bestimmt nicht geistig gesund geworden, zeigte aber vor allem in den beiden folgenden Jahren wiederholt, daß er noch ein Künstler von bemerkenswertem Format war. Aus dieser Zeit erinnert man sich an Engagements mit Sonny Rollins, Sonny Stitt und anderen »Boppers« in diversen Lokalen, aber noch mehr bleibt die Erinnerung an Aufnahmen für die Plattenfirmen von Norman Granz sowie für Blue Note und Prestige, unter denen sich Powells anerkannte Meisterwerke befinden. Diese Bezeichnung verdienen zunächst einmal die vier Titel, die für Blue Note im Mai 1949 mit einem Quintett eingespielt wurden, zu dem auch Fats Navarro und Rollins gehörten. Drei dieser Stücke und zwar »Wail«, »Dance of the Infidels« und »Bouncin' with Bud« sind Eigenkompositionen, während das vierte, »52nd Street theme«, von Monk stammt. An Trioaufnahmen traten in der reichhaltigen Produktion mehrere Glanzstücke hervor, vor allem »Un poco loco«, ein geschickt aufgebautes und begeistert ausgeführtes Thema mit lateinamerikanischem Flair, ferner »Parisian thoroughfare«, das seiner kleinen Tochter gewidmete »Celia«, »Tempus fugue – it« und »Hallucinations« (auch als »Budo« bekannt), weitere mehrmals gespielte und aufgenommene Eigenkompositionen sowie »A night in Tunisia«, »Ornithology«, »Cherokee«, »All God's chillun got rhythm«, »Get happy«, »Tea for two« und »Sweet Georgia Brown«.

Im Sommer des Jahres 1951, kurz nach der Aufnahmesitzung von »Un poco loco«, erlitt Bud eine erneute schwere Krise. Er wurde zusammen mit anderen Personen wegen Rauschgiftbesitzes verhaftet und kam nach einem kurzen und turbulenten Gefängnisaufenthalt von einer Klinik in die andere. Die Diagnose war immer die gleiche: Schizophrenie, verschlimmert durch Alkoholismus und Rauschgiftsucht. Die Elektroschock-Therapie erzielte auch diesmal keine nennenswerten Resultate. Als Powell im Februar 1953 wieder auf freiem Fuß war, konnte er nur mit Mühe seine Arbeit erneut aufnehmen. Er trat meistens im Birdland auf, dessen Leiter Oscar Goodstein sein gesetzlicher Vormund geworden war.

Die Berichterstatter des Jazz verzeichneten noch weitere unerfreuliche Episoden, deren trauriger Held Powell war, und seine Bewunderer erlebten bei ihm glänzende und sehr schlechte Leistungen. Das gleiche war dem beschieden, der seine Musik aufnahm, was in den folgenden Jahren oft vorkam. Natürlich zählen nur die glücklichsten Momente, die dann eintraten, wenn sich der unglückliche Pianist in einem passablen seelischen und körperlichen Zustand an das Klavier wagen konnte. So ging zum Beispiel an jenem Maitag des Jahres 1953 alles gut, als er gemeinsam mit Parker, Gillespie, Mingus und Roach in der Massey Hall von Toronto bei einem denkwürdigen Konzert auftrat, das bereits erwähnt wurde. Auch im August klappte es, als Blue Note ihn unter anderem ein ausgezeichnetes »Collard green and black eye peas«, sowie zwei seiner besten Eigenkompositionen, »Glass enclosure« und »Sure thing«, aufnehmen ließ, in denen die Erinnerung an seine Jugenderfahrungen mit der Barockmusik auftaucht.

Nach 1953 beginnt der Verfall der Kunst von Bud Powell (während der beiden anschließenden Jahre verbrachte er wiederum längere Zeit im Irrenhaus), und auch sein Stil verändert sich etwas. Sein solistischer Vortrag wird gedankenloser und bruchstückhaft, seine Erfindungsgabe läßt manchmal nach, und die Technik wird fehlerhaft. Nicht selten bietet der Pianist einen peinlichen Anblick. Aus diesem Grund war seine erste Konzerttournee nach Europa, die im Herbst 1956 im Zeichen des Birdland durchgeführt wurde (»Birdland '56«

verkündeten die Plakate und zeigten die Namen von Miles Davis, Lester Young und dem Modern Jazz Quartet), hinsichtlich seiner Auftritte alles andere als triumphal. Sie diente bloß dazu, seine zweite Frau Buttercup, die ihn begleitete, zur Überzeugung zu bringen, daß Bud in der Alten Welt vielleicht eine ruhigere Umgebung finden konnte, um ein neues und weniger gequältes Dasein zu beginnen.

Vor seiner Rückkehr nach Europa nahm der Pianist noch an weiteren Aufnahmesitzungen für RCA-Victor und Blue Note teil. Ein großer Teil dessen, was dabei herauskam, läßt einen nur den Leistungen der Vergangenheit nachtrauern. Doch fehlen auch in dieser Produktion nicht einige beachtenswerte Stücke, zum Beispiel »Bud on Bach« (»Es basiert auf einem kleinen Solfeggio, das ich als Junge gespielt habe«, erklärte er), »Duid deed«, »Cleopatra's dream« und »Comin' up«.

Im Juli 1959 fuhr Bud nach einem soundsovielten Krankenhausaufenthalt endlich nach Paris und hatte die Absicht, sich dort dauerhaft niederzulassen. Bei ihm weilten Buttercup, die seine Vormundschaft übernommen hatte, und ihr gemeinsamer kleiner Sohn Earl. Kurz darauf war der Pianist im Blue Note, dem damals rührigsten Pariser Jazzlokal, untergekommen. Seine musikalischen Begleiter waren Kenny Clarke und Pierre Michelot, einer der anerkanntesten französischen Bassisten.

Powell spielte in diesen Monaten oft sehr gut, so daß man anfing, von einem Comeback zu reden. Im Frühling 1960 trat er in einem Trio mit Clarke und Oscar Pettiford unter anderem bei einem deutschen Jazz-Festival in Essen auf. Aufnahmen von diesem Auftritt des Trios (zu dem teilweise noch Coleman Hawkins trat) sind auf einer Debut-LP erhalten geblieben.

Powells unerwartetes Comeback dauerte nur kurze Zeit, wie alle feststellen mußten, die Gelegenheit hatten, ihn hier oder dort in Europa zu hören. Nur noch die Erinnerung an frühere Zeiten blieb übrig, als der Pianist Mitte 1963 an einer schweren Form von Tuberkulose erkrankte, die ihn für mehrere Monate zur Untätigkeit zwang. Zum Glück hatte Bud in dieser schlimmen Zeit in der Person von Francis Paudras, einem jazzbegeisterten französischen Zeichner, einen wirklichen Freund um sich, der ihn unter seinen Schutz nahm und sich um seine körperliche und geistige Verfassung kümmerte.

Dann hörte Bud, daß seine Freunde und Anhänger in New York ihn wieder bei sich wünschten, und da er Heimweh hatte und seine Tochter Celia sehen wollte, ließ er sich überreden. Im August 1964 kehrte er nach Amerika zurück. Paudras, der ihn begleitete, war wegen der Gesundheit seines Schützlings im Grunde von der Nützlichkeit dieser Heimreise nicht sonderlich überzeugt, während Bud seine Frau, die ein weiteres Kind erwartete, zusammen mit dem kleinen Earl in Paris ließ. Die beiden sollten nicht lange in Amerika bleiben, so wie es geplant war. Bud sollte einen Monat lang im Birdland spielen, dann verschiedene Konzerte in anderen amerikanischen Städten sowie in Japan geben und anschließend mit Paudras wieder nach Frankreich kommen.

Der Anfang hätte nicht besser sein können. »An Buds Eröffnungsabend«, hat Paudras erzählt, »wurde das Birdland von all denen gestürmt, die diesen so sehr bewunderten Mann, den wichtigsten Pianisten, trotz seiner siebenjährigen[2] Abwesenheit nicht vergessen konnten. Und ich wurde mit den Stammgästen des Birdland voller Begeisterung Zeuge einer phantastischen, siebenminütigen Ovation, wie ich sie noch nie erlebt hatte. Ich werde niemals Buds Bild vergessen, als er starr wie ein eingeschüchterter kleiner Junge dort stand und von den begeisterten Zurufen und Treuekundgebungen ganz verängstigt war. Nachdem er so lang weggewesen war, hatte er ja ein Recht, an dieser Treue zu zweifeln. In Wirklichkeit hatte man ihn niemals vergessen. Ich merkte, daß Bud für diese Leute das Symbol all dessen war, was in der Welt des Jazz noch geachtet wird.«[3]

Auch die New Yorker Zeitungen hießen den Emigranten herzlich willkommen und widmeten ihm in jenen Tagen mindestens fünfundzwanzig Artikel. Einer nach dem anderen ließen sich die alten Freunde wieder blicken, vor allem die Musiker, aber auch einige der dunklen Gestalten, die um die Jazzmusiker schleichen und ihnen ein Tütchen Rauschgift anbieten. Einer von diesen wurde mir seiner ganzen »heißen« Ware, die er sorgfältig auf dem Bett ausgebreitet hatte, in Buds Schlafzimmer angetroffen, als der Pianist von der Arbeit kam. Dieser Typ konnte zwar vor die Türe gesetzt werden, aber es sollten noch weitere kommen.

Dann wurden die Kollegen besucht, die in den anderen Lokalen auftraten, an erster Stelle natürlich Thelonious Monk. Und es gab viele Abende mit Musik und Plaudereien in der vornehmen Wohnung der Baronin Nica de Koenigswarter in Weehawken, New Jersey.

Die rührendste Begegnung in jenen Tagen brachte Bud mit seiner Tochter Celia zusammen, die er noch nie gesehen hatte. Eines Abends kam sie mit ihrer Mutter ins Birdland. »Bud interpretierte für sie im Lauf des ersten Set das umwerfendste ›Autumn in New York‹, das mir jemals zu hören vergönnt war und das den Zuhörern den Atem verschlug«, erinnerte sich Paudras weiter. »Nach diesen Momenten der Zärtlichkeit spielte ein entfesselter Bud einige Themen Parkers und ein ›All God’s chillun‹, in dem er seine phantastische Fingerfertigkeit der Aufnahmen mit Parker in den vierziger Jahren zurückfand.«[4]

Man fing an, das Schlimmste zu befürchten, als Bud einige Abende nicht zum Birdland kam und sich auf einmal überhaupt nicht mehr sehen ließ. Paudras begab sich auf die Suche und fand ihn ein paar Tage später im Greenwich Village wieder. Danach war Powell einige Wochen lang Gast bei der Baronin Nica, aber auch von dort verschwand er, ohne sich zu verabschieden. Und als so Ende Oktober der Tag der Rückkehr nach Paris kam, stieg Paudras allein in das Flugzeug.

Was war passiert, was hatte den Pianisten in New York zurückgehalten? »Niemand kann eine Antwort darauf geben, nicht einmal Bud«, lautete der Kommentar des französischen Zeichners. »Seitdem ich ihn kenne, ist es mir wahrscheinlich mehr als jedem anderen gelungen, mich einem Verständnis seiner Person zu nähern. Er hat eine komplexe Persönlichkeit, eine schizophrene, laut Diagnose der Ärzte. Er hat zwei Persönlichkeiten. Eine bringt ihn dazu zu kämpfen, um seine Probleme zu meistern, Musik zu spielen und ein schöpferisches und nützliches Leben zu führen. Das ist die Persönlichkeit, die hervorkommt, wenn starke Menschen bei ihm sind, die ihn verstehen und Interesse an ihm und seinem Wohlergehen haben. Die andere Persönlichkeit ist diejenige, die ihn zur Selbstzerstörung führt; in ihr existieren weder Sinn und Zweck noch irgendeine Selbstachtung. Der Umstand, daß er unter den Leuten von New York ist, hat ihm diesen negativen Seelenzustand eingebracht. All diese Leute waren stärker als ich. Unversehens hat er seine zweite Persönlichkeit wiedergefunden; drei Jahre Geduld und Anstrengungen, um einen wirklich persönlichen Kontakt zu Bud herzustellen, um zu einem echten Verständnis zu gelangen, gingen in New York in einem Augenblick verloren.«[5] Später kam heraus, daß Bud nach Brooklyn gezogen war und dort praktisch nichts tat. Ein paar Bekannte, die ihn dann trafen, hatten Mühe, ihn in dem struppigen Landstreicher, den sie vor sich sahen, wiederzuerkennen. Buttercup kam bald zu der Überzeugung, daß sie völlig vergessen worden war, und eröffnete in Paris ein kleines Restaurant, um sich durchzuschlagen.

Danach hörte man den Pianisten nur noch zweimal, und zwar im März 1965 bei einem Gedächtniskonzert in der Carnegie Hall zum zehnten Todestag von Charlie Parker sowie etwas später in einem Programm mit Avantgarde-Musikern in der Town Hall. Da hatte ihn Bernard Stollman hineinbekommen, der sein Manager war oder besser gesagt sein wollte. Es waren ganz gewiß keine denkwürdigen Darbietungen, im Gegenteil, die erste wurde von den Anwesenden sogar als sehr peinlich bezeichnet.

Am 31. Juli 1966 starb Bud Powell. Eine Woche vorher war er wegen Lungenentzündung und Gelbsucht in das Kings County Hospital in Brooklyn eingeliefert worden. Wie beim Tode Charlie Parkers gab es viel Verwirrung um seine sterblichen Überreste. Celia und Buttercup stritten sich darum, und alle wollten angemessene Trauerfeierlichkeiten veranstalten, die dann auch wiederholt stattfanden.

An dem feierlichen Begräbnis in Harlem nahm eine große Zahl von New Yorker Jazzleuten teil, die um den allerunglücklichsten ihrer vielen unglückseligen Kollegen wirklich trauerten.

Tage später, als »Down Beat« die Ansichten zahlreicher Musiker über die

Leistungen des Verstorbenen einholte, meinte der Pianist Hampton Hawes: »Vielleicht wird man noch in zehntausend Jahren von ihm sprechen.« Offensichtlich verlor Hawes dabei wegen seiner Zuneigung und Bewunderung für den Menschen und Künstler Bud Powell den Blick für die Wirklichkeit. Immerhin spricht man noch immer von Powell als dem Mann, der eine neue Form des Klavierspiels erfand, der führende Spezialist seines Instrumentes im modernen Stil war und eine ganze Generation von Pianisten beeinflußte. Powell ist nämlich einer der wenigen Jazzsolisten, die wirklich als Begründer einer Schule angesehen werden dürfen. Man kann sagen, daß er in den Nachkriegsjahren das bedeutete, was Earl Hines in den zwanziger Jahren und Teddy Wilson im darauffolgenden Jahrzehnt darstellten. Sein Stil wurde besonders anfänglich mehr oder weniger sklavisch imitiert. Später wirkte sich dessen Einfluß indirekter und hauptsächlich durch Horace Silver aus, der als ehemals getreuer Schüler Powells dann seinen Stil abänderte. Zahlreiche Pianisten können zur »Schule« Powells gerechnet werden, und manchmal weist ihr Stil große Ähnlichkeit mit dem seinigen auf. Das ist der Fall bei Elmo Hope, einem Schulkameraden von Bud, bei Toshiko Akiyoshi und bei Barbara Carroll. Persönlicher, aber doch ursprünglich an Powell gelehnt ist die Musik von Kenny Drew, Barry Harris, Red Garland, Wynton Kelly und Herbie Nichols. Im Kielwasser von Silver fuhr dann in den fünfziger Jahren ein beachtlicher Teil der Pianisten im Raum von Los Angeles, so Pete Jolly, Russ Freeman, Hampton Hawes (der dann in der Folgezeit umschwenkte) und noch einige andere.

Die allerneuesten Pianisten haben sich mehr oder weniger weit von den Spuren Powells entfernt; sie spielen eleganter und weniger dramatisch. Doch mag man sich fragen, wie sie jetzt spielen würden, wenn Bud Powell nicht mit Parker und Gillespie aufgetaucht wäre und den anderen eine neue Richtung gezeigt hätte, als der Jazzwelt die Stunde einer völligen Veränderung schlug.

Thelonious Monk

Thelonious Monk ist seltsam; darüber sind sich alle einig. Seltsam der Mensch und seltsam auch seine Musik. Während jedoch der Mensch für fast alle ein Rätsel blieb, ist die Musik im Lauf der Jahre vollkommen verstanden worden. Auch diejenigen, die ihr nicht auf den Grund kommen konnten, haben ihre so feierlich verkündete Seltsamkeit am Ende als eine neue Art von Logik aufgefaßt.

Monk hat nichts dazu getan, um seine Persönlichkeit enträtselbar und seine Musik annehmbarer zu machen. Er hat sich fast immer in ein unnatürliches Schweigen gehüllt, ist scheinbar nicht anpassungsfähig und völlig gleichgültig gegenüber der Welt, die ihn umgibt, und hat gleichmütig die schweren Nachteile ertragen, die ihm sein Ruf eines überspannten Menschen und Musikers eingebracht hat, ohne einen Millimeter von seiner Haltung abzurücken. Als er dann akzeptiert und von einem ziemlich umfangreichen Publikum allmählich geschätzt wurde, so daß sich sogar die Leute von »Time« veranlaßt sahen, ihm die Titelseite und die entsprechende »cover story« einzuräumen, hat er sich angesichts der Anerkennungen und Lobessprüche nicht besonders bewegt gezeigt und auch seine bescheidene Lebensführung und seine Gewohnheiten nicht wesentlich verändert. Monk hat sich dann darauf beschränkt, seine Mitarbeiter besser zu bezahlen, während seiner Tourneen durch die Welt mit sichtlichem Vergnügen in großen Hotels zu wohnen und sich ausgefallener zu kleiden. Im übrigen war er auf seine Art immer elegant gewesen. »Seitdem ich ihn kenne, selbst in den schwierigsten Jahren«, hat sein Manager Harry Colomby gesagt, »hat er immer ein gewisses Flair wie eine Berühmtheit gehabt.« Die Jazzleute in New York begannen, Monk Anfang der vierziger Jahre kennenzulernen, als er gemeinsam mit Kenny Clarke und anderen zu dem festen Ensemble im Minton's gehörte. Aber es sieht nicht so aus, als ob einer von denen, auf die es ankam, sich darum gekümmert hätte herauszufinden, woher er kam und wie sein Vorleben aussah. Es sollten Jahre vergehen, bis etwas mehr als nur allzu vage Angaben über seine Herkunft und Vergangenheit veröffentlicht wurden. Noch heute besteht in den Büchern keine Übereinstimmung hinsichtlich des Geburtsdatums und wirklichen Namens von Monk.[1] Jedenfalls steht fest, daß Thelonious Monk junior (den bizarren Vornamen hat er von seinem Vater geerbt und auch an seinen Sohn weitergegeben) am 10. Oktober 1917 in Rocky Mount in North Carolina geboren wurde und in jungen Jahren nach New York zog. Man weiß, daß er von seiner Mutter streng erzogen wurde, im Alter von fünf oder sechs Jahren anfing, Klavier zu spielen, und auch einige Unterrichtsstunden auf diesem Instrument erhielt.

In einem der ganz wenigen Interviews, die Monk gegeben hat,[2] erzählte er, daß er schon im jugendlichen Alter als Berufsmusiker bei »Rent Parties« in Harlem spielte. Ein paar Jahre später schloß er sich dem Gefolge einer Predigerin und Heilkünstlerin an, die durch die USA zog und Gospel Songs in den Kirchen sang, während ihr Begleitquartett, dem der junge Thelonius als Pianist beitrat, eine Art verfrühten Rhythm and Blues bot.

Als Monk im Minton's war, spielte er zumindest streckenweise in einem mit Teddy Wilson verwandten Stil (wenn man das aus gewissen Aufnahmen schließen darf, die von einem Amateur in diesem Lokal mitgeschnitten wurden). Es sieht also in jedem Fall nicht so aus, als ob er die musikalischen Ideen der zukünftigen Jazz-Reformer wie Gillespie und Parker, die dort verkehrten, geteilt hätte. Auch wenn ihm später irgend jemand den Beinamen »the high priest of bop«, »der Hoheprister des Bop«, gab, verfolgte er schon damals seine eigenen Wege. Er hat es gesagt und immer wiederholt: Was die anderen machten, interessierte ihn nicht im geringsten. Nicht einmal Parker kam ihm als der Herrgott vor, für den ihn die anderen hielten.

Monks störrische Originalität, dieser unbeugsame Unabhängigkeitssinn, seine infantile Egozentrik, die nie abnehmen sollte und ihn daran hinderte, Zugeständnisse an die Außenwelt zu machen, und schließlich sein stets eigenartiges Benehmen wurden als Anzeichen einer stillen und sanften Form von Wahnsinn gedeutet und trugen ihm unter Jazzleuten den Spitznamen »Mad Monk« ein, in dem »Monk« zwar auch »Mönch«, in einer gebräuchlichen Slang-Abkürzung allerdings »Affe« bedeuten kann und »mad« »wahnsinnig« heißt.

Mehrere Jahre lang, und zwar bis 1948, spielte der Pianist zeitweise im Minton's. Sein anderes Engagement, von dem Plattenmaterial erhalten ist, war damals die Anstellung, die ihn in die Combo von Coleman Hawkins im Yacht Club auf der 52. Straße führte. (Diese Gruppe brachte dem berühmten Saxophonisten Kritiken ein, doch stellte er sich immer taub.)

Das viele Geschreibsel der unmittelbaren Nachkriegszeit über die Entstehung des Bebop und das Grüppchen der Neuerer im Minton's trug auch Monks Namen auf die Seiten der Fachzeitschriften. Man sprach und schrieb ohne Sachkenntnis in unbestimmten Begriffen über ihn und beschrieb ihn als eine sehr geachtete einsame Größe und graue Eminenz, was überhaupt nicht zutraf. Die meisten wußten lediglich, daß er in den kritischen Jahren einer der ständigen Musiker im Minton's gewesen war und das Dizzy Gillespie von ihm gesagt hatte: »Monk is deep«, »Monk ist tief«.

Die Inhaber der Plattenfirma Blue Note, die zu dieser Zeit sehr aufmerksam auf alles achteten, was an der vorgerückten Front des Jazz neu herauskam, waren der Meinung, daß solch eine Persönlichkeit nicht weiterhin ignoriert werden dürfe, und boten Monk 1947 einen Vertrag an, der ein halbes Jahrzehnt dauern sollte. Die ersten Aufnahmen wurden im Oktober des gleichen Jahres eingespielt, zunächst mit einem Sextett und dann mit einem Trio; viele weitere folgten mit unterschiedlichen, aber immer kleineren Studioformationen. Als sie ab 1948 herausgegeben wurden, riefen sie große Bestürzung hervor. Praktisch verstand und verteidigte bloß ein einziger Kritiker namens Paul Bacon die Musik Monks, die sich nur beschränkt verkaufte.

Ein derartiges Unverständnis darf nicht überraschen. Diese dichte und rauhe, kantige und düstere Musik, die von unheimlichen Lichtern beleuchtet wurde, diese verzerrte, gespannte und beunruhigende Musik stand im krassem Gegensatz zu den heiteren Stimmungen, den sauberen und leichten Klängen, welche die Meister des Cool Jazz seit kurzem zur Mode gemacht hatten. Und dann schien die Technik des Pianisten nicht nur unerhört ketzerisch, sondern auch noch allzu begrenzt zu sein. Es sollten noch Jahre vergehen, bis man begriff, daß Monk im wesentlichen ein Komponist – und ein genialer Komponist – ist und daß seine pianistische Technik vollkommen mit seinem Kompositionsstil übereinstimmt und von diesem nicht zu trennen ist. Das Schlimme war, daß es Monk sehr schlecht ging, während er auf seine Anerkennung wartete.

Thelonious Monk war bestimmt keiner, der sich sehr darum bemühte, Engagements zu bekommen. Sie wurden ihm selten angeboten, da sein Jazz nicht als wünschenswert angesehen wurde. Folglich arbeitete er viele Jahre lang nur gelegentlich und in drittklassigen Lokalen für wenige Dollars pro Abend. Außerdem durfte er von 1951 bis Anfang 1957 überhaupt nicht auftreten, weil ihm der polizeiliche Ausweis entzogen wurde, den jeder brauchte, der in New Yorker Lokalen mit Alkoholausschank beschäftigt werden wollte. Man hatte eine gewisse Menge Rauschgift in einem Auto gefunden, in dem er gemeinsam mit zwei Bekannten gesessen hatte, und er war verhaftet worden. Obwohl er, wie seine Freunde versichern, gar nichts damit zu tun hatte, wollte er sich nicht verteidigen. Um seinen beiden Bekannten gegenüber nicht wie ein Denunziant dazustehen, ließ er sich zwei Monate ins Gefängnis stecken.

So tat Monk einige Jahre lang so gut wie nichts und verdiente bloß das bißchen, was ihm die Schallplatten einbrachten. Für den Lebensunterhalt sorgte seine Frau Nellie mit ihrer bescheidenen Beschäftigung als Angestellte und später als Schneiderin. Was ihn betrifft, so verbrachte er seine Tage an seinem kleinen Klavier, im Bett oder an der Straßenecke unter seiner Wohnung im alten New Yorker Ghetto San Juan Hill und beobachtete die Passanten.

Einen unerwarteten Augenblick des Ruhms in dieser düsteren Zeit stellte Charles Delaunays Einladung zur Teilnahme am Pariser Salon du Jazz im Juni 1954 dar. Der französische Kritiker ließ ihn auch ein paar Platten für die Marke Swing einspielen, die später auf Vogue wiederveröffentlicht wurden. Ansonsten waren die einzigen Ereignisse von Belang in diesen Jahren verschiedene

Aufnahmen für die Firma Prestige, welche den Pianisten ab 1952 verpflichtete, und dann drei Jahre später der Vertrag mit Riverside.

Für diese mutige unabhängige Plattenfirma, die leider kein Glück hatte, sollte Monk eine lange Serie von Aufnahmen produzieren, unter denen sich die bedeutendsten seiner ganzen Laufbahn befinden. Eigentlich nahmen Bill Grauer und Orrin Keepnews, die beiden Chefs von Riverside, einen falschen Anlauf, als sie ihren engagierten Pianisten veranlaßten, zunächst eine Reihe von Soli über berühmte Ellington-Themen und andere Standards aufzunehmen. Dabei gaben sie sich der Illusion hin, daß die Jazzliebhaber Monks Improvisationen höher einschätzen würden, wenn zur Orientierung vertraute Themen vorlagen. Indessen sagten ihm diese Themen nicht zu, außerdem hatte er keine Zeit gehabt, sie gründlich umzuarbeiten und schließlich zu eigenen Kompositionen umzuformen, wie er es in der Folgezeit häufig mit anderen berühmten Songs machen sollte. Erst durch die Einspielungen, die für die gleiche Marke ab 1956 mit Gruppen vorgenommen wurden, in denen auch Tenorsaxophonisten von Format hervortraten, konnte man die musikalische Welt von Thelonious Monk richtig kennenlernen und verstand sie fast mit einem Schlag.

Die Veröffentlichung seiner ersten wirklich beachtlichen Platten fiel nahezu mit seinem ersten Engagement in einem New Yorker Lokal nach vielen Jahren ohne Beschäftigung zusammen. Im Frühjahr 1957 kam der Pianist nämlich dank des Einsatzes seiner eifrigen Anhängerin Baronin Nica de Koenigswarter, die ihm einen Rechtsanwalt besorgte, wieder in den Besitz der »cabaret card« und konnte ein Engagement im Five Spot, einem Jazzlokal in Bowery, annehmen. Verschiedene Monate lang trat er dort mit seinem eigens gebildeten Quartett auf, in dem John Coltrane, der damals gerade seine künstlerische Reife begann und die Aufmerksamkeit der Musiker und Kenner erregte, eine erhebliche Rolle spielte. Dieses Engagement war denkwürdig. Es war, als ob Monk eine Sprengstoffladung gezündet hätte. Was er brauchte, war ganz offensichtlich ein Partner wie Coltrane (oder Sonny Rollins und Johnny Griffin, die sich in diesen Jahren für mehr oder weniger kurze Zeit an seine Seite stellten), also ein starker Tenorsaxophonist der »hard«-Schule, der ihm als Gesprächspartner diente und ihm eine nach allen Regeln der Kunst gestrichene Grundfarbe unterbreitete, über der er spielen und dabei helle und dunkle Töne herausholen konnte.

Die Entdeckung von Thelonious Monk war nicht nur auf die Tatsache zurückzuführen, daß ihn vorher erst wenige live gehört hatten und daß er in diesen Monaten die Möglichkeit erhielt, die Mechanismen seiner Musik besser auszufeilen. Sie war auch dem Umstand zuzuschreiben, daß sich seine Musik in das drückend heiße Klima des »funky« oder »hard« Jazz – der sich damals soeben entschieden durchgesetzt hatte – viel natürlicher einfügte, als sie es bei den verdünnten Stimmungen vermocht hätte, die den Cool Jazz-Leuten so lieb waren. Wenn man es recht betrachtet, trat Monks Musik nicht als ein wesentlicher Bestandteil zum musikalischen Panorama des Hardbop, sondern als etwas, was mit ihm zu vereinbaren war und innerhalb seines Rahmens eigentümlich herausragte. Gewiß benutzte Monk den Beitrag einiger geistesverwandter »hard«-Solisten, den der obengenannten und den anderer, die ihnen folgen sollten (Charlie Rouse vor allem), doch er regte sie auch seinerseits an, ihre Erfindungsgabe anzustrengen und ihre Ausdrucksweise zu bereichern. Man kann auch sagen, daß das säuerliche Klavierspiel Monks der Sauerteig war, der den trägen Mischmasch, der die Hardbop-Musik am Anfang allzuoft war, zum Gären brachte.

Es gibt keine Aufnahme, die der Qualität des Quartetts, das Monk im Verlauf seines ersten triumphalen Gastspiels im Five Spot leitete, wirklichkeitsgetreu gerecht werden. Nach Angaben vieler glaubwürdiger Zeugen geben die vier eingespielten Titel dieser Gruppe überhaupt keine Vorstellung von der Musik, welche die vielen Besucher des Lokals so begeisterte. Das vor allem, weil sie einige Wochen, bevor das Ensemble seine reguläre Tätigkeit aufnahm, in einem Schallplattenstudio entstanden.

Mehr als diese Stücke – nicht aus Zufall erschienen sie fast alle auf einer Untermarke der Riverside, und zwar auf Jazzland – vermitteln andere Riverside-Aufnahmen eine exakte Bewertung des Jazz von Thelonious Monk. Sie wurden zwischen Ende 1956 und 1960 in New York und teilweise in San Francisco durchgeführt und bilden eine Gesamtheit kleiner Werke von großer Schönheit und Einheitlichkeit, den vollendeten Ausdruck des Talentes eines der originellsten Musiker, den der Jazz hervorgebracht hat.

Über diese Stücke und alle anderen, die Monk aufgenommen hat und während seiner Konzerte regelmäßig wiederholt, ist gesagt worden, daß sie die großen Fähigkeiten Monks als Komponist und seine Grenzen als Instrumentalist herausstellen. Jedoch ist es unmöglich, vom Konzept her das eine vom anderen zu trennen, weil Monks Kompositionen entstehungsmäßig durch seinen besonderen Klavierstil geprägt werden. Auch das Ketzerische an seiner Instrumentaltechnik (Monk schlägt die Tasten mit flach ausgestreckten und nicht mit gekrümmten Fingern an, wie es die Regel vorschreibt) trägt in nicht unerheblichem Maße zu einigen formalen Charakteristiken seiner Kompositionen bei. Thelonious Monk erreicht dadurch, daß er so spielt, nicht nur einen besonderen Klang (sein schwerer und überaus machtvoller Anschlag ist sofort zu erkennen und nahezu unnachahmlich), sondern wahrscheinlich ist auch, wie Gunther Schuller angenommen hat, der Ursprung seiner Vorliebe für gewisse Dissonanzen darin zu suchen, daß er Schwierigkeiten hat, mit flachen Fingern große Intervalle wie z. B. Oktaven zu greifen. Feststeht, daß seine Musik voll von »falschen« Noten ist, die zufällig und irrtümlich entstanden sein könnten und dann von Monk selber akzeptiert, zweckmäßig eingesetzt und geordnet wurden, bis sie am Ende Unterscheidungsmerkmale – ganz hinreißender Natur – seiner besonderen musikalischen Ausdrucksweise darstellten.

Monks typische Stileigenheiten – von denen einige als Klischee bezeichnet werden können, so die häufige Wiederholung von ganzen Tonleitern, das hartnäckige Bestehen auf verminderten Quinten und bestimmten Triolen-Motiven – sind in eine im Grunde traditionelle pianistische Konzeption eingefügt worden (hier ist natürlich von einer schwarzen Jazz-Tradition die Rede). Wer nicht vergißt, daß Monk seine Lehrzeit durch Spielen bei den »Rent Parties« in den frühen dreißiger Jahren absolvierte, kann sich nicht wundern, wenn in seiner perkussiven Pianistik grundsätzliche Analogien zu den Stilen einiger Pianisten alten Schlages aus dem Norden zu erkennen sind. In diesem Zusammenhang denkt man an Duke Ellington, der selbst von den frühen »Stride«-Pianisten aus New York beeinflußt wurde, oder auch an Jimmy Yancey, der jahrelang seine schlichten und intensiven Blues in den ärmlichen kleinen Wohnungen an der South Side von Chicago spielte.

Die pianistischen – und auch kompositorischen – Konzeptionen der frühen Jazzmusiker wurden jedoch von Monk unter jedem Gesichtspunkt, dem harmonischen, melodischen und rhythmischen, revidiert. Martin Williams hat beobachtet, daß das, was vor allem in seiner Kunst zählt, die rhythmische Virtuosität ist. Der höchst wirkungsvolle Einsatz von Akzentverschiebungen, Verzögerungen und Vorwegnahmen, die überaus ausdrucksstarke Verwendung von Zwischenräumen und Pausen sowie der wilde rhythmische Schwung, der Swing, bilden tatsächlich einen grundlegenden Aspekt seines musikalischen Vortrages. Andererseits bewahrt sich dieser lange seine Fähigkeit, den Zuhörer durch systematische Verweigerung des Selbstverständlichen zu überraschen, auch im harmonischen Aufbau und in den Melodielinien. Nicht einmal, wenn Monk einen Standard-Titel in Angriff nimmt (zum Beispiel: »Tea for two«, »Body and soul«, »Don't blame me«, »Sweet and lovely«, »I should care« und »Smoke gets in your eyes«, von denen er provozierende und verblüffende Versionen geliefert hat), beschränkt er sich auf das übliche Verfahren des Improvisierens über den Harmonien des Grundthemas. Stattdessen baut er die harmonische Struktur des Stücks neu auf (ein bißchen so, wie Art Tatum vorging, aber radikaler als er) und leitet aus den »zerrütteten« neuen Harmonien Melodielinien ab, die bewußt abweichende und aufregende Paraphrasen der Original-Melodielinien darstellen.

Erwähnenswert in diesen seinen Versionen von Standards und ebenso in vielen anderen seiner Kompositionen-Ausführungen ist die Doppelschichtigkeit des Charakters in Bezug auf die Gefühle, die sie auslösen und vielleicht auch ausdrücken. Sie scheinen in der Tat von einer kalten, unsagbaren Angst durchdrungen zu sein, aber gleichzeitig auch von einem beißenden Sarkasmus und einer teuflischen Freude am Grotesken. Jedenfalls ist Monks Musik immer hart und aggressiv und wirkt auf den Zuhörer schockierend.

Einige der Leute, die diese Musik gründlich untersucht haben – wie Gunther Schuller und Martin Williams[3] oder Steve Lacy, der 1960 zu der Gruppe des Pianisten gehörte und dann lange Zeit ein eigenes Ensemble leitete, dessen Repertoire ausschließlich aus Monk-Kompositionen bestand (und sie sogar alle enthielt) – haben sich für Monks strenge Logik und seine raffinierte Wahl vieler harmonischer Lösungen so begeistert, daß sie die Meinungen derer zurückgewiesen haben, die einen instinktiven und primitiven Musiker in ihm sehen.

Auch ein anspruchsvoller und gebildeter Pianist wie Bill Evans hat es für nötig befunden, zu diesem Punkt Stellung zu nehmen: »Macht keinen Fehler!«, hat er gewarnt. »Dieser Mann weiß in theoretischer Hinsicht genau, was er tut – es ist höchstwahrscheinlich nach einer persönlichen Terminologie gestaltet, aber deshalb ist es trotzdem stark durchorganisiert. Wir können ihm darüber hinaus dankbar sein, daß er Begabung, Verständnis, Drive, Mitgefühl, Phantasie und was sonst noch den totalen Künstler ausmacht vereint hat, und wir sollten auch für eine so direkte Aussage in einer Zeit unüberwindlicher konformistischer Zwänge dankbar sein.«[4]

Es stimmt, daß Monks Musik in ihren Strukturen oft gar nicht einfach, sondern elementar und in ihrer Inspiration und Motivation geradezu urtümlich ist. In seinen Klanggebilden mit ihren schiefen und doch wunderbar ausgewogenen Perspektiven und in seiner düsteren Musik, in der die Dissonanzen wie Feuerwerkskörper aufblitzen und verglühen, erahnt man die Naivität eines primitiven Menschen, der sich damit vergnügt, schauerliche Klänge zu erzeugen und die Formen zu verdrehen; man spürt die Anstrengung dessen, der sich nicht unbefangen im Labyrinth jener gesetzlichen Normen zu bewegen weiß, welche die musikalische Struktur in der westlichen Welt europäischer Kultur regeln, und der dennoch mit den ihm zur Verfügung stehenden Mitteln das zum Ausdruck bringen will, was er in sich fühlt und was im übrigen verzerrt würde, wenn die herrschenden Normen befolgt würden.

In den Jahren, als Thelonious Monk sich auf der Jazz-Szene übermächtig durchsetzte, konnte sein Werk als Komponist bereits als abgeschlossen gelten, wie sich später herausstellen sollte. Auf seinen Riverside-Platten und in seinem Repertoire, aus dem er seine öffentlichen Auftritte bestritt, waren nämlich schon alle seine berühmtesten Stücke enthalten, die noch heute sein Repertoire bilden. Der erste und bekannteste dieser Titel – der einzige, der von vielen Jazzmusikern übernommen worden ist und ein »Klassiker« des modernen Jazz wurde – ist das sehnsuchtsvolle »'Round about midnight«, das Monk im Alter von 19 Jahren schrieb. Man möchte sagen, daß seine kompositorische Ader auf einmal und zwar recht früh versiegt ist, so daß es seit einigen Jahren sehr schwer fällt, ihn zu Einspielungen von Stücken zu bewegen, die nicht schon in anderen Plattenversionen von ihm bekannt sind. In jedem Fall ist die Musik, die er in seiner fruchtbaren Zeit geschaffen hat, mehr als ausreichend, um ihm einen Platz im Kreise der großen Jazz-Komponisten zu sichern.

Seine erfolgreichen Kompositionen sind zahlreich. Einige wie »Crepuscule with Nellie«, »Criss Cross«, »Misterioso«, »Evidence« und das bereits erwähnte »'Round about midnight« verdienen, als kleine Meisterwerke angesehen zu werden. Bemerkenswert sind noch: »Straight, no chaser«, »Epistrophy« (gemeinsam mit Kenny Clarke geschrieben), »Off minor«, »Blue Monk«, »Rhythm-a-ning«, »Well you needn't«, »Bemsha swing«, »Locomotive«, »I mean you«, »Ruby my dear« und schließlich »Think of one«, welches zusammen mit dem weniger gelungenen »Thelonious« beweist, wie es Monk gelingt, seine höchstpersönliche Welt auch durch ein elementares Thema auszudrükken, das sich auf eine einzige Note stützt.

Monks Kompositionen erreichten ein ständig wachsendes Publikum im Jahre 1958, als sein Quartett mit Johnny Griffin anstelle von Coltrane nochmals monatelang im Five Spot engagiert wurde, sowie 1959, als der Pianist erstmals in den Westen fuhr und schon einen Vertrag für das Blackhawk, eines der führenden Lokale von San Francisco, in der Tasche hatte. In dieses Jahr 1959 fällt außer einem zweiten Aufenthalt in Kalifornien noch sein erstes wichtiges Konzert in einem amerikanischen Theater. Es fand in der Town Hall in New York statt und präsentierte Monk mit seinem Quartett und einem Orchester von zehn Mann unter Leitung von Hall Overton, einem klassisch vorgebildeten Musiker und Jazzliebhaber.

Dieses besondere Experiment wurde 1963 in der Philharmonic Hall und 1964 in der Carnegie Hall wiederholt. Ein weiterer Versuch erfolgte 1967, als man Monk nochmals mit einer Orchesterformation umgab, um seine Musik bei einer Reihe Jazz-Festivals in einigen großen europäischen Städten vorzustellen. Darüber wurde viel gesprochen, auch weil die beiden ersten New Yorker Konzerte (in der Town Hall und in der Philharmonic Hall) teilweise mitgeschnitten und anschließend von Riverside bzw. Columbia auf Platte vorgelegt wurden. Aber man sprach nicht mit allzu großer Begeisterung davon, weil sich wirklich nicht behaupten läßt, daß die damals gebotenen Orchesterversionen verborgene Möglichkeiten von Monks Kompositionen erschlossen oder sie irgendwie bereichert hätten. Trotz der geschickten Schreibweise Overtons, der die Kompositionen umgearbeitet und sich dabei die Mitarbeit ihres Autors zunutze gemacht hatte, bestätigen diese im Gegenteil, daß Monks Musik aus seiner ganz eigentümlichen Pianistik entsteht und lebt; bei der Übertragung auf Instrumentalsätze wird sie in fataler Weise entstellt. Wenn man einige dieser Partituren hört, erhält man den Eindruck, Verkleidungen und ebenso sinnlose wie künstliche Transkriptionen vor sich zu haben, denen der starke

Duft und die ausdrucksreiche Intensität der Originalmusik verlorengegangen sind.

Trotz seiner durchschlagenden Erfolge blieben dem Pianisten in den Jahren 1958 und 1959 auch einige unangenehme Abenteuer nicht erspart, die seinen Ruf eines seltsamen und unverständlichen Menschen bestärkten. Gegen Ende 1958 wurde Monk in einen verwickelten Vorfall hineingezogen, der viel Aufsehen erregte, weil die Baronin de Koenigswarter daran beteiligt war. Ihr Auto, in dem auch Monk und Charlie Rouse saßen, wurde von der Polizei durchsucht, und man fand Marihuana darin. Alles hatte damit angefangen, daß irgend jemand, der Monk ein Glas Wasser servierte, Angst bekam, weil dieser mit einer wenig vertrauenserweckenden Miene lange in seiner Nähe verweilte (Monk erklärte später, er habe in diesem Mann ein Rassenvorurteil vermutet), und die Polizei um Hilfe rief. Diese kam sofort und nahm sich Monk vor. Er wurde zwar anschließend von jeder Beschuldigung freigesprochen, war aber wieder seine »cabaret card« los. Ein paar Monate später wurde er in Boston für einige Tage zur Beobachtung in eine psychiatrische Klinik gesteckt, weil man ihn eines späten Abends gesehen hatte, wie er sich ohne schlüssigen Grund in der Flughafenhalle herumtrieb. Sein Benehmen und vor allem sein hartnäckiges Schweigen auf alle Fragen hatten nicht normal gewirkt. Die Ärzte untersuchten ihn, kamen zu dem Schluß, daß sie es nicht mit einem Geistesgestörten zu tun hatten, und entließen ihn. Doch auch dieses Ereignis wurde Monk angelastet. Die Inhaber der Jazzlokale, die schon mehr als genug von seinen Absonderlichkeiten und seinem systematisch verspäteten Eintreffen am Arbeitsplatz gehört hatten, bekamen weitere Gründe, ihm zu mißtrauen.

Im April 1961 unternahm das Quartett von Thelonious Monk eine Europatournee und wurde überall mit Begeisterung aufgenommen. Bei der Gruppe arbeitete damals Charlie Rouse. Er war 1958 auf Griffin gefolgt und sollte mehr als zwölf Jahre dabeibleiben. Während dieser Zeit veränderte Monk trotz der eingetretenen Umstellungen in der Rhythmusgruppe seine musikalische Formel nicht im entferntesten. Neue Stücke, sei es auch nur die unveröffentlichte Version eines Standardtitels, kamen nur selten heraus. Ungeachtet der vielen Wiederholungen vermochte Monks Musik weiterhin ihr Publikum zu bezaubern, das den Pianisten in den sechziger Jahren oftmals hören konnte, vor allem in New York, aber auch in Europa und Japan.

Daheim war das Five Spot lange Zeit Monks Hauptquartier, bie es seine Pforten schließen mußte. Dann siedelte es ins Greenwich Village über und wurde hauptsächlich durch sein Verdienst einer der meistbesuchtesten Jazzclubs von Manhattan.

Von Monks Seltsamkeit war natürlich auch des längeren in dem Bericht die Rede, den die Zeitschrift »Time« ihm in ihrer Ausgabe vom 28. Februar 1964 widmete und der für ihn eine Art offizielle Anerkennung von seiten des

Establishments bildete. Da las man von seiner Leidenschaft für Kopfbedek-kungen der unterschiedlichsten Formen, die er unaufhörlich wechselt, wobei er nur selten mal keine trägt; von seiner Angewohnheit »abzuschalten«, das heißt sich Stunden um Stunden und manchmal tagelang von der Außenwelt zu isolieren und in absolutes Schweigen zu hüllen, das er nichtmals unterbricht, um mit seiner Frau zu sprechen oder höchstens im Notfall; und man las schließlich von seinem oft zitierten plumpen Herumhüpfen »wie ein Bär«, das er selbst bei bedeutenden Anlässen in seine Auftritte einbaut. (Er macht ein paar Tanzschritte, hat er erklärt, um zu kontrollieren, ob seine Musik »funk-tioniert«, ob der Rhythmus richtig ist.) Aber Monks Verschrobenheiten enden nicht hier. Es gibt Leute, die ihn mit aufgesetzter Mütze in seinem Bett schlafen sahen; andere versichern, daß sie ihn mit einem Salatblatt im Knopf-loch angetroffen haben, und wieder andere haben gehört, wie er gedankenver-sunken und zugleich mit einem Augenblinzeln seinen Lieblingsspruch wieder-holte: »Es ist immer Nacht. Wenn das nicht so wäre, brauchten wir das Licht nicht so.« Außerdem wissen alle, daß er ohne Rücksicht auf die üblichen Uhrzeiten ißt und schläft; er ist sogar imstande, zwei oder drei Tage hinterein-ander wach zu bleiben.

Im Grunde ist auch der Umstand, daß er selbst nach dem mehr als beträchtli-chen Anstieg seiner Einkünfte weiter in der recht bescheidenen Wohnung in San Juan Hill geblieben ist, etwas Merkwürdiges und ein Beweis absoluter Originalität.

Monk kümmert sich nicht um das, was andere von ihm sagen oder schreiben. »Das meiste von dem, was sie über mich schreiben, sehe ich gar nicht«, teilte er Valerie Wilmer in einem der äußerst seltenen Augenblicke mit, in denen er gesprächig war.[5] »Ich lese keine Zeitungen und keine Zeitschriften. Natürlich interessiere ich mich für die Dinge, die in der Welt der Musik geschehen, aber das, was die anderen schreiben, interessiert mich nicht. Ich lasse es nicht zu, daß so etwas mich stört . . . Die Leute schreiben eine Menge Unsinn.« Weiter-hin sagte er der englischen Journalistin: »Ich will nichts anderes tun als das, was ich mache. Ich spiele gern. Alles übrige klappt schon. Auf der anderen Seite sehe ich auch nicht so aus, als ob ich Sorgen hätte, oder? Ich rede nicht viel, weil man nicht alles sagen kann, was man denkt. Manchmal wissen wir selber nicht, was wir denken.«

Auch für die sozialen und politischen Probleme der Neger in Amerika hat sich Thelonious nie besonders interessiert, nicht einmal in den heißen Jahren der Revolte. »Davon weiß ich praktisch überhaupt nichts«, hat er 1964 gestanden. »Ich habe keine von diesen ›Freiheits-Suiten‹[6] geschrieben und habe auch nicht die Absicht, welche zu schreiben. Ich will damit sagen, daß ich nicht sehe, wozu sie dienlich sein sollten. Mit diesen Rassengeschichten beschäftigte ich mich gedanklich nicht. Alle versuchen, mich soweit zu kriegen, daß ich daran denke, aber diese Sachen stören mich nicht. Mich stören nur die Leute, die mich zu diesen Gedanken bringen wollen.«

In seiner Verschlossenheit in sich selbst und in seiner unergründlichen Welt, in der er sich für die einzig zählende Persönlichkeit hält, ist Monk nicht im geringsten von den großen Umwälzungen beeinflußt worden, die Mitte der sechziger Jahre die soziale Situation der Afro-Amerikaner und ihre Vorstellungen von sich und der Welt tiefgreifend verändert haben. So ist er auch nicht in Versuchung gekommen, einer der Tendenzen zu folgen, die zu dieser Zeit in der Jazzmusik aufgekommen sind.

Aus diesen Gründen gibt es im neuesten Teil von Monks Laufbahn nicht viel Erwähnenswertes. Seine ab 1962 für Columbia aufgenommenen Platten wiederholen die seit längerer Zeit bekannten Formeln und auch die Musiktitel. Eine Ausnahme bildet die 1968 in Hollywood eingespielte LP, auf der seine Musik von Oliver Nelson arrangiert und von einer Bigband unter dessen Leitung gespielt wurde, während sich Monk darauf beschränkte, Klavier zu spielen. Wahrscheinlich brauchte der Plattenproduzent Teo Macero – der überdies auch noch ein paar eigene Kompositionen mit hinein brachte – einen anderen Monk als den üblichen, weil er dem Publikum etwas bieten wollte, was es nicht schon auswendig kannte, doch wirkten die Resultate enttäuschend. Bei dieser Musik spürte man viel mehr die Hand von Nelson als die von Monk, welcher ja bereits geschriebene Partituren vor sich hatte.

Ein zusätzlich bemerkenswertes Ereignis war das Ausscheiden von Charlie Rouse. Im März 1971 wurde er in dem Quartett von einem stilistisch ähnlichen Tenorsaxophonisten namens Paul Jeffrey ersetzt. Dann wurde Monk in eine »All Star«-Gruppe eingegliedert, die George Wein mehr als einmal (zuerst im Sommer 1971) zusammenstellte und auf eine Welt-Tournee führte. Auch in diesem Ensemble, das »The Giants of Jazz« getauft wurde und außer Monk noch Dizzy Gillespie, Kai Winding, Sonny Stitt, Al Mc Kibbon und Art Blakey (den Schlagzeuger, der in den schlimmen Jahren mit ihm gearbeitet hatte) vereinigte, spielte der Pianist »seine eigene Rolle«, das heißt, er präsentierte haargenau den Part von Thelonious Monk, dem unbezwingbaren Individualisten.

Obwohl Monk seine Tätigkeit im Augenblick praktisch eingestellt hat, wird er diese Rolle in Zukunft wahrscheinlich weiterspielen und sich getreu an das Drehbuch halten, daß er selbst seit langer Zeit geschrieben hat und nicht gewillt ist abzuwandeln. Und vielleicht werden ihn die Kritiker weiter tadeln – wie sie es schon seit längerem tun – weil sich seine Musik nicht weiterentwickelt, weil sie sich selbst hoffnungslos gleich bleibt, als ob sie ein Fossil wäre. Es sind Kritiken, die ihn nicht berühren, wie ihn auch die Lobeshymnen nicht bewegt und die Beifallsstürme nicht erschüttert haben. In seiner nun schon langen Laufbahn hat Monk auf niemanden gehört und niemanden um Rat gefragt. Er hat nur auf sich selbst gehört und ist immer unerschütterlich geblieben. Einige Leute haben gesagt, daß Monk in den Jahren, als sich keiner für ihn zu interessieren schien, unbewegt darauf wartete, daß ihn die Zukunft erreichte und Verständnis für seine Musik brachte. Danach hat er sich darauf beschränkt, die anderen zuhören zu lassen. Wenn sie es wollten, wenn sie es wollen: ihm macht es nicht viel aus.

Lennie Tristano

Eine ganz kurze Zeit lang war Lennie Tristano Ende der vierziger Jahre einer der Hauptvertreter der Jazz-Szene und der geachtete Begründer einer Schule von Musikern, die unter seiner Führung einen neuen Weg für den Jazz gefunden zu haben schienen. Man redete damals von einem Kult, und für diesen Kult hatten Tristano stets klar und gebieterisch ausgedrückte Ideen den Wert eines Evangeliums, und die ganz seltenen öffentlichen Auftritte des Meisters sowie seine noch spärlicheren Einspielungen erweckten den schockierenden Eindruck, als wollten sie liturgische Feiern sein.

Heute spricht man im Zusammenhang mit dem blinden italo-amerikanischen Pianisten von einem Mythos oder von einer Legende. Man erwartet keine neuen musikalischen Botschaften und auch keine weiteren Auftritte, es sei denn ganz zufälliger Art, mehr von ihm. Auch wenn keineswegs feststeht, daß Tristano nichts mehr auszusagen hat, sieht es nicht so aus, als wolle er noch irgendeine Rolle in der Welt des Jazz spielen. Er beanstandet das »System« der Jazzwelt und mißbilligt deren neuere Produktion. Für ihn sind die großen Musiker des Jazz diejenigen, die sich vor langen Jahren bewährt haben: Charlie Parker, Lester Young, Earl Hines, Roy Eldridge und Charlie Christian. Das sind die Vorbilder, die er seinen Schülern bei seiner Lehrtätigkeit vorstellt, und dieser Beruf als Musikpädagoge ist der einzige, den er für sich richtig hält.

Tristano ist auch bereit, die Bezeichnung anzufechten, die seiner Musik oder zumindest dem, was er zur Zeit seines ersten Erfolges spielte, von der Kritik angehängt wurde: denn für ihn war der »Cool Jazz« kein »kühler« Jazz. Und doch wird Tristano für fast alle Leute der typischste Vertreter des Cool Jazz bleiben, jener besonderen Jazz-Auffassung, die sich zwischen 1948 und 1949 durchsetzte, als der große Moment der »Boppers« vorüberging. Zu dieser Zeit war der Pianist ungefähr dreißig Jahre alt – er wurde am 19. März 1919 in Chicago geboren – und erst seit kurzem nach New York gekommen. Leuten, die ihn nach seiner Laufbahn fragten, hatte er nicht viel zu erzählen, und es war auch wirklich nichts Erfreuliches.

Seine Familie war wie fast alle italienischen Einwandererfamilien arm und zahlreich. Leonard, das zweite von vier Kindern, wurde am härtesten vom Unglück getroffen. Die »spanische« Grippe befiel ihn, als er noch in der Wiege lag, und machte ihn zu einem behinderten Kind. Seine geistige Entwicklung schritt in den frühen Kindheitsjahren sehr langsam voran, und seine Sehkraft ließ immer mehr nach, bis sie vollends aussetzte, als der Junge erst neun Jahre alt war. Da er dauernd sitzenblieb, mußten sich seine Eltern entschließen, ihn zur weiteren Ausbildung in eine Blindenschule in einer Kleinstadt des Staates Illinois zu schicken, wo er mehrere Jahre lange blieb. Dort war die Disziplin und das Milieu bedrückend, doch konnte der Junge den negativen Umwelteinflüssen widerstehen und seine Mitschüler wegen seiner besonderen Begabung für Mathematik und Musik überflügeln. In dieser Schule hatte er nämlich auch Gelegenheit, Klavier (das er im übrigen schon seit seiner frühesten Kindheit spielte), Saxophon, Klarinette und Cello zu lernen und kleine Studentenorchester zu leiten.

Als der junge Tristano die Schule verließ, wollte ihn sein Lehrer, der seine großen Fähigkeiten ahnte, persönlich zum Chicagoer Konservatorium begleiten, um ihn der Leitung wärmstens zu empfehlen. Der Junge bewies, daß das in ihn gesetzte Vertrauen gerechtfertigt war, und schloß die Studienkurse viel früher ab als vorgesehen. Leider konnte er jedoch nach Erlangung eines ersten Diploms und kurz vor dem Abschlußexamen nicht die notwendigen fünfhundert Dollar aufbringen, um die Prüfung als »Master of Arts« abzulegen. Das sah er allerdings nicht als großes Unglück an; denn seit seinem zwölften Lebensjahr hatte er sich ohne Unterbrechung seiner Schulzeit sein Brot durch Spielen bei privaten Feiern und in öffentlichen Lokalen selber verdient und dachte, daß er den bescheidenen Beruf eines Musikers in Nachtclubs und Tanzlokalen ausüben würde. Er hatte keine besonderen Ambitionen, nicht einmal die, ein bedeutender Jazzmusiker zu werden.

Immerhin gefiel ihm der Jazz schon seit der Zeit, als er als kleiner Junge angefangen hatte, »Race Records« zu hören, und sehr häufig wagte er sich bei seiner alltäglichen Arbeit an diese Musik heran. Es war ihm sogar gelungen, am Klavier mit »skandalöser Wirksamkeit« den Stil von Art Tatum zu imitieren, wie er später gestehen sollte. Doch nützte ihm diese Tätigkeit nichts, weil er damals gegen Kriegsende nicht in Lokalen engagiert war, die von Jazzfreunden besucht wurden, und die Inhaber der Bars, in denen er auftrat, hatten überhaupt keine Ahnung von der Bedeutung dessen, was er spielte, wenn er sich anstrengte. Er war besser dran, wenn er sich anpaßte und billige Tanzmusik produzierte. Zu einer bestimmten Zeit brachte er es sogar so weit, daß er einen gewissen Ruf als »Rumba-König« genoß.

Angesichts des Unverständnisses seiner Arbeitgeber konnte sich der Pianist mit der Bewunderung trösten, die ihm viele Musiker entgegenbrachten. Der ganz junge Altsaxophonist Lee Konitz hörte ihn und bekannte sich zu seinen Jazz-Idealen, und auf einige Mitglieder des Woody Herman-Orchesters, die anläßlich einer Tournee in Chicago waren und Gelegenheit hatten, Tristano in einem Nachtlokal zu hören, übte seine Musik eine wahrhaft schockierende Wirkung aus. Unter diesen war Chubby Jackson am meisten begeistert und schlug ihm sofort vor, an einer Tournee mit einem Orchester teilzunehmen, das er damals gründen wollte, aus dem dann aber nichts wurde. Ein anderer Solist des Herman-Orchesters, der Gitarist Billy Bauer, ging sogar so weit, daß er sein Orchester verließ und sich mit Tristano und dem Bassisten Arnold Fishkin zu einem Trio zusammentat.

Durch Jacksons gute Verbindungen an seinem Wohnort Freeport in Long Island erhielt der Pianist aus Chicago dort ein Engagement mit diesem Trio und konnte dann von da aus nach New York ins Three Deuces auf der 52, Straße überwechseln. Einige Kritiker waren beeindruckt, als sie Tristano hörten. Barry Ulanov von »Metronome« verliebte sich geradezu in die Musik des Pianisten und wurde sein besonderer Förderer. Die ersten Aufnahmen des Trios, zu dem Billy Bauer als festes Element gehörte, wurden von den musikalischen Feinschmeckern sehr gut aufgenommen. Sie schätzten die Originalität seines Klavierstils, der sich auf lange und gewundene Melodielinien stützt und durch die Verwendung ungewöhnlicher Intervalle sowie häufig durch Block-Akkorde gekennzeichnet ist, die von beiden Händen angeschlagen werden (ein Ausdrucksmittel, das von dem Lionel Hampton-Pianisten Milt Buckner aufgebracht und populär gemacht und dann auch von George Shearing wiederaufgenommen wurde). Auch die zurückhaltende, strenge Atmosphäre, die das Trio zu schaffen verstand, löste Begeisterung aus. Man begriff bald, daß Tristano nicht nur ein Pianist war, sondern vor allem auch ein Musiker, der beim Improvisieren komponieren konnte und etwas Neues zu sagen hatte. Und doch gaben die Titel, die er zwischen Herbst 1946 und dem Ende des darauffolgenden Jahres mit dem Trio einspielte (»I can't get started« war vielleicht der bemerkenswerteste), nur einen ersten Einblick in die musikalische Welt Tristanos. Diese sollte sich einem breiten Publikum erst später, und zwar 1949, auftun, als Lennie die Möglichkeit erhielt, mit solchen Gruppen zu spielen und aufzunehmen, in denen neben Bauer und Fishkin, den Mitgliedern seines Trios, auch zwei seiner besten Schüler, nämlich die Saxophonisten Lee Konitz und Warne Marsh, mitwirkten.

Die ersten Aufnahmen wurden im Januar für New Jazz durchgeführt, eine gerade eben erst gegründete Plattenfirma, die später zur Marke Prestige wurde. Tristano war ursprünglich nicht eingeladen worden und wurde von Lee Konitz gerufen, der eigentlich mit anderen an der Sitzung teilnehmen sollte, es aber vorzog, diese Gelegenheit seinem Lehrer und einigen der Musiker zu gönnen, die gemeinsam mit ihm und Tristano im Clique, dem Jazzlokal am Broadway, engagiert gewesen waren. Vier Stücke wurden in Quintettbesetzung aufgenommen (die anderen drei Musiker waren Bauer, Fishkin, und der Schlagzeuger Shelly Manne), und zwar »Tautology«, »Subconscious-Lee«, »Progression« und »Retrospection«, sowie eines ohne Manne im Quartett, nämlich »Judy«, als Widmung an seine erste Frau. Ein paar Monate später, im

März und nochmals im Mai, kamen Tristano, Konitz, Bauer und Fishkin mit anderen Schlagzeugern und Warne Marsh erneut zusammen, um diesmal für Capitol eine Reihe von Aufnahmen einzuspielen, unter denen sich einige der schönsten Titel Tristanos befinden: »Wow«, »Crosscurrent«, »Sax of a kind«, »Marionette«, »Institution« und »Digression«; außerdem »Yesterdays« nur mit Rhythmusgruppe.

Hierbei handelte es sich nicht um die ersten Aufnahmen des Cool Jazz im allgemein üblichen Sinne des Begriffes, sondern es waren die frühesten und bedeutungsvollsten Musikbeispiele der »Cool-Schule« Tristanos, die sich wegen bestimmter Merkmale mehr als jede andere von den Traditionen des Jazz loslöst. Die Musik des Quintetts und Sextetts von Lennie Tristano ist ganz klar und halluziniert zugleich, in lange, entfernt an die klassische Musik erinnernde Abschnitte unterteilt und offenbart deutlich die Eigenartigkeit des Pianisten aus Chicago innerhalb der Jazzwelt, in die er sich mit einem reichhaltigen Kulturgut einfügte, um in ihr – wenigstens eine gewisse Zeit lang – die Rolle eines kundigen und sehr anspruchsvollen Führers zu spielen. In den Stücken seiner Ensembles findet sich weder eine Spur jener Sinnlichkeit oder fast hektischen Lebenslust, die so vielem Jazz eigen ist, noch gibt es darin Platz für unkontrollierte individuelle Äußerungen. Ohne die Improvisation im geringsten zu behindern, gelang es Tristano, von seinen Solisten die wirksamste Mitarbeit zum Zustandekommen von Werken – Ausführungen großer formaler Strenge und stilistischer Einheitlichkeit zu bekommen. Unter seiner Führung vollzieht sich der Dialog zwischen den Solisten geschlossen und in einem sehr subtilen antiphonischen Spiel, das häufig Duolen und Achtelnoten bei schnellen Tempi verwendet. Lange und komplexe Melodielinien verfolgen und kreuzen einander in einem elegant improvisierten Kontrapunkt; der Klang der Blasinstrumente hat nunmehr seine Fülle verloren und ist zerbrechlich und rein geworden; die Phrasierung der Solisten ist schnell und strahlend, aber relaxt und verhalten und mit kostbaren Klangwerten durchsetzt. Die Atmosphäre ist konzentriert und oft gespannt, entspannt sich aber gelegentlich im Gefüge der klassischen Fuge, wohlverstanden nicht im herkömmlichen Sinne. Auf einigen dieser Aufnahmen sind verschiedene Verfahrensweisen, die Tristano bevorzugt, klar zu erkennen, vor allem sein dicht gedrängter Aufbau der Musik, bei der Momente großer Spannung und Augenblicke der Entspannung unaufhörlich in einer Kreisbewegung aufeinanderfolgen, die einen zarten Zauber ausübt. Gewisse Passagen im verdoppelten Tempo, die mehrmals und jedesmal in langsameren Tempo wiederholt werden, ferner das feierliche Spiel der Baßtöne seines Klaviers, das viele an Bach erinnert hat, und noch allgemeiner der Kontrast zwischen der Wucht der Improvisation und der glatten Architektur des Ganzen sind weitere Unterscheidungsmerkmale der Musik, die Tristano mit seinen mittelgroßen Gruppen bot.

Dieser Typ von Jazz wurde nicht von anderen übernommen, wenn man von seinen engsten Mitarbeitern und ein paar Europäern[1] absieht, so wie auch mehr als zehn Jahre lang Tristanos Anregung überhört wurde, der Jazzimprovisation eine feste harmonische und rhythmische Grundlage zu nehmen, um das zu machen, was sich in den sechziger Jahren Free Jazz nennen sollte und von dem Tristanos Sextett eben in dieser Aufnahmesitzung vom Mai 1949 zwei erste überraschende Proben, »Intuition« und »Digression«, lieferte. Dieser informelle Jazz, der »intuitiv« – wie Tristano zu sagen liebte – durch eine Art psychische Übereinstimmung der Improvisatoren im Hinblick auf ein gemeinsames Ziel geschaffen wurde, unterscheidet sich jedoch stark von dem tiefwurzelnden und heftig mißtönenden Free Jazz der farbigen Vertreter im erregten Klima der »Black Revolt«. Es ist ein intellektualistisches und ästhetisierendes Spiel und bildet paradoxerweise eine Bestätigung des eigenartigen Einflusses, den der Meister auf seine Jünger ausübt, die fast von ihm hypnotisiert zu sein scheinen.

1949 war Tristanos Glücksjahr. Dafür gab es weitere Bestätigungen im Dezember, als seine Gruppe zusammen mit dem Charlie Parker-Quintett und einigen weiteren bedeutenden Vertretern der Jazz-Szene zur großangelegten Eröffnung des Birdland eingeladen wurde und als sein Name in der Rangliste der Pianisten laut Umfrage bei den »Metronome«-Lesern noch einmal auf dem ersten Platz erschien. Unter der Schirmherrschaft dieser Zeitschrift nahm Lennie dann an der traditionellen Plattensitzung mit allen Gewinnern der Umfrage teil und ließ das ganze Gewicht seiner Persönlichkeit in den beiden Stücken zur Geltung kommen, die bei dieser Gelegenheit aufgenommen wurden. »Double date« und »No figs« sind viel typischer »cool« als der Titel »Victory ball«, der im Vorjahr von ihm auf den Harmonien von »'S wonderful« komponiert worden war und von der vorangegangenen Formation der Metronome All Stars eingespielt wurde.

Diese vielen Anerkennungen schienen Tristano jedoch keine ausreichende Entschädigung für all das Negative zu sein, das er in dem Beruf eines Jazzmusikers in Nachtlokalen sah, und so beschloß er bald, sich mit Leib und Seele dem Unterrichten zu widmen. 1951 nahm er noch zwei Titel (»Ju – Ju« und »Pastime«) für eine eigene Marke auf und hüllte sich danach in ein langes Schweigen, das nur durch seltene – und immer seltener werdende – öffentliche Auftritte unterbrochen wurde.

Der Lehrtätigkeit hatte er sich bereits früher zugewandt, zuerst in Chicago und dann gleich nach seiner Ankunft in New York. Seit einiger Zeit war seine bescheidene Wohnung das gewohnte Ziel vieler junger Musiker geworden, die von ihm lernen wollten und die er wie ein aufmerksamer und despotischer Vater unterrichtete, wobei er ungeniert von der Musik zur Literatur, Philosophie, Psychologie und jedem anderen Thema überging, das ihm am Herzen lag. Am Anfang widmete Tristano dem Unterrichten nur einen Teil seiner Zeit, aber ab 1951, als er ein eigenes Lehrstudio auf der 32. Straße in Manhattan eingerichtet hatte, war es seine Hauptarbeit. Die Liste derer, die bei ihm gelernt haben, ist lang. Sie reicht von seinen Mitarbeitern der ersten Zeit, also Konitz, Bauer, Marsh, Fishkin, Sal Mosca und dem Klarinettisten John La Porta, bis zu Musikern ganz unterschiedlicher Prägung: Namen des traditionellen Jazz wie Bud Freeman und Bob Wilber, Komponisten zwischen Jazz und Konzertmusik wie William Russo und modernen Solisten wie dem Trompeter Don Ferrara, dem Posaunisten Willie Dennis und dem Altsaxophonisten Phil Woods, ohne den englischen Pianisten Ronnie Ball zu vergessen.

Im Herbst des Jahres 1955 konnten Tristanos Bewunderer ihn wieder in der Öffentlichkeit hören. Er hatte nämlich ein Engagement angenommen, das ihm vom Confucius, einem chinesischen Restaurant auf der 52. Straße, angeboten worden war, und trat dort ein paar Wochen mit Lee Konitz auf. Er wurde von den unterschiedlichsten Rhythmusgruppen begleitet; einmal saß Kenny Clarke am Schlagzeug (der ihn wahrscheinlich nicht zufriedenstellte, so wie ihn nie ein Schlagzeuger zufriedengestellt hat, ganz zu schweigen von den Bassisten . . .) Tristano hatte sich auch verpflichtet, einige Titel für Atlantic einzuspielen, und zu diesem Zweck schnitt er verschiedene Live-Auftritte seines Ensembles im Confucius mit. Schließlich gestattete er, daß fünf dieser Aufnahmen veröffentlicht wurden, zusammen mit anderen Stücken, die er selbst in seiner Wohnung aufnahm und die bei ihrem Erscheinen die hitzigsten Diskussionen entfachten. Tatsache ist, daß Tristano diesmal (eigentlich hatte er es schon bei »Ju-Ju« und »Pastime« gemacht, bloß hatte es damals niemand gemerkt) zu einem nicht gerade herkömmlichen Trick gegriffen hatte, um die beabsichtigte Wirkung zu erzielen. Er hatte die Geschwindigkeit einiger Bandaufnahmen künstlich erhöht, mehrere Klavierpartien, die er zu verschiedenen Zeitpunkten gespielt hatte, übereinander gelagert und die Rhythmusgruppe, von der er nicht gestört werden wollte, separat mitgeschnitten. Im Hüllentext der Schallplatte, die einfach »Tristano« betitelt war, klärte Barry Ulanov die Zuhörer in fairer Weise auf und erklärte in groben Zügen, wie der Pianist vorgegangen war. Mit sichtlichem Vergnügen legte er auch das komplizierte technische Verfahren auseinander, das etwa zur Entstehung von »Turkish mambo« geführt hatte, in dem drei Pianopartien übereinander geschichtet waren. Gegen die Zulässigkeit der Verfahrensweise Tristanos, welchen man beschuldigte, die Regeln der Fairness verletzt zu haben und tüchtiger wirken zu wollen, als er in Wirklichkeit war, wurden soviele Einwendungen erhoben, daß dieser sich genötigt sah, sein Tun öffentlich zu verteidigen. In »Down Beat«[2] brachte er seine Argumente temperamentvoll vor: Für ihn stelle sich dieses Problem überhaupt nicht, und nur die erreichten Resultate würden zählen (die sonst nicht zu erreichen gewesen wären), nicht aber die Mittel. Das Übel – bemerkte er – läge darin, daß die Leute sich nicht darum kümmern würden, die Musik zu hören, sondern »sich mit ihr auseinanderzusetzen«.

Viele hörten jedoch seiner Musik aufmerksam zu und schätzten das Beste an ihr. Insbesondere wurde anerkannt, daß »Requiem«, ein bewegender Blues mit Präludium, der vollkommen improvisiert und dem Andenken an seinen Freund Charlie Parker gewidmet war, eines seiner besten Stücke darstellte. Auch »Line up«, einer der Titel, die wegen der Beschleunigung der Tonbandaufnahme des Klavierparts der rechten Hand am meisten umstritten war, wurde als hervorragend und kennzeichnend für seinen neuen Stil beurteilt. Dieser Stil war jetzt nicht mehr »cool« und »rein verstandesmäßig«, wie viele seine frühen Klavierstücke genannt hatten, sondern stark perkussiv und mitreißend. Dagegen stellte man fest, daß die Mitschnitte aus dem Confucius dem Vergleich mit den berühmten Aufnahmen des Jahres 1949 nicht standhielten.

Es sollten noch weitere Jahre vergehen, bis man Tristano wieder an der Spitze eigener Gruppen in einem Jazzlokal hören konnte. Sein erneutes Erscheinen in der Öffentlichkeit im Jahre 1958 war auf den Eifer der Gebrüder Mike und Sonny Canterino zurückzuführen, welche seit kurzem das Half Note, einen Club in Greenwich Village, eröffnet hatten. Lennie arbeitete dort in mehreren Anläufen, zuerst mit Don Ferrara oder Warne Marsh und dann im Jahre 1959 mit Lee Konitz. Für eine weitere Platte von Tristano bedurfte es längerer Zeit, und man mußte die Veröffentlichung seiner zweiten Atlantic-LP abwarten. Sie enthielt nur Soli, die zwischen 1958 und 1962 entstanden waren, und trug den Titel »The new Tristano«.

In den Stücken dieser LP, die alle durch und durch – in der Melodie, der Harmonik und in den Rhythmen – improvisiert waren, bemühte sich der Pianist, die Erfindungsmöglichkeiten im Rahmen bestimmter Bezugspunkte bis zur äußersten Grenze auszuschöpfen, und erreichte ansehnliche Resultate. »C minor complex«, in dem ein feierliches Spiel von Bässen zu bewundern ist, stellt das Glanzstück dieser Sammlung dar; auch eine lange Suite, »Scene and variations«, die Tristano drei seiner vier Kinder widmete, ist auf der Platte zu finden.

Bis jetzt gibt es noch keine neueren Platten von Lennie Tristano, und nur wenige Leute konnten den störrischen Pianisten seither persönlich erleben. Im Sommer 1965 war er in einigen europäischen Städten zu hören. Es war seine erste Reise über den Atlantik, und er wurde als Einzelinterpret in das Programm einiger Jazz-Festivals aufgenommen. Drei Jahre später gab er ein Konzert in Harrogate in England, bei dem ihn einige englische Musiker begleiteten, die ihn zu sich gerufen hatten. Im November 1969 weilte er bei den Berliner Jazztagen, wo er im musikalischen Wettstreit mit anderen berühmten Pianisten auftrat. Vielleicht wird man ihn nochmals erleben. (Aber das ist nicht gesagt; denn schließlich hat er sich sogar geweigert, zu einem

Großkonzert in der Carnegie Hall zu erscheinen, das die New York Jazz Repertory Company für Frühjahr 1974 ins Programm gesetzt hatte, um ihn und seine Musik in großem Stil zu ehren . . .)

Noch unwahrscheinlicher ist, daß Tristano neue Engagements in öffentlichen Lokalen annimmt, die er alle verabscheut, es sei denn, daß es ihm gelingt, ein eigenes Lokal aufzumachen, wovon er seit Jahren träumt. Was Schallplatten angeht, so scheint er keine neuen Pläne zu haben. Tristano hütet sich wohl davor, wieder in die vielfältige und konkurrenzfreudige Welt des Jazz hineingezogen zu werden. (Darin gibt es zuviel Rivalität und Mißgunst unter den Musikern, pflegt er zu sagen.) Dennoch hört er nicht auf, die Jazzereignisse aufmerksam zu verfolgen und mit lauter Stimme sein kategorisches und sehr strenges Urteil über diese oder jene Musikerpersönlichkeit zu verkünden, so prominent sie auch sein mag. Einige Leute behaupten, Tristano sei ein verbitterter und gekränkter Mann, denn er ist ja derjenige gewesen, der den Free Jazz erfunden hat, und fast keiner denkt daran. Tatsache ist, daß der einst geachtete Begründer einer musikalischen Schule vor fünfundzwanzig Jahren heute ein einsamer Mensch ist, dessen eindrucksvolle Lehre und dessen glänzendes Beispiel beruflicher Redlichkeit fast alle vergessen zu haben scheinen. Seine Anhänger von früher sind ihm alle zugetan, und die neuen Schüler hören ihm ehrerbietig zu, aber nur wenige erinnern sich seiner in der Musik, die sie spielen. Man hört ein Echo seines Stils in der Pianistik von Bill Evans, George Shearing und einigen Europäern wie Ronnie Ball, aber das ist alles.

In den siebziger Jahren scheint der Cool Jazz eine schon lange abgeschlossene Episode zu sein, fast ein Zwischenfall in der abenteuerlichen Geschichte des Jazz, welcher dann eine Richtung verfolgt hat, die entgegengesetzt zu der Richtung verläuft, die Tristano gewiesen hat. Selbst Lee Konitz, der sein engster Mitarbeiter und derjenige von seinen Schülern war, der es am weitesten gebracht hat, ist nur eine kurze Zeit lang unter seinem Einfluß geblieben.[3]

Und trotzdem bleibt Lennie Tristano eine bedeutende Persönlichkeit in der Geschichte der amerikanischen Musik, weil er eine sehr vornehme – vielleicht die einzige wirlich originelle – Ausgabe von »weißem« Jazz vorgelegt hat.

Gerry Mulligan

Für viele Jazzfreunde ist Gerry Mulligan der letzte »Große«, der annehmbare Musik gemacht hat, bevor das Chaos kam. Für viele andere hingegen ist er der letzte der bourgeoisen Musiker, ein Konservativer, der im erlogenen Gewande eines Erneuerers aufgetreten ist, um sanfte, wohlgeformte und ebenso gefällige wie anspruchslose Konsummusik zu produzieren. Mulligan ist tatsächlich eine kennzeichnende Persönlichkeit, einer von denen, die als Beispiele für eine bestimmte Art angeführt werden, in der Jazz aufgefaßt und genossen wird – eine »weiße« Art, die in gewisser Hinsicht das genaue Gegenstück zur »negroiden« Art ist, was in den Augen vieler ausreicht, um ihren Wert in Abrede zu stellen. Allerdings nicht in den Augen einiger berühmter Negermusiker. Zunächst einmal hat Miles Davis aus seiner Bewunderung für ihn kein Hehl gemacht, und der Komponist George Russell, der ihm in der ersten Zeit seiner Laufbahn nahestand, zögerte nicht, ihn »den größten Erneuerer der fünfziger Jahre« zu nennen.

Wie man Mulligan auch immer beurteilen mag, es ist nicht zu leugnen, daß er der Solist war, der in den fünfziger Jahren mehr als jeder andere um sich reden machte und den stärksten Einfluß auf einen Großteil des damals gespielten Jazz auübte.

Sein Auftauchen inmitten der wesentlichen Vertreter der Jazz-Szene erfolgte nahezu plötzlich und wirkte sensationell. Das war 1948, als sich einige Musiker aus dem Kreis um Gil Evans unter Leitung von Miles Davis zusammentaten, um ein paar Wochen im Royal Roost am Broadway aufzutreten und in den anschließenden Monaten eine Reihe von berühmt gewordenen Platten einzuspielen. Damals war Gerald Mulligan, ein hagerer Junge irischer Abstammung mit kurzen rotblonden Haaren, den meisten unbekannt. Er war am 6. April 1927 in New York auf die Welt gekommen, hatte aber seine Kindheit und frühe Jugend an verschiedenen Orten der USA und zuletzt in Philadelphia verbracht und war erst seit ein paar Jahren nach New York zurückgekommen, nachdem er vor allem als Arrangeur für die Tanzorchester von Tommy Tucker und Elliot Lawrence gearbeitet hatte. Dann wirkte er ein Jahr lang als Arrangeur für das Gene Krupa-Orchester, für das er einen gelungenen »Disc jockey jump« schrieb, und danach in der Formation von Claude Thornhill, in die ihn Gil Evans einführte und in der er Lee Konitz traf.

Wir hatten bereits Gelegenheit, von den Abenden in der Wohnung bei Evans, von der Entstehung der Gruppe unter Davis und von dessen Capitol-Aufnahmen zu reden, welche die glücklichsten Beispiele des Cool Jazz bildeten. Die Rolle Mulligans bei diesem Unternehmen war von großer Bedeutung; denn die Idee, den Sound des Thornhill-Orchesters (wie er durch Hörner und Baßtuba charakterisiert war) in einer ausschließlich jazzmäßigen Gruppe zu verwenden, stammte von ihm und von Evans. Er war auch für einige der schönsten Arrangements verantwortlich, die dieses Ensemble dann ausführte: »Godchild«, »Jeru«, »Rocker« und »Venus de Milo«.

Die Monate nach dem ersten Auftreten mit dieser Gruppe waren für Mulligan sehr schwierig, nicht nur, weil er Mühe hatte, Arbeit zu finden, sondern auch, weil er inzwischen dem Heroin verfallen war. In diese Zeit fallen seine ersten Aufnahmen unter eigenem Namen (für Prestige) mit einer Studiogruppe, zu der George Wallington und der Tenorsaxophonist Allen Eager gehörten, die kurz bei seinen alten Orchesterleitern Tommy Tucker und Claude Thornhill tätig gewesen waren; die Proben im Central Park mit einer Bigband, die niemals ein Engagement bekam; ferner Mulligans herzliche Freundschaft mit Gale Madden, einer Frau, die wegen ihres Nonkonformismus bekannt war und einen erheblichen Einfluß auf ihn ausübte. Im Frühjahr 1951 überredete sie ihn, New York zu verlassen, und begleitete ihn auf der Suche nach dem Glück in Richtung Westen.

Das Ziel ihrer Reise war Los Angeles, aber bevor die beiden dort ankamen, trieben sie sich lange durch die Gegend und fuhren dabei per Anhalter. Sie verweilten in Reading, St. Louis und Albuquerque; als sie endlich an ihrem Zielort eintrafen, hatten sie keinen Cent mehr in der Tasche. Zum Glück genoß Gerry bereits ein ziemliches Ansehen bei den Jazzmusikern, so daß es ihm gelang, Spielmöglichkeiten in verschiedenen Lokalen zu finden, besonders im Lighthouse in Hermosa Beach, wo an Wochenenden bei Jam Sessions aus vollem Halse improvisiert wurde. Gerry konnte auch zehn Arrangements für das Stan Kenton-Orchester schreiben, von denen eines, »Young blood«, bei Kennern lebhafteste Bewunderung hervorrief.

Danach fand er eine passende Stelle im Haig und spielte dort jeden Montagabend. Er fing mit einem Trio an, in dem sein Baritonsaxophon (inzwischen hatte er die anderen Instrumente, mit denen er in seinem Beruf begonnen hatte, aufgegeben) nur von Gitarre und Schlagzeug begleitet wurde, und dann leitete er auf einmal, fast ohne es zu merken, ein Quartett. Mit ihm spielte jetzt ein dreiundzwanzigjähriger Trompeter namens Chet Baker, der gerade vom Militär entlassen und von Dick Bock, welcher die Jam Sessions in dem Lokal leitete, aufgestöbert worden war. Das Quartett wurde durch Bob Whitlock am Kontrabaß und Chico Hamilton am Schlagzeug ergänzt, verzichtete aber auf einen Pianisten. Mulligan war der Auffassung, daß in einer Gruppe wie der seinen ein Klavier stören würde. Nach seinen Angaben war die Idee, ohne Klavier auszukommen, ein Vorschlag von Gale Madden und gelegentlich

schon im Osten praktiziert worden, als der Saxophonist in bestimmten Lokalen von Long Island und New Jersey spielte. Im übrigen war dieser Einfall
überhaupt nichts Neues: Schon ein Quartett, das Jahre vorher von Sidney
Bechet und Muggsy Spanier ins Plattenstudio geholt wurde und den Anhängern des traditionellen Jazz bestens bekannt ist, enthielt keinen Pianisten.

Mulligan konnte mit Chet Baker sehr gut zusammenarbeiten, kam jedoch
menschlich nicht mit ihm zurecht. Dick Bock schätzte die Combo so sehr, daß
er sie aufnehmen wollte, um selbst Schallplatten herauszubringen. Seine neue
Plattenmarke Pacific Jazz verzeichnete mit diesen Einspielungen dann einen
großartigen Start. Das Mulligan-Quartett hatte nämlich einen augenblicklichen
und außergewöhnlichen Erfolg, der so weit ging, daß sein Leiter selbst einige
Zeit lang an die von ihm gefundene musikalische Formel gebunden blieb. »Der
Erfolg war das Ergebnis einer Instrumentierung und einer musikalischen Konzeption, an die ich nicht wie an etwas Endgültiges dachte, als ich darauf stieß«,
erinnerte sich der Saxophonist einige Jahre später. »Tatsächlich waren die
musikalischen Möglichkeiten unbeschränkt, doch als ich anfing, mit dem
Quartett durch das Land zu reisen, verlangten die Leute unweigerlich das, was
sie von den Platten her kannten . . ., und ich hielt es für meine Pflicht zu
spielen, was das Publikum hören wollte. Es war ein Kompromiß. Ich denke
nicht, daß ich mich damit auf einen Kompromiß mit meiner musikalischen
Integrität eingelassen habe, aber es hinderte mich daran, neuere Sachen zu
spielen (vorausgesetzt, daß ich Zeit gehabt hätte, sie zu schreiben) und die
Musik anders in Angriff zu nehmen.«[1]

Den ersten Aufnahmen mit diesem Quartett vom Sommer 1952 folgten sogleich weitere Platten für Fantasy und Pacific Jazz. Viele Stücke waren Eigenkompositionen von Mulligan, so »Bernie's tune«, »Line for Lyons«, »Bark for
Barksdale«, »Nights at the turnable«, »Walkin' shoes« und »Soft shoe«; andere
basierten auf Standards, zum Beispiel »Carioca«, »Lullaby of the leaves«, »The
Lady is a tramp« sowie »My funny Valentine«, welches der erste Riesenerfolg
des Quartetts war. Alle Titel besaßen jedenfalls in ihrer Ausführung die gleiche
unbeschreibliche Note.

Schon in den ersten Quartettaufnahmen zeigte Mulligan seine hervorstechende
Persönlichkeit und offenbarte sein musikalisches Glaubensbekenntnis. Die
Musik der Combo ist ruhig und scheinbar schlicht (»Was ich will, ist ein Jazz
für Pfeife und Pantoffeln, der richtig gemütlich ist«, sagte er in jenen Tagen),
aber trotzdem sehr elegant und zündend. Die Melodielinien sind singbar und
anmutig. Es ist eine reine und doch spritzige Musik, streng und lieblich
zugleich, manchmal verwegen, aber häufiger spöttisch oder karikierend-
schlacksig. Darüber hinaus ist es eine Musik ohne jede Überladung; sie gefällt
sich darin, schmucklos und streng wesentlich zu wirken.

Die Musik des Quartetts hatte Gemeinsamkeiten mit dem Cool Jazz in dessen typischsten Erscheinungsformen: die Vorliebe für gedämpfte Töne und subtile Andeutungen; die Anmut der Melodieführung; die erlesene Musikalität der Soli und des variierten Spiels der Bläser, die häufig kontrapunktisch improvisierten. Jedoch war Mulligans Jazz einfacher und luftiger als der Cool Jazz, weniger intellektualistisch, elastischer in rhythmischer Hinsicht, lockerer und kraftvoller; außerdem – was am meisten zählt – ging er mehr ins Ohr. Deshalb gefiel er auch dem breiteren Publikum, das Mühe hatte, dem nüchternen Cool Jazz Tristanos und der allzu hintergründigen Musik von Miles Davis zu folgen.

Mulligans eigener Instrumentalstil wirkte sofort viel origineller, musikalischer und raffinierter als die Spielweise von Serge Chaloff, welche bis dahin die Richtschnur für die modernen Baritonsaxophonisten gebildet hatte. Es handelte sich jedenfalls um den verhaltenen Ausdruck einer Musikwelt, die sich nur durch die Polyphonie vollständig ausdrückt.

1953 war das Glanzjahr des Gerry Mulligan-Quartetts. Es kehrte sehr oft in die kalifornischen Aufnahmestudios zurück, bei einer Gelegenheit sogar mit Lee Konitz als zusätzlichem Solisten. Auf den Anfang dieses Jahres gehen auch zwei Sitzungen mit einem Ensemble von zehn Mann zurück (außer Chet Baker und Chico Hamilton, der später durch Larry Bunker ersetzt wurde, waren recht bekannte Solisten wie Conte Candoli, John Graas und Bud Shank dabei), in dem Mulligan einen erneuten und überzeugenden Beweis seiner Fähigkeiten als Komponist und Arrangeur lieferte und mit Hilfe einer reichhaltigeren Instrumentierung das weiterentwickelte, was im Keim bereits in der Musik des Quartetts enthalten war.

Nachdem das Jahr 1953 so verheißungsvoll begonnen hatte, ging es jedoch schlecht zu Ende. Im September wurde der Saxophonist wegen Besitzes von Rauschgift verhaftet und erst zu Weihnachten freigelassen. Aus fragwürdigem Opportunismus verlangte Baker daraufhin eine beträchtliche Erhöhung der Gage und verscherzte sich so seine Stelle im Quartett. Er wurde durch Bob Brookmeyer, einen Spezialisten der Ventilposaune, ersetzt, dessen weicher Instrumentalton sich wunderbar mit Mulligans Ton vermischte.

Das neue Quartett wurde bald nach Paris eingeladen, um im Juni 1954 an den Konzerten in der Salle Pleyel und gleichzeitig am dritten Salon du Jazz teilzunehmen. Die Aufmerksamkeit, mit der das französische Jazzpublikum – im allgemeinen sehr impulsiv und weißen Jazzleuten gegenüber alles andere als wohlgesinnt – Mulligans Auftritten folgte (sie sind auf zwei ausgezeichneten Vogue-LPs erhalten), bewies, welch großen Hörerkreis seine Musik nun hatte. Dieser Erfolg war zu einem guten Teil auf das wiedererwachte Interesse breiter Schichten nach einer nicht unerheblichen Krisenzeit für den Jazz zurückzuführen.

Nach seiner Rückkehr in die Heimat verlor der Saxophonist zeitweilig die

Mitarbeit von Brookmeyer, ersetzte diesen durch Tony Fruscella und anschließend durch Jon Eardley, die beide Trompete spielten, und faßte den Entschluß, New York wieder zu seinem Ausgangspunkt zu machen. Ein wenig später, und zwar im Sommer 1955, gründete er ein Sextett – eine bereits in Konzerten experimentierte Besetzung – und holte sich dafür nochmals Brookmeyer sowie Eardly und den Tenorsaxophonisten Zoot Sims. Das neue Ensemble nahm gute Schallplatten für Mercury auf und überarbeitete auch verschiedene Stücke, die schon zum Repertoire des Quartetts gehört hatten, angefangen mit dem stark strapazierten »Bernie's tune«. Danach ging es auf eine Europatournee, die unter anderem zwei Wochen lang ins Pariser Olympia führte. Im darauffolgenden Jahr war England an der Reihe.

Die Musik des Sextetts war ein wenig anders und reichhaltiger als die der früheren Quartette. Sie enthielt eine neue, etwas bittere Würze, eine illusionslose, streckenweise ironische Inangriffnahme der Musik und ein eigenartiges Vergnügen an improvisiertem Spott und ausgelassenem »Clowning«, das durch Stilisierung zu eleganter Kunst wurde und gewiß an Strawinsky erinnern mochte. In dem Sextett zeigte sich noch deutlicher Mulligans besondere Fähigkeit, die anderen Musiker anzuregen, damit sie ihr Bestes hergaben und voller Freude mit ihm spielten, so wie auch Mulligan immer Gefallen an Jam Sessions gefunden hat. Mit Freude spielen heißt für ihn jedenfalls nicht, die Dinge auf die leichte Schulter zu nehmen und sie laufen zu lassen. Ganz im Gegenteil, sein hartnäckiger Perfektionismus und sein strenger, in jenen Jahren sehr aufbrausender Charakter machten aus ihm einen anspruchsvollen und sogar ziemlich fanatischen Bandleader.

Das Sextett hatte ein kurzes Leben, dazu noch mit Unterbrechungen. Gerry liebte die Ausdrucksformel des Quartetts und sollte in seiner Laufbahn noch oft auf sie zurückkommen, wie er es auch nach seiner Rückkehr von den beiden Europareisen tat. Gewöhnlich war Brookmeyer bei ihm, aber 1957 brachte Bock es bei einer Gelegenheit fertig, für eine Plattensitzung Chet Baker neben ihn zu stellen. 1958 trat jedoch zum ersten Mal ein schwarzer Trompeter namens Art Farmer in den Kreis der Mulligan-Musiker. Sein Stil lag auf einer Linie mit den New Yorker »Hardboppers« und verlieh dem Quartett ein neues Gesicht.

Mit Farmer und anderen bekannten Jazzleuten in Los Angeles nahm Mulligan im gleichen Jahre auch an den Dreharbeiten von »I want to live« teil. Dieser bedeutende Film war einer der ganz wenigen, in denen der Jazz nicht in einem falschen Licht erscheint. Ebenfalls mit dem neuen Negertrompeter als Mitglied seines neuen Quartetts kam Mulligan dann wieder nach Europa und gab viele Konzerte zusammen mit dem Trio von Jimmy Giuffre.

In den späten fünfziger Jahren organisierte Norman Granz viele Plattensitzungen für Verve, bei denen der Saxophonist jedesmal anderen berühmten Solisten

wie Paul Desmond, Ben Webster, Stan Getz und Johnny Hodges gegenübergestellt wurde und weitere Beweise seiner Unbefangenheit und Anpassungsfähigkeit ablegte. Nur mit Thelonious Monk, mit dem er für Riverside aufnahm,
kam er nicht zurecht.

Indessen hatte es in seinem Privatleben Veränderungen gegeben. Gerry, der
nach einer kurzen Ehe am Anfang seiner Laufbahn schon einmal geschieden
worden war, hatte auch das Scheitern seiner zweiten Verbindung erlebt und
lebte jetzt mit Judy Holliday, einer berühmten Filmschauspielerin und hoch-
intelligenten Frau. Sie arbeitete mit ihm an einigen Einspielungen, die aller-
dings unveröffentlicht geblieben sind, und schrieb ein paar Songtexte zu seinen
Kompositionen für »Happy Birthday«, eine Broadway-Revue von Anita
Loos, die erst viele Jahre später inszeniert werden sollte. Judy Holliday führte
Gerry wieder in die Welt des Films ein und besorgte ihm auch in einem ihrer
Streifen eine kleinere Rolle, welche nicht die einzige ihrer Art bleiben sollte.
Zur Musik schien sich Mulligan einige Zeit lang kaum hingezogen zu fühlen.
Die Besetzung eines Quartetts bot ihm keine neuen Ausdrucksmöglichkeiten
mehr, und der Plan, ein großes Orchester zu gründen, den er schon seit Jahren
hegte, flößte ihm Angst ein. Im März 1960 entschloß er sich endlich, die
Bigband seiner Träume zu starten, und stellte eine Formation zusammen, die
sich nicht allzusehr von derjenigen unterschied, die er bereits 1957 in einem
Aufnahmestudio der Columbia geleitet hatte. Das neue Orchester sollte nur
Musik zum aufmerksamen Zuhören spielen und wurde deshalb »Concert Jazz
Band« genannt.

Bald wurde klar, daß es sich um eine Ausdehnung der musikalischen Konzeption Mulligans handelte, die in den kleinen Gruppen zum Ausdruck gekommen war. Auch in dem großen Orchester waren harmonische Raffinesse mit
rhythmischer Kraft und Einfachheit mit Vielfältigkeit gepaart, während jede
Form von Effekthascherei streng verpönt war. Die von der Concert Jazz Band
ausgeführten Arrangements griffen nicht einmal auf die traditionelle Gegenüberstellung von Holzbläsersatz und Blechbläsersatz zurück und mieden
schmetternde Kollektivpassagen oder die Verwendung von Riffs als Reizmit-
tel. Es handelte sich also eher um ein Orchester für musikalische Feinschmek-
ker als um ein Showorchester (und erst recht nicht um ein Tanzorchester).
Nach Meinung vieler war es die interessanteste Bigband der sechziger Jahre
und mit Sicherheit war es die originellste und aristokratischste.

»Ich wollte die gleiche Klangreinheit und Verflechtung der Melodielinien, die
ich in den kleineren Ensembles hatte«, erklärte Mulligan. »Die Klarinette, die
wir haben, dient nicht zur Führung des Saxophonsatzes, sondern trägt allgemein mit ihrem Klang zum Gesamten bei. Was die Solisten angeht, so beab-
sichtige ich, für den größten Teil der Soli nur wenige Leute einzusetzen, damit
sie lange genug zu hören sind, um dem Publikum vertraut zu werden.«[2]

Obwohl Gerry sehr stolz auf seine Bigband war, weil sie die Krönung seines Strebens darstellte und bis auf den heutigen Tag der Höhepunkt seiner Laufbahn geblieben ist, schrieb er nur wenige Arrangements für sie. In der Regel beschränkte er sich auf eine Überwachung und gelegentliche Ausfeilung der Arrangements, die ihm seine Vertrauensleute vorlegten (denen er genaue Anweisungen gab). Das waren vor allem Bob Brookmeyer und Bill Holman, ferner Johnny Mandel, Al Cohn, George Russell, Johnny Carisi und der junge Arrangeur Gary Mc Farland, den er selbst entdeckte und der es zu etwas bringen sollte. Bei den Solisten waren die Schlüsselfiguren Brookmeyer, Zoot Sims, die Trompeter Clark Terry und Don Ferrara, der Posaunist Willie Dennis, der Schlagzeuger Mel Lewis sowie natürlich Mulligan selbst, welcher dann und wann zur Klarinette statt zum Saxophon griff oder manchmal Klavier spielte.

Die Concert Jazz Band trat erfolgreich beim Jazz-Festival in Newport auf, dessen ständiger Gast Mulligan von Anfang an gewesen war und noch jahrelang bleiben sollte. Sie gab auch viele Konzerte, doch in den vier Jahren ihres Bestehens – von 1960 bis 1964 – existierte sie nicht ununterbrochen und hatte kein leichtes, allerdings auch kein unrühmliches Leben. Einen rümlichen Augenblick bildete ihre Europatournee im November 1960, auf der – unter anderem in Berlin – Titel aufgenommen wurden, die dann in Plattenform veröffentlicht wurden.

Von diesem Orchester blieben in Mulligan sehnsüchtige Erinnerungen und bei den Jazzsammlern einige ausgezeichnete Verve-LPs zurück; die erste wurde zwischen Frühjahr und Sommer des Gründungsjahres und die letzte im Dezember 1962 eingespielt.

Die immer unregelmäßigere Tätigkeit der Concert Jazz Band gestattete ihrem Leader, wieder öfters kleine Gruppen zusammenzustellen. Als sich das Orchester dann endgültig auflöste, wurde deutlich, daß etwas in Mulligan gebrochen war. An die Stelle der Begeisterung von einst trat eine gewisse Apathie, die lange anhielt.

Einige Ereignisse der folgenden Jahre interessieren mehr den Chronisten als den Jazzhistoriker: 1964 eine Japan-Tournee; 1965 die Heirat mit der Filmschauspielerin Sandy Dennis nach dem frühen Tod von Judy Hollyday; außerdem die Bildung einer Combo mit Piano, Gitarre, Baß und Schlagzeug. Die anspruchvollste Unternehmung dieser Jahre war die Komposition, gemeinsam mit Bill Holman, einer »Music for baritone saxophone and orchestra«. Sie wurde 1966 von Stan Kentons Los Angeles Neophonic Orchestra mit Mulligan als Gastsolist aufgeführt. Im darauffolgenden Jahr entstand, wiederum in Zusammenarbeit mit Holman, die Musik des Films »Luv«, die von Mulligan komponiert und von seinem Mitarbeiter intrumentiert wurde.

In diese Zeit – zwischen 1966 und 1967 – fallen auch einige Auftritte als zusätzlicher Solist bei den Bigbands von Bill Russo und Gil Evans. Der letztere stellte damals mehr als einmal Formationen vor, die als Weiterentwicklungen der Gruppen um Miles Davis gegen Ende der vierziger Jahre betrachtet werden konnten. Mulligans mehrfaches Wiedererscheinen in der Öffentlichkeit mit seinem Quartett und Bob Brookmeyer mochte dagegen als Wiederausgrabung oder Gedenkfeier angesehen werden.

Das war jedenfalls keine Tätigkeit, die Gerrys Tage ausfüllen konnte. Die Wahrheit lag darin, daß Mulligan sich in einen gedankenlosen Playboy verwandelt hatte, dem es scheinbar das meiste Vergnügen bereitete und immer noch bereitet, in der Welt umherzureisen, vielleicht seine Frau auf ihren Reisen als Schauspielerin irgendwohin zu begleiten und gemütlich mit jedem zu plaudern, der ihm unter die Augen kommt. Der nervöse, reizbare und sarkastische junge Mann der frühen Jahre war nur noch eine weit zurückliegende Erinnerung. Nachdem sich Mulligan seit einiger Zeit von seiner sklavischen Rauschgiftabhängigkeit befreit hatte, war er ein sympathischer Lebemann geworden, ein intelligenter und sehr beredter Gesprächspartner, der die Dinge so nimmt, wie sie sind, aber alles genau beobachtet, was in der Welt vor sich geht. Er war jedoch – und ist es auch heute noch – immer bereit, mit Jazzmusikern aller Richtungen in Jam Sessions zu spielen oder als gelegentlicher Solist in irgendeinem anderen Ensemble mitzumachen.

Schließlich kam es soweit, daß er sich fest – allerdings nur für Konzertauftritte – mit Dave Brubeck zusammentat. Dieser hatte 1967 sein schon lange bestehendes Quartett aufgelöst und wollte sich hauptsächlich dem Komponieren zuwenden (er schrieb auch tatsächlich ein Oratorium); im Mai 1968 bot er Mulligan auf Anregung von George Wein an, sich seinem Trio anzuschließen, zu dem Jack Six am Baß und Alan Dawson am Schlagzeug gehörten. So spielte Gerry als zusätzlicher Solist bei einigen Konzerten in den USA (unter anderem beim Jazz-Festival in New Orleans), sofort danach in Mexico City und in weiteren mexikanischen Städten, die von einer Festival-Tournee unter Leitung von Wein berührt wurden. Die Idee war auch gar nicht so abwegig, weil Mulligan schon mehrere Male beim Brubeck-Quartett mitgemacht hatte, wenn Paul Desmond verhindert war.

Was Mulligan und Brubeck miteinander gemein haben sollen, ist schwer zu sagen. Vielleicht nichts anderes als den großen zugkräftigen Namen, der die Massen herbeilockt. Und die kamen auch tatsächlich viele Male, um die zwei also zusammen zu hören. In Amerika, noch häufiger in Europa sowie Australien und Japan erlebte man lange Improvisationen, bei denen sich jeder von diesen beiden Starsolisten in seinem eigenen Rahmen bewegte.

Bessere Ergebnisse hat Mulligan von Zeit zu Zeit erzielt, wenn er daheim oder nach seinen neuerdings häufigeren Reisen über den Atlantik als gelegentlicher Solist auftrat. Und hervorragende Resultate hat er erreicht, als er seine Trägheit überwand und sich 1971 endlich entschloß, eine eigene LP (unter seinem Namen erschien seit sieben Jahren keine Platte mehr) mit dem Titel »The Age of Steam« für die Marke A & M aufzunehmen. Die Bigband, die Mulligan für diese Gelegenheit zusammenstellte – sie vereinigte verschiedene fähige Solisten, darunter auch den nie fehlenden Bob Brookmeyer – konnte in etwa als Neuausgabe und Erweiterung der Concert Jazz Band angesehen werden. Im Vergleich zu dieser wirkte sie aufgrund der größeren Rhythmusgruppe mitreißender und wegen einiger Pop-Verkleidungen farbenfroher. Mulligan erklärte jedenfalls, daß er diese Formation hauptsächlich deshalb aufgestellt habe, um einige seiner neuen Kompositionen vorstellen zu können. Alle Titel der Platte stammten tatsächlich aus seiner Feder. Besonders zwei Stücke, und zwar »Grand tour« und »Golden notebooks«, gehören überhaupt zu den besten Sachen, die er gemacht hat.

Die Platte, die den Verleger ganze 50000 Dollar kostet, schaffte es jedoch nicht, ihn wieder groß herauszubringen, wie er gehofft hatte, und das vermochte auch nicht seine eigentlich recht rege Tätigkeit, die er seither als Leiter mittelgroßer Gruppen (meistens von Sextetten oder Oktetten) entfaltet hat. »Wenn du keine fest Band hast, die jeden Abend spielt, merken die Leute und die Plattenproduzenten nicht einmal, daß es dich gibt«, klagt Mulligan. »Und was diese ›The Age of Steam‹-Platte angeht, so lag der Fehler der A & M darin, sie als Jazz-LP zu präsentieren. Aber damals glaubten alle voller Optimismus, an ein Comeback des Jazz.« Und seufzend fügt er hinzu: »Im übrigen habe ich es nie verstanden, gute Geschäfte zu machen.«[3]

Abgesehen von einigen Aufnahmen mit Dave Brubeck sollten mehr als drei Jahre vergehen, bis der Saxophonist wieder – allerdings gemeinsam mit einem anderen – eine Langspielplatte machte. Zu den Aufnahmen kam er nach Mailand und traf sich dort mit dem argentinischen Komponisten Astor Piazzolla, den er von Platten her kannte und schätzte. Gemeinsam wurde eine Reihe von Tangos eingespielt, die großenteils von Piazzolla selbst komponiert und instrumentiert worden waren. Mulligan gab dieser prachtvollen und sehr ursprünglichen Musik eine zusätzliche Jazz-Färbung.

Vielleicht werden sich in naher Zukunft noch bedeutsame Dinge für Mulligan ereignen. An Initiative fehlt es ihm gewiß nicht.

Die Bilanz seines Beitrages zur Welt des Jazz läßt sich jedoch schon heute ziehen, und sie ist sehr positiv. Obwohl es sich bei ihm um einen hervorragenden und sehr persönlichen Instrumentalisten handelt – zusammen mit Harry Carney ist er bestimmt der beste Baritonsaxophonist, den der Jazz hervorgebracht hat – verdient er vor allem als Komponist, Arrangeur, Leiter großer oder kleiner Gruppen und noch allgemeiner als Musiker gewürdigt zu werden, und zwar als ein Musiker, der seine eigenen Auffassungen auch in den Arrangements durchzusetzen vermag, die anderen in Auftrag gegeben werden.

Vielleicht sind auch deshalb die vielen guten Themen, die er geschrieben hat, fast ausschließlich Bestandteile des Repertoirs seiner Ensembles geblieben. Einige der bekanntesten Nummern wurden bereits erwähnt. Daneben lassen sich weitere nennen, die unzählige Male von seinen Gruppen gespielt und fast alle in mehreren Versionen eingespielt wurden: »Bweebida Bobbida«, »Westwood walk«, »Turnstile«, »Motel«, »Utter chaos«, »A ballad«, »Demanton« und das »Unfinished woman« neueren Datums.

Unter den Baritonsaxophonisten gibt es praktisch keine geistigen Söhne Mulligans (wenn man den Schweden Lars Gullin nicht als einen solchen ansehen will), doch hat es nicht an Leuten gefehlt, die sich an seine Orchester-Konzeptionen und ganz allgemein an seine musikalischen Auffassungen gehalten haben. Ein großer Teil des weißen Jazz, wie er gegen Mitte der fünfziger Jahre produziert wurde, war wirklich stark von der Musik der frühen Mulligan-Combos beeinflußt, und der sogenannte »West Coast jazz« hätte wahrscheinlich ganz anders ausgesehen, wenn Mulligan mit seinem Quartett und seinen Capitol-Aufnahmen des Zehn-Mann-Ensembles nicht die ehemaligen Stan Kenton-Schüler fasziniert hätte, die sich seit kurzem in Los Angeles niedergelassen hatten.

Dagegen schenkten die schwarzen Jazzleute dem Beispiel Mulligans nicht die geringste Beachtung, ausgenommen diejenigen, die kurze Zeit mit ihm in der Gruppe von Miles Davis arbeiteten. Fast alle Neger und auch Davis selber, der dann zu anderen Experimenten überging, bewegten sich sogar in einer entgegengesetzten Richtung zu der, die der Baritonsaxophonist gewiesen hatte. Sie ließen den eleganten und zurückhaltenden, musikalisch herausragenden Jazz von Gerry Mulligan bald als veraltet erscheinen.

Sonny Rollins

Wie es bei vielen Musikern der Fall ist, wird auch Sonny Rollins von den meisten Leuten mit einem ganz bestimmten Augenblick in der Geschichte der afro-amerikanischen Musik identifiziert. Sein Durchbruch gegen Mitte der fünfziger Jahre fiel mit dem Aufkommen des Hardbop zusammen, als dessen begabtester Vertreter er sogleich bezeichnet wurde. Sein harter und schwerer Ton und die aggressive, eckige Phrasierung seines Tenorsaxophons eroberten nicht umsonst im Verlauf weniger Jahre ihren Platz im Herzen der Jazzfreunde und in der Praxis der meisten Jazzmusiker, die auf die völlig andersartigen und gegensätzlichen Musikauffassungen von Stan Getz und den anderen »Cool«-Saxophonisten hin ausgerichtet waren.

Und doch ist die Definition eines »Hardboppers« für ihn zu eng und wird ihm nicht gerecht. Sonny Rollins war etwas mehr und auch etwas anderes. Obwohl der Respekt für das Beste, was die Tradition des Jazz zu bieten hat, sowie für die großen Solisten, die ihm vorangingen, in seiner Musik – und in seinen Äußerungen – deutlich und aufrichtig scheint, zögerte Rollins nicht, sich als Erneuerer aus Berufung und als Einzelgänger durch Fügung des Schicksals zu zeigen. Ein Mann also, der alles andere als gewillt ist, sich mit Kollegen zu irgendeiner ungehemmten und sportartigen »blowing session« über die geheiligten Blues-Harmonien zusammenzutun, wie es dagegen die »Hardboppers« so gern tun.

In seiner trotzigen Einsamkeit, seiner hartnäckigen Suche nach einem persönlichen und neuen Stil und in seinem fanatischen Perfektionismus, der ihm vorübergehende Krisen der Unzufriedenheit einbrachte, hat sich Rollins immer deutlich von den »Hardboppers« unterschieden, welche als Wiederhersteller vor die Rampe traten und noch heute die Fortdauer der Jazztradition darstellen, wie sie an der Treue zu den Grundwerten, wiederkehrenden Stilelementen und Verfahrensweisen zu erkennen ist, die viele als wesensverwandt mit dem Jazz ansehen: Improvisation über den Harmonien eines Grundthemas, Swing, Logik und Metrik des Blues, Feuer, Ausdruckskraft und einfache solistische Sprache.

Als ein sehr stolzer Mann mit einem unabhängigen Geist hat Rollins gezeigt, daß er die Tradition nur als unentbehrlichen kulturellen Hintergrund ansieht und die typische Jazz-Konzeption der »Hardboppers«, die den Jazz als grundsätzlich spielerische und etwas ritualistische Musik auffassen, keineswegs teilt. Im Unterschied zu ihnen bemüht er sich nicht im geringsten, das Publikum mit einer brennend heißen Musik zu erregen, er liebt es nicht, sich wettkämpferisch mit seinen Kollegen zu messen, läßt sich niemals von einer Aufwallung oder Freude am Improvisieren hinreißen und nimmt auch keine Zuflucht zu Riff-Wiederholungen und fertigen Phrasen, wenn ihm die Ideen ausgehen. Seit dem Augenblick, da er sich als Meister eines persönlichen und hinreichend ausgereiften Stils gefühlt hat, hielt er es für seine Pflicht, bei jedem Auftritt ein großes Risiko einzugehen und sich jedesmal Mühe zu geben, ganz neue und eigene Musik zu erfinden, die beständig unter seiner kritischen Kontrolle gehalten wird. Er hat es vorgezogen, aus übertriebenem Ehrgeiz fürchterlich reinzufallen (wie es ihm bei verschiedenen Gelegenheiten passiert ist), statt sich zu Routine und Manieriertheiten zu bequemen.

Um 1950 hörte man erstmals von ihm reden. Abgesehen von einigen Aufnahmen wußte man recht wenig von ihm, und ansonsten gab es auch nicht viel Wissenswertes. Er wurde mit dem bürgerlichen Namen Theodore Walter Rollins am 7. September 1930 in New York geboren; seine Mutter war von den Jungferninseln in den Kleinen Antillen in die USA gekommen, und sein Bruder war ein ausgezeichneter Violinist. Er selbst fing als Junge an, Klavier zu spielen, und wendete sich später, als er im Alter von fünfzehn Jahren noch die Schule besuchte, dem Altsaxophon zu, weil er Louis Jordan gehört hatte, dessen kräftige und fröhliche Boogie Woogies damals sehr hoch in der Publikumsgunst standen.

Seine Lehrzeit als Jazzsaxophonist (bald gab er das Altsaxophon zugunsten des Tenorsaxophons auf) war recht kurz, weil ihm von Anfang an Gelegenheit gegeben wurde, mit den bedeutendsten Solisten des Augenblicks zu spielen. Dazu gehörten J. J. Johnson – der ihn 1949 in ein Aufnahmestudio beorderte und ihm die Möglichkeit bot, unter anderem seine erste Eigenkomposition »Audubon« einzuspielen – sowie Bud Powell, Miles Davis, John Lewis, Thelonious Monk und Max Roach.

Wie sehr diese Musiker Rollins schätzten, geht daraus hervor, daß sie ihn zumindest für Plattensitzungen bei sich haben wollten. Bei den wichtigsten ersten Sitzungen entstanden 1949 unter Powells Namen »Dance of the Infidels«, »Bouncing with Bud« und weitere ziemlich bekannte Stücke, dann folgten bald ein paar Einspielungen mit Miles Davis und im Jahre 1951 ein erster Aufnahmetermin unter eigenem Namen für Prestige.

Trotz des Vertrauens, das die Kollegen und die Inhaber der Firma Prestige dem Saxophonisten entgegenbrachten, war dessen Stil noch weit von einer Reife entfernt, und seine technische Ausbildung ließ zu wünschen übrig. In dem, was er spielte, waren ungleiche Einflüsse zu erkennen: die gegensätzlichen Stile von Coleman Hawkins und Lester Young, die Spielweise von Charlie Parker und die von Dexter Gordon, welcher zu den frühesten Musikern gehörte, die eine wirklich zum Bop passende Ausdrucksweise auf dem

Tenorsaxophon entwickelten. Diese Einflüsse waren noch nicht vollständig verarbeitet und zu einem einheitlichen Stil verschmolzen, sondern neigten mehr oder weniger dazu, abwechselnd vorzuherrschen. Das, was fast ständig durchkam und den Geist der Musik von Rollins mehr als alle anderen Stile geprägt hatte, war der Einfluß Parkers.

Niemand, auch nicht die Personen, die sich dafür interessiert haben, hat jemals detailliert über die Aktivitäten des jungen Tenorsaxophonisten außerhalb der Plattenstudios berichten können. Sicher ist nur, daß er in seinen ersten Berufsjahren unregelmäßig und mit vielen Leuten spielte, ohne in irgendeiner Gruppe, die man als fest bezeichnen könnte, heimisch zu werden. Da es ihm nicht gelang, an irgendeiner Umgebung besonderen Gefallen zu finden – vielleicht mit Ausnahme von Davis, bei dem er häufiger als mit anderen spielte – versuchte er, sich bei den jeweiligen Gelegenheiten anzupassen. Das war vor allen Dingen 1953 und 1954 der Fall, als er in reichlichem Maße einspielte und überzeugende Beweise seines Talentes zu geben begann. Auf den Platten aus dieser Zeit finden wir ihn neben Parker – der ausnahmsweise Tenorsaxophon spielt – in einer Gruppe unter Leitung von Davis (die zweite Version von »The serpent's tooth« verdient besondere Erwähnung), danach als zusätzlichen – oder besser: gegensätzlichen – Solisten beim Modern Jazz Quartet und in verschiedenen Gelegenheitsgruppen um Thelonious Monk, Davis und andere. Die Kritik ist sich angesichts der vielen Aufnahmen dieser Zeitspanne ziemlich einig darüber, in welchen Stücken Rollins im besten Licht erscheint. Darunter sind die Titel »Airegin«, »Oleo« und »Doxy« (aufgenommen mit Miles Davis und in der Folgezeit oft wiederholt), welche, von allem anderen abgesehen, seine Begabungen als Komponist deutlich machten. Auch seine Leistung in einer der Einspielungen mit Monk, »The way you look tonight«, wurde sehr gelobt. Sie bietet eine Vorstellung von seiner Fähigkeit, das Thema einer Ballade von Grund auf zu verwandeln und unter anderem jede Spur von Sentimentalität aus ihr zu entfernen, die er immer gemieden hat.

Vom Ende des Jahres 1954 an, als man in Rollins gerade einen neuen Jazzstar zu sehen begann, wurde er verschiedene Monate nicht mehr in New York gesehen. Er war nach Chicago gezogen, nach seiner Tätigkeit in einem dortigen Lokal Hausmeister in einer Fabrik geworden und verrichtete seelenruhig die niedrigsten Arbeiten. Etwas später fand er eine Stelle als Verladearbeiter von Lastkraftwagen. Er wollte eine körperliche Arbeit ausüben, um gewisse Laster ablegen zu können, die seine Gesundheit und seine Laufbahn zu ruinieren drohten. »Damals habe ich eine wirre Zeit durchlebt«, erzählte er Nat Hentoff Jahre später. »Ich tat bestimmte Dinge, weil viele meiner Idole sie taten, und ich dachte, ich müßte sie nachahmen. Aber Bird hat mich niemals dazu ermuntert, etwas zu tun, was schädlich für mich werden konnte. Und während dieser Aufnahmesitzung (bei der »The serpent's tooth« entstand) sagte er mir, wie ich mich verhalten sollte, als Mann und als Musiker . . . Der Sinn und Zweck seines ganzen Lebens war die Musik, und er hat mir gesagt, daß die Musik das einzige war, was zählte, und mich ermahnt, von allem fernzubleiben, was ihr im Wege stehen könnte.«[1]

Parkers kleine Lektion – er war immer freigebig mit guten Ratschlägen gegenüber Kollegen, weil er sich bewußt war, wie verhängnisvoll sein Beispiel als eingefleischter Rauschgiftsüchtiger auf sie wirkte – wurde von dem jungen Saxophonisten nicht vergessen. Dieser lernte nach einigen weiteren Ausrutschern, die Musik neben einem fanatischen Kult seiner körperlichen Gesundheit und seines seelischen Gleichgewichtes tatsächlich an die Spitze seiner Gedanken zu stellen.

In Chicago beschränkte er sich immerhin nicht darauf, körperliche Arbeiten zu verrichten. Er strengte sich auch an, um seine musikalischen Kenntnisse zu verbessern, und besuchte kurze Zeit, solange das Geld reichte, die Universität. Die Qualität der Platten, die er bis dahin aufgenommen hatte, befriedigte ihn überhaupt nicht und machte ihn unsicher.

Ende 1955 verließ er Chicago, um wieder in die Gemeinschaft der aktiven Jazzmusiker einzutreten. Die Gelegenheit hierzu boten ihm Max Roach und Clifford Brown, die im Jahr davor ein Quartett gegründet hatten, das eines der geschätztesten Jazz-Ensembles geworden war. Rollins hatte es in Chicago gehört und auch ohne besondere Vorbereitung in der Gruppe mitgespielt. Dieses Experiment hatte ihn so zufriedengestellt, daß er nach Ausscheiden von Harold Land, dem Saxophonisten des Quintetts, das angebotene Engagement von seinen Freunden sofort annahm.

Er sollte nur ein oder zwei Wochen in diesem Ensemble spielen, blieb aber schließlich anderthalb Jahre – ein Rekord für einen so unsteten und in musikalischer Hinsicht wenig umgänglichen Mann wie ihn. »Ich hatte die Gruppe und das, was diese Leute darstellten, immer bewundert, nicht nur musikalisch gesehen, sondern auch wegen ihres menschlichen Verhaltens«, erklärte er später. »Damals bildeten sie ein Beispiel, das ich nötig hatte.«[2]

Mit der Gruppe von Roach & Brown Inc. schien er endlich glücklich zu sein. Bei aller kritischen Einstellung gegenüber seinen Arbeitskollegen (man hat geschrieben, daß niemals jemand so viele Mitarbeiter entlassen hat wie er) fühlte er sich in diesen Monaten in seiner Rolle als »Sideman« vollkommen zufrieden, was ihm nie wieder passieren sollte. Erst nach dem Tode von Brown fing er an, sich auf die Zähne zu beißen, zögerte jedoch lange zu gehen.

Demètre Ioakimidis hat richtig beobachtet[3], daß der Saxophonist während seiner Zugehörigkeit zu dem Quintett seinen Stil unter verschiedenen Gesichtspunkten veränderte. Er bereicherte und dämpfte seinen Ton, verbesserte die Kontrolle der Stärkegrade und dehnte ihren Umfang aus; er lernte, die immer vielfältiger gestalteten Melodielinien mit größerer Einheitlichkeit zu einem perfekt ausgewogenen Ganzen zu verbinden, und verfeinerte sein Spiel insbesondere in rhythmischer Hinsicht, wobei er sich die Lektionen von Max Roach bei seiner allabendlichen Arbeit zu Herzen nahm.

Auf die Monate der Tätigkeit in diesem Quintett gehen die Aufnahmen zurück, die dem Saxophonisten die Bewunderung aller einbringen sollten. Zunächst könnte man ein paar Titel nennen, die eben mit der Gruppe von Roach und Brown eingespielt wurden; wenigstens der bedeutende »Valse hot« muß erwähnt werden, welcher die Jazzleute endgültig davon überzeugte, daß der Dreivierteltakt durchaus mit dem Element des Swing und folglich mit dem Jazz vereinbar ist. Nach übereinstimmender Auffassung wurden die wichtigsten Einspielungen dieser Zeitspanne jedoch für Savoy und außerhalb der regulären Gruppe durchgeführt. Wir denken in diesem Zusammenhang besonders an die Prestige-Platte »Saxophone colossus« und an die »Way out West«-LP, die im März 1957 während eines Aufenthaltes der Gruppe in Los Angeles für Contemporary aufgenommen wurde.

Das herausragende Stück auf »Saxophone colossus«, einer der besten Langspielplatten, die von einem Tenorsaxophonisten hervorgebracht wurden, ist »Blue seven«, dessen Struktur zum Gegenstand einer eingehenden Analyse von Gunther Schuller[4] gemacht worden ist. Er hat in diesem Titel ein geradezu vorbildliches Beispiel für thematische Improvisation gesehen. Das ist ein Verfahren, welches von Jazzmusikern immer noch selten verwendet wird, weil diese immer die beiden anderen Improvisationsarten mit den klassischen Bezeichnungen »Elaboratio« beziehungsweise »Inventio« vorgezogen haben. Die »Elaboratio« (wörtlich: »Ausarbeitung«) auf der einen Seite führt zum Paraphrasieren der Original-Melodielinie, die durch die Techniken der Ausschmückung mehr oder weniger frei umspielt wird (Armstrong, Tatum und Eldridge haben sehr schöne Beispiele hierfür verewigt), während die »Inventio« (wörtlich: »Erfindung«) die Schöpfung von Phrasen und Passagen bewirkt, die mit dem Grundthema nur die harmonische Struktur gemein haben (und es ist fast überflüssig, den Namen des ersten großen Meisters dieses Improvisationstyps, Coleman Hawkins, zu zitieren). Rollins jedoch begann, sich an eine grundverschiedene und schwierigere Verfahrensweise heranzuwagen, indem er das Grundthema als Ausgangspunkt für anschließende Variationen benutzte, in denen sich Originalität und Kühnheit der Erfindung mit einer großen Schlichtheit verbinden, die durch die Sparsamkeit der eingesetzten Mittel bedingt ist.

In der Verwendung des Themas sowie der Harmonien, die es stützen, als Grundlage für die Improvisation war Rollins bestimmt kein Pionier der Jazzwelt (darin gingen ihm Jelly Roll Morton, Earl Hines, Fats Waller, Thelonious Monk, John Lewis und Jimmy Giuffre voraus, wie uns Schuller in Erinnerung bringt), aber er war der erste, der systematisch an diesen Improvisationstyp heranging und ihn zu den äußersten Konsequenzen führte. Bei der Erarbeitung der verschiedenen Phrasen, die aus einer gemeinsamen thematischen Quelle geschaffen werden, bedient sich Rollins unterschiedlicher Techniken, doch erweist er sich vor allem als Meister, wenn er Nutzen aus den rhythmischen Variationen zieht; vielleicht wirkt der Einsatz von Pausen bei keinem anderen Solisten so genial und schöpferisch. Gerade die Verschiebung der Pausen erzeugt oft eine neue Melodie und lädt sie mit einer eigenartigen Spannung auf. In einer Studie über Rollins[5] hat der französische Kritiker Jean Delmas diesen treffenderweise als einen »Organisator der Lücken« bezeichnet und ihn John Coltrane als einem »Mann der Fülle« gegenübergestellt. So ist Rollins (wie übrigens auch Monk) dazu gekommen, Melodielinien zu bieten, die auf einer einzigen, wiederholten Note aufgebaut und folglich nur durch den Rhythmus gekennzeichnet sind, und hat damit seine Begleiter oft in Schwierigkeiten gebracht. Nicht selten zwingt er alle Musiker, die ihn umgeben, ihr Spielen einzustellen, um Störungen ihrerseits zu vermeiden und sich in rhythmischer und harmonischer Beziehung die volle Kontrolle über seine Phrasen zu bewahren.

Ganz allein oder wenigstens mit der kleinstmöglichen Zahl von Begleitern (in der Regel einem Bassisten und einem Schlagzeuger) zu spielen, ist Rollins immer als das Ideale erschienen. Dom Cerulli gestand er sogar, daß das letzte Ziel seiner Bemühungen das unbegleitete Saxophon-Solo war: »Ich arbeite seit langem, um das zu erreichen. Ich bin überzeugt davon, daß ich noch einen weiten Weg vor mir habe, weiß aber sicher, daß man es fertigbringen kann.«[6] Auf die Zeit dieser Erklärung geht eine Aufnahme von »Body and soul« zurück, die ebenso ohne Rhythmusbegleitung durchgeführt wurde wie einige weitere Stücke im Plattenstudio oder in Konzerten. Im übrigen sind »Stop-Chorusse«[7] und lange Einleitungskadenzen häufig wiederkehrende Phänomene in den Darbietungen seiner kleinen Gruppen.

Großartige Beispiele von thematischer Improvisation, wie sie vor allem auf rhythmische Variationen aufgebaut ist, sind in gewissen Stücken der »Way out West«-LP enthalten. Hier tritt der Saxophonist mit Unterstützung von zwei Rhythmusmusikern vom Rang eines Ray Brown und Shelly Manne an Themen heran, die scheinbar zur Jazz-Improvisation ungeeignet sind. Die Themen von »Wagon wheels« und »I'm an old cowhand«, zwei Liedern im Western-Stil, werden von ihm völlig umgestaltet und auf viele überraschende Arten neu gebildet. In diesen Umgestaltungen offenbart sich auch noch mehr als in früheren Titeln von Rollins seine Freude an der Parodie und zynischen Ironie, die eine Charakteristik seiner Musik werden sollte. Es ist eine entheiligende und teuflische Ironie, die als »sardonisch« bezeichnet wurde. Und zusammen mit der Ironie die Kraft: die für Rollins so typische Neigung zu voluminösen, derben Klängen – deren Dichte durch das Fehlen des Vibratos betont wird

– und als Gegenstück dazu auf seinem Instrument die Vorliebe für das tiefe Register, dessen Möglichkeiten von ihm (hierin ist er wirklich ein Pionier) bis auf den Grund erschöpft wurden. An der Vereinbarung einer athletischen Instrumental-Konzeption mit dem inneren Abstand, aus dem heraus der Saxophonist das Themenmaterial umarbeitet, wobei er die grotesken Nebenaspekte oft hervorrückt und die sentimentalen Merkmale immer zerstört, kann man die Ergebnisse der gegensätzlichen Einflüsse erkennen, die zwei große Vertreter des Saxophons früherer Zeiten auf ihn augeübt haben: Coleman Hawkins, der Meister der überwältigenden Ausdruckskraft mit seinem mächtigen Ton und seiner gebieterischen Vortragsweise, sowie Lester Young, welcher eine gedämpfte und indirekte Sprache mit subtilen Anspielungen, Feinheiten und Doppeldeutigkeiten liebte.

Ein weiterer Aspekt des Jazz von Rollins, der sich in diesen Monaten intensiver Tätigkeit deutlich abzuzeichnen begann, war seine Vorliebe für die eckigen Rhythmen und bunten Melodien des Calypso, der Volksmusik von den Inseln, wo seine Mutter geboren wurde. Sonny erzählte, daß er in seiner Kindheit Gelegenheit gehabt hatte, diese Musik zu hören. »St. Thomas« war der erste von ihm komponierte Calypso, der eine große Verbreitung fand. Danach sollten noch viele weitere folgen, ohne übrigens diese erste Komposition aus seinem Repertoire zu verdrängen.

Bevor die Verbindung zum Quintett von Roach im Frühjahr 1957 aufhörte, hinterließ der Tenorsaxophonist viele weitere Zeugnisse seines Talentes auf Schallplatte. Neben den bereits erwähnten Titeln denken wir vor allem an die Langspielplatten des Jahres 1956 mit John Coltrane (»Tenor madness«) und Thelonious Monk, einem zu ihm passenden Musiker (»Brilliant corners«), sowie an bestimmte Aufnahmen des folgenden Jahres, das heißt eine Reihe von Jazz-Walzern für Mercury unter dem Namen von Max Roach und noch ein ausgezeichnetes Stück mit Monk, »Misterioso«.

Nachdem Rollins Roach verlassen hatte, gründete er die erste seiner zahllosen kleinen Gruppen, und zwar ein Quintett, das für ein Engagement im Village Vanguard zusammengestellt wurde. Während dieser Zeit entstand unter dem Titel »A night at the Village Vanguard« eine interessante Platte in Triobesetzung.

Mehr noch als diese Einspielungen und die ebenfalls bemerkenswerten, gleichzeitigen Aufnahmen für Norman Granz mit Dizzy Gillespie und Sonny Stitt verdient die »Freedom suite« vom Februar 1958 besondere Aufmerksamkeit. Durch diese Suite wollte Sonny seine Solidarität mit der Sache seiner Rassenbrüder ausdrücken, die unter der Leitung von Martin Luther King um die Erlangung ihrer Rechte kämpften. Auf der Plattenhülle schrieb er: »Amerika hat tiefe Wurzeln in der Kultur des Negers, seine Slang-Ausdrücke, seinen Humor, seine Musik. Welch eine Ironie, daß der Neger, der mehr als jeder andere die Kultur Amerikas als seine eigene geltend machen kann, verfolgt und unterdrückt wird; daß der Neger, der in seiner eigenen Existenz so viele Beispiele von Menschlichkeit gegeben hat, dafür mit einer unmenschlichen Behandlung bedacht wird!«[8]

Diese »Freiheits-Suite« war nicht nur eines der allererste Stücke im Jazz, mit denen ein schwarzer Musiker seine Beteiligung am Kampf um die Rechte seines Volkes bezeugen wollte, sondern auch eines der bedeutungsvollsten Werke von Sonny Rollins, dem es gelang, freie Improvisation und Komposition zu einem vollkommen ausgewogenen Ganzen zu vereinen.

Der Saxophonist wird nur von dem Bassisten Oscar Pettiford und von Max Roach begleitet und ist die absolute Zentralfigur dieser längeren Suite (sie dauert fast zwanzig Minuten), die sich in fünf Teile mit verschiedenen Themen und Tempi gliedert. Auch eine Passage in ungeradem Zeitmaß fehlt nicht, und hier und dort spürt man einen Hauch von Volksmusik. Dick Hadlock, der dieser Suite eine eingehende Untersuchung widmete[9], bemerkte unter anderem, daß sie »eine Lösung des Problems der Jazz-Komposition anbietet, die gewöhnlich nur in aufgeschriebenen ›Jazz-Effekten‹ um die Solisten bestand«. Im Abstand von Jahren kann man heute hinzufügen, daß diese Lösung von vielen unter den vorgerücktesten Jazzmusikern für gut befunden worden ist. Sie haben den von Rollins gewiesenen Weg fortgesetzt und dabei des öfteren hervorragende Resultate erzielt (Ornette Coleman mit der »Chappaqua suite«, um ein Beispiel zu nennen).

Trotz der hohen Qualität seines Großteils seiner neuesten Musik war Rollins mit sich und den erreichten Ergebnissen überhaupt nicht zufrieden. Er sagte es Cerulli mit klaren Worten: »In diesem Augenblick fühle ich wirklich, daß ich einige Zeit fortgehen muß. Ich denke, ich brauche viele Dinge. Eines davon ist Zeit ... Zeit, um zu studieren und einiges zu vollenden, was ich vor langer Zeit begonnen habe.«[10] Bevor er jedoch seine Vorsätze in die Tat umsetzte, spielte er noch einige Platten ein und unternahm Anfang 1959 eine Konzertreise nach Europa, die viel Begeisterung auslöste.

Daheim sah und hörte man ihn in ein paar Lokalen, während des Sommers auch mit dem Thelonious Monk-Quartett im Five Spot, und dann erfuhr man zwei Jahre lang nichts mehr über ihn. Der erste außerhalb seines engen Bekanntenkreises, der ihn aufstöbern und zum Sprechen bringen konnte, war der Kritiker Joe Goldberg. Er hatte sich entschlossen, Rollins zu schreiben, um ein Treffen zu vereinbaren, und wurde umgehend in der gepflegten Wohnung empfangen, die Sonny mit seiner weißen Ehefrau an der Lower East Side in Manhattan bewohnte.[11]

Rollins erzählte ihm von seiner schweren Krise beruflicher und geistiger Unzufriedenheit, die ihn bewogen hatte, alles im Stich zu lassen, ferner von seinen Familienangelegenheiten (er hatte sich scheiden lassen und sofort wieder geheiratet), von seinen abgelegten Lastern (jetzt trank und rauchte er nicht mehr), von den gelesenen Büchern, von den Betrachtungen, die er über sich selbst und die Welt angestellt hatte (er hatte sich zur Lehre der Rosenkreuzer bekehrt), und vor allem von seiner geleisteten Arbeit, um seine Kenntnisse der Musik und seines Instrumentes zu vertiefen.

Er war voller Verbissenheit darangegangen, Saxophon zu lernen, als ob er alles von vorne beginnen müßte, und hatte so beharrlich geübt, daß die Proteste der Nachbarn ihn zwangen, sich einen einsamen Platz zum Üben zu suchen. Dann fand er heraus, daß kein Platz besser für ihn geeignet war als der Fußweg auf der Williamsburg-Brücke, die unweit seiner Wohnung Manhattan mit Brooklyn verband; denn dort kam fast nie jemand vorbei, und die einzigen Laute, die zu ihm dringen konnten, tönten von den Sirenen der Flußschiffe auf dem East River herauf. Oft kam Steve Lacy, noch ein Saxophonist, der ewig auf der Suche nach sich selbst war, und leistete ihm Gesellschaft.

Die Williamsburg-Brücke sollte in die Annalen des Jazz eingehen und bildete ein gefundenes Fressen für die Journalisten auf ihrer Jagd nach einem farbigen Thema. Sie zehrten lange davon, als sie endlich die Nachricht von Sonnys Comeback geben konnten.

Die Gelegenheit zur Rückkehr auf die Jazz-Szene bot sich dem Saxophonisten durch den Inhaber eines der meistbesuchtesten Jazzclubs dieser Zeit, der Jazz Gallery in Greenwich Village. Im November 1961 bat dieser Rollins, an einem Wohltätigkeitabend teilzunehmen, der zur Unterstützung der Familie des allzufrüh verstorbenen Trompeters Booker Little stattfand, welcher zu den begabtesten Nachfolgern von Clifford Brown im Max Roach-Ensemble gehört hatte. Danach folgten weitere Engagements und die ersten Aufnahmen für die RCA, die Rollins für sechs Platten innerhalb von zwei Jahren 90 000 Dollar garantierte. Die Comeback-Platte hieß in Erinnerung an die Stunden auf der Williamsburg-Brücke natürlich »The bridge«, »Die Brücke«.

Die Meinungen über den neuen Rollins waren geteilt. Offenbar erwartete man eine vollständige stilistische Wiedergeburt, und manch einer war enttäuscht. Tatsächlich konnte man zwischen der Musik vor seinen zurückgezogenen Jahren und der, die man jetzt hörte, keine entscheidende Stilwende erkennen. Jedoch war die neue Musik reifer und klarer aufgebaut, wie sich deutlich ergab, als zusätzliche Platten zu der ersten traten. In »What's new« wurde den lateinamerikanischen Rhythmen (des Calypso und des erfolgreichen Bossa Nova) viel Platz eingeräumt, und vor allem »Our man in jazz« stellte einen wirklich neuen Rollins vor, worüber sich alle einig waren.

Die Stücke dieses Plattenalbums – darunter die Titel »Oleo« und »Doxy« – wurden von dem Quartett aufgenommen, das im Juli 1962 im Village Gate auftrat und außer dem Bassisten Bob Cranshaw, den Rollins auch in Zukunft sehr oft einsetzen sollte, den Trompeter Don Cherry und den Schlagzeuger

Billy Higgins enthielt. Diese beiden Musiker hatten sich bei Ornette Coleman durchgesetzt, und ihre Wahl war sehr bezeichnend für Rollins. Er hatte mit großem Interesse die Musik der allerneuesten Experimentatoren gehört und war ganz besonders von dem beeindruckt, was Coleman machte.

Der Einfluß des Altsaxophonisten aus Texas, der anschließend vergessen wurde, brachte Rollins einen großen Schritt nach vorn. Als man sein neues Quartett hörte, dachten viele, daß Sonny Rollins sich den Avantgarde-Leuten nähern und gemeinsam mit ihnen weitermachen wolle. Das meinten auch diejenigen, die im Januar 1963 das gleiche Quartett in Europa erlebten (nur der Bassist war ein anderer) und sich zu Recht fragten, ob Coltrane, der einige Wochen vor ihm ungefähr in den gleichen Städten aufgetreten war, ihm wirklich so überlegen war.

Ein wichtiges Ereignis hinsichtlich der Folgen für sein geistiges Leben bildete seine erste Konzerttournee nach Japan im Herbst 1963. Sie war sicherlich nicht arm an Stoff für die Journalisten, die mehr Interesse an seinen sonderbaren Einfällen als an seiner Musik zeigten. Sonny bot ihnen schon bei seiner Ankunft am Flughafen dadurch einige Anregungen, daß er erklärte, vor allen Dingen am Zen-Buddhismus interessiert zu sein, und sich gleichzeitig selbstgefällig in seiner neuen Frisur zeigte. Mitten auf seinem glattrasierten Schädel trug er einen breiten Haarstreifen von fein säuberlich rechteckiger Form. »Das ist ein Haarschnitt nach Mohikaner-Art; ich denke, er sieht großartig aus«, erklärte er bei einer vielbesuchten Pressekonferenz, bestätigte seine Bewunderung für Ornette Coleman, seine Zustimmung zum Kampf seines Volkes und sein Interesse am Joga, dem er sich seit einiger Zeit leidenschaftlich widmete. Auf die Frage, was ihn am Zen-Buddhismus am meisten interessieren würde, antwortete er: »Die Erlangung der Kontrolle über die Existenz und die materielle Seite des Seins, um so meine wahren Anlagen zu verwirklichen. Ich hoffe, eines Tages heilig zu werden.«[12] Während dieser Japanreise nahm er Beziehungen zu einem Meister des Zen auf, mit dem er jahrelang in Verbindung blieb und der einen großen Einfluß auf ihn ausübte.

Das originelle Wesen des Menschen Rollins, sein unwiderstehlicher Drang, in der Menge aufzufallen und anders als die anderen zu handeln, zeigte sich auch in der Art und Weise, wie er nach der Rückkehr in die Jazzwelt seine Musik in den Nachtlokalen darbot – solange er es nicht leid wurde. Nach seiner eigenen Definition war es eine theatralische Art, bei der auch eine Prise geheimer Ritualien nicht fehlte. Bald gewöhnte sich das Publikum daran, ihn Saxophon spielen zu sehen, während er mit geschlossenen Augen zwischen den Tischen ging, denen er wunderbarerweise auswich. Es gewöhnte sich daran, ihn mit seinem Saxophon an den Lippen auf einer Seite hereinkommen und dann rückwärts gehend und immer noch spielend an einer anderen Seite hinausgehen zu sehen. Es achtete nicht einmal mehr auf die indischen Glöckchen, die ihm vom Hals herunterhingen, so wie sich heute niemand über sein ständig wechselndes Aussehen wundert. Mal trägt er Bart, Schnurrbart und kurze Haare; mal ist alles abrasiert, auch die Augenbrauen; dann hat er den Bart, aber keinen Schnurrbart beziehungsweise den Schnurrbart ohne Bart; dann wieder zeigt er sich in langen Koteletten und Afro-Look oder in einem langen Tartarenschnurrbart usw., in allen möglichen Varianten. Doch sind manche wirklich verblüffende Auftritte Sonnys nicht vergessen worden. So erinnern sich noch viele Leute an den Abend des Jahres 1964, als sie ihn in Hut und Mantel zwischen den Tischen umherlaufen und dabei spielen sahen, oder an das Konzert im Garten des New Yorker Museum of Modern Art im Jahre darauf, als er zum Auftakt seiner Darbietung in grüner Jacke und grüner Mütze hinter einem Baum hervorkam und bei strömendem Regen, den er ignorierte, seelenruhig sein Saxophon blies.

Aber Sonny beschränkte sich in seinen Jahren emsiger Tätigkeit nicht nur darauf, das Publikum mit diesen verschrobenen Ideen zu überraschen, sondern erfand auch eine neue Art, seine Stücke zu präsentieren, indem er sie in einem ununterbrochenen musikalischen Fluß miteinander verband. Hierin wurde er von Don Cherry und anderen Jazzmusikern der Avantgarde bald imitiert. Ferner veränderte er die Ausdrucksweise seines Instrumentes ein wenig und gab sich Mühe, ihr Untertöne der menschlichen Stimme zu verleihen.

1964 beendete Rollins seinen Vertrag mit der RCA, nachdem er unter anderem eine Platte »The standard Sonny Rollins«, eine Sammlung von Standards in Jazz-Versionen, aufgenommen hatte, mit der er sich dieses eine Mal voll zufrieden erklärte. Im Jahr darauf ging er zu Impulse und unternahm zwei Europareisen. In der Alten Welt war Sonny schon so bekannt, daß ihm der Produzent des bedeutenden englischen Films »Alfie« (mit Michael Caine) anbot, die Filmmusik zu übernehmen. Die Aufnahmen erfolgten Anfang 1966 mit einem Ensemble unter Oliver Nelson. Die Impulse-LP mit diesen Einspielungen erntete viel Lob, und noch mehr wurde die dritte Langspielplatte auf der gleichen Marke unter dem Titel »East Bradway run down« geschätzt, die Rollins im Mai als eines der überzeugendsten Dokumente seiner Kunst aufnahm. Besonders in »Blessing in disguise« übertrifft der Tenorsaxophonist sich selbst; begleitet von Jimmy Garrison und Elvin Jones (den Rhythmusmusikern des John Coltrane-Quartetts) bietet er ein meisterhaftes Beispiel thematischer Improvisation und behandelt mit unerschöpflicher, jedoch streng kontrollierter Phantasie und feinem Sinn für Humor das banale Riff, von dem er ausgeht, und zwar das aus Lionel Hamptons Riesenerfolg »Hey-ba-ba-rebop«, der ungefähr zwanzig Jahre zurücklag.

Weitere Reisen über den Ozean erfolgten Ende 1966 – damals kehrte er mit einer der vielen Startruppen des Jazz unter George Weins Führung nach Europa zurück – und besonders 1968, als er nach einer Japanreise (mit einigen

Konzerten und einem anschließenden Aufenthalt in der Schule seines Zen-Meisters) nach Indien fuhr, um in einer kleinen Gemeinschaft von Mönchen in der Nähe von Bombay zu leben und sich mit philosophischen Studien zu beschäftigen.

Diese Pausen der Sammlung sowie die Erfolge, die Rollins in Europa erntete (im Sommer 1968 kam er erneut dorthin), entfremdeten ihn immer mehr von der Jazzwelt in Amerika, wo er nur noch gelegentlich und nicht immer in bester Form auftrat. Wer ihn damals interviewte, so wie es Ira Gitler tat, fand ihn unzufrieden und ruhelos[13]. Vor allem störte ihn das Leben in den Jazzlokalen; man läuft dabei Gefahr, absonderlich zu werden, meinte er.

Aus Angst, sein Gleichgewicht zu verlieren, verschwand er nochmals von der Bildfläche, und zwar ohne irgend jemand etwas zu sagen, wie er es schon früher getan hatte. Jetzt war er jedoch entschlossen, die Musik endgültig an den Nagel zu hängen. Nach einem Engagement in Kalifornien im September 1969 zog er sich in seine Wohnung nach New York zurück und wollte fast zwei Jahre lang sein Instrument nicht mehr anrühren. »Ich habe Joga getrieben, mich entspannt, Zerstreuung gesucht und ferngesehen. Ich habe mein Möglichstes getan, um die Welt der Musik aus meinem Leben zu vertreiben«, erzählte er Chris Flicker von »Jazz Hot«[14] ein Jahr nach seiner Rückkehr.

Diese erneute Rückkehr war auf seine Langeweile zurückzuführen. Als man sich schon fragte, ob man Sonny Rollins wohl jemals wieder hören würde, kam heraus, daß er im Juli 1971 in der norwegischen Stadt Kongsberg aufgetaucht war, um an einem Jazz-Festival teilzunehmen.

Es ist unmöglich aufzuzählen, was Rollins seither gemacht hat oder seine zusammengestellten und gleich wieder aufgelösten Gruppen zu berücksichtigen und die eingestellten und wieder entlassenen Bassisten und Schlagzeuger zu nennen. Seine Tätigkeit ist in den letzten Jahren derart unregelmäßig gewesen, daß es sogar schwerfällt, jeweils zu beurteilen, ob er sich gerade mal wieder zurückgezogen hat oder aber aktiv ist. So erfuhr man zum Beispiel erst Ende 1973 von Rollins, daß er sich nochmals sechs Monate lang zum Meditieren in Indien aufgehalten hatte. Auch ein Überblick über seine Reisen nach Japan und Europa beginnt schwierig zu werden; denn er begibt sich oft und gern in die Alte Welt und wird dort immer sehr herzlich aufgenommen. Dagegen kann man seine seltenen Ausflüge in Plattenstudios mit Leichtigkeit verfolgen. Nach sechsjähriger Einspielpause und kurz nach einem großen Erfolg bei einem Engagement im Village Vanguard betrat er im Juli 1972 wieder ein solches Studio.

Die erste Platte wurde für Milestone aufgenommen und unter dem Titel »Next album« herausgegeben. Sie bot erstmals die Möglichkeit, Rollins Sopransaxophon spielen zu hören. Wie viele andere war er dem Beispiel von Coltrane gefolgt und hatte sich diesem Instrument zugewandt. Es ist eine ungleiche LP, die jedoch zwei kleine Meisterwerke, »Calypso« und »Skylark«, enthält. Ein Jahr später entstand die sehr schöne Platte »Horn culture«, die teilweise nach Multiplay-Verfahren aufgenommen wurde; in dem Titel »Good morning heartache« stellt der Saxophonist seine Meisterschaft bei der Behandlung einer Ballade unter Beweis. Dann kam »The cutting edge«, noch ein sehr gutes Album.

Weiteres wird folgen. Wahrscheinlich nicht alles gute Dinge, weil Rollins immer ein Künstler mit unbeständiger Leistung gewesen ist. Doch kann man jede Wette darauf eingehen, daß viele bewundernswerte Sachen dabei sein werden; denn es handelt sich immerhin um den begabtesten heutzutage tätigen Tenorsaxophonisten des Jazz.

Man kann aber auch sicher sein, daß es bei ihm weitere geistige Krisen und erneute Rückzüge geben wird, die mit Augenblicken stolzer Sicherheit und erfolgreicher Kreativität abwechseln.

Es ist schade, daß dieser Mann so ist. Wäre Sonny Rollins weniger unbeständig, weniger von Existenzproblemen gequält, nicht so unsicher und also ausgeglichener, dann könnte er gewiß der große Führer des Jazz in den siebziger Jahren sein. Aber er will es nicht sein; er möchte nichtmals – wie er oft wiederholt hat – ein Ensemble anführen. Um ein Führer zu sein, muß man wenigstens den Wunsch verspüren, den anderen den Weg zu weisen, sich gegenüber seinen Kollegen durchzusetzen, und das hat sich Rollins nie vorgenommen. Er hat nicht einmal einen Schüler im engeren Sinne des Wortes gehabt. Er hat immer und ausschließlich für sich selbst gespielt, und er ist vor allem dann glücklich gewesen, wenn er allein war, mit oder ohne Saxophon an den Lippen.

Charlie Mingus

»Die Musik von Charlie Mingus bildet die perfekte Verbindungsbrücke zwischen den beiden Revolutionen des modernen Jazz – das heißt dem Bop in den vierziger Jahren und dem Free Jazz in den sechziger Jahren – indem sie die erste dieser Revolutionen verewigt und die zweite in einem häufig unterbewerteten Maße vorwegnimmt«, hat Giuseppe Piacentino[1] richtig bemerkt. Man muß jedoch gleich darauf hinweisen, daß die Musik, von der hier die Rede ist, zu keiner besonderen Jazzrichtung vollkommen paßt und nicht als Beispiel für typischen Jazz dieses oder jenes Stils angeführt werden kann. Obwohl festzustellen ist, daß Mingus in den verschiedenen Phasen seiner Laufbahn parallel zu den Vertretern der einen oder anderen Jazzschule vorging, ihnen manchmal folgte und andere Male vorausging (er folgte den »Boppers« und den »Coolsters«, nahm aber die Erfindungen der Leute des »Soul jazz« und Free Jazz vorweg), muß man anerkennen, daß er selber Geschichte machte, weil er bald einen ganz eigenen Weg einschlug, ein kühner Erneuerer war und gleichzeitig der echtesten Tradition der afro-amerikanischen Musik sowie einigen ihrer großen Meister innig verbunden blieb. Er selbst hat wiederholt die Einflüsse angegeben, die ihn geformt haben, auf die Quellen verwiesen, aus denen er in den Jahren seiner Ausbildung geschöpft hat, und mit stolzer Befriedigung seine Verbindungen zur Vergangenheit unterstrichen: die Musik der Negerkirche und dann die untereinander so verschiedenen Klänge von Duke Ellington, Charlie Parker und Art Tatum. Dagegen empfand er die Männer des Free Jazz als seiner Musikwelt viel weniger nahestehend – besser gesagt: er empfand sie als völlig fremd – und doch eilte er ihnen voraus in seinem erregten Protest, seinem leidenschaftlichen sozialen Engagement und der Vorliebe für dissonierende Kollektivimprovisationen und eine schreiende, angstvolle, aggressive und schockierende Musik.

Tatsache ist, daß Mingus sich unter die großen Meister des Bop mischte, als ihre Schlacht schon geschlagen und aus praktischer Sicht verloren war. Anschließend sorgte er dafür, daß sich eine kleine Gruppe passender Musiker um ihn scharte. Sie sollten ihm ermöglichen, seine Ideen als Komponist vollendet auszudrücken, und ihn gleichzeitig gegen die Außenwelt abschirmen, als eine Art Schutzwall zwischen ihm und den anderen Jazzleuten dienen, deren Musik er in den meisten Fällen nicht einmal hören wollte oder in ihren Gründen nie ganz verstand. Als dann die Kritiker und Musiker des Jazz gegen Mitte der fünfziger Jahre ihrerseits seine Gründe begriffen und anfingen, ihn zu loben, war Mingus das nicht recht. Häufig vergalt er Bewunderung und freundliche

Gesten mit bösen Worten oder ebenso deutlichen wie hergeholten Anschuldigungen und rief dadurch Mißtrauen oder Groll hervor.

Also ein schwieriger und unberechenbarer Mann. Mingus ist nicht angepaßt bis an die Grenzen der Psychose, von einer kindischen Sucht besessen, sich zum Märtyrer aufzuwerfen, exhibionistisch, aufrichtig wie wenige, überraschend naiv, brutal ehrlich, krankhaft unfähig, sich selbst zu kontrollieren, und oft ungerecht und undankbar. So stellt – oder stellte – er ein Problem für seine Umwelt dar. Bob Thiele, der enge Arbeitsbeziehungen zu ihm unterhielt, als er seine Platten für Impulse produzierte und von ihm – wie viele andere – öffentlich der Lüge und des Betruges bezichtigt wurde, bezeichnete ihn als einen »modernen Doctor Jeckyll – Mister Hyde«, einen Mann, in dem Sanftmut, Freundlichkeit und Liebesbedürfnis wie verschiedene Farben des gleichen Spektrums in Reizbarkeit, Gemeinheit, gröbste Unflätigkeit und Gewalttätigkeit übergehen und damit abwechseln.

Es ist ziemlich einfach, die Ursachen gewisser Abnormitäten herauszufinden, deren sich Mingus selber immer vollkommen bewußt gezeigt hat. (Einmal, als er bereits ein bekannter Musiker war, erschien er freiwillig im New Yorker Bellevue Hospital und bat um Aufnahme in der psychiatrischen Abteilung, wo er auch kurze Zeit behandelt wurde.) Mit seinem schamlosen Exhibitionismus, der für ihn so charakteristisch ist, hat er selber einem breiten Publikum den Schlüssel zum Vordringen in seine gestörte Psyche in die Hand geben wollen. »Die in seiner Kindheit und dann im Mannesalter als Mensch und als Farbiger erfahrenen Leiden«, hat der Psychiater Edmund Pollock geschrieben, den der Musiker als ein eigenartiger Auftraggeber gebeten hatte, den Einführungstext zu einer wichtigen Platte zu schreiben, »sind sicherlich ausreichend gewesen, um ihn mit großer Bitterkeit, Haß und Verkrampfung zu erfüllen und ihn der Wirklichkeit entfliehen zu lassen ... Er ist sich seiner Gefühle schmerzlich bewußt und will verzweifelt gesund werden.«[2]

Mingus fing schon in jungem Alter an, sich seiner Lage als Rechtloser innerhalb einer von Menschen anderer Rasse beherrschten Gesellschaft eindringlich bewußt zu werden. In seinem autobiographischen Buch, an dem er zwanzig Jahre lang schrieb und das schließlich 1971 in gekürzter und weitgehend umgearbeiteter Form veröffentlicht wurde[3], erlebt man schon auf den allerersten Seiten sein Leid als »andersartiger«, verachteter und ausgestoßener Mensch. Ein »gelber Neger« mit einem Schuß Indianerblut, ein Bastard – sogar »noch weniger als ein Unterdrückter« (»beneath the underdog«), wie er sich selbst im Titel der Autobiographie nennt – der von seiner ersten Schullehrerin trotz seiner lebhaften Intelligenz für geistig zurückgeblieben gehalten, von einem »sehr grausamen« und »rassistischen« Vater (es sind seine Worte) hart angefaßt und den Schwierigkeiten des Lebens allzufrüh ausgesetzt wird.

Am 22. April 1922 wurde Mingus in Nogales im Staate Arizona geboren, verbrachte aber seine Kindheit und frühe Jugendzeit in Watts, dem großen Negervorort von Los Angeles. Sein Vater war Maurermeister; seine Mutter starb, als er erst wenige Monate alt war, und wurde bald durch eine Stiefmutter ersetzt. Er hatte zwei Schwestern, beide Musikerinnen, und einen Stiefbruder, der Gitarre spielte und sich auf spanische Musik spezialisiert hatte. Also kam es seiner Familie ganz natürlich vor, daß er auch ein Musikinstrument lernte. Jedoch die erste Wahl war verfehlt; denn die Posaune, auf der er zu üben begonnen hatte, wurde bald zugunsten eines Cellos aufgegeben.

Dann ermutigte ihn Buddy Collette, ein Jugendfreund und guter Jazzmusiker, der Jahre später bekannt werden sollte, sich dem Kontrabaß zuzuwenden, welcher im Gegensatz zum vornehmen Cello weitgehend in den Jazzorchestern verwendet wurde, in denen ein Neger leichter unterkommen konnte. Zuerst hatte Mingus den ausgezeichneten Bassisten Red Callender als Lehrer, dann vervollkommnete er sich fünf Jahre lang unter der Führung von Herman Reinschagen, dem ersten Kontrabaß des Philharmonischen Orchesters von New York. »Ich übte ununterbrochen die schwierigsten Sachen, die ich kannte . . . Ich konzentrierte mich auf Schnelligkeit und Technik, als ob sie Selbstzweck wären. Mein Traum war es, alle Kontrabassisten in Schrecken versetzen zu können«, erzählte er Nat Hentoff[4]. Dann aber begriff er, daß Musik etwas mehr als reine Technik ist; denn irgendwann merkte er, daß er dabei war, sich selbst auszudrücken, und sich nicht nur darauf beschränkte, einen Kontrabaß zu spielen. Als das geschah, hatte er schon viel Musik in sich aufgenommen. Seine Stiefmutter hatte ihn oft in die Kirche mitgenommen. »In der ›Holiness Church‹ gerieten die Leute in Verzückung«, hat Mingus erählt, »und die Reaktion der Gemeinde war wilder und ungehemmter als bei den Methodisten. In dieser Kirche war der Blues, es gab ›moaning‹ (›Wehklagen‹), Riffs und alles übrige zwischen dem Prediger und der Schar der Gläubigen.«[5] An die Musik, die er in seiner Kindheit in der Kirche hörte, sollte er sich in seinen Kompositionen noch oftmals erinnern, so wie er wieder an Duke Ellington und Art Tatum dachte, welche er ebenfalls während seiner Entwicklungsjahre in Los Angeles erleben konnte. Der eine und der andere begeisterten ihn. Als er zum ersten Mal das Ellington-Orchester hörte, fing er vor Erregung an zu schreien, und er war wie im siebenten Himmel, als er die Möglichkeit erhielt, mit Tatum zu spielen.

1940 übte Mingus bei einem Engagement in der Gruppe von Lee Young, dem Bruder von Lester, seine erste berufliche Tätigkeit aus, dann arbeitete er von 1941 bis 1943 im Orchester von Louis Armstrong und später bei Barney Bigard und dem Gitarristen Alvino Rey. Anschließend spielte er im Jahre 1945 mit den Brüdern Russell und Illinois Jacquet und von 1946 bis 1948 in der Lionel Hampton-Bigband. Für dieses Orchester schrieb er auch einige Arrangements, von denen eines, »Mingus fingers«, bei vielen gut ankam.

Zwischen 1950 und 1951 trat er neben dem Gitarristen Tal Farlow im Red Norvo-Trio hervor, und der Beifall, den er erhielt, ermutigte ihn, nach New York zu gehen. Aber dort erschienen ihm die Verhältnisse gleich so schwierig, daß er sich damit abfinden mußte, eine Stelle mit bescheidenen Aufgaben in einem Postamt anzunehmen. »Bird war der Mann, der mich im Dezember 1951 dazu brachte, das Postamt zu verlassen, als ich schon beschlossen hatte, dort zu bleiben«, erzählte er später. »Bird ermunterte mich, Musik zu schreiben.«[6] Eine konkretere Hilfe kam von dem Pianisten Billy Taylor, der ihn für sein Trio engagierte und acht Monate bei sich behielt.

Im Alter von dreißig Jahren hatte der Bassist – den einige damals wegen seiner Bewunderung für »Duke« (= »Herzog«) Ellington zum Scherz »Baron Mingus« nannten – bereits viele Erfahrungen hinter sich, und dies nicht nur als Musiker. Wenn man dem Glauben schenken darf, was er selbst in »Beneath the underdog« in allen Einzelheiten geschildert hat, betrachtete er die Musik einige Zeit lang nicht als seine Haupterwerbsquelle. Diese bestand hingegen in zwei jungen Frauen, die für ihn auf den Strich gingen. Stimmt es wirklich, daß eine von diesen beiden niemand anders als seine erste Ehefrau war und daß die andere gleichzeitig seine und ihre Geliebte war? »Was in dem Buch geschrieben steht, ist alles wahr!«, beteuerte Mingus feierlich dem Autor dieser Zeilen, der den Verdacht hegte, daß derartige eines Boccaccio würdige Situationen erfunden worden seien.

Wie dem auch sei, fest steht, daß Mingus als Musiker in den allerersten Jahren seines New Yorker Aufenthaltes sehr aktiv war. Zusätzlich betätigte er sich als kleiner Plattenproduzent und startete 1952 mit Max Roach und finanzieller Hilfe von dessen Freund die neue Marke Debut mit anspruchsvollem Programm.

Für dieses neue Plattenunternehmen (die Matrizen wurden Jahre später von Fantasy aufgekauft) wurden bedeutende Einspielungen durchgeführt. Eine davon ist in die Annalen des Jazz eingegangen, und zwar handelt es sich um den Mitschnitt eines Konzerts in Toronto vom Mai 1953. Der Bassist wollte zu dieser Gelegenheit die Crème de la crème der modernsten Musiker um sich haben und stellte selbst ein Quintett mit Charlie Parker, Dizzy Gillespie, Bud Powell und Max Roach zusammen, welche, ohne sich dessen genau bewußt zu werden, damals gemeinsam mit Mingus einen herrlichen Schwanengesang des Bebop sangen. Der ruhelose Bassist begnügte sich allerdings nicht damit, Platten für seine eigene Firma aufzunehmen. Während der Jahre 1952, 1953 und 1954, also solange die Debut tätig war, spielte er Dutzende von Stücken für verschiedene Marken ein und musizierte an der Seite der besten Jazzleute des Augenblicks.

Bald wurde Mingus zum Promoter und Förderer einer Gruppe von schwarzen und weißen Avantgarde-Musikern, deren Wortführer der Kritiker Bill Coss

war und die unter der vielsagenden Bezeichung »Jazz Workshop« – anschließend in »Composers' Workshop« und Jahre später in »Jazz Composers
Workshop« umgeändert – ihre Arbeit aufnahm.

Die ersten Konzerte der Gruppe wurden im Sommer 1953 im Putnam Central
Club in Brooklyn und in den folgenden Monaten im Modern Art Museum in
Manhattan sowie anderswo abgehalten. Sie erweckten großes Interesse, nicht
nur wegen des ehrgeizigen und experimentellen Charakters der Kompositionen und wegen der fähigen Solisten, sondern auch durch die lebhaften Diskussionen zwischen dem Publikum und den Ausführenden, wie sie von Mingus
angeregt wurden. In dieser Gruppe, die in verschiedenen Besetzungen zahlreiche Platten aufnahm und auch außerhalb New Yorks auftrat, konnte man oft
folgende Musiker antreffen: Teo Macero und John La Porta, Saxophon; Wally
Cirillo und Mal Waldron, Piano; Eddie Bert, Kai Winding, J. J. Johnson und
Willie Dennis, Posaune; Teddy Charles, Vibraphon; Thad Jones, Trompete;
ferner John Lewis, Kenny Clarke und andere mehr.

Unter den Stammsolisten nahmen La Porta, Cirillo und Macero, die der Lehre
von Lennie Tristano ziemlich treu geblieben waren, anfänglich eine bedeutende Rolle ein und trugen – auch mit ihren Kompositionen – zur »Cool«-Fär-
bung der musikalischen Grundstimmung bei. Beim Hören der noch so zahlreichen Mingus-Aufnahmen aus jenen Jahren wird es also recht schwierig, dessen
Persönlichkeit genau zu erfassen. Der Bassist der sensationellen Technik und
ebenso mutige wie vielseitige Komponist schien darauf zu brennen, die Ausdrucksmöglichkeiten des Jazz zu erproben und seine Sprache in verschiedene
Richtungen zu zwingen. In Erinnerung an diese ersten Experimente schrieb
der Musiker Jahre später: »Obwohl die Gruppe musikalisch gesehen in verschiedener Hinsicht erfolgreich war, glaube ich heute, wenn ich mir das
nochmal überlege, daß weder die Idee noch der Name »Composers' Workshop« ideal waren, weil sie beide das Wort »Jazz« außer acht gelassen hatten.
Damals wurde viel gute Musik geschrieben und ausgeführt, aber sie war viel
mehr im voraus festgelegt als von den Solisten improvisiert . . . In dieser
Konzertreihe habe ich zwei wichtige Entdeckungen gemacht. Die erste ist, daß
eine Jazz-Komposition von einer Gruppe von Musikern, ob es nun Jazzleute
oder Klassiker sind, nicht so gespielt werden kann, wie ich sie in meiner
Vorstellung hören mag, auch wenn sie sorgfältig aufgeschrieben wird. Zum
zweiten kann Jazz schon von seiner Definition her, wenn man sich an einen
geschriebenen Part hält, nicht mit dem Feeling ausgeführt werden, das sich nur
beim freien Spielen finden läßt.«[7]

Bei seinem unaufhörlichen Experimentieren jener Jahre hatte Mingus immerhin ein paar neue Ideen, die bleiben und dann von anderen wieder aufgegriffen
werden sollten. Zum Beispiel stellte er 1953 für eine Reihe von Aufnahmen ein
Quartett mit vier bemerkenswerten Posaunisten (J. J. Johnson, Kai Winding,

Willie Dennis und Bennie Green) zusammen. Dieses Posaunen-Quartett sollte den Vorläufer des vielgepriesenen Quintetts bilden, das im folgenden Jahr von Johnson und Winding ins Leben gerufen wurde und seinerseits Schule machte, wenn auch nur für kurze Zeit.

Nur wenn man sich die Musik vor Augen hält, die anschließend – ab ungefähr 1955 – folgte, kann man diese Periode der Entwicklung richtig interpretieren, in der neben anderen Dingen, die oft von den »Boppers« oder »Coolsters« übernommen wurden, streckenweise jene »aggressive Polyphonie« auftaucht, die sich unzählige Male im reifen Schaffen von Charlie Mingus wiederfinden sollte, oder jene »höhnische Verneinung aller aufgestellten Konventionen« (beide Ausdrücke stammen von Demètre Ioakimidis[8]) anzutreffen ist, die bereits seine Bedenkenlosigkeit als Erneuerer enthüllt. Die Kritik stimmt praktisch darin überein, sein erstes Meisterwerk oder jedenfalls das erste Werk, das vollkommen repräsentativ für seinen ausgereiften Stil ist, in »Pithecanthropus erectus« zu sehen. Diese kurze Suite in vier Sätzen durchläuft die Etappen der Entwicklung des Menschen, der zu einem unabwendbaren Untergang seiner Überheblichkeit verurteilt ist; sein Überlegenheitskomplex – sagt der Autor – ergriff in dem Augenblick Besitz von ihm, als er inmitten der anderen Tiere die aufrechte Haltung annahm.

Mit diesem ungestüm expressionistischen Werk, das von jähen Stimmungsumschwüngen und einigen kakophonischen Passagen gekennzeichnet wird, die den Free Jazz der sechziger Jahre vorwegnahmen (wie er übrigens schon vom vorausgegangenen und ebenfalls vom Jazz Workshop aufgenommenen »Gregorian chant« prophezeit wurde), gibt Mingus endlich eine Vorstellung vom Ausmaß seines Talentes, das seine besten Ergebnisse im darauffolgenden Jahrzehnt zeitigen sollte. »Pithecanthropus erectus« war auf jeden Fall nicht die einzig bedeutende Aufnahme dieser fruchtbaren Schaffensperiode. Ende 1955 wurde beispielsweise während des Engagements seiner Gruppe im Café Bohemia ein anregendes »A foggy day« – nicht zum ersten Mal – aufgenommen, in dem Gershwins romantischer Song ein stimmungsvoll beschreibendes Musikstück wird; man hört förmlich die Sirenen der Schiffe im dichten Nebel, die Pfiffe der Polizisten und andere Geräusche, die ein Passant im Verkehr einer Hafenstadt – in diesem Falle San Francisco – an einem nebligen Tag vernehmen kann. Sehr beachtlich ist auch der »Haitian fight song«, der ebenfalls im Café Bohemia live mitgeschnitten und dann 1957 erneut im Studio eingespielt wurde. Wie viele andere Kompositionen von Mingus, die später kamen, enthält er Anklänge an Volksmusik und will eine politische Bedeutung haben. »Der ›Haitian fight song‹ könnte auch ›Afro-amerikanisches Kampflied‹ heißen«, hat der Komponist gesagt. »... Das Solo, das ich in diesem Stück ausführe, ist voller Konzentration. Ich kann es nicht in der richtigen Weise spielen, wenn ich nicht an die Vorurteile, an den Haß, an die Verfolgung und

all das denke, was ungerecht ist. In diesem Solo liegt Traurigkeit, es gibt
Aufschreie, aber auch Entschlossenheit ist darin. Wenn ich aufhöre zu spielen,
denke ich im allgemeinen: ›Ich habe es Ihnen gesagt. Hoffentlich haben sie
mich gehört!‹«[9]
Als Mingus diese Stücke vorlegte, hatte er sich inzwischen von der Knecht-
schaft der aufgeschriebenen Arrangements befreit, die ihn in seiner anfänglichen Arbeit mit dem Workshop so behindert hatte. Von 1955–56 an wurden
seine Kompositionen, so kompliziert sie auch waren, von den Solisten stets
ganz frei interpretiert. Er selbst erklärte mehr als einmal das angewendete
Verfahren, um mit seinen Leuten einen neuen Titel auszuarbeiten: »Ich
›schreibe‹ Kompositionen – aber nur auf einem gedachten Blatt Papier – und
erkläre sie dann den Musikern Stück für Stück. Am Klavier umreiße ich die
Grundkonzeption des Musikstückes, damit sie sich mit meiner Interpretation,
mit dem Feeling, das ich ihr geben will, mit den Tonarten und der harmonischen Struktur des Stückes vertraut machen. Der besondere Stil eines jeden
Musikers wird in Betracht gezogen, sowohl in den Ensemblepassagen als auch
in den Soli. Beispielsweise schlage ich jedem von ihnen eine Reihe von spielba-
ren Noten über jeder Harmonie vor, doch hat ein jeder die Freiheit, die Noten
auszusuchen, die er vorzieht, und sie in seinem eigenen Stil zu spielen . . .«[10]
Die Methode von Mingus bei der Schaffung seiner Musik ähnelt also sehr dem
Verfahren von Duke Ellington. Im Unterschied zu diesem hat Mingus aber
immer der Kollektivimprovisation – einem Erbe des Jazz aus New Orleans –
einen breiten Raum gelassen und die Stimmen seiner Solisten niemals als
gegebene Voraussetzungen oder Mosaiksteine zu einer bestmöglichen Anordnung eingesetzt, sondern immer Mitarbeiter gesucht, die einen Instrumentalton und Stil haben sollten, welche sich von vornherein soweit wie möglich
dem anpaßten, was er als Komponist im Sinn hatte. Aus diesem Grund litten
die Gruppen von Mingus nie allzusehr an dem Verlust eines bestimmten
Solisten. Sie veränderten auch nicht ihren Sound bei den wechselnden Mitgliedern, die nur selten eine starke Persönlichkeit bewiesen. (Die auffälligste
Ausnahme hiervon bildete Eric Dolphy.)
Die Beziehungen von Mingus zu Ellington enden nicht hier[11]. Wiederholt
spielte er Stücke aus dem Repertoire seines berühmten Kollegen (»Mood
indigo«, »Take the A Train«, »I got it bad«, »Things ain't what they used to
be« usw.) oder widmete ihm Kompositionen (»Open letter to Duke«, »Duke's
choice«) und lehnte sich häufig offen an seinen Stil an, so daß ein paar Kritiker
von ihm als einem Mann redeten, der den Dschungel-Stil wieder ausgrub und
natürlich in moderner Fassung erneut anbot.
Ebenso ansehnlich und oft anzutreffen – wie bereits dargelegt – war der
Einfluß der Negerkirche in seinem Schaffen. Das ist besonders augenfällig in
einigen recht bekannten Themen: »Better git it in your soul«, einem seiner

hinreißendsten Stücke, »Wednesday night prayer«, in gewisser Beziehung einer Abwandlung hiervon, oder »Ecclusiastics«.

Gegen Ende der fünfziger Jahre war Mingus durch den Erfolg einiger Platten und verschiedener Auftritte in mehreren New Yorker Lokalen (es war die Blütezeit des »Soul jazz«, und wenige konnten sich rühmen, einen so echten »Soul jazz« wie er zu spielen) bereits eine berühmte und auch malerische Persönlichkeit. Viele bewunderten ihn, aber viele fürchteten ihn auch. So einer wie er war in der Jazzwelt noch nie gesehen worden. Schon die Art, wie er seine Leute bei öffentlichen Auftritten leitete, antrieb und mit lauter Stimme schalt (manchmal bricht er mittendrin ab und fängt wieder von vorne an), lag außerhalb jeder Tradition. Und dann hatte seine Lebensweise in ständiger fieberhafter Spannung nicht ihresgleichen, und seine Bereitschaft, sich bei der kleinsten Herausforderung herumzuprügeln, wirkte alarmierend. (1963 wurde er verurteilt, weil er seinen Posaunisten Jimmy Knepper mit einem Faustschlag zu Boden gestreckt hatte, und diese Verurteilung erregte Aufsehen.) Man erzählte sich allerlei »schöne« Dinge über ihn: In den amerikanischen Jazzclubs machte auch die Geschichte mit dem berühmten Kontrabassisten die Runde, der nach seinem Sieg als bester Vertreter seines Instrumentes bei der »Down Beat«-Umfrage von einem wütenden Mingus angerufen wurde und ungefähr folgendes zu hören bekam: »Wenn du glaubst, daß du besser als ich bist, können wir uns ja treffen und sehen, wer besser hauen kann.« Nat Hentoff, der ihm in jenen Jahren besonders nahestand, bezeichnete ihn als »einen Dampfkessel voller Emotionen«.

Die Beziehungen zwischen Mingus und seinen Musikern, von denen ihn mehrere einfach sitzen ließen, sind oft sehr schwierig gewesen, und noch weniger kam er mit den Veranstaltern und Plattenproduzenten zurecht, die von ihm unterschiedslos für »Gauner« gehalten und lauthals so genannt wurden. Hentoff schrieb vor Jahren am Ende eines Aufsatzes über ihn: »Mingus könnte nie erwachsen werden im üblichen Sinne dieses Begriffes, wie ihn die meisten von uns verstehen, die ihre Gemütsbewegungen unter Kontrolle zu halten wissen.«[12] (Ein paar Jahre später gab Mingus bei einem Interview zu: »Sicher bin ich ein Kind. Ein Erwachsener ist jemand, der eine Erziehung genossen hat. In diesem Land bin ich einer Erziehung beraubt worden. Was hat denn dieses Land sonst gewollt, daß ich würde, wenn nicht ein Kind?«[13]) Und Hentoff fügte hinzu: »Ebenso unvorhersehbar wie Mingus als Mensch ist seine Musik, obwohl es sicher ist, daß sie bewegt individuell und unruhig bleiben wird.«[14]

Nur wenige Musiker vermochten nämlich so wie Mingus ihre Gefühle, psychischen Spannungen, Wutausbrüche und Zärtlichkeitsanwandlungen in Musik umzusetzen. Im übrigen konnte er in der Musik ein Mittel zur Läuterung seiner Empfindungen und seelischen Störungen und immerhin zeitweilig etwas

Frieden finden. Als seine Ehe in die Brüche ging, ließ er alle im Stich und fuhr mit seinem besten Freund – dem Schlagzeuger Dannie Richmond, der 1956 in seine Gruppe eingetreten war und lange Jahre dabeibleiben sollte – nach Tijuana, dem bunten mexikanischen Grenzstädtchen, und stellte dort alles mögliche an. Er starb nicht an den Ausschweifungen – wie er sich vorgenommen hatte, wenn man dem glauben darf, was in der Autobiographie steht –, sondern fand überall Anregungen für Kompositionen. »Tijuana moods«, das 1957 in New York eingespielt und erst fünf Jahre später veröffentlicht wurde, spiegelt dieses Erlebnis wider und enthält Jazz voller Farbe und Kraft, in dem auch Andeutungen an die ihm so teure spanische Volksmusik anzutreffen sind. »The clown«, eine weitere ausgedehnte Komposition mit literarischen Ambitionen (sie enthält einen langen gesprochenen Teil, der improvisiert ist), seine – später verleugnete – Beteiligung an der Filmmusik zu »Shadows« von Cassavetes und an den Abenteuern der Verbindung von »Jazz & Poesie« rückten ihn mitten auf die Jazz-Szene jener Jahre. Jedoch brachte ihn erst der große Erfolg des Plattenalbums »Mingus ah hum«, das 1959 für Columbia aufgenommen wurde, in die vorderste Linie der Jazzmusiker. Diese LP vereinigt verschiedene hochinteressante Titel, vor allem die bereits erwähnten »Better git it in your soul« und »Open letter to Duke«, ferner unter anderem »Bird calls«, eine Ehrung Charlie Parkers, sowie »Goodbye Pork Pie Hat« als Widmung an den kurz vorher verstorbenen Lester Young. Noch ein Stück zog viel Aufmerksamkeit auf sich; es war »Fables of Faubus«, eine sarkastische Verhöhnung des rassistischen Gouverneurs von Arkansas, die Mingus jahrelang in seinem Repertoire hielt, mehrmals aufnahm und unaufhörlich umarbeitete.

In »Fables of Faubus« verhüllte Mingus seine wahren Gefühle als amerikanischer Neger nicht mehr, indem er auf ein Scheinziel anging, wie er es beim »Haitian fight song« gemacht hatte, sondern drückte sie mit höchst deutlichen Noten aus. Von nun an sollte der Protest gegen die Rassenunterdrückung (die in ihm eine neurotische Zwangsvorstellung wachgerufen hatte) und noch allgemeiner gegen »das System« eine der hervorstechendsten Merkmale seiner Musik sowie seiner Verhaltensweise werden.

Ab Ende der fünfziger Jahre bis 1964 durchlebte Mingus in verkrampfter, verwirrter und vor allem polemischer Weise seine schöpferischste Periode. Inzwischen war er ein großartiger Bassist, vielleicht jedem anderen an technischem Können, Ausdruckskraft, Fülle und Feinheit der Töne an seinem Instrument überlegen (man höre hierzu seine Soli in »Nostalgia in Times Square« und »Mood indigo« von 1959) und hatte seine Begabung als Komponist beträchtlich ausgefeilt. Darüber hinaus war 1960 glücklicherweise mehrere Monate lang Eric Dolphy bei ihm, ein Freund aus den Zeiten von Los Angeles (wo Dolphy 1928 geboren wurde). Dieser überraschte die Kenner und Kollegen durch seine Fähigkeiten als Komponist und genialer Instrumentalist, der die Stile von Parker und Ornette Coleman irgendwie zu vereinen verstand. Auf die Monate der Zusammenarbeit mit Dolphy, als der ruhelose Mingus hauptsächlich im Showplace, einem Lokal im Village, auftrat, gehen zwei bemerkenswerte Ereignisse in der Laufbahn des Bassisten zurück. Das erste war seine gemeinsam mit Max Roach ergriffene Initiative, während der Tage des jährlichen Jazz-Festivals von Newport und in der gleichen kleinen Stadt auf Rhode Island unter Mitarbeit zahlreicher berühmter Musiker ein Gegen-Festival zu veranstalten, das die Werte der besten afro-amerikanischen Musik gegen den gerade damals erschreckend kommerziellen Charakter der bedeutendsten Jazz-Veranstaltung der Welt verteidigen sollte. Das zweite Ereignis war das erste Auftreten von Mingus auf der anderen Seite des Atlantiks. Es machte ihn in Europa besser bekannt und vermehrte sein internationales Ansehen. Er wurde von den Organisatoren des Jazz-Festivals in Juan les Pins bei Antibes eingeladen, das in diesem Sommer des Jahres 1960 erstmals stattfand. Zusammen mit ihm spielten Dolphy, Richmond und zwei weitere nahestehende Musiker, der Trompeter Ted Curson und der Saxophonist Booker Ervin, in dem Städtchen an der französischen Riviera. Diese Solisten und andere, die mehr oder weniger lange zu seiner Umgebung gehörten (der Posaunist Jimmy Knepper verdient eine besondere Erwähnung), spielten dann mit Mingus sehr beachtenswerte Aufnahmen für die Firma Candid ein, welche unter der künstlerischen Leitung von Nat Hentoff in den gleichen Monaten ihre kurze und mutige Aktivität begann. Mingus nahm für Candid neue Sachen neben solchen Stücken auf, die schon durch Platten oder jedenfalls zahllose öffentliche Auftritte bekannt waren, da er die Angewohnheit hatte, seine Titel mehrfach wiederaufzugreifen, in der Hoffnung – und oft in der Illusion – sie zu verbessern.

Unter diesen Aufnahmen sind die von der LP »Charles Mingus presents Charles Mingus« besonders zu schätzen. Einige Kritiker halten diese Platte für das beste seiner vielen Alben. Ein Stück verdient, speziell genannt zu werden. Es ist »What love«, das sehr frei von »What is this thing called love?« abgeleitet wurde. In dieser Kompositions-Ausführung voll unsagbarer Angst ist ein berühmtes (und oft wiederholtes) Duett zwischen dem Saxophon von Dolphy und dem Kontrabaß von Mingus zu hören, in welchem die beiden ein Zwiegespräch führen und in einer surrealistischen Unterhaltung die menschliche Stimme nachahmen.

1961 wurde »Pre-Bird«, eine gute Langspielplatte der Mercury, veröffentlicht, die anschließend auf der Marke Limelight erneut herausgegeben wurde (»Halfmast inhibition« mit einem großen Orchester unter Leitung von Gunther Schuller ist vielleicht der ansehnlichste Titel), und es entstanden interessante Einspielungen wie »Passions of a man« und »Hog callin' blues«, auf denen man außer anderen Musikern Roland Kirk hören kann, der eben zu dieser Zeit herauskam. Aus jenen Monaten stammen auch einige feierliche Erklärungen von Mingus, mit denen er ankündigte, er habe die »rotary perception« entdeckt, eine Art »Konzeption von kreisendem Rhythmus«, die nach seiner Ansicht den für den Jazz typischen Swing ersetzt hatte, später aber von ihm aufgegeben wurde (doch blieb in Charlies Musik eine gewisse Vorliebe für »Kreisförmigkeit« der Komposition, die in einer rotierenden Folge von Beschleunigungen und Verlangsamungen des Tempos zum Ausdruck kommt). Ebenfalls auf 1961 geht eine Reise nach England zurück, um mit Dave Brubeck an den Dreharbeiten des Films »All night long« teilzunehmen. Dieses letztere Abenteuer hinterließ keine nachhaltigen Spuren in seiner Laufbahn, doch veränderte er eine gewisse Zeit seine Art sich zu kleiden und sein Benehmen. Monatelang lief Mingus selbstgefällig in streng englischem Aufzug durch die Gegend und ließ sich so fotografieren. Er trug einen schwarzen, klassisch zugeschnittenen Maßanzug, eine Melone auf dem Kopf, eine eingefaßte Brille und eine Aktentasche wie ein Bankier aus der City unter dem Arm. Ein wenig später kündigte er an, er sei im Begriff, nach Ibiza überzusiedeln und sich dort fest niederzulassen; er wolle mindestens zwei Jahre lang und vielleicht für immer wegbleiben. Dann änderte er seine Pläne. Jedoch mußten die Jazz-Berichterstatter ein paar Wochen später mit nicht geringer Verlegenheit noch eine seltsame und sehr kritisierte Heldentat von Mingus melden. Bei einem Konzert in der Town Hall New Yorks leitete er ein Orchester von dreißig Mann, das (nach unzureichenden Proben) zu einer Plattenaufnahme für United Artists in Anwesenheit eines zahlenden Publikums zusammengerufen worden war, bewies dabei eindeutig, daß er nicht wußte, was er spielen sollte, und forderte das Publikum wiederholt auf, sich das Eintrittsgeld wiedergeben zu lassen. Die Leute, die dablieben, erlebten verschiedene, großenteils peinliche Versuche etwas zu bieten und auch Passables, etwa eine »Freedom suite«, die natürlich nichts mit den bereits berühmten »Freiheits-Suiten« von Rollins und Roach zu tun hatte und auf dem mittelmäßigen Plattenmitschnitt dieses Konzertes einfach »Freedom« genannt wurde.

Nun war Impulse dran und machte einige Monate lang Erfahrungen mit dem allzu launenhaften Künstler. Bevor er jedoch wie eine heiße Kartoffel fallengelassen wurde, schaffte man noch einige sehr gute Platten, neben anderen (so z. B. einigen interessanten Klaviersoli und ein paar Wiederausgrabungen alter Titel) sein Meisterwerk »The Black Saint and the Sinner Lady«. Irgend jemand hat diese Suite, die beide Seiten einer Langspielplatte zu 33 Umdrehungen einnimmt, mit »Black, Brown and Beige« von Ellington verglichen, nicht nur wegen ihrer Bedeutung, komplexen Struktur und vieler gelungener Teile, sondern auch bezüglich der Verwendung des Wa-Wa-Dämpfers, welcher den alten Dschungel-Stil in Erinnerung ruft, und der Akzente à la Johnny Hodges im Altsaxophon von Charlie Mariano. Obwohl die Verwirklichung der Suite eine Plackerei darstellte – die ganze Aufnahme ist praktisch eine Collage aus Fragmenten, die trotz der Anschuldigungen von Mingus mit Engelsgeduld von Bob Thiele zusammengefügt wurden –, kann man die Einheitlichkeit des Werkes und das Gleichgewicht seiner Teile untereinander bewundern. Spannung und ziemlich wilde Leidenschaft, wie sie in den besten Schöpfungen des Musikers anzutreffen sind, werden hier herausgestellt, und der geleistete Beitrag von Charlies Solisten ist sehr wirkungsvoll.

Im Jahre 1963 brachte das ständig kochende Hirn des Bassisten eine neue Idee hervor, die zur Mietung einer Etage in einem Hause der Dritten Avenue führte, wo unter seiner Leitung eine »Arts, Music and Gymnastics School« aufmachen sollte. Max Roach, Buddy Collette und sogar Katherine Dunham, welche die Lehrerin der Tanzschule werden sollte, hatten ebenfalls ihre Mitarbeit zugesichert, doch verlief der Plan aus irgendeinem Grund im Sande.

Ein paar Monate später, und zwar im April 1964, unternahm Mingus mit seinem Ensemble eine Europatournee. Wieder weilte Eric Dolphy bei ihm, der seit kurzem erneut zu der Gruppe gestoßen war. Diese enthielt außerdem den Tenorsaxophonisten Clifford Jordan, den Pianisten Jaki Byard, Dannie Richmond als treuen Gefolgsmann sowie den Trompeter Johnny Coles, welcher allerdings wegen einer Krankheit nach Hause zurückgeschickt werden mußte. Die Gruppe gab unvergeßliche Konzerte, aber »Mingus hinterließ« – so liest man in einer kurz darauf in »Down Beat« erschienenen Pressenotiz – »eine Flut von Zorn, Verärgerung, Beschuldigungen, Streitereien, Schäden, Durcheinander, Chaos und Konfusion, hervorgerufen durch eine Zurschaustellung von aufdringlich bösem Willen, der das europäische Publikum völlig überraschend getroffen hat.«[15]

In der Musik gab es verschiedene schon recht bekannte Stücke, aber da war auch eine beeindruckende neuere Komposition, das angsterfüllte »Meditations on integration«, das schon von seinem Titel her ausdrucksvoll war.

»Von diesen Konzerten«, schrieb Jean-Louis Comolli beim Rezensieren der Auftritte jener Tage im Théâtre des Champs Élysées und in der Salle Wagram in Paris, »erwartete man gewiß, daß sie einem den wahren Mingus nahebringen würden ... Aber die Wirklichkeit des Konzertes dementiert und vervollständigt zugleich den Eindruck der Schallplatte und den Mythos. Der geniale Bassist ist auch ein überwältigender Leader, ein kühner Arrangeur, gewiegter Showman, ein liebenswürdiger und humorvoller »rasender Bär« und ein »Primitiver«, der ein bißchen ein Intellektueller ist (und umgekehrt). Seine Musik kann abstrakt und gleichzeitig sehr konkret sein, ihre Freiheit bleibt frei, auch wenn seine freie Musik bis zum Äußersten ausgearbeitet ist. Das gleiche läßt sich von seiner (vollkommen kontrollierten) Spontaneität und schließlich von seiner recht durchorganisierten und künstlichen Unordnung sagen.«[16]

Sieben Jahre später schrieb Philippe Carles bei der Beurteilung der drei Platten mit den Aufzeichnungen dieser Konzerte, daß ein Historiker, der einen Artikel über den Free Jazz verfassen müßte, folgendermaßen anfangen könnte: »Der Free Jazz wurde 1964 von den Herren Charles Mingus und Eric Dolphy in Paris erfunden . . .«[17]

Mingus erreichte den Höhepunkt seiner Karriere im September 1964, als in Monterey eine Version von »Meditations on integration« mit einer Besetzung von zwölf Mann vorgestellt wurde (von denen die Hälfte sein damaliges Sextett bildete), die einen tosenden Applaus vom Publikum erhielt. Leider war die Zeit nach diesem Triumph eine der aufgeregtesten und verwirrtesten Perioden im Leben des Musikers. Er mißtraute allen Plattenfirmen – die übrigens auch ihm mißtrauten – und wollte sich wiederum in das Wagnis der Plattenproduktion stürzen. So startete er eine Marke unter seinem eigenen Namen und veröffentlichte neben sonstigen Sachen, wie etwa einem »Meditation on inner peace«, die Mitschnitte des Konzertes von Monterey. Aber seine Geschäfte verliefen noch schlechter als früher mit der Debut. Auf der anderen Seite war es schwer für ihn, Engagements in Jazzlokalen zu bekommen, weil deren Inhaber seinen jähzornigen und stets aufbrausenden Charakter und seinen krankhaften Verfolgungswahn allzugut kannten. Um ein paar Dollar zu verdienen, versuchte er also, das große Zimmer, wo er zuletzt gezwungen war, mit seiner neuen Familie zu wohnen (jetzt lebte er mit einer feinen weißen Dame namens Suzanne Ungaro und einer gemeinsamen kleinen Tochter), in eine Schule für Musiker zu verwandeln, wobei er als einziges Resultat die Kündigung bekam. Da Mingus sich deshalb für das Opfer einer Schikane aus Rassenhaß hielt, machte er aus dem Vorfall ein aufsehenerregendes Tagesereignis und bemühte schon vor der Zwangsräumung einen Filmfachmann[18], Reporter und Fernsehtechniker und schrieb schmerzbewegte Briefe an Papst Paul VI., Präsident Johnson, General De Gaulle und den Bürgermeister von New York, was nur dazu diente, seinen Ruf als Halbverrückter zu bestärken. Total verschuldet und praktisch all seiner Habe beraubt floh er nach Kalifornien, wo er sich eine Weile in Erwartung besserer Zeiten versteckt hielt. Dann hörte man so gut wie nichts mehr von ihm, bis er im Juni 1969 an der Spitze eines Sextetts wieder auftauchte. Man weiß nur, daß er vom Tage der Räumung an bloß wenige Male öffentlich auftrat und vor allem seinen geistigen Zustand kurieren mußte.

Als Charlie wieder in die Welt des Jazz zurückkehrte, fanden seine Bewunderer einen völlig anderen Mann vor sich als den, den sie kennengelernt hatten. Mingus war vollgestopft mit Beruhigungsmitteln, scheinbar apathisch und hatte seine Lebhaftigkeit von einst vollkommen verloren. Seine Musik, die 1970 auch in Europa live zu hören war, hatte jeden Elan verloren.

War Charles Mingus also am Ende? (Man nennt ihn besser nicht »Charlie« – wie es in der Jazzliteratur allerdings allgemein üblich ist – höchstens »Charles«, aber »Mingus« reicht; denn das ist einer der wenigen afrikanischen Namen – meint er – die man in Amerika antreffen kann. Und man nennt ihn besser auch nicht einen Jazzmusiker; Jazz – meint er ferner – werde als eine minderwertige Musik aufgefaßt, die von Bürgern zweiter Klasse gemacht wird.) Viele begannen zu glauben, daß Charlie wirklich erledigt war, bis er wieder anfing, dem Publikum glänzende Vorführungen zu bieten.

Die Veröffentlichung von »Beneath the underdog« brachte ihn auf die ersten Seiten der Fachzeitschriften zurück. In dieser Autobiographie, die allerdings ein Berufsschriftsteller in die Hand nahm, findet sich die widerspruchsvolle und irritierende Persönlichkeit vergangener Zeiten wieder. »Darin gibt es zumindest ein Körnchen von jeder Seite an Mingus. Er ist brutal und schmutzig und bitter. Er ist sentimental und voller Selbstbemitleidung. Roh und manchmal ungerecht . . . Er ist lustig und komisch . . .«, kommentierte Whitney Balliett[19]. Im gleichen Jahre erlebte Mingus die Erfüllung eines alten Traumes, als im City Center New Yorks ein Ballett inszeniert wurde, das sich auf neun Stücke stützte, die seit einiger Zeit unter seinem Namen bekannt waren. Es wurde »The Mingus dances« genannt und von der berühmten Ballett-Gruppe von Alvin Ailey vorgeführt.

Einige seiner besten Platten wurden wieder gepreßt und neue herausgebracht, die im Abstand von sechs Jahren entstanden waren. Unter den neuen Einspielungen ist »Let my children hear music« bestimmt auf der Höhe seiner besten Schöpfungen; die einzelnen Stücke sind teilweise von anderen Musikern bearbeitet und orchestriert und werden von einem Orchester von dreiunddreißig Mann ausgeführt, ihn inbegriffen. Beim Hören der Platte mag man mit dem einig gehen, was Mingus selbst in dem Begleittext dieser Columbia-Platte geschrieben hat: »Ich habe immer ein spontaner Komponist sein wollen . . . Jetzt weiß ich, daß ich ein Komponist bin.« Das erkannte auch die Guggenheim-Stiftung an, als sie ihm 1971 eine ihrer begehrten Stipendien in Höhe von 15 000 Dollar zusprach.

Mingus kehrte zwischen 1972 und 1976 mehrfach nach Europa zurück und wirkte ungleichmäßig, allerdings lebhafter als 1970. Wer ihn 1974–76 mit seinem neuen Quintett hörte, das beachtliche Solisten wie den Tenorsaxophonisten George Adams und den Pianisten Don Pullen (später durch andere ersetzt) enthielt, fand den fast bestialischen, ironischen und berstenden Musiker der großen Tage wieder. Bei solchen Gelegenheiten wurden mehrmals zwei Neukompositionen geboten, die man zu seinen Meisterwerken rechnen kann: »Duke Ellington's sound of love« sowie das lange, sehr farbige »Sue's changes«.

Die Kralle des Löwen war also wieder hervorgekommen. Doch konnte man in diesem körperlich leidgeprüften und offensichtlich immer erschöpften Mann kaum den ruhelosen und cholerischen Menschen von früher erkennen. Und inzwischen scheint »der Dampfkessel voller Emotionen« ganz verpufft zu sein.

Heute schaut Mingus mit enttäuschtem Blick auf seine Vergangenheit zurück. Er hat keine Freude an dem Erfolg, den er gehabt hat, und interessiert sich auch nicht für die anderen. (»Ich besitze weder einen Plattenspieler noch ein Fernsehgerät und habe mir erst kürzlich wieder ein Klavier kaufen können«, gestand Charlie vor nicht allzu langer Zeit Philippe Carles.) Jedenfalls macht er ganz den Eindruck eines Mannes, der glaubt, daß sein Spiel seit geraumer Zeit zu Ende gespielt und auch nicht sehr amüsant gewesen ist.

Einmal hat er erklärt, es würde ihm gar nichts ausmachen, wenn er gezwungen wäre, allein statt vor einem applaudierenden Publikum zu spielen. Man darf ihm glauben; denn nachdem er sich so oft als Opfer jeder Art von Quälerei ausgegeben hat, ist die Vorstellung, daß das Publikum und die so geschmähten Kritiker ihn verstanden und ihm begeistert Beifall geklatscht haben, wahrscheinlich störend für ihn.

Miles Davis

Als talentierter Lehrling in den Jahren des Bop, wichtiger Vertreter der
»Cool«-Bewegung und dann Meister des Hardbop, als Pionier der modalen
Improvisation und der Verwendung des Flügelhorns im Jazz und schließlich
als Verbreiter von tosendem elektronischen Rock ist Miles Davis – im Unterschied zu den sonstigen großen Persönlichkeiten der afro-amerikanischen
Musik – niemals lange auf seinen Positionen stehengeblieben und hat auch
nicht erkennen lassen, daß er sich nach dem, was von ihm selbst oder von
anderen Jazzleuten in jüngerer oder ferner Vergangenheit geschaffen worden
war, irgendwie sehnte. Im Lauf seiner Karriere hat er die Ästhetik, zu deren
Sprecher er sich von Mal zu Mal gemacht hatte, wiederholt verworfen und die
Scharen der Musiker folgender Generationen angeführt, wobei er bei jeder
Gelegenheit zeigte, daß er bis ins letzte an das glaubte, was er gerade machte.
Vor seinem letzten aufsehenerregenden Sinnesumschwung, der ihn unter die
Rock-Leute brachte, hatte er auf die Frage, welches die nächste Tendenz des
Jazz sein könnte, geantwortet: »Es wird keine nächste Tendenz geben. Wenn
es eine geben wird, würde das bedeuten, daß ein Niedergang da sein wird ...
Es wird keine andere Tendenz geben, es sei denn, es handelt sich um eine
Richtung, die weg von der Szene führt.«[1]
Viele derjenigen, die Davis jahrelang bewundert haben, sind der Ansicht, daß
eben dies die Entwicklung ist, auf die sich der ruhelose Trompeter um 1970
eingelassen hat, und stellen sich die Frage, was in diesem Augenblick, in dem er
am schärfsten kritisiert wird, bloß in seinem Kopf vorgehen mag. Das ist eine
Frage, die auch in der Vergangenheit von vielen erhoben wurde, weil es
wirklich schwerfällt, bestimmte auffallend widersprüchliche Verhaltensweisen
von Miles Davis zu begreifen und sein sprichwörtlich gewordenes Benehmen
eines arroganten, zynischen und geradezu herausfordernd unhöflichen Mannes
zu akzeptieren. Und doch muß sich hinter seinem finsteren Ausdruck und
seiner befremdenden Art etwas anderes verstecken. Immerhin lächelt Miles ab
und zu, entspannt sich, zeigt sich verständnisvoll, freundlich, ja sogar großzügig, und seine Intelligenz ist sehr lebhaft. Es ist also möglich, daß alles ein
Theaterspielen ist, eine Pose, die dazu dient, seine grundsätzliche Schüchtern-
heit zu verbergen (das versichern seine Tochter und einige seiner engen
Freunde) und ihn vor Einmischungen fremder Leute in sein Privatleben zu
schützen. Auf der anderen Seite ist es eine Tarnung, die ihm vorzüglich dafür
dienlich war, sich eine von jedem anderen unterschiedliche und mit mythi-

schem Glanz umgebene Persönlichkeit aufzubauen. Miles, der harte Mann, Miles, der freche Kerl, der Mann, der sich vor keinem scheut, der erklärt, daß er nicht an die Familie und an geistige Werte glaubt, der nicht zögert, die Musik irgendeines genialen Kollegen als »lächerlich« zu bezeichnen, dieser Mensch, der niemals dankt und seine Bühnenauftritte absichtlich verzögert, um das Publikum und die Leute, die ihn engagiert haben, zappeln zu lassen – er ist zu widerwärtig, um wahr zu sein.

Der Schlüssel zur Erklärung der rätselhaften Persönlichkeit und vielen Widersprüche von Miles Davis ist vielleicht in seiner besonderen Lage eines Negers zu suchen, der aus einer reichen Familie stammte (sein Vater war ein Zahnchirurg mit einem ausgezeichneten Ruf, Besitzer von Ländereien und Viehzüchter) sowie in dem heftigen Gegensatz zwischen der genossenen bürgerlichen Erziehung und den Beispielen, die er vor sich sah, als er bereits im jugendlichen Alter unter »Boppers« und »Hipsters« landete, deren Philosophie, Lebensweise und Laster er am Ende übernahm. Von diesen Leuten mußte er sich wahrscheinlich Reichtum und gute Erziehung verzeihen lassen, und von ihnen lernte er, die Werte zu verachten, an die seine Eltern, geachtete Angehörige des schwarzen Bürgertums, glaubten. (Einem Reporter gestand er, daß er nicht einmal zum Begräbnis seiner Mutter gegangen war und beim Gedanken an die Anstrengungen seines Vaters, höher als die »Nigger« zu kommen, geweint hatte.)

Miles wurde am 25. April 1926 in Alton im Staate Illinois geboren und verbrachte seine Kindheit und frühe Jugend in East St. Louis, wohin seine Familie gezogen war, als er ein Jahr oder etwas älter war. Trotz des Wohlstandes, in dem er lebte, mußte er bald den Unterschied bemerken, der zwischen ihm und seinen weißen Nachbarn bestand: »Eines der ersten Erlebnisse, an das ich mich erinnern kann, als ich noch ein kleines Kind war«, hat er erzählt, »ist ein Weißer, der mir auf der Straße nachlief und ›Nigger! Nigger!‹ rief.«[2]

Zu seinem Glück hielt er früh ein begeisterndes Spielzeug in den Händen, eine – richtige – Trompete, die ihm sein Vater zum dreizehnten Geburtstag schenkte. Miles lernte mit großem Eifer unter Leitung eines guten Lehrers spielen. Dieser empfahl ihm, ohne Vibrato zu blasen (»Wenn du alt bist, wirst du sowieso zittern«, sagte er ihm), und Miles lernte auch so spielen, »schnell, leicht, ohne Vibrato«, um seine eigenen Worte zu gebrauchen. Einige Berufsgeheimnisse sah er in der Folgezeit Clark Terry ab, dem ersten bemerkenswerten Trompeter, der ihm über den Weg lief.

Im Alter von fünfzehn Jahren, während Miles noch die Schule besuchte, begann er in einer lokalen Band, den Blue Devils von Eddie Randall, beruflich zu spielen. Anschließend erhielt er ein Angebot in der Formation von Tiny Bradshaw, der gerade auf Durchreise in der Stadt war, konnte es aber wegen des entschiedenen Einspruches seiner Mutter nicht annehmen, weil sie wollte, daß er weiter zur Schule ging. Er sammelte weitere kurze Erfahrungen bei einer New Orleans-Band und war dann ganz selig, als er im Juli 1944 die Erlaubnis erhielt, vierzehn Tage lang im Orchester von Billy Eckstine mitzumachen. Es war nach St. Louis gekommen und brauchte vorübergehend einen dritten Trompeter. So kam Davis als Achtzehnjähriger mit Charlie Parker, Dizzy Gillespie und weiteren Größen des ganz neuen Jazz zusammen. Er hörte ihnen zu und begriff, was er für ein Leben führen wollte. Zwei Monate später war er mit dem Einverständnis seines Vaters in New York, um sich zu den Kursen der Juilliard School of Music anzumelden.

Die beiden ersten Wochen in New York brachte er damit zu, Charlie Parker zu suchen, welcher Eckstine seit kurzem verlassen hatte. Endlich stöberte er ihn in einem kleinen Lokal in Harlem auf und wurde sein ergebener Anhänger und Schützling. Ein Jahr lang teilte er das Zimmer mit ihm und folgte ihm überallhin. So besuchte er ständig die »Jazz spots« auf der 52. Straße. »Jeden Abend«, erinnerte sich Davis, »schrieb ich die Akkorde, die ich hörte, auf eine Streichholzschachtel, und am Tage darauf hielt ich mich in einem der Übungsräume der Juilliard auf, statt zu den Unterrichtsstunden in der Klasse zu gehen, und verbrachte den ganzen Tag damit, diese Akkorde zu blasen.«[3]

Auch Dizzy Gillespie, Thelonious Monk, Tadd Dameron und der Trompeter Freddie Webster, der bei John Kirby arbeitete, halfen ihm bei seiner Ausbildung (die Schule langweilte ihn, und er verließ sie nach wenigen Monaten) und machten ihn bei den damals maßgebenden Jazzleuten bekannt. Im Mai 1945 hielt man ihn bereits für gut genug, um ihn zu einer Aufnahmesitzung mit dem weißen Saxophonisten Herbie Fields zu holen. Ungefähr zur gleichen Zeit hatte er mehrmals Gelegenheit, in den Gruppen mitzuspielen, die Coleman Hawkins und Eddie »Lockjaw« Davis im Down Beat und im Spotlite leiteten.

Die erste große Chance wurde ihm im Herbst geboten, als Parker ihn in sein Quintett einlud, das im Three Deuces engagiert war. Es war eine harte Schule für den Trompeter. Er merkte die Unzulänglichkeit seiner Ausbildung und sagte oft, er wolle gehen. Doch es war auch eine großartige Schule. In anderer Hinsicht war das Beispiel von »Bird« allerdings unheilvoll; manchmal mußte ihn Miles ins Bett legen, wenn er vom Rauschgift betäubt war und die Spritze noch in der Vene des blutüberströmten Armes steckte. Es ist erstaunlich, daß Davis den Versuchungen dieses Milieus länger als vier Jahre widerstehen konnte. Während dieser Zeit benahm er sich weiterhin wie ein recht gesitteter junger Mann, trank nicht, rauchte nicht und lutschte lieber Eis.

Als Parker gemeinsam mit Gillespie zu dem unglücklichen Engagement im Billy Berg's nach Kalifornien fuhr, wurde Miles kurze Zeit lang von seinem Beschützer getrennt; er traf ihn wieder, als er mit dem Orchester von Benny Carter, der ihn in St. Louis zu sich genommen hatte, seinerseits nach Los Angeles kam. In diesen ersten Monaten des Jahres 1946 machte »Bird« im

Club Finale gute und böse Zeiten mit, und Miles verließ Carter umgehend, um wieder an seiner Seite zu blasen. Aber die Zusammenarbeit der beiden dauerte nicht lange, weil der Altsaxophonist im August aus dem Verkehr gezogen und im Camarillo eingesperrt wurde. Inzwischen hatte Davis an ein paar interessanten Einspielsitzungen mit Parker und danach mit Charlie Mingus teilnehmen können, und nun blieb ihm nichts anderes übrig, als eine gute Gelegenheit zur Rückkehr nach New York abzuwarten. Diese Gelegenheit bekam er durch Eckstine, als dieser mit seinem Orchester in Los Angeles auftauchte und einen Ersatz für den früher von Gillespie eingenommenen Platz benötigte. Davis spielte mehrere Monate bei dieser Formation, bis sie aufgelöst werden mußte. Im April 1947 war Parker in gutem geistigen und gesundheitlichen Zustand erneut in New York und bereit, seine unterbrochene Laufbahn wieder aufzunehmen. Nochmals wollte er seinen jungen Freund in dem sogleich gegründeten Quintett haben. Davis erhielt bald eine Möglichkeit, seine bereits bemerkenswerten Fähigkeiten auf den zahlreichen Platten zu zeigen, welche »Bird« in den anschließenden Monaten mit verschiedenen Besetzungen aufnahm. In zwei Stücken, »Donna Lee« und »Milestones«, offenbarte er auch seine Begabung als Komponist von einfachen und sehr wirkungsvollen Themen.

Seine reguläre Arbeit bei dem Ensemble Parkers dauerte nicht so lange, wie es nach den Platten, die er mit ihm das ganze Jahr 1948 hindurch einspielte, scheinen möchte. Diese Zusammenarbeit wurde dagegen Anfang dieses Jahres unterbrochen, weil Miles verschiedene Erfahrungen bei Gelegenheitsgruppen sammelte, darunter auch der von Oscar Pettiford. Jetzt zählte Davis viele Freunde, besonders unter den vielversprechendsten Jazzleuten der neuesten Generation. Im Audubon, einem Tanzlokal am Broadway, spielte er neben Sonny Rollins und John Coltrane, die damals am Anfang ihrer Laufbahn standen. Er hatte sich auch zu der kleinen Gruppe von Musikern um Gil Evans gesellt, lernte in dessen Wohnung Gerry Mulligan kennen und diskutierte mit diesem, Evans und den anderen über die Möglichkeit, den eindrucksvollen Sound des Claude Thornhill-Orchesters in einem kleineren Ensemble zu verwenden. Dieses sollte alles Solisten enthalten, die sich in der gedämpften klanglichen Atmosphäre wohlfühlen konnten, wie sie wieder erzeugt werden sollte und als wesentliche Bestandteile ein French horn und eine Baßtuba haben mußte.

Aus diesen Diskussionen entstand der raffinierte Jazz, den Miles Davis unter Mitarbeit von Mulligan, Evans, Lee Konitz, John Lewis und einigen weiteren im Herbst 1948 im Royal Roost und Monate später im Clique vorstellen konnte. Diese Musik wurde von Capitol in einer Reihe berühmter Aufnahmen verewigt, von denen in diesem Buch häufig die Rede war. »Godchild«, »Israel«, »Boplicity«, »Move«, »Jeru«, »Rocker« und »Budo« waren wohl die besten der zwölf Stücke, die das Ensemble unter Leitung des Trompeters 1949 und 1950 einspielte. Sie fügten seinen Namen zu der Liste der Hauptvertreter der Jazz-Szene. (Es war kein unrechtmäßig erworbener Ruhm; in Erinnerung an diese Aufnahmen wollte Mulligan, der doch auch selber ebenso wie Evans eine sehr bedeutende Rolle bei diesem Unternehmen gespielt hatte, die Wichtigkeit des Beitrages von Davis anerkennen: »Miles beherrschte diese Gruppe vollständig. Der allgemeine Charakter der Ausführung wurde von ihm geprägt. Deshalb hatten wir Angst, einen weiteren Trompeter dazuzunehmen, obwohl es wirklich ideal gewesen wäre, eine zweite Trompete dabei zu haben.«[4])

Als die Platten herauskamen, wurden vor allen Dingen die Arrangements der gespielten Stücke bewundert, aber man schätzte auch den Instrumentalstil von Davis, der inzwischen ganz eigene Charakteristiken angenommen hatte. Das war von dem einen oder anderen schon bemerkt worden, nachdem verschiedene seiner Aufnahmen mit Parker erschienen waren (»Embraceable you«, »Don't blame me«, »Bird feathers«, »Quasimodo«, »My old flame«, »Cheryl« etc.), aber nun stimmten alle in seiner Beurteilung als einem der beachtenswertesten Trompeter des neuen Jazz überein. Lediglich Gillespie und Fats Navarro waren ihm überlegen.

Sein Stil, anfänglich dem Gillespies nachgebildet, unterschied sich jetzt von jedem anderen. Diese verborgene, leichte Klangfülle ohne Vibrato, dieser intensive und selbstvergessene lyrische Ton, seine Freude an einfachen und statischen Phrasen, die sich auf nur wenige Noten gründeten (welche er mit unnachahmlicher Anmut zu »halten« verstand) und die Vorliebe für das mittlere Register seines Instrumentes stellten ihn außerhalb des Grüppchens der typischen »Boppers« und machten ihn zum Begründer einer neuen Trompeter-Schule, die »cool« genannt wurde.

Nicht alles, was Miles zu dieser Zeit machte, ging auf eine freie Willensentscheidung zurück. Es hätte ihm schon sehr gefallen, mit der Gewandtheit eines Gillespie oder Navarro zu blasen und den allzu beschränkten Umfang seines Trompetenspiels zu erweitern. Er fragte Dizzy um Rat, was er tun müßte, um die hohen Töne zu erreichen, die sein Freund so leicht zu spielen vermochte. Er hätte sich auch gewünscht, seine Soli von den technischen Fehlern zu reinigen, welche die Vollkommenheit seines Vortrages so häufig beeinträchtigten. »Um die hohen Töne zu blasen, mußt du sie im Geiste hören können«, sagte ihm Dizzy. Und Miles hörte diese Töne in seinem Innern nicht. Sie waren seiner Musikwelt fremd und paßten auch nicht zu seinem Temperament eines introvertierten und schüchternen Mannes.

Im Mai 1949 überquerte Miles zum ersten Mal den Atlantik, um mit dem Quintett von Tadd Dameron an dem großen Jazz-Festival teilzunehmen, das Charles Delaunay in Paris veranstaltete. Eigentlich gab er keine gute Figur ab; auf der großen Bühne der Salle Pleyel vermittelte dieser Junge mit dem geschniegelten Haar, der auf Zehenspitzen spielte, wirklich den Eindruck, daß er verängstigt war. Er war nicht nur ängstlich, sondern auch gelangweilt und entmutigt. Das gestand er selber Jahre später, als er erzählte, daß er genau nach seiner Rückkehr von der Überseereise anfing, sich Heroin in die Venen zu spritzen. Es sollte länger als vier Jahre dauern, bis er die Kraft fand, sich von der sklavischen Abhängigkeit vom Rauschgift zu befreien. Es waren sehr schwierige Jahre für ihn, während derer er auch wegen des Rauschgiftes verhaftet (und zu seinem Glück wieder freigelassen) wurde und unterbrochene Tätigkeiten ausübte, die meistens aus ganz kurzen Engagements bestanden. Eine der wesentlichsten Verpflichtungen führte ihn 1952 in einer Gruppe mit Zoot Sims und Milt Jackson auf Tournee. Aus dieser Zeit sind immerhin zahlreiche und wertvolle Platten erhalten. Sie wurden auf den Marken Prestige und Blue Note herausgegeben und dokumentieren die stufenweise Entwicklung seines Stiles und seine erzielten erheblichen Fortschritte.

Die Musik von Miles Davis, die anfangs noch ziemlich eintönig und vorsichtig gewesen war, fängt nun an, sich zu beleben und Farbe anzunehmen. Der Klang seiner Trompete wird abgerundeter, elastischer, vielfältiger und kräuselt sich gelegentlich zu einem leichten Vibrato. Die kurzen rhythmischen Phrasen, die ein Kennzeichen seiner Themen und seines solistischen Vortrages darstellen, werden besser ausgewertet und somit ausgeprägter und effektvoller. Immer öfter wagt sich Miles aus dem mittleren Register und in schnelle Tempi. Bald kann sein Stil nicht mehr als »cool« bezeichnet werden. Gegen Mitte der fünfziger Jahre mag der Trompeter bereits als »Hardbopper« angesehen werden, wenn er auch eleganter und weniger stürmisch oder brennend als die anderen bläst. Auf einmal findet Miles auch die Kraft, sich vom Rauschgiftlaster loszusagen, und er macht es auf die drastischste Art und Weise. Er schließt sich in sein Zimmer ein und beginnt, darauf zu warten, daß die Sucht vorübergeht. Das ist die schreckliche Therapie, die von den Rauschgiftsüchtigen »cold turkey«, »kalter Puter«, genannt wird.

Er wollte selber davon erzählen: »Es ging mir schlecht, und ich war dieses Zeug leid geworden. Wißt ihr, man kann alles satt kriegen, auch das Angsthaben. Ich legte mich aufs Bett und fing an, zwölf Tage hintereinander die Decke anzustarren. In dieser Zeit fluchte ich auf alle, die ich nicht leiden mochte . . . Es war wie eine schwere Form von Grippe, nur etwas schlimmer. Ich mußte alles erbrechen, was ich zu essen versuchte. Meine Poren hatten sich erweitert, und ich stank, als ob ich in Hühnerbrühe eingetaucht gewesen wäre. Dann hörte es auf.«[5]

Wahrscheinlich liegt die Erklärung für die plötzliche Reife seiner Musik, die durch seine Aufnahmen von 1954 und den erfolgreichen Auftritt beim Festival von Newport im Jahre darauf allgemein Bewunderung erregte, vor allem in seiner besseren geistigen und gesundheitlichen Verfassung. Fest steht, daß das gerade die Jahre waren, in denen sich Miles als eine der faszinierendsten Persönlichkeiten der Jazz-Szene durchsetzte.

Einige seiner Platten mit kleinen Studioformationen aus dem Jahre 1954 gehören zu den bezeichnendsten Einspielungen seiner Laufbahn. Unter den Aufnahmen, die bei der gelungenen Sitzung im März von einem Quartett hervorgebracht wurden, das als weitere Mitglieder Horace Silver, Percy Heath und Art Blakey zählte, sind »Lazy Susan« und »It never entered my mind« besonders empfehlenswert. Ein paar Wochen danach entstand »Walkin'«, ein kleines Meisterwerk, zusammen mit dem fast ebenso schönen »Blue ›n‹ boogie«. Hervorragend sind auch die vier Titel vom Dezember mit einem Quintett, dem unter anderem Milt Jackson und Thelonious Monk angehörten. Die besten Stücke dieser letzteren Gruppe heißen zweifelsohne »The man I love« und »Bags' groove«. Hier beweist Miles in vollem Maße den Wert und die Reinheit seines Stiles, seinen klaren Formensinn und die Ausdrucksstärke seiner lyrisch-melancholischen Vortragsweise, die manchmal majestätisch und in ihrer Einfachheit zart bezaubernd sein kann.

Nach dem Erfolg in Newport durfte der Trompeter ernstlich daran denken, ein festes Ensemble zu bilden, und im Herbst leitete er bereits ein Quintett, das Geschichte machen sollte. Darin wirkten John Coltrane, der erst im Kommen, aber schon vielversprechend war, Red Garland am Klavier, der Bassist Paul Chambers, der dieser Gruppe jahrelang die Treue halten sollte, und am Schlagzeug Philly Joe Jones, einer der Meister des neuen Hardbop. Das Quintett blieb bis zum Frühjahr 1957 zusammen und war oft im Café Bohemia im Village zu hören. Es konnte vom internationalen Publikum gewürdigt werden, als in erheblichem zeitlichen Abstand voneinander die vier Langspielplatten der Prestige erschienen. Sie wurden in nur zwei langen Sitzungen im Mai und Oktober 1956 eingespielt und »Cookin'«, »Workin'«, »Relaxin'« und »Steamin'« betitelt. Bei den beiden Gelegenheiten spielte Davis ein Stück hinter dem anderen, ohne sich je zu wiederholen, als ob er an irgendeinem Abend in einem Lokal sein Repertoire Revue passieren lassen müßte. Ungefähr um die gleiche Zeit machte das Ensemble auch für Columbia Aufnahmen. Diese Firma bemühte sich seit längerem um Miles, weil sie seine mögliche Wirkung als zugänglicher Künstler für ein ziemlich breites Publikum ahnte.

Unter den zahlreichen Stücken auf den genannten Plattenalben gab es einige neue Versionen von Themen, die seit geraumer Zeit zum Repertoire des Trompeters gehörten (»Dear old Stockholm«, »Four«, »Airegin«, »Oleo«, »It never entered my mind« usw.), zwei sehr gute Versionen von »'Round midnight«, ferner verschiedene Interpretationen von Balladen, die jahrelang seine Spezialität bildeten: »If I were a bell«, »I could write a book«, »Bye bye blackbird« sowie das tiefempfundene, zarte »My funny Valentine«, eines seiner stärksten Stücke.

Unmittelbar nach der Aufnahmesitzung, die die letztgenannten Einspielungen erbrachte, überquerte Miles zum zweiten Mal den Atlantik und spielte unter dem Motto »Birdland '56«. Er wurde von einer französischen Rhythmusgruppe begleitet, und neben ihm standen große Namen auf dem Programm.

Noch reicher an wichtigen Ereignissen war das Jahr 1957. Der Trompeter leitete kurze Zeitspannen hindurch Quintette, die ihn nicht vollständig zufriedenstellten (am Tenorsaxophon hatte er zunächst Sonny Rollins und dann den Belgier Bobby Jaspar), und nahm die Zusammenarbeit mit Gil Evans wieder auf. Mit diesem brachte er in vier arbeitsreichen Sitzungen eine LP, »Miles Ahead«, zustande, auf der er als einziger Solist – diesmal auf dem Flügelhorn – in einem Orchester von neunzehn Mann heraustrat, das sein Freund zusammenstellte und dirigierte. Die zehn Stücke in dieser vielgepriesenen Sammlung waren von acht verschiedenen Autoren komponiert worden, nahmen jedoch durch die Arrangements von Evans eine bemerkenswerte stilistische Einheitlichkeit an, als ob sie Teile einer langen Suite wären.

Das Jahr endete mit einer erneuten Reise von Miles nach Paris. Er wurde eingeladen, dort die Musik für den Film »Ascenseur pour l' échafaud« von Louis Malle aufzunehmen. Die produzierte Filmmusik stellte eine kühne Neuheit dar; denn Davis und seine Leute, darunter Kenny Clarke und der französische Saxophonist Barney Wilen, beschränkten sich darauf, frei zu improvisieren, während die Filmszenen vor ihnen auf einer Leinwand abliefen. Die bei dieser Gelegenheit innerhalb weniger Stunden entstandene gespannte und beunruhigende Musik bildete eine höchst wirkungsvolle und überaus passende Untermalung zu dem filmischen Geschehen, die von einem drängenden Rhythmus und einer dauernden Spannung gekennzeichnet war.

Derweil hatte sich der Stil von Miles leicht gewandelt. Jetzt benutzte er oft Dämpfer und improvisierte gern sehr freie Melodielinien auf harmonischen Grundlagen, die aus wenigen Akkorden bestanden. Er wußte die Pausen mit größerem Geschick zu nutzen, und sein Instrumentalton war noch ätherischer und raffinierter geworden.

Das Jahr 1958 sah die Gründung eines Sextetts mit Coltrane, Cannonball Adderley, Chambers, Philly Joe Jones und Garland, das allgemeine Bewunderung hervorrief. Die beiden letztgenannten Musiker wurden anschließend durch Jimmy Cobb und Bill Evans abgelöst. Aber es war vor allem das Jahr der Musikaufnahmen von »Porgy and Bess« auf einem Album unter Mitwirkung von Gil Evans. Davis machte auch mit seinen üblichen Gruppen sehr gute Platten, wie die »Milestones«-LP oder den Mitschnitt seines Auftrittes beim Newporter Jazz-Festival. Die Meisterwerke aus dieser Zeit sind jedoch nach Ansicht der meisten Leute die LPs »Kind of blue«, die großenteils mit dem Sextett und Bill Evans am Klavier eingespielt wurde, sowie die ebenfalls 1959 aufgenommenen »Sketches of Spain«.

»Kind of blue« ist eine sehr bedeutende Platte, nicht nur wegen der hohen Qualität der enthaltenen Musik, die im Rahmen von Schemen improvisiert wurde, welche der Leader ein paar Stunden vor Beginn der Sitzung entworfen hatte, sondern vor allem auch deshalb, weil sie den Jazzleuten neue Horizonte erschloß, indem sie Beispiele von modaler Improvisation vorlegte (die also nicht auf den Harmonien eines Themas basiert, sondern auf verschiedenen Typen von Skalen, von Tonleitern), wie sie dann von John Coltrane und dessen unzähligen Nachfolgern wiederaufgenommen und weiterentwickelt werden sollte.

Davis war nämlich die traditionellen harmonischen Konzeptionen des Jazz leid geworden und interessierte sich immer mehr für die Entwicklung von Melodielinien auf der Basis von einem Minimum an Akkorden. »Wenn man diesen Weg einschlägt, kann man bis ins Unendliche weitermachen«, hatte er gesagt. »Man braucht sich nicht mehr um die wechselnden Harmonien zu kümmern und hat größere Möglichkeiten, an der Melodielinie zu arbeiten . . . Ich glaube, daß man im Jazz dabei ist, sich von den konventionellen Akkordfolgen zu entfernen und wieder dahin kommt, den melodischen Variationen mehr Bedeutung als den harmonischen Variationen beizumessen. Es wird weniger Akkorde geben, dafür aber unzählige Möglichkeiten, sie zu verwerten.«[6]

Die »Sketches of Spain« stellen vielleicht das höchste Resultat der Zusammenarbeit von Davis und Evans dar. Wie der Titel besagt, handelt es sich um eine Serie von Skizzen in Anlehnung an spanische Volksmusik, die bereits als Anregung für das Stück »Flamenco sketches« auf der »Kind of blue«-Platte gedient hatte. Hier fehlt auch nicht eine Bearbeitung des zweiten Teils aus dem »Concierto de Aranjuez« von Joaquin Rodrigo. Auf jedem dieser Stücke hebt sich die lyrische Solistik von Miles Davis über einem an klanglichen Kostbarkeiten reichen Orchesterhintergrund ab, der typisch für den kanadischen Arrangeur ist. Zu diesem Anlaß verstand er es, seine Inspirationen der iberischen Musik zu entnehmen, ohne je in manierierte Stileigenheiten zu verfallen.

Davis und Evans vereinten nur noch wenige Male ihre Kräfte. Gemeinsam schufen sie einen kurzen Film für das Fernsehen, traten in einem teilweise mitgeschnittenen Konzert in der Carnegie Hall auf und nahmen 1962 »Quiet nights«, eine neue Langspielplatte, auf, deren Gelingen nach Angaben des Trompeters durch das Mitwirken von Teo Macero, dem Produzenten fast all seiner Columbia-Platten, beeinträchtigt wurde. Danach produzierten Miles und Gil die Musik für eine Komödie mit dem Titel »The time of the barracudas«, die 1963 in Hollywood inszeniert wurde, doch verzichteten die Veranstalter nach einer Woche aus ungeklärten Gründen auf die Musik zu diesem Stück, die auf Tonband aufgenommen worden war und also unveröffentlicht geblieben ist. Jedenfalls gelang es Davis und Evans nicht mehr, Plattenaufnahmen von einer Qualität zu schaffen, die mit der der ersten drei Plattenalben zu vergleichen gewesen wäre. Ein späteres Zusammentreffen der beiden in einem Plattenstudio nach ein paar Jahren ergab so wenig befriedigende Ergebnisse, daß eine Veröffentlichung der entstandenen Aufnahmen nicht ratsam erschien. Indes hatte Miles diverse Gruppen gegründet und wieder aufgelöst. Er beschäftigte erneut Coltrane und Cannonball bei sich, verpflichtete dann Sonny Stitt und anschließend Hank Mobley und arbeitete während einer bestimmten Zeitspanne, allerdings nicht gleichzeitig, mit den Posaunisten J. J. Johnson und Frank Rehak sowie dem Vibraphonisten Buddy Montgomery, wobei die Rhythmusgruppe mit Wynton Kelly am Klavier, Chambers am Baß und Cobb am Schlagzeug nahezu unverändert blieb. Mit zwei Quintetten, dem ersten mit Coltrane und dem zweiten mit Stitt, gab er im März und im September des Jahres 1960 auch verschiedene europäische Konzerte, ohne übrigens viel Begeisterung hervorzurufen.

Heutzutage ist es ziemlich klar, daß Davis in den Jahren unmittelbar nach der Entstehung von »Kind of blue«, »Porgy and Bess« und »Sketches of Spain« eine Zeit des Übergangs, wenn nicht sogar eine Krisenzeit, durchmachte. Nicht nur zufällig hatte er gerade 1961 begonnen, seine Absicht zu bekunden, daß er sich von seinem Beruf zurückziehen wollte. Aber er zog sich nicht zurück, erlebte vielmehr nochmals ein Comeback, nachdem er 1963 ein neues Quintett zusammengestellt hatte. Es unterschied sich sehr stark von den früheren Quintetten und enthielt eine großartige Rhythmusgruppe mit Herbie Hancock am Klavier, Ron Carter am Baß und dem recht jungen Tony Williams am Schlagzeug. Anfänglich hieß der Saxophonist George Coleman, im Jahr darauf kam statt seiner Sam Rivers, und dieser wurde danach wieder durch Wayne Shorter abgelöst.

Die neue Gruppe wurde besonders nach ihrer Verstärkung durch Shorter eines der überzeugendsten Ensembles, die in den sechziger Jahren auf der Jazz-Szene tätig waren, und bildete wahrscheinlich das beste unter den vielen, die Miles Davis im Verlauf seiner Laufbahn geleitet hat. Jedenfalls war es die dauerhafteste, ausgewogenste, einheitlichste und am weitesten fortentwickelte Besetzung von allen. Zwar veränderte der Trompeter hier weder sein Repertoire noch revolutionierte er seinen Stil – jahrelang hörte das Publikum immer wieder meisterhafte neue Versionen von zarten Balladen wie »My funny Valentine«, »Stella by starlight«, »Autumn leaves«, »'Round about midnight«, »On Green Dolphin Street« oder bestimmte zündende Evergreens wie »Four« und »So what« – doch gab es in den Darbietungen des Quintetts und insbesondere in den Soli des Leaders, der sein Instrument inzwischen in allen Registern und auch in schnellen Tempi vollkommen beherrschte, ein neues Feuer, Drive und eine ungewöhnliche Freiheit, die sich streckenweise der Auffassung des Free Jazz sehr näherte.

Um 1965 war Davis bereits der populärste Jazzmusiker der Welt, was durch seinen Erfolg bei zahlreichen Tourneen, die ab 1963 auch durch Europa und Japan führten, und durch seine wiederholten Siege bei den Umfragen der Fachzeitschriften bestätigt wurde. Alles, was ihn betraf, machte Schlagzeilen und interessierte die Öffentlichkeit – zum großen Leidwesen von Davis selbst. Man las über seine schnittigen Ferraris, seine hocheleganten Anzüge (die Zeitschrift »Esquire« ernannte ihn zu einem der bestangezogensten Männer der Welt), seine heftige Passion für das Boxen, das er stets mit ausgezeichneter Technik praktiziert hat, und über seine ebenso aufreibende Leidenschaft für das schöne Geschlecht. Eine Vorrangstellung unter den Frauen nahmen einige Zeit lang seine zweite und dritte Frau ein; die erste Frau, die er geheiratet hatte, als er noch in St. Louis lebte, und die ihm bald drei Kinder geschenkt hatte, war schon lange vergessen.

Jetzt umschwirren ihn viele Reporter, interviewen ihn und machen es sich zur Pflicht, all seine ordinären Ausdrücke, mit denen er jeden seiner Sätze auszuschmücken beliebt, und seine harten Urteilssprüche über diesen und jenen Musiker wiederzugeben. Die Kritiker, speziell die weißen, müssen sich meistens beleidigen lassen. Miles verachtet nämlich die Kritiker aus tiefstem Herzen und hat oft erklärt, daß er die Weißen überhaupt nicht leiden kann. Die Weißen – so denkt er – können die afro-amerikanische Musik nicht verstehen (nicht den »Jazz«, der seiner Ansicht nach gar nicht existiert; er meint, das sei nur ein Wort, das die Weißen für die »Nigger« erfunden hätten).

Auch dem Publikum gegenüber – jedenfalls dem weißen Publikum, das er fast immer vor sich hat – scheint er keinesfalls besser eingestellt zu sein. Dem »bösen Genie des Jazz« (so hat ihn »Ebony«, die Wochenzeitschrift für die amerikanischen Neger, genannt) liegt nichts am Applaus, wie er gesagt und oft wiederholt hat, und im übrigen bestätigt sein Benehmen auf der Bühne das offenbar. Niemand hat ihn jemals danken gesehen, nicht einmal mit einem Lächeln oder einem angedeuteten Kopfnicken, wenn er begeisterten Beifall erhält.

Wie dem auch sei, Miles Davis hat in der zweiten Hälfte der sechziger Jahre und auch ein wenig früher weitgehend bewiesen, daß er einer der größten Musiker ist, die der Jazz hervorgebracht hat. Das zeigen einige Plattenalben von hervorragender und manchmal außergewöhnlicher Qualität, die er damals eingespielt hat, vor allem ein paar Live-Platten, wie die Dokumentation seines sensationellen Auftrittes beim Jazz-Festival in Antibes von 1963 und (aus der Zeit 1965–68) »ESP«, »Miles smiles«, »Sorcerer«, »Nefertiti«, »Miles in the sky« sowie schließlich »Filles de Kilimanjaro«, das vielleicht alle anderen überragte.

Zur Zeit der Fertigstellung dieser letzteren LP waren Carter und Hancock schon durch den englischen Bassisten Dave Holland und den weißen amerikanischen Pianisten »Chick« Corea ersetzt worden (Miles hat immer behauptet, daß die Weißen von ihrer Veranlagung her unfähig seien, guten Jazz zu spielen, aber er hat viele von ihnen bereits seit den Zeiten des Royal Roost bei sich beschäftigt . . .); nach einigen Monaten wurde auch Tony Williams von dem ganz ausgezeichneten Jack De Johnette abgelöst. 1969 sollte Shorter ebenfalls gehen.

Auf den Platten der Jahre 1968 und 1969 – den schon erwähnten »Filles de Kilimanjaro«, »Miles in the sky« und dem anschließenden »In a silent way« – wird die Tendenz von Davis immer deutlicher, sich wenn auch nur vorsichtig den klanglichen Stimmungen und Rhythmen des Rock anzunähern. In seiner Gruppe tauchten damals zum ersten Mal elektrische Instrumente auf und wurden von den Gitarristen George Benson und John Mc Laughlin sowie den Pianisten Herbie Hancock, Chick Corea und Joe Zawinul gespielt.

Dennoch traf der stilistische Stilwandel, der 1969 in der Musik von Miles Davis stattfand, alle völlig überraschend. In erster Linie überraschte seine Verwendung von elektronischen Verstärkern hoher Leistung und der Einsatz des Wah-Wah-Pedals. Diese Dinge haben den Klang seines Instrumentes – der einmal wegen seiner kristallenen Reinheit und seiner subtilen Lyrik berühmt war – radikal abgeändert. Außerdem verwunderten Unruhe und Ungestüm seiner Darbietungen mit deutlichem Nachdruck auf einen wild perkussiven Rhythmus.

Die erste Reaktion der Jazzfreunde bestand in einer begeisterten Zustimmung. Der Miles, den man in Newport und im Juli des gleichen Jahres im Central Park New Yorks zu hören bekam und der drei Monate später die europäische Zuhörerschaft verblüffte, war ganz anders als jede andere Ausgabe des Miles, die man im Lauf der Jahre kennengelernt hatte, aber deshalb war er nicht weniger bewundernswert. Noch verschiedener, der Rock-Atmosphäre viel näher und dennoch höchst originell war die Musik, die er mit seinem Album »Bitches brew« vorlegte. Es wurde ebenfalls in dieser Zeit mit einem Ensemble eingespielt, das durch eine riesige Rhythmusgruppe verstärkt war (drei Pianisten, einen Gitarristen, zwei Bassisten, drei Schlagzeuger und einen Perkussionsspieler). Diese Gruppe war in der Lage, einen phantastischen, sehr reichhaltigen und eindrucksvollen Sound vor einem spannungsgeladenen Perkussionshintergrund hervorzubringen.

Einige Leute redeten lauthals von »Meisterwerk« und sprachen vom Beginn einer neuen Ära für den Jazz. Es gab sogar welche, die die Behauptung aufstellten, Davis habe es verstanden, Klänge und Rhythmen des Rock mit einem gewissen »Afrika-Gefühl« in Einklang zu bringen, und mache trotzdem weiterhin ausgezeichneten, heißen und ausdrucksreichen Jazz. Und man freute sich zu erfahren, daß diese Platte drauf und dran war, einen ungewöhnlichen Erfolg beim Publikum der jungen Leute zu erzielen, also den Zuhörern, die sich vom Jazz abzuwenden schienen, um ihre ganze Aufmerksamkeit der Pop-Musik zu widmen. Allerdings tauchte auch die Frage auf, wie Miles es fertiggebracht hatte, mit einem Schlag seine ästhetischen Konzeptionen zu verleugnen, nachdem er ein Vierteljahrhundert lang – wenn auch über verschiedene stilistische Veränderungen hinweg – einen geradlinigen und streng folgerichtigen Entwicklungsprozeß verfolgt hatte. Hatte er vielleicht die Anregung dazu von irgend jemandem erhalten? Und von wem?

Nach Ansicht von Joe Zawinul (der eine entscheidende Rolle bei der Verwirklichung von »In a silent way« spielte) hieß der Mann, der als erster Miles dazu bewegte, Neuland zu erkunden, Wayne Shorter: » . . . Ihr müßt daran denken, daß Wayne sechs Jahre lang bei Miles gewesen ist und dazu beigetragen hat, dieser Musik Form zu verleihen. Und die Stücke, die er schrieb, hatten auch die Wirkung, das, was Miles brachte, in einem gewissen Umfang zu verändern. Alles fing an, als Wayne ›Nefertiti‹ für die Miles Davis-Gruppe schrieb. Das war der Beginn einer neuen Welt.«[7]

Clive Davis, damals Präsident der Columbia, also der Plattenfirma, an die der Trompeter seit Jahren gebunden war, hat seinerseits geltend gemacht, er habe seinen Vertragspartner auf einen neuen Weg gebracht. »Ich ermunterte Miles, eine neue Richtung einzuschlagen. Es schien, daß Miles . . . eine von den anderen losgelöste Karriere machen konnte, während seine Musik dabei war, sich zu entwickeln, und ich drängte ihn zum Kurswechsel, um sein Publikum zu vergrößern . . . Nach einer anfänglichen Explosion, die ihn veranlaßte, um Entbindung von seinen vertraglichen Verpflichtungen mit uns nachzusuchen, weil er nicht an Orten wie im Fillmore spielen wollte – eine Verhaltensweise, die nur kurz dauerte und wunderbar typisch für Miles war –, rief er mich an, um mir zu sagen, daß er bereit war, den neuen Kurs einzuschlagen, was sich im Endergebnis als sehr nützlich für ihn, für uns, für die Leute und für die Musik erwiesen hat.«[8]

Der praktische Nutzen des Anpassungsprozesses an den Geschmack des breiten Publikums war sofort einleuchtend: Während von jedem seiner letzten Plattenalben nicht mehr als 25 000 Exemplare verkauft worden waren (John Hammond, ein weiterer Leiter der Columbia, hat festgestellt, daß Davis ein Verlustgeschäft für die Firma geworden war), erreichte »Bitches brew« binnen weniger Monate die Auflagenziffer von einer halben Million Kopien und verursachte damit eine Kettenreaktion, die Mitte der siebziger Jahre noch nicht abgeschlossen war.

»Bitches brew« war die bei weitem beste Platte des elektronischen Miles Davis. Nach 1970 ist der Trompeter unerbittlich der Logik des Marktes gefolgt, dem er sich anzupassen beschlossen hat. Er hat eine gute Platte eingespielt, die bestimmten Auftritten im Fillmore entnommen ist, und andere Titel aufgenommen, die Jahre später auf der »Big fun«-LP erscheinen sollten. Danach hat er sich immer weiter vom Jazz entfernt und grob effekthascherischen, langweiligen und unförmigen Rock produziert. Das hat ihm sehr harte Urteile von seiten der allermeisten Kritiker, Musiker und Jazzliebhaber eingetragen. Auf der anderen Seite hat er sich die Sympathien des jugendlichen (weißen) Publikums erworben, dem er sich jetzt in malerischem Hippy-Aufzug vorstellt. Seine elegante Garderobe hat er weggehängt, weil sie von diesem Publikum als provozierend angesehen würde.

Es ist schwer möglich, die nächsten Schritte von Miles Davis vorauszusehen. Trotz der strengen Rügen und manchem aufsehenerregenden Reinfall (beim Jazz-Festival von Montreux im Jahre 1973 zwang ihn das aufgebrachte Publikum, seinen Auftritt vorzeitig abzubrechen) hat er weiter immer minderwertigere Musik produziert, seine Leistungen als inzwischen heiserer und bedeutungsloser Instrumentalist auf ein Minimum reduziert und dem rhythmischen Aspekt der Stücke mit seinen Gruppen (in denen ein paar Monate lang auch ein unzufriedener Keith Jarrett wirkte) eine übersteigerte Rolle zugemessen.

Der Trompeter ist sehr reich geworden (1973 lehnte er ein Angebot der Firma Atlantic von zwei Millionen Dollar nur für Schallplatteneinspielungen ab) und scheint nicht die leiseste Absicht zu hegen, wieder seinen alten Weg zu beschreiten. Statt dessen verteidigt er halsstarrig den Wert dessen, was er macht und woran er scheinbar bis ins letzte glaubt. Aber vielleicht bilden seine Rückzugsabsichten, die er immer häufiger öffentlich verkündet, die Unregelmäßigkeit seiner Auftritte und die Aggressivität gegenüber seinen Kritikern gleichzeitig Symptome eines Zustandes von Unbehagen, das ebenso tief wie schwer zu gestehen ist.

Nach Ansicht von Bill Cole, der Davis und seiner Musik ein Buch gewidmet hat, »ist niemand sich mehr im klaren über das, was er seiner Musik angetan hat, als Miles selbst. Er betitelt seine Stücke vielleicht deshalb mit seinem eigenen Namen in umgekehrter Buchstabenfolge, weil er andeuten will, daß das Leben ein Ding mit zwei Seiten ist, daß Gut und Böse nebeneinander existieren.«[9]

Vielleicht ist das so. Fest steht aber, daß es einem schwer fällt, den Selbstmord von Miles Davis als Künstler hinzunehmen und völlig die Hoffnung auf eine demnächstige Wiederauferstehung aufzugeben. Um jedoch sicher zu sein, daß eine solche eintritt, müßte man in seine komplexe und in mancher Hinsicht rätselhafte Psyche eindringen. Cole beschließt sein Buch mit der bitteren Feststellung des endgültigen Verfalls dieses Musikers und seiner Bewunderung für ihn; andere, wie Dizzy Gillespie, haben sich darauf beschränkt auszusagen, daß sie wirklich nicht begreifen, was Miles beabsichtigt.

Auch ein Freund und Verfechter des Trompeters, wie Leonard Feather es jahrelang war, hat bekannt, daß er nicht weiß, was er denken soll. Nachdem er ihn im Januar 1975 in einem Lokal in Los Angeles gehört hatte, leitete er seinen Bericht folgendermaßen ein: »Was ist mit Miles Davis los? Es sah ziemlich unheilvoll aus, als er zu einem Engagement im Troubadour in die Stadt kam.« Und weiter: »Als er seine Trompete blies, beugte er sich nach vorn und hielt das Instrument nach unten, wenige Zentimeter von seinem Schoß entfernt. Seine laut gespielten, gestotterten Töne hatten keinerlei Ähnlichkeit mit einer Form an sich, nichts von der Lyrik, deretwegen er einst zu Recht berühmt war. Es war, wie wenn man einem Mann zusieht, der Schmetterlinge mit einem Buschmesser erstechen will.« Der Abschluß des Artikels offenbarte die Ratlosigkeit des Kritikers: »Am Ende seines Auftrittes entfernte sich Davis mit langsamen Schritten, als ob er in Trance wäre, während das Publikum ihm lauwarmen Beifall spendete. Es stieg einem die Frage auf, was wohl in diesem Augenblick in seinem Kopf vorging. Es tut weh, daß ein großer afro-amerikanischer Künstler, der mindestens vier- oder fünfmal die ganze Musikszene durcheinandergebracht hat, anscheinend alle Werte über Bord geworfen hat, deren Meister er einst war.«[10]

John Coltrane

Die Kritiker und Freunde des Jazz stießen auf John Coltrane um 1956, als er ungefähr dreißig Jahre alt war, und zunächst nahmen sie ihn nicht sehr ernst. Er wirkte nur wie einer der vielen »Hardbopper«, die damals überall zum Vorschein kamen. Von dem, was er früher gemacht hatte, wußte man wenig; lange war er auf Zehenspitzen gegangen, hatte bloß die Aufmerksamkeit einiger Kollegen auf sich gelenkt, weder eine ausgeprägte Persönlichkeit gezeigt noch bewiesen, daß er von besonderem Ehrgeiz erfüllt war. Obwohl er Gelegenheit gehabt hatte, in bedeutenden Formationen mitzumachen, war er im Hintergrund geblieben.

Als jedoch sein Talent ein paar Jahre später explosionsartig zum Ausbruch kam, wurden die meisten überrumpelt. Die erste Reaktion war auf jeden Fall negativ. Für viele Leute war seine Musik »zerstörerisch«, »nihilistisch« und »Anti-Jazz« (dieser Begriff war modern und das Ehrenrührigste, was man sich vorstellen konnte); ein sinnloses Gemisch von Musik und Lärm, von Tönen, Gegrunze und Gekreische. Auch seine Anhänger wagten sich mit wenigen Ausnahmen nicht zu weit vor. Für sie war er nur der beste der »harten« Saxophonisten, der typischste der »angry young tenors«, der »zornigen jungen Tenorsaxophonisten«, wie scherzhaft diejenigen genannt wurden, die wie er eine flammende und schreiende, eben zornige Musik gegen das Publikum schleuderten.

Aber Coltrane hatte durchaus keine Wut im Leib. Als er interviewt wurde, um zur Verteidigung gegen die vielen Anschuldigungen, die förmlich auf ihn niederprasselten, seine Argumente für »Down Beat« darzulegen, sagte er lediglich: »Ich glaube, das Wichtigste, was ein Musiker tun möchte, ist, dem Zuhörer ein Bild von den vielen wundervollen Dingen zu geben, die er im Universum weiß und fühlt. Das ist es, was Musik für mich ist – einfach eine Möglichkeit, unter vielen anderen, auszusprechen, daß wir in einer ungeheuren, herrlichen Welt leben, die uns geschenkt ist.«[1]

Es sollten ein paar Jahre vergehen, bis man begriff, wie ehrlich er war, wie tief seine Religiösität und wie groß seine geistige Kraft war. Tatsächlich fiel es nicht leicht sich vorzustellen, daß dieser ruhige und reservierte, ebenso bescheidene wie freundliche Mann, als er sein ungewöhnliches Abenteuer in der Welt der Klänge begann, die übermenschliche Energie in sich hatte, die er dann durch die Erfindung einer Musik unter Beweis stellte, die scheinbar das Universum erschüttern wollte. Er selbst hatte seine Berufung erst spät entdeckt:

»Sehen Sie«, hat er François Postif erklärt, »ich habe lange im Dunkeln gelebt, weil ich mich damit begnügte, das zu spielen, was man von mir erwartete, ohne zu versuchen, etwas von mir dazuzutun . . . Ich glaube, es war 1955 bei Miles Davis, als ich anfing zu merken, daß ich etwas mehr tun konnte.«[2]

Der Beitritt zur Gruppe von Davis, der eben zu dieser Zeit nach einer Krisenzeit seine Karriere wiederaufnahm, bedeutete für John Coltrane die Eingliederung unter die Jazzleute, die damals zählten. In den vorangegangenen zehn Jahren war er bloß ein leidlicher Berufsmusiker gewesen, der im Rhythm and Blues, Bebop und »Mainstream«-Jazz gleichermaßen zu Hause war.

Coltrane wurde am 23. September 1926 als Sohn eines musikbegeisterten und nebenher gut Violine spielenden Schneiders in Hamlet im Staat North Carolina geboren. Während seiner Schulzeit begann er, Altsaxophon und Klarinette und anschließend Tenorsaxophon zu spielen, ohne im übrigen in der Musik eine Berufsmöglichkeit zu erkennen. Jedoch wurde er anderen Sinnes, als er hören konnte, was Lester Young und Johnny Hodges machten. Sie begeisterten ihn so sehr, daß er den Entschluß faßte, sich ernstlich dem Studium der Musik zu widmen. Er besuchte die Ornstein School of Music und dann die Granoff Studios in Philadelphia, wohin er 1944 zog. Im folgenden Jahr übte er seine erste berufliche Tätigkeit aus, spielte »cocktail music« in einer bescheidenen Gruppe dieser Stadt und sammelte weitere Erfahrungen in einer der vielen Bands bei der Marine, in die er kurz darauf eintrat. Nach seiner Rückkehr ins Zivilleben im Jahre 1946 arbeitete er kurz hintereinander in verschiedenen Orchestern und beschäftigte sich hauptsächlich mit Rhythm and Blues. Einige Zeit lang gehörte er zu einem Ensemble unter Leitung von Joe Webb, mit dem Big Maybelle sang; dann spielte er in der großen Formation von King Kolax, der allem Anschein nach eine Musik zwischen Bebop und Rhythm and Blues bot. Ein paar Monate später war er bei dem Bluessänger Eddie Vinson, der aber auch Altsaxophon spielte, so daß ihm nichts anderes übrigblieb, als Tenorsaxophon zu blasen. Der Blues nahm ihn noch einen guten Teil des Jahres 1948 in Anspruch, als er dem Orchester angehörte, das die Sänger im Apollo-Theater in Harlem begleitete.

In den gleichen Monaten erhielt er auch Gelegenheit, einigen bemerkenswerten Musikern des modernen Jazz zu begegnen, die allerdings teilweise auch erst am Anfang waren. 1947 spielte er einige Abende im Audubon, dem Tanzsaal von Manhattan, gemeinsam mit Miles Davis, Sonny Rollins und Art Blakey. Als er danach wieder zurück in Philadelphia war, kam er mit Howard Mc Ghee, Jimmy Heath und Philly Joe Jones zusammen. Zwischen 1949 und 1951 schließlich bekam er die Möglichkeit, mehrere Monate im Orchester von Dizzy Gillespie mitzuarbeiten, welcher sich damals auf der vergeblichen Suche nach einem Rezept befand, das ihn vor dem Schiffbruch retten sollte, der die »Bopper« und die Bigbands des Jazz wegfegte.

Für John gab es in den frühen fünfziger Jahren weitere unterschiedliche Erfahrungen. Unter anderem machte er bei Earl Bostic nochmals Rhythm and Blues und weilte dann sechs oder sieben Monate bei Johnny Hodges, der kurz nach seinem Ausscheiden aus dem Ellington-Orchester eine eigene Band gegründet hatte. Im Herbst 1955 endlich wurde er von Miles Davis engagiert. Zu dieser Zeit war Coltranes Stil weit davon entfernt, abgerundet zu sein, und immer noch alles andere als persönlich. Er paßte sich, wie gesagt, den Regeln des Hardbop an. »Als er das erste Mal bei mir war, rieten mir viele Leute, ihn zu entlassen. Sie sagten, daß er nichts spielte«, erinnerte sich Miles später. Er hatte sich aber nicht von den unerwarteten Ratgebern beeinflussen lassen; ihm gefiel Coltrane, so daß er ihm gestattete, alles zu spielen, was er nur wollte. Coltrane seinerseits hat erzählt: »Miles ist ein sehr sonderbarer Typ. Er spricht wenig, und es kommt sehr selten vor, daß er über Musik diskutiert. Man hat immer den Eindruck, daß er schlecht gelaunt ist und daß das, was die anderen treiben, ihn nicht im entferntesten interessiert. Unter solchen Umständen fällt es sehr schwer, genau herauszufinden, was man tun soll, und ich habe mich vielleicht aus diesem Grund darangegeben, das zu verwirklichen, was ich wollte.«[3]

Im November 1956 wurde Coltrane von Davis entlassen und tat sich nach sieben Monaten mit Thelonious Monk zusammen. Das Quartett sollte während seines langen Verbleibens im Five Spot die Jazzwelt in Unruhe versetzen. Dieses Engagement wurde von dem Saxophonisten sehr ernst genommen, weil er damals in eine für ihn geheimnisvolle und faszinierende Welt eintrat. Bevor er seine Arbeit aufnahm, wollte er richtig verstehen, worin die Geheimnisse von Monks Musik lagen. So besuchte er ihn zu Hause, holte ihn aus dem Bett und zwang ihn, sich ans Klavier zu setzen, um seine komplizierten Stücke immer wieder mit ihm zu proben. Coltrane war von einer Begeisterung beseelt, die er vorher nie gekannt hatte. Das läßt sich erklären; denn er hatte sich erst seit kurzem von seiner Abhängigkeit vom Heroin befreit.

»Die Arbeit mit Monk«, sagte John, »brachte mich in die geistige Nähe eines Musikarchitekten allererster Ordnung. Jeden Tag lernte ich etwas von ihm, sowohl durch meine Sinneswahrnehmung als auch theoretisch und technisch. Ich sprach mit Monk über Musikprobleme, und er setzte sich ans Klavier, um mir durch Vorspielen seine Antworten zu geben. Ich sah ihm beim Spielen zu und erfuhr, was ich wissen wollte. So habe ich auch eine Menge Dinge gelernt, die ganz neu für mich waren.«[4]

Einige charakteristische Züge von Coltranes Stil wurden in diesen Monaten im Five Spot festgelegt, angefangen mit den langen und so schnell gespielten Phrasen, daß die Töne in einer Art von ständigem Glissando ineinander übergehen; Ira Gitler nannte das mit einem verbreiteten Ausdruck »sheets of sound«, »Klangflächen«. Monk ermunterte den Saxophonisten ebenfalls, sich um die gleichzeitige Hervorbringung von zwei und sogar drei Tönen auf seinem Instrument zu bemühen (den Ober- und Untertönen außer dem Hauptton[5]), eine offen gesagt recht gekünstelte Technik, die einige Zeit lang auch Rollins leidenschaftlich begeisterte. Bei Monk nahm Coltrane darüber hinaus die Gewohnheit an, sich in äußerst lange Soli zu steigern, während derer er die in einem Thema enthaltenen Möglichkeiten in einer harmonischen Folge bis zum äußersten ausschöpfte und sich an der Musik berauschte. In diesen überschäumenden Soli spielten die »Geräusche« (Pfeifen, Schreien, Grunzen), die Coltrane von den Rhythm and Blues-Saxophonisten gelernt hatte, eine immer wichtigere Rolle, und er wußte sie dermaßen geschickt als Ausdrucksmittel zu nutzen, daß er darin unübertroffen bleiben sollte.

Es ist jammerschade, daß von Monks Quartett mit Coltrane keine wirklich repräsentativen Plattenaufnahmen erhalten geblieben sind. Beim Hören bestimmter Stücke von den vielen Einspielungen, die der Saxophonist mit verschiedenen Studiogruppen unter eigenem Namen für Prestige und Blue Note vornahm, kann man jedoch seinen in diesen Monaten erreichten Leistungsgrad ermessen. »Blue train«, ein dichter, gewaltiger Blues mit »funky«-Charakter, überragte alles, was er bis dahin aufgenommen hatte. Auch »Traneing« und »Bass blues«, zwei weitere Blues aus der gleichen Zeitspanne, stehen diesem Stück nicht viel nach.

Als John 1958 erneut bei Miles spielte, war er ein anderer und viel reiferer Musiker als der Mann, der früher mit dem Trompeter zusammengearbeitet hatte. Monk hatte eine Sucht in ihm geweckt, neue Dinge zu verstehen und zu entdecken, die ihm keine Ruhe mehr gönnen sollte. Jetzt war er von den Akkorden besessen, an denen er rastlos experimentierte. »Er beschäftigt sich mit diesen Arpeggios, und dann spielt er Akkorde, die andere Akkorde in sich bergen, und er spielt sie auf fünfzig verschiedene Arten und alle gleichzeitig . . .«[6], berichtete damals sein gefeierter Orchesterchef dem Kritiker Nat Hentoff.

Coltrane war allerdings alles andere als ein kalter Experimentator. Seine Vorstellungskraft war bereits blühend und seine Vielseitigkeit überragend. Seine Musik konnte ungestüm, leidenschaftlich vibrierend und andere Male selbstvergessen, intensiv lyrisch und von sehr ausgewogener Form sein (wie in seinem meisterhaften Beitrag zu dem 1958 mit Davis aufgenommenen »'Round midnight«). Bestimmte verwickelte Soli in sehr schnellen Tempi wechselten mit Pausen voller Abgeklärtheit ab, in denen sein Saxophon einfache und ebenso ursprüngliche wie wirkungsvolle Melodielinien entwarf.

Bei seiner Arbeit mit dieser Gruppe fand John noch eine Anregung, als Miles die Technik der modalen Improvisation auszuprobieren begann, in der er ein Meister werden sollte.

Nach kurzem Spielen in einem Quintett unter Leitung des Pianisten Red

Garland kehrte der Saxophonist letztmalig zu Miles Davis zurück. Mit ihm unternahm er Anfang 1960 eine Europatournee, die seitens der Zuhörer und Kritiker sehr gegensätzliche Reaktionen auslöste. Im Pariser Olympia wurde Coltrane mit Johlen und Pfeifen ausgebuht, und anderswo diskutiert man noch jetzt darüber. Möglicherweise regten sich die Zuhörer jedoch wegen Coltranes schlechter Form zu Recht auf. Ganz anders wurde seine Musik nämlich aufgenommen, als sie auf einer schon wenige Monate später veröffentlichten Platte zu hören war. Die »Giant steps«-LP der Atlantic zeigte ihn als einen Instrumentalisten und Komponisten von hohem Niveau und größter Originalität.

In »Naima«, einer romantischen und sehnsuchtsvollen Ballade mit Widmung an seine Frau, im schnellen »Countdown« und in »Cousin Mary«, das auf einem Riff basiert und voller Blues-Aroma ist, zeigte Coltrane, daß er wirklich »Riesenschritte« zurückgelegt hatte, wie der Titel des Plattenalbums versicherte. Jedoch brachte erst die Aufnahme von »My favorite things«, die ein paar Monate später gegen Ende 1960 erfolgte (es handelte sich um die erste einer Reihe von Versionen dieses Stückes, die dank der – fast immer illegalen – Livemitschnitte sehr lang werden sollte), dem Saxophonisten die Bewunderung eines breiten Teils der Zuhörerschaft ein.

Aus dem Thema dieses einfachen und liebenswürdigen Walzers von Richard Rodgers holte Coltrane Unmögliches heraus. Jahrelang baute er einen Tag nach dem anderen unaufhörliche, aufrüttelnde und aufreibende Soli mit unbestimmt orientalischer Färbung auf, die wegen des Reichtums an immer neuen Erfindungen, der Intensität der Gemütsbewegung und ihrer Zauberkraft Erstaunen erregten. »My favorite things« – gewiß eines der stärksten Stücke in der Produktion des Jazz – bildete auch das Plattendebüt Coltranes auf dem Sopransaxophon. Dieses Instrument war inzwischen im Jazz außer Gebrauch gekommen und erst wenige Monate vorher von ihm übernommen worden.

Das Sopransaxophon – nach Sidney Bechet und dessen stilistischen Nachfolgern hatte es nur selten einen Liebhaber gefunden (Steve Lacy und der Franzose Barney Wilden waren vor »My favorite things« vielleicht die einzig nennenswerten unter den modernen Jazzmusikern) – wurde von John Coltrane buchstäblich wiedererfunden. Er gab ihm einen neuen Klang, der in bestimmten Registern dem der Oboe recht ähnelte und oft orientalische Anklänge enthielt, auch wegen der Verwendung ungewöhnlicher Intervalle in der Musik europäischer Tradition.

»My favorite things« entstand bei der Plattensitzung, die zum ersten Mal in einem Aufnahmestudio das reguläre Quartett vereinte, welches der Saxophonist nach seinem Weggang von Miles Davis zusammengestellt hatte. Dazu gehörten anfänglich der Pianist Steve Kuhn, der bald von dem sehr fähigen Mc Coy Tyner abgelöst wurde, der Bassist Steve Davis und der Schlagzeuger Pete

La Roca, der zuerst durch Billy Higgins und danach durch Elvin Jones ersetzt wurde.

Als das Quartett vollkommen ausgefeilt war (auf Steve Davis folgten Reggie Workman, Art Davis und schließlich Jimmy Garrison) begann ein neues Kapitel in der Geschichte des Jazz. Die Saxophonisten hörten auf, an Parker anzuknüpfen, um eine Nachahmung von John Coltrane zu versuchen, und die Schlagzeuger gaben sich Mühe, dem Beispiel von Elvin Jones nachzufolgen, dessen heftige, vorwärtstreibende und polyrhythmische Perkussion jede Darbietung durchdrang, in der er eine entscheidende Rolle einnahm. Darüber hinaus begann sich die Gewohnheit zu verbreiten, die Improvisation statt auf harmonische Folgen oder Themen auf »modes« zu gründen – also auf verschiedene Typen von Skalen, die nicht selten aus der indischen Musik entliehen wurden (was die Reduzierung der Anzahl von Akkorden mit sich brachte; manchmal entwickelte sich das ganze Stück über einem einzigen Akkord).

Im Jahre 1961 fügte der Saxophonist – neben dem Gitarristen Wes Montgomery, der wie ein Meteor auftauchte und wieder verschwand – einen hochtalentierten Solisten wie Eric Dolphy zu seinem gewöhnlichen Quartett. Mit ihm gab er im Herbst eine neue Serie von Konzerten in Europa, mußte sich aber wegen der negativen Publikumsreaktionen bald wieder von ihm trennen. Im Verlauf seiner kurzen Zusammenarbeit mit Dolphy nahm er viele bedeutende Platten auf, die eine klare Vorstellung vom Umfang seiner Interessen und seiner Sucht, neue Gebiete zu erforschen, vermitteln. Häufig schöpfte er dabei aus exotischen Musikformen. Einige Einspielungen von 1961 ragen gegenüber anderen heraus: »Greensleeves«, um anzufangen, eine Interpretation des populären alten Liedes, der er ein orientalisches Flair und eine eigenartig hypnotische Wirkung zu verleihen verstand; dann »Africa«, eine lange und wertvolle Komposition – natürlich mit Anklängen an Afrika – die von ihm ausgedacht, von Dolphy instrumentiert und von einem großen Orchester mit ungewöhnlicher Besetzung ausgeführt wurde; »India«, das seine Begabungen als Komponist und Instrumentalist bestätigt (er bringt ein bewundernswertes, hochschnellendes Solo in den allerhöchsten Tönen); »Impressions«, eine drängende Improvisation, die von Coltrane größtenteils nur zur Begleitung von Jones gespielt wird und sich auf ein Thema stützt, das in seiner Struktur dem modalen »So what« aus den Zeiten mit Davis stark ähnelt. Doch enden die beachtlichen Stücke dieses fruchtbaren Jahres 1961 nicht schon hiermit; zu erwähnen sind ferner »Olè«, das auf einem Lied aus der spanischen Folklore mit dem Titel »Venga Jaleo« basiert; außerdem »Chasin' the Trane«, ein gespannter, quälender Blues sowie das mystische, nur auf einen Akkord gegründete »Spiritual«.

Zu dieser Zeit war Coltranes Interesse an indischer Musik schon sehr lebendig. Er sammelte die Aufnahmen von Ravi Shankar (»Wenn ich mit ihm eine Platte machen könnte, bin ich sicher, daß ich meine Möglichkeiten verzehnfachen würde«[7], äußerte er bei einem Interview und sollte Jahre später eines seiner vier Kinder »Ravi« nennen) und versuchte, die Geheimnisse der Improvisation über den »raga«, den von indischen Musikern verwendeten Tonleitern, zu ergründen. Auf den Prinzipien der »raga« waren zahlreiche seiner Stücke, sogar »Greensleeves«, aufgebaut. Als Coltrane erfuhr, daß Ali Akbar Khan, einer der führenden indischen Musiker, diesen Titel häufig spielte, freute er sich: »Ich würde ihn gerne hören. Dann wüßte ich, ob ich ihn richtig spiele«, lautete sein Kommentar.

Auch der neue Free Jazz interessierte ihn, was im übrigen durch seine Zusammenarbeit mit Dolphy erkennbar war, der gewiß keine Scheu vor tonalen Tabus hatte. Besonders die Musik von Ornette Coleman faszinierte ihn, und er hatte Gelegenheit gehabt, mit ihm in Jam Sessions zusammenzuspielen. Es sieht jedoch nicht so aus, als ob Coltrane wirklich alles geliebt hätte, was der Avantgarde-Prophet machte. »Es waren einige Jahre nötig, bis er wirklich verstand, was ich spielte«, hat Ornette dem Autor dieser Zeilen mit Nachdruck versichert. »Erst als er ›Ascension‹ aufnahm, änderte er seine Meinung. Damals schickte er mir ein Telegramm, um mir mitzuteilen, daß er endlich meine Musik begriffen hatte. Zusammen mit dem Telegramm sandte er mir auch dreißig Dollar, um mir in greifbarer Form seine Wertschätzung zu beweisen.«

Als Coltranes beste Platten – die auf Atlantic und die ersten für Impulse – Verbreitung fanden, stieg sein Ruf gewaltig, und die Ablehnung seiner Musik ging erheblich zurück. Über einige Punkte waren sich die Kritiker in ihrer Mehrheit inzwischen einig, nämlich über die außerordentlich ausdrucksreiche Intensität seines Jazz, über die musikalischen und technischen Fähigkeiten aller Mitglieder seines Quartetts und ihr vollkommenes Zusammenspiel. Die schwersten Kritiken betrafen das Fehlen eines Abstandes zwischen dem Mann Coltrane und seiner Musik. Als begeisterter und leidenschaftlicher Schöpfer, der überströmend wie kein anderer war, erweckte John tatsächlich oft den Eindruck, daß er keine strenge Kontrolle über das ausübte, was er mit unermeßlicher Freigiebigkeit und überschäumender Phantasie hervorbrachte. Auch die sehr lange Dauer bestimmter Darbietungen (nicht selten zog sich die Improvisation über ein einziges Stück eine Dreiviertelstunde in die Länge) fand viel Mißbilligung. Es schien so, als ob Coltrane immer »alles« sagen wollte, alles, was er empfand, dachte und aus dem musikalischen Ausgangspunkt – einem Thema, einer Tonleiter, einer Akkordfolge – entwickeln konnte, der ihm als Anregung gedient hatte. Die unglaubliche Energie, seine Leidenschaft, die er bei jedem Auftritt offenbarte, und die technische Beherrschung seines Instrumentes – in der er jedem anderen Saxophonisten überlegen war – hatten eine schockierende Wirkung auf die Zuhörer. Sie wurden in einen Strudel dichter, betäubender und oft hinreißender Musik hineingezogen. Diese

Musik wirkte ebenso vielfältig in der Verwendung instrumentaler Möglichkeiten und in der unaufhörlichen, quälenden Abwandlung der Melodielinien und rhythmischen Figuren, wie sie in ihrer harmonischen Anlage eintönig war.

In der Tat wollte sich Coltrane in einem harmonisch eingegrenzten Bereich (von sehr oft zwei oder drei Akkorden) bewegen, weil er nicht so sehr darum bemüht war, »Werke« zu schaffen, als vielmehr bis in die Tiefe hinabzusteigen, die geheimnisvollsten Mechanismen in der Welt der Töne zu ergründen (wohlgemerkt jenseits der Normen im europäischen Tonsystem) und sich so vollständig ausdrücken zu können. Die modale Improvisation mit ihrer daraus folgernden harmonischen Statik erlaubte ihm auf der anderen Seite, ein mystisches, ritualistisches Klima zu erzeugen, das seiner besonderen Religiösität entsprach.

Diese Religiösität ist »kosmisch« genannt worden, und er selbst hat tatsächlich mehrmals erklärt, er glaube an alle Religionen. Fest steht aber, daß seine Liebe zur indischen Musik ihn sehr bald in die Nähe der indischen Religion gebracht hat, die ihn vor allem in seinen letzten Lebensjahren anzogen.

In seinem eigenartigen gesamtreligiösen (aber im Grunde orientalischen) Mystizismus fand John auch eine Art von Lösung für sein eigenes Existenzproblem als Afro-Amerikaner, einen Weg, um den Wunden der Rassendiskriminierung zu entfliehen, und eine Möglichkeit, der herrschenden Kultur, gegen die sich seine Rassenbrüder in jenen Jahren auflehnten, einen Widerstand entgegenzusetzen. (Er war diesen Ereignissen gegenüber durchaus nicht gleichgültig; denn 1963 nahm er eine Eigenkomposition mit dem Titel »Alabama« auf, und später wurde sein »Reverend King« veröffentlicht.)

Coltranes Musik nahm ab 1964–65 einen auffallenden mystischen und manches Mal ritualistischen Charakter an, das heißt seit den Monaten, in denen er seine Meisterwerke »A love supreme« und »Ascension« einspielte, die in kurzem zeitlichen Abstand von gleichermaßen bedeutungsvollen Werken gefolgt wurden, was die inspirierenden Motive angeht, obwohl es keine ebenso guten Stücke sind: »Meditations« und »Om« (»om« oder »aum« ist im Brahmanismus ein Wort mit einer besonderen magischen Kraft, die es möglich macht, sich bis zur Erlangung der Freiheit zu erheben).

»A love supreme«, eine Suite in vier Teilen, die länger als eine halbe Stunde dauert, stellte den – später sollte sich zeigen: vorläufigen – Schlußpunkt von Johns langer Forschungsreise in die Welten der Töne und des Geistes dar. Es will ein Loblied auf Gott sein, geht von einem monoton gesungenen Motiv von vier Noten aus (»A love supreme, a love supreme«, singt Coltrane an einer bestimmten Stelle) und läßt Augenblicke abgeklärter Entspannung und solche gereizter Spannung in einer dauernden Bivalenz des Ausdrucks – Liebe und Wut, Gebet und Aufschrei – aufeinanderfolgen. In seinem Bericht über die Eindrücke während der Aufführung dieser Suite beim Jazz-Festival in Antibes, wohin Coltranes Quartett im Juli 1965 eingeladen worden war, schrieb Jean-Louis Comolli: »... Zweifelsohne ist der Jazz noch nie bis zu einem solchen Grad an Überspanntheit, die Improvisation so nahe an den Wahnsinn und die Schönheit derart in die Nähe der Ungeheuerlichkeit, die übermenschliche Schönheit ist, geführt worden. Keine himmlische, sondern höllische Musik, in der die Liebe Gottes der Tod des Menschen ist. In diesem Sinne muß man wirklich von Mystizismus reden bei diesem Lied der Freude durch Leid, der Gelassenheit über Raserei und der Schönheit mittels Schrecken...«[8]

Wenn man in »Love supreme« zeitweilig eine christliche Religiösität ahnen kann, so fehlt ihr Geist in dem anderen großen »mystischen« Werk Coltranes völlig. In »Ascension« feiert das Neger-Getto einen geheimen und wilden Ritus, bei dem tausend Dämonen angerufen und ausgetrieben werden. »Ascension« signalisierte den Augenblick der endgültigen Bekehrung Coltranes zur Ästhetik des Free Jazz und kann als Wiederaufnahme der Erfahrung angesehen werden, die Ornette Coleman Jahre vorher gemacht hatte, als er das Stück »Free jazz« bei einer Sitzung einspielte.

Für diese anspruchsvolle Unternehmen wollte John einige der besten Vertreter der neuen Jazz-Avantgarde um sich. Außer seinen üblichen Musikern (Tyner, Garrison und Jones) sowie Art Davis, der zu mehreren Gelegenheiten in die Gruppe zurückkehrt und neben Garrison gestellt worden war, holte er die Trompeter Freddie Hubbard und Dewey Johnson, die Saxophonisten Marion Brown, John Tchicai, Archie Shepp und den damals noch unbekannten Pharoah Sanders in das Aufnahmestudio der Impulse.

Wie Coleman damals in dem Titel »Free jazz« so verstand auch Coltrane sein »Ascension« als Werk-Ausführung-Ritus und als eine Folge von sehr frei improvisierten und untereinander durch vorgeplante Ensemblepassagen verbundenen Improvisationen. Die Ensemblepassagen werden auf (allerdings freigestellte) Akkorde gestützt, während andere Teile atonal sind. Die Nebeneinanderstellung von tonalen Ideen und atonalen Passagen, die überlagerten Tonfetzen vor einem regelfreien, brodelnden und gärenden Hintergrund, die große Spannung der schreienden Soli und ihr Kontrast zu der kollektiven Polyphonie sowie schließlich das schnelle Tempo lassen im Zusammenwirken ein Klima großer Erregung entstehen. Bei der Schallplatteneinspielung – so versichern Anwesende – konnten die Leute im Studio sich nicht zurückhalten und mußten schreien.

In den Monaten, als Coltrane »Ascension« und die beiden ähnlich angelegten Suiten »Meditations« und »Om« aufnahm, trat er mehrmals öffentlich mit Gruppen auf, die im Verhältnis zum ursprünglichen Quartett mehr oder weniger erweitert waren. Im September stellte er im Penthouse von Seattle ein Sextett mit Pharoah Sanders vor und überraschte im Oktober im It Club von Los Angeles alle durch ein Ensemble, bei dem außer Tyner und Sanders zwei

Kontrabassisten und zwei Schlagzeuger mitspielten; denn zu Garrison und Jones waren Donald Garrett und Frank Butler getreten. »Es handelt sich lediglich um ein Experiment. Ich wollte wissen, wie es funktionieren würde. Vielleicht versuche ich es später noch einmal«, antwortete Coltrane auf diesbezügliche Fragen. Gleichzeitig brachte er auch eine ähnliche Besetzung in ein Studio und nahm unter anderem eine eigentümliche Komposition des Perkussionisten und Sängers Juno Lewis (der ebenfalls mit ihm im It Club spielte) unter dem Titel »Kulu sé mama« auf. Lewis sang die von ihm in einem afro-kreolischen Dialekt geschriebenen Verse selbst und bereicherte das bereits reichhaltige perkussive Gewebe des Stückes durch einen exotischen und ritualistischen Charakter. (Sollte dieser afrikanisch oder vom Voodoo geprägt sein oder beides gleichzeitig?) »Kulu sé mama« verblüffte einigermaßen, nicht dagegen ein Titel aus dem gleichen Plattenalbum, der schon vorher eingespielt worden war, nämlich »Vigil«, ein begeisterndes und höchst perfektes Duett Coltranes mit Elvin Jones.

Das Experiment von Los Angeles fand eher, als man sich vorstellen konnte, eine Fortsetzung. Im November erschien der Saxophonist im Village Gate in New York wiederum mit zwei Schlagzeugern (Elvin Jones und Rashied Ali) und drei weiteren Tenorsaxophonisten, Archie Shepp, Pharoah Sanders und Carlos Ward. Kurz darauf stellte er bei einem Engagement in San Francisco einen afrikanischen Perkussionisten neben die beiden Schlagzeuger.

Inzwischen wurde deutlich, daß John seine Erfahrungen mit dem Quartett für abgeschlossen hielt und sich immer leidenschaftlicher für die dissonierenden Klänge des Free Jazz interessierte. Auf einigen Titeln hörte man ihn dann auch auf der Baßklarinette, einem Instrument aus dem Besitz von Dolphy, das ihm die Mutter dieses allzufrüh verstorbenen Freundes geschenkt hatte.

Die neuen Experimente gefielen Tyner und Jones nicht. Völlig verwirrt verließen sie ihren Orchesterleiter, und einige Monate danach folgte Jimmy Garrison ihrem Beispiel. Dieser letztere blieb gerade lange genug bei der neuen Formation, um an zwei berühmten Live-Mitschnitten mitzuwirken – vom Village Vanguard im Mai 1966 und im Juli des Jahres aus einem Theater in Tokio, während einer Japantournee – und kam dann später wieder zurück.

In dem Quintett, das auf den zuletzt genannten Platten zu hören ist, befindet sich außer Coltrane, Garrison, Sanders und Rashied Ali auch Alice Mc Leod, die Tyner am Klavier und Naima im Herzen von John ersetzt hatte.

1965 und 1966 bildeten die Jahre, in denen Coltrane am meisten von seinem Forschungsdrang nach neuen Musikformen gequält wurde. Mehr als um den harmonischen Aspekt seiner Musik war er um den melodischen besorgt. Jetzt ließen die Melodielinien weitere entstehen, während die Akkorde diesen angepaßt waren.

Bei ihrer Erzählung dieser Monate der Erneuerung und Erforschung hat Alice

Mc Leod Coltrane daran erinnert, wie ihr Mann jede Art von Experimenten und Studien betrieb. Er hatte eine Art Weltkarte gezeichnet, der er Tonleitern und »modes« entnahm. Er machte Experimente mit den Obertönen (ein altes Steckenpferd von ihm) und mikrotonalen Intervallen und arbeitete an Klängen und Geräuschen. »Ich bin auf der Suche nach einem universalen Klang«, erklärte er seiner Frau.

»Einige seiner letzten Arbeiten sind keine musikalischen Kompositionen; ich will damit sagen, sie stützen sich nicht ausschließlich auf die Musik«, hat Alice berichtet. »Vieles in diesen Arbeiten hat mit Mathematik zu tun. Andere Dinge sind auf rhythmische Strukturen und die Kraft der Wiederholung gestützt, wieder andere auf natürliche Prinzipien. Er hat immer gedacht, daß der Klang die erste Äußerung der Schöpfung ist und vor der Musik kommt.« Coltranes Forschungsarbeiten währten ununterbrochen und nahmen ganz Besitz von ihm. »Er beschäftigte sich Tag und Nacht mit Musik. Auch wenn er nicht auf seinem Instrument übte oder komponierte, dachte er an die Musik.«[9]

In der »Down-Beat«-Rezension der »Coltrane live at the Village Vanguard again!«-LP, die 1966 während des erwähnten Engagements mitgeschnitten wurde, bemerkte Pete Welding: » . . . Coltrane hat sich beharrlich bemüht, eine totale Abstraktion in der Musik zu erreichen. Jetzt ist seine Musik in der Tat mehr denn je eine Freisetzung psychischer Kraft, eine unheilvolle Büchse der Pandora voller Emotionen, wenn ihr so wollt, in der man einen läuternden Impuls erkennt . . . Diese Musik ist von einer ungeheuren Kraft belebt, oft eher häßlich und brutal als schön, aber stets intensiv und zutiefst ehrlich.«[10]

In dieser Zeitspanne von Coltranes Tätigkeit scheint der Beitrag von Pharoah Sanders entscheidend zu sein. Als Schüler mit einer bemerkenswerten Persönlichkeit bringt er in den im Grunde spiritualistischen Vortrag seines Meisters eine erbitterte, irdische Note; er ist derjenige, der dem Ritual, in dem nunmehr ein Großteil der Darbietungen der Gruppe abläuft, den langgezogenen Schrei eines verwundeten Tieres hinzufügt. Sanders wechselt sich nicht mit Coltrane ab, er arbeitet mit ihm nicht im Geist der Sympathie, die Tyner und Jones bewiesen hatten, welche Coltranes starke Aussage unterstützten und ergänzten. Sanders ist vielmehr ein Gesprächspartner, der sich in eine dialektische Beziehung zu ihm stellt, obwohl er von analogen Beweggründen geleitet wird. »Pharoah ist ein Mann von großer geistiger Kraft«, hat Coltrane von ihm gesagt. »Er ist immer auf der Suche nach der Wahrheit. Er strebt danach, es seinem Geiste möglich zu machen, seine Handlungen zu leiten. Er ist ein Mann, der außer allem anderen Energie und eine anständige Gesinnung besitzt und geradeswegs zum Wesentlichen vordringt. Die Kraft, mit der er spielt, gefällt mir ganz besonders. Darüber hinaus gehört er zu den Erneuerern, und ich schätze mich glücklich, daß er sich bereit erklärt hat, mir zu helfen und zu meiner Gruppe zu stoßen.«[11]

Nach seiner Japantournee drosselte John seine Tätigkeit fühlbar. Zunächst einmal sagte er eine Konzertreise in Europa ab, die für den Herbst geplant und praktisch schon ausgearbeitet war; dann sprach er gemeinsam mit seiner Frau von einer möglichen Afrikareise. Von Zeit zu Zeit gab es vereinzelte öffentliche Auftritte, so als ob er die bereits kursierenden Gerüchte über seine Rückzugsabsichten und seinen schlechten Gesundheitszustand dementieren wollte. Unter anderem spielte er in einem Konzert mit Ornette Coleman im Village. Schallplattenstudios betrat er zum letzten Mal im Februar und im März des Jahres 1967.

Es war vom Schicksal bestimmt, daß die Aufnahmen dieser Sitzungen erst nach seinem Tode veröffentlicht werden sollten. Dieser ereilte ihn unerwartet am 17. Juli 1967 in einem Krankenhaus von Huntington auf Long Island. John Coltrane war einen Tag vorher wegen Leberkrebs eingeliefert worden. Nicht einmal seine nächsten Angehörigen, denen er seine Schmerzen immer verheimlicht hatte, waren darauf gefaßt, daß er am Ende sein könnte.

Die Leute, die in den Tagen nach seinem Tod eine Bilanz seines Jazz-Beitrages zu ziehen versuchten, gerieten bei der Wertung seiner letzten musikalischen Entwicklungen in Verlegenheit. Es war ziemlich offensichtlich, daß Coltrane in den letzten Monaten eine Übergangszeit durchgemacht hatte, daß seine Forschungsarbeit ihn weiter und vielleicht in eine andere Richtung gebracht hätte, aber wohin? Er selber hatte während der stürmisch bewegten Zeit, in der er scheinbar wieder alles in Frage stellen wollte, erklärt, daß er seinen Weg keineswegs für abgeschlossen hielt: »Es gibt niemals ein Ende. Es gibt immer neue Klänge, die man sich vorstellen und neue Empfindungen, die man experimentieren kann. Und es besteht die Notwendigkeit, diese Empfindungen und Klänge immer weiter zu läutern, um soweit zu kommen, daß wir das, was wir entdeckt haben, im reinen Zustand sehen können. Um mit größerer Klarheit erkennen zu können, was wir sind. Nur so gelingt es uns, dem Zuhörer das Wesentliche, das Beste von dem, was wir sind, zu geben.«[12]

Diese Worte können den Schlüssel zum besseren Verständnis von Coltranes letzten, posthum erschienenen Werken bilden, welche zeigten, daß er wirklich im Begriff war, eine neue Richtung einzuschlagen oder, besser gesagt, seine Musik von den Schlacken zu reinigen, die Klänge und Empfindungen zu läutern, genau wie er es sich vorgenommen hatte.

»Expression« und »Interstellar space« sind die Platten, die bei den letzten Aufnahmesitzungen des Saxophonisten zustande gekommen sind. Sie enthalten einige der schönsten Dinge, die er uns hinterlassen hat. Vor allem »Ogunde« und »To be« aus dem ersten dieser Alben scheinen eine radikale Wende anzudeuten; wegen der strengen Suche nach reinen Formwerten und der intellektualistischen Verknappung des Klangmaterials (wir denken hierbei an »To be«, wo Coltrane Flöte und im Duett mit der Pikkoloflöte von Sanders spielt) kann man geradezu von – natürlich zutiefst negroider – Kammermusik reden. Hier und dort sind sogar impressionistische Andeutungen zu spüren. Auf der Platte »Interstellar space« – hier wird Coltrane nur von dem Schlagzeuger Rashied Ali begleitet (welcher ihn in bewundernswerter Weise unterstützt und sich dabei fern von allen traditionellen Schablonen hält) – und auf anderen Stücken der »Expression«-LP findet sich wieder ein Coltrane, der seiner kürzlichen Vergangenheit als Anhänger des Free Jazz treuer bleibt; dennoch merkt man seinen Wunsch, den musikalischen Vortrag essentieller und konzentrierter zu gestalten und zum Wesentlichen vorzudringen.

»Interstellar space« ist eine der besten unter den vielen Schallplatten, die auf Initiative von Alice Coltrane Jahre nach dem Tode ihres Mannes veröffentlicht wurden. Um der Wahrheit die Ehre zu geben, muß festgestellt werden, daß nicht alles aus dieser posthum herausgebrachten Produktion, die vor allen Dingen zahlreiche Live-Mitschnitte enthält, auf der Höhe der früher gehörten wertvollen Aufnahmen steht. Aber neben den nicht gelungenen Titeln (so einer erschreckend schlechten Einspielung, wie es die Platte »Infinity« ist, die Alice dadurch produzierte, daß sie ein eigenes und sehr hoch hinauswollendes Arrangement, das von einer kleinen Streicherformation ausgeführt wurde, über alte Aufnahmen von Johns Gruppe legte . . .) gibt es auch Aufnahmen, die höchste Aufmerksamkeit verdienen. Auf der LP »Selflessness« beispielsweise sind zwei glänzende Versionen – eingespielt beim Newport-Festival von 1963 – von »My favorite things« und »I want to talk about you«, während das modale »Transition« aus dem gleichnamigen Album (in dem es auch eine bemerkenswerte lange »Suite« gibt, die in ihrer Eingebung und Gestaltung an »A love supreme« erinnert) sicher eines der Meisterwerke des Quartetts bildet. Dieses letzte Stück wurde im Frühjahr 1965 eingespielt, als das Quartett bereits kurz vor seiner Auflösung stand. Die »Concert in Japan«-Platte dokumentiert die schon erwähnte Tournee und spiegelt den typischsten Coltrane der »Free«-Periode wider.

In den siebziger Jahren begegnet man Coltranes Musik nicht nur auf seinen früher oder später herausgegebenen Schallplatten[13], sondern sie findet sich überall, im Stil der überwiegenden Mehrheit der Saxophonisten – von denen viele seinem Beispiel auch darin gefolgt sind, daß sie das Sopransaxophon übernommen haben – und in der Anlage vieler Ensembles in Jazz und Rock, die wenigstens teilweise die Formeln seiner Gruppen wiederaufgenommen haben. Tatsächlich haben außer Coltranes Stil als Saxophonist auch seine modalen Konzeptionen sowohl im Jazz als auch im Rock Schule gemacht, desgleichen seine besondere Art von Mystizismus (die sich bei seinen Anhängern tausendfach gezeigt hat, unter anderem durch Pilgerfahrten nach Indien und die seltsamsten und schwülstigsten Kostümierungen) sowie seine Vorliebe für Musikarten aus ferngelegenen Kulturbereichen.

Diejenigen, die Coltranes Weisungen am genauesten befolgt haben, sind offenbar seine engsten Mitarbeiter aus seiner fruchtbarsten Schaffensperiode: Mc Coy Tyner und Elvin Jones, in deren erfolgreichen Gruppen der siebziger Jahre Coltranes Einfluß stets gegenwärtig ist, ferner vor allem Alice Coltrane und Pharoah Sanders, welche auch von Johns besonderer Religiösität und seinem Hang zum Fremdartigen stark beeinflußt wurden.

Nur wenige der Instrumentalisten, die in unterschiedlichem Maße an Coltrane angeknüpft haben, wußten ein persönliches Wort zu sagen. Unter diesen sollten außer Sanders der Argentinier Gato Barbieri und Wayne Shorter, der besonders als Sopransaxophonist hervorgetreten ist, erwähnt werden.[14]

Ornette Coleman

Um 1960 war Ornette Coleman Gegenstand einer lebhaften Auseinandersetzung unter Jazzleuten, unter Musikern und Kritikern. Die einen schworen, er sei der bedeutendste Erneuerer nach Charlie Parker, und stritten mit den anderen herum, die annahmen, dieser schüchterne junge Neger aus Texas wisse einfach nicht einmal, was er mache. Nur er selber geriet nicht aus der Fassung. Ihn schmerzten lediglich die aufgekommenen Mißverständnisse bezüglich seiner Musik, die viele Leute hartnäckig weiter nach ästhetischen Grundsätzen und Regeln beurteilten, die Coleman absichtlich verworfen hatte.

Ornette hätte es gewohnt sein müssen, mißverstanden und ausgelacht zu werden, denn das war jahrelang sein Schicksal gewesen (einer seiner Orchesterchefs war soweit gegangen, ihn zu bezahlen, damit er nur ja nicht spielte . . .), doch Unverständnis hat er nie verwinden können, auch nicht, nachdem die durch seine ersten Platten ausgelöste Explosion eine Zerrüttung in der afro-amerikanischen Musik hervorgerufen hatte. Er spielt – das hat er mehr als einmal gesagt – um die Menschen zu erfreuen und um das auszudrükken, was er in sich fühlt, und das Unverständnis anderer verbittert ihn. »Es heißt, daß meine Musik dem Publikum nicht gefällt«, wiederholt er mit bekümmerter Miene, wenn er nach dem Grund für die Seltenheit seiner öffentlichen Auftritte gefragt wird, und es wird deutlich, daß er diesen Grund nicht einzusehen vermag.

Und doch scheint es heute klar, daß seine Anhänger der ersten Stunde vollkommen recht hatten. Zusammen mit John Coltrane und – in geringerem Maße – Cecil Taylor ist Ornette Coleman einer der letzten großen Schöpfer des Jazz gewesen, und er war derjenige, der nach Parker den größten Einfluß auf die Entwicklung der afro-amerikanischen Musik ausgeübt hat. Der Pianist Paul Bley, der gemeinsam mit ihm in Los Angeles arbeitete, hat die Bedeutung seines Beitrages folgendermaßen zusammengefaßt: » . . . Ornette hat mit einem Schlag ein Problem gelöst, das zehn Jahre lang immer schwieriger geworden war. Das Problem nämlich, wie man es machen soll, die Jazz-Improvisation interessanter zu gestalten. Bird war ein Instrumental-Virtuose, der über den Akkorden spielte, und nach ihm kamen Dutzende weiterer Virtuosen. Es gab nichts mehr, was man über den Themen von Songs hätte spielen können. Es war nur noch ein Schema eines Songs von zweiunddreißig Takten übriggeblieben, und wir konnten über irgendwelche Takte improvisieren, die bis zum äußersten ausgelaugt worden waren. Ornette hat uns hingegen gelehrt, daß man nach dem Ende eines Stückes auch nur über einem seiner Zentren spielen kann. Er schrieb absichtlich Themen, die nicht aus zweiunddreißig Takten bestanden, welche in Akkordfolgen gleicher Länge unterteilt waren. Diese Stücke schienen tonal, aber dann bemerkte man, wenn man aufpaßte, die Unregelmäßigkeit der Anzahl der Takte und viele andere Dinge. Seine Stücke enthielten keine klare harmonische Struktur, auch wenn es in mehreren Fällen so aussah, als ob sie eine hätten. Ferner hat Ornette unter Nichtbeachtung des Aufbaus der Chorusse den improvisierenden Musikern die Möglichkeit gegeben zu atmen, wenn sie wollten, zu denken, was sie wollen, und sich nach ihrem Geschmack um den harmonischen Verlauf wenig oder viel zu kümmern.«[1]

Bevor einige Leute beschlossen, Ornettes revolutionäre Musik einem breiten Publikum zur Kenntnis zu bringen, führte dieser ein gequältes Leben und erlitt Demütigungen aller Art. Er wurde am 10. März 1930 als Kind einer armen Familie in Fort Worth in Texas geboren. Seine Mutter war Näherin, und sein Vater starb, als er noch ein Kind war. Im Alter von vierzehn Jahren begann er ein Saxophon zu spielen, das seine Mutter ihm geschenkt hatte, und kurz darauf wurde er in mittelmäßigen Rhythm and Blues-Bands erstmals beruflich tätig. Wie es die Mode damals verlangte, machte er beim Spielen Verrenkungen, schnitt Grimassen, richtete das Saxophon gegen die Decke und hüpfte manchmal auf den Tischen. So versuchte er, den Stil einiger berühmter »honkers«, wie Arnett Cobb und Big Jay Mc Neely, zu imitieren. Was die Lokale anbetrifft, in denen er in Fort Worth auftrat, so handelte es sich in den meisten Fällen um verrufene Spielhöllen; einmal gab es in einem eine Schlägerei mit tödlichem Ausgang, während er spielte. Dennoch lernte er an diesen Orten auch gute Musiker kennen, und einer, der ihn besonders beeindruckte, war ein gewisser Red Connors, der – wenn man dem Glauben schenken darf, was Ornette erzählt hat – gegen Mitte der vierziger Jahre eine Musik spielte, die der ähnelte, welche John Coltrane und Sonny Rollins erst viel später bieten sollten. Connors machte den jungen Saxophonisten mit den besten Bebop-Platten bekannt und brachte ihm den Unterschied zwischen »ernstem« Jazz und der Sorte von Musik bei, die er spielen mußte. »Ich dachte, das sei das Größte, was es nach Bach zu hören gab«, gestand Coleman später. Trotzdem konnte er sich damals den Luxus nicht leisten, die Musik aufzugeben, mit deren Hilfe er sich durchschlug. In jenen Tagen wurde es für ihn sogar schwierig, irgendeine Beschäftigung zu finden, so daß er sich glücklich fühlte, als er die Möglichkeit erhielt, in eine der damals noch tätigen letzten Minstrel-Shows einzutreten. Es war eine der Truppen, die unter dem einst so glorreichen Zeichen von Silas Green umherzogen und besser »Carnival shows« genannt werden sollten. Mit dieser Gruppe spielte Coleman an verschiedenen Orten des Südens und Südwestens.

Nach seiner Ankunft in Natchez im Staat Mississippi erhielt Coleman die Möglichkeit, eine Platte mit drittrangigen Musikern einzuspielen, aber er hatte auch das Pech, seine Stelle zu verlieren. Sein Orchesterleiter warf ihn hinaus, weil er erfahren hatte, daß er versucht hatte, einem Kollegen den Bebop beizubringen. Ornette konnte die Stadt verlassen, als es ihm gelang, eine Anstellung in einem Rhythm and Blues-Ensemble unter Leitung von Clarence Samuels zu finden. Mit diesem kam er nach Baton Rouge in Louisiana und blieb dort stecken. Er mußte dableiben, weil er das Opfer eines Überfalls geworden war. Einigen Kerlen hatte seine Art zu spielen nicht gefallen. Sie holten ihn weg von seinem Arbeitsplatz, traktierten ihn mit Fausthieben und Fußtritten und zerschmetterten sein Saxophon. So blieb ihm nichts anderes übrig, als sich in das nahegelegene New Orleans zu begeben und einen Freund, den Klarinettisten Melvin Lassiter, um Hilfe zu bitten. Dieser beherbergte ihn und gab ihm das Altsaxophon seines Bruders, damit er arbeiten oder doch wenigstens üben konnte. »Damals, als ich in Melvins Haus war«, hat Ornette berichtet, »habe ich angefangen zu blasen, wie ich es heute zu tun versuche. Was Don (Cherry) und ich später spielten, habe ich damals im Jahre 1949 mit Melvin geblasen.«[2]

Die sechs Monate in New Orleans waren schwierig. Seine Spielweise gefiel nicht einmal den modernen Musikern, und Engagements gab es keine. Um sein Brot zu verdienen, mußte er tagsüber jede Art von Arbeit annehmen. Dann traute er seinen Ohren nicht, als er hörte, daß einer seiner früheren Arbeitgeber aus Fort Worth namens Pee Wee Crayton, der Ende 1949 nach New Orleans kam, einen Platz für ihn in seinem Orchester hatte, das sich auf dem Wege nach Los Angeles befand.

Die große Stadt in Kalifornien wurde sein Domizil für die nächsten neun Jahre, abgesehen von einer achtzehnmonatigen Unterbrechung zwischen 1952 und 1954, während derer der entmutigte Ornette vergeblich Glück in seiner Heimatstadt suchte. Denn auch Los Angeles zeigte sich sofort feindselig, und in den ersten Monaten, als er in einem schäbigen kleinen Hotel wohnte, in dem Negermusiker lebten, konnte er nur mit Hilfe der Lebensmittelkonserven überleben, die ihm seine Mutter schickte.

Im Lauf der Zeit fand er Freunde. Einer der ersten und engsten wurde der Schlagzeuger Eddie Blackwell, den er in New Orleans getroffen und dann in seinem Hotel wiedergesehen hatte; ein anderer war der Trompeter Bobby Bradford, den er seit der Zeit in Texas kannte, und noch ein weiterer James Clay, ebenfalls Texaner und Saxophonist, welcher ihn mit Don Cherry, einem ganz jungen Trompeter aus Oklahoma, bekannt machte. Von befriedigenden Engagements war nicht im entferntesten die Rede; eines der dauerhaftesten wurde ihm von einem mexikanischen Lokal angeboten, in dem er wiederum Rhythm and Blues zum Tanz für die Gäste spielen mußte. Als er ganz niedergeschlagen diese Stelle aufgab, mußte er sich zu irgendwelchen Arbeiten bequemen, die mit Musik nichts zu tun hatten. Er brauchte dringend Geld, weil er jetzt auch für den Unterhalt seiner jungen Frau Jayne und ihres gemeinsamen kleinen Kindes zu sorgen hatte. So arbeitete er als Babysitter, Pförtner und zweieinhalb Jahre lang als Fahrstuhlführer in einem Kaufhaus. Immer wenn es ihm gelang, den Aufzug an einem Stockwerk anzuhalten, sobald der Publikumsandrang aufhörte, vertiefte er sich in die Lektüre irgendeines Buches, um seine Musikkenntnisse zu vertiefen, da er ganz autodidaktisch ohne Hilfe von Lehrern gelernt hatte.

Oft erschien Coleman mit seinem Instrument in einem Lokal voller Hoffnung, daß ihn die Musiker ein bißchen mitspielen ließen, doch manches Mal durfte er keine einzige Note blasen. Man kannte ihn vom Hörensagen und betrachtete ihn als einen unfähigen Musiker, der auf jeden Fall daneben spielte und noch nicht einmal wußte, was Harmonien sind. Zu allem verliehen ihm seine langen Haare und sein Bart, damals nur selten getragen, ein sonderbares Äußeres. »Er sah aus wie eine Art schwarzer Christus«, hat Cherry gesagt.

Sein kleiner Anhang von befreundeten Musikern vergrößerte sich allerdings weiter. Zu einem bestimmten Zeitpunkt gesellte sich Billy Higgins dazu, ein Schlagzeuger am Anfang seiner Laufbahn, der bald von Blackwell protegiert wurde. Dann kamen der Bassist Don Payne und der Pianist Walter Norris, und man konnte von einer wirklichen Arbeitsgruppe reden, die oft zu Proben in einer Garage und auch zu einigen Engagements zusammenkam. Orchesterchef war jedoch nicht Ornette, sondern Cherry. Indessen waren alle wenig befriedigt.

Das Glück erreichte Coleman in Gestalt des Bassisten Red Mitchell, welcher Gelegenheit erhielt, ihn in Paynes Wohnung zu hören, nachdem dieser ihn herbeigerufen hatte, um seine Meinung über die Verkaufsmöglichkeiten der gemachten Musik zu erfahren. Mitchell war zwar von Ornette als Saxophonist nicht überzeugt, fand aber seine Kompositionen interessant und schlug ihm vor, einige davon Lester Koenig, dem Inhaber der Plattenfirma Contemporary, vorzulegen. Als Coleman jedoch vor Koenig stand, war er nicht in der Lage, seine Kompositionen am Klavier vorzuspielen, auf dem er nur ein bißchen klimpern konnte, und machte sich daran, sie ganz allein auf dem Saxophon zu spielen. Er wurde stehenden Fußes als Komponist, Solist und Leiter einer Gruppe verpflichtet, und das wenig später entstandene Plattenalbum vom Februar und März 1958 unter dem Titel »Something else!!!« (»Etwas anderes!!!«) eröffnete den Jazzleuten neue und ungeahnte Horizonte.

Trotz ihres sensationellen Titels und des Interesses, das die Platte bei den Kritikern auslöste, erntete sie keinen Erfolg. Jedenfalls trug sie nicht dazu bei, Ornette Arbeit zu verschaffen. Im darauffolgenden Jahr vermochte er bloß ein einziges Engagement von sechs Wochen Dauer für einen Hungerlohn zu finden. Von diesem Engagement in einem Quintett unter Führung von Paul Bley im Hillcrest Club in Los Angeles (mit Cherry, Higgins und dem Bassisten Charlie Haden) ist eine interessante Dokumentation in Gestalt einer Platte erhalten geblieben, welche von einem zufälligen Mitschnitt produziert und Jahre später veröffentlicht wurde.

Zwischenzeitlich hatte sich Coleman die Wertschätzung eines anderen einflußreichen Jazzmusikers, des Bassisten Percy Heath, erworben, der wie Mitchell von Don Payne zu einer Hörprobe eingeladen worden war. Einige Monate danach sollte sich der Saxophonist an das bei dieser Gelegenheit ausgesprochene Lob erinnern. Als er nämlich eine zweite LP für Contemporary aufnehmen mußte, begab er sich nach San Francisco, wo sich Heath mit dem Modern Jazz Quartett aufhielt, und bot ihm an, bei der Aufnahmesitzung mitzumachen. So wurde er auch von John Lewis gehört, welcher von nun an sein eifrigster Anhänger wurde. Heath willigte nicht nur darin ein, an der Aufnahme einiger Stücke teilzunehmen, die zusammen mit anderen Titeln unter Mitchells Mitwirkung und dem Titel »Tomorrow is the question!« herausgegeben wurden, sondern sprach wegen des Saxophonisten auch bei Nesuhi Ertegun, dem Inhaber der Plattenmarke Atlantic, vor. Dieser überzeugte sich persönlich davon, daß das Lob verdient war, bot Ornette einen Vertrag für ein paar Platten an und sorgte dafür, daß sowohl er als auch Cherry ein Stipendium erhielten, damit sie das Seminar besuchen konnten, das im Sommer 1959 unter Leitung von John Lewis an der School of Jazz in Lenox abgehalten wurde.

Nur zu sagen, daß die beiden in jenem Sommer sensationell gewirkt haben, wäre zu wenig; denn sie verblüfften und begeisterten einige der berühmtesten Leute aus der Jazzwelt, die sich in überschwenglichen Lobeshymnen ergingen. In einem Bericht für »The Jazz Review« scheute Martin Williams keine Übertreibungen: »Ich glaube wirklich (und ich bin darin weder der einzige noch ist es etwas besonders Originelles, daß ich so denke)«, schrieb er aus Lenox, »daß das, was Ornette Coleman auf dem Altsaxophon spielt, den eigentlichen Charakter des Jazz tief und weitgehend beeinflussen wird . . . Als er am ersten Schultag aufstand, um in dem großen Orchester ein Solo zu blasen, wurde ich erobert. Es war, als ob er etwas in meiner Seele und gleichzeitig einen neuen Weg für die Entwicklung der Jazzmusik eröffnet hätte.«[3]

Dann begannen die Diskussionen der Musiker und Musikwissenschaftler über diesen seltsamen Jazz, der trotz der ihm eigenen Uneinheitlichkeit des melodischen Vortrages und der geringen Beachtung der von allen akzeptierten Regeln außerordentlich konsequent und logisch schien. Ornette half ihnen nicht sonderlich bei ihren Bemühungen um Definitionen. Er spielte instinktiv und hatte keine Theorie, um das zu rechtfertigen, was er machte: »Bevor ich anfange zu spielen, weiß ich nicht mehr als die anderen, wie das aussehen wird, was ich spiele«, sagte er in Lenox. Später erklärte er ganz einfach: »Ich behaupte, daß es keine richtige Art gibt, Jazz zu spielen. Einige der zu meiner Musik abgegebenen Kommentare haben mich davon überzeugt, daß der einst so kühne und revolutionäre moderne Jazz in vieler Hinsicht eine recht konventionelle und reglementierte Sache geworden ist. Ich und die Mitglieder meiner Gruppe sind jetzt dabei, eine neue und freiere Jazz-Konzeption zu suchen, eine, die sich fern von den Klischees und all dem hält, was im modernen Jazz Konvention ist.«[4]

Die Konventionen, von denen sich Colemann und seine Leute fernhielten, waren die harmonischen, rhythmischen und strukturellen Prinzipien, die von den Jazzmusikern bis dahin streng eingehalten worden waren. Doch fiel es niemandem leicht, die neuen Regeln herauszufinden, welche die Musik des Saxophonisten ordnen, zumal sein solistischer Vortrag streckenweise tonal (oder genauer: ungefähr tonal), häufiger polytonal oder auch atonal wirkt, während der strukturelle Aufbau seiner Stücke sehr frei und vielfältig ist. »Ornette ist ein pantonaler musikalischer Denker«, hat George Russell geäußert und dann hinzugefügt: » . . . Er scheint beim Improvisieren seiner Melodielinien vor allem von der allgemeinen Tonalität eines Themas abzuhängen . . .«[5]

In Wirklichkeit geht der Saxophonist aus Texas nicht vollständig von Tonalität und Akkorden ab (wie sie beispielsweise in der Musik von »Something else!!!« klar erkennbar sind), sondern verwendet beides mit größter Bedenkenlosigkeit und gibt es preis, wenn er dies für angebracht hält. Das gleiche läßt sich auch von der Anlage der Phrasen sagen, welche nicht in einem streng symmetrischen, strophischen Aufbau Ausdruck finden, vielmehr eine neue, mehr oder weniger freie Struktur schaffen, die weitläufig mit den allgemein verwendeten Jazz-Strukturen verwandt ist. Frei ist auch das rhythmische Pulsieren, das die Phrasen stützt und abzeichnet und nach Colemans Auffassung keinen starren Schemen folgen darf, sondern die Natürlichkeit des menschlichen Atmens besitzen soll.

» . . . Colemans musikalische Konzeption«, hat Don Heckman geschrieben, »erinnert an die von indischen Musikern befolgten Methoden. Anstatt sich jedoch der ›raga‹ zu bedienen (einer Art von Tonleitern in der indischen Musik), benutzt Coleman seine Themen, um Wesen und Richtung seiner Improvisationen zu bestimmen.«[6] Martin Williams auf der anderen Seite bemerkte: »Er ›durchbricht‹ oder ›erweitert‹ nicht so sehr existente Formen, als er jedes Stück seine eigene Form annehmen läßt, wie seine Inspiration es verlangt, wobei frühere Formen als eine allgemeine Quelle im Hintergrund stehen.«[7]

Ebenso unbedenklich wirkt Coleman hinsichtlich der Tongebung. Seine Musik kann wegen seiner weitgehenden Verwendung von Mikrotönen nämlich nicht oder höchstens in ihrer Tendenz diatonisch genannt werden. Nicht umsonst spricht Ornette statt von Noten lieber von »pitches«, also von der Höhe der verschiedenen Klänge.

Trotz ihrer großen Freiheit in Gestaltung und Aufbau und ihrer absoluten Originalität schien niemandem Ornette Colemans Musik trocken-experimentell oder verdreht zu sein. Sie setzte sich im Gegenteil (außer natürlich bei den Leuten, die sie unwiderruflich verdammen und als schlechthin »verfehlt« verurteilen) sogleich wegen ihres starken Pathos durch, das sie ausdrückt und das manchmal an Angst grenzt. Nicht zu Unrecht erkannten viele in dem Spiel, das aus seinem Saxophon tönt, Anklänge an die menschliche Stimme.

Selbstverständlich setzt eine derartige Musikauffassung (Ornette hat mehrfach von »Schöpfung des Augenblicks« geredet, die für ihn die typischste Art ist, Jazz zu erzeugen) bei allen Ausführenden ein tiefes gegenseitiges Verständnis voraus, das nur über eine lange Arbeitserfahrung zu erreichen ist. Aus diesem Grund hat Ornette auf eine kleine Zahl von Mitarbeitern zurückgegriffen, denen er durch enge Freundschaft verbunden ist. »Ich sage den Mitgliedern meiner Gruppe nicht, was sie machen sollen«, hat er erklärt. »Ich überlasse es jedem, sich so auszudrücken, wie er will. Die Musiker genießen vollkommene Freiheit, und deshalb hängt das Endergebnis, das wir erzielen, natürlich von den musikalischen Fähigkeiten, den Emotionen und dem persönlichen Geschmack eines jeden einzelnen ab. Bei uns ist alles Gruppenarbeit, und nur deshalb, weil zwischen uns eine gewisse Beziehung besteht, nimmt unsere Musik bestimmte Formen an.«[8]

Nach seinem Erfolg in Lenox mußte es dazu kommen, daß Ornette sich fest in New York niederließ. Außer seinen übernommenen Einspielungsverpflichtungen für Atlantic, für die er bereits sechs Titel im Mai und weitere im Oktober aufgenommen hatte, rief ihn ein Engagement im Five Spot, das ihm Martin Williams besorgt hatte, in diese Stadt. So debütierten Coleman und Cherry gemeinsam mit Charlie Haden und Billy Higgins November 1959 in dem beliebten Jazzlokal in Manhattan. Sie riefen die widersprüchlichsten Reaktionen bei dem Publikum und den Musikern hervor. Man erinnert sich an begeisterte Kommentare gewisser einflußreicher Persönlichkeiten, aber auch an die Entrüstung anderer. Eines Abends pflanzte sich Dizzy Gillespie mit verschränkten Armen vor dem Quartett auf und fragte schließlich mit angewiderter Miene: »Aber meint ihr das denn wirklich ernst?«

Daß sie es ernst meinten, schien Nesuhi Ertegun außer Zweifel zu stehen. Er gab den beiden ersten Platten des Quartetts auf Atlantic feierlich prophetische Titel: »The shape of jazz to come« (»Die Form des Jazz der Zukunft«) und »Change of the Century« (»Der Wechsel des Jahrhunderts«). Mäßiger wurde er erst, als er das dritte Plattenalbum unter dem Titel »This is our music« (»Das ist unsere Musik«) erscheinen ließ. Dieses wurde von einem neuen Quartett eingespielt, in dem Eddie Blackwell den Platz von Billy Higgins einnahm.

Nach Herausgabe all dieser Platten (jede stellte gegenüber der vorhergehenden einen Fortschritt dar) wurden die Diskussionen um Colemans neuen Jazz hitziger. Das Wort »Freiheit« kam immer häufiger in den Schriften und Reden der zuständigen Personen vor, und die Aufnahmen der Quartette des texanischen Saxophonisten wurden zum Gegenstand eingehender Analysen gemacht. Man sprach von einer kühnen Ausdehnung der Musik Parkers (doch verneinte Coleman stets, daß er von ihm ausgegangen sei, obwohl der Bebop-Einfluß in vielen seiner frühen Kompositionen-Ausführungen klar scheint), von »organisierter Desorganisation«, von »einer Art, falsch zu spielen, die richtig scheint« (diese letzteren Definitionen stammen von Charlie Mingus), von einer »abscheulichen Instrumentaltechnik« (Don De Micheal), aber es hieß auch, der aus Los Angeles gekommene Musiker sei der Urheber einer neuen Ära für die Jazzmusik.

Auch die seltsamen Instrumente, die Coleman und Cherry benutzten, bildeten einen Grund für Neugier und Kontroversen. Die beiden spielten ein weißes Altsaxophon aus Plastik beziehungsweise eine winzige und zerbeulte Trompete ehrwürdigen Alters, was dazu beitrug, der neuen Musik einen unverwechselbaren Klang zu verleihen.

Unter den schon aufgenommenen Stücken lobte man vor allem eine Art getarnten Blues mit dem Titel »The disguise«, ferner »Congeniality«, zwei weitere Titel mit Blues-Grundlage namens »Ramblin'« und »Tears« sowie schließlich eine angstgeladene Ballade »Lonely woman«, welche zusammen mit »Lorraine« und »Peace« zu den ersten getragenen Stücken mit feierlichem Begräbnischarakter gehörte, die ebenso wie die anschließenden Aufnahmen »Sadness« und »Broken shadows« in der Produktion herausragen sollten.

Die Monate nach Ornettes Erfolg in New York fanden ihn bei bedeutenden Unternehmungen, obwohl die Engagements nicht ununterbrochen aufeinanderfolgten, wie es der um ihn entstandene Lärm hätte erhoffen lassen können. Sein kleines Ensemble trat beim Jazz-Festival des Jahres 1960 in Monterey auf, gab auch im Mittleren Westen Konzerte und erneuerte sich etwas. Auf Don Cherry, der Jahre später nochmals bei einigen Gelegenheiten zu Coleman stoßen und in Europa eine eigene Karriere vor sich haben sollte, folgte Bobby Bradford. Dieser Musiker blieb mit Unterbrechungen bis 1962 bei Coleman und trat mit dem Quartett auch während eines erneuten Engagements von sechs Monaten im Five Spot auf. Dagegen lösten sich am Kontrabaß hintereinander der außerordentliche Scott La Faro (den man unter anderem in dem sehr schönen »The alchemy of Scott La Faro« bewundern kann), Jimmy Garrison und schließlich David Izenzon ab. Izenzon war ein sehr virtuoser Instrumentalist klassischer Vorbildung und gehörte zu einem Trio, das Coleman mit ihm und dem Schlagzeuger Charles Moffett Ende 1962 für ein Konzert in New Yorks Town Hall zusammenstellte.

618

Von andauerndem Interesse waren Colemans Plattenaufnahmen zwischen Dezember 1960 und Ende 1962. Darunter ist aus Gründen der zeitlichen Reihenfolge zunächst »Abstraction« zu nennen. Mit dieser seriellen Komposition beabsichtigte ihr Autor Gunther Schuller zu zeigen, wie die vorgerückteste (natürlich ganz aufgeschriebene) europäische Musik vollkommen mit der solistischen Improvisation Ornettes in Einklang zu bringen wäre. Allerdings machte erst die unmittelbar darauf folgende Einspielsitzung Geschichte, weil bei ihr das erste[9] Beispiel jener ganz frei improvisierten Musik entstand, die sich »Free Jazz« nannte und ein paar Jahre später, nachdem sie mit politisch-sozialen Bedeutungen aufgeladen und aggressiver geworden war, eine kurze Zeit lang als das »new thing« bezeichnet werden sollte.

Die damals produzierte Langspielplatte bekam eben den Titel »Free jazz« und stellte die überzeugendste Veranschaulichung von Ornette Colemans musikalischen Konzeptionen in ihrer radikalsten Ausdrucksform dar. Zur Aufnahme dieser Platte holte der Saxophonist zwei Quartette ins Studio, in die er außer seinen üblichen Mitarbeitern (Cherry, La Faro, Haden, Higgins und Blackwell) Freddie Hubbard als zweiten Trompeter und Eric Dolphy eingliederte, den er 1954 in Los Angeles kennengelernt und durch häufiges Zusammenspiel in Jam Sessions stark beeinflußt hatte. Bei dieser Gelegenheit spielte Dolphy nicht Altsaxophon, sondern Baßklarinette, ein weiteres Instrument, das er meisterhaft beherrschte. Die Mitglieder der beiden Quartette unter Leitung von Coleman beziehungsweise Dolphy gaben sich daran, mit der größten Freiheit und sehr oft gleichzeitig zu improvisieren. Lediglich einige kurze Ensemblepassagen waren vorher geschrieben worden und dienten als Anschlußpunkte für die Solisten, die von ihnen ausgingen und sich in spontane neue Erfindungen stürzten. »Das Wichtigste für uns war«, hat Ornette gesagt, »zusammen zu spielen, alle gleichzeitig, ohne daß sich der eine in das Spiel des anderen einmischte, und dabei genügend Spielraum für jeden Solisten zu lassen, damit er allein improvisieren und für die Dauer des Plattenalbums seine Idee verfolgen konnte. Wenn ein Solist etwas spielte, was mir eine gewisse Richtung oder eine musikalische Idee eingab, spielte ich sie hinter ihm in meinem Stil, während er das Solo weiter auf seine Art brachte.«[10]

Auf der »Free jazz«-Platte, die nach der anfänglichen Verwirrung die Begeisterung vieler Kenner hervorrief, gab Ornette die herkömmlichen harmonischen Auffassungen gänzlich auf und befreite sich von jeder Unterordnung unter Klangzentren. Stattdessen erweckte er die – eher heterophone als polyphone – Kollektivimprovisation des Jazz der Ursprungszeit zu neuem Leben und schuf damit gemeinsam mit seinen Mitarbeitern eine außerordentlich ausdrucksreiche und spannungsgeladene Musik, deren Strukturen unaufhörlich in einem ungestümen und andauernden Tonfluß (das Stück dauert 38 Minuten!) neu gebildet und sofort wieder zerstört werden, was eine schockierende Wirkung auf den Zuhörer ausübt. Jahre später wurde eine erste und viel kürzere Version dieser Kollektivimprovisation gefunden und zusammen mit weiteren unveröffentlichten Stücken unter dem Titel »First take« herausgegeben.

Die erste Phase von Colemans Laufbahn fand ihren Abschluß mit dem erwähnten Konzert in der Town Hall, das auch die Aufführung einer Eigenkomposition zeitgenössischer Musik europäischer Art mit einem Streicherquartett enthielt. Das Konzert war von Ornette selbst organisiert worden und wurde für eine ESP-Platte mitgeschnitten.

Dann verschwand der Musiker, der die Jazzwelt auf den Kopf gestellt hatte, aus dem Verkehr. Er zog sich in ein Kellergeschoß zurück, das von einem Händler als Lager für Geschirr benutzt wurde. Dort führte er ein armseliges Leben, bis er wegen Zahlungsrückstandes zur Räumung gezwungen wurde. Er beschäftigte sich auch mit Geigen- und Trompetenspielen, versuchte, seine musikalische Ausbildung zu verbessern, und lehnte hartnäckig jedes Arbeitsangebot ab.

Die Gründe für seine freiwillige Isolierung werden sich niemals herausstellen und waren vielleicht nichtmals Coleman selbst klar. Er fühlte sich gleichzeitig ausgebeutet und unverstanden, war aber wahrscheinlich auch von dem Aufsehen verängstigt, das man um ihn und seine Musik gemacht hatte[11]. Von Leuten, die ihn engagieren wollten, verlangte er übertriebene Beträge (das sollte er fast immer tun, auch wenn er dadurch zahlreiche Arbeitsmöglichkeiten verlor) oder wich aus und gab jedes Mal einen anderen Grund für seine Ablehnung an. Eine Zeitlang dachte er daran, selber ein Lokal zu eröffnen oder einen Musikverlag zu gründen, um der Ausnutzung durch die Berufsmanager zu entgehen, denen er immer mißtraut hat. Doch keiner der beiden Pläne wurde verwirklicht, denn sein Geschäftssinn war gleich Null und sollte es bleiben.

Endlich, und zwar fast genau zwei Jahre nach seinem öffentlichen Auftritt, entschied sich Coleman, ein Angebot des Village Vanguard anzunehmen. Dort erschien er mit dem Trio, das er für das Town Hall-Konzert gebildet hatte, und war auch erstmalig als Violinist und Trompeter zu hören. Cherry und Bradford, seine geschätzten Trompeter, waren inzwischen weit weg, und Ornette empfand die Notwendigkeit, den Kreis der ihm zur Verfügung stehenden Instrumente zu erweitern.

Seine Rückkehr wurde von den Kritikern begeistert begrüßt. Sie wiesen darauf hin, wie sehr seine Musik gereift sei. Nur seine Technik beim Geigen- und Trompetenspielen wurde getadelt, weil sie damals wie heute ungenügend ist. Doch braucht er den harten und unförmigen Klang seiner Trompete und die schauerlichen Dissonanzen, die er aus seiner Geige herausholt, um seiner Musik neue Dimensionen zu verleihen, weil diese auch schreien und den Zuhörer mit Gewalt angreifen will.

Im Juni 1965 wurde Coleman in ein neues, anregendes Abenteuer hineingezogen. Der Regisseur Conrad Rooks gab ihm die Begleitmusik zu seinem avant-gardistischen Film »Chappaqua« in Auftrag. Ornette sollte mit seinem Trio und einer Formation aus Streichern und Bläsern sowie Pharoah Sanders als zusätzlichem Solisten über einem Orchesterhintergrund aus der Feder von Joseph Tekula improvisieren. Die eingespielte Musik wurde zwar nicht für den Film verwendet, aber als »Chappaqua suite« von der französischen CBS veröffentlicht. Die beiden entsprechenden Langspielplatten gehören zu den überzeugendsten Zeugnissen der Kunst von Ornette Coleman, welcher mit leidenschaftlicher Hast und aufreibender Hitzigkeit improvisierte.

Einige Wochen später faßte der Saxophonist den Entschluß, den Atlantik zu überqueren, um Arbeit und Anerkennung in Europa zu suchen. Er hatte seinen Besuch nicht vorher angekündigt und beabsichtigte auch nicht, die Dienste irgendeines Agenten in Anspruch zu nehmen. Da er niemandem traute, wollte er alles allein machen und wegen des Ansehens, das ihm seine Platten in der Alten Welt eingebracht hatten, wurde es leicht für ihn, sogar bedeutende Engagements zu bekommen. Izenzon und Moffett stießen zu ihm, und das recht bewegte Debüt erfolgte in einem Konzert in der Fairfield Hall in Croydon bei London. In den anschließenden Monaten erlebte man Coleman an den verschiedensten Orten, zum Beispiel beim Jazz-Festival in Lugano, in Paris und lange in Stockholms Lokal »Gyllene Cirkeln«. Sein Zylinderhut in der Art des 19. Jahrhunderts und sein seltsamer Aufzug beschäftigte die Reporter auf der Suche nach Kolorit.

Von diesem abenteuerlichen Umherziehen kreuz und quer durch Europa, das mit verschiedenen Auftritten in England sein Ende fand, ist eine reichhaltige Dokumentation in Form von vier ausgezeichneten Platten übriggeblieben. Zwei verweisen auf das Debüt im Konzert von Croydon (»An evening with Ornette Coleman«) und zwei auf das Stockholmer Engagement (»The Ornette Coleman Trio at the Golden Circle-Stockholm«). Das trostlose, wie eine Halluzination wirkende »Sadness« – in dem man auch Izenzos Spiel am gestrichenen Baß bewundern kann – »The clergyman's dream«, »Doughnuts«, »The riddle« – erstaunlich wegen der großen Vielfalt der Tempi, welche nach fast telepathischen Kollektiventscheidungen spontan geändert werden – das schnelle und dissonierende »Falling stars« sowie »Snowflakes and sunshine« (in den beiden letztgenannten Stücken spielt Ornette mit Ungestüm sowohl Geige als auch Trompete) gehören zu den besten Titeln auf diesen aufsehenerregenden Platten.

Nach seiner Rückkehr in die USA und einem erneuten Auftreten im Village Vanguard entfaltete Ornette eine unregelmäßige Tätigkeit und nahm auch ein paar interessante Platten auf. Die erste davon, die seine Rückkehr in ein Plattenstudio nach vierjähriger Unterbrechung darstellte, erhielt den Titel »The empty foxhole« und wurde von einem Trio mit Haden und seinem zehnjährigen Sohn Ornette Denardo am Schlagzeug eingespielt, welcher ihn bei vielen Anlässen begleiten sollte. Auf März 1967 geht ferner ein wichtiges Konzert seiner Gruppe (jetzt mit zwei Bassisten, Haden und Izenzon) und des Philadelphia Woodwind Quintet im Village Theater New Yorks zurück. »Forms and Sounds«, eine von Colemans Kompositionen, die von diesem Quintett ausgeführt wurde, wobei seine Trompete in einigen Soloeinlagen herausgestellt wurde, erschien dann auf einer RCA-Platte zusammen mit zwei weiteren Stücken kammermusikalischer Art; diese beiden Kompositionen von Ornette, »Saints and soldiers« und »Space flight«, entstanden 1965 und waren also keineswegs jazzmäßig oder von Jazz abgeleitet. Etwas später nahm Coleman zusammen mit dem Altsaxophonisten Jackie Mc Lean ein Album auf und spielte dabei nur Trompete. Bei dieser Gelegenheit stellte er unter Beweis, wie vertraut er mit der religiösen afro-amerikanischen Musik war, als er eine Eigenkomposition »Old and new gospel« vorstellte.

Ende 1967 war Coleman wieder mit dem Quartett in Europa und zwar in London, Paris und an anderen Orten. Oft brachte er glänzende Musik, besonders das farbige »Haight-Asbury« und den orientalisch angehauchten »Buddha blues«. In dem letzten Titel spielte er Musette, ein chinesisches Holzblasinstrument, das er bereits seit einiger Zeit verwendete.

Alles in allem wirkte Ornettes Musik jetzt viel zusammenhängender und ausdrucksreicher – auch weit weniger improvisiert – als in der Vergangenheit und erregte keine Skandale mehr. Die LPs »New York is now« (auf der »The garden of souls« und »Broadway blues« herausragen) und »Ornette at twelve« (mit dem ausgezeichneten »Bells and chimes«) aus den folgenden Monaten bestätigen Colemans ständigen Fortschritt. Dieser zeigte sich vollends bei einem Konzert, das im März 1969 in dem Loeb Student Center der New Yorker Universität stattfand und nach mehreren Jahren Don Cherry und Ornette erstmalig wieder zusammen sah. Ein Teil der an diesem Tage gespielten Musik wurde dann für die Impulse-Platte »Crisis« verwertet. Sie enthält einige der besten Aufnahmen von Coleman-Gruppen: »Comme il faut«, »Song for Che«, komponiert von Charlie Haden, dann das sehnsuchtsvolle »Broken shadows« und vor allem das großartige »Trouble in the East«, in dem wie schon in »Bells and chimes« zur Kollektivimprovisation zurückgekehrt wird, wie sie seit der Aufnahme des Titels »Free jazz« nur selten praktiziert wurde.

Die neue Zusammenarbeit von Cherry und Coleman dauerte dagegen nicht, wie man erhofft hatte, bis zum Zeitpunkt der erneuten Europatournee, die der Saxophonist im Herbst unternahm. Diesmal weilte neben Haden und Blackwell der texanische Tenorsaxophonist Dewey Redman bei ihm. Dieser war vor ein paar Monaten der Gruppe beigetreten und verlieh Colemans Musik durch sein gleichzeitiges Singen und Spielen eine zusätzliche, aber nicht ganz passende Note.

Am Anfang der siebziger Jahre zeigte Ornette, daß er mehr denn je bestrebt war, sich zu erneuern und stark zu engagieren, neue Experimente zu unternehmen und die ihm von Musikarten anderer Kulturen gebotenen Möglichkeiten zu erkunden. Er kam mehrmals nach Europa, verwendete viel Zeit auf das Komponieren einer lange erträumten Jazz-Oper eigener Konzeption, fuhr auf zwei Reisen nach Afrika, kam dabei bis nach Nigeria und Monate danach – im Januar 1973 – in das marokkanische Dorf Joujouka, das wegen seiner antiken Musiktraditionen berühmt ist. Bei beiden Gelegenheiten spielte er lange Zeit mit den einheimischen Musikern und verfolgte dabei die Absicht, die entstandenen Aufnahmen später für Schallplatten zu verwerten. Dann beschäftigte er sich mit chinesischer Musik, der er in San Francisco begegnete und die ihn in Begeisterung versetzte.

Im gleichen Zeitraum benutzte Coleman einen großen Raum seines New Yorker Hauses in der Prince Street im Greenwich Village mehrfach für Konzerte, Ausstellungen und Begegnungen. Dort, im von ihm so getauften »Artist's House«, trat er wiederholt mit seinen Gruppen auf und machte eine eigenartige Platte mit dem Titel »Friends and neighbours«. Auf dieser hört man die Beteiligung der anwesenden Menge, sein eigenes Spiel und auch seinen Einfluß auf die improvisierenden Musiker.

Ein weiteres Plattenalbum, das sich von den vorausgegangenen teilweise stark unterscheidet, wurde 1971 von verschiedenen Formationen unter seiner Leitung eingespielt und »Science fiction« genannt. Auf einigen der Stücke setzte Ornette die menschliche Stimme auf unterschiedliche Weise ein. In dieser Hinsicht ist »What reason could I give« besonders interessant wegen des Beitrages der indischen Sängerin Asha Puthli, welche ihre Vocals in einem instrumentalen Stil bringt, so als ob sie eines der Blasinstrumente des Ensembles wäre. Das tadellos aufgeführte sehr schnelle »Civilization day« – es wurde gemeinsam mit dem zu diesem Anlaß wieder zusammengestellten Quartett von Don Cherry gespielt – verdeutlichte auf der anderen Seite zusammen mit weiteren beachtlichen Titeln, daß Coleman seine Vergangenheit keineswegs verleugnen wollte.

Das bei weitem bedeutendste Werk dieser Jahre – oder besser seiner ganzen Laufbahn, wenigstens bis heute – heißt jedoch »Skies of America«. Es ist eine lange Komposition, die Ornette viele Monate lang in Anspruch nahm und im Verlauf des ersten großen Newporter Jazz-Festivals, das nach New York verlegt worden war, in der dortigen Philharmonic Hall im Juli 1972 erstmals öffentlich aufgeführt wurde. Das Werk wurde so dargeboten, wie sein Autor es konzipiert hatte, das heißt als Concerto grosso für sein Jazz-Quartett und ein Symphonieorchester (das bei dieser Gelegenheit von Leon Thompson dirigiert wurde). Das große internationale Publikum konnte allerdings nur die ungefähr drei Monate vorher in London eingespielte Version kennenlernen, in der Ornette wegen der Musikergewerkschaft gezwungen war, ohne das Quartett und allein mit dem Londoner Symphonie-Orchester unter Leitung von David Measham aufzutreten.

Die Komposition – eine »Sammlung von Kompositionen«, um die Bezeichnung des Autors zu verwenden – die wegen bestimmter Eigentümlichkeiten »offen« und innerhalb gewisser Grenzen »vom Zufall abhängig« genannt werden kann (jeder Musiker hat die Freiheit, die aufgeschriebenen Noten in der vorgezogenen Oktav zu spielen; jedes Instrument oder jede Instrumentengruppe kann in den improvisierten Zwischenstücken ausgetauscht werden; die Reihenfolge der verschiedenen Teile kann nach Belieben ausgewechselt werden; so soll die Musik bei jeder Aufführung anders erscheinen), ist von vielen als ein Meisterwerk bezeichnet worden. Mehr als einer hat von ihr geschrieben, es handle sich um den ersten wirklich gelungenen Versuch, die Jazzimprovisation mit der europäischen Symphonie-Musik zusammenzubringen. Einige haben in der Komposition Echos der Musik von Strawinsky, Aaron Copland und auch Charlie Mingus gehört, aber alle schätzten ihre Schönheit, Gefühlintensität und mitreißende Kraft, wie sie besonders deutlich in den – eigentlich nicht häufigen und auch nicht langen – Teilen zutage tritt, in denen Coleman »gegen« das Orchester improvisiert. Unter den Kompositionen, die das Gesamtwerk ausmachen, ist manchen die mit dem Titel »The artist in America« als die glücklichste und erregendste vorgekommen.

»Skies of America« wird gewiß nicht das letzte bedeutungsvolle Werk von Ornette Coleman sein, da er in der zweiten Hälfte der siebziger Jahre der kreativste und lebendigste der Künstler zu sein scheint, welche die Szene der afro-amerikanischen Musik bevölkern. Und er gehört zu denen, die am wenigsten geneigt sind, den Geschmacksrichtungen des breiten Publikums und den Anforderungen der Industrie, die diese Geschmacksrichtungen anregt und befriedigt, nachzukommen. Colemans manchmal verzweifelte und dennoch nie feindselige Stimme wirkt sehr menschlich und aufrichtig. Es ist die Stimme eines Rufers in der Wüste, aber es ist auch die Stimme eines mutigen Mannes, die man nicht zum Schweigen bringen kann.

ANMERKUNGEN

Einleitung

[1] Marshall Stearns, »The story of jazz«, Oxford University Press, New York 1956. Deutsche Ausgabe: »Die Story vom Jazz«, Süddeutscher Verlag, München 1959.

[2] Aus einer Korrespondenz mit Harold Courlander, die dieser dann in einem eigenen Buch zitierte: »Negro folk music U.S.A«, Columbia University Press, New York – London 1963.

[3] Vergleiche ihre beiden Hauptwerke: »Le temps musical«, 1948, und »L'interpretation créatrice«, 1951 (beide Presses Universitaires, Paris).

[4] LeRoi Jones, »Blues people – Negro music in white America«, William Morrow & Co., New York 1963. Deutsche Ausgabe: »Blues People – Schwarze und ihre Musik im weißen Amerika«, Joseph Melzer Verlag, Darmstadt 1963.

Teil 1: Die Geschichte

1. Wurzeln in der Folklore:

[1] Im Jahre 1869 gab es ungefähr 384 000 Eigentümer und Halter von Sklaven in den USA; die Sklaven beliefen sich auf etwa 3 900 000. Jedoch besaßen 330 000 Personen jeweils weniger als zwanzig Sklaven und darunter ungefähr 200 000 weniger als fünf Sklaven.

[2] Frederick Olmsted, »A journey in the seabord slave states«, Dix and Edwards, New York 1856.

[3] Harold Courlander, »Negro folk music U.S.A.«, zitiert.

[4] Siehe Anm. 2.

[5] Frances Anne Kemble, »Journal of a residence in a Georgia plantation, 1838–1839«, Harper and Bros, New York 1864. Neugedruckt von Alfred A. Knopf, New York 1961.

[6] William F. Allen, Charles P. Ware, Lucy Mc Kim Garrison, »Slave songs of the United States«, A. Simson & Co., New York 1867. Neugedruckt von Oak Publications, New York 1965.

[7] Eine zweiteilige Plattenversion von Leadbellys »Frankie and Albert« aus dem Jahre 1939 ist auf dem amerikanischen Doppelalbum »Leadbelly – Huddie Ledbetter« auf Fantasy 24715 enthalten.

[8] Die »Washboard Bands« waren Gruppen des frühen Jazz (zunächst im Süden und später in Chicago tätig), die unter ihren Instrumenten statt eines Schlagzeuges ein Waschbrett (»washboard«) hatten, über dessen gerillte Oberfläche mit den Fingerspitzen, welche in Fingerhüten aus Metall steckten, rhythmisch entlanggestrichen wurde.

[9] »Dampf ist nur Dampf, doch ich bin ein Mann aus Fleisch und Blut.« – Gedacht ist an den Dampf, der den Preßlufthammer betrieb.

[10] Eine bekannte Version von »John Henry« erschien u. a. auf der LP Mercury 134 565 MFY »Big Bill Broonzy Memorial«.

[11] Leadbelly hat »Midnight Special« auch begleitet vom Golden Gate Quartet aufgenommen. Eine Wiederveröffentlichung dieses Titels erfolgte auf der LP »Good morning blues – Huddie Ledbetter« = engl. RCA RD – 7567.

[12] Viele Interviews, die zwischen 1936 und 1938 mit ehemaligen Sklaven gemacht und in einem Text von über 10 000 Seiten gesammelt wurden (Federal Writers' Project, »Slave narratives: a folk history of slavery in the United States from interviews with former slaves«), bestätigen, daß die Religion als ein Instrument zur Erreichung dieses Zweckes benutzt wurde. Als willkürlich herausgegriffenes Beispiel unter vielen ähnlichen Aussagen folgt die Erzählung eines ehemaligen Sklaven, namens Lewis Fabor, der 1855 in Georgia geboren wurde: »Sonntags mußten alle zur Kirche der Weißen in die Stadt gehen. Sie setzten sich hinten in die Kirche, und der weiße Pastor waltete seines Amtes und richtete folgende Predigt an sie: »Du sollst deinem Herrn keine Hühner und Eier stehlen, und dein Rücken wird nicht ausgepeitscht werden.« Am Nachmittag des gleichen Tages, wenn der schwarze Pastor predigen durfte, hörten die Sklaven: »Gehorche deinem Herrn und deiner Herrin, und dein Rücken wird nicht ausgepeitscht werden.«

[13] George P. Rawick, »From sundown to sunup – The making of the black community«, Greenwod Publishing Co., Westport, Conn., 1972.

[14] Henry Edward Krehbiel, »Afro American folk songs«, Schirmer, New York 1914.

[15] In ihrem »On the trail of Negro folk songs« (Harvard University Press, Cambridge, Mass, 1925; 1963 von Folklore Associate, Hatboro, Pa., neugedruckt) schreibt Dorothy Scarborough: »Dieses Tanzverbot war nicht auf die weißen Herren zurückzuführen, sondern die Neger beziehungsweise ihre religiösen Führer erlegten es sich selbst auf. Die von den gefangenen Sklaven aus Afrika nach Amerika mitgebrachten Tänze waren heidnisch und obszön, und deshalb mußten sie in dem neuen Leben aufgegeben werden. In den Gebieten unter französischem und spanischem Einfluß waren sie mit einigen Einschränkungen erlaubt, aber anderswo nicht.«

[16] George P. Rawick, »From sundown to sunup – The making of the black community«, zitiert. Man bedenke, daß nach der Sklavenrevolte des Jahres 1831 unter Anführung von Nat Turner den Negerpredigern im größten Teil der Sklavenstaaten jede Aktivität untersagt wurde.

[17] James H. Cone, »The spirituals and the blues«, The Seabury Press, New York 1972. Deutsche Ausgabe: »Ich bin der Blues und mein Leben ist ein Spiritual – Eine Interpretation schwarzer Lieder«, Chr. Kaiser Verlag, München 1973. – Weitere Literatur über Negro Spirituals: Paul Robeson, »Here I stand« (Autobiographie des Sängers), Dennis Dobson Books Ltd., London 1958; deutschsprachige Literatur: »Negro Spirituals – übertragen und eingeleitet von Janheinz Jahn«, Fischer Bücherei, Frankfurt am Main und Hamburg 1962; Pfarrer Lothar Zenetti, »Peitsche und Psalm – Geschichte und Glaube, Spirituals und Gospelsongs der Neger Nordamerikas«, Verlag J. Pfeiffer, München 1963; Hanns Lilje, Kurt Heinrich Hansen, Siegfried Schmidt – Joos, »Das Buch der Spirituals und Gospel Songs«, Furche-Verlag, Hamburg 1961; Pfarrer Dr. Theo Lehmann, »Nobody knows . . . – Negro Spirituals«, Koehler & Amelang, Leipzig 1963, und: »Negro Spirituals-Geschichte und Theologie«, Evangelische Verlagsanstalt, Berlin (Ost) 1965.

[18] Eine Version dieses Spirituals ist auf der Platte »The Golden Gate Quartet's Greatest Spirituals«, deutsche Columbia C 83 472, enthalten.

[19] Siehe Anm. 18.

[20] »Steal away« wurde bereits im Jahre 1902 erstmalig von einer farbigen Gesangsgruppe für eine Platte aufgenommen und zwar von dem »Dinwiddie Colored Quartet«.

[21] Die heimlichen Zusammenkünfte der Sklaven waren in Virginia schon seit 1676 verboten; anschließend folgten die meisten Sklavenstaaten dem Beispiel Virginias, ohne sie allerdings vollständig unterdrücken zu können.

[22] Mahalia Jackson singt dieses Spiritual auf dem deutschen Doppelalbum »A touch of music – a touch of Mahalia Jackson« – Vogue LDVS 17170

[23] Die Melodie wurde erstmals von den Fisk Jubilee Singers bekannt gemacht.

[24] Man sollte jedoch daran denken, daß die Mitglieder dieser Gruppe ihren Gesang oft »mit dem Stampfen ihrer Füße und dem Hin- und Herwiegen ihrer Körper« rhythmisch begleiteten; siehe J. B. T. Marsh, »The story of the Jubilee Singers with their songs«, Houghton, Mifflin & Co., Boston 1881.

[25] Zitiert in John A. und Alan Lomax, »American ballads and folk songs«, The Macmillan Company, New York 1934

[26] Über Blues existiert eine sehr umfangreiche internationale Literatur. Im folgenden nur eine kleine Auswahl von Veröffentlichungen aus Amerika, England und Deutschland. Einer der führenden amerikanischen Blues-Spezialisten ist Samuel B. Charters. Seine wichtigsten Blues-Bücher sind: »The country blues«, Rinehart & Co., New York – Toronto 1959 (deutsche Ausgabe: »Die Story vom Blues«, Nymphenburger Verlagshandlung, München 1962); »The poetry of the blues«, Oak Publications, New York 1963; »The bluesmen – The story of the men who made the blues«, Oak Publications, New York 1967; »Sweet as the showers of rain – The Bluesmen, Volume II«, Oak Publications, New York 1977; »The legacy of the blues – A glimpse into the art and the lives of twelve great bluesmen«, Calder & Boyars Ltd., London 1975. – Weitere amerikanische Blues-Bücher: »Early Downhome Blues – A musical and cultural analysis by Jeff Todd Titon«, University of Illinois Press, Urbana – Chicago 1977; Frank Surge, »Singers of the blues«, Lerner Publications Company, Minneapolis, Minnesota, 1969; Bruce Book, »Listen to the blues«, Charles Scribner's Sons, New York 1973; Albert Murray, »Stomping the blues«, Mc Graw – Hill Book Company, New York 1976; Dr. Harry Oster, »Living Country blues«, Folklore Associates, Detroit, Michigan, 1969; Robert Neff & Anthony Connor, »Blues«, David R. Godine Publisher, Boston 1975; »Blues guitarists – Collected interviews«, Guitar Player Productions, Saratoga, California, 1975; Charles Keil, »Urban blues«, University of Chicago Press, Chicago 1966; Eric Sackheim, »The blues line – A collection of blues lyrics«, Grossman Publishers Inc., New York 1969. – Paul Oliver ist einer der führenden Blues-Kritiker aus England. Seine Bücher enthalten: »The story of the blues«, Barrie & Rockliff, New York 1969 und Barrie & Jenkins, London 1970; »Blues fell this morning«, Cassell, London 1960 und Horizon Press, New York 1960, dann in USA unter dem Titel »The meaning of the blues« bei Collier Books, New York 1963, neu herausgegeben; »Conversation with the blues«, Cassell, London 1965 und Horizon Press, New York 1965; »Screening the blues«, Cassell, London 1968; »Savannah syncopators – African retentions in the blues«, Studio Vista, London 1970. – Weitere englische Blues-Bücher allgemein interessierenden Charakters sind zum Beispiel auch andere Veröffentlichungen der Studio Vista-Serie aus London, 1970/1971: Tony Russell, »Blacks, whites and blues«; Robert M. W. Dixon and John Godrich, »Recording the blues«; William Ferris Jr., »Blues from the Delta«; Bengt Olsson, »Memphis blues and jug bands«; Bob Groom, »The blues revival«; Bruce Bastin, »Crying for the Carolines«; ferner: Giles Oakley, »The devil's music – A history of the blues«, BBC – Publications,

London 1976; Mike Rowe, »Chicago Breakdown«, Eddison Press Ltd., London 1973; Mike Leadbitter, »Nothing but the blues«, Hanover Books, London 1971; vom gleichen Autor sowie Neil Slaven ist »Blues records 1943–1966 – An encyclopedic discography to more than two decades of recorded blues«, ebenfalls gleicher Verlag, 1968, während die oben erwähnten Engländer Godrich and Dixon – wiederum gemeinsam – die bekannte Diskographie der »Blues & Gospel records 1902–1942« 1969 bei Storyville Publications and Co., London, veröffentlichten. – Deutsche Blues-Bücher: Janheinz Jahn, »Blues and work songs«, Fischer Bücherei, Frankfurt am Main und Hamburg 1964; James Graves, »Die Könige des Blues – eine Bildchronik«, Sanssouci Verlag, Zürich, Schweiz; das umfassendste Blues-Buch in deutscher Sprache schrieb Dr. Theo Lehmann: »Blues and trouble«, Henschelverlag, Berlin (Ost) 1966.

[27] Siehe Anm. 3.

[28] Russell Ames, »The story of American folk song«, Grosset & Dunlap, New York 1955.

[29] »Ich werde meinen Kopf auf ein einsames Bahngleis legen (wiederholt) und lasse den 2.19 Uhr-Zug meiner Seele Frieden geben.« – Bertha Chippie Hill, eine Sängerin des Klassischen Blues, sang dies mit Begleitung von Louis Armstrong und dem Pianisten Richard M. Jones am 27. 2. 1926 in »Trouble in mind« (oft wiederveröffentlicht).

[30] Zu diesem stark umstrittenen Thema vergleiche Gunther Schullers Ausführungen (in den Kapiteln »Harmony« und »Melody«) in »Early jazz«, Oxford University Press, New York 1986, sowie Ernest Bornemans Kapitel »The roots of jazz« in dem Buch »Jazz«, herausgegeben von Nat Hentoff und Albert Mc Carthy, Rinehart & Co., New York – Toronto 1959.

[31] Roberto Leydi in »Enciclopedia del jazz«, herausgegeben von Gian Carlo Testoni, Arrigo Polillo, Giuseppe Barazzetta, Messaggerie Musicali, Mailand 1953.

[32] Ernest Borneman, »The roots of jazz« in »Jazz«, zitiert.

[33] Eigentlich ist der Ausdruck »modale Ungewißheit« nicht angemessen, da es eigenmächtig ist, von der afro-amerikanischen Musik in den Begriffen der abendländisch-europäischen Musik zu reden.

[34] Joachim E. Berendt, »Blues«, Edition Gerig, Köln 1970.

[35] Der deutsche Blues-Autor Dr. Theo Lehmann vergleicht den Zustand, den der Afro-Amerikaner »den Blues haben« nennt, mit dem Gefühl, das verschiedene westdeutsche Mundarten (zum Beispiel im Rheinland) durch den Ausdruck »das arme Dier (Tier) haben« beschreiben. – Entstehung und erste Verbreitung des Wortes »Blues« irgendwann im vorigen Jahrhundert sind völlig ungeklärt und wohl auch nicht klärbar.

[36] Aus einem Interview von Studs Terkel mit Big Bill Broonzy und anderen Bluessängern auf der Folkways-LP 3817 »Blues with Big Bill Broonzy – Sonny Terry – Brownie Mc Ghee«.

[37] Diese Erklärung des Blues wird in sehr ähnlicher Form auch von Leadbelly als Einleitung zu seiner Aufnahme »Good morning blues« auf der gleichnamigen LP gesprochen (siehe Anm. 11).

[38] Dieser alte Blues wurde von John A. und Alan Lomax festgehalten und in »American ballads and folk songs« (zitiert) veröffentlicht.

[39] Der »Poor boy blues« wurde circa November 1928 aufgenommen und auf der Marke Collector's Classics CC 5 wiederveröffentlicht.

[40] Charles E. Silberman, »Chrisis in black and white«, Random House, New York 1964.

41 Der zweiteilige »Empty bed blues« wurde am 20. 3. 1928 aufgenommen und auf der 3. Doppel-LP der chronologischen Bessie Smith-Aufnahmen wiederveröffentlicht. Sie trägt ebenfalls den Titel »Empty bed blues« und erschien auf der amerikanischen Columbia 66 273.

42 »Ich hatte einen Mann seit fünfzehn Jahren, gab ihm sein Zimmer und Essen;
Jetzt wie ein oller, klappriger Ford, ist er früher wie ein Cadillac gewesen;
Er brachte mir niemals einen lausigen Groschen und legte ihn in meine Hand,
Deshalb wird es einige Veränderungen geben ab jetzt, gemäß meinem Plan:
Er hat's zu beschaffen, zu bringen und brav abzuliefern jetzt,
Andernfalls soll er bleiben, wo der Pfeffer wächst.
Mag er es klauen, erbetteln oder irgendwo borgen,
Solang er's nur bringt, soll mich das nicht sorgen.
Ich hab's satt, Schweineschnitzel zu kaufen, um seine dicken Lippen einzufetten,
Und er kann sich einen andern Platz suchen, seine alten Knochen zu betten;
Er hat's zu beschaffen, zu bringen und brav abzuliefern jetzt,
Andernfalls soll er bleiben, wo der Pfeffer wächst.«
Übertragung von Dr. Theo Lehmann in »Blues and trouble«, zitiert. – Aufnahmedatum und Wiederveröffentlichung wie der »Empty bed blues«, siehe Anm. 41. – »Put it right here« wurde von dem farbigen Pianisten Porter Grainger komponiert.

43 Aus »Screening the blues«, zitiert.

44 Howard Odum und Guy B. Johnson, »The Negro and his music«, University of North Carolina Press, Chapel Hill 1925. – Heutzutage wird die Theorie von der Obszönität des Blues in Fachkreisen stark angefochten.

45 »Eines Abends ging ich in 'ne Kneipe 'rein,
Alle hatten ihren Spaß,
Alle kauften Bier und Wein,
Bloß mir verkauften sie kein Glas.
Sie sagen: weiß wie Schnee bist du o.k.,
Bist du braun, hab Vertraun,
Aber bist du schwarz,
O Bruder, hau ab, hau ab, hau ab!«
Übertragung von Dr. Theo Lehmann in »Blues and trouble«, zitiert. – Big Bill Broonzy singt »Black, brown and white« unter anderem auf der LP »Big Bill blues« – französische Vogue LDM 30 037.

46 Dieser Blues wurde circa Mai 1927 aufgenommen und auf der Jefferson-LP der Firma Collector's Classics CC 22 wiederveröffentlicht.

47 In seiner Autobiographie schreibt der Bluessänger Big Bill Broonzy: »Ich habe einen Blues mit dem Titel »Blues in 1890« gesungen und aufgenommen, der wenigstens drei Jahre vor meiner Geburt gesungen und gespielt wurde. (Big Bill wurde 1893 geboren.) Mein Onkel und sein Freund Stonewall Jacksson spielten beide Banjo und spielten und sangen dieses Stück. Damals hatte es zwar keinen Titel, wurde aber genau so gesungen und gespielt, wie ich es heute bringe. Der einzige Unterschied besteht darin, daß ich das Stück auf der Gitarre spiele.« (Big Bill Broonzy, Yannick Bruynoghe, »Big Bill blues«, Editions des Artistes, Brüssel 1955.) – Eine Version des »Blues in 1890« ist auf der in Anm. 45 genannten LP enthalten.
Auch Jelly Roll Morton hat überliefert, daß er gegen Ende des vorigen Jahrhunderts schon verschiedene Blues gehört hat. Zu den ersten gehörte »Mamie's blues«, den er zum ersten Mal von einer Sängerin aus New Orleans namens Mamie Desdume hörte. Morton hat dann diesen Blues mehrfach für Aufnahmen gesungen und gespielt, zum

Beispiel am 16. 12. 1939 (wiederveröffentlicht auf der amerikanischen Atlantic-Doppel-LP SD 2-308: »Jelly Roll Morton: New Orlesns memories & last band dates«). Kurz darauf übernahm Louis Armstrong diesen Morton-Titel und spielte ihn mit u. a. Sidney Bechet am 27. 5. 1940 als »2.19 blues« ein (mehrfach wiederveröffentlicht); vergleiche Anm. 29 (jedoch besteht außer der Nennung des damals populären 2.19 Uhr-Zuges keine musikalische oder textliche Verbindung zwischen dem »2.19 blues« und »Trouble in mind«).

[48] Ma Raineys »Last minute blues« wurde im Dezember 1923 aufgenommen und unter anderem auf der holländischen Riverside-LP RM 8807 »Gertrude Ma Rainey – Mother of the Blues, Vol. 1« wiederveröffentlicht.

[49] Unter »Klassischem Blues« versteht man nach der allgemein üblichen Terminologie den Blues, den die großen Sängerinnen der zwanziger Jahre meistens zur Begleitung von Jazzmusikern sangen, also die Begegnung und Verbindung von gesungenem Blues und klassischem Jazz. Das bisher einzige Buch, das sich ausschließlich mit dieser besonderen Stilform des Blues beschäftigt, schrieb Derrick Stewart-Baxter, »Ma Rainey and the Classic blues singers«, Studio Vista, London 1970. – Innerhalb des früheren ländlichen Blues, des sogenannten »Country Blues« oder »Rural Blues«, verwendet man entsprechend den oft eindeutig unterscheidbaren Stilmerkmalen unterteilende Herkunftsbezeichnungen wie »Mississippi Blues«, »Georgia Blues«, »Texas Blues«, »Memphis Blues«, den später aufgekommenen, verstädterten »Chicago Blues« usw. Mit der Verstädterung des Blues kamen allgemeine Begriffe wie »City Blues«, »Big City Blues« oder »Urban Blues« auf.

2. Minstrels und Ragtime

[1] Eine Figur der Minstrel-Shows, von der auf späteren Seiten die Rede sein wird.

[2] Gemeint ist die Zeitung »The Liberator«, welche 1831 von William Lloyd gegründet wurde, um die Sache der unverzüglichen und vollständigen Sklavenbefreiung zu propagieren.

[3] Constance Rourke, »American humour«, Harcourt, Brace & Co., New York 1931.

[4] Eine vollständige Rekonstruktion und genaue Untersuchung der Welt dieser Minstrel-Sänger findet sich in dem Werk »Tambo and Bones« von Carl Wittke, Duke University Press, Duke 1930. Zur ersten Epoche der »Minstrelsy« siehe auch: Hans Nathan, »Dan Emmett and the rise of early Negro minstrelsy«, University of Oklahoma Press, Norman 1962. Ein weiteres Buch: Robert C. Toll, »Blacking up – the Minstrel show in nineteenth-century America«, Oxford University Press, New York 1974.

[5] Rudi Blesh und Harriet Janis nehmen in ihrem Buch »They all played ragtime«, Alfred A. Knopf, New York 1950 (überarbeitete Ausgabe bei Oak Publications, New York 1966) zur innerlich zerrissenen Haltung der einstigen Minstrel-Sänger sowie des heutigen Amerika gegenüber der schwarzen Minderheit ausführlich Stellung.

[6] »Ich bin ein wissenschaftlicher Neger, mein Name ist Jim Brown, und ich bin der Mann, der in der ganzen Stadt Musik machen kann. Ich kann die Becken und die Trommel schlagen und all die seltsamen Lieder spielen, die ein Neger bringen kann.«

[7] Zu den ersten Leuten, die vom musikalischen Talent der Neger sprachen, hatte der spätere US-Präsident Thomas Jefferson gehört, welcher selbst ein leidlicher Musiker

war und in seinen »Notes of the State of Virginia« (Prichard & Hall, Philadelphia 1788) schrieb: »In der Musik sind die Neger im allgemeinen begabter als die Weißen; denn sie besitzen ein ausgezeichnetes Ohr für Melodien und Zeitgefühl ... Ihr Lieblingsinstrument ist das »Banjar«, das sie aus Afrika mitgebracht haben.« Das »Banjar« sollte später Banjo heißen, allerdings sind sich nicht alle hinsichtlich seines afrikanischen Ursprungs einig.

[8] Stanley M. Elkins, »Slavery: a problem in American institutional and intellectual life«, University of Chicago Press, Chicago 1959.

[9] George P. Rawick, »From sundown to sunup – The making of the black community«, zitiert.

[10] Mit dem Wort »Dixie« bezeichnete man im vorigen Jahrhundert die Gebiete südlich der Mason-Dixon-Linie (auch »Dixie Line« genannt). Aus »Dixie« entstand der Begriff »Dixieland«, der schließlich traditionellen Jazz bezeichnen sollte, wie er von Weißen gespielt wurde und wird. Über die Entstehung des Wortes »Dixie« existieren verschiedene Theorien. Nach einer soll der Ausdruck »Dixieland« von einigen Negersklaven in Charleston nach ihrem Herrn Johaan Dixie geprägt worden sein. Fest steht allerdings, daß der Name Dixie in New Orleans zur Bezeichnung der Zehndollarnoten verwendet wurde, auf denen das französische Wort für zehn, »dix«, gedruckt stand.

[11] Über »Tap Dance«, also Steptanz, sowie die Tänze in den Minstrel-Shows und besonders diejenigen, die direkt in Zusammenhang mit der Jazzmusik stehen, berichtet das Buch »Jazz dance« von Marshall und Jean Stearns, The Macmillan Company, New York 1968.

[12] Über Bert Williams und George Walker: Ann Charters, »Nobody – the story of Bert Williams«, The Macmillan Company, New York 1970. – Man kann sagen, daß die letzten Minstrel-Künstler, deren Ruf bis über den Atlantik gedrungen ist, zwei große Persönlichkeiten des amerikanischen Varietétheaters und anschließend des Films waren: Al Jolson (der den Tonfilm aus der Taufe hob, als er 1927 in dem Film »The jazz singer« in der Verkleidung eines Minstrel-Sängers sang und spielte) und der Komiker Eddie Cantor.

[13] Aus der Autobiographie von William Christopher Handy, »Father of the blues«, The Macmillan Company, New York 1951. Ein weiteres Buch über W. C. Handy schrieb Elizabeth Rider Montgomery, »William C. Handy – Father of the blues«, Dell Publishing Co., New York 1968.

[14] Über Ragtime gibt es (außer dem in Anm. 5 genannten) Werk von Rudi Blesh und Harriet Janis folgende Bücher: William J. Schafer und Johannes Riedel, »The art of ragtime«, Louisiana State Press, Baton Rouge 1974; Peter Gammond, »Scott Joplin and the ragtime era«, Sphere Books Ltd., London 1975; Terry Waldo, »This is ragtime«, Hawthorn Books Inc. Publishers, New York 1976; schließlich noch die Diskographie von David A. Jasen, »Recorded ragtime 1897–1958«, The Shoe String Press Inc., Hamden, Conn., 1973.

[15] In »The story of jazz«, zitiert.

[16] Abgedruckt in »The book of jazz« von Leonard Feather, Horizon Press, New York 1957. (Bearbeitete Ausgabe: »The book of jazz from then till now«, 1965.)

[17] Wiedergegeben in »They all played ragtime«, zitiert.

[18] »They all played ragtime«, zitiert.

[19] Siehe Anm. 18.

[20] Mit diesem Begriff bezeichnet man im allgemeinen traditionellen Jazz, der von Weißen gespielt wird. Hinsichtlich der Etymologie dieses Wortes siehe Anm. 10.

3. Es war einmal New Orleans

[1] Siehe Anm. 16 in Kapitel 2.

[2] Es sei daran erinnert, daß Handy ab 1896 einige Jahre lang mit der Truppe der Mahara's Minstrels gespielt hatte. Deshalb war die Musik, auf die er anspielt, nichts anderes als orchestrierter Ragtime.

[3] »The Jazz Review«, New York, April 1959.

[4] »The Jazz Review«, Juni 1959.

[5] Aus einem Interview mit Nat Hentoff in »The Jazz Review«, Januar 1959.

[6] Aus »Hear me talkin' to ya« von Nat Shapiro und Nat Hentoff, Rinehart & Co., New York 1955. Deutsche Ausgabe: »Jazz erzählt«, Nymphenburger Verlagshandlung, München 1959.

[7] Man beachte, daß zunächst, zwischen den Jahren 1916 und 1918, die Schreibweise »Jass« statt »Jazz« vorgezogen wurde. Später änderte die Original Dixieland Jass Band selber ihren Namen.

[8] Zitiert in George Hoefers Kapitel »Bix Beiderbecke« in dem Buch »The jazz makers« von Nat Shapiro und Nat Hentoff, Rinehart & Co., New York – Toronto 1957.

[9] Martin Williams, »Jazz masters of New Orleans«, The Macmillan Company, New York 1967. – Weitere Bücher über New Orleans und seine Musik: Henry A. Kmen, »Music in New Orleans – the formative years 1791–1841«, Louisiana State University Press, Baton Rouge 1966; John W. Blassingame, »Black New Orleans 1860–1880«, The University of Chicago Press, Chicago and London 1973; Joy J. Jackson, »New Orleans in the Gilded Age (1880–1896)«, Louisiana State University Press, Baton Rouge 1969; Lyle Saxon, Edward Dreyer, Robert Tallant, »Gumbo Ya-Ya-A Collection of Louisiana Folk Tales«, Bonanza Books, New York 1945; Al Rose, Edmond Souchon, »New Orleans jazz – a family album«, Louisiana State University Press, Baton Rouge 1967; Noel Rockmore, Larry Borenstein, Bill Russell, »Preservation Hall Portraits«, Louisiana State University Press, Baton Rouge 1968; Jack V. Buerkle, Danny Barker, »Bourbon Street Black – the New Orleans black jazzman«, Oxford University Press, New York 1973; William J. Schafer, »Brass bands and New Orleans jazz«, Louisiana State University Press, Baton Rouge and London 1977. Ein deutschsprachiges Buch ist von James Graves, »Damals in New Orleans – eine Bildchronik des frühen Jazz«, Sanssouci Verlag, Zürich 1960.

[10] Statt um Stöcke handelte es sich im allgemeinen um Tierknochen. Die Trommel hieß Bamboula, wie der Tanz.

[11] Henry Didimus, »Biography of Louis Moreau Gottschalk, American pianist and composer«, Deacon and Peterson, Philadelphia 1853.

[12] Berichtet in »They all played ragtime«, zitiert.

[13] Auch die Begräbnisse der Weißen erfolgten gelegentlich nach dieser Zeremonie.

[14] Bunk Johnson bezieht sich auf die »Swingmusik«, wie der Jazz in der zweiten Hälfte der dreißiger Jahre und noch etwas später genannt wurde.

[15] Bunk schildert dieses New Orleans-Begräbnis auf der dänischen Storyville-Langspielplatte SLP 670 202 »Bunk Johnson's Brass & Dance Band«. – Eine Biographie dieses New Orleans-Trompeters verfaßte Austin M. Sonnier, Jr., »Willie Geary ›Bunk‹ Johnson«, Crescendo Publishing, New York 1977.

[16] Ein großer Teil der alten New Orleans-Musiker hat ausgesagt, daß die Blaskapellen Ragtime, Spirituals und Märsche spielten.

[17] Aus einem Artikel, der in der englischen Monatszeitschrift »Jazz Monthly« erschien

und teilweise in »Hear me talkin' to ya« (zitiert) wieder abgedruckt wurde. – In jüngster Zeit sind drei Bücher über Buddy Bolden erschienen: Donald M. Marquis, »In search of Buddy Bolden – first man of jazz«, Louisiana State University Press, Baton Rouge and London 1978; sowie vom gleichen Autor: »Finding Buddy Boldenfirst man of jazz«, Pinchpenny Press, Goshen, Indiana 1978; Michael Ondaatje, »Coming through slaughter – the story of Buddy Bolden«, W. W. Norton & Co., New York 1976.

[18] Zitiert von Rudi Blesh in »Shining trumpets«, Alfred A. Knopf, New York 1946.

[19] Über Storyville, das Viertel der roten Laternen von New Orleans, berichten folgende Bücher: Al Rose, »Storyville, New Orleans«, The University of Alabama Press, Tuscaloosa 1974; E. J. Bellocq, »Storyville Portraits – photographs from the New Orleans redlight district, circa 1912«, The Museum of Modern Art, New York 1970; Herbert Asbury, »The French Quarter – an informal history of the New Orleans underworld«, Alfred A. Knopf bzw. Capricorn Books, New York 1936 bzw. 1968. Ein Original-Nachdruck des »Blue Book« in seiner Ausgabe von 1909 erschien 1976 beim New Orleans Jazz Museum, New Orleans. Am meisten hat sich der amerikanische Jazzautor Stephen Longstreet mit der Geschichte von Storyville beschäftigt: zunächst in einem Kapitel über dieses Viertel in seinem Buch »The real jazz old and new«, Louisiana State University Press, Baton Rouge 1956; danach in einem eigenen, selbst illustrierten Buch »Sportin' house – a history of the New Orleans sinners and the birth of jazz«, Sherbourne Press Inc., Los Angeles 1965 (deutsche Ausgabe: »Das war New Orleans – Ladies, Jazz und lange Messer«, Bärmeier & Nikel, 1969); ferner ist er der Koautor der Memoiren einer Bordellinhaberin in Storyville zur Zeit der Jazzentstehung: Nell Kimball, Stephen Longstreet, »Nell Kimball – her life as an American Madam by herself«, Godoff – Longstreet Co., USA 1970.

[20] Erzählt in »Hear me talkin' to ya«, zitiert.

[21] Siehe Anm. 20.

[22] Siehe Anm. 20.

[23] Aus einem Artikel, der in der Londoner Monatszeitschrift »Jazz Journal« veröffentlicht und dann in »Hear me talkin' to ya« erneut gedruckt wurde.

[24] Siehe Anm. 7.

4. Treffpunkt Chicago

[1] Abgedruckt in »Black protest«, verfaßt von Joanne Grant, Fawcett Publications, New York 1968.

[2] Der Pianist Cow Cow Davenport sang und spielte diesen »Jim Crow blues« auf einer Platte von circa Januar 1927.

[3] Zu diesem Thema siehe: Louis Wirth, »The Ghetto«, The University of Chicago Press, Chicago 1928 sowie das Kapitel über Chicago und seine South Side in dem italienischen Buch von Walter Mauro »Jazz e universo negro«, Angelo Rizzoli Editore, Mailand 1972.

[4] Langston Hughes, »The big sea«, Alfred A. Knopf, New York 1945. – Unter den zahlreichen Werken dieses bekannten amerikanischen Negerschriftstellers sei ferner hingewiesen auf: »Famous Negro music makers«, Dodd, Mead & Co., New York 1955; zusammen mit Milton Meltzer: »Black magic – a pictorial history of black entertainers in America«, Bonanza Books, New York 1967; L. Hughes, »Das Buch vom Jazz«, Buchheim Verlag, Feldafing 1955.

[5] Siehe Anm. 7 in Kapitel 3.

[6] H. O. Brunn, »The story of the Original Dixieland Jazz Band«, Louisiana University Press, Baton Rouge 1960. – Ein deutschsprachiges Buch über diese Band und ihren Leader schrieb der bekannte Jazzhistoriker Horst H. Lange, »Nick La Rocca – ein Porträt«, Pegasus Verlag, Wetzlar 1960.

[7] Die beiden Aufnahmen für Columbia, und zwar »Indiana« und »Darktown strutters' ball«, wurden am 30. Januar 1917 eingespielt, gelangten aber erst nach dem Erfolg der ersten Victor-Platte zur Veröffentlichung. In diesem Zusammenhang sollte man allerdings darauf hinweisen, daß auch die Band selbst (und vor allem La Rocca) die Ansicht teilte, daß die Aufnahmen schlecht gelungen waren.

[8] Iain Lang, »Jazz in perspective«, Hutchinson and Universal Distributors, London – New York 1947.

[9] Siehe Peter Tamonys Artikel »Jazz, the word« in der Zeitschrift »Jazz, a quarterly of American music«, Berkeley, California, Oktober 1954.

[10] Siehe die fünfteilige Abhandlung »The word jazz« von Fradley H. Gardner und Alan P. Merriam, die 1960 in den Ausgaben der Monate März/April, Mai, Juni, Juli und August von »The Jazz Review« erschien.

[11] Auf einer seiner Bandaufnahmen des Jahres 1938 für das Tonarchiv der amerikanischen Kongreßbibliothek in Washington liefert Jelly Roll Morton eine Demonstration der stufenweisen, von ihm selbst beanspruchten Ausarbeitung der alten Quadrille. Diese Aufnahme ist auf der Langspielplatte »The Library of Congress Recordings, Vol. 1« der Marke Classic Jazz Masters CJM 2 wiederveröffentlicht. – La Rocca hat auf der anderen Seite behauptet, er habe die Quadrille nie gehört.

[12] In »Early jazz«, zitiert.

[13] Der Artikel wurde erstmalig im Dezember 1938 von der Pariser Monatszeitschrift »Jazz Hot« und anschließend anderweitig öfters nachgedruckt. Jedoch ist zu erwähnen, daß Ansermet bei einem viele Jahre später erfolgten Interview für die Monatszeitschrift »Hot Revue« aus Lausanne (siehe den Artikel »Sur un orchestre noir« von Jacques Valnet in Nummer 3 des Jahres 1947) seine Erklärungen praktisch widerrufen und wenig Wertschätzung für den Jazz gezeigt hat, den er übrigens offenbar nur wenig kannte.

[14] Nach Frederic Ramsey jr. befanden sich 1920 bereits ungefähr vierzig Musiker aus New Orleans in Chicago.

[15] Ein alter Jazzfreund namens Edmond Souchon, Arzt aus New Orleans, der Gelegenheit hatte, King Oliver in den Jahren seiner Jugend und anschließend in Chicago zu hören, ist diesbezüglich sehr deutlich. Hierzu vergleiche seinen Artikel »King Oliver, a very personal memoir«, der zunächst in »The Jazz Review« erschien und dann in einem Buch von Martin Williams wiedergedruckt wurde: »Jazz panorama«, Crowell – Collier Press, New York 1962.

[16] Berichtet in »Hear me talkin' to ya«, zitiert.

[17] Siehe Anm. 16.

5. New York: Anfänge und Mißverständnisse

[1] In einem Artikel unter der Überschrift »Negro composer on race's music« in der Ausgabe der »New York Tribune« vom 22. November 1914 schrieb Jim Europe, dem wiederholt das Verdienst zugesprochen worden ist, den Foxtrott erfunden zu haben: »Der Foxtrott wurde von einem jungen Neger aus Memphis, Tennessee, namens Mr. W. C. Handy erfunden, welcher vor fünf Jahren den »Memphis blues« schrieb. Diese Art Tanzmusik ist von mir in der letzten Saison oft gespielt worden,

und zwar während der Tournee der Eheleute Castle, aber nie öffentlich . . . Mr. Castle hat die Erfindung des Foxtrott großzügigerweise mir zugesprochen, doch muß dieses Verdienst, wie ich gesagt habe, in Wirklichkeit Mr. Handy gegeben werden.«

[2] Das normale Orchester (also das »Society Orchestra«) von Jim Europe hat zwischen 1913 und 1914 verschiedene Schallplatten eingespielt, die in Gunther Schullers Buch »Early jazz« (zitiert) eingehend analysiert werden. Weitere Einspielungen entstanden im Jahre 1919 mit einem von Europe gegründeten und geleiteten Militärorchester, das den amerikanischen Truppen an die europäischen Kriegsfronten gefolgt war (vergleiche auch Anm. 9 zu Kapitel 7 und Anm. 7 zu Kapitel 10). Immerhin waren an den Aufnahmen von 1919 bereits bedeutende Jazzmusiker wie der Posaunist Herb Flemming beteiligt, welcher 1925 mit der Band von Sam Wooding nach Europa zurückkehrte. Diese Band brachte nicht nur erstmals authentischen Jazz nach Deutschland und in viele andere europäische Länder bis hin nach Rußland, sondern machte 1925 in Berlin (mit u. a. dem farbigen New Orleans-Trompeter Tommy Ladnier) auch die ersten echten Jazzaufnahmen, die in Deutschland entstanden. Herb Flemming reiste dann jahrzehntelang um die ganze Welt, ließ sich in den dreißiger Jahren in Italien und später in Berlin nieder, und wurde so eine der Zentralfiguren des frühen deutschen Jazzlebens. Sein abenteuerliches Leben schilderte Egino Biagioni in dem Buch »Herb Flemming – a jazz pioneer around the world«, Micrography, Alphen aan de Rijn (Holland) 1978. – Man sollte nicht vergessen, daß die Platten des »Society Orchestra« von Jim Europe nicht die ersten Beispiele von Einspielungen afro-amerikanischer Musik darstellten. Man hat Kenntnis von Aufnahmen, die sogar bis auf das Jahr 1897 zurückgehen, sowie von einem farbigen Gesangsquartett, das schon 1902 Platten besang (vergleiche Anm. 20 in Kapitel 1).

[3] Von »gut« = Innereien, und »bucket« = Eimer. Der »gutbucket« ist ein Symbol für die Armut der amerikanischen Neger, die sich beim Metzger oft einen Eimer mit Innereien vom Schwein zum Essen füllen ließen. Der Begriff wurde dann in früheren Jahren mit Bezug auf den echtesten Jazz verwendet. Gleichbedeutend mit »Gutbukket« in dieser Begriffsbestimmung und mit besonderer Bezugnahme auf den Blues sind ebenso beziehungsreiche Ausdrücke wie »Downhome« (wörtlich: »da unten zu Hause«, verstanden als »zu Hause im Süden«) und »Barrelhouse« = Kneipe (wörtlich: »Faßhaus«), die sich auf Orte beziehen, an denen man Blues sang und spielte.

[4] In »The philosophy and opinions of Marcus Garvey«, von A. J. Garvey, Universal Publishing House, New York 1923.

[5] Der Brief wird zitiert in »The story of George Gershwin« von David Ewen, Henry Holt & Co., New York 1943.

[6] Paul Whiteman und Margaret Mc Bride, »Jazz«, ursprünglich in Fortsetzungsform in der »Saturday Evening Post« erschienen und dann veröffentlicht bei Sears, New York 1926.

[7] Zitiert in »Jazz – A history of the New York scene«, von Samuel B. Charters und Leonard Kunstadt, Doubleday & Co., Garden City, N. Y., 1962.

[8] George Gershwin, »Relation of jazz to American music« in dem Buch »American composers on American music« von Henry Cowell, Stanford University Press, Palo Alto 1933 (neugedruckt von Ungar Publishing Co., New York 1962).

[9] Zitiert im »Literary Digest« XCII (26. März 1927).

[10] Während der Zeit des Duke Ellington-Orchesters im Harlemer Cotton Club, die 1927 begann, verbrachten Whiteman und sein Arrangeur Ferde Grofé eine Woche

lang jeden Abend in dem Lokal, weil sie die Hoffnung hegten, den Negermusikern ein paar Geheimnisse entlocken zu können. Whiteman gab dann zu – wie Ned Williams, der Pressereferent von Ellingtons Manager, enthüllte – daß die beiden »nicht einmal zwei Takte von dieser wunderbaren Musik« stehlen konnten.

[11] Der Charleston bildete keine Neuheit, weil er seit Jahren bei den Negern des Südens bekannt und im übrigen schon in anderen musikalischen Negerrevuen am Broadway vorgestellt worden war. Außerdem hat man auch von diesem Tanz Vorläufer in Westafrika gefunden; unter anderem hat der Anthropologe Melville J. Herskovits in einem Tanz, der bei den Ashanti-Stämmen üblich war, »ein perfektes Beispiel von Charleston« erkannt.

[12] Längere Abschnitte dieses Artikels finden sich in »Jazz – A history of the New York scene«, zitiert.

6. Glanz vor dem Dunkel

[1] Zitiert in »Jazzmen« von Frederic Ramsey jr. und Charles Edward Smith, Harcourt Brace & Company, New York 1939 (neuaufgelegt im Jahre 1959).

[2] Musikinstrumente, die aus den unterschiedlichsten Gebrauchsgegenständen entwickelt wurden, bildeten in den frühen Besetzungen des Jazz (und Blues) keine Seltenheit. Außer dem bereits erwähnten »washboard« (= Waschbrett, siehe Anm. 8 in Kapitel 1) verwendete man den »jug«, einen Tonkrug, der teilweise mit Wasser gefüllt wurde und über dessen Öffnung im Rhythmus geblasen wurde, was einen hohlen Klang erzeugte, der dem der Baßtuba ähnelte, deren Funktion so übernommen wurde (die »Jug Bands« waren in den zwanziger Jahren in den Gebieten des Mississippi und besonders in der Stadt Memphis häufig anzutreffen); ferner wurde gelegentlich auch Kazoo geblasen, ein Stück Rohr, das auf einer Seite von einer Membrane abgeschlossen wird, in die man hineinsummt.

[3] Mit dem Begriff »Novelty« bezeichnet man üblicherweise eine bestimmte Art von leichter Musik, die darauf aus ist, das Publikum durch ungewöhnliche, kuriose und oft komische Effekte zu beeindrucken.

[4] Aus einem Artikel unter dem Titel »How gangsters run the band business«, der in der Zeitschrift »Ebony« erschien und dann teilweise in »Hear me talkin' to ya« (zitiert) abgedruckt wurde. Man beachte, daß das gepanzerte Auto von Al Capone in Wirklichkeit drei Tonnen wog, was ungefähr sieben amerikanischen Tonnen entspricht.

[5] »Rent« bedeutet Miete. Die »Rent Party« war eine Gepflogenheit aus dem Süden, die von den eingewanderten Negern in den Norden mitgebracht wurde und je nach Gebiet auch unter anderen Namen bekannt war: »percolator«, »house hop«, »parlor social«, »struggle«, »gouge« oder »skiffle« (hiernach wurde die in den fünfziger Jahren in England aufgekommene volkstümliche und jazzverwandte »Skiffle«-Musik benannt). Im allgemeinen bezahlte man als Eintritt 25 Cents.

[6] Langston Hughes, »The big sea«, zitiert.

[7] Bessie Smith nahm dieses Stück am 24. 11. 1933 auf. Es wurde zuletzt wiederveröffentlicht auf dem 1. Doppelalbum ihrer vollständigen Aufnahmen »Bessie Smith – the world's greatest blues singer« = amerikanische Columbia GP 33.

[8] Siehe Anm. 6.

[9] Aus der bis heute unveröffentlichten Autobiographie von Thomas A. Dorsey, von der er diesen Auszug auf der Plattenhülle der in Anm. 48 des 1. Kapitels genannten LP veröffentlichte.

[10] Ma Raineys »South bound blues« wurde circa März 1924 aufgenommen und unter anderem auf ihrer LP aus Anm. 48 des 1. Kapitels wiederveröffentlicht.

[11] Bessie Smith sang ihren »Moonshine blues« am 9. 4. 1924. Er wurde auf der Doppel-LP wiederveröffentlicht, die in Anm. 41 von Kapitel 1 genannt ist. – Ma Rainey hat einen textlich nur leicht unterschiedlichen »Moonshine blues« im Abstand von Jahren zweimal aufgenommen. Die erste Version wurde interessanterweise schon vor der Interpretation von Bessie Smith, und zwar im Dezember 1923, eingespielt und ebenfalls auf der LP aus Anm. 48 des 1. Kapitels wiederveröffentlicht.

[12] Das Gedicht ist in der Anthologie »Black voices« von Abraham Chapman enthalten, die 1968 bei der New American Library, New York – Toronto, erschien.

[13] Das ist der Titel eines Schlagers, der in den zwanziger Jahren sehr populär wurde.

[14] Aus einem Kapitel über »Echos aus der Jazz-Ära« in dem Buch »Crack up« von Francis Scott Fitzgerald, New Directions, New York 1954.

7. Krise, aber nicht in Kansas City

[1] »It's hard time« wurde am 2. 8. 1933 aufgenommen. – »Hooverville« taufte der Volksmund – »zu Ehren« von Präsident Hoover – die Ansammlungen von behelfsmäßig gebauten Baracken.

[2] »Let's have a New Deal« wurde am 4. 9. 1935 eingespielt und auf der Platte »Country Blues Classics, Vol. 4« der Marke Blues Classics BC-14 wiederveröffentlicht. – Der Text ist auch in dem Buch »The story of the blues« von Paul Oliver (zitiert) wiedergegeben.

[3] Die Ursprünge des »Lindy hop« (der später in »Jitterbug« umgetauft wurde) gehen zeitlich sehr weit zurück und sind vielleicht in Afrika zu suchen. Vergleiche die Ausführungen in dem Buch »Jazz dance«, zitiert.

[4] Eddie Condon und Thomas Sugrue, »We called it music«, Henry Holt & Co., New York 1974. Deutsche Ausgabe: »Jazz – wir nanntens Musik«, Nymphenburger Verlagshandlung, München 1960.

[5] Max Kaminsky (und V. E. Hughes), »My life in jazz«, Harper & Row, New York 1963.

[6] Neil Leonard, »Jazz and the White Americans«, The University of Chicago Press, Chicago 1962.

[7] In Leonard Feathers »The book of jazz« (zitiert) werden die Fälle aufgezählt, die nach Ansicht des Autors bis zum Jahre 1933 angeblich die einzigen waren, in denen es zu einer Zusammenarbeit von schwarzen und weißen Jazzmusikern in einem Schallplattenstudio kam. Aus diesem Verzeichnis, in dem allerdings Titel fehlen, kann man entnehmen, daß diejenigen weißen Musiker, die zwischen 1928 und 1932 am wenigsten Furcht vor den damals herrschenden Vorurteilen hatten, Eddie Condon, Eddie Lang, Jack Teagarden, Hoagy Carmichael, Ted Lewis und die Mitglieder der Mound City Blue Blowers waren, weil sie alle diese Erfahrung mehr als einmal wiederholten. Unter den weißen Jazzleuten, die nur eine einmalige Erfahrung dieser Art machten, befanden sich die Gebrüder Dorsey, die New Orleans Rhythm Kings – diese gaben Jelly Roll Morton als einen Kubaner aus –, Bix Beiderbecke, Joe Sullivan sowie einige weitere weniger bekannte Musiker.

[8] Venuti hat dies vor seinem Tod im Jahre 1978 in Unterhaltungen mit dem Verfasser dieses Buches mehrfach bestätigt.

[9] Die begeisterte Aufnahme der Musik des Militärorchesters von Jim Europe durch

die Europäer ist in allen Einzelheiten von Noble Sissle – welcher damals zu dieser Kapelle gehörte – in einem Bericht von der französischen Front geschildert worden, der in der Ausgabe des »St. Louis Post-Dispatch« vom 10. Juni 1918 erschien. Ein vollständiger Abdruck findet sich in dem Buch »Reminiscing with Sissle and Blake« von Robert Kimball und William Bolcom, The Viking Press, New York 1973.

[10] Robert Goffin, »Aux frontières du jazz«, Sagittaire, Paris – Brüssel 1932. – Nicht berücksichtigt sind in diesem Zusammenhang einige – auch deutsche – Publikationen, die sogar schon in den zwanziger Jahren, also noch früher, erschienen, allerdings das Wort »Jazz« nur im Titel führten, ohne einen wirklich bemerkenswerten Bezug zu dieser Musik aufzuweisen.

[11] Hugues Panassié, »Le Jazz Hot«, Corréa, Paris 1934. Dieses vielbeachtete und erste wirklich wichtige Buch über Jazz erschien bereits wenig später, im Jahre 1936, in seiner englischen Übersetzung »Hot Jazz – the guide to Swing music« bei M. Witmark & Sons in New York und Cassell in London. Panassiés enger Freund und Lieblingsmusiker Mezz Mezzrow veröffentlichte 1946 in Zusammenarbeit mit Bernard Wolfe seine oft zitierte Autobiographie »Really the blues«, Random House, New York – Toronto. (Deutsche Ausgabe: »Jazz-Fieber«, Verlag der Arche, Zürich 1956.) – Unter den vielen späteren Werken Panassiés, des ersten wesentlichen Jazzförderers in Europa, sind mindestens folgende zu nennen: »The real jazz«, Smith & Durrell Inc. bzw. Readers Union Ltd., London 1942 bzw. 1967; in Zusammenarbeit mit Madeleine Gautier, »Guide to jazz – with introduction by Louis Armstrong«, Houghton Mifflin Company, Boston 1956; H. Pannasié, »Histore du vrai jazz«, Laffont, Paris 1959 (dieses letztgenannte Buch erschien bisher als einziges in deutscher Sprache: »Die Geschichte des echten Jazz«, Signum Verlag, Gütersloh 1962).

[12] Peetie Wheatstraws »Good whiskey blues« vom 25. 3. 1935 wurde auf der englischen Doppel-LP »The story of the blues, Vol. 1« = CBS 66 218 wiederveröffentlicht.

[13] Zitiert in »Jazz style in Kansas City and the Southwest« von Ross Russell, University of California Press, Berkeley – Los Angeles 1971. Dies ist das einzige Buch, das sich ausschließlich mit dem Jazz aus Kansas City und dem Südwesten beschäftigt. Die erste eigehende Darstellung dieses Themas wurde jedoch bereits in dem Kapitel »Kansas City and the Southwest« von Frank Driggs geboten, welches in dem Buch »Jazz« von Hentoff und Mc Carthy (zitiert) enthalten ist.

[14] Marshall Stearns, »The story of jazz«, zitiert.

[15] Big Joe Turner sang diesen Blues, der in mehreren Wiederveröffentlichungen vorliegt, zur Begleitung von u. a. Pete Johnson (Piano) am 11. 11. 1940.

8. Swing, Musik zum Tanzen

[1] Alain Locke, »The Negro in American culture«, erstmalig 1929 in der Zeitschrift »Carolina Magazine« erschienen und in jüngeren Jahren in der Anthologie »Black voices« (zitiert) abgedruckt.

[2] Der Begriff »Swing« wurde schon seit vielen Jahren benutzt, um die besondere, schwingende rhythmische Spannung des Jazz zu bezeichnen. Der Ausdruck »Swing Music« wurde anscheinend zum ersten Mal von der englischen BBC statt der – als »obszön« angesehenen – Bezeichnung »Hot Jazz« verwendet.

[3] Richard Wright, »Twelve million black voices«, The Viking Press, New York 1941.

[4] Wiedergegeben in Charles E. Silberman, »Crisis in black and white«, zitiert.

[5] Benny Goodman und Irving Kolodin, »The kingdom of swing«, Stackpole Sons,

Harrisburg 1939. Deutsche Ausgabe: »Mein Weg zum Jazz«, Sanssouci Verlag, Zürich 1961.

[6] Über die großen amerikanischen Orchester der Swing-Ära siehe: George Simon, »The big bands«, The Macmillan Company, New York – Toronto 1967. Zur Swing-Ära allgemein siehe: »The world of swing« von Stanley Dance, Charles Scribner's Sons, New York 1974; George Simon, »Simon says – the sights and sounds of the swing era 1935–1955« (eine umfangreiche Sammlung von Artikeln, die Simon in der Monatszeitschrift »Metronome« veröffentlicht hatte), Arlington House, New Rochelle 1971; Timmie Rosenkrantz, »Swing photo album 1939«, Scorpion Press and Dobell's Jazz Record Shop Ltd., London 1964; »Big book of swing-edited by Bill Treadwell«, Cambridge House Publishers, New York 1946. Über die Bigbands in der Geschichte des Jazz: Albert Mc Carthy, »Big band jazz«, Barrie & Jenkins, London 1974; Gene Fernett, »Swing out – great Negro dance bands«, Pendell Publishing Co., Midland, Michigan, 1970; »The dance bands« von dem bekannten englischen Jazz-Diskographen Brian Rust, Ian Allan Ltd., London 1972.

[7] Aus einem Interview, das in »Down Beat« veröffentlicht wurde und später auf der Hülle der Platte »Chick Webb – The King of the Savoy«, MCA COPS 1921, stand.

[8] Der ursprünglich in »The New Republic« abgedruckte Artikel erschien dann in einer vollständigen Wiedergabe unter dem Titel »Breakfast dance, in Harlem« in dem Buch »Jam session – an anthology of jazz« von Ralph J. Gleason, Putnam's Sons, New York 1958.

[9] Ein »Sideman« (wörtlich: »Seitenmann«) ist jeder Musiker, der selber nicht namensgebend für die Besetzung ist, in der er spielt.

[10] Über Geschicke und Mißgeschicke der Lokale der 52. Straße, in denen Jazz oder andere Musik gemacht wurde, berichtete Arnold Shaw, »The street that never slept«, Coward, Mc Cann & Geoghegan Inc., New York 1971.

[11] Billie Holiday in Zusammenarbeit mit William Dufty, »Lady sings the blues«, Doubleday, New York 1956. Deutsche Ausgabe: »Schwarze Lady sings the Blues«, Hoffmann & Campe, Hamburg 1957.

9. Erneuerung: der Bebop

[1] Aus einem Gespräch, das 1948 in der Cornell University stattfand und in »The story of jazz« (zitiert) wiedergegeben wurde.

[2] Zitiert in Ross Russell, »Bird lives!«, Charterhouse, New York 1973.

[3] Bezeichnend in dieser Hinsicht ist eine Erklärung, die Oscar Pettiford, der 1943 nach seiner Ankunft in New York vier Monate lang mit Thelonious Monk im Minton's spielte, im Verlauf eines Interviews mit Nat Hentoff abgab: »Alles, was ich weiß, ist, daß die Leute dahin kamen, um in Jam Sessions zu spielen. Ich habe niemals etwas Experimentelles gesehen. Monk spielte genauso wie heute.« (»Down Beat« vom 21. März 1957). Eine ähnliche Aussage machte Thelonious Monk.

[4] Zitiert in dem Artikel »Earl Hines in the 1940s« von George Hoefer in »Down Beat« vom 25. April 1963.

[5] Aus einem Interview, das in »The street that never slept« (zitiert) steht.

[6] Aus dem Artikel »Bop will kill business unless it kills itself first« in »Down Beat« vom 7. April 1948.

[7] Leonard Feather gibt in seinem Buch »Inside bebop«, J. J. Robbins & Sons, New York 1949 (später unter dem Titel »Inside jazz« neu herausgegeben), eine lange Liste

von »Standards« (Themen sehr berühmter Songs, die zum Repertoire der leichten Musik gehören), die in den Bebop-Stil umgearbeitet und unter verschiedenen Namensgruppen eingespielt wurden.

[8] Einige Autoren haben bemerkt, daß der Jazz mit dem Bebop ein Stadium harmonischer Kultur erreicht hat, das ungefähr dem entspricht, welches von Wagner und Debussy innerhalb der europäischen Musik erzielt wurde. In diesem Zusammenhang muß man darauf hinweisen, daß der Jazz in seiner so schnellen Entwicklung in wenigen Jahrzehnten einen Weg zurückgelegt hat, der analog zu dem der europäischen Musik von den Anfängen bis heute verlief.

[9] Zitiert in der New Yorker Monatszeitschrift »Metronome« von Juni 1947.

[10] Eine eingehende Untersuchung der musiktechnischen Besonderheiten des Bebop ist in »Inside bebop« (zitiert) enthalten.

[11] Es ist interessant zu beobachten, daß der »Bop kit« mehr als zehn Jahre später in San Francisco als »Beatnik kit« wieder in den Handel geschleust wurde. Die »Beatniks«, deren Stunde gegen Ende der fünfziger Jahre schlug und die eben in San Francisco ihre Hochburg hatten, waren nämlich die geistigen Erben der »Hipsters« und wie sie glühende Verehrer von Parker und Bebop.

[12] Unter den ersten Jazzmusikern, die zum Islam übertraten, seien folgende genannt, wobei die angenommenen arabischen Namen in Klammern stehen: Kenny Clarke (Liaquat Ali Salaam), Art Blakey (Abdullah Ibn Buhaina), Kenny Dorham (Abdul Hamid), Edmund Gregory (Sahib Shihab), William Evans (Yusef Lateef), Walter Bishop jr. (Ibrahim Ibn Ismail), Rudy Powell (Musheed Karweem), Al Barrymore (Talib Ahmad Dawud) sowie dessen Frau, die Sängerin Dakota Staton (Aliyah Rabia). Die Übertritte zum Islam unter Jazzmusikern waren auch in jüngeren Jahren zahlreich.

[13] Ausgabe vom 17. Mai 1948.

[14] Ausgabe vom 11. Oktober 1948.

[15] In »Blues People«, zitiert.

[16] Siehe Anm. 15.

[17] Zitiert in dem Begleitheft »The Kenton era« zum gleichnamigen Plattenalbum der Capitol, das später wieder von Creative World herausgegeben wurde.

[18] Zur Welt des Rhythm and Blues, besonders aus soziologischer Sicht, vergleiche »Urban blues«, zitiert. – Das »New Orleans Revival« (siehe auch die bereits im Kapitel über New Orleans erwähnte Literatur) behandeln besonders folgende Bücher: Tom Stagg, Charlie Crump, »New Orleans, the Revival« (Diskographie), Bashall Eaves Publications, London 1973; William L. Grossman, Jack W. Farrell, »The heart of jazz«, New York University Press, New York 1956; ferner zwei Biographien des Revival-Musikers George Lewis auf New Orleans: Ann Fairbairn, »Call him George«, Crown Publishers, New York 1961, sowie Tom Bethell, »George Lewis – a jazzman from New Orleans«, University of California Press, Berkeley and Los Angeles 1977.

10. Der Jazz wird kühl

[1] Zitiert in Ralph Gleasons Artikel »Brubeck: I did some things first« in »Down Beat« vom 5. September 1957.

[2] Auf den Wiederveröffentlichungen in Langspielplattenform erscheinen die fraglischen Aufnahmen unter der allgemeinen Überschrift »Birth of the cool« (»Geburt des Cool Jazz«).

[3] Zitiert in Nat Hentoffs Artikel »The birth of the cool« in »Down Beat« vom 2. und 16. Mai 1957.

[4] Viele Jahre nach der Veröffentlichung dieser Aufnahmen sind von kleineren Marken behelfsmäßige Live-Mitschnitte der Gruppe aus dem Royal Roost auf den Plattenmarkt gebracht worden. Es ist interessant festzustellen, daß diese Einspielungen, die zum guten Teil auf den gleichen Arrangements basieren, die für die Capitol-Aufnahmen verwendet wurden, auch abgesehen von der Aufnahmequalität viel schlechter sind; es handelt sich um ungeschliffene Fassungen, und der Stil ist im Grunde noch »bopperhaft.«

[5] Siehe Anm. 3.

[6] Zu den Miles Davis-Aufnahmen für Capitol vergleiche – außer dem genannten Artikel von Hentoff – auch das Kapitel »Miles Davis et la tendance cool« in »Hommes et problèmes du jazz« von André Hodeir, Le Portulan, Paris 1954.

[7] Die Auffassung, daß vor dem Jahre 1922 keine Platte mit Negerjazz aufgenommen worden sei, ist sehr diskutierbar. Abgesehen davon, daß James P. Johnson 1921 verschiedene recht bekannte Platten einspielte, und zwar sowohl Solostücke (zum Beispiel »Carolina shout«, »Arkansas blues« und »Cry baby blues«) sls auch Titel mit einer Gruppe unter dem Namen »Jimmy Johnson Jazz Boys«, muß die Priorität auf diesem Gebiet wahrscheinlich entweder Eubie Blake oder Noble Sissle oder Jim Europe zugesprochen werden, welche von 1917 an – manchmal gemeinsam – zahlreiche Schallplatten aufnahmen, die Musik unterschiedlicher Übergangsstadien zwischen Ragtime und Jazz enthielten. Circa November 1917 machte Blake mit seinem sogenannten »Blake's Jazzone Orchestra« eine Aufnahme mit dem Titel »The jazz dance«, die in einer Anzeige der Plattenfirma Pathé des Jahres 1918 als » . . . im typischen ›Jazz‹-Stil gespielt« beschrieben wurde. Unter den wenig späteren Aufnahmen von Jim Europe und Noble Sissle tragen viele das Wort »Jazz« in ihrem Titel. – Jedenfalls steht Kid Ory mit Sicherheit das Verdienst zu, die erste Platte mit Negerjazz im New Orleans-Stil eingespielt zu haben.

[8] Wiedergegeben in »Hear me talkin' to ya«, zitiert.

[9] Über Cool Jazz schreiben, außer dem erwähnten Kapitel des Buches von Hodeir (siehe Anm. 6), folgende Autoren: Barry Ulanov, »A history of jazz in America«, The Viking Press, New York 1950; Arrigo Polillo, »Il jazz moderno – Musica del dopoguerra«, G. Ricordi e C., Mailand 1958; Alun Morgan und Raymond Horricks, »Modern jazz«, Victor Gollancz, London 1956; Lucien Malson, »Histoire du jazz moderne«, La Table Rotonde, Paris 1961; John S. Wilson, »Jazz – the transition years: 1940–1960«, Appleton-Century-Crofts, New York 1966. Die letztgenannten vier Bücher, die sich natürlich auch eingehend mit der Bop-Periode beschäftigen, sind praktisch die einzigen, welche den Jazz der fünfziger Jahre ebenfalls detailliert behandeln.

11. Wiedererwachen: der Hardbop

[1] Herausgegeben von Random House, New York 1971.

[2] »Back to the unfabulous '50s« in »Time« vom 5. August 1974.

[3] Über den Rock and Roll und seine späteren Abwandlungen sind verschiedene Bücher verfaßt worden, von denen die beiden folgenden besonders empfohlen werden: Carl Belz, »The story of rock«, Oxford University Press, New York 1969 (überarbeitete Ausgabe im Jahre 1972); Charlie Gillett, »The sound of the city«, Outerbridge and Dienstfrey, New York 1970.

[4] Über Gospel-Musik siehe: Tony Heilbut, »The gospel sound«, Simon and Schuster, New York 1971. – Mahalia Jackson sind vier Bücher gewidmet: die umfangreichste Biographie schrieb Laurraine Goreau, »Just Mahalia, baby«, Word Books Publisher, Waco, Texas, 1975; Mahalia Jackson selbst verfaßte in Zusammenarbeit mit Evan Mc Leod Wylie eine Autobiographie »Movin' on up«, Hawthorn Books, New York 1967 (deutsche Ausgabe: »Mahalia Jackson«, Flamberg-Verlag, Zürich 1969); zwei deutsche Biographien sind von Erhard Kayser, »Mahalia Jackson – ein Porträt«, Pegasus Verlag, Wetzlar 1962, bzw. von Dr. Theo Lehmann, »Mahalia Jackson – Gospelmusik ist mein Leben«, Union Verlag, Berlin (Ost) 1973. – Vergleiche auch die englische und deutsche Literatur über Negro Spirituals, wie sie in Kapitel 1 angegeben ist.

[5] Wiedergegeben in Tony Heilbut, »The gospel sound«, zitiert.

[6] Aus dem Thomas A. Dorsey gewidmeten Artikel »The man who started the gospel business«, der im Dezember 1969 in »The Washington Post« erschien.

[7] Tony Heilbut, »The gospel sound«, zitiert.

[8] Die »Sanctified Churches« sind amerikanische Sektenkirchen, denen viele Neger angehören.

[9] »Einige werden fröhlich und laufen.
Andere sprechen in einer unbekannten Sprache,
Einige schreien in einem ekstatischen Trancezustand,
Habt Ihr je die Heiligen gesehen, wie sie den heiligen Tanz tanzen?«

[10] Über die »Soul Music« siehe: Phyl Garland, »The sound of soul«, Henry Regnery Company, Chicago 1969; Michael Ḥaralambos, »Right on: from blues to soul in Black America«, Eddison Press Ltd., London 1974.

[11] Ein Pionier der Orgel im Jazz (nicht der elektronischen Orgel, wie sie später Verwendung fand, sondern des Typs mit Orgelpfeifen, auf dem damals in den amerikanischen Kinos gespielt wurde) war Fats Waller. Er nahm als seine beiden ersten Stücke auf diesem Instrument 1926 den »St. Louis blues« und den »Lenox Avenue blues« auf. Abgesehen von einigen vereinzelten Auftritten Count Basies sowohl an der akustischen als auch an der elektrischen Orgel läßt sich sagen, daß der erste Spezialist der elektrischen Orgel im Jazz Wild Bill Davis gewesen ist, welcher an dem Instrument experimentierte, als er in der zweiten Hälfte der vierziger Jahre in der Tympany Five von Louis Jordan tätig war. Sein Beispiel wurde dann von Bill Doggett nachgeahmt, als dieser ihn in der Band ersetzt hatte, sowie anschließend von Milt Buckner, dem früheren Pianisten von Lionel Hampton. Allerdings wurde die Orgel erst nach dem Durchbruch von Jimmy Smith recht populär.

[12] Aus einem im März 1956 von Myles Horton geführten Interview, das in »Black protest« (zitiert) abgedruckt wurde.

[13] Lerone Bennett jr., »What manner of man« (Biographie von Martin Luther King), Johnson Publishing Co., Chicago 1964–68.

[14] John Clennon Holmes, »Die Philosophie der Beat-Generation«, in der Anthologie »The Beats« von Seymour Krim, Fawcett – Gold Medal, New York 1960.

[15] Norman Mailer, »Advertisements for myself«, G. P. Putnam's Sons, New York 1959.

[16] Aus: Allen Ginsberg, »Howl and other poems«, City Lights, San Francisco 1956.

[17] Fernanda Pivano, »Beat hippie yippie«, Arcana Editrice, Rom 1972.

644

12. Revolte: der Free Jazz

[1] Das Schlagwort »Freedom now« (»Freiheit jetzt gleich!«) wurde zur Losung einer nationalistischen afro-amerikanischen Bewegung, die 1963 entstand.

[2] Die Platte rief lebhafte Reaktionen bei den amerikanischen Jazzkritikern hervor, unter denen einige gegen die von Max Roach und seiner Frau, der Sängerin Abbie Lincoln, angenommene und in der »Freedom now suite« klar gezeigte Haltung deutlich Stellung bezogen; Abbie Lincoln wurde als »Berufsnegerin« bezeichnet.

[3] Viele Titel von Jazz-Stücken, die zwischen 1957 und 1962 aufgenommen wurden, beziehen sich in der einen oder anderen Weise auf Afrika und seine neuen unabhängigen Staaten. Hier sind einige: »Tanganyika strut«, »Africa«, »African lady«, »Dahomey dance«, »Uhuru« (»Freiheit« in der Kisuahelisprache), »African violets«, »Message from Kenya«, »Man from South Africa«, »Effendi«, »African waltz«, »Uhuru Africa«, »Afro-american sketches«.

[4] Malcolm X, »The autobiography of Malcolm X«, Grove Press Inc., New York 1965.

[5] Frank Kofsky, »Black nationalism and the revolution in music«, Pathfinder Press, New York 1970.

[6] Zitiert von LeRoi Jones in »Black music«, William Morrow & Company Inc., New York 1967.

[7] Archie Shepp, »An artist speaks bluntly«, in »Down Beat« vom 16. Dezember 1965.

[8] Shepp hat tatsächlich Gedichte und zwei Theaterstücke geschrieben, darunter »The Communist«, das im November 1965 im Greenwich Village aufgeführt wurde. Bestimmte Gedichte werden zur Kommentierung und Illustration von Musikstücken vorgetragen (zum Beispiel: »Malcolm, Malcolm, semper Malcolm« und »Scag«) oder bilden deren literarischen Text. In seinem literarischen Schaffen ist der politische Einsatz allgegenwärtig.

[9] Der Bossa Nova, der eine besondere Form der Samba in langsamem Tempo und – seit seinen brasilianischen Ursprungsformen – entfernt vom Jazz beeinflußt ist, entstand praktisch in Rio de Janeiro mit »Chega de saudade«, einem Stück, das 1956 von dem Komponisten Antonio Carlos Jobim in Zusammenarbeit mit dem Dichter Vinicius de Moraes komponiert, 1958 veröffentlicht und einige Jahre später unter dem Titel »No more blues« von einigen Jazz-Gruppen übernommen wurde. Neben de Moraes und Jobim, dem sicher berühmtesten und begabtesten Vertreter des Bossa Nova (von ihm stammen unter anderem »Desafinado« und »The girl from Ipanema«), verweisen wir im Zusammenhang mit dem Bossa Nova auf João Gilberto, Luiz Bonfá, Baden Powell, Sergio Mendes sowie Eumir Deodato, welcher sich dann, in den siebziger Jahren, als origineller Komponist und Arrangeur von Pop-Jazz durchsetzte.

[10] Aus »The October Revolution: two views of the avant garde in action«, in »Down Beat« vom 19. November 1964.

[11] Ausgabe vom 9. September 1965.

[12] »Jetzt ist es für alle Menschen an der Zeit aufzustehen. Erhebt euch, ihr ausgehungerten und erschöpften Massen!«

[13] Ein besonders bezeichnendes Beispiel in dieser Hinsicht bildet »Rufus« (auf der Impulse-LP »New thing at Newport«), in dem auf plastische Weise die Szene der Hetzjagd auf einen Neger und des anschließenden Lynchens dargestellt wird.

[14] In einem Artikel von »Musica Jazz«, Februar 1974. Es handelt sich hierbei um die italienische Jazz-Zeitschrift, die seit vielen Jahren vom Autor dieses Buches monatlich in Mailand herausgegeben wird.

[15] Philippe Carles und Jean Louis Comolli, »Free Jazz/Black Power«, Éditions Champ Libre, Paris 1971. Deutsche Ausgabe: gleicher Titel, Fischer-Bücherei, Frankfurt am Main 1974.

[16] Hierzu siehe die Einleitung zu »Le cru et le cuit« von Claude Lévi-Strauss, Librairie Plon, Paris 1974, in der die besonderen Voraussetzungen des Musikgenusses mit großer Sorgfalt analysiert werden.

[17] Eine gründliche Untersuchung über Entropie mit Bezug auf künstlerischen Ausdruck, wie sie sich bestens auf den Free Jazz anwenden läßt, bietet »Entropy and art – an essay on order and disorder« von Rudolf Arnheim, University of California Press, Berkeley 1974.

[18] Es ist interessant festzustellen, daß die berühmtesten Vertreter des »new thing« es zwar vorgezogen haben, zur Bezeichnung ihrer Musik nicht den Begriff Jazz zu verwenden, aber doch die Verbindungen ihrer Musik mit Geschichte und Traditionen des Jazz energisch bestätigt und wiederholt ihre Dankesschuld gegenüber dem Jazz ausgedrückt haben.

[19] Der Bericht dieser Kommission unter Vorsitz von Otto Kerner, dem Gouverneur von Illinois, wurde in den USA unter dem Titel »Report of the National Advisory Commission on Civil Disorders« veröffentlicht.

13. Die Zeit des Rock und Europas

[1] Mario Maffi, »La cultura underground«, Giuseppe Laterza & Figli, Bari 1972.

[2] Unter den Zuhörern befanden sich verschiedene Vertreter der Schallplattenindustrie, die an diesem Tage wichtige Entscheidungen trafen. Bezeichnend ist das Verhalten von Clive Davis, dem damaligen Präsidenten der Columbia, welcher Janis Joplin und andere Künstler vom Fleck weg engagierte und danach beschloß, einen Großteil der Produktion seiner Firma auf Rock umzustellen. Diese verdoppelte dann innerhalb von drei Jahren ihren Marktanteil aufgrund des Verkaufes von Rock-Platten, die in der gleichen Zeit von 15% auf 50% des Firmenumsatzes stiegen.

[3] Zitiert in »I muri di Parigi« von Francesco Lucco und Gaetano Pesce, Marsilio Editori, Padua 1968.

[4] Die Bezeichnung »Pop«, die von dem Ausdruck »popular music« abgeleitet ist, nachdem dieser mit »pop. music« abgekürzt wurde, wird in der Welt der leichten Musik Amerikas gewöhnlich verwendet, um allgemein verschiedene Arten beliebter Unterhaltungsmusikarten zu bezeichnen, wobei in der Regel der Jazz, der Rhythm and Blues, die Folk-Musik und die Country and Western-Musik ausgenommen sind. (Letzteres trifft zum Beispiel im Falle des folgenden amerikanischen Buches, das »über die Welt der pop(ulären) Musik« berichten will und dabei doch bewußt Jazz, Blues, Ragtime usw. mit einbezieht, nicht ganz zu: Tony Palmer, »All you need is love«, Grossman Publishers, New York 1976. – Deutsche Ausgabe: gleicher Titel, Droemer-Knaur, München und Zürich 1977.) – Seit ein paar Jahren wird allerdings wegen der zahlenmäßig riesigen Bedeutung, die der Rock angenommen hat (im Jahre 1974 betrug die Anzahl der als solche bezeichneten Rock-Platten, obwohl beharrlich von einem Niedergang des Rock die Rede war, 66% der gesamten Plattenproduktion), der Begriff »Pop« oft gleichbeutend mit Rock verwendet.

[5] Wörtlich: »harter Rock«. Das ist eine der vielen Namensgebungen, mit denen die verschiedenen Arten der Rock-Musik belegt werden. Andere Rock-Arten heißen »Folk-Rock (dieser findet sich beispielsweise in den neueren Aufnahmen von Bob Dylan) und »Soft Rock« (»sanfter Rock« – eine neuere Erfindung).

[6] Ausgabe von Oktober 1969 des Pariser »Jazz Magazine«.

[7] Vergleiche den Artikel über Michel Portal in »Jazz Hot« von Juli/August 1973.

[8] Gegen Ende der sechziger Jahre und von da an immer häufiger haben verschiedene farbige Jazzmusiker in Amerika afrikanische Pseudonyme angenommen. So zum Beispiel Mwandishi (Herbie Hancock), Pepo Mtoto (Julian Priester) und der Perkussionist Mtume (James Forman).

[9] Von seinem Plattenalbum »Head Hunters«, das 1974 von der Columbia herausgegeben wurde, konnten innerhalb weniger Monate eine Million Exemplare verkauft werden. Das ist eine Verkaufsziffer, die niemals von einer Platte erreicht worden war, die von Jazzmusikern bespielt wurde.

[10] Der Ausdruck »Soul music« wird ebenso wie andere geläufige Bezeichnungen in der amerikanischen Musikwelt nicht immer in der gleichen Bedeutung gebraucht. Meistens bezeichnet er die augenblickliche amerikanische Negermusik (unter Ausschluß des Jazz), die auf Blues und Gospel-Musik basiert. Deshalb kann dieser Begriff praktisch dazu benutzt werden, um Musikarten anzugeben, die sich untereinander sehr unterscheiden, also die rasenden Vokalinterpretationen eines James Brown ebenso wie den weichen und musikalischen Gesang von Vokalgruppen wie der Jackson Five oder den Supremes, die Songs von Ray Charles wie die Blues von Lou Rawls, die rein religiöse Musik von Einzelsängerinnen wie Mahalia Jackson, Sister Rosetta Tharpe und Marion Williams oder von Chören wie den Stars of Faith und den Clara Ward Singers.

[11] Leonard Feather, »Newport – Twenty years of jazz«, in »Genesis«, New York, Juli 1974.

[12] Viel Aufsehen erregt und zu ironischen Kommentaren geführt haben einige derartige Presseerklärungen von Chick Corea, als er die Gründe auseinanderlegte, deretwegen er die »Free«-Gruppe »Circle« aufgab, um das Ensemble »Return to Forever« zu bilden, sowie ähnliche Behauptungen von Herbie Hancock, mit denen er den Kurswechsel rechtfertigen wollte, der ihn zur Einspielung der flachen Musik von »Head Hunters« brachte.

Teil 2: Die Persönlichkeiten

Jelly Roll Morton

[1] Jelly Roll Mortons Aufnahmen für die Bibliothek des amerikanischen Kongresses in Washington aus dem Jahre 1938 bilden die umfangreichste Dokumentation über Entstehung und Entwicklung des Jazz, die je in Schallplattenform erschien. Sie wurden einige Jahre später zunächst von dem bekannten amerikanischen Jazzkritiker Rudi Blesh teilweise gekürzt auf seiner Marke Circle veröffentlicht, später erneut auf 12 LPs der Firma Riverside herausgebracht und liegen derzeit – ungekürzt – auf 8 Langspielplatten vor: »The Library of Congress Recordings, Vol. 1–8« = Classic Jazz Masters CJM 2–9. – Die so festgehaltenen Texte der Interviews mit Morton wurden von Alan Lomax ausgearbeitet, mit langen Zwischenkommentaren versehen und zu Mortons Autobiographie in Buchform umgestaltet: Jelly Roll Morton und Alan Lomax, »Mister Jelly Roll«, Duell, Sloan & Pierce, New York 1950. Deutsche

Ausgabe: »Doctor Jazz«, Sanssouci Verlag, Zürich 1960. Nach diesem ersten Morton-Buch entstanden weitere wichtige Werke über diesen großen Pionier des Jazz, zuerst zwei Diskographien seiner Plattenaufnahmen: Thomas Cusack, »Jelly Roll Morton – an essay in discography«, Cassell, London 1952, und in zweiteiliger Form von Jørgen Grunnet Jepsen, »Discography of Jelly Roll Morton – biographical notes by Knud Ditlevsen«, Vol. 1 = 1922–1929 und Vol. 2 = 1930–1940, beide bei Debut Records, Brande (Dänemark) 1959. Dann erschien ein Buch-Porträt von Martin Williams, »Jelly Roll Morton«, Cassell, London 1962. Mortons neueste Diskographie schrieben John R. T. Davies und Laurie Wright, »Morton's music«, Storyville Publications, London 1968. Zuletzt wurde ein Morton-Band mit u. a. vielen Originalnoten veröffentlicht: Mary Allen Hood und Helen M. Flint, »Jelly Roll Morton, the original Mr. Jazz – The life and times of America's originator of jazz«, Edwin H. Morris & Co., New York 1976.

[2] Samuel B. Charters, »Jazz: New Orleans 1885–1957«, Walter C. Allen, Belleville 1958. Dieses Buch will sich allerdings nicht mit den Jazzmusikers befassen, die aus New Orleans stammten, sondern nur mit solchen, die in der genannten Zeit in der Stadt selbst engagiert waren.

[3] Der Vollständigkeit halber sei erwähnt, daß Mortons Familiennamen nach Aussagen aus New Orleans richtig La Mothe gelautet haben soll. Eine der zwei Stiefschwestern des Pianisten, beides Töchter von William Morton, hat ferner erklärt, der Name des Vaters sei Mouton und nicht Morton gewesen.

[4] Der Brief ist teilweise abfotografiert in einem großen Bildband des Jazz zu sehen: Orrin Keepnews und Bill Grauer jr., »A pictorial history of jazz«, Crown Publishers, New York 1955 (später überarbeitet und neu aufgelegt). – Eine späte Klavierversion Mortons von »The naked dance« ist auf der in Anm. 47 des 1. Kapitels genannten Atlantic-Doppel-LP zu finden.

[5] Kay C. Thompson, »The first lady of Storyville, Countess Willie Piazza«, im »Record Changer« von Februar 1951.

[6] Tom Davis, »Conversations with James P. Johnson«, in »The Jazz Review« von August 1959.

[7] Wiedergegeben in »Mister Jelly Roll«, zitiert.

[8] Siehe Anm. 7. – Mortons frühe Klaviersoli liegen in mehreren Wiederveröffentlichungen vor; seine kurz nachher entstandenen klassischen Bandaufnahmen mit den »Red Hot Peppers« sind zur Zeit auf mehreren Langspielplatten der »Black and White Serie« (französische RCA) international erhältlich.

[9] Martin Williams, »The jazz tradition«, Oxford University Press, New York 1970.

King Oliver

[1] Die Quellen stimmen hinsichtlich der Geburtsangaben nicht überein. Diesbezüglich und auch in seinen sonstigen Informationen stützt sich dieses Kapitel auf die umfangreichste Oliver-Biographie, und zwar auf die von Walter C. Allen und Brian A. Rust, »King Joe Oliver«, herausgegeben von Walter C. Allen, Belleville 1955. Ein weiteres Porträt schrieb Martin Williams, »King Oliver«, Cassell, London 1960. Deutsche Ausgabe: gleicher Titel, Hatje, Stuttgart 1960.

[2] King Olivers Briefe an seine Schwester wurden erstmals in »Jazzmen« (zitiert) veröffentlicht.

Sidney Bechet

[1] Charles Delaunay, »L' histoire de Sidney Bechet«, Begleitheft zur gleichnamigen Doppel-LP der französischen Vogue = SB. 2 A und B.

[2] Siehe Anm. 13 zu Kapitel 4.

[3] Sidney Bechet, »Treat it gentle – an autobiography«, Hill & Wang, New York 1960. Deutsche Ausgabe: »Alle Kinder Gottes tragen eine Krone«, Sanssouci Verlag, Zürich 1960. – Eine deutsche Biographie schrieb Peter Kunst, »Sidney Bechet – ein Porträt«, Pegasus Verlag, Wetzlar 1959.

[4] »Treat it gentle«, zitiert.

[5] Siehe Anm. 1.

Bessie Smith

[1] Aus einem Artikel von Art Hodes, der erstmalig im September 1947 in der Monatszeitschrift »Jazz Record« aus Chicago erschien. Kürzlich veröffentlichten Art Hodes und Chadwick Hansen diesen und viele andere Auszüge aus der früheren Zeitschrift in ihrem Buch »Selections from the gutter – jazz portraits from ›The Jazz Record‹«, University of California Press, Berkeley and Los Angeles 1977.

[2] Nach Ansicht von John Hammond soll die damals besungene Platte angeblich unter dem Namen der Bluessängerin Rosa Henderson veröffentlicht worden sein. – Eine Darstellung der frühen Aufnahmejahre des Klassischen Blues der großen Sängerinnen enthält die Autobiographie von Perry Bradford, »Born with the blues – the true story of the pioneering blues singers and musicians in the early days of jazz«, Oak Publications, New York 1965.

[3] Zitiert in »Bessie« von Chris Albertson, Stein and Day, New York 1972. Auf diese führende Biographie der Sängerin und die darin enthaltenen Angaben stützt sich das vorliegende Kapitel. – Das genannte Buch sollte nicht mit einer noch neueren Publikation des gleichen Autors über Bessie Smith verwechselt werden, welche vor allem Originalnoten, aber auch Bluestexte, große Fotos und eine biographische Abhandlung enthält: Chris Albertson (mit Gunther Schuller), »Bessie Smith – Empress of the blues«, Walter Kane & Son Inc., New York 1975. Vor Albertsons Veröffentlichungen erschienen zwei Bessie Smith-Bücher: Carman Moore, »Somebody's Angel Child – the story of Bessie Smith«, Thomas Y. Crowell Co., New York 1969, und vor allem das Porträt von Paul Oliver, »Bessie Smith«, Cassell, London 1959 (deutsche Ausgabe: gleicher Titel, Hatje, Stuttgart 1959).

[4] Wiedergegeben in »Hear me talkin' to ya«, zitiert.

[5] Aus Carl Van Vechtens Artikel, der ebenfalls in der »Jazz Record«-Ausgabe vom September 1947 erstmalig erschien und später sowohl in dem Buch in Anm. 4 als auch in der Artikelsammlung aus Anm. 1 wiedergedruckt wurde.

[6] Abgedruckt in »Bessie«, zitiert.

[7] Leonard Feather, »Life with Feather«, in »Down Beat« vom 19. November 1964.

[8] Siehe die »Down Beat«-Ausgabe vom 17. Oktober 1957 und Hoefers Kapitel »Bessie Smith« in dem Buch »The jazz makers«, zitiert.

[9] Vergleiche Kapitel XI des Buches »Bessie«, zitiert.

[10] Man sollte berücksichtigen, daß der fragliche Artikel die um den Tod von Bessie Smith aufgekommenen Gerüchte – wie sie von einigen Mitgliedern des Chick Webb-Orchesters berichtet worden waren – als noch zu bestätigende Ereignisse wiedergab. In dem Artikel, der bezeichnenderweise die Überschrift trug: »Did Bessie Smith bleed to death while waiting for medical aid?« (»Ist Bessie Smith verblutet, während

sie auf ärztliche Hilfe wartete?«), schrieb Hammond unter anderem: »Da ich weiß, daß solche Geschichten in der mündlichen Weitergabe möglicherweise aufgebauscht werden, möchte ich eine Bestätigung von verschiedenen Bürgern aus Memphis bekommen, die zu der fraglichen Zeit anwesend waren.« Man beachte, daß in dem Artikel von einem Krankenhaus in Memphis die Rede war (in diese Stadt kam das Webb-Orchester kurz nach dem Unfalltag), während Bessie Smith in einem Krankenhaus in Clarksdale gestorben ist. – Vergleiche auch John Hammonds heutige Gedanken zu den Todesumständen von Bessie Smith, wie sie in seiner kürzlich erschienenen Autobiographie zu lesen sind: John Hammond mit Irving Townsend, »John Hammond on record – an autobiography«, The Ridge Press, New York 1977.

Fletcher Henderson

[1] Über das Geburtsdatum Hendersons herrscht keine Übereinstimmung. Unser Kapitel hält sich auch hinsichtlich der obigen Angabe an Hendersons vollständigste und neueste Biographie, nämlich »Hendersonia – The music of Fletcher Henderson and his musicians«, geschrieben und herausgegeben von Walter C. Allen, Highland Park 1973. Das angegebene Datum, welches in den Registern der Urhebergesellschaft ASCAP und auf Hendersons Grab steht, wird einem anderen Datum vorgezogen (hiernach wäre das Jahr 1898), das in verschiedenen Quellen genannt wurde, die allerdings auf einer eigenen Erklärung Hendersons in einem Interview von 1936 basierten. Seine Schwester Irma hat bei zwei unterschiedlichen Gelegenheiten zuerst das eine und dann das andere Datum angegeben.

[2] Ethel Waters (mit Charles Samuels), »His eye is on the sparrow – an autobiography«, Doubleday and Company, Garden City – New York 1951. – Später hat diese vielseitige Sängerin noch eine zweite Autobiographie verfaßt: Ethel Waters, »To me it's wonderful«, Harper & Row Publishers, New York 1972.

[3] Diese Version der Umstände hat Redman Felix Manskleid geliefert, welcher sie in seinem Artikel »Fletcher Henderson« in der Ausgabe des »Jazz Monthly« von Dezember 1957 wiedergab. Sie ist glaubwürdiger als Hendersons eigene Version, wonach er einfach ein Telefonat erhielt, in dem ihm einer der Inhaber des Lokals das Engagement anbot. Nach Redmans sehr ausführlicher Erzählung wurde Henderson von den Mitgliedern der Gruppe, die sich deshalb berieten, zum Leiter der Formation gewählt. Walter C. Allen (siehe »Hendersonia«, zitiert) fragte sich trotzdem, wieso zwischen der Hörprobe (im September, nach der Erinnerung von Redmann) und dem Beginn des Engagements, der mit Sicherheit auf Januar 1924 zurückgeht, soviel Zeit verstreichen konnte. Möglicherweise ist Redmans Erinnerung verschwommen und auf jeden Fall ein zeitlicher Abstand zwischen der Hörprobe und dem Debüt gewesen: Zeit, die vielleicht für Proben genutzt wurde.

[4] Wiedergegeben in »Hear me talkin' to ya«, zitiert.

[5] Benny Goodman und Irving Kolodin, »The kingdom of swing«, zitiert.

Louis Armstrong

[1] Zitiert in »Louis Armstrong: 1900–1971«, in »Down Beat« vom 16. September 1971.

[2] Nach einigen Zeugenaussagen – aber nicht nach Armstrongs Erinnerungen – soll der kleine Louis schon Kornett geblasen haben, bevor er in die Besserungsanstalt eingeliefert wurde. Bunk Johnson hat mehrfach erklärt, er habe ihm schon seit 1911 den ersten Unterricht erteilt, und den Verfassern von »Jazzmen« (zitiert) folgendes erzählt: »Was das Waifs' Home angeht, so hat Louis nicht dort angefangen, Kornett

zu spielen, weil er bereits sehr gut Kornett blies, als er dorthin kam. Musik konnte er überhaupt nicht lesen.« Sidney Bechet auf der anderen Seite hat gesagt, er habe ihn Kornett spielen hören, kurz bevor er in die Besserungsanstalt eingeliefert wurde, dabei aber erläutert, seine damalige Spielweise sei »kindlich« gewesen.

3 Louis Armstrong, »Satchmo – My life in New Orleans«, Prentice-Hall, New York 1953. Deutsche Ausgabe: »Mein Leben – mein New Orleans«, erstmals bei Rowohlt, Hamburg 1953. – Dieses Buch, das ursprünglich nur der erste Teil einer weiterführenden Selbstdarstellung sein sollte, ist Armstrongs zweite Autobiographie. Viele Jahre vorher war unter seinem Namen ein Werk veröffentlicht worden, das er allerdings nicht selber verfaßt hatte: »Swing that music«, Longmans – Green, London – New York – Toronto 1936. Außer diesen Büchern sind beim Schreiben dieser Seiten besonders die beiden folgenden Publikationen berücksichtigt worden: Max Jones und John Chilton, »Louis«, November Books, London 1971, neu bearbeitet bei: Mayflower, Frogmore, England 1975 (deutsche Ausgabe: »Die Louis Armstrong Story 1900–1971«, Verlag Herder, Freiburg im Breisgau 1972), und: Salvatore G. Biamonte, »Louis Armstrong – L' ambasciatore del jazz«, U. Mursia & C., Mailand 1973. – Weitere Armstrong-Bücher von Bedeutung sind: Albert Mc Carthy, »Louis Armstrong«, Cassell, London 1960; die auf eine viel frühere französische Ausgabe zurückgehende und überarbeitete Biographie von Hugues Panassié, »Louis Armstrong«, Charles Scribner's Sons, New York 1971; Max Jones, John Chilton, Leonard Feather, »Salute to Satchmo«, IPC Specialist and Professional Press Ltd., London 1970; der Abdruck eines langen Interviews mit Richard Meryman, »Louis Armstrong – a self-portrait«, The Eakins Press, New York 1971.

4 »Satchmo – My life in New Orleans«, zitiert.

5 Wiedergegeben in »Hear me talkin' to ya«, zitiert.

6 Nach dem, was in verschiedenen Büchern zu lesen ist, soll der Scat-Gesang von Armstrong eben während der Aufnahmesitzung von »Heebies Jeebies« zufällig erfunden worden sein, als ihm das Textblatt herunterfiel und er deshalb anfing, mit seiner Stimme zu improvisieren und Silben ohne Wortsinn zu singen. Abgesehen davon, daß diese Anekdote ziemlich unglaubwürdig wirkt, muß Louis in Wirklichkeit schon während seiner Zeit beim Fletcher Henderson-Orchester Scat gesungen haben. Der Beweis wird durch einen »Take« von »Everybody loves my baby« erbracht, der neben rein instrumentalen »Takes« an einem Februartag des Jahres 1925 – ein Jahr vor der Einspielung von »Heebie Jeebies« – entstand und am Schluß der Aufnahme einen ganz kurzen Scat-Vocal Armstrongs enthält.

7 Besonders beachtenswert sind die Analysen der Musik Armstrongs, die in den entsprechenden Kapiteln folgender Bücher zu finden sind: Gunther Schuller, »Early jazz«, zitiert; André Hodeir, »Hommes et problèmes du jazz«, zitiert; Richard Hadlock, »Jazz masters of the '20s«, The Macmillan Company, New York 1965; Martin Williams, »The jazz tradition«, zitiert.

8 Erzählt in »Louis«, zitiert.

9 »Louis coming to London«, in »Melody Maker«, Juli 1932.

10 Über diesen Punkt sind sich die Kritiker allerdings nicht einig. Zu den angesehensten Verfechtern der Theorie vom Verfall der Musik Armstrongs gehört Gunther Schuller (siehe »Early jazz«, zitiert); dagegen vergleiche beispielsweise den Aufsatz »Style beyond style« von Martin Williams in »The jazz tradition«, zitiert.

11 In der Turiner Tageszeitung »La stampa« vom 7. Juli 1971.

12 Zitiert von Leonard Feather in »From Satchmo to Miles«, Stein and Day, New York 1972.

Earl Hines

[1] Zitiert aus dem Interview »A Monday date« von Sigfrid H. Morth in »Jazz Hot« vom Sommer 1970.

[2] Zitiert aus »Bringing up Fatha« von Russell Wilson in der »Down Beat«-Ausgabe vom 6. Juni 1963.

[3] Aus dem Kapitel »Earl Hines« von John S. Wilson in »The jazz makers«, zitiert.

[4] Zitiert in »Today's life with Fatha Hines« von Dan Morgenstern in der »Down Beat«-Ausgabe vom 26. August 1965.

[5] Über Earl Hines berichtet das im wesentlichen biographische Werk von Stanley Dance, »The world of Earl Hines«, Charles Scribner's Sons, New York 1977.

Fats Waller

[1] Aus dem Programm zu Fats Wallers Konzert in der Carnegie Hall am 14. Januar 1942.

[2] »We called it music«, zitiert.

[3] Erzählt in »Hear me talkin' to ya«, zitiert.

[4] Ausgabe vom 23. März 1939.

[5] Ed Kirkeby ist auch der Autor der bekanntesten Fats Waller-Biographie »Ain't misbehavin' – the story of Fats Waller«, Davies, London 1966. Vorher erschien ein Porträt von Charles Fox, »Fats Waller«, Cassell, London 1960. Gleich zwei weitere Bücher über Waller wurden in der allerjüngsten Zeit geschrieben: Sein Sohn Maurice Waller (ebenfalls als Jazzpianist tätig) verfaßte in Zusammenarbeit mit Anthony Calabrese »Fats Waller – a biography by his son«, Schirmer Books, New York 1977. Außerdem schrieb Joel Vance ein umfangreiches Buch »Fats Waller – his life and times«, das in den USA zur Zeit schon erschienen ist.

Duke Ellington

[1] In Duke Ellingtons Autobiographie »Music is my mistress«, Doubleday & Company, Garden City 1973. Deutsche Ausgabe mit dem Titel »Duke Ellington – Autobiographie«, Paul List Verlag, München 1974.

[2] Siehe Anm. 1.

[3] Aus dem Begleitheft zu der Plattenkassette »The Ellington era – 1927–40«, herausgegeben von der amerikanischen Columbia (Bestell-Nr. 120 103).

[4] Vom englischen »to growl« = grollen, brummen, knurren. Der Growl ist ein besonderer Instrumentaleffekt, der von einigen Blasinstrumenten (vor allem von den Blechbläsern oder der Klarinette) häufig durch Verwendung von speziellen Dämpfern erzielt wird und einen rauhen, »knurrenden« Klang erzeugt.

[5] Während seiner Zeit im Cotton Club trat das Orchester auch anderswo, in Theatern und in Tanzlokalen, auf. Von besonderer Bedeutung war 1929 sein Auftritt in »Show girl«, einer wichtigen Revue, die Florenz Ziegfeld mit Musik von George Gershwin inszeniert hatte. Ellington ließ sich hierfür gegen den Willen von Irving Mills engagieren, der darüber rasend vor Wut wurde. Erwähnenswert sind fernerhin die Auftritte des Orchesters im Palace Theater und 1930 im Fulton Theater am Broadway, wo in der gleichen Show Maurice Chevalier als Star herausgestellt wurde.

[6] Siehe Anm. 1.

[7] Der besondere Charakter der »Mood«-Stücke hat viele Leute – besonders solche, die

der Welt des Jazz fernstehen – dazu gebracht, in der Ellington-Musik den direkten Einfluß einiger europäischer Komponisten wie Debussy, Ravel und besonders Fredrick Delius zu sehen. Das Aufkommen dieser Meinungen – die, von allem anderen abgesehen, auch keine Bestätigung durch die historischen Tatsachen finden, da Ellington die Werke dieser Komponisten erst kennenlernte, als sein Stil bereits geformt war – scheint auf die Begeisterung eines berühmten englischen Orchesterleiters klassischer Musik namens Constant Lambert zurückzugehen, welcher die Aufnahme »Hot and bothered« von 1928 hörte, daraufhin nicht zögerte, sie mit den besten Werken von Strawinsky und Ravel zu vergleichen, und ferner glaubte, Analogien zwischen dem Stil bestimmter Ellington-Stücke und der Musik von Delius zu erkennen. Auch der australische Komponist Percy Grainger verglich bei einer Vorlesung in der New Yorker Universität Ellingtons Musik mit der von Delius und Bach. Gunther Schuller (siehe sein »Early jazz«, zitiert) bestreitet diese angeblichen Einflüsse energisch und führt unter anderem aus: » . . . Es handelt sich um eine Ansicht, die einen starken Hang zur Simplifizierung und jene eigenartige Form von snobistischem Hochmut verrät, der davon ausgeht, daß ein Stück des Jazz nicht wirklich gut sein kann, wenn es nicht mit irgendeiner bereits akzeptierten europäischen Komposition vergleichbar ist.«

Vic Bellerby auf der anderen Seite hat berichtet (siehe das Kapitel »Duke Ellington« in der von Martin Williams zusammengestellten Anthologie »The art of jazz«, Oxford University Press, New York 1959), daß Delius, dessen Musik Ellington 1933 in England zu Gehör gebracht wurde, gerade während seiner Entwicklungszeit mehrere Jahre im Süden der Vereinigten Staaten zugebracht hatte, wo er von den Spirituals und Work Songs der Neger tief beeinflußt wurde. Über die Neger, die Delius in Salano im Staat Florida hören konnte, hat er tatsächlich folgendes schriftlich hinterlassen: »Ich liebte ihre Musik zutiefst und begann, mit Feuereifer zu komponieren. In der Nacht, die in jenem Teil der Welt schnell hereinbricht, war der Klang der Negerstimmen überaus stimmungsvoll. Sie sangen vorzugsweise religiöse Melodien . . .« (zitiert in »Il mondo della musica«, unter »Delius«, erschienen bei Aldo Garzanti Editore, Mailand 1961.)

[8] »Creole rhapsody«, das zwei volle Seiten einer 30 cm-Platte mit 78 Umdrehungen einnahm und also länger als acht Minuten dauerte, war nicht das erste Jazz-Stück, das die übliche zeitliche Beschränkung durchbrach. Jedoch war die längere Dauer in den vorangegangenen Fällen (zum Beispiel im »Tiger rag«, der 1929 ebenfalls von Ellington für Brunswick eingespielt worden war) ausschließlich auf die Anzahl der Soli und nicht auf die Struktur der Komposition zurückzuführen.

[9] Siehe Anm. 1.

[10] »Un chef d' oeuvre: Concerto for Cootie«, in »Hommes et problèmes du jazz«, zitiert.

[11] Siehe Anm. 1.

[12] Zitiert aus einem Interview mit Billy Strayhorn in »Musica Jazz« von April 1970.

[13] Zitiert in »Ellington & Strayhorn Inc.« von Bill Coss, »Down Beat« vom 7. Juni 1962.

[14] Eine ziemlich eingehende Studie über Strayhorns Musik ist in dem Artikel »Lush life – Billy Strayhorn« von Claude Carrière enthalten, der in »Jazz Hot« von Dezember 1972 erschien.

[15] Ellington hat »Black, Brown and Beige« im Studio 1944 für RCA – Victor und 1958 für Columbia eingespielt (bei dieser zweiten Gelegenheit wirkte Mahalia Jackson mit), sich aber darauf beschränkt, Auszüge zu spielen. Ein Mitschnitt der vollständi-

gen Suite – von allerdings schlechter Qualität, was die technische Klangwiedergabe anbetrifft – wurde 1943 mit primitiven Hilfsmitteln von der einzigen Aufführung in der Carnegie Hall erstellt und später auf kleineren Marken veröffentlicht.

[16] Siehe Anm. 1.

[17] Zu »Black, Brown and Beige« vergleiche »Un oeuvre maudit: la Black, Brown and Beige« von Alexandre Rado, in »Jazz Hot« von Februar 1969.

[18] In einer der Grußbotschaften zu Ellingtons 75. Geburtstag, die unter der Überschrift »Love you madly« am 25. April 1974 in »Down Beat« abgedruckt wurden.

[19] Über Ellington als Pianist siehe die mehrteilige Abhandlung »Un pianiste nommé Ellington« von Demètre Ioakimidis in den »Jazz Hot«-Ausgaben von März, April, Mai und Juni 1961.

[20] Erst 1976, nach Ellingtons Tod, sollte die Aufnahme auf einer regulär vertriebenen Langspielplatte der Marke Pablo erscheinen.

[21] Zitiert aus einem Interview mit Mercer Ellington, das in »Musica Jazz«, Ausgabe von August/September 1974, veröffentlicht wurde.

[22] »Down Beat« vom 9. September 1965.

[23] In »Down Beat« vom 12. Januar 1967.

[24] Siehe die Kapitel über Duke Ellington in dem Buch, das der Trompeter Rex Stewart selbst verfaßt hat: »Jazz masters of the '30s«, The Macmillan Company, New York 1972.

[25] Siehe Anm. 21.

[26] Ausgabe vom 25. April 1974.

[27] Außer Duke Ellingtons mehrfach zitierter Autobiographie sind besonders folgende Bücher über ihn zu empfehlen: Barry Ulanov, »Duke Ellington«, Creative Age Press, New York 1946; Peter Gammond, »Duke Ellington, his life and music«, Phoenix House, London 1958 (deutsche Ausgabe: »Duke Ellington – sein Leben – seine Musik«, Nymphenburger Verlagshandlung, München 1961); G. E. Lambert, »Duke Ellington«, Cassell, London 1959; Stanley Dance, »The world of Duke Ellington«, Charles Scribner's Sons, New York 1970; Derek Jewell, »Duke – a portrait of Duke Ellington«, Elm Tree Books, London 1977. Ein deutschsprachiges Porträt verfaßte Robert Greene, »Duke E. Ellington«, Sanssouci Verlag, Zürich 1961. Die führenden Diskographien mit Ellingtons zahlreichen Aufnahmen wurden von Italienern geschrieben; nach dem Werk von Luigi Sanfilippo, das 1964 in Palermo erschien, veröffentlichten die Autoren Massagli/Pusateri/Volonté in Mailand in Fortsetzungsform eine umfangreiche Gesamtdiskographie Ellingtons, die international vertrieben wird und deren spätere Teile zur Zeit noch erscheinen. – Gründliche Analysen der Musik Ellingtons sind darüber hinaus in dem Kapitel »The Ellington style, its origins and early development« des Buches »Early jazz« (zitiert) sowie in dem Artikel »The style of Duke Ellington« von Mimi Clar, »The Jazz Review«-Ausgabe von April 1959, enthalten.

Bix Beiderbecke

[1] Einige Autoren haben Zweifel darüber geäußert, ob sich Armstrong und der junge Beiderbecke wirklich in Davenport begegnet sind. Armstrong hat allerdings mehr als einmal bestätigt, daß die Begegnung tatsächlich stattgefunden hat. In der höchst genauen Biographie des Musikers aus Davenport, die nach mühseligen Nachforschungen in langjähriger Arbeit von Richard M. Sudhalter und Philip R. Evans mit

Hilfe von William Dean-Myatt erstellt wurde (»Bix«, Quartet Books, London 1974), wird darüber hinaus gesagt, daß diese Begegnung im August 1919 stattfand, als der Dampfer Capitol, auf dem das Orchester von Fate Marable mit Armstrong spielte, in Davenport anlegte.

[2] Hierbei handelt es sich um einen Instrumentaleffekt, bei dem ein Blechbläser kurz und schnell zu einem Ton hochgleitet, der hart angegangen und sofort wieder verlassen wird.

[3] Nachdem Trumbauers Zusammenarbeit mit Bix endete, als dieser endgültig aus dem Whiteman-Orchester ausschied, machte der Saxophonist keine bedeutenden Aufnahmen mehr und war auch nicht an nennenswerten Jazz-Unternehmungen beteiligt. Er verließ seinerseits Whiteman, leitete ohne viel Erfolg ein paar Gruppen und gab dann 1939 die Musik auf. Dann arbeitete er bei der zivilen Luftfahrt in Kansas City und starb dort im Jahre 1956.

[4] Wiedergegeben in »Hear me talkin' to ya«, zitiert.

[5] Siehe Anm. 4

[6] Martin Williams bemerkt in »The jazz tradition« (zitiert), das Stück (das über den Harmonien von »I'll climb the highest mountain« improvisiert wird) sei »als wenigstens indirekter Vorläufer der besten Aufnahmen von Lennie Tristano – Lee Konitz – Warne Marsh anzusehen«, also von typischen Beispielen des Cool Jazz.

[7] Aus »Bix«, zitiert.

[8] Diese einleitenden Sätze stammen aus der Feder des nicht genannten Autors, dessen Artikel in der Ausgabe dieser Zeitung vom 10. Februar 1929 erschien.

[9] Dieser Artikel wurde ebenso wie viele weitere, die im Lauf der Jahre in »Metronome« erschienen, in George Simons Buch »Simon says – the sights and sounds of the swing era 1935–1955« (zitiert) wiedergedruckt.

[10] »Early jazz«, zitiert.

Coleman Hawkins

[1] Erzählt in Leonard Feathers Kapitel »Coleman Hawkins« aus dem Buch »The jazz makers«, zitiert.

[2] Zitiert in Nat Hentoffs Artikel »Garvin Bushell and New York jazz in the 1920s«, »The Jazz Review« von Februar 1959.

[3] Wiedergegeben in George Hoefers Artikel »Coleman Hawkins' pioneer days«, »Down Beat« vom 5. Oktober 1967.

[4] Rex Stewart, »Jazz masters of the '30s«, zitiert.

[5] Coleman Hawkins, »Almost didn't record Body and soul, Hawk says« in »Down Beat« vom 12. Januar 1955.

[6] Zitiert in Nat Hentoffs Artikel »The Hawk talks«, »Down Beat« vom 14. November 1956.

[7] Riverside – Doppel-LP 12-117/118 in den »Jazz Archive Series«. Im Lauf des Interviews erklärte Hawkins, er sei mitten auf dem Atlantischen Ozean an Bord eines Schiffes geboren worden, mit dem seine Eltern aus Europa zurückkehrten. – Eine Hawkins-Biographie in Buchform schrieb Albert Mc Carthy, »Coleman Hawkins«, Cassell, London 1963.

[8] Vergleiche den an Ralph Gleason gerichteten offenen Brief der Baronin Nica de Koenigswarter, der in der »Down Beat«-Ausgabe vom 21. September 1967 veröffentlicht wurde.

[9] »Hommage a Coleman Hawkins«, in der Ausgabe des »Jazz Magazine« von Juli/August 1969.

Benny Goodman

[1] John Hammond, »BG«, »Down Beat«-Ausgabe vom 8. Februar 1956.
[2] Benny Goodman und Irving Kolodin, »The kingdom of swing«, zitiert.
[3] Siehe Anm. 2.
[4] Siehe Anm. 2.
[5] Benny Goodmans Kapitel »That old gang of mine« in dem Buch von Eddie Condon (mit Richard Gehman), »Eddie Condon's treasury of jazz«, The Dial Press, New York 1956.
[6] In »Metronome« von Oktober 1947.
[7] Wiedergegeben im Sinne eines Interviews mit George Simon in »The big bands«, zitiert.

Count Basie

[1] Der »kitty« ist ein Topf, der zum Einsammeln der Trinkgelder für das Orchester benutzt wurde. Sein Name kommt daher, daß oft darauf geschrieben stand: »Feed the kitty«, »Gebt der Katze zu fressen!«
[2] Erzählt in »From Satchmo to Miles«, zitiert.
[3] John Hammond, »Count Basie marks 20th Anniversary«, »Down Beat«-Ausgabe vom 2. November 1955.
[4] Siehe Anm. 2.
[5] Zitiert in Leonard Feathers Begleitheft »The Count Basie story« zum gleichnamigen Plattenalbum auf Roulette RB 1. – Eine Geschichte Basies und seiner Band enthält das Buch von Raymond Horricks, »Count Basie and his orchestra«, Victor Gollancz Ltd., London 1957 und Negro Universities Press, Westport, Conn., 1971.

Lester Young

[1] Zitiert von Nat Hentoff in dem Artikel »Pres« in der »Down Beat«-Ausgabe vom 7. März 1956.
[2] Obwohl Walter Page, der Leader der »Blue Devils«, behauptet hat, Young habe bei Oliver gespielt, nachdem er sein Orchester verlassen hatte, besteht kein Zweifel darüber, daß das Umgekehrte der Fall war.
[3] Erzählt in »From Satchmo to Miles«, zitiert.
[4] Siehe Anm. 3.
[5] Wiedergegeben in Nat Hentoffs Kapitel »Lester Young« in dem Buch »The jazz makers«, zitiert.
[6] Nach Auffassung der meisten Beteiligten verließ Young Basie jedoch, weil dieser eine Aufnahmesitzung am 13. eines Monats festgemacht hatte, der auf einen Freitag fiel. Auf eine diesbezügliche Frage von François Postif weigerte sich der Saxophonist zu antworten und erklärte, er hätte an der Sitzung teilnemen können, aber »es wäre nicht angenehm gewesen«.
[7] Billie Holiday, »Lady sings the blues«, zitiert.
[8] Zitiert von Rudi Blesh in seinem Buch »Combo U.S.A.«, Chilton Book Company, Philadelphia 1971.
[9] Ein Artikel »Je sais que je vais mourir avant un an« von François Postif erschien in der »Jazz Hot«-Ausgabe von April 1959 und wurde im genauen englischen Wortlaut der Aussagen, die der Musiker gemacht hatte, im September des gleichen Jahres

unter der Überschrift »Lester Paris '59« in »The Jazz Review« wiedergedruckt.

[10] Besonders bemerkenswert wegen seiner gründlichen Analyse der Lester Young-Aufnahmen ist der Artikel »Lester Young« von Demètre Ioakimidis in »Jazz Hot« von Mai 1959. – Ebenfalls im Todesjahr des Saxophonisten erschien ein eigenes Buch über Young, das von dem bekannten deutschen Jazz-Fachmann Werner Burkhardt in Zusammenarbeit mit Joachim Gerth geschrieben wurde: »Lester Young – ein Porträt«, Pegasus Verlag, Wetzlar 1959.

Art Tatum

[1] Berichtet im Kapitel »Art Tatum« von Orrin Keepnews in dem Buch »The jazz makers«, zitiert.

[2] Rex Stewart, »Jazz masters of the '30s«, zitiert.

[3] »The ›genius‹ of Art Tatum« erschien in der Ausgabe von Juni 1955, wurde dann in »Down Beat« vom 19. August 1955 abgedruckt und anschließend in die Anthologie »The art of Jazz« von Martin Williams aufgenommen.

Roy Eldridge

[1] Wiedergegeben in Nat Hentoffs Artikel »Roy Eldridge« in »The jazz makers«, zitiert.

[2] Siehe Anm. 1.

[3] Siehe Anm. 1.

[4] Siehe Anm. 1.

[5] »Metronome«-Ausgabe von Juni 1956.

[6] Das Interview ist auch in »Hear me talkin' to ya« (zitiert) enthalten.

[7] Siehe Anm. 6.

[8] Zitiert aus »Little Jazz« von Nat Hentoff in der »Down Beat«-Ausgabe vom 19. September 1956.

[9] Siehe Anm. 8.

[10] Die Aufnahmen dieses Konzertes sind in Vol. 12 und 13 der »Jazz at the Philharmonic«-Serie auf der Marke Clef herausgebracht worden.

[11] Zitiert von Dan Morgenstern in »Little Jazz goes a long way«, »Down Beat« vom 19. März 1959.

Django Reinhardt

[1] Vergleiche »Un blues gitan«, eine Sammlung von Meinungen über Reinhardt, die Jacques J. Jaspard für die »Jazz Hot«-Ausgabe von Mai 1963 zusammenstellte.

[2] »Jazz Tango«, Paris, Ausgabe von Februar 1934.

[3] Charles Delaunay, »Django mon frère«, Eric Losfeld – Le Terrain Vague, Paris 1968. Auf diesem Buch basiert die Rekonstruktion von Reinhardts Karriere im vorliegenden Kapitel. – Ebenfalls auf persönliche Begegnungen und Erlebnisse mit Django zu dessen großer Zeit stützt sich die deutschprachige Biographie des namhaften Jazzkritikers »Doktor Jazz« Dietrich Schulz-Koehn: »Django Reinhardt – ein Porträt«, Pegasus Verlag, Wetzlar 1960.

[4] Vergleiche den zitierten Artikel in »Jazz Hot«.

Charlie Christian

[1] Erzählt in »Combo U.S.A.«, zitiert.
[2] Aus »The book of jazz«, zitiert.
[3] Wiedergegeben in »Inside bebop«, zitiert.
[4] John Hammond, »Charlie Christian« in der »Jazz Hot«-Ausgabe von Mai 1972.
[5] Siehe Anm. 4.

Billie Holiday

[1] Aus Billie Holidays Autobiographie »Lady sings the blues« zitiert.
[2] Siehe Anm. 1.
[3] Siehe Anm. 1.
[4] Charles Fox, »Word and music. The singer in jazz« in der »Jazz Monthly«-Ausgabe von Mai 1955.
[5] Demètre Ioakimidis, »Romantique Billie Holiday« in der »Jazz Hot«-Ausgabe von Oktober 1959. Die genannte Version von »He's funny the way« ist die von September 1937, während alle anderen Stücke, die erwähnt werden, unter dem Namen von Teddy Wilson eingespielt wurden.
[6] Die vollständigste Darstellung der Laufbahn von Billie Holiday findet sich in dem Buch von John Chilton: »Billie's blues«, Quartet Books, London 1975.
[7] »Die Bäume im Süden tragen eine seltsame Frucht, Blut auf den Blättern und Blut an der Wurzel . . .«

Ella Fitzgerald

[1] Zitiert in Leonard Feathers Artikel »Ella today (and yesterday too)« in der »Down Beat«-Ausgabe vom 18. Nobember 1965.

Charlie Parker

[1] Robert George Reisner, »Bird – the legend of Charlie Parker«, Crown Publishers, New York 1962.
[2] Die beiden Zitate stammen aus »Bird lives!« von Ross Russell (zitiert), das bei der Abfassung dieses Kapitels besondere Berücksichtigung fand, ebenso wie die »Charlie Parker chronology« von Gordon R. Davis, die in Fortsetzungsform in den Ausgaben 17 bis 25 (März 1970 bis Juli 1971) des »Discographical Forum«, London, veröffentlicht wurde. In den sehr häufigen Fällen von Unstimmigkeiten wurde die zweite Quelle vorgezogen, da sie sich auf unwiderlegbare Dokumente stützt.
[3] »Buster and Bird. Conversations with Buster Smith« in der »Jazz Review«-Ausgabe von Februar 1960.
[4] In »Bird – the legend of Charlie Parker«, zitiert.
[5] In »Bird lives!«, zitiert.
[6] »Metronome«, März 1942.
[7] Benedetti ging 1957 an seiner Rauschgiftsucht zugrunde. Seine Parker-Mitschnitte wurden lange Zeit ohne den geringsten Erfolg gesucht.
[8] Die Novelle wurde erstmalig im Mai 1947 im »Harper's Magazine« veröffentlicht und dann in die Anthologie »Jam session« (zitiert) aufgenommen. Parkers Leben diente auch als Grundlage für zwei Romane: »Night song« von John A. Williams

(hiernach drehte Herbert Danska 1966 einen Film mit Dick Gregory unter dem Titel »Sweet love, bitter«) und »The Sound« von Ross Russell.

[9] Siehe Anm. 5.

[10] Dieser rührende Brief ist vollständig in »Bird lives!« (zitiert) abgedruckt.

[11] Zitiert in: Ira Gitler, »Jazz masters of the '49s«, The Macmillan Company, New York 1966.

[12] Veröffentlicht in der »Musica Jazz«-Ausgabe von Mai 1949.

[13] »Metronome«, September 1949.

[14] Im Gegensatz zu dem, was in »Bird lives!« (zitiert) behauptet wird, hat Parker an keiner Europatournee von Jazz at the Philharmonic teilgenommen, das im übrigen in der Alten Welt zum ersten Mal im Jahre 1952 vorgestellt wurde und nicht 1951, wie Russell in seinem Buch meint.

[15] Die Telegramme wurden in dem Artikel »With care and love« veröffentlicht, den Maxwell T. Cohen, ein Rechtsanwalt von Erben Parkers, in »Down Beat« vom 13. März 1956 schrieb.

[16] Vergleiche das Kapitel »Charlie Parker et le mouvement bop« in »Hommes et problèmes du jazz«, zitiert.

[17] »Down Beat«, 20. April 1955.

Dizzy Gillespie

[1] »From Satchmo to Miles«, zitiert.

[2] Zitiert von Burt Korall in seinem Artikel »View from the Seine« in »Down Beat« vom 5. Dezember 1963. – Gillespies einstiger Orchesterleiter Cab Calloway hat (in Zusammenarbeit mit Bryant Rollins) vor kurzer Zeit seine Autobiographie geschrieben: »Of Minnie the Moocher & me – Cab Caloway«, Thomas Y. Crowell Co., New York 1976.

[3] Wiedergegeben in »Hear me talkin' to ya«, zitiert.

[4] In einem Interview mit Jean-Louis Ginibre (»Dizzy. D'hier et d'aujourd'hui«, in der »Jazz Magazine«-Ausgabe von November 1970) hat Gillespie seine Begegnung mit dem Saxophonisten folgendermaßen beschrieben: »Ich wohnte im Booker T. Hotel, und eines Nachmittags kam mich Charlie Parker besuchen. Wir fingen an, uns in meinem Zimmer zu unterhalten, und dann holten wir unsere Instrumente hervor, er sein Altsaxophon und ich meine Trompete. Dann dauerte es stundenlang. Wir konnten nicht mehr aufhören zu spielen. Es ist ein wahres Wunder, daß ich an dem Abend zur Arbeit gegangen bin. Ich war überwältigt; denn die Ideen, die ich in meinem Kopf hatte, waren gewissermaßen in Charlie Parker verkörpert. Von jenem Augenblick an und noch mehr in den darauffolgenden Jahren waren unsere Ideen wie Zwillinge, und es ist schwer zu sagen, was von mir kam oder was von ihm stammte . . .«

[5] Man sollte allerdings nicht vergessen, daß Gillespie anfänglich meinte, der Bebop sei Tanzmusik; als er zu der Überzeugung gelangte, daß das nicht stimmte, war er sehr dagegen. George Hoefer hat erzählt (in seinem Artikel »The glorious Dizzy Gillespie Orchestra« aus »Down Beat« vom 21. April 1966), daß Dizzy eines Abends, als das Orchester zum Tanz spielte, seine Frau bat, durch das Publikum zu gehen, um dessen Eindrücke zu sammeln. »Ein Tanzorchester seid ihr nicht« (»A dance band you are not«), lautete der Bescheid von Lorraine Gillespie.

[6] Siehe Anm. 1.

[7] »Jazz Magazine«, November 1964.

Bud Powell

[1] Diese beiden Zitate stammen aus dem Artikel »Bud« von Demètre Ioakimidis in »Jazz Hot« von Oktober 1966.
[2] Paudras erinnerte sich falsch: Powell war nur fünf Jahre von New York weg gewesen.
[3] Francis Paudras, »Voyage au fond du jazz«, in »Jazz Hot« von Dezember 1964.
[4] Siehe Anm. 3.
[5] Zitiert aus »Down Beat« vom 28. Januar 1965.

Thelonious Monk

[1] Das Geburtsjahr, das im allgemeinen in Büchern und Fachzeitschriften angegeben wird, ist 1920. Jedoch konnte der Autor dieses Buches feststellen, daß in Monks Paß das Jahr 1917 steht. In diesem Ausweis ist auch kein zweiter Vorname Sphere eingetragen, wie er nach Angaben vieler Autoren mit dazugehört. Über den Geburtsort wurden ebenfalls oft falsche Informationen gegeben.
[2] Gemeint ist das Interview, das von Nat Hentoff unter der Überschrift »Just call him Thelonious« in der »Down Beat«-Ausgabe vom 25. Juli 1956 veröffentlicht wurde.
[3] Ein langer Aufsatz Schullers über die wichtigsten Aufnahmen von Monk erschien in »The Jazz Review« von November 1958 und später in der Anthologie »Jazz Panorama« von Martin Williams (zitiert). Williams hat Monks Musik in seinem Buch »The jazz tradition« (zitiert) auch ein eigenes Kapitel gewidmet.
[4] Aus »The Encyclopedia of Jazz in the Sixties«, zitiert.
[5] Dieses und die folgenden Zitate wurden dem Interview entnommen, das unter dem Titel »Monk on Monk« in »Down Beat« vom 3. Juni 1964 erschien und dann in das Buch »Jazz people« – ebenfalls von Valerie Wilmer – aufgenommen wurde, welches 1970 bei Alison & Busby Ltd., London, herauskam.
[6] Angespielt wird auf die bekannten Aufnahmen von Sonny Rollins (»Freedom suite«) und Max Roach (»Freedom now suite«).

Lennie Tristano

[1] Erwähnenswert ist die Aktivität einer kleinen Gruppe von österreichischen und deutschen Musikern, die sich während der frühen fünfziger Jahre in Deutschland um den Tenorsaxophonisten Hans Koller scharte und Jazz reiner Tristano-Prägung spielte. Auch einige Schweden (beispielsweise Reinhold Svensson und Gösta Theselius) folgten eine gewisse Zeit lang Tristanos Spuren.
[2] Vergleiche »Multitaping isn't phony: Tristano« von Nat Hentoff in der »Down Beat«-Ausgabe vom 15. Juni 1956.
[3] Unter seinen Aufnahmen im typischen Tristano-Stil kann man zumindest folgende nennen: »Tautology«, »Sound Lee«, »Ice cream Konitz«, »Palo Alto«, »Rebecca« sowie »Ezz – thetic« und »Odjenar«, welche in einer Gruppe mit Miles Davis einspielte. Alle diese Titel sind auf New Jazz-Prestige herausgegeben worden.

Gerry Mulligan

[1] Zitiert in Nat Hentoffs Rubrik »Counterpoint«, »Down Beat«-Ausgabe vom 29. April 1955.

² Aus dem Hüllentext der ersten LP der »Concert Jazz Band« auf Verve (MG V 8388).
³ Aus einer Unterhaltung mit dem Verfasser dieses Buches.

Sonny Rollins

¹ Berichtet von Nat Hentoff in seinem Artikel »Sonny Rollins« in »Down Beat« vom 28. November 1956.
² Siehe Anm. 1.
³ In seiner Abhandlung »Sonny Rollins et John Coltrane en parallèle« in den »Jazz Hot«-Ausgaben der Monate September bis Dezember 1962.
⁴ In seinem Artikel »Sonny Rollins and the challenge of the thematic improvisation«, der in »The Jazz Review« von November 1958 erschien und dann in die Anthologie »Jazz panorama« von Martin Williams (zitiert) aufgenommen wurde.
⁵ »Traditions et contradictions de Theodore Walter ›Sonny‹ Rollins«, »Jazz Hot« von Juli/August 1974.
⁶ Zitiert von Dom Cerulli in dem Artikel »Theodore Walter Rollins« aus der »Down Beat«-Ausgabe vom 10. Juli 1958.
⁷ Ein »Stop-Chorus« ist ein improvisiertes Solo, bei dem alle anderen Instrumente – also auch die aus der Rhythmusgruppe – schweigen.
⁸ Diese Sätze wurden aus dem Hüllentext der zweiten Auflage der Platte gestrichen, weil man sie für zu kühn hielt.
⁹ »Sonny Rollins' Freedom suite« in der »Jazz Review«-Ausgabe von Mai 1959.
¹⁰ Siehe Anm. 6.
¹¹ Der Bericht über dieses Treffen steht in einem Buch von Joe Goldberg: »Jazz masters of the '50s«, The Macmillan Company, New York 1965.
¹² »Down Beat« vom 19. Dezember 1963.
¹³ Vergleiche Ira Gitlers »Sonny Rollins: Music is an open sky« in »Down Beat« vom 29. Mai 1969.
¹⁴ Aus dem Artikel »Sonny's back« in der Ausgabe von September 1971.

Charlie Mingus

¹ In der »Musica Jazz«-Ausgabe von Januar 1973.
² Aus dem Hüllentext der LP »The Black Saint and the Sinner Lady« auf Impulse (AS – 35).
³ »Beneath the underdog«, »geschrieben« von Charlie Mingus und überarbeitet von Nel King, Alfred A. Knopf, New York 1971.
⁴ Nat Hentoff, »The jazz life«, Dial, New York 1961.
⁵ Siehe Anm. 4.
⁶ In »Jazz masters of the '50s«, zitiert.
⁷ Aus dem Hüllentext der Platte »Pithecanthropus erectus« auf Atlantic (1237).
⁸ Vergleiche seinen Aufsatz »Le chemin de Mingus« in »Jazz Hot« von Mai 1964
⁹ Aus dem Hüllentext der Platte »The clown« auf Atlantic (1260).
¹⁰ Siehe Anm. 7.
¹¹ Vergleiche Joachim E. Berendts französischen Artikel »Mingus et l'ombre de Duke« (»Mingus und der Schatten des Duke«) in »Jazz Magazine« von Juli 1965.
¹² Siehe Anm. 4.
¹³ Das Interview ist in einem Fernsehfilm »Mingus« von Tom Reichman enthalten, der 1968 in den USA gezeigt wurde (vergleiche Note 18).

[14] Siehe Anm. 4.
[15] »Down Beat« vom 18. Juni 1964.
[16] Jean-Louis Comolli, »Charlie Mingus à découvert« in der »Jazz Magazine«-Ausgabe von Juni 1964.
[17] In »Jazz Magazine« von Februar 1971.
[18] Es handelt sich um Tom Reichman, der einen einstündigen Fernsehfilm mit dem Titel »Mingus« drehte. Der Film besteht in der Hauptsache aus einem Interview mit Mingus am Vorabend der Zwangsräumung, dazwischen werden Musikstücke eingeblendet, die von der Gruppe dieses Musikers an verschiedenen Orten gespielt wurden, und am Ende werden Filmszenen vom Tage der Räumung gezeigt.
[19] In dem Kapitel »Mingus at peace« des Buches »Ecstasy at the onion« von Whitney Balliett, The Bobbs-Merrill, Indianapolis – New York 1971.

Miles Davis

[1] Zitiert aus »Miles and the Fifties« von Leonard Feather in »Down Beat« vom 2. Juli 1964.
[2] Erzählt in »Miles Davis« von Don De Micheal in »Rolling Stone« vom 3. Dezember 1969.
[3] Miles Davis, »Self portrait of the artist«, eine Biographie, die 1968 vom Pressebüro der Plattenfirma Columbia in New York verteilt wurde.
[4] Siehe Anm. 1.
[5] Aus »Miles Davis: evil genius of jazz« von Marc Crawford, in einer Ausgabe der amerikanischen Zeitschrift »Ebony« von Januar 1961.
[6] Aus »An afternoon with Miles Davis« von Nat Hentoff, »The Jazz Review« von Dezember 1958.
[7] Aus »Weather Report: outlook sunny« von Steve Lake im »Melody Maker« vom 20. Juli 1974.
[8] Aus »No jive from Clive« von Dan Morgenstern, »Down Beat«-Ausgabe vom 16. September 1971.
[9] Bill Cole, »Miles Davis – a musical biography«, William Morrow & Company, New York 1974. Dieses Buch enthält die umfangreichste Analyse der Musik von Davis.
[10] »Melody Maker« vom 1. Februar 1975.

John Coltrane

[1] »John Coltrane and Eric Dolphy answer the jazz critics« von Don De Micheal, »Down Beat« vom 12. April 1962.
[2] Zitiert in »John Coltrane: C'est chez Miles Davis, en 1955, que j'ai commencé à prendre conscience de ce que je pouvais faire d'autre« von François Postif, »Jazz Hot«-Ausgabe von Januar 1962.
[3] Siehe Anm. 2.
[4] John Coltrane (in Zusammenarbeit mit Don De Micheal), »Coltrane on Coltrane« in »Down Beat« vom 29. September 1960.
[5] Ein deutliches Beispiel dieser Technik ist in dem Titel »Harmonique« auf dem Plattenalbum »Coltrane Jazz« der Marke Atlantic zu finden.
[6] Wiedergegeben von Nat Hentoff in »An afternoon with Miles Davis« in »The Jazz Review« von Dezember 1958.
[7] Siehe Anm. 2.

[8] Jean-Louis Comolli, »Antibes '65« in »Jazz Magazine« von September 1965.

[9] Beide Zitate entstammen dem Interview »Alice Coltrane«, das Pauline Rivelli durchführte und in der Ausgabe der New Yorker Monatszeitschrift »Jazz & Pop« von September 1958 veröffentlichte.

[10] »Down Beat« vom 23. Februar 1967.

[11] Zitiert von Nat Hentoff auf dem Hüllentext der Platte »Coltrane live at the Village Vanguard again!« = Impulse AS 9124.

[12] Zitiert von Nat Hentoff auf dem Hüllentext der Platte »Meditations« = Impulse AS 9110.

[13] Über John Coltranes hauptsächliche Aufnahmen vergleiche unter anderem: das Kapitel »John Coltrane: a man in the middle« in dem Buch »The jazz tradition« von Martin Williams (zitiert) sowie die Abhandlung »Huit faces de Coltrane« von Alain Gerber, die fortsetzungsweise in den »Jazz Magazine«-Ausgaben der Monate Juni, Juli, November, Dezember 1972 und Januar, März, April, Mai, Juli, August, Oktober, November, Dezember 1973 veröffentlicht wurde. Über seinen anfänglichen Stil schrieb Zita Carno den Artikel »The style of John Coltrane« in »The Jazz Review« von Oktober und November 1959, und Yves Buin behandelte seine Plattenaufnahmen der Zeitspanne 1965–66 in dem Aufsatz »Coltrane ou la mise à mort« der »Jazz Hot«-Ausgabe von Mai 1967.

[14] Über John Coltrane sind drei Bücher erschienen, die im wesentlichen biographischer Natur sind: J. C. Thomas, »Chasin' the Trane – the music and mystique of John Coltrane«, Doubleday & Company, Garden City 1975; Cuthbert O. Simpkins, »Coltrane – a biography«, Herndon House Publishers, New York 1975; Bill Cole, »John Coltrane«, Collier-Macmillan Publishing Company, London und Schirmer Books, New York, 1976.

Ornette Coleman

[1] Aus »Focus on Paul Bley« von Joe Klee und Will Smith in »Down Beat« vom 17. Januar 1974.

[2] Zitiert von A. B. Spellman in »Four lives in the bebop business« (später herausgegeben unter dem Titel »Black music«), Pantheon Books, New York 1966.

[3] Martin Williams, »A letter from Lenox, Mass.« in »The Jazz Review« von Oktober 1959.

[4] Aus dem Hüllentext der Platte »Change of the Century« (Atlantic 1327).

[5] George Russell und Martin Williams, »Ornette and tonality«, »The Jazz Review« von Juni 1960.

[6] Don Heckman, »Way out there« in »Music '63« (einem Jahrbuch von »Down Beat«).

[7] Martin Williams, »The jazz tradition«, zitiert. Zu Colemans Musik vergleiche – außer dem Kapitel »Ornette Coleman – Innovation from the source« in dem genannten Buch sowie dem in Note 5 angegebenen Artikel – den zweiteiligen Aufsatz »Inside Coleman« von Don Heckman in den »Down Beat«-Ausgaben vom 9. September und vom 16. Dezember 1965.

[8] Siehe Anm. 4.

[9] Man sollte allerdings bedenken, daß »Free jazz« einige Vorläufer hatte: zunächst einmal in »Intuition« und »Digression« von Lennie Tristano (1949), dann in einigen Passagen des »Pithecanthroups erectus« von Charlie Mingus (1956) und schließlich

in »Beauty is a rare thing« von Coleman selbst (August 1960), in welchem die Kollektivimprovisation jedoch weniger systematisch ist.

[10] Aus dem Hüllentext der LP »Free Jazz« (Atlantic 1364).
[11] Bei einem Interview (»Ornette's interview« von Michael Bourne, das in der »Down Beat«-Ausgabe vom 22. November 1973 veröffentlicht wurde) hat Coleman auf die Frage »Warum sonderst du dich ab und zu von der Welt ab?« folgendermaßen geantwortet: »Ich glaube, das ist auf eine gewisse Furcht zurückzuführen, den Nächsten schon allein dadurch zu verletzen, daß man weiterlebt. Es ist eine Angst, die mich zerstört. Ich meine, sie hat etwas mit der Tatsache zu tun, daß ich ein Neger bin, oder mit irgendetwas anderem, was in mir ist und was ich nicht erklären kann. Es ist immer eine Tragödie, nicht ganz verstanden zu werden, weil irgendjemand den Verdacht hegt, man hätte andere Beweggründe als den, sich ausdrücken zu wollen.«

Personenregister

Im folgenden werden nur diejenigen Musiker, Musikformationen und Nicht-musiker dieses Buches – mit Ausnahme der lediglich in den Anmerkungen erwähnten Namen – aufgeführt, die am ehesten in einem Zusammenhang mit der Welt des Jazz oder verwandten Musikarten genannt werden können.

Illustrierte Weltgeschichte in einem Griff

Von der Urzeit bis zur Gegenwart

Ein chronologisches Nachschlagewerk mit 1432 zeitgenössischen Bildern und Zeugnissen der Kunst, Geschichtskarten zu den Epochen, ausführlichem Sach- und Namensregister und einem Orientierungsplan über Geschichts- und Kulturepochen und politische Geschichte der einzelnen Nationen
1268 Seiten

Das Buch registriert knapp und präzis die Fakten der deutschen, europäischen und der Weltgeschichte, der Kunst- und Kulturgeschichte sowie die soziale Entwicklung der Menschheit jeweils in besonderen Zeittafeln, die einander gegenübergestellt sind. In der Randspalte findet man die entsprechenden Jahreszahlen. Damit wird dem Leser auf sehr übersichtliche Weise eine umfassende Information ermöglicht: er kann vergleichend feststellen, was in den verschiedenen Teilen der Welt gleichzeitig geschehen ist, und er wird daraus erkennen, wie politische, wirtschaftliche und kulturelle Gegebenheiten in der Menschheitsgeschichte miteinander korrespondieren, wie ein Gebiet das andere beeinflußt, und wie auch ein zunächst anscheinend belangloser und lokal begrenzter Vorgang weitreichende Wirkungen hervorbringen kann. Man denke nur an die Vielzahl verhältnismäßig unbedeutender Ursachen, die in ihrer Summierung zum Ersten Weltkrieg führten und an die schwerwiegenden Folgen, die dieser Krieg nicht nur in geographischer, sondern auch in technischer Hinsicht gezeitigt hat. Freilich: man findet nur knappe Notizen; stichwortartig sind lediglich Fakten registriert, auf jede Deutung oder Erklärung wird verzichtet. Aber die Fakten sprechen ihre eigene deutliche und vor allem objektive Sprache und aus ihrer Summe ergibt sich ein umfassendes Bild des Weltgeschehens, das chronologisch Jahr für Jahr, ja, Monat für Monat bis in Einzelheiten registriert wird. Auch an Anschauungsmaterial fehlt es nicht. Der über 1200 Seiten starke Band ist reich bebildert, auch finden sich kartographische Darstellungen, auf denen das geographische Bild der einzelnen Epochen fixiert ist.

SAFARI-VERLAG